鹰潭年鉴

（2012·总第十一卷）

鹰潭市人民政府主办

《鹰潭年鉴》编辑委员会 编

方志出版社

《鹰潭年鉴》编辑委员会

《鹰潭年鉴》编辑人员

《鹰潭年鉴》撰稿单位主审名单

（大体按篇目顺序排列）

单位	主审	单位	主审	单位	主审
市委办	上官新亨	残联	李荣生	鹰潭火车站	张明
市人大办	江鸿	侨联	朱黎明	财政局	李建明
市政府办	吕国南	武警支队	耿德根	国税局	吴晨阳
市政协办	杨亮太	公安消防支队	刘顺科	地税局	童建根
市纪委办	万荣辉	人防办	陈兴宏	人行市中心支行	张伟刚
鹰潭军分区	傅梓堆	公安局	张应想	工行市分行	徐宏海
组织部	蔡江	检察院	施兆荣	建行市分行	姜保卫
宣传部	张敏胜	法院	张水才	农行市分行	彭嘉良
文明办	刘建平	司法局	李水全	农发行市分行	周胜
统战部	张洪堂	工信委	刘赞礼	中行市分行	阮国莉
政法委	熊万胜	供电公司	刘显江	农信合社	周建平
政研室	彭元龙	鹰潭高新技术产业园区管委会	刘晓华	银监分局	余东义
农工部（农办）	谭永忠	招商引资服务中心	程明华	中国人民财保市分公司	潘英明
机关工委	陈婀娜	农业局	黄占共	中国人民寿保市分公司'	刘进
接待办	晏路春	林业局	桂希民	中国人寿市分公司	俞祥志
保密机要局	吴蔚权	水利局	吴小林	太平洋财保市中心支公司	郭丽萍
信访局	江东生	商务局	柯嘉	太平洋人保市中心支公司	赵治金
老干部局	陈小丽	粮食局	李和胜	平安财保中心支公司	张琛
台办	邵治国	供销社	洪晓明	气象局	李九龙
党校	王辉	盐业公司	余群生	环保局	喻霞
党史办（方志办）	况建军	烟草专卖局	邬平波	科技局	谭小雅
档案局	程华	石油分公司	王涛	教育局	干碧龙
驻北京联络处	吴发财	龙虎山景区管委会	蔡湘芬	鹰潭日报社	王有金
驻上海联络处	张冬娥	天师府管委会	张金涛	文广新局	黄顺茂
驻杭州办事处	上官兵	建委办	吴炳生	广播电视	汪白杨
驻厦门办事处	方农	建设局	寿莉蓉	道文化研究中心	夏维纪
驻深圳办事处	邹韶山	城管局	郑水亮	卫生局	孙钢
驻南昌办事处	鲍成庚	规划局	龙顺里	体育局	欧阳澜
法制办	徐军华	城投公司	王国金	人口与计生委	吴小莲
外事侨务办	周永江	信江新区管委会	朱来清	民政局	艾农
创业办	王瑞洪	发改委	李文	人保局	曹建彬
发展研究中心	危世安	国资委	徐端云	贵溪市	周光仁
行政服务中心	胡志新	安监局	揭润年	余江县	周谷昌
民族宗教局	林传富	工商局	陈安平	月湖区	邵菁靓
编办	左真香	国土资源局	彭伟	四冶建设公司	林铁生
统计局	罗长林	质监局	张远	江西六国化工	郑风华
旅游局	黎云	药监局	汪茂林	中电（江西贵溪）发电有限公司	祝革新
民革市委	王军	审计局	叶国琼	十五冶二公司	陈国华
民盟市委	周赣忠	国家统计局鹰潭调查队	宁俊华	邓家埠水稻原种场	姚美平
民建市委	罗会样	房管局	俞奇	有色地勘一队	李毅民
民进市委	祝光进	住房公积金管理中心	张秀萍	二二三地质队	俞宽坤
农工党市委	聂玲娜	信息中心	凌波	二六一地质大队	吕勇
九三学社市委	葛菁	邮政局	杨欠根	二六五地质大队	余国林
总工会	张赣北	电信分公司	艾云飞	九一二地质大队	曾小龙
团市委	陈愈湛	移动分公司	俞艳	界牌枢纽管理处	邹小保
妇联	藏玉华	联通分公司	黄益斌	武警水电七支队	林勇
工商联	李爱珺	无线电管理局	吴利民	一八四医院	朱劲
文联	徐双文	交通局	齐群策	中铁十一局集团桥梁有限公司	张少华
社联	管玉青	公路局	李福德	江西天施康中药股份有限公司	严建良
科协	程美华	航务分局	周进同		

编辑说明

一、《鹰潭年鉴》是中共鹰潭市委领导、市人民政府主办的按年度连续出版的地方综合性图书。它以年度为单位全面记载鹰潭市政治、经济、文化和社会发展的概貌，是地方政府公报性资料文献。《鹰潭年鉴》坚持以中国特色社会主义理论体系为指导，认真贯彻科学发展观的要求，与时俱进，真实、客观地反映鹰潭市改革开放和现代化建设的新思路、新举措、新成就、新经验和新发展，以期发挥“存史、资政、教化、兴利”的作用。

二、年鉴由《鹰潭年鉴》编辑委员会组织编辑，市委党史办（市政府方志办）具体承办。稿件由市直各单位、各县（市、区）、中央和省属驻鹰潭各单位提供。各撰稿单位主审人列名单于正文之前，撰稿人署名于条目之后的“（）”内。

三、年鉴主要收录的是2011年鹰潭市各条战线和各个方面的情况，部分条目因内容需要涉及2011年度前后的情况。年鉴设栏目、分目和条目，条目为年鉴内容的基本记述单位，其标题用黑体字加“【】”标示。

四、年鉴基本内容分为综合情况、动态信息和辅助资料三大部分。综合情况设特载、大事记、专记、市情概览4个栏目。动态信息设中国共产党鹰潭市委员会、鹰潭市人民代表大会常务委员会、鹰潭市人民政府、中国人民政治协商会议鹰潭市委员会、中国共产党鹰潭市纪律检查委员会、民主党派、人民团体、军事、法治、工业、工业园区、农业·林业·水利、商贸与经济合作、龙虎山景区建设与旅游、正一道教与嗣汉天师府、城乡建设、非公有制经济、经济管理与监督、信息化建设、交通、财政·税务、金融、气象·环境保护、科技、教育、文化艺术、新闻出版、医疗卫生、体育、居民生活、民政、劳动就业与社会保障、县（市、区）、驻鹰潭单位、人物35个栏目。辅助资料包括主要统计资料和附录2个栏目。

五、年鉴中的数据如有不一致处，一律以“统计公报”“统计工作”和同年的《鹰潭统计年鉴》的数据为准。为方便阅读，个别计量单位仍使用市制（如亩等，1公顷=15亩）。

六、年鉴内容层次设置是为方便分类编辑和读者系统阅读，不反映严格的科学分类体系，机关、企事业单位等排序和层次并不表示其地位和规格。所载新任市领导指2011年就任的新一届市委、市人大、市政府、市政协和市法院、市检察院副地级以上领导人。县（市、区）主要领导人、市直及条管和驻鹰潭等单位领导人名录列于相关分（条）目末尾，方便查阅。所有人物（含名录）均由人物所在单位提供。

七、《鹰潭年鉴》的编纂得到全市上下和社会各界的大力支持，在此谨表谢忱。因经验不足和条件所限，难免存在疏漏和失误，恳请广大读者见谅并提出宝贵意见，以便在今后的工作中加以克服和改进。

鹰潭市旅游示意图

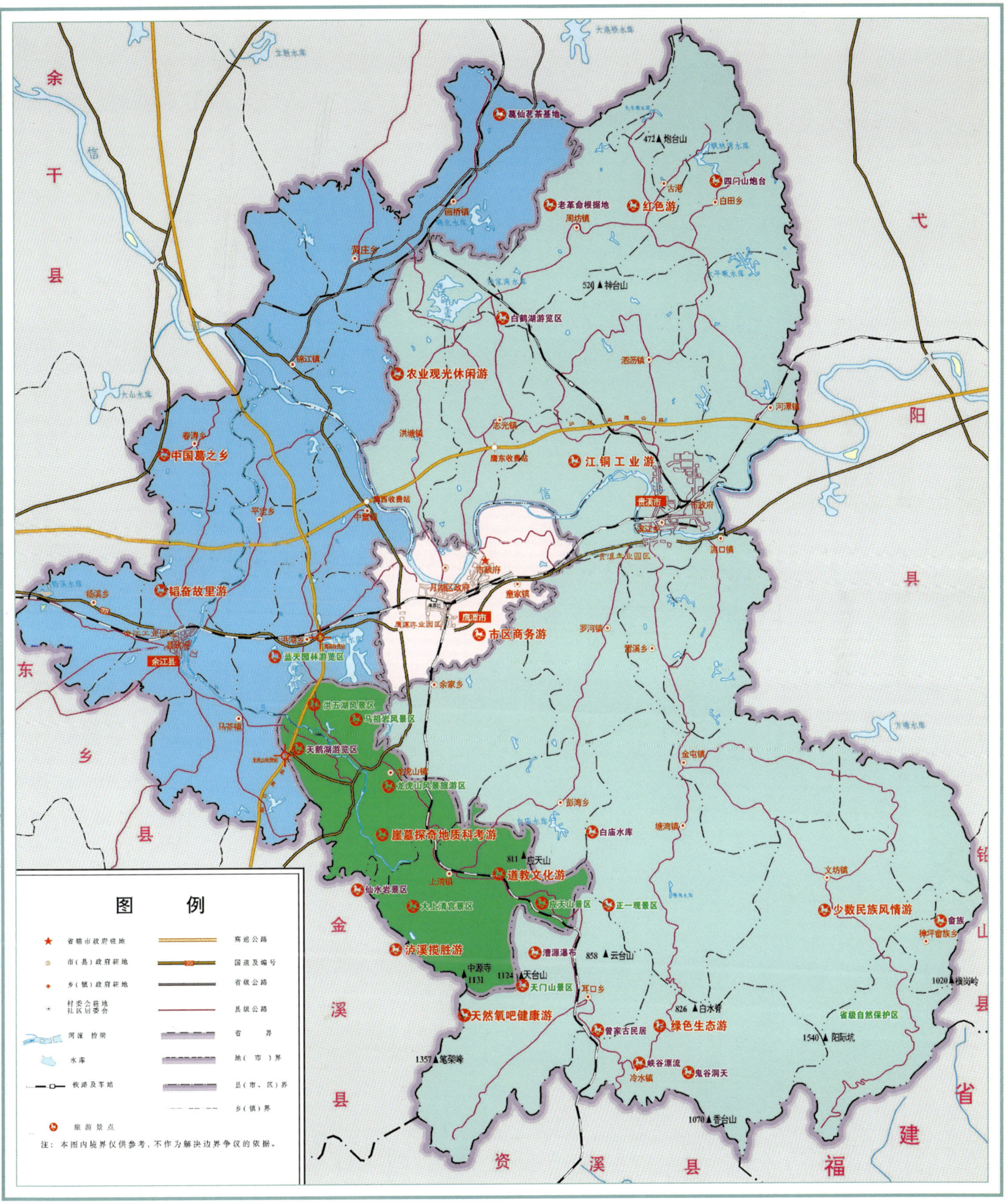

编制：鹰潭市旅游局

11月13日至14日，省委书记苏荣深入鹰潭市调研。图为省委书记苏荣（前中）等省领导在市领导陈兴超（前右一）、钟志生（后左二）等陪同下在鹰潭经济技术开发区调研。

许志平 摄

9月7日，省委常委、省纪委书记尚勇（前左二）在市领导陪同下深入贵溪市滨江生态小区调研。

刘 红摄

12月1日，代省长鹿心社（前中）在市领导陪同下在鹰潭市调研。　林卫东 摄

9月27日，省委常委、政法委书记、省公安厅厅长舒晓琴（左二）在市领导陪同下到市检察院调研。

刘 红摄

9月16日至19日上午，中共鹰潭市第七次代表大会召开，图为会议现场。

刘 红 摄

2月23日上午，鹰潭市第七届人民代表大会第七次会议召开，图为会议现场。

许志平 摄

2月22日上午，中国人民政治协商会议鹰潭市第七届委员会第六次会议召开，图为会议现场。

刘 红 摄

12月30日，中共鹰潭市委七届二次全体会议召开，图为会议现场。

许志平 摄

9月24日上午，鹰潭市第八届人民代表人会第一次会议召开，图为会议现场。

许志平 摄

9月23日上午，中国人民政治协商会议鹰潭市第八届委员会第一次会议召开，图为会议现场。

刘 红摄

6月29日下午，全市庆祝中国共产党成立90周年大会召开，图为大会现场。 许志平 摄

6月30日晚，庆祝中国共产党成立90周年文艺晚会“颂歌献给党”在市体育馆举行，图为晚会现场。

许志平 摄

2　鹰潭日报　综合新闻　因为有我们　所以更精彩！　鹰潭日报·赣东都市报·鹰潭新闻网

纪念中国共产党成立90周年党史知识竞赛题

为庆祝中国共产党成立90周年，市委组织部、市委宣传部、市直机关工委、市委党史办公室、鹰潭日报社、市教育局、团市委联合举行党史知识竞赛活动，图为5月20日《鹰潭日报》刊登的党史知识竞赛题。

6月21日晚，喜庆建党90周年首届鹰潭“青春红歌会”独唱比赛决赛在市时代广场举行，图为决赛现场。

周剑平　摄

5月31日上午，市白露中心小学师生在学校广场开展庆“六一”经典诵读比赛暨“童心向党”歌咏比赛。

刘　红摄

1月16日，沪昆高铁鹰潭段首片重达900吨的箱梁架设到位，图为施工现场。

许志平 摄

5月18日下午，2011鹰潭（香港）招商引资推介会在香港会展中心举行，图为推介会现场。

林卫东 摄

贵溪工业园区污水处理厂是全省统一开工建设的10个工业园区污水处理厂项目之一，图为施工人员正在捆扎钢筋为初沉池水泥浇灌做准备。

林卫东 摄

为配合信江新区重点工程建设，鹰潭供电公司欣欣电力实业总公司对110千伏月Ⅰ线进行改道迁移，图为至8月6日施工完成任务并顺利送电。

夏东华 摄

由贵溪市农业局进行的板田旱稻试种在塘湾镇古塘村燎田试种取得成功，图为8月农技人员正在给旱稻测产。

彭建兵 摄

入冬以来，贵溪市金屯镇对全长330多米的大塘村邱家水毁圩堤进行全面修复，图为施工现场。

刘小中 摄

全省最大的单建式人防工程——鹰潭中心广场人防工程施工进展顺利，截至7月12日，中心广场人防工程顶板浇筑全部完工，土方回填已完成三分之二。

许志平 摄

2010年12月至2011年春节前，梅园新区月牙湖公园景观得到整治，图为整治施工现场。

余志群 摄

市区小街小巷改造是市委、市政府建设秀美、宜居鹰潭的具体举措，图为11月施工人员正在进行施工。

周 信 摄

6月27日上午，信江新区路网二期工程正式开工建设，图为施工现场。
陈新华　摄

信江大桥在灯光的照耀下显得光彩夺目。　刘　红　摄

10月1日，游客畅游新建成的滨江公园二期火车头广场。　许志平　摄

11月5日晚，第十二届中国·鹰潭龙虎山道教文化旅游节暨第五届海峡两岸道教文化论坛开幕式在市体育中心体育场举行，图为开幕式现场。

许志平 摄

10月30日上午，世界旅游小姐走进龙虎山欢迎仪式在龙虎山游客中心广场举行，图为来自全球53个国家和地区的佳丽们在欢迎仪式上亮相。

刘 红 摄

12月25日上午，福建省福州市市民王恺（中）成为龙虎山景区本年度第60万名游客，图为颁授幸运奖现场。

钟海华 摄

长3000米的栈道高挂在排衙峰山岩上，成为龙虎山景区一新景观。　刘　红　摄

龙虎山大道乾坤景点成为龙虎山旅游又一新景点。　许志平　摄

龙虎山景区投资300余万元建成夜游项目，8月初对游客开放，图为龙虎山仙水岩景区夜游情景。　许志平　摄

为大力发展景观农业，龙虎山景区种植白莲500余亩，图为盛开的荷花。　许志平　摄

4月26日晚，江西省首届畲族文化艺术节在贵溪骏安国际大酒店隆重开幕，图为开幕式上表演的山歌剧《七彩畲乡》。

刘 红 摄

1月25日晚，全市纪检监察系统“唱红歌迎新春”歌咏比赛在华侨饭店会议中心举行，图为比赛现场。

刘 红 摄

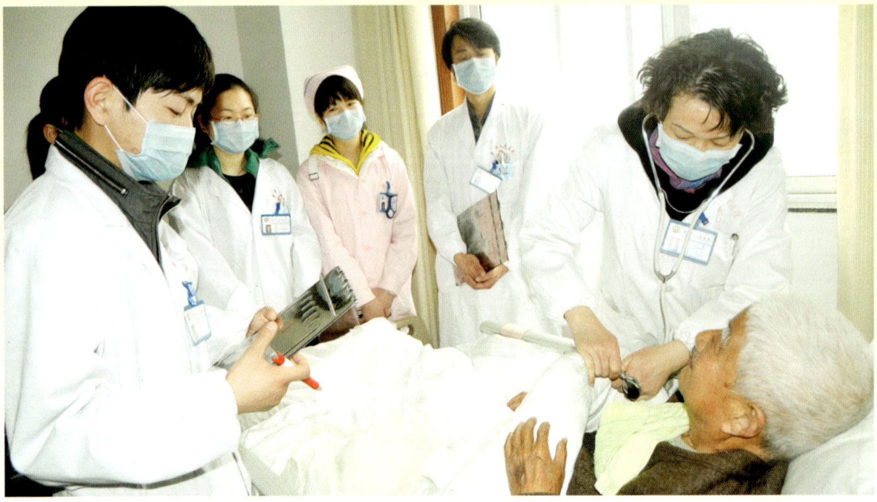

市人民医院（VIP）优质病房努力为患者营造家的氛围，图为医务人员正在细心为患者诊治。

刘 红 摄

12月14日，龙虎山景区鱼塘小学五年级（1）班正在召开“向胡生贵同志学习”主题班会。

徐标华 摄

11月8日，余江县韬奋学校学生到新落成的韬奋纪念馆参观学习。

许志平 摄

3月25日，上海企业家程骁（右一）向鹰潭第四小学捐赠仪式及程骁教学楼开工仪式在市第四小学举行，图为捐款现场。　许志平 摄

10月6日上午，第七届全国城市运动会“幸福之光”火炬传递活动在鹰潭市体育中心举行，图为火炬手传递火炬。

刘 红 摄

11月6日上午，第五届海峡两岸（鹰潭·龙虎山）道教文化论坛启动仪式在龙虎山游客服务中心道学堂隆重举行。

许志平 摄

市重点工程鹰潭一中新校区建设施工进展顺利，图为8月9日工程建设者正在进行鹰潭一中新校区3号学生公寓二层楼面混凝土浇筑。

许志平 摄

市重点工程鹰潭二化小区廉租房建设进展顺利，截至8月1日，33栋廉租房已有22栋封顶。

许志平 摄

11月14日下午，“社会科学走进市民生活”咨询活动在时代广场举行。

钟海华 摄

9月20日，全市首届红杜鹃家政培训班在市劳动就业服务局开班，图为培训人员在听讲。

陈 剑 摄

1月1日，江西省2011年冬泳邀请赛在鹰潭市信江河上举行，图为比赛现场。 许志平 摄

鹰潭市切实做好信江新区拆迁户的安置，规划了占地86.67公顷的安置小区，图为1月16日，一村民在新建成的信江新区安置小区晒衣物。

许志平 摄

1月27日，团市委、鹰潭经济技术开发区联合开展“关爱农民工子女春节送温暖行动”，图为拿到书后孩子们欢呼雀跃。

刘 红 摄

2月8日上午，信江新区周塘村全村老少在该村大祠堂摆放近50张桌子，聚在一起欢度新年。

刘 红 摄

贵溪市滨江生态小区项目建设进展顺利，截至8月下旬，已有369户村民搬迁入住，小区建成后将彻底改善贵溪冶炼厂周边村民的居住生活环境。

许志平 摄

10月28日，鹰潭市第七届民间古玩艺术品淘宝交流会暨鹰潭市首届信江黄蜡石展销会在市旅游购物街举行，图为交流淘宝现场。

陈 剑 摄

11月22日，鹰潭市第十届五次老年门球协作赛在新建的市体育门球场举行。

许志平 摄

鹰潭市实施鹰南大道民居改造及环境综合整治工程，图为12月6日，余江县洪湖乡东杨村委会西杨村村民在改造后的房顶上盖琉璃青瓦。 许志平 摄

7月，鹰潭市在农村新建366个电子超市，图为村民在村里的利安社区电子超市交费办业务。

林卫东 摄

贵溪市鸿塘镇付家村火桥自然村小组新建休闲广场400多平方米，图为村民正在屋后夹竹篱笆。

刘小中 摄

3月5日，余江县潢溪镇农民在市区鑫创农机公司购买手扶拖拉机。

许志平 摄

中国建设银行股份有限公司鹰潭市分行
“与客户同发展 与鹰潭共繁荣”

市委书记陈兴超、建行江西省分行党委书记、行长段超良参加鹰潭建行铜都支行开业庆典。

建行鹰潭分行党委书记、行长，鹰潭第九届“十大杰出青年”、全国金融“五一”劳动奖章获得者——孙海涛。

为提升服务质量，建行鹰潭市分行在全行开展网点转型演练。

鹰潭市人民政府与建行鹰潭分行共同举办迎新春文艺晚会。

建行鹰潭市分行为中国建设银行股份有限公司辖属二级分支机构，下辖18个机构网点，现有员工366人，是一家业务功能齐全、资金实力较强、资产规模较大、市场份额高、信誉卓越、竞争力强、社会认同度高的股份制商业银行。

该行自1984年成立以来，经历了初创成长、发展壮大和商业化转轨、股份制改造等几个重要的历史发展阶段。28年来，在历届班子和全行员工的共同努力下，该行致力于服务鹰潭经济建设，在改革创新中不断发展壮大。特别是2008年以来，建行鹰潭市分行在省分行党委、市委、市政府的正确领导下，在人民银行和银监分局的有效督导下、在广大客户和社会各界人士的关心支持下，始终秉承以客户为中心的经营服务理念，紧紧抓住赶超发展机遇，踊跃投身鹰潭经济发展，强化市场营销和业务创新，全力助推鹰潭经济发展，竭诚满足市民金融服务需求，倾情支持当地企业发展壮大，热心参与社会公益事业，构建了良好的金融环境，为实现鹰潭经济社会平稳较快发展作出了突出贡献，在当地树立了良好的金融服务品牌形象，赢得了社会广泛赞誉。

至2011年年末，建行鹰潭市分行累计发放贷款171亿元，其中：大型项目建设贷款120亿元，城市基础设施建设贷款16亿元，中小企业贷款22亿元，个人贷款13亿元，上缴税收1.78亿元，资产不良贷款率始终控制在0.03%以下。规范化服务全省建行系统内排名第一，累计捐款230余万元，用于抗洪救灾、支援新农村建设、支持体育事业、资助贫困大中学生等公益事业。连续被鹰潭市授予“社会治安综合治理工作”先进单位、“发展提升年活动”先进单位、“支持龙虎山申报世界自然遗产成功先进单位”等荣誉称号。被人民银行鹰潭中心支行授予反假币“先进单位”称号，被建行江西省分行连续授予“经营管理最佳”“资产质量最佳”“最具竞争力”“中间业务发展最佳”分行等荣誉称号。

如今，建行鹰潭市分行将紧紧围绕市委、市政府提出的努力把鹰潭建设成为富裕、秀美、宜居、和谐的鄱阳湖生态经济区璀璨明珠的总体要求，不断创新和优化金融服务，为助推鹰潭经济腾飞开辟更专业快捷的绿色通道，再作新的更大贡献。

建行鹰潭分行举行庆祝建党90周年活动。

建校五十周年盛典

技能训练的基地 教师培养的摇篮

发展中的鹰潭职业技术学院

党委书记吴胜生

院长李应春

鹰潭职业技术学院（江西师大鹰潭学院）是鹰潭市唯一一所公办全日制普通高等院校。半个世纪来，在几代学院人的不懈努力下，学院不断成熟壮大，为鹰潭经济繁荣与发展发挥着积极作用。

条件优越：学院占地面积66.7公顷，建筑面积22.45万平方米。教学设施齐备，各类图书40万册，配建了专业实验实训室、实习实训基地40余个。

师资雄厚：著名科学家、中国工程院院士、教授朱伯芳担任学院名誉院长；专职教师304人，教授25人，副高职称115人，硕士研究生76人，双师型教师145人，外籍教师3人，长期聘有10余名省内外大学的知名学者作为客座

学院艺术团汇报演出

教授。学院拥有一批国家及省级优秀教育工作者和拔尖人才。

成绩显著：学院现有全日制在校生7000余人，近几年来，学生在全国及省市大赛中有近80人次获大赛冠军；老师共出版专著20余部，发表论文700余篇，取得国家级、省级课题立项60多项。

特色鲜明：确立了“以就业为导向，以技能培养为中心”的办学思想，坚持“对准市场设专业、对准岗位设课程、对准技能抓教学、对准经济社会发展育人才”的办学方针，立足于培养技能型、应用型、创新型、复合型人才，推行健全人格+复合专业+现代技能的“三元”培养模式。

就业宽广：学院在北京、上海等地建立了20多个稳定的就业基地，历年来毕业生一次性就业率均超过全省平均水平。

前景美好：2012年9月，学院成功开设了本科班；总投资11亿元的新校区建设已经启动。

旅游管理专业学生前往龙虎山实训

艺术表演专业学生参与电视剧拍演

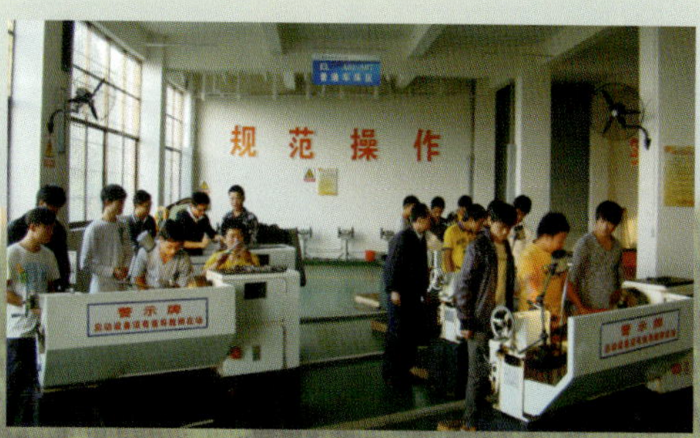

学生技能实训课

南昌铁路局鹰潭车站

车站党政领导参加春运启动仪式。

客运讲解员正在为新进铁路工作的青工讲述“熊云清”烈士的感人事迹。

麦当劳、煌上煌、绿滋肴等国内外知名企业落户鹰潭车站。

南昌铁路局鹰潭车站地处鹰潭市月湖区四海西路1号，位于沪昆、鹰厦、皖赣线的交叉汇合处，是连接江西、福建、浙江、安徽4省的主要铁路枢纽，担负着客、货运输和列车解编、货检任务。车站设9个行政科室（车站办公室、安全科、技术科、营销业务科、职工教育科、信息统计科、计财科、劳动人事科、综合事务办），下设12个车间（站），其中特等站1个（编组站）、二等站3个（鹰潭南站、贵溪北站、贵溪站）、四等中间站1个（童家站），另有驼峰、峰尾、货检、客运、货运、调度、南运转、西运转、综合等车间。车站党委设党群工作办公室，下设3个党总支（机关、贵溪、离退休）、25个党支部。截至2012年8月底，全站在册职工1612人（其中，干部168人，高、中级技术职称27人），退休职工870人。

鹰潭车站为区域性特等编组站，由编组场和客场组成，编组场为单向纵列三级三场，由到达场、调车场、到发场组成，负责芜湖东、乔司、武汉北、株洲北、向塘西、樟林和来舟7个方向货物列车的解编任务，到达场接车线13股，调车场编组线36股，到发场到发线15股。一场、三场、客场、驼峰和尾部联锁设备均为计算机联锁，驼峰控制系统为TBZK-2。到达场的通过能力为103.6列，驼峰的解体能力为107.8列，调车场的编组能力为131.9列，到发场到发线的通过能力为141.4列，编组站改编能力为9098辆。客场有到发线11股，其中办理营业客车到发线7股；设有4个站台，其中1号和4号站台为高站台；图定日均到发客车183列、货车104列。车站年发送旅客超500万人，发送货物超420万吨，年收入突破7亿元，多元化收入近2000万元。

自2011年南昌铁路局下半年铁路推进多元化经营工作以来，鹰潭车站以市场需求为导向，按照“规范、挖潜、拓展、提效”的工作思路，大力拓展车站客货延伸服务市场，在商铺出租、普通VIP旅客候车服务、高端VIP旅客候车专区服务、车票代售点合作经营、国内外组团旅游、广告媒体招租、物流服务、货物装卸等多元经营项目上，与数十家国内外知名、大型厂矿企业建立了深度合作关系，取得良好的多元经营效益，并美化、亮化了火车站这个城市的“窗口”。为进一步满足旅客、货主个性化、多样化的需求，车站将继续推进鹰潭客站VIP候车专区和贵溪火车站商铺、广告媒体等新项目开发工作，把鹰潭车站打造成集美观、便利、舒适、休闲、娱乐为一体的现代化车站，提升城市“窗口”的品位。

外美内实的编组站全景图

贵溪市泗沥镇

在中国江西的信江河畔，一个以穿境而过的信江河支流泗沥河命名的地方——泗沥镇，坐落在怀玉山支脉的神台山南端。泗沥镇为贵溪市北乡之门户，扼上饶至九江之咽喉，故历代为兵家之要地，自唐朝建制至今已有1500多年的历史。该镇距贵溪市区10千米，全镇占地148平方千米（其中耕地4.2万亩、山地9.6万亩、水面0.6万亩），有13个行政村、152个自然村，辖区8300户计3.4万人，居民以汉族畲族为主。共有驻镇单位10个，2011年全镇财政收入3600余万元。

随着时代的变迁，泗沥镇的区位优势凸显。皖赣铁路、沪昆高速、杭昌长高铁穿境而过，贵溪市连接线高速公路出口处设在泗沥镇桃源村蒋家组，从出口处至镇政府仅4千米。贵神、鲤神及王杨公路呈三角连通全境，220千伏变电站设在泗沥镇桃源村石窝组境内，电力、通信实现了村村通。江西铜业公司贵溪冶炼厂、贵溪化肥厂和鹰潭（贵溪）铜拆解园、贵溪市物流园、硫磷化工基地相继落户境内，更加快了该镇经济与社会的发展步伐。

“十二五”期间，为加快泗沥镇的建设，镇党委、政府提出了“着力工业、借势发展；美化中部、完善集镇；创新方式、开发农林；增强体质、夯实基础；开明开放、强力招商；稳步推进、构建和谐；民主管理、加强党建；突出宗旨、改善民生”的工作思路，以建设社会主义新农村为总目标，按照“科学规划、超前发展、突出优势、综合开发”的要求，以集镇建设为龙头，力争通过一到三年的努力，基本形成以集镇为中心的200公顷高新农业工贸区，以服务江铜为依托的667公顷休闲农业区和以王杨公路为纽带的3333公顷商品粮与瓜果生产区，以贵神公路为主线的133公顷蔬菜与苗木花卉区，以泗沥河两岸为主体的1000公顷避洪农业与综合养殖区，综合经济实力进入全市乡镇前列。到2011年底，贵溪恒鹏金属有限公司、红禧工贸有限公司、省龙头企业大忙人实业有限公司、惠昌实业有限公司、省农业龙头企业红谷养鸡场相继落户镇创业园。

在市委、市政府的坚强领导下，泗沥镇党委、政府正以昂扬斗志带领全镇人民不断迈出富民兴镇的新步伐。

泗沥镇政府大楼

泗沥镇光荣敬老院

落户泗沥镇企业——鸿禧制衣有限公司

蛋鸡规模化养殖场——贵溪市红谷养鸡场

新集镇建设——焕然一新的街道

余江县锦江镇

团结务实进取的镇领导班子

宽阔平坦的锦江大道

灌田村杨梅基地

安仁八景之一——孔庙槐荫

锦江镇位于余江县西北部,信江中下游北岸,东邻贵溪市,西接余干县,北靠万年县,南距县城30千米，东距鹰潭市20千米，距311高速公路鹰西出口处10千米，是鹰潭市北大门。206国道斜贯南北，信江终年通航。锦江镇是千年古镇，曾是县城所在地，文化底蕴丰厚，境内名胜古迹甚多，有孔庙槐荫、柳祠桧色等安仁八景，南宋文学家杨万里的《余干溯源至安仁》、朱熹的《安仁晓行》等著名诗篇勾勒出千年前锦江的美景。现有省、市、县文物保护单位7处。

全镇国土面积121平方千米，其中耕地面积2545公顷、林地面积6823公顷，水库总库容1295.72万立方米。万亩以上圩堤两条，总长19.7千米。全镇辖18个村委会，7个社区、居委会，总人口5.6万人，镇区常住人口2.1万人。镇党委下辖2个党总支、49个党支部。2011年全镇地区生产总值4.39亿元，财政收入3194.8万元，农民人均纯收入5676元。

锦江镇工业以微型元件加工业为支柱产业，通过近30年的发展，形成了“百家企业、三千设备、四千工人、万件产品、千万税收、亿元产值”的规模。2002年被评为“全省最大的微型元件生产基地”，也是全国3大微型元件加工基地之一。锦江镇是鹰潭市最大的杨梅生产基地、种兔基地，是鹰潭市蔬菜供应基地之一，素有“蔬菜之乡”之称。

为全面推进锦江镇小康社会进程，锦江镇立足当前，着眼长远，谋划未来，按照标准化项目建设的要求，高起点开展集镇建设。集镇总体规划面积6平方千米，控制规划面积4平方千米。规划总体思路是，保护好老城区，开发旅游；建设好新城区，展示形象；发展好产业区，壮大经济；美化好郊区，建设新农村，以“四区”发展整体推进富裕、秀美、宜居、和谐的新锦江建设，以全新的面貌扮靓鹰潭北大门，为鹰潭打造鄱阳湖生态经济区璀璨明珠作出积极努力。

余江县微型元件产业区

目　录

卷首

特载

大事记

专记

市情概览

中国共产党鹰潭市委员会

鹰潭市人民代表大会常务委员会

鹰潭市人民政府

中国人民政治协商会议鹰潭市委员会

中国共产党鹰潭市纪律检查委员会

民主党派

人民团体

军事

法治

工业

工业园区

农业·林业·水利

商贸与经济合作

龙虎山景区建设与旅游

正一道教与嗣汉天师府

城乡建设

非公有制经济

经济管理与监督

信息化建设

交通

财政·税务

金融

气象·环境保护

科技

教育

文化艺术

新闻出版

医疗卫生

体育

居民生活

民政

劳动就业与社会保障

县(市、区)

驻鹰潭单位

人物

主要统计资料

附录

江西省实施《地方志工作条例》办法

单位风采掠影

特载

编辑、校对：况建军

在市委七届二次全会上的讲话

市委书记 陈兴超

(2011年12月30日)

同志们：

这次会议的主要任务是，传达贯彻中央和全省经济工作会议精神，报告市委常委会今年以来的工作，认真分析当前形势，部署明年我市经济社会工作。志生同志在讲话中对明年的经济社会工作作了全面安排，请大家认真抓好贯彻落实。下面，我讲三点意见。

一、认真贯彻落实中央和全省经济工作会议精神，切实把握做好明年工作的总体要求

今年以来，全市上下紧紧围绕全年目标任务，狠抓贯彻落实，在挑战中抢抓机遇，在困难中开拓进取，经济社会整体保持了较好的发展态势，各项工作都取得了较好成绩。一是发展速度加快。预计全年实现国民生产总值406.6亿元，增长13%；完成财政总收入71亿元，增长28.8%；其中地方财政收入37亿元，增长25.4%。二是发展质量提升。经济运行质量稳步提高，税收收入占财政收入的比重达到90.1%，财政收入占GDP比重达到17.5%，同比分别提高2个百分点和1.5个百分点。三是发展后劲增强。“项目推进年”活动成效显著，一批重大项目开工建设，全市新开工投资亿元以上项目30个，预计完成全社会固定资产投资336亿元，增长30%。四是群众得实惠增加。今年以来，累计投入资金13.6亿元，完成或超额完成省下达的各项民生工程指标。在十分复杂的国内外背景下，取得这样的成绩十分不易。这是省委、省政府正确领导的结果，是全市上下积极进取、努力奋斗的结果。

明年是实施“十二五”规划承上启下的重要一年，做好明年的工作，保持经济社会发展良好势头，具有十分重要的意义。前不久召开的中央和全省经济工作会议，全面分析当前经济形势，明确了明年经济工作的总体要求、目标任务和工作重点，为我们今后的工作指明了方向。我们一定要结合实际，认真学习领会，把握精神实质，把思想和行动统一到中央和省委对形势的科学判断上来，统一到中央和省委关于明年经济工作的决策部署上来，切实增强做好明年经济工作的决心和信心。

要清醒认识明年经济形势的复杂性和严峻性。从大环境来看，世界经济形势总体上仍将十分严峻复杂，世界经济复苏的不稳定性不确定性上升；我国经济发展中不平衡、不协调、不可持续的矛盾和问题仍很突出，经济增长下行压力和物价上涨压力并存，我们正处在一个经济大变局中，面临着诸多可以预见和难以预见的风险挑战。横向比较，其他兄弟市发展势头强劲，区域竞争压力不断增加。从我们自身发展来看，经济总量不大，结构性矛盾比较突出，自主创新能力较弱，信贷资金和建设用地紧张等问题有待我们加以解决。面对国内外严峻的经济形势带来的风险，面对“百舸争流、不进则退”的区域竞争形势，面对我市加快发展和加速转型双重压力，我们一定要增强工作的使命感和紧迫感，坚定爬坡过坎、弯道超车的信心和决心，加强战略谋划，增强应对能力，扬长避短，趋利避害，勇于战胜各种困难和挑战，继续推进鹰潭经济又好又快发展。

要充分认识做好明年经济工作的有利条件。放眼全局，综观大势，总的来看，我市经济社会长期向好发展的基本面没有改变。国家继续实施积极的财政政策和稳健的货币政策，有利于我们抓住时机大力推进项目建设；国内外产业布局调整和资本流动方兴未艾，有利于我们引进资源、技术和人才；鄱阳湖生态经济区、海峡西岸经济区和促进中部崛起等国家战略引领效应进一步显现，有利于我们借助政策优势实现后发赶超。立足总体向好的宏观大势，面对诸多有利的现实机遇，我们完全有理由坚定发展信心。广大党员干部要保持昂扬向上的士气，引导全市上下提振发展信心，引导企业家坚定投资信心，让信心转化为持续迸发的发展能量。

要切实把握市委、市政府对明年及今后一个时期经济工作的总体要求。严峻的经济形势和难得的发展机遇交织并存；我市发展优势明显，但总体发展不足、经济总量偏小、产业结构不合理，资源禀赋优势没有充分转化为发展优势，这是我们对形势和市情的基本判断。基于以上形势判断和市情分析，按照中央和省委决策部署，充分运用市级领导专题调研成果，我们认为：要实现跨越发展，就必须勇于正视困难、积极抢抓机遇，坚持凸现特色，强化项目带动，联动推进城区、园区、景区建设，使做大做强优势产业、促进新型工业化和推进新型城镇化互动发展。为此，我们提出明年和今后一个时期工作的总体要求是：以邓小平理论和“三个代表”重要思想为指导，深入贯彻落实科学发展观，按照“主攻项目、决战三区，凸现特色、实现跨越”的思路，增强发展动力，调整经济结构，深化改革开放，优化生态环境，保障改善民生，把鹰潭打造成富裕、秀美、宜居、和谐的鄱阳湖生态经济区璀璨明珠。“主攻项目”就是坚持把推进重大项目建设作为工作的重要载体和抓手，以大项目、大投入促大发展；“决战三区” 就是以城区、园区、景区为主战场，全面推进新型城镇化和工业化，发展壮大现代服务业，把“三区”打造成区域中心城市、现代工业新城、秀美城市后花园；“凸现特色” 就是坚持扬优成势、以特取胜，做好铜产业、旅游业、物流业三篇文章，加快把鹰潭建设成为绿色“世界铜都”、道教文化旅游胜地、区域物流中心；“实现跨越”就是推进科学发展，加速进位赶超，把鹰潭打造成富裕、秀美、宜居、和谐的鄱阳湖生态经济区璀璨明珠。现在，基本思路已经明确。我们要按照这个基本思路，细化工作目标，强化工作措施，一以贯之地抓好工作落实，确保各项目标任务的实现。

二、把握工作重点，全力推进经济社会又好又快发展

关于明年的工作，钟市长的讲话已部署得很全面，也很具体。在这里，我着重谈谈如何理解、把握和贯彻“主攻项目、决战三区，凸现特色、实现跨越”这一发展思路。

*1. 主攻项目是实现跨越发展的主抓手。*经济增长，靠什么拉动？靠投资、出口、消费三驾马车。我市由于各种原因，经济总量偏小、结构单一，总体欠发达的现状仍没有得到根本性改变。目前出口、消费不是我们鹰潭的优势，只有依靠投资。有项目，就有投资，有投资，就能拉动经济增长。因此，在下一步的工作摆布中，我们提出的第一句话就是要全力主攻项目。项目就是鹰潭发展的引擎，就是鹰潭发展的希望；没有项目，再好的蓝图都是纸上谈兵，再好的美景都是空中楼阁。抓项目，一要在“谋”字上下工夫。一个项目，谋得好就是财富，谋得不好就是包袱。在这方面，我们既有成功的经验，也有值得总结的教训。谋好项目，既要善于结合自身实际、立足地方特色，又要善于研究国家政策导向、把握投资重点方向，更要能够站在惠及百姓利益、促进科学发展的高度来谋划好项目，从而整体提高项目的科学性、系统性、前瞻性和带动力。二要在“引”字上下工夫。项目是需要投入的，鹰潭的自身条件和经济实力，决定了我们只有立足鹰潭、面向全国甚至更广领域，整合各方资源为我所用，以大项目带动大发展。要紧紧抓住当前国际和沿海地区产业转移有利时机，围绕重点产业、重点地区、重点企业、重点客商，主动出击，拓宽渠道，引进一批大项目、好项目。要进一步推进“三争”工作，把符合国家产业和区域发展政策的领域，作为我们工作的主要着力点和突破口，加强沟通与合作，努力争取国家在项目、政策、资金等方面更大的支持。要制定优惠政策，鼓励能人回乡创业，创办经济实体，增强发展的活力与后劲。三要在“成”字上下工夫。对谋好了、看准了、引进了的项目，就要以最优的服务、最快的速度，让其落地生根、开花结果，决不能因为我们操作上的不科学、服务上的不到位而流落他乡、半途而废。为高位推动、快速推进明年必须抓好的27个重点产业、重大城建、重要民生项目，市委市政府建立了市领导联系重点项目建设工作机制，希望市政府分管领导和市联系领导和责任单位切实担负起这份责任，按照既定要求全力抓好落实，确保重大项目顺利实施。

*2. 决战“三区”是实现跨越发展的主战场。*城区、园区、景区，是我市经济发展的重要增长极，是实现跨越发展的主战场。决战“三区”，一方面，要强化规划的引领作用，全力推进“三区”建设。这方面关键就是要有大视野、大气魄、大手笔。前不久我们到吉安考察，我感觉最重要的就是他们在规划上做足了文章，站得高、看得远、定位准，有许多值得我们学习和借鉴的地方。我们一定要立足当前、着眼长远，既要延续已有的思路，又要敢于突破和创新，做到该大气的就要大气，该投入的就要投入，该放弃的就要放弃，绝不能因我们的认识水平而降低规划品位，绝不能因我们的财力问题而再出现短视行为。为此，在城区规划建设方面，要进一步完善城市总体修编，明确城市空间布局和各板块功能定位，搞好关键地段、主要节点和重要设施的规划设计，健全完善配套功能，力促“老区改造上品位，新区建设出形象”。在园区规划建设方面，要围绕打造工业新城的目标，做好园区产业规划，优化工业战略布局，完善园区功能配套，以工业化和城市化的融合发展，为“决战5000亿，实现新跨越”提供更加广阔的平台。在景区规划建设方面，要积极借鉴外地景区开发的成功经验，敢于跳出已有的发展思路，敢于突破零打碎敲式的经营模式，争取引进大企业、大财团投资整体规划开发建设景区，使景区在新的起点上实现裂变式的发展。另一方面，要进一步

创新体制机制，增强决战“三区”的活力和动力。体制机制的创新和理顺，是有效推动工作开展的重要途径。随着形势的变化，经济社会的发展，改革的深入和国家政策的调整完善，“三区”发展和建设领域中一些原有的体制机制难免会出现不适宜的情况，甚至会成为经济社会发展的障碍和“瓶颈”。这就要求我们要自觉克服因循守旧、固步自封的思想，勇于摒弃按惯例、凭经验的思路方法，善于继承发扬、比较借鉴和推陈出新，敢于用体制机制的创新来破解改革和发展中的难题。希望有关方面按照市委市政府已经作出的部署，尽快形成方案，加紧修改完善，按照务实管用、成熟一个出台一个的原则，稳步推进与实施，力求在市高新技术产业园区和龙虎山风景名胜区的管理体制、金融领域的投融资体制等方面，取得突破性进展，为“三区”建设乃至全市加快发展增添新的活力和动力。

3. 凸现特色是实现跨越发展的主方向。凸现特色，大力发展铜产业、旅游业、物流业，是将我市资源禀赋优势转化现实发展优势的必然选择。一是做大做强铜产业。依托江铜、服务江铜，强化和江铜战略合作关系，认真落实支持江铜发展的政策措施，支持江铜做大做强。大力发展铜精深加工产业，延伸产业链条，促进铜产业转型升级，不断提升铜产业综合竞争力，把鹰潭打造成名副其实的“世界铜都”。二是做大做强旅游业。要围绕“创建AAAAA级景区，打造旅游目的地”目标，按照吃、住、行、游、娱、购等旅游要素“相对集中、形成规模”的要求，促进功能区合理布局，不断完善服务设施，提升服务水平，做旺旅游人气，打造集观光、休闲、养生、度假为一体的旅游目的地。三是做大做强物流业。继续大力推进物流平台建设，加强专业市场建设、整治和管理，不断完善市场基础设施，加大对物流企业扶持力度，大力发展第三方物流，加速物流要素集聚，努力把我市建设成为重要的区域物流节点城市。同时，要进一步促进金融、信贷、信息、文化、房地产等产业健康平稳较快发展。

4. 促进和谐是实现跨越发展的根本保障。一方面，要切实关注和改善民生。民生是社会和谐的重点和关键，也是经济社会发展的根本目的。在跨越发展的进程中，必须把保障和改善民生作为基础性、根本性工作抓实抓好，让最广大的人民群众享受到实实在在的成果。这方面工作中，我们一定要有这样的理念：宁愿少盖一栋楼、少买一辆车、少增一点GDP，也要把与群众生产生活息息相关的事情办好。正是基于这一考虑，换届以来，新一届市委市政府没有急着铺摊子、忙于上项目，而是从市民反映最急迫最关切、历届市委市政府想办而没有来得及办的小街小巷改造做起。事实表明，尽管这项工作实施起来非常难，但是只要我们真正是为群众考虑，为群众谋利，就肯定能赢得群众的支持和拥护，从而树立党和政府在群众中的良好形象。在下一步工作中，我们一定要一如既往、一以贯之地把保障和改善民生工作摆在重要位置，既注重着眼于保障人民群众的基本公共需求，下大力气解决多数人共同关注的问题，又注重着眼于保障困难群体的基本生存需求，更加重视解决少数人的特殊困难，让改革发展的成果更多地惠及广大群众。另一方面，要切实维护社会稳定。没有稳定的环境，一切发展都无从谈起。我们一定要始终从全局和战略的高度，充分认识维护社会稳定的极端重要性，切实抓好社会管理和稳定工作。要不断健全、完善属地管理、分级负责、“谁主管谁负责”和“一岗双责”等制度，逐级建立健全主体明晰、责任明白、要求明确的综治维稳领导责任制，扎实推进社会矛盾化解工作，保持社会稳定。要进一步加强和创新社会管理，增强基层自治能力，最大限度增加和谐因素，最大限度减少不和谐因素，努力营造和谐的社会环境。

三、加强党的建设，切实强化跨越发展的组织保证

做好明年的工作，推动经济社会跨越发展，关键在党的领导。我们务必按照科学发展观的要求，顺应形势任务发展变化的需要，进一步加强党的建设，全面提升党的建设科学化水平，为实现跨越发展提供坚强的组织保证。

第一，坚持抓班子带队伍，进一步提高干部队伍的理解力、执行力和操作力。从推动鹰潭发展来说，市委市政府确定的各项决策部署的实施、各项战略目标的实现，需要各级党政组织和广大党员干部有效执行和狠抓落实。为此，必须大力加强干部队伍建设，着力提高各级领导班子和广大干部的理解力、执行力和操作力。提高理解力，就是要积极主动思谋，对本地本部门落实市委市政府决策部署做什么、怎么做，做到底数清、情况明，方向对、着力点准。提高执行力，就是要做到看准了的事就办、定下了的事就干，不管遇到任何困难和阻力，都坚定不移，一抓到底，坚决克服“不调度就不动、不督查就不问、不通报就不急、不批评就不痛”的懒散之风。提高操作力，就是既勇于打破条条框框，敢于探索发展新路，又严守“底线”、不闯“红灯”，善于创造性地落实工作，调动一切积极因素为我所用、促进发展。在干部队伍建设特别是干部的选拔任用上，市委态度非常明确，就是要围绕强化正确的用人导向，坚持德才兼备、以德为先的用人标准，不断深化干部人事制度改革，以实践锻炼干部，以干事识别干部，以实效检验干部，凭德才使用干部，把推动发展有思路、有激情、有办法，攻坚克难善突破、勇负责、敢担当的干部选拔上来，使想干事的有舞台，干成事的有奔头，不干事的没市场。

第二，坚持抓基层强基础，进一步提高基层组织的创造力、凝聚力和战斗力。党的基层组织是党的全部工作的基础。基层组织战斗力的强弱，关系到工作能不能落实，目标能不能实现。要适应新形势新任务的要求，积极探索加强基层组织建设的新途径、新办法，使党的基层组织始终保持先进性，充满生机和活力。当前的工作重点，就是要认真落实省委关于推进基层党建工作项目化发展的要求，按照“党建工作项目化，项目推进标准化”的基本思路，全面推进基层党建标准化项目建设，并将这项工作作为全市党的基层组织建设的重点内容和重要抓手,通过推行乡村办公场所、便民服务中心、日常运行机制和集镇建设标准化，全面提升基层党建科学化水平。这项工作各地行动的快慢和推进力度的大小，实际反映的是各级干部认识程度和执行水平。干部的执行力和操作力如何，放到重点工作、中心工作的“天平”上一衡量就出来了。希望各地各有关部门高度重视这项工作，切实加大推进力度,通过基层党建标准化项目建设,真正把基层组织的形象立起来、威信树起来、战斗力聚起来,进一步夯实党的执政基础。

第三，坚持抓作风促落实,进一步营造风正劲足的发展氛围。作风决定执行力、决定落实成效。面对新形势、新任务、新目标,必须加强作风建设，进一步严明纪律、改进作风、求真务实、提高效率。2012年,市委市政府将组织开展整顿干部作风、优化发展环境专项活动,针对党员干部中存在的“精神懈怠的危险,能力不足的危险,脱离群众的危险,消极腐败的危险”,着力解决工作作风上的“庸、懒、散”问题,领导作风上的“假、浮、蛮”问题,为政不廉上的“私、奢、贪”问题,在干部作风建设上做到“破十疾、兴十风”①,在优化发展环境上做到“十推行、十严禁”②。围绕以上内容，在全市范围内展开自查自纠、集中整改、建章立制工作,以整风肃纪的决心和举措加强干部作风建设。同时,成立了以市委书记为组长,市委副书记、市纪委书记、市委组织部部长任副组长的专项活动领导小组,高位推动,加强督促检查、开展明察暗访,对损害发展环境的行为,发现一起,查处一起,绝不姑息手软,下大力、用重拳、出硬招,进一步优化发展环境。切实加强党风廉政建设,各级领导干部要率先垂范,以身作则,坚持勤政廉政,带头弘扬正气,自觉接受监督,以优良的党风带政风促民风，营造风正劲足的干事创业氛围。

现在正值年终岁尾，新春佳节也即将来临,各项工作千头万绪。各级各部门要在抓好发展工作不松劲的同时，认真组织好节日期间的访贫问暖等走访活动，切实安排好困难群众的生产生活，同时抓好安全生产和社会稳定工作，让人民群众过一个欢乐、喜庆、祥和的新春佳节。

同志们,新的一年即将开始。让我们紧密团结在以胡锦涛同志为总书记的党中央周围，高举中国特色社会主义伟大旗帜，深入贯彻落实科学发展观，在省委省政府坚强领导下,科学务实,积极作为,开拓进取,扎实苦干,努力开创鹰潭发展的新局面，以优异成绩迎接党的十八大胜利召开!

政府工作报告

——2011年9月24日在鹰潭市第八届人民代表大会第一次会议上

市长 钟志生

各位代表:

现在,我代表市人民政府,向大会作政府工作报告,请予审议,并请市政协各位委员和列席会议的同志提出意见。

一、五年来政府工作回顾

五年来,在省委、省政府和市委的正确领导下,全市上下认真贯彻落实科学发展观,紧紧围绕建设鄱阳湖生态经济区璀璨明珠的目标,按照“以发展凝聚人心、以改革拓展空间、以正风气形成合力、以加强组织建设强化保障”的总体要求,扎实推进“四大一新”发展战略,积极应对国际金融危机的巨大冲击,战胜了历史罕见的雨雪冰冻灾害和特大洪涝灾害,全面和超额完成了“十一五”规划目标,实现了“十二五”良好开局,全市经济社会跃上了科学发展、进位赶超、绿色崛起的新起点。

①“破十疾、兴十风”:一破因循守旧之疾,兴创新思变之风;二破庸碌无为之疾,兴锐意进取之风;三破萎靡颓废之疾,兴勤勉敬业之风;四破自由散漫之疾,兴令行禁止之风;五破弄虚作假之疾,兴实事求是之风;六破漂浮急躁之疾,兴务实苦干之风;七破脱离群众之疾,兴为民服务之风;八破私心严重之疾,兴事业至上之风;九破铺张奢侈之疾,兴艰苦奋斗之风;十破吃拿卡要之疾,兴清正廉洁之风。

②“十推行、十严禁”:一是推行松绑放权,严禁滥用审批;二是推行集中审批,严禁厅外循环;三是推行特事特办,严禁推诿扯皮;四是推行政务分开,严禁暗箱操作;五是推行最低收费,严禁自立标准;六是推行备案制度,严禁擅自检查;七是推行文明执法,严禁以罚代管;八是推行无偿服务,严禁索拿卡要;九是推行中介市场化,严禁强迫代理;十是推行诚信社会建设,严禁干扰市场秩序。

——过去五年是经济综合实力显著提高的五年。2010年,全市实现生产总值344.9亿元,是2006年的2.4倍,年均增长13.6%。财政总收入55.1亿元,是2006年的2.8倍,年均增长29.5%;地方财政收入29.5亿元,是2006年的3.4倍,年均增长36.3%。全社会固定资产投资260亿元,是2006年的3.6倍,年均增长37.3%。社会消费品零售总额86.6亿元,是2006年的2倍,年均增长19.3%。粮食生产连续七年增产,年总产稳定在60万吨以上。县域经济实力增强,贵溪市财政收入连续五年保持全省前三强,余江县2009年和2010年财政收入增幅位居全省第一,月湖区财政收入四年翻了两番;90%的乡镇财政收入超千万元,其中6个乡镇财政收入超亿元。2011年,全市经济继续保持速度加快、质量提升、后劲增强的发展态势,预计全年可实现生产总值400亿元,财政总收入突破70亿元,地方财政收入35亿元,全社会固定资产投资360亿元。

——过去五年是优势产业快速发展的五年。世界铜都建设取得阶段性成效,铜产业成为全省设区市中首个"千亿产业"。2010年,全市铜企业发展到196家,其中铜加工企业107家,铜加工能力达150万吨,铜冶炼能力达100万吨,铜产业主营业务收入达1342亿元。我市相继荣获"中国铜产业基地"、"中国再生资源循环利用基地"、"国家新型工业化产业示范基地"称号,国家铜及铜产品质量监督检验中心、国家冶炼及加工工程技术研究中心获批建设并快速推进。水工业、节能照明、眼镜等非铜工业发展势头良好,主营业务收入达129.3亿元,实现四年翻番。三川集团成功上市,成为全省第一家创业板上市企业。旅游产业实现跨越发展,龙虎山先后荣获"世界地质公园"、"世界自然遗产"桂冠,旅游人次年均增长22 %,旅游总收入年均增长28.8%;其中,龙虎山主景区旅游人数和旅游收入年均分别增长25%和34%。物流产业突飞猛进,物流企业发展到186家,其中营业收入超亿元的31家;现代物流园建设进展顺利。

——过去五年是发展后劲明显增强的五年。五年累计完成投资1010亿元,年均增长35.6%。招商引资成果丰硕,全市累计实际利用外资4.8亿美元,年均增长10.4%;实际引进省外资金392.8亿元,年均增长41%;外贸进出口96.5亿美元,年均增长32%;我市2010年和2011年被评为"浙商重点推荐投资城市"。全市金融机构本外币存款余额由144亿元增加到366亿元,贷款余额由123亿元增加到220亿元。产业结构调整取得实效,三次产业结构由12.8∶53.4∶33.8调整为9.5∶62.8∶27.7。科技创新"六个一"工程①深入实施,科技进步对经济增长贡献率达51%,我市连续四届被评为"全国科技进步先进市"。鹰潭(贵溪)铜拆解加工区通过国家考核验收,成为内陆第一家第七类废料进口转关拆解加工区。鹰潭海关、江西出入境检验检疫鹰潭办事处成功获批,"无水港"项目投入运营,我市被列入国家级公路运输枢纽城市。工业发展平台日趋夯实,鹰潭经济技术开发区、贵溪工业园区跻身全省"十强园区"行列。生态环境明显改善,全面完成了"十一五"节能减排指标任务,万元生产总值综合能耗由1.47吨标准煤下降到1.17吨标准煤。空气环境质量保持国家二级标准,2010年和2011年在全国城市环境综合整治定量考核中位居全省设区市前列,市区、贵溪生活污水处理厂和铜拆解加工区污水处理厂一期建成投运。"两集中、两到位"②改革全面完成,发展环境进一步优化。

——过去五年是城乡面貌发生深刻变化的五年。"一体两翼、一江两岸、四区合一"③的大框架城市格局初步形成。中心城区至贵溪、余江、龙虎山的快速通道建成通车,构建了"15分钟城市生活圈"。全市建成区面积拓展到58.9平方千米,全市城镇化率达47.4%,高于全省2.6个百分点。信江新区建设有序推进,"两桥一堤"④等重点项目进展顺利。老城区改造力度加大,鹰西大道、胜利西路延伸工程、五湖路等城市主干道路网工程竣工,完成棚户区改造32万平方米,新建改造滨江公园、月湖岩公园等城市公园,中心城区绿化覆盖率达43.8%,人均公共绿地面积12平方米。理顺了城市管理体制机制,中心城区环境卫生状况明显改观。童家示范镇建设扎实推进。实现了城际班线公交化。累计投入资金5.5亿元,高标准建成986个新农村示范点。完成渡改桥29座,新建和改造农村公路2200千米,提前两年实现了所有行政村通水泥(油)路。累计投入13亿元水利建设资金,实施了城市防洪工程、余江白塔渠血防工程等重大水利项目,防洪减灾能力显著增强。解决了17.5万农村人口饮水安全问题。造林绿化"一大四小"工程⑤深入实施,累计完成造林面积29.8万亩。农村

①科技创新"六个 一"工程:指的是江西省在2009年至2012年实施科技创新"六个一"工程,即主攻10个优势高新技术产业、培育100个创新型企业、实施100项重大高新技术成果产业化项目、建设10个国家级研发平台、办好10个国家级高新技术产业特色基地、组建100个优势科技创新团队,核心是培育和壮大10个优势高新技术产业。

②"两集中、两到位":"两集中"指的是部门(单位)行政审批职能向一个科室集中,成立行政服务科;行政服务科整建制向行政服务中心集中。"两到位"指的是部门行政审批事项进入行政服务中心到位,部门审批权限授权给窗口到位。

③"一体两翼、一江两岸、四区合一":以月湖区中心城区为鹰潭大框架城市的主体,贵溪市、余江县城区为两翼;鹰潭主城区沿信江两岸建设,将月湖核心区与贵溪市、余江县、龙虎山景区合为一体,构建大鹰潭格局。

④"两桥一堤":"两桥"是指龙虎山大桥、信江大桥,"一堤"是指夏埠城市防洪堤。

⑤造林绿化"一大四小"工程:"一大"指确保全省森林覆盖率达到63%;"四小"指抓好城市、乡镇、农村以及基础设施、工业园区等四个方面的造林绿化工作。

“卫生清洁”工程、村(居)民事务理事会和“数字鹰潭”建设扎实推进。我市被列为全省统筹城乡综合配套改革试点市。

——过去五年是人民生活得到更多实惠的五年。全市城镇居民人均可支配收入达1.56万元,年均增长12.7%;农民人均纯收入达6249元,年均增长11.2%。累计投入资金104.7亿元,强力推进以改善民生为重点的社会建设。就业规模不断扩大,新增城镇就业10.8万人,转移农村劳动力15.9万人。社会保障体系不断健全,实现了城镇职工基本医疗保险、城镇居民基本医疗保险、新型农村合作医疗全覆盖。基本养老保险参保人数由9.3万人增加到15.5万人,累计支付养老金14亿元。5.8万人纳入城乡低保,累计发放低保金2.96亿元。建成经济适用房、廉租房2.26万套,累计发放住房租赁补贴1940万元,初步形成了保障性住房、住房租赁补贴、普通商品房等多层面的住房供应体系。筹资3.4亿元,基本完成了贵冶周边3个村庄整体搬迁工程。教育事业整体推进,全市教育经费由3.74亿元增加到7.6亿元,新建、改扩建校舍40余万平方米,鹰潭一中新校区建设全面推进。公共文化服务体系不断完善,广播电视“村村通”、农家书屋等文化惠民工程深入实施,民族风情山歌戏《七彩畲乡》荣获中国少数民族戏剧“金孔雀”综合大奖和中国少数民族戏剧会演综合金奖,歌曲《旗帜》成功摘取中宣部第十一届精神文明建设“五个一工程”奖。医疗卫生事业健康发展,深入实施“光明·微笑”工程①,在全省率先启动“关心”工程②和儿童白血病免费救治试点工作,累计为4246例白内障患者、188例唇腭裂患者、254例先天性心脏病患儿实行了免费手术治疗,免费救治0至14岁儿童白血病患儿16例。体育事业蓬勃发展,成功承办江西省第十三届运动会,圆满兑现了“给鹰潭一个机会,还省运十分精彩”的庄严承诺。人口和计划生育事业稳步发展。

——过去五年是社会保持和谐稳定的五年。“法治鹰潭”建设扎实推进,“五五”普法圆满完成,“六五”普法全面启动。始终坚持把深化改革、破解难题摆在重要位置,有序推进了非工口7个系统国企改革工作,近5000名职工实现了身份置换。顺利完成了南昌大学铁路医院划归地方管理工作,209名职工实现了平稳移交。妥善解决了国企改革遗留问题,筹资近亿元,为1.2万多名改制企业职工办理了养老保险接续、基本医疗保险。理顺了龙虎山供电所管理体制,全面完成了四冶改制重组、市粮油储运公司改制工作,实现了社会得稳定、企业得发展、职工得实惠。市县政府和乡镇机构改革全面完成。医药卫生体制改革、文化体制改革、农村综合配套改革、国有林场改革有序推进。信访维稳、社会治安综合治理、安全生产、食品药品监管工作扎实开展,城乡社会保持和谐稳定,公众安全感进一步增强。2010年,我市被评为全省社会建设先进市。

统计、审计、监察、人事编制、方志档案、新闻出版、民族宗教、外事侨务、涉台事务、气象服务、防灾减灾、质量监督、民兵预备役、国防动员、拥军优属、人民防空、妇女儿童、老龄、残疾人等工作取得了新的成绩。

各位代表,五年发展的历程极不平凡,取得的成绩来之不易,积累的经验弥足珍贵。这是省委、省政府和市委正确领导的结果,是历届班子真抓实干、务实推进的结果,是市人大依法监督、市政协民主监督的结果,是全市人民锐意进取、顽强拼搏的结果。在此,我代表市人民政府,向全市广大干部群众,向各位人大代表、政协委员、各民主党派、工商联、无党派人士和社会团体,向驻鹰单位、人民解放军、武警官兵、公安民警和离退休老同志,向所有关心、支持、参与鹰潭经济社会发展的各界人士,表示衷心的感谢,并致以崇高的敬意!

在肯定成绩的同时,我们也清醒地认识到,我市经济社会发展还存在不少困难和问题:一是经济总量偏小与经济结构不尽合理的矛盾并存,旅游物流产业规模不大,转变经济发展方式任重道远。二是城市规划引领作用不够,中心城区承载力、辐射力、带动力还不强,统筹城乡发展的力度仍需进一步加大。三是教育、医疗、就业、住房等民生保障与群众的期盼存在一定差距,社会事业发展和社会管理创新的任务仍然十分繁重。四是领导科学发展的能力尚需进一步加强,工作效率有待进一步提高,发展环境还需进一步优化。对这些困难和问题,我们一定高度重视,采取有效措施,认真加以改进和解决。

二、今后五年政府工作的主要任务

今后五年是我市实施“十二五”规划、全面建设小康社会的重要时期,是转变经济发展方式、调整产业结构的攻坚时期,是在全省大格局中更有作为、更有位置、更有形象的关键时期。市第七次党代会指明了今后五年鹰潭科学发展的前进方向,描绘了进位赶超的宏伟蓝图,吹响了绿色崛起的冲锋号角。我们一定要立足新起点,开创新局面,努力实现经济社会又好又快发展。

今后五年政府工作的总体要求是:**以邓小平理论和“三个代表”重要思想为指导,深入贯彻落实科学发展观,加快转变经济发展方式,抢抓鄱阳湖生态经济区建设战略机遇,更加注重产业培育,构建具有鹰潭优势的产业体系;更加注重城市品质,形成城乡联动发展格局;更加注重改革开放,增强经济社会发展活力;更加注重保障民生,提高人民群众幸福指数,努力把鹰潭建设成为富裕、秀美、宜居、和谐的鄱阳湖**

①“光明·微笑”工程:指的是江西省统一实施的一项重大医疗卫生领域民生工程,为所有视力小于或等于4.3的白内障患者和唇腭裂患者实施免费手术治疗。

②“关心”工程:指的是鹰潭市在江西省率先为0至14周岁的先天性心脏病患儿实施免费手术治疗。

生态经济区璀璨明珠。

今后五年的主要奋斗目标是：

全力建设富裕鹰潭。深度实施“四大一新”发展战略，突出项目带动、投资拉动、消费驱动，力争经济总量、财政收入、固定资产投资、城乡居民收入实现翻番，主要经济指标增幅在全省位次前移，确保到2016年，全市生产总值达760亿元，年均增长12%以上；财政总收入148亿元，年均增长18%以上；全社会固定资产投资830亿元，年均增长20%以上；社会消费品零售总额220亿元，年均增长16%以上；城镇居民人均可支配收入3.05万元，年均增长12%以上；农民人均纯收入1.23万元，年均增长12%以上。

全力建设秀美鹰潭。生态环境质量位居全省前列，空气质量稳定保持在二级标准以上，万元生产总值能耗下降16%，全市森林覆盖率达58%以上，城市人均公共绿地面积达15平方米以上，城镇生活污水集中处理率和生活垃圾无害化处理率均达到95%以上，主要河流监测断面水质稳定在Ⅱ—Ⅲ类以上，城市集中式饮用水源地水质达标率达100%，让鹰潭的天更蓝、地更绿、水更清。

全力建设宜居鹰潭。城乡布局合理，基础设施完善，功能配套健全，居住环境舒适，公共服务优化，市民生活满意度和方便度显著提高。城乡就业、教育、医疗、住房等条件明显改善，市民对鹰潭的认同感、归属感、自豪感进一步增强，努力实现让全市人民学有所教、劳有所得、病有所医、老有所养、住有所居。

全力建设和谐鹰潭。大力开展群众性精神文明创建活动，市民文明素质和社会文明程度全面提升。坚持以人为本、民生为重，社会保障体系不断完善。加强和创新社会管理，健全民主法制，维护公平正义，保障社会稳定，公众安全感和人民群众幸福指数明显提高。

围绕上述总体要求和主要目标，今后五年要突出抓好以下七个方面的工作：

（一）建设绿色世界铜都，加快新型工业化

新型工业化是转变经济发展方式的内在要求，更是做大鹰潭经济总量的必由之路。围绕“决战5000亿，实现新跨越”的目标，扩总量，调结构，促转变，上水平，努力构建以铜产业为龙头、以特色优势产业为重点、以战略性新兴产业发展为先导的工业体系，确保到2016年，全市工业增加值和主营业务收入实现翻番，力争分别突破500亿元和5000亿元。

做强铜产业，建设“三个基地、一个中心”①。建设绿色世界铜都，是省委、省政府赋予鹰潭的光荣使命，更是鹰潭做强工业经济的关键所在。壮大产业规模，充分发挥“江铜品牌、政府平台、民企机制”的优势，以超常规的举措支持和服务江铜发展，深化地企一体化合作，全面提升地方铜产业实力，全力打造“三个基地、一个中心”。力争到2016年，铜加工企业突破200家，铜冶炼能力120万吨以上，铜加工能力260万吨以上，铜产业主营业务收入4000亿元以上，地方铜产业主营业务收入突破1500亿元。提升产业水平，大力发展铜精深加工，加速铜产业链向电子行业、家用电器、电力电气、交通运输、建筑行业等方面延伸，不断提升铜产业技术水平、产业层次、配套能力，实现由铜材料基地向铜精深加工基地转变、进而向涉铜终端产品生产基地跨越。夯实产业平台，扎实推进国家铜及铜产品质量监督检验中心、国家冶炼及加工工程技术研究中心建设，强化铜产业科技支撑；积极争取税收等政策支持，加快形成政策洼地效应，努力把铜拆解加工区建设成为绿色世界铜都的流动“城市矿山”，力争到2016年，全市铜拆解能力达180万吨。

做大非铜工业，打造地方优势产业群。按照“依托优势产品，培植著名品牌，形成新兴产业”的思路，加大工业结构调整力度，以特取胜，扬优成势，不断提高非铜工业占全市工业的比重，形成产业链上下游延伸、大中小企业配套的地方优势产业群。依托三川集团的行业优势，建成三川水工产业园，打造“中国水工业之都”。发挥美的贵雅、世纪阳光的品牌优势，建成绿色节能照明产业基地，打造“中国灯谷”。借助“余江眼镜”的网络优势，加快推进鹰潭国际眼镜城建设，打造产业聚集、辐射面广、带动力强的全国重点眼镜生产基地和区域眼镜贸易集散中心。依托同人电子、水晶光电等企业，建设LED原料基地。做大天施康药业，建设生物医药基地。大力发展新能源、新材料等战略性新兴产业，培育新的工业经济增长点。力争到2016年，全市非铜工业主营业务收入突破1000亿元。

做优工业平台，提升园区综合承载力。按照“项目集聚、产业集中、企业集群”的要求，坚持规划一步到位、建设逐步推进，加快配套服务体系建设，提升园区综合承载力、可持续发展能力和差异化竞争水平，努力把鹰潭经济技术开发区、贵溪工业园区、余江工业园区建设成产业特色鲜明、品牌形象突出、服务功能完备的工业发展平台。积极整合资源，完善鹰潭经济技术开发区基础设施和产业配套功能，全力打造国家级高新技术开发区，实现由工业园区向产业新城的转变，力争到2016年，鹰潭经济技术开发区主营业务收入突破1000亿元。强力推进贵溪、余江工业园区建设，加快贵溪工业园区创建省级生态工业园区步伐，努力把余江工业园区打造成为特色产业集聚区，力争到2016年，贵溪、余江工业园区主营业务收入突破1000亿元。

（二）加快城市建设，推进新型城镇化

推进新型城镇化和城市建设是加快经济社会发展的重要引擎。始终坚持把绿色作为城市的底色、把

①“三个基地、一个中心”：指的是围绕打造“绿色世界铜都”目标，把鹰潭建设成为全国最大的铜冶炼基地、铜废旧原料回收利用基地、铜产业加工基地和铜产业物流中心。

文化作为城市的灵魂、把功能配套作为城市建设的重点，突出宜居宜业宜游主题,大空间布局、大项目推进、大配套建设,努力把鹰潭建设成为布局合理、特色鲜明、环境秀美的鄱阳湖生态经济区中心城市，确保到2016年,全市城镇化率达58%。

坚持规划引领,优化城乡布局。城市之美,源于规划。按照统筹城乡发展和建设大框架城市的要求,高起点规划，面向国内外选聘一流规划设计团队，加强市域经济社会发展战略规划研究，修编完善城市总体规划、城镇体系规划、土地利用规划，为鹰潭未来发展制定科学清晰的“路线图”。结合城市发展、产业布局和社会事业发展需要，加快编制城市近期建设规划、城市重点区域控制性详细规划和重要节点、重大项目的修建性详细规划。切实抓好市政管网、综合交通、商业网点、社会事业等各类专项规划编制，努力形成以市域经济社会发展战略规划为统领、城市总体规划为依托、产业布局规划为支撑、各类专项规划为纽带、中心城镇和村庄规划为节点的城乡规划体系，实现城乡规划全覆盖。

做靓中心城区,提升城市品质。城市的魅力不在于大小，而在于城市的定位、功能和品质。以完善老城区基础设施和功能配套为重点,以信江新区建设为中心,构建“一江两岸”城市发展格局,切实增强中心城区承载力、辐射力、带动力。加快信江新区建设步伐，完成信江新区主干道建设,形成“三横三纵”路网体系;建成杭长高铁鹰潭北站、市行政中心、信江新区医院等一批市政公共设施,加快商业娱乐、星级酒店、房地产开发等项目建设，做旺信江新区人气，全面完成信江新区一期建设任务。加大老城区改造力度,下大力气解决城市道路交通、防洪排水、小街小巷等突出问题;进一步完善老城区基础设施和公共服务配套功能,贯通林荫西路、四海路、院里路,改造建设路、环城路、梅枫路,形成“五横九纵”城区路网;加快棚户区和“城中村”改造步伐;全面改造鹰东大道、鹰南大道等城市进出通道,展示路靓城美新形象。精心实施城市绿化、美化、亮化工程,建设信江新区中央公园、白鹭公园、鹰西湿地公园、信江两岸景观带及一批社区小游园,改造完善东湖公园、鹰潭公园、梅园公园等城市公园,挖掘文化底蕴,彰显城市特色,提升城市品质。深入开展宜居城市、卫生城市、文明城市、生态城市创建活动,健全城市管理体制机制，提高城市管理服务水平。

加快县城和中心镇建设，有序推进城乡一体发展。县城是促进县域经济发展的载体，是联结城市和乡村的纽带。中心镇处于城市之尾、农村之首的重要位置，是辐射和带动农村发展的重要依托。按照统筹城乡发展的要求，全力加快县城和中心镇建设，构建以中心城区为核心、以贵溪和余江县城为骨干、以重点镇(示范镇)为节点、以小集镇和村庄为基础的城乡一体发展新格局。全面提升县城规划、建设、管理水平,努力把县城建成规划科学、规模适度、设施配套、环境优美、各具特色的副中心城市。着力加快童家、罗河、余家、洪湖、锦江、中童、上清等中心镇建设,推进土地、产业、人口三集中，努力把中心镇建设成为促进农村发展的消费中心、生产要素集散中心、社会保障和公共服务中心。

(三)壮大旅游物流经济,繁荣第三产业

旅游物流产业是富民强市的朝阳产业,是转变经济发展方式、调整经济结构的绿色产业，更是带动鹰潭现代服务业发展的支柱产业。大力发展以旅游为重点的生活性服务业和以物流为纽带的生产性服务业,全面提升第三产业发展水平,确保到2016年,第三产业增加值占生产总值的比重达39.5%。

发挥品牌优势,提升旅游产业发展水平。按照“以旅游聚人气,以人气促配套,以配套引招商,以招商求发展”的思路,围绕把鹰潭建设成为“中国丹霞·道教文化旅游胜地”的目标,壮大旅游产业规模,确保到2016年，全市旅游总收入达160亿元，旅游总人次达2000万人次;其中,龙虎山主景区旅游人数突破100万人、旅游收入3亿元以上。用好世界地质公园、世界自然遗产等金字招牌,以龙虎山创建国家“AAAAA”级旅游区为抓手,推进圣景山漂流、丹霞养生谷等旅游景点景区开发，丰富旅游产品;改造景区路网、水网、电网,完善景区旅游基础设施;加快星级酒店建设、旅游商品开发,健全景区旅游要素配套；深度挖掘道教文化资源,启动龙虎山申报“世界文化遗产”工作,积极推进龙虎山旅游上市，增强龙虎山旅游核心竞争力，全面提高龙虎山旅游发展水平。依托“中国优秀旅游城市”品牌,加快城景互动，提升中心城区旅游功能,积极整合县(市、区)旅游资源,拉长旅游产业链条,延伸发展特色文化游、生态养生游、工业游、乡村游，形成以龙虎山景区为龙头、以中心城区为依托、以贵溪和余江为两翼的大旅游发展格局。

依托“好口子”优势,增强物流产业综合实力。按照“产业支撑物流,物流推进产业”的发展模式,大力推进货运产业发展，积极发展综合物流、冷链物流,引进壮大第三方物流企业,加快现代物流园、海关商检大楼、保税物流园区等物流平台建设,深入实施口岸基础设施建设、物流信息化建设、物流主体培育和引进等工程,努力构建“大流通、大通关、大口岸”格局,全面提升鹰潭物流产业辐射力和竞争力，全力打造全国区域性物流节点城市，力争到2016年,物流产业营业收入突破200亿元。

用足政策优势,活跃城市经济。进一步完善商贸规划布局,建设一批商贸、流通、配送中心和特色专业市场,放宽准入,做优环境,做大市场,形成立足鹰潭、辐射周边的市场体系。进一步加强土地管理,把握好用地、供地的规模、结构、布局和时序,最大限度发挥土地资源的效益,保障经济社会发展建设用地需求。进一步规范房地产市场，促进房地产业健康有序发展。加快金融业发展步伐，积极引进商业银行和资本运营类企业入驻鹰潭，组建农村商业银行,加快发展村镇银行,促进金融业与经济的良性互动。鼓励支持重点骨干企业上市融资。规范发展总部经济、楼宇经济。大力发展餐饮娱乐、社区服务、中介服务等其他服务业。搭建创业平台,积极引导鹰潭籍在外能人返乡创业。

(四)大力发展现代农业,夯实"三农"基础

坚持以城带乡、以工促农,全面落实各项惠农政策,整体提升农业生产力、农村承载力和农民增收能力,形成区域化布局、标准化生产、产业化经营、社会化服务的发展格局。

抓好"米袋子"、"菜篮子"。坚持和完善最严格的耕地保护制度,守住132万亩耕地保有量的底线。大力实施新增亿斤优质稻谷生产能力工程,加快推进高标准农田、农业综合开发、造地增粮等项目工程建设,推广水稻增产综合配套技术,保障"米袋子"供应,确保到2016年,全市粮食播种面积稳定在170万亩左右,总产稳定在64万吨左右。以贵溪市、余江县分别被列为全省蔬菜基地建设重点县和全国生猪大县为契机,大力实施新一轮"菜篮子"工程,积极推进生猪标准化养殖工程、万亩蔬菜基地等重大项目建设,加快发展经济作物、水产养殖等多种经营,完善农产品质量安全检测体系,确保农产品安全有效供给。

推进农业产业化。深入实施农业产业化"双十双百双千"工程①,围绕粮食加工、畜禽养殖、商品蔬菜、笋竹、花生、油茶等开发,提高农业产业化水平。力争到2016年,全市省级以上农业产业化龙头企业突破50家、销售收入突破100亿元。积极推进现代设施农业、园区农业,加快发展循环农业、清洁农业,大力发展开放型农业,努力打造鄱阳湖生态经济区现代观光农业示范区、生态循环农业实验区、外向型农业发展先行区。

加快农业基础设施建设。全面完成夏埠防洪堤、鹰西片等城市防洪工程。完成中潢圩堤和283座国家规划内病险水库除险加固任务。完成信江及白塔河(泸溪河)、罗塘河等9个信江干流防洪治理工程和雷溪联圩、马荃圩等17个中小河流治理项目。实施好贵溪市、余江县全国小农水重点县建设,完成余江县、龙虎山景区山洪灾害预警系统建设,治理水土流失面积150平方千米。加大民生水利建设,不断提高农村自来水普及率,全面解决28.45万人农村人口饮水安全问题。改造农村公路2400千米,基本实现农村公路网络化。实施农村公路综合服务站建设,力争到2016年,所有行政村通班线车。

深入实施新农村建设。坚持因地制宜、科学规划、分类指导、整体推进,进一步加大投入,突出景区、交通要道沿线、城乡结合部和集镇周边村庄,全面落实"三清六改四普及"②,打造一批精品亮点,确保每年建成300个左右新农村建设点。继续深入推进农村"卫生清洁"工程,努力实现农村垃圾处理减量化、无害化、资源化。大力实施造林绿化"一大四小"工程,创建一批森林乡镇和森林村庄。

(五)深化改革开放,不断增强发展动力和活力

改革是激发创新的不竭源泉,开放是加快发展的永恒动力。坚定不移实施大开放主战略,在扩大开放中赢得发展机遇,提升发展水平;积极稳妥推进重点领域和关键环节改革,在深化改革中破解发展难题,拓宽发展空间。

扩大开放,大力发展外向型经济。牢固树立"让大利、招大商、大发展"的开放意识,进一步强化抓招商就是抓发展、抓项目、抓财源的理念,把招商引资作为增强经济发展后劲的强大动力,不断提高招商引资实效,确保5年累计实际利用外资突破10亿美元,引进省外资金突破1000亿元。坚持"三突出",创新招商方式。突出产业招商,突出项目招商,突出以商招商,围绕铜精深加工、水工业、节能照明、新能源、新材料、旅游、物流等重点产业,积极组团参加各类招商活动,加强与央企、国内500强、世界500强的对接,着力在引进大企业、大项目上求突破。坚持"三为主",强化招商主体。按照政府引导、企业自愿、市场化运作的原则,坚持优化环境以各级政府为主、外出招商以专业队伍为主、联络渠道以行业商(协)会为主,打造联合招商主体,形成"大整合、大招商、大发展"格局。坚持"三级抓",落实招商责任和招工任务。进一步完善市、县、乡三级联动机制,加大对签约项目的跟踪推进力度,配套做好企业招工服务,不断提高合同履约率和项目开工率。高度重视对外贸易工作,进一步扩大对外经济技术合作,加快"走出去"步伐,确保到2016年,全市进出口总额超过100亿美元。

深化改革,激发各领域创造潜能。坚持市场化改革方向,突出改革的系统谋划和综合配套,着力构建充满活力、富有效率的体制机制。深化行政管理体制改革,突出公共服务,强化社会管理,规范工作运转,促进公正执法,进一步转变政府职能。深化财政体制改革,全面加强税源建设,优化财税结构,增加可用财力,提高收入质量和资金使用效益。深化投融资体制改革,做强担保机构,积极探索中小企业集合票据、集合信托、短期融资券等新型融资方式,拓宽融资渠道。深化医药卫生体制改革,建立较为完善的基本医疗保障体系、基本药物制度体系、基本医疗服务体系和基本公共卫生服务体系。积极推进水资源管理体制改

①"双十双百双千"工程:指的是江西省实施的农业产业化工程,即省级抓好10个年销售收入超10亿元的龙头企业,市级抓好100个年销售收入超亿元的龙头企业和100个优质农产品生产基地,县级抓好1000个"一村一品"村和1000个农民专业合作社。

②"三清六改四普及":"三清"指的是清垃圾、清污泥、清路障;"六改"指的是改房、改水、改厕、改路、改栏、改环境;"四普及"指的是普及太阳能、沼气池、有线电视、电话。

革,变水资源为水资本,探索涉水事务一体化管理机制和经营模式。加强国有资产管理,确保国有资产保值增值。积极推进文化、教育等行业改革。

(六)切实保障改善民生,提升人民群众幸福指数

加快发展是政府的第一要务,保障民生是政府的首要职责。始终坚持经济发展与民生改善相统一,注重包容性增长和共享式发展,着力解决涉及群众切身利益的重大民生问题,促进社会公平正义,不断增强人民群众的幸福感。

积极促进就业。实施更加积极的就业政策,突出做好高校毕业生、农村转移劳动力和城乡困难群体就业工作,以政策拉动就业。加大职业技能培训力度,完善培训机制,以培训促进就业。健全公共就业服务体系,提高人力资源市场配置效能,实现各类劳动者、就业政策、用人单位和岗位间的有效对接,以服务引导就业。营造宽松的创业环境,充分发挥小额担保贷款扶持创业的作用,以创业带动就业。确保到2016年,新增城镇就业11万人,新增转移农村劳动力6.5万人,发放小额担保贷款突破10亿元。

完善社会保障体系。以基本养老、医疗、失业、工伤、生育保险和最低生活保障制度为重点,不断扩大社会保障覆盖面,逐步提高社会保障待遇标准,努力实现人人享有基本社会保障。认真落实社会保障各项政策措施,加快推进市社会福利中心、市县级和社区标准化养老服务中心、市残疾人综合服务中心、市未成年人救助保护中心等项目建设,构建覆盖城乡居民的社会保障体系,实现城乡居民养老保险、医疗保险和城乡社会救助全覆盖。进一步完善城镇职工和居民基本医疗保险、新型农村合作医疗制度,逐步提高城乡居民医疗保险筹资标准和保障水平,确保城乡居民医疗保险参保率稳定在95%以上。完善失地农民基本保障制度,落实失地农民的征地补偿、社会保险和就业政策。提高城乡低保对象、农村五保对象保障标准及孤儿养育标准。

加大保障性住房建设力度。多方筹措资金,加大投入,加强保障性住房建设、分配和管理,逐步改善低收入家庭的住房条件,努力形成廉租房、公共租赁房、经济适用房相配套的住房保障体系,确保到2016年,全市保障性住房覆盖面达23%以上。

(七)大力发展社会事业,提高社会建设和管理水平

加强社会建设,是构建和谐社会的必然要求。创新社会管理,是维护社会安定团结的重要保证。以社会管理创新试点工作为抓手,协调发展各项社会事业,做好新形势下的群众工作,最大限度增加和谐因素,最大限度减少不和谐因素,努力构建既充满活力又和谐稳定的新鹰潭。

加快发展教育、卫生事业。加大教育经费投入,整合城乡教育资源,调整学校网点布局,促进各级各类教育均衡发展。普及学前教育,确保到2016年,每个乡镇建成1所示范中心幼儿园;落实义务教育,大力实施义务教育学校标准化建设工程,提升义务教育办学水平;办好高中教育,积极扩充优质高中教育资源,全面完成鹰潭一中新校区建设;发展职业教育,规划启动鹰潭高等职业教育产业园区建设,扩大职业教育规模,提高职业教育水平。积极引导和鼓励社会力量办学,加快发展民办教育。切实加强校长和教师队伍建设,全面提升校长、教师的综合素质和业务水平。积极稳妥推进卫生资源整合,新增医疗卫生资源重点向农村和城市社区倾斜,推进市人民医院整体改造和区域卫生信息化工程,加快以市肿瘤医院、市传染病医院、市精神病医院为重点的各类专科医院建设,全面完成社区卫生服务中心建设和乡镇卫生院改造,加大以全科医生为重点的基层医务人员的培训力度,优先满足群众基本医疗卫生需求。继续深入实施"光明·微笑·关心"工程,积极开展儿童白血病和困难群体尿毒症免费血透救治工作。

重视发展科技、人才事业。充分发挥科技第一生产力和人才第一资源的作用,不断增强核心竞争力。深入实施科技创新"六个一"工程,规划建设2个国家级共性技术研发服务平台、2个国家工程技术研究中心、6个国家和省认定的企业技术中心,不断提升科技创新能力。力争到2016年,以创新能力建设为主导的区域科技创新体系达到全省领先水平,以铜产业为主导的科技创新能力达到全国领先水平,科技进步对经济增长的贡献率达55%以上。积极实施人才强市战略,以开发高层次创新型科技人才和重点领域人才为重点,积极实施"百千万"人才工程,健全人才培养体系,创新人才引进机制,优化人才发展环境,努力为经济社会发展提供强有力的人才支撑,构筑鄱阳湖生态经济区人才高地。

推进发展文化、体育事业。加快文化创意产业发展,启动文化创意产业园区建设,重点培育10个具有自主知识产权、业务收入超亿元的文化产业龙头企业,力争到2016年,文化产业增加值年均增长15%以上,全市文化产业主营业务收入突破20亿元。深入实施文化惠民工程,加快市文化艺术中心、农家书屋建设,改造市图书馆、市博物馆、市群艺馆,构建覆盖城乡、惠及全民的公共文化服务体系,满足人民群众日益增长的精神文化需求。全面落实《全民健身条例》,积极开展群众喜闻乐见和具有特色的全民健身活动,让"我运动、我健康、我快乐"的理念深入人心。加大城乡体育设施建设投入,力争到2016年,1000米范围内拥有免费开放体育设施的居住区比例达100%,50~80%的乡镇、50%的行政村建有公共体育设施。进一步提高群众体育和竞技体育发展水平。

加强和创新社会管理。以村(居)民事务理事会为抓手,充分调动基层组织、基层群众参与社会管理、公共服务的积极性和创造性,着力构建党委领导、政府负责、社会协同、公众参与的社会管理格局。理顺社区管理体制,创新社区管理模式,按照"调整一批、改造一批、建设一批"的要求,下大力气解决社区管理服务用房问题,完善社区服务配套设施,努力把社区建设成为党和政府联系服务群众的窗口,成为群众自我教育、自我管理、自我服务的阵地。加强和改进信访工作,妥善处理

土地征用、拆迁安置、涉法涉诉等方面的矛盾和问题。完善社会治安防控体系，强化社会治安综合治理和法制宣传教育工作，依法严厉打击各种违法犯罪活动。严格落实安全生产责任制和事故责任追究制，毫不松懈抓好重点行业、重点领域的安全生产工作，坚决遏制重特大安全事故的发生。加强网络舆情的引导和管理，完善应急管理体系，提高应对和处置突发公共事件的能力。做好人口计生工作，提高出生人口素质。加强国防后备力量建设，深入开展“双拥”共建活动，巩固发展军政军民团结。

三、切实加强政府自身建设

发展的重任、人民的期盼，对政府自身建设提出了新的更高要求。按照科学化、规范化、制度化的要求，扎实推进政府管理创新，以领导方式转变加快发展方式转变，着力提高推动科学发展的能力，努力做到为人民服务、对人民负责、受人民监督、让人民满意。

（一）坚持以民为本，建设服务政府。牢固树立执政为民的理念，始终把民本意识融入到思想情感里，体现在政策措施中，落实到具体行动上。更加注重服务基层、服务群众，坚持问政于民、问需于民、问计于民，深入基层和一线，解决实际问题，多干群众期盼的事，多干百姓急需的事，多干人民受益的事，真正使群众过去的利益得到保护、现实的利益充分享受、未来的利益能够看到。更加注重服务企业、服务项目，完善服务政策体系，强化行政服务中心功能，巩固和深化“两集中、两到位”改革成果，精简审批事项，优化办事流程，推行网上审批，做到政策跟着项目走、服务贴着企业做，进一步提高服务质量和效率。

（二）突出落实为要，建设效能政府。政府工作贵在落实。强化责任抓落实，明确目标进度，突出过程监管，严格督查问责，确保办事高效，运转协调，政令畅通。提高效能抓落实，创新工作机制，坚持“工作要实、节奏要快、程序要到、效果要好”，突出“快”字领先、“好”字当头、“实”字为要，抓具体，抓细节，抓关键，力促政府工作快节奏、高效率。转变作风抓落实，坚持以事业为重，解放思想，勇于创新，敢于担当，善于操作，做到既讲程序又讲效率、既讲原则又讲变通、既讲分工又讲合作，切实提高政府执行力和操作力。

（三）推进依法行政，建设法治政府。坚持把依法行政贯穿于政府工作的全过程，严格按照法定程序、法定权限、法定职责行使人民赋予的权力。健全政府重大事项决策规则，进一步完善公众参与、专家咨询、风险评估、合法性审查和集体讨论决定的决策机制，推进决策科学化、民主化、制度化。大力推进政务公开和政府信息公开，充分保障人民群众的知情权、参与权和监督权。自觉接受人大及其常委会的法律监督和政协的民主监督，广泛听取各民主党派、工商联和无党派人士的意见和建议，认真办理人大代表建议和政协委员提案。加强行政执法监督，自觉接受新闻舆论监督和社会公众监督，支持审计、监察部门依法履行监督职责。

（四）增强廉政意识，建设廉洁政府。全面落实党风廉政建设责任制，切实抓好政府系统党风廉政建设和反腐败工作，坚决贯彻廉洁自律各项规定，严格执行《廉政准则》，努力打造一支政治坚定、业务精通、作风优良、廉洁高效的公务员队伍。坚持用制度管权、靠制度管人、按制度办事，强化对行政审批、招投标、土地出让、政府采购、国有资产产权交易等重点领域和关键环节的监管，让权力在阳光下运行。坚持厉行节约，推进公务接待、公车使用、公费出国3项制度改革，努力降低行政成本，树立政府清正廉洁的形象。

各位代表，新一轮发展的蓝图已经绘就。我们面临的任务艰巨而光荣，肩负的责任重大而神圣。让我们紧密团结在以胡锦涛同志为总书记的党中央周围，在省委、省政府和市委的坚强领导下，团结一心，开拓进取，扎实工作，奋力谱写鹰潭科学发展、进位赶超、绿色崛起的崭新篇章，为把我市建设成为富裕、秀美、宜居、和谐的鄱阳湖生态经济区璀璨明珠而不懈奋斗！

政府工作报告

——2012年2月15日在鹰潭市第八届人民代表大会第二次会议上

市长 钟志生

各位代表：

现在，我代表市人民政府向大会作政府工作报告，请予审议，并请市政协委员和列席会议的同志提出意见。

一、2011年工作回顾

过去的一年，在省委、省政府和市委的正确领导下，全市上下围绕建设富裕、秀美、宜居、和谐鄱阳湖生态经济区璀璨明珠的目标，以科学发展为主题，以加快转变经济发展方式为主线，抢抓鄱阳湖生态经济区建设战略机遇，开拓进取，扎实工作，全市经济社会实现了平稳较快发展，呈现了开局之年开局好、换届之年态势好的喜人局面。

(一)经济指标平稳增长。全市生产总值达426.7亿元，增长12.3%。财政总收入71.1亿元，增长28.9%；其中，地方财政收入38.8亿元，增长31.6%。贵溪市财政收入突破30亿元，余江县、鹰潭高新区财政收入突破10亿元，县级财政收入占全市财政收入的85.6%，8个乡镇财政收入过亿元。全社会固定资产投资336亿元，增长30%。社会消费品零售总额103.3亿元，增长17.5%。城镇居民人均可支配收入1.75万元，增长12.2%；农民人均纯收入7623元，增长22%。

(二)产业发展提速增效。以铜产业为主导的第二产业增势强劲。全市规模以上工业实现增加值239.5亿元，增长15%；主营业务收入1983.1亿元，总量位居全省第三，增长47.1%；其中，铜产业主营业务收入1818亿元，增长48.7%。全市工业园区实现主营业务收入686.7亿元，增长40.2%。鹰潭高新区被评为“全省先进工业园区”和“省级生态工业园区”。铜合金新材料、节能照明、汽摩配、硫磷化工等4个产业基地被列入省级产业基地。贵溪市、余江县再生资源回收利用基地被列入国家区域性再生资源回收利用基地。以旅游物流为重点的第三产业快速发展。全市接待国内外游客880.3万人次，增长31.1%；实现旅游总收入60亿元，增长33.5%；其中，龙虎山景区接待游客突破60万人，增长45.8%；旅游直接收入1.1亿元，增长60.8%。物流产业实现营业收入71亿元，增长29%；上缴税收3.1亿元，增长28.4%。农业生产稳步发展，粮食总产达65.5万吨，单产376千克以上，总产和单产再创新高。

(三)城乡建设加速推进。以“项目推进年”活动为抓手，全市在建项目482个，总投资498亿元，完成投资277亿元。强化项目用地保障，全年报批土地1.1万余亩，重大项目用地指标同比增加40%。信江新区建设步伐加快，信江大桥、龙虎山大桥竣工通车，信江路网工程快速推进，“三纵三横”路网基本成型，“一江两岸”城市格局初具雏形。老城改造成效明显，滨江公园二期基本完工，小街小巷改造一期工程全面完成，市老干部活动中心投入使用，市人民医院和中医院门诊大楼工程完工，鹰南收费站、鹰南和鹰西通道沿线改造整治工程进展顺利，城市规划展示馆（市民服务中心)、林荫东路综合升级改造等项目有序推进；中心城区绿化品位提升，全市新增绿化面积100万平方米。贵电“上大压小”、西气东输二线鹰潭段、杭长客运专线鹰潭段等中央、省属项目加速推进。投入9600万元，高标准建成292个新农村示范点。投入3亿元，完成中潢圩堤防渗应急处理、12座小(一)型病险水库除险加固、余江县小农水重点县建设等一批重点水利项目。新建、改造农村公路351千米。深入实施造林绿化“一大四小”工程，完成造林面积8.17万亩。

(四)招商引资态势喜人。招商区域由国内向境外、国外拓展，台湾连展科技、香港人和集团、香港四洲集团、日本同和等一批知名企业落户鹰潭；招商企业由小企业向大企业转变，先后引进了亚洲香精香料行业龙头华宝国际、国内鞋业龙头金帝集团等一批大企业；招商产品由低端向高端延伸，水晶光电、大华集团高精密铜板铜棒、同人电子蓝宝石衬底材料等高新技术项目有序推进。全市引进省外5000万元以上项目实际进资143.6亿元，增长30.5%；其中引进亿元以上项目32个，进资82.6亿元，增长42.7%，增幅位列全省第二。实际利用外资1.45亿美元，增长21.4%，增幅位列全省第一。外贸进出口43.8亿美元，总量位列全省第二；其中，外贸出口6.1亿美元，增长68.2%。我市荣获2011年度全省开放型经济发展综合奖。

(五)民生改善成效显著。投入13.6亿元，全面和超额完成了省政府下达的各项民生指标。全市新增城镇就业2.55万人，新增转移农村劳动力2万人，城镇就业率达96.5%，发放小额担保贷款2.4亿元。实现了城镇职工、居民基本医疗保险和新型农村合作医疗制度全覆盖，新型农村社会养老保险参保人数49.8万人，参保率达77.9%。安排3300万元资金，为30万城镇医保参保人员免费健康体检。发放城乡低保资金9205万元，城乡低保人均月补差水平分别达220.19元和94.48元。为386名白内障患者、唇腭裂患者、白血病、先天性心脏病患儿实行了免费救治，为145名困难尿毒症患者实施了免费血透救治。全市新开工建设保障性安居工程1.17万套，民欣佳园1680套廉租房顺利完成摇号分配，发放租赁补贴4700户。解决了农村7.6万人饮水安全问题。投入3.4亿元，基本完成贵冶周边3个村庄整体搬迁工程，搬迁村民558户、1651人。

(六)社会事业协调发展。扎实推进科技创新“六个一”工程，我市连续六届被评为“全国科技进步先进市”。创建国家高新技术产业园区工作取得阶段性成效。教育事业整体推进，新建、改建校舍5万平方米，拆除中小学D级危房11.2万平方米，鹰潭一中新校区建设进展顺利。成功承办江西省首届畲族文化艺术节。群众文化生活丰富多彩，建成150个农家书屋、17个乡镇综合文化站、11个社区文化中心(室)和124个广播电视“村村通”工程。医药卫生体制改革扎实推进，全市乡镇卫生院和社区卫生服务中心实现国家基本药物制度全覆盖。圆满完成“七城会”赛事承办任务，群众体育活动深入开展。人口计生事业稳步发展。非工口7个系统国企改革全面完成，累计安置职工1.2万人。安全生产、食品药品安全和社会治安综合治理形势平稳，社会保持和谐稳定。

统计、审计、监察、人事编制、方志档案、新闻出版、民族宗教、外事侨务、涉台事务、气象服务、防灾减灾、质量监督、民兵预备役、国防动员、拥军优属、人民防空、妇女儿童、老龄、残疾人等工作取得了新的成绩。

各位代表，一年来的成绩和进

步来之不易。这些成绩的取得,是省委、省政府和市委正确领导的结果,是市人大依法监督、市政协民主监督的结果,是全市人民锐意进取、顽强拼搏的结果。在此,我代表市人民政府,向全市广大干部群众,向各位人大代表、政协委员、各民主党派、工商联、无党派人士和社会团体,向驻鹰单位、人民解放军、武警官兵、公安民警和离退休老同志,向所有关心、支持、参与鹰潭经济社会发展的各界人士,表示衷心的感谢并致以崇高的敬意!

在肯定成绩的同时,我们也清醒认识到,我市经济社会发展还存在不少困难和问题。一是铜产业因再生资源税收政策调整面临压力,在一定意义上反映了铜产业发展层次和水平还不高,非铜产业比重偏小,转变发展方式、调整经济结构任重道远。二是中心城区人口偏少和城市功能不全,城市经济活力不强,第三产业发展相对滞后。三是财税结构不尽合理,非实体经济税源比重偏高,地方可用财力不足。四是城市品质有待提升,部分城市建设项目推进不快,施工环境不够理想,中心城区承载力、辐射力不强。五是发展环境仍需进一步优化,工作效率有待进一步提高。对此,我们将采取有力措施,切实加以解决。

二、2012年的主要工作

2012年是贯彻落实市第七次党代会描绘的宏伟蓝图的重要一年。做好今年的工作,对实现我市在全省"龙头昂起、两翼齐飞、苏区振兴、绿色崛起"发展大格局中更有作为、更有位置、更有形象,具有十分重要的意义。

2012年政府工作的总体要求是:以科学发展为主题,以加快转变经济发展方式为主线,全面推进鄱阳湖生态经济区建设,按照市委提出的"主攻项目,决战'三区',凸现特色,实现跨越"的总要求,着力培育产业体系,着力提升城市品质,着力做旺旅游物流,着力统筹城乡发展,着力深化改革开放,着力保障改善民生,开拓创新,真抓实干,努力把鹰潭建设成为富裕、秀美、宜居、和谐的鄱阳湖生态经济区璀璨明珠,以优异成绩迎接党的十八大胜利召开。

2012年全市经济社会发展的主要预期目标是:生产总值482亿元,增长12%以上。财政总收入82.5亿元、增长16%以上,力争90亿元、增长26.6%;其中地方财政收入45.8亿元,增长18%。全社会固定资产投资410亿元、增长22%以上,力争436亿元、增长30%。社会消费品零售总额124亿元、增长20%以上,力争130亿元、增长25%。城镇居民人均可支配收入1.98万元,增长13%。农民人均纯收入8600元,增长13%。居民消费价格总水平涨幅控制在4%左右。人口自然增长率控制在7.49‰以内。万元生产总值能耗下降3.4%,化学需氧量、二氧化硫、氨氮、氮氧化物排放量控制在省下达目标以内。

具体来说,要重点抓好以下六个方面的工作:

(一)着力培育产业体系,做优园区平台

1.培育"1+6"产业。全面落实市委市政府《关于全力支持工业经济"决战5000亿、实现新跨越"的决定》,以"十百千"产业培育工程为抓手,重点发展以铜产业为龙头,以水工、节能照明电器、机械装备制造等地方优势产业为依托,以新能源新材料、大健康、创意制造等新兴产业为发展方向的"1+6"产业,构建具有鹰潭比较优势的产业体系。依托江铜集团,深化地企一体化合作,全面落实超常规支持服务江铜发展若干政策措施,大力发展铜精深加工,加快铜合金新材料省级战略性新兴产业基地建设,全力打造"世界铜都",实现铜产业主营业务收入2160亿元。依托三川集团,加快水工产业园建设,尽快形成年产1000万台水表生产能力,成为全国同行业水表产能最大的企业,全力打造国家级综合性水工产业基地。依托美的贵雅、世纪阳光,发展节能照明电器及其配套产业,积极培育百亿产业,全力打造"中国灯谷"。依托汽摩配产业园、鹰潭国际眼镜城,大力发展汽摩配、眼镜制造业,全力打造区域性机械装备制造业转移首选地和全国重点眼镜生产基地。依托金泰新能源、同人电子,加快LED原料产业发展,全力打造区域性新能源新材料示范基地。依托康恩贝、天施康药业和中粮集团,全力打造集生物医药、食品工业、中药生态农业为一体的大健康产业基地。依托地方优势文化资源,引进文化创意龙头企业,全力打造创意制造产业基地。加快省级硫磷化工产业基地建设。积极扶持微型元件产业发展。全年完成规模以上工业增加值280亿元,实现主营业务收入2400亿元;其中,非铜工业主营业务收入240亿元。

2.做优园区平台。围绕创建国家高新技术产业园区,加大资源整合力度,进一步完善园区产业协作配套和服务功能,加快商贸、生活和服务设施建设,推进工业园区向工业新城转变,确保鹰潭高新区主营业务收入突破400亿元。围绕提升鹰潭(贵溪)铜拆解加工区核心竞争力,积极申报国家"城市矿产"示范基地,开通第七类废料宁波至鹰潭海铁联运通道和"五定班列",降低企业物流成本,形成铜拆解加工区政策洼地效应。围绕提高贵溪、余江工业园区综合承载力,加快扩园升级,确保贵溪、余江工业园区主营业务收入分别突破330亿元和130亿元。

3.完善发展机制。按照"一个产业、一套措施、一个联系领导、一支队伍、一抓到底"的工作机制,实行市级领导联系重点产业制度。整合工业发展资金3500万元,进一步加大对工业的政策支持和奖励扶持力度。本着"政策跟着项目走、服务贴着企业做"的原则,实行"一对一"帮扶、"一站式"服务,努力为企业落户、项目建设、产业发展提供优质高效的服务,进一步优化发展环境。

(二)着力提升城市品质,做靓中心城区

1.加强规划引领,优化城市布局。做好信江新区、鹰西片区、鹰东片区规划编制,完成城市发展战略研究和城市总体规划评估,进一步优化城市空间布局和各区块功能定位。加快社区管理与服务设施布局、市政管网、商业网点、给排水、公共

交通等专项规划编制，实现专项规划全覆盖。抓好市行政中心、月湖新城、信江市民广场等重大城建项目的统筹规划，进一步提升城区主要通道、重要节点、重点建筑的城市设计水平。

2.加大建设力度，打造一江两岸。加快信江新区建设步伐。全面建成经一路、滨江大道、余信贵快速通道、龙虎山北路、信江北路等10条主次干道，形成“三横三纵”路网体系；完成夏埠防洪堤、信江安置房等重点在建工程，开工建设市行政中心、信江市民广场、高铁鹰潭站等公共设施，有序推进信江新区开发建设。加大老城改造力度。实施百佳城、山背小区、立新巷等小街小巷综合改造、城市排水管网改造、月牙湖综合改造和桃李村、梅园詹家“城中村”改造等工程，建成梅园、鹰西等菜场，推进鹰西片区、铁路片区、防腐厂片区等棚户区改造，完成中心城区1300套、约9万平方米安置房建设任务；加快城市规划展示馆(市民服务中心)等项目建设，启动林荫西路、四海东路贯通工程和天洁东路、信江南路、51号路延伸工程，实施垃圾填埋场二期工程，进一步完善老城区基础设施和功能配套。加速城市景观工程建设。推进“一江两岸”景观提升工程，全面完成林荫东路等重要街道综合升级改造，重点实施城区通道、信江新区路网绿化亮化工程，展示路靓城美新形象。有序推进月湖新城建设。努力把鹰潭建设成为鄱阳湖生态经济区中心城市。

3.理顺工作机制，拓宽融资渠道。按照“统一规划设计、统一协调调度、统一资金管理”的原则，建立“政府分管领导负责、联系市领导协调督导、项目责任单位具体实施”的重大城市建设项目工作机制，形成齐抓共管的工作合力。拓宽城市建设融资渠道，抓好土地融资，加大土地收储力度，强化土地市场经营管理，把握好用地、供地的规模、结构、布局和时序，最大限度发挥土地资源的效益；抓好资本融资，整合政府资产、资金、资源，争取尽快发行第二期20亿元企业债券；抓好项目融资，吸引国内外大企业、战略投资者和社会资本参与城市基础设施建设和商住开发，破解城市建设资金瓶颈制约。

（三）着力发展旅游物流，繁荣现代服务业

1.加快发展旅游经济。按照“大规划、大投入、大建设”的要求，做好全市旅游发展总体规划和龙虎山景区发展战略规划编制，优化旅游功能区布局。以龙虎山创建国家“AAAAA”级旅游区为抓手，积极引进大企业、大财团，加快上清古镇一期改造、圣井山开发、生态运动养生园、星级酒店等重点项目建设，改造景区路网、水网、电网，完善景区承载功能。整合县(市、区)旅游资源，加快发展乡村旅游、特色旅游，抓好以道教文化、崖墓文化、玉石文化、铜文化为特色的旅游产品开发，健全旅游要素配套，构建以“中国丹霞·道教文化旅游胜地”为核心的大旅游发展格局。全年接待国内外游客突破1000万人次，实现旅游总收入75亿元；其中龙虎山景区接待游客80万人，旅游收入3亿元。

2.加快发展物流经济。充分发挥“好口子”的交通区位优势，深入实施物流产业发展规划，加强与国内龙头物流企业的合作，加快中童专业市场集群规划建设，推进现代物流园、海关国检大楼、赣东北农副产品物流中心、国家公路二级枢纽指挥中心等一批物流载体建设，培育壮大物流主体，努力构建“大流通、大通关、大口岸”格局，全面提升物流产业辐射力和竞争力，打造区域性物流节点城市，力争物流产业营业收入突破100亿元、税收3.5亿元。

3.加快发展城市经济。积极发展房地产业，合理引导住房消费，促进房地产业健康有序发展。完善商业网点规划布局，形成功能互补、特色鲜明、城乡联动的市场体系。积极引进金融类、资本类企业入驻鹰潭，大力发展村镇银行、小额贷款公司、融资担保公司，促进金融业与经济的良性互动。大力推进“三网融合”，提高经济社会信息化服务水平。加快发展餐饮娱乐、社区服务、中介服务等服务业。规范发展总部经济、楼宇经济。搭建创业平台，积极引导和支持鹰潭籍在外能人返乡创业。

（四）着力统筹城乡发展，夯实“三农”基础

1.抓生产，确保农产品安全有效供给。着力抓好粮食生产，实施粮食高产创建工程，认真做好农村集体土地确权登记发证和永久性基本农田划定工作，确保粮食种植面积稳定在173万亩以上，总产稳定在65万吨以上。大力实施“菜篮子”工程，发展农业标准化和无公害农产品生产，建设一批生猪、蔬菜标准化种植、养殖基地，确保生猪出栏140万头以上、蔬菜总产25万吨以上。整合涉农资金，在贵溪市、余江县各打造一个2万亩以上的现代农业综合示范区。大力推广良种良法，确保种植业、养殖业良种覆盖率分别达95%和98%以上，农业新技术覆盖面达70%以上，农机作业覆盖面达65%以上。培育壮大农业龙头企业，力争1家以上企业晋升为国家级龙头企业，市级以上龙头企业销售收入突破60亿元。加强农产品质量监管，实行从生产、加工到销售的全程质量监控，确保农产品质量安全。

2.抓建设，改善农业农村面貌。深入开展创建“秀美乡村”活动，突出城区、景区、园区、郊区和重点交通干道沿线，实行村镇联动、村落连片，全力打造100个以上环境美、实力强、管理新、风气好的“秀美乡村”。加大贵冶周边村庄新农村建设力度，有效改善村民生活环境，全面落实“三清六改四普及”，确保全市建成200个以上新农村建设点。扎实推进造林绿化“一大四小”工程，完成造林5.17万亩。深入实施“一江两河”[①]治理工程，新增和恢复灌溉面积1.52万亩，改善灌溉面积18.5万亩，治理水土流失面积4万亩。抓好中潢圩堤、洪湖水库除险加固，开工建设龙虎山景区防洪工程和罗塘河等中小河流治理项目，完成16座小（一）型和24座重点小（二）型病险水库除险加固工程，推进贵溪市小农水重点县建设、余江县锦北灌区续建配套和节水改造项目。实施农村人饮安全工程，解决7

万农村人口饮水安全问题。改造建设农村公路230千米，有序推进农村公共交通发展。

3.抓统筹，推进城乡一体。以全省统筹城乡发展改革试点为抓手，推进基础设施向农村延伸、公共服务向农村覆盖、现代文明向农村辐射，加快县城与中心城区的对接，促进县域经济竞相发展。坚持规划一盘棋、政策一个调、管理一张网，着力加快童家、天禄、中童、上清等小城镇建设，完善交通、通讯、供水、供电和污水、垃圾处理等基础设施，有序推进土地、产业、人口三集中，构建以中心城区为核心、以贵溪和余江县城为骨干、以重点镇为节点、以小集镇和村庄为基础的产业特色鲜明、基础设施健全、公共服务配套的城乡联动发展格局。

(五)着力深化改革开放，增强发展活力

1.实施开放招商战略。坚持“让大利、招大商、大发展”的原则，突出产业招商，重点围绕“1+6”产业、旅游、物流、农业等产业，大力引进龙头型、基地型、研发型项目，加快形成产业聚集、企业集群发展格局。强化活动招商，积极组团参加国家和省举办的招商活动，精心组织各类项目推介活动，拓展招商空间。破解难题招商，树立“招工即招商”的理念，破解企业用工难题；加强政银企合作，破解企业融资难题；积极争取用地指标，加大批而未供土地消化利用和闲置土地处置力度，破解企业用地难题。创新机制招商，组建100支招商小分队，紧盯重点区域、重大项目、重要客商，实行“重压、重奖、重用”，增强招商引资的主动性和成功率。全年实际利用外资1.6亿美元，引进省外资金165亿元。扩大外贸出口，积极引进外贸出口生产企业，优化出口产品结构，培育新的出口增长点，确保实现外贸出口6.4亿美元。

2.深化重点领域改革。分类推进事业单位改革，实现政事分开、事企分开。深化医药卫生体制改革，抓好县级公立医院改革试点，做好基层医疗卫生机构债务清理化解工作，实现村卫生室国家基本药物制度全覆盖。深化财税金融体制改革，完善国库集中收付制度，稳步推进财政预算决算公开，加强政府性融资平台建设。积极推进水资源管理体制改革，探索涉水事务一体化管理机制和经营模式，真正变水资源为水资本。深入推进国有林场改革，全面完成改革任务。

(六)着力保障改善民生，保持社会和谐稳定

1.深入实施民生工程。加大民生投入，办好涉及人民群众切身利益的70件实事，全面完成省政府下达的各项民生指标。实施更加积极的就业政策，确保新增城镇就业2万人，新增转移农村劳动力1.3万人以上，扶持“4050”人员就业1400人，完成劳动力就业培训1.8万人，发放小额贷款2亿元。扩大社会保障覆盖面，实现城乡居民社会养老保险全覆盖。提高社会救助水平，城市低保、农村低保、城镇“三无”特困群众月平均保障标准分别提高到350元、170元和400元，农村五保集中和分散供养标准分别提高到每年2640元和2160元。增强医疗保障能力，提高城镇居民医保、新农合财政补助标准。加快保障性住房建设，以公租房建设为重点，实行经济适用房、廉租房、公租房“三房合一、租售并举”，新开工建设500套廉租房和3536套公租房，完成3624户垦区危旧房和1302户农村危旧房改造任务，努力构建经济适用房、廉租房、公租房、农村危旧房改造于一体的多层次保障性住房体系。切实抓好扶贫工作。

2.协调发展社会事业。加大教育投入，确保财政教育支出占全年财政支出的比重达16%。加快鹰潭一中新校区建设，确保秋季开学投入使用。全面普及3年学前教育，扎实推进义务教育阶段学校标准化建设，努力发展职业教育，抓紧筹建本科院校，促进各级各类教育均衡发展。加快信江新区医院、市精神病医院建设步伐，积极推进市人民医院周边改造和3个社区卫生服务中心改扩建项目。完善基层医疗卫生服务体系，加快区域卫生信息化建设，免费为城乡居民提供11项公共卫生服务。继续实施“光明·微笑”工程，深入开展白血病、先天性心脏病患儿免费救治和困难尿毒症患者免费血透救治工作。大力实施科技创新工程，加大高新技术产业和创新型企业培育力度，启动国家级科技孵化器建设，力争申报4家以上高新技术企业，高新技术产业产值增长30%以上。加强人才队伍建设，实施高技能人才振兴计划。扶持培育市、县级文化产业示范园区，争创1至2个省级文化产业示范园区。深入实施文化惠民工程和基层文化设施改造提升工程，扎实开展农村文化三项活动，推进乡镇综合文化站、社区文化中心和广播电视“村村通”工程建设，实施“数字图书馆推广计划”，全面完成农家书屋建设。扎实做好大型畲族山歌戏《七彩畲乡》参加第四届全国少数民族文艺汇演的筹备工作。发展公共体育事业，组织参加全省第四届全民健身运动会，促进竞技体育与群众体育全面发展。做好人口计生工作，稳定低生育水平。加强国防后备力量建设，深入开展“双拥”共建活动，巩固发展军政军民团结。充分发挥统计、审计、物价、质监、气象、民族宗教、外事侨务、涉台事务、新闻出版、档案方志、妇女儿童、老龄、残疾人等工作在构建和谐社会中的促进作用。

3.加强创新社会管理。做好新形势下的群众工作，加快社区标准化和便民中心建设，夯实基层社会管理服务平台，着力构建政府、企业、社区组织、社会团体和公民联动协作的社会管理机制。创新社区服务管理模式，科学划分社区管理单元网格，将社区各项工作纳入网格化管理。建立健全社会稳定风险评估机制，从源头上预防矛盾发生。完善人民调解、行政调解、司法调解三位一体的“大调解”体系，妥善处理

①“一江两河”：“一江”指信江；“两河”指罗塘河、白塔河。

土地征用、拆迁安置、涉法涉诉等方面的矛盾和问题。强化信访工作,健全市、县、乡、村(社区)四级排查网络,切实抓好社会矛盾排查和重复访化解工作。建立健全社会治安防控体系,强化安全生产和食品药品监管,切实增强公众安全感。加强网络舆情引导和管理,完善应急管理体系,提高突发公共事件防范处置能力。

各位代表,全面完成今年的目标任务,要求我们以改革创新精神进一步加强政府自身建设。务实为民,建设服务政府。以更实的作风服务基层、服务群众,坚持问政于民、问需于民、问计于民,在具体工作中,既要注重为群众做什么,更要注重群众需要我们做什么;既要关心群众现实利益,更要关注群众切身感受;既要重视群体民生问题,更要重视个体民生问题。以更高的标准服务企业、服务项目,强化行政服务中心功能,巩固和深化“两集中、两到位”改革成果,大力推行网上审批,完善政策服务体系。落实为要,建设效能政府。强化责任抓落实。对市委决定的事、政府部署的事、关系群众切身利益的事,建立主体明确、层级清晰、具体量化的岗责体系,加强过程监管,严格督查问责,确保各项工作落到实处。提高效能抓落实。大力推行“一线工作法”,在一线落实决策、解决问题、检验成效,抓重点,攻难点,出亮点,力促政府工作快节奏、高效率。勇于担当抓落实。坚持既讲程序又讲效率、既讲原则又讲变通、既讲分工又讲合作,做到矛盾面前不回避,敢抓敢管;困难面前不退缩,敢闯敢试;责任面前不推诿,敢作敢为,切实提高政府执行力和操作力。依法行政,建设法治政府。坚持依法科学民主决策,把公众参与、专家论证、风险评估、合法性审查和集体讨论决定作为重大决策的必经程序,严格按法定程序、法定权限行使职权。自觉接受人大及其常委会的法律监督、工作监督和政协的民主监督,广泛听取民主党派、工商联、无党派人士和人民团体的意见,主动接受社会监督和舆论监督。深入推进政务公开和政府信息公开,保障人民群众的知情权、参与权、表达权、监督权。勤政廉政,建设廉洁政府。深入开展集中整治影响发展环境的干部作风突出问题,努力打造一支政治坚定、风清气正、人民满意的公务员队伍。认真落实党风廉政建设责任制,严格执行《廉政准则》52个不准,切实做到清正廉洁。完善政府重大投资项目管理,加强行政审批、政府采购、土地出让、工程建设、公共资源交易等重点领域的行政监察和审计监督,强化经济责任审计,让权力在阳光下运行。

各位代表,今年的政府工作,任务繁重,责任重大。让我们更加紧密地团结在以胡锦涛同志为总书记的党中央周围,在省委、省政府和市委的正确领导下,抢抓机遇,开拓创新,锐意进取,扎实工作,为把鹰潭建设成为富裕、秀美、宜居、和谐的鄱阳湖生态经济区璀璨明珠而不懈奋斗,以优异成绩迎接党的十八大胜利召开!

大事记

编辑、校对：王新勤

1月

4日 市委书记杨宪萍到月湖区胜西社区考察调研社区工作和居民事务理事会工作。市委常委、组织部部长郭清，市人大常委会副主任张鲁年随同调研。

△ 省委、省政府召开全省创业服务年活动总结表彰暨发展提升年活动动员电视电话会议。市领导钟志生、谢一平、王家林、郭清在鹰潭分会场出席会议。

5日 南昌航空大学党委书记王国炎、校长余欢、副校长罗胜联等率团就高校与地方政府产学研合作事宜到鹰潭考察。考察期间，市长钟志生主持召开南昌航空大学、鹰潭市政府产学研合作座谈会，市委常委、副市长熊茂平在会上介绍鹰潭市情及经济社会发展情况。

6日 市委中心组在华侨饭店会议中心集体学习。海南省旅游发展研究会副会长、江西大道乾坤旅游发展有限公司总经理李澄怡教授作关于鹰潭旅游发展方面的专题报告。杨宪萍、杜德春、潘赞海、谢一平、熊茂平、汪当时、徐琳琳、王家林等市四套班子领导参加集体学习。集体学习由市委常委、宣传部部长徐琳琳主持。

△ 全市县乡领导班子换届工作座谈会召开。市委常委、组织部部长郭清出席会议并讲话。

7日 市委书记杨宪萍深入月湖区童家镇南边张家村调研。杨宪萍强调，要充分发挥村民事务理事会组织农民、带动农民、管理公共事务的职能，引导广大农民自觉维护卫生环境，养成良好的卫生习惯。

8日 广东省江西鹰潭商会在广州市成立。市政协主席潘赞海，市委常委、常务副市长王家林，市人大常委会副主任张鲁年出席成立庆典仪式。江西省商务厅副厅长刘文华到会致贺。

9日 省发改委主任姚木根一行到鹰潭，就鹰潭市"十一五"经济社会发展情况和重大事项、重大项目情况进行考察调研。市委书记杨宪萍、市长钟志生陪同调研并出席情况汇报会。省发改委纪检组长黄国荣、副主任吴晓军，江西省鄱阳湖生态经济区建设办公室副主任刘兵一同调研。市委常委、副市长熊茂平汇报鹰潭市"十一五"期间经济社会发展情况以及需要省发改委支持的重大事项和重大项目，市人大常委会副主任彭中华陪同调研。

10日 省委老干部局副巡视员范斌华一行到鹰潭市走访慰问鹰潭市老红军和特困老干部。市委副书记杜德春陪同走访慰问。

10日至11日 市委书记、市"数字鹰潭"建设工作委员会第一主任杨宪萍到部分部门和单位，就"数字鹰潭"建设工作进行专题调研和指导。杨宪萍强调，要全面深入分析应用数据，实现工作职能的数字化和管理的数字化。市领导管华鞍、周水凤、邢星奎、钱光涌随同调研。

11日 市委书记杨宪萍在市委常委、常务副市长王家林陪同下，深入信江新区检查指导工作。杨宪萍强调，要科学规划，保护生态，全力打造生态宜居城市。

△ 碧海蓝天项目正式开工建设。市委书记杨宪萍出席开工典礼并下达开工令，市人大常委会主任邵奇生，市政协主席潘赞海，市委常委、常务副市长王家林出席开工典礼，市委常委宋迪维主持开工典礼。

14日 市、区四套班子联合扩大会召开。市委书记杨宪萍主持会议并讲话。杨宪萍要求，尽快采取强有力措施，坚决打击违法违章建筑行为。市长钟志生讲话，杜德春、邵奇生、潘赞海、谢一平、江当时、徐琳琳、王家林、宋迪维、郭清等市四套班子领导，市法院、市检察院主要领导，月湖区四套班子领导，以及相关部门主要负责人出席会议。

△ 省总工会巡视员、省教育工会主席李骥率省总工会人员来鹰走访慰问困难职工和困难劳模。市委副书记杜德春，市人大常委会副主任、市总工会主席管华鞍陪同走访。

16日 鹰潭经济技术开发区在鹰潭体育馆举行"唱支欢歌给党听——庆祝中国共产党成立90周年暨迎新春歌咏比赛"活动，并表彰开发区2010年度22家企业纳税大户、出口创汇大户以及100名企业"科技创新先锋"、"爱岗敬业先锋"。市委书记杨宪萍致辞并颁奖，市领导钟志生、邵奇生、王超、张鲁年、管华鞍、杨晓群、戴春英、桂江萍、邢星奎、杨建保等出席活动并为受表彰企业和个人授牌颁奖。市委常委、副市长熊茂平主持。

△ 鹰潭市灯谜协会在鹰潭铁

路永生工程公司会议室成立，鹰潭市民间文艺家协会理事黄小光主持会议,14名新会员参加会议。江西省灯谜协会副会长饶初平致祝贺词；金溪县文化艺术联合会主席徐飞贤等5人到会祝贺；鹰潭市灯谜协会会员陈阳生致欢迎词；会议通过《鹰潭市灯谜协会章程》,并推选出甘正平为鹰潭市灯谜协会代理会长,曹府山、陈阳生为副会长,黄小光为秘书长等。

17日 中央纪委、中央组织部联合召开严肃换届纪律保证换届风清气正视频会议。市委书记杨宪萍,市委常委、组织部部长郭清在鹰潭分会场出席会议。

△ 中国共产党江西省第十二届纪律检查委员会第八次（电视电话)全体会议召开。市领导杨宪萍、钟志生、杜德春、邵奇生、熊茂平、汪当时、宋迪维、郭清、杨晓群、张荣先等在鹰潭分会场出席会议。

△ 市委书记杨宪萍率月湖区四套班子领导和相关部门负责人到月湖区四青朱埠刘家村就农村建房、土地规划管理等工作进行考察调研。杨宪萍强调,各相关部门要开展深入细致的调查研究，进一步把城市规划、管理工作提上新水平。钟志生、杜德春、邵奇生、宋迪维、郭清、桂江萍等领导随同调研。

18日 省委常委、省纪委书记尚勇到贵溪市滨江生态小区和余江县中童镇瑶池祝家村走访慰问安置村民和困难群众。市委书记杨宪萍,市长钟志生,市委常委、市纪委书记谢一平,市委常委、江铜集团公司总经理李贻煌陪同。

19日 鹰潭市军分区召开党委全体(扩大)会议。市委书记、军分区党委第一书记杨宪萍出席会议并讲话。市委常委、军分区党委书记、政委高学训代表军分区党委常委作工作报告,军分区党委副书记、司令员王超出席会议并讲话。

19日至20日 省政协副主席陈清华带领省慰问组到鹰潭走访慰问困难群众、困难企业和社会福利院、敬老院。市委书记杨宪萍、市政协主席潘赞海陪同走访。

20日 全市政法工作会议召开。市委书记杨宪萍、市长钟志生分别作出重要批示,市委副书记、市委政法委书记杜德春出席会议并讲话。刘育虹、张荣先、周水凤、居国屏、熊金文、李恩平等领导出席会议。

△ 全市公安机关2010年度总结表彰暨公安局长会议召开。市委书记杨宪萍、市长钟志生分别对公安工作作出批示,市委副书记、政法委书记杜德春出席会议并讲话,市领导刘育虹、杨晓群、周水凤出席会议并为先进颁奖。会议由副市长、市公安局局长张荣先主持。

21日 鹰潭经济技术开发区与南昌万寿宫集团、上海奥中投资管理有限公司岩棉项目签约仪式在华侨饭店举行。市委书记杨宪萍出席签约仪式,市长钟志生致辞。市领导邵奇生、潘赞海、谢一平、熊茂平,南昌大学校长周文斌，南昌万寿宫集团董事长吴有保，上海奥中投资管理有限公司董事长习国燕等出席签约仪式。

△ 鹰潭市市区违法违章建筑整治动员大会召开。市长、市区违法违章建筑重点整治领导小组组长钟志生在会上强调，全市上下要齐心协力,迅速行动,确保重点整治工作取得实效。市委常委、市纪委书记谢一平,市人大常委会副主任张鲁年,副市长、市公安局局长张荣先出席会议。市委常委宋迪维主持会议。

22日 全市财税工作会议召开。市委书记杨宪萍、市长钟志生为2010年度财政翻番县(市、区)和企业纳税大户颁奖并讲话。

△ 团省委书记王少玄到鹰潭察看龙虎山景区兰车刘家村灾后重建项目,并走访慰问困难群众。市委书记杨宪萍、市长钟志生会见王少玄一行，市委副书记杜德春陪同察看走访。

△ 市委副书记杜德春深入月湖区、贵溪市文坊镇走访慰问困难群众和困难老党员。市委常委、副市长熊茂平,市人大常委会副主任、市总工会主席管华鞍参加走访。

23日 市委书记杨宪萍、市长钟志生走访慰问驻鹰部队和驻鹰企业,市领导邵奇生、潘赞海、熊茂平、王家林，鹰潭军分区司令员王超参加走访慰问。

△ 市委书记杨宪萍到敬老院和五保户、下岗职工家中,走访慰问困难群众。杨宪萍在走访慰问中要求,各级党委、政府要让困难群众过一个欢乐祥和的春节。邵奇生、王家林、桂江萍等市领导参加走访。

23日至24日 市长钟志生到月湖区和余江县锦江镇，走访慰问困难群众。在走访慰问时,钟志生强调，各级党委和政府要真心诚意为群众办实事。市政协主席潘赞海,市委常委、统战部部长汪当时,市人大常委会副主任张鲁年参加走访。

25日 全市民政工作会议召开。市委书记杨宪萍、市长钟志生对全市民政工作作重要批示。副市长杨晓群出席会议并讲话。

26日 全市发展和改革工作会议召开。市委书记杨宪萍、市长钟志生作出重要批示。市委常委、副市长熊茂平，市人大常委会副主任张鲁年,市政协副主席桂江萍参加会议。

△ 全市创业服务年活动总结表彰暨发展提升年活动动员大会召开。市长钟志生出席会议并讲话。钟志生强调,要提高思想认识,进一步优化政务环境。

△ 全市招工工作座谈会召开。市长钟志生出席座谈会并讲话,市委常委、副市长熊茂平,市人大常委会副主任卢越明出席座谈会。

29日 全市质量技术监督工作会议召开。市委书记杨宪萍、市长钟志生对全市质量技术监督工作作重要批示。副市长杨晓群参加会议。

30日 市委书记杨宪萍走上街头，看望慰问春节期间坚守岗位的干部职工。邵奇生、王家林、桂江萍、徐琳琳、宋迪维、史可、杨晓群、张荣先等市领导参加看望慰问。

2月

1日 市委书记杨宪萍走访看望本市文化界知名人士，希望文化界人士为推动鹰潭文化发展繁荣作出新贡献。

△ 市长钟志生率发改委、商务局、工商局、城管局、交警支队等相关部门负责人对本市春节市场供应情况进行检查。市委常委、常务副市长王家林,市委常委、副市长熊茂平随同检查。

9日 杜德春、邵奇生、潘赞海、谢一平、汪当时、徐琳琳、王家林等市四套班子领导,市法院、检察院主要领导,及机关干部500余人,到鹰西大道参加春节义务植树团拜活动。

11日 全市开放性经济工作会议召开。市委书记杨宪萍出席会议并讲话。杨宪萍强调,要加大力度,全力推进开放型经济发展。市长钟志生主持会议,市委常委、副市长熊茂平通报开放性经济工作情况,市人大常委会副主任张鲁年、副市长杨晓群、市政协副主席桂江萍出席会议。

△ 数字鹰潭示范工程——利安社区电超市开通仪式暨新闻发布会在华侨饭店会议中心举行。市委书记杨宪萍,市长钟志生,市委副书记杜德春,市人大常委会副主任管华鞍,市政协副主席王火茂;利安集团(中国)控股有限公司董事长陈立强、总经理聂长之等出席开通仪式。杨宪萍宣布电超市开通运行,杜德春讲话。

14日至15日 省国土资源厅副巡视员侯克常率领调研组到鹰潭,就鹰潭市国土资源管理工作开展调研。市委常委宋迪维出席座谈会。

18日 全市金融工作会议召开。市委书记杨宪萍、市长钟志生分别对会议召开作重要批示。市委常委、副市长熊茂平出席会议并讲话。

△ 鹰潭至余江K3路城际公交车开通。

20日 全市农村工作会议召开,表彰2010年全市农业和农村工作先进单位和先进个人。市委书记杨宪萍讲话并颁奖。杨宪萍强调,要把握农村工作的新情况、新特点;做好农村工作,要有新视野、新思路、新举措。市领导钟志生、彭中华、戴春英、王火茂出席会议并颁奖。市委常委、统战部长汪当时主持会议。

21日 中共鹰潭市第六届纪律检查委员会第七次全体会议召开。市委书记杨宪萍出席会议并作重要讲话。杨宪萍强调,要全面落实以人为本、执政为民的要求,确保反腐倡廉建设工作取得新成效。市领导钟志生、杜德春、邵奇生、潘赞海、谢一平、熊茂平、汪当时、徐琳琳、王家林、宋迪维、郭清、杨晓群、戴春英、张荣先,市法院、检察院的领导出席会议。

△ 全市消防工作会议召开。市委书记杨宪萍,市委副书记、政法委书记杜德春分别作出批示;省公安消防总队副总队长傅荣华出席会议并讲话,副市长张荣先作全市消防工作报告。

22日 中国人民政治协商会议鹰潭市第七届委员会第六次全体会议隆重开幕。市政协主席潘赞海作政协鹰潭第七届委员会常务委员会工作报告,市政协副主席刘国富作提案工作报告,市政协副主席桂江萍主持会议,市政协副主席王火茂、周水凤、邢星奎、杨建保、钱光涌参加会议。杨宪萍、钟志生、杜德春、邵奇生等市领导应邀出席会议。

23日 鹰潭市第七届人民代表大会第七次会议在华侨饭店会议中心隆重开幕。大会执行主席、市人大常委会主任邵奇生主持大会并宣布大会开幕。市长钟志生作政府工作报告。杨宪萍、杜德春、潘赞海等市领导出席会议。

△ 市委书记杨宪萍、市长钟志生、市委副书记杜德春、市政协主席潘赞海参加市政协分组讨论。杨宪萍指出,要增强社会责任感,为鹰潭经济社会发展建言献策。钟志生指出,要集思广益,共谋鹰潭经济社会发展新跨越。杜德春指出,要凝心聚力,推动“四大一新”战略的深度实施。潘赞海指出,要围绕中心工作,认真履行职能。

△ 市委书记杨宪萍、市长钟志生、市人大常委会主任邵奇生分别参加月湖代表团、贵溪代表团、余江代表团审议政府工作报告。杨宪萍指出,要坚定信心,大力推进新型工业化和城市化进程。钟志生指出,要振奋精神,在新的起点上谋求鹰潭发展新跨越。邵奇生指出,要坚持走多元结构多级发展道路。

24日 政协鹰潭市第七届委员会第六次全体会议圆满完成各项议程胜利闭幕。杨宪萍、钟志生、杜德春、邵奇生等市领导应邀出席会议。市政协主席潘赞海主持闭幕大会并讲话。潘赞海指出,要奋发有为实现新跨越,再接再厉谱写新篇章。

25日 鹰潭市第七届人民代表大会完成各项议程胜利闭幕。大会通过了关于政府工作报告的决议等七项决议。市委书记杨宪萍在大会闭幕式作重要讲话。钟志生、杜德春、潘赞海等市领导出席会议。市人大常委会主任邵奇生主持会议。

△ 市委六届十三次全体(扩大)会议召开。市委书记杨宪萍主持会议,并就2010年度干部选拔任用工作作报告。钟志生、杜德春、邵奇生、潘赞海、谢一平、熊茂平、汪当时、徐琳琳、王家林、宋迪维、郭清等市领导出席会议。

△ 龙虎山雷迪森庄园改造建设项目开工。市委常委、市纪委书记谢一平致辞并下达开工令,市人大常委会副主任管华鞍,市政协副主席王火茂出席开工仪式。浙江国大集团有限公司总经理刘仁安出席开工仪式,雷迪森旅业集团有限公司总裁万义弟致辞。

28日 全市组织工作会议召开。市委副书记杜德春,市委常委、组织部部长郭清出席会议并讲话。

△ 市政府残疾人工作委员会工作会议召开。副市长杨晓群出席会议并讲话。

3月

2日 团省委、省创先争优办公室联合举办的江西省创先争优团员青年典型事迹巡讲报告团到鹰潭宣讲。市委副书记杜德春会见报告团全体成员。

4日 市委中心组就增强管理能力、提升管理水平举行集体专题学习会。著名人力资源专家李天清教授应邀讲授“易经的管理智慧”。杨宪萍、杜德春等市四套班子领导,市中级人民法院、市检察院主要领导参加学习。市委常委、宣传部部长徐琳琳主持学习会。

7日 鹰潭市召开各界妇女代表座谈会,喜迎第101个“三八”国际劳动妇女节。市领导汪当时、戴春英、桂江萍、周水凤,老干部黄知慧等参加座谈会。

7日至8日 中央纪委副书记干以胜在鹰潭市就建立健全维护群众利益决策机制进行专题调研。省委常委、省纪委书记尚勇,省纪委副书记、省监察厅厅长汪毓华,市领导杨宪萍、钟志生、谢一平等陪同调研。中央纪委法规室副主任侯觉非随同调研。

△ 广东鹰潭商会考察团一行20余人在广东鹰潭商会会长、广州容大投资有限公司董事长孙江的率领下到鹰潭市考察。市委常委、常务副市长王家林会见考察团一行。

9日 全市农村“卫生清洁”工程和新农村建设工作总结表彰大会召开。市委书记杨宪萍出席会议并讲话。市委副书记杜德春主持会议,市领导潘赞海、汪当时、王家林、郭清、管华鞍出席会议,市人大常委会副主任、市农村“卫生清洁”工程领导小组组长彭中华作工作报告,副市长戴春英宣读表彰决定。

△ 市委书记、市“数字鹰潭”建设工作委员会第一主任杨宪萍深入到市区部分利安社区电超市营业部、月湖公安分局江边派出所、市政府应急指挥中心等地,就“数字鹰潭”建设工作进行调研。市委副书记杜德春、市人大常委会副主任管华鞍等陪同调研。

△ 市委书记杨宪萍到市月湖区新广场社区火电三处居民事务理事会和站江社区百姓居民事务理事会调研社区管理工作。市委常委宋迪维,市委常委、组织部部长郭清随同调研。

△ 省农业厅副厅长程关怀率督查组到鹰潭市,就鹰潭市“菜篮子”市长负责制落实情况进行专项督查。市委常委、常务副市长王家林出席情况汇报会。

△ 鹰潭市公安局经济技术开发区分局揭牌仪式举行。市委常委、副市长熊茂平,副市长、市公安局局长张荣先出席仪式并为鹰潭市公安局经济技术开发区分局揭牌。

10日 城市建设工作暨联建共创总结表彰和创建宜居城市动员会议召开。市委书记杨宪萍出席会议并讲话,杨宪萍强调,要大框架拓展城市空间,高品位创建宜居城市。市委副书记杜德春主持会议,市委常委、宣传部部长徐琳琳宣读联建共创表彰决定,市委常委宋迪维作城市建设管理工作报告,市人大常委会副主任张鲁年作联建共创、创建宜居城市工作报告。市政协副主席桂江萍出席会议。

△ 2011年CBA全国青年女子篮球联赛第一阶段A组在余江体育馆正式拉开战幕。副市长史可出席开幕式并为比赛开球。

△ 鹰潭市首届炎黄文化论坛举行。市委常委、宣传部部长徐琳琳出席论坛并勉励全市文化工作者要勇于担当,敢于超越,以改革创新精神推动鹰潭文化事业大发展大繁荣。

1日至11日 市长钟志生率队赴京拜访国务院有关部委,争取政策、项目和资金支持,并走访一批大型企业,洽谈合作事宜。有16类项目得到国务院部委的明确答复表示支持,有6个重大项目达成合作共识。市委常委、副市长熊茂平,副市长杨晓群随同拜访。市发改委、市商务局、鹰潭经济技术开发区负责人参加相关活动。

15日 南京军区副政委吴刚到鹰潭检查调研国防后备力量建设。省委常委、省军区政委陶正明,市领导杨宪萍、钟志生、杜德春,鹰潭军分区领导王超、高学训等陪同检查调研。

16日 省委召开全省领导干部(电视电话)会议,传达学习贯彻全国“两会”精神。杨宪萍、钟志生等市四套班子领导,市中级人民法院院长在鹰潭分会场出席会议。

△ 全市党管武装工作会议召开。市委书记、军分区党委第一书记杨宪萍出席会议并讲话,市委副书记、市长钟志生主持会议,市委副书记杜德春出席会议,市委常委、军分区政委高学训作工作报告,市委常委、常务副市长王家林及军分区领导王超、傅梓堆、戴克华、王国军出席会议。

17日 龙虎山生态运动养生园概念性规划汇报会在华侨饭店举行。市委书记杨宪萍出席汇报会并讲话。广东省江西商会会长、天高集团总裁李平,广东省江西商会常务副会长、润都集团总裁李希,市委常委、市纪委书记谢一平,副市长徐鹏程参加汇报会。

△ 市长钟志生带领相关部门负责人对中心城区部分重点绿化工程进展情况进行现场检查调度。市委常委宋迪维、市人大常委会副主任刘育虹随同检查调度。

△ 世界银行常务副行长斯莉·穆尔雅妮·英德拉瓦蒂女士一行到鹰潭市考察世行贷款项目建设情况。国家财政部国际司副司长陈诗新;省政协副主席、省政府党组成员胡幼桃,省财政厅厅长胡强,省财政厅副厅长王斌,省外办副主任李雨强;市长钟志生,副市长戴春英等陪同考察。

18日 市长钟志生深入贵溪市、龙虎山景区部分农田水利基本建设施工现场检查指导工作。市委常委、统战部部长汪当时,副市长戴春英等陪同检查。

△ 市长钟志生深入贵溪市、余江县、月湖区部分造林绿化“一大四小”工程现场检查指导。市委常委、统战部部长汪当时,副市长戴春英等陪同。

19日 市长钟志生就本市农业产业发展进行专题调研。副市长戴春英、张荣先陪同调研。

22日至23日 省妇联主席李亚平率调研组到鹰潭市,就培养选拔女干部和妇联基层组织建设情况开展调研。市委副书记杜德春出席座谈会,省妇联副巡视员计荣随同调研,副市长戴春英陪同调研。

25日 市委中心组举行集体专题学习，邀请人力资源和社会保障部社会保障研究所所长、研究员何平就加强社会管理方面的有关问题作学术报告。杨宪萍、钟志生等市四套班子领导，市中级人民法院、市检察院主要领导参加学习。市委常委、宣传部部长徐琳琳主持学习会。

27日 省发改委主任姚木根视察贵溪电厂"上大压小"工程，听取工程进展情况汇报。省发改委副主任吴晓军，省重点办主任王前虎随同视察，市委常委、副市长熊茂平陪同视察。

28日至29日 市四套班子联席会议召开。市委书记杨宪萍主持会议并讲话，市长钟志生出席会议并讲话。杜德春、邵奇生、潘赞海等市四套班子领导及法检"两长"出席会议并就如何开展三项试点工作建言献策。

29日 鹰潭恒大绿洲项目奠基仪式举行。市委书记杨宪萍下达开工令，市长钟志生致辞。恒大地产集团副总裁、恒大地产集团(南昌)有限公司董事长赵长龙致辞。邵奇生、潘赞海、谢一平、汪当时、徐琳琳等市领导及法检"两长"出席仪式。仪式由市委常委、常务副市长王家林主持。

30日 鹰潭弘能管材有限公司奠基仪式举行。市委书记杨宪萍宣布开工，市长钟志生致辞。鹰潭弘能管材有限公司董事长金洪锋致辞。市领导邵奇生、潘赞海、桂江萍出席奠基仪式。

△ 市委书记杨宪萍带领建设、城管、林业、公路、公建集团公司等有关部门负责人，检查指导中心城区绿化工程。市委常委宋迪维、市人大常委会副主任刘育虹随同检查。

31日 全市人口和计划生育工作会议召开。市领导杨宪萍、钟志生、彭中华、王火茂出席会议，市委常委、统战部长汪当时主持会议，副市长戴春英作工作报告。

4月

1日 省政协党组副书记、副主席朱张才率"关于着力打造旅游产业大省，促进鄱阳湖生态经济区建设"调研组到鹰潭市调研。潘赞海、徐鹏程、桂江萍等市领导陪同调研。

1日至2日 省委副书记张裔炯就做好"十二五"期间开局之年工作、加强基层党建工作、农村"卫生清洁"工程和村民、居民事务理事会建设深入鹰潭市城区、乡村、社区和部分企业进行调研，并举行座谈会。省委副秘书长潘东军、省委组织部副部长杨伟东随同调研。市领导杨宪萍、钟志生、杜德春、邵奇生、潘赞海等陪同调研或出席座谈会。

2日 市长钟志生在副市长戴春英陪同下，来到市森林防火指挥中心看望干部职工，检查指导森林防火工作。

3日至4日 副省长朱虹就加快推进城市建设和旅游产业发展来鹰潭市考察调研。朱虹强调，要以更大力度推进城市建设，在更高层次上推进旅游产业发展。市长钟志生、副市长张荣先陪同。

6日 全市区域经济发展现场会在余江县召开。市委书记杨宪萍出席会议并讲话，杨宪萍强调，要总结推广余江科学、超常发展经验，推动全市区域经济又好又快发展。市长钟志生主持会议，杜德春、邵奇生、潘赞海等市四套班子领导，市中级人民法院、市检察院主要领导出席会议。

7日 市直单位县级领导班子述职考评大会召开。杨宪萍、钟志生、杜德春、邵奇生、潘赞海等市四套班子领导，市中级人民法院、市检察院主要领导，鹰潭军分区有关领导出席大会。市委常委、组织部部长郭清主持大会。

8日 市政协主席潘赞海，市政协副主席桂江萍、周水凤、邢星奎、杨建保、钱光涌、刘国富等对本市公安工作进行视察。副市长、市公安局长张荣先等陪同视察。

9日 市长钟志生到信江新区调研项目建设情况。钟志生强调，要突出重点，攻克难点，有序有效推进项目建设。市委常委、常务副市长王家林陪同调研。

11日 全市工业和信息化工作会议召开。市领导杨宪萍、钟志生、管华鞍、杨晓群、桂江萍出席会议并为2010年度全市工业发展暨项目建设先进单位颁奖。

△ 市长钟志生到贵溪市滨江生态小区建设工地检查指导工作。钟志生强调，要加快进度，加强管理，把惠民实事办好。市委常委、市纪委书记谢一平参加检查指导。

12日 市委书记杨宪萍深入龙虎山景区就做大做强旅游产业进行考察调研。杨宪萍强调，要加强项目建设，做大做强旅游产业。市委常委、市纪委书记谢一平随同调研。

12日至13日 省政协副主席、民盟省委会主席刘晓庄率省政协调研组到鹰潭市，就鹰潭市司法救助与法律援助工作开展调研。省政协常委、民盟省委会专职副主委任江南参加调研。副市长张荣先作情况汇报，市政协副主席周水凤、钱光涌陪同调研。

△ 全省军转安置工作总结座谈会在鹰潭市召开。省人保厅副厅长徐国荣，市委常委、常务副市长王家林出席会议。

13日 市长钟志生到余江县调研、督导农村"卫生清洁"工程、新农村建设和村民事务理事会工作。钟志生要求要落实各项工作，统筹城乡发展。市人大常委会副主任彭中华一同调研。

△ 省委农工部副部长桑昌武率全省基层党建工作项目化发展专题调研组到鹰潭市调研本市农村党建工作。市委常委、组织部部长郭清陪同调研。

13日至14日 最高人民法院党组成员、副院长景汉朝在江西省高级人民法院党组副书记、副院长方晓春，党组成员、副院长夏克勤等陪同下到鹰潭市调研法院工作。市领导杜德春、张荣先和市中级人民法院院长居国屏等陪同调研。

14日 市委书记杨宪萍就三项基础性工作深入贵溪市调研。杨宪萍强调，要切实加强三项基础性工作，夯实加快发展的基层基础。市人大常委会副主任彭中华随同调研。

△ 省委形势政策报告会在华侨饭店会议中心举行。省委形势政策专家宣讲团成员、省委党校副校长曾志刚教授作宣讲报告。钟志生、邵奇生、潘赞海等市领导出席报告会。市委副书记杜德春主持报告会。

15日 甘肃省委书记、省人大常委会主任陆浩,甘肃省委副书记、省长刘伟平率领甘肃省党政代表团到鹰潭考察。省政协主席傅克诚、省委常委、省委秘书长赵智勇,市领导杨宪萍、钟志生、杜德春、邵奇生、潘赞海等陪同考察。

16日 市长钟志生到市防汛抗旱指挥部检查指导防汛工作。钟志生指出,要落实"四个强化",确保安全度汛。副市长、市防汛抗旱指挥长戴春英一同检查。

17日 国家林业局党组成员、纪检组长陈述贤率调研组到鹰潭市考察调研。省林业厅党组书记、厅长刘礼祖,市长钟志生、副市长戴春英陪同考察。

20日 省人力资源和社会保障厅巡视员张菊萍率省委人才工作目标责任制考核检查组到鹰潭市,对鹰潭市人才工作进行检查指导。市委副书记杜德春,市委常委、组织部长郭清陪同。

22日 全市信访工作暨用群众工作统揽信访工作会议召开。市委书记杨宪萍、市长钟志生作出重要批示,市委副书记、政法委书记杜德春出席会议并讲话。市人大常委会副主任张鲁年,市政协副主席桂江萍出席会议。副市长张荣先作工作报告。

26日 由江西省民族宗教事务局、江西省文化厅、鹰潭市人民政府主办,贵溪市人民政府承办的江西省首届畲族文化艺术节在贵溪骏安国际大酒店隆重开幕。省人大常委会副主任朱秉发宣布文化艺术节开幕;副省长熊盛文讲话;省委统战部副部长、省民宗局局长谢秀琦,市长钟志生分别致辞;省文化厅副厅长王晓庆主持开幕式。省政协副主席郑小燕、国家民委文化宣传司司长武翠英、中国少数民族戏剧学会秘书长李悦、省政协社会和法制委员会主任张莉、省政府办公厅副主任陈石俊,市领导邵奇生、潘赞海、徐琳琳、王家林等出席开幕式。

△ 副省长熊盛文在本市就工业园区企业用工、中小企业融资和新型农村养老保险情况进行调研。熊盛文强调,要强化措施,切实帮助企业解决"招工难"和"融资难"。市长钟志生,市委常委、副市长熊茂平陪同调研。

27日 江西省首届畲族文化艺术节圆满完成各项内容,在贵溪市骏安国际大酒店闭幕。省人大常委会副主任朱秉发,副省长熊盛文,国家民委文化宣传司司长武翠英,市领导杨宪萍、钟志生、徐琳琳、王家林等出席闭幕式或参加当天的活动。省委统战部副部长、省民宗局局长谢秀琦主持闭幕式并宣布江西省首届畲族文化艺术节闭幕。

28日 全国部分省市养老保险政策研讨会在鹰潭召开,人力资源和社会保障部养老保险司副司长尹志远,省人力资源和社会保障厅副厅长刘金炎出席会议,市委常委、常务副市长王家林致欢迎词。

29日 纪念"五一"国际劳动节暨工会工作会议召开。市委书记杨宪萍出席会议并讲话,市长钟志生出席会议,省总工会副主席王运昌出席会议并讲话,市委副书记杜德春主持会议。潘赞海、谢一平、熊茂平等市四套班子领导,法检"两长"出席会议。市人大常委会副主任、市总工会主席管华鞍宣读表彰名单。

△ 三川股份水工产业园奠基开工仪式举行。市委书记杨宪萍宣布开工,市长钟志生讲话。市领导杜德春、潘赞海、徐琳琳、王家林、宋迪维、张鲁年、张荣先出席开工仪式。市委常委、副市长熊茂平主持开工仪式。

5月

4日 市委宣传部、团市委、市教育局、市文广新局、市音乐家协会共同主办的喜庆建党90周年首届鹰潭"青春红歌会"大合唱比赛举行。市委常委、宣传部部长徐琳琳,市人大常委会副主任刘育虹,市政协副主席周水凤等到场观看比赛并为第三届"鹰潭青年五四奖章"获得者及合唱比赛获奖单位颁奖。

5日 市龙虎山道教协会与深圳赣冠实业发展有限公司签订创办老子学院暨龙虎山高等道学院合作办学框架协议。

5日至7日 省人大常委会食品安全法执法检查组到鹰潭市进行食品安全法执法检查。省人大科教文卫委员会副主任委员程水凤、聂道宏等检查了鹰潭市食品安全法执法情况。鹰潭市召开食品安全法执法检查汇报会,市人大常委会副主任彭中华主持会议,副市长杨晓群作汇报。

6日 全市发展提升年活动工作推进会召开。市委常委、纪委书记谢一平出席会议并强调,各地、各部门要切实提高思想认识,增强责任意识,以良好的精神状态、扎实的工作作风、高效的服务水平确保发展提升年活动取得实效。

9日 市四套班子联席会议召开,通报和调度"项目推进年"重大项目建设情况及龙虎山景区、鹰潭经济技术开发区、信江新区、中心城区四个片区的重大项目建设情况,推进社会管理创新、加强和改进新形势下群众工作。市委书记杨宪萍主持会议并讲话,市长钟志生出席会议并讲话,杜德春、潘赞海、谢一平、熊茂平等市四套班子领导及市中级人民法院、市人民检察院主要领导出席会议。

10日 全市统战工作会议召开。市委书记杨宪萍作出重要批示,市委常委、统战部部长汪当时出席会议并讲话。

11日 市委书记杨宪萍到鹰潭现代物流园区就项目的规划、建设和管理工作进行调研。杨宪萍强调,坚持一切从实际出发,科学谋划项目建设。市委常委宋迪维等陪同调研。

△ 市委换届工作领导小组会议召开。领导小组组长、市委书记杨宪萍要求,善始善终做好市县乡换届工作。杜德春、谢一平、张鲁年、桂

江萍等市领导出席会议。

11日至12日 全省风景名胜区景观绿化现场会在鹰召开。省林业厅厅长刘礼祖出席会议并讲话，市长钟志生致辞；省旅游局副巡视员曾宜富，省林业厅纪检组长李晓浩，省森林公安局局长辛卫平，市委常委、统战部长汪当时，副市长戴春英出席会议。省林业厅党组成员、巡视员肖河主持会议。

12日 全省发改系统纪检组长暨发展提升年活动研讨会在鹰潭召开。省发改委党组成员、纪检组长、直属机关党委书记黄国荣出席会议，市委常委、副市长熊茂平致欢迎辞。

13日 市委中心组举行集体学习会，就加强领导干部文化修养，提高执政能力和水平，邀请李天清教授讲授"《论语》与管理"。杨宪萍、钟志生、杜德春、邵奇生、潘赞海等市四套班子领导，市中级人民法院、市人民检察院主要领导参加学习。市委常委、宣传部部长徐琳琳主持学习会。

△ 全市政法系统主题教育实践活动暨政法干警下基层走访活动推进视频会议召开。市委副书记、政法委书记杜德春出席会议并讲话，副市长、市公安局长张荣先主持会议，市中级人民法院院长居国屏，市人检察院检察长熊金文，省国家安全厅副巡视员、市国家安全局局长李恩平出席会议。

△ 全国助残日临近之际，市委副书记、政法委书记杜德春带着全市人民的深情厚谊，先后来到江西兴成材料股份有限公司和钟贵平、彭员水家中走访慰问残疾人，为残疾人送去党和政府的关心和温暖。

14日 鹰潭市首家五星级酒店——天裕豪生大酒店奠基庆典仪式隆重举行。市委副书记杜德春下达开工令，邵奇生、潘赞海、王家林等市领导，豪生国际酒店管理集团大中华区常务董事兼财务总监钟乐由，广州市天高集团有限公司总裁、江西省广东商会会长李平出席奠基庆典仪式。豪生国际酒店管理集团大中华区运营总监包松、鹰潭天裕酒店投资有限公司董事长黄武明致辞。市委常委宋迪维主持庆典仪式。

16日至20日 江西省在香港举办"2011年江西(香港)招商引资活动周"。以市长钟志生为团长，市委常委、副市长熊茂平为副团长的鹰潭市代表团参加招商活动周。

17日 省委常委、常务副省长凌成兴来到鹰潭考察调研贵溪发电厂"上大压小"工程等重点项目建设情况。省政府副秘书长朱希，市领导杨宪萍、王家林等陪同考察。

△ 市长钟志生拜访香港人和商业控股有限公司，与公司执行董事、执行总裁张大滨共商合作事宜，推动项目顺利进行。

18日 由省发改委、省鄱湖办主办，赣州市、九江市、鹰潭市和省商务厅协办的鄱阳湖生态经济区重大产业及生态工程推介会在香港会展中心举行。省委副书记、省长吴新雄出席推介会并讲话，省发改委主任、省鄱湖办主任姚木根主持。市长钟志生在推介会上发言。市委常委、副市长熊茂平及本市代表团成员出席推介会。

19日 副省长洪礼和在香港会展中心亲切会见本市邀请的日本客商——日本阪和兴业株式会社华南地区代表兼阪和(香港)有限公司董事长岩田幸生先生、阪和钢板加工(东莞)有限公司董事长藤冢正彦先生，宣传鹰潭市及鹰潭经济技术开发区投资环境，树立客商投资信心，促进项目签约落户。市长钟志生，市委常委、副市长熊茂平参加会见。

△ 市长钟志生，市委常委、副市长熊茂平在市商务局、鹰潭经济技术开发区、余江县招商引资服务中心负责人陪同下，拜访香港海港(国际)集团有限公司，与集团公司董事长吴伟光先生共话合作发展，并实地考察企业。

△ 市长钟志生拜访香港四洲集团公司，会见四洲集团公司董事长戴德丰先生，畅叙友情，寻求合作，共谋发展。市委常委、副市长熊茂平，副市长徐鹏程参加会见。

23日 市中心广场人防工程可行性研究报告评审会召开。市委常委宋迪维、省人民防空办公室副主任申世坤等出席评审会。

24日 市委常委、副市长熊茂平来到"12345"市长专线，现场接听和处理群众来电来访，听取市民反映的各种问题和提出的意见。

25日 市委常委、副市长熊茂平会见到鹰潭参观考察的香港特区政府驻粤经济贸易办事处主任郑伟源一行，讨论如何进一步加强双方交流、合作。

26日 应团市委邀请，省政协委员、省青年联合会副主席、澳赣台青年交流协会会长、北京海外联谊会青年委员会执行主席、珠海市政协委员、澳门高原集团有限公司董事长施利亚为团长的澳台青年代表团一行到鹰潭考察。市长钟志生、市委副书记杜德春会见代表团一行。

26日至27日 海峡西岸20个城市企联会长第三次联席会议在鹰潭召开。市委书记杨宪萍、市长钟志生出席招待晚宴。钟志生出席联席会并致辞，副市长杨晓群致欢迎辞并介绍本市经济社会发展情况。江西省企联会长张海如、福建省企联会长黄文麟、浙江省企联会长陈卫东、广东省企联会长罗佛光等4省20个城市的企联会长、秘书长及企业家100余人参加会议。

27日 以全国政协常委、广东省政协常委、香港四洲集团主席戴德丰为团长的广东省政协香港委员考察团一行到鹰潭考察。广东省政协港澳台委员会主任喻军，江西省政协港澳台侨委员会主任黎细保，市长钟志生、市政协主席潘赞海、副市长徐鹏程等陪同考察。

28日 市道教文化宣传展示策划座谈会在市博物馆举行。省政协原副主席王林森、省社科院原院长李国强、省社科院原副院长陈文华等省市有关专家学者应邀出席座谈会。市长钟志生出席座谈会并讲话，副市长史可出席座谈会。

29日 市长钟志生检查指导城市重点建设项目。钟志生强调，要加大力度，加快进度，加强调度，推进项目建设。潘赞海、宋迪维、尹宁等市领导一同检查指导。

30日 市四套班子联席会议召开。市委书记杨宪萍主持会议并讲话。杨宪萍强调,要扎实推进三项基础性工作,珍惜和维护良好发展态势。市长钟志生出席会议并作综合点评,杜德春、潘赞海、谢一平、熊茂平、徐琳琳、王家林、宋迪维等市四套班子领导及市法院主要领导出席会议。

31日 数字鹰潭展示馆(市民服务中心)项目开工典礼隆重举行。市委书记杨宪萍下达开工令,市长钟志生致辞。杜德春、潘赞海等市领导出席开工仪式并为项目奠基培土。市委常委宋迪维主持开工仪式。

△ 市政府与省测绘局举行数字鹰潭地理空间框架建设项目共建共享协议签字仪式。市委副书记杜德春出席签字仪式,市委常委宋迪维讲话并代表市政府签署数字鹰潭地理空间框架建设共建共享协议书,省国土厅党组成员、省测绘局局长高振华出席签字仪式并讲话。

6月

3日 市委中心组举行集体学习会,邀请党史教育专家、省委党校党史党建教研部主任吴晓敏教授到会作题为《从党的历史中汲取前进的智慧和力量》的辅导报告。在鹰的市委常委,市人大常委会主任、副主任,市政府副市长,市政协主席、副主席,市中级人民法院院长,市人民检察院检察长参加学习会。市委常委、宣传部部长徐琳琳主持学习会。

6日 市委书记杨宪萍作出重要批示,市防汛抗旱指挥部要认真落实好省委书记苏荣,省委副书记、代省长鹿心社的指示精神,全面做好防大汛思想准备、物资准备和组织准备。

7日 市委常委、统战部部长汪当时冒着大雨深入贵溪市检查指导防汛工作。副市长戴春英一同检查。

9日 市政府召开全市财税工作调度会。市长钟志生主持会议并讲话。钟志生强调,要加大力度,统筹推动,完成“双过半”目标任务。市委常委、常务副市长王家林出席会议。

△ 全省防汛抗旱工作电视电话会议召开。钟志生、戴春英、傅梓堆等市领导在鹰潭分会场参加会议。

10日 市长钟志生深入贵溪市检查指导防汛和地质灾害防御工作。钟志生强调,要明确责任强化措施严防死守确保安全度汛。副市长戴春英陪同检查。

△ 市委宣传部牵头,市委组织部、市直机关工委、市文化广电新闻出版局、市文化事业发展中心负责,市直机关工委具体承办的“颂歌献给党,爱我新鹰潭”歌咏比赛活动在华侨饭店会议中心隆重举行。市委常委、宣传部部长徐琳琳,市委常委、组织部部长郭清出席比赛活动并为获奖选手颁奖。

11日 市委常委宋迪维在市国土资源局工作人员陪同下,深入龙虎山上清镇督查地质灾害防治工作。

12日 中共中央政治局常委、全国政协主席贾庆林来到江铜集团考察。苏荣、鹿心社、张裔炯、傅克诚、陈达恒、舒晓琴、凌成兴、赵智勇、莫建成、陶正明、史文清、王文涛等省领导分别陪同考察或参加汇报座谈会。

13日 市直老干部座谈会召开,通报市中心广场人防工程情况,征求意见建议。市委常委宋迪维出席座谈会并讲话。

16日 省人大财经委主任委员黄素英率省人大调研组来到鹰潭,就鹰潭市上半年经济运行情况进行调研。市委常委、副市长熊茂平汇报本市上半年经济运行有关情况,市人大常委会副主任张鲁年陪同调研。

△ 市委常委、常务副市长王家林深入信江新区现场调度国有土地房屋拆迁工作。王家林强调,要树立大局意识和全局观念,进一步加强协调配合,形成工作合力,确保信江新区国有土地房屋拆迁工作整体推进。

△ 市旅游局与鹰潭国际眼镜城签订战略合作协议。市委常委、市纪委书记谢一平,副市长徐鹏程出席签约仪式。

17日 市普法教育依法治市工作领导小组2011年全体成员会议召开。市委副书记、政法委书记、市普法教育依法治市工作领导小组组长杜德春主持会议,刘育虹、张荣先、周水凤等市领导出席会议。

20日 市委常委、统战部部长汪当时在贵溪、余江检查指导在建水利工程。副市长戴春英随同检查指导。

21日 副省长孙刚就推进工业园区污水处理设施建设深入鹰潭进行专题调研。孙刚强调,要扎实推进工业园区污水处理设施建设。省环保厅厅长邓兴明、省政府副秘书长叶磊随同调研,市领导杨宪萍、钟志生、杨晓群陪同调研。

△ 由市委组织部、市委宣传部、市直机关工委、市委党史办、鹰潭日报社、市教育局、团市委联合举办的全市纪念中国共产党成立90周年党史知识竞赛获奖名单揭晓。该竞赛活动共收到答卷近1.5万份,评出优秀组织奖4个、优秀个人奖25个。

22日 市委常委、统战部部汪当时来到贵溪樟坪畲族乡化坪村检查指导新农村建设。

24日 市委中心组举行集体学习会。就深入学习推进政府管理创新的重大意义、总体思路和目标任务,邀请中国人民大学公共管理学院副院长、博士生导师张成福教授到会作题为《政府管理与创新》的辅导报告。在鹰的市委常委,市人大常委会主任、副主任,市政府副市长,市政协副主席,市中级人民法院院长,市人民检察院检察长参加学习会。市委常委、宣传部部长徐琳琳主持学习会。

27日 市委书记杨宪萍到贵溪市志光镇和月湖区交通街道办事处,走访慰问新中国成立前入党的老党员、优秀共产党员和生活困难党员,向老共产党员们送上节日祝福和慰问金,并致以崇高敬意和亲切问候。

△ 市长钟志生带着党组织的关怀,深入余江县锦江镇,走访慰问了部分老党员和生活困难党员,为老共产党员们送上节日的祝福与亲切的问候。

△ 由市委组织部、市委宣传部、市委统战部主办的“辉煌90年”市非公有制经济组织红歌会举行。市领导邵奇生、熊茂平、汪当时等观看红歌会并为获奖单位颁奖。

28日 省重点工程——国家铜及铜产品质量监督检验中心(江西)项目奠基仪式在龙虎山大道与320国道交汇处隆重举行。市委书记杨宪萍下达开工令,市长钟志生讲话。省质监局副局长蔡玮,市领导邵奇生、谢一平、王火茂等出席奠基仪式并为项目奠基培土,副市长杨晓群主持奠基仪式。

△ 市长钟志生到月湖区看望慰问基层老党员、生活困难党员,向老共产党员们送去党和政府的关怀和温暖,并代表市委、市政府向广大基层党员致以崇高敬意和节日问候。

△ 江西省龙虎山嗣汉天师府对外文化交流研讨会暨龙虎山道教协会第二次代表大会在骏安国际大酒店开幕。省委统战部副部长、省名族宗教事务局局长谢秀琦,省民宗局巡视员肖争鸣出席开幕式。香港华懋集团主席、华懋慈善基金会主席龚仁心等众多海内外道教、居士代表应邀出席开幕式并致辞。汪当时、管华鞍、徐鹏程、杨建保等市领导出席开幕式。

29日 全市召开大会,隆重庆祝中国共产党成立90周年。市委书记杨宪萍出席大会并讲话,市长钟志生主持大会,市委副书记杜德春宣读表彰决定,邵奇生、谢一平、熊茂平、等市四套班子领导出席会议。

△ 全省政法系统纪念建党90周年暨人民政法满意单位、人民满意政法干警表彰大会召开。市委副书记、政法委书记杜德春,市中级人民法院院长居国屏,市人民检察院检察长熊金文在鹰潭分会场出席会议。

30日 鹰潭市庆祝中国共产党成立90周年文艺晚会在鹰潭体育馆隆重举行。杨宪萍、钟志生、杜德春、邵奇生等市四套班子领导,市中级人民法院、市人民检察院主要领导,以及离退休老干部观看了演出。

△ 月湖区第八届人民代表大会人大代表选举投票。市委书记杨宪萍以普通公民身份投了神圣的一票,选举所在地的县(区)级人大代表。市长钟志生因公在外,委托工作人员进行投票。杜德春、邵奇生、潘赞海等市四套班子领导也在各自选区参加投票选举或者委托工作人员进行投票。

7月

1日 杨宪萍、钟志生、杜德春、邵奇生、熊茂平、汪当时、徐琳琳、高学训、宋迪维、郭清等市四套班子领导在市政府3楼会议室,一同收看庆祝中国共产党成立90周年大会的电视现场直播,认真聆听胡锦涛总书记在会上发表的重要讲话。

4日至5日 省政协副主席刘晓庄率领省政协民主监督专题调研组来到鹰潭,就鹰潭市贯彻落实计生政策情况展开调研。副市长戴春英就本市计生政策贯彻落实情况作汇报,市政协副主席王火茂陪同调研。

6日 市政府召开全市金融工作座谈会。市长钟志生出席会议并讲话,市委常委、副市长熊茂平出席会议。

7日 全市财税工作调度会议召开。市长钟志生出席会议并讲话,市委常委、常务副市长王家林主持会议。

8日 市委中心组在华侨饭店会议中心举行集体学习会,邀请省委宣传部常务副部长陈东有博士,就认真学习胡锦涛总书记“七一”重要讲话精神作专题辅导。杨宪萍、钟志生、邵奇生、潘赞海等在鹰的市四套班子领导,市中级人民法院、市人民检察院主要领导参加学习。集体学习会由市委常委、宣传部部长徐琳琳主持。

△ 全市《国有土地上房屋征收与补偿条例》辅导报告会举行,邀请省住建厅拆迁办专家李细顺作辅导报告。市委常委宋迪维出席报告会。

10日 住房和城乡建设部住房保障司司长冯俊一行到鹰潭,就鹰潭市保障性住房建设和城市棚户区改造工作进行调研。省住房和城乡建设厅副厅长高浪、市委常委宋迪维陪同调研。

△ 民革鹰潭市委会、市老年书画研究会在鹰潭市时代广场联合举行纪念建党90周年、辛亥革命100周年现场书画长卷创作活动。市委常委、统战部部长汪当时,市政协副主席杨建保参加活动。

△ 龙虎山美人桥湿地公园项目签约仪式在龙虎山景区举行。副市长徐鹏程、爱英斯集团公司董事长齐德良出席签约仪式。

13日 全市集中整治重点项目建设施工环境动员大会召开。市委常委宋迪维出席会议并讲话,市人大常委会副主任张鲁年、市政协副主席钱光涌出席会议,副市长、市公安局局长张荣先作动员报告。

16日 连展科技(江西)有限公司精密电子连接器项目开工建设。市人大常委会主任邵奇生、市政协主席潘赞海、连展科技总经理陈鸿仪等出席开工庆典仪式,并为项目开工奠基培土。市委常委、副市长熊茂平下达开工令。

18日 市委中心组在华侨饭店会议中心举行报告会,邀请广西中医学院经典中医临床研究所首席教授刘力红博士到会作题为《中医——尚礼的医学》的辅导报告。在鹰的市委常委,市人大常委会主任、副主任,市政府副市长,市政协主席、副主席,市中级人民法院院长,市人民检察院检察长参加报告会。市委常委、宣传部部长徐琳琳主持报告会。

19日 江西水晶光电有限公司薄膜光电项目签约暨开工建设典礼在鹰潭经济技术开发区隆重举行。市委书记杨宪萍出席典礼并为项目开工剪彩,市长钟志生讲话并下达开工令,市人大常委会主任邵奇生、市政协主席潘赞海出席典礼,浙江水晶光电科技股份有限公司董事长兼总经理林敏先生致辞。市委常委、副市长熊茂平主持典礼。

20日 全省企业"一套表"试点工作动员暨综合培训会在鹰潭市召开。省统计局长王建农、国家统计局设计管理司副司长贾楠、市长钟志生出席会议并讲话,市委常委、常务副市长王家林主持会议。

21日至22日 市七届人大常委会第四十六次会议举行。市人大常委会主任邵奇生,副主任张鲁年、管华鞍、彭中华、尹宁、卢越明、刘育虹,秘书长敖高源和委员共28人出席会议。会议由市人大常委会主任邵奇生主持。市政府副市长王家林、熊茂平、杨晓群,市中级人民法院院长居国屏,市人民检察院、市政府有关部门负责人,市人大有关专门委员会成员,市人大常委会工作部门负责人和三名市人大代表列席会议。会议听取和审议市人民政府、市中级人民法院、市人民检察院的相关报告,表决通过市人大常委会关于进一步加强法制宣传教育的决议。

25日 市委书记杨宪萍在市委常委宋迪维的陪同下,深入市中心广场地下人防工程施工现场,慰问在高温酷暑下仍坚守岗位的建设者和维持施工期间交通秩序的交警。杨宪萍强调,要严把工程质量关,全力以赴抓进度提速度。

△ 月湖区政府与上海绿地(集团)有限公司在上海隆重举行月湖新区综合项目战略合作框架协议签字仪式。市委书记杨宪萍,上海绿地集团董事长、总裁张玉良参加签字仪式,市委常委宋迪维、上海绿地集团副总裁陆新畲分别致辞。

26日 中共鹰潭市委六届十七次全体会议召开。全会由市委常委会主持,杨宪萍、钟志生、杜德春、潘赞海、谢一平、熊茂平、汪当时、王家林、宋迪维、郭清在主席台就座。出席会议的市委委员35人,候补委员5人。市委常委会向全委会报告上半年工作。市委书记杨宪萍部署全市下半年工作。市委副书记杜德春作《关于召开中国共产党鹰潭市第七次代表大会的决议(草案)》的说明。

26日至27日 省住房和城乡建设厅巡视员张继胜率领省督查组来到鹰潭,对鹰潭市推进新型城镇化和城市建设工作进行督查。市长钟志生出席汇报会并致辞,市委常委宋迪维汇报鹰潭市新型城镇化和城市建设情况并陪同督查。

28日 鹰西片区棚户区保障性住房建设项目正式开工。市委书记杨宪萍出席开工典礼,市长钟志生致辞并下达开工令,市人大常委会主任邵奇生、市政协主席潘赞海、副市长杨晓群出席典礼,市委常委宋迪维主持典礼。

29日 鹰潭市举行庆祝中国人民解放军建军84周年军政联谊会。市委书记杨宪萍出席联谊会,市委副书记、市长钟志生讲话,市委副书记杜德春主持。出席联谊会的市领导还有邵奇生、徐琳琳、王家林、宋迪维、郭清、杨晓群、桂江萍。鹰潭军分区和驻鹰部队领导王超、黄恩华、吴京业、陈坚男、傅梓堆、王国军等出席联谊会。

△ 全市数字鹰潭应用系统建设推进会召开。市委书记杨宪萍出席会议并讲话。市领导钟志生、徐琳琳、王家林、郭清、管华鞍、王火茂、周水凤、邢星奎、钱光涌出席会议,市委副书记杜德春主持会议。

△ 市公建集团公司实施建设的信江新区龙虎山北路工程开工典礼隆重举行。市委书记杨宪萍出席开工典礼,市长钟志生致辞并下达开工令。市领导任邵奇生、潘赞海出席典礼。市委常委、常务副市长王家林主持典礼。

30日 市中心广场地下人防工程路面恢复通车仪式举行。市长钟志生出席仪式并下达通车令。市领导邵奇生、熊茂平、宋迪维、杨建保,鹰潭军分区参谋长傅梓堆,香港人和商业控股有限公司副总经理姜卫出席通车仪式。

8月

1日 市四套班子联席会议召开。市委书记杨宪萍主持会议并讲话,市长钟志生出席会议并作综合点评,杜德春、潘赞海、谢一平、熊茂平、汪当时、徐琳琳、王家林、宋迪维等市四套班子领导出席会议。

△ 鹰潭军分区组织召开"八一"恳谈会。市委常委、常务副市长王家林出席会议并讲话,鹰潭军分区司令员王超主持恳谈会,政委黄恩华介绍鹰潭市国防后备力量建设情况,鹰潭军分区参谋长傅梓堆、政治部主任戴克华、后勤部部长王国军出席恳谈会。

2日 鹰潭经济技术开发区与宁波宏一投资控股有限公司举行电源连接器项目签约仪式。市领导杨宪萍、钟志生、潘赞海、尹宁出席签约仪式,市委常委、副市长熊茂平讲话,宁波宏一投资控股有限公司董事长沈国强先生致辞。

△ 市政府全体会议召开。市长钟志生主持会议并讲话。市委常委、常务副市长王家林,市委常委、副市长熊茂平,市委常委、市政府党组成员宋迪维,副市长史可、杨晓群、戴春英、张荣先出席会议并通报分管口的上半年工作情况和下半年工作安排。

△ 鹰潭华劲国际大酒店奠基仪式举行。市委常委、常务副市长王家林下达开工令,市人大常委会副主任张鲁年出席奠基仪式,市政协副主席刘国富讲话。鹰潭世纪华劲实业有限公司董事、总经理杨春致辞。

3日 鹰潭市出席省第十三次党代会代表暨市第七次党代会代表选举工作会议召开。市委常委、组织部部长郭清出席会议并讲话。

4日 市委中心组举行集体学习会,邀请华东理工大学社会发展研究所所长、社会与公共管理学院博士生导师曹锦清教授到会作专题报告《社会转型:社会建设与社区理事会建设》。杨宪萍、杜德春、潘赞海、谢一平、熊茂平、汪当时、王家林、宋迪维、郭清等在鹰潭的市四套班子领导,鹰潭军分区政委,市中级人民法院院长,市人民检察院检察长参加学习。市委常委、宣传部部长徐琳琳主持学习会。

△ 全省加快水利改革发展宣讲报告会在华侨饭店多功能厅举行。省水利厅副厅长杨丕龙作题为《深入贯彻省委省政府实施意见,努力实现江西水利跨越发展》的宣讲报告。市领导汪当时、彭中华、王火茂等出席。副市长戴春英主持报告会。

5日 市委书记杨宪萍分别来到龙虎山景区、鹰潭经济技术开发区调研。市领导谢一平、熊茂平、宋迪维分别陪同调研。

8日 余江(国际)眼镜工业园(二期)开工典礼举行。市委常委、纪委书记谢一平下达开工令。

9日 为贯彻落实省委书记苏荣对鹰潭市工作作出的重要指示精神,省委常委、宣传部部长刘上洋率由省社科院、中央驻赣新闻媒体和省新闻单位负责人组成的省调研组,深入鹰潭市城区、信江新区和开发区调研,并主持召开座谈会。省委宣传部副部长罗勇兵等参加调研。市委书记杨宪萍陪同调研并在座谈会上汇报鹰潭市工作情况。市领导钟志生、杜德春、熊茂平、徐琳琳、宋迪维、郭清、张鲁年、彭中华陪同调研或出席座谈会。

12日 全市财税工作调度会召开。市委常委、常务副市长王家林出席会议并讲话。

15日 首届"龙虎山"杯中国龙虎山国际风光摄影展启动仪式在龙虎山举行。中国艺术摄影学会主席杨元惺,市人大常委会副主任管华鞍、市政协副主席桂江萍出席启动仪式。

16日 市长钟志生到鹰潭经济技术开发区调研。市委常委、副市长熊茂平陪同调研。

16日至17日 省政协副主席、省政府党组成员胡幼桃深入鹰潭市调研矿产资源开发整合工作。省国土资源厅厅长胡宪、省地矿局局长彭泽洲、省国土资源厅副厅长陈祥云、省地矿局副局长余忠珍参加调研。市委书记杨宪萍、市长钟志生、市委常委宋迪维分别陪同调研。

17日至18日 省农业厅总经济师徐金星率领省耕地保护责任目标考核组莅临鹰潭,对鹰潭市2006年~2010年耕地保护责任目标完成情况进行检查考核。市委常委宋迪维出席情况汇报会。

18日 衢州市副市长李一飞率领衢州市考察团到鹰潭市考察。市委常委、副市长熊茂平参加座谈会。

19日 全市"五五"普法总结表彰暨"六五"普法动员大会召开。市委副书记、政法委书记杜德春出席会议并讲话,市人大常委会副主任刘育虹宣读表彰决定,副市长张荣先主持会议。

△ 市委统战部、市工商联、市光彩事业促进会在华侨饭店举行鹰潭市光彩事业促进会"永进助学金"捐赠和发放仪式,向40名贫困学子发放助学金。市委常委、统战部部长、市光彩事业促进会会长汪当时出席仪式并讲话。

20日 滨江公园开园仪式隆重举行。市委书记杨宪萍、市长钟志生为开园揭幕。市领导杜德春、邵奇生、潘赞海、谢一平、熊茂平、王家林出席开园仪式,市委常委宋迪维主持开园仪式。

23日 中央纪委副书记吴玉良到鹰潭市就全国纪检监察机关查办案件工作座谈会精神贯彻落实情况和基层党风廉政建设情况进行考察调研。吴玉良指出,要扎实推进反腐倡廉工作。省委常委、省纪委书记尚勇,中央纪委七室主任黄晓薇,省纪委常务副书记、省监察厅厅长汪毓华随同调研。市领导杨宪萍、钟志生、谢一平、李贻煌陪同调研。

△ 鹰潭军分区召开党委全体(扩大)会议。会议要求,深入扎实推进部队思想作风建设,围绕主题主线提高党的建设科学化水平。军分区党委书记、政委黄恩华,军分区党委副书记、司令员王超出席会议并讲话。军分区党委常委傅梓堆、戴克华、王国军出席会议。

△ 全市应急救援工作会议召开,市长钟志生出席会议并讲话,市委常委、常务副市长王家林主持会议。

△ 全市政府性债务审计整改工作会议召开。市长钟志生出席,市委常委、常务副市长王家林主持。

26日 中共鹰潭市委召开全市领导干部会议。省委组织部常务副部长张宝瑜受中共江西省委的委派,宣布省委关于陈兴超任中共鹰潭市委委员、常委、书记,杨宪萍不再担任中共鹰潭市委书记、常委、委员职务的决定。杨宪萍、陈兴超分别讲话,市委副书记、市长钟志生主持会议。市四套班子领导,鹰潭军分区军政主官,市中级人民法院、市检察院主要领导,各县(市、区)、龙虎山景区、鹰潭经济技术开发区、信江新区的党政主要领导,市委各部门、市直各单位、驻鹰各单位主要负责人参加会议。

△ 市委召开第93次常委会,市委书记陈兴超主持会议并作重要讲话。市领导钟志生、杜德春、谢一平、熊茂平、汪当时、宋迪维、郭清出席会议,邵奇生、潘赞海列席会议。

27日 市委书记陈兴超走访慰问部分在鹰老同志。市长钟志生陪同走访慰问。

28日 市委书记陈兴超到贵溪市调研,并召开座谈会,听取贵溪市经济社会发展情况汇报。市长钟志生,市委常委、副市长熊茂平,市委常委、江铜集团公司总经理李贻煌,市委常委、组织部部长郭清陪同调研或出席座谈会。

29日 全国测绘法宣传日江西主场活动在鹰潭市时代广场举行,活动由省测绘局和鹰潭市人民政府联合主办。国家测绘地理信息局总工程师胥燕婴、江西省测绘局局长高振华,市领导宋迪维、尹宁、杨建保出席活动并为群众发放宣传资料。

30日 鹰潭军分区召开宣布军分区党委第一书记任职大会。省委常委、省军区政治委员陶正明宣布省军区党委关于鹰潭军分区党委第一书记任职的决定并讲话,颁发鹰潭军分区党委第一书记陈兴超任职通知书。中共鹰潭市委书记、鹰潭军分区党委第一书记陈兴超讲话,鹰潭军分区党委书记、政治委员黄恩华主持会议,鹰潭军分区党委副书记、司令员王超,鹰潭军分区党委常委戴克华、王国军出席会议。

△ 市委书记陈兴超在市长钟志生陪同下，先后来到市委、市人大、市政府、市政协机关和驻鹰73861部队、鹰潭军分区,看望领导班子成员、干部职工和部队官兵。

△ 市委书记陈兴超在鹰潭经济技术开发区调研。市长钟志生随同调研。市委常委、副市长熊茂平陪同。

△ 市委书记陈兴超在龙虎山景区调研。市长钟志生,市委常委、纪委书记谢一平随同调研。

31日 市委书记陈兴超在余江县、月湖区调研。市长钟志生随同调研。

9月

2日 中共鹰潭市委六届十八次全体会议召开。全会圈选确定鹰潭市出席省第十三次党代会代表候选人预备人选。市委常委会主持会议。陈兴超、钟志生、杜德春、熊茂平、潘赞海、谢一平、王家林、宋迪维、郭清在主席台就座。

△ 市委书记陈兴超到信江新区调研。陈兴超强调,要积极稳妥地深入推进信江新区建设。市长钟志生随同调研,市委常委、常务副市长王家林等陪同调研。

△ 鹰潭市廉政教育基地正式揭牌。市委书记陈兴超、市长钟志生为基地揭牌并参观廉政教育基地。

4日 按照《中国共产党章程》和《中国共产党基层组织选举工作暂行条例》规定,市直机关党代表会议召开，会议选举产生出席中国共产党鹰潭市第七次代表大会代表86名。

7日 省委常委、省纪委书记尚勇深入贵溪滨江生态小区、江铜集团公司调研,并召开座谈会,听取鹰潭市2010年以来经济社会发展情况汇报。尚勇强调,要发展战略性新兴产业,推进经济社会跃上新台阶。省纪委常委、省监察厅副厅长刘卫平随同考察调研。市委书记陈兴超、市长钟志生陪同调研并出席座谈会。市领导杜德春、熊茂平、邵奇生、潘赞海、谢一平、李贻煌、王家林、宋迪维、郭清、周世敏陪同调研或出席座谈会。

△ 市七届人大常委会第四十七次会议举行。会议决定:鹰潭市第八届人民代表大会第一次会议于2011年9月24日在市区召开。市人大常委会主任邵奇生，副主任张鲁年、管华鞍、彭中华、尹宁、卢越明、刘育虹,秘书长敖高源和委员共28人出席会议。市政府常务副市长王家林,副市长徐鹏程,市中级人民法院、市人民检察院、市政府有关部门负责人，市人大有关专门委员会成员、市人大常委会工作部门负责人,贵溪市、余江县人大常委会负责人列席会议。

8日 市委书记陈兴超、市长钟志生到市一中、市九小和鹰潭职业技术学院亲切看望广大一线教师,为教师们送上节日的问候。市委常委、宣传部长周世敏,副市长辜清随同走访看望。

9日 全市第27个教师节庆祝表彰大会召开。大会表彰一批先进单位和个人。市委副书记熊茂平出席会议并讲话,市委常委、宣传部部长周世敏宣读表彰决定，市领导刘育虹、钱光涌出席会议。会议由副市长辜清主持。

△ 全市住房公积金龙卡发行仪式举行。市领导宋迪维、张鲁年、桂江萍出席发行仪式。

13日 市长钟志生对市区社会治安巡逻防控和交通管理工作进行检查暗访。钟志生强调,要加大治安防控力度,确保社会安全稳定。副市长、市公安局长张荣先陪同。

14日 市政协七届二十七次常委会议召开。市政协主席潘赞海主持会议并讲话,副主席桂江萍、王火茂、周水凤、钱光涌、刘国富,秘书长洪芬平出席会议。市委常委、常务副市长王家林应邀到会听取意见和建议。会议听取关于《政府工作报告(征求意见稿)》起草情况的说明等。

16日 中国共产党鹰潭市第七次代表大会预备会议在华侨饭店会议中心三楼会议厅举行。市委书记陈兴超主持会议，市长钟志生出席会议并讲话。会议通过大会主席团名单、代表资格审查委员会名单和大会议程。

△ 鹰潭海关和国检大楼开工。市委书记陈兴超下达开工令,市长钟志生致辞。省商务厅巡视员沈运煊,南昌海关副巡视员张晓文,江西出入境检验检疫局副巡视员张国清,市领导熊茂平、邵奇生、潘赞海、谢一平出席开工典礼。市委常委宋迪维主持开工典礼。

17日 中国共产党鹰潭市第七次代表大会在华侨饭店会议中心隆重开幕。省委赴鹰潭市干部考察组组长、省国资委党委书记、主任李天鸥及省委组织部等有关部门领导专程到会指导。大会主席团全体成员在主席台就座。在大会主席台前排就座的有:陈兴超、钟志生、熊茂平、杜德春、谢一平、李贻煌、王家林、宋迪维、郭清、黄恩华、周世敏等。市委书记陈兴超作题为《推进科学发展 加速进位赶超 为打造鄱阳湖生态经济区璀璨明珠而不懈奋斗》的工作报告,市长钟志生主持开幕式。市纪委书记谢一平作中共鹰潭市纪律检查委员会《坚持改革创新 服务科学发展 努力开创党风廉政建设和反腐败工作新局面》的书面工作报告。

△ 由省政协副主席李华栋，全国政协文史和学习委员会以及浙江、安徽、福建、湖南、广东、贵州、江西等省政协文史和学习委员会负责人组成的全国政协《畲族百年实录》汇稿会代表考察组，深入贵溪市樟坪畲族乡和龙虎山考察调研。市领导陈兴超、钟志生、熊茂平、潘赞海、杨晓群、周水凤、杨建保先后陪同。

18日 中国共产党鹰潭市第七次代表大会在华侨饭店会议中心举行第二次大会。大会主席团全体成员在主席台就座。在大会主席台前排就座的有:陈兴超、钟志生、熊茂平、杜德春、邵奇生、潘赞海、谢一平、王家林、宋迪维、郭清、黄恩华、周世敏、汪当时。本次大会有三项议程:审议通过《中国共产党鹰潭市第七次代表大会选举办法》;审议通过总监票人和监票人名单；布置中鹰潭市第七届委员会委员、候补委员，市纪委委员及出席省第十三次党代会代表候选人预选工作。

19日 中国共产党鹰潭市第七次代表大会在完成预定的各项议程后胜利闭幕。大会选举出新一届中国共产党鹰潭市委员会和鹰潭市纪律检查委员会及出席省第十三次党代会的代表，通过《关于中共鹰潭市第六届委员会报告的决议》和《关于中共鹰潭市纪律检查委员会工作报告的决议》。大会闭幕式由市委书记陈兴超主持。省委赴鹰潭换届指导组组长、省国资委党委书记、主任李天鸥到会指导，并在主席台前排就座。大会主席团全体成员在主席台就座。在大会主席台前排就座的有：陈兴超、钟志生、熊茂平、杜德春、谢一平、李贻煌、王家林、宋迪维、郭清、黄恩华、周世敏等。

△ 中国共产党鹰潭市第七届委员会第一次全体会议在华侨饭店会议中心举行。全会选举陈兴超为市委书记，钟志生、熊茂平为市委副书记，陈兴超、钟志生、熊茂平、谢一平、王家林、宋迪维、郭清、戴春英、黄恩华、周世敏、杨金红为市委常委；通过中共鹰潭市纪律检查委员会第一次全会选举结果的报告；通过《中共鹰潭市委关于加强自身建设的决定》。市委书记陈兴超主持会议并讲话。

△ 由全国政协委员、全国政协教科文卫体委员会副主任、人民日报社原副总编辑江绍高任组长的考察组一行来到鹰潭，就“民办教育发展中存在的问题与对策”开展专题考察。省政协副主席、民进省委主委汤建人陪同考察，市领导陈兴超、钟志生、潘赞海、辜清、钱光涌先后陪同。

20日 以住房和城乡建设部机关党委常务副书记杨忠诚为组长的巡查组到鹰潭检查督导保障性住房建设和城市棚户区改造工作。市委常委宋迪维向住建部巡查组汇报2011年度全市保障性住房建设和城市棚户区改造项目开工情况，陪同住建部巡查组实地察看各个工程项目的开工建设情况。

21日 市长钟志生出席在南昌举行的第七届泛珠三角区域合作与发展论坛暨经贸洽谈会开幕式及大会高层论坛。

22日 市领导陈兴超、钟志生、熊茂平在七届市政协主席潘赞海，副主席桂江萍、王火茂、周水凤、邢星奎、杨建保、钱光涌、刘国富的陪同下，来到市政协八届一次会议委员驻地鹰潭宾馆，亲切看望出席大会的政协委员和列席人员。

23日 中国人民政治协商会议鹰潭市第八届委员会第一次会议在73861部队文化活动中心隆重开幕。省委赴鹰潭换届指导组组长、省国资委党委书记、主任李天鸥到会指导，并在主席台前排就座。市政协八届一次会议主席团常务主席潘赞海作常委会工作报告，常务主席杨建保主持会议，刘国富作提案工作报告，常务主席周水凤、官金福、吴细美、张金涛、黄占共、吴泉水在主席台前排就座；七届市政协副主席桂江萍、王火茂、邢星奎、钱光涌和主席团其他成员也在主席台就座。应邀出席会议并在主席台就座的领导有：陈兴超、钟志生、熊茂平、邵奇生、杜德春、宋迪维、郭清、戴春英、黄恩华、周世敏、杨金红等。

23日至24日 四川省政府代表团一行在四川省省长蒋巨峰率领下，到鹰潭市参观考察工业企业、旅游产业发展等情况。江西省政协副主席朱张才，市领导陈兴超、钟志生、熊茂平、王家林陪同。

24日 鹰潭市第八届人民代表大会第一次会议在华侨饭店会议中心隆重开幕。省委赴鹰潭换届指导组组长、省国资委党委书记、主任李天鸥到会指导，并在主席台前排就座。主席团常务主席陈兴超、钟志生、邵奇生、杜德春、熊茂平、郭清等在主席台前排就座。潘赞海、李贻煌应邀在主席台前排就座。大会有三项议程：听取市长钟志生作政府工作报告；表决市八届人大一次会议选举和通过人选办法草案；表决市八届人大一次会议议案审查委员会主任委员、副主任委员、委员人选。大会代表听取市长钟志生所作的政府工作报告。

△ 市政协八届一次会议分组讨论政府工作报告。市领导陈兴超、戴春英来到中共、民革、民盟、民建、民进、农工党、九三学社界别组，亲切看望委员，听取大家的意见建议，共谋鹰潭发展大计。市领导钟志生、郭清来到中共、经济、农业界别组成的讨论组，与委员们面对面协商讨论。市政协八届一次会议主席团常务主席潘赞海、官金福、杨建保，七届市政协副主席王火茂、桂江萍分别参加讨论。

24日至25日 市委书记陈兴超、市长钟志生参加贵溪、余江、月湖、解放军人大代表团审议政府工作报告。陈兴超强调，要营造良好发展环境加速进位赶超。钟志生指出，要肯定成绩，增强信心在新的起点上开创工作新局面。

25日 市八届人大一次会议在市华侨饭店会议中心举行第二次大会。大会执行主席陈兴超、钟志生、邵奇生、杜德春、熊茂平、郭清、杨晓群、卢越明、刘育虹、徐晓年、应祥、杨解生、刘诚、乐文红在主席台前排就座。大会主席团常务主席杨晓群主持会议。大会共有三项议程：市人大常委会主任邵奇生作市人大常委会工作报告；市中级人民法院代院长陈仁生作市中级人民法院工作报告；市人民检察院代检察长罗庆华作市人民检察院工作报告。

26日 中国人民政治协商会议鹰潭市第八届委员会第一次会议闭幕。新当选的八届市政协主席潘赞海，副主席杨建保、周水凤、刘国富、官金福、吴细美、张金涛、黄占共、吴泉水在主席台前排就座。新当选的八届市政协秘书长杨亮太和常务委员也在主席台就座。应邀出席闭幕大会并在主席台就座的领导有：陈兴超、钟志生、邵奇生、杜德春、谢一平、王家林、郭清、戴春英、杨金红等。会议通过政协鹰潭市第八届委员会提案审查委员会关于八届一次会议提案审查情况的报告；通过政协鹰潭市第八届委员会第一次会议决议。

27日 省委常委、政法委书记、省公安厅厅长舒晓琴来到鹰潭调研。舒晓琴强调,要围绕发展做好政法稳定工作。省信访局副局长徐贵闽,省公安厅指挥中心主任张强随同调研。市领导陈兴超、钟志生、杨金红等陪同调研。

28日 全国加强和创新社会管理工作电视电话会议召开,深入贯彻胡锦涛总书记“七一”重要讲话,认真落实《中共中央、国务院关于加强和创新社会管理的意见》,对加强和创新社会管理工作进行部署。市领导陈兴超、钟志生、杨金红、张荣先、陈仁生、罗庆华在鹰潭分会场收听收看。

29日 建行贵溪铜都支行在鹰潭(贵溪)铜产业循环经济基地拆解加工区成立,市委书记陈兴超、建行江西省分行行长段超良、副市长徐云出席开业庆典。

10月

3日 市长钟志生到市现代物流园建设工地,了解项目工程建设进展情况和存在的问题,对下阶段工作提出明确要求。钟志生强调,要加强统筹调度加快建设进度确保项目早日建成运营。市委副书记熊茂平一同检查指导。

6日 第七届全国城市运动会“幸福之光”火炬传递活动在市体育中心隆重举行。市委书记陈兴超点燃火炬,市委副书记、市长钟志生致辞,市人大常委会副主任刘育虹、市政协副主席杨建保出席火炬传递仪式。副市长辜清主持火炬传递仪式。

10日 市委书记陈兴超到鹰潭经济技术开发区部分企业调研。陈兴超强调,市委、市政府将加大扶持企业的政策力度,全力为企业提供优质高效服务。副市长徐云陪同调研。

△ 由中国记协书记处书记、全国“三教办”副主任顾勇华,中国记者协会国内部原主任陈红十等组成的全国“走基层、转作风、改文风”活动检查组一行来到鹰潭,就鹰潭新闻战线开展“走转改”活动进行检查。市委书记陈兴超会见检查组一行,省委宣传部副部长罗勇兵,市委常委、宣传部部长周世敏一同会见并陪同检查。

△ 全省建筑业、房地产业税收管理信息系统推广现场会在鹰潭召开,会议要求各级地税部门务必在2012年1月1日前实现建筑业、房地产业税收管理信息系统初步上线,并进行日常管理。省地税局党组书记、局长王平讲话,并到三川集团公司和月湖区地税局考察,市委书记陈兴超陪同考察,市长钟志生到会致辞。省地税局巡视员余木来、副局长刘理达出席会议。

12日 市长钟志生率规划、环保、建设、城管、移动、电信、供电、广电等部门负责人到月湖区,就小街小巷改造进行专题调研,并召开座谈会研究部署下一步整治工作。钟志生强调,要加大综合整治力度,改善居民生活环境。市领导宋迪维、张鲁年随同调研。

13日 市委副书记熊茂平来到余江调研。熊茂平强调,要不断优化企业发展环境,助推企业做大做强。

15日 市委书记陈兴超到鹰潭国际眼镜城、余江(国际)眼镜工业园和中童、潢溪镇调研眼镜产业发展和基层组织党建工作。陈兴超强调,要提升传统产业夯实基层基础。

△ 市委书记陈兴超来到市体育中心,检查指导“七城会”鹰潭分赛场组织准备工作。陈兴超要求,要确保赛事安全、有序、顺利地进行。

16日 市委书记陈兴超在华侨饭店会议中心亲切会见由南非共产党中央委员乔治·马萨姆巴为团长的南非共产党干部考察团一行。

17日 第七届城市运动会女子篮球(U18)和女子足球(U18)比赛在鹰潭市拉开帷幕。陈兴超、钟志生、杜德春、潘赞海、戴春英、黄恩华、周世敏、杨金红等市四套班子领导来到市体育馆观看篮球比赛。

△ 中国青年报社社长徐文新一行3人来鹰潭,就鹰潭市共青团工作开展调研。市委副书记熊茂平会见徐文新一行,市委常委、宣传部部长周世敏参加会见并陪同调研。

18日至19日 全省水利工程建设现场会在鹰潭召开。省水利厅厅长孙晓山率参加会议的代表参观余江县中童农村饮水安全工程。市长钟志生出席欢迎宴会,市委常委、统战部部长戴春英,副市长李力出席欢迎宴会并陪同参观。

19日 市委中心组举行集中学习会,学习《胡锦涛同志关于向杨善洲同志学习的重要指示》、《苏荣同志关于向杨善洲同志学习的重要指示》和杨善洲同志的感人事迹。市委书记陈兴超主持学习会并讲话。钟志生、熊茂平、杜德春、潘赞海等市四套班子领导,市中级人民法院院长陈仁生参加学习。

△ 江西省军区司令员郑水成少将就人武建设工作到鹰潭考察调研。市委书记陈兴超,市委常委、鹰潭军分区政委黄恩华,鹰潭军分区司令员王超等陪同。

23日 由市委老干局、市文联主办的第二届海峡西岸经济区老年书画交流活动在鹰潭举行,4省20个城市老年书画作品邀请展同日在市一中体育馆拉开序幕。市委副书记熊茂平出席开幕式并致辞,市人大常委会副主任刘育虹、市政协副主席吴细美出席开幕式,副市长辜清主持开幕式。

△ 市长钟志生在信江新区检查指导工作,并召开座谈会。市委常委、常务副市长王家林陪同。

24日 全省战略性新兴产业百项重大项目集中开工仪式(鹰潭分会场)隆重举行,本市10个战略性新兴产业重大项目集中开工。市长钟志生致辞,市委副书记熊茂平主持,市领导陈兴超、杜德春、潘赞海、王家林、徐云出席开工仪式,接听宜春主会场情况,并为集中开工项目奠基。

△ 省委书记苏荣等省领导到出席省第十三次党代会的鹰潭代表团驻地,看望陈兴超、钟志生、熊茂平、谢一平、郭清等鹰潭代表团全体代表。

△ 华东地区污染物排放总量减排工作座谈会在鹰潭召开。环保部华东环境保护督查中心主任高振

宁出席会议并讲话，市长钟志生会见与会代表，市委常委、副市长宋迪维致辞，华东环境保护督查中心副主任缪旭波、杨永康、刘国才，省环保厅副厅长罗来发等出席会议。

24日至28日 市委书记陈兴超、市长钟志生率市发改、林业、商务等部门负责人走访省直有关部门。市领导熊茂平、谢一平、王家林、郭清、戴春英等分别参加相关走访活动。

25日 出席省第十三次党代会的鹰潭代表团举行全体会议。市委书记陈兴超主持会议并传达省委书记苏荣在各代表团召集人会议上的讲话精神。市长钟志生宣读中央、省委提出的做好换届工作有关纪律要求。熊茂平、谢一平、郭清等鹰潭代表团代表出席会议。会议选举陈兴超、钟志生为正副团长。

26日 中国共产党江西省第十三次代表大会在南昌滨江宾馆隆重开幕。省委书记苏荣作题为《推进科学发展 加快绿色崛起 为建设富裕和谐秀美江西而不懈奋斗》的报告。大会由代省长鹿心社主持。陈兴超、钟志生、熊茂平、谢一平、郭清等鹰潭代表团全体代表出席开幕式。

△ 出席江西省第十三次党代会的代表分组讨论省委书记苏荣代表中共江西省第十二届委员会向大会作的报告。大会主席团常务委员会成员省委常委、省委秘书长赵智勇参加鹰潭代表团的讨论。陈兴超主持讨论会，钟志生、熊茂平、谢一平、郭清等代表参加讨论。

28日至29日 2011年江西省设区市老年体协主席门球赛在鹰潭市体育中心门球场举行。

31日 市长钟志生率鹰潭经济技术开发区、市科技局主要负责人，就鹰潭经济技术开发区创建国家级高新技术产业园区走访省科技厅。省科技厅厅长王海、副厅长王晓鸿及相关处(室)负责人出席座谈会。副市长徐云陪同走访。

11月

1日 市长钟志生，市委常委、常务副市长王家林分别来到余江县、月湖区检查指导2011年冬征兵体检工作，看望参加体检的医务工作人员和参检青年。鹰潭军分区司令员王超、市人大常委会副主任杨晓群、市政协副主席吴细美及市征兵领导小组成员单位负责人随同检查。

1日至3日 浙江省侨联副主席、浙江省侨商会副会长、国和控股集团有限公司董事长陈乃科为团长的浙江省侨联考察团一行到鹰潭参观考察。市委书记陈兴超会见考察团一行，市委副书记熊茂平参加会见并出席鹰潭市情推介项目座谈会。

3日 全市领导干部会议召开。会议的主要任务是：学习贯彻省第十三次党代会精神，确保完成全年各项目标任务。市委书记陈兴超出席会议并讲话，市委副书记、市长钟志生主持会议并通报省党代会期间鹰潭走访省直有关厅局的情况，市委副书记熊茂平传达省第十三次党代会精神。杜德春、潘赞海、谢一平、宋迪维、郭清、戴春英、周世敏、杨金红等市四套班子领导，鹰潭军分区主要领导，市委、市人大、市政府、市政协巡视员、副巡视员，市中级人民法院、市人民检察院主要领导出席会议。

4日 由省住房和城乡建设厅副巡视员曾绍平率领的调研组到鹰潭市，就新型城镇化建设工作开展调研。市委常委、副市长宋迪维出席调研座谈会。

5日 第十二届中国·鹰潭龙虎山道教文化旅游节暨第五届海峡两岸道教文化论坛开幕式在市体育中心体育场隆重举行。出席开幕式的领导和嘉宾有：海协会副会长、原国台办主任助理张铭清，国家宗教局副局长蒋坚永，国家旅游局巡视员邓宗德，中国道教协会副会长黄信阳；省人大常委会副主任朱秉发，省政府副省长熊盛文，省政协副主席李华栋，省台办主任阎钢军，省民族宗教事务局局长谢秀琦，省人大常委会外侨民宗工委主任傅小健；台湾中华道教总会理事长张柽、中华道教民俗文化学会副理事长徐文良、台北市新闻记者工会理事长袁天明、台北市道教会荣誉理事长王君相；世界旅游小姐机构主席、马来西亚拿督黄罕荣等。市委书记陈兴超致辞，市长钟志生主持开幕式，市委副书记熊茂平、市人大常委会主任杜德春、市政协主席潘赞海等四套班子领导出席开幕式。副省长熊盛文宣布第十二届中国·鹰潭龙虎山道教文化旅游节暨第五届海峡两岸道教文化论坛开幕！

6日 第五届海峡两岸（鹰潭·龙虎山）道教文化论坛启动仪式在龙虎山游客服务中心道学堂隆重举行。省政协副主席李华栋宣布第五届海峡两岸(鹰潭·龙虎山)道教文化论坛开坛。海协会副会长张铭清，国家宗教局副局长蒋坚永，中道协副会长黄信阳；省台办主任阎钢军，省民宗局局长谢秀琦，省台办巡视员、省台联会长何大欣，省民宗局巡视员肖争鸣，省台办副主任简立明出席启动仪式。市长钟志生致辞。市领导杜德春、潘赞海、张金涛出席启动仪式。副市长徐云主持启动仪式。

△ 海峡两岸道文化书画展在龙虎山游客中心开幕。海协会副会长张铭清，省台办巡视员、省台联会长何大欣出席书画展开幕式。省台办主任阎钢军宣布书画展开幕。省台办副主任简立明主持开幕式。副市长徐云致辞。

△ 中国旅行社协会三届四次理事会暨2011旅行业发展研究会在鹰潭召开。省旅游局副巡视员熊柏华出席，副市长徐鹏程致辞。

7日 全市宣传思想文化工作会议召开，会上学习贯彻党的十七届六中全会和省、市党代会精神，研究部署全市宣传思想文化工作。陈兴超出席会议并讲话。市委常委、宣传部部长周世敏主持会议并讲话。

△ 市委书记陈兴超到现代物流园区等地调研物流业发展。陈兴超强调，要深入研究科学规划不断提升物流业发展水平。市委副书记熊茂平、副市长徐云随同调研。

△ 省交通运输厅、市政府在鹰潭联合举行落实省政府“十二五”期间普通国省干线公路建设、养护管理目标任务框架协议签字仪式。

省交通运输厅厅长马志武、市长钟志生出席签字仪式,并代表双方签署协议书,省公路管理局局长任东红、省交通运输厅总工程师胡钊芳、省公路管理局副局长王圣义出席签字仪式。签字仪式由副市长李力主持。

9日 市政府常务(扩大)会议召开。市长钟志生出席会议并讲话。钟志生强调,各级各部门要确保全面完成全年各项目标任务;要力争使2012年的工作在2011年的基础上实现新突破。市委常委、常务副市长王家林主持会议,市委常委、副市长宋迪维,副市长辜清、李力出席会议。

△ 中共鹰潭市委党建工作领导小组扩大会议召开。会议讨论、通过《关于进一步加强和改进党的基层组织建设的意见(讨论稿)》、《关于推进基层党建工作项目化发展的实施意见(讨论稿)》、《关于全面推进基层党建标准化项目建设的实施意见(征求意见稿)》和《关于进一步加强和改进城市社区建设工作的意见(讨论稿)》等4个文件。市委副书记熊茂平主持会议并讲话,市领导谢一平、郭清、周世敏出席会议。

10日至11日 由市委书记陈兴超任团长,市委副书记、市长钟志生,市委副书记熊茂平任副团长的鹰潭市党政代表团到吉安市进行学习考察。市委书记陈兴超要求,要提高认识,端正态度,严守纪律,确保取得实效。代表团成员包括市四套班子领导,市中级人民法院、市人民检察院主要领导,各县(市、区)、龙虎山景区、鹰潭经济技术开发区、信江新区党政主要负责人,市委有关部门、市直有关单位主要负责人。

11日 鹰潭市党政代表团在吉安市召开总结座谈会。市委书记陈兴超讲话,市长钟志生主持座谈会。代表团成员熊茂平、杜德春、潘赞海、谢一平、王家林、宋迪维、郭清、戴春英、周世敏等与参会人员一道交流学习考察的体会,提出今后打算。

12日 中共江西省委宣传部、江西省社会科学界联合会共同组织开展首届江西省优秀社会科学普及专家评选,共评选出10位专家。鹰潭市委党校经济教研室主任、教授王建刚入选,为其中最年轻的专家。

12日至13日 青海省级离退休干部考察团到鹰潭参观考察。市人大常委会主任杜德春、市政协主席潘赞海陪同。

13日至14日 省委书记苏荣就贯彻落实省第十三次党代会精神,到鹰潭市调研,并主持召开座谈会,听取情况汇报。苏荣强调,要牢牢把握机遇期建设富裕和谐秀美江西,做到少开会、多深入、抓项目、惠民生、促和谐。省委常委、省委秘书长赵智勇,省政协副主席、省委副秘书长肖光明,省委副秘书长、省委办公厅主任杨宪萍,省委副秘书长、省委政研室主任钟金根等随同调研。市领导陈兴超、钟志生、熊茂平、杜德春、潘赞海、谢一平、王家林、宋迪维、郭清、戴春英、黄恩华、周世敏、杨金红、张荣先、李力、徐云等陪同调研或出席座谈会。

16日 党的十七届六中全会和省第十三次党代会精神宣讲报告会在华侨饭店会议中心举行。省委宣讲团成员、省委讲师团团长李江源教授作宣讲报告。陈兴超、钟志生、潘赞海、谢一平、周世敏等市四套班子领导,市中级人民法院、市人民检察院主要领导出席报告会。市委副书记熊茂平主持报告会。报告会开始前,市委书记陈兴超会见省委宣讲团成员、省委讲师团团长李江源教授一行。

16日至18日 由省委宣传部副部长杨六华率领的省委宣传部调研组来到鹰潭,专题调研鹰潭市文化发展情况。市委常委、宣传部部长周世敏陪同调研。

17日 市委书记陈兴超就加快推进项目建设,提升城市形象深入信江新区调研。陈兴超强调,要加强统筹协调,注重整体规划,加快建设步伐,提升城市形象。市委常委、常务副市长王家林陪同调研。

18日 市长钟志生主持召开市政府常务会议,讨论通过《关于进一步加快鹰潭高新技术产业园区发展的实施意见》。

20日至22日 全国政协副主席阿不来提·阿不都热西提一行到鹰潭市就"推进发展现代农业,确保农产品有效安全供给"进行专题调研,并召开汇报座谈会,听取意见和建议。全国政协常委、经济委员会主任、中共十七届中央委员张左己,全国政协常委、经济委员会副主任刘江、柴松岳,全国政协常委、经济委员会委员沈滨义,全国政协经济委员会委员王为强,全国政协委员石见元,全国政协经济委员会委员刘公勤、杨先明、梁季阳、蔡继明等随同调研。省政协主席傅克诚,省政协党组成员、秘书长肖为群,省政协经济科技委员会副主任毛惠忠,省农业厅党委书记、厅长甘良森等一同调研。市委书记陈兴超,市长钟志生,市政协主席潘赞海,市委常委、统战部长戴春英,副市长徐鹏程、李力,市政协副主席黄占共等陪同调研。

22日 全市基层党建标准化项目建设动员大会召开。市委书记陈兴超出席会议并讲话,陈兴超强调,要统一思想,提高认识,认真按照要求推进全市基层党建标准化项目建设,不断提高党的基层组织建设科学化水平,为建设富裕、秀美、宜居、和谐鹰潭提供组织保障。市委副书记熊茂平出席会议并作动员讲话,市委常委、纪委书记谢一平,市委常委、宣传部部长周世敏出席会议。市委常委、组织部部长郭清主持会议。

23日 市老干部活动中心大楼落成暨市老年大学挂牌仪式隆重举行。市领导陈兴超、钟志生、杜德春、潘赞海,省委老干部局副巡视员唐礼位等出席仪式并剪彩。省委老干部局副局长陈卫华、市委副书记熊茂平先后致辞,市委常委、组织部部长郭清主持,市老年大学校长施国强讲话。全市副厅级以上离退休老干部,市委有关部门、市直有关单位负责人参加仪式。

24日 全市水利工作会议召开。会议的主要内容是:贯彻落实中央1号文件、省委10号文件以及中央、全省水利工作会议精神,部署今后一个时期尤其是2011年冬2012年春全市农田水利基本建设任务。市委书记陈兴超出席会议并讲话。陈兴超强调,要为建设富裕秀美宜居和谐新鹰潭提供可靠水利保障。市长钟志生出席会议并讲话,市委副书记熊茂平主持会议。市领导杜德春、潘赞海、王家林、郭清、戴春英、黄恩华、周世敏出席会议。副市长李力传达全省水利工作会议精神。

△ 浙江省衢州市委书记赵一德、副市长占跃平率领党政代表团到鹰潭市,就加快推进新型工业化、招商引资、城市建设等专题进行考察。市委书记陈兴超,市长钟志生,市委常委、副市长宋迪维,副市长徐云陪同考察。

△ 以市长波日卡夫·亚历山大和市长助理梅特·伊扎克为团长伊久姆市和匈牙利多瑙新城市代表团到鹰潭考察访问,市长钟志生与两市代表团亲切会谈,共谋合作发展。副市长徐云、市政协副主席黄占共参加会见。

△ 全省政法工作鹰潭片区座谈会在鹰召开,会议总结2011年以来的政法工作,分析当前面临的形势,研究2012年政法工作思路。省委政法委副书记胡焯主持座谈会,市委常委、政法委书记、市委秘书长、综治委主任杨金红,上饶市委常委、政法委书记王新有参加座谈。

25日 公路物流专题报告会在华侨饭店多功能厅举行,中国物流与采购联合会副会长、浙江综合交通物流行业协会会长、浙江传化公路港物流发展有限公司总裁姚文通先生,作《中国公路物流创新实践与发展》专题报告。市领导陈兴超、钟志生、宋迪维、郭清、周世敏、杨金红、辜清、徐云出席报告会。市委副书记熊茂平主持报告会。

△ 市人大常委会举行颁发任命书大会,29位新一届市政府组成人员集体走上主席台,面向国徽,紧握右拳庄严宣誓就职。市委副书记、市长钟志生,市人大常委会主任杜德春出席会议并讲话,市人大常委会副主任杨晓群、卢越明、刘育虹、徐晓年、应祥,秘书长江鸿出席会议。市人大常委会副主任尹宁主持会议。

28日 省政协副主席、民革省委会主委陈清华一行到鹰潭就民革基层组织建设进行专题调研。陈清华指出,要加强民革基层组织建设,围绕中心服务大局。市委书记陈兴超、市长钟志生会见调研组一行,市领导潘赞海、戴春英参加会见。民革省委会副主委陈春平随同调研。

△ 市委书记陈兴超检查指导月湖区杏南片区小街小巷综合改造工程。陈兴超强调,要高标准高质量建设,务必把好事办好实事办实。

△ 2011年第28届全国中学生物理竞赛(江西赛区)颁奖大会在鹰潭市第一中学举行。鹰潭一中获团体特等奖。省委组织部副部长、江西省物理学会副会长刘三秋,江西省科协副主席彭玲华,著名物理学家、中科院紫金山天文台研究员、南昌大学特聘教授李晓卿,市领导郭清、徐云、杨建保等出席大会并为获奖学校和学生颁奖。

29日 市委书记陈兴超到贵溪市调研工业发展和基层党建标准化项目建设工作。市领导熊茂平、谢一平随同调研。

30日 市委书记陈兴超就促进工业发展和推进基层党建标准化项目建设工作,到余江县和鹰潭经济技术开发区龙岗片区调研。陈兴超强调,要解放思想,服务企业做大做强,推进基层党建标准化项目建设。市委副书记熊茂平随同调研。

12月

1日 代省长鹿心社到鹰潭市考察调研。鹿心社指出,要依托优势资源,发展特色产业打造鄱阳湖生态经济区璀璨明珠。省政府党组成员、秘书长谭晓林,省工信委主任谢碧联,省发改委副主任吴晓军等随同考察调研。陈兴超、钟志生、熊茂平、王家林、宋迪维、张荣先、徐云等市领导陪同。

2日 省发改委党组成员、省能源局局长郑沐春为组长的省政府节能减排专项监督检查组到鹰潭,就省政府下达本市"十二五"期间及2011年节能减排目标任务完成情况进行专项监督检查。市委常委、常务副市长王家林出席汇报会,并汇报本市节能减排工作。

4日至5日 国务院军转安置调研组到鹰潭检查调研军转干部安置工作。市委副书记熊茂平陪同检查调研,市委常委、常务副市长、市军转安置工作小组组长王家林,鹰潭市军分区参谋长傅梓堆出席汇报座谈会并发言。

6日 闽浙赣皖九方经济区三届七次党政联席会议在衢州隆重开幕。市长钟志生出席开幕式并走访客商企业,达成一批投资协议,取得丰硕成果。副市长李力出席会议。

8日 市委中心组举行集体学习会,学习传达省委书记苏荣、代省长鹿心社在鹰潭考察调研时的重要讲话精神。市委书记陈兴超主持学习会并讲话,陈兴超强调,全市上下要坚定信心,统一认识,理清思路,加快发展。钟志生、熊茂平、杜德春、潘赞海、谢一平、王家林、宋迪维、郭清、黄恩华、杨金红等市四套班子领导,市中级人民法院、市人民检察院主要领导出席会议。

9日至10日 华鸿控股集团董事长龚品忠、副总裁王爱香一行到鹰潭参观考察。市长钟志生会见客商,共商合作大计,并就投资中的具体问题进行磋商,达成合作意向。副市长辜清陪同考察。

9日至12日 市委书记陈兴超率队赴北京就开发区升级、市校合作、产业承接等工作向国家有关部委、企业和高校进行专题汇报和合作洽谈,取得丰硕成果。市领导熊茂平、郭清、徐云等随同走访。市科技局、市教育局、鹰潭经济技术开发区负责人参加相关活动。

10日 市委常委、副市长宋迪维在月湖区和市相关部门负责人的陪同下,到杏南片区,考察小街小巷综合改造工程进展情况。

12日至13日 由省发改委纪检组长黄国荣任组长的全省发展提升年活动集中考核检查组到鹰潭,就本市发展提升年活动开展情况进行考核检查。市委常委、常务副市长王家林出席汇报会,并汇报本市发展提升年活动开展情况。

13日和15日 市委书记陈兴

超、市长钟志生率市财政局、市统计局、市国土资源局、农发行鹰潭分行等部门负责人走访省农发行、省国土资源厅、省财政厅、省统计局、南昌铁路局，争取更多支持助推鹰潭发展。市委常委、常务副市长王家林、副市长李力陪同走访

14日至15日 由中国市场研究院常务副院长、浙江浙商联盟市场投资有限公司董事长徐志祥率领的浙江专业市场协会到鹰潭市考察。市委书记陈兴超、市长钟志生会见考察团成员。市委副书记熊茂平、副市长徐云参加会见或陪同考察。

16日 省政府副秘书长蔡玉峰率省推进城镇化和城市建设现场督查组到鹰潭市，督查指导城镇化和城市建设工作。市委书记陈兴超、市长钟志生出席汇报会并陪同考察，副市长辜清主持汇报会。

17日 市政府召开全市财税工作调度会议。市长钟志生主持会议并讲话，钟志生强调，要研究政策，抓住重点，提高资金使用效益。市委常委、常务副市长王家林，副市长李力出席会议。

18日 市委书记陈兴超就基层党建标准化项目建设和旅游业发展深入龙虎山景区调研，并主持召开座谈会。陈兴超在调研时强调，基层党建标准化项目建设要有特色，景区建设要有大规划大手笔大投入。市领导熊茂平、潘赞海、谢一平、郭清、徐鹏程一同调研或出席座谈会。

19日至20日 由省委政法委巡视员罗俊雄、省综治办副主任吴建春为正副组长的省综治考评组，深入鹰潭市县(市、区)、乡镇(街办)和市直有关部门，就鹰潭市2011年度社会治安综合治理目标管理工作进行检查考评。市委书记陈兴超出席汇报会并讲话。市领导熊茂平、杨金红、杨晓群、周水凤，市法院、市检察院、市国安局主要负责人出席汇报会。市委常委、常务副市长王家林主持汇报会。

△ 市长钟志生到月湖区调研小街小巷改造和社区建设，钟志生强调，要加强社区建设，改善居住环境进一步增强居民幸福感。副市长李力随同调研。

20日至21日 湖南省人大常委会副主任蒋作斌率湖南省人大有色金属循环经济专题调研组到鹰潭市调研，并召开座谈会。市委书记陈兴超主持座谈会，市长钟志生介绍鹰潭市情和有色金属循环经济发展情况。江西省人大环资委副主任委员李亚平，市领导杜德春、王家林、徐云出席座谈会。

23日 市图书馆免费开放暨首届“读好书”征文颁奖仪式举行。副市长辜清出席仪式并宣布市图书馆免费开放。

23日至24日 市委书记陈兴超在副市长徐云陪同下，赴浙江走访客商考察企业，叙友情，议合作，谋发展。

27日 本市民欣佳园廉租住房实物配租公开摇号仪式举行。市长钟志生出席摇号仪式并讲话。市领导熊茂平、杜德春、潘赞海出席摇号仪式，市委常委、副市长宋迪维主持摇号仪式。

28日 为推进鹰潭重点产业重大项目招商，副省长洪礼和带领省商务厅、国资委、发改委、工信委、国税局、海关、检验检疫局等部门主要负责人前往浙江上虞，走访浙江阳光照明电器集团股份有限公司，并与公司总经理官勇亲切座谈，高位推动鹰潭“阳光照明”项目进程。市长钟志生、副市长徐云陪同走访。

△ 省委党史研究室副主任王瀚秋率省委党史工作督查组到鹰潭市，就贯彻落实《中共中央关于加强和改进新形势下党史工作的意见》和《中共江西省委关于加强和改进新形势下党史工作的实施意见》情况进行督查。市委副书记熊茂平参加党史工作督查汇报会并讲话。

29日 全市基层党建标准化项目建设推进会召开。市委副书记熊茂平出席会议并讲话，市委常委、组织部长郭清主持会议。

△ 鹰潭市浙江商会在市华侨饭店会议中心举行10周年庆典活动。市领导熊茂平、卢越明、杨建保出席庆典，副市长李力出席庆典并讲话。

30日 中共鹰潭市委七届二次全体会议召开。会议的主要任务是：传达贯彻中央、全省经济工作会议精神，报告市委常委会2011年以来的工作，总结2011年全市经济工作，部署2012年经济工作任务；表决通过鹰潭市关于江西省出席党的十八大代表推荐人员名单。全会由市委常委会主持。市委书记陈兴超，市委副书记、市长钟志生出席会议并讲话。市委副书记熊茂平作鹰潭市推荐提名江西省出席党的十八大代表候选人工作的情况报告。市领导杜德春、潘赞海、谢一平、王家林、宋迪维、郭清、戴春英、黄恩华、周世敏、杨金红等出席会议并在主席台就座。

△ 副省长熊盛文代表省委、省政府到鹰潭市月湖区，走访慰问生活困难群众及社会福利院孤寡老人和儿童，送去党和政府的关怀和温暖。市委书记陈兴超代表市委、市政府欢迎熊盛文一行。市委常委、常务副市长王家林、副市长李力陪同走访。

31日 市委副书记熊茂平来到龙虎山景区调研。熊茂平在调研时强调，要提升景区规划水平，认真梳理重大项目。副市长徐鹏程、市政协副主席张金涛一同调研。

专记

编辑、校对：况建军

中国共产党鹰潭市第七次代表大会召开

中国共产党鹰潭市第七次代表大会，是在鹰潭市进入发展新阶段召开的一次重要会议。会议主题是：高举中国特色社会主义伟大旗帜，以邓小平理论和“三个代表”重要思想为指导，深入贯彻落实科学发展观，动员全市广大党员和干部群众，在新的起点上进一步推进科学发展、加速进位赶超，为打造鄱阳湖生态经济区璀璨明珠而不懈奋斗。

鹰潭市第七次党代会于2011年9月16日至19日召开。会议议程有五项：(一)听取和审查中国共产党鹰潭市第六届委员会工作报告；(二)审查中国共产党鹰潭市纪律检查委员会工作报告；(三)选举中国共产党鹰潭市第七届委员会；(四)选举中国共产党鹰潭市纪律检查委员会；(五)选举鹰潭市出席中国共产党江西省第十三次代表大会代表。

2011年9月17日上午8时30分，鹰潭市第七次党代会在华侨饭店隆重开幕。陈兴超代表中国共产党鹰潭市第六届委员会作了题为《推进科学发展，加速进位赶超，为打造鄱阳湖生态经济区璀璨明珠而不懈奋斗》的工作报告。

报告认为：5年来，鹰潭市第六届委员会在省委、省政府正确领导下，团结和带领全市人民深入贯彻落实科学发展观，按照“以发展凝聚人心、以改革拓展空间、以正风气形成合力、以加强组织建设强化保障”总体工作要求，团结一心，开拓进取，积极应对国际金融危机巨大冲击、历史罕见雨雪冰冻灾害、特大洪涝灾害等诸多困难与挑战，扎实推进大铜产业、大旅游业、大物流业、大框架城市和社会主义新农村建设“四大一新”发展战略，全面或超额完成“十一五”规划各项目标任务，开创了经济建设、政治建设、文化建设、社会建设、生态文明建设和党的建设新局面。

报告指出：未来5年是本市新型工业化、城镇化进程加快，经济高位运行总体态势不断稳固，发展能量加速积聚、发展活力持续迸发、各项事业全面提速的重要时期。为此要有强烈的机遇意识，科学把握发展规律，敏锐把握发展大势，积极应对各种挑战，努力迈出科学发展、进位赶超的更大步伐。今后5年工作的总体要求是：以邓小平理论和“三个代表”重要思想为指导，深入贯彻落实科学发展观，抓住用好发展机遇期，妥善应对矛盾凸显期，以科学发展观为主题，以加快转变经济发展方式为主线，以鄱阳湖生态经济区建设为契机，全面加强经济建设、政治建设、文化建设、社会建设、生态文明建设和党的建设，推进科学发展，加速进位赶超，为把鹰潭打造成富裕、秀美、宜居、和谐的鄱阳湖生态经济区璀璨明珠而不懈奋斗。

报告强调：按照把鹰潭打造成鄱阳湖经济生态区璀璨明珠的要求，未来5年的主要目标是：绿色世界铜都、区域物流中心、道教文化旅游胜地、区域中心城市建设全面推进，经济总量持续扩张，力争地区生产总值、财政收入、城乡居民收入实现翻番，主要经济指标增幅在全省位次前移，人均生产总值、城镇化率等指标位居全省前列；经济发展方式明显转变，高效生态农业、资源节约型和环境友好型工业以及现代服务业在三次产业中比重明显提升；生态文明建设成效显著，区域生态环境质量保持与全省同步提高；人民生活更加幸福，社会事业、社会管理、基本公共服务全面加强，努力在全面建设小康社会历史进程中走在全省前列。实现上述奋斗目标，既要坚持正确的发展思路不动摇，保持工作的连续性，又要做到与时俱进、开拓创新，立足于激发发展活力、夯实发展基础、强化发展保障，统筹兼顾，整体推进，促进各项工作互动互进。

谢一平代表中共鹰潭市纪律检查委员会向中共鹰潭市第七次代表大会作了题为《坚持改革创新，服务科学发展，努力开创党风廉政建设和反腐败工作新局面》的工作报告。报告对鹰潭市5年来党风廉政建设和反腐败工作情况进行了回顾：加强党风廉政教育，党员干部思想作风建设和拒腐防变能力明显增强；狠抓“责任制”落实，党风廉政建设不断推向深入；强化专项治理，损害群众利益的突出问题得到切实解决；落实治本措施，源头预防和治理腐败工作取得显著成效；坚决惩治腐败，查办案件始终保持强劲势头；深化机构改革，纪检队伍建设得到全面加强。对主要经验和体会进行了总结:必须坚持党的领导,自觉用科学发展观指导反腐倡廉新的实践;必须坚持围绕中心、服务大局,实现反腐倡廉与经济发展良性互动;必须坚持从严治党、严肃执纪,始终保持查办案件的高压态势;必须树立“以人为本、执政为民”的理念,切实把维护和发展好人民群众的利益放在第一位;必须坚持解放思想、与时俱进,不断推动纪检工作创新发展。对今后5年工作提出了建议:坚持立足全局、服务发展,为保障全市经济社会科学发展提供坚强纪律保证;坚持教育引导、严格要求,筑牢领导干部思想道德防线;坚持党要管党、从严治党,保持惩治腐败的高压态势;坚持惩防并举、注重预防,拓展源头治腐工作领域;坚持标本兼治、纠建并举,着力解决群众反映强烈的突出问题;坚持内强素质、外树形象,全力推进纪检队伍自身建设。

会议选举产生了中国共产党鹰潭市第七届委员会。市七届委员会委员当选名单(共49人,按姓氏笔画排序):王有金、王家林、毛建华、毛建和、艾农、乐文红(女)、刘诚、刘军生、刘纯福、齐群策、孙鑫、杜德春、李力、李卫国、李恩平、杨森、杨金红、杨解生、吴文戈、吴建辉、吴南平、宋迪维、张荣先、张洪堂、陈强、陈仁生、陈兴超、陈移发、罗庆华、周瑛、周世敏、周佐明、胡高堂、钟志生、费尚恒、姚军章、徐云(女)、徐慧(女)、郭清、黄忠、黄恩华、程芦山、舒平贵、谢一平、蔡江(女)、熊茂平、黎云、潘赞海、戴春英(女)。

会议选举产生了中国共产党鹰潭市纪律检查委员会。市纪律检查委员会委员当选名单(共30人,按姓氏笔画排序):万荣辉、叶明和、史国钧、白剑魁、朱小平、朱淑英(女)、刘明宇(女)、江东生、许莉萍(女)、李美珍(女)、杨森、杨坚平、吴泉友、吴鸿飞、余伟、辛平、宋继红、陈胜春、胡上东、柯嘉(女)、段建龙、姚军章、敖高源、黄小河、盛才明、程志红、程爱玲(女)、童团水、谢一平、赖家辉。

会议选举产生了鹰潭市出席江西省第十三次党代会代表(14人,按姓氏笔画为序):邓金木、乐文红(女)、刘诚、杨宪萍、杨解生、陆莲英(女,侗族)、陈兴超、赵智勇、钟志生、郭清、黄福康、曹晓桃(女)、谢一平、熊茂平。

(储宁)

鹰潭市第八届人民代表大会第一次会议召开

2011年9月24日至27日,市八届人大一次会议在市区召开,此次会议应到代表275人,实到代表264人,符合法定人数。

大会听取和审议了市人民政府市长钟志生所作的政府工作报告。钟志生说,过去5年,在省委、省政府和市委的正确领导下,全市上下认真贯彻落实科学发展观,紧紧围绕建设鄱阳湖生态经济区璀璨明珠的目标,按照“以发展凝聚人心、以改革拓展空间、以正风气形成合力、以加强组织建设强化保障”的总体要求,扎实推进“四大一新”发展战略,积极应对国际金融危机的巨大冲击,战胜了历史罕见的雨雪冰冻灾害和特大洪涝灾害,全面和超额完成了“十一五”规划目标,实现了“十二五”期间良好开局,全市经济社会跃上了科学发展、进位赶超、绿色崛起的新起点。钟志生指出,今后5年要突出抓好以下7个方面的工作:(一)建设绿色世界铜都,加快新型工业化;(二)加快城市建设,推进新型城镇化;(三)壮大旅游物流经济,繁荣第三产业;(四)大力发展现代农业,夯实“三农”基础;(五)深化改革开放,不断增强发展动力和活力;(六)切实保障改善民生,提升人民群众幸福指数;(七)大力发展社会事业,提高社会建设和管理水平。

大会听取和审议了市人大常委会主任邵奇生所作的市人大常委会工作报告。邵奇生在报告中从5个方面对第七届人大常委会的工作进行总结:(一)坚持发展强市,全面融入,全员参与,全力推进“四大一新”建设,创造了人大履职服务大局的鹰潭特色;(二)坚持依法治市,监督于法周严,在监督中体现支持,在支持中实施监督,形成了人大履职促进“一府两院”工作的监督特点;(三)坚持和谐稳市,真情关注民生,热心改善民生,给力惠及民生,彰显了人大履职忠实为民的内在特质;(四)坚持主体管市,创优条件,搞好服务,保障代表执行职务、参加行使国家权力,展示了人大履职维护人民当家作主的本质特征;(五)坚持聚力兴市,与时俱进,不断追求新的作为与奉献,树立了人大履职团结奋进的良好形象。总结5年来的履职经验,人大要有为,前提是依法履职,核心是党的领导,关键是服务发展,根本是履职为民。

大会听取和审议了市中级人民法院代院长陈仁生所作的市中级人民法院工作报告。陈仁生在报告中指出,过去的5年,市中级人民法院努力践行“为大局服务、为人民司法”工作主题,认真履行宪法和法律赋予的职责,各项工作取得了新进展。今后5年,鹰潭市中级人民法院工作总体思路是:深入学习贯彻胡锦涛总书记“七一”重要讲话精神和党的十七届五中全会精神,按照市第七次党代会和本次大会要求,始终坚持“三个至上”指导思想和“为大局服务,为人民司法”工作主题,紧紧围绕全市工作大局,全面履行审判职能,落实司法为民,狠抓法院管理,强化队伍建设,为鹰潭经济社会科学发展、加速进位赶超、实现绿色崛起提供更加有力的司法保障。

大会听取和审议了市人民检察

院代检察长罗庆华所作的市人民检察院工作报告。5年来,全市检察机关认真实践“强化法律监督,维护公平正义”的检察工作主题,在维护社会和谐稳定、保障社会公平正义、推进反腐倡廉建设、促进经济社会发展方面作出了不懈努力。结合鹰潭实际,“十二五”时期全市检察工作的总体思路是:高举中国特色社会主义伟大旗帜,以邓小平理论和“三个代表”重要思想为指导,深入贯彻落实科学发展观,紧紧围绕科学发展的主题和加快转变经济发展方式的主线,以强化法律监督、强化自身监督、强化队伍建设为总要求,以执法办案为中心,以深化3项重点工作为着力点,以改革创新为动力,推动检察工作全面发展进步,为把鹰潭打造成富裕、秀美、宜居、和谐的鄱阳湖生态经济区璀璨明珠提供更加有力有效的司法保障和法律服务。

大会通过无记名投票表决,选举杜德春为鹰潭市八届人大常委会主任,杨晓群、尹宁、卢越明、刘育虹、徐晓年、应祥为副主任,江鸿为秘书长。选举钟志生为鹰潭市人民政府市长,王家林、宋迪维、辜清、张荣先、李力、徐云为副市长。选举陈仁生为鹰潭市中级人民法院院长。选举罗庆华为鹰潭市人民检察院检察长。大会还通过了鹰潭市第八届人民代表大会内务司法委员会、财政经济委员会和教育科学文化卫生委员会主任委员、副主任委员、委员的人选。

市委书记陈兴超、新当选的市人大常委会主任杜德春、新当选的市政府市长钟志生在会议结束时分别作了讲话。

(李立敏)

政协鹰潭市第八届委员会第一次会议召开

2011年9月23日至26日,市政协八届一次会议在市区举行。会议应到委员292名,实到275名。省委赴鹰潭换届指导组组长、省国资委党委书记、主任李天鸥到会指导,并在主席台前排就座。

市政协八届一次会议主席团常务主席潘赞海作常委会工作报告,常务主席杨建保主持会议、刘国富作提案工作报告,常务主席周水凤、官金福、吴细美、张金涛、黄占共、吴泉水在主席台前排就座;七届市政协副主席桂江萍、王火茂、邢星奎、钱光涌和主席团其他成员也在主席台就座。

应邀出席会议并在主席台就座的领导有:陈兴超、钟志生、熊茂平、邵奇生、杜德春、宋迪维、郭清、戴春英、黄恩华、周世敏、杨金红、汪当时、王超、张鲁年、管华鞍、彭中华、尹宁、卢越明、刘育虹、杨晓群、张荣先、徐鹏程、辜清、陈仁生、罗庆华;老同志刘祖三、倪贤伍、李东堂、李振雨、王中俊、陈厚西、饶功旺、孙世全、黄文锦、权荣、严振东;在鹰省政协常委胡明达。

在鹰的省政协委员,县(市、区)党委统战部和驻鹰潭条管单位主要负责人,中央省属驻鹰潭企业和景区、开发区分管统战工作的负责人,市委有关部门和市直有关单位负责人列席了会议。

市委书记陈兴超在开幕大会上讲话。他首先代表中共鹰潭市委对大会的召开表示热烈祝贺。陈兴超说,过去的5年,市七届政协牢牢把握团结和民主两大主题,自觉服务全市大局,认真履行政治协商、民主监督、参政议政职能,积极建言献策,为全市经济社会又好又快发展、维护全市和谐稳定局面,作出了重要贡献。对市政协的工作,市委是满意的。在此,代表中共鹰潭市委,向各位政协委员,向各民主党派、工商联、人民团体和各界人士表示衷心的感谢和崇高的敬意。

陈兴超指出,市第七次党代会,实现了通过一个好报告、选出一个好班子、形成一个好风气的既定目标,取得了圆满成功。大会全面总结、充分肯定了过去5年的工作和取得的成就,立足于保持工作的连续性和工作落实的开拓性,确立了今后5年工作的总体要求、目标任务和战略措施。实现党代会提出的打造富裕、秀美、宜居、和谐鄱阳湖生态经济区璀璨明珠的目标,需要全市上下团结一心、奋力拼搏,需要全市各级政协组织以及全体委员发扬人民政协的优良传统,围绕中心,服务大局,为全市经济社会发展作出新的更大贡献。

陈兴超对政协工作提出了5点希望:一是坚持正确政治方向,不断增强走中国特色社会主义政治发展道路的自觉性和坚定性;二是坚持服务发展大局,在促进全市经济社会又好又快发展中建功立业;三是坚持履职为民理念,为维护鹰潭和谐稳定贡献力量;四是坚持推进自身建设,进一步提升人民政协工作科学化水平;五是坚持加强和改善党对政协工作的领导,为推进人民政协工作提供坚强保障。

潘赞海代表政协鹰潭市第七届委员会常务委员会作工作报告。他说,七届市政协任期的5年,是鹰潭综合实力迅速提高、发展后劲显著增强、城乡面貌深刻变化、人民群众得到更多实惠的5年,也是全市政协事业开拓创新、蓬勃发展的5年。市政协在中共鹰潭市委的领导下,坚持以科学发展观为统领,把握团结和民主两大主题,竭智尽力谋发展,团结各界促和谐,创新举措增活力,扎实履职树形象。5年来,共召开全体会议6次,常委会议27次,主席会议65次,举办各种形式的座谈会、报告会、情况通报会35次,开展各种调研、视察和咨询服务92次,向市委、市政府及有关部门报送专题报告40份,为促进鹰潭经济社会又好又快发展作出了积极贡献;

一是围绕中心,服务大局,建言献策成效明显;二是以人为本,促进和谐,议政为民领域拓展;三是找准定位,主动融入,参与中心务实有为;四是凝心聚力,合作共事,团结民主氛围浓厚;五是突出重点,强基固本,履职能力得到提升。

潘赞海说,5年来的工作实践,加深了对新时期人民政协事业发展规律的认识,也为今后工作积累了宝贵的经验。主要体会是:必须坚持中国共产党对人民政协的领导;必须坚持团结和民主两大主题;必须坚持把促进科学发展作为人民政协履职的第一要务;必须坚持“议党委所谋、帮政府所干、呼群众所盼”的工作理念;必须坚持推进人民政协履职的制度化、规范化、程序化;必须坚持全面加强人民政协的自身建设。

刘国富作了政协鹰潭市第七届委员会常务委员会关于提案工作情况的报告。他说,七届一次会议以来的5年,是市政协提案工作继续向前发展,取得新的成绩的5年。面对新形势、新任务,市政协常委会坚持“围绕中心、服务大局、提高质量、讲求实效”的方针,积极探索,勇于实践,提案工作取得了新的进展:提案工作在人民政协中的全局意义得到进一步体现,提案工作在促进经济社会发展中的重要作用得到进一步发挥,提案工作的方式方法在开拓创新中得到进一步完善。

出席会议的委员列席了市八届人大一次会议,听取和分组讨论了政府工作报告和其他重要报告。会议期间,陈兴超、钟志生等市党政领导参加小组讨论,认真听取委员意见;举行了大会发言,市委副书记熊茂平,市委常委、常务副市长王家林到会听取委员发言并讲话,有关部门负责人到会听取意见;举行了换届选举:潘赞海当选政协鹰潭市第八届委员会主席,杨建保、周水凤、刘国富、官金福、吴细美、张金涛、黄占共、吴泉水当选政协鹰潭市第八届委员会副主席,杨亮太当选政协鹰潭市第八届委员会秘书长。大会同时还选举产生了44名政协鹰潭市第八届委员会常务委员。

潘赞海主持闭幕大会并讲话。会议通过了政协鹰潭市第八届委员会提案审查委员会关于八届一次会议提案审查情况的报告和政协鹰潭市第八届委员会第一次会议决议。会议决议认为,市委书记陈兴超的重要讲话,充分肯定了七届市政协在推进鹰潭“四大一新”发展战略中发挥的重要作用,对八届市政协提出了新的更高的要求,并寄予殷切的期望,充分体现了中共鹰潭市委对市政协工作的高度重视和关心支持。会议强调,新一届市政协要按照市第七次党代会的工作部署,紧扣科学发展主题和加快转变经济发展方式主线,围绕团结和民主两大主题履行职能,切实发挥协调关系、汇聚力量、建言献策、服务大局的作用,不断推动市政协事业的创新发展,为把鹰潭打造成鄱阳湖生态经济区璀璨明珠作出应有贡献。要重点做好5项工作:一是深入学习研究,在开创市政协工作新局面上有新探索;二是服务全市大局,在推动科学发展上有新贡献;三是高度关注民生,在促进社会和谐上有新成果;四是努力协调关系,在实现广泛团结上有新开拓;五是坚持改革创新,在加强自身建设上有新进展。

潘赞海在闭幕讲话中指出,市第七次党代会强调要坚持和完善中国共产党领导的多党合作和政治协商制度,支持人民政协履行政治协商、民主监督、参政议政的职能,更好地发挥协调关系、汇聚力量、建言献策、服务大局的作用。今后5年,是推进鹰潭科学发展的关键时期,是政协工作服务发展、大有作为的重要时期。全市政协组织和广大政协委员要在中共鹰潭市委的领导下,坚持“党委谋什么政协议什么,政府干什么政协帮什么,群众盼什么政协呼什么”的工作理念,把握机遇,加倍努力,认真履职,扎实工作,力争在参政议政上有新成效,在服务发展上有新贡献,在凝聚人心上有新作为,在自身建设上有新面貌。

潘赞海指出,要加强学习,努力夯实履职基础。要把加强学习作为政协的一项重要任务和经常性工作,通过学习,拓展观察视野,优化知识结构,提升思维层次,不断提高履行职能的能力和水平;通过学习,更坚定地贯彻落实科学发展观,把科学发展观贯穿于政协工作的全过程和各方面,用科学发展观统一思想,用科学发展观指导实践,用科学发展观检验工作成效,加速鹰潭进位赶超;通过学习,更坚定地走中国特色社会主义政治发展道路,始终坚持和完善中国共产党领导的多党合作和政治协商制度,大力促进政党关系、民族关系、宗教关系、阶层关系、海内外同胞关系的和谐,在社会主义民主政治建设中作出积极贡献。

潘赞海强调,要牢记要务,着力推进科学发展。全市政协组织要充分发挥政协的“智囊团”、“参谋部”、“助推器”的作用;要在突出发展主题、实现发展目标、维护发展大局上,建真言,献实策;要在推进新型工业化、新型城市化,深度实施“四大一新”发展战略的过程中,充分调动政协组织中的各类专家、学者、能人和各界代表人士的积极性;要围绕党委、政府关注、人民群众关心的全局性、政策性、宏观性问题,精心选题,深入调研,参大政、议大事。广大委员要更加关心鹰潭经济和社会事业的发展,更加潜心地研究加快鹰潭发展的实招,面对发展,多提趋利避害的建议;面对困难,多提因势利导的建议;面对未来,多提开拓创新的建议,把政协工作与全局工作更加紧密地结合在一起,做到与党委和政府同心、同向、同步,使政协真正成为全面推动鹰潭科学发展的一支积极的、重要的、不可替代的力量。

潘赞海强调,要关注民生,倾力促进社会和谐。人民政协履行职能,必须把群众的情绪作为第一信号,把群众的需要作为第一需要,把群众的满意作为第一标准。要体察民情、民意,每一位政协委员、政协工作者,都要常怀爱民之心,常思为民之道,善于从政策取向上抓准绝大多数人的共同利益与不同阶层具体利益的结合点,广开言路,广开思路,真实地反映群众和社会中具有代表性、倾向性的问题,使党委、政府能够获得来自不同渠道、不同层面、不同群体、不同视角上的信息，形成正确的施政理念和科学的决策措施。要关注民生、民事，时刻把群众的安危冷暖挂在心上，特别要关注和维护困难群体的利益，着重围绕司法、住房、物价等人民群众最关心、最直接、最现实的利益问题，认真开展调研视察，有针对性地献计献策，有目的地推动问题的解决，使人民政协成为党委、政府向人民群众传递关爱之情的桥梁和纽带。要化解民愁、民忧，高度重视改革发展进程中出现的各种矛盾和问题，及时掌握群众的思想动态，做好理顺情绪、化解矛盾的工作，引导广大群众全面客观地看待形势，更好地理解改革和发展，为全市的经济社会发展奠定坚实的群众基础。

潘赞海要求，要锐意进取，大力提高政协工作科学化水平。要着力把握人民政协服务科学发展的规律和实现自身科学发展的规律，努力使政协工作的思路更加清晰，方向更加明确。要在加强科学理论武装上下工夫，在完善科学制度上下工夫，在运用科学方法上下工夫，在提升科学素质上下工夫。要注重加强政协委员队伍建设，切实发挥好政协专门委员会作用，加强政协机关建设，使干部职工始终保持与时俱进的思想观念、奋发有为的精神状态、求实高效的工作作风和清正廉洁的公仆本色，为政协有效履行职能提供有力保障。

（蔡春生）

第十二届中国·鹰潭龙虎山道教文化旅游节暨第五届海峡两岸道教文化论坛举行

一

华灯璀璨，高朋满座。11月5日晚，第十二届中国·鹰潭龙虎山道教文化旅游节暨第五届海峡两岸道教文化论坛开幕式在市体育中心体育场隆重举行。此次活动由鹰潭市人民政府、省政府台湾事务办公室、省旅游局、省民族宗教事务局联合主办，由市台办、市旅游局、市民宗局、龙虎山风景名胜区承办。

出席开幕式的领导和嘉宾有：海协会副会长、国台办原主任助理张铭清，国家宗教局副局长蒋坚永，国家旅游局巡视员邓宗德，中国道教协会副会长黄信阳；省人大常委会副主任朱秉发，省政府副省长熊盛文，省政协副主席李华栋，省台办主任阎钢军，省民族宗教事务局局长谢秀琦，省人大常委会外侨民宗工委主任傅小健；台湾中华道教总会理事长张柽、中华道教民俗文化学会副理事长徐文良、台北市新闻记者工会理事长袁天明、台北市道教会荣誉理事长王君相；世界旅游小姐机构主席、马来西亚拿督黄罕荣等。

出席开幕式的还有来自全国各地、海峡两岸的旅游界、道教界、文化界、新闻界、演艺界的嘉宾以及世界各地的佳丽。

市委书记陈兴超致辞，市长钟志生主持开幕式，市委副书记熊茂平、市人大常委会主任杜德春、市政协主席潘赞海等四套班子领导出席开幕式。

副省长熊盛文宣布第十二届中国·鹰潭龙虎山道教文化旅游节暨第五届海峡两岸道教文化论坛开幕！

市委书记陈兴超发表了热情洋溢的致辞。他说，鹰潭是一座充满朝气和活力的年轻城市：这里区位优越，交通便捷，是中国南方重要交通枢纽；这里工业兴旺，潜力巨大，是新兴的绿色铜都；这里环境优美，适宜人居，是中国最佳宜居休闲城市；这里景观独特，名胜荟萃，是中国优秀旅游城市；这里历史悠久，文化璀璨，是中国道教的发祥地。新一届市委、市政府正团结带领全市广大干部群众，推进科学发展，加速进位赶超，努力把鹰潭打造成为富裕、秀美、宜居、和谐的鄱阳湖生态经济区璀璨明珠。本届道教文化旅游节秉承“同源、传承、和谐、发展”的主题，旨在为两岸同胞加强交流往来、增进相互了解架起桥梁纽带。希望通过本次活动的成功举办，进一步深化鹰潭与全国各地旅游界、文化界、道教界、新闻界的交流与合作，传承弘扬道教文化，加强海峡两岸经贸合作及文化交流。

开幕式结束后，世界旅游小姐全球总决赛颁奖晚会暨大型文艺演出举行。颁奖晚会暨大型文艺演出由中央电视台著名主持人朱迅主持。来自世界各地的53名佳丽争奇斗艳，最终，来自印度、乌克兰和波兰的佳丽分别获得冠、亚、季军，与会的省市领导和嘉宾为获奖佳丽颁奖；五洲唱响乐团、杨洪基、沙宝亮、祖海等明星纷纷登台亮相，演出了歌曲《唱响五洲》《你我一家》《滚滚长江东逝水》《我和我的祖国》《暗香》《一生一世》《为了谁》《和谐中国》等出色的文艺节目，现场观众不时报以热烈的掌声。

二

11月6日上午，第五届海峡两岸（鹰潭·龙虎山）道教文化论坛启动仪式在龙虎山游客服务中心道学堂隆重举行。省政协副主席李华栋宣布第五届海峡两岸（鹰潭·龙虎山）道教文化论坛开坛。海协会副会长张铭清，国家宗教局副局长蒋坚永，中道协副会长黄信阳；省台办主任阎钢军，省民宗局局长谢秀琦，省台办巡视员、省台联会长何大欣，省民宗局巡视员肖争鸣，省台办副主任简立明出席启动仪式。市长钟志生致辞。市领导杜德春、潘赞海、张金涛出席启动仪式。副市长徐云主持启动仪式。

本届道教文化论坛以“同源、传承、和谐、发展”为主题,由江西省人民政府台湾事务办公室、省民族宗教事务局、鹰潭市人民政府主办。两岸知名人士、高道大德、专家学者200余人欢聚一堂,畅谈海峡两岸道教的历史渊源与发展进程,共话中华传统文化的博大与精深,共谋海峡两岸的合作与发展。

市长钟志生发表了热情洋溢的致辞。他说,在这金色的收获季节,各位高道大德莅临龙虎山下、欢聚泸溪河畔,共襄第五届海峡两岸道教文化论坛盛会,探究道学真谛,畅叙和谐发展,这是道教界、文化界的盛事,更是鹰潭的荣幸。作为中国道教发祥地之一,近年来,鹰潭市依托厚重的道教文化,始终致力于打造“中国丹霞·道教文化旅游胜地”,积极做好道教文化与旅游结合文章,龙虎山先后成功荣膺世界地质公园和世界自然遗产称号,成为江西省唯一的“双冠”景区。今天的鹰潭龙虎山,不仅是昔日道家修身求道的“洞天”,更是如今八方宾朋观光度假、休闲养生的“福地”。

钟志生说,通过举办道教文化论坛,弘扬中华文化精粹,密切两岸同宗同祖、同根同源的血脉联系,对于进一步扩大海峡两岸交流合作、促进文化旅游事业繁荣发展、构建中华民族精神家园,具有十分重要的意义。海峡两岸道教文化论坛已成功举办四届,可谓广结道缘,硕果累累。今天,来自海峡两岸的道教专家、学者在这里齐聚论道,必将进一步加强两岸经济文化交流,谋求两岸同胞的共同福祉。

启动仪式结束后,海峡两岸学者、知名人士及道教专家围绕“道文化的研究与应用”“道文化与现代社会”“道文化与养生”“道文化与企业经营和经济发展”等方面的内容,进行了热烈的学术交流。

(周剑平 周 信 钟海华 陈新华)

江西省首届畲族文化艺术节在鹰潭市举行

一

4月26日晚,由江西省民族宗教事务局、江西省文化厅、鹰潭市人民政府主办,贵溪市人民政府承办的江西省首届畲族文化艺术节在贵溪骏安国际大酒店隆重开幕。省人大常委会副主任朱秉发宣布文化艺术节开幕;副省长熊盛文讲话;省委统战部副部长、省民族宗教事务局局长谢秀琦,市长钟志生分别致辞;省文化厅副厅长王晓庆主持开幕式。省政协副主席郑小燕、国家民委文化宣传司司长武翠英、中国少数民族戏剧学会秘书长李悦、省政协社会和法制委员会主任张莉、省政府办公厅副主任陈石俊,市领导邵奇生、潘赞海、徐琳琳、王家林等出席开幕式。

本届畲族文化艺术节坚持以“共同团结奋斗,共同繁荣发展”为宗旨,致力于挖掘和展示少数民族优秀文化遗产,按照“突出民族性、坚持群众性、倡导多样性、体现时代性、兼顾专业性”的总体要求组织编排。主要活动包括迎宾礼、开幕式、摄影书法展及民俗展、畲族山歌赛、畲家宴、闭幕式、民族大联欢等7项活动。

开幕式上,熊盛文对江西省首届畲族文化艺术节的举行表示热烈祝贺。他说,首届畲族文化艺术节的举行,是江西省民族工作和文化工作的一件盛事、喜事、大事。通过举办畲族文化艺术节,一定能为大力传承优秀的民族文化,大力弘扬优秀的民族精神,不断推进少数民族文化的大发展、大繁荣,全面提高少数民族文化软实力作出新的积极的贡献。熊盛文指出,省委、省政府历来十分重视民族文化工作,2009年,省政府专门下发了《关于进一步繁荣发展少数民族文化事业的实施意见》,对全面促进新时期少数民族文化事业的繁荣和发展明确了具体目标和措施。本届畲族文化艺术节不仅是畲族文化艺术的大展示,也是全省各兄弟民族文化的大展演、大交流、大提高,希望大家珍惜这一难得的相聚时机,相互学习,取长补短,共同提高,为少数民族文化大发展、大繁荣作出积极的贡献。

受市委书记杨宪萍委托,市长钟志生代表市委、市政府向出席文化艺术节的领导和来宾表示热烈欢迎。他说,鹰潭作为全省民族工作重点设区市,在省委、省政府的大力关心和省直有关部门的鼎力支持下,全市各级党委、政府始终高举民族大团结旗帜,牢牢把握各民族“共同团结奋斗、共同繁荣发展”的主题,全面贯彻落实党的民族政策,优先加快少数民族和民族地区经济社会发展,民族团结进步事业取得显著成绩。樟坪畲族乡创造了“把金山银山垒在园区,把青山绿水留在畲乡”的发展模式,率先进入“江西省百强乡镇”行列。大型畲族山歌剧《七彩畲乡》荣获中国少数民族戏剧“金孔雀”奖和第二届中国少数民族戏剧会演综合金奖,填补了江西省少数民族文化获得全国综合大奖的空白。马灯舞、采茶歌、山歌等原生态民族特色节目,多次参加全国少数民族运动会、省运会、世博会等重大活动演出,赢得良好反响。钟志生说,江西省首届畲族文化艺术节在鹰潭贵溪举办,充分体现了省委、省政府对鹰潭的关心和厚爱。鹰潭市将以更加饱满的热情、更加周密的组织、更加优质的服务,当好东道主,努力把本届艺术节办成热烈、精彩、圆满的文化盛会。鹰潭市将以此次艺术节为新起点,不断加大民族文化工作力度,保护和传承中华民族优秀文化艺术资源,努力推动民族文化事业大发展、大繁荣。鹰潭市将以举办首届畲族文化艺术节为动力，全面融入鄱阳湖生态经济区建设，科学发展、进位赶超、绿色崛起，努力把鹰潭建设成为鄱阳湖生态经济区的璀璨明珠。

谢秀琦在致辞中衷心感谢鹰潭和贵溪为本届文化艺术节做的大量卓有成效的工作。他说，举办畲族文化艺术节是贯彻全国、全省少数民族文化工作会议精神的一项重要举措。通过举办畲族文化艺术节，能积累更多更好的经验，创作一批作品，培养一批人才，进一步推动新形势下民族文化大发展、大繁荣，共同实现全省民族地区经济社会文化事业的全面、健康、快速发展，为江西省科学发展、进位赶超、绿色崛起作出新的更大贡献。

开幕式上，大家兴致勃勃地观看了大型畲族山歌剧《七彩畲乡》。该剧在形式上独树一帜，以畲乡山歌为载体，熔歌、舞、剧于一炉，表现了浓郁的地域风情，荣获了2010年中国少数民族戏剧协会金孔雀综合大奖，包揽了艺术策划、优秀编剧等10个单项奖；荣获了第二届中国少数民族戏剧会演综合金奖以及全部9个单项奖。

演出结束后，出席开幕式的领导走上舞台，与演职人员亲切握手，祝贺演出成功。

全省少数民族地区建设工作领导小组成员单位的领导，部分全国、全省民族团结进步先进个人代表，部分全省少数民族人大代表、政协委员以及基层民族工作者代表参加开幕式。

二

踏歌起舞，盛世欢腾。4月27日晚，江西省首届畲族文化艺术节圆满完成各项内容，在贵溪市骏安国际大酒店闭幕。省人大常委会副主任朱秉发，副省长熊盛文，国家民委文化宣传司司长武翠英，市委书记杨宪萍，市长钟志生，市委常委、宣传部部长徐琳琳，市委常委、常务副市长王家林等出席闭幕式或参加当天的活动。省委统战部副部长、省民族宗教事务局局长谢秀琦主持闭幕式并宣布江西省首届畲族文化艺术节闭幕。

文化艺术节闭幕之前，领导和嘉宾一起观看了以“我们都是一家人”为主题的大型少数民族文艺汇演。整台演出荟萃了全省8个设区市选送的14个节目，并邀请了蒙古族歌手阿茹汗、藏族歌手容中尔甲等一些全国著名的少数民族演员同台献艺。整台演出充分体现了团结、和谐、共进的民族工作时代内涵，体现了浓厚的民族特色和时代特征，具有较强的艺术性和观赏性。晚会在雄壮的大合唱《爱我中华》中拉开帷幕，随后，《香茶美酒敬亲人》《畲山人家》《美得畲民乐呵呵》《民族风情》等节目纷纷上演，时时博得观众热烈的掌声，阿茹汗、容中尔甲的演唱更是将晚会一次次推上高潮。晚会在“我们都是一家人”大型歌舞表演中圆满落下帷幕，出席闭幕式的领导高兴地走上舞台，与参加汇演的演职人员亲切握手，表示祝贺和慰问。

江西省首届畲族文化艺术节展演评奖结果也同时揭晓。鹰潭市选送的精品节目《七彩畲乡》荣获江西省首届畲族文化艺术节特别奖；鹰潭市代表团选送的《美得畲民笑呵呵》、赣州市代表团选送的《畲山人家》、南昌市代表团选送的《民族风情》获得江西省首届畲族文化艺术节文艺汇演金奖；鹰潭市代表团选送的《叫我唱来我就唱》、赣州市代表团选送的《要想恋妹先唱歌》、九江市代表团选送的《隔山有情》获得江西省首届畲族文化艺术节山歌赛一等奖。

江西省首届畲族文化艺术节致力于挖掘和展示少数民族优秀文化遗产。在两天的时间里，来自全省的少数民族艺术工作者融合音乐、舞蹈、书画等多种元素的艺术表现形式，充分展示了一大批集民族性、艺术性、观赏性于一体的优秀作品。舞台上，激越震撼的民族音乐、精彩纷呈的歌舞演绎、艳丽多姿的服饰配饰、美轮美奂的舞美灯光无不唤起人们对民族团结、和谐幸福的美好期待，彰显了江西省各少数民族绚丽多彩的民族文化，荟萃了江西省文艺工作者继承、发展、创新的民族文化硕果。

闭幕式上，还进行了畲族文化艺术节节旗交接仪式，第二届畲族文化艺术节将于2014年在江西省吉安市举行。

（林卫东　周剑平）

鹰潭市开展发展提升年活动

2011年，按照省委、省政府的统一部署，全市发展提升年活动围绕“以科学发展为主题，以转变发展方式为主线，以建设鄱阳湖生态经济区璀璨明珠为目标”的指导思想，着力创建高效透明的服务环境、公平正义的执法环境、团结鼓劲的干事环境、公平有序的市场环境、和谐稳定的人文环境，在全市上下营造了聚精会神谋发展、全神贯注促和谐的良好氛围，有力地促进了经济社会又好又快发展。

转变机关工作作风

全市以转变机关工作作风为重点，通过强化效能监测、认真办理群众投诉、严格项目督查问责、严惩干部执法违法问题等措施，进一步提升了机关效能。

深入开展“百千万”内设机构测评活动，将市直52个部门和单位的114个科(室)作为全市“百千万”内设机构测评活动的市级测评对象，在市政府网站以及市内主要新闻媒体中公开服务承诺书，接受社会各界监督和测评。切实加强优化发展环境监测网络建设，共设立监测点551个，实施环境监测4583次，测评满意率94.93%,下发建议函和督办函41件。

为方便群众,鹰潭市派员专门进驻市行政服务中心,专职受理投诉。对群众的投诉,采取专人办理、督促整改、限时答复的方法,认真落实到位,尤其是反映损害经济社会发展环境和影响机关效能的行为,实行从快从重处理,确保事事有回音、件件有着落。1月至11月,共受理投诉21件,办结21件,办结率100%。

鹰潭市严格实行项目督查问责制,对已开工的项目,采取每日现场督查制,并对推进重点工作不力的地方及市直有关单位进行问责,有力地促进了重大项目建设。此外,鹰潭市严惩干部执法违法问题,通过查处问责干部,严肃了党纪政纪,端正了作风,教育了干部,维护了群众利益。

创建最优发展环境

鹰潭市深入贯彻《关于创建最优发展环境的决定》:一是继续开展"万名干部下基层、万名群众评机关"活动,围绕"建设五型机关、提高服务水平"主题,开展"三问""三送""三进""三学"活动。同时,结合创先争优活动、"七一"表彰、民主生活会等,多渠道组织开展评议活动,组织万名党员开展"富民兴市我先行"公开承诺、签名活动。二是对省效能办通过"万名群众评机关"活动收集整理的63条意见反馈函,逐条对照检查,逐一落实解决。三是扎实开展党员争创"五带头"优秀党员、支部争创"五个好"先进党支部、机关争创"五型机关"主题实践活动,进一步提高服务意识、水平、效能,提升发展速度、质量、效益。

全面完成网上审批系统建设。全市结合行政审批"两集中、两到位"改革工作,对市本级保留的153项、省里下放的56项、省里委托的73项行政许可事项以及其他公共服务事项,按照行政许可、非行政许可、公共服务3种类型进行分类,设计网上申办和在线审批的流程,完善网上审批系统和收费系统,实现了网上审批系统和财政票据打印系统的对接。

全力提升党员干部综合素质。一是积极开展创建学习型党组织活动,建立述学、督学、考学、奖学、调研等5项学习制度,以党支部为单位,制订学习计划,完成学习任务,确保学习型党组织建设取得实实在在的成效。二是以市委理论学习中心组集体学习为龙头,大力完善党员领导干部和普通党员的学习培训制订,使学习逐步成为党员干部的自觉行为和日常习惯。三是广泛开展岗位技能竞赛活动,提高党员干部的综合素质。

全面提升发展质量

全市围绕推进招商引资和项目建设,着力优化资源配置,破解项目推进难题。2011年,全市强力推进招商引资工作,建立了38支县(市、区)招商引资工作队伍,先后参加了"北京十大战略性新兴产业推介会""2011江西(香港)招商引资活动周""泛珠会""赣台会""中博会""低碳会"等招商活动;优化资源配置,精挑细选了137个重大建设项目,总投资约524.5亿元,做到优先保障土地供应、优先保障建设资金、优先保障水电油气配置、优先保障环境总量指标;积极破解重大项目推进难题,确保了长杭高铁、西气东输二线工程、省天然气管网一期、贵电"上大压小"工程等国家和省重点工程建设稳步推进。

全市不断优化产业结构,在做大做强铜及铜精深加工、水工、节能照明等现有优势产业的基础上,大力发展战略性新兴产业,从财税、土地供应、融资、招工、科技奖励等方面给予政策扶持倾斜,同时严格限制水泥、钢铁、橡胶、轮胎等高耗能、高污染行业进入鹰潭市。在农业方面,全市加速推进现代农业示范园区建设,加快农业产业化经营发展步伐,加快发展农业机械化,粮食生产实现了"八连增"。

奋力推进新型城镇化建设。一是强化规划引领和调控作用,启动了《鹰潭市近期建设规划(2011~2015)》的编制工作,审议通过了《液化石油气专项规划》《绿地系统专项规划》《城市环境卫生专项规划》等专项规划和18个修建性详细规划。二是加强示范镇建设的调度指导,协调推进月湖新区(童家镇)建设和项目招商工作,着力抓好樟坪、上清、中童、锦江、塘湾等特色镇建设,带动城乡一体化发展。三是强化住房保障工作,2011年新建保障性住房4562套,完成棚户区房屋拆迁11.62万平方米,1821户农村危房改造工作有序推进。

此外,全市还不断加大民生工程资金投入,安排8.5亿元配套资金,推进社会各项事业协调发展。

经济社会加速发展

通过发展提升年活动的开展,全市发展环境进一步提升,经济社会发展进一步加速,城市面貌进一步改观,综合竞争力进一步增强。

——综合发展水平明显提升。2011年,全市经济继续保持速度加快、质量提升、后劲增强的发展态势。1至3季度,实现生产总值300.54亿元,增长13%。1至10月份,实现规模以上工业主营业务收入1660.94亿元,增长46.09%;固定资产投资236.99亿元,增长31.5%;财政总收入66.08亿元,增长52.1%,地方财政收入35.27亿元,增长61.4%,财政总收入和地方财政收入增幅连续10个月位居全省第一。预计全年可实现生产总值400亿元,财政总收入突破70亿元,地方财政收入35亿元,全社会固定资产投资360亿元。

——工业经济全面提速增效。1至10月,全市实际利用外资1.05亿美元,增长63.5%,高出全省平均增速42.4个百分点,增幅连续6个月列全省第一,现汇进资总量为"十一五"期间总和。1至10月份,全市工业企业累计实现主营业务收入1760.94亿元,列全省第三位,增长54.89%;实现利税总额113.82亿元,同比增长43.16%;工业经济效益综合指数达到453.51%,高出全省平均水平170.72个百分点,同比提高了135.13个百分点。预计全年全市规模以上工业企业主营业务收入将达1900亿元,利税总额130亿元。

——农业经济持续稳定增长。

2011年，全市实现农业总产值55亿元，增长5%，农民人均收入达7500元，增长20%；全市粮食生产面积达174.9万亩，总产达65.85万吨，增加1.85万吨，单产达376千克，增加9千克，粮食生产实现了“八连增”。

——城市化进程明显加快。2011年年末，市域城镇化水平将达到49.4%以上，比2010年增长2个百分点，高出全省平均水平3个百分点。全市建成城区面积达到58.9平方千米，其中中心城区建成区面积增加至29.8平方千米，增加1.5平方千米。

（张赤奎）

鹰潭市滨江公园十里绿廊美如画

这里曾经污水横流、垃圾成堆、环境恶劣；如今这里四季常青、芳草茵茵、绿树葱郁，是城市一道靓丽的风景线。

这里曾经住房拥挤、破旧不堪、少人问津；如今这里游人如织、休憩健身、观光娱乐，是市民一处休闲好场所。

昔日脏乱差的沿江小区，变成了风景优美的滨江公园，十里绿色生态景观长廊，舒展鹰潭城市建设的新画卷。

背景：融入鄱阳湖生态经济区，建设“一江两岸”宜居城

建设滨江公园，是融入鄱阳湖生态经济区建设的大势所趋、职责所在。

作为鄱阳湖生态经济区重要节点城市之一，省委、省政府明确提出，鹰潭要打造成鄱阳湖生态经济区一颗璀璨明珠。

信江，鄱阳湖水系5大河流之一，在鹰潭绕城而过。作为沿江城市，鹰潭有责任加强沿江治理，为“母亲湖”注入一江放心水，为保护鄱阳湖“一湖清水”作出应有贡献。

沿江小区地处信江之南、老城棚户区，不仅市民居住环境差，对信江河水也存在污染。治理沿江污染、塑造沿江新形象，是实施滨江公园二期工程的出发点，是全市生态立市、融入鄱阳湖生态经济区的重大举措，是心怀全局，加强城市生态环境、水资源保护的具体行动，体现了鹰潭人民的生态意识和强烈的责任感。

建设滨江公园，是构建“一江两岸”大框架城市的长远之计、必由之路。

信江如玉带绕城，带给鹰城灵性，赐予鹰城极好的独特的发展条件。全市在推进城市建设进程中，按照“一江两岸”的战略构想，不断加强城市公园建设，打造城中有山有水、绿树成荫、鸟语花香的绿色生态宜居城市。

信江之北夏埠乡，具有非常优越的生态和景观条件，是一块不可多得的“风水宝地”，是鹰潭城区外拓的重点发展方向。2009年，鹰潭市对夏埠乡进行重新规划建设，提出“打造城市客厅，建设美丽信江”，信江新区建设由此拉开序幕。按照“显山、亲水、见城、滨江”的要求，鹰潭市致力于把信江新区打造成人与自然和谐共生的、多层面应用生态理念和技术的生态城，集商务办公、商业服务、文化娱乐、休闲度假、生态居住等多功能于一体的现代滨江新城。

与之隔江相望的沿江小区，成为构建“一江两岸”大框架城市的重要一环，只有把沿江小区建设好，才能形成南北呼应、一江两带的绿色生态景观长廊。市委、市政府要求，坚持绿色为城市底色，努力打造绿色生态城市。要进一步改造提升鹰潭公园、梅园公园、东湖公园，加快滨江公园建设，大力实施拆墙透绿，见缝插绿，以绿点、绿带、绿圈、绿地构成层次丰富的绿色空间，营造“林在城中、城在林中、山水相依、和谐秀美”的宜居新鹰潭。2010年8月21日，鹰潭市正式启动滨江公园二期工程，致力于把滨江地带装扮成一幅彩色的“风景画”，打造为信江河畔灯光明亮、环境宜人的“不夜城”，修建一条休闲旅游的绿色生态景观长廊。

建设滨江公园，是做大做靓中心城区，提升城市品位的当务之急、务实之举。

鹰潭公园倚江而立，清雅秀美，是1957年正式兴建的江西最大的自然公园。2006年，鹰潭市实施了滨江公园一期工程，同时对鹰潭公园进行了升级改造。滨江公园二期西接鹰潭公园，南临林荫东路，向北延伸至沿江大道，东接滨江公园一期景观带，沿岸全线总长约2.7千米。滨江公园二期工程包括沿岸的广场、园路、绿化、亮化、雕塑小品、公厕等配套设施的建设，还将带动各项市政配套设施的综合改造，对完善城区功能配套，增加绿地面积，提升城市品位具有重大意义，而且能缓解市区交通压力。近几年来，随着经济的发展，人民生活水平的提高，全市汽车保有量猛增。而市区东西向道路只有3条，林荫东路和环城路道路狭窄，通行能力差，在上下班高峰期，大量的车流经常造成拥堵，市民反映强烈。滨江公园二期工程建成后，加快了城区路网建设，打通了沿江大道全程，有利于改善市区交通拥堵状况。

决策：让利于民造绿于民，建设沿江生态公园

众所周知，沿江小区是市区危房率极高、居住环境极其恶劣的地方，多数建筑由于建造时间较早，缺乏统一规划，建筑拥挤杂乱、建设标准低，房屋年久失修、破旧不堪、违章搭建严重、危房比例高达80%；而且缺乏必要的市政消防环卫等配套设施，道路狭窄拥堵、消防隐患突出、污水横流、垃圾成堆、杂草丛生，居民生活环境恶劣。特别是沿江部分房屋地势低洼，居民饱受洪涝灾害之苦，广大群众要求拆建的呼声十分强烈。

市委、市政府本着以人为本、执政为民的理念,以对鹰潭人民负责、对历史负责的态度,毅然决定,滨江公园二期工程范围内只建设公园、绿地、景观等公益设施,不用于商业开发,不建住宅宾馆。这意味着,政府不仅要失去10亿元的土地出让收入,还要投入1.8亿元的拆迁安置资金和1亿元的建设资金。

如何算这笔账?

算长远账,利于城市长远发展,增强城区辐射力、影响力和带动力,推动城市经济发展;算民生账,利于改善居民居住条件和城市环境,真正体现让利于民原则,促进社会和谐发展;算发展账,利于夯实城市建设基础,增强城市发展后劲,给力经济社会又好又快发展。

这是一笔大账,一笔打基础、利长远的大账,一笔得民心、顺民意的大账!

鹰潭公园占地面积8公顷、东湖公园占地面积27.33公顷、梅园公园占地面积13.5公顷,3个公园总面积达到48.83公顷。而改造后的滨江公园在公园面积、绿地面积、设施功能等方面得到极大提升,树木、草地和景观小品如绿色丝带将鹰潭公园、滨江公园、东湖公园和梅园公园串联在一起、连成一体,形成"滨江大公园"的格局,总面积可达到86.66公顷,将成为江西省面积最大、功能最全的滨江公园。

滨江公园二期工程既是建设生态宜居城市的重点项目,更是保障和改善民生的惠民工程。

滨江公园二期拆迁工程涉及987户,拆迁总面积10.8万平方米,是迄今为止鹰潭市城区拆迁面积最大、拆迁户最多、工作难度较大的一项工程。鹰潭市根据实际情况,制定了6种优惠政策,采取货币补偿和异地产权调换两种房屋拆迁补偿安置方式以供选择。沿江小区拆迁工程指挥部及12个工作组,向拆迁户发放宣传手册,宣传安置补偿方案、优惠政策,为拆迁户释疑解难,得到了众多拆迁户的理解、支持和配合。拆迁工作中,鹰潭市始终贯彻"以人为本、有情拆迁"的指导思想,对有实际困难的拆迁户给予切实的帮扶解困,为所有被拆迁人统一办理了房屋维修基金退回事宜,并积极联系房屋中介公司,为拆迁户提供房源信息,帮助拆迁户买到或租到合适的住房。拆迁工作中的人性关怀受到了拆迁户的一致赞誉,确保了拆迁工作顺利进行,为滨江公园如期开工建设提供了保障。

生态:保护生态贯穿建设始终,生态技术彰显无穷魅力

在工业高速发展的冲击下,生态环境愈加成为最具魅力的投资环境。生态环境良好的城市,意味着是生机勃勃、宜居宜业的城市,意味着是科学理性、健康发展的城市。

"涟漪兴其中,雄鹰翔其上。"这是鹰潭市名的由来,也充分说明鹰潭是座自然生态禀赋得天独厚、依山傍水的城市。市委、市政府坚持保护生态环境、坚持维护最广大人民群众根本利益的城市建设理念,把生态环境视为最可贵的长远资源加以保护,视为最具魅力的投资环境加以呵护,走科学发展之路、文明发展之路,体现出长远的战略眼光。

滨江公园二期工程秉承的正是这一理念,按照"功能配套、设施齐全、环境美化、整体协调"的思路,以保护环境为出发点和落脚点,拆旧房建绿地,拆危房植绿树,真正做到造绿于民,造福于民。

过去胜利东路以北的居民生活污水直接通过红石明沟排往信江,不但加大了信江的水体污染,还极大地影响了该区域市民的生活。滨江公园二期工程将污水管网建设列入其中,投入建设资金,总计埋设了780米管径1.2米的钢筋混凝土污水管,截流污水,引入东湖污水提升泵站,进入鹰潭污水处理厂,彻底解决了多年遗留的污染问题,改善了信江环境,提高了饮用水质量。

滨江公园不仅改变改善了生态环境,而且借鉴了上海世博会世博公园的设计方法,引进生态技术、生态材料,打造生态工程。滨江公园大范围地采用了环保型、生态型的彩色透水混凝土材料,该材料是由彩色骨料、特种水泥和水拌制而成的一种多孔轻质混凝土,具有透气、透水和重量轻的特点,能够增加渗入地表的雨水,缓解城市地下水位急剧下降等城市环境问题。同时,还运用了景观喷雾系统,不但具有造景、增湿、降温、除尘的作用,而且节约用水量。

滨江公园灯具全部采用LED节能灯,建筑材料全部符合保温节能要求,驳岸既防洪又亲水,旱溪既能有效收集雨水又能排涝……生态环保技术在滨江公园得到充分运用。

理念:传统与现代交织,时间与空间互动

坚持高起点是财富、低起点是包袱的理念,引入规划竞争机制,对建设项目的设计方案从严审核、从严把关、力求精品。滨江公园二期方案设计中,鹰潭市聘请了国内知名的5家设计单位进行方案招标,通过专家评审选出3家,再进行反复对比确定1家,做到好中选优、优中选精,力求多留赞叹、少留遗憾。

滨江公园始终坚持以绿色为底色,深度挖掘鹰潭文化底蕴,全方位展示城市发展沿革和历史脉络,充分体现了"林在城中、城在林中、山水相依、和谐秀美"的现代城市发展理念。滨江公园二期工程设计总体定位为,沿江休闲开放空间轴,城市绿色生态廊道,滨水景观文化走廊。沿江休闲开放空间主轴融汇文化、休闲、观光、健身、旅游等功能,提升城市形象的同时彰显"以人为本"。绿色生态廊道形成联系鹰潭公园、东湖公园、梅园公园3颗明珠的纽带。滨水景观文化走廊,彰显城市历史文化特色,突出道都的文化底蕴。

根据这一设计理念,滨江公园景观总体风格体现人工与自然的融合,景观形态刚柔并济,南段以硬质的人工化景观为主,北段体现生态的主题以软质的自然景观为主。滨江公园整体景观形态从南到北实现人工向自然的逐渐演化和过渡。同时,利用连续的滨江步行道作为沿江观景走廊,走廊串联滨江绿带若干重要景观视点,视点的观景视线有收有放,做到步移景异,观景序列跌宕起伏,营造出丰富的景观效果。滨江公园空间设计既强调动静结合,有活泼的亲水广场、戏水池,也有安静的观景平台、林荫广场。游客在不同性格的空间中体验不同的活动氛围。

滨江公园分老码头文化区、公园景观区、江滩生态区。

老码头文化区设计理念是,时间与空间互动,展示了鹰潭的发展进程,展现鹰潭从一个老码头成长为一个现代工业城市的过程。

公园景观区设计理念是,传统与现代交织,通过多样化的空间形式展示鹰潭的城市特色,将传统空间形式与现代空间形式相互融合。同时,融入山水风光、道家文化、冶铜工业这些元素,以山之园、水之园、道之园、铜之园4个主题园的形式表达以山、水、道、铜为代表的鹰潭地理和人文印象,其中富有特色的景观包括火车头文化广场、公园中心广场和亲水广场等。

江滩生态区,以绿化造景为主,路景、绿带结合,局部以岛的形式组织了特色的植物生态群落,凸现生态自然景观。

建设:排难而进抢抓进度,精益求精确保质量

滨江公园二期工程时刻牵动着市领导的心,在施工现场,无论是烈日酷暑,还是双休节假日,经常可以看见他们检查指导工程建设的身影。正是因为有市领导的高度重视,高位推动,工程建设得以顺利推进。

作为滨江公园二期工程的责任部门,市公建集团公司自开工之日便确立了主动服务、精心组织、打造精品的目标。市公建集团公司全体人员不畏艰难、竭尽全力服务工程建设。在滨江公园二期项目管理中,大家摒弃建设单位"老大"思想,以服务者形象自居,主动与设计单位、监理单位及施工单位沟通,切实做好工程建设过程中的施工方案会审、图纸变更、隐蔽工程签证等协调服务工作,及时解决任何影响工程进度、质量的问题。为此,项目部人员作息时间与施工单位保持一致,只要施工单位没下班,项目部人员就在现场服务,他们总在第一时间解决现场出现的诸种问题,推进工程顺利实施。

滨江公园二期工程自2010年8月21日开工以来,公建集团公司项目部人员克服各种不利因素,抢抓时间,按照工程建设程序科学安排时间,采取工期倒排的形式,一天一调度、一天一检查。除此之外,项目部实行周例会制度,总结施工过程中出现的问题,分析影响工程进度的原因,寻求推进工程顺利实施的办法,以此保证工程进度。项目部全体人员,上至公司领导,下至项目主管和技术人员,把工程质量作为第一要务来抓,将工程质量视为生命。在自己吃透施工图纸的同时,对施工、监理单位严格要求,切实把牢每道关口、每个环节,做到完成一项验收一项,合格后方可进入下一道环节施工。项目部在充分发挥工程质量总调控作用的同时,注重收集整理相关技术资料、影像资料,做到每项工作都有据可依、有据可查。

365个日日夜夜,工程建设者们以智慧、汗水和奉献精神,破解了一个又一个难题,保证了滨江公园如期开园,给鹰潭市民交上了一份满意的答卷。

成果:"一带四园"格局形成,环境美化旧貌换新颜

经过12个月紧张有序的建设,2011年8月20日,滨江公园盛装开园了!

滨江公园完美地塑造了自然生态景观。充分考虑到植物生态内涵,建立了生态、展示、游览等功能于一体的园林景观体系,形成可持续发展的公园绿地生态系统。无论是绿廊游憩区、景观树丛区、湿地植物区,其种植形式都是从人工规则式过渡到生态自然式,并以乔、灌、草相组合,根据各区域功能的不同,营造出富有开合变化的不同景观空间。

滨江公园很好地实现了自然生态平衡。对水系布局、植物配置、地形改造等做出合理的布局设计,用人工技能恢复自然平衡,通过合理配置让其自身维持这种平衡,并且创造出多种形式的自然生态环境,如江谷、小溪、水池、湿地、山林、坡地等,让其多样化的生态环境自动调节,恢复自然生态系统。

滨江公园展现了原生态的滨江景观。通过运用一系列生态技术手段,发挥滨江水陆过渡空间的生态服务功能,景观形态模仿自然,达到展现原生态的滨江景观风貌的目的。

滨江公园充分展示了鹰潭文化元素。滨江公园二期工程设计汲取了道家文化的思想,提炼出"自然之道"的设计理念,以"道法自然"的生态观和"阴阳哲学"的平衡观,努力营造人工与自然相融合的滨水生态景观。

滨江公园充分体现了鹰潭风俗民情。老码头文化区、火车头广场反映了城市历史记忆,在公园入口广场设计中融入文化元素,展现鹰潭作为中国道都、铜都和铁路枢纽的城市文化特色。鹰潭风情园通过传统院落建筑设计,展现鹰潭本土特色的"街巷"空间。

滨江公园进一步完善了鹰潭绿地系统结构。植物配置遵循了"以人为本、生态优先"的原则,建设草坪面积3.5万平方米,种植了乔木4431株、亚乔木3711株、竹类3478平方米、灌木2.02万平方米、藤本植物245株、地被植物1.94万平方米、湿生植物4857平方米,品种达150多个,绿化总面积11万平方米,做到了以乡土树为主,香樟、杜英、柚树、银杏、榉树、朴树为主调树,色叶、观花亚乔木花桃、石榴、桂花、樱花,花灌木栀子、杜鹃、南天竹、绣线菊等充实其中,体现了生物的多样化,形成层次丰富、季节分明,虽由人作,宛自天开的自然景观。

滨江公园为居民提供了一处良好的活动场所。每个区域都为市民、游客创造出良好的游憩休闲场所和舒适健康的社会交往空间,为城市提供有效的"氧气库"和艺术展示空间。老码头餐饮服务、水上舞台、观景广场、台地景观园、戏水广场、康体健身中心等为市民休闲、观光、娱乐提供了好去处。

滨江公园为"一江两岸"奠定了基础。十里绿廊将4座公园相连接,经过跨江大桥信江大桥和梅园大桥,形成沿江绿色景观长廊,拓展了沿江空间,为打造“一江两岸”城市布局奠定了基础。

滨江公园提高了防洪能力。自原防洪堤向东,沿线设置了防洪堤,基础采用了深达10米的钢筋混凝土灌注桩,墙身砌筑双道片石挡墙,防洪能力得到增强。同时,在设计建设中结合信江鹰潭段的水文资料,确定了场地防洪高程,标高由江边向滨江大道逐层增高,将公园内永久性建筑均布置于这一高程之上,并通过台阶、草坡、挡墙等多种处理手段对场地高差进行景观处理,营造滨水景观,满足人们的亲水需求。

(陈敏洁　林卫东)

居民事务理事会提升鹰潭市居民自治和管理服务水平

在农村自然村全部建立村民事务理事会之后,鹰潭市以小区、楼院等为单元建立起居民选举产生的居民事务理事会。至2011年11月,全市已组建居民事务理事会369个,实现了中心城区全覆盖。

自治范围有多广?

鹰潭市月湖区世纪花苑小区的化粪池管道破裂了,“巡查卫生时发现的,我当时做了简单处理”,世纪花苑居民事务理事会理事长彭火金说,“理事会成员已经集体讨论过了,也上报了上级社区居委会”。

“已经向街道和区政府提交了维修改造申请”,月湖区商城社区党总支书记、社区主任苏菊花说,“通过居委会和理事会反复计算,整个改造项目预算1.8万多元。现在更换管道已经买好了,就等着施工队来干活”。

居民事务理事会的日常工作主要是调解邻里纠纷、清理楼道杂物、纠正居民陋习、维护楼院设施等。“我们平时主要做一些力所能及的事。虽然都是些鸡毛蒜皮的小事,但能让大家真真切切地感受到”。

70岁的张婉如老奶奶已经在世纪花苑小区住了10年,有一段时间老人曾因为这里环境脏乱而想搬家。居民事务理事会成立以后,“每个月收5元钱请保洁员,全市(收费)最低,小区环境搞得这么好,我肯定要一直住下去”,张婉如满意地说,“理事们是真正为大家做事、为百姓做事!”现在,老人家也成了小区的热心人,经常和理事会成员一起捡垃圾、调解纠纷。

像化粪池管道改造这样资金额较大的大事、难事,居民事务理事会实行“一事一议”,上报到相关职能部门。“其他需要向社区、街道反映的事情不是很多”,彭火金说。

由于居民事务理事会成员来源于群众、生活在楼院,熟悉居民家庭具体情况,鹰潭已经赋予居民理事会对居民低保、经济适用房和廉租房申请的初审权。在苏菊花看来,“社区成立12个居民事务理事会,对社区居委会来说省心了很多,原来社区居委会不能及时有效解决的居民身边的问题得到了妥善处理,有效地提高了社区居委会的工作效率”。

理事会成立后,很多事情在小区里理事们就直接办好了。他们都很热心很积极,居民自己不用跑居委会,方便多了!胜西社区居民刘元玲如是说。

理事会成员谁来定?

“居民事务理事会要得到居民的认可,必须得通过基层民主选举的方式产生。选举出来的理事,既要有热情、有意愿为居民服务,又要有服务办事的能力”,鹰潭市月湖区委书记乐文红表示,“将最适合的人选出来,这需要有效的制度来保证”。

“我们理事会6位成员都是党员,我已经有40多年的党龄了”,鹰潭市交通街道站江社区百姓居民事务理事会理事长胡庭文自豪地说,“我们几个以前在企业里做中层管理人员,都是老党员,听说要组建居民事务理事会就积极参加”。

鹰潭市摸索出“三推荐两筛选一票决”的居民事务理事会成员产生办法。“三推荐”就是采取居民推荐、党员推荐、居民小组干部推荐三种方式确定初步人选;“两筛选”是指社区支部和居委会、街道党工委对被推荐人进行选筛,然后确定预备人选;“一票决”是指举行由80%以上住户和业主参加的一次无记名差额票决,结果张榜公布。通过民主选举,许多政治素质高、群众威信高、热心公益事业、理事能力强、公道正派的党员小组长、居民小组长、楼栋长、单元长、“五老”(老党员、老干部、老模范、老军人、老教师)人员进入了居民事务理事会。

“我们既有为‘熟人’老职工社区服务的百姓居民事务理事会,也有为‘陌生人’商品房小区服务的世纪花苑居民事务理事会,还有为‘同行’服务的行业事务理事会”,乐文红说,“根据不同区域居民的特点,我们将居民事务理事会分为3种类型:楼院理事会、路段理事会、行业理事会。理事会成员要与服务对象相匹配,比如行业事务理事会主要由行业协会、市场管理人员等组成”。

“我们自己麻烦一点,大家就方便了。如果大家满意,我们自己也就高兴”,鹰潭市站江社区百姓居民事务理事会成员王凤祥如是说。

如何区别于居委会?

在实践中,鹰潭市逐渐探索出居民事务理事会在社区党组织领导和社区居委会指导下开展工作的原则。在鹰潭市委组织部副部长蔡江看来,社区居委会和居民事务理事会在工作范围上各有侧重。理事会能立足实际来协助社区居委会组织实施公益事业和公共事务,二者形成了一种指导和被指导、互相配合、互相支持、互相监督的关系。“居民事务理事会与社区居委会的工作都要在实践中继续摸索发展,最主要的是能更好地为老百姓服务办事。”

“居民事务理事会从2010年组建以来,也就一年多,这期间也遇到了一些困难和问题,最担心就是居民事务理事会能走多远”,乐文红表示,“说实话,现在政府部门对居民事务理事会没有一分钱的投入,都是理事们自掏腰包。时间短可以,时间长了总不是个事儿。我们正在考虑给予理事们电话费之类的工作补贴,一个月也就五十或一百,不多”。

房屋、经费等硬件问题在社区、街道等各方面的支持下,总是可以找到解决办法。然而如何让居民事务理事会发挥出最大作用,就需要从制度层面下工夫。据乐文红介绍,月湖区现在积极推荐优秀理事会成员为各级党代表、人大代表、政协委员、劳动模范。“今年建党90周年时,就有11个理事会成员被评为优秀共产党员”,蔡江也表示,未来鹰潭市还将出台一系列政策,表彰、奖励业绩突出的居民事务理事会和优秀理事会成员,激发社区居民参与居民事务理事会的热情。

“目前,我们正在积极探索居民事务理事会评价体系,制定了《鹰潭市居民事务理事会建设考评细则》。通过抽样调查了解居民对理事会的态度和评价,确保理事会能有效地为居民们服务”,蔡江说,“此外,我们还加强了对理事会成员的培训工作,来提高他们的办事效率”。

(魏本貌)

鹰潭市改造小街小巷推进宜居城市建设

12月21日,鹰潭城区小街小巷综合改造工程现场热火朝天。看到小街小巷铺上沥青、画上黄线,人行道砌起整齐的吸水砖,全新的雨污分离式下水道建设完毕,杏南小区居民杨军太感叹不已:“真想不到,自己家门口也能和城市主干道一样漂亮,真是建到了我们老百姓的心坎上!”

2011年以来,鹰潭市本着执政为民的理念,把中心城区小街小巷改造作为重要惠民工程、民心工程来抓,以中心广场和主干道的标准来做靓小街小巷,把“小”工程做成精品,打造了老城区改造的全新模式和样板。

宁可少修大马路,也要把小街小巷改造好

杏南小区位于鹰潭市中心,商铺林立、人员密集,而基础设施却先天不足,早已不能满足市民生活需要。小街小巷面貌不尽如人意,而且长期得不到彻底改善,这是杏南小区乃至整个鹰潭老城区面临的难题。

在2011年召开的市第七次党代会上,鹰潭市提出了打造“富裕、秀美、和谐、宜居”新鹰潭的口号,把民生工程确立为新一届市委市政府的重点工作,让老百姓更多地享受经济发展的成果。党代会后,鹰潭市和月湖区党政领导多次深入街道、社区调研,听取群众意见。在了解到老城区基础设施落后的现状后,鹰潭市委主要领导表示:“宁可少修一条大马路、少盖一栋楼,也要把小街小巷改造做好做实。”

根据市委、市政府的部署,自9月开始,通过市区两级联合筹资,按照高水平设计、高标准建设、高效能管理的原则,鹰潭市启动了人员相对密集的杏南、山背、高桥3个片区的综合改造项目。杏南片区改造主体工程已基本结束,预计2012年春节前首批3个片区的改造可全面完工,让居民过上一个不一样的春节。

用修广场和主干道标准改造小街小巷

小街小巷改造工程施工期间,月湖区区委主要领导每天都要到施工现场转两圈,亲自检查工程质量。她对记者表示,小街小巷改造虽然从投资上看是“小”工程,但是和千家万户息息相关,因此绝不是“小打小闹”的工程,更不能因为其“小”而降低质量要求。

从小街小巷改造工程方案设计之初,鹰潭市就摒弃了以往的粗放式改造模式,确立了实行综合改造、搞精品工程的理念。鹰潭市聘请了专业的规划设计公司对工程进行科学规划,施工单位进行公开招标,在材料、施工、监理等方面都按大工程标准严格要求。

此次鹰潭城区小街小巷改造的水平堪称省内一流,工程建设的精品意识在很多细节上得到体现。在杏南片区和山背片区地下管道改造中,在全市率先实行雨污分流,而且下水管道均采用优质波纹管,可以有效解决困扰当地居民的下水道堵塞问题;人行道采用新式吸水砖,可以有效防止路面积水;沥青路面首次铺进社区街道,取代了以前的水泥路面,路缘石也全部采用花岗岩材质;针对市民要求,由政府出资,对杏南、山背760多个化粪池进行免费统一清掏;仅杏南社区就新安装路灯120多盏,确保社区庭院亮化无死角……

民生工程让居民广泛参与全程监督

这次改造和以往的不同之处,还体现在政府充分尊重民意,听取居民意见。为将这一民心工程做好做实,鹰潭市在工程推进过程中充分征求居民的意见,先后下发了上万份告知书,并多次召开居民座谈会,市、区党政主要领导亲自参加,面对面地听取社区居民意见,了解他们的诉求和想法。在施工过程中,政府还专门聘请了16名社区居民作为义务监督员，对工程施工进行全程监督，并及时根据群众的建议完善工程方案。

正是由于整个工程推进公开、透明,小街小巷改造工程也赢得了广大社区居民的拥护和支持。“为了不影响春节前的销售旺季,工程项目部承诺,20天确保完成路面施工,而且说到做到。现在小区环境好了,人流比以前还多呢。”在爱民路开鞋店的万茶花,现在逢人就夸小街小巷综合改造工程。谈到这点,改造工程项目部负责人曾细山深有感触地说:“搞工程难免会扰民,但这次小街小巷改造,绝大多数群众都理解和支持,很多个体户还主动给施工单位送水供电,个人经济利益受损失也没有怨言,这在以前是难以想象的”。

(祝文平　朱华)

记舍己救人的贵溪市退休教师胡生贵

面对湍急的河流，为了救落水的孩子,他不顾自己残疾的腿,义无反顾地跃入激流之中。孩子得救了，而他却永远离开了人世。这位令人敬仰的老人，就是贵溪市罗河镇排上村委会胡家村小组的退休教师胡生贵。牺牲后,他被当地人称做“好人爷爷”。

瞬间的见义勇为，是胡生贵长期崇高品德的积淀。回顾胡生贵的人生，是那样的朴实无华——他爱岗敬业,40年如一日扎根基层,把青春和热血都挥洒在三尺讲台;他热心公益,退休后积极发挥余热,把村里的事都当自家事。在生命的最后时刻,他更是以无畏的抉择,诠释了一位人民教师的无声大爱。

激流面前 他义无反顾

时光倒回至2011年8月22日。

盛夏时节，酷热难熬。下午5时，胡家村老年腰鼓队一天的训练结束了。作为腰鼓队的领队,70多岁的胡生贵拖着疲惫的身躯准备返回家中。就在回家的路上,胡生贵突然隐隐听到河边传来孩子的呼救声。他不顾自己有点跛的右腿,三步并作两步跑到了罗塘河边。眼前看到的是让人揪心的一幕：一个孩子正在激流中挣扎着,时沉时浮,危在旦夕，而自己的孙子胡俊锋和另一个孩子在一旁吓得直哭。

原来,3个孩子当天相邀前往河边洗澡。罗塘河中有两段废弃多年的水坝,河道在此收窄,水流骤然湍急,河面上好几个漩涡,漩涡下则是一个深不可测的深潭。3个顽皮的孩子在岸边玩着玩着就向河中的坝石走去,而坝石长期被河水浸泡,早就变得滑溜溜，隔壁村庄9岁的黄超刚走出几米远,突然脚下一滑,跌入河中。

千钧一发之际，只见胡生贵对落水的小黄超大喊:“孩子别慌,坚持住！”他没脱衣服就纵身跃入河中,奋力向黄超游去。游到黄超身边后,胡生贵双手托住他的后背,一边踩水，一边拼尽全力将孩子推向岸边。这时,水性较好的胡俊锋也游了过来，爷孙俩一前一后将黄超拖往浅水区。

然而,小黄超刚刚脱离险境,胡生贵自己却被急流卷走。胡俊锋想伸手去拉爷爷,胡生贵却用尽最后力气将孩子的手甩开了。很快他就体力不支,被无情的漩涡吞没……3个孩子连忙飞奔回村里找人。经过几个小时的搜救,找到的是胡生贵的遗体。

人们想，胡生贵一定是知道孩子力气小,没有能力将自己拉上岸,为了孩子的安全,他宁可推开孩子,放弃最后的获救机会。

胡生贵的壮举深深地感动了当地村民。当天夜里,近百名村民自发来到老人家中,轮流为老人守灵。出殡那天，同村及周边村庄400多位父老乡亲特意赶来为他送行。人们说:“胡老师真是个英雄,了不起！”

胡生贵舍己救人的事迹很快在鹰潭市引起了巨大的社会反响。9月1日开学第一天，在老人生前所在的学校——贵溪市罗河镇排上小学,全体师生一起朗诵原创诗歌《胡老师，长大后我也要当个好教师》,以纪念这位可敬的老人。中秋节前夕,30多位贵溪市民自发来到胡家村,慰问胡生贵的亲属。

鹰潭市人民政府发出通知,号召全市广大干部群众向胡生贵学习，并追授他为“见义勇为先进分子”荣誉称号。

献身教育 他爱生如子

胡生贵是为了救孩子而牺牲的,而他的一生,都和孩子有着不解之缘。40年教学生涯,他把一生奉献给了农村教育事业。

1959年,胡生贵从鹰潭一中毕业后回到家乡,被推荐为罗河镇(原称新田乡)樟槎村小学的数学教师。两年后,他成为当地最年轻的校长。

从教期间，胡生贵先后在7个农村小学任教，其中大部分是偏远贫困地区的小学，从家里骑自行车到学校一般要一两个小时。为了让孩子们学有所成，他一心扑在学校管理和改进教学工作上，每星期只回一趟家。胡生贵调到哪个学校,哪个学校的工作面貌和教学成绩就迅速提升,他成为最受老师、学生和家长欢迎的校长。

在同事们的印象中，胡生贵生活朴素,穿的总是那几件旧衣服,吃的也常是家里带去的咸菜。可当他人遇到困难时,他总是慷慨解囊。在洋塘小学担任校长时，教师王金火患上了心膜炎,家庭陷入了困境。胡生贵了解情况后,带头捐出100元,那可是当时他3个月的工资啊！在胡生贵的表率作用下，学校全体师生纷纷为王金火老师献爱心。王金火因病去世后，逢年过节胡生贵都要到王家嘘寒问暖，把他的孩子当做自己的孩子一样照顾。

不让一个孩子因家庭困难而辍学,这是胡生贵最大的心愿。当年的学生汪能寿对胡校长最难忘的记忆，就是他风尘仆仆赶来做家访时的情景。当时，汪能寿家境困难，成绩也不太好，读完三年级父母就想让他辍学，回家帮忙干农活。胡生贵在新学年开学第一天时听说了这个情况，当天晚上就赶到汪能寿家去家访，苦口婆心给家长做思想工作。胡生贵说："孩子不上学就没有前程，要是你们家手头紧，学杂费我来垫！"两天时间里，胡生贵往汪能寿家跑了3趟，固执的家长终于被这位执著的校长感动了。

汪能寿顺利完成中学学业，并进入洋塘小学成为一名人民教师。谈起胡生贵，汪能寿依然感激不已："胡校长的关心和负责，改变了我的人生！"像汪能寿这样被胡生贵"劝"回来的困难家庭学生还有30多个，他们中大部分人后来都成长为家乡建设的人才。

胡生贵对工作认真负责，对师生关怀备至，而对于自己家人，却是满怀愧疚。在儿女们的印象中，父亲除了寒暑假，每周六才回一次家，周日下午又要赶到学校去。妻子张明兰第一次怀孕时，妊娠反应强烈，希望丈夫能在家多陪上几天，可胡生贵却没答应，因为学校需要他，孩子们需要他。直到大女儿出生3天后，胡生贵才知道自己已经做了父亲。

胡生贵一心忙工作，家庭的重担平时全压在张明兰肩上。回首往事，张明兰老人泪流满面："当年他总是工作很忙，家里的事完全顾不上。但是我不怨他，我知道，他不是不想顾家，是实在放不下学校和那些孩子们！"

热心公益 他爱管"闲事"

在胡家村，村民们争先恐后地诉说着胡生贵生前的点点滴滴。在他们眼里，胡生贵是一个难得的好人。胡生贵的亲属和子女们说，他天生一副爱管"闲事"的热心肠，为了大家的事，他宁可自己吃亏也要做。退休10多年来，乡亲们都记不清他参与了多少次村里的修桥补路活动，为乡邻调解了多少起纠纷。退休后，胡生贵因为一次意外导致右腿骨折，留下了后遗症。儿女都劝他：辛苦了一辈子，身体又不太好，以后就安心待在家里带带孙子吧。可胡生贵仍闲不下来，总是为家乡建设出点子、想办法、作贡献。

2008年，胡家村成为新农村建设点，胡生贵担任了村民事务理事会的理事。村里修路、砌沟，他主动承担起运石块的重任。人们经常看到，满头白发的他不辞辛劳，一瘸一拐推着独轮车，来回在工地间穿梭。新农村建设期间，他一个人就投劳170多个，成为全村出力最多的人之一。

拆除空心房，是胡家村新农村建设开始后遇到的第一个难题。由于经费缺口较大，村里拆房不但没有经济补偿，还要自家出劳力。大家互相观望，谁也不愿意第一个拆。看到这种局面，胡生贵带头将自家200多平方米的祖屋率先拆除。家人不理解说："祖宗留下来的老房子，哪能说拆就拆？"胡生贵却说："你不拆，我不拆，新农村建设还怎么搞？！"通过胡生贵的带动，胡家村仅用2个月就完成了全村17栋空心房的拆除工作。

热心肠的胡生贵还是全村老年人业余活动不可或缺的带头人。2010年10月，排上村委会成立了老年协会，胡生贵担任了老年协会秘书长。虽然没有一分钱工资，但胡生贵投入了最大的热情：发动会员、争取经费、添置设备、装修活动室、组建腰鼓队……老年协会成立那段时间，他简直比当校长时还要忙碌。每天一大早，他第一个赶到老年协会活动室，烧好开水，打扫好场地，迎接大家的到来。因为擅长吹拉弹唱，胡生贵还牵头组织了村腰鼓队。为让那些从未接触过舞蹈的农妇们掌握好鼓点，他不厌其烦，一遍遍地教大家。

胡生贵还毛遂自荐担任了胡家村的农家书屋管理员，义务为村里几十个留守儿童当起了辅导员。老年协会成立1年多来，村里的老年人痴迷麻将的少了，健身、跳舞、下棋等健康的娱乐方式成为时尚，邻里关系也更加和谐。

胡生贵牺牲的消息传来，老人们无不失声痛哭。腰鼓队队员汪员花哽咽着说："老胡走了，我们腰鼓队少了一个好老师、好领队、好兄长，真舍不得他！"

有一种消逝是永生，有一种陨落叫永恒。胡生贵用自己宝贵的生命，谱写了一曲新时代的英雄赞歌！

（祝学庆　朱华）

市情概览

编辑、校对:况建军

历史沿革

鹰潭早在公元前16世纪至前11世纪的商代中晚期已成为中国陶瓷生产的一个重要基地(月湖区童家镇角山窑址群的发掘曾在中国考古界引起巨大反响);市境西周以前属《尚书·禹贡》中的扬州之域,春秋为百越之地,战国先属越后属楚,秦时属九江郡。西汉至唐代一直由余汗县(今余干县)管辖(中间曾一度划入晋兴县管辖),唐代称鹰潭坊。唐永泰元年(765年)置贵溪县,鹰潭划为贵溪县辖地。明万历初在鹰潭设巡检司,清乾隆三十年(1765年)在鹰潭设司,同治三年(1864年)改设鹰潭镇,直至1956年。1957年1月升格为上饶地区直辖县级镇,1958年4月又降格为贵溪辖县级镇;1960年7月再次升格为上饶地区县级镇,1979年3月经国务院批准升格为上饶地区所辖的县级鹰潭市。1983年7月经国务院批准升格为省辖市,原县级鹰潭市区域改为市辖月湖区,同时辖贵溪县(1996年撤县设市)、余江县。

地理与自然气候

鹰潭市位于江西省东北部,信江中下游。地处北纬27°35′~28°41′,东经116°41′~117°30′,面向珠江、长江、闽南3个“三角洲”,是内地连接东南沿海的重要通道之一。辖区东接弋阳县、铅山县,西连东乡县,南临金溪县、资溪县,北靠万年县、余干县,东南一隅与福建省光泽县毗邻。境域南北长约81千米,东西宽约38千米。距省会南昌市143千米(铁路里程)。全市总面积3556.7平方千米,占江西省总面积的2.15%。市委、市政府坐落在市区梅园新区。

辖区属南岭准地槽边缘的信江凹陷带,地势南北高,中间低。南边的崇山峻岭与武夷山脉相连,最高点为贵溪樟坪乡的浪港山阳际坑峰,海拔1541米;北端系怀玉山脉绵延之丘陵。中部为信江中游丘陵盆地,是良好的农业区,盛产稻谷,素有“赣东粮仓”之称。最低点为信江河谷,海拔16米。地表以酸性红壤为主,地震烈度小于6度,地基土承受力每平方米为20吨至50吨。

辖区属亚热带湿润季风温和气候,雨量充沛,光线充足,无霜期长,四季分明,平均气温18°C,极端最低气温-9.3°C,极端最高气温41.0°C,相对湿度为76%,常年主导风向为东风、东北风。年均降雨量为1750毫米,最大日降雨量为214.4毫米。无霜期长达262天。

人口

2011年,全市人口出生率13.46‰,人口死亡率6‰,人口自然增长率7.46‰,年末常住总人口113.4万人(其中女性53.89万人,城镇人口约56.06万人),人口密度每平方千米318人。年末农村有劳动力45.28万人,比2010年增长2.05%;城镇在岗职工总数9.68万人,比2010年增长1.13%(2011年调整统计口径)。家庭户30.95万户(按2010年第六次全国人口普查统计口径)。

2011年国民经济和社会发展状况

【概述】 2011年,面对复杂多变的国内外经济环境,全市上下紧紧围绕加快转变经济发展方式这条主线,以鄱阳湖生态经济区建设为契机,以建设富裕、秀美、宜居、和谐鄱阳湖生态经济区璀璨明珠为目标,抢抓机遇,奋发作为,经济社会发展呈现速度加快、质量提升、后劲增强的喜人态势。全年实现生产总值426.7亿元,完成年计划的106.7%,同比(下同)增长12.3%,其中,一产增长4.3%,二产增长13.1%,三产增长13%。三次产业结构比调整为8.9:64.7:26.4。全社会固定资产投资336亿元,完成年计划的100%,增长30%。财政总收入71.1亿元,完成年计划的102.8%,增长28.9%,其中地方财政收入38.8亿元,完成年计划的110.2%,增长31.6%。

【农业生产再夺新丰收】粮食生产实现八连增，粮食播种面积达174.9万亩，总产达65.5万吨。特色农业加快发展，建设了100万头生猪生产、5万亩高标准商品蔬菜、10万亩花生、10万亩南方早熟梨、5万亩油茶、5万亩板栗等一批特色产业基地。农业产业化进程加快，新增国家级龙头企业1家，培育了1个产值超5亿元、5个产值超亿元的龙头企业，实现销售收入42亿元。投入3亿元，完成了中潢圩堤防渗应急处理、12座小(一)型病险水库除险加固、余江县和贵溪市小农水重点县建设等一批重点水利项目。新农村建设扎实推进，新建、改造农村公路351千米，292个新农村建设点基本完成“三清六改四普及”任务。投入5亿元用于造林绿化“一大四小”工程，完成造林8.17万亩，超额完成了省下达任务。

【工业集聚发展实现新突破】全市规模以上工业实现增加值239.5亿元，增长15%；主营业务收入达1983.1亿元，绝对值位居全省第三，增长47.1%。全市工业用电量26.3亿千瓦小时，增长9.9%。铜产业继续保持良好的发展势头，铜企业达108家，实现主营业务收入1818亿元，增长48.7%。非铜产业进一步集聚，实现主营业务收入165.1亿元，增长33.5%，铜合金新材料、节能照明、硫磷化工和汽摩配4个产业基地被列入省级产业基地。工业平台建设取得突破，全市工业园区实现主营业务收入686.7亿元，增长40.2%。鹰潭经济技术开发区被评为“全省先进工业园”和“省级生态工业园区”。

【服务业发展迈出新步伐】以旅游、物流为龙头的现代服务业加快发展，全年实现服务业增加值112.4亿元，增长13%。旅游业持续繁荣，接待国内外游客880.3万人次，增长31.1%；实现旅游总收入60.1亿元，增长33.6%。其中龙虎山主景区接待游客突破60万人，增长45.8%，实现旅游直接收入1.1亿元，增长60.8%。物流产业稳步增长，全市新增物流企业54家，总数达240家；实现营业收入71.1亿元，增长29%；上缴税收3.1亿元，增长28.4%。消费市场继续活跃，实现社会消费品零售总额103.3亿元，增长17.5%。金融机构信贷支持实体经济作用增强，在信贷规模紧缩的情况下，金融机构本外币贷款余额达238.1亿元，比年初增加44亿元。商贸、保险、邮电、通信、社区服务等服务业实现快速增长。

【重大项目建设再创新佳绩】扎实开展“项目推进年”活动，全市在建项目482个，总投资498亿元，完成投资277亿元；实施重点工程项目57个，市本级重点工程开工率达91%，完成投资56.1亿元，创历史新高。积极服务中央省属过境项目建设，在全省率先完成沪昆铁路杭长客运专线征地拆迁工作，项目建设进展顺利；鹰梅铁路、皖赣铁路电气化改造前期工作协调推进；贵电“上大压小”第一台机组竣工并网发电；西气东输二线、省天然气管网一期工程约100千米管网已落地；省成品油管道二期已与中石化省分公司签订合作协议。强力推进市属项目建设，信江大桥、龙虎山大桥竣工通车，滨江公园二期开园，市人民医院门诊医技大楼顺利落成，二化廉租房、鹰西棚户区改造、城市规划展示馆等项目正加快推进。

【改革开放再赋新篇章】出台了《鹰潭市全面融入〈鄱阳湖生态经济区规划〉实施方案》，提出并分解了九大领域145项重大工程和任务。统筹城乡发展综合配套改革试点工作有序推进，工作方案已经形成；医改工作走在全省前列，医保筹资标准和报销比例进一步提高，全市所有县级综合医院、乡镇中心卫生院、90%村卫生室(所)和90%社区卫生服务机构服务能力达到国家建设标准;政府举办的34所乡镇卫生院和7所社区卫生服务中心全部实施国家基本药物制度，实行药品零差率销售。实现了城镇职工、居民基本医疗保险和新型农村合作医疗制度“三个全覆盖”；开放型经济成效显著，全市实际利用外资1.45亿美元，增长21.4%，增幅位居全省第一。出口总额6.1亿美元，完成年计划的129.8%，增长68.2%。利用国外优惠贷款工作取得新突破，市人民医院利用奥地利政府贷款项目资金申请报告已获国家发改委批复，市中医院医疗设备利用以色列政府贷款项目已列入国家备选计划。

【社会事业取得新成绩】大力实施科技创新“六个一”工程，连续6年被评为全国科技进步示范市。教育基础设施不断完善，市一中新校区、市特殊教育学校等项目进展顺利，鹰潭应用工程学校学生公寓和教学综合楼主体工程竣工，市七小教学综合楼投入使用。文化惠民工程富有成效，共建成150个农家书屋、17个乡镇综合文化站、11个社区文化中心(室)和124个广播电视“村村通”工程。完成“七城运会”部分赛事承办任务，《全民健身计划》深入实施。严格执行计划生育一票否决制，人口自然增长率7.41‰，控制在省下达目标之内。城乡居民收入持续增加，城镇居民人均可支配收入1.75万元，完成年计划的101%，增长12.2%；农民人均纯收入7623元，完成年计划的109%，增长22%。就业和再就业工作全面推进，全市新增城镇就业2.55万人，新增转移农村劳动力2万人，城镇就业率达96.5%。社会保障全面加强，基本养老、城市低保、农村低保提标扩面，保障水平进一步提高。保障性住房建设步伐加快，全市新开工建设保障性安居工程1.17万套，民欣佳园1680套廉租住房顺利完成了摇号分配。

(刘辉斌)

2011年精神文明创建工作

【概述】2011年，鹰潭市精神文明建设工作在市委、市政府的正确领导下，坚持以邓小平理论、“三个代表”重要思想为指导，全面贯彻落实科学发展观，紧紧围绕市委、市政府的中心工作和重大决策，以学习贯彻党的十七届六中全会、省市党代会精神为主线，以建设社会主义核心价值体系为根本，以促进人的全面发展为目标，公民思想道德建设再上新水平，群众性精神文明创建活动实现新突破，农村精神文明建设跃上新台阶，未成年人思想道德建设取得新成效，为建设富裕、秀美、宜居、和谐新鹰潭提供了强大的智力支撑、精神动力和思想保证，营造了良好的社会环境。

【公民思想道德建设】 2011年，全市紧紧围绕建设社会主义核心价值体系加大工作创新力度，扎实推进公民思想道德建设：一是开展了“公民道德建设宣传日”活动。认真贯彻落实《公民道德建设实施纲要》，深入开展社会主义核心价值观的学习宣传教育活动。围绕9月20日全国第九个“公民道德宣传日”，组织市直有关单位及市部分道德模范召开座谈会；在“一报两台”上滚动刊播公民道德公益广告，向手机用户播发公民道德公益短信30万条；与团市委、市教育局等文明委成员单位开展了“中国好人”走进职院、“做一个有道德的人”等道德实践活动；组织全市各文明单位、窗口充分利用各自宣传阵地，开展形式多样的公民道德宣传活动。二是开展了“我们的节日”主题活动。充分利用春节、清明节、端午节、中秋节等传统节庆日，举办悼念革命先烈、开展龙舟竞赛、举办中秋茶话会、组织经典诗词诵读、开展爱国歌曲大家唱等一系列活动。节日期间，全市共举办各类活动50多场次，有近万人次参加各类活动。三是开展了道德模范和“我推荐、我评议身边好人”等先进典型评选活动。坚持以先进典型引领公民道德建设，突出群众评、评群众、群众学、学群众，使评选活动成为群众自我教育、自我提高的有效载体。鹰潭市推荐的戈新华荣获第二届“江西省十大道德模范(孝老爱亲)”称号。2011年，全市共有11人入选“中国好人”榜，其中好人胡生贵的事迹被《江西日报》《江南都市报》、大江网、江西文明网、《鹰潭日报》、鹰潭新闻网等省市媒体网站专题报道。同时，加强与道德模范和身边好人的经常性联系，关心他们的生产生活情况和思想状况，联合部分文明单位开展了“灿灿关爱计划”，帮助曹有红的聋哑学校改变困境，渡过难关。四是开展了“道德模范故事汇”基层巡演活动。巡演活动从5月下旬开始至9月初结束，内容主要是讲述鹰潭市市级以上道德模范的先进事迹。通过巡演，进一步激发了群众崇尚先进、学习典型的热情，促进了公民道德素质的提高。五是积极参与“爱在党旗下、红动中国心”江西百万干群颂党恩系列活动。下发了《关于组织参与“爱在党旗下、红动中国心”江西百万干群颂党恩系列活动的实施意见》，全市各地积极参与，广泛发动，发放红色祝福卡2万多张，收到红色祝福语2万多条，为市5位善行人物候选人累计投票10万多次，余江一中教师潘光辉成功入选全省“十大善行天下人物”。

【主题读书教育活动】 坚持把社会主义核心价值体系建设融入精神文明建设的全过程，精心部署2011年青少年学生读书教育活动。2月24日，与市教育局、团市委、市新华书店联合印发了《关于在全市青少年学生中开展纪念建党90周年读书教育活动的通知》，3月初召开了全市读书教育活动动员会。4月下旬，在学生自愿的前提下全市共发行读书教育活动推荐读本9万余册，基本做到在校学生人手一册。7月中旬举办了全市青少年学生纪念建党90周年读书教育活动演讲、讲故事比赛，选拔了5名优秀选手参加全省比赛分获1个二等奖、4个三等奖；9月份举办了全市青少年学生纪念建党90周年读书教育活动网上征文比赛和知识竞赛，会同市教育局、团市委印发了《关于转发〈关于在全省青少年学生中举办纪念建党90周年读书教育活动网上征文比赛和知识竞赛的通知〉的通知》，年底对表现突出的单位和个人进行了表彰。

【“爱护生态环境，共建宜居城市”活动】 为进一步策应市委、市政府提出的“把鹰潭打造成宜居宜业宜游、独具魅力的鄱阳湖生态经济区璀璨明珠”的战略目标，提高市民生态文明素质，提升城市生态文明程度，5月份市文明委在全市启动“爱护生态环境，共建宜居城市”活动，从加强生态道德教育、推动生态文明实践、营造生态

梨温高速公路鹰潭管理处“全国文明单位”揭牌仪式。

程 蔚 摄

文明氛围三个方面入手,精心策划开展了19个子活动,产生了广泛的社会影响,有效提高了市民生态文明素质,提升了城市生态文明程度。

【群众性精神文明创建】 以创建宜居城市为契机,进一步深化文明城市、文明单位、文明村镇等群众性精神文明创建活动,充分展示文明鹰潭新形象:一是组织开展了第三批全国文明单位、文明村镇推荐评选和第二批全国文明单位、文明村镇复查活动。经过严格考核、筛选和复查,全市共有鹰潭市邮政局、江西梨温高速公路公司鹰潭管理处、中铁十一局集团桥梁有限公司等3家单位被评为第三批全国文明单位,余江县黄庄乡和贵溪市流口镇盛源村等2个村镇被评为全国文明村镇,鹰潭市国税局、鹰潭市地税局等2个单位保留全国文明单位称号,余江县画桥镇百子村、贵溪市塘湾镇大桥村等两个村保留全国文明村镇称号。二是开展了江西省窗口行业和公共服务行业"文明窗口"评选表彰活动,市地税办税服务大厅、市工商银行四海支行被评为全省文明窗口。三是进一步强化对文明单位的动态管理,强化对文明单位创建工作的指导和监督。广泛开展单位与社区、单位与单位、单位与行政村之间纵横共建活动。举办了全市文明单位羽毛球联谊赛,展现了文明单位积极进取、顽强拼搏的精神风貌。四是组织开展了鹰潭市2009年~2011年度文明单位和文明村镇(社区)推荐评选活动。经过严格考核和筛选,共有鹰潭市国税局等117家单位被评为全市文明单位,贵溪市流口镇等16个村镇被评为全市文明村镇,月湖区二六五社区等8个社区被评为全市文明社区。

【农村精神文明建设】 2011年是鹰潭市农村精神文明建设向纵深发展的一年,全市以融入鄱阳湖生态经济区为落脚点,农村精神文明建设全面推进:一是在开展"城乡文明共建"活动的基础上,积极开展第三批全国文明村镇推荐参评工作。余江县黄庄乡和贵溪市流口镇盛源村顺利获得第三批全国文明村镇称号。二是在省直新闻单位集中宣传全省鄱阳湖生态文明示范村创建和"文明帮建"活动中主动对接,积极配合省直新闻单位对余江县黄庄乡沙湾村黄家村进行集中采访报道,扩大本市农村精神文明创建方面的好做法、好经验。三是大力实施农村文明创建工程,农村文明程度有明显提升。在文明创建活动中,初步形成了以户为抓手、以村为基础、以乡镇为龙头的创建格局,坚持市、县、乡镇、村级级联动,广泛开展"文明信用农户""文明信用村(组)""文明村镇""和谐村庄""十星级文明户""好媳妇""好婆婆"等系列创评活动,吸引农民群众积极参与,不断深化拓展创建活动。充分发挥文明单位、文明行业的辐射带动作用,积极组织引导各级文明单位参与和支持农村精神文明创建活动。四是大力实施农村文化服务工程,农民精神文化生活日益丰富。全市35个乡镇建成34个综合文化站。争取到上级专项资金500余万元,分别对余江县图书馆、月湖区图书馆和文化馆等三处"省保"文物进行维修;积极"进京跑部",成功争取到投资9500万元的市博物馆新建项目纳入国家"十二五"期间专项规划,其中争取到中央补助资金1050万元。全市博物馆、文化馆、图书馆以及乡镇综合文化站已基本实现了免费开放。农村文化"三项活动"开展有声有色。全市共完成送电影下乡5599场次,占全年任务的100%;送戏下乡144余场,占全年任务100%;支持、帮助各乡镇自办文体活动200场(次),占全年任务100%,农村群众文化生活不断丰富。

【未成年人思想道德建设】 为切实加强未成年人思想道德建设,按照中央和省相关文件精神,认真开展未成年人思想道德建设并取得显著成效:一是认真组织未成年人思想道德建设工作测评体系的培训工作。3月上旬,将《全国未成年人思想道德建设工作测评体系》印发到市文明委各成员单位,并要求各成员单位认真研读,及时整改提高。3月9日,召开《测评体系》培训工作会议,推动未成工作在全市的深入发展。二是开展了净化社会文化环境活动。多次与市文广新局、市公安局等责任单位对净化社会文化环境工作进行专题研究,多次出动执法队伍对文化市场进行集中治理,取得较好效果。在全市开展了"守法经营、阳光护蕾"行动、"绿书签行动"宣传活动及"4·26"销毁侵权盗版制品活动,并对上述活动举行了启动仪式,取得良好社会效果。与公安、工商开展为期3个月的打击整治利用电子游戏机进行赌博违法犯罪活动专项行动,共出动执法人员268人,出动执法车辆78辆,检查电子游戏经营场所220家,收缴具有赌博功能的电子游戏机近800台。开展了校园周边地区整治专项行动,收缴盗版音像制品、书刊2000余册(张),其中收缴非法卡通读物和口袋本图书1000余册。4月下旬,会同有关部门在市四中进行了"打击盗版、非法出版物,保护未成年人健康成长启动仪式",近千名青少年学生在主题活动的条幅上签名,郑重承诺"拒绝盗版"。当日,有关部门还对上半年收缴的盗版、非法出版物进行了集中销毁。在暑假期间加大了对文化市场的整治力度,在8月份全省文化市场暗访中,全市未出现一例被通报的事件。三是精选节目参加全省"金色童年"庆"六一"文艺晚会。3月上旬,市委宣传部、市文明办、市教育局、市文广新局、市文化事业发展中心联合印发了《关于认真组织参加全省"金色童年"少儿文艺系列活动的通知》。4月底,组织专家对全市报送的23个原创少儿节目进行了预审,其中七色花舞蹈学校创作的舞蹈《欢乐踢踏》通过预审并得到省里专家认同,于5月31日晚代表本市参加了2011年全省"金色童年"庆"六一"文艺晚会并获得二等奖。四是开展了一系列的未成年人道德实践活动。在广大未成年人当中开展

"做一个有道德的人"道德实践活动；在全市青少年学生中开展"向国旗敬礼"活动。一方面在学校举行向国旗敬礼仪式，一方面参加中国文明网举办的"向国旗敬礼网上寄语留言"活动，活动规模达3万多人次。同时在学校开展"假期文明实践讨论会"活动；重阳节期间开展"重阳节，志愿者在行动"活动，贵溪市、月湖区、余江县志愿者都组织了相关活动；开展优秀童谣征集活动。3月下旬至4月上旬，会同市教育局、团市委、市妇联在《鹰潭日报》刊登了《关于在全市范围内组织优秀童谣征集活动的启事》，活动结束时共收到原创童谣200余首。

【志愿者服务】 一是完善社会志愿服务组织。调整鹰潭市志愿者联合会，完善志愿者招募、培训、活动组织、管理、激励表彰等各项制度，完善志愿服务基层网络。市志愿服务活动由以青年为主向全体社会成员共同参与转变，由以阶段性为主向经常性活动转变，由松散型向规范化转变，迈入了规范化、制度化轨道。二是广泛开展各种志愿服务活动。开展"文明交通"志愿服务。共招募了近2000名志愿者，维护交通秩序，劝导不文明行为，传递爱心，传播文明，提升城市文明程度。三是开展关爱空巢老人志愿服务活动。举办了关爱空巢老人志愿服务启动仪式，向全社会倡导关爱空巢老人。

【精神文明建设宣传工作】 充分利用新闻媒体、编发简报、上报信息等多种形式，积极宣传全市文明创建活动。中央文明办主办的《精神文明建设》简报、《精神文明报》、中国文明网、江西文明网登载了全市近300条信息；省文明办主办的《江西精神文明建设》工作简报刊发了全市多条信息；编发市主题教育活动简报"迎省运、讲文明、树新风、促和谐"活动专辑多期，大力宣传全市精神文明建设取得的成效。

（陈　红）

2011年度"感动鹰潭·十佳新人新事"表彰大会隆重召开。

胡　楠摄

中国共产党鹰潭市委员会

编辑、校对：陈志敏

综述

2011年，是“十二五”规划开局之年，市、县、乡换届之年。一年来，在省委的正确领导下，鹰潭市坚持以科学发展观为统领，紧紧依靠和团结全市广大干部群众，正确处理改革、发展、稳定关系，加快转变经济发展方式，全力推动经济社会又好又快发展，全面推进党的建设新的伟大工程，使业已形成的“科学发展、进位赶超”的态势更为强劲，经济建设、政治建设、文化建设、社会建设、生态文明建设和党的建设呈现全面推进、总体协调、成效显著的良好局面，各方面工作朝着把鹰潭建设成富裕、秀美、宜居、和谐的鄱阳湖生态经济区璀璨明珠目标迈出了坚实步伐。

一、坚持以科学发展观为统领，全面贯彻落实中央省委决策部署，全市人民加快发展的信心进一步坚定

鹰潭市始终坚持与中央保持高度一致，与省委同心同德，注重用中央和省委的重大决策部署统一全市干部群众的思想和行动，在强化共识共举中确保政令畅通。积极贯彻落实党的十七大和十七届三中、四中、五中、六中全会和中央经济工作会议，以及省委十二届十四次全委会、省第十三次党代会、全省经济工作会议等一系列重要会议精神，做到及时组织传达学习、准确领会精神实质，切实引导广大干部群众把思想行动统一到中央和省委重大决策部署上来。在全面把握理解上级精神、紧密结合鹰潭实际的基础上，本着求实与奋进的原则，市第七次党代会提出了“把鹰潭打造成富裕、秀美、宜居、和谐的鄱阳湖生态经济区璀璨明珠”的奋斗目标，进一步明确了鹰潭未来五年的发展方向，坚定了广大干部群众加快发展的信心和决心。

为不折不扣地贯彻落实好省第十三次党代会精神，鹰潭市按照省委苏荣书记提出的“少开会、多深入、抓项目、惠民生、促和谐”重要指示精神，组织市党政代表团到井冈山接受革命传统教育，考察学习吉安市工业化、城镇化发展经验；深入开展市四套班子成员大调研活动，就事关鹰潭发展大局的6个方面20项课题深入基层、深入一线进行调研，广泛汇集民智民意，进一步明晰工作思路；坚持继承与创新的统一，在保持工作连续性基础上，组织实施“主攻项目、决战‘三区’，凸现特色、实现跨越”战略，以更大的力度、更实的举措、更优的作风，切实把省、市党代会提出的各项任务落到实处。

二、坚持项目带动、统筹发展，做大做强特色支柱产业，区域发展综合竞争力进一步增强

项目带动成效明显，综合实力大幅提升。一年来，鹰潭市认真落实中央加强宏观调控的政策措施，坚持以大开放为主战略、以“项目推进年”活动为主抓手，整合各方力量，健全相关机制，狠抓落实成效，为重大项目的顺利推进提供了强有力的保障。全年在建项目482个，总投资498亿元，完成投资276亿元；其中新开工亿元以上项目30个，总投资72亿元，完成投资35亿元。随着一系列重大项目的实施，引领了全市经济社会各项事业快速发展，实现了“十二五”期间的良好开局。2011年，预计全市完成生产总值406.6亿元、增长13%；财政总收入71亿元、增长28.9%，其中地方财政收入38亿元、增长28.8%；全社会固定资产投资336亿元，增长30%；社会消费品零售总额104亿元，增长20%；城镇居民人均可支配收入1.75万元、增长12%，农民人均纯收入7186元、增长15%。县域经济继续保持快速发展的良好态势，贵溪市财政收入连年保持全省前三强，余江县财政收入突破10亿元大关，财政收入超亿元乡镇达到8个。

重点产业发展迅猛，经济结构优化升级。坚持以超常规的措施和政策支持江铜做大做强，大力开展铜产业招商，着力推进国家铜及铜产品质量监督检验中心建设，铜产业转型升级步伐不断加快，集群效应进一步凸显，“绿色世界铜都”建设正朝着更高目标迈进。按照“大流通、大通关、大口岸”发展格局，进一步完善物流规划布局，规范物流园区建设，积极引进壮大第三方物流企业，物流产业的辐射力和竞争力进一步提升,鹰潭已列入全国100个物流节点城市。围绕建设国内重要观光休闲度假旅游目的地的目标定位,正确处理好开发与保护、建设与促销、硬件与软件的关系,充分发挥世界自然遗产和世界地质公园的品牌效应,旅游产业对全市经济的带动力进一步增强。积极扶持水工、节能照明、生物医药、LED等新兴产业,改造提升微型元件、眼镜、雕刻等传统特色产业,非铜产业进一步发展壮大。随着新兴产业的发展,全市经济结构得到进一步优化升级,全市三产比重由2010年的9.5∶62.8∶27.7调整为8.5∶62.8∶28.7,税收占财政收入的比重由2010年的88%提高到90.3%。

统筹发展步伐加快,城乡面貌焕然一新。坚持以创建宜居城市和国家园林城市为抓手,注重高起点规划,充分发挥规划在城市建设和管理过程中的引领和调控作用。注重高品质建设,信江新区开发建设快速推进,“两桥一堤”相继竣工,“三横三纵”路网体系、市一中整体搬迁工程、恒大绿洲、信江大市场等项目进展顺利,市民广场、沿江景观工程等一批重大项目全面启动,“一江两岸”格局日益显现;老城区改造取得明显成效,滨江公园二期、市老干部活动中心相继建成,碧海蓝天城市综合体、城市规划展示馆、中心广场人防工程等项目推进顺利,中心城区小街小巷改造工程顺利实施,主城区功能配套不断完善。注重高水平管理,集中开展了规划区内违法违规建筑整治工作,建立了巡查防控长效机制;强力实施人口倍增计划,提前实现了“三年新增10万城区人口”的目标;环境卫生精细化、市政设施常态化、园林绿化优质化的城市管理理念得到进一步强化,市容市貌明显改观,城市品位明显提升,集聚功能明显增强。加速推进城乡一体化进程,童家、罗河、龙虎山、锦江等一批具有较强集聚和辐射功能的新型小城镇建设步伐加快。新农村建设深入推进,234个新农村点建设成效好、示范带动作用强,特色经济和农业产业化迅猛发展,农村环境卫生进一步改善,村容村貌焕然一新。

改革开放深入推进,发展活力明显增强。坚持以做好统筹城乡协调发展、加强和创新社会管理、干部人事制度改革三项试点工作为突破口,用好用足先行先试政策,积极稳妥推进重点领域和关键环节改革,在深化改革中破解发展难题,拓宽发展空间。深化投融资体制改革,成功发行企业债券12亿元。着力理顺龙虎山景区和城市管理体制机制,创新经济技术开发区体制机制,全力打造工业新城,并积极申报国家级高新技术产业园区,加快发展的动力和活力进一步增强。坚定不移地实施大开放主战略,大力度展开小分队招商和以商招商,重点区域和重点产业招商取得新突破,承接港台及沿海地区产业转移呈现新势头,华宝香料香精、连展科技、金帝鞋业等一批重大工业项目先后落户本市。全年实际引进省外5000万元以上项目60个,引进资金150亿元,增长36.3%;实际利用外资1.5亿美元,增长25.3%;外贸出口6亿美元,增长66%。

三、坚持以人为本、民生为重,全力维护社会稳定,群众安全感和社会和谐度进一步提升

全力改善和保障民生。始终做到新增财力“四个倾斜”,切实把更多财力用于保障和改善民生,全面或超额完成省下达的民生工程指标。全面落实就业再就业优惠政策,积极推进全民创业,城镇新增就业2.55万人,新增转移农村劳动力1.95万人,发放创业小额贷款2.2亿元。进一步完善覆盖城乡居民的社会保障体系,城镇职工、居民基本医疗保险和新型农村合作医疗制度实现全覆盖,基本养老保险参保人数12.6万人,享受城乡低保人数6万人,人均月基本养老金和城乡低保人均月补差水平明显提高。“三房两改”工作效果显著,全市4562套保障性住房已按省政府要求100%开工,首批改造的1821户农村危房有序推进,为1.62万户低收入家庭发放住房租赁补贴,初步形成了保障性住房、住房租赁补贴、普通商品房等多层面的住房供应体系。大力推进“光明·微笑”工程,在全省率先完成为先天性心脏病患儿实施免费手术的“关心”工程。认真实施教育民生工程,为15.5万名城乡义务教育阶段学生免除学杂费和免费提供教科书,为9917名城乡义务教育阶段家庭经济困难寄宿生补助生活费,资助家庭经济困难的大中专学生1.24万名。

大力推进社会事业发展。加快“科技兴市”步伐,扎实推进科技创新“六个一”工程,鹰潭市连续第6次评为“全国科技进步示范市”、并获得国家科技部“实施星火计划先进单位”称号。加快教育资源整合步伐,市一中新校区建设、二中迁建和特殊教育学校建设全面推进,基础教育、职业教育、高等教育取得长足进步。深化文化体制改革,大力实施文艺精品工程,加快构建公共文化服务体系,深入推进广播电视“村村通”和农家书屋等文化惠民重点工程,积极开展农村文化“三下乡”活动,进一步净化文化市场,城乡群众精神文化生活不断丰富。扎实推进医药卫生体制改革,公共卫生服务体系不断健全,卫生服务能力明显增强。大力发展体育事业,全民健身运动蓬勃开展,竞技体育水平不断进步,成功承办全国第七届城市运动会女篮和女足比赛。切实加强人口与计划生育工作,稳定了人口低生育水平,人口素质得到提高。着力促进生态文明建设,深入推进造林绿化“一大四小”工程建设,不断深化集体林权制度配套改革,完成造林面积8.17万亩。加大环境综合整治力度,全力推进节能减排,全市生态环境品质不断改善。

切实维护社会和谐稳定。严格按照“属地管理、分级负责”、“谁主管、谁负责”和“一岗双责”原则,进一步强化维稳责任制的落实,着力健全维稳工作机制,全面推进社会矛盾化解、社会管理创新、公正廉洁执法三项重点工作,深入推进和谐平安鹰潭建设。坚持源头稳控,建立健全社会稳定风险评估机制，切实加强信访工作，深入开展排查化解矛盾纠纷。全市共排查各类矛盾纠纷4552起，成功化解4097起，化解率为90%。坚持“打防结合、标本兼治”，强力推进“天网工程”，构建点线面结合、人防物防技防结合和警群结合的社会治安防控体系，严厉打击暴力犯罪和“两抢一盗”等影响公众安全感的严重犯罪，全市没有发生危害国家安全的政治性事件、严重群体性事件、造成恶劣影响的刑事案件，市民的安全感和满意度进一步提升。食品药品安全和安全生产工作进一步加强，有效遏制了重特大安全事故的发生，城乡社会和谐稳定。

四、坚持正面引导、凝心聚力，切实加强宣传思想工作和民主法制建设，各方积极性和创造性进一步提高

努力提高宣传思想工作水平。坚持以科学理论武装头脑，扎实推进“科学发展、进位赶超、绿色崛起”主题教育活动，大力开展纪念建党90周年系列宣传教育活动，学习型党组织建设取得明显成效。市委常委会带头坚持和完善中心组理论学习制度，同时重视加强党员干部教育培训工作，围绕学习贯彻胡锦涛总书记“七一”重要讲话精神、省市党代会精神、加强和创新社会管理、发展大旅游大物流等主题，邀请国内知名专家学者来鹰讲学，促进了领导干部的素质提升。紧扣全市改革发展稳定大局，牢牢把握正确舆论导向，不断完善网络舆情管理工作机制，精心组织系列重大宣传活动，营造了“万众一心谋发展、众志成城促崛起”的浓厚氛围。建立健全“大外宣”工作机制，中央和省属新闻媒体对本市进行了集中宣传，进一步提升了鹰潭的知名度和影响力。

不断深化思想道德建设。切实加强社会主义核心价值体系建设，大力开展社会公德、职业道德、家庭美德宣传教育，扎实推进未成年人思想道德建设，公民思想道德建设成效显著。坚持以先进典型引领社会风尚，树立了第二届全省道德模范戈新华、全省见义勇为先进典型胡生贵等一批代表现代鹰潭人形象的先进典型，在全市掀起了讲文明、树新风和学习先进、争做先进的热潮。坚持把创建文明城市作为推进“四个鹰潭”建设的重要抓手，深入开展群众性精神文明创建活动，进一步拓展“联建共创”活动成果，有效提升了城市文明度和市民素质。积极开展创评文明村镇、生态文明示范村活动，农村精神文明建设蓬勃开展。

大力推进民主政治建设。切实加强和改进对人大、政协工作的领导，支持人大、政协围绕中心、紧贴大局充分履行职能，注重发挥人大、政协在推进科学发展、促进社会和谐中的重要作用。大力支持法检“两院”依法独立行使审判权、检察权，充分发挥“两院”在维护社会稳定中的积极作用。进一步巩固壮大新形势下的爱国统一战线，加强同民主党派、工商联、无党派人士的联系沟通，积极做好民族宗教工作，高度重视群团工作，社会各界参与融入发展的积极性、主动性进一步增强。稳步推进法治鹰潭建设，扎实抓好普法教育，维护社会公平正义。大力发展基层民主，进一步推进党务、政务公开工作，切实保障人民群众依法行使民主权利。大力推进党管武装工作，加快民兵预备役建设，驻鹰部队、武警官兵和民兵预备役人员在促进鹰潭科学发展、进位赶超中作出了突出贡献。

五、坚持党要管党、从严治党，认真抓好换届工作和干部队伍建设，加快发展的组织保障进一步强化

全面加强换届工作的组织领导。根据全省的统一部署，坚持以落实“加强领导、发扬民主、推进改革、严肃纪律”四项关键措施为抓手，精心组织，周密部署市、县、乡三级换届工作。严格贯彻落实中央“5个严禁、17个不准、5个一律”和省委“10个严禁”的要求，确保了换届风清气正，实现了“选出一个好班子、形成一个好思路、营造一个好氛围”的目标，做到了换届之年工作力度不减、目标不降、干劲不松，保持了经济社会各项事业又好又快发展的良好态势。此次换届共有6名市级领导干部交流到本市任职，占市级领导班子成员的21.4%；县(市、区)换届交流干部25名，占班子人选总数的24.8%，县(市、区)委书记、纪委书记、组织部长、公安局长、法检两长以及乡镇党委书记均进行了交流任职，达到了实现组织意图和群众满意的预期目标。整个换届工作得到了中央换届风气督查组和省委督导组的高度肯定和好评。在全省换届风气测评中，鹰潭市换届风气总体评价“很好”和“好”为100%，名列全省第一位。

大力加强领导班子和干部队伍建设。鹰潭市委常委会一班人认真贯彻执行《关于加强市委常委会自身建设的决定》，自觉加强思想政治建设，始终注重作风建设，坚持集体领导与个人分工负责相结合，认真贯彻执行民主集中制，严格执行常委会议事规则，带头落实“三重一大”事项集体决策制度，努力提高决策的科学化和民主化水平。坚持把“阳光党委”建设作为抓党建、带班子、强队伍的重要抓手，加大竞争性选拔干部工作力度，公开选拔县级干部19人，科级干部45人；采取全市公开述职考评和单位内部年度考核相结合的办法，对市直单位县级领导班子和领导干部进行了全面考核，进一步提高了考核的科学性和准确性；全年提交市委常委会研究干部人事事项12批、共229人次，均实行了党委常委会研究干部票决制。大力推行乡镇党委分类管理工作，有效提升了乡镇干部抓发展、保稳定、促和谐的能力和水平。认真贯彻落实干部选拔任用工作四项监督制度，认真组织实施干部人事制度改革试点工作，致力于提高选人用人公信度，营造了风清气正的用人环境，进一步激发了各级干部干事创业的积极性。

不断加强基层党组织建设。按照省委统一部署，坚持党建工作项目化、项目推进标准化，进一步健全基层党建工作项目责任制,全面推进基层党建标准化项目建设,以基层组织办公场所、便民服务中心、工作运行机制、集镇的标准化建设,不断深化“三级联创”、“三培两带两服务”活动成效,强化基层党组织工作保障力度,进一步提升了基层组织建设科学化水平。坚持把深入推进“创先争优”活动作为加强党的基层组织建设和党员队伍建设的重要载体,重点抓好“富民兴市我先行”万名党员承诺和窗口服务单位创先争优活动,积极探索干部下基层的长效机制,党组织的战斗堡垒和共产党员的先锋模范作用得到充分显现。深入推进农村“卫生清洁”工程、村(居)民事务理事会和“数字鹰潭”建设三项基础性工作,有效延伸和拓展工作手臂,不断巩固城乡工作基础。在全市普遍建立村(居)民事务理事会的做法,得到了中共中央政治局常委、全国政协主席贾庆林的高度评价。积极推进党员发展教育管理创新,着力扩大党组织覆盖面,非公经济党组织和社会组织党组织实现党建工作全覆盖,全市农村、社区、企业、机关、学校等基层领域党建工作呈现新气象。

*切实加强党风廉政建设和反腐败斗争。*认真贯彻标本兼治、综合治理、惩防并举、注重预防的方针,积极落实党风廉政建设责任制和反腐败工作任务分工,扎实推进鹰潭特色惩防体系建设。狠抓干部作风建设,深入开展“发展提升年”和“三治三提”主题教育活动,全面开展民主评议政风行风活动,进一步深化巩固行政审批“两集中两到位”改革成果,建立健全行政不作为、乱作为责任追究机制,有效提升了各级行政机关的服务效能,确保了政令畅通。全面开展行政机关公务用车和重点单位“小金库”专项治理,全面实施公务卡结算,从严规范公务接待活动。深化民生领域、涉农政策、教育收费、医疗卫生、公路“三乱”、工程建设、政府采购等专项治理,坚决纠正损害群众利益的不正之风。认真贯彻《廉政准则》和中央有关文件精神,开展系列反腐倡廉宣传教育活动,切实抓好干部廉洁自律工作。扎实推进县(市、区)委权力公开运行和农村“三资”监管工作,进一步规范乡镇便民服务中心建设。严肃查处违纪违法案件,以反腐倡廉的新成效取信于民。2011年1至11月,全市各级纪检监察机关共受理信访举报513件,初核109件,立案115件,给予党纪处分94人、政纪处分34人,其中涉及县处级干部6人、乡科级干部38人。

一年来,鹰潭市认真履行职责,切实加强领导,促使全市改革发展稳定方方面面的工作都取得了明显成绩。这是省委正确领导的结果,是市四套班子共同努力的结果,是全市干部群众团结奋斗的结果。同时也清醒地认识到:鹰潭市经济总量仍然偏小,发展不足仍然是主要矛盾;由于各种利益关系的调整,社会不稳定因素仍然存在;适应科学发展、进位赶超、绿色崛起的体制机制创新工作需要进一步深化;干部作风建设还需要进一步加强,发展环境还有待进一步优化,等等。对这些问题,市委将认真研究,积极解决,并力求把各项工作做得更深更细更实更好一些,不辜负省委的期望和全市人民的重托。

重要会议

【中国共产党鹰潭市第七次代表大会】9月16日至19日,中国共产党鹰潭市第七次代表大会在华侨饭店会议中心召开。全市出席此次代表大会代表330名、其中各级领导干部代表217名、各类专业技术人员代表49名、各条战线先进模范人物代表51名、解放军、武警部队代表13名,代表全市约4.42万名党员。省委组织部赴鹰潭市干部考察组代表,市部分离休老红军和地级离退休干部,部分驻鹰省属企业和驻鹰部队领导,部分市人大、市政府、市政协的副主任、副市长、副主席和各民主党派、工商联主要负责人及无党派知名人士代表共35人,应邀出席了此次会议。

大会的主题是:**高举中国特色社会主义伟大旗帜,以邓小平理论和“三个代表”重要思想为指导,深入贯彻落实科学发展观,动员全市广大党员和干部群众,在新的起点上进一步推进科学发展、加速进位赶超,为打造鄱阳湖生态经济区璀璨明珠而不懈奋斗。**

大会听取和审查了陈兴超代表中国共产党鹰潭市第六届委员会所作的《推进科学发展,加速进位赶超,为打造鄱阳湖生态经济区璀璨明珠而不懈奋斗》的工作报告;审查了谢一平代表中国共产党鹰潭市纪律检查委员会所作的《坚持改革服务科学发展,努力开创党风廉政建设和反腐败工作新局面》的书面工作报告。以无记名投票的方式,选举出由49名委员、9名候补委员组成的中共鹰潭市第七届委员会和由30名委员组成的中共鹰潭市纪律检查委员会;选举出14名出席省第十三次党代会的代表;通过了《关于中共鹰潭市第六届委员会报告的决议》《关于中共鹰潭市纪律检查委员会工作报告的决议》。

【全市领导干部会议】11月3日全市领导干部大会召开,会议的主要任务是:学习贯彻中国共产党江西省第十三次代表大会精神,确保完成2011年各项目标任务。市委书记陈兴超出席会议并讲话,市委副书记、市长钟志生主持会议并通报省党代会期间鹰潭走访省直有关厅局的情况,市委副书记熊茂平传达省第十三次党代会精神。杜德春、潘赞海、谢一平、宋迪维、郭清、戴春英、周世敏、杨金红等市四套班子领导,鹰潭军分区主要领导,市委、市人大、市政府、市政协巡视员、副巡视员,市中级人民法院、市人民检察院主要领导出席会议。市委书记陈兴超在会上指出:(1)迅速掀起学习宣传省党代会精神热潮,把全市广大党员干部的思想和行动统一到省党代会精神上来;(2)紧密结合实际贯彻落实省党代会精神,在新的起点上推进全市经济社会又好又快发展;(3)以学习贯彻省党代会精神为动力，确保全面完成2011年各项目标任务。

【全市基层党建标准化项目建设动员大会】 11月22日，全市基层党建标准化项目建设动员大会召开。市委书记陈兴超出席会议并讲话，市委副书记熊茂平出席会议并作动员讲话，市委常委、纪委书记谢一平，市委常委、宣传部部长周世敏出席会议。市委常委、组织部部长郭清主持会议。市委书记陈兴超在会上指出：(1) 切实提高新形势下加强党的基层组织建设的认识；(2)以推进基层党建工作标准化项目建设为抓手，进一步提升基层党建工作成效；(3) 切实强化党的基层组织建设保障。

【市委七届二次全会召开】 12月30日，中共鹰潭市委七届二次全体会议召开。这次会议的主要任务是，传达贯彻中央和全省经济工作会议精神，报告市委常委会2011年以来的工作，认真分析当前形势，部署2012年全市经济社会工作。

全会由市委常委会主持。市委书记陈兴超，市委副书记、市长钟志生出席会议并讲话。陈兴超在讲话中指出：(1)认真贯彻落实中央和全省经济工作会议精神，切实把握做好2012年工作的总体要求；(2)把握工作重点，全力推进经济社会又好又快发展；(3) 加强党的建设，切实强化跨越发展的组织保证。

【市委常委会议】 年内，中共鹰潭市委召开了24次常委会议，以下列出其中11次。

1月6日下午，市委书记杨宪萍主持召开了六届市委第78次常委会议。(1)听取了全省政法工作会议精神及贯彻意见的汇报；(2)研究了《关于进一步加强和改进新形势下工商联工作的意见》；(3)研究了干部人事问题。

1月25日上午，市委书记杨宪萍主持召开了六届市委第80次常委会议。(1)研究了市七届人大七次会议、市政协七届六次会议相关事宜；(2) 听取了全省教育工作会议精神及贯彻意见的汇报；(3)听取了全省农村工作会议精神及贯彻意见的汇报；(4) 听取了全省党建带团建暨共青团系统深入开展创先争优活动会议精神及贯彻意见的汇报；(5) 听取了全省老干部局长工作会议精神及贯彻意见的汇报；(6) 听取了省纪委全会精神及贯彻意见的汇报；(7) 听取了全省组织部长会议精神及贯彻意见的汇报；(8)研究了干部人事问题。

3月6日下午，市委书记杨宪萍主持召开了六届市委第81次常委会议。(1)传达学习省十一届人大四次会议、省政协十届四次会议精神；(2)研究了《市人大党组关于做好全市县、乡两级人民代表大会换届选举有关工作的意见》；(3) 听取了全省宣传部长会议精神及贯彻意见汇报；(4)研究了违纪干部处理问题；(5)研究了干部人事问题。

4月8日下午，市委书记杨宪萍主持召开了六届市委第84次常委会议。(1)研究了召开六届市委十五次全体(扩大)会议相关事宜；(2)研究了县(市、区)召开党代表大会相关事宜；(3)研究了《中共鹰潭市委关于中国共产党成立90周年纪念活动的通知》；(4)会议决定成立市委换届工作领导小组；(5)研究了干部人事问题。

5月3日下午，市委书记杨宪萍主持召开了六届市委第87次常委会议。(1)研究了关于鹰潭市第七次党代会筹备工作相关事宜；(2)研究了市纪委换届工作相关事宜；(3)研究了《鹰潭市城市规划区违法违规建筑防控查处管理办法》；(4)研究了关于评选全市先进基层党组织、优秀共产党员和优秀党务工作者相关事宜；(5) 听取了市直单位县级领导班子及领导干部年度考核述职考评情况的汇报；(6)听取了全国、全省防处邪教工作会议精神及贯彻意见的汇报；(7)听取了全省统战部长工作会议精神及贯彻意见的汇报；(8) 听取了全省人口和计划生育工作会议精神及贯彻意见的汇报。

6月13日下午，市委书记杨宪萍主持召开了六届市委第89次常委会议。(1)研究了《鹰潭市党风廉政建设和反腐败工作任务分工》；(2)研究了关于全市“七一”表彰相关事宜；(3) 听取了省委对台工作会议主要精神及贯彻意见的汇报；(4)听取了中国科协第八次全国代表大会精神及贯彻意见的汇报；(5)研究了《关于进一步加强和改进新时期工会工作的意见》；(6)研究了关于姜朝皋、陈特明延长退休事宜；(7)研究了干部人事问题。

9月9日上午，市委书记陈兴超主持召开了六届市委第96次常委会议。(1)研究了市第七次党代会报告、市纪委工作报告、市委书记在七届一次全会上的讲话、市委关于加强自身建设的决定、大会日程(草案)等相关事宜；(2)研究了市第七次党代会大会组织机构人事安排建议及大会特邀代表、列席人员建议名单等相关事宜；(3)研究市第七次党代会选举办法（草案）、市委七届一次全会选举办法（草案）和市纪委一次全会选举办法(草案)、市第七次党代会代表资格审查报告（草案）、全市党费收缴、使用、管理情况的报告等相关事宜；(4) 研究了关于召开市委六届十九次全体会议相关事宜；(5)研究了关于政协八届委员会委员人选协商提名有关情况报告；(6)研究了2016年鹰潭市经济社会发展部分主要预测指标。

9月22日下午，市委书记陈兴超主持召开了七届市委第1次常委会议。(1)听取了全省人才工作座谈会精神及贯彻意见的汇报；(2)研究了干部人事问题。

10月18日上午，市委书记陈兴超主持召开了七届市委第3次常委会议。(1)传达学习全国惩治和预防腐败体系建设工作会议精神；(2)传达学习舒晓琴在鹰潭考察调研期间的讲话精神；(3) 听取了全省基层党建工作项目化发展会议精神及贯彻意见的汇报；(4) 听取了全省“两委”换届工作会议精神及贯彻意见的汇报；(5) 听取了全省水利工作会议精神及贯彻意见的汇报；(6) 听取了全省宣传部长工作会议精神及贯彻意见的汇报；

(7)研究了关于市人民政府与南昌航空大学全面合作相关事宜;(8)学习传达苏荣在省委十二届二十次全会结束时的讲话精神。

11月18日下午,市委书记陈兴超主持召开了七届市委第5次常委会议。(1)传达学习省委苏荣书记在鹰潭、上饶、景德镇考察调研时的讲话精神;(2)研究了关于党的基层组织建设有关事宜;(3)听取了全省新农村建设工作会议精神及贯彻意见的汇报;(4)听取了全省政法委书记会议精神及贯彻意见的汇报;(5)研究了关于干部违纪处理问题;(6)研究了干部人事问题。

12月27日下午,市委书记陈兴超主持召开了七届市委第6次常委会议。(1)传达学习全省经济工作会议精神;(2)研究了2011年全年经济运行情况,2012年经济工作主要指标及重点项目安排事宜;(3)研究了关于召开市委七届二次全体会议相关事宜;(4)研究了《关于全力支持工业经济"决战5000亿实现新跨越"的决定》;(5)研究了关于支持服务江铜发展的若干意见;(6)研究了关于召开市八届人大二次会议、市政协八届二次会议相关事宜;(7)研究了《中共鹰潭市委常务委员会工作规则(试行)》;(8)研究了关于设立市一中党委和市人民医院党委相关事宜;(9)听取了全省党委秘书长、办公室主任会议精神及贯彻意见的汇报。

重大决策

【开展加强党的自身建设活动】 为认真贯彻落实党的十七大、十七届四中全会和胡锦涛总书记在纪念建党90周年大会上的重要讲话精神,进一步提高新一届市委班子的执政能力和领导水平,把市委班子建设成为政治坚定、开拓创新、求真务实、勤政廉洁的坚强领导集体,更好地担负起推进科学发展、加速进位赶超的历史重任,现就加强市委自身建设,作出如下决定。

一、坚定正确的政治方向,自觉践行科学发展观

1.切实增强政治意识、大局意识。坚定中国特色社会主义信念,坚持党的基本理论、基本路线、基本纲领和基本经验,牢固树立马克思主义的世界观、人生观、价值观,努力提高政治敏锐性和政治鉴别力,善于从政治上观察问题、分析问题、处理问题,在事关原则的问题上立场坚定。切实增强大局意识,坚决维护中央权威,在政治上、思想上、行动上与党中央保持高度一致,坚定不移地贯彻执行中央和省委的大政方针,自觉把中央、省委精神同鹰潭实际紧密结合起来,确保中央和省委各项决策部署的贯彻落实。

2.坚持以科学发展观统揽全局。全面落实科学发展观,始终坚持发展第一要务,聚精会神搞建设,一心一意谋发展。坚持以加快转变发展方式为主线,提升产业发展层次和水平,促进全面协调可持续发展。深化改革开放,积极探索建立符合科学发展观要求的体制机制,营造充满活力、富有效率、更加开放的发展环境。更加注重以人为本,千方百计保障和改善民生,共建共享和谐鹰潭。紧紧围绕推进科学发展、加速进位赶超这一主题,按照市第七次党代会提出的今后五年总体要求、目标任务,加强对经济社会发展全局性重大问题的分析、把握和研究,促进我市经济社会又好又快发展。

二、强化理论武装,不断提高执政能力和领导水平

3.自觉加强理论学习。市委委员带头垂范,自觉把理论学习作为一种神圣职责、一种精神境界,努力形成浓厚的理论学习风气。坚持用马列主义、毛泽东思想、邓小平理论和"三个代表"重要思想武装头脑,深入学习科学发展观,进一步坚定理想信念,增强贯彻执行党的路线方针政策的自觉性,不断提高科学判断形势的能力、驾驭市场经济的能力、应对复杂局面的能力、依法行政的能力和总揽全局的能力。

4.健全理论学习制度。加强理论学习的规范化、制度化建设,不断完善市委中心组理论学习制度。坚持中心组集中学习制度,精心设计学习主题,深入开展学习讨论和交流,认真进行学习讲评;落实个人自学制度,紧密结合自身思想和工作实际,加强日常理论、业务学习;健全专家学者学习辅导制度,每年邀请知名专家学者举办理论报告会或专题讲座;完善学习督促制度,市委委员要向市委汇报学习情况,认真开展互评和考评,增强学习效果。

5.坚持学以致用。大力弘扬理论联系实际的学风,坚持真学、真懂、真信、真用,用马克思主义的立场、观点和方法思考问题、解决难题、指导工作,不断增强运用理论解决实际问题的能力,真正做到学以立德、学以增智、学以创业。善于把学习与改造世界观、增强党性修养结合起来,与贯彻中央、省委的方针政策和重大决策结合起来,与解决鹰潭改革发展稳定中的重要问题结合起来,切实把学习研究成果转化为提升理论素养、道德情操和精神境界的实际成效,转化为谋划发展的正确思路、促进发展的政策措施、领导发展的实际能力。

三、坚持和完善民主集中制,努力实现领导方式的科学化和民主化

6.进一步贯彻落实民主集中制。按照"集体领导、民主集中、个别酝酿、会议决定"的民主集中制原则,进一步完善全委会、常委会议事规则和决策程序等集体领导制度,推进工作的规范化、制度化和程序化。涉及全市大局的重大问题、重大事项,由市委常委会或市委全委会集体讨论决定。坚持集体领导和个人分工负责制,每位委员既要按照分工切实履行自己的职责,做到各司其职,又要关心全局工作,做到相互支持、相互配合。充分发扬党内民主,坚持常委会向全委会报告工作制度,市委全委会每年听取并审议一次常委会工作报告,对常委会履行职责情况进行评议。

7. *切实发挥市委领导核心作用*。坚持"总揽全局、协调各方"的原则,集中主要精力,谋全局、抓大事、管方向、做决策,充分发挥市委高举旗帜、把握方向、促进发展、维护稳定的领导核心作用。注意处理好同政府的职责关系,保证重大决策制定之后,政府自主地履行组织实施的职责。保证人民代表大会及其常委会依法履行国家权力机关的职能,强化人大在经济工作中监督的职能。加强同民主党派合作共事,尊重他们及各方面专家的意见,重大问题协商于决策之前,监督于决策全过程。加强综合协调,调动和保护各方面的积极性、创造性,形成推动经济社会发展的强大合力。

8.*推进科学民主决策*。健全完善民主决策制度,积极探索和建立决策前的论证制、决策中的票决制、决策后的责任制,推行领导组织、专家咨询、法制部门审议、市民介入相结合的"四位一体"决策机制,努力使各项决策部署真正符合鹰潭实际、更好地体现群众愿望。

9.*坚持正确选人用人导向*。在选拔任用干部上,严格遵循《党政领导干部选拔任用工作条例》等一系列规章制度,不断增强干部工作的透明度和公开性,提高选人用人的公信度。坚持德才兼备、以德为先的用人标准,把干部的德放在首要位置,选拔任用那些政治坚定、有真才实学、实绩突出、群众公认的干部。坚持五湖四海的用人原则,以更宽的视野、更高的境界、更大的气魄,广开进贤之路,把各方面优秀干部及时发现出来、合理使用起来,在全社会树立起正确的选人用人导向。

10.*切实维护班子团结和谐*。坚持和完善民主生活会制度,健全经常性的谈心谈话制度,积极开展批评与自我批评,做到开诚布公,坦诚相见。带头讲大局、讲团结、讲和谐,做到大事讲原则,小事讲风格,分工不分家,遇事多沟通、多商量、多支持、多补台,思想上求共识,工作上求共进,感情上求共融,自觉维护领导集体的权威,以市委班子的团结和谐带动党内的团结和谐、全社会的团结和谐。

四、坚持求真务实,进一步改进工作作风

11.*弘扬求真务实作风*。坚持实事求是、一切从实际出发,多干打基础、利长远的事,多办顺民意、惠民生的事,努力创造经得起实践、群众、历史检验的实绩。建立健全调研制度,酝酿重要思路、确定发展目标、出台重大决策,都要深入基层和群众,敞开门、面对面,广泛听取各方面意见。大兴狠抓落实之风,对已经研究决定的事,特别是重要工作盯紧盯牢,敢抓敢管,一抓到底,跟踪问效。大力改进文风、会风,尽量少开会、开短会,切实减少各种礼仪性、应酬性活动,确保把主要精力放在促发展、抓落实上。

12.*进一步密切联系群众*。坚持立党为公、执政为民,真正做到权为民所用、情为民所系、利为民所谋。高度重视并切实做好新形势下群众工作,真诚倾听群众呼声,真实反映群众愿望,真情关心群众疾苦,切实保障人民群众经济、政治、文化、社会等各项权益。建立健全维护群众利益机制,坚持常委会成员接访制度和下访制度,亲自处理群众来信来访,了解利益诉求,发现和化解矛盾。紧紧依靠群众,坚持问政于民、问需于民、问计于民,把政治智慧的增长、执政本领的增强深深扎根于人民群众创造性实践之中。

五、加强反腐倡廉建设,树立清正廉洁的良好形象

13.*自觉加强党性修养*。树立正确的世界观、人生观、价值观,时刻自重、自省、自警、自励,讲党性、重品行、作表率,做到立身不忘做人之本、为政不移公仆之心、用权不谋一己之私,始终保持蓬勃朝气、昂扬锐气、浩然正气。坚持生活正派,情趣健康,纯洁社交圈,净化生活圈,规范工作圈,管住活动圈,坚决抵制腐朽没落思想观念和生活方式的侵蚀。

14. *严格落实党风廉政建设责任制*。认真贯彻落实中央《关于实行党风廉政建设责任制的规定》,坚持和完善反腐败领导体制和工作机制。坚持标本兼治、综合治理、惩防并举、注重预防的方针,抓住责任分解、责任考核、责任追究三个关键环节,扎实推进惩治和预防腐败体系建设。在重要资源配置、资金使用、干部任免等方面建立健全科学可行的制度体系,形成用制度管权、按制度办事、靠制度管人的有效机制。严肃追究在执行党风廉政建设责任制方面严重失职渎职的领导干部责任。

15. *带头执行廉洁自律各项规定*。认真落实《中国共产党党员领导干部廉洁从政若干准则》,严格执行领导干部廉洁从政各项规定,自觉接受组织和群众的监督,筑牢拒腐防变的防线。市委委员要自觉执行个人重大事项报告、收入申报等规定,严格约束管好亲属和身边的工作人员,决不利用职权和职务上的影响谋取不正当利益,争做清廉的模范,做到以德感人,以廉树威,树立市委班子的良好形象。

【建立健全维护和保障群众利益决策机制】为进一步建立健全维护和保障群众利益决策机制,切实把以人为本、执政为民要求落实到各项工作中,使各项决策更加符合人民群众根本利益,推动鹰潭科学发展、进位赶超、绿色崛起,根据中共江西省委、江西省人民政府《关于进一步建立健全维护和保障群众利益决策机制的意见(试行)》(赣发〔2011〕12号文件)精神,结合鹰潭市实际,提出如下意见。

一、高度重视,进一步增强建立健全维护和保障群众利益决策机制的责任感和紧迫感

以人为本、执政为民是我们党的性质和全心全意为人民服务根本宗旨的集中体现,是指引、评价、检验我们党一切执政活动的最高标准。随着我国经济社会不断发展,经济体制深刻变革,社会结构深刻变动,利益格局深刻调整,思想观念深刻变化,利益主体日益多元化,统筹协调各方面利益关系,切实维护和保障群众利益十分紧要。建立健全维护和保障群众利益决策机制，是坚持以邓小平理论和“三个代表”重要思想为指导,深入贯彻落实科学发展观,实现好、维护好、发展好最广大人民根本利益的重要保障；是实践以人为本、执政为民要求,始终保持党和政府同人民群众血肉联系的具体体现；是加强和创新社会管理，统筹协调社会利益关系,维护社会公平正义,促进社会和谐稳定的必然要求。近年来,我市各地各部门按照市委、市政府提出的“打基础、立规矩、守底线”要求和部署,创造性地开展“三项基础性”工作,创新社会管理新路,积极探索建立行之有效的维护和保障群众利益决策机制，切实维护和保障群众合法权益，有力地促进了全市经济社会平稳较快发展。但同时也应看到，在实际工作中仍然存在一些损害群众利益和群众反映强烈的突出问题。比如,有的地方和单位作决策脱离实际,搞劳民伤财的“形象工程”和“政绩工程”;有的决策不尊重民意，听取群众意见流于形式、走过场;有的决策执行不力,给群众利益造成了损失,等等。这些问题违背了以人为本、执政为民要求，影响了党和政府形象，损害了党群干群关系,必须认真加以解决。各地各部门和各级领导干部要切实增强建立健全维护和保障群众利益决策机制的责任感和紧迫感，大力推进决策的科学化、民主化、法制化，使各项决策符合客观实际和人民群众根本利益。

建立健全维护和保障群众利益决策机制，必须坚持把群众拥护不拥护、赞成不赞成、高兴不高兴、答应不答应作为制定政策的依据，做到问政于民、问需于民、问计于民。必须坚持群众利益至上,把实现好、维护好、发展好最广大人民的根本利益作为一切决策的出发点和落脚点。凡涉及群众切身利益的重要事项决策，不能损害群众既有的合法利益，要让群众得到现实利益、看到长远利益。在处置突发自然灾害和重大安全事故时，要把人民群众生命安全放在首位。必须坚持科学、民主、依法决策,充分发扬民主，严格按照法律法规和政策办事，保证各种不同意见和利益诉求得到客观充分表达。必须坚持统筹兼顾，正确把握现阶段群众共同利益和不同利益主体特殊利益的关系,引导群众正确处理眼前与长远、局部与全局利益关系，增强决策的稳定性、连续性、均衡性。必须坚持实事求是、一切从实际出发,把尽力而为与量力而行结合起来，注重优先解决人民群众最关心、最直接、最现实的利益问题，使保障和改善民生与经济社会发展水平相适应。

二、建立健全集中民智、反映民意的决策形成机制

(一)畅通民意反映渠道。采取多种途径畅通民情民意反映渠道,准确掌握群众所思、所忧、所盼。充分运用现代信息技术手段拓宽群众诉求渠道,以深入开展“我为鹰潭发展献计献策”活动为契机,注重整合“民声通道”、“市长热线”、“政风行风热线”等民情收集渠道,设立舆情信息直报点，建立健全信息收集、处理、反馈、回访完整的社情民意工作链。坚持和完善领导干部接访制度,市委、市政府领导干部接待群众来访日每季度至少安排1次,县(市、区)党政主要领导接待群众来访日每月至少安排1次,县(市、区)党政领导班子成员每个工作日轮流接待群众来访,乡镇(街道)领导干部随时接待群众来访。市县领导接访日期、主题应采取一定形式提前公示。建立健全领导干部下基层调研长效机制，市级领导干部每年下基层调研时间不得少于1个月,县(市、区)和市直部门党政主要领导每年下基层调研时间不得少于2个月。建立和完善党代表、人大代表、政协委员反映重要情况和建议的“直通车”制度。对涉及群众切身利益的重大决策事项，可适当邀请党代表、人大代表、政协委员、公众代表参与决策。

(二)实行重大决策咨询、论证和听证制度。设立重大决策咨询论证专家委员会，对与群众切身利益密切相关的重大决策事项，决策前应开展政策咨询、专家论证和社会听证。在咨询论证中,承办单位应向上一级行政主管部门咨询相关政策和规定；根据决策事项的内容和复杂程度，从相关领域选择3名以上专家，对决策备选方案开展必要性、可行性、科学性论证;重大决策事项应提交2个以上可供比较的决策备选方案。完善决策听证制度,通过听证会等方式，广泛听取社会各方面意见，并作为决策的重要参考依据，听证意见采纳情况及其理由要以适当形式反馈或者公布。科学合理地遴选听证代表，保证各利益相关方有代表参加。重大决策听证时，纪检监察机关应派员参与监督。重大决策方案应视情征求下级党组织和政府部门意见,听取人大、政协及各人民团体的意见，并与民主党派、工商联和党外人士进行民主协商。

(三)推行重大事项决策社会稳定风险评估和合法性审查制度。严格按照省委办公厅、省政府办公厅《关于建立重大事项社会稳定风险评估机制的意见》要求,对涉及民生问题的重大决策，涉及多数群众的改革改制事项，涉及多数群众切身利益的重大规划、基础设施和市政建设项目，涉及较大利益诉求群体的重大政策制定或调整，在政策出台或审批前，进行社会稳定风险评估，重点评估政策的合法性、合理性、可行性和安全性。凡未经风险评估或经评估认为风险不可控的,不得作出决策。对经评估预测风险可控的决策事项，承办部门要及时制定防范和化解风险的工作预案,防止因工作不细、操作不当引发影响社会稳定问题的发生。重大决策应由同级政府法制机构对决策草案进行合法性审查，未经合法性审查或者经审查不合法的，不能提交会议讨论、作出决策。

(四)充分尊重群众意愿和民主权利。抓住本市被确定为全省统筹城乡发展、创新社会管理、深化干部人事制度改革试点市的重要契机,大胆改革创新,积极先行先试,着力解决群众关心关注的现实利益问题和发展难题,进一步保障和发展好群众根本利益。对与群众切身利益密切相关的重大决策事项，必须以适当方式充分听取群众意见。涉及土地征收、棚户区改造、房屋征收等重大决策事项，应当充分征求被征地农民、棚户区居民和被征收房屋居民意见，严格依照有关法律法规和政策规定执行。对群众抵触情绪大的事项不能或暂缓进入决策程序。涉及企业改制、职工裁减和安置等重大决策事项，应当提交企业职代会或职工大会审议，并应当有2/3以上的职工或职工代表出席，且获得全体职工代表过半数赞成票通过方能有效。涉及群众共同利益的集体资金、资产和资源的处置,应当按照村(居)务公开民主管理程序,提交村民(居民)代表会议或村民(居民)会议审议,并经过半数以上群众同意方能作出决策。

(五) 规范决策议事规则和程序。决策议题的提出和确定必须遵循相关规则和程序。党委、政府所属工作部门或者下一级党委、政府提出的重大决策建议，经党委、政府分管领导审核后报党政主要领导确定是否进入决策程序;党委、政府分管领导提出的重大决策建议，报党政主要领导确定是否进入决策程序;党委、政府主要领导提出的重大决策建议,直接进入决策程序。除遇重大突发事件和紧急情况外，不得临时动议。对与群众切身利益密切相关的重大决策事项，未经广泛听取民意、充分调研、专家咨询论证、社会稳定风险评估的,不得列入议题。重大决策事项必须提交党委常委会(党组会)或政府常务会(部门行政会)讨论,涉及全局和长远的问题必须提交党委全委会或政府全体会议讨论决定。严格落实省委《关于党委(党组)实施“三重一大”事项集体决策制度的若干意见（试行)》和《江西省县级以上人民政府重大行政决策程序规定》。认真执行“集体领导、民主集中、个别酝酿、会议决定”的原则。领导班子会议作出决策，必须有半数以上的组成人员到会方能表决。建立重大决策事项讨论情况记录备案制，将讨论意见、表决结果和表决方式记录在案,作为决策检查和问责依据。重大事项决策,应及时向上一级党委、政府请示或报告。涉及群众切身利益的重大政策文件，出台前应报上一级党委、政府法制机构备案审查通过后,方可实施。

(六)建立重大决策公示制度。对与群众利益密切相关的重大决策事项,除依法需要保密,以及发生自然灾害或者危及公共安全的突发事件需要立即作出决策的以外,决策正式出台前都要将决策方案通过媒体向社会公示，公示时间原则上不少于20个工作日。公示内容包括:决策方案的主要内容,制定决策的理由、主要依据等。对公示过程中群众提出的意见建议要进行认真整理和分析研究，合理的要吸纳到决策中，不合理的要做好解释疏导工作。要按照《政府信息公开条例》有关规定和党的基层组织党务公开要求，按照数字鹰潭建设相关要求，通过政府信息公开平台、新闻发布会等形式向有关新闻媒体和社会公布决策情况，使公众知情权、参与权和监督权落到实处。

三、建立健全权责明确、高效畅通的决策落实机制

(一)实行决策落实责任制。进一步健全重大决策项目领导牵头负责工作运行机制和项目推进的督查机制,对重大决策事项做到明确责任主体、任务分解、工作目标和进度要求，形成权责明晰的决策落实工作机制。各级党政主要领导干部对重大决策事项的落实，要亲自部署、亲自过问、亲自协调、亲自督办。按照权责统一的原则,形成多层次抓落实的目标体系和岗位责任制。建立任务分解制度,对重大决策事项的落实进行分解立项，提出完成工作的目标、任务、时限、基本要求以及考核评价方法，使重大决策和部署变成具体工作目标，量化到岗,细化到人。建立健全重大决策落实情况报告制度，决策执行单位要及时上报落实结果。

(二)切实提高决策落实效率。决策主体应当及时了解掌握重大决策执行情况,协调解决执行过程中遇到的问题和困难，进一步完善落实决策的措施。对涉及多个部门的决策事项，决策主体应明确主办单位和协办单位以及各自职责,加强相互之间的协调沟通，形成决策落实的工作合力。充分利用各种媒体和电子公共服务平台，提高决策信息透明度，让群众及时知晓和参与监督,确保各项决策落到实处。要科学设计工作流程,减少中间环节,防止决策实施过程中出现扯皮拖延、打折扣、执行走样等现象。加强对惠民政策落实和资金运行的实时监控，重点解决惠民政策实施过程中的项目管理、信息平台、对象审核、发放形式、服务质量等问题,防止惠民资金被截留、克扣、挪用等与民争利行为的发生。积极推广采用“一卡通”形式发放惠民项目的资金,不断完善“一卡通”管理制度。

(三)建立健全群众疏导和矛盾化解机制。切实抓好《关于构建“大排查大调解”工作体系有效化解社会矛盾纠纷的实施意见》(鹰办发〔2010〕27号)的贯彻落实。加强决策宣传教育，使群众全面了解决策带来的现实利益和长远利益，积极支持决策执行。对一些从长远看符合经济社会发展方向和群众根本利益而群众一时想不通、不理解的决策,要做好释疑解惑。对少数不按决策执行或对决策有严重抵触情绪的对象，要做深入细致的疏导工作,依照法律和政策办事。建立市、县、乡干部联系服务群众的常态化、全覆盖机制,探索有效管用的宣传、教育、联系、服务群众的渠道和方式。加强法制宣传教育,提高群众法治观念，引导群众依法合理表达诉求。坚持依法解决群众利益诉求和保障合法权益。建立健全干部下基层、排忧解难促和谐的长效机制。市、县机关每年应抽调一定数量干部深入到问题较多和困难较大的村(社区、企业),及时了解民情,帮助解决困难，并作为了解社会动态的联系点长期保持联系。乡镇(街道）要进一步完善和规范和谐平安联创中心建设,完善重点和难点村(社区）干部定点联系和帮扶制度。切实加强和改进新形势下基层党的建设，充分发挥基层党组织的战斗堡垒作用。进一步建立健全村民(居民)事务理事会制度,强化基层群众性自治组织的社会管理和服务职能,使矛盾化解在基层、解决在萌芽状态。

(四)完善决策成效评估和纠错机制。建立健全重大决策执行情况跟踪与决策效果反馈制度。重大决策实施后,承办单位应采取抽样检查、跟踪调查、专家评估及群众满意度调查等方式,收集分析决策实施相关信息,及时了解决策执行情况,全面客观评估决策实施效果,注重评估成果运用。完善决策失误纠偏纠错机制。承办单位发现决策有偏差或者执行中存在问题,应当及时向决策主体提出调整、补充、修正和完善相关决策方案的建议,使决策更为科学合理,更具有可行性和可操作性。对群众反映强烈、实践证明造成群众利益受损的错误决策,应立即停止执行,并采取补救措施最大限度地减少错误决策造成的损失。

四、建立健全考核严格、纪律严明的决策保障机制

(一)完善决策执行情况监督检查考核制度。各级党委、政府要加强对本级和下一级重大决策执行情况的监督、检查。建立健全对决策部署和政策措施执行情况定期检查、专项督查、情况报告等制度。各级人大应当依法对重大决策及其执行情况进行监督,纪检监察机关要加强对决策职责履行和行政效能的监督检查,审计机关要加强对政府重大投资专项资金使用等决策执行情况的审计,司法机关要加大查处重大决策和执行中涉及的违法案件力度。把决策落实情况作为党务公开、政务公开、村务公开、厂务公开的重要内容,接受群众监督。通过发挥各类监督主体的作用,形成督促决策落实的监督合力。进一步完善体现科学发展观和正确政绩观的考核评价体系,把重大决策执行情况纳入各级领导班子和领导干部考核的重要内容,考核结果作为对领导班子总体评价和领导干部业绩评定、奖励惩处、选拔任用的重要依据。

(二)完善决策责任追究制度。按照"谁决策、谁负责"和"谁执行、谁负责"的原则,实现决策权和决策责任、执行权和执行责任相统一。对违反程序规定作出错误决策,不执行、延误执行或者擅自改变决策,以集体决策为名谋取个人或部门利益等行为,给国家、集体和人民群众造成重大损失或者严重不良影响的,按照党纪政纪相关规定和《江西省贯彻落实〈关于实行党政领导干部问责的暂行规定〉的实施办法》、《鹰潭市县级领导干部问责办法(试行)》、《鹰潭市重大项目督查问责办法》等规定,严格追究有关人员的责任。

(三)严肃查处损害群众利益案件。加强对损害群众利益突出问题专项治理,深入开展教育、医疗、涉农、资金监管、食品药品安全等涉及民生重要领域的专项治理,健全专项治理损害群众利益突出问题长效机制。严格依纪依法办案,严厉查处以权谋私、损害群众利益的案件,着力解决发生在群众身边的腐败问题,重点查处损害群众经济权益、政治权益、人身权利的案件,侵占各种惠民补贴、土地补偿、扶贫救灾、移民安置等专项资金以及擅自处置集体资产资源、侵吞集体收益的案件,违法违规征地拆迁、严重侵害群众人身权利的案件,食品药品质量、安全生产、环境保护等方面严重侵害群众切身利益和生命安全的案件,教育、医疗、农资、住宅建设等乱收费损害群众利益的案件。建立健全对损害群众利益案件查处的部门协作机制,充分发挥职能部门在维护群众利益方面的作用。综合运用党纪政纪法纪手段,实现政治效果、社会效果、法律效果相统一。

【全面推进基层党建标准化项目建设】围绕不断夯实党执政的基层基础,按照"党建工作项目化,项目推进标准化"的基本思路,坚持用项目建设的理念、手段和方法推进基层党建工作,制定基层党建工作项目化发展的标准,力促基层组织在办公场所、便民服务、制度建设和加快发展等方面有新突破,全面提升本市基层党建工作科学化水平。经市委、市政府研究,决定在全市全面推进基层党建标准化项目建设。提出如下实施意见。

一、指导思想、主要任务和基本原则

推进基层党建标准化项目建设的指导思想是:以邓小平理论和"三个代表"重要思想为指导,深入贯彻落实科学发展观,按照"在新的历史条件下提高党的建设科学化水平"的新要求,围绕基层党建工作的目标任务,坚持以基层党建标准化项目建设为抓手,制定标准、明确目标,落实责任、强化考核,促使基层组织在形象建设上有新提升、为民服务上有新举措、制度建设上有新拓展、加快发展上有新成效,不断增强以乡镇党委为龙头、以村党支部为基础、以党组织领导下的村民事务理事会为延伸的农村基层组织的创造力、凝聚力、战斗力,为推进科学发展、加速进位赶超、建设富裕秀美宜居和谐的鄱阳湖生态经济区璀璨明珠提供坚强的组织保证。

推进基层党建标准化项目建设的主要任务是:通过推行乡村办公场所建设标准化、集镇建设标准化、便民服务中心建设标准化、日常工作运行机制标准化,用1~2年时间,实现全市乡镇经济发展、管理规范、机制完善、效能提升、面貌改观,党群干群关系更为融洽,党在农村的执政能力、乡镇政府依法行政能力和公共服务能力显著增强,推动乡镇改革和经济社会建设又好又快发展。

推进基层党建标准化项目建设,应当遵循以下基本原则:

——围绕中心,服务大局。牢固树立"围绕科学发展抓党建、抓好党建促科学发展"理念,按照"十二五"时期全市经济社会发展的总体目标和市七次党代会确立的发展战略,围绕打造富裕秀美宜居和谐新鹰潭,找准基层党建工作着力点,提升基层组织的战斗力,服务促进经济发展,服务保障改善民生,服务维护和谐稳定。

——以人为本，服务群众。将以人为本、执政为民理念贯穿于基层党建标准化项目建设的全过程，着眼于群众的实际需求，注重解决群众最关心、最直接、最现实的利益问题，把抓好基层党建标准化项目建设的过程变成做群众工作的过程，实现好、维护好、发展好广大人民群众的根本利益。

——因地制宜，量力而行。围绕体现特色、彰显个性，由各县(市、区)、景区、市经济技术开发区、信江新区，根据各乡镇发展基础、现实条件和经济承受能力，因地制宜推进。坚持量力而行、节俭办事，既要千方百计提高建设水平，又要切实防止大拆大建、大除大破，给当地经济发展带来包袱。

——统筹推进，讲求实效。围绕工作目标统筹安排，做到高起点规划、分阶段实施，标准化管理、项目化推进。把基层党建标准化项目建设与小城镇建设、新农村建设、开发扶贫等各项资源统筹整合，形成推进合力。坚持从强经济、富群众、树形象、促和谐的实效出发，积极探索建立推进工作的长效机制，促进基层各项工作高效协调运转。

——强基固本，创先争优。将抓基层、打基础作为基层党建标准化项目建设的根本立足点，引导和带领基层党组织和广大共产党员结合实际，立足本职，发挥战斗堡垒作用和先锋模范作用，在发展壮大乡村经济、规范集镇建设、提升便民服务效能、完善工作运行机制等方面创先争优。

二、主要内容

1. 推行办公场所建设的标准化。①建设整洁大方的乡镇机关：乡镇大门整洁大方，门牌统一规整、字迹清晰。主副建筑设施配套、布局合理，庭院内外环境优美、干净整洁，进行适当的绿化、净化、美化。②乡镇机关推行“六个统一”，即统一悬挂国徽、统一升挂国旗、统一在乡镇附近的交通路口设置乡镇政府指示牌、统一设置乡镇集镇建设规划图、统一办公室标志和办公桌椅、统一设置上墙资料和版式。③规范制度上墙公示：对乡镇制度上墙作出规划，控制数量，规范格式。重点抓好机关大厅、党政会议室、接待室和便民服务中心的规范布置。机关大厅主要张贴乡镇工作人员情况表、人员去向牌、行政区划等。会议室主要张挂党旗、党徽、党委会议事规则、党政班子联席会制度、基层党建目标责任制、经济社会发展总体规划、党委中心组学习制度、民主生活会制度、党风廉政建设制度等。接待室主要设置荣誉榜、重点工作计划安排等。④建设改造乡村办公场所：无办公场所的，要多渠道筹集资金抓紧建设；办公场所陈旧的，要积极整修改造，并逐步列入新建规划。有条件的地方，要着力把乡镇机关建设成园林式庭院。加快村级活动场所建设，2年内解决无址办公问题。抓好村部的美化、绿化、净化工作，展示良好的面貌。⑤完善有关设施：建好乡镇机关食堂和干部职工宿舍，切实解决乡镇干部的吃住问题。采取有力措施，逐步完善乡镇篮球场、羽毛球场、阅览中心、娱乐中心等文化设施，不断增强乡镇机关的凝聚力和吸引力，使干部职工在乡镇住得下来、安得下心、干得成事。

2.推行便民服务中心建设的标准化。①服务项目应进尽进。将乡镇事业站所具有审批权以及与群众生产生活密切相关的服务项目，包括计划生育、民政救济、劳动就业、国土规划、农经农技、林业水利、合作医疗、文化教育等纳入便民服务中心统一办理。和谐平安联创中心、矛盾纠纷排查调解中心负责综治信访方面工作事项。②场所满足需要。办公环境整洁有序，实行开放式窗口办公，配备办公桌椅、电脑和网络、服务电话、档案资料柜等必要的办公设施和便民服务设施，工作窗口(柜台)设有明显的标示牌、服务事项卡。③便民服务中心醒目处设置服务中心平面示意图、流程图；墙上张贴工作职责和主要业务的办理程序、收费项目、标准及依据等，办公桌上设置岗位职务牌，统一设置办公席位牌，公开其姓名、职务、职责和联系电话，实行干部挂牌上岗，接受群众监督，方便群众办事。④人员落实到位。从相关部门现有人员中选拔素质高、业务精的工作人员进驻便民服务中心工作，各窗口单位充分授权窗口工作人员，人员保持相对稳定。⑤规章制度齐全。对集中办理行政审批服务事项的程序和办法，各便民服务中心均要建立健全公示制、首问责任制、服务承诺制、限时办结制、责任追究制和考勤考核制等六项制度。⑥办事程序规范。实行一个窗口受理，一次性告知，一条龙服务，一站式办结。⑦延伸服务触角。完善党员服务网络，依托便民服务中心，开展民事村代理，实现群众办事不出村。⑧大力推行“一线工作法”，积极开展“访民情”、“大接访”等活动，了解民情民意，增进群众感情，创新为民举措，务求富民实效。

3.推行日常运行机制建设的标准化。①完善机关管理制度。健全乡镇党委会议事规则、党委中心组学习、党政班子联席会、“三重一大”集体决策等工作机制。推行乡镇党委“3+2”工作法，进一步建立和完善机关运行管理、干部岗位目标责任、接待服务群众、干部监督激励等方面的规章制度，形成配套、科学、规范的制度体系。②推行党务、政务和村务公开。运用政务公开栏、简报墙报、媒体等，将群众关心的政策、决策、办事程序和结果向群众公开。公开栏内容应及时更新。具体公开的内容、程序和要求，由各地统一作出规定。③加强乡镇干部管理，建立完善乡镇干部工作绩效考核机制，提升乡镇干部发展经济和帮民致富的能力水平。充分运用对乡镇机关干部考核的成果，做到奖优罚劣，加大对乡镇事业编制优秀干部的提拔使用力度；对一年考核不合格的实行异地交流，连续两年考核不合格的扣除部分绩效工资，连续三年考核不合格的实行待岗，充分调动干部工作的积极性。④加强村干部的管理，实行村干部“四定两监督”制度。完善以村支部书记为重点的村干部选拔任用和考核机制，加强以党支部为核心的村级组织建设。结合年度考核,每年由县市拿出一定的指标,解决优秀村支部书记的事业编制问题。⑤统筹推进村小组和村民事务理事会建设,因地制宜,引导村小组和村民事务理事会合二为一。切实加强基层党组织对村民事务理事会的领导,把村民事务理事会建设成党组织领导下的村民自治组织。⑥提高乡村干部待遇。确保村干部年工资总额达到省里规定的标准。在乡村干部中实行工作绩效与津补贴发放挂钩,拿出适当比例的津补贴进入奖惩环节,普遍提高乡村干部经济待遇,调动干部工作的积极性。制定村干部养老保险、医疗保险、住房公积金等社会保障措施,解决村干部的后顾之忧。⑦加强党员队伍建设和管理,高度重视青年农民党员的发展工作,全面实施党员发展“2+5”模式;进一步加强党员管理工作,建立党员“先锋创绩”制度,量化党员日常管理、业绩评定和民主评议。

4.推行集镇建设的标准化。①有序推进集镇总体规划和土地利用规划修编工作,结合新农村建设,突出乡村特色、地方特色,完成乡村规划编制,并坚持按规划分步实施。②完善集镇基础设施,建设集镇农贸市场,主要街道硬化、绿化、亮化。③组建城管环卫队伍,加强集镇综合整治和管理,推进垃圾无害化处理;构建长效管理机制,制定和完善小城镇规划建设、环境卫生、园林绿化等管理的具体办法,建立健全各项规章制度,坚持依法行政。④深入开展创建文明镇村活动,加快小城镇教育、文化、卫生、体育等事业的发展,引导居民树立科学、文明、健康的生活方式,使小城镇的人居环境有较大的改善。⑤有序推进新农村建设,沿城镇周边、景区园区、主干道路打造一批示范村。⑥注重村庄安全建设,防止山洪、泥石流等地质灾害对村庄的危害,让人民群众安居乐业。

5.发展壮大乡村集体经济,为基层党建标准化项目建设提供物质支撑。①引导乡村基层组织根据本地资源禀赋和地域特点,因地制宜,整合资源,明晰经济发展思路,大力发展现代农业、特色农业和生态农业,加大对农村专业合作社的引导、服务和管理力度,积极推进农业产业化,促进农村经济发展和农民增收致富。②在继续实施“异地办厂、原地纳税”模式,促进工业兴乡强镇的同时,强化“专业招商、乡镇招工,招工就是招商”理念,充分发挥乡镇在推进新型工业化中的作用。③鼓励和支持乡镇通过“上争外引”,争取在政策、项目、资金等方面的支持和帮助,不断做大乡镇经济“蛋糕”。④进一步完善有利于乡镇发展的财政分配体制,放水养鱼,增加乡镇可用财力,提升乡镇自我造血功能,增强乡镇发展后劲。

三、工作步骤

基层党建标准化项目建设工作主要分三个阶段:

1.动员部署阶段(2011年11月至12月):市、县、乡层层召开基层党建标准化项目建设工作动员大会,对工作进行全面部署,提高思想认识,明确目标任务,进一步增强抓好基层党建标准化项目建设工作的紧迫感和责任感。

2.组织实施阶段(2012年1月至2012年11月):各县(市、区、景区、市经济技术开发区、信江新区)党(工)委制定工作实施方案,成立组织机构,落实相关部门,抽调工作人员,明确工作职责,强化工作举措,定期或不定期召开工作现场会、座谈会、调度会,分析工作中存在的问题,研究对策,全面推进基层党建标准化项目建设工作。

3.检查考评阶段(2012年12月):市委党建工作领导小组组成联合考评组,对各县(市、区、景区、市经济技术开发区、信江新区)党(工)委推进基层党建标准化项目建设工作进行检查考评。

四、推进要求

1.加强领导。全市基层党建标准化项目建设在市委党建工作领导小组统一领导下开展,由市委组织部牵头主抓,承担具体指导、组织、考核的职责;市督查领导小组承担督促、检查的职责;市委政研室承担调研、规范、督导、暗访的职责,确保工作的有序高效开展。各县(市、区、景区、市经济技术开发区、信江新区)党(工)委要高度重视,把基层党建标准化项目建设工作,纳入本地党建工作总体布局,列入重要议事日程,切实加强领导,定期召开会议研究、听取汇报、开展督查;要加大基层党建标准化项目建设投入,有计划地把基层党建标准化项目建设经费纳入财政预算,为推进工作提供资金保障。

2.落实责任。县(市、区、景区、市经济技术开发区、信江新区)党(工)委要切实承担起领导责任;乡(镇)党委要切实承担起主体责任。建立健全基层党建标准化项目建设责任制,县(市、区)、乡(镇)党委书记为第一责任人、分管领导为具体责任人、其他班子成员履行“一岗双责”的责任,细化目标,明确职责,落实任务,形成合力,统筹推进基层党建标准化项目建设工作。市委将此项工作列为县(市、区)委书记党建工作年度述职的重要内容,列为对县(市、区)、乡镇(街道)党(工)委书记年度考核的重要内容。

3.抓好规划。各地要在深入调查研究、广泛征求意见的基础上,本着简洁规范、配套协调原则,立足县情、乡情,对本地基层党建标准化项目建设作出规划,提出具体的建设标准,分阶段、有计划地推进实施。基层党建标准化项目建设有一定基础的乡(镇)和行政村,要对照标准,不断完善,不断提升标准化建设的水平。

4.打造亮点。立足抓点连线促面,科学合理布点,按照“沿城、沿区、沿线”要求,各地要在城市郊区、景区园区、主干道路沿线选择三至五个看有形象、学有经验、特色鲜明的综合示范点,集中人力、物力、财力进行重点打造,充分发挥示范点的辐射带动作用。

5、形成合力。健全市级领导市直部门挂点督导乡镇工作机制,将基层党建标准化项目建设作为挂点督导乡镇工作的重要内容,加强指导,积极帮扶,整合各方资源推进工作。市纪委(监察局)要加强对乡镇便民服务中心的指导和督查。市国土资源局、城乡规划局、城乡建设局要加强对集镇规划、建设的指导，切实履行工作职责。各级宣传部门要充分发挥报刊、电视、电台、网站等宣传媒体的作用，采取多种形式，大力宣传基层党建标准化项目建设的重要意义，及时总结和交流工作经验，大力宣传先进典型，着力营造推进基层党建标准化项目建设的浓厚氛围。各地要把基层党建标准化项目建设与新农村建设结合起来，充分发挥部门职能作用，密切配合，上下联动，在工作部署、力量调配、督促检查、政策优惠、资金投入等方面予以支持，共同推进基层党建标准化项目建设工作。

市委办公室工作

【概述】2011年，在市委正确领导下，市委办公室围绕中心，服务大局，当参谋、做助手、搞服务、带队伍，全力协助市委统揽全局、协调各方，公文管理经验在全省推广学习，多项工作评为全市先进，实现了“在全市党委系统作表率、在全省同行争一流”目标，为推进本市经济社会在新的起点上加快科学发展作出了新的应有贡献。

【当好参谋】文字综合、出谋划策和文件审核是以文辅政的重中之重，是办公室工作水平的集中体现。本办摆重兵、建机制、打联手，全力以赴做好三件事。

一是优质高效起草文稿。文稿是办公室当参谋的重要方式。全市跟紧贴近市委各类重要会议、重大活动、重点事项，注重把上级精神和工作实际有机结合起来，注重挖掘、提炼、集成市委领导意图，有效增强文稿的思想性、针对性、实效性。为起草好党代会报告，本办集中力量攻坚，历时5个多月，深入学习调研，广泛征求意见，集中各方智慧，精心撰写打磨，数易其稿，使党代会报告成为充分体现党代表意志，统一思想、鼓舞人心、描绘蓝图、催人奋进的纲领性文件。全年共起草重要文件173个、向省委综合性工作报告62个、市委领导讲话近300个，累计达500万字。编发《参阅件》5期、《综合与调研》8期、《鹰办通报》22期。

二是认真把关文件审核。把文件审核作为一项重要职责，着力提升文件审核水平。把好政治关，做到以市委名义下发的各类文件，立场坚定，观点鲜明，始终与中央、省委保持高度一致。把好政策关，做到文件符合党和国家的方针政策，符合法律、法规，推动中央、省委有关精神的贯彻落实。把好格式关，做到公文各要素齐全，文种使用准确，体例恰当得体。四是把好文字关，做到文稿文风清新、文字朴实、言简意赅。全年完成560个文件审核签发工作。

三是深入开展调查研究。调查研究是市委科学决策、民主决策的重要手段。围绕事关全市改革发展稳定重大问题，该办组织了课题调研，对全市基层党建标准化项目建设进行了专题调研，制定规范性意见；按照市委确定的六个方面20个专题，推进决策调研，由市级领导牵头领题，形成一批调研报告并在《鹰潭日报》刊发，为新一届市委进一步理清工作思路，提出“主攻项目、决战‘三区’，凸现特色、实现跨越”总体要求，提供了有益参考。在国家及省级以上刊物发表反映全市经济社会发展经验的调研文章32篇。

【做好助手】办公室处于承上启下、沟通内外、协调左右的特殊位置。本办自觉牵头抓总，协调各方，确保市委工作有序运转，政令畅通。

一是综合协调积极主动。站位全局，畅通机制，遵循制度规定协调各方，避免扯皮推诿、“责任悬空”，减少人为矛盾。做到换位思考，多沟通、多商量、多体谅，以诚待人、以理服人，统筹协调内部关系、部门工作，使各方各司其职，形成合力。周密安排全市重大活动和市委领导公务活动，圆满完成上级领导来鹰考察一系列协调工作。特别是在市级党委、人大、政府、政协换届工作中，对急事、要事、难事，以及其他部门不便协调的事，不推、不躲，主动牵头，当好党委的“不管部”，发挥了独特作用。

二是公文处理快捷高效。大力推行自动化办公，加快技术装备升级，为做好文电运转、通信保障、值班联络、信息报送等工作提供了有力的技术支撑。推行电子公文，减少文件传递环节，降低公文处理成本。着力提高公文处理效率，加快公文传递速度，做到文件即来即传，即签即印，不延时，不误点。高度重视做好文件改版工作，精心组织、协调行动，统一采用A4纸型，规范文件格式，将有关工作要求落到了实处。进一步规范文件的收、印、发、管等制度，做到文件收发及时，传送快捷，处理高效，管理规范。

三是报送信息及时准确。拓宽信息收集渠道，健全社情民意调查收集网络，扩大信息直报点和基层信息员队伍，拓展信息覆盖面。整合信息工作资源，加强信息综合处理，提升信息资料质量，确保信息真实、全面、准确、管用。提高信息报送时效，落实紧急信息报送责任，优化信息审核报送流程，确保重要紧急信息最快速度上报，实现了“第一手情况”“第一道研判”“第一时间报送”目标。全年累计上报信息550条，其中省委办公厅采用92条；编发《信息汇要》37期、《快报》78期，其中领导批示28期。

四是督查工作卓有成效。把督查工作作为全面推进市委决策部署的有效手段，着力从4个方面加强和改进督查工作，提升工作实效。突出督查重点，把主要精力投入到市委决策部署的贯彻实施上，对重点产业、城市建设和项目建设年活动开展情况，全年共组织74次专项督查。加大督查力度，坚持真查真办，敢于较真碰硬，对市领导批示交办的事项，做到“批则必查，查则必清，清则必果”，全年跟踪市委、市政府主要领导重要批示15件，开展跟踪督查81次，提出督查意见300余条。创新督查方式，开展网上督查、调研督查和现场督查，做到既明察也暗访，既独立作战又联合攻坚，既表扬先进又查处问题。对全市27项重点产业、重大城建、重要民生项目，建立市级领导联系工作机制，实现重点项目有序高效推进。全年向省委呈报《鹰潭督查专报》18期，编发《重要工作督查》48期。

【搞好服务】本办认真履行“三服务”职能，不断提升运行保障质量和水平。

一是在服务市委日常运转方面。坚持早介入、早谋划、早准备，完善会前、会中、会后工作流程，具体承办市第七次党代会的吃、住、行和会场布置等工作，完成各项任务。全年共承办市委全会、市委常委会和以市委市政府名义召开的各类专题会议200余次。强化“接待工作无小事”意识，把握诚为上、信为要、礼为纲三条原则，对来宾来客服务做到热情、周到、细致，全年接待59批400余人次。强化车辆管理和司机安全意识教育，全年安全行车46万千米。严格财经制度，加强预算管理，厉行经费节约，为市委当好家、理好财、管好物。

二是在服务部门方面。主动做好上传下达，及时准确地把市委决策部署传达到部门、把部门贯彻落实情况反馈给市委。积极协调部门请示事项，健全急事急办、特事特办工作机制，建立“绿色通道”，为部门和基层服务做到随叫随到，提供全过程优质服务。始终把维护市委机关秩序作为重要职责，成立大院派出所，加强对执勤保安工作培训，严格机关干部节假日值班制度，保持市委大院良好治安秩序。积极改善办公条件，对市委机关大院一、二号楼卫生间和智能会议室进行整体改造。抓好市委机关大院的美化、绿化和保洁工作。2011年，社会治安综合治理、文明单位创建评为全市先进。

三是在服务群众方面。民声通道全年共受理群众来信来电200余个，协调处理热点、难点问题10余个，信息个案回复率、办结率均达100%。认真做好群众来信、来访工作，对合理诉求积极协调督促有关部门进行及时解决，对无理要求或解决条件不成熟的诉求，会同有关部门解释到位。认真协调办理党代表建议意见和政协委员提案，做到件件有着落，事事有回音。切实做好新农村建设包村工作，积极解决当地群众在生产生活中涉及的政策、资金、信息等实际问题。

【带好队伍】事业兴旺，关键在人。本办牢固树立“人是发展第一要素”观念，立足于打造政治上的先进机关，工作上的示范机关，作风上的表率机关，着力提升干部素质，建设全市一流机关。

一是抓思想建设。深入学习党的十七大及十七届三中、四中、五中、六中全会和省、市委一系列重要会议精神，坚持不懈用科学理论武装头脑，指导实践，增强干部职工贯彻落实党的路线、方针、政策的自觉性和坚定性。在全办深入开展理想信念教育和形势任务教育，不断增强党员干部推进鹰潭新一轮发展的责任感、使命感。充分发挥机关思想政治工作在统一思想、凝聚力量、解疑释惑、振奋精神方面的积极作用，切实增强办公室团队的创造力、凝聚力和战斗力。

二是抓能力建设。突出抓好两个方面。一方面，注重学习。围绕打造学习型机关，坚持自学和集中学相结合，坚持请进来、走出去和坐下来相结合，确定多个专题，开展“三个一”活动，即每月看一本书，写一篇心得，办一次讲座，强化干部理论思维、辩证思维、创新思维和逻辑思维。另一方面，注重实战。在全办开展了公文写作、公文知识、计算机操作等岗位大练兵活动，建立“大外宣”激励考核机制，选派干部到乡镇挂职锻炼，抽调干部参加市委、市政府中心工作，增强干部分析、解决实际问题的工作能力。

三是抓作风建设。以组织开展整顿干部作风、优化发展环境专项活动为契机，以“以治庸提能力、以治懒增效率，以治散正风气”为主题，以思想教育、完善制度、集中整顿、严肃纪律为抓手，着力解决工作作风上的“庸、懒、散”问题，领导作风上的“假、浮、蛮”问题，为政不廉上的“私、奢、贪”问题，在干部作风建设上做到“破十疾、兴十风”，全面落实工作目标责任制，深入开展干部下基层活动，访民情、解民忧、暖民心，全力抓好市委中心工作，招商引资、新农村建设等全面或超额完成市委下达的任务。

四是抓机关文化建设。教育干部把忠诚作为履职之本，做到立场坚定、头脑清醒，始终与市委保持高度一致。把勤奋作为有为之基，做到心勤、眼勤、手勤、腿勤。把细致作为成事之举，做到一言一行、一举一动，一个文件、甚至一个标点，都举轻若重，反复斟酌。把谦虚作为共事之道，做到虚心学习，低调做人。把廉洁作为为政之要，做到“慎独”“慎欲”“慎初”“慎微”，思想上筑牢防线，操守上守住底线，行为上不碰高压线，以实际行动维护市委的良好形象。

（储宁）

【中共鹰潭市委书记、副书记、常委和秘书长、副秘书长名录】

书　记：杨宪萍（~2011.8） 陈兴超(2011.8~)

副书记：钟志生 杜德春(~2011.9) 熊茂平(2011.9~)

常　委：谢一平(2009.11~) 汪当时(女,~2011.9) 徐琳琳(~2011.8) 高学训(~2011.8) 李贻煌 王家林 宋迪维 郭　清 戴春英(女,2011.9~) 周世敏(2011.8~) 黄恩华(2011.9~) 杨金红(2011.9~)

秘书长：杨金红

副秘书长：胡高堂 李白云（女,~2011.6) 徐忠平 陈　强(2011.1~) 熊红英（女） 程　华 杨　芳（女） 彭元龙(2011.3~)

【市委办公室副县级以上干部名录】

主　任：胡高堂

副主任：彭元龙(~2011.3) 徐略英(2011.3~) 席志新 徐　楷

副调研员：徐略英(~2011.3)

市委督查室主任：刘长根(2011.3~5)

接待工作

【概述】2011年,在市委、市政府的正确领导下,市接待办认真贯彻落实科学发展观,围绕市委、市政府的中心工作,团结协作,真抓实干,以高度的政治责任感、细致扎实的工作作风,圆满完成了各项工作任务。全年共完成接待任务913批次、1.31万人次,其中党和国家领导人3批次;省部级领导243批次;为本市顺利开展工作、扩大对外交流和经济社会平稳较快发展作出了积极贡献。一年来,先后被评为"全省接待系统先进单位"、"第七届全国城市运动会接待工作先进集体"、"全市综合治理先进单位",三位工作人员受到省级表彰。

【切实履行岗位职责,完成各项接待任务】2011年是党政领导班子换届之年,也是"十二五"期间开局之年。面对接待工作中出现的新情况和新特点,市接待办用全新的眼光正确认识接待工作,努力在接待理念、接待格局、接待措施上求突破、求创新、求发展。

一是用心用情,全力以赴,确保接待工作优质高效。2011年以来,市接待办顺利承担了3批重大警卫接待任务,并努力克服人手不足、基层设施不够完善等困难,出色地完成了甘肃、四川省党政代表团,鹰潭市与中央、省属主流媒体新春联谊会,第十三届鹰潭龙虎山道教文化旅游节暨第四届海峡两岸道教论坛,第七届全国城市运动会,华东地区污染物排放总量减排工作座谈会,青海省省级离退休干部考察团,全国政协军队委员考察团,2011赣台经贸合作研讨会赴鹰客商考察团等一系列重大接待任务。较好地发挥了接待工作"窗口""桥梁"作用,展示了鹰潭的良好形象,也为全市的发展赢得先机。尤其值得一提的是,6月12日,中共中央政治局常委、鹰潭国政协主席贾庆林一行到鹰潭市视察,鹰潭是贾庆林江西之行第一个下榻的考察点,也是鹰潭市建市以来级别最高的警卫接待任务。面对规格高、时间紧、人数多、任务重,且全市接待能力有限的情况下,市接待办全体接待人员用心用情,密切配合,对迎接、宴请、起居、行程、欢送等各个环节,反复实地演练,检查整改,不放过任何一个细节,不留下任何一个疏漏,确保了此次接待的"零失误"。市接待办始终秉承"接待促发展"的理念,在圆满完成各级领导接待任务的同时,还坚持把服务招商引资摆在突出位置,在接待时不仅精心做好外商考察团的后勤接待服务,体现鹰潭人的热情好客,而且抓住一切机会,广泛宣传本地的自然资源、人文景观、投资环境及相关优惠政策。成功接待了世界银行常务副行长英德拉瓦蒂女士到鹰潭考察、泛珠经贸洽谈会考察团以及台商、浙商、闽商等一批经济界、商界高端人士,为本市赢得了客商的青睐,赢得了投资、赢得了信息,更赢得了友谊与合作。

二是放眼全局、准确定位,形成接待工作合力。在市委、市政府的领导下,市接待办坚持从整体出发,将接待工作置于全市大局谋划,实施科学定位,强化沟通协调,严格接待规范,初步构建起了"统一领导、密切协作、科学规范、步调一致"的大接待工作格局。一方面,聚合接待资源、动员全社会力量,构建了接待部门、接待基地、公安交警、卫生防疫、新闻媒体、信访、水电等部门共同配合的上下联动、左右协调、反应迅速、环环相扣的全市"大接待"工作格局,开创了全市接待工作的新局面。另一方面,努力争取领导重视。出台了来宾报告制度,根据任务的范围和来宾的职务,由四套班子秘书长组织召开调度会,警卫任务由市委分管领导亲自调度,从方案中涉及的相关部门到完成任务的全过程,实现了有统有分,统分结合,目标同向,步调一致,有效提升了接待工作的合力和效率。

【大力推进工作创新,不断提升接待服务水平】随着全市经济发展的不断加快和对外交流的广泛推进,政务接待工作量正逐年上升,公务接待工作,也被赋予了新的内涵。为此,市接待办结合工作实际,进一步转变观念、开拓进取,各项工作都有了新的起色和新的活力,公务接待工作质量和水平显著提高。

一是强基固本,接待服务能力明显改善。在市委、市政府的关心、重视下,本市接待工作在硬件设施和软件服务上均取得明显进步,接待能力和服务质量有了新的突破。硬件方面,结合"数字鹰潭"建设,大力推行办公自动化,已基本实现无纸化办公;积极争取资金添置一台接待用车,有效缓解了接待压力;在市委、市政府的强力推动下,由华侨饭店、鹰潭宾馆、道源山庄合并组建了鹰潭酒店集团,总面积达1万余平方米、总投资达5000多万元的接待基地道源山庄改扩建工程进展顺利,预计2012年10月可竣工使用.组建鹰潭酒店集团和道源山庄接待基地建设,将大大改善本市接待条件和接待水平。软件方面,市接待办着力打造接待、讲解、后勤保障三支队伍,以队伍素质的提升促进接待工作上水平。2011年,通过培训、实地演练等方式重点培养了一批兼职VIP讲解员,在甘肃省党政代表团来鹰考察的接待中,讲解员的优秀表现赢得了来宾的高度评价。

二是勇于创新,文化接待品牌硕果累累。市接待办在秉承"健康接待"、"和谐接待"理念的基础上,不断创新工作思路,着力打造"文化接待"品牌,发挥鹰潭文化特质在接待工作中的独特魅力和作用。在餐饮安排上,重点开发了以"天然、绿色、营养、健康"为特色的新菜肴,开发了道教八卦宴、道教养生豆腐、泸溪棍子鱼、贵溪雷竹笋、余江野葛根、葛粉丝等本地特色菜肴,使来宾领略到了道教养生文化,增进对地方文化的了解。在接待用品设计上,突出鹰潭大铜业、大旅游、大城市框架等元素,重新设计了接待手册、席位卡、宴会单、温馨卡、手提袋等一整套接待用品,形成了一系列接待形象标志体系,不断强化来宾的鹰潭印象。在纪念品开发上,做到"人无我有、人有我特",力求高雅脱俗、特色显著、节俭得体。围绕铜都、玉都、道都、木雕、眼镜之乡,重点开发了铜雕品、玉玺、文房四宝、紫檀木雕如意、老鹰木雕笔筒、金箔道德经、道德经邮册等礼品。在服务上,突出"以人为本"的服务理念。始终把理解和尊重作为接待工作的第一要求,在接待过程中充分体现"健康接待、和谐接待、文化接待"的真正内涵,在"细"上下工夫,做到细致入微,体贴周到;在"精"上见精神,做到精益求精,扎实勤恳;在"诚"上现真情,做到用心服务,以情感人,让来宾高兴而来,满意而归,切实感受到鹰潭人民的真诚友好。

【全面加强自身建设,树立良好部门形象】一是强化作风建设。接待工作非常辛苦细致,单调枯燥,并且长期没有节假日,不分上下班。在工作中,领导班子成员始终坚持以身作则,带头坚守工作一线,用实际行动作出表率,使每位工作人员对接待工作始终如一,一如既往地保持饱满的工作热情和高度的责任意识,扎扎实实地做好每一次接待,全办上下形成了讲大局、识大体,讲奉献、有责任的优良作风。

二是加强廉政建设。一年来,领导班子认真贯彻落实党风廉政建设有关规定,牢固树立正确的世界观、人生观、价值观,切实增强党性观念和党性修养。定期召开民主生活会,坦诚交流思想,认真对照检查,做到严于律己,廉洁奉公。从不接受任何单位和个人的馈赠,从不挥霍公款铺张浪费,从不搞"形象工程"、"政绩工程"。同时,着力加强民主集中制建设,保持了班子团结向上、风清气正的良好精神风貌和外在形象。

三是加强队伍建设。为适应新形势下政务接待工作的需要,保障接待后勤力量,市接待办积极与人事、财政部门协商,争取新增了三个参公编制,及时招聘、调入工作人员,充实接待队伍。同时,将原来两个处室调整为综合处、接待一处、接待二处等三个处。同时,对处室负责人进行轮岗交流。在此过程中,办班子成员在充分酝酿、讨论的基础上,根据工作实际需要,形成了班子决议,始终做到坚持原则不动摇、执行标准不走样、履行程序不变通、遵守纪律不放松。

【积极融入中心工作,服务全市经济社会发展】在全力做好接待工作的同时,市接待办领导班子始终坚持讲政治、顾大局,认真落实市委市政府各项决策部署。数字鹰潭建设工作成效明显,新开发的一套网络基础平台应用系统,现已投入使用,为提高接待工作效能发挥了积极作用;新农村建设工作扎实开展,为挂点村协调落实建设资金2万元,帮助村民建设新村;此外,普法、计生、档案管理等工作常抓不懈,得到考评组高度评价。

(彭三华)

【市委市政府接待办副县级以上干部名录】
市委副秘书长、主任:杨芳(女)
副主任:侯建国
副调研员:晏路春 姜华菁(女)

保密机要工作

【概述】2011年,在市委、市政府的坚强领导下,鹰潭市保密机要系统围绕中心、服务大局,认真履责、狠抓落实,维护了党和国家秘密的安全,发挥了"生命线、保障线、指挥线"的作用,全面完成了各项工作任务,取得了新的成绩,为全市经济建设和社会发展提供了优质的服务保障。该局荣获了2011年度江西省党政密码工作先进单位。

【保密工作】1.抓保密宣传教育,促保密思想意识。一是开展保密形势与问题分析专题讲座,宣传保密形势,传授保密知识,强化警示教育,提高保密认识,增强保密观念。二是开展下基层单位提供保密服务,采取面对面交流、保密问题解答、保密形势分析、保密技能培训等,使领导干部和涉密人员深受启发,既增长了保密知识,也接受了保密教育。三是开展保密警示教育活动,组织播放保密警示教育专题片,用生动直观的失泄密案例,教育党员干部牢记保密职责,增强保密防范能力,提高保密思想意识。四是组织全市保密干部、分管领导和涉密人员赴昌参观"全国保密警示教育展"活动,使大家接受了一次深刻的保密教育。五是开展了纪念新修订保密法实施一周年宣传活动,张贴宣传画200张,悬挂宣传标语60条,短信宣传2000条,利用广播、电视、政务网等纪念新修订保密法,进一步加深了广大干部群众了解保密法律。六是积极拓宽保密刊物征订范围,发挥保密刊物宣传教育作用,2011年全市共征订保密杂志431份,保密知识读本1420份。

2.抓保密监督检查,促保密规范管理。2011年4月上旬以来,根据全省的统一部署,按照《关于组织开展全省专项保密检查的通知》要求,结合当地实际,市委保密委成立了联合检查组,严格按照检查内容、方法、步骤和要求,做到既分工负责,又协同配合,不因人情关系而降低检查标准,不因时间紧而缩小检查范围,不因检查繁琐而遗漏检查项目,不怕麻烦,不图形式,不走过场,认真抽查。全市先后抽查了48个单位,对密码电报和密级文件,查登记、看规范,查存档、看管理;对网络保密,查措施、看手续,查安全、看设备,查隐患、看管理,查制度、看落实。对发现的问题提出了整改意见和要求,下发了46份整改通知书,复查了16个问题单位。省委专项保密联合检查组抽查了市委办和市政府办,未发现重大问题,并对本市专项保密检查工作予以了充分肯定。

3.抓保密监控措施,促秘密信息安全。该局针对涉密计算机管理难的问题,强化了涉密电脑的管理。一是加强设备维护。克服了人员少、任务重、管理难,注重涉密计算机违规外联设施维护,保障了监控系统运行良好。二是提供保密服务。积极主动为全市重要会议、重大活动、重点建设、涉密场所、各类考试提供保密指导和监测服务。三是提升保障能力。2011年,先后为32个单位上门安装或卸载监控软件,全市外联监控系统客户端已达到96个单位102台电脑。2011年1月至12月,涉密计算机外联监管系统,及时发现和成功阻断了6家单位8人13次违规外联行为,有效避免了因违规外联造成失泄密事件发生,保护了涉密计算机秘密信息的安全。

【班子队伍建设】 按照"对党忠诚、严守机密、遵守纪律、精通业务、开拓创新、甘于奉献"的要求,本局以班子建设和干部队伍建设为抓手,不断强化班子能力建设和干部作风建设,不断提升干部队伍的综合素质,不断优化干事兴业的良好环境。

1.注重班子建设,强化整体素质。以"创建学习型党支部,凝聚班子战斗力"为主题,结合保密机要工作特性,开展学习实践活动。着力在为党政领导机关服务上下工夫,着力在机要工作保安全、保畅通上下工夫,着力在进一步优化发展环境上下工夫,进一步增强了领导干部履职尽责的能力。

2.注重教育引导,筑牢忠诚思想。以开展"以治庸提能力、以治懒增效率、以治散正风气"为主题的干部作风教育实践活动为契机,立足保密机要岗位,积极开展了忠诚教育、警示教育、红色教育和保密机要传统教育等活动,组织干部层层签订了"保密承诺书"和"密码安全保密责任书",使之成为党和人民的忠诚密码卫士。

3.注重技能培训,提升业务能力。针对工作的特殊性,本局结合保密机要部门实际,经常组织开展业务培训和岗位练兵活动。切实做到精通业务知识和保密机要法律法规,不断提升业务水平,确保工作万无一失。2011年度,本市保密机要系统3人获得了全省表彰,1人被外交部选派驻外使领馆工作。

(蒋英勘)

【市委保密机要局副县级以上干部名录】

市委副秘书长、局长:程华

副局长:洪光平

专职密码督查员:黄国宏

政策研究工作

【概述】 2011年,市委政研室紧扣市委、市政府决策部署,以服务大局、当好参谋为重点,履职尽责,主动作为,积极参与市委重要文稿起草,深入开展调查研究,精心办好《鹰潭通讯》《决策参考》两个刊物,较好地完成了市委和省委政研室下达的各项工作任务。

【全力以赴做好文稿起草工作】 参与市委主要领导综合性文稿起草是政研室发挥参谋助手作用的"直通快车",市委政研室把这项工作作为一项荣誉,更作为一份责任,全力以赴去做好。先后参与起草了《在市委六届十二次全会上的讲话》《在市七届人大七次会议闭幕式上的讲话》《市第七次党代会报告》《在全市水利工作会议上的讲话》《在全市宣传思想文化工作会议上的讲话》等市委领导重要讲话稿30余篇;参与起草了全国政协主席贾庆林等国家、省部级领导来鹰潭市视察时的工作情况汇报,以及以市委、市政府名义上报的汇报材料20余篇;参与起草了《中共鹰潭市委关于加强自身建设的决定》《创新社会管理 积极做好新形势下的群众工作》《推进质量兴市战略 促进鹰潭跨越发展》等市委文件和市领导在国家省媒体署名文章10余篇。

【围绕重大决策部署深入开展调查研究】 围绕市委重大决策部署,精心选择事关全市经济社会发展的全局性、战略性、前瞻性重大课题开展调查研究,以"打开门搞调研,关上门当领导,通过才是硬道理"的工作理念,拿出了一批高质量、上水平的调研报告。一是按照市委领导"到最基层的调解小组作点调研"的指示精神,市委政研室联合市司法局成立专题调研组,先后到余江、贵溪、月湖等地的多个自然村,通过召开座谈会、查看台账、个别了解等形式,就鹰潭市农村基层矛盾纠纷调解小组工作情况进行了深入细致的调查,形成了《关于我市农村基层矛盾纠纷调解小组工作情况的调研报告》。二是为更进一步弘扬先进、发扬成绩、鼓励干事创业积极性,会同市委办,深入开展了全市各行各业干事创业、奋勇争先的调研,形成了《扬鞭策马竞风流——全市各行各业创先争优勇争一流的报告》,市委主要领导作出批示下发全市各单位学习。三是为全面配合落实全市开展的以"治庸提能力、治懒提效率、治散正风气"为主题的干部作风教育实践活动,围绕乡科级干部作风建设开展调研,形成了《我市乡科级干部作风建设调查和思考》的报告,市委组织部以简报形式印发全市各单位学习。四是配合省委政研室开展了关于余江县域经济超常发展和贵溪市铜产业超千亿元的经验调研,形成的《余江县域经济增幅全省第一的奥秘》调研报告,获省委书记苏荣批示,并由此掀起全省学习余江发展县域经济经验的热潮。其间,市委政研室进一步深入余江挖掘典型、总结经验,形成了更为具体详实的余江发展经验调查报告。五是完成由市政协主席潘赞海领题,市交通局、市公交公司共同参与的发展鹰潭市公共交通的课题调研,形成了《关于促进我市公交事业优先发展的调研报告》。六是根据市委主要领导指示精神,联合市委组织部,就鹰潭市基层党建工作情况,深入全市乡镇(街办)调研,形成的《全市乡镇党建情况调研报告》、《全市社区党建情况调研报告》和《关于全面推进基层党建标准化项目建设的实施意见》受到市委领导重视,并进入实施阶段。此外,《省内兄弟地市城镇化建设动态及推进我市新型城镇化建设的建议》、《省内兄弟市今年转方式、促发展、保民生的新思路、新举措》、《关于我市全民创业的调研报告》、《关于完善我市国有资产管理的思考》等调研报告,得到了市领导的充分肯定,较好地发挥了为市委领导决策提供依据和建议的重要作用。

【认真办好党刊《鹰潭通讯》】 党刊是宣传政策、传播信息、统一思想、鼓舞斗志的重要阵地。市委政研室按照"紧扣中心、服务大局、突出主题、创新特色"的要求,进一步强化办刊宗旨意识、精品意识和时效意识,着力打造特色鲜明的精品刊物。紧紧围绕市委的战略部署和中心工作,及时总结、广泛宣传各地各部门工作经验,精心设置刊物栏目,开设了该刊特稿、部门领导论坛、县(市、区)之声、工作探讨、发展论坛、发展创新等栏目;结合热点、难点问题以及不同时期的工作重心,开辟了维稳论坛、学习型党组织建设等专栏;着力搭建广大党员干部和群众学习交流的平台,设置了学习论苑、实践探索、经验交流、理论研究等栏目,并推出两会专刊、述职报告专刊、纪念建党90周年和党代会四期专刊。《鹰潭通讯》全年共出刊9期,刊发各类文稿200余篇,逾70万字。同时,进一步扩大党刊的交流和发送范围,与中央、省和地市级140多家党刊建立了刊物交流关系,有效地宣传和扩大了鹰潭市的知名度,使党刊成为展示鹰潭崭新形象的城市名片。为增强党刊的政策宣传影响力,加强对基层乡镇(街办)、村级党组织的党刊发行工作,使党刊成为全市各级基层党组织和广大党员干部学习市委重大决策部署和交流工作经验的重要平台。

【积极参与和支持全市中心工作】 中心工作有要求,市委政研室就坚决跟进落实。一是按照省委党建工作项目化发展以及市委关于加强基层党组织自身建设的要求,市委政研室会同市委组织部,在对全市乡村和街道社区基层党建情况进行广泛调研的基础上,形成了针对性、可行性、操作性很强的《关于全面推进基层党建标准化项目建设的实施意见》,并组织撰写了全市基层党建标准化项目建设动员大会的相关材料,由此声势浩大地在全市启动基层党建标准化项目建设工作。举全室之力,积极做好市委交办的调研、规范、督导、暗访工作,经常性地对全市各乡镇(街道)基层党建标准化项目建设开展情况进行调研、暗访和督导,并将工作动态、经验做法、存在的普遍问题,通过定期简报予以反映。一系列行之有效的措施,有力推动了全市基层党建标准化项目建设取得阶段性良好成效。二是为集中民智、广纳良策,按照市委要求,市委政研室承担在全市范围内开展"为鹰潭科学发展加快发展建言献策"活动的工作任务,收集整理各类建言献策78条,在市属媒体共刊播建言献策41条,并将阶段性、全局性、战略性的意见建议认真梳理呈市领导阅参。按照市委统一要求选派两名县级干部和一名科级干部参加棚户区改造、招商引资和数字鹰潭建设工作,并率先完成了棚户区改造工作任务,参与招商工作和数字鹰潭建设工作的同志得到分管领导好评。与此同时按要求完成了新农村建设、村建帮扶、治安巡逻、节假日值班等各项工作,社会治安综合治理和计划生育工作经考核验收达标。

【着力强化政研队伍建设】 一是"创先争优"活动成效突出。以迎接中国共产党成立90周年为主题,开展了"创建学习型党支部"等活动,引导党员立足本职岗位争创一流业绩,获得全市先进基层党组织和十佳学习型机关荣誉称号;牵头组织网络区各成员单位参加市直机关"红歌献给党"建党90周年合唱比赛,获得二等奖。报送的《放飞思想 改革创新努力推动我市机关党组织工作再上新水平》,获鹰潭市机关党建工作研究会论文二等奖。二是政研队伍建设明显加强。为进一步贯彻市委打基础、利长远的总要求,政研室始终紧抓干部学习建设,不断强化干部学习的刚性约束,以"发展提升年"活动和打造学习型党组织为契机,为实现"强基础、提能力"目标,开展了"读书竞赛"活动,要求每名干部每月读一本好书,每月撰写1万字以上的学习笔记,按期召开学习例会,交流学习心得,干部职工的学习热情空前高涨,理论水平和文稿写作能力大幅提升,综合素质普遍提高,一支年轻化、知识化、专业化的复合型高素质政研队伍逐步形成。为多途径加强、充实政研工作力量,选派两名干部到市委办跟班学习,并通过公开招考公务员的方式,新进一名硕士研究生。三是始终关心爱护干部。政治上积极培养干部加入党组织,一名预备党员转为正式党员,吸收一名年轻干部为入党积极分子。坚持主任带科长、科长带科员的工作方式,搞好传帮带,尤其是加强对年轻干部政务能力和文稿能力的培养,取得了显著成效。生活上对干部关怀备至,积极帮助解决退休困难老干部和新进年轻干部的生活困难,极大增强了机关干部的凝聚力和战斗力。四是坚持抓好党风廉政建设不放松。不断加强制度建设,建立和完善了一整套办事制度和工作制度。利用政治学习、党员学习等各种机会,强化党员和干部的廉政教育,筑牢干部思想道德防线。班子领导以身作则,在较大资金使用投放和个人待遇上,既做到阳光操作、精打细算,又勤俭节约、率先垂范。强化对领导干部监督,认真落实党风廉政建设责任,组织开展对党内监督条例执行情况的专项检查和对干部进行警示教育,积极营造风清气顺劲足的良好氛围。

(桂闰华)

【市委政研室副县级以上干部名录】

市委副秘书长、主任:彭元龙(2011.3~)

副主任:祝春明 张卫平(2011.1~)

副调研员:彭新华 李建(~2011.12)

调研员:周天柱(2011.11~)

组织工作

【概述】2011年，全市各级组织部门和广大组工干部在市委的正确领导下，按照突出做好县乡领导班子集中换届这一中心工作，重点抓好推进创先争优活动、深化干部人事制度改革、加强各级干部学习培训、落实人才发展规划这四件大事和统筹推进基层党组织建设等各项工作的部署，围绕中心、服务大局，勤奋敬业、勇于创新，各项工作取得了新的进展和成效。按照“形成好报告、选出好班子、营造好风气”的三好目标，顺利完成了县乡领导班子换届工作。突出实践特色，创先争优活动深入推进。坚持民主公开竞争择优，干部人事制度改革扎实有效推进。突出因材施教，抓好教育培训，领导班子和干部队伍整体素质进一步提高。以重大人才工程建设为抓手，人才队伍建设向纵深发展。立足“抓基层、打基础”，提升基层党建工作整体水平。全市基层党建标准化项目建设进展顺利，初见成效。加强组工宣传调研工作，被评为全省组织系统新闻宣传通联工作先进单位，调研课题“建立大学生到村任职工作长效机制问题研究”，被省委组织部评为2011年全省组织工作调研课题二等奖。被评为全省2011年度党内统计全优报表单位。

【顺利完成县乡领导班子换届】按照“同步统筹、上下联动”的工作思路，市、县、乡党委换届与人大、政府、政协换届同步进行，换届人事安排市县乡统筹考虑、分步实施，上下联动、有序衔接，避免了因上一级领导班子换届选举使得下一级主要领导干部频繁调整。通过换届，市、县、乡党政领导班子分别形成了以48岁、43岁、35岁左右干部为主体的梯次配备，大学本科以上学历分别占100%、95%、80.8%，按规定配备了女干部、年轻干部，人大、政府、政协班子按规定配备了党外干部。采取公开竞争方式选拔了17名优秀乡镇事业编制干部、村党组织书记、大学生“村官”进入乡镇领导班子，优化了乡镇班子结构。把正风肃纪作为“书记工程”重点抓，保证了换届风清气正，得到中央换届风气督查组、省委组织部领导和省委督导组的高度肯定和评价。在9月省委换届办开展设区市换届风气测评中，全市换届风气总体评价“很好”和“好”为100%，名列全省第一位。

【纵深推进创先争优活动】组织引导全市各级党组织和党员把促进经济和社会发展作为创先争优的主阵地，服务中心、推动发展；把服务群众作为创先争优的重要内容，深入开展“各级干部下基层、排忧解难促和谐”活动；把加强民生保障、推动重点项目建设等重大任务，作为创先争优的最大实践，充分发挥党组织和党员的先进模范作用；把全面推进基层组织建设作为着力点，服务基层、夯实基础。通过公开承诺、领导点评、群众评议等方式，扎实推进创先争优活动的深入开展，全市上下形成了基层组织履职尽责创先进，党员立足岗位争优秀，党组织负责人示范引领作表率的生动局面，在“七一”表彰中，1个基层党组织荣获“全国先进基层党组织”称号；3个基层党组织、2名优秀共产党员、3名优秀党务工作者荣获全省表彰；全市共表彰了40个先进基层党组织、43名优秀共产党员、20名优秀党务工作者。

【领导班子和干部队伍建设】认真贯彻中央和省委关于深化干部人事制度改革的部署与要求，在实际工作中积极探索实践。一方面，把深化干部人事制度改革贯穿换届工作全过程。改进和完善换届人选推荐提名办法，在领导干部大会全额定向推荐和谈话推荐的基础上，采取党委全委扩大会二次署名推荐，得票率低于50%的一般不作为提名人选；改进干部考察方法，采取民主测评、民意调查、延伸考察、个人重要事项报告公示、实绩公示、实绩分析等办法，加强对干部德和实绩的考核；推行分类管理，把乡镇工作细化为“7+3”重点工作，进行量化考核，综合排名，考核结果作为评价乡镇主要领导实绩的重要依据；推进干部交流，此次换届，有6名市级领导干部交流到该市任职，占市级领导班子成员的21.4%；县(市、区)领导班子换届交流干部25名，占班子人选总数的24.8%。另一方面，积极稳妥推进各项改革举措，促进干部选拔工作的科学化、规范化。面向全市公开选拔县级干部19人，其中4个职位面向乡镇党政正职选拔，各县(市、区)和市直单位采取公推公选、公推比选、公推竞职等方式，选拔科级干部45人；完善年度考核及述职考评办法，采取全市公开述职考评和单位内部年度考核相结合的办法，从内部和外部两方面对市直单位县级领导班子和领导干部进行了全面考核，进一步提高了考核的科学性和准确性；积极推行干部选拔任用差额提名、差额推荐、差额考察、差额酝酿，全面推行党委常委会研究干部票决制，全年提交市委常委会研究干部人事共229人次，全部实行了票决制；下发《关于进一步规范科级干部选拔任用工作的通知》，明确操作程序，强化日常监督，进一步规范了县(市、区)和市直单位的干部选任工作，全年共办理59个单位，267名科级干部任用的职数审核和备案工作；认真贯彻落实公务员管理各项法规和制度，全面完成公务员考录、登记、统计、考核、培训等各项目标任务，2011年共招录公务员136名。

【干部教育培训】实行“三类培养”，努力拓宽干部教育培训渠道：一是实行境外高层次培养。在连续4年选派干部到新加坡学习培训的基础上，围绕鄱阳湖生态经济区发展战略的需要，选派18名优秀县级干部赴澳大利亚墨尔本大学就生态文明与可持续发展进行专题培训。二是实行主体班、专题班、知识讲座等多形式、全方位培训干部各类干部8700余人次。积极开展与高校的市校合作，多次邀请国内外知名专家学者前往鹰潭市考察、调研，先后举办高层知识讲座12场,培训学员1600余人次。三是强化基层一线培养锻炼。采取“六个一批”(即选派一批到工业园区挂职、一批进社区参与联建共创、一批参与市重点工程建设、一批挂点乡镇工作、一批做信访包案工作、一批组成招商小分队开展产业招商)措施,将优秀后备干部派到经济发展、社会建设一线,经受锻炼、接受考验，并公布这些干部名单,接受群众检验。全年共选派200多人次科级以上干部到一线参与各项中心工作,提拔或重用的县级干部中大都派到中心工作一线经受锻炼。

【人才工作】 按照人才发展“四优先”要求,构建了县(市、区)党政“一把手”抓“第一生产力”的目标责任制和市直党政部门“一把手”抓人才工作的年度目标考核制。围绕实施“党政人才素质提升工程”、“企业家培养工程”和“名师、名人开发工程”，以高层次人才和高技能人才为重点,大力促进了各类人才队伍建设。围绕推进“世界铜都”建设，充分发挥铜产业集群效应，聚集了铜产业科技人员5620人。全市聘请了10多位外地高端人才为市政府经济发展顾问,授予有突出贡献人才“功勋市民”称号,投入400多万元开展人才培训，努力为各类人才施展才华创造条件。

【干部监督工作】 严格执行干部监督四项制度,对县(市、区)委和市直单位党委(党组)任用干部进行“一报告三评议”,共1561人参加评议。健全和完善了领导干部个人重大事项报告、征求意见、经济责任审计等制度,使监督关口前移,加强了事前防范。全年共完成领导干部个人重大事项报告160人次并建立档案；共对25名领导干部实行了离任经济责任审计，其中委托省审计厅审计1人;完成纪检、综治、计生三方面征求意见各142人次，为推进干部选拔任用工作的民主，为选贤任能提供了有力保障。

【基层党组织和党员队伍建设】 按照“党建工作项目化,项目推进标准化”的思路,全力推进本市党建工作项目化发展。研究制定了《关于进一步加强和改进党的基层组织建设的实施意见》等一系列文件,把党建的“软任务”变成了项目化的“硬指标”,全市确立了17个党建项目。在农村,村党组织换届选举工作稳步推进,选优建强村党组织班子尤其是选准配强村党组织书记,实现了省委提出的“三个大幅度提高”的要求。农村基层组织“三项保障”和村党组织书记队伍建设“一定三有”机制得到较好落实。大学生“村官”教育管理工作得到加强,妥善安置服务到期的大学生村官;“四议两评三公开”工作法普遍推广;“三级联创”活动进一步深化。村居民事务理事会建设运行管理机制不断健全,在村居民自治各个方面发挥作用更加突出,党的触角有效延伸到最基层。截至2011年年底,全市共组建村民事务理事会3242个，居民事务理事会82个。在社区,认真抓好“三有一化”,广泛开展社区共建活动。选聘24名大学毕业生和16名机关事业单位和街道工作人员到社区工作,积极争取到上级90多万元的社区建设专项经费,采取“新建一批、利用一批、提高一批”的办法,着力解决社区办公和服务用房问题,58个社区通过自建、无偿使用解决了工作用房,占71.6%。在非公企业,重点抓好企业主、企业党务干部、党员和职工四支队伍建设,新建党组织企业数达659家,在全省率先成立了非公有制经济组织党工委,率先实现了非公有制经济企业党组织建设全覆盖。统筹推进市直单位、国有企业、事业单位等其他领域党建工作。突出“管、学、用”,扎实开展远程教育工作,充分利用“鹰潭党建”网站、《鹰潭党建》电视栏目和远程教育网“三网一体”学习载体,定期对全市党员干部群众进行教育培训。积极拓宽党员发展渠道,着力提高党员队伍素质,全面提升党员队伍建设水平。进一步建立健全“2+5”发展党员模式,全市共发展党员1133名。其中;发展高中以上文化程度党员838名,占发展总数的73.96%；发展35岁以下青年662名，占发展总数的58.43%;发展女党员231名,占发展总数的20.4%。将党员教育培训情况作为基层党委书记“双述双评”重要内容,市直、驻鹰潭单位先后举办科级干部、党务干部、新党员、入党积极分子理论学习培训班45期,培训党员干部5000多人次。强化流动党员的服务管理,发挥北京、厦门和深圳办事处流动党员党组织作用,加强了本市流动党员教育管理工作。

【组织部门自身建设】 按照建设“模范部门”、打造“过硬队伍”的要求,着重以能力建设为重点,进一步深化拓展组织部门“讲党性、重品行、作表率”活动,努力树立组织部门“大气谦和、严谨细致、正派公道、团结和谐”的新形象。一是带头加强学习锻炼,努力建设党性最强的部门。广泛开展读书学习、组工论坛、岗位练兵活动,优化组工干部知识结构,增强创新能力;开展学习李林森先进事迹系列活动;建立健全调查研究、务虚研讨、学习成果交流等制度,由部领导牵头开展调研,形成勤奋学习、善于思考的良好风气。二是带头转变工作作风,努力建设最具活力的部门。按照公开平等竞争择优的原则,组织开展了部机关竞争上岗,进一步优化干部队伍,激发了干部的工作热情,为推动全市干部人事制度改革发挥了较好的模范带头作用。结合“百名组工干部下基层”活动,广泛开展结对帮扶,做到“三个一”,即每位部务会成员带队联系1个基层党建示范点,每个科室联系1个基层单位,每名组工干部联系1户困难党员或基层群众。三是带头从严要求，努力建设最作表率的部门。在领导班子换届工作中带头承诺,进一步树立组工干部清正廉洁良好形象。建立工作责任追究制、纠错制度、谈心制度等一系列规章制度,不断提升组织工作群众满意度。四是带头推行数字化办公,努力建设最高效的部门。严格按照中组、省组建设“大组工网”的要求,完成了中心机房和局域网改造,实现了市、县两级组织部门全部接入“大组工网”的任务目标,并开展了以公文交换、处理、归档、查阅为主要内容的机关办公自动化应用,为提高组织工作信息化、科学化水平奠定了良好的基础。

(吴晓莉)

【市委组织部副县级以上干部名录】

市委常委、组织部部长:郭 清

市人大常委会副主任、常务副部长:应 祥(2011.9~)

副部长:应祥(正县级,~2011.9) 施兆煌

副部长兼市人保局局长:吴南平

副部长:蔡 江(女,正县级组织员)

副部长兼市老干部局局长:陈小丽(女,2011.6~)

副部长:段建龙

宣传工作

【概述】 2011年,全市宣传思想文化战线在省委宣传部的精心指导和市委的正确领导下,深入贯彻落实科学发展观,按照“高举旗帜、围绕大局、服务人民、改革创新”的总要求,坚持贴近实际、贴近生活、贴近群众,紧扣市委市政府中心工作和重大决策部署,唱响主旋律,打好主动仗,为把鹰潭建设成富裕、秀美、宜居、和谐的鄱阳湖生态经济区璀璨明珠提供了强大的思想保证、精神动力、舆论支持和文化条件。

理论武装工作不断拓展,学习型党组织建设深入推进。坚持用中国特色社会主义理论体系武装党员、教育群众,着力推动学习型党组织建设向广度和深度发展。认真做好了市委中心组学习服务工作,保证了中心组学习的有序开展。全年共组织了14次专题学习会,中心组学习成为全市各级党组织总揽全局、谋划思路、破解难题、推动发展的有力抓手。市委中心组围绕中心工作抓学习、促学习的典型经验,得到中央建设学习型党组织领导小组办公室的肯定。深入开展“理论下基层”和社科知识普及活动,围绕党的十七届六中全会和省、市党代会精神开展宣讲活动,组织市、县两级宣讲团深入机关、学校、企业、农村、社区等基层单位,组织报告会200多场,充分发挥了统一思想认识、凝聚智慧力量的重要作用。围绕本市经济社会发展的重大战略和重大现实问题,组织全市社科理论工作者深入开展调研,推出了一批有深度、有分量、有说服力的研究成果,为党委政府决策提供有效服务。其中由市委常委、宣传部部长周世敏执笔的《加强群众文化建设,推动社会管理创新》在《光明日报》理论版头条刊发,应用对策研究《鄱阳湖生态经济区文化研究》获省社会科学研究规划“十一五”项目优秀成果。

重大主题宣传浓墨重彩,舆论引导主动有力。始终坚持团结稳定鼓劲、正面宣传为主的方针,紧紧围绕市委、市政府中心工作和重大决策部署,精心组织重大主题新闻宣传,为本市科学发展、进位赶超营造了良好的舆论氛围。围绕纪念建党90周年和学习宣传贯彻党的十七届六中全会与省、市党代会精神,相继开辟了《喜迎建党90年》、《喜迎党代会》、《科学发展、进位赶超、绿色崛起》等专题专栏,推出了一批深度评论、大型采访、系列通讯。特别是围绕新一届市委、市政府确立的今后5年总体要求和主要目标,推出了“新起点、新开局”、“推进四个鹰潭建设”等系列报道。切实加强与中央、省主流媒体的沟通联谊,省委宣传部先后三次组织中央驻赣媒体和省直新闻媒体对鹰潭进行集中宣传,一批反映本市坚持科学发展、加快转变经济发展方式的大稿重稿在中央和省主流媒体刊播。全年市外媒体刊播正面宣传鹰潭新闻稿件1730余篇(条),其中省级以上主流媒体950余篇(条),进一步提升了鹰潭在全省、全国的知名度和美誉度。着力推进突发公共事件媒体宣传工作的制度化、规范化和科学化,代市委起草的《鹰潭市突发公共事件媒体宣传应急预案》,现已下发执行。不断加强网上宣传的阵地建设,组建鹰潭市网络文化协会,积极推进本市重点新闻门户网站——“鹰潭在线”筹建工作。着力加快重大舆情反映速度、加强重大舆情分析深度、加大对策建议的实用程度,全年共整理编发《鹰潭网络舆情动态》46期、《网络舆情监测报告》22期,为领导决策参考提供了第一手资料。

文化体制改革发展势头良好,文化事业和文化产业繁荣发展。加快文化事业和文化产业发展步伐,不断满足人民群众多层次、多方面、多样化的精神文化需求。抓好文化惠民工程,广播电视“村村通”、农村电影放映、农家书屋建设等进展顺利,较好地解决了农民看书难、看戏难、看电影难的问题。大力提升公共文化服务能力,抓好了市图书馆、博物馆、群艺馆、电影院等项目的改扩建工程,市文化艺术中心、报业大楼等一批标志性文化设施正在抓紧建设。组织举办了庆祝中国共产党成立90周年系列文化活动,组织开展了“文化下乡”“欢乐舞台”等文化活动,不断丰富群众的精神文化生活。始终保持“扫黄打非”工作的高压态势,积极开展专项整治,有效净化和规范了文化市场,市文广新局被评为2011年全国“扫黄打非”工作先进集体。文艺精品创作生产取得新成果,选送的舞蹈《欢乐踢踏》在全省“金色童年”庆“六一”文艺晚会上荣获二等奖,中国首部反映畲族文化的电影《大天地》完成拍摄,历史剧《碧血黄花》入选江西省2011年度文艺创作繁荣工程,木雕作品《乡思》获2011年中国工艺美术“百花奖”金奖。加大特色文化资源开发力度,实施重点项目带动战略,积极开展文化产业项目的招商、宣传、推介工作。“红背带文化创意产业园”荣获江西省第三批省级文化产业示范基地荣誉称号,实现了本市无省级文化产业示范基地零的突

破。稳妥推进文化体制机制改革，文化事业单位转企改制、文化市场综合执法改革等取得阶段性进展。先进典型宣传推荐重点突出，精神文明建设成效显著。坚持以社会主义核心价值体系引领社会思潮，大力开展社会公德、职业道德、家庭美德宣传教育，公民思想道德建设取得明显成效。坚持以先进典型引领社会风尚，深入开展“道德模范”评选、“我推荐、我评议身边好人”和“感动鹰潭十佳新人新事”评选等活动，树立了第二届全省道德模范戈新华、全省见义勇为先进典型胡生贵、11位“中国好人”等一批代表现代鹰潭人形象的先进典型，在全市掀起了讲文明、树新风和学习先进、争当先进的热潮。深入开展“爱护生态环境，共建宜居城市”、“加强职业道德、提升服务效能”等主题实践活动，扎实推进“鄱阳湖生态文明示范村”创建和文明帮建工作，全年推荐入选全国文明单位3个、全国文明村镇2个、全省“百城万店无假货”示范店4个。在全市青少年中广泛开展纪念建党90周年读书教育活动，本市共有14人在全省比赛中获奖，其中一等奖2人。广泛开展“做一个有道德的人”“向国旗敬礼”“网上寄语留言”等道德实践活动，营造了健康向上的校园文化氛围。

宣传思想文化工作管理科学规范，队伍素质持续提升。制定实施了《关于加强县级和城乡基层宣传文化队伍建设的实施意见》，夯实了基层宣传文化工作基础。重点新闻门户网站——“鹰潭在线”正加紧建设。在宣教系统广泛开展的“改进作风、提升形象”学习教育活动，促进宣传战线干部的业务素质、工作作风、办事效率、服务态度、对外形象有了明显提升。新闻战线开展的“走基层、转作风、改文风”活动，得到省委宣传部的充分肯定，并受到全国“走转改”活动检查组的高度评价。

【连续3年在《光明日报》发表重点理论文章】 为提高应用对策研究的针对性，2011年，市委宣传部组织全市社科理论工作者，围绕本市经济社会发展的重大战略和重大现实问题，深入开展调研，推出了一批有深度、有分量、有说服力的研究成果，为党委政府决策提供有效服务。2011年12月29日，由市委常委、宣传部部长周世敏执笔的《加强群众文化建设推动社会管理创新》一文，以“江西省中国特色社会主义理论体系研究中心”名义在《光明日报》理论版头条刊发。这是本市连续3年在《光明日报》发表重点理论文章，是本市应用对策研究水平进一提升逐步上升的有力表现。此外，调研成果《创新社会管理积极做好新形势下的群众工作》和《洁净乡村撬动社会管理创新》先后在《瞭望》和《半月谈》发表；申报的《鄱阳湖生态经济区文化研究》获江西省社会科学研究规划“十一五”期间项目优秀成果；选送参加全省纪念建党90周年理论研讨会的2篇论文《党内干部产生机制的历史沿革与对策思考》、《走社会主义生态文明发展之路》均获省三等奖。领导干部带头搞调研，重视应用对策研究，是本市领导干以实际行动扎实推进学习型党组织建设的生动体现。为此，中央《建设学习型党组织工作简报》2011年第80期以“江西省鹰潭市紧紧抓住调查研究这一环节，以重大课题调研完善思路促进发展”为题，专门介绍了本市学习型党组织建设的典型经验。

【庆祝中国共产党成立90周年系列活动】 为庆祝中国共产党成立90周年，按照市委的安排部署，各地各部门围绕主题，积极策划，开展了系列丰富多彩的纪念活动，营造了喜庆热烈、团结和谐、昂扬向上的浓厚氛围。一是组织系列宣传活动。认真做好了中央有关庆祝中国共产党成立90周年重大活动的新闻报道，浓墨重彩地宣传中央“七一”纪念大会和胡锦涛总书记重要讲话精神，充分反映全市各地干部群众认真学习、深入贯彻落实胡锦涛总书记重要讲话精神的情况。市属新闻媒体在重要版面、重要时段开辟了专题、专栏，积极开展动态和深度报道。广泛报道全市各地举办的纪念征文、知识竞赛、群众歌咏、座谈会、报告会、主题实践等各具特色的群众性纪念活动，大力宣传全市先进基层党组织、优秀共产党员的典型事迹，集中推出一批纪念文章和理论、评论文章。二是组织系列理论研讨活动。召开了全市学习贯彻胡锦涛总书记“七一”重要讲话精神座谈会暨纪念建党90周年理论研讨会，围绕党的奋斗历程、巨大成就、伟大意义、成功经验和未来方向等问题深入开展研讨，取得一系列研究成果，其中2篇论文被评为全省纪念建党90周年理论研讨会三等奖。组织开展了“学习党的光辉历史，传扬江西红色文化”教育活动，进一步增进了广大党员干部和人民群众对党的奋斗历程、光辉成就的了解和认识。三是组织系列群众性文化活动。举办了“颂歌献给党，爱我新鹰潭”歌咏比赛，在全省“颂歌献给党、爱我新江西”歌咏比赛活动上，本市代表队荣获优秀组织工作奖，选送的《春天的芭蕾》《弹起我心爱的土琵琶》分获二等奖和三等奖。举办了全市首届鹰潭“青春红歌会”、鹰潭市庆祝中国共产党成立90周年文艺晚会，举办了纪念中国共产党成立90周年书画摄影展览暨海峡两岸四省二十市书画交流活动，展映展播一批反映中国共产党90周年光辉历程的影视文艺作品，进一步唱响了共产党好、社会主义好、改革开放好、伟大祖国好、各族人民好的主旋律。

【市第七次党代会精神宣传活动扎实深入】 为推动兴起学习宣传贯彻市第七次党代会精神的热潮，本市将新闻宣传与理论宣讲相结合，通过开展广泛深入、扎实有效的宣传活动，使市党代会精神家喻户晓，深入人心。在新闻宣传方面，组织市属新闻媒体通过开设专栏、专题、专版和专页等方式，采取新闻报道、专题解读、专家点评、理论研讨等多种形式，在重要版面、重要时段，推出了一批深度评论、大型采访、系列通讯,深入宣传市党代会精神,及时报道各地各部门学习贯彻落实会议精神的有力举措和实际成效,迅速在全市形成了学习宣传市党代会精神的舆论强势。在理论宣讲方面,组织市、县两级宣讲团深入机关、学校、企业、农村、社区等各个层面,结合学习贯彻党的十七届六中全会和省第十三次党代会精神,举办报告会200多场。宣讲团成员按照市委的统一要求,从过去5年取得的发展成就和宝贵经验、未来5年的总体要求和主要目标、推进鹰潭科学发展进位赶超的根本保证等方面,对党代会精神进行了原汁原味、全面准确的宣讲。通过扎实有效的宣传活动,帮助广大干部群众系统深入地理解市第七次党代会精神,起到了统一思想、振奋人心、鼓舞士气的作用。

【"科学发展、进位赶超、绿色崛起"主题教育活动成效显著】 按照省委统一部署,在全市广泛开展"科学发展、进位赶超、绿色崛起"主题教育活动。成立了市主题教育活动领导小组,及时召开了全市主题教育活动工作动员会议,市委办公室转发了实施意见,组织开展了四大类22项重点活动。市属新闻媒体统一开设了"科学发展、进位赶超、绿色崛起"专题、专栏、专页,组织开展了"转变发展方式、加快崛起步伐"大型采访报道活动,集中宣传了一批贯彻落实科学发展观、加快转变经济发展方式、加速绿色崛起方面的先进典型和经验,形成了高潮迭起、热点不断的舆论态势。主动配合全省"千百十"大型采访报道活动,《江西日报》、江西卫视《江西新闻联播》、江西人民广播电台《全省新闻联播》等省主流媒体在头版头条或网页头条,对鹰潭市入选全省"千百十"工程典型的鹰潭铜产业、贵溪市进行了深入报道。围绕活动主题,组织开展了鹰潭市第四届社科普及宣传周活动,围绕市民关心的热点问题,邀请专家、学者通过专题讲座、现场咨询等方式进行解答,起到了很好的普及宣传效果。举办了全市宣传文教系统学习贯彻胡锦涛总书记"七一"重要讲话精神、全市社科理论工作者学习贯彻市党代会精神座谈会,并在《鹰潭日报》理论版专版刊登了座谈会发言摘要。组织开展了2011年度全市"十大创业先锋"等评选表彰活动,推出了一批解放思想、科学发展的先进典型。组织开展了"优化环境、服务创业"、"鄱阳湖生态文明示范村建设"等主题实践活动,有效激发了社会各界参与的热情,增强了主题教育活动的实效,进一步坚定了全市人民建设富裕、秀美、宜居、和谐的鄱阳湖生态经济区璀璨明珠的信心和决心。

【学习宣传胡生贵活动反响强烈】 2011年8月22日,贵溪市罗河镇72岁退休教师胡生贵为救落水儿童英勇献身。市委宣传部充分发挥宣传思想工作优势,积极履行自身职能,迅速反应,周密部署,广泛开展学习宣传胡生贵活动,引起了巨大社会反响。胡生贵牺牲后,市属媒体统一开设了"向胡生贵学习"专题、专栏,深入报道胡生贵的先进事迹,引起了市委、市政府主要领导的高度重视。10月份,市委常委会专题研究了学习宣传胡生贵有关事宜,市政府下发了《关于广泛开展向胡生贵学习活动的决定》。全市各地各部门结合工作实际,组织开展了形式多样的学习活动。11月份,省委宣传部组织中央和省主流媒体对胡生贵的先进事迹进行了集中报道。《江西日报》在一版详细报道了胡生贵先进事迹,江西人民广播电台、江西电视台分别在各自晚间新闻节目中播出了胡生贵的先进事迹,大江网、中国江西网等在首页显著位置对胡生贵的先进事迹进行了报道。《中国教育报》、新华网、人民网、中国网、大众网、凤凰网等众多知名媒体纷纷刊登或转载了相关文章。省委宣传部《新闻阅评快报》第241期以《又一曲唱响赣鄱大地的英雄赞歌》对此进行了特别点评。11月15日,省委教育工委、省教育厅下发通知,组织全省教育系统广泛开展向胡生贵学习活动。为进一步扩大先进典型的影响,在省文明办的积极推荐下,胡生贵人选10月份"中国好人"榜,在全国范围引起很大反响。

【中央和省属主流媒体对鹰潭进行集中宣传】 2011年,省委宣传部先后多次组织中央驻赣媒体和省直新闻媒体对鹰潭进行集中宣传,一批反映全市坚持科学发展、加快转变经济发展方式的大稿重稿在中央和省主流媒体刊播,进一步提升了鹰潭在全省、全国的知名度和美誉度。7月1日,省委书记苏荣来鹰潭考察时,对本市近年来的工作给予了充分肯定,并要求省委宣传部组织省内主要新闻媒体进行总结宣传。8月9日,根据苏荣书记的指示,省委常委、省委宣传部部长刘上洋率领中央驻赣及省属主要新闻单位负责人组成调研组,深入本市调研,研究部署对鹰潭的重点宣传报道。8月12日至13日,由中央人民广播电台、《经济日报》《农民日报》《江西日报》等十余家中央驻赣及省属新闻媒体组成的大型媒体采访团深入本市,就创新社会管理、推进项目建设、建设宜居城市以及基层党组织建设等方面的经验做法进行了集中采访,刊播了一批精品力作。如《经济日报》头版头条刊发的消息《江西鹰潭大力建设绿色铜都》,《江西日报》头版头条刊发的长篇通讯《雄鹰高飞天地广》,江西卫视《江西新闻联播》头条单条播出的《雄鹰高飞》,江西人民广播电台《全省新闻联播》播发的录音头条《雄鹰展翅天地大》等。这些作品已收录到由市委书记陈兴超作序的《小天地里唱大戏——中央省属新闻媒体集中宣传鹰潭优秀作品选》中。

【新闻战线"走基层、转作风、改文风"活动扎实深入】 从8月下旬开始,全市新闻战线认真贯彻中央五部委、全国"三教办"、省委宣传部有关精神,深入开展"走基层、转作风、改文风"活动。各新闻单位都在基层一线建立了联系点,组织编辑记者与基层群众结对子,广泛开展蹲点调研活动,认真调查研究群众生产生活的新情况新变化,进一步了解基层、融入群众。各新闻单位均在重要版面、重要时段开设了面向基层、服务群众的专题或专栏,配发“开栏的话”,推出了一大批记者深入基层、深入一线采写的鲜活新闻报道。《鹰潭日报》在一版显著位置开设的《走基层、转作风、改文风》专栏,设立《基层人物》《一线见闻》《一线调查》等多个子专题,累计发稿60余篇,其中头版头条23个。鹰潭电台、鹰潭电视台在新闻栏目开辟了“走基层”专题,每周推出2至3期报道。这些报道以小见大,以点带面,用群众的语言和群众身边的事例,深刻反映了鹰潭广大干部群众投身建设富裕、秀美、宜居、和谐新鹰潭的伟大实践,反映了市委、市政府的政策措施给人民群众生活带来的实际变化,反映了人民群众分享改革发展成果的美好生活和良好的精神风貌,受到各方好评。省委宣传部《新闻阅评快报》第226期以单篇《鹰潭日报“走转改”报道接地气、有活力》为题对鹰潭日报社的做法给予充分肯定。10月10日,中国记协书记处书记顾勇华率全国“走转改”活动检查组深入鹰潭检查指导工作时,对本市“走转改”活动充分肯定,并表示鹰潭的做法值得全国新闻战线的人员学习借鉴,陪同顾勇华一行的省委宣传部副部长罗勇兵也给予高度评价。

【开展“感动鹰潭·十佳新人新事”评选活动】 2011年,全市开展“感动鹰潭·十佳新人新事”评选活动。通过基层推荐,媒体公示、报纸和网络投票、领导小组认真评选,胡生贵等10人评为2011年度“感动鹰潭·十佳新人新事”,韩毅才等10人评为2011年度“感动鹰潭·十佳新人新事”提名奖。这些来自各行各业、普通群众“看得见、信得过、学得着”的身边“活雷锋”,体现了中华民族的传统美德和优良品质,是本市全面建设小康社会进程中精神文明建设取得的丰硕成果。

【深入开展“改进作风、提升形象”活动】 为深入贯彻落实党的十七届六中全会和省、市党代会精神,着力加强干部队伍作风建设,市委宣传部在市直宣传文教系统组织开展了“改进作风、提升形象”学习教育活动。该次学习教育活动实施范围是市直宣传文教系统科以上具有独立法人资格的单位和全体干部职工,从2011年11月下旬开始,分学习动员、查摆问题和整改提高三个阶段进行。在学习动员阶段,通过干部自学、集中学习、座谈讨论、专题讲座等形式,和做好学习笔记、写好心得体会等方式,重点学习了中共十七届六中全会、省第十三次党代会、市第七次党代会、市委七届一次全会和全市宣传思想文化工作会议精神。在查摆问题阶段,通过发放征求意见函、召开征求意见会、设置意见箱、聘请人大代表和政协委员监督等多种形式,采取自己找、群众提、领导点、大家评的方法,广泛征求社会各界对宣传思想文化工作的意见建议,共收到各类建议意见208条。在整改提高阶段,针对群众提出和自身查找到的急需解决的重点难点问题,各单位制定了切合实际的整改方案,明确了整改的内容、措施、目标和时限要求,选准解决问题的突破口和切入点,有重点、分步骤地进行整改,着力办理了一批群众和服务对象普遍期待的实事、好事。整改结束后,还及时进行满意度测评,对测评不满意的,组织开展了再教育再整改。通过开展学习教育活动,干部的纪律观念明显增强,工作作风显著变化,学习风气逐步浓厚,班子凝聚力和队伍战斗力进一步增强,进一步增强了围绕中心、服务大局的能力,提升了宣传文教系统干部形象。

【市博物馆实施升级改造工程】 为贯彻落实党的十七届六中全会精神和省、市党代会精神,更好地展示鹰潭的历史文明文化,2011年11月起,市博物馆积极争取上级部门的支持,利用两个月的时间,全面实施升级改造工程,进一步提升硬软件建设水平。改造后的博物馆陈展内容丰富,分“世界奇观——龙虎山千年悬棺展”“道源教宗——龙虎山道教文化展”“中国先秦时期的最大窑场——角山商代窑址展”3个陈列馆和1个临时展览馆,形成了“打造道教文化,突出角山文化,展示古越多元文化”的陈列展览体系。积极创新展陈形式,运用现代科技手段增强博物馆文化的表现力,通过模拟千年悬棺场景和商代角山窑址场景,给观众营造身临其境的氛围,增强了展览的震撼力和视觉效果。同时,市博物馆还为每个展厅配备了两名专门讲解员和引导员,规范了陈列文字用语,标明了陈列文物年代,对生僻文字标注了拼音,更好地满足观众的需求。市博物馆陈列提升工程竣工并免费对外开放后,参观人员川流不息,已成为市民最青睐的文化场所之一,到鹰游客必看的一个人文景观,客流量较之以往增加了1倍多。

(吴有生)

【市委宣传部副县级以上干部名录】

市委常委、宣传部部长:徐琳琳(~2011.9) 周世敏(2011.9~)

副部长兼鹰潭日报社社长:王有金

副部长:李 云 刘建平 宋继红 许凤成

市委讲师团团长:张敏胜

市委对外宣传办公室主任(市政府新闻办公室主任):洪瑜君(2011.6~)

统战工作

【概述】 2011年,在市委的正确领导和省委统战部的具体指导下,市委统战部牢牢把握科学发展这一主题和紧扣加快转变经济发展方式这条主线,围绕中心,服务大局,发挥优势,强化措施,有力地推动了全市统战工作开展。荣获2011年度全省统战工作重点目标管理考核综合先进单位。

【融入大局,“同心”品牌活动成效明显】 2011年以来,市委统战部积极响应中央、省委统战部号召,扎实推进"同心"实践活动,将打造"同心"品牌贯穿全市各项统战工作之中,融入市委市政府全局工作当中,精心谋划,科学部署,注重打造亮点,彰显特色,争创品牌,收到了很好效果,受到社会广泛好评。

1."同心·感恩回报社会"见真情。一是开展金秋助学活动。鹰潭籍著名民营企业家、江西省光彩事业突出贡献奖获得者、上海捷丹文投资发展有限公司董事长祝永进先生在鹰潭设立"永进助学金"。从2011年开始每年向鹰潭光彩事业促进会捐赠20万元,用于资助贫困学生。8月19日,"永进助学金"捐赠启动仪式正式拉开帷幕,来自市直和县(市、区)及有关乡镇的初中考入高中的应届毕业生40名同学每人获得高中三年阶段5000元"永进助学金"。二是开展走访慰问"三老"人员活动。市、县两级统战部门组织江西三川集团有限公司、鹰潭市龙海贸易有限公司等40多家非公有制企业的主要负责人走访慰问老革命、老党员、老模范,送去了价值10多万元的慰问金和大米、食用油等生活必需品。三是开展民企帮村活动。组织江西中胜粮油股份有限公司、贵溪旺通铜业有限公司、鹰潭晨宇重型机械有限公司等12家民营企业与贵溪彭湾乡小岭村、贵溪樟坪乡西排村、余江洪湖良种场等结成民企帮村对子,签订"百千万惠农工程"暨民企帮村协议书。四是开展捐建红领巾希望书屋活动。9月上旬,由市委统战部、市工商联和团市委牵头,发动江西中川置业、江西天洁房地产开发公司等19家民营企业共捐款34万元用于捐建红领巾希望书屋191个,添置科普等教育书籍15万多册,在全社会引起强烈反响,受到了农村青少年的热烈欢迎。

2."同心·铸发展"扎实推进。选派党建指导员工作。为把非公,制经济组织开展创先争优活动进一步引向深入,鹰潭市非公有制经济指导小组与市委组织部共选派党建指导员96名,联系指导120余家非公有制经济组织开展创先争优活动。通过采取选好一批人,建立一套制度,解决一系列难事的"三个一"措施,使非公有制经济组织开展创先争优活动取得显著成效。由于党建指导员的出色工作,市委从首批26名下派鹰潭经济技术开发区的党建指导员中提拔了16人分别担任市财政局副局长、鹰潭经济技术开发区副主任、余江县副县长等重要职务或非领导职务。

3."重温历史、同心·井冈行"进一步深化政治共识。6月29日至7月6日,市委统战部以"重温历史、同心同行"为主题,在民主党派成员、无党派人士中开展共识教育,深化政治共识。一是召开"重温历史、同心同行"纪念中国共产党成立90周年座谈会,深情回顾中国共产党90周年光辉历程,重温各民主党派与中国共产党肝胆相照,通力合作、并肩作战的历史。二是认真组织全市统一战线成员学习胡锦涛"七一"重要讲话精神,畅谈学习体会,深刻认识中国共产党的先进性,切实做到思想上同心同德、目标上同心同向、行动上同心同行。三是组织各民主党派市委会主委、工商联主席、无党派代表人士开展"同心·井冈行"考察谈心活动,探寻伟人和革命志士艰苦卓绝的奋斗足迹,心灵得到净化,思想得到升华,更加坚定走中国特色社会主义道路的理想信念。

4."同心·话发展"服务王题王线献良策。为加快推进鹰潭科学发展、进位赶超、绿色崛起进程,在全市范围内开展"同心·话发展"我为鹰潭献良策活动。动员全市各民主党派成员、非公经济和无党派人士围绕"十二五"主题主线,针对本市改革发展中的重点难点问题,深入开展调查研究,用好建言献策"直通车",共收到调研文章56篇,各类意见和建议362条。其中:《鹰潭市打造世界铜都文化的现状分析和建议》《关于加强我市招投标活动监管的建议》得到市委市政府主要领导批示;《深化我市农村垃圾处理工作的几点建议》《对接环鄱阳湖生态经济区,拓展"一体两翼"的构想——尽快打通鹰潭至黄金埠快速通道建议》《关于规范市内停车,解决停车难问题的建议》等被市政府相关部门采纳。

5.大力开展"同心·服务创业"活动。积极做好经济统战工作,着力营造良好的发展环境,为更多来本市投资的境外人士和回乡创业人员创造条件,提供服务。引进上海捷丹文投资有限公司出资8262万元参股鹰潭农村商业银行,资金已到位3400万元;引进江西力田维康医药中间体有限公司,总投资1个亿。

6.指导非公有制经济组织开展创先争优活动。在非公有制经济组织中建立了党群组织,发展了一批党员,开展了评议和承诺活动,向省创先争优活动领导小组办公室推荐并表彰了四个先进党组织,三名优秀党员和一名优秀党务工作者,营造了非公经济组织争先进、赶先进的氛围。在全市范围内开展第2轮非公有制经济人士综合评价工作,召开了两次领导小组会议,对全市160名非公有制经济代表人士进行了综合评价。

【多党合作事业进展顺利】 1.高度重视,全省统战部长会议精神落实到位。全省统战部长会议结束后,市委统战部迅速召开部务会及全体机关干部会组织传达学习,及时向市委及市委主要领导、分管领导汇报会议精神情况,提出贯彻意见并向市委呈报了《关于深入贯彻落实中发〔2005〕5号文件精神妥善解决多党合作事业中有关问题》的请示。

市委对统战工作极为重视,第87次书记议事会议专门听取了会议精神的汇报,就贯彻落实好会议精神作了研究,并于5月10日召开了全市统战工作会议,市委书记杨宪萍作出重要批示,充分肯定2010年全市统战工作所取得的成绩,对做好2011年统战工作提出了明确要求。这次会议开得非常成功,对鹰潭市在新形势下进一步做好统一战线工作起到了一个再学习、再宣传、再动员的作用。

2.突出重点,市县换届工作举

措得力。2月份以来,市委统战部着力搞好换届工作,将换届工作列入2011年工作重中之重来抓。一是认真搞好调研,由市委常委、统战部部长汪当时带队深入到县(市、区)就换届党外人士安排问题听取县(市、区)党委领导意见。二是召开县(市、区)统战部长会议,学习省委组织部和统战部联合下发的29号文件,就换届党外人士安排等进行专题部署。三是按照中央和省委有关政策规定,向市委呈报了《关于市政协换届有关工作的请示》。四是积极与市委组织部沟通联系,切实做好市县人大、政府、政协领导班子中党外代表人士的推荐和选配工作,切实把相关政策规定落到实处。五是抽调人员参加市委考察组到县(市、区)考察四套领导班子和县级后备干部,了解换届党外人士安排情况。六是以高度的事业心、责任感,做好市本级政协换届有关党外人士安排工作,确保政协八届一次会议取得圆满成功。2011年换届,本市共提拔党外副县级干部5名,重用2名,交流6名。

*3.加强民主政治建设,解决党派实际问题。*一是建立和完善了民主监督5项制度:即谈心会议制度、党风廉政建设和反腐败工作情况通报制度、政府与民主党派联系制度、民主党派负责人参加有关检查制度和有关文件送阅制度。二是将政治协商纳入市委议事日程,下发了《中共鹰潭市委2011年度政治协商有关工作安排》,全年共召开座谈会、情况通报会、民主协商会7次。三是切实帮助民主党派解决实际困难。从2011年开始,给民主党派市委会、市工商联、无党派知识分子联谊会各增加专项经费3.5万元,总计24.5万元,并列入市政府年度财政预算,为本市民主党派和无党派人士履行职责、发挥作用提供了必要经费保障。

【民族宗教工作】一是深入开展"民族团结进步创建"活动。制定《关于深入开展民族团结进步创建活动意见》,精心承办省首届畲族文化节,做好省级少数民族扶持项目申报工作,申请扶助资金327万元。樟坪畲族乡2011年获"全国民族体育先进单位"、"江西省生态新农村"等称号。二是扎实推进和谐寺观教堂创建活动。下发《关于创建和谐寺观教堂活动实施方案》,支持宗教部门依法管理宗教事务,帮助建立健全宗教活动场所财务监管制度,促进管理规范化。三是健全和完善涉及民族宗教因素的预警和处置机制,妥善处理龙虎山上清镇聘用人员与上清天主教信徒的矛盾纠纷,未发生因宗教问题处理不当影响社会稳定的群体性或突发性事件。

【宣传信息工作】2011年在省以上报刊发表理论文章、调研报告共33篇,其中在《中国统一战线》、《团结报》等国家刊物发表文章11篇,信息80余条。

【统战部门自身建设】*注重加强制度建设,推进规范管理。*市委统战部把制度建设提高到领导方式和执政方式创新的高度来认识,加强建章立制工作,在原有20项工作制度的基础上,又建立了首问责任、保密、廉洁自律3项制度,大大提高了工作效率。

*注重加强作风建设,不断增强统战部门的凝聚力和影响力。*一是加强思想作风建设,增强开拓进取,锐意创新的意识。二是加强学风建设,尤其是部领导带头学习,带头深入基层、深入实践,努力探索新世纪统战工作特点和规律。三是加强工作作风建设,倡导求真务实精神,真抓实干,务求实效。四是加强领导作风建设,要求部领导干部在与党外人士的交往中,做到平等待人,协商办事,善于团结党外人士,搞好合作共事。五是加强生活作风建设,要求每名统战干部自觉抵制各种诱惑,不断提高拒腐防变能力,做到政治上清醒、思想上清静、生活上清廉,切实维护好统战干部的形象。

【统战十大要闻】5月10日,召开了全市统战工作会议,市委书记杨宪萍作出重要批示,充分肯定2010年全市统战工作所取得的成绩,对做好2011年统战工作提出了明确要求。这次会议开得非常成功,对本市在新形势下进一步做好统一战线工作起到了一个再学习、再宣传、再动员的作用。

6月29日,"重温历史 同心同行 统一战线庆祝中国共产党成立90周年座谈会"在华侨饭店举行,会议由市委常委、统战部长汪当时主持,市人大副主任刘育虹、市政协副主席王火茂、市政协副主席周水凤出席会议。

7月4日,市委常委、统战部长汪当时带队,组织各民主党派主委、无党派代表人士、工商联主席赴井冈山进行同心井冈行谈心活动。

8月19日,"永进助学金"捐赠启动仪式在鹰潭华侨饭店举行,仪式由市委常委、统战部长汪当时主持,上海捷丹文投资发展有限公司董事长祝永进先生参会,来自市直和县(市、区)及有关乡镇的初中考入高中的40名优秀应届毕业生获得高中三年阶段5000元"永进助学金"。

9月21日,市委召开民主协商会,就鹰潭市换届有关问题广泛征求了各民主党派、无党派和工商联的意见。市委副书记熊茂平主持会议,市委常委、统战部部长汪当时,市委常委、组织部部长郭清,市人大副主任刘育虹、市政协副主席周水凤出席会议。

9月22日,根据鹰字〔2011〕144号文件,戴春英任中共鹰潭市委常委、统战部部长。

10月10日,纪念辛亥革命100周年纪念日,民革鹰潭市委、市政协民宗台侨委员会、市台办、市侨联联合召开纪念辛亥革命100周年座谈会。市委常委、统战部部长戴春英出席会议并讲话。

11月14日,全市统战系统学习贯彻省第十三次党代会精神座谈会在市政府会议室召开,市委常委、统战部部长戴春英主持会议并作重要讲话,市人大副主任刘育虹、市政协副主席黄占共出席会议。

11月18日,香港龙山基金会赣

港心连心交流团到鹰潭开展捐资助学活动，鹰潭市辖区80名贫困小学生得到资助。市委常委、统战部部长戴春英出席仪式。

12月14日，鹰潭市国有企业及科研院所统战工作推进会在九一二地质大队会议室召开，市委常委、统战部部长戴春英出席并作重要讲话，鹰潭市国有企业和科研院所主要负责人参会。

（汪 宇）

【市委统战部副县级以上干部名录】

市委常委、统战部部长：汪当时（女，~2011.9） 戴春英（女，2011.9~）

副部长兼工商联党组书记：李爱珺（女）

副部长、调研员：张洪堂

副部长：祝发太

副调研员：李霞（女）

副调研员、工商联党组成员：郭卫辉（2011.7~）

农村工作

【概述】 全市各级党委、政府和农口部门紧扣科学发展主题，紧紧围绕“大兴水利强基础、狠抓生产保供给、力促增收惠民生、着眼统筹添活力”的工作要求，扎实工作，奋发进取，圆满完成各项目标任务。全市实现农林牧渔业总产值55亿元，按可比价计算，增长5%。粮食产量再创新高，达65.5万吨，增长2.3%；农民人均纯收入实现7623元，增长22%。农村社会保持稳定，农村社会治安、计划生育、基层组织建设和精神文明建设取得较为明显的成效。

【新农村建设】 2011年，本市新农村建设工作按照中央“二十字”方针的要求，坚持“政府主导，农民主体，干部服务，社会参与”的原则，以打造核心景区、交通要道沿线、城乡结合部、集镇周围的村庄为着力点，以“三清六改四普及”为重点，以市级领导和市直部门挂点帮扶为强动力，整合资源，扎实推进新农村建设。2011年，全市共开展了新农村建设自然村159个、新村点292个，覆盖农户1.37万户、人口4.78万人，共：清垃圾3.8万吨；清淤泥5.76万吨；清路障2185处%；拆除空心房15.58万平方米；已改水1.03万户；改厕1.1万户；改栏4700户；硬化通村及村内道路358千米；新建沼气池778个，圆满完成了省下达的新农村建设各项目标任务，全市292个新村点实现了“走平坦路、喝干净水、上卫生厕、住整洁房、用洁净能源、居优美村”的目标。

【农业综合开发】 争取国家农业综合开发产业化贵溪富宇蔬菜合作社、余江德诚牧业等财政补贴项目和余江康丰葡萄、岱宝山米业等财政贴息项目共9个，完成总投资5107万元，其中：争取中央财政资金571万元、省财政配套资金124万元，同比增长50%。项目实施后，可年新增总产值2.4亿元，年新增增加值7000万元，年直接受益农户3.38万余户。

实施国家农业综合开发贵溪流口、余江春涛土地治理项目2个，总投资1481万元，其中：争取中央财政资金785万元、省财政配套资金313.6万元，同比增长14.6%。通过项目的实施，完成中低产田改造1.54万亩，新增和改善灌溉面积1.07万亩，新增和改善涂涝面积0.8万亩，增加机耕面积0.8万亩，扩大良种种植面积1.5万亩，新增粮食生产能力180万公斤，项目区直接受益农户3433户，项目区直接受益人口1.15万人，增加纯收入240万元以上。

（谭永忠）

【市委农工部副县级以上干部名录】

部长、党组书记：毛建和（~2011.7） 谭国平（2011.7~）

党组副书记、副部长、调研员：邵方龙（2011.6~）

党组成员、副部长：邹雪生 邵方龙（~2011.6）

党组成员、农开办主任：周建兵

党组成员、副调研员：吴初堂

副调研员：雷逢约

政法综治工作

【概述】 2011年，全市政法综治维稳战线在市委、市政府的正确领导和上级业务部门的精心指导下，以社会管理创新综合试点为契机，以强化矛盾纠纷排查调处、完善治安防控体系、促进公正廉洁执法、加强基层基础建设为重点，政法综治维稳工作不断加强，取得新的成效。一年来，全市没有发生危害国家安全的政治性事件、严重群体性事件、群众性纠纷械斗、造成恶劣影响的刑事案件、群死群伤治安灾害事故、重特大安全生产事故，没有突破“法轮功”邪教组织的“三个零”指标，重大政治活动、重要节庆和重要敏感期间没有发生严重捣乱破坏活动，为促进经济社会又好又快发展创造了良好社会环境。被评为2011年度全省综治目标管理、和谐社会建设先进市，并首次荣获全省平安市称号；机关党建、调研、档案、保密、防处邪教、精神文明建设等多项工作被评为全市或全省先进。

【服务发展大局有新成效】 紧紧围绕市委市政府全面融入鄱阳湖生态经济区建设、推进新型工业化、城镇化和新农村建设等决策部署，服务社会经济发展，不断强化法律服务保障工作，以“发展提升年”活动为契机，紧贴“十二五”规划要求，坚持打击与保护、管理与服务、社会效果与法律效果统一，严厉打击各种经济犯罪活动，依法整顿规范市场经济秩序，保护各类市场主体和当事人的合法权益，在全市政法系统形成了“服务发展第一要务，亲民、安民、富民和尊重创业、服务创业、保护创业”的浓厚氛围，服务经济社会发展的水平有了新的提高，全市经济社会发展的法治环境得到明显改善，保障了重大项目有序推进、重点工作顺利落实。

【维护社会政治稳定有新成效】自觉把维护国家安全和政治稳定放在首位，充分发挥国家安全人民防线职能作用，强化情报信息工作，严密防范和严厉打击敌对势力的各种渗透破坏活动，及时侦破了一批危害国家安全的案件，为中央和地方政府及时提供了一批有价值的情报信息，有效维护了国家安全。对“法轮功”等邪教组织，坚持领导责任、教育转化、打击防控、帮教管理、防邪宣传等“五个不放松”，工作重心定位学校、社区、农村、企业、新型社会组织等“五个面向”，抓好典型引路、拒绝邪教、专项斗争、基层基础“四个落实”，取得了创新工作方法和总结推广经验“两个突破”，超额完成了中央和省委610办下达的三年教育转化目标任务，确保了“三个零指标”。

【预防和化解社会矛盾有新成效】一是强化源头预防和源头治理。建立健全了社会稳定风险评估和重大事项、重大决策、领导调研、专家咨询、法制部门审议、市民参与“四位一体”的科学、民主、依法决策机制，防止因决策不慎引发稳定问题。全年对58个重点项目进行了稳定风险评估，实现了重点工程实施过程中群众“零”非正常上访。二是坚持及时排查和妥善化解矛盾。着眼抓早抓小抓苗头，健全排查化解工作机制，并按照属地管理、分级负责和“谁主管,谁负责”、“一岗双责”要求，明确矛盾纠纷排查调处责任单位、责任领导和时限要求。实际工作中，坚持市本级每月、县(市、区)每半月、乡镇(街办)每周一次排查不放松，重要敏感时段坚持每天“零”排查、“零”报告，不留死角和盲区；对排查出来的矛盾纠纷和不稳定因素，实行领导包案责任制，按照“四个不放过”要求抓好化解工作。健全了“三调联动”工作机制，并深入开展矛盾纠纷大排查、大调处活动，着力解决了一批涉及群众切身利益的问题。一年来，全市共排查各类矛盾纠纷5100起，成功化解4613起，化解率为90.5%；因案施策化解涉法涉诉信访积案135件，化解率为96.4%。三是完善突发事件应急处置机制。充分整合公安、国安、网监等部门信息资源，建立了预警信息收集、研判机制。对综治、维稳、公安、国安、网监等所收集的103条涉稳信息进行了对接研判。信息资源的整合，为处置工作创造了有利条件，有效控制了不稳定事件苗头所带来的影响。建立了应急处置指挥机制，完善了处置工作预案，并按照实战要求组织了以人口疏散、重要经济目标防护、城市管制、消防防化、医疗防疫为内容的“砺剑—2011”和反劫持车辆为内容的综合实兵演练，有效检验了应急处置预案的适应性。四是重大安保任务圆满完成。全市政法各部门按照严之又严、细之又细、实之又实的要求，坚持整体联动、密切协作，圆满完成了庆祝建党90周年、全国全省“两会”、市第七次党代会、“七城会”鹰潭赛区、第十二届龙虎山道教文化旅游节等重大活动安保任务。

【社会管理创新有新成效】一是创新社会服务管理手段。全面实施“数字鹰潭”建设，通过建立人口信息库、法人信息库、空间地理信息系统和互联互通的基础信息平台，有效实现了对自然人和法人的服务管理。同时，通过整合天网工程、消防指挥系统、道路交通管理系统、政府应急管理系统等与视频相关的信息资源，实现了社会管控和处置的统一指挥、资源共享，提升了各系统使用效能和社会服务管理信息化水平。二是创新基层群众自治管理组织形式。对全市3525个村(居)民事务理事会，规范其在综治维稳工作中的职责，将社会服务管理工作延伸至城乡基层最小单元，充分发挥1.6万多名理事会成员地缘最近、人缘最亲、触角最灵、在熟人社会最具亲和力的优势，提供综治维稳信息，将大量矛盾纠纷和不稳定因素化解在基层与初始阶段。三是创新人口服务管理模式。大力推进数字乡镇、数字社区建设，对2010年采集的全市城乡人口信息进行了核对和完善，依托人口信息库和空间地理信息系统这一平台，有效实施了对全市城乡人口的分类管理，尤其对流动人口做到了“以证管人、以房管人、以业管人、以网管人”。四是加强特殊人群的帮教管理。对刑释解教人员建立无缝对接工作机制，实现安置帮教全覆盖，刑释解教人员无重新犯罪；对社区矫正人员运用GPS手机定位系统实行实时监控，全市300多名入矫对象无一脱控漏管；对肇事肇祸精神病人及时排查，由精神病院集中收治管控；对留守妇女、儿童和老人，招募社会志愿者实行结对帮扶服务。五是加强“两新”组织服务管理。加强“两新”组织党建工作，规模以上新经济组织实现党建全覆盖；完善分类管理制度，将社会组织纳入“法治鹰潭”建设轨道，做到依法有序规范管理，促其强化行业自律，履行社会责任；全面落实新经济组织法定代表人或负责人综治维稳责任，深入推进综治工作进园区、进新经济组织，着力构建和谐劳动关系。六是加强新兴媒体监管。制定了《关于进一步加强网络舆情管理工作的意见》，明确信息内容主管部门、行业主管部门、打击网络犯罪主管部门的协同配合责任，健全网络舆论引导、舆情监测研判、重大案(事)件快速反应机制，提高了网络监测、预警、侦查、控制、处置能力。

【和谐平安建设有新成效】一是加大了严打整治斗争力度。深入开展系列专项打击行动，严厉打击涉黑涉恶犯罪、严重暴力犯罪和“两抢一盗”等多发性侵财犯罪。先后对14个治安相对混乱的地方(部位)，及时下发抄告单，实行挂牌督促整治，治安面貌得到明显改观。二是加大了治安防控力度。健全人防物防技防结合和专群结合的社会治安防控体系，构建全方位、全天候、动态与静态相结合的社会治安防控格局。大力加强视频监控“天网”工程的建设、使用、管理工作，积极整合内部单位监控资源，在出入市区的重要道口建设13个智能卡口系统，充分发挥了“天网”工程在治安防范中的作用。进一步健全了保安、治安巡防、治安志愿者、看楼护院等六支群防群治队伍，有效发挥了群防群治队伍在社会治安防控中的效能。通过实施严打、严控、严防、严治、严管，切实增强了人民群众的安全感。三是加强了基层综治组织建设。整合乡镇(街办)便民服务中心、和谐平安联创中心、矛盾纠纷排查调处中心资源，实行“五联五统(联调、联防、联勤、联治、联创，统一受理群众诉求、统一分流处理事项、统一协调重大疑难问题的解决、统一监督办事效率、统一归档案卷资料)”工作机制，实现服务管理“一条龙”、“一站式”。

【涉法涉诉信访案件处理工作有新成效】 一是完善了信访案件领导包案制度。制定了《关于进一步完善涉法涉诉信访案件领导包案的通知》(鹰政法字〔2011〕40号)，对中央、省交办的13起信访案件明确了具体包案领导，规定了工作要求、办理程序和奖惩措施，有力地推动了全市涉法涉诉信访案件的化解工作。二是集中清理了涉法涉诉信访积案。按照中央、省委政法委关于集中力量化解涉法涉诉信访积案的要求，坚持做到每起信访积案都落实包案领导和具体责任单位，并制定责任追究制度，共化解中央、省委政法委交办的信访积案140起。三是规范了信访案件督办工作。针对不同的信访案件，分别使用中共鹰潭市委政法委员会信访件《督办函》《交办函》和《转办函》进行督办，督促解决了大量涉法涉诉信访案件。

【政法队伍建设有新成效】 一是加强思想政治建设。开展了“发扬传统、坚定信念、执法为民”主题教育实践活动，并与社会主义法治理念教育、创先争优、党员干警遵纪守法集中教育等活动有机结合起来，引导广大政法干警坚定理想信念，永葆忠诚本色，恪守职业道德，严守纪律规范。二是加强领导班子建设。结合市、县、乡集中换届工作，配齐配强政法部门领导干部。加强政法委机关班子建设，调整、充实班子成员7名，整体战斗力得到明显增强，2011年度述职考评在党群系统排名前移。三是加强执法监督管理。深入推进执法规范化建设，努力堵塞随意执法和滥用权力的空隙和漏洞。完善了案件评查制度，建立了由人大代表、政协委员、政法部门业务骨干和律师组成的案件评查专家库，组织实施评查案件403起，纠正有瑕疵的案件41起。四是加强能力作风建设。加大了教育培训和岗位练兵力度，政法干警公正廉洁执法、维护社会公平正义的能力得到增强。深入开展了政法干警“大走访”活动，政法队伍执法为民意识得到强化。

(叶海龙)

【市委政法委副县级以上干部名录】

市委副书记、政法委书记、市综治委主任：杜德春(~2011.9)

市委常委、政法委书记、市综治委主任：杨金红(2011.9~)

副书记：张荣先(2011.1~)

副书记、综治办主任：舒平贵（~2011.6)

副书记、610办主任：汪永华

综治办主任：汪永华(2011.11~)

副书记、维稳办主任：江　鸿（~2011.9)

副书记：费宜生(2011.11~)盛才明(2011.6~)

610办副主任：艾美华(女)

副调研员：熊万胜 舒云东(2011.6~) 杨红文(2011.6~)

调研员：盛金喜 郑月兴

综治办副调研员：胡旭辉

信访工作

【概述】 2011年，全市各级信访部门紧紧围绕市委、市政府工作大局，牢牢抓住领导干部接访、信访积案化解、体制机制创新“三项工作重点”，落实责任，强化措施，创新方式，完善机制，取得了可喜成绩。在控制赴京重复非正常上访方面，鹰潭市登记人数最少，成绩在全省排名第一；在2011年度省政府七项考核中，全市信访工作均获满分；在“三无”县(市、区)和“信访积案十佳县(市、区)”评比中，余江县、贵溪市分别榜上有名，是获奖比例最高的设区市；在全国“两会”、第七届全国城运会、省党代会、建党90周年庆典期间，全市均实现了正常访、非正常访“双零”目标。市信访局被评为2011年度全市综治工作先进单位。

【高位推动，扎实开展领导接访】 一是定期接访。建立并坚持了“市党政领导每周二定期接访、县党政领导每天轮流接访、乡镇班子成员随时接访”的工作机制，并在重要敏感节点时期增加领导接访密度。如全国“两会”、南昌“七城会”、省党代会期间，每个工作日均安排市、县领导接访，以及时纾解群众情绪，解决群众合理诉求。一年来，市级领导共接访72批1245人次，解决信访问题68件；县级领导接访311批1932人次，解决信访问题288件。

二是带案下访。依托“市级领导＋市直部门”挂点督导乡镇工作机制，市联席办坚持每半月定期梳理各县(市、区)、乡镇越级上访的信访突出问题，及时交办涉访地党委政府及相关责任单位，由其按照“五个一“的要求落实责任、带案下访，推动解决各类越级信访问题378件。月湖区建立“区四套班子成员下访一级”工作制度，将每月10日、20日作为固定下访日，使大部分矛盾纠纷和信访问题化解在基层，解决在萌芽状态。

三是网络处访。在畅通接访中心、市长专线、市长手机(信箱)、民声通道网上信访等信访渠道的同时，2011年3月建成并开通了视频接访系统，实现了省、市、县信访机关异地同时接访、接访领导与上访人点对点、面对面视音频信息实时交流，进一步方便了群众反映诉求,降低了群众信访成本,促使信访问题得到更加及时妥善地解决。一年来,市、县两级信访部门共受理"信、访、网、电"2.46万件(人次),做到了事事有回音,件件有着落。

【攻坚克难,强力化解信访积案】一是用策解决,彻底削减一批。各级党委政府认真贯彻执行中央和省里相关政策,大幅度提高城市低保标准和"两参"人员补助标准,并先后为5000多名返城未安置知青和1.8万余名城镇小集体职工、家属工、"五七"工办理了养老保险,使这一历时数年、涉及人数众多的信访突出问题得到解决。

二是用力化解,妥善处理一批。继3月份组织开展了为期一个月的赴京访专项治理活动之后,6月28日,市委市政府召开重复访化解专题工作会,市委书记杨宪萍作重要批示,市长钟志生作重要讲话。市党政领导带头包案,各级各部门认真落实。中央、省联席办交办鹰潭市信访积案8件,办结8件,市、县自行排查重复访积案188件,办结142件,办结率75.5%。此外,积极做好信访事项的依法终结和报送备案工作,截至12月底,全市有33件信访事项获中联办备案,备案绝对数在11个设区市中位居第四。

三是用情投入,真诚感化一批。各地各级精心组织开展机关干部"访民情、问民苦、解民忧、帮民富"活动和"市、县、乡"三级信访干部大走访活动,一方面推动解决其合理诉求,另一方面多次登门,反复劝解,既用心更用情,使信访人深受感动。如上访多年的孔某某、龚某某、杨某某、祝某某等10多位信访老户在信访干部十多次甚至数十次的耐心接谈、诚心劝导下。均被感化息访。

四是用钱撬动,信访救助一批。争取中央和省级专项资金199.24万元,市本级财政配套资金149.43万元,撬动责任单位及地方配套151.93万元,化解了108个疑难复杂积案。其中持续5年以上的信访积案73件,较好地消化了信访存量,减少了信访总量。

五是用法打击,依法处置一批。为有效遏制极少数人恶意缠访闹访、非法上访的行为,本市在全省率先制定出台了《鹰潭市依法处理赴京上访违法行为的意见》。2011年以来,全市依据有关法律法规和该意见,共训诫信访对象43人,拘留21人,劳教3人,打击了恶意非访者,震慑了出头跟风者、教育了其他信访人,有力地维护了信访秩序

【防化并举,全力推动要事解决】一是大力加强信访源头预防工作。各级党委政府大力推进民生工程,2011年全市累计共投入13亿元,超额完成了省下达的各项民生工程指标,进一步提升了群众的幸福指数和社会的和谐度。各级各部门认真贯彻落实社会稳定风险评估制度,滨江公园二期工程、鹰西棚户区改造、信江新区整体开发等重大项目,重点工程严格实行社会稳定风险评估,从源头上预防和减少了矛盾纠纷。

二是抓好矛盾纠纷排查化解工作。按照"抓早、抓小、抓苗头"的要求,始终坚持"市级每月、县级每旬、乡镇每周"定期排查矛盾纠纷和重要敏感时期集中排查化解矛盾纠纷工作机制。深入开展信访问题专项治理活动,使大部分矛盾纠纷和信访问题化解在基层,解决在萌芽状态。全年化解矛盾纠纷4100多起,化解信访问题1800余件。信江新区推行"每天一排查,一天一调度,问题不过夜"的排查化解制度,取得了赴京、去省、到市上访大幅度下降的明显成效。贵溪市建立信访信息报送和信访问题调处奖励机制,有效调动了村组干部的积极性,提高了信访工作的掌控能力。

三是高度重视解决初信初访工作。全面落实信访工作首问责任制,限时办结制和责任追究制,认真处理好每一件信访事项。始终做到紧急重大信访事项以《信访快报》的形式当天直报相关领导和责任部门处理,一般信访事项三天内予以转办,疑难复杂信访事项三天内立案交办。同时,切实加强信访事项的督查督办工作,市联席办联合有关部门开展综合督查2次,组织专案督查8次,电话和发函督办100余(次),提高了初信初访一次性办结率,最大限度地防止了初信初访变重信重访甚至越级上访。

【积极进取,不断创新工作机制】一是探索用群众工作统揽信访工作机制。认真抓好余江县作为本市用群众工作统揽信访工作的试点工作,大胆进行机制创新和资源整合,组建县、乡、村、组四级群众工作网络,形成了信访工作群众做、大家做的新格局。余江县委县政府还从"人、财、物"方面给予信访部门大力倾斜。在班子配备上,县信访局由原来的"一正一副"增加到"一正三副一专员";在机构设置上,新组建县群众服务中心,为县信访局下属副科级事业单位,增加事业编制4个;在场地建设上,新建了县人民群众来访接待中心,面积800平方米;在经费保障上,做到按需拨付,大力支持。

二是实行半小时联合接访运行机制。针对本市地域范围较小,人口相对集中的特点,市联席会议建立并实行"半小时联合接访"的运行机制。凡发生到市委市政府群体上访、异常上访时,启动该机制,市联席办及时发出通知,该信访事项的分管市领导、涉访县(市、区)和市直有关单位领导在接到通知后,半小时赶到接访中心,实行联合接访。2011年以来,共联合接访25批1296人次,及时妥善解决了一批群体性信访问题。

三是健全重要敏感时期稳控劝返机制。各地各级坚持把重要敏感时期的稳控劝返工作摆上十分重要的议事日程。在全国、全省重要会议、重大活动时期启动"源头稳控、沿途巡控、车站查控、驻地布控"控访机制,实现了赴京重复非访在11个设区市中登记最少;全国"两会"、建党90周年、七城会、省党代会期间正常访、非正常访"双零"登记的目标,为北京减了压,为省里分了

优,为市里争了光。与此同时,扎实做好上级领导来鹰视察调研以及市重点工程开竣工庆典、重要会议、重大活动等敏感节点时期的稳控工作,全年累计参加控访43次72天。尤其是龙虎山景区、月湖区、高新技术产业园区承担了大量的控访工作任务,为确保各项重点工作的顺利进行创造了稳定的环境,作出了积极的贡献。

四是建立市长专线与《赣东都市报》民生热线联动机制。在《赣东都市报》开设《12345热线行动》和《12345热线回复》专栏,由市长专线办搜索整理群众反映强烈的民生问题,交由责任单位限时处理,并由报社专栏记者跟踪督办,好的进行公开宣传,差的给予公开曝光,充分发挥了报纸的舆论监督作用。如市民反映南站一米粉厂生产的米粉质量有问题,信访局及时通知报社记者与技术监督局的人员一道去现场处理,并对该案件进行跟踪督办,使问题很快得到处理。一年来,通过联动机制的运行,其解决涉及群众切身利益的信访问题127件,达到了化解矛盾,促进和谐的目的。

【强基固本,切实加强自身建设】市委市政府高度重视信访部门领导班子和干部队伍建设。市局1名副局长提升为调研员,1名乡镇主要领导提拔充实到局领导班子,市直单位5名优秀年轻干部到市信访局跟班锻炼,另有8名县(市、区)信访干部得到提拔、重用和交流。各级党委政府切实加大对信访工作的投入,做到硬件建设优先安排、信访救助配套资金及时到位,工作经费给予保障,进一步改善了信访部门的工作条件。全市信访部门继续深化"创新机制、创优服务、创造佳绩"活动,大力培育信访文化,通过确立岗位标准、公开服务承诺、开展岗位练兵、推进首办负责、组织点评评议等形式,进一步改进了作风,增强了素质,提高了效能。通过实施暖心、暖神、暖体、暖胃"四个温暖计划",进一步提升了信访干部的精气神,调动了信访干部的积极性。广大信访工作者在解决群众实际困难中无私奉献,在化解社会矛盾中创先争优,在促社会和谐中建功立业。

(朱晓松)

【市信访局副县级以上干部名录】

局　长:左真香(女)

副局长、调研员:彭月林(2011.6~)

副局长:彭月林(~2011.11) 江东生

副县级专职信访督查员:郑秀榕(女)

副调研员:易圆平(2011.4~)

调研员:彭月林(2011.11~)

对台工作

【概述】 2011年,在市委、市政府的正确领导和上级台办的指导下,市台办坚持以邓小平理论和"三个代表"重要思想为指导,全面落实科学发展观,认真贯彻党的十七大精神和中央对台工作方针政策,贯彻落实省第十三次党代会及市第七次党代会精神,紧紧围绕全市工作大局,把握职责,履行"组织、指导、管理、协调"的职能,立足市情,发挥优势,扎实工作,开拓创新,取得较好成效。鹰潭市台办荣获全省2011年度全省对台工作优秀单位称号,贵溪市台办、余江县台办荣获全省对台工作先进单位,市台办邵志国、吴样安、胡春芬3人荣获全省对台工作先进个人,1人荣获全省对台工作特别奉献奖。

【重招商,中心工作有成果】 2011年,积极开展对台经济工作,取得较好成效。全市新引进台资项目6个,合同资金4600万美元,新增台资1320万美元。成立了市台办招商小组,采取"走出去、请进来"、利用"赣台会""香港招商活动周""低碳会"等招商活动平台招商、组织经贸考察团赴台招商等多种方式进行招商。共邀请台商团组15个共计142人次到鹰潭考察。

7月份,由市台办主任邵志国带队赴台湾开展经贸招商活动,先后拜访了各界协会及台商100余人,80%以上是新朋友。常年联合市产业招商办第四小分队,赴香港、深圳、广州、东莞、北京、杭州、武汉、台州等地拜会企业,捕捉信息,服务全市招商工作大局。

第五届海峡两岸道教文化论坛在鹰举办,台办借机邀请两岸工商文教交流协会等多个团组到鹰经贸考察,并与志光、鸿塘等乡镇达成农业开发项目合作意愿。

积极组织参加2011年赣台(南昌)经贸合作研讨会。共邀请台商7批共计100余人参会。会上共签约1.03亿美元。有力地推动了鹰台经贸交流与合作向更高层次、更宽领域发展。

积极服务台资企业。通过真诚热心地服务,进一步增进彼此友情,增加台商对鹰潭的认同感,让台商成为本市招商工作的宣讲员,以实现结交更多朋友、扩大信息来源、"以商招商"的目的。台商投诉案件为零

【重服务,基础工作有实效】 始终把做好台湾人民的工作当做一项基础工作来抓,主动做好台胞台属接待、走访慰问、信访投诉的调解工作及信息统计工作等服务性工作。据统计,全市台办系统为台胞台属办实事81件,处理台胞台属信访29件,无一例台胞台属投诉案件。台办上下把热情服务台胞台属当成本职工作、日常工作。坚持节日慰问送温暖,平时登门解忧难。年初走访慰问在鹰台胞和生活困难台属71户(次)。积极协调有关部门妥善解决台胞台属日常生活中出现的困难、纠纷等20余件,台胞台属台商均表示满意。

做好日常的沟通联络工作。全年向台胞发慰问信60余封、寄贺年卡360张、电话联系450余次,组织台属写书信10余封,组织台商开展各种联谊活动6次。与民革市委联合举办了辛亥革命百年纪念座谈会。

做好涉台信访投诉协调工作。建立健全了涉台信访投诉工作领导责任制,制定了涉台突发事件应急预案,进一步完善信访工作首问责任制度及责任追究制度,认真执

行领导干部联系台胞、台属、台商的巡访制度。年内,绝大多数信访件已办结,个别信访件正在积极协调办理中,台胞、台属、台商表示满意。

做好台企台胞到鹰潭捐助对接工作。年初,市台办积极争取台塑集团捐建明德小学项目并获批准,项目确定为贵溪市泗沥小学,台资捐助额45万元。4月,在市台办的联络协调下,赣台服务交流中心来鹰开展捐资助学活动,资助42名贫困学生,提供每人每年600元的助学金和学习用品。12月,赣台服务交流中心再次向全市贫困老人捐助1.6万余元。

【强交流,重大活动有成绩】 注重开展内容丰富的两岸交流交往活动,特别是成功举办了海峡两岸道教文化论坛、海峡两岸道文化书画展等重大交流活动,有力推进了两地各领域交流合作。全市共接待到鹰潭考察、观光、探亲等台胞约1.8万人次(其中本办接待到鹰考察台湾团组26个219人),组织考察团组赴台开展交流活动11批83人,因私赴台190人次。

精心筹备组织第五届海峡两岸道教文化论坛。11月4日至8日,本市成功举办了"第五届海峡两岸道教文化论坛"。中央部委领导、省领导、省直部门领导及两岸知名人士、学者、书画家、道教界人士等共350余人出席了本次论坛。海协会副会长张铭清,国宗局副局长蒋坚永,江西省人大常委会副主任朱秉发,江西省政府副省长熊盛文,江西省政协副主席李华栋,中道协副会长黄信阳,江西省台办主任阎钢军,江西省民宗局局长谢秀琦,以及鹰潭市委书记陈兴超、市政府市长钟志生、市委副书记熊茂平等领导、嘉宾应邀参加了论坛。论坛内容丰富、形式多,安排了道文化学术研讨、新闻发布会、经贸推介恳谈会、两岸道文化书画展、嘉宾见面会、欢迎晚宴、晚会、武术表演及论文集结成册等诸多项目。论坛受到社会各界高度关注,极大提升了本市在海内外的美誉度。中央电视台、江西电视台、《江西日报》、新浪网、搜狐网、华夏经纬网、台湾东森卫视、《太平洋日报》等媒体对论坛进行了宣传报道。据初步统计,论坛后有56万余条消息在网络上广为传播。

【突实效,宣传工作有亮点】 2011年,全市对台宣传用稿570余篇,其中,网络宣传用稿490余篇、在台湾报刊上用稿36篇、在对台新闻媒体用稿46篇;利用市直党建网络区活动召开台情报告会5场,560人次参加学习,出宣传橱窗18期,开展各项涉台活动16场,6300多人次参加了活动,接待台湾新闻媒体7批34人,输入台湾岛内光盘、画册、投资指南手册500余份。征订《台湾工作通讯》刊物60份。

在对台宣传方面。本办在各经贸和文化交流团组赴台期间,携带本市市情材料及招商手册、龙虎山风景资料,以及其他宣传材料,做好入岛宣传。利用台商台胞到鹰潭观光、考察、探亲、办事的机会,主动接触,热情接待,积极沟通宣传。特别是借助龙虎山嗣汉天师府在台的影响力,通过宗教人士和团体互相参访交流,积极做好对台宣传工作。联络接待了台湾东森电视台、八大电视台、高清卫视等来龙虎山拍摄,有力宣传了鹰潭。开展了涉台成果展,共展出图片文字31版,图文并茂宣传本市的经济社会发展成果和对台工作成绩。

在对台调研工作方面。本办注重深入台企和县(市、区)台办及各乡镇进行涉台工作调研,上报调研文章4篇,上报信息130余篇。向《江西对台工作》投稿40余篇。向《台湾工作通讯》、《两岸关系》及华夏经纬网等投稿30余篇。

在涉台教育工作方面。10月份,市台办领导分别到市直机关、学校等部门作对台形势报告会。全市广大干部群众对当前两岸的形势,及新形势下中国共产党的对台方针、政策有了进一步了解。

【重素质,自身建设工作有进步】 强化各项制度,提升服务质量和水平。从制定完善各项规章制度入手,狠抓制度建设,建立健全了大外宣、考勤、学习、保密等工作制度,并由市台办1名副主任牵头对各项制度落实情况进行检查,定期进行通报。

开展集中整治,转变工作作风。以集中整治为契机,大力开展作风整顿、职业道德、法制和党的纯洁性等主题教育活动,不断改进工作方法,转变工作作风,创新工作方式,逐步形成了"团结守纪、服务高效、敬业奉献"的工作局面。

扎实开展党风廉政建设。建立健全单位党风廉政建设相关制度,认真学习党风廉政建设的各种文件、规定,集中学习两个党内法规。按规定和内设科室签订党风廉政建设责任书。

结合数字鹰潭建设,积极组织力量统计现有台商台胞台属资源,调查摸准相关数据,全面完善了全市台商台胞台属信息数据库,开发全市涉台工作信息应用系统。

(阚 芳)

【市台湾工作办公室副县级以上干部名录】

主 任:邵志国

副主任:林伏昌 洪 波(2011.1~)

老干部工作

【概述】 2011年是"十二五"规划的开局之年,是本市市、县、乡三级顺利换届之年,也是全市老干部工作取得重大进展的一年。一年来,在市委、市政府的正确领导下,在省委老干部局的精心指导下,市老干部局以"让党放心,让老干部满意"为目标,围绕中心,服务大局,用心用情做好老干部工作,全面完成了省委老干部局和市委、市政府部署的各项工作任务。一年来,市老干部局共走访慰问了市直100余名离休干部、市直60余名特困和长期患病的离退休干部、45名副厅级以上退休干部、24名患病住院的副县级以上离退休干部、17名改制和破产企业无固定收入离休干部遗属、1名老红军和5名老红军遗孀、5名易地安置的离休干部和2名居住在外地的市(厅)级退休干部;组织全市2000余名离退休干部收听收看了杨善洲先进事迹电视报告会、400余名离退休干部收听收看了省委副书记张裔炯为全省离退休干部所作的形势报告电视电话会、200余名市直副县级以上老干部参加经济形势和换届工作情况通报会、110名市直离休干部和市(厅)级退休干部进行一年一度的健康体检、30名市直市(厅)级老干部赴广西南宁、北海等地参观考察;坚持老干部阅文和学习制度,共传阅各类文件600余份,阅文人数达1200人次;接待老干部来访30余人次,处理来信8件;在全市125个离退休干部党支部、5187名离退休干部党员中深入开展了创先争优活动,表彰了全市16个先进集体和35名先进个人;先后举办了"庆祝中国共产党成立90周年老干部书画展"、"市老干部活动中心大楼落成暨市老年大学挂牌书画展"、三期老干部养生保健讲座、庆祝建党90周年全市老干部斯诺克台球大赛、全市老干部文体四项联谊赛、市直老干部庆祝活动中心大楼落成文艺汇演、全省老干部乒乓球和围棋比赛,获团体优胜奖。2011年本局在全面落实老干部政治、生活待遇的同时,进一步丰富老干部精神生活,逐步实现"六个老有"的工作目标。

【市老干部活动中心大楼顺利落成】 市老干部活动中心大楼工程是全市重点工程之一,在历经两年的建设中,市委、市政府领导多次深入施工现场,协调处理实际问题,给予无微不至的关怀,让广大老干部真切地感受到了温暖和厚爱。2011年11月23日,市老干部活动中心大楼顺利落成,同时市老年大学挂牌开学。这是本市广大离退休干部政治生活中的一件大喜事,掀开了本市老干部工作崭新的一页。省委老干部局主要领导及市四套班子主要领导出席典礼仪式并剪彩,省委老干部局副局长陈卫华和市委副书记熊茂平分别祝贺和致辞,市委常委、市委组织部长郭清主持了典礼仪式。市老干部活动中心大楼的落成为广大离退休干部搭建了政治学习的课堂、娱乐健身的会所、精神慰藉的家园、展示风采的舞台、发挥作用的阵地。

【落实老干部政治待遇】 市委老干部局在落实老干部政治待遇时做到"四个坚持":坚持走访慰问看望老干部制度;坚持政治经济形势通报和参观考察制度;坚持老干部阅文和学习制度;坚持信访接待工作制度。本局先后走访慰问了市直离休干部、市直副厅级以上退休干部、老红军及老红军遗孀、患病住院的副县级以上离退休干部、特困和长期患病的离退休干部、改制和破产企业无固定收入离休干部遗属和易地安置的离休干部;组织了离退休干部收听收看了形势报告电视电话会、市直副县级以上老干部经济形势和换届工作情况通报会、市直市(厅)级老干部赴广西南宁、北海等地参观考察;每月18日组织副县级以上离退休干部学习,每周二下午在市老干部活动中心阅文室,每周三全天在新区老干部活动室组织老干部阅文,基本做到了重要文件在规定时间内及时传达;高度重视老干部来信来访,一年来,共接待老干部来访30余人次,处理来信8件,较好地做到了让老同志满意。

【落实老干部生活待遇】 在落实老干部生活待遇时坚持做到"三及时":及时为离休干部提高生活补贴标准,及时提高了离休干部公用经费和退休干部活动经费标准,及时组织市直离休干部和市(厅)级退休干部进行健康体检。2011年,在各级党政领导的重视和关心下,本市离休干部在建党90周年前夕全部领到了赣组字〔2011〕66号文件规定增发的生活补贴,充分感受到了党和政府的关怀和温暖;根据赣财社〔2011〕31号文件精神,经与市财政局协商将离休干部公用经费和退休干部活动经费的原有部分由离退休干部所在单位管理使用,2011年起新增加部分,由市委老干部局统一管理使用;及时组织市直离休干部和市(厅)级退休干部110人进行了一年一度的健康体检,进一步完善了老干部的健康资料。

【老干部文体活动丰富多彩】 2011年,市老干部局主要开展了以下几项老干部文体活动。一是认真组织开展了"与党同呼吸、共命运、心连心"征文活动。根据中组部老干部局《关于组织开展好"与党同呼吸、共命运、心连心"征文活动的通知》精神,本局高度重视,精心安排,全市近千名离退休干部积极参与。其中退休干部程关森撰写的《邓高铃的毕生追求》入选中组部《永远跟党走》优秀作品集,并荣获征文活动一等奖。二是在离退休干部党组织和党员中开展了创先争优活动。根据中央和省、市委关于在离退休干部党组织和党员中开展创先争优活动的文件精神,本局以深入学习科学发展观为主题,以创建"五好"离退休干部党支部和争当"四好"离退休干部党员为载体,立足离退休干部党员自身特点,在全市125个离退休干部党支部、5187名离退休干部党员中深入开展了创先争优活动。三是成立了市老年大学校务委员会。2011年11月2日,经市委批准,成立了市老年大学校务委员会。11月23日市老年大学在新建的市老干部活动中心大楼正式挂牌开学,开设了书法、国画、养生保健、电子琴、电脑班,面向广大离退休干部招生。四是在市委、市政府的高度重视下,市老干部活动中心环境、场所、设施等焕然一新。一流的环境、一流的场所、一流的设施需要一流的管理和一流的服务。根据离退休干部政策规定,从实际出发,市老干部活动中心面向市直离休干部和副县级以上退休干部开放,凭证活动,规范管理。市老干部活动中心全体工作人员定岗定责,坚持日有活动,月有比赛制度。五是市关工委与市委老干部局、市党史办、市妇联、鹰潭职业技术学院共同举办了“学党史、颂党恩、跟党走”主题教育活动。

【老干部部门建设不断加强】 深入开展创先争优活动。本局按照打基础、立规矩、带队伍、正风气要求建章立制,以思想、能力、作风建设为重点,教育工作人员爱岗敬业、精通业务、依法办事、热情服务、无私奉献,先后涌现了一批先进典型。其中本局办公室主任敖仁清被中组部、人力资源和社会保障部评为“全国老干部工作先进个人”。认真学习贯彻省第十三次、市第七次党代会精神。本局把学习贯彻省、市党代会精神与改进服务态度、完善各项管理、促进作风建设紧密结合起来,引导广大离退休干部和老干部工作者坚定理想信念,牢记为民宗旨,切实增强大局意识、责任意识、服务意识,凝心聚力,投身发展,促进和谐。切实开好民主生活会,抓好班子,带好队伍。根据市纪委、市委组织部鹰组字〔2011〕66号文件精神,本局认真召开了以“坚持以人为本执政为民理念,发扬密切联系群众优良作风”为主题的民主生活会,明确了努力方向,落实了整改措施,促进了团结和谐。

【全面完成市委、市政府中心工作】 2011年,本局全面完成市委、市政府中心工作。一是本局党风廉政建设、综合治理、计划生育、信访维稳、普法教育、数字鹰潭建设、防汛工作和新农村建设任务年度考核达标。全市离退休干部和老干部工作人员未发生一例违法乱纪、越级访和群体访事件。全局干部职工围绕中心、服务大局,默默无闻地为本市进位赶超、科学发展、绿色崛起作出积极的贡献。二是本局选派了2名县级干部参加市区棚户区改造工作,选派了2名科级干部参加全市各级干部下基层,排忧解难促和谐活动。三是积极组织干部职工参加慈善一日捐和各项公益活动。

(赵紫德)

【市委老干部局副县级以上干部名录】
市委组织部副部长、老干部局局长:刘建国(~2011.5) 陈小丽(女,2011.6~)
副局长:吴兵生(2011.1~)
调研员:刘建国(2011.6~)
副调研员:楼丽娟(女) 徐建国

市直机关工委工作

【概述】 2011年,市直机关工委在市委的正确领导下,认真贯彻落实党的十七届五中、六中全会和省第十三次党代会、市第七次党代会精神,深入贯彻落实科学发展观,按照“抓住一条主线、紧扣两大任务、突出六个重点”的工作部署,全面推进全市机关党的思想、组织、作风、制度和反腐倡廉建设,机关党的建设取得新成效。发展提升年牵头工作在平时考核和年终检查中以双满分位居全省前列;创先争优活动2次受到省委检查组的高度评价;参加全省机关文艺调演,获声乐类总分第一名;荣获全市“五五”普法先进单位。

【服务全市工作大局积极作为】 一是集中开展形势政策教育。组织党员干部深入学习“十二五”规划建议和纲要,学习胡锦涛总书记在庆祝建党90周年大会上的讲话精神,学习省第十三次、市第七次党代会精神,动员和组织党员干部立足本职,在建设富裕秀美宜居和谐新鹰潭的伟大实践中当先锋、作表率。

二是完成各级党代会代表推选工作。采取自下而上、上下结合、反复酝酿、逐级遴选的办法,精心组织和广泛发动市直机关党组织和党员参与各级党代会代表推选工作,顺利完成市第七次党代会市直单位86名代表、市出席省第十三次党代会14名代表和江西省出席党的十八大41名代表的推选工作。

三是扎实推进机关作风效能建设。牵头负责“创优发展环境提升办事效能和服务水平”工作,认真制订实施方案,建立健全工作机制,加强督查督办力度,纠正和解决了一批影响机关效能、损害发展环境的突出问题。

四是积极参与棚户区拆迁工作。克服人少事多的实际,抽调两名干部参加鹰西片区棚户区公房拆迁工作,促成45户拆迁户签订协议。

【创先争优活动深入开展】 在做好公开承诺、领导点评、推优表彰、群众评议等规定动作的基础上,结合市直机关实际,创新自选动作,以“三创三提”主题实践活动为抓手,组织动员争创“五带头”优秀党员,提高素质;争创“五好”党支部,提高凝聚力、创造力、战斗力;争创“五型”机关,提高服务质量和效率,进一步深化了创先争优活动。一是着力提高党员能力素质。以评选“十佳学习型党支部”和“十佳学习型党员”为导向,以“微型党课”教育活动为载体,以组织培训和配发学习书籍为推动,深入推进学习型党组织建设。2011年,采取多种形式培训党员干部9700余人次,配发各类书籍达5.6万元。

二是着力强化基层组织作用。以“富民兴市我先行”公开承诺与签名活动、“为民服务创先争优”活动、“共产党员先锋岗”活动为载体,组织引导机关党员干部在推动中心工作、履行岗位职责、服务人民群众中创先争优,充分发挥机关党组织和党员干部在服务经济社会发展中的堡垒攻坚和示范引领作用。

三是着力选树一批先进典型。广泛开展“推标杆、树样板、彰先进”活动,整体推进市直机关创先争优上水平。“七一”期间,工委表彰了市直26个先进党组织、60名优秀共产党员、24名优秀党务工作者。其中,一批先进典型受到省、市表彰,市地税局办税服务厅党支部和市公安局谢春生分获全省先进党组织和优秀共产党员称号;市委办党总支等8个党组织、市农业局李志荣等8位党员、市人防办陈兴宏等5位党务干部分获全市先进党组织、优秀共产党员和优秀党务干部称号；市审计局杨新生等9名干部荣获“感动鹰潭·新人新事”奖。

【纪念建党90周年活动形成热潮】为隆重纪念中国共产党成立90周年，在市直机关党组织和党建网络区中广泛开展讲党课、观红影、党史党建知识竞赛、重温入党誓词、书画摄影、征文演讲等一系列主题鲜明、丰富多彩的纪念活动，并通过举办“颂歌献给党，爱我新鹰潭”大型歌咏比赛，排练、选送节目参加全省机关文艺调演，召开市直机关纪念中国共产党成立90周年暨“七一”表彰大会等举措，将纪念活动推向高潮。

【机关党建组织基础进一步夯实】一是狠抓《条例》的贯彻落实。及时向市直单位党委（党组）和县（市、区）党委转发了省委贯彻《条例》实施办法，采取组织培训辅导、专题调研、外出考察等多种形式，大力宣传《条例》和省委实施办法以及贯彻落实经验做法。以贯彻《条例》和省委实施办法为契机，积极争取市委、市政府支持，将机关党员教育经费按照工委所辖党员人均30元标准列入同级财政年度预算，缓解了党建经费紧张的压力。

二是加强基层党组织建设。督促指导了27个市直单位完成换届，调整了市检察院、市人民医院、市一中、市国土局、市住房公积金中心等5个单位的党组织设置，调整了32个机关党组织领导班子，新任了11名专职党务干部。做好了党员教育、管理、服务、发展工作，全年共发展新党员96名，办理123名预备党员转正手续。开展了党员发展和党费收缴专项检查，对发展党员不符合程序、党费收缴不符合规定的单位实行了督办并限期整改。

三是完善党建目标管理考核办法。采取平时考核与年终考核相结合、定性考核与定量考核相结合、领导考核与群众评议相结合的办法进行目标管理考核，使推优评先工作更加公平、公正、科学。

四是提升党建研究水平。组织全市会员单位开展广泛调研，对重点课题指定课题组领题，工委给予一定课题经费，确保了调研文章质量。

【反腐倡廉工作得到强化】一是加强了换届纪律教育。抓住党代表选举这一契机，引导广大党员认真学习党章，学习先进模范，学习“5个严禁、17个不准和5个一律”，使党代表的产生过程，成为党性党风党纪教育的过程。二是开展党风廉政教育。结合“治庸、治懒、治散”活动，组织广大党员深入学习《中国共产党党员领导干部廉洁从政若干准则》《中国共产党纪律处分条例》，广泛开展反腐倡廉宣传和职业道德教育，进一步加强党风政风建设。三是加强风险岗位廉能管理。抓好机关厉行节约工作，加大查办损害群众利益突出信访问题和违纪案件力度。2011年，查处2名科级干部，开除2名党员党籍。

【新形势下群众工作成效明显】一是建立健全了激励、关怀、帮扶机制。建立老党员、老模范以及生活困难党员、职工档案，开展阶段性帮扶和经常性帮扶。2011年走访慰问老党员、困难党员19户，困难职工43户，送去慰问金6万余元。开展职工互助保险和心理健康教育工作，办理互助保险8万余元，举办心理健康知识讲座3期，组织市直29名职工代表疗休养。二是深化了城乡结对帮扶活动。以“四级联动、携手共建”活动为载体，组织市、县、乡三级机关党组织与村级党组织结对子，访民情、解民忧、帮民困、促发展，推进生态经济项目建设和农村基层党的建设。三是支持群团组织开展工作。加强工会组织建设，进一步发挥桥梁和纽带作用，不断提高群团工作的能力和水平。举办了鹰潭市首届相亲大会，为广大单身男女搭建了交流平台。

（辛建江）

【市直机关工委副县级以上干部名录】
市委副秘书长、工委书记：熊红英（女）
工委副书记、调研员：叶苏庭（~2011.11）
工委委员、市直机关纪工委书记：许莉萍（女）
工委副书记：邓建华（2011.6~）
工委委员、副调研员：陈婀娜（女）
副调研员：吴春旺（~2011.7）

党校工作

【概述】2011年，在市委领导下，校委班子团结、带领全校教职工认真履行培训轮训全市党员领导干部的职责，完成了市委交办的干部教育培训任务。共培训轮训各类党员干部6699人次。其中，举办主体类培训班5期，即党校主体班四期（第一、二期县级干部进修班、全市乡镇主要领导干部培训班、全市科级干部专题培训班）和行政学院主体班1期，主体班培训人数331人次（党校班次230人、行政学院班次101人）；举办轮训班三次17期（县级干部十七届五中全会轮训班4期、公务员职业道德培训班7期、科学发展观主题培训班6期）4617人次；对外培训考试类班20期1625人次；学历班学员126人。培训任务之重，培训人数之多为历年之最。全校教职员工在校委会的有力领导下，各尽其责，勤奋工作，党校风正气顺，干部教育培训取得了较好效果，得到了社会各界的认可。

【主体班教学】教学内容上注重创新。认真分析干部培训需求，课程的设计和更新要有针对性。该学期开设专题30多个，专题更新率100%。教学内容有高度和深度，扩大视野，启发思路。开设了马列原著课，进一步加大教学科研一体化的步伐，党校所有专题都尽可能加大科研含量，站在该学科的最前沿，把最新成果介绍给学员。在坚持马克思主义基础理论为主课前提条件下，更多开设市场经济和现代领导必备的知识和技能课程，帮助学员提高各种能力。同时，结合建党90周年，把党史党建知识作为重要教学内容。把鹰潭经济社会发展中的热点问题,如四大一新发展战略和三项基础性工作等作为教学科研的主要方向;教学方法上注重“三个结合”:课堂教学与学员研讨相结合。进一步推广研究式教学,课堂上师生互动,通过教学相长这个平台,更好地实现教与学两个方面的共同提高;校内学习与异地培训相结合。启发学员运用所学的理论知识,积极开展社会调研活动,如两期县级干部进修班和乡镇主要领导培训班都进行了异地培训;教师讲授与学员讲课相结合。在教师授课的基础上,开辟学员讲坛,起到了促进教学相长、实现学学相长的良好效果;创新培训方式,提高干部教育培训工作的实效性。充分利用现代化教学设施,改变“灌输式”的单一教学方式,既做到理论联系实际,坚持开门办学,又积极探索运用研讨式、案例式、答疑式的教学方式,推动教与学的互动,激发干部参训的积极性。在培训组织形式上,注重整合各种培训教学资源,从上级党校、市委市政府各部门、企事业单位聘请兼职教师讲课。全年共外请领导和客座教授9人次,有效提升了党校教学吸引力;培训模式上注重灵活多样。采取集中学习、专题辅导与外出实地考察相结合,组织了两期县级干部进修班、乡镇(街办)主要领导班赴苏州、山东等地异地培训,通过学习、参观、考察,学员理论知识得到巩固,认识水平得到提升,分析问题、解决问题的能力得到提升。

【理论研究】 坚持科研基础地位不动摇,认真做好科研和科研管理工作,精心组织,狠抓落实,努力提高党校科研服务大局的水平,科研成果不断涌现。公开发表论文11篇,其中国家级1篇;共成功申报各类课题6项。其中,全省党校系统课题3项,市委下达课题1项,市社科联立项课题2项。一是树立了科研是党校之基的观念,强化了党校科研关系到党校长足发展的责任意识。以科研为先导,走“科研兴校”、“科研兴教”之路,已成为党校人的一个基本共识。坚持把科研水平的高低作为考评教员的重要评价标准,强化只有重视科研才是一个合格教员的观念。特别是校领导带头搞科研,教研人员的科研意识、科研动力有所增强。二是加强科研协作交流。组织论文参加全省党校系统“纪念建党九十周年”理论研讨会,获三等奖3篇。还组织论文参加市建党90周年理论研讨会和市争先创优研讨会,获一等奖1篇、二等奖1篇、三等奖3篇。积极派员参加全省党校系统科研管理会议,加强了交流,吸取了经验,对科研的认识进一步深化。

【认真贯彻两个条例】 采取多种形式,组织教职工进行认真学习《中国共产党党校工作条例》和《行政学院工作条例》,明确方向;组织有关人员到兄弟党校开展调研学习,开阔视野,学习经验,进行比较分析,明确自身优势和差距。同时,不断加强党校业务指导,深入到各县(市、区)党校开展工作调研,把握全市党校系统的整体情况,完成了县级党校基本情况的调查,并向上级党校提出了改进县级党校建设的意见和建议,组织了全市党校系统常务副校长参加闽浙赣边界党校发展协作会,交流了工作,开阔了视野,推进了工作。

【队伍建设】 实施“人才强校”战略,加强队伍建设。坚持以建设一支政治强、业务精、作风好、结构优的教师队伍为目标,始终把教师队伍建设作为人才强校的重要基础,通过培训、挂职、岗位练兵和创先争优等方式,有效地提升了教师的理论水平和实践经验,从而全方位提高了教师队伍素质。本年度,本校选派了2名教师到中央党校学习,选派了10多名教师到省委党校听课培训,选派了1名干部到三川公司挂职帮助工作;加强行政管理和后勤服务人员队伍建设。管理队伍是党校人才队伍的重要组成部分。要适应新形势下党校的发展要求,更新管理观念,提高政治意识、责任意识、创新意识和服务意识。通过参加公务员基本功训练、在线学习、选派机关干部参加培训进修、实践锻炼、外出考察等方式,不断提高行政管理人员的管理能力。鼓励中青年干部结合本职工作开展调研,提高分析问题、研究问题、认识规律、把握规律的能力。通过专业化培训机构的培训、岗位练兵、技能比武等活动,提高后勤管理人员的管理和服务水平,提高技术工人的业务技能;加强领导班子和干部队伍建设。认真贯彻民主集中制原则,坚持校委会集体领导与分工负责相结合,充分发挥校委成员积极性和创造性,全年共召开校委会36次,校委班子民主生活会2次;坚持德才兼备、以德为先的用人标准,完善用人机制,提高选人用人公信度;坚持原则,形成合力,真抓实干,身体力行,清正廉洁;加强中层干部队伍建设,提高执行力。

【“数字党校”建设】 扎实推进应用平台建设,突出平台建设的可用性。根据党校性质和业务需要,决定把干部教育培训综合管理系统(包括主体班培训、理论研究、信息管理、图书管理)作为重点开发的应用系统。已完成的工作有:信息录入、导入工作已经完成;信息开发的目的全在于应用,按照“横向到边、纵向到底”的要求对干部教育培训综合管理系统进行分析,设定数据指标,干部教育培训综合管理系统的建设取得较好效果。

【校园建设】 一是开展厉行节约活动。认真贯彻党政机关节能减排、厉行节约的要求,调整了年度预算,在增收节支、提高效率方面取得明显成效。二是加强后勤管理,确保主体班和对外办学的需要,新增加一名保洁人员,保持教室经常性的整洁,使学员能在干净整洁的教室上课。有效管理花草树木。定期对草坪进行修理,校园进一步美化绿化。加强财务管理,严格财务制度,注重开源节流。做好沪昆高速铁路指挥部租住党校学员楼、食堂的有关工作。做好了全校教职工公积金和医疗保险的有关工作。认真维护好校园的水电设施,保证了教研工作的顺利进行。三是加强校园建设,提升后勤保障能力。党校道路改造工程顺利完成,校园路面全部用沥青压筑,校园品味整体提升;新增路灯10杆,校园进一步亮化;新购买SONY投影仪1台,增强了教学效果。

【图书信息化建设】强化图情信息资源的开发利用。充分利用好中央党校远程教学系统,为教学服务,做好了党校计算机的维护和管理工作,承担了校主体班和计划外办班的多媒体和音响播放工作,全年共为主体班播放多媒体100多次400多个课时,为计划外办班播放多媒体音响80多次300多个课时;加强了硬件建设,做好了计算机等设备的维修;进一步发挥图书资料服务教研的作用。较好完成2011年度报刊订阅工作,并获得党报党刊发行先进单位;提高服务意识,认真做好报刊的分发、点收、登录、陈列、外借等图书管理工作,全年共办理图书、报刊借阅计331人次;保持图书资料室经常性的整洁、舒适,为教工提供良好的阅读环境。

【行政管理】强化精细管理意识,落实岗位目标责任制,健全激励机制,完善考核机制。细心做好人事工作。做好了副县级后备干部的推荐考察的协调辅助性工作,包括提任前的民主推荐、民主测评、谈话等有关工作,并及时将有关资料报送市委组织部。及时按规定办理了一名干部的退休和一名干部调出党校的有关手续;认真做好了2010年度录用公务员的转正工作及2011年新录参照公务员法管理工作人员的资格审查工作,严格按照组织人事部门的要求和程序办理了有关录用手续;认真办理了全校40名干部的13个月工资发放工作和4名参照公务员法工作人员的调级调档工作;加强了文件管理和档案管理工作。认真贯彻好市委有关文件管理工作精神,加强文件和档案管理工作,本校文件管理工作和档案管理工作均得到相关部门的肯定。五是加强了接待、电话、打印、汽车的管理工作,各项工作运转有序。

【机关党建、老干部和群团工作】党务方面,不断推进创先争优活动的开展,按照既定方案,继续围绕“推动科学发展、促进社会和谐、服务人民群众、加强基层组织”的目标要求,着力创建“领导班子好、党员队伍好、工作机制好、工作业绩好、群众反映好”的“五好”先进基层党组织和争当“带头学习提高、带头争创佳绩、带头服务群众、带头遵纪守法、带头弘扬正气”的“五带头”优秀共产党员,创先争优活动取得了较好效果,2011年,被评为全市“十佳学习型党组织”和“先进党组织”,1人被评为优秀共产党员,1人被评为市直机关优秀党务工作者;认真开展好党内各项活动,活跃党的组织生活。注重抓好党员的日常政治学习,开展“建党90周年”知识竞赛。做好了市直机关工委对本校党建工作的各项检查工作;群团工作方面,三八节组织女教师到月湖岩公园活动,组织全校教工积极参加“春蕾计划”为失学儿童进行捐款和慈善一日捐活动,向社会奉献了党校人的一片爱心;社会中心工作方面,做好了普法、防汛、综治、计划生育、联建共创等中心工作,营造党校和谐良好的氛围;扎实做好老干部工作。稳妥做好了老年体协换届改选工作,充分发挥老年体协的作用,开展丰富多彩的活动,及时组织老干部参加市有关活动,使老干部真正做到老有所养、老有所学、老有所乐。

【学府创一流】认真开好两个活动。根据市委的统一部署,结合党校工作实际,制订了党校发展提升年的实施活动意见和以“治庸、治懒、治散”为主题的干部作风教育实践活动的实施方案,并能根据方案要求,有序推进各项活动的开展,取得了预期效果;强化教学管理,认真执行主体班教学的制度规定,进一步推行新课试讲和集体备课制度,强化学员管理严肃干部参训纪律,加强理论引导和党性锻炼,实行干部参训和学习情况通报制度;花大力气办好重庆大学网络教育学院鹰潭党校教学中心。在全校上下的共同努力下,与重庆大学网络教育学院联合办学进展顺利,得到了重庆大学网络教育学院的高度评价,并被评为2011年度优秀校外学习中心。全校教职工上下一心,多途径多举措招收新生,新招学员56人,完成了预定的招生任务。同时为新生提供优质的服务。

(王家茂)

【市委党校副县级以上干部名录】
市委副书记、校长:杜德春(~2011.9)
熊茂平(2011.9~)
常务副校长:王 辉
副校长:张成钢(~2011.7) 涂其新(2011.7~) 李水良 王家茂(2011.1~)
校委委员、副调研员:高秀英(女)
调研员:张成钢(2011.7~)

史志工作

【概述】2011年在市委、市政府的领导下和省委党史研究室、省地方志编纂委员会办公室的指导下,市史志办围绕市委、市政府中心工作,以纪念建党90周年、制定落实“十二五”期间史志工作规划、做好地方党史、地情资料的编纂研究、宣传教育等重要业务工作为主线,认真贯彻执行上级文件精神,履行部门职责,同心同德,努力拼搏,开拓进取,较好地完成年度各项工作任务,取得一定成绩。在全市纪念建党90周年理论研讨会上,市史志办人员撰写论文3篇,两篇获1等奖、一篇获3等奖。选送1篇论文参加全省纪念建党90周年理论研讨会获三等奖。被省委党研室评为2011年度全省党史宣传工作先进单位,1人被评为先进个人;被省方志办评为2011年度江西省地方志系统服务中心工作奖,1人被评为先进个人;市史志办所编纂的《鹰潭年鉴》(2010卷)参加第五届全国年鉴编校质量检查评比荣获二等奖。

【制定史志工作“十二五”规划】 2011年是“十二五”的开局之年,为统筹规划好今后5年的史志工作,史志办年初便开始积极酝酿起草鹰潭市史志“十二五”工作规划,并于4月份形成初稿。在6月份接到省委印发《江西省2011~2015年党史工作规划》后,本办根据省里规划迅速修订完成《鹰潭市2011~2015年史志工作规划》,并以市委办、市政府办的名义下发。

【开展建党90周年纪念活动】 2011年是中国共产党建党90周年,搞好纪念活动是史志办工作的重中之重。办领导年初便进行动员部署,号召全办人员尤其是党员干部发扬优良革命传统,积极“创先争优”,全力打好这一“仗”。全办人员热情高涨,积极谋划,紧张筹备,克服人员外调造成人手少、任务重、经费紧等困难,按照市委统一部署,独立及联合市委宣传部、组织部、市直机关工委等有关部门开展了多项纪念“建党90周年”相关活动。一是领头承办“全市纪念建党90周年党史知识竞赛”活动。史志办与市委组织部、宣传部、机关工委、教育局、鹰潭日报社等六家单位一道组织开展全市“纪念建党90周年党史知识竞赛”活动。从发文、出题、收答卷,到评审、发奖等环节,本办作为领头承办单位做大量协调性和事务性工作,加班加点评卷、改卷。通过广泛的发动,全市共收到竞赛答题卡近1.5万份,参与人员有广大党员、干部、教师、学生、企业人员等各行各业人员,取得良好的社会效应。二是积极组织开展全市纪念建党90周年理论研讨会。按照市委宣传部的总体布置,作为承办单位之一,该办发动全市党史系统工作者积极参与,共完成理论研讨文章7篇,获市级理论研讨会一等奖2篇、三等奖1篇。选送1篇论文参加全省纪念建党90周年理论研讨会荣获三等奖。三是完成地方党史先进人物和重大事件的宣传工作。为配合纪念建党90周年新闻宣传工作,史志办共挖掘提供鹰潭党史先进人物和重大事件的宣传稿24篇。在《鹰潭日报》刊登24篇,在鹰潭电视台播出节目20期。四是开展党史重点读物的征订工作。为促进开展党史学习宣传工作,本办精选中共党史一卷、二卷、中共党史知识读本、中共党史竞赛500题等重点读物为全市有关单位提供参考订阅。五是开展地方党史宣讲活动。办主任况建军、副调研员陈志敏在全市县级、科级干部培训班及市直单位宣讲鹰潭区域新民主主义革命斗争史等专题课10余堂,听众达500余人。六是开展党史书籍捐赠活动。与市关工委等单位一道,举办了“读党史,颂党恩,跟党走”文艺晚会,在会上赠送党史书籍100多册。为缅怀为新中国作出突出贡献的模范人物——邹韬奋,本办特向余江邹韬奋研究所捐赠一批党史书籍。七是撰写宣传党的丰功伟绩的文章。在《鹰潭日报》开辟的“学党史抓党建颂扬丰功伟绩”栏目上发表文章2篇。

【做好《鹰潭年鉴》(2011卷)编纂工作】。在2010年的基础上对新一轮年鉴一些栏目内容进行调整充实。充实两名编辑人员。《鹰潭年鉴》(2011卷)编纂已完成年底即可出版发行。

【开展《中国共产党鹰潭市历次代表大会实录》编纂工作】。《实录》全面准确地收录了自1980年8月召开的市第一次党代会到2011年9月召开的市第七次党代会的全过程,同时又力求如实地把历次党代会全过程同鹰潭市的社会主义现代化建设历史过程联系起来反映,再现历次党代会和历届市委市政府在省委省政府的正确领导下,引领全市人民开展经济、政治、文化、社会和党的建设全过程。2011年年底完成约30万字的书稿编校并正式出版。

【开展地方志资源的开发和利用】 一是参与对鹰潭公园景观和宣传片《活力鹰潭》内容的设计,提出修改意见和建议;对“鹰潭城市精神”定义的讨论从鹰潭地情的角度进行了概括;与外省、市进行市志和年鉴的交流,共交流志书类书籍100余本;将反映鹰潭地情的资料、图片进行收集整理上挂,充实鹰潭史志网;指导天师府编纂《天师府志》。接待市直机关和外市人员来本办了解查找地情情况20余人次。二是为省方志馆开馆提供了地情资料。为配合支持省方志馆开馆,本办与县(市、区)地方志办共收集赠送各类地情资料书籍149本,并形成《方志助推龙虎山“申遗”成功》一文提供给省方志办进行方志馆开馆布展之用。三是搞好地情资料库和鹰潭史志网的建设。地情资料库在原有1000余册的基础上,通过征集的形式充实地情资料100余本(册)。发挥鹰潭史志网在宣传鹰潭方面的窗口作用,组织办里人员收集反映鹰潭地情方面的信息900余条,约45万字。

【做好对县(市、区)史志工作的指导】 及时修改完善《鹰潭市县(市、区)史志工作目标考评细则》,并下发文件予以执行,年终兑现考核。办班子成员、职能科室负责人参加《余江年鉴》(2006~2010卷)编纂启动大会,办主要领导还在会上对年鉴编纂进行了业务授课;同时赴贵溪史志办了解指导《贵溪市志》的编纂等工作。

【做好市中心工作】 2011年本办密切配合市委、市政府各项中心工作,不遗余力支持完成好各项工作任务,专门抽调4名人员脱岗参加市里中心工作。一是认真完成“部门小平台”信息建设工作。根据市“数建办”的要求,本办积极完善部门小平台建设,对硬件设施进行配备,对软件进行开发利用,制订各项基本制度，收集整理、更新上挂数据信息。二是抽调2名人员参加城西“棚户区”拆迁工作。本办抽调1名县级干部和1名工作人员参加“城西棚户区”拆迁工作，并较好地完成了拆迁任务。三是抽调1名人员到市长专线办公室工作。按组织部要求，本办抽调1名副科级干部参加市长专线办的学习锻炼工作。四是积极支持干部下乡活动。上半年抽调派出1名副县级后备干部参加全市干部下乡活动。五是参加市委宣讲团进行宣讲。按市里的布置和要求，办主任况建军作为市委宣讲团主要成员之一赴贵溪、龙虎山景区及市直有关单位开展党的十七届六中全会、省、市党代会精神的宣讲，听众达500余人。

【抓好机关自身建设】一是推进学习型党组织建设，统一党员干部的思想行动。坚持领导班子及党支部学习制度。2011年，安排十多次集中学习，出学习专栏4期。加强党史、方志业务理论学习。征订《中国共产党历史(第二卷)》等一系列党史书籍。开展贯彻落实市《十二五史志规划》学习活动。开展年鉴编纂业务学习研究，派员参加全国年鉴编纂业务知识学习培训。二是深入开展创先争优、发展提升年等主题活动，强化机关作风，提升服务水平。以“治庸、治懒、治散”为切入点，开展党员岗位创先争优等主题教育实践活动，干部作风进一步优化，执行力得到加强，工作和服务的能力水平得到提高；三是加强组织建设，做好党建发展工作。及时调整支委成员。根据工作需要，重新选举新的支部副书记。做好一名入党积极分子发展工作。对入以重温党的历史足迹，发扬党的优良传统为主题，组织党员干部赴嘉兴、韶山等地外出考察学习。支持配合第七网络区当轮单位工作，完成机关工委及当轮单位交办的工作。

【加强干部队伍建设】调整充实队伍。年初通过全市公开招选方式正式调入一名副主任领导干部，加强领导力量。加强干部业务培训，参加全市县干进修班和全国年鉴工作会暨年鉴编纂研讨会。加强调研，重点提高研究和写作水平。在《党史文苑》、《江西党史工作简报》、《江西省地方志工作动态》、《鹰潭日报》等报刊上发表文章信息报道近40篇。加强行政管理和后勤服务完善制度，依规治理。补充制定了保密、信息采集管理、财务内控等工作制度，坚持按章办事，坚持对本办人员工作每月进行通报和点评；做好文件和档案、财务等管理工作，做好综治计生等工作；添置设施，改善条件，增加固定资产近1.5万元。

（王新勤）

【市史志办副县级以上干部名录】

主任：况建军

副主任：朱仕平(2011.1~)

副调研员：陈志敏

档案工作

【概述】2011年，鹰潭市各级档案部门在市委、市政府领导下和省档案局指导下，始终牢记档案工作记录历史、传承文明、服务社会、造福人民的宗旨，坚持以邓小平理论和“三个代表”重要思想为指导，以科学发展观为统领，以档案法制建设为保障，以档案规范化管理为抓手，以档案安全保管、优质服务为重点，以档案宣传教育为平台，在档案资源建设、档案信息化建设、档案公共服务能力建设等方面取得了一定成绩，全面完成了年初制定的工作目标。2011年度，鹰潭市档案工作荣获全省档案工作优秀单位。

【依法治档】2011年，为了大力发展鹰潭市档案事业，各级档案部门采取各种形式，如通过举办培训班，借助新闻媒体，积极宣传《中华人民共和国档案法》，学习《江西省档案管理条例》，社会档案意识和法制观念得到进一步加强。针对一些单位存在的不按规定移交档案，档案保管条件差、管理混乱等问题，各级档案部门进行档案行政执法检查，对检查中出现的问题及时督促整改，对拒不整改的单位，依照《中华人民共和国档案法》和《江西省档案管理条例》进行处罚。所有机关单位都建立了档案室，都能妥善管理和利用档案。

开展“六五”普法法制宣传教育工作，制定了《鹰潭市档案局“十二五”期间依法治档工作规划》、《鹰潭市档案局“六五”档案法制宣传教育工作规划》和《2011年鹰潭市档案局法制宣传工作要点》。积极开展《江西省档案管理条例》颁布十周年宣传活动，组织开展档案知识有奖竞赛和“百万网民学法律”网络法律知识竞赛等活动，制作宣传板进行档案法制宣传。鼓励档案工作者向档案报刊投稿，宣传档案工作。开展送法律下基层活动，将档案法规文件汇编送到江西保太集团等民营企业。积极开展档案登记工作，全市档案系统均如期完成档案登记，其中市直123个单位进行了登记，登记比率达96%。

【档案基础业务建设】鹰潭市各级综合档案馆严格执行机关档案资料到期必须移交进馆的规定，及时做好到期档案的接收工作。同时采取各种办法，广泛搜集一切具有保存利用价值的档案资料进馆，丰实馆藏内容，调整馆藏结构，加强档案资源建设。下发了关于向社会公开征集档案资料的通告和接收到期档案的通知，并在鹰潭档案信息网发布。2011年全市共接收文书、会计、科技等纸质档案2.14万卷（件），馆藏档案达31.11万卷(件)，资料6.99万册，照片档案1.09万张，磁盘、光盘、磁带78盘(张)。其中鹰潭市档案馆接收纸质档案5875卷、9450(件)进馆，馆藏档案达8.41万卷、4.89万（件)，照片档案6799张，资料2.39万册，磁盘、光盘、磁带63盘(张)。包括接收了江西省十三届运动会档案827卷及有关声像资料进馆。

在做好接收、征集档案资料的同时，鹰潭市档案局还特别注意做好国家重点档案的抢救工作。及时做好全市重点档案抢救与保护项目的申报工作。全市国家重点档案抢救数量已达5880卷,2011年抢救档案496卷。

【档案的安全保管】档案是不可再生的宝贵资源。档案安全重于泰山,它是档案工作的生命线。为了确保国家档案资料的安全和妥善保管,在各级领导和财政部门的关心支持下,鹰潭市各级档案馆根据各自的实际,加强了档案管护设施的建设,安装了防火、防盗、空调、消毒柜、去湿机等档案管护设施设备。并投资近万元增加了监控设施。完善落实了"防虫、防霉、防高温、防高湿、防尘、防盗、防火、防有害生物"的八防措施。2011年,鹰潭市档案馆对1.53万卷(件)档案进行了消毒。制订了库房安全应急方案,坚持了24小时值班制度,规范了库房用电操作行为,足额配备了消防设施,并和市消防部门进行了联合消防演练。由于工作得力、措施到位,加上工作人员的责任心,鹰潭市没有发生任何档案损毁现象,确保了档案的万无一失。

【档案的利用】鹰潭市各级档案部门积极主动,充分挖掘档案信息资源,发挥档案在鹰潭市各项建设中的重要作用,牢固树立"以人为本、为民解困、服务民生"的工作理念,紧紧围绕党政中心工作,着眼于民众关注、关心的热点、难点问题,在工作中实践"三个代表"重要思想,加大档案的开发利用力度。通过各种形式检索工具的编制,利用方式、服务范围的拓宽,提高了档案利用服务水平。鹰潭市档案馆购置了电子信息触摸屏,用于政务信息的查阅工作。全市82个党政机关、群众团体、企事业单位的政策性、法规性、公益性、服务性的已公开现行文件和文件汇编3114条目录已录入电子触摸屏,及时全面地向社会和人民群众提供已公开现行文件利用服务。2011年,鹰潭市档案馆根据国家的有关规定,有计划地开放了满30年的586卷档案。开放档案总数已达8565卷。2011年,全市各级档案馆共接待查阅利用人员5623人次(其中鹰潭市馆629人次,贵溪市馆2995人次,月湖区馆207人次,余江县馆1567人次、城建档案馆225人次),调阅档案、资料2.46万卷(件、册)。通过提供档案利用服务,为领导决策、落实政策、解决纠纷、编史修志、经济建设等方面提供了原始依据,产生了显著的社会效益和经济效益,并在档案工作中为维护社会稳定作出了自己的贡献。在开发利用馆藏档案信息资源方面,鹰潭市档案局与鹰潭市党史办联合编写完成了《中共鹰潭市历次代表大会实录》,全书30余万字,并配有大量图片。编写了《鹰潭年鉴》"档案工作"篇。《余江县志》荣获省档案局编研成果二等奖。

【档案业务监督指导】2011年,鹰潭市档案局认真贯彻落实市委总体工作要求和发展思路,牢固树立"鹰潭经济发展没有旁观者、各行各业都是建设者、参与者"的意识,完成了市政府下达的楼宇经济任务1038万元(地方实得税收),占任务数的700%,完成总量全市第一。努力创新档案服务机制,优化服务质量,积极寻找档案工作为鹰潭市"四大一新"发展战略服务的结合点,切入点和着力点,创造性地开展了档案工作。一是做好经济技术开发区、龙虎山景区、信江新区档案业务指导服务工作。鹰潭市经济开发区、龙虎山景区、信江新区档案工作起步较晚,档案保管条件不够完善。为此,积极主动与有关部门沟通协商,多次派员实地进行业务指导服务,帮助建档立制。经过共同努力,开发区、景区、信江新区的文书、会计、人事等档案门类齐全完整,保管设施逐步完善,管理制度得到落实。开发区内的企业档案工作也在逐步开展起来。二是做好农业、农村档案业务指导服务工作。把为新农村建设,为"三农"工作服务作为档案部门的重要工作职责,加强了对乡镇及村级建档工作的服务和指导。2011年鹰潭市档案局对全市村委会建档工作进行了指导,县(市、区)档案部门各自选择建档联系点。采取以点带面,逐步推进的办法,改变村级建档工作的落后状况。全市45个乡镇、街办、农林场全部建立了档案室,320个村委会建立了档案。三是做好企业档案业务指导服务工作。按照市政府关于印发鹰潭市深化和完善市直国有企业改革工作方案的通知,鹰潭市档案局积极主动地做好了国有、集体企业改制后的档案处置工作。2011年,原市磷肥厂,市汽配厂等企业改制档案进馆,有32个改制完毕的市属企业档案共计4万卷顺利进馆,确保了原市属改制企业档案的安全、完整。与此同时,深入江西保太集团等民营企业征求意见,开展咨询服务,进行调查研究,帮助指导文件归档整理。四是做好服务民生的档案工作。民生档案是社会管理活动的真实记录,它涉及千家万户,关系百姓的切身利益。为落实中央构建和谐社会的重大决策,市委市政府推出了一系列惠及百姓的"民生工程"。这里很多事情的落实,都需要档案服务提供可靠依据。比如经济适用住房购房资格的认定问题,城乡困难群众的低保、大病统筹和子女上学扶持等,都不同程度地涉及社区档案、社会保障和劳动就业档案的查证。为此鹰潭市档案局积极做好了与民生有密切相关的社会保障、社会就业、社会互助、优抚安置、婚姻计生、医疗卫生、土地征用、产权交易等档案工作的监督与指导,提供民生档案工作咨询服务,帮助有关部门进行民生文件材料整理归档。2011年着重对社保和医保系统的档案工作进行了指导。在提供档案为社会各界利用方面,简化程序,简便手续,对下岗职工、农民工、城市低保户查阅档案凭有效证件一律实行免费服务。通过提供服务,帮助老百姓解决了许多实际问题,充分显现出了档案在维护社会稳定和服务民生的凭证性作用,取得了较好的社会效益。

【档案信息化建设】 鹰潭市档案局抓住"数字鹰潭"建设的有利时机,制定了《鹰潭市档案信息化建设“十二五”规划》，数易其稿，拟定了两套《鹰潭市数字档案馆建设方案》，加大了档案数据库建设力度。2011年，聘请刚毕业的大学生进行馆藏档案资料目录著录工作，共著入条目21.8万条(其中市局10.2万条、贵溪市局4.13万条、余江县局6.97万条、月湖区局3494条)。全市机读目录总量已达37.77万条，较去年16.1万条的总量，同比增长235%，取得了历史性的突破。为确保条目著录安全和质量，鹰潭市档案局制定了《鹰潭市档案局档案、目录数据著录质量控制方案》等11个工作规范、表格等，实行档案条目输入准确性三级控制。与输入人员签订安全保密协议等，并在条目录入现场安装了监控设施。在有限的经费中投入各项资金近5万元，对馆内革命历史档案进行了全文扫描，制作电子文档。鹰潭市档案网的网站改版完成，新网站已于2011年9月开通，新网站内容得到充实，栏目设置更加合理，日常维护得到提升。

2011年，鹰潭市档案局公文接收和传输接入市政务网，建立了公文传输平台，进行了网络安全管理自查，加强网络安全管理。鹰潭市数字档案馆建设项目也与省局(馆)做好沟通对接。积极配合鹰潭市数字鹰潭建设工作，制定了《鹰潭市数字档案馆建设方案》、《鹰潭市档案局信息采集任务责任制》等制度文件，开展信息分类分层整理和信息数据采集上报工作。

《中华人民共和国政府信息公开条例》颁布后，鹰潭市档案局积极行动，主动做好各项准备。鹰潭市4家国家综合档案馆均被同级党委、政府指定为公开现行文件利用中心及政府信息公开查阅场所。市档案馆已购置电子信息触摸屏，用于政务信息的查阅工作。

【档案干部队伍建设】 鹰潭市档案局首先抓好局班子建设，认真执行党员领导干部廉洁从政若干准则，干部选拔任用工作四项监督制度，党政领导干部同责办法等。按照团结、实干、廉洁、高效团队精神，加强管理，落实措施。班子成员都能自觉地讲学习、讲政治、讲正气，心往一处想、劲往一处使，自觉地把团结和谐作为一种本领来增强，作为一种水平来提高，作为一种境界来提升。做到以大局为重，大事讲原则，小事讲风格，互助、互谅、互让、互容，一心一意干事业谋发展。其次，抓好档案干部队伍建设，结合“机关作风建设”“创先争优”“发展提升年”等活动，深入细致地做好干部职工的思想教育工作。通过加强学习，使本局工作人员懂得档案工作是一项对历史负责、对人民负责、造福子孙后代的事业。

全市各级档案部门建立了档案业务人员岗位培训和继续教育制度，2011年共举办档案业务培训班2期，培训档案工作人员86人。鹰潭市档案局还积极派员参加省档案局举办的档案业务培训班。通过各项学习活动的开展，档案干部队伍素质得到进一步提高。

(李 琳)

【市档案局副县级以上干部名录】

党组书记、局长：熊志南(~2011.12)

党组成员、副局长：梅绍明(2011.1~)

党组成员、副调研员：胡国良 梁少华

鹰潭市人民代表大会常务委员会

编辑、校对:夏永军

综述

2011年,市人大常委会在中共鹰潭市委的正确领导下,以邓小平理论和"三个代表"重要思想为指导,深入贯彻落实科学发展观,坚持党的领导、人民当家做主、依法治国有机统一,围绕中心,服务大局,依法履职,为推进社会主义民主法制建设,实现市"十二五"期间良好开局作出了积极贡献。

一、服务大局,为实现"十二五"期间良好开局积极作为

常委会始终遵循围绕中心、服务大局工作原则,主动将人大工作置于全市工作大局中来谋划和推进,紧贴市委工作中心,积极发挥人大履职特点和优势。

*以督促落实人代会决议为重点,加强对经济工作的监督。*围绕贯彻市委关于确保实现"十二五"良好开局的要求,以支持、督促完成市七届人大七次会议批准的国民经济和社会发展计划、财政预算为重心,加强对经济运行的监督,依法促进市人代会计划、预算决议的落实,以此推动全市经济实现又好又快发展。先后听取和审议市政府2011年上半年国民经济和社会发展计划执行情况、财政预算执行情况和审计工作报告,并提出切实加大重点项目建设保障力度,努力破解建设资金和施工环境等瓶颈制约;进一步优化经济结构,加快发展方式转变;积极培植财源,加强税收征管,规范预算编制,加大财政向.市委统一部署,围绕"如何壮大传统产业和培育战略性新兴产业"等7个事关鹰潭发展全局的重点课题,深入进行调研,分别形成调研报告,为市委决策提供参考。

二、履职为民,切实加强对民生工作的监督

常委会履职中致力于促进保障和改善民生,积极运用法制手段,努力平衡、协调各方面利益关系,促进公共服务的公平性、公益性和社会公平正义,维护人民群众的根本利益。

*对食品药品安全问题的监督常抓不懈。*听取和审议市政府关于菜篮子工程建设情况报告,持之以恒地跟踪督办人大代表提出的加快蔬菜生产基地建设的建议,促进了无公害蔬菜生产规模的有效扩大。以"农产品消费安全"为主题,深入开展"农产品质量安全行"活动;以"关注健康餐桌"为主题,组织开展"食品药品安全行"活动。同时,围绕上述两个活动,组织代表开展食品、药品安全执法检查,并针对存在的问题,督促严格依法行政,严厉查处违法行为,切实保障人民群众身体健康和生命安全。

*密切关注生态环境,扎实推进"环保信江行"活动。*对历年发现的老大难问题,坚持抓反复、反复抓,督促环境保护政策法规的落实。听取和审议市政府关于城镇污水处理设施建设和管网运行、农村医疗垃圾无害化处理等工作情况报告,并对存在的问题进行跟踪督办,一抓到底。组织大气污染防治法执法检查,重点检查城市和工业园区大气污染与水污染防治情况,督促整改发现的问题,有效推动人居环境和生态环境的改善。

*依法推动稳定物价的政策措施落实。*听取和审议市政府关于维护物价稳定工作情况报告,就进一步落实差别价格政策,加大价格监督检查力度,发挥好价格调节基金作用,增加困难群众补贴等方面工作提出建议。市政府对此高度重视,认真研究,果断采取系列措施,强化工作调度,加大物价政策宣传和价格监督检查力度,落实差别价格政策,并对生活困难群众采取帮扶措施,有效地维护了物价稳定。以促进司法公正、维护社会公平正义为重点,加强司法监督。听取和审议市中级人民法院、市人民检察院工作情况报告,并督促司法机关总结已有经验、改进执法工作,坚持公正廉洁司法,维护社会公平正义。督促公安机关加大落实社会治安综合治理措施的力度,推进警务体制改革,维护社会稳定。关注群

众诉求，坚持把加强人大信访工作，作为加强和创新社会管理重要抓手，作为"听民声，解民忧，促和谐"的重要渠道，全年共接待群众来访316人次、来信112件，促使一批矛盾纠纷得到化解，维护了群众合法权益与社会和谐稳定。

三、强化服务，充分发挥人大代表主体作用

常委会重视加强和改进代表工作，努力为代表履职搞好服务，注重发挥代表在管理地方国家事务中的主体作用。

*依法做好新一届各级人大代表产生工作。*按照市委统一部署，积极协调市八届人大代表依法产生工作，并指导依法选举产生县、乡两级人大代表，工作中认真贯彻修改后的选举法对代表产生的新要求。同时，高度重视换届选举工作，并将坚持党的领导、充分发扬民主、严格依法办事贯穿于换届选举工作全过程。在市委正确领导下，2011年鹰潭圆满完成市、县、乡二级人大换届选举任务，全市地方国家权力机关得到进一步巩固和加强。

*认真督促代表建议的办理。*将督办代表建议、促进办理质量的提高作为经常性工作，通过听取汇报、开展调研、组织视察等形式，加强督促检查，实行全程跟踪，努力推动代表建议办理工作的落实。通过认真督办，市七届人大七次会议代表提出的33件建议，已全部办理完毕；市八届人大一次会议代表提出的47件建议，市政府及其有关部门正在抓紧办理，并及时答复办理过程中的阶段性情况。随着代表建议办理工作的推进，一批与群众生产生活密切相关的问题得到有效解决。

*积极组织开展闭会期间代表活动。*先后组织代表就信江新区建设、城市管理、蔬菜基地建设以及法院、检察院推进社会矛盾化解、社会管理创新、公正廉洁执法三项重点工作的情况，开展视察调研，并将视察调研情况和带有普遍性的问题及时反馈市"一府两院"。围绕全市保障性住房建设和"光明、微笑、关心"工程以及贵冶周边3个村庄整体搬迁等民生工作落实情况，组织人大代表集中视察，实地了解情况，广泛听取民意，积极建言献策，为推进民生工程的有效实施发挥积极作用。

*努力为代表履职提供服务。*坚持为代表订阅学习资料，及时向代表通报常委会重要工作和全市经济社会发展情况。有针对性地邀请代表列席常委会会议56人次，参与常委会组织的视察调研等活动128人次，拓宽了代表知情知政渠道。重视征求代表对做好人大工作以及全市各项工作的意见，以各种方式走访联系代表，并帮助代表解决实际困难。

四、提升能力，努力加强常委会自身建设

为适应"十二五"发展的新形势新任务对人大工作的新要求，常委会把加强自身建设放在突出位置，努力提高履职能力和水平。

*坚持把思想政治建设放在首位。*注重将加强理论学习与贯彻落实市委重大决策部署相结合，与依法履职实践相结合，坚定正确政治方向。坚持常委会党组中心组、常委会组成人员和机关工作人员学习制度，着力强化理论武装，提高法律和业务素质。

*注重加强作风建设。*在严格依法按程序办事的同时，对"一府两院"提请的议案，做到特事特办、急事先办，不拖延，不误时，及时作出决议决定。认真组织开展"发展提升年"活动，引导常委会机关工作人员端正思想作风、改进工作作风，尽职尽责做好工作。按照"调研求深，检查求严，审议求真，督办求实"要求，组织调查、视察和执法检查32次，形成调查报告36篇；听取审议"一府两院"专项工作报告19次，提出意见建议146条。

*不断推进制度建设。*注重以制度建设推动工作的规范化和提高工作科学化水平。坚持并完善主任会议成员联系常委会委员制度、常委会组成人员联系代表制度，依法规范常委会工作制度、议事制度。组织机关以创先争优活动为抓手，认真开展"工作规范化"活动，使各项工作做到有章可循。

*努力扩大人大工作对外影响力。*积极开展地方人大外事工作，组团出访芬兰、匈牙利、乌克兰，并与匈牙利多瑙新城市、乌克兰伊久姆市签署建立友好城市意向书。成功举办四省九市人大工作联席会第二十五次会议和全省人大常委会秘书长、办公厅(室)主任座谈会。接待215批省外、市外人大工作考察团到鹰潭考察，起到宣传鹰

9月26日，出席市人大八届一次会议的人大代表分组审议政府工作报告。
市人大办公室供稿

潭和加强交流的效果。

重要会议

【市七届人大七次会议】 2月23日至25日，市七届人大七次会议在市区召开。本次会议应到代表271人，实到代表252人，符合法定人数。会议听取和审议了市人民政府工作报告；审查和批准了鹰潭市国民经济和社会发展第十二个五年规划纲要草案(书面)；审议了关于鹰潭市2010年国民经济和社会发展计划执行情况与2011年国民经济和社会发展计划草案的报告(书面)，审查批准了鹰潭市2010年国民经济和社会发展计划执行情况的报告与2011年国民经济和社会发展计划；审议了关于鹰潭市2010年市级总预算执行情况和2011年市级总预算草案的报告(书面)，审查了2010年市级总预算执行情况的报告和2011年市级总预算草案，批准了2010年市级预算执行情况的报告和2011年市级预算；听取和审议了市人大常委会工作报告；听取和审议了市中级人民法院工作报告；听取和审议了市人民检察院工作报告。

【市人大常委会会议】 1月27日，市七届人大常委会召开第四十一次会议。市人大常委会主任邵奇生，副主任张鲁年、管华鞍、彭中华、尹宁、刘育虹，秘书长敖高源和委员共28人出席会议。会议由市人大常委会主任邵奇生主持。市政府副市长史可、张荣先，市中级人民法院院长居国屏，市人民检察院检察长熊金文及市人大常委会机关县级干部列席会议。会议审议了市人大常委会工作报告(讨论稿)，决定提请市七届人大七次会议审议；审议并通过了市七届人大常委会代表资格审查委员会关于终止和补选代表的代表资格审查报告；审议了市七届人大七次会议议程草案，决定提请市七届人大七次会议预备会议审议；审议了市七届人大七次会议日程草案，决定提请市七届人大七次会议主席团第一次会议审议；审议了市七届人大七次会议主席团和秘书长名单草案，决定提请市七届人大七次会议预备会议审议；审议了市七届人大七次会议主席团常务主席名单草案、执行主席分组名单草案、副秘书长名单草案，决定提请市七届人大七次会议主席团第一次会议审议；审议了市七届人大七次会议表决议案办法草案、代表提出议案截止时间的决定草案，决定提请市七届人大七次会议主席团第一次会议审议；审议并通过了市七届人大七次会议列席人员、邀请人员和邀请在主席台就座人员名单；表决通过了人事任免事项。

1月31日，市七届人大常委会召开第四十二次会议。市人大常委会主任邵奇生，副主任张鲁年、管华鞍、彭中华、尹宁、卢越明、刘育虹，秘书长敖高源和委员共26人出席会议。会议由市人大常委会主任邵奇生主持。市政府副市长杨晓群，市中级人民法院院长居国屏，市人民检察院检察长熊金文、市人大常委会机关县级干部列席会议。会议审议并通过了关于调整鹰潭市第七届人民代表大会第七次会议时间的决定；审议了鹰潭市第七届人民代表大会第七次会议日程草案，代表提出议案截止时间的决定草案，决定提请鹰潭市第七届人民代表大会第七次会议主席团第一次会议审议。

2月21日，市七届人大常委会召开第四十三次会议。市人大常委会主任邵奇生，副主任张鲁年、管华鞍、彭中华、卢越明、刘育虹，秘书长敖高源和委员共29人出席会议。会议由市人大常委会主任邵奇生主持。市政府副市长史可，市中级人民法院院长居国屏，市人民检察院检察长熊金文及市人大有关专门委员会成员、市人大常委会工作部门负责同志列席会议。会议传达了江西省第十一届人民代表大会第四次会议精神，审议并通过了人事任职事项。

6月28日至29日，市七届人大常委会第四十五次会议举行。市人大常委会主任邵奇生，副主任张鲁年、管华鞍、彭中华、尹宁、卢越明、刘育虹，秘书长敖高源和委员共28人出席会议。会议分由市人大常委会主任邵奇生、副主任张鲁年主持。市政府副市长张荣先、杨晓群，市中级人民法院院长居国屏，市人民检察院、市政府有关部门负责人，市人大常委会机关县级干部列席会议。会议听取和审议了市人民政府关于维护物价稳定工作情况的报告；听取和审议了市人民政府关于加快全市文化产业发展工作情况的报告；听取市人民政府关于信江新区建设工作情况的报告；听取了市人民政府关于全市菜篮子工程建设情况的报告；表决通过了市人大常委会关于市八届人大代表名额分配的决定。

7月21日至22日，市七届人大常委会第四十六次会议举行。市人大常委会主任邵奇生，副主任张鲁年、管华鞍、彭中华、尹宁、卢越明、刘育虹，秘书长敖高源和委员共28人出席会议。会议由市人大常委会主任邵奇生主持。市政府副市长王家林、熊茂平、杨晓群，市中级人民法院院长居国屏，市人民检察院、市政府有关部门负责人，市人大有关专门委员会成员，市人大常委会机关县级干部和三名市人大代表列席会议。会议听取和审议了市人民政府关于2011年上半年国民经济和社会发展计划执行情况的报告；听取和审议了市人民政府关于2011年上半年预算执行和预算外资金管理使用情况的报告；听取和审议了市人民政府关于全市“五五”普法规划实施情况及“六五”普法工作安排意见的报告；听取了市人民政府关于全市外向型经济发展情况的报告；听取了市中级人民法院关于2011年上半年工作情况的报告；听取了市人民检察院关于2011年上半年工作情况的报告；表决通过了市人大常委会关于进一步加强法制宣传教育的决议；表决通过了人事任免事项。

9月7日，市七届人大常委会第四十七次会议举行。市人大常委会主任邵奇生，副主任张鲁年、管华鞍、彭中华、卢越明、刘育虹，秘书长敖高源和委员共27人出席会议。会议由市人大常委会主任邵奇生主持。市政府副市长王家林、徐鹏程，市中级人民法院、市人民检察院、市政府有关部门负责人，市人大常委会机关县级干部列席会议。会议审议了关于召开市八届人大一次会议的决定；听取和审议了市七届人大常委会代表资格审查委员会关于市八届人大代表的资格审查报告；听取和审议了市人民政府关于市七届人大七次会议代表提出的建议办理情况的报告；听取了市外事办关于出访芬兰、匈牙利、乌克兰三国友好城市情况的报告；审议了人事任免事项。

9月15日，市七届人大常委会第四十八次常委会议举行，市人大常委会主任邵奇生副主任张鲁年、管华鞍、彭中华、尹宁、卢越明、刘育虹，秘书长敖高源和委员共26人出席会议。会议由市人大常委会主任邵奇生主持。市政府副市长杨晓群，市中级人民法院、市人民检察院负责人，市人大有关专门委员会成员，市人大常委会机关县级干部列席会议。会议审议并表决了市人大常委会工作报告（讨论稿），决定提请市八届人大一次会议审议；审议并表决了市八届人大一次会议议程草案，决定提请市八届人大一次会议预备会议审议；审议并表决了市八届人大一次会议日程草案，决定提请市八届人大一次会议主席团第一次会议审议；审议并表决了市八届人大一次会议主席团和秘书长名单草案，决定提请市八届人大一次会议预备会议审议；审议并表决了市八届人大一次会议主席团常务主席名单、主席团执行主席分组名单、副秘书长名单草案，决定提请市八届人大一次会议主席团第一次会议审议；审议并表决了市八届人大一次会议议案审查委员会人员名单草案，决定提请市八届人大一次会议主席团第一次会议审议；审议并表决了市八届人大一次会议选举和通过人选办法草案，决定提请市八届人大一次会议主席团第一次会议审议；审议并表决了市八届人大一次会议表决议案办法草案、代表提出议案截止时间的决定草案，决定提请市八届人大一次会议主席团第一次会议审议；审议并通过了市八届人大一次会议列席人员、邀请人员、邀请在主席台就座人员名单；表决通过了关于接受史可辞去市人民政府副市长职务请求的决定。

11月8日，市八届人大常委会第一次会议举行。市人大常委会主任杜德春，副主任杨晓群、尹宁、卢越明、刘育虹、徐晓年、应祥，秘书长江鸿和委员共34人出席会议。会议由市人大常委会副主任杨晓群主持。市政府副市长李力，市中级人民法院院长陈仁生，市人民检察院检察长罗庆华，市财政局、审计局负责人、市人大常委会机关县级干部列席会议。会议学习贯彻了党的十七届六中全会、省第十三次党代会和市第七次党代会精神；审议并通过了市人大常委会关于加强自身建设的决定；听取和审议了市人民政府关于2010年全市和市级财政决算的报告；听取和审议了市人民政府关于2010年度市级预算执行和其他财政收支的审计工作报告；审议了市人民政府关于2009年度市本级预算执行和其他财政收支审计查出问题整改情况的报告（书面）；审议并通过了市八届人大常委会代表资格审查委员会主任委员、副主任委员、委员名单。

11月25日，市八届人大常委会第二次会议举行。市人大常委会主任杜德春，副主任杨晓群、尹宁、卢越明、刘育虹、徐晓年、应祥，秘书长江鸿和委员共35人出席会议，会议由市人大常委会主任杜德春主持。市长钟志生，副市长李力，市中级人民法院院长陈仁生，市人民检察院检察长罗庆华，市人大常委会机关县级干部列席会议。会议审议了市人民政府人事任职议案；审议并通过了市人大常委会关于接受艾农、吴文戈辞去江西省第十一届人民代表大会代表决定；补选了江西省第十一届人民代表大会代表；听取和审议了市人民政府关于2011年市级预算调整方案（草案）的议案和说明，审查批准了2011年市级预算调整方案。

重大举措

【监督工作】 5月，市人大财经委就维护物价稳定的议题开展了调研，召开座谈会，专门听取了市物价、农业、商务、民政、财政等部门有关工作情况汇报，并征求部分市人大常委会组成人员、财经委组成人员和市人大代表对稳定物价工作的意见、建议。6月，市人大常委会第四十五次会议听取和审议了市人民政府关于维护物价稳定工作情况的报告。会后，市人大财经委及时督促市政府及其有关部门办理常委会审议意见，促进鹰潭市维护物价稳定工作做得更有成效。

为深化文化体制改革，加快鹰潭文化事业和文化产业发展，5月中旬，市人大教科文卫委组织由部分常委会委员、教科文卫委委员和文化领域的部分专家等组成的调研组，深入国有文化事业企业、民营文化企业以及部分乡镇文化站（所），采取召开座谈会、发放调查表及问卷表、实地查看以及现场咨询等方式，就全市文化事业和文化产业发展情况进行专题调查研究，并形成书面调查报告。市人大常委会第四十五次会议听取和审议了市政府文化产业发展情况的报告。会后,形成常委会审议意见，交由市政府及其相关部门办理落实。

在顺利实施和完成了法制宣传教育第五个五年规划的基础上，为适应“十二五”时期经济社会发展需要,2011年又在全市公民中组织实施法制宣传教育第六个五年规划。为全面启动这个规划，6月，市人大内司委就全市普法教育工作开展了专题调研。在此基础上，市七届人大常委会第四十六次会议听取和审议了市政府《关于我市“五五”普法规划实施情况和“六五”普法工作安排情况的报告》,并作出了《鹰潭市人大常委会关于进一步加强法制宣传教育的决议》。决议将宪法和中国特色社会主义法律体系的基本法律作为“六五”法制宣传教育的核心内容, 同时强调要加强有关促进经济发展、保障和改善民生、加强社会管理等相关法律法规的学习宣传。该决议的审议通过,有力地推动了鹰潭“六五”普法规划的顺利实施。

7月,市人大内司委将推进法院量刑规范化建设,促进法院刑事审判工作,进一步加强检察院诉讼监督工作,开展人民监督员制度作为工作重点,对法检“两院”工作开展了调研,针对存在的问题提出了改进意见建议。

根据省人大常委会统一部署，市人大常委会采取上下联动,各方配合,突出重点,力求实效的方式，组织开展了“环保信江行”、“食品药品安全赣鄱行”和“农产品质量安全行”活动。活动中注重把握“三个环节”。一是注重事前精心准备。按照省人大常委会活动方案及时拟定了实施方案，对活动内容、时间和步骤以及经费保障等作了周密部署,保证了活动有序开展。二是注重事中查改结合。组织部分人大代表、执法单位和新闻媒体,通过听取汇报和实地查看等方式,深入实地视察,实行边查边改。三是注重事后跟踪督办。对于活动中发现的问题,市人大及其常委会相关专工委跟踪督查,直至问题解决。

【选举与任免】2011年，市八届人大一次会议选举了市人大常委会主任1名、副主任6名、秘书长1名、委员28名;市人大常委会先后任免国家机关工作人员60人次，其中任免人大常委会工作机构负责人3人次,任免政府组成人员33人次,任免法官、检察官24人次，批准任命下一级人民检察院检察长3人,决定市中级人民法院代理院长1人,决定市人民检察院代理检察长1人,接受辞职5人,批准辞职2人。在任免工作中,继续坚持任前法律知识考试、颁发任命书和拟任职思考与打算发言制度,共组织45名提请任命人员进行了法律知识考试。

【代表建议办理】市七届人大七次会议期间,代表共向大会提出建议33件（包括议案转建议办理的4件)。根据代表所提建议的具体内容，常委会及时将33件建议交由市人民政府办理。这些建议按内容分类:属于城建、规划、交通、环保等方面的有13件,占39.4%;属于工业、财经、社会保障等方面的有7件,占21.2%;属于教科文卫的有5件,占15.2%;涉及政法综合方面的有5件,占15.2%,涉及旅游方面的有1件,占3%;涉及农业、农村工作方面的2件,占6%。

截至7月10日,33件代表建议已全部答复代表并报送,从办理结果来看:代表建议所提问题已经解决或基本解决的有9件,占建议总数的27.3%；正在解决或已列入规划逐步解决的有21件，占建议总数的63.6 %;代表建议因政策原因或客观条件限制,暂时不能解决的3件,占建议总数的9.1%。从反馈情况看,对办理态度和办理结果双满意的27件;对办理态度满意、办理结果基本满意的4件；另有2件建议,可提代表对承办单位的办理态度表示满意,对办理结果未作评价。

市八届人大一次会议期间,代表共向大会提出建议47件（包括议案改作建议办理的17件)。根据代表所提建议的具体内容,常委会及时将47件建议交由市人民政府办理。

这些建议按内容分类:属于城建、规划、交通、环保等方面的有15件,占31.9%;属于工业、财经、社会保障等方面的有9件,占19.1%;属于教科文卫方面的有3件,占6.4%;属于农业农村、旅游等方面的有14件,占29.8%;涉及政法综合方面的有6件,占12.8%。

到2011年底为止,47件代表建议已全部答复代表并报送。从办理结果来看：代表建议所提问题已经解决或基本解决的有9件，占建议总数的19.2%；正在解决或已列入规划逐步解决的有34件,占建议总数的72.3%；代表建议因政策原因或客观条件限制，暂时不能解决的有4件,占建议总数的8.5%。从反馈情况看，对办理态度和办理结果双满意的42件，对办理态度满意、办理结果基本满意的有5件。

(李立敏)

【市人大常委会副县级以上干部名录】

主　任:邵奇生(~2011.9) 杜德春(2011.9~)

副主任:张鲁年(~2011.9) 管华鞍(~2011.9) 彭中华(~2011.9) 杨晓群(2011.9~) 尹 宁(2011.9~) 卢越明(2011.9~) 刘育虹(女,2011.9~) 徐晓年(2011.9~) 应 祥(2011.9~)

副巡视员:张鲁年(2011.9~) 管华鞍(2011.9~)

秘书长:敖高源(~2011.9) 江 鸿(2011.9~)

副秘书长:严细火　朱少武
内司委主任委员:江胜来(~2011.7)
宋平先(2011.7~)
内司委副主任委员:郑占煌(2011.1~)
毛文芳(2011.9~)
财经委主任委员:叶玉林
财经委副主任委员:陈锦耀　倪饶生(2011.9~)
教科文卫委主任委员:张一鹛(女)
教科文卫委副主任委员:熊红英(女,2011.9~)
城建环资工委主任:吴寿轩(~2011.4)
城建环资工委副主任:吴　斌
选任联工委主任:吴寿轩(2011.5~)
选任联工委副主任:汤小敏
外侨民宗工委主任:张金涛
农工委主任:蔡火水
农工委副主任:黎玉平
常委会办公室调研员:严正富
常委会办公室副调研员:吴英娟(女)　李增金　万勇章

市委书记陈兴超、市长钟志生、市委副书记熊茂平与市八届人大常委会委员合影。
市人大办公室供稿

鹰潭市人民政府

编辑、校对:华志萍

综述

2011年,在省委、省政府和市委的正确领导下,全市上下围绕建设富裕、秀美、宜居、和谐鄱阳湖生态经济区璀璨明珠的目标,以科学发展为主题,以加快转变经济发展方式为主线,抢抓鄱阳湖生态经济区建设战略机遇,开拓进取,扎实工作,全市经济社会实现了平稳较快发展,呈现了开局之年开局好、换届之年态势好的喜人局面。

经济指标平稳增长。全市生产总值达426.7亿元,增长12.3%。财政总收入71.1亿元,增长28.9%;其中,地方财政收入38.8亿元,增长31.6%。贵溪市财政收入突破30亿元,余江县、鹰潭高新区财政收入突破10亿元,县级财政收入占全市财政收入的85.6%,8个乡镇财政收入过亿元。全社会固定资产投资336亿元,增长30%。社会消费品零售总额103.3亿元,增长17.5%。城镇居民人均可支配收入1.75万元,增长12.2%;农民人均纯收入7623元,增长22%。

产业发展提速增效。以铜产业为主导的第二产业增势强劲。全市规模以上工业实现增加值239.5亿元,增长15%;主营业务收入1983.1亿元,总量位居全省第三,增长47.1%;其中,铜产业主营业务收入1818亿元,增长48.7%。全市工业园区实现主营业务收入686.7亿元,增长40.2%。鹰潭高新区被评为"全省先进工业园区"和"省级生态工业园区"。铜合金新材料、节能照明、汽摩配、硫磷化工等4个产业基地被列入省级产业基地。贵溪、余江再生资源回收利用基地被列入国家区域性再生资源回收利用基地。以旅游物流为重点的第三产业快速发展。全市接待国内外游客880.3万人次,增长31.1%;实现旅游总收入60亿元,增长33.5%;其中,龙虎山景区接待游客突破60万人,增长45.8%;旅游直接收入1.1亿元,增长60.8%。物流产业实现营业收入71亿元,增长29%;上缴税收3.1亿元,增长28.4%。农业生产稳步发展,粮食总产达65.5万吨,单产376千克以上,总产和单产再创新高。

城乡建设加速推进。以"项目推进年"活动为抓手,全市在建项目482个,总投资498亿元,完成投资277亿元。强化项目用地保障,全年报批土地1.1万余亩,重大项目用地指标同比增加40%。信江新区建设步伐加快,信江大桥、龙虎山大桥竣工通车,信江路网工程快速推进,"三纵三横"路网基本成型,"一江两岸"城市格局初具雏形。老城改造成效明显,滨江公园二期基本完工,小街小巷改造一期工程全面完成,市老干部活动中心投入使用,市人民医院和中医院门诊大楼工程完工,鹰南收费站、鹰南和鹰西通道沿线改造整治工程进展顺利,城市规划展示馆(市民服务中心)、林荫东路综合升级改造等项目有序推进;中心城区绿化品位提升,全市新增绿化面积100万平方米。贵电"上大压小"、西气东输二线鹰潭段、杭长客运专线鹰潭段等中央、省属项目加速推进。投入9600万元,高标准建成292个新农村示范点。投入3亿元,完成中潢圩堤防渗应急处理、12座小(一)型病险水库除险加固、余江小农水重点县建设等一批重点水利项目。新建、改造农村公路35万千米。深入实施造林绿化"一大四小"工程,完成造林面积8.17万亩。

招商引资态势喜人。招商区域由国内向境外、国外拓展,台湾连展科技、香港人和集团、香港四洲集团、日本同和等一批知名企业落户鹰潭;招商企业由小企业向大企业转变,先后引进了亚洲香精香料行业龙头华宝国际、国内鞋业龙头金帝集团等一批大企业;招商产品由低端向高端延伸,水晶光电、大华集团高精密铜板铜棒、同人电子蓝宝石衬底材料等高新技术项目有序推进。全市引进省外5000万元以上项目实际进资143.6亿元,增长30.5%;其中引进亿元以上项目32个,进资82.6亿元,增长42.7%,增幅位列全省第二。实际利用外资1.45亿美元,增长21.4%,增幅位列全省第一。外贸进出口43.8亿美元,总量位列全省第二;其中,外贸出口6.1亿美元,增长68.2%。鹰潭市荣获2011年度"全省开放型经济发展综合奖"。

民生改善成效显著。投入13.6亿元,全面和超额完成省政府下达的各项民生指标。全市新增城镇就业2.55万人,新增转移农村劳动力2万人,城镇就业率达96.5%,发放小额担保贷款2.4亿元。实现了城镇职工、居民基本医疗保险和新型农村合作医疗制度全覆盖,新型农村社会养老保险参保人数49.8万人,参保率达77.9%。安排3300万元资金,为30万城镇医保参保人员免费健康体检。发放城乡低保资金9205万元,城乡低保人均月补差水平分别达220.19元和94.48元。累计为4400名白内障患者、188名唇腭裂患者、264名先天性心脏病患儿、19名儿童白血病患者实施了免费救治。全市新开工建设保障性安居工程11651套,民欣佳园1680套廉租房顺利完成摇号分配,发放租赁补贴4700户。解决了农村7.6万人饮水安全问题。投入3.4亿元,基本完成贵冶周边3个村庄整体搬迁工程,搬迁村民558户达1651人。

社会事业协调发展。扎实推进科技创新“六个一”工程,鹰潭市连续六届被评为“全国科技进步先进市”。创建国家高新技术产业园区工作取得阶段性成效。教育事业整体推进,新建、改建校舍5万平方米,拆除中小学D级危房11.2万平方米,鹰潭一中新校区建设进展顺利。成功承办江西省首届畲族文化艺术节。群众文化生活丰富多彩,建成150个农家书屋、17个乡镇综合文化站、11个社区文化中心(室)和124个广播电视“村村通”工程。医药卫生体制改革扎实推进,全市乡镇卫生院和社区卫生服务中心实现国家基本药物制度全覆盖。圆满完成“七城会”赛事承办任务,群众体育活动深入开展。人口计生事业稳步发展。非工口7个系统国企改革全面完成,累计安置职工1.2万人。安全生产、食品药品安全和社会治安综合治理形势平稳,社会保持和谐稳定。

政府常务会议

2011年市政府共召开市政府常务会议12次:

2011年1月14日晚,市长钟志生主持召开了市政府第五十次常务会议。(1)关于2010年度鹰潭市科学技术奖励项目事宜。(2)关于调整2011年市财政配套住房公积金缴存基数和缴存比例事宜。(3)会议听取了市财政局关于全省财税工作会议主要精神及贯彻意见的汇报。(4)会议讨论并原则同意《鹰潭市2011年全市及市本级财政收支预算安排》。

2011年1月19日下午,受市长钟志生委托,副市长王家林主持召开了市政府第五十一次常务会议。(1)会议听取了市人力资源和社会保障局关于全省人力资源和社会保障工作会议主要精神及贯彻意见的汇报。(2)会议听取了市应急办关于全省应急管理工作会议主要精神及贯彻意见的汇报。(3)会议听取了市公共机构节能领导小组办公室关于全省公共机构节能工作会议主要精神及贯彻意见的汇报。(4)会议听取了市发改委关于全省发展和改革工作会议主要精神及贯彻意见的汇报。(5)会议听取了市金融办关于全省金融工作会议主要精神及贯彻意见的汇报。(6)会议听取了市科技局关于全省科技工作会议主要精神及贯彻意见的汇报。(7)会议听取了市教育局关于全省教育工作会议主要精神及贯彻意见的汇报。(8)会议听取了市工信委关于全省工业和信息化工作会议主要精神及贯彻意见的汇报。(9)讨论并原则同意《鹰潭市国民经济和社会发展第十二个五年规划纲要(草案)》、《关于鹰潭市2010年国民经济和社会发展执行情况与2011年国民经济和社会发展计划草案的报告(书面)》。(10)会议讨论并原则同意《2011年政府工作报告(讨论稿)》。

2011年1月24日下午,市长钟志生主持召开了市政府第五十二次常务会议。(1)关于余江县城城市总体规划修编事宜。(2)会议讨论并原则同意《鹰潭市房地产开发项目规划设计联审和竣工联验暂行办法(送审稿)》。(3)会议听取了市城乡建设局关于全省住房和城乡建设工作会议主要精神及贯彻意见的汇报。(4)会议听取了市人防办关于第六次全国人民防空会议和全省人民防空工作会议主要精神及贯彻意见的汇报。(5)会议听取了市农办关于全省农村工作会议主要精神及贯彻意见的汇报。

2011年2月10日晚,市长钟志生主持召开了市政府第五十三次常务会议。(1)会议讨论并原则同意《关于做好2011年招商引资工作的意见》和《鹰潭市招商引资奖励办法》。(2)会议听取了市商务局关于2011年全省开放型经济暨工业园区工作会议主要精神的汇报。(3)会议听取了关于全国粮食生产电视电话会议主要精神的汇报。

2011年3月7日上午,市长钟志生主持召开了市政府第五十四次常务会议。(1)会议讨论并原则同意《鹰潭市信江新区国有土地上城市房屋(含城市居民在集体土地上建房、购房)拆迁补偿安置办法(送审稿)》。(2)会议讨论并原则同意《鹰潭市中长期教育改革和发展规划纲要(2010~2020)(送审稿)》。(3)会议讨论并原则同意《鹰潭市城市人防建设专项规划(送审稿)》。(4)会议听取了全省医药购销和医疗服务中突出问题专项治理工作会议主要精神及贯彻意见的汇报。

2011年3月31日下午,市长钟志生主持召开了市政府第五十五次常务会议。(1)会议听取了市医改办关于全省深化医药卫生体制改革工作会议主要精神及贯彻意见的汇报、讨论并原则同意《2011年全市深化医药卫生体制改革目标任务(送审稿)》。(2)关于调整鹰潭市城市规划区征收土地补偿标准事宜。(3)会议听取了市工信委关于2010年度工业项目竞赛及工业发展奖评选等有关情况的汇报。(4)会议讨论并原则同意《鹰潭市环境噪声污染防治办法(修改稿)》。(5)会议讨论并原则同意《沪昆高速公路龙虎山服务区建设工作方案(送审稿)》。(6)会议讨论并原则同意《沪昆高速鹰东连接线梅园詹家临路改造方案(送审稿)》。(7)会议讨论并原则同意《鹰潭市城市规划区违法违规建筑防控查处办法(送审稿)》。(8)会议听取了市交通运输局关于全省交通运输工作会议主要精神及贯彻意见的汇报。(9)会议听取了市人口计生委关于全省人口和计划生育工作会议主要精神及贯彻意见的汇报。(10)会议原则同意对信江大桥、龙虎山大桥工程概算进行调整。

2011年5月27日下午,市长钟志生主持召开了市政府第五十六次常务会议。(1)会议学习传达了省委办公厅、省政府办公厅《关于进一步做好社会稳定安全工作的通知》精神。(2)会议讨论并原则同意《鹰潭市市本级2011年预算外资金收支计划表》。(3)关于停止征收鹰潭市原开征的地方教育附加费事宜。(4)关于姜朝皋、陈特明同志延长退休事宜。(5)会议讨论并原则同意《鹰潭市工伤保险市级统筹实施方案(送审稿)》。(6)会议讨论并原则同意《鹰潭市城市规划区村民建房管理办法(送审稿)》。

2011年7月22日下午,市长钟志生主持召开了市政府第五十七次常务会议。(1)会议讨论并原则同意《鹰潭市政府投资项目跟踪审计操作规程(送审稿)》。(2)会议听取了市财政局关于市驻外机构退休人员生活性补贴有关情况的汇报。(3)关于明确鹰潭华侨饭店有限公司出资人等事宜。(4)关于龙虎山大桥、信江大桥工程概算调整事宜。(5)关于调整建设项目相关规费事宜。(6)会议听取了省信用联社鹰潭办事处关于组建鹰潭农村商业银行有关情况的汇报。(7)会议讨论并原则同意《鹰潭市中心城规划区及城乡发展控制区土地管理若干规定(送审稿)》。(8)会议讨论并原则同意《鹰潭市自备水源污水处理费征收管理办法(送审稿)》。(9)会议讨论并原则同意《鹰潭市地质灾害防治规划(2010~2020)(送审稿)》。(10)会议听取了市国土资源局关于鹰潭市开展农村集体土地确权登记发证及永久性基本农田划定工作有关情况的汇报。(11)会议讨论并原则同意《市棚改金山弄片区房屋征收与补偿工作方案(送审稿)》、《市棚改金山弄片区房屋征收与补偿方案(送审稿)》。(12)会议讨论并原则同意《鹰潭市城市公共交通规划(2011~2020)(送审稿)》。(13)会议听取了市司法局关于第十二次全省法制宣传教育工作会议精神及贯彻意见的汇报、讨论并原则同意《关于在全市公民中开展普法教育的第六个五年规划(2011~2015)(送审稿)》和《鹰潭市"十二五"期间依法治市规划(送审稿)》。

2011年9月8日晚上,市长钟志生主持召开了市政府第五十八次常务会议。(1)会议听取了市投融资公司关于发行第二期企业债券支持鹰潭市保障性住房建设有关情况的汇报。(2)会议讨论并原则同意《关于进一步做好城镇居民基本医疗保险工作的实施意见(送审稿)》。(3)会议听取了市人力资源和社会保障局关于全省城镇居民社会养老保险试点工作部署暨新型农村社会养老保险扩大试点工作会议主要精神及贯彻意见的汇报。(4)会议讨论并原则同意市发展和改革委员会提交的《2016年经济社会发展部分主要预测指标(送审稿)》。(5)会议讨论并原则同意《鹰潭市全民健身实施计划(2011~2015年)(送审稿)》。

2011年9月13日上午,市长钟志生主持召开了市政府第五十九次常务会议。(1)会议讨论了《省第十三次党代会报告(征求意见稿)》。(2)会议讨论并原则同意《政府工作报告(送审稿)》。(3)会议讨论并原则同意《鹰潭市2011年1~8月份国民经济和社会发展计划执行情况的报告(书面)》。(4)会议讨论并原则同意《鹰潭市2011年1~8月份市级总预算执行情况的报告(书面)》。

2011年10月11日上午,市长钟志生主持召开了新一届市政府第一次常务会议。(1)会议讨论并原则同意《鹰潭市关于贯彻落实〈江西省综合性应急救援队伍建设(2011~2013)3年规划〉实施意见(送审稿)》。(2)会议听取了全省水利工作会议主要精神及贯彻意见的汇报。(3)关于鹰潭市人民政府与南昌航空大学合作有关事宜。四、会议研究了市政府领导分工事宜。

2011年11月18日上午,市长钟志生主持召开了市政府第三次常务会议。会议专题讨论研究了进一步加快鹰潭高新技术产业园区发展事宜。

办理人大代表建议和政协提案

【概述】 市七届人大七次会议、市政协七届六次会议期间,市政府系统共受理人大代表建议33件,政协委员提案95件,均按规定时限办理完成。通过建议提案的办理和落实,促进了全市经济社会又好又快发展。

【领导高度重视】 市政府领导同志始终将建议、提案办理工作列入重要议事日程。每年市"两会"后,市政府都要及时召开交办会,对市政府系统承办的建议、提案办理工作进行安排,切实要求全市政府系统各承办单位提高对建议提案办理工作重要性的认识,不断增强做好办理工作的自觉性,为圆满完成建议提案办理工作任务奠定了扎实基础。

【增强办理实效】 市政府始终要求各承办单位把办理工作的最终落脚点放在落实上,坚决克服"重答复,轻落实"的现象。把人大代表、政协委员反映集中,群众普遍关注的问题作为做好建议提案办理工作的切入点,把落实事关百姓切身利益的民生工程作为办理建议提案的着力点,着力破解经济社会发展中遇到的难题。

【加强办理督查】 为确保建议提案的办理进度,提高办理水平,市政府办公室以办复率、见面率、解决率、满意率"四率"为尺度,严把复函内容、问题解决、走访回访"三道关口",采取跟踪督办、通报督办、电话催办等有效形式,加强督促检查,及时掌握办理工作进展情况,不断提高办理水平,使建议提案的办理真正成为政府了解民情的重要来源、解决问题的可靠依据。

市政府办公室工作

【概述】 2011年,市政府办公室紧紧围绕市委、市政府工作大局,深入学习实践科学发展观,切实履行职责,高标准要求、高效率工作、高质量服务,充分发挥运转中枢、参谋助手和后勤保障作用,圆满完成了全年各项工作目标和任务,为建设富裕、秀美、宜居、和谐鹰潭,推动全市经济社会又好又快发展作出了积极贡献。

【围绕参谋辅政、推进落实,全面推动政务工作上新台阶】 着力提高办文办会水平。进一步强化服务意识、责任意识、质量意识,全面提升办文办会水平。一是以文辅政能力增强。公文处理中,始终站在全局的角度,做好领导的参谋助手。2011年以来,办公室草拟了《关于学习余江发展经验推动区域经济竞相发展的意见》《支持服务江铜发展的若干意见》《关于全力支持工业经济"决战5000亿实现新跨越"的决定》等一系列文件,强力推动了把鹰潭打造成鄱阳湖生态经济区璀璨明珠发展战略的实施步伐。2011年,以市政府和市政府办公室名义编号发文564件。二是公文运转速度加快。坚持"从严、从精、实效"的办文原则,严把文件审批关、政策关、时效关、格式关、文字关和行文关,力求文件起草政策清楚、观点明确,文件送签程序规范、快速高效;坚持"一个口子进、一个口子出"的原则,急件急办,特件特办,密件专办,做到了"即时收文、及时办理、按时办结"。2011年,共处理各类公文4000余件,其中上级来文1600余件,市直部门和县(市、区)来文2400余件,领导批示100余件,办结率100%。三是会议承办质量提高。坚持"规范、严谨、全面"的原则,按照"会前抓协调、会中抓服务、会后抓落实"的要求,加强会务组织和服务工作,确保会议高质高效、井然有序。2011年共承办和协助办理重要会议300余次,其中市政府全体会议、市政府常务会议、市长办公会议28次,圆满承办了第十三届"中国·鹰潭龙虎山道教文化旅游节"、"江西省(鹰潭)2011政银企对接"活动等全省、全市性大会30余次,受到省、市领导的充分肯定。

*着力提高信息调研工作水平。*围绕全面融入鄱阳湖生态经济区建设发展战略加强信息调研工作,努力找准上策下情的"结合点",选好解决问题的"突破点",做到参之有道、谋之有方、言之及时。一是信息质量提高。充分发挥《政务汇要》信息载体作用,紧扣领导决策需求,坚持及时采集、认真编辑、快速发布,通过完善网络片区制度,实行乡镇(街道)特约信息员制度,健全信息调研考评激励机制等措施,信息工作稳步提升。2011年共采编信息416条,编发《政务汇要》45期。其中,被省政府办公厅采用信息60余条,实现了单月被省采用信息量的新突破,市政府领导多次作出重要批示。二是调研水平提升。紧紧围绕市政府中心工作,把调查研究的着力点放在牵动全局的大事要事上,放在情况复杂、矛盾突出和带有普遍性的问题上,放在领导关心、群众关注的热点、难点问题上,采取专题调研、领题调研、联合调研等方式,深入基层一线调查研究,提出切实、管用、可操作的对策措施。先后完成《必须为铜政策调整找对策》《关于加快统筹城乡发展的思考》《企业"招工难"原因及对策》等重要调研文稿,共编发《调研参考》12期,为领导决策提供了良好的参谋服务。三是文稿起草层次增强。在人手少、事情杂、工作压力大的情况下,大力发扬"5+2"、"白加黑"精神,进一步加强文稿撰写工作,高质量完成市政府领导讲话稿、市政府工作总结汇报等各类文稿起草工作,得到了市政府领导的好评。四是政务公开力度加大。大力实施政府信息公开制度。2011年在市政府网站上主动公开各类信息近300条,办理依申请公开8件,办结率100%。

*着力提高政务督查工作水平。*围绕政府工作报告、建议和提案办理、政府重要会议议决事项、全市重点工作、市委市政府主要领导批示件五个方面开展督查督办,促进了各项工作的落实。一是认真抓好政府工作报告各项目标任务的督办落实。按照"年初交办、年中督办、年末交账"的要求,对2011年省政府工作报告中涉及鹰潭市工作任务及市政府工作报告各项目标任务进行交办,开展了半年和全年完成情况的督办检查,有力推动了各项目标任务的完成。2011年共编发《政府工作报告》落实情况通报4期。二是认真抓好人大代表建议和政协提案的督办落实。加强组织协调和监督指导,提高办理质量。2011年,市人大常委会转来的人大代表建议33件,市政协提案委转来的提案95件,均办理并答复完毕,办复率均达100%,办结率、见面率、满意率与2010年相比有明显上升。三是认真抓好政府重要会议议决事项的督办落实。突出抓好市政府常务会议、市长办公会议和有关专题会议议决事项的督办落实。2011年共印发《市政府常务会议及市长办公会议议决事项落实情况通报》4期,有力推动了议决事项的落实。四是认真抓好全市重点工作的督办落实。积极参与市委督查领导小组办公室重点工作的督查调度,对全市招商引资的重点项目、社会发展项目等工作开展了一系列的专项督办检查活动,发

放督办通知单30余份，有力推进了重点项目建设。五是认真抓好市委、市政府主要领导批示件办理的督办落实。严格按照《关于市委、市政府主要领导批示件办理的意见》要求，做到及时分办、及时督办、及时反馈、及时落实。2011年督办市委、市政府主要领导交办件24件。

着力提高应急处置水平。按照"未雨绸缪、快速反应、依法处置、科学应对"的要求，强化应急处置能力建设。一是进一步加强应急救援队伍建设。市本级应急救援支队及贵溪、余江、月湖、龙虎山应急救援大队均已挂牌成立，200名合同制救援队员基本征召到位，以公安消防为依托，各专业应急救援队伍为补充的应急救援体系已基本形成。结合基层应急管理示范点建设，把应急救援工作延伸到了社区(居委会)、乡(村)、学校、企业，各类专业应急救援队伍总人数已发展到1200余人。二是进一步加强应急值守工作。实行24小时全天候值班。认真做好信息的上传下达及编辑汇总工作，严格执行重大事项报告制度和值班登记、交接班制度，进一步提高了信息报告的效率和质量。在基层单位建立应急信息员制度，在第一时间内准确掌握全市各类突发事件的信息，确保突发事件早发现、早报告、早处置。2011年接报处理信息127件，编发《鹰潭值班信息》41期，其中:市政府领导作出批示29期次，向省政府值班室编发报送突发事件信息3次。三是进一步完善应急预案管理。全市应急预案体系基本形成。组织开展各类应急演练20余次，增强了各部门之间的协同能力。四是基层应急管理体系进一步深入。有针对性地选择了14个基层单位作为基层应急管理示范点建设建设单位，基本上达到了"七有"(有组织体系、有预案体系、有应急队伍、有信息报告系统、有应急保障、有工作制度、有宣教培训)标准。五是进一步做好突发事件的处置工作。坚持边报告、边协调、边处置的原则。在处理"3·16哄抢食盐事件""4·25开发区械斗事件""6·12乳化油泄露事件""12·27油罐车泄漏事件"等多起突发事件中，发挥了重要枢纽作用，得到了省、市领导的肯定。

【围绕服务优质、保障有力，全面推进法制、国资、后勤等各项事务工作上新水平】 法制工作水平提升。始终坚持认真学法、重点普法、严格审核、认真把关等工作原则做好依法行政工作。一是加强依法行政工作的学习宣传和督促检查。分期分批组织业务骨干到县区和重点执法部门讲解依法行政知识和行政执法知识，规范行政执法，提高行政执法水平。组织了行政许可、行政处罚以及执法案卷检查，组织有关部门参加了全省执法案卷考评，涌现了一批执法先进典型，同时也纠正了一批执法中存在的问题。二是做好市政府规范性文件的合法性审查和清理工作。始终坚持合法性、合理性、可行性并重的原则，在加强调研和充分征求社会各界意见的基础上提出审查意见，有的还通过网上媒体公开征询公众意见，召开听证会等方式吸引公众参与，提高文件制定的科学性和可操作性，确保市政府依法科学决策。2011年共审核制定市政府规范性文件10余件，办理了20件省里法规、规章等草案征求意见函的答复工作。组织开展全市规范性文件清理工作，共梳理市政府文件95件，将全部规范性文件按"拟废止、拟修改、拟保留"分类处理，为行政强制法顺利实施奠定基础，进一步规范了行政执法行为。三是做好行政复议和信访复核复查工作。在改进工作思路、拓宽审理方式上下工夫，充分利用"调解、和解"手段开展行政复议，依法化解行政争议，真正做到案结事了，取得了较好的法律效果和社会效果。2011年办理行政复议案件6件。其中：维持5件，正在办理1件。精心办理或配合市信访局做好信访复核复查工作，热情接访，严格办案，多方协调，妥善化解矛盾纠纷。2011年共办理信访复核复查案20余起。四是稳步推进行政调解工作。起草制定了《关于推进全市行政调解工作的实施意见》，规范了行政调解工作程序和操作方法，初步搭建了全市行政调解工作平台和组织体系。

国资工作成效初显。坚持以服务促监管、以服务促改革。一是进一步加强国有资产监督管理。国有资产监管范围逐步拓展。将鹰潭酒店集团公司等国有独资、控股、参股企业纳入国有资产保值增值监管范围。建立了符合现代企业制度要求的激励约束机制，企业效益得到了大幅度提高，稳住了人才，壮大了队伍。国有集体产权流转顺畅，共组织了8宗产权进场交易，成交了7宗，评估价为2046.59万元，成交额为2511万元，增值464.41万元，增值率为22.69%。二是基本完成7个系统国有企业改革。按照省委、省政府的统一部署，遵循"统筹兼顾、突出重点，先易后难、因企施策，整体运作、扎实推进"的总体原则，积极协助市政府推进余江、刘家站垦殖场改革工作。全市7个系统12家国有企业改革任务基本完成。三是全面启动妥善解决国有企业职教幼教退休教师待遇问题工作。制定出台了鹰潭市《关于妥善解决国有企业职教幼教退休教师待遇问题工作方案》，为妥善解决鹰潭市国有企业职教幼教退休教师待遇问题奠定了扎实的基础。

后勤事务保障有力。坚持以强化管理、规范运作提升后勤保障水平。一是大厦管理更加规范。较好地完成了大厦及领导干部周转房的水、电、消防设施维护和绿化、美化、亮化工作，为广大干部营造了良好的工作、生活环境。二是接待工作规范严谨。坚持细致、热情、节约的接待原则，细化接待安排，规范运作程序，严肃接待纪律，圆满完成接待任务300余次。三是文印、通信管理规范。严格执行《文印工作管理规定》，提高文印效率，降低文印成本，调动了员工的积极性；严格通信费用管理，采取定额包干、按月计费、定期公布、经常检查等办法，确保通信通畅节俭。四是车辆管理安全有序。认真执行油料按月限量供应、定车定点定卡加油等车辆管理制度,切实加强安全行车教育,2011年办公室车辆安全行驶,未发生一起重大责任事故,保证了领导和机关工作需要。五是信访接待细心热情。积极配合市信访局、大院派出所等有关部门,主动做好上访群众的接待、疏导、说服工作。2011年,共接待群众集体上访120多批,2200余人。接待零散单个上访460多人次。

中心工作开展顺利。一是深入开展各项活动。紧紧围绕"干部作风主题教育实践"、"三创三提主题实践"活动要求,做到规定动作全面完成,自选动作独具特色,全办党员干部思想认识提高、服务意识增强、工作作风改进,基本达到了"干部受教育、工作上水平、群众得实惠"的总体目标。二是有序推进挂点新农村建设。以"三清、六改、四普及"为目标,为挂点村拆除各类空心房、乱搭乱建等2000余平方米,改路2200米,整修水沟400米,改水41户,厕窖联建及沼气池41户,整治面积600余平方米池塘一口,平整休闲广场用地3000平方米。三是扎实推进公共机构节能和公务用车专项治理工作。积极开展节能宣传周活动,认真组织节能督查,推进公共机构节能工作,公共机构节能工作取得实效。根据市委、市政府的工作部署,认真做好公务用车专项治理各项工作。

【围绕狠抓队伍、提高干部素质,全面推进机关作风建设树新形象】 狠抓学习型机关建设,干部综合素质进一步提高。紧紧围绕"干部作风主题教育实践活动"要求,以把机关干部培养成为"能干事、会干事、干成事、不出事"的多面手为目标,强力抓好政务人员业务知识和经济、管理、法律等综合知识的学习,有力提高干部综合素质。积极创造学习机会,在经费极其紧张的情况下,组织全办73名党员干部赴韶山等地接受革命传统教育,全办干部群众接受了一次红色洗礼,开拓了干部职工视野。2011年以来,汪利涛同志被评为市直机关"优秀党务工作者",汪荣中同志被评为"市直机关十佳学习型党员"。

狠抓队伍建设,工作凝聚力进一步增强。坚持把加强党内民主、学习教育、科学选拔作为增强班子和队伍凝聚力、战斗力、创造力的关键之举。班子建设上,按照科学执政、民主执政、依法执政的要求,认真贯彻执行民主集中制原则,班子成员自觉从大局出发,支持配合,交流合作,心往一处想,劲往一处使,形成了心齐气正、团结干事的办公室领导班子。队伍建设上。多次召开全办干部职工大会和办公室党组扩大会议,提出了提高干部综合素质、提高工作标准、提高工作效率、提高机关形象的要求。按照德才兼备的要求,大力培养优秀干部。2011年,办公室1名副县级领导走上了正县级领导岗位,1名科级干部走上了副县级领导岗位,优化了干部队伍结构,工作凝聚力得到了极大增强。

狠抓党风廉政建设,机关形象进一步提升。严格执行党风廉政建设纪律。办公室班子成员和全体干部职工能自觉遵守廉洁自律各项规定,做到自重、自省、自警、自律,坚决抵制各种不良风气影响。2011年没有出现违法违纪案件,没有发生机关干部借领导机关或领导个人名义搞特殊、谋利益现象。2011年,市政府办公室荣获市直单位县级领导班子述职考评政府系统第1名、"全市发展提升年"活动先进单位等荣誉。

(吴国华)

【市政府市长、副市长、市长助理、副巡视员、秘书长、副秘书长名录】
市　长:钟志生
副市长:王家林　熊茂平(~2011.9)　宋迪维(2011.9~)　史可(~2011.8)　辜清(2011.9~)　杨晓群(~2011.9)　戴春英(女,~2011.9)　张荣先　徐鹏程(2011.2~)　李力(2011.9~)　徐云(女,2011.9~)
市长助理:徐鹏程(~2011.2)
副巡视员:刘诚(2011.12~)
秘书长:徐晓年(~2011.9)
副秘书长:吴建辉　江金街　吴炳生　胡志新　柯嘉(女)　童细宏(~2011.6)　刘永茂　吴嫦龙(2011.7~)　裴小林　吴敬祖(~2011.6)　张子建(2011.1~)　高华(2011.1~)

【市政府办公室副县级以上干部名录】
主　任:吴建辉
副主任:吕国南　项志成
纪检组长:朱小平
调研员:苏水生(~2011.9)　邵建平(2011.6~)　赵珍萍(女,2011.6~)
副调研员:罗丽华(女)
副县级纪律检查员、监察员:汪生贤(2011.4~)

【市政府应急管理办公室副县级以上干部名录】
主任:吴建辉
专职副主任:袁财平

【市政府机关服务中心副县级以上干部名录】
主　任:董细明(2011.1~)

驻外机构工作

【概述】 2011年,市政府驻外机构北京联络处、上海联络处、深圳办事处、厦门办事处、杭州办事处、南昌办事处,紧紧围绕市委、市政府中心工作和全市经济社会发展大局,立足驻外联络处的职能,发挥"窗口、桥梁和纽带"的作用,认真履职、努力工作,为全市经济社会全面发展作出了积极贡献。

【驻北京联络处工作】 综合工作:2011年,陪同市领导及市直有关部门走访了国家发改委、商务部、科技部、国家旅游总局、华能集团、中粮集团等18个国家部委和中央企业,为国家在鹰潭建设全国城市矿产示范基地、铜产业基地,将鹰潭核电项目列入国家核电发展规划、支持鹰潭农村生活垃圾处理等项目,争取了国家的相关政策和资金支持。2011年,共接待国家相关部委处以上领导38批145人次;走访国家部委和央企18个;接待市领导76批157人次;接待市直有关部门领导和工作人员133批395人次;接待在京鹰潭籍老乡112批1200余人次。2011年,在全国“两会”期间,鹰潭市再次实现非正常访国家有关部门零登记的目标。北京办联络处做好了赴京上访人员的接待劝返工作,维护了首都的和谐稳定,全年共劝返赴京访263人次,其中非正常访65人次。2011年,共向市政府报送政务信息300余条,向省驻京办报送信息2986条,通过省驻京办向省委、省政府报送并被采用信息12条。为市领导机关及其他有关单位科学决策提供了大量有价值的参考信息。2011年,北京联络处与鹰潭(北京)商会一起,全面协调与北京民生银行的关系,为商会会员争取到银行授信额度1亿元,为近30户商会会员提供资金支持,帮助鹰潭籍老乡渡过金融危机难关。招商引资工作:2011年,北京联络处引进的北京君融华业投资有限公司在鹰潭投资的国际眼镜城项目总投资额已追加到13.5亿元。

(孔丽华)

【驻上海联络处工作】认真做招商引资工作。与上海市企业家联合会、上海浙江商会、上海江西商会等部门保持联系,主动上门向他们宣传鹰潭投资环境、投资政策,请他们提供信息,并到企业走访、座谈,争取更多企业到鹰潭投资。2011年2月份,与108位鹰潭籍商会会员联系并建立他们的企业信息档案,了解企业情况,引导他们回乡投资兴业。2011年,共有4家企业意向性到了鹰潭考察:上海始峰集团、上海红星美凯龙、上海伟洋木业、上海江佑商帮公司;对每一个企业到鹰潭考察,该联络处都做“联络员、服务员、向导员、解说员”,受到市委、市政府和企业好评。

认真做好联络服务工作。2011年,接待市级领导66人次,县处级领导95人次。给他们在沪学习、工作、考察等提供了较好的服务。在完成日常公务接待和招商联络服务的同时,为428人次鹰潭的干部、群众到沪就医提供帮助就诊、会诊、住院等方便。还为262人次的鹰潭籍的老同志办理了异地就医的服务工作。还利用商会的优势,积极提供信息服务平台,组织献爱心活动。雄博公司董事长祝永进为回报家乡,在鹰潭设立“雄博”助学基金,2011年起由该公司出资20万元扶助40名贫困中学生就读,得到当地政府和百姓的赞誉。

2011年,该联络处还和上海鹰潭商会一道深入眼镜市场、工厂并召开座谈会,听各方意见。然后向市委、市政府领导建议,在鹰潭职业技术学院专设视光专业班,此建议被市委、市政府采纳。在江西省教育厅和鹰潭市委、市政府的大力支持下,公办全日制普通高等院校“雄博视光工程学院”开办了,这是由鹰潭职业技术学院和上海雄博精密仪器股份有限公司校企合作办学的专业学院。2011年秋季已开始面向全省计划招生100名。

认真抓队伍建设。该联络处抓队伍建设不放松,按照内强素质,外树形象的总体要求,加强学习,认真开展遵纪守法教育,提高了干部职工严守党纪国法的自觉性。人人做到了用党纪国法自我约束,奉公以勤、律己以俭。联络处无一人违法乱纪,大家团结协作、和谐共事,呈现积极向上的好风气。

(艾 佳)

【驻深圳办事处工作】(1)考察拜访了比亚迪、五洲龙汽车、香港铜锣湾、台湾连展等100多家知名企业;在深圳、广州、东莞三地,独自组织和举办招商引资推介会4次,邀请和陪同10余批次100多位客商到鹰潭考察商谈。(2)台湾连展科技的精密链接器制造项目落户,进资5000万元;引进楼宇经济项目3个,纳税200多万元;限售股转让完成税收地方实得金额510万元,完成全年任务的240%。(3)由“深圳鹰潭务工人员支部委员会”和鹰潭“共青团驻深圳工委”,组织党团员开展健康活动3次。(4)在办事处的具体指导下,深圳市鹰潭商会筹备工作进展顺利,进入倒计时。(5)由广东鹰潭商会会员企业共同投资的“贵银小额贷款公司”在办事处的支持下在贵溪落户开业。(6)深圳办事处联合同乡联谊会,举办了2期“品味人生共创未来”创业论坛,迎新春文艺晚会、母亲节亲子活动、春节包车返乡、就业培训、职业介绍、权益维护等活动服务老乡,展现了办事处家的温暖,树立了鹰潭人良好的社会形象。(7)成功组织和接待了香港招商活动周、高交会、文博会等重大活动,确保了有效的后勤服务保障。(8)接待招商团队和单位部门40多个500多人次,其中地厅以上领导30多人次。(9)2011年度深圳办事处被江西省人民政府驻深办授予“江西驻深机构先进单位”称号。

(熊旭东)

【驻厦门办事处工作】1. 招商引资工作成效显著。办事处出台了《关于做好招商引资工作奖励办法》,从全年办公经费中挤出若干元作为招商引资奖励,同时把招商引资所得奖励的一部分给予引资人作为工作经费,无论是办事处干部或其他单位人员都一视同仁,充分调动了大家参与招商引资工作的积极性。2011年5月,在《福建赣商》杂志第7期做了《牵手海西》专栏,大篇幅地介绍了鹰潭的市情和发展,同时把鹰潭市的招商引资政策及优势详细地进行了解读,取得了很好的效果。配合市委提出的大物流战略,引进物流企业初见成效,2011年,共引进5家物流企业和4家楼宇经济企业,5家物流企业分别是壮大、星达、辉煌、佳华、佳顺有限公司,其中:在市经济技术开发区注册的鹰潭辉煌物流有限公司运输车辆达600余台,是全市规模最大的物流企业之一;4家楼宇经济企业,分别是兴达、宏兴两家工程机械租赁有限公司、鑫顺劳务咨询服务有限公司、汇兴装饰有限公司,这些企业总投资规模高达3个亿以上。全年上缴国税2000余万元,地税500余万元;仅在市工业园区交纳的地税就达300余万元。超额完成了市政府下达的楼宇经济任务。在工业强市上做文章，积极引进工业、旅游项目。2011年，引进了江西雅乔塑业有限公司投资5000万元落户市经济技术开发区(龙岗片区)从事节能灯塑料生产。引进香港正御集团投资5亿美元进行上清养生园、圣景山旅游建设项目,已和龙虎山管委会签订了意向性协议。

2.服务载体建设稳步推进。鹰潭籍在厦门创业规模较大的企业有上百家，本办事处通过厦门市鹰潭商会为他们搭建信息沟通、企业服务平台,鼓励他们回鹰潭投资创业。2011年4月,由办事处牵头,邀请厦门鹰潭商会、江西商会等联合组团到鹰潭市进行投资考察。已有华杰鑫塑料制品有限公司生产环保仿真金属瓦、雪佛莱4S店等在洽谈进驻园区事项。2011年中秋节,办事处组织鹰潭籍在厦工作人员及企业家300多人欢聚一堂，举办了一场极具厦门特色,以“回报家乡,情系鹰潭”为主题的中秋晚会,会上向他们介绍了近几年来鹰潭的发展变化及招商引资的各种优惠政策，号召他们回家乡投资创业。

3. 党组织凝聚力在逐步增强。为了加强鹰潭籍在厦门企业、务工人员中流动党员管理工作,2011年,支部组织党员、入党积极分子到井冈山进行红色革命教育,还定期过组织生活。驻厦办党支部大力加强基层党组织建设,积极开展“争先创优”和“精神文明”创建活动，2012年2月市政府驻厦门办事处被厦门市经济发展局授予厦门市经发系统2010~2011年度“文明单位”。2011年7月鹰潭驻厦办党支部被江西省人民政府驻厦门办事处党委授予“先进基层党支部”。

4.接待服务工作广受好评。积极协助有关部门做好“9·8”中国投资贸易洽谈会的客商邀请和服务接待工作,较好地保证了整个活动安排顺利进行,确保了鹰潭市招商团队活动圆满成功。随着海峡两岸经济交流的日益频繁,内地到厦门并由厦门去台湾学习、考察、观光旅游人员越来越多,再加上各级党政机关、有关部门到厦门学习考察等公务人员的增多,办事处对来往厦门人员热情接待、细致安排、周到服务,让他们高兴而来,满意而去。全年共接待鹰潭市各级领导干部和社会各界人士600余人。

(刘秋声)

【驻杭州办事处工作】 1.立足鹰潭，融入杭州,充分发挥桥梁、纽带作用,扮靓“窗口”形象。一方面面向浙商大力宣传鹰潭。将市委、市政府把鹰潭全力打造富裕、秀美、和谐、宜居的环鄱阳湖生态经济区璀璨明珠的决心和信心同招商引资优惠政策结合起来。为此,本办先后组织了浙江省江西商会、衢州江西商会、台州江西商会、杭州市经贸系统、旅游界人士、杭商代表等10多批近100人次到鹰潭参观考察，达成了众多投资项目或意向，较好地完成了市委、市政府下达的招商引资任务。另一方面，本办通过编制30多期《杭办信息》,服务鹰潭市领导及相关政府部门来杭州市考察洽谈经贸合作等活动,让更多的鹰潭领导朋友们更深的了解杭州风土人情秀美风光,学习借鉴杭州经营理念发展战略,较好地发挥了桥梁纽带作用。

2.牵线搭桥，促进两地经济技术合作,当好经济“红娘”。一是继续与浙江江西商会及浙江省各地在杭商会保持密切联系,主动上门宣传鹰潭投资环境，投资优惠政策。二是通过鹰潭籍在杭人士,通过亲朋好友提供信息，接触客商，广泛交流,争取更多客商到鹰潭市投资。三是对已接触和到过鹰潭的客商进行回访，跟踪了解情况,主动上门联络服务。并把相关信息与市直相关部门及时联系,实行项目对接,资源共享。四是在杭州市经合办和鹰潭市商务局指导下,通过举办“龙虎山论道”、经贸洽谈等形式,为两地企业更多更好合作提供服务平台，创造发展机遇和空间。2011年,该办事处走访跟踪服务了企业20多家。其中,上市公司浙江台州水晶光电于2011年6月份在鹰潭落户,总投资5亿元,第一期投资1.5亿元已到位,企业12月中旬生产,实现当年签约,当年投产。该办事处还推动浙江侨联和鹰潭市政府签署100亿元打造龙虎山精品旅游项目的投资备忘录。五是总部经济、楼宇经济招商有新突破。2011年,该办事处引进江西省通港物流有限公司、江西省亿港物流有限公司、鹰潭益达有限公司、艾特广告有限公司等4家楼宇经济企业。完成税收地方实得金额超300万元，这也缓解了办事处经费紧张的压力。被评为市招商引资先进单位。同时,该办事处还有多个在谈项目，为2012年的招商引资打下了坚实的基础。

3.热情服务，争当老乡事业和家乡经济建设的“服务员”。该办事处坚持做到“三加强三主动”,即加强政府间的往来,主动服务来往考察的政府领导和人员;加强两地经济合作交流,主动服务往来客商和旅游出行人员;加强就业指导与服务,主动服务外来务工人员。2011年,该办事处通过和江西驻浙江省商会合作,广泛动员在浙商会老乡加强合作,通过各项途径为家乡争作贡献，积极支持当地经济建设。接待各级政府机关到杭州考察人员50批近300人次，带往鹰潭客商10批近100人次,协助调解务工人员纠纷2人次。

4.内强素质，外树形象，打造“服务团队”。办事处领导班子坚持“打基础、立规矩、守底线”，切实加强办事处制度建设和内部管理,提高人员素质和机关效能。健全和完善了招商引资、财务、考勤考核、文件管理等一系列规章制度。在党员干部遵纪守法集中教育活动中,领导干部带头讲党性、讲原则，廉洁自律,不搞特殊,在工作中大胆管理,严格要求;党员干部坚持学习,忠于职守,勤勉工作,遵纪守法。在办事处内部形成了团结和谐,心齐风正,气顺劲足的良好氛围。积极组织党员干部参加科学发展观教育活动，用科学发展观指导工作，统一行动。同时加强廉政教育,增强干部拒腐防变能力。组织办事处人员参加招商引资培训和经济理论学习,不断提高办事处干部理论素质和业务素质。

(上官兵)

【驻南昌办事处工作】(1)招商引资工作。2011年4月引进"正邦集团"在余江县投资建设猪饲料加工厂一个,第一期投资8500万元,购地2.7公顷,一期项目于2011年5月开工建设,2011年12月已建成投产;继续跟进中国大唐集团拟在贵溪投资10亿元建设2个风电场项目测试进展情况;引进了3家物流公司落户市工业园区、1家文化传媒公司落户龙虎山管委会,其中物流企业2011年缴纳税收折合地方收入900万元。全年邀请20多批60多人次客商考察鹰潭市及所属市、县、区投资项目。(2)服务保障工作。加强与省直有关部门的沟通与对接,与30多个厅局经常保持联系与沟通;积极配合市委、市政府等几套班子以及相关部门搞好在南昌开展活动的协调和保障工作;代表市政府参加"七城会"协调会,主动与会务组联系,及时向市委、市政府汇报协调会的内容。全年共接待客商、领导、本市工作人员等共计100多批1100多人次。(3)主动做好信访维稳劝返工作,坚持节假日及敏感时期值班制度,全年累计接访60多人次。2011年本办事处被市委、市政府评为"支持信访工作先进单位"。

(桂文进)

【市政府驻外机构副县级以上干部名录】

市政府驻北京联络处:
主　任:刘泓光(~2011.1)
副主任:吴发财
副调研员:刘明宇(女,~2011.4)
市政府驻上海联络处:
主　任:张冬娥(女)
副主任:戴冬英(女,2011.7~)
调研员:欧阳敏
市政府驻深圳办事处:
主　任:邹韶山
副主任:桂丽萍(女)
调研员:李火龙
市政府驻厦门办事处:
主　任:方　农
副主任:刘秋声
调研员:巫大光
市政府驻杭州办事处:
调研员:王琍宁
副主任:上官兵
市政府驻南昌办事处:
副主任:鲍成庚

法制工作

【概述】2011年,市政府法制办在市委、市政府的正确领导和省政府法制办的正确指导下,坚持以邓小平理论和"三个代表"重要思想为指导,深入贯彻落实科学发展观,紧紧围绕市委、市政府"主攻项目,决战'三区',凸现特色,实现跨越"的总要求,以全面推进依法行政、建设法治政府为目标,认真开展规范性文件审核、行政复议、行政执法监督工作,认真办理领导交办的其他涉法工作,有力推进了全市依法治市进程。

【规范性文件审核】 全年共审核市政府规范性文件10件,同时,组织了规范性文件清理,重点清理涉及征地、拆迁、拆违等方面的文件,共梳理95件,废止8件。

【行政复议、资源权属纠纷调处】 全面贯彻《中华人民共和国行政复议法》和《行政复议法实施条例》等法律法规,坚持以人为本,复议为民宗旨,做到依法受案、依法办案,切实维护人民群众合法权益,促进依法行政,基本保证了政治、社会和法律效果统一。2011年共受理行政复议申请6件,办结6件,调处山林,土地权属纠纷案1件,办结信访案28件。

【推进依法行政】 代市政府起草印发了《加强法治政府建设的实施方案》(鹰府发〔2011〕18号),对全市各级行政机关的依法行政工作提出了具体要求,对近期依法行政工作任务进行了分解并督促其落实。按照全省统一部署,组织了县(市、区)、政府部门进行了《行政强制法》的学习培训。先后组织了"行政执法案卷评查"的执法检查评比,并遴选了一批优秀案卷参加省里的评比。对检查发现的问题及时纠正,确保全市各级在依法行政工作中不出现重大问题。

【其他涉法事项办理】 努力做好市领导交办的其他涉法工作,为市委、市政府依法决策,依法行政当好参谋助手。2011年共办理招商引资、房地产转让、拆迁安置合同、行政执法争议等市领导交办涉法事项的调查、协调及论证20余件,提出法律意见,供市政府决策参考。

(王长生)

【市政府法制办副县级以上干部名录】

主　任:李　涛

外事侨务及港澳同胞工作

【概述】2011年,外事侨务办在市委、市政府的正确领导和省外侨办的关心指导下,坚持科学发展观,认真贯彻落实党的十七届四中、五中、六中全会和省十三次党代会以及市七次党代会精神,围绕努力构建鹰潭"大外事"、"大侨务"的总体工作思路,以友城建设为突破口、以涵养侨资源为根本、以服务发展为目的,创先争优、提升效能,创新思路、积极作为,取得了新的成绩,实现了鹰潭外事侨务工作"十二五"期间的开门红。

【外事工作实现新跨越】 *一是外事活动日趋活跃。*2011年是鹰潭市外事活动最活跃的一年,来宾规格高、人数多。南非共产党中央委员乔治˙马萨姆巴为团长的南非共产党干部考察团一行19人访问鹰潭,这是鹰潭市有史以来迎来的最大的外国党政代表团,市委高度重视，市委书记陈兴超在华侨饭店亲切会见代表团一行，访问成功，得到了中联部和省外侨办的表扬；市人大常委会主任邵奇生为团长的友好城市代表团，对芬兰伊纳里市、乌克兰伊久姆市、匈牙利多瑙新城欧洲三国城市进行了正式友好访问，这是鹰潭市人大首次组团出国访问，访问取得成功，缔结了两个友好城市。市长钟志生会见了到鹰潭市访问考察的世界银行常务副行长英德拉瓦蒂女士，就鹰潭市世行贷款项目建设情况交换了意见。市长钟志生还亲切会见了参加省第二届国际友好城市交流大会的鹰潭市两个友好城市代表团，进一步加深了两市的了解和友谊；市委副书记熊茂平会见了香港特区政府驻粤经济贸易办事处主任郑伟源先生一行，并就两地旅游、经贸等方面的交流与合作达成共识。二是外事接待规范有序。2011年接待华侨、华人、港澳同胞45批306人次，其中外国友人12批61人次，华侨、华人22批173人次，港澳同胞13批72人次。三是完成因公出国（境）人数控制目标任务。2011年累计受理全市党政领导干部因公出国（境）任务审核39批104人次，占全年控制指标110人次的94.5%，其中地级领导干部因公出国境8人次，占全年控制指标9人次的88.8%，实现了全市因公出国(境)人数、出访经费实行零增长的目标任务。四是涉外管理得到进一步加强。全市未发生一起重大的涉外、涉侨和涉港澳事件。鹰潭市荣获“全省因公出国(境)管理工作先进单位”。

【服务经济发展有创新】一是“请进来、走出去”见成效。认真实施“请进来、走出去”战略，积极帮助鹰潭市12家眼镜企业赴意大利、乌克兰、委内瑞拉、秘鲁等8个国家和中国香港地区开展经贸活动15批92人次；配合11家企业邀请外国专家、学者、贸易伙伴到鹰潭19批28人次。主动为佳佳福木薯产业基地引进北欧投资银行490万欧元贷款项目提供服务，项目已正式开工建设，进口的生产设备也已到位。2011年11月初，外事侨务办首次组织了鹰潭市4家眼镜企业参加了“香港国际眼镜展”。积极协调香港贸易发展局，组织国内外知名企业与鹰潭市参展企业进行洽谈对接；企业在展会上签下700多万元人民币供货合同，“走出去”取得了明显效果。二是积极开展招商引资工作。分别到浙江、江苏、上海等地拜访华人华侨，走出去招商。加强同国内侨商投资企业协会会长、理事、会员的联系，寻找商机。与海外华人、华侨同乡会会长、华侨工商总会会长、商贸会会长等进行交流，就有关合作项目进行了商谈。先后与北京浩天诚信投资有限公司、湖南汇融资担保有限公司、浙江好安居集团洽谈投资有关事宜。顺利完成了市政府下达的招商引资任务。

10月16日，市委书记陈兴超与南非共产党干部考察团成员亲切交谈。

市外事侨务办供稿

【友城建设再创新佳绩】一是新添国际友城2个。2011年先后与澳大利亚、美国、巴西、阿根廷、德国、墨西哥、匈牙利、乌克兰、芬兰等9个国家的10个城市建立了联系和交流。在2010年与墨西哥蒙克罗瓦市建立友好关系城市的基础上，2011年又与乌克兰伊久姆市、匈牙利多瑙新城市2个城市建立了国际友好关系城市。二是友城合作和交流取得新进展。鹰潭市江西亨通眼镜制造有限公司与伊久姆市企业Privately owned enterprise “IM-PEX-SERVISE”签订合作框架协议，在开展商务、娱乐、旅游休闲及眼镜产来等方面进行投资合作，为两市企业开展交流合作跨出了第一步。三是参加省第二届国际友好城市交流大会成功。鹰潭市3个国际友城匈牙利多瑙新城、乌克兰伊久姆及墨西哥蒙克洛瓦共19名国际友人应邀到昌参会，充分展示了鹰潭市近两年来对外开放所取得的成果，受到省政府领导的充分肯定。乌克兰伊久姆、匈牙利多瑙新城代表团还对鹰潭市进行了成功访问。

【为侨服务有新举措】一是侨务政策得到全面落实。将符合条件的归侨职工每人每月享受50元的生活补贴标准提高到每人每月100元及时发放到位。二是侨法宣传形式多样。制作并发放了宣传光盘250张、宣传资料1200份；建立了社区侨法宣传角；通过打电话、寄邮件等形式宣传侨法。市外侨办被省外侨办授予“全省侨法宣传工作先进单位”。三是捐赠工作取得新进展。香港应善良福利基金会捐赠27.06万元建设余江县春涛乡山印小学，外交部优秀青年代表团到龙虎山风景名胜区管委会上清小学开展捐资助学活动，捐赠资金1万元及部分书籍。四是服务归侨侨眷有新措施。提升为侨服务，创新机制，成立了全省首家"鹰潭市归侨侨眷就业创业服务中心",帮助鹰潭市归侨侨眷、华人、华侨、港澳同胞办理就业创业提供政策咨询、信息需求小额贷款担保等方面服务。2011年,已为6名困难归侨侨眷担保贷款60万元。五是侨务信访工作扎实。妥善处理来访来信11件,做到事事有落实,件件有回音,全市没有发生侨务群体上访事件,维护了社会稳定。被市委、市政府评为"全市信访工作目标管理先进单位"。六是"大侨务"框架基本形成。与阿联酋江西商会、美国南加州江西同乡会、澳大利亚华侨工商总会、法国法中商贸会等16个国家25个华人、华侨组织,120个知名华人、华侨建立联系和交流,并与金华、南通、南平等市建立了合作关系,共享资源,共谋发展。侨务资源不断丰富。

(涂文锋)

【外事侨务办副县级以上干部名录】
主　任:周永江
副主任:王　坚
副主任:于　胜(2011.03~)

全民创业工作

【概述】 2011年,市创业办认真履行职责,围绕市委、市政府中心工作,以发展市场主体为主抓手,以抓好农民创业就业为重点,优化创业发展环境,拓展创业空间,全民创业取得新的成效。

【全民创业工作情况】 2011年,全市各级认真贯彻落实市委、市政府关于富民兴市的有关精神和政策,充分发挥各方面的积极性、主动性、创造性,鼓励、引导和支持各种形式的创业。一是壮大了鹰潭市市场主体,2011年全市市场主体已发展到3.13万户,新增市场主体4543户,其中新增个体工商户3411户,私营企业682户。二是大力培育创业载体,进一步拓宽准入领域,为全民创业提供更好更广阔的空间。2011年,全市新建创业基地(载体)5个,承载创业200多户。如余江县雕刻创业示范一条街、鹰潭青年创业广场、巾帼创业城等。三是建立健全创业支持和服务体系,提高创业水平,促进了创业就业互动。2011年,全市为创业者办理小额担保贷款1.84亿元,直接扶持创业3127人,带动就业4170人,通过创业培训实现成功创业440人。

【督导乡镇农民创业、就业工作】 下发了"2011年挂点督导农民创业、就业工作安排",配合市委组织部制定了分类考评乡镇农民创业就业工作考评指标及评分标准。一季度对全市33个乡镇完成2010年农民创业、就业主要指标情况进行了考核评分排名。2011年全市各乡镇农民成功创办企业162家,比2010年同期增长62%;创办农民个体工商户275户,比2010年同期增长45%;全市为农民创业办理小额担保贷款1600万元。为农民举办了12场创业、就业免费培训班,培训农民1800人次。

【中心工作及其他工作】 一是积极开展发展提升年活动,制定了创业办开展发展提升年活动实施方案,围绕创业办重点工作,积极主动与相关部门配合,活动开展取得了一定的成效。二是主动开展"以治庸提能力、以治懒增效率、以治散正风气"为主题的干部作风教育实践活动。按照总体要求和工作目标,主动开展学习讨论,自查自纠,听取意见,边整边改,重点解决了"没本事作为""不作为""不合力作为"三大问题,改进了工作作风,提高了行政效率和服务质量。三是招商引资工作有新的进展。引进的楼宇企业继续在鹰潭市纳税;引进的太阳能项目落户市工业园区开工建设,预计2011年年底投产。四是开展了全市全民创业情况调研。10月份创业办与市委政研室联合开展了一次全市全民创业情况调研,全面分析了鹰潭市全民创业工作现状,总结了3条成功经验,指出存在的主要问题,提出了对策建议。同时,创业办还积极参与了市政协课题调研。

【工作中存在的主要问题】 一是创业政策宣传力度还不够,创业的氛围还不浓。2011年,创业办在这方面工作缺乏力度,协调相关部门积极做好创业政策的宣传力度不够,营造全市全民创业氛围做得还不够。二是督导乡镇农民创业就业工作力度下降,重视程度不如2010年。2011年,创业办多次下到乡镇督导农民创业、就业工作,从乡镇、市直挂点单位来看重视程度都不够。三是招商引资工作还没有新的突破,2011年下达给创业办的招商引资任务还没有新的目标,拖了后腿。主要原因是人手少,经费紧,难出去。再就是接触了一些客商,与其洽谈中客商提出的问题,如土地、税收优惠等问题,直接答复不了。

(陈明华)

【市创业办副县级以上干部名录】
主　任:王瑞洪

发展研究与决策咨询

【概述】 2011年,在市委、市政府的正确领导及省政府发展研究中心精心指导下,在有关部门的大力支持下,市政府发展研究中心坚持以科学发展观统领全局,以开展"创先争优""发展提升年"活动为契机,克服人员少、任务重、条件差等困难,创新求实,勤政廉政,切实履行职能,积极参与中心工作,致力提高综合工作效能,协调统筹完成了全市重点课题调研、精心撰编《经研参考》、国有企业改革综合协调等市委、市政府及省政府发展研究中心下达的各项工作任务,取得了精心履职创一流、提升效能站前列的可喜成绩,在全省政策咨询工作会议上作了排位第二的典型发言,所做工作得到了省、市领导的充分肯定及有关方面的好评,撰编的重点课题调研报告得到了副省长朱虹的重要批示,这是自鹰潭市政府发展研究中心成立以来第一次获得省领导批示的调研成果。

【调查研究水平明显提升】 积极协调组织县(市、区)、市直有关部门紧扣鹰潭市被列入全省统筹城乡发展、创新社会管理、干部人事制度改革三项试点工作部署和事关经济社会改革发展全局的热点、难点问题开展调查研究,撰写、协调撰写统筹城乡发展、创新社会管理、干部人事制度改革、经济形势分析与对策调研、金融创新、壮大传统产业、培育战略性新兴产业、文化创意产业和全市7个系统国有企业改革等课题调研综合材料及其它文稿68篇。其中,重点调研课题材料16篇,撰写的《适应经济形势变化,推进我市经济持续健康快速发展调研报告》《建立健全协调联动机制,推进我市金融机构与信用担保机构合作调研报告》等获各方好评,尤其是撰编的第7期《经研参考》调研文稿《创新培养选任管理机制,激发干部队伍生机活力——龙虎山景区干部人事制度改革的探索与启示》,副省长朱虹8月8日作出重要批示:"推进景区人事制度改革对增强活力、调动积极因素有重要作用,可研究倡导推进此项工作",对龙虎山景区干部人事制度改革积极探索实践的经验做法给予了充分肯定,要求在全省旅游系统借鉴推广鹰潭市的经验做法。该调研报告在8月12日《鹰潭日报》头版头条刊载。

【参与中心工作成效显著】 经市里选调,单位负责人参加了全市7个系统国有企业改革综合协调工作,深入县(市、区)及改制企业调查研究,积极提出改革对策建议,撰写的相关综合调研报告在全省7个系统国企改革工作会议上作了经验交流,并得到了省督导调研组的充分肯定,调研报告在省级载体刊用,引起省里关注,省电视台等新闻媒体报道了鹰潭市的改革经验做法;单位负责人参加了全市社科理论工作者学习贯彻市第七次党代会精神座谈会,作了《以解放思想为先导,提升发展研究水平》中心发言,文稿9月24日《鹰潭日报》予以刊发;按要求完成了市委、市政府"壮大传统产业、培育战略性新兴产业"等其他中心工作和省政府发展研究中心下达的"积极配合做好福建省政府发展研究中心来鹰考察调研"及《鹰潭市上报海峡西岸经济区发展报告》综合调研材料、改革发展政策咨询等中心工作任务,得到了省、市有关方面的好评。

【综合工作效能明显提高】 积极策应"创先争优"、"以治庸提能力、以治懒增效率、以治散正风气"为主题的干部作风教育实践活动,在建立健全机关管理制度中,着力强化工作安排调度,每月初明确并下发本中心当月工作要点,将重点课题调研、《经研参考》编发、参加全市国有企业改革等中心工作及其他重点工作列入工作要点,明确责任人员完成时限,月中市里重点工作随时安排调度,既取得了计划安排抓主要工作跟踪调度落实、提高综合工作效能的效果,又为年终工作考评提供了依据。2011年单位干部职工工作既有分工又团结协作,按工作要点完成了130多项工作任务。

【廉政、勤政建设见成效】 认真执行民主集中制,坚持原则,加强管理,认真贯彻落实党风廉政建设各项规定,围绕服务、效率、廉洁、责任目标加强机关廉政勤政建设,严以律己,廉洁自律,切实把党风廉政建设落到实处。时刻牢记党的宗旨,求真务实,勤勉奉献,充分发挥中心党支部的战斗堡垒和党员干部的模范带头作用,树立良好的公仆形象。其中,9月18日,按照市政府办公室统一安排,组织中心干部职工仅用半天时间按要求完成了办公室和资料室的搬迁任务。在办公经费紧张的情况下,在2010年添置办公设施的基础上,2011年又购买了电脑、办公桌椅等办公设备,进一步改善了机关办公条件。协调组织单位在综合治理、计划生育和信访维稳等方面都按要求完成了相关任务。

(陈 荟)

【市政府发展研究中心副县级以上干部名录】
副调研员:危世安

政府采购工作

【概述】 2011年,市政府采购办在局党组的正确领导下,以科学发展观为统领,开拓进取,不断创新,做了大量有效的工作,为进一步规范政府采购行为,创新政府采购管理工作奠定了一定的基础。

【实行管采分离】 根据鹰编办发〔2011〕5号文件精神,鹰潭市政府采购中心变更为鹰潭市政府采购管理办公室,执行政府采购监管职能。政府集中采购机构职能实行市场化,由采购单位委托具有资质的社会中介机构执行集中采购职能。彻底实现管采分离,理顺了管理体制和机构设置,结束了政府采购中心既当裁判员又当运动员的状况,有利于加强采购监管、规范采购行为、维护各方利益、促进廉政建设。

【努力扩大政府采购范围及规模】 2011年,在鹰潭市采购办监管下,政府采购中介机构共完成104次政府采购项目,政府采购预算金额8610万元,实际采购金额8094万元,节约金额516万元,节约率6%。比2010年同期政府采购金额增长2115万元,增长35%。其中重点项目主要有数字鹰潭软件系统、数字鹰潭大平台监理项目、房管局数字鹰潭小平台软硬件、人民医院门诊大楼中央空调、人民医院门诊大楼墙地面砖及花岗岩、人民医院污水处理工程、人民医院智能化系统设备及安装、白露排水泵站设备、320国道师范至龙虎山大道路灯及安装项目等。并对市本级行政事业单位第二期公务用车定点维修工作实行公开招标，确定2011年7月1日至2013年6月30日止鹰潭市公务用车定点维修供应商。

【加强对中介机构的监管】 2011年，鹰潭市有4家采购代理机构，对各采购代理机构的从业资质、经营场所、工作人员的资质，采购办都进行实地核实，对于经营场所面积、人员数量、经营资质问题、收费标准等问题，要求中介机构严格按照相关规定执行。同时，对于中介机构的规范操作进行严格监管，要求中介机构必须按照《江西省政府采购程序规范》实行标准化操作，要加强对合同管理、投诉处理、风险防范以及供应商的诚信管理。

对于每一个政府采购项目，鹰潭市采购办都有一个项目负责人，自始至终对该项目进行全程跟踪，从招标公告、招标文件的审核、开标现场的监督到最后采购资料的收集归档。同时要求采购单位也要有专人审核招标公告及招标文件。对于公开招标项目，要求采购单位、市采购办、市监察局、涉及市重点工程时还要市重点办一起讨论招标公告和招标文件。

【加强专家库建设】 政府采购产品品种繁多，所需专家面广、量多，既要掌握政府采购知识，了解市场行情，又要有较高的专业素质和专业技能。2011年，随着鹰潭市受区域限制，政府采购专家库评审专家数量和种类相对较少，因此，发函面向全市征集政府采购评审专家，这次共征集各行业157位专家。同时对原有专家重新确认分类，初步建立一支数量比较充足、种类比较齐全的专家队伍。

【组织政府采购大检查】 按照《江西省财政厅关于进一步加强政府采购监督管理的通知》，鹰潭市成立了政府采购执行情况专项检查领导小组。制定了《关于开展政府采购专项检查的通知》。本次政府采购执行检查分自查阶段、重点抽查、整改提高、验收总结四个阶段进行。由财政、监察、审计部门组成2个检查组，对全市10个行政事业单位及县(市、区)采购办、龙虎山管委会财政局、经济技术开发区财政局、信江新区财政局采购办2010~2011年政府采购执行情况进行了重点检查。通过此次专项检查，发现一些问题，主要是县(市、区)管采没有分离、采购程序不够规范，还有部分市直事业单位领导政府采购意识不强，对纳入政府采购目录范围的货物或工程没有进行政府采购。对这些存在的问题，已向被查单位提出了整改要求。通过这次专项检查，促进相关单位及时整改和增强公正执法、依法采购意识，推动政府采购规章制度建设和规范化管理进程。为进一步明确今后的工作方向和重点，为完善制度、创新机制，构建科学的政府采购管理体制奠定基础。

(周　芳)

行政服务中心工作

【概述】 2011年，在市委、市政府的正确领导下，市行政服务中心管委会坚持以科学发展观为指导，按照“主攻项目，决战‘三区’，凸现特色，实现跨越”的总体要求，锐意进取，强化服务意识，提升服务水平，全力创优发展环境，竭力促进鹰潭经济社会又好又快发展。全年共办理行政许可事项和便民服务事项共6.9万件，办结率100%，征缴规费1.32亿元。本中心被市委、市政府表彰为鹰潭市“文明单位”、“发展提升年活动先进单位”、“服务开放型经济工作先进单位”、“综合治理先进单位”、“全市十佳优质服务窗口”、“联建共创先进单位”、“五一巾帼文明岗”。

【强化体制创新，深化“两集中两到位”改革有新亮点】 深入开展“发展提升年”活动，针对行政审批“两集中、两到位”改革出现反弹的情况，联合市纪委、市监察局对行政审批“两集中、两到位”改革工作进行“回头看”，逐个窗口过滤，逐个环节梳理，逐个问题查摆，对存在问题的单位进行重点督导检查，督促窗口单位、窗口限期整改到位，确保进驻的50个窗口做到“职能归并、事项进驻、人员进驻、规范收费、窗口授权、严格管理”六个到位，切实做到窗口业务“既能受理，又能办理”，建立“审管分离，权责挂钩，批管并重”和“审批一条龙，服务一站式”的行政审批工作新机制。着力优化网上审批流程，大力提高网上审批效能，在全省率先实现网上审批系统与财政博思系统一体化，确保所有进驻行政许可事项(153项)全部在鹰潭市网上审批系统办理。加大投入，完成中心电子监察、视频监控系统与省监察厅联网，对办证大厅工作情况进行影音同步、实时、动态、全程监控，有力促进中心各项服务工作更加规范、高效，真正实现百姓、企业和客商办事全天候、高效率、零障碍。这项工作得到省纪委、省监察厅、省效能办的充分肯定。省依法行政检查组莅临中心检查，称赞中心的工作经验在全省是一个新亮点。

【创新服务方式，营造一流便民安商环境有新举措】 围绕主攻项目，本中心勇于突破常规，做到特事特办、急事快办、难事巧办。在全省率先出台了《重大项目(招商引资项目)联审联批实施方案》，实行重大项目优先办理制，确保审批时限压缩80%以上。外资企业万宝至马达(鹰潭)有限公司在鹰潭市已建成年产7000万只微型马达项目，以人民币方式增资1.65亿元，新增年产6000万只微型马达的生产能力，在市发改部门办理核准手续。本中心主动提前介入，协调市发改委等多个窗口，在一个工作日内为其办好了核准手续。企业经办人高兴地称赞：“这里办事这么高效，我们真的没料到。”江西大华铜业股份有限公司、连展科技(江西)有限公司、江西海熙置业公司等项目纳入联审联批绿色通道，本中心领导全程跟踪服务，在一个工作日内就办理好企业所需证照，受到企业客商的高度赞扬。大力推行政务公开化。开通中心网站，并实现与“鹰潭市人民政府”门户网站对接，客商和群众可在互联网上直接获取自己想要了解的审批事项信息，进行审批事项的办事指南查询、在线咨询、在线投诉、在线评议、在线申报等，为服务客商群众提供了高效便捷的信息化平台。不断提高服务事项即办件比率，实行“五心”服务制，即接待客商要热心、解答问题要耐心、受理业务要细心、提供帮助要诚心、服务百姓要真心，让服务对象“乘兴而来，满意而归”，受到群众的好评。同时，本中心不断延伸服务，建立重点客商集中免费体检和客商联系制度，定期举行客商联谊会，用优质的服务、务实的作风，营造一流的便民安商环境。江西省福建总商会赠送牌匾，称赞中心“创优环境，给力海西”。

【完善服务平台，市民服务中心项目建设有新突破】 市委、市政府高度重视行政服务中心的建设工作，高规格、高起点、高投入建设市民服务中心，列为省、市重点工程。2011年5月31日，市民服务中心项目举行隆重开工典礼。项目由东南大学建筑设计研究院设计，包括鹰潭城市规划展示馆、市民服务中心（市行政服务中心、市公共资源交易中心）和室外景观工程，总用地面积2.76万平方米，建筑占地面积约7650平方米，总建筑面积约2.6万平方米，工程概算总投资1.47亿元，采取BT模式进行建设。市民服务中心设立岛式综合办事服务厅、公共交易服务厅、专业办事大厅等。岛式综合办事服厅含窗口服务区、咨询服务区、公共服务区、客商群众休息区、电子监控及设备存放区等。作为项目责任单位，本中心集中人力、物力，顶烈日，冒酷暑，克服地质条件差等多种困难，全力推进项目建设工作。高质量、高标准地完成了163根桩基建设，并经检测全部合格。2011年10月下旬，项目经多方论证，进行了优化设计，中心耐心做工作，细致搞服务，保证了施工秩序正常。11月28日，市委、市政府提出“快干、干好、力争春节前封顶”的新目标，本中心迎难而上，组织施工企业制定周密方案，注重抓质量，保安全，抢进度，增加人员、设备、材料，精心安排，科学施工，文明施工，冒着严寒细雨，多层次巡检，夜以继日加班，于2011年年前完成了2.6万平方米主体的浇筑。

【强化程序监管，规范公共资源交易行为有新成效】 面对进驻公共资源交易中心的建设工程、国土交易、政府采购、产权交易等专门机构的人、财、物仍由原单位管理的特殊现状，本中心注重加强协调、服务、监督，切实抓好“项目进场、业务监管、服务程序”三个规范，一是强化制度建设。建立健全了考勤签到制、开标评标规范流程、工作人员廉政禁令等20余项制度，形成了“以制度管人，以制度管事”的良好氛围。二是优化平台服务。建立市公共资源交易网站，并与“鹰潭政府网”对接，实现场内场外信息发布的及时性和同步性。对中心的电子监控系统进行了扩容升级改造，在开标室、评标室、办事大厅等公共场所设立了全方位、全过程的监控，实现与全省电子监察系统平台的对接，对公共资源交易过程进行影音同步监控，并即时备份，确保重要数据的保存。三是细化工作流程。重新制定业务流程图，编印招标投标工作手册，公开办事制度、办事程序、办事结果，增强招投标工作的透明度，努力做到“过程阳光、细节阳光、全程阳光”。2011年，共完成各类公共资源交易项目266项，成交金额34.64亿元，增收资金3.45亿元，节约资金2.38亿元。省纪委、省监察厅等领导多次莅临检查指导，对交易中心各项工作给予充分肯定。

【拓展服务领域，完善行政便民服务网络有新进展】 本中心积极拓展服务领域，完善服务网络，与市纪委、市监察局制定了《鹰潭市专业服务大厅考评办法》，将市直房产交易等14个专业服务大厅的考核纳入常态机制，采取每月不定期明察暗访，每半年定期考评，每年度评先评优等方式，督促指导专业服务大厅不断提升服务水平。同时加强对县（市、区）行政服务中心和乡镇便民服务中心的业务指导，进一步推进全市服务窗口的规范化、标准化建设。

【培育中心文化，打造一流服务团队形象有新提升】 本中心深入开展“创先争优”“党员先锋岗”“创建优质服务窗口”等活动，大力倡导“不讲不能办，只说怎么办”“把小事做成精品，把细节做到极致”的服务文化。对窗口工作人员，既严格管理，又以人为本，用感情留人，用事业聚力，充分调动广大党员干部的工作积极性，努力打造人民满意的服务团队。省委创先争优督导组莅临中心检查指导，称赞中心工作有特色，做到了“人无我有，人有我优”。

（万林静）

【市行政服务中心管委会副县级以上干部名录】

党组书记、主任，市公共资源交易中心主任：胡志新

党组成员、纪检组长：翁淑芬（女）

党组成员、副主任：黄晓明

党组成员、副主任，市公共资源交易中心常务副主任：桂　峰（~2011.6）

党组成员、副调研员：姜志雄

民族宗教事务工作

【概述】 2011年，在市委、市政府的正确领导和省民族宗教事务局的指导帮助下，该局认真贯彻落实科学发展观，围绕中心，服务大局，工作扎实，成效突出。2011年，鹰潭市民族乡实现财政总收入1.92亿元，同比增加30%，地方财政收入达到

6188万元；实现农民人均纯收入7326元，同比增长20.1%。全市宗教领域保持和谐稳定良好局面。本局荣获“承办全省首届畲族文化艺术节特别贡献奖”“全省民宗系统信息工作先进单位”“全市信访工作先进单位”“全市新农村建设先进帮扶单位”“全市防范和处理邪教工作先进单位”等荣誉，1名干部受到国家宗教局表彰。

【民族工作】 (1) 深入贯彻落实2010年苏荣书记视察民族乡村时的重要讲话精神和省两办1号文件精神，用足用好民族优惠政策，争取上级部门扶助资金300万元。(2)引导和扶持民族地区大力发展特色产业，新增优质高效生态农业基地6个，种植业项目12个，养殖业项目20个，竹制品加工等项目16个，新增带动农户186户。(3)新建了5个新农村示范点，樟坪畲族村化坪组被评为“全省民族地区新农村建设先进单位”。(4)樟坪民族学校新校区已竣工交付使用，大大改善了民族地区的学校环境和教学条件；新建农家书屋5个。(5) 290名畲族群众搬出了深山，全部完成了移民扶贫搬迁任务。(6)在市委、市政府的高位推动下，在贵溪市政府、市文广新局、市文化事业发展中心的共同努力下，在各有关部门单位的大力支持配合下，成功承办了江西省首届畲族文化艺术节，进一步弘扬了少数民族文化，展示了鹰潭新形象。

【宗教工作】(1)加强与统战、公安、国安等部门的协同配合，及时妥善应对宗教性的一般问题及突发性事件，做到了“两个确保”(确保全市宗教领域不发生影响社会稳定的群体性事件和越级上访事件，确保不发生影响恶劣、被人借宗教问题炒作的事件)。(2)全面开展了基督教私设聚会点治理工作，经依法治理，全市基督教私设聚会点已取缔16处，合并9处，过渡29处，接受登记96处，有效遏制了基督教过快、过乱发展现象。(3)扎实开展了宗教活动场所财务监督管理试点工作，进一步规范了宗教活动场所的财务活动，为确保宗教活动场所资产安全有效，用于与其宗旨相符的活动以及社会公益慈善事业，更好地服务信教公民、服务社会打下了良好基础。(4)以新农村建设为载体，以群众自治组织为抓手，以整合社会资源为依托，在信江新区瑶山周家村开展了教育团结信众工作试点，探索出了一条新形势下做好受天主教地下势力影响的信徒教育团结工作的新路子，使该村及周边村庄上千名信众更加自觉地接受政府依法管理，受到了国家宗教局、省委统战部和省民宗局的高度关注和充分肯定。(5)会同有关部门成功承办了第五届海峡两岸(鹰潭?龙虎山)道教文化论坛，促进了海峡两岸传统文化交流，密切了经贸合作关系。(6)支持和协助龙虎山道教协会抓好龙虎山道教学院建设，启动了《天师府志》《历代天师评传》、道教经典《老子想尔注》等编译工程。指导龙虎山道教协会成功举办了嗣汉天师府对外文化交流研讨会，进一步扩大了道教祖庭影响。

(陈今国)

【市民族宗教事务局副县级以上干部名录】
局 长：雷纪文
党组书记：夏维纪(~2011.11)
副局长：林传富
党组成员、副调研员：彭凤牌(女)

人事工作

【概述】2011年，全市人力资源和社会保障系统在市委、市政府的正确领导和省人力资源和社会保障厅的直接指导下，坚持以科学发展观为统领，以“发展提升年”活动贯穿人事人才工作全局，牢固树立“人才优先”理念，积极实施“人才强市”战略，求实进取，开拓创新，人事人才各项工作取得了显著成效，为鹰潭市经济社会发展、构建和谐鹰潭发挥了积极作用。

【人才结构】全市人才总量14.18万人，按全市人口总数113.40万计算，人才密度12.50%。体制内人才3.54万人，占全市总人口的3.12%。其中：党政人才6508人，占全市总人口的0.57%；经营管理人才4012人，占全市总人口的0.35%；专业技术人才1.49万人，占全市总人口的1.31%；技能型人才1.07万人，占全市总人口的0.94%。非公有制领域人才9.59万人，占全市总人口的8.46%。其中：经营管理人才1.46万人，占全市总人口的1.29%；专业技术人才2.03万人，占全市总人口的1.79%；技能型人才6.10万人，占全市总人口的5.38%(高级技能型人才2400人，占全市总人口的0.21%)。农村实用人才7975人，占全市总人口的0.70%。

【公务员管理】全市共有公务员5140人，其中政府行政机关公务员1481人；全市参照管理事业单位工作人员781人，其中政府直属参照管理事业单位工作人员515人。坚持公开、平等、竞争、择优的原则，做好了鹰潭市2011年度各类公务员录用的笔试、面试、体检、考察和审批工作，阳光考录公务员316人；对全市102名新录用公务员进行了初任培训及市直2224名公务员(参照管理事业单位工作人员)进行了职业道德培训；做好了2012年度考试录用公务员的计划申报工作，申报招录计划41名。

【军转安置】圆满完成了2011年24名军队转业干部和2名随调家属档案移交和安置工作，在安置工作中，市直对营职以下军转干部仍然试行考试考核相结合的办法进行分配，全市计划分配的22名军转干部全部安置进行政单位，受到部队和国务院军转办的好评。企业军转干部解困和维稳工作稳步推进，各项解困政策及时落实兑现，全年发放各项补助、补贴、补差50余万元，及时办理企业军转干部医疗保险，缴纳医保费13万余元。热诚为企业军转干部服务，在市党代会、"八一"、春节等重要节会期间，走访慰问了部分企业军转干部和自主择业军转干部，主动帮助他们解决困难，化解矛盾，全年无1人赴省进京上访，确保了一方稳定。

【人才资源开发与交流】 3月份，鹰潭人才网招聘主页版本进行了全面更新，顺利实现了与江西人才人事网的链接，与旧版相比，招聘信息分类明确，覆盖面更广，信息容量更大，速度更快捷，网页点击率提高了80%，极大地方便了用人单位和广大求职者。2011年举办各种类型的人才招聘会18场，参会单位1000余家次，其中包括外省单位60家，求职者到场人数4000余人，企业签约人数1000余人。同时，人事代理工作也有新突破，新增档案977份，其中个人接收的107份、个人委托代理的619份、单位委托代理的116份、公务员试用期代理的135份。

【工资福利工作】 在巩固义务教育学校实施绩效工资的成果，进一步完善公共卫生与基层医疗卫生事业单位绩效工资工作的基础上，完成全市其他事业单位实施绩效工资工作。指导事业单位制定科学可行的绩效工资自主分配办法，统筹考虑事业单位艰苦行业、高层次人才和退休人员待遇，通过工资分配的激励机制，充分调动工作人员的积极性和创造性。

【专业技术管理工作】 全市职称申报2462人，评审通过2088人（其中：国有系列申报1428人，评审通过1122人；非国有企业申报1034人，评审通过966人。初级认定160人次）。为加强和规范职称评委会建设和管理，对全市高、中级八个职称系列评委员库人员进行了调整。非国有企业高级职称评审实行"考评结合"的方式进行。经省人力资源和社会保障厅批准，鹰潭市成立了"鹰潭市雕刻工艺美术中级专业技术资格评审委员会"，到2011年底止为江西省唯一一家。

【人事制度改革】 事业单位岗位设置工作进展顺利，市直100%事业单位已经步入运行和聘用阶段；县（市、区）完成了80%。全市共招聘事业单位工作人员578人，其中市直116人、县（市、区）211人、乡镇251人。顺利完成了全省中小学教师统一招聘工作任务，招聘教师127名。做好了"三支一扶"招募和安置工作，经过严密的考试、体检、政审和培训等系列工作，共有36名大学生赴县（市、区）乡镇工作；同时2009年48名"三支一扶"服务期满大学生的接收安置工作全面到位。切实做好了首届免费师范生岗位落实工作，招聘的4名免费师范毕业生全部安排到市本级中学任教。

【引智和专家管理工作】 对省外专局下达鹰潭市的"一村一品"产业发展项目专项资金的使用情况，进行了督促和检查，做到专款专用，支持鹰潭市的新农村建设。上报了12个新农村建设试点村"一村一品"产业发展项目；3家企业入选省级"一村一品"示范企业；争取到省外专局"一村一品"专项资金86万元。组织申报"万名专家下基层 江西专家在行动"项目两项，于10月27日至28日组织了实施，省农学院和省科学院专家到贵溪市河潭乡和冷水林场，进行农业和林业项目的指导服务。完成了全市享受国家和省政府特殊津贴专家一年一度的健康体检和鹰潭市拔尖人才经费发放工作。报送了贵溪市农业局赵汝贵同志为鹰潭市"百千万人才工程"人选赴国（境）外研修人员。

【人事培训考试】 开展了全市公务员职业道德培训，培训人数5305人。举办了公务员初任培训，培训学员102人。组织了7期专业技术人员继续教育公共科目的培训，培训人数1294人。组织了各类专业技术资格考试网上报名现场审查工作，共31项、1951人。完成了各类人事考试共10项。其中：职称外语考试，参考人数758人；与市财政局共同组织的会计专业考试，参考人数541人；经济专业考试，参考人数360人；专业技术人员职称计算机应用能力的考试，参考人数1211人次；公开考录党委办公系统特殊职位公务员和设区市以下法检机关考录公务员笔试，参考人数418人；公安机关录用人民警察的笔试，参考人数3479人；录用公务员"四级联考"笔试，参考人数3680人；中小学教师招聘考试，参考人数1490人；选聘高校毕业生到村任职及"三支一扶"的考试，参考人数524人；市直事业单位公开招聘工作人员的考试，参考人数417人；全年共查处违纪考生28人。

（陈克勤）

【市人力资源和社会保障局副县级以上干部名录】

党组副书记、局长：吴南平

副局长：黄丹军 杨明仲 桂学东 曹建彬

纪检组长：方 璐

副局长、社保局长：韩学农

就业局长：毛晓荣

技校校长：熊征才

编制工作

【概述】 2011年，市编办立足"创新体制机制、服务科学发展"，坚持服务改革发展稳定大局，着力深化改革，科学谋划管理，为把鹰潭市打造成鄱阳湖生态经济区璀璨明珠提供了坚实的体制机制保障。

【服务发展大局】 紧紧围绕市委市政府战略部署，及时成立了现代物流园管理中心，在铜产业经济循环基地管委会增设了环保科，科学调配了国土高新分局、信江分局编制。按照构建和谐社会的要求，对事关稳定、卫生、食品安全等机构编制事宜予以适当倾斜，在司法局单设社区矫正科，将全市基层司法所升格并明确了编制配备标准，理顺了基层司法所管理体制；在药监局设立了餐饮服务监督科，专门对食品安全进行监管;测算下达了全市社区卫生院人员编制,提高了社区医疗诊治水平和服务力度。

【稳步推进改革】 一是政府机构改革评估顺利完成。对市政府各部门和各县区机构改革的实施、启动运转、职责履行和机构编制执行等情况进行了全面评估,掌握了部门"三定"落实情况,查找了问题,提出了完善意见,为继续深化改革奠定了基础。二是事业单位分类改革稳步推进。在完成市直301家事业单位年检工作的同时,对其在履行职能、人员编制、领导职数、内设机构等方面的情况进行了全面梳理,摸清了家底。酝酿起草了《鹰潭市市直事业单位机构编制清理规范工作实施方案》,印发了《关于事业单位机构编制清理规范工作有关问题的说明》,找准了改革的着力点和难点,既不折不扣贯彻落实了中央和省里的精神,又充分体现了本地事业单位的特点。三是乡镇机构改革纵深发展。加强了对乡镇机构改革的跟踪指导,严格控制了乡镇机构编制和实有人员,守住了两条底线,顺利完成各项改革任务。

【规范日常管理】 在坚持机构编制"一支笔"审批基础上,出台了《鹰潭市编委会议事规则》,强化了进人核编管理,初步形成了只有在编制部门审核同意后,方能办理进人、增资、核拨经费的综合约束机制,从源头上防止了超编、超职数现象的出现。健全了机构编制实名制管理体系,实现了由单纯"管数量"向"管结构、管流向"的转变;努力创新用编管理,在全市事业单位招聘工作人员时,减少了向外招考,增加了市内遴选指标,减轻了财政负担。

【加强自身建设】 以发展提升年活动为契机,修订完善了机构编制审批工作流程,细化了工作程序,明确了科室职责,建立了督查督办制度;在事业单位法人年检、事业单位清理规范等工作中,主动上门提供服务,部门服务水平进一步提高。

(陈振平)

【市编办副县级以上干部名录】
主　任:陈小丽(女,~2011.6)
副主任:肖永进(2011.7~12主持工作)

统计工作

【概述】 2011年,在市委、市政府的正确领导下,市统计局班子坚持以科学发展观统揽全局,围绕"三个提高"的工作理念,着力推进"四个工程"建设,以强化统计优质服务为主题,以提高数据质量为核心,全面推进基层基础统计建设,统计工作取得丰硕成果:2011年该局荣获全省统计工作优胜单位一等奖、全省统计报表一等奖,"全省人口普查先进集体"、"全市综合治理先进单位"、全市"'五五'普法先进单位"、1人被评为全国统计系统普法先进个人、"2009~2011年度市级文明单位","计划生育先进单位",新农村建设挂点等中心工作考评情况良好。

【综合国情调查】 2011年是"十二五"规划的开局之年,全市人民在市委、市政府的正确领导下,以科学发展观为统领,紧紧围绕鄱阳湖生态经济区建设这一主线,全市国民经济保持了平稳较快增长,各项社会事业持续进步,人民生活继续改善,实现了"十二五"规划经济社会发展的良好开局。初步核算,全市实现地区生产总值(GDP)426.70亿元,按可比价格计算,比2010年增长12.3%。增幅连续11年实现"两位数"增长。其中:第一产业增加值38.14亿元,增长4.3%;第二产业增加值276.17亿元,增长13.1%;第三产业增加值112.39亿元,增长13.0%。三次产业结构由2010年的9.5:62.8:27.7调整为8.9:64.7:26.4。其中,工业增加值占地区生产总值比重为61.0%,比2010年提高1.5个百分点。三次产业对经济增长的贡献率分别为3.3%、67.3%和29.4%。非公有制经济完成增加值201.45亿元,增长14.3%,占全市地区生产总值比重47.2%,同比提高0.7个百分点。人均生产总值37754元,增长11.4%,按年均汇率折算为5845美元。

【企业一套表试点】 2011年7~8月在鹰潭市范围内实施全省"企业一套表"试点工作。企业一套表涉及工业、建筑业、房地产业、批发零售业、住宿餐饮业、能源、劳动工资等众多统计专业。紧紧把住人员培训和联网直报两个关键环节,试点期间,共培训人员800余人次,发放各专业教材3000余册,实现了企业培训和企业上网直报两个100%的目标,"企业一套表"试点工作取得成功。

【七项考核】 2011年,鹰潭市"七项考评"考核评价体系在2010年的基础上对部分单项指标内容进行了调整和完善,市统计局根据考核评价体系要求,与各有关部门协调共进,为考评工作打下坚实的基础。在市委、市政府的正确领导下,在各有关责任部门的联动配合下,鹰潭市被评为全省2011年度和谐社会建设先进设区市。贵溪市财政收入突破3亿元,获得财政收入单项先进,同时还被被评为全省工业先进市;余江县财政收入突破1亿元,获得财政收入单项先进,并获得农业发展单项先进。

【人口普查后续】 人口普查工作在入户登记调查取得重大成果后,其后续工作仍很多,2011年初按要求做好了境外人员普查表的交接上报工作,普查主要数据的评估和公报发布工作,普查文件资料的收集、整理和归档工作和普查户主姓名底册的录入上报工作;按要求完成了全国第六次人口普查国家、省级先进集体和先进个人材料的上报表彰工作。鹰潭市第六次人口普查荣获国家级先进个人2人;省级先进集体15个,省级先进个人35人。

【统计法制建设】全面推进依法统计，增强依法统计的意识和能力，提高运用法治思维和法律手段解决统计改革发展中突出矛盾和问题的能力。积极参与“12·4”法制宣传日活动。2011年，市统计局向市民发放新《中华人民共和国统计法》彩色宣传单500多张，利用宣传版块展示统计法律法规知识，引导社会公众自觉遵守统计法。认真开展执法检查工作，2011年全市共检查67家单位，查出统计违法行为13起，其中责令改正7件、通报批评3件、警告3件，促使统计调查对象自觉接受统计调查，及时准确上报统计资料。认真抓好统计人员继续教育培训工作，2011年鹰潭市统计人员继续教育培训三期，培训统计人员279人。

【统计队伍建设】进一步完善机关内部管理制度和内部考核办法，不断健全干部考核激励机制，规范机关管理，提高管理水平。进一步加强制度的督查落实，强化管理，提高质量。同时加强统计专业人员资格培训和继续教育，深入开展统计职业道德教育，选派优秀人员外出学习。始终坚持“以人为本，重在建设”的原则，完善了机关工作、生活制度，用制度管人管事。抓学习型机关建设，着力提升干部职工素质。积极开展“创先争优”活动，狠抓职工思想教育，强化学习意识，树立“在学习中工作，在工作中学习”的思想；在工作生活中切实为职工解决具体问题，全局上下形成一种人心思齐、人心思进的良好工作氛围。2011年，市统计局，1人被提拔为正县级干部，1人被提拔为副县级干部，还招录了两名公务员。

（王 婧）

【市统计局副县级以上干部名录】
党组书记、局长：黄 忠
党组成员、调研员：桂长春(2011.04~)
党组成员、副局长：李春兰(女)
党组成员、纪检组长：程保太
党组成员、副调研员：苏俊（女，2011.06~）
副局长：刘林根

旅游工作

【概述】2011年，在市委市政府的正确领导下，全市旅游系统以科学发展观为统领，紧紧围绕“中华文化年”旅游主题，坚持以“加快大开放，拓展大市场，形成大产业，打造大旅游”为主线，以“精品景区、休闲城市、魅力乡村、优质服务”为工作切入点，不断理顺管理体制，积极创建旅游品牌，强力开展宣传促销，努力提高服务质量，力促全市旅游业保持健康、快速、协调发展。

【旅游经济指标保持平稳较快增长】2011年，全市全年共接待国内游客865.1万人次，同比增长31.07%；实现旅游总收入60.06亿元，同比增长33.47%；接待境外游客15.21万人次，同比增长28.96%；旅游创汇2725.44万美元，同比增长29.47%；龙虎山景区接待游客60万人，同比增长45.84%。旅游直接收入1.2亿元，同比增长61.54%，增长速度位居全省前列，实现了旅游产业“十二五”规划开门红。

【旅游规划编制成果显著】将旅游规划建设作为2011年旅游产业发展的工作重点。编制完成了《鹰潭市旅游发展总体规划》、《鹰潭市道教文化旅游专题策划》编制。《龙虎山风景名胜区总体规划（2011~2025)》已由省政府报国务院等待批复，九曲洲丹霞养生谷、龙虎山夜游、上清古镇旅游开发等项目控制性详规也先后通过评审，县(市、区）旅游总体规划编制全面铺开，“十二五”旅游规划体系初步形成。

【旅游宣传营销品牌叫响】一是以节为媒，彰显高端文化旅游品牌魅力。巩固推广申遗成果，展现丹霞道都品牌魅力，成功举办了“第十三届中国·鹰潭龙虎山道教文化旅游节”。本届道教文化旅游节以“同源、传承、和谐、发展”为主题，规模盛大，影响广泛，世界旅游小姐全球总决赛走进龙虎山，宣传龙虎山，全国200强旅行社总经理和海峡两岸文化界、旅游界嘉宾齐聚鹰潭，开展旅游、文化交流。二是借势展会，纵深拓展旅游客源市场。积极组织参加了省旅游局在北京、上海、杭州等地举办的“江西风景独好”系列宣传活动，组团参加了昆明国际旅游交易会、西安国内旅游交易会、厦门海峡旅游博览会、义乌国际旅游商品交易会、南昌中部旅游博览会、世界低碳经济技术博览会等国内大型宣传促销活动。加大了境外及港澳台市场的促销，组织参加了韩国哈拿多乐旅游交易会，参加了第六届海峡（台北)旅展，赴香港开展了旅游宣传。三是借力媒体，强势开展旅游宣传推广。在央视、浙江卫视、东方卫视、江西卫视等十余家电视媒体做龙虎山旅游形象宣传；邀请湖南电视台、福建电视台采风、拍摄旅游专题片；选择了《新民晚报》《浙江日报》《广州日报》等30多家客源地报纸杂志进行旅游宣传，炒热龙虎山旅游。邀请中国国际广播电台举行了中外媒体记者龙虎山采风，邀请中国旅游协会城市休闲分会举行了寻找最美丽休闲城市全国记者鹰潭行等大型活动。制作更新了市内公共场所和高速公路大型旅游宣传牌，在鹰潭电视台、鹰潭电台开通了旅游频道，改版制作了鹰潭旅游信息网，开通了新浪、腾讯鹰潭旅游局官方微博，设计制作了新版旅游地图、旅游纪念手帕，创办《鹰潭旅游快报》。四是主动出击，强化无障碍区域合作。组织旅游“大篷车”开赴福建三明、福州、泉州、厦门、漳州、龙岩六地市开展宣传推介，举办5场专场推介会。积极参加了海西经济区、闽粤赣三省十三市等旅游协作区交流，出台了旅游专列大巴优惠奖励措施，兑现了奖励政策，有效提高了客源地组团社的积极性。开行了重点客源城市龙虎山旅游直通车。龙虎山推出了市民全年“优惠金卡”,淡季免门票。由于积极宣传促销,鹰潭市入选中国旅游协会主办的“2011中国休闲城市”榜,被评为“最宜居休闲城市”。

【招商引资和项目建设势头迅猛】 旅游产业开放型经济有声有色,2011年全市旅游招商实际进资金11.54亿元、外资2500万香港元;外贸出口近600万美元。旅游项目建设加速推进,大道乾坤部分景点已经建成试营业,道学院建设启动;龙虎山生态运动养生园与丹霞国际养生谷项目运作良好;美人桥湿地公园项目已完成规划编制及林地流转;四洲集团食品城主体工程已经建成;贵溪白鹤湖景区整体开发、双圳上山休闲度假庄、余江三川洪湖生态城等一批旅游开发项目启动建设。龙虎山主景区全长3100千米的旅游木栈道已全面开通;龙虎山夜游、温泉开发进一步推进;上清古镇改造一期工程、圣井山开发稳步推进;龙虎山集团公司上市工作正抓紧实施,数字景区建设日臻完善。

【旅游服务水平品质提升】 一是深入开展“三创三争”活动。围绕诚信经营、优质服务、和谐旅游为主题,在全市旅游系统连续开展以旅游饭店争创明星旅游饭店,旅行社争创星级旅行社,导游员争当优秀导游员,旅游窗口服务员争当明星服务员,旅游车队驾驶员争当安全文明驾驶员为主要内容的“三创三争”活动,市旅游局被评为全国旅游行风建设先进典型。二是打造优质高效服务平台。对全市旅游系统科以上干部开展国学教育培训,倡导儒家修身和中华传统美德,转变干部思想理念和作风。全面落实首问责任制、限时办结制、责任追究制,加大了《旅行社条例》《旅游饭店星级的划分与评定》等行业法规标准的宣贯和执法力度。开发了旅行社业务管理网上办公系统。三是精心组织行业技能大赛。系统培训饭店中高级管理人员,开展了全市星级饭店服务品质检查及达标复核工作。重印了导游带团单和新版旅游组团合同,评选了“十大导游员”“十大赣菜”“十大风味小吃”和“十大特色菜肴”。举办了导游年审培训班、地方导游员培训班,完成了国导资格考试、中高级导游考试报名及考前辅导,全年新增导游员150名。四是全力培植乡村旅游新业态。筹备召开了全市乡村旅游工作会议,全面部署了乡村旅游工作,启动实施了乡村旅游“十、百、千”建设工程,出台了乡村旅游发展奖励办法,开展了乡村旅游点的A级评定、乡村旅游示范村、示范经营户评选工作。贵溪市举办了“塔桥梨花节”、首届“畲族文化艺术节”,月湖区举办了首届“葡萄文化旅游节”,下戴“市民农事体验示范园”试点取得示范效应。五是大力加强旅游诚信建设。开展了旅游市场整顿规范。查处了欺诈游客、私拿回扣、索要小费、零负团费等违规案件。加强了旅游安全检查。开展了企业诚信测评考核工作,推出了企业诚信经营、游客明白消费系列措施。协调相关部门全面落实了星级饭店水、电价格优惠政策。积极开展“以治庸提能力、以治懒增效率、以治散正风气”为主题的干部作风教育实践活动,加强了党风廉政建设、惩治预防腐败体系建设以及依法行政、政府信息公开工作。积极参与行风政风热线和网上咨询活动,切实解决游客和市民普遍关心的热点难点问题。

(乐科伟)

【市旅游局副县级以上干部名录】
局长:黎 云
副局长:欧阳金焰 刘文致 肖桂琴
纪检组长:王华光

中国人民政治协商会议鹰潭市委员会

编辑、校对：陈志敏

综述

2011年，政协鹰潭市第七届、八届委员会(以下简称“市政协”)在中共鹰潭市委的领导和省政协的指导下，在市政府的支持和各方面的配合下，坚持“党委想什么政协议什么，政府干什么政协帮什么，群众盼什么政协呼什么”的工作理念，深入贯彻落实科学发展观，牢牢把握团结和民主两大主题，竭智尽力谋发展，团结各界促和谐，创新举措增活力，扎实履职树形象，为推动鹰潭市经济社会又好又快发展作出了积极贡献。2011年，市政协工作可概括为以下几个方面：一是围绕中心，服务大局，建言献策成效明显。紧紧抓住关系鹰潭经济社会发展的前瞻性、战略性问题，开展协商议政，为全市经济社会发展建睿智之言，献务实之策。二是以人为本，促进和谐，议政为民领域拓展。通过视察、提案、反映社情民意等形式，察民虑，汇民意，解民忧，为创新社会管理，构建和谐鹰潭服务。三是找准定位，主动融入，参与中心工作务实有为。牢固树立有为才有位意识，主动融入市委、市政府中心工作，充分发挥政协自身优势，竭尽全力为党政分忧，做到尽职不越位。四是凝心聚力，合作共事，团结民主氛围浓厚。坚持“长期共存、互相监督、肝胆相照、荣辱与共”的基本方针，发挥政协优势，多渠道、多领域开展工作，努力增进团结，凝聚力量。五是突出重点，强基固本，履职能力得到提升。以建设学习型组织为目标，不断提高政协工作科学化水平，政协自身建设呈现出新气象、新面貌。

重要会议

【全体委员会议】2月22日至24日，市政协七届六次全会在市区举行。会议听取和审议了主席潘赞海所作的政协鹰潭市第七届委员会常务委员会工作报告和副主席刘国富所作的关于七届五次会议以来提案工作情况的报告。出席会议的委员列席了市七届人大七次会议，听取讨论并赞同市长钟志生所作的《政府工作报告》，讨论并赞同《鹰潭市国民经济和社会发展第十二个五年规划纲要》及其他报告。会议期间，杨宪萍、钟志生等市党政领导看望委员并参加小组讨论，认真听取委员意见。委员们紧紧围绕“十二五”规划纲要和政府工作报告提出的各项工作任务，坦诚建言献策，提出了许多建设性的意见和建议。会议通过了政协鹰潭市第七届委员会提案委员会关于七届六次会议提案审查情况的报告和政协鹰潭市第七届委员会第六次会议决议。

9月23日至26日，市政协八届一次全会在市区举行。会议认真学习了市委书记陈兴超代表中共鹰潭市委在本次会议开幕式上的重要讲话，审议并同意潘赞海代表七届市政协常务委员会所作的工作报告和刘国富代表七届市政协常务委员会所作的提案工作情况的报告，选举产生了政协鹰潭市第八届委员会主席、副主席、秘书长和常务委员。委员们列席了市八届人大一次会议，听取、讨论并赞同钟志生所作的《政府工作报告》及其他报告。会议认为，陈兴超书记的重要讲话，充分肯定了七届市政协在推进鹰潭“四大一新”发展战略中发挥的重要作用，对八届市政协提出了新的更高的要求，并寄予殷切的期望，充分体现了中共鹰潭市委对本市政协工作的高度重视和关心支持。委员们围绕政府工作报告提出的各项任务，坦诚建言，提出了许多建设性的意见和建议。会议通过了政协鹰潭市第八届委员会提案委员会关于八届一次会议提案审查情况的报告和政协鹰潭市第八届委员会第一次会议决议。

【常务委员会议】1月18日下午，市政协七届二十三次常委会议召开。市政协主席潘赞海主持会议，副市长戴春英到会听取讨论《政府工作报告(征求意见稿)》和《鹰潭市国民经济和社会发展第十二个五年规划纲要（草案)(征求意见稿)》意见。会议还审议通过了政协鹰潭市第七届委员会常务委员会工作报告和关于七届五次会议以来提案工作情况的报告;审议通过了关于召开政协鹰潭市第七届委员会第六次会议的决定;审议通过了政协鹰潭市第七届委员会第六次会议议程(草案)和日程;协商通过了有关人事事项。委员们认为《政府工作报告(征求意见稿)》指导思想明确,总结成绩客观实在,谋划工作思路清晰,操作性强,符合鹰潭实际和群众意愿。《鹰潭市国民经济和社会发展第十二个五年规划纲要(草案)(征求意见稿)》描绘了鹰潭美好的蓝图,提出的目标任务,方向明确,思路清晰,体现了求真务实、执政为民的精神,具有很强的思想性、前瞻性、战略性,且充分考虑到鹰潭的具体情况,针对性强,为鹰潭未来发展指明了方向。戴春英充分肯定和高度评价了委员们提出的意见和建议,并表示要将委员们的意见和建议带回去认真研究和采纳。

2月23日下午,市政协召开七届二十四次常委会议,市政协主席潘赞海主持会议。会议审议通过政协鹰潭市第七届委员会提案委员会关于市政协七届六次会议提案审查情况的报告(草稿),审议通过政协鹰潭市第七届委员会第六次会议决议(草案)。

6月3日下午,市政协召开七届二十五次常委会议,听取了关于"建设若干专业市场,加快推进'四区合一'"的调研报告,并围绕该专题展开协商讨论。市政协主席潘赞海主持会议并讲话,市委常委、副市长熊茂平应邀到会听取意见和建议。会上,祝寿、陈党红、张年荣、饶军、郑卫国等常委和委员建议,明确发展专业市场的目标定位,建设若干有较强辐射和带动作用的区域性专业市场;坚持高起点规划布局,重点推进,分期实施,不搞无序竞争和重复建设;精心培育专业市场主体,完善配套,实现专业市场有序发展。熊茂平通报了本市专业市场规划、建设等情况,并表示市政府将认真研究和采纳委员提出的意见建议,以实际行动扎实推进专业市场建设。

8月19日下午,市政协召开七届二十六次常委会议,听取了关于"发展职业教育,培养实用型人才"的调研报告,并围绕该主题展开协商讨论。市政协主席潘赞海主持会议,副市长史可应邀到会听取意见和建议。会上,夏翠英、祝斌、周天柱、罗会样、刘小星、李峻薇等常委和委员建议创新理念,转变发展思路;整合资源,形成职教合力;搭建平台,深化校企合作;拓宽领域,加大职教投入;强化师资,提高教学质量;依法办教,营造良好发展氛围。史可表示,对于市政协常委、委员们提出的意见和建议,市政府将认真研究和采纳,扎实推进职业教育发展。

9月14日上午,市政协召开七届二十七次常委会议,市政协主席潘赞海主持会议,市委常委、常务副市长王家林应邀到会听取讨论《政府工作报告(征求意见稿)》意见。会议还听取了关于政协鹰潭市第七届委员会常务委员会工作报告和提案工作情况的报告起草情况的说明,审议并通过了这两个报告及其报告人名单;审议通过了政协鹰潭市第七届委员会常务委员会关于换届工作有关问题的决定;审议通过了关于召开政协鹰潭市第八届委员会第一次会议的决定;审议通过了政协鹰潭市第八届委员会第一次会议议程(草案)、日程(草案);协商决定了政协鹰潭市第八届委员会委员名单;协商通过了政协鹰潭市第八届委员会第一次会议主席团、主席团会议主持人和秘书长建议名单、主席团常务主席建议名单,主席团常务主席会议主持人名单(草案),主席团执行主席值日名单(草案),提案审查委员会建议名单,副秘书长名单(草案),列席人员名单,委员分组名单,各组召集人名单(草案);协商通过了有关人事事项。会上,徐双文、葛菁、陈党红、章平平、吴拓宇、郑卫国等常委和委员,围绕《政府工作报告(征求意见稿)》提出了积极的意见和建议。王家林表示,市政府将逐条进行归纳梳理,尽可能地把大家的意见和建议吸收到报告中,力争使报告更加符合科学发展观的要求,更加符合全市发展的实际,真正使报告成为集中民智、反映民情、符合民意的报告,成为指导未来五年政府工作的行动纲领。

10月19日上午,市政协召开八届一次常委会议,市政协主席潘赞海主持会议。会议学习了《中共中央关于加强人民政协工作的意见》,协商通过了政协鹰潭市第八届委员会各专门委员会的设置及其负责人名单,审议通过了《政协鹰潭市委员会全体会议工作规则(修正案)》、《政协鹰潭市委员会常务委员会工作规则(修正案)》。

12月8日上午,市政协召开八届二次常委会议,听取了关于"发挥科技创新支撑作用,加快转变我市铜产业发展方式"的调研报告,并围绕该主题展开协商讨论。市政协主席潘赞海主持会议,副市长辜清应邀到会听取意见和建议。会上,傅梓堆、江金街、祝寿、赖士浩、吴林生、王军、叶航等常委和委员建议大力推进铜产业转型升级,提高铜企业自主创新能力,启动建设科技企业孵化器,不断健全产学研合作机制,加大人才引进培养力度,努力提升产业配套水平,加快国检中心建设步伐。辜清对市政协常委、委员的意见建议予以充分肯定,并表示市政府将认真研究和采纳。

【主席会议】 2011年,市政协共召开了主席会议13次,主要研究决定调查、视察、协商专题和政协换届等事宜,传达学习中央、省委、市委和全国政协、省政协重要会议精神,并对市政协如何参与党政中心工作提出指导性意见,确保市政协各项工作有序高效开展。

重大举措

【调查视察工作】 4月至5月,由市政协副主席桂江萍带队,市政协经济科技委员会组织部分市政协常委、委员和有关方面的负责人,就"建设若干专业市场,加快推进'四区合一'"进行了专题调研,形成了调研报告。报告对本市建设专业市场的现状、存在的主要问题等进行了深入细致的分析,并提出了建议。

6月至7月,由市政协副主席邢星奎带队,市政协教育文化卫生体育委员会组织部分政协常委、委员,就“发展职业教育,培养实用型人才”进行了专题调研,形成了调研报告。报告对本市职业教育发展现状、存在的主要困难和问题等进行了深入细致的分析,并提出了建议。

10月中下旬,由市政协副主席杨建保、黄占共带队,市政协经济科技委员会组织部分市政协常委、委员,就加快转变本市铜产业发展方式课题进行调研,形成了调研报告。报告对本市铜产业发展现状、存在的困难和问题进行了深入细致的分析,并提出了建议。

10月份,市政协领导分别领衔,围绕市委交办的事关鹰潭发展大局的景区规划与发展、工业园区规划与发展、民生工程三个方面九个重点课题开展调研,分别形成了《关于深化我市旅游业体制机制改革,进一步加快龙虎山景区发展步伐的调研报告》等9篇调研报告。调研报告得到市委书记陈兴超充分肯定,市委将调研报告在《鹰潭日报》予以刊登,在全市范围进行广泛深入讨论,市有关部门对调研成果予以了积极吸纳。

市政协各专门委员会还精心选择农田水利基本建设,体育场馆有效利用、基层司法所建设、道教文化发展、做大旅游业等课题,开展视察、调查、座谈、研讨等活动,提出了可操作性的意见建议。

【提案及社情民意工作】 2011年共收到提案103件,经审查立案100件,其中,委员提案63件,各民主党派、工商联提案37件。立案的100件提案,市政协提案委及时转交给市委、市政府有关部门,县(市、区)政府以及其他相关部门共50余家承办单位研究办理,并采取主席督办、提案摘报、跟踪问效等方式,努力提高提案办理质量。截至12月底,立案提案均已办复,所提问题已经解决或基本解决的37件,占立案数的37%,正在解决或列入计划解决的57件,占立案数的57%,因条件限制暂时难以解决的6件,占立案数的6%。2011年共征集并向市委、市政府及有关部门报送社情民意信息50余条,得到党政领导的重视和相关部门的积极采纳,有力推动了中心城区小街小巷综合改造、信江新区规划建设等群众关注的热点难点问题的解决。

【参与中心工作】 在新农村建设中,积极发挥农民的主体作用和部门的帮扶作用,大力发展农村集体经济,促进农民增收,协调解决帮扶资金,积极做好“三清六改四普及”工作,努力构建和谐平安新农村。在牵头负责的全市重点工作中,市政协班子成员尽心尽责,带领有关部门,认真搞好调查摸底,反复研究论证工作方案,深入项目一线调度协调,及时解决存在难题,完成了市委、市政府规定时间节点内的各项任务。同时,发挥政协优势,积极招商引资,超额完成市委、市政府下达的目标任务。

【委员活动】 2011年市政协委员共有700人次参加政协活动,兴办实事的120人次,获市级以上表彰30人次,为3000多名群众提供义务咨询服务。

【自身建设】 加强理论学习,运用主席会议、常委会议、专委会议和机关干部职工会议,认真学习中央全会和省、市党代会精神,增强履职责任感和使命感。市政协联合月湖区政协对市、区200余名新任委员进行培训,邀请省政协和市委党校专家授课,提高了新进委员的理论素养和参政议政能力。加强组织建设,新一届政协成立后,设置了六个专委会,确立了各专委会负责人和委员,使政协工作有序、高效运转。加强制度建设,修订完善了市政协全体会议、常委会议、主席会议工作规则,为政协履职提供了制度保障。加强机关建设,大力开展“政协工作科学化水平提高年”活动,积极探索履职新载体、新途径、新方法。机关干部队伍建设得到加强,在市委的关心和重视下,市政协1名正县级干部交流到市直部门担任主要领导职务,5名经验丰富的县级干部交流到政协任专委会兼职副主任。机关办公条件得到改善,在市政府的大力支持下,对市政协领导办公室和机关大楼进行改造装修,美化了机关工作环境。

(蔡春生)

【政协鹰潭市委员会副县级以上干部名录】

主　席:潘赞海(2011.1~)

副主席:桂江萍(女,~2011.9)　王火茂(~2011.9)　周水凤(女)　邢星奎(~2011.9)　杨建保　钱光涌(~2011.9)　刘国富　官金福(2011.9~)　吴细美(女,2011.9~)　张金涛(2011.9~)　黄占共(2011.9~)　吴泉水(2011.9~)

巡视员:王火茂(2011.9~)　邢星奎(2011.10~)

副巡视员:桂江萍(女,2011.9~)

秘书长:洪芬平(~2011.9)　杨亮太(2011.9~)

办公室主任:洪芬平(~2011.12)

副秘书长兼办公室副主任:艾　程(女)

办公室副主任:黄洪生

学习文史社会法制委员会主任:刘承炎(~2011.6)　李赛白(2011.9~)

专职副主任:郑　生

民族宗教港澳台侨委员会专职副主任:梁东华(2011.1~)

提案委员会主任:罗来淼

经济科技委员会主任:祝　寿(女)

教育文化卫生体育委员会主任:周天柱(~2011.9)

专职副主任:罗会样

人口资源环境委员会主任:杨亮太(~2011.9)

办公室调研员:黄东生(~2011.9)　刘承炎(2011.6~)

办公室副调研员:周冬凤(女)　余子兵(~2011.7)　綦　青(女)　夏美林

中国共产党鹰潭市纪律检查委员会

编辑、校对：夏永军

综述

2011年，在省纪委、省监察厅和市委、市政府的正确领导下，全市各级纪检监察机关坚持以邓小平理论和“三个代表”重要思想为指导，以科学发展观为统领，紧紧围绕建设富裕、秀美、宜居、和谐鄱阳湖生态经济区璀璨明珠的目标，按照“打造亮点、彰显特色、争创一流”的工作思路，认真贯彻反腐倡廉战略方针，全面履行党章赋予的职责，党风廉政建设和反腐败工作取得新的明显成效。

*优化经济社会发展环境。*在总结“创业服务年”活动的基础上，扎实开展“发展提升年”活动，着力提升机关办事效率，营造风清、气正、劲足的干事创业环境。围绕“建设五型机关、提高服务水平”的主题，结合“创先争优”活动，开展“万名干部下基层、万名群众评机关”“治庸、治懒、治散”等主题教育活动以及“富民兴市我先行”公开承诺、签名等活动，促进干部作风进一步好转；开展以服务内容、服务承诺等为主要内容的公开承诺和环境监测活动，促进经济发展环境进一步优化。深化政风行风建设，民主评议政风行风不断向基层站所延伸。

*维护群众合法权益。*扎实开展医药购销和医疗服务领域突出问题专项治理。突出抓好教育乱收费及公路“三乱”专项治理。认真组织强农惠农资金专项清理检查。严格清理规范庆典、研讨会、论坛活动和面向基层“一票否决”事项。切实加强对财政专户、失业保险基金、征地拆迁、保障性住房建设的监督检查。

*推进鹰潭特色惩防体系建设。*以强化廉洁意识为重点，不断增强教育的渗透力，开展反腐倡廉知识竞赛、反腐倡廉建设理论研讨征文廉政公益广告评选等系列反腐倡廉宣传教育活动，推进精品廉政文化建设。以规范权力运行为重点，不断增强制度的约束力，深化风险岗位廉能管理，建立健全政府投资项目资金监管和政府采购管理制度，加强对公共资源交易中心各项交易活动运作流程、操作规范、依法办理的情况及相关管理活动的监督检查。以党务政务公开为重点，不断增强监督的制衡力，强化党务政务公开，推进县委权力公开透明运行，严格执行领导干部重大事项报告制度。

*加强党风廉政建设。*强化党风廉政建设责任制考核，注重考核结果运用。落实党员领导干部廉洁从政各项规定，全面落实厉行节约有关要求。推进基层党风廉政建设，完善农村党风廉政建设工作领导机制。完善乡镇便民服务中心建设，推行乡镇便民服务中心A、B岗工作模式，设立乡镇便民服务中心监督岗。

*保障政令畅通。*强化对市、县、乡党委换届纪律工作的监督检查，确保换届工作的风清气正。加大对中央、省、市重大决策部署落实情况的监督检查力度。加强对土地、政府采购等领域的专项治理，对全市闲置土地进行专项清理，实施土地违规约谈和通报制度，对部分重点单位政府采购情况进行抽查，对全市公职人员招录招聘及各类职称考试等进行监督。

*建立健全从严治腐惩戒机制。*明确案件查办的重点领域，完善信访举报制度，畅通来人来信举报、电话举报、网络举报渠道，建立和完善举报信息汇集和处理机制。严格执行依纪依法办案制度，严肃办案纪律，严格遵守“两规”办案措施使用的条件、时限、适用对象、审批权限，加快市、县两级“办案点”建设。建立健全办案协调机制，加大对派驻机构办案指导，建立上下联动、多方配合、集中力量办大案要案的协调机制。完善案件移送和通报制度。完善办案治本机制，坚持查办案件与预防治本并进，完善“一案两报告”制度。

*增强纪检监察机关履职能力。*以换届为契机，选优配强新一届各级纪委领导班子，重点加强乡镇纪检组织建设。在全省率先探索实行市直派驻单位纪检监察干部交流任职制度，市直派驻纪检监察干部交流实现常态化、制度化。开展多层次、全方位的理论和业务培训，组织纪检监察干部参加中央纪委、

省纪委业务培训班学习，开办全市纪检监察干部培训班，提升纪检监察干部综合素质。

重要会议

【市纪委六届七次全会】 2月21日召开市纪委六届七次全会，会议的主要任务是传达贯彻十七届中央纪委六次全会和省纪委十二届八次全会精神，认真落实市委六届十二次全会工作部署，回顾总结2010年全市党风廉政建设和反腐败工作，安排部署2011年工作任务。市委书记杨宪萍出席会议并作重要讲话。市委常委、市纪委书记谢一平作了题为《加强制度建设，构建惩防体系，为实现鹰潭科学发展进位赶超绿色崛起提供坚强保证》的工作报告。

【市纪委七届一次全会】 9月19日，经中共鹰潭市第七次代表大会选举产生的中共鹰潭市第七届纪律检查委员会举行第一次全体会议。受中共鹰潭市第七次代表大会主席团的委托，谢一平主持中共鹰潭市纪律检查委员会第一次全体会议。全会以无记名投票的方式，选举产生了中共鹰潭市纪律检查委员会常务委员会委员和书记、副书记，并经市委七届一次全会通过。谢一平、杨森、姚军章、童团水、辛平、刘明宇、万荣辉等7人当选为中共鹰潭市纪律检查委员会常务委员会委员。谢一平当选为中共鹰潭市纪律检查委员会书记，杨森、姚军章当选为副书记。

重大举措

【开展“发展提升年”活动】 在市委、市政府的领导下，组织开展“发展提升年”活动，广泛宣传发动，悬挂、张贴宣传标语118条；设立活动专题、专栏，编印工作简报32期，刊发信息200余条，发表稿件141篇。强化发展环境监测，实施环境监测4907次，测评满意率90.83%，发出建议、督办函85件，受理投诉51件，办结率100%。组织114个市直单位重点科室开展公开服务承诺活动。建成网上行政审批和电子监察系统，实现部门审批系统间互联，受理审批事项4951件，办结4868件，办结率达98.3%。依托数字鹰潭建设平台，建立利安社区电超市400余个，服务群众3万余人次，成为全国第一个全面探索和实施城乡综合电子服务的地级城市。开展明察暗访59次，查处违反工作纪律党员干部115人次。办好政风行风热线，直播热线节目54期，接听群众电话454个，选聘20名听评员进行全程监督，群众满意率达95.3%。2011年被评为全省发展提升年活动单项工作先进单位。

【建设廉政教育基地】 为改善纪检监察机关办案条件，深化反腐倡廉教育，创新党风廉政建设教育载体，经市委、市政府批准决定，成立鹰潭市廉政教育基地，为市纪委下属全额拨款正科级事业单位，编制5名，其中正科级职数1名。基地坐落于龙虎山风景名胜区境内，距中心景区2千米，在市公路局路政支队原办公楼的基础上改建而成，占地面积1333.3平方米，建筑面积4000平方米，投入建设资金800余万元，建有办公楼、办案楼、培训宿舍楼及食堂，办公楼设有功能齐全的廉政教育展厅和会议报告厅，可开展廉政教育、干部培训，召开视频会议；办案楼采用密码门禁系统，设有监控室、案情分析室以及4间标准化谈话室，可同时对2起案件、4名对象进行谈话；宿舍楼共有标准客房27间，具有较完备的接待功能，是全市目前唯一一个集警示教育、查办案件、干部培训、参观展览、视频会议多功能于一体的廉政教育基地。9月2日上午，市廉政教育基地正式揭牌，市委书记陈兴超、市长钟志生为基地揭牌并参观廉政教育基地。市廉政教育基地的建立，为全市广大党员干部培训、接受反腐倡廉教育搭建了重要平台。中央纪委、省纪委领导称赞市廉政教育基地“小巧玲珑、布局合理、品位很高”，是“花小钱办大事、花少钱办实事”的廉政工程。

【举办唱红歌比赛活动】 为认真贯彻落实党的十七届四中、五中全会精神，推进廉政文化建设，凝聚人心鼓舞干劲，营造风清气正的发展氛围，市纪委积极响应省纪委号召，在全市纪检监察系统开展“唱红歌、颂廉洁、促和谐”活动。1月25日，全市纪检监察系统“唱红歌、迎

市委书记陈兴超、市长钟志生为鹰潭市廉政教育基地揭牌。

市纪委办公室供稿

新春"歌咏比赛在华侨饭店会议中心举行,市纪委监察局机关、各县(市、区)纪委监察局、市直派驻机构协作片区等10支代表队300余名党员干部、纪检监察干部和部分群众参加比赛。经过激烈角逐,产生优胜奖4个三等奖、3个二等奖、2个一等奖1个。《中国纪检监察报》在头版位置以"忠诚卫士唱红歌"为题对全市纪检监察系统唱红歌活动进行专题报道。6月18日,组织全市百余名纪检监察干部参加全省纪检监察系统唱红歌比赛活动,获得三等奖。

廉政建设

【强化责任制考核】 组织5个考核组对全市各地各单位推进惩治和预防腐败体系建设及落实党风廉政建设责任制和《中国共产党党员领导廉洁从政若干准则廉政准则》工作进行了检查考核,确定优秀、良好、基本合格及不合格四个等次,考核结果作为市直单位述职考评的重要依据,并在全市进行通报。

【落实党员领导干部廉洁从政各项规定】 开展党政机关公务用车专项治理,规范公车管理制度;全面实施公务卡结算业务,从严规范公务接待活动;开展"小金库"专项治理,查出违规金额21.8万元。全面落实厉行节约有关要求,各项支出均控制在指标范围内。严格审核因公出国(境),对一般性考察拒批3批8人次,实现全年人数、经费零增长目标。对17个市直部门和县(市、区)进行经济责任审计,涉及违规违纪和管理不规范资金3.6亿元。严格执行领导干部重大事项报告制度,受理县级领导干部重大事项报告24人(次)。

【推进基层党风廉政建设】 建立乡镇村级会计服务中心,实行村级财务乡镇代管制度,纠正和拒付不合理资金2.8万元;在全市所有乡镇建立农村公共资源交易站,实行村级"三资"乡镇监管代理制,交易54宗、节约资金15.4万元;完善乡镇便民服务中心建设,实行每月"零投诉"考核评先制度,办理便民服务事项7.3万余件,解决矛盾纠纷4500余起。全市所有行政村均聘请了农村基层党风廉政监督员,提出意见、建议3265条,反馈问题586个。

惩防体系建设

【反腐倡廉教育不断强化】 组织党员干部参观饶州监狱警示教育基地,观看《土地之殇》《落马的"县官"》《一场没有硝烟的战争》等警示教育片;组织全市13979名党员干部参加纪念建党90周年反腐倡廉知识竞赛活动;组织开展理论调研活动,推荐3篇优秀论文参加省纪委组织的纪念中国共产党成立90周年反腐倡廉建设理论研讨征文活动,其中1篇获得二等奖;组织专业编导团队,拍摄5组廉政公益广告参加全省评选,增强了广大党员干部拒腐防变的自觉性。

【廉政文化建设不断深入】 按照"五有"的要求,培育和推荐一批有竞争力、特色鲜明的示范点参加全省新一轮廉政文化建设示范点评审;充分挖掘廉政文化资源,在县、乡中心地带打造了一批廉政文化景观,在市区主要路段及灯杆上设立一批廉政公益广告牌,营造"以廉为荣、以贪为耻"的社会风尚,提升廉政文化建设的吸引力和影响力。

【权力运行机制不断完善】 创新风险岗位廉能预警机制,合理设置预警内容和预警指数,有效实施预警评价、预警告知和廉能督办,全市共查找内设机构和个人岗位风险点约1.9万个,制定防控措施约4万条,修订完善相关制度3521项。建立健全政府投资项目资金监管和政府采购管理制度,制定出台《政府投资项目资金管理办法》和《政府投资项目跟踪审计操作规程》等制度,完善项目资金管理,保障政府投资资金的安全;制定出台了《政府采购采管分离实施办法》,建立采购项目评标专家库和违法违纪行为公告记录平台,全面落实"采管分离"和招标投标违法行为记录公告制度。强化党务政务公开,通过开办党务政务公开栏、网站,设立政务大厅、电子触摸屏等形式,全市161家单位与政务信息网实现联网,公开党务政务信息2.85万余条。推进县委权力公开透明运行,建立"市委领导、县委主抓,纪委督查、社会监督"工作推进机制和监督制度,开展专项检查3次,督办整改5次。

查处违纪违法案件

【保持查办案件高压态势】 全市各级纪检监察机关共受理信访举报568件,初核111件,立案115件,涉及县处级干部6人,乡科级干部38人;给予党纪政纪处分120人,其中党纪处分97人,警告25人,严重警告28人,撤销党内职务5人,留党察看25人,开除党籍14人;政纪处分34人,警告4人,记过7人,记大过7人,降级1人,撤职15人,开除14人;移送司法机关7人,刑事处理13人;双重处分11人。查处商业贿赂案件24件,涉案金额772.28万元。重点查处了城市规划区违法违规建房行为和党员领导干部失职渎职行为,查实非法倒卖土地建房16.5公顷、非法获利600万元,立案查处党员干部49人,收缴违纪款400余万元,收储国有土地5公顷多,为国家挽回经济损失上亿元。同时,圆满完成了省纪委交办的对原南昌市政府驻杭州办事处副主任贺某受贿案的调查。

行政监察

【拓展监督检查领域】对各地各单位执行换届纪律“5个严禁、17个不准和5个一律”要求和《廉政准则》自查自纠情况进行抽查，聘请了10名换届纪律监督员进行全程监督。对换届考察对象的征求意见函，严把“廉洁关”。强化对重大决策部署落实情况的监督检查，责成相关部门和单位限期整改问题16个，关停违法排污企业5家；对全省交叉检查中发现问题的6个建设项目下发了整改通知书；责令3个存在问题的重点工程项目限期整改。开展土地矿产执法检查，立案45件，给予纪律处分24人；开展2010年以来政府采购和整改落实情况自查自纠和重点抽查，责令存在问题的单位限期整改；责成165个单位对资金管理存在的风险进行自查，对重点单位进行核查；对全市公职人员招录招聘及各类职称考试等进行执法监督，取消不符合考试资格考生6人次。严格执行四项工作告知制度，全年共受理建设工程项目告知198个、52.96亿元；经营性土地使用权出让项目143宗、430.5公顷，土地出让增收4.09亿元；政府采购项目370个，节约资金1245.19万元；国有集体企业进场交易42宗，超出评估价1456.51万元。

【推进纠风治理工作】开展医药购销和医疗服务领域突出问题专项治理，坚持自查自纠与监督检查相结合，查处违规医务人员66人次、问题104个，主动上缴违规资金116.04万元；全市49家卫生医疗机构均实现药品网上集中招标采购，增设了“一站式”便民服务中心，完善便民措施51条，整改销号45条。继续开展教育乱收费及公路“三乱”专项治理，查处教育乱收费案件6件，涉及金额464.26万元；调查处理公路“三乱”案件3件，给予3人纪律处分，辞退协警员18名，群众满意率达95%；对辖区内国道、省道和重点县乡路段进行联合执法巡查，对交警流动测速进行了规范。开展强农惠农资金落实、规范庆典研讨会论坛等专项检查，查处并纠正发放“一卡通”不规范及哄抬农资价格等违规问题32个，涉及金额28.63万元；取消不符合规定的庆典、研讨会、论坛4个；撤并财政专户97个、保留33个，财政专户实现归口财政国库部门管理。

【维护群众合法权益】对全市失业保险基金的使用和支付情况、财政专户收支、管理和投资运营情况进行监督检查，完善失业保险金发放制度。实行征地拆迁全程监控，确保征地拆迁工作合法合规，维护和保障被拆迁人的合法权益。开展全市保障性住房建设专项检查，督促有关单位保质保量完成保障性住房建设任务。通过建立健全维护和保障群众利益决策执行情况监督检查考核制度、决策责任追究制度，以及严肃查处损害群众利益的案件，促进了滨江公园、贵溪滨江生态小区建设等重大民生工程的顺利实施。这一做法得到了中央纪委、省纪委领的充分肯定，并进行了专题调研。

领导视察

【省委常委、省纪委书记尚勇在鹰潭走访慰问】1月18日，省委常委、省纪委书记尚勇冒雪来到贵溪滨江生态小区和余江县中童镇瑶池祝家村走访慰问安置村民和困难群众，送去新年的美好祝福，送去党和政府的温暖与关怀。在走访中，他强调，各级党委、政府要把实现和维护最广大人民群众的根本利益作为工作的出发点和落脚点，时刻把人民群众的冷暖挂心上，把执政为民的理念体现在为人民群众办好事、办实事上。市委书记杨宪萍，市委副书记、市长钟志生，市委常委、市纪委书记谢一平，市委常委、江铜集团公司总经理李贻煌陪同走访慰问。

【中央纪委副书记干以胜率中纪委调研组在鹰潭调研】3月7日至8日，中央纪委副书记干以胜率中纪委调研组在鹰潭市就建立健全维护群众利益决策机制进行专题调研。他深入贵溪市滨江生态小区实地调查，了解有关情况，要求各地各部门深入学习贯彻中共中央总书记胡锦涛在中共十七届中央纪委六次全会上的重要讲话精神，着力建立健全体现以人为本、执政为民要求的决策机制，坚持权为民所用、情为民所系、利为民所谋，把实现好、维护好、发展好最广大人民群众的根本利益作为一切工作的出发点和落脚点，不断改善人民群众的生活水平，不断提高人民群众的幸福指数。省委常委、省纪委书记尚勇，省纪委副书记、省监察厅厅长汪毓华，市委书记杨宪萍，市长钟志生，市委常委、市委副书记市纪委书记谢一平等陪同调研。中央纪委法规室副主任侯觉非随同调研。

【中央纪委副书记吴玉良在鹰潭考察调研】8月23日，中央纪委副书记吴玉良就全国纪检监察机关查办案件工作座谈会精神贯彻落实情况和基层党风廉政建设情况，先后深入贵溪市滨江生态小区、鹰潭市廉政教育基地进行考察调研。在调研中，他指出，要认真贯彻落实科学发展观，正确处理好速度与稳定、治官与为民的关系，不断完善工作机制，以更加坚定的信心、更加坚决的态度、更加有力的举措推进惩治和预防腐败体系建设，坚定不移地把党风廉政建设和反腐败斗争推向前进。省委常委、省纪委书记尚勇，中央纪委七室主任黄晓薇，省纪委常务副书记、省监察厅厅长汪毓华随同调研。市委书记杨宪萍市委副书记，市长钟志生，市委常委、市纪委书记谢一平，市委常委李贻煌陪同调研。

【省委常委、纪委书记尚勇在鹰潭调研】9月7日，省委常委、纪委书记尚勇到鹰潭调研,强调全市上下要紧密地团结在新一届市委的周围,按照省委提出的"科学发展,进位赶超、绿色崛起"的总战略,推动鹰潭经济社会发展迈上新台阶;要把民生问题放在更加突出的位置,推动社会更加和谐;要坚持不懈抓好党的建设,承前启后,继往开来,开拓创新,推进鹰潭经济社会跨越式发展。省纪委常委、省监察厅副厅长刘卫平,省纪委办公厅副主任廖宏陪同调研。市委书记陈兴超主持汇报会并讲话,市委副书记、市长钟志生作工作汇报。市领导杜德春、熊茂平、邵奇生、潘赞海、谢一平、王家林、宋迪维、郭清、周世敏出席汇报会。市委常委、江铜集团总经理李贻煌,江铜集团党委书记李保民陪同考察。

(珺新发)

【市纪委、市监察局副县级以上干部名录】

市委常委、市纪委书记:谢一平

市纪委副书记:杨　森

市纪委副书记、监察局局长:姚军章

市纪委常委、监察局副局长、正处级纪检员、监察员:林太贵(2011.9任常委, 2011.12任监察局副局长)

市纪委常委、秘书长,正处级纪检员、监察员:童团水

市纪委常委、案件审理室主任:廖晓林(2011.9任常委, 2011.6任案件审理室主任)

市纪委常委、执法监察室主任:李美珍(女, 2011.9任常委, 2011.6任执法监察室主任)

市纪委常委、干部室主任:辛　平

市纪委常委:高 宏(2011.3~2011.9)

市纪委常委、效能监察室主任:刘明宇(女, 2011.9任常委,2011.4任效能监察室主任)

市纪委常委、办公室主任:万荣辉(2011.9任常委)

市监察局副局长:舒忠东

市纪委正处级纪检员、监察员:肖国强

市纪委信访室主任:何晓春

市纪委监察综合室主任:吴初升

市纪委宣教研究室主任:刁东明

市纪委党风廉政室主任:徐瑞云

市纪委纠风室主任:朱淑英(女, ~2011.6)

市纪委效能监察室主任:方　璐(女, ~2011.4)

市纪委纪检监察一室主任:陈胜春

市纪委纪检监察三室主任:林雅靖

市纪委副处级纪检员、监察员:汪建国

中纪委副书记吴玉良(前排右一)在鹰潭市调研。

市纪委办公室供稿

民主党派

编辑、校对：朱仕平

中国国民党革命委员会鹰潭市委员会

【概述】2011年，民革鹰潭市委会在民革江西省委、中共鹰潭市委领导和市委统战部的指导下，高举中国特色社会主义伟大旗帜，以邓小平理论和"三个代表"重要思想为指导，深入贯彻落实科学发展观，团结带领全市民革党员，紧紧围绕市委、市政府的工作重心，积极履行参政党职能，各项工作稳步前进，取得了一定成绩。

【参政议政】在市政协七届六次会议和市政协八届一次会议上，市民革提交了14份集体提案和26份个人提案、5份发言材料，其中《关于数字化城市管理的建议》《关于启动龙虎山山水实景演出工程的建议》以及《关于打造"天洁路集贸市场"的建议》被评为"市政协七届五次会议以来优秀提案"。

【民主监督】一是选派机关干部参加市政协组织的"基层司法所建设"和"加强科技创新支撑，促进铜产业转变发展方式"的调研活动。二是有10名党员被相关部门聘为特约监督员。三是积极参加市委、市政府及市委统战部组织的双月座谈会，参加市直部门述职考评，以及副地级后备干部推荐活动。

【思想建设】以纪念中共建党90周年、辛亥革命100周年为契机，切实加强思想建设，进一步夯实多党合作的思想政治基础。组织党员以"同心工程"为指导，认真学习中共十七届五中和六中全会、江西省第十三次党代会、鹰潭市第七次党代会精神，积极践行社会主义核心价值体系，引导广大党员坚定走中国特色社会主义道路的坚强信念。

【组织建设】一是民革市委会综合二支部和教育二支部各增设1名副主委，市委会下属6个部各增设了2名副部长。二是选派了2名民革党员参加由省委统战部组织的第2期全省新社会阶层代表人士培训班。三是选派了2名民革党员参加中共江西省委统战部和民革省委会联合举办的党员骨干培训班。选派了3名后备干部参加市棚户区拆迁、下基层、招商等全市中心工作，锻炼了队伍，提高了素质。

【宣传报道】一是积极参加征文活动。在全市统战系统纪念中共建党90周年征文活动中，王军撰写的《茶香缘于同心》和邓文凤撰写的《我的民革情缘》获三等奖。二是积极向有关媒体投稿。2011年度，《团结报》用稿6篇，省级媒体用稿12篇，地市级媒体用稿6篇，编辑出版了《鹰潭民革》2期。三是切实加强《团结报》征订工作，把各支部征订工作纳入目标考核，同时上门到统一战线有关单位征订，确保征订率在30%以上。2011年，市民革获中共鹰潭市委宣传部党报党刊发行工作优秀奖。

【纪念辛亥革命百年系列活动】2011年是辛亥革命爆发100周年，市民革以此为契机，组织开展了继承孙中山爱国、革命、不断进步精神，加强爱国主义教育等主题活动。一是举办了现场书画技艺活动。市民革联合鹰潭市老年书画研究会于7月10日上午在新时代广场联合举办了中国共产党建党90周年及辛亥革命100周年现场书画长卷活动。原市委常委、统战部部长汪当时，市政协副主席杨建保参加活动。该次活动书画长卷长20米，已无偿赠送给市档案馆保存。二是9月16日晚和市联通公司、市民革企业家联谊会联合举办了"联通杯"纪念辛亥革命100周年知识竞赛。民革党员们以支部为单位组成了10支代表队。在比赛前参赛队员认真学习相关历史资料，在比赛过程中选手们配合默契，踊跃参与，他们流利、准确的回答不断赢得观众的阵阵掌声。通过必答题、抢答题和风险题几个环节的激烈角逐，最终市中医院支部获得了第一名。此次知识竞赛充分展示了党员们认真学习的精神风貌和协作配合的团队精神，激发了大家作为民革党员的自豪感，增强了民革基层组织的凝聚力。三是举办了纪念辛亥革命100周年座谈会。2011年10月10日，市民革、市政协民宗港澳台侨委，市侨联、市台办共同举办纪念辛亥革命100周年座谈会，各民主党派和工商联领导、部分政协委员、民革党员、台属、侨属的代表共约30余人参加了此次座谈会。市委常委、市委统战部部长戴春英、市政协副主席吴泉水出席了此次座谈会并作了讲话。四是精心组织党员参与民革省委举办的诗歌朗诵比赛。11月5日市民革选派民革党员参加了“共和之光”——江西民革纪念辛亥革命100周年诗歌朗诵比赛，谭群梅同志获得三等奖。

【社会服务】在“六一”国际儿童节期间，机关支部、综合二支部、教育二支部联合组织部分骨干党员来到鹰潭市闻鸣聋儿语训中心，给孩子们送去了玩具、书本和食品；9月18日，市科协与月湖区政府、市民革联合主办全市2011年科普日系列活动，市民革人民医院支部和中医院支部的8名医生党员为社区群众进行了血压监测、内科、外科以及眼科的诊断治疗，免费发放了药品，活动参与群众上百人；11月19日，市民革企业家联谊会到贵溪耳口乡敬老院，捐助了5000元现金。在社会咨询服务工作中，民革鹰潭市委不断研究新形式，探索新路子，采取“走出去”、“结对子”等方式拓宽服务渠道，取得了一定成效，《团结报》在2011年12月27日《今日关注》栏目对此作了报道。

(熊宁宁)

【民革鹰潭市委会领导人名录】

主　委：汪桂昌

副主委：吴拓宇　薛美琴(女)

中国民主同盟鹰潭市委员会

【概述】2011年，在中共鹰潭市委和民盟江西省委会的正确领导下，在中共鹰潭市委统战部的大力支持帮助下，民盟鹰潭市委会围绕中心，服务大局，深入开展树立和践行社会主义核心价值体系活动，全面履行参政党职能，为全市经济社会发展做出了积极贡献。

【建言献策】一是在市政协八届一次会议上，盟市委及盟员提交提案25件，其中个人提案20件，集体提案5件，内容涉及经济发展、社会民生等多方面。其中《关于发展我市铜文化的建议》得到钟志生市长的亲笔批示，《关于发展我市公共租赁房的建议》作为书面交流材料受到了广大政协委员的好评。市政协八届一次会议共评出十篇市政协七届五次会议以来优秀提案，民盟就有3件，分别为《关于加快推进城市蔬菜基地建设的建议》《关于做好我市信访工作的建议》《关于扶持小额贷款公司发展的建议》。二是2011年，盟市委共向民盟江西省委报送信息11篇，报送信息数量列第三名。《社会抚养费征收、管理和使用存在的问题需高度重视》信息被民盟中央采用。“加快民间组织发展步伐，推进城市公共服务管理水平”被评为民盟江西省委一级调研课题，全省仅4篇入选。“关于打造鹰潭市世界铜都文化的建议”被评为民盟江西省委三级调研课题。

【纪念民盟成立70周年】3月31日，民盟鹰潭市委举行纪念民盟成立70周年座谈会，市政协副主席钱光涌出席会议。与会的40多名盟员代表共同回顾了民盟走过的70年光辉历程，总结民盟在中国革命、建设和改革中作出的重要贡献，展望民盟发展的美好明天。各基层组织也纷纷以各种形式庆祝民盟成立70周年。如四中支部邀请中共代表举行座谈；科技一支部、应用工程学校支部举行座谈并乘车参观界牌水利枢纽工程等。

【学习贯彻全国“两会”精神】4月13日，盟市委组织盟员骨干学习贯彻全国“两会”精神，并邀请全国政协常委、省政协副主席、民盟省委会主委刘晓庄作了题为“共绘春天的蓝图，同播春天的理想”的全国“两会”专题辅导。通过学习，盟员们进一步了解和把握“十二五”规划纲要的主要精神，为做好参政议政工作奠定了理论和政策的基础。

【职业教育发展研讨会】4月20日，盟市委在应用工程学校召开了职业教育研讨会。与会盟员教师围绕职业教育如何把握发展机遇，创新发展方式，实现又好又快发展积极建言献策，取得较好的效果。9月2日，民盟鹰潭职业技术学院支部与应用工程学校支部以“破解中职教育难题，谋求中职健康发展”为主题，举办职业教育研讨会。与会的20余位盟员就中职招生、就业、教学、管理等方面的难题进行了讨论，提出了不少好的意见和建议。

【建言献策活动】6月20日，民盟鹰潭市委召开“建言献策”动员大会暨参政议政工作会议，部署动员开展为鹰潭科学发展建言献策活动。会议邀请了全国政协委员、省政协常委、民盟江西省委副主委王东林作“怎样做好参政议政工作”专题讲座。活动期间共计献策24篇，其中8篇被市民盟“建言献策”领导小组推荐到《鹰潭日报》发表。

【后备干部队伍建设】2011年，民盟市委的后备干部队伍建设不断加强，发现、选拔、管理、推荐运行机制逐步完善。选派了5名盟员骨干参加省盟员骨干培训班、5名盟员骨干参加省参政议政培训班。2011年是全市换届之年，盟市委积极主动向有关部门推荐优秀盟员。周华爱担任了月湖区副区长，5名盟员被选举为市人大代表，27名盟员被推荐为市政协委员。

【宣传工作】一是以《鹰潭盟讯》为载体，举办征文活动。开展了“纪念中国民主同盟成立70周年”、“忆党史，抒党情，同心颂，话发展”和“绍兴红色之旅”系列主题征文活动。二是积极参加市委统战部举办的庆祝中共建党90周年征文比赛活动。盟员叶航、李安、黄丹兵在此次征文比赛中，分获二等奖、三等奖。

【政治协商民主监督】盟市委主要领导积极参加鹰潭市民主协商会、座谈会、情况通报会等重要会议近20次,就事关全市改革、发展、稳定的重大决策,重要人事安排等重大事项,代表民盟提出了意见和建议。9位被聘为特约监督(检查)员的盟员,也在各自被聘的岗位上认真履行职责,发挥民主监督的作用。

【送医下乡】12月25日,盟市委组织内科、外科、中医科、检验科等8位盟员专家到樟萍畲族乡开展送医送药下乡义诊活动。专家们为村民进行了义诊和健康咨询,免费为村民量血压、验血糖、发放药品。盟员专家们精湛的医术和良好的服务获得了广大村民的一致好评。

【基层组织建设】一是发展新盟员。2011共发展新盟员16人,其中具有高级职称4人,平均年龄36.6岁,改善了全市盟员的年龄结构,充实了民盟的力量。二是成立了民盟市人民医院支部。三是市一中支部、市职业中专支部、鹰潭应用工程学校支部、贵溪总支、贵溪教育一支部等基层组织,顺利完成换届选举。通过加强基层组织建设,盟组织的凝聚力和战斗力得到很大的提高。科技一支部被评为全国先进基层组织;鹰潭职业技术学院等5个支部被评为全省先进基层组织;付桂林、李峻薇被评为全国先进盟员;王敏等35名盟员被评为省先进盟员。

【岗位建功】2011年,全市盟员在各自岗位上求真务实、兢兢业业、刻苦钻研,不断提高业务素质,各项工作成绩显著,涌现了一大批本系统先进工作者。钱培顺被评为江西省特级教师;李峻薇被评为省中青年骨干教师,主持的"单片机应用技术"获省级精品课程,负责的课题被评为鹰潭市社会科学"十一五"规划年度课题一等奖;叶航被聘为江西省政协文史资料征集员,并被贵溪市政府授予"优秀文艺工作者"光荣称号,被贵溪市政协评为优秀政协委员;黄跃升被评为江西省教育系统优秀宣传工作者;段伟正获省多媒体课件大赛三等奖,主持的"数控编程与操作"被评为省级精品课程;张默青获全省多媒体课件大赛三等奖,负责的课题被评为鹰潭市社会科学"十一五"规划年度课题三等奖。

(胡梦莉)

【民盟鹰潭市委会领导人名录】
主　委:李应春
副主委:吴建德　周华爱(女)
陈万隆　李　澂(女)　周赣忠

中国民主建国会鹰潭市委员会

【概述】2011年,在中共鹰潭市委和民建江西省委的正确领导下,在中共鹰潭市委统战部的指导和帮助下,民建鹰潭市委以邓小平理论和"三个代表"重要思想为指导,深入贯彻落实科学发展观,团结和依靠全体会员,紧紧围绕全市中心工作,认真履行参政党职能,积极服务鹰潭经济社会科学发展,各项工作取得了新成绩,有了新进展。

【隆重纪念中共建党90周年】组织全体会员参加民建中央、民建省委和中共鹰潭市委统战部组织的"纪念中共建党90周年"主题征文活动,共收到民建会员撰写的征文23篇,分别送交民建中央、民建省委和中共鹰潭市委统战部参赛。在这次征文活动评比中,有1篇征文荣获民建中央优秀作品奖、3篇征文荣获民建省委优秀作品奖、6篇征文获中共鹰潭市委统战部优秀作品奖。民建市委会获民建省委征文活动优秀组织奖。

【开展社会主义核心价值体系学习教育活动】组织会员开展理论研究,就"民建如何学习和践行社会主义核心价值体系"撰写了2篇理论文章。副主委何才厚撰写的"民建学习和践行社会主义核心价值体系之浅见"获民建省委重点理论研究课题优秀成果奖,宣调委主任王筱灵撰写的《践行社会主义核心价值体系,筑牢食品安全监管保障》在人民网和《鹰潭日报》上发表。

【调研工作】制定并下发了《民建鹰潭市委宣传调研工作方案》,全年组织骨干会员进行调查研究5次,撰写调研报告5篇,有4篇转化为政协会议发言材料,其中在市政协八届一次会议上的发言《关于加强鹰潭市招投标活动监管的建议》,获得中共鹰潭市委副书记熊茂平称赞:"民建市委的发言,真实地反映了鹰潭市招投标活动监管方面的问题,选题准、立意新、分析透,措施建议很有针对性,很有价值。"

【建言献策】一是积极响应中共鹰潭市委、市政府号召,在全市民建组织和会员中开展了"服务鹰潭科学发展,加快发展建言献策"活动,全年报送建言献策建议12条,其中《进一步健全药品广告监管体系》,获得市政府杨晓群副市长批示。二是积极收集社情民意信息,共收到社情民意信息8条,其中3条信息分别报送民建中央和民建省委。2011年,民建鹰潭市委获民建全省社情民意信息工作二等奖。

【"两会"献良策】在市人大七届七次会议和八届一次会议上,民建会员中的市人大代表共提交建议10条,多条建议在《鹰潭日报》和《赣东都市报》上选登。在市政协七届六次会议和八届一次会议上,市委会和会员中的市政协委员共提交提案35件,其中市委会的集体提案13件,7件提案写入市政协《提案审查报告》,多件提案在《鹰潭日报》和《赣东都市报》上选登,1件提案被评为市政协优秀提案。民建市委在市政协七届六次会议上提交的提案《关于对小街小巷化粪池、下水道进行规范管理的建议》被列为市政协桂江萍副主席督办的重点提案。督办后,市政协形成了督办意见,市委常委、副市长宋迪维批示:"请月湖区政府、市城管局、市房管局分别就建议所涉问题提出落实措施。”月湖区老城区小街小巷改造工作现已全面完成,城区面貌焕然一新。民建市委在市政协八届一次会议上提交的《关于加强我市通村公路养护管理的建议》提案,市政协在《提案摘报》上刊登后,市政协党组副书记、常务副主席杨建保批示:“提案提得有分量、有水平,我们政协就应该这样参政议政,参政有水平,议政有高度,时刻把鹰潭发展放在心坎上”。

【宣传工作】 制定并认真贯彻执行了《民建鹰潭市委宣传调研工作方案》。全年在人民网、《民讯》、民建中央网、《光华时报》、心桥网、《诤友之声》、江西民建网、《鹰潭日报》、鹰潭电视台等市级以上媒体上用稿120多件,充分反映了全市民建各级组织的会务活动和会员风采,展示了民建组织积极向上的精神风貌,民建市委会荣获民建全省宣传报道先进单位二等奖。

【干部队伍建设】 积极配合市人大、市政协的换届工作,共有19名会员当选为市政协委员,4名会员当选为市人大代表。在市政协八届一次全会和市人大八届一次会议上,主委黄占共当选鹰潭市政协副主席,副主委罗会样、熊安生和会员吴国保当选鹰潭市政协常委,副主委何才厚当选鹰潭市人大常委。继续完善了后备干部档案,对后备干部进行动态管理,调整充实了后备干部队伍。选拔和推荐会内人才。2011年1月秘书长梁东华通过公开选拔考试升任市政协民族宗教港澳台侨委副主任;3月会员阮克芬和严炳贵分别升任正、副科级领导实职。

【组织发展】 研究通过了《民建鹰潭市委关于近期组织发展工作的意见》。按照组织发展原则和程序,经本人申请,组织严格考察,全年共发展新会员10人,全市民建会员人数达到200人。

【捐资助学活动】 开展捐资助学活动。“六一”前夕,会员张之逊在鹰潭市逸夫小学举行“关心教育、放飞未来”捐书仪式,将价值近1.5万元的图书捐赠给该校,为孩子们送上一份特别礼物。7月,会员江江将1万元现金送到了贫困大学生桂燚的手中,作为其学杂费和生活费。8月,张之逊捐资5000元资助贫困大学生胡凯,并承诺每年资助该生5000元学费,直到大学毕业;企业家联谊会和贵溪支部联合捐资赞助2名贫困大学生,其中企业家联谊会捐资2000元,贵溪支部捐资1000元。2011年,张之逊荣获民建全国社会服务工作先进个人。

【三下乡活动】 3月,月湖支部购买价值7000余元的化肥、种子到月湖区童家镇举行送农资下乡活动,帮助困难农户搞好春耕生产;中医院支部组织会员带着1000余元的药品到月湖区童家镇土桥村委会义诊送药。4月,事业支部购买价值2000元的书籍及学习用品,到塘湾镇白果小学进行送教送书下乡活动。9月,中医院支部组织会员带着2000余元的药品到月湖区交通办事处磷肥厂社区举行“中医进社区”义诊送药活动。

【送温暖活动】 春节前夕,综合支部购买价值2000元的年货和棉被到月湖区夏埠敬老院开展送温暖活动;事业支部吴文龙捐资2000元,委托市委统战部领导到贵溪市罗河镇进行送温暖活动。七一前夕,会员张之逊、江江、盖龙波、余列峰积极参与中共月湖区委统战部“回报社会感恩活动”,积极向该区老党员捐款。9月,贵溪支部联合企业家购买价值1万元的中秋月饼,看望坚守岗位的公安特警战士。重阳节前夕,月湖支部购买价值2000元的食品到月湖区童家镇敬老院看望孤寡老人,并为老人们免费体检。12月,企业家联谊会携带价值近4000元的过冬物资前往贵溪市鸿塘镇塔桥敬老院看望孤寡老人;贵电支部携带价值5000元的过冬物资,到贵溪市流口镇敬老院看望孤寡老人。

(冯响楠)

【民建鹰潭市委会领导人名录】

主　委:黄占共

副主委:罗会样　何才厚　熊安生

秘书长:梁东华

中国民主促进会鹰潭市委员会

【概述】 2011年是实施“十二五”规划的开局之年,民进鹰潭市委会在民进江西省委会、中共鹰潭市委的正确领导下,在中共鹰潭市委统战部的指导下,紧贴实际,围绕中心,有针对性地引导全体会员正确认识形势,不断增强政治意识、大局意识、合作意识,圆满完成各项工作任务。市委会先后被评为民进江西省“组织建设工作先进单位”“机关建设工作先进单位”“宣传报道工作先进单位”。

【思想建设】 认真组织学习了中共十七届五中、六中全会、中共江西省第十三次党代表大会、中共鹰潭市第七次代表大会精神和“十二五”规划纲要内容,组织全员参与了民进中央组织的“规划纲要”答题,积极开展了《七个“怎么看”》《划清“四个重大界限”学习读本》的学习,引导广大会员坚定走中国特色社会主义道路的坚强信念。充分利用现有宣传平台,及时报道会内情况,注重整合宣传资源,充分展示会员服务社会的突出贡献,激发会员爱国爱党、致力发展、建功立业的事业心和责任感。为把树立和践行社会主义核心价值体系活动引向深入,市委会还专门从有限的办公经费中支出部分经费,按人均50元的标准发放各支部,帮助支部搞好学教活动的开展。

【纪念中共建党90周年】 组织全体会员学习了胡锦涛“七一”重要讲话,开展了纪念中国共产党成立

90周年和辛亥革命100周年暨会章会史知识竞赛,参加了民进江西省委会和中共鹰潭市委统战部组织的纪念中共建党90周年征文,举办了以“唱响主旋律、颂歌献给党”为主题的红歌演唱会,带领20多名骨干会员赴福建莆田参观红军108团遗址,接受了革命先烈的精神洗礼,增强了广大会员的自豪感、成就感、认同感和责任感,激发了广大会员爱国、爱党、爱民进的热情。

【组织建设】 2011是省市各级组织的换届之年,民进鹰潭市委会严格按照换届工作总体要求和中共鹰潭市委统战部安排,先后3次召开新一届人选推荐会议,研究部署换届事宜。一是积极与有关部门协商沟通,将一批既有参政议政意愿,又有参政议政能力和具有代表性的人选推荐到了新一届政协组织。在市、县(市、区)两级组织换届中,民进共有19人当选了新一届人大代表或政协委员,占会员总数的30%。另有2名会员提拔担任县区政协副主席。二是加大后备干部培养和新会员发展力度。全年共有3名后备干部被提拔使用并走上领导岗位,发展新会员5名。三是加强对新任人大代表、政协委员以及会员的培训工作。全年共派出16人次计120余天的学习培训,进一步提高了会内人大代表、政协委员和会员的履职能力和参政能力。

【参政议政】 2011年共有21人次向市委会提调研报告、提案和社情民意33篇。在中共十七届六中全会《关于深化文化体制改革推动社会主义文化大发展大繁荣若干重大问题的决定》出台后,市委会迅速组织全体会员就该决定精神进行全面学习,并成立了以基层文化建设为主题的课题小组,赴市、县(区)及农村开展调研,形成了《以十七届六中全会精神为指导,全面推进我市基层文化建设》调研报告。同时,市委会还针对民生经济、环境资源和教育工作先后走访了11个单位和部门,形成了《关于加强我市私营幼儿园管理的建议》和《关于加强我市户外广告管理的建议》等3篇调研报告和12篇集体提案,并在市政协八届一次会议上进行了发言。有3篇提案被市政协评为优秀提案,4篇提案被列为市、区主席督办提案,19人被民进市委会评为参政议政先进个人。

【机关建设】 一是认真总结上年度“创先争优”的经验成果,建立市委会机关与省委会各部门、各兄弟市民进组织、市委会各基层组织,以及与市委市政府相关部门的日常沟通联络机制,加强情况交流,及时沟通信息,打造机关工作合力。二是认真承办纪念中共建党90周年等大型专题系列活动,不断强化机关“一盘棋”的观念和各部门间的全局意识、协作意识、共享意识,克服时间紧、任务重、人员少、经费紧等多重困难,圆满地完成了各项大型主题活动的承办任务。三是完善“分层管理、纵向负责、横向协作”的管理理念,坚持全委会、主委会、办公会、机关学习等办会制度,做到早安排、早准备,确保各项会议顺利进行。坚持会领导及工作人员参与支部活动的传统,及时了解各支部情况,适时提供必要的支持和服务。四是强化机关工作的精细化管理意识和超前谋划意识,增强工作的计划性、先导性以及制度化、规范化和程序化,注重工作要点分解细化,明确具体部门具体人员,确保工作的落实。五是完成市委会网站和机关办公系统信息化建设项目,并进入实际运行,逐步推行无纸化办公,提高工作效率。六是以促进机关干部的全面提升和综合发展为目标,以能力建设为重点。做到以“分工协作、集智聚力”起草机制为着力点,以写作促进学习、以学习带动写作,探索学习型、研究型干部新抓手,提升干部的综合文稿写作水平。2011年在团结报、民进中央网、江西政协新闻网、民进江西网等网络报刊载体发表文章20余篇,出版《鹰潭民进》电子杂志1期。

(陈松德)

【民进鹰潭市委会领导人名录】
主　委:祝光进
副主委:戴冬英(女)　琚丽红(女)

中国农工民主党鹰潭市委员会

【概述】 2011年,农工党鹰潭市委会在农工党江西省委会和中共鹰潭市委的正确领导下,在中共鹰潭市委统战部的大力支持和帮助下,坚持以邓小平理论和“三个代表”重要思想为指导,深入贯彻落实科学发展观,认真学习贯彻中共十七大、十七届六中全会精神,紧密围绕促进全市经济社会又好又快发展这一中心工作,切实加强自身建设,认真履行参政党职能,积极服务鹰潭经济社会科学发展,各项工作取得了新成绩,有了新进展。

【思想建设求创新】 2011年,农工党鹰潭市委会努力创新学习方式方法,开展了多种形式的教育实践活动,在2011年省、市党代会和“两会”结束后,市委会分别召开主委办公会和委员扩大会,结合时事,组织党员开展形势政策学习,传达贯彻省、市党代会和“两会”的精神。积极组织党员参加农工党省委会和中共鹰潭市委统战部开展的纪念中国共产党成立90周年征文活动,共报送征文6篇,报送的作品《给孔子的一封信》在省委会《学习与工作》刊载。积极组织党员参加农工党省委会筹备的纪念辛亥革命100周年书画作品展,报送的作品入选《江西省统一战线纪念辛亥革命一百周年书画精品集》。积极组织党员外出学习考察。4月份,市委会选派了3名党员参加省委会组织的新党员培训班。6月份,组织党内骨干前往浙江进行学习考察。7月份,组织选派党员和机关干部前往井冈山、惠州邓演达烈士纪念园学习考察。通过学习培训,提高了党员素质,坚定了走中国特色社会主义政治道路的政治信念。

【组织建设求巩固】为适应多党合作形势发展需要,市委会切实做好党员干部的发现、选拔、培养工作,积极向有关部门推荐德才兼备的人才任职。在2011年县(区)换届中,农工党有两名党员被提拔为副县级领导。在鹰潭市人大、政协换届工作中,市人大代表由上一届的6人增至7人(常委1人),市政协委员由上一届的20人(常委2人)增至25人(常委3人)。在5月份贵溪支部换届工作中,市委会主动向中共鹰潭市委统战部请示,并积极同中共贵溪市委统战部沟通协商,将原有的1名支部主委、2名支部委员的班子构成增加到1名支部主委、2名支部副主委、3名支部委员。

为适应新时期参政议政工作对各类人才的迫切需要,市委会在坚持“三个为主”的同时,注重发展“三高一强”(即高素质、高学历、高水平和参政议政能力强)的优秀人才,优化组织结构,党员的年龄、知识层次结构都有所改善,为农工党的参政议政工作和长远发展提供了充实的人才储备。截至2011年年底,全市共有农工党员221名,其中,中上层人士198人,占党员总数比例达89.6%。

【制度建设求提升】制定了《2011年支部评分标准》,对各基层组织落实市委会各项决策部署的情况进行细化、量化的打分,激发了各基层组织争先恐后、赶超先进的工作热情;修订了《农工党鹰潭市委会各级负责人、职能部门职责》《农工党鹰潭市委会会议制度》《市委会机关办公会议制度和学习制度》;完善了《支部学习联系制度》。

【参政议政求务实】市委会以服务经济社会发展为要务,切实履行参政议政职能。一是精心组织,积极开展调查研究。为进一步提高履职水平,市委会定期召开参政议政工作会议,讨论调研工作,选定重点调研课题,成立课题调研小组,领导亲自带队前往市工信委铜产业办和市农业局、市民政局等单位进行调研。并努力形成高质量的调研材料。二是紧扣发展,围绕大局献计献策。市委会在2011年年初和年终两次市人大和政协大会上提交的建议提案广泛涉及鹰潭建设的方方面面,特别关注民生民意、社会和谐发展、城市建设及社会管理等热点问题。市委会及党员中的市人大代表和政协委员共提交人大建议3件,政协发言材料4件,政协提案46件,其中集体提案14件。市委会提交的《加强畜禽养殖业污染控制,主动对接鄱阳湖生态经济区建设》提案荣获市政协优秀提案奖。这些提案和建议得到政府有关部门的重视,不少好的意见和建议被采纳。在各县(市、区)人大、政协中担任代表和委员的农工党党员,共提出提案议案37篇,为各县(市、区)经济社会发展建言献策作出了积极的贡献。三是关注民情,切实加强信息报送。市委会高度重视社情民意信息工作,在对党员上报信息进行认真整理的基础上,2011年共上报农工党省委会社情民意46篇,其中《应对医务人员法定退休年龄给予弹性政策》和《加强光污染防治应引起足够重视》两篇信息被农工党中央《信息专报》采用。在全市“我为鹰潭科学发展加快发展建言献策”活动中报送建言献策信息7条,其中《关于上清古镇商业一条街的开发建议》《关于加强我市信访工作的建议》获得采用,被市委政研室呈送市委、市政府领导批阅。《关于上清古镇商业一条街的开发建议》在《鹰潭日报》上刊载。

【社会服务求同心】市委会以纪念中国共产党成立90周年为契机,将打造同心品牌,作为市委会履行参政党职能,发挥参政党优势,展示参政党形象的重要工程来抓。围绕同心品牌工程建设,市委会开展了一系列活动。一是为迎接中国共产党90周年华诞,市委会组织农工党员前往鹰潭市中心血站开展“‘同心同行、血脉相连’庆祝中国共产党成立90周年义务献血活动”。共有来自全市各条战线上的26名农工党员参与到此次活动中,累计献血9200毫升。二是联合中共鹰潭市委统战部赴余江县杨溪乡杨溪村委会樟坊源村小组开展“同心·促和谐暨第二十三届国际科学与和平周活动”。活动期间,来自农工党界别的心血管内科、消化内科、儿科、妇科、五官科的医疗专家为前去咨询的村民进行了详细的解答和诊疗,并免费进行心电图检测;农技和法律专家对村民们开展了农技知识传授和法律知识普及。此次活动,共免费发放药品2000余元,农技、法律宣传单200余份,另外还向杨溪乡政府捐赠了价值26912元的常用药品用于支援基层卫生事业建设。三是积极指导各基层组织开展同心品牌创建活动。余江总支联合余江县政协赴刘垦场敬老院开展“同心同行”敬老爱老义诊活动。由来自县人民医院和县中医院内科、外科、耳鼻喉科等各专科的农工党医疗专家12人组成的医疗队,风尘仆仆来到刘垦场敬老院,给近50位老人提供医疗诊治,并给敬老院带去了市委会下发的价值2000元的药品,还为老人们送上了猪肉等副食品为老人改善伙食;贵溪支部前往贵溪市滨江乡、泗沥镇、白田乡、周坊镇、志光镇、流口镇、罗河镇、塘湾镇、文坊镇等9个乡镇开展了“同心同行”大型送医送药下乡活动,共发放药品价值3万余元,宣传材料1万余份;月湖支部联合月湖区委统战部前往梅园社区居委会开展了“同心·医疗义诊进社区”活动。农工党医疗专家免费为200余名社区群众进行了咨询检查,并赠送价值1000余元的药品。四是积极引导党员立足本职、建功立业。2011年,全市各行各业农工党员除了积极履行党派职能之外,在各自的工作岗位上,也做出了不平凡的业绩。樊经伟指导学生获得全国中小学电脑制作机器人比赛高中组季军;陈秋云在江西省首届畲族文化艺术节上凭借《七彩畲乡》获特别奖;郑凌平荣获“江西图书馆动态信息优秀信息员”称号,在江西省首届读好书活动中以《施华山打拐路上显英威》《简谈新时期图书馆读者服务工作》获三等奖；李仁基的作品《幸福相山》在全省机关工委庆祝中共建党90周年汇演活动中获一等奖。

（乐　琴）

【农工党鹰潭市委会领导人名录】
主　委：史　可
副主委：聂玲娜（女）　郑华萍（女）　祝　斌　曾细根

九三学社鹰潭市委员会

【概述】 2011年，九三学社鹰潭市委会在九三学社江西省委和中共鹰潭市委的正确领导下，在市委统战部的关心支持下，认真贯彻中共十七届五中、六中全会精神，以促进科学发展为重点建言献策，积极履行参政议政和民主监督职能，扎实推进社会服务，切实加强自身建设，各项工作顺利开展。

【积极献计献策】 在市政协七届六次会议和八届一次会议上，社市委提交了大会发言2件、书面发言3件、集体提案11件、个人提案17件。《加大农村水利设施建设与管理力度，切实保障农业生产和农民生活》和《涉农专项资金管理存在的问题及对策》为市政协领导重点督办提案，《加大农村水利设施建设与管理力度，切实保障农业生产和农民生活》被评为优秀提案。2011年是"十二五"规划的开局之年，也是促进鹰潭科学发展加快发展的重要一年，社市委领导参加了市委统战部召开的党外人士服务鹰潭加快发展建言献策动员会之后，及时召开机关办公会，传达建言献策动员会议精神。6月14日社市委制定了《九三学社鹰潭市委会服务鹰潭科学发展加快发展建言献策活动方案》。在社市委的精心组织下，截至2011年年底建言献策活动先后收到意见和建议近40条，取得了良好的效果。

【精心组织课题申报】 在社省委参政议政调研课题招标中，社市委会积极组织社员开展调查研究工作，共上报6个参政议政课题，其中有4个中标，分别是李国生的"明晰责权，切实做好农田水利设施建设、维护和利用"、"正视社会老龄化问题　积极发展老龄事业"，吴清萍的"尽快建立粮食生产稳定发展的长效机制"，葛菁的"关于进一步推动我省铜产业发展的建议"。

【开展庆祝中共成立90周年等活动】 组织全体社员参加社中央"富得宝杯"纪念中国共产党成立90周年和辛亥革命100周年暨社章社史知识竞赛活动，共完成答题卡90份，并获优秀组织奖；组织社员参加社省委组织的"纪念中国共产党建党90周年暨辛亥革命100周年征文活动"，共完成征文5篇，其中邵友桂的《九十华诞，至真祝愿》、周雨亭的《用历史照耀未来》、郑易的《这九十年》获优秀征文；组织机关干部参加社省委组织的赴陕西、宁夏开展"重温历史，同心同行"主题教育考察活动，受益匪浅。

【加强基层组织建设】 一是采取"走出去、请进来"的方式了解、学习外地基层组织建设先进经验。社市委组织社市委主委、副主委及各支社主委赴安徽安庆市、池州市学习考察基层组织建设活动，学习了兄弟市委会基层组织建设的先进经验和优秀做法。邀请了社宜春市委会同行来到社鹰潭市委机关，与社鹰潭市委会负责人和机关干部就干部交流、基层组织活动开展、基层组织建设等一些问题交换意见并进行了深入讨论。二是积极稳妥地发展新成员。2011年共发展了7名新社员加入到九三队伍中，组织发展保持健康有序的态势。三是加强社员的培训。组织了4名社员参加社省委举办的"九三骨干社员培训班"。四是认真做好换届选举工作。2011年1~6月，社余江基层委员会、鹰潭职业技术学院支社、贵溪支社先后顺利地完成了换届工作。

【开展科技咨询活动】 4月8日，社余江基层委员会联合余江县委统战部在余江县同乐园开展医疗、农业科技咨询服务活动。11月24日社余江基层委员会联合县政协、县科协在同乐园广场开展科技、健康咨询。

【开展送温暖、送健康活动】 11月6日，社鹰潭市委会联合鹰潭市红十字会组织社内的内科、骨科、外科专家到余江县锦江镇范家捕捞队开展送温暖、送健康活动。为村民们提供医疗咨询和疾病检查服务，免费配送各类药品两千余元，将价值3000余元的被子和羽绒服送到15户贫困村民和困难的职工手中。

（郑　易）

【九三学社鹰潭市委会领导人名录】
主　委：周水凤（女）
副主委：徐文艺　桂　平　舒忠东

人民团体

编辑、校对:陈志敏

市总工会

【概述】2011年,全市工会工作以创先争优活动为引领,以服务"十二五"大局、服务广大职工为目的,全面启动"百日大建会""百日大竞赛""百日大维权"和"百日大调研"等"四个百日"活动,各级工会履职能力得到提升,全面完成年初确定的各项工作任务。获得全总"厂务公开""工会财务""五五普法" 等4项工作、省总"建功立业"等3项工作表彰;被授予全市"卫生清洁工程和新农村建设帮扶""联建共创工作""统计工作" "综治工作""全市关心支持信访工作"先进单位和先进党组织称号,市总工会班子被市委综合考核评为好班子。

【中心及社会工作】以服务建设富裕、秀美、宜居、和谐新鹰潭为目的,组织广大职工在经济社会建设中献计出力;参与"数字鹰潭"、恒大绿洲项目的督查督导工作和"各级干部下基层,帮扶助困促和谐"活动;主动融入、支持、参与市委提出的打基础、利长远的"三项基础性工作",大力支持挂扶点建立健全村(居)民事务理事会,资助开展卫生清洁工程和新农村建设;投入23万余元用于应用系统的开发建设,加速推进"数字鹰潭"、"数字工会"建设;率先建立了市、区(县)、街道(乡镇)和社区(村)四级帮扶网络,创新了对职工群众的社会管理与公共服务;认真开展"党工共建,创先争优"活动;工会经费的收缴、使用、管理和审计审查工作进入全省前列;切实抓好各级工会机关党的建设和党风廉政建设,开展"三创三提"、"治庸治懒治散"、廉政承诺等主题教育活动,同时深化党员讲坛,创建学习型党支部活动,组织党员干部职工参观地质博物馆、唱红歌等有益的党建活动,并赴贵州、广西进行传统教育;健全首问负责制、限时办结制、责任追究制等各项制度;工会综合治理、计划生育、精神文明、工会志、档案、老干部等社会工作得到协调发展。

【"四个百日"活动】4月,市政府办下文成立鹰潭市"四个百日"活动协调领导小组,副市长杨晓群担任组长,有关部门领导任成员,全市各级工会认真落实全省工会工作会议及市委工会工作会议精神,集中开展"百日大建会、百日大维权、百日大竞赛、百日大调研"四个百日活动,集中建会234家、新增会员5842人;调处工伤事故、劳资纠纷、职工信访数百次,督促改制企业职工社会保险、医疗保险等落实到位;全市参加技能竞赛企事业单位达878家,参赛职工7万余人;全市共有1047家企业推行工资集体协商,覆盖职工8万余人;成立了市工运理论研究会,组织课题调研,撰写理论及调研文章60多篇;积极配合人大、政协开展视察和调研活动,提出了一批提案、建议。有力地促进了全市工会工作的提升。

【创新竞赛活动】全市各级工会和广大职工积极参与创新竞赛活动,提出了合理化建议9000余条,被采纳980余条,在重点建设项目、铜产业和电子、眼镜等行业开展了职工岗位大练兵,技术大比赛活动百余项,参加人数达6万余人次,涉及19余个工种,并积极推动以"五小活动" 为主要内容的职工创新活动,职工小改造1025项,小建议8978条、实施率15%,经济效益达3000万元。

【组织建设与民主管理】各级工会积极当好桥梁和纽带,深化"广普查、深组建、全覆盖"活动,着力抓好非公企业和现代服务业等单位工会组建工作,对全市十人以上非公企业进行了调查摸底,截至12月底,全市累计建会1820家,会员13.35万人,非公企业组建率达到94%,名列全省第4名。全面开展了基层工会规范化建设,并将工会经审组织和女职工组织纳入其中,不断夯实工会的组织基础;建设"学习型工会"、"职工之家" 活动得到深化。首次在中国劳动关系学院开办培训班,全市48名工会干部集中受训,开阔了工会干部视野,提升了工作水平和能力;评选26名全市优秀工会干部,出台了协理员管理办法,深入推进工会"七大员"队伍建设,工会干部队伍建设得到加强。进一步完善了厂务公开民主管理工作制度,纳入了全市重点调度工作,全市有1159家单位建立了职代会制度,1184家企事业单位实行不同程度、不同形式的厂(校)务公开。

【弘扬劳模时代精神】 推荐评选表彰了全国"五一"劳动奖状、"工人先锋号"各1个、全省"五一"劳动奖状1个、奖章5名、"工人先锋号"2个、经济技术创新先进单位1个、先进个人2名，评选和授予市"五一"劳动奖状3个、奖章19名、"工人先锋号"10个，极大地鼓舞了全市职工争创一流、争当先进的工作热情，推动了工会系统创先争优活动的深入开展。推动各级媒体开展了弘扬劳模的"红五月"宣传月活动，加大工人阶级和工会工作的宣传力度，在市以上媒体刊发新闻、论文、图片及信息90余篇。

【构建和谐劳动关系】 积极参与市委、市政府关于非工口七大系统国企改制、保障性住房建设、职工医保等重大决策研究，从源头上维护了职工的合法权益。进一步加强了劳动关系矛盾预警、信息报送、应急处理等机制建设，着力做好群体性突发事件的有关工作，及时处置了5起网络舆情事件，下发了维稳通知，及时开展矛盾纠纷排查工作，实现了全市职工队伍和谐稳定。把职工民主管理工作作为参与社会管理的重要途径来谋划落实，进一步完善了厂务公开民主管理工作制度，纳入了全市重点调度工作。市总工会下发了《关于全力推进工资集体协商集中行动的实施意见》，各级工会推进"要约行动"、"共同约定行动"成效显著，开展工资集体协商企业1047家，三方机制建设进一步完善。坚持不懈地在基层工会开展"双爱双评"活动，推动营造"企业为我，我为企业"的企业职工双赢氛围，促进了和谐企业的建设。

【帮扶助困行动】 对8344名困难职工实行了动态管理，全市各级工会组织筹集送温暖资503.68万元，慰问困难企业132个，慰问困难职工7304户，劳动模范90户，下岗失业职工2217户，农民工843户；安排困难职工大病救助专项帮扶救助款82.6万元；各级工会结对帮扶91人，帮扶金额20.4万元。贵溪市冷水林场茶山分场突发火灾，市总工会第一时间将救灾款2.9万元及募捐到的140余件衣物发放到受灾职工手中；6月，本市部分地区遭受洪灾，市总组织工会干部积极参加抗洪救灾，争取得到上级工会救助款6万元，为受灾职工及农民工送去了工会组织的关怀。全市接待信访职工44起，176人次，接听咨询电话200余次，向职工、农民工发放3000余份"法律援助知识手册"及"农民工维权须知"，认真开展了法律援助；进行星级绩效目标考核，帮扶中心的作用得到充分发挥。"金秋助学"活动资助大中小学生150名，金额38.4万元；协助政府做好促进就业再就业工作，举办培训班88期，免费培训下岗失业职工、农民工6320名，帮助再就业5126人；为1000多名特困职工赠送了"大病保险"、"意外伤害保险"保费15万余元，另为204名女职工赠送"女职工特殊病保险"；互助保障会实现保费收入113.45万元，理赔42.7万元，为职工构建了一道防范意外的保护屏障；

【职工文化建设】 各级工会致力职工文化建设，举办了丰富多彩的文体活动，激发了职工的智慧和创造活力，推荐了一批先进单位和个人参评全省"职工职业道德双十佳"；"创争"活动实现广覆盖，参与职工近8万人；新建国家级职工书屋1家、省级职工书屋4家；组织职工演出队到基层演出10多次，丰富了职工群众的精神文化生活；大型歌舞剧《幸福相山》参加全省职工文艺汇演荣获一等奖，另获2项三等奖及优秀组织奖；组织各级工会干部和职工会员300人次参与反映抗战题材的电视连续剧《锁侠》的拍摄与制作，为工会党员干部及职工会员上了一次特殊党课。

【全市工会工作会议】 4月29日，鹰潭市纪念"五一"国际劳动节暨工会工作会议在华侨饭店召开，会议认真贯彻全省工会工作会议精神，研究部署加强和改进新时期全市工会工作，县(市、区)委作了典型发言，会议对获得市"五一"奖、市优秀工会干部的17个先进单位和51名先进个人进行了表彰。市委书记杨宪萍出席会议并讲话，市委副书记、市长钟志生出席会议，省总工会副主席王运昌出席会议并讲话，市领导杜德春、潘赞海、谢一平、熊茂平、汪当时、徐琳琳、高学训、王家林、宋迪维，法检"两长"出席会议。会议由市委副书记杜德春主持，市人大常委会副主任、市总工会主席管华鞍宣读表彰名单。会后，出台了《中共鹰潭市委关于进一步加强和改进新时期工会工作的意见》。

【市政府与市总工会第九次联席座谈会议】 1月27日，市政府与市总工会第九次联席座谈会举行。市长钟志生出席会议并讲话，市委常委、常务副市长王家林通报了全市2010年经济社会发展情况。市人大常委会副主任、市总工会主席管华鞍通报了第八次联席座谈会精神贯彻落实情况、市总工会2010年工作情况和2011年工作安排。副市长杨晓群主持座谈会。会议明确支持工会组织开展四个"百日行动"，同意增加送温暖资金、帮扶资金、劳模慰问金和劳模管理服务经费。

【市总工会五届四次委员(扩大)会议】 3月15日，市总工会五届四次委员(扩大)会议在市工商银行召开，传达了全省工会工作会议及省总十二届四次全会精神，表彰了先进，总结了2010年工作，部署2011年的工作任务。市委副书记杜德春，市人大常委会副主任、市总工会主席管华鞍出席会议并讲话。苗天林作了工作报告，陈晓萍作经审工作报告。会议还增补了市总工会第五届委员会委员、经审委员，通报了2010年度全市工会重点工作完成情况。

(张赣北 席文涛)

【市总工会副县级以上干部名录】
主　席：管华鞍(兼)
党组副书记、常务副主席：苗天林
副主席、调研员：张赣北

调研员:杨林辉
经费审查委员会主任:陈晓萍(女)
女职工委员会主任:吴 培(女)
副调研员:胡国根

共青团鹰潭市委

【概述】 2011年,在市委和团省委的正确领导下,共青团鹰潭市委贯彻"围绕大局干大事、拓宽平台整资源、狠抓学习提素质、完善制度抓基层"的工作思路,全面履行组织青年、引导青年、服务青年、维护青少年合法权益四项基本职能,引导青年投身"四大一新"建设和团省委确定的"双十战略",全市共青团工作有创新有亮点有实效。一年来,先后获得了"中国丰田环保资助行动先进团队奖""第七届全国城市运动会赛会志愿者工作组织奖""全国青少年科普知识大赛优秀组织奖""鹰潭市五五普法先进单位""市直机关先进基层党组织""月湖区综治工作先进单位" 等一系列荣誉,《人民日报 (海外版)》1次版面头条、《中国青年报》2次版面头条、《鹰潭日报》2次头版头条报道团市委部分特色工作。

【推进五项行动,组织团员青年"围绕大局干大事"】 2011年以来团市委认真思谋团省委确定的"双十战略"与市委确定的"四大一新"发展战略的结合点,结合鹰潭实际,重点统筹推进了四项行动。

1. 实施"铜都青年百千万工程",引导青年在建设"世界铜都"实践中就业创业。联合市人保局、工业园区实施以"立足岗位做贡献,建设铜都当先锋"为主题的"铜都青年百千万工程",即以企业为单位、以青年为主体开展万名青工技能大赛,新增34家"青年就业见习基地"组织近千名大中专生入园进企见习就业,评选表彰了百名优秀青年技工。11月25日,团省委书记曾萍亲临鹰潭参加表彰仪式。团市委还积极承办"赢在江西"赣东北赛区海选赛,10名选手晋级百强、1名选手晋级10强。同时以"鹰潭百佳数码青年创业广场"和"英华眼镜技工培训"等平台,开展订单式培训,搭建创业平台。

2.坚持开展青春建功新农村行动,服务鄱阳湖生态经济区建设。一方面落实市委推进集镇卫生清洁工程的新要求,开展环保志愿者行动,成立"环保志愿者小分队"34支,义务清理农村垃圾20余吨,植树40亩。鹰潭青年志愿者协会被团中央、全国青联评为"丰田环保资助行动先进团队奖"。另一方面按照团省委的部署,开展全省农村青年信用示范户试点工作,探索出"信用教育、承诺公示、公开授信、发放贷款"的四步工作法,全市共评选农村信用示范户500户,发放青年创业信用证468张,发放贷款2612万元,在全省推进会上本市作典型发言。全面完成团省委援建本市"共青团兰车生态文明村"建设项目。

3.深化青年志愿者行动,推进"宜居城市、和谐社区"建设。联合联通公司、华润燃气等单位,在全市31个社区成立青年志愿者服务站,招募了213名社区青年志愿者,并通过居民选举成为社区居民事务理事会的青年理事。广大青年理事当好"社区居民的志愿服务员、少年儿童成长的辅导员、社区工作的信息员、社区志愿者工作的宣传员",探索社区青年志愿者长效工作机制和参与社会管理创新新路径。5月4日前夕,市委主要领导对百佳城社区青年志愿者朱东京的来信作出批示,对志愿者参与社区居民事务理事会建设、服务社区居民给予了充分肯定。《鹰潭日报》头版头条登载《弘扬志愿精神 当好青年理事 社区成为青年奉献成长的新舞台》一文,中国青年报也专题介绍团市委工作特色。按照全省统一部署,招募313名志愿者高质量完成七城会鹰潭赛区志愿服务工作。团市委、余江团县委等3个单位获评优秀组织奖,50多名青年获评优秀志愿者。消防志愿者、国土志愿者、环保志愿者、全民健身服务志愿者等专业志愿者活跃在全市各条战线,"奉献、友爱、互助、进步"的志愿者精神在城市文明建设中散发出灿烂光芒。

4. 开展青少年"弘扬道文化,宣传龙虎山"主题活动。以全市青少年道文化及旅游知识网络竞赛、全市青少年道文化书法绘画大赛、全市青少年"龙虎山宣传小使者"选拔赛三项比赛为载体,吸引全市万名青少年参与主题活动,学习旅

鹰潭市社区青年志愿者行动启动仪式举行。

团市委供稿

游知识，争当宣传使者，服务旅游产业发展。

5.推进“共青团关爱农民工子女志愿服务行动”。全市已摸清农民工子女集中学校 20 所，建立 3872 名农民工子女信息册。动员各级青年群体实现一帮一结对全覆盖，建设“杜鹃花爱心小屋”5 个，组织捐款捐物 8 万多元，开展了春节集中慰问、农民工子女健康体检、走进城市过“六一”、赠送通信亲情卡、爱心书包等一系列志愿服务活动，传递了共青团组织的温暖。

【落实四项合作，发挥联络优势“拓宽平台整资源”】 1. 积极推进招商项目合作。团市委承担着工业企业 5000 万元、总部经济地方税收实得 100 万元两项招商任务。正月初五，团市委就举办鹰潭籍优秀青年企业家新春座谈会拉开招商引资序幕，同时选派一名骨干脱岗招商。一年来完成转让上市公司限售股交易额 1.2 亿元，地方税收实得 789.26 万元，完成任务比例列市直单位第一名；引进黑木耳标准化种植项目江西宁凯农业科技开发有限公司在余江中童投资 1500 万元，企业投产，效应良好。

2.积极推进“友好团委”合作。4 月 6 日，以环保部环境发展中心党委副书记周能福带队的环保部青年创先争优考察团应邀到鹰潭市考察，结为“友好团委”，配合环保局就开展农村环境卫生治理、铜拆解固废引进批文、生态乡镇及有机食品基地创建争取了政策支持。同时本市还先后与河北省邢台、山东烟台、南昌航空大学等兄弟团委结为“友好团委”，促进青年工作交流合作。

3.广泛汇集资源推进希望工程助学项目。一是首次启动“农村小学红领巾希望书屋”捐赠公益行动，筹集价值 191 万元的图书捐赠 191 个农村小学。二是坚持开展“贫困大学生圆梦行动”，争取到中国扶贫基金会等助学基金 40 多万元，救助 120 名大学生和 50 名高中生，实现了希望工程事业新突破。

4.形成预防青少年违法犯罪工作合力。一是启动未成年人“阳光自护教育行动”，筹集 9 万元免费向全市青少年发放了 1 万本《未成年人保护法青少年读本》，开展了“青少年法律知识进校园”、“为高考减压”心理辅导讲座等活动。二是开展未成年人保护宣传周活动，宣传周期间，全市集中开展“远离伤害”青少年自护教育、“优秀青少年维权岗在行动”维权服务、“12355 阳光行动”等系列活动。动员和组织青少年法律工作者、法制辅导员、公益律师、青少年权益使者、“五老”志愿者走进校园、走进社区、走进乡镇，通过悬挂横幅、张贴画报、发放宣传材料(品)、开办家长课堂、心理咨询等活动，形成未保工作新合力。三是以“丰富新生代农民工文化生活”为主题扎实开展“共青团与人大代表、政协委员面对面活动”，发放调查问卷 3000 余份，形成 3 篇高质量的调研报告，提交 3 份相关议案，得到市领导及相关部门的高度关注。同时开展关爱进城务工青年行动，捐赠价值 10 万元的农民工爱心流动书屋，“送卫生、送法律、送文化”进园区活动，得到了广大进城务工青年的高度认可。四是积极探索青少年维权工作平台的常态化机制，建立了余江三中等两个“我帮你青春工作室”，联动“12355”热线和青少年维权岗，开展心理咨询和维权服务。

【运用四大载体，引导团员青年“狠抓学习提素质”】 1.全面启动“学习党代会，青春建功业”主题实践活动。采取“青年对话党代表”、“相约校园、成长对话”名家讲坛、主题报告会、面对面交流等多种形式，组织党代表、专家学者深入到企业、学校、务工青年中宣讲党代会精神。注重载体创新，运用网络视频、手机短信等新媒体，开通“党史上的今天”、“党代会专题”等内容，引导团员高举团旗跟党走。

2. 运用喜闻乐见的文化活动，引导青少年树理想、强信念。深入开展“学党史、知党情、跟党走”主题教育活动，纪念建党 90 周年。首届鹰潭“青春红歌会”掀起了“爱党爱国，唱响红歌”的热潮；团员青年党情党史知识竞赛吸引了一万多青少年参与；“我与祖国共奋进”宣讲团走进基层；喜庆“六一”“红领巾心向党”主题教育集中行动五万红领巾在党旗下飘扬；“永远跟党走”全市中学团员主题演讲比赛、“童心向党”少先队员红色故事大赛升华了少年儿童对党和社会主义祖国的朴素情感；第三届“五四青年奖章”、百名优秀青年岗位能手，树立了新时期鹰潭青年勇当先锋、奋发成才的时代风采。团省委、市创先争优办公室先后专题刊登了《描绘红绿蓝 建设新鹰潭 团市委扎实推进团员青年创先争优活动》一文，详细介绍了本市“双创双促双提高”创先争优活动做法。

3.运用新媒体，推进“数字共青团”建设。一是联合鹰潭移动公司以手机等个人电子终端设备和飞信即时通信技术为平台，建立了与实体团委相对应的 31 个“手机团委”，覆盖全市 2 万名团员。并以此为载体开通了手机团讯、手机团校、青年就业创业信息等板块。手机团校每月一主题，每天一信息。“党史上的今天”、“经典管理知识”、“共青团业务知识”……，阅览“手机团校”已成为广大团员青年每天的必修课。二是开通了“鹰潭青年网络图书馆”“团干博客群”“好书快递”等一系列网络学习平台，快捷便利的共享文化信息，交流学习体会。

4.大力开展学习型团组织创建工作。以“创建学习型团组织、争当学习型团干部”为主题，在团的机关举办“今日我开讲”“青春大讲堂”“党员生日赠书”“干部学历提升”等主题学习活动，搭建多层次学习平台。

【探索长效机制，上下联动“完善制度抓基层”】 1.创新“党建带团建”机制，推进基层团建工作。以召开全市党建带团建会议为契机，创新各项政策措施。一是落实企业党组织负责人“团建第一责任人”和从市直单位选派“团建指导员”两项措施推进非公团建,各级团组织借力使力,先建团后培训再规范,扎实推进非公企业团建工作。全市新增非公企业团组织280家,新增团员数2500多名,其中规模以上非公企业建团率达到92%。4月24日《江西日报》刊登了《党建带团建 形成凝聚力 鹰潭园区企业九成建立团组织》,6月23日《中国青年报》“共青视点”版面头条刊登《鹰潭探索非公企业团建活力之源》一文详细介绍了鹰潭非公企业团建的主要做法。二是指导协调县(市、区)落实“党建带团建”工作机制。各团县(市、区)委联合组织部门下发了《关于加强新形势下基层党建带团建工作的实施意见》,贵溪市委组织部划拨1万元作为团建专项费用,龙虎山景区管委会公开选拔团委书记并召开第一次团代会,全市基层“党建带团建”成果显著。驻外团工委建设稳步推进,新成立北京、上海、宁波三个驻外团工委。

2.全面推进乡镇(街道)团组织格局创新工作。坚持党建带团建,依靠乡镇党委具体落实“五个一”,即“党委召开一次专题会议研究、成立一个领导小组、广泛摸底动员选准一批人、召开一次团员会议、下发一份任命通知”。全市33个乡镇、9个街道全部完成团组织格局创新工作,新增体制外基层团干部342人,有效地解决了基层共青团组织力量薄弱、组织涣散、工作瘫痪的局面。为巩固格局创新工作效果,及时举办全市乡镇(街道)团干部培训班,提升新任团干的业务知识和工作技能。部署开展了全市乡镇(街道)团建工作标准化建设工作,下发了《关于推进我市乡镇(街道)团组织标准化建设的实施意见》,要求各乡镇结合实际,重点推进办公场所、工作机制和工作项目三个标准化。

3.履行“以团带队”职责,切实抓好少先队组织建设。全面加强少先队辅导员队伍建设,规范辅导员工作。结合鹰潭实际,制定并下发了《鹰潭市少先队辅导员管理办法》同时在全市开展了少先队工作规范化学校创建活动。在全市中小学校开展了百名“四好少年”评选活动,发挥典型带头作用,引导广大少先队员争当“四好少年”。同时,市学联成功换届,选举产生了鹰潭市学联第四届委员会。

4.实施共青团工作季度交叉评议制度,推进全团工作一盘棋。2011年以来团市委实行“每月工作调度,每季工作述职,半年工作排名”的工作制度,特别是述职评议实行团市委机关与县(市、区)团委交叉评议的工作方法,双向促动,形成合力。对半年工作排名,团市委机关实行奖惩激励,县(市、区)排名寄送通报给分管书记。此举有效的形成了全团一盘棋的工作态势。

(王海涵)

【团市委副县级以上干部名录】

书　记:刘维新

副书记、调研员:周谷昌

鹰潭市妇女联合会

【概述】 2011年,在市委、市政府的正确领导下,在有关部门的大力支持下,市妇联紧紧围绕市委、市政府工作中心,切实把握妇女儿童最关心、最直接、最现实的利益问题,努力构筑“坚强阵地”和“温暖之家”。

【积极参与社会管理创新】 在月湖区委、区政府的大力支持下,市妇联以交通街道办事处为工作联系点,与区委组织部、区妇联一道开展社会管理创新工作,以点带面,在全市推进。一是选配女理事,夯实管理创新工作基础。积极参与,主动跟进,认真选好用好女理事,充分发挥妇女在基层社会管理工作中的作用。二是建设“妇女之家”,搭建管理创新工作平台。结合基层党建标准化项目建设,依托“党员之家”建设“妇女之家”350多个,覆盖率达80%以上。三是创立“巾帼志愿者服务站”,壮大管理创新工作队伍。建立“巾帼志愿者服务站”70多个,招募妇女志愿者600多名,与160多名贫困、残疾妇女进行了结对帮扶。四是开展“和谐平安家庭”创建,抓实管理创新工作载体。创建“和谐平安家庭”“五好文明家庭”、书香家庭、廉洁家庭等3万多户,标兵户2800多户。市委高度重视妇联组织参与社会管理创新工作。2011年11月,市委办公室专门下发了《关于全面推进妇联组织参与社会管理创新工作的意见》,对创新管理工作提出了明确要求。12月5日《中国妇女报》头版头条以“鹰潭力促妇联组织参与社会管理创新”为题介绍了鹰潭市的做法,引起了较大反响,山东、河北等省市妇联都相继来电问情况,要资料。省妇联十届六次执委会议专门邀请了市委副书记熊茂平到会介绍市委重视支持妇联组织参与社会管理创新工作的经验,受到了省委领导和与会人员的一致好评。

【努力促进妇女创业就业】 各级妇联组织不断深化“巾帼建功”和“双学双比”活动,促进妇女平等参与经济社会发展,树立了妇女工作的良好形象。一是扎实推进妇女小额担保贷款工作。进一步落实妇女小额担保贷款政策,加大扶持力度,全市共为创业妇女发放小额担保贷款1.1亿元,约占全市小额贷款总额的50%,扶持妇女个人创业1500多人。二是着力打造“红杜鹃”家政服务品牌。举办了“红杜鹃”家政服务培训班4期,300余名妇女参加培训,并获得了就业培训合格证和“红杜鹃”家政服务员证书。月湖区交通街道百佳城社区、胜西社区的“红杜鹃家政服务中心”荣获“江西省红杜鹃家政服务示范单位”称号,共推荐265名妇女实现就业,其中家政从业人员195人。三是加强“巾帼创业城”服务管理。为帮助下岗失业妇女创建的“巾帼创业城”经过一年的运行取得了较好的成效,11月完成了43个摊位新一轮租赁合同的签约。四是努力拓宽妇女就业途径。组织县区有关人员专程赴浙江义乌学习考察来料加工项目,积极帮助失业失地妇女就地就近转移就业。春节期间，在时代广场设立招工点，发放本地企业招工宣传资料，为下岗失业妇女提供就业岗位信息，并组织200余名妇女参加就业再就业春季招聘洽谈大会，积极帮助妇女与企业架起连接、沟通、服务的桥梁和对接平台。*五是不断推动岗位创优*。结合纪念“巾帼建功”活动20周年，以“巾帼建新功，岗位争优秀”为主题，评选表彰了30个市级“巾帼文明岗”和20名“巾帼建功标兵”，有力地激发了广大妇女立足岗位建功立业。

【切实维护妇女儿童合法权益】 各级妇联组织牢牢把握妇女儿童民生需求，强化协调服务，优化发展环境，维护合法权益，推动妇女儿童共享经济社会发展成果。*一是完善妇女维权网络*。主动与综治、法院、公安、司法、民政等部门实行多元化联动，推动维权合议庭、反家庭暴力妇女庇护所和“12338”妇女维权热线等维权阵地进一步发展。依托基层政法综治组织，建立妇女法律援助工作站点43个、家庭暴力报警点61个、妇女儿童维权站21个，做到机构、人员、工作全融入，实现来信来访联接、矛盾纠纷联排、维权服务联动。*二是热心做好信访接待*。各级妇联共协调处理信访案件368件，为贫困妇女提供免费法律援助35件，为未成年人申请法律援助15件。*三是关爱帮扶贫困妇女儿童*。联合解放军184医院免费为3名患有子宫肌瘤、卵巢肿瘤的贫困妇女患者实施了微创手术治疗；联合市公安局开展了“关爱儿童反对拐卖”法制宣传活动；开展了“春蕾计划10元捐”活动，资助了101名贫困女大学生和春蕾女童；发出了1万份《给留守儿童父母的一封信》，呼吁留守儿童父母回家过年，圆孩子一个过团圆年的梦想。

【通过“两纲”终期评估】 2011年是江西省妇女儿童发展纲要（2001~2010年）终期评估年。本市“两纲”达标率为91.1%，名列全省第五，顺利通过了省政府对本市的终期评估。与此同时，认真编制了全市新一轮妇女儿童发展规划，征集各方意见100多条，8易其稿，初稿已完成。

【发挥妇女建设秀美宜居家园“半边天”作用】 积极响应市委、市政府号召，充分发挥妇女在建设秀美宜居家园中的“半边天”作用。在余江县洪湖乡东阳西杨村、信江新区江北办事处周塘艾家村建立工作联系点，发动妇女在房前屋后栽种花草树木，打扫卫生，清理垃圾，引导妇女树立节能减排、简约环保的低碳生活理念，努力打造整洁干净、秀美宜居的新农村。

【扎实推进妇联基层组织建设】 紧紧抓住村（社区）“两委”换届的契机，主动加强与组织、民政等部门联系，多次深入基层调研，通过实行定位候选、定位选举、定位补选的方式，全市妇女进村（社区）“两委”班子的比例从上一届的62.6%上升到100%，村级妇代会组建率和妇代会主任配备率达100%，基本上达到了《全国妇联章程》和省妇联的要求，实现了组织覆盖、工作覆盖、服务覆盖。

【着力加强妇联自身建设】 各级妇联组织坚持围绕“党群共建创先争优”，加强自身建设，提升服务效能。*一是抓学习，在队伍建设上下工夫*。坚持中心组学习制度和全体干部每周一次的集体学习制度，举办了全市妇女干部培训班，进一步提高妇女干部自身素质和参政能力。*二是抓调研，在了解妇情上下工夫*。深入15个乡镇（街办）的30多个村（居）、5个园区企业，围绕12个专题开展调研，召开座谈会20多次，走访基层妇女干部、返乡农村妇女100多人。*三是抓示范，在创新发展上下工夫*。同县区妇联一起在全市建立各项工作联系点17个，以点带面，示范引领，取得了较好成效。

（李志敏）

【市妇联副县级以上干部名录】

主　席：朱海群(女)

党组成员、副主席：臧玉华(女)

党组成员、副调研员：杨　琦(女)

鹰潭市工商业联合会

【概述】 2011年，鹰潭市工商联在市委、市政府的正确领导和省工商联、市委统战部的精心指导下，团结依靠广大非公有制经济代表人士，深入学习贯彻中央、省委关于加强和改进新形势下工商联工作的意见和实施意见精神，在促进“两个健康”发展、坚定“两个服务”宗旨、突出“三项工作”重心等方面取得了可喜的进步，工商联事业进一步发展。

【参政议政】 一是围绕全市经济社会发展主题，在年初、年中开展专题调研活动2次，撰写调研报告5篇。《关于加强农田水利基础设施建设的建议》在市政协八届一次会议上发言，《关于服务和促进非公有制企业转型升级的建议》编入市政协八届一次会议书面发言材料，在“两会”上提交市工商联集体提案3件，代表、委员个人议案提案10余件。二是配合省委统战部、省工商联来鹰潭调研，协助完成了贯彻落实《国务院关于鼓励和引导民间投资健康发展的若干意见》的调研任务，受到上级领导的肯定。三是举办建党90周年庆祝活动。6月27日，成功举办了在全省有影响的“辉煌90年—鹰潭市非公有制经济组织红歌会”，省、市电视新闻频道进行了报道。四是配合市委、市政府成功承办了“2012鹰潭市企业家迎新春联谊会”。五是认真贯彻落实省、市党代会精神，分别组织召开了全市非公有制经济代表人士学习贯彻省、市党代会精神座谈会，把贯彻落实省、市党代会精神不断引向深入。

【招商引资】 一是召开了“异地鹰

潭商会投资家乡恳谈会”。4月3日,市主要领导看望了回乡参加恳谈会的异地鹰潭商会负责人,并参观考察了龙岗工业园和信江新区。二是邀请客商到鹰潭考察投资。4月13日,德国斯奈德罗集团大中华区董事长爱华德先生应邀到鹰潭考察,市领导热情接见了爱华德先生,并与其亲切交谈,介绍市情。应本会邀请,厦门江西、吉安、鹰潭商会和厦门塑胶同业商会投资家乡考察团一行25人到鹰潭考察,受到市领导接见和欢迎,达成意向性投资项目5个,总投资6亿元。三是落实完成招商引资任务。6月29日,引进的鹰潭汽配家居市场项目正式签约落户市物流园,总投资10亿元,占地350亩,总建筑面积40万平方米。8月份,该项目完成了注册,进资1亿元,占招商引资任务的200%。全年完成总部经济、楼宇经济和限售股招商引资任务333万元,占任务的111%。荣获2011年度全市招商引资先进单位称号。

召开学习贯彻市领导干部会议暨省党代会精神座谈会。

市工商联供稿

【社会责任】一是开展扶贫济困献爱心活动。年初,组织民营企业家开展“感恩行、送温暖”活动,看望慰问部分困难群众、军烈属、老党员、劳动模范和敬老院老人,赠送慰问金和猪肉、大米、食用油、棉袜等生活用品价值达5万元。中秋节前夕,发起献爱心活动,组织民营企业家到市福利院看望慰问孤寡老人和孤儿,分发月饼、糕点、水果、尿不湿等物品和慰问金达3万元。2012年春节前,响应市委号召,组织11家兼职副主席(副会长)企业开展访贫问苦活动,走访慰问17家困难家庭,赠送食物、现金2万元。二是开展捐资助学阳光行动。开学前夕,组织开展了“2011阳光助学”等活动,非公有制经济人士及企业资助贫困大、中学生200多名,资助金额超过60万元。三是慰问部队、武警官兵和人民警察。“八一”建军节,组织民营企业家代表走访慰问了鹰潭军分区等驻鹰部队和武警官兵,在营房赠送安装了空调器。中秋节之际,还走访慰问了坚守岗位的值班交警和路段保洁员。四是大力支持慈善事业发展。10月21日,组织干部职工和非公有制经济人士,开展了2011“慈善博爱、善行鹰潭”——慈善一日捐活动,募集善款3.67万元,在全市排名前列。

【创新平台服务会员】一是帮助民营企业缓解招工难问题。年初,与市人社局等单位联合组织开展了“2011年全市民营企业招聘周和招聘月”活动。二是积极推进对口工作联系制度。分别与市公安局、市中级法院、市检察院等单位联合制定下发了《对口工作联系制度》,并和市中级法院共同召开了市非公有制经济人士“加强司法保障、服务经济发展”座谈会。三是加强非公有制经济人士培训与学习工作。选派非公经济人士参加各类培训班和论坛达4批26人次。3月份,举办了非公经济人士“法律知识辅导讲座”,市公安局负责人应邀授课。9月8日,与市水利局举办了民营企业“学习贯彻水资源‘三条红线’座谈会”,20余家重点用水民营企业参加了座谈会,提高了民营企业的水资源保护意识。四是帮助开展企业文化建设。5月30日,帮助市龙海贸易公司共同举办了“迎端午精英联谊会”;9月9日,指导参加了贵溪中钜铜业公司举办的“精英联谊、共度佳节”中秋篝火晚会,促进了民营企业文化建设。五是法律援助,维护非公经济权益。听取受理非公有制经济人士及企业诉求16件,参与协调解决各类纠纷矛盾15件。其中,协调的一起有影响的企业经济纠纷诉讼案件,受到省高院的重视。六是坚持个性化服务。在民营企业家生日,送鲜花蛋糕达100余人次。11月初,组织了市工商联兼职副主席(副会长)、常委、执委近60人体检。

【对外交流与合作】一是建立友好商会,拓宽对外交流合作渠道。新增友好商会8个,先后与荷兰中国总商会,南京浦口区、扬州市、无锡市、武汉市等工商联建立了友好商会。其中与荷兰中国总商会蒂结友好商会的报道,在《中华工商时报》上刊发,中国新闻网等10多家媒体转发。二是参与会展经贸洽谈活动,扩大商会对外经济贸易活动影响。举荐了3家民营企业参加2011“齐鲁行”经贸洽谈会、3家民营企业参加第六届山西太原“中博会”,促进了本市民营企业的对外交流与合作。三是开展民营企业互访活动。组织相关产业、行业民营企业家进行互访4次,召开市工商联非公经济人士兼职副主席(副会长)

联席会议3次,座谈交流经济发展形势和生产管理经验,共同促企业健康发展。

【组织建设】 加强思想建设,深入学习贯彻中共中央、国务院《关于加强和改进新形势下工商联工作的意见》和省委、省政府《关于加强和改进新形势下工商联工作的实施意见》。先后召开全市工商联党员干部和非公有制经济人士学习贯彻《意见》座谈会2次、深入民营企业调研和征求对工商联工作意见3次。9月16日,以"坚持以人为本执政为民理念,发扬密切联系群众优良作风"为主题,召开了2011年度党员领导干部民主生活会,切实加强领导班子建设,提高以人为本执政为民的理念。加强商会建设。积极探索行业商会管理。9月份,组织召开了"全市工商联创新行业商会管理经验交流会",其间与会人员还先后到江苏省扬州市、无锡市工商联学习交流。加快异地鹰潭商会建设,积极筹备成立昆明市鹰潭商会、辽宁省鹰潭商会、武汉市鹰潭商会。

【成立中共鹰潭市非公有制经济组织工作委员会】 开展非公有制经济组织党建工作调研,指导非公有制经济组织开展创先争优活动,对全市非公有制企业党组织党建工作现状进行了调研,比较全面地了解和掌握了非公有制经济组织党建工作状况。在市委、市委组织部的关心重视下,3月13日经市委组织部批复同意,成立了中共鹰潭市非公有制经济组织工作委员会。在市委统战部、市非公有制经济组织党工委的指导下,各县(市、区)以工商联党组为基础,也相继成立了非公有制经济组织党工委,非公有制经济组织党建工作的领导实现全覆盖。

(王静莉)

【市工商联(总商会)副县级以上干部名录】

主席(会长):吴泉水

党组书记、副主席:李爱珺(女)

副主席:吴林生

调研员:周少华

党组成员、副调研员:徐振火

鹰潭市文学艺术界联合会

【概述】 2011年,市文联在市委、市政府领导下,在市委宣传部指导下,以"出作品、出人才"为中心,克服领导班子不齐、人员编制不足、工作经费困难、文艺活动经费主要依靠民间资助与广告赞助的工作现实,以各文艺家为主体,以协会工作为依托,以文艺活动为平台,充分发挥文联工作活力,积极动员各团体会员和广大文艺工作者,奋发努力、真抓实干、开拓进取,守清贫,干实事,围绕"联络、服务、协调、指导"的工作宗旨,各项工作取得了新的进展。

【举办纪念建党90周年系列活动】 以"唱响主旋律、坚定跟党走"为主题,及早策划、精心组织、周密安排,充分发挥文联的文艺人才和资源优势,集中组织开展庆祝中国共产党成立90周年系列活动。7月1日,本会成功举办纪念中国共产党成立90周年笔会并编辑出版龙虎山杂志《女子文学专刊》。同日,市老年书画研究会在市图书馆举行书画作品展。展出的120幅作品以歌颂党、赞美祖国为主题,其书法作品气势雄健、遒劲有力,绘画作品主题鲜明、风格各异。6月19日,市诗词楹联协会举办了纪念建党90周年诗会,鹰潭市诗人们激情豪迈,吟诵新作,表达了对党的深情和对祖国的祝福。6月26日,月湖区文联与区舞蹈家协会在市铁路文化宫联合举办了"党在我心中"文艺晚会。此项系列活动的开展,在唱响共产党好、社会主义好、改革开放好、伟大祖国好的时代主旋律的同时,也营造了本市文艺界欢庆党的90华诞的浓厚氛围。

【品牌活动精彩纷呈】 1月,市文联精心组织本市书法家们赴江北办事处周塘村开展"送春联下乡"活动,市老年书画研究会、贵溪市文联也将春联送到街道、乡镇,为大家送去了新年的祝福。活动共送出春联1000多幅,大大满足了群众的精神文化需求,促进了城乡之间的文化交流,受到当地群众的热烈欢迎。

2月元宵佳节,市文联在鹰潭公园举办了灯谜竞猜活动。当日,竞猜现场虽是春雨霏霏,但市民们猜谜的热情丝毫不受影响,不到两个小时,1000余条颇有趣味的灯谜就被"一抢而空",此项活动的开展,既是传统文化的传承,又是市文联打造系列品牌活动的又一尝试。

4月,谷雨诗会是江西特有的文化品牌,也是本市诗人的节日。百位诗人聚于余江、贵溪,交流诗作。数年来,谷雨诗会这个文化盛事,不仅催生了大量的优秀作品,而且造就了一批批卓有成就的诗人,提高了鹰潭市在全省诗界的地位。

6月,本会与鹰潭市公建集团联合举办滨江公园有奖征集景观命名楹联活动。为提升滨江公园文化品位,提高文艺家的知名度,本会于6月面向全市社会各界人士有奖公开征集楹联作品,活动得到广大市民的极大关注,共吸引了60余名作者参加,共征集楹联作品192幅。

8月,为大力开展道德模范学习宣传活动,推动公民道德建设深入发展,形成良好的社会风尚,本会配合市委宣传部、市文明办联合主办了"道德模范故事汇"基层巡演活动。该次巡演的节目以鹰潭市2011年推荐的"十大道德模范"候选人中的何伟、汪洪斌、胡云瑞、占小明事迹为创作蓝本,由市文联组织作家、民间文艺家熊长胜、席文涛、欧宝剑等人执笔创作,由市文明办组织演讲。巡演将深入到社区、村镇、企业、学校、机关等基层单位开展。以模范的事迹教育人、激励人、感染人,推动全市上下知荣辱、树正气、促和谐良好风尚的形成。

9月,市文联组织本市部分作家、文学爱好者到上清古镇"走基层、访民生"。上清古镇山水似诗,风光如画。作家们走进古街,深入到商铺,采访至今仍在从事传统手工业的工匠们,了解工匠们的生活,采写传统工艺在当代浪潮冲击下,传承民间文化的艰辛。

10月,由该会和市委老干局主办的第二届海峡西岸经济区老年书画交流活动在本市举行,四省二十个城市老年书画作品邀请展同日在市一中体育馆拉开序幕。市委副书记熊茂平出席开幕式并致辞,市人大常委会副主任刘育虹、市政协副主席吴细美出席开幕式,副市长辜清主持开幕式,活动共展出书画作品210余幅。海西老年书画交流活动,既构筑了繁荣书画事业的载体,又为加强海西经济区各城市多领域合作,促进海西经济区发展搭建了平台。

同月,市摄影家协会主办的"新鹰潭、新面貌"城市发展与变化摄影作品展在鹰潭滨江公园开展。本次大赛历时5个月,征集摄影作品720余幅,展出作品200余幅。本次摄影大赛是第一次全方位、多角度地反映本市城市建设发展变化的全景式的摄影展览。

【文艺成果颇丰】 工艺"百花",彰显鹰潭特色。2011年在中国工艺美术"百花奖"的评选中,本市木雕艺术家吴汉标的木雕作品《乡思》喜获金奖,实现了鹰潭本土工艺美术家在"百花奖"金奖上零的突破,也是鹰潭历史以来在工艺美术方面收获的第一个金奖。由其创作的《史圣》、与吴清江合作的《观世音》分别获得了银奖和铜奖。除此之外,祝道军的木雕作品《功名富贵》获得银奖;黄俊军的铜雕作品《九龙戏珠》、王水旺的木雕作品《幸福摇篮》、洪进华的木雕作品《呼唤》也取得了"百花奖"铜奖的好成绩。

【文学出版】 全年共出版12部文艺作品,合计367万字。另据统计本市作家在省级以上刊物上发表各类作品数百篇(首),计百万字。如由江西省文联主席刘华、作家蒋泽先、罗聪明、孙建平、黎润林及本市作家协会主席桂郁良联合采写的,讴歌鹰潭军民抗击特大洪灾的长篇报告文学《千年一遇——2010鹰潭军民抗击特大洪涝灾害全记录》,由江西人民出版社出版发行,全书21万字。刘祖三的摄影集《百花齐放》、管华鞍的摄影集《轻舟探美》已出版。11月,市女子文学社社长宋韫的短篇小说《晚春》获《小说选刊》全国小说笔会优秀作品短篇小说类一等奖。

【书法成果】 在全国第十届书法篆刻作品展上,本市著名书法家李建明的作品荣获书法篆刻作品展优秀作品,该项奖项全国仅评选30件;同月,张小红、丁忠兵的书法入选中国书协主办的全国第三届扇面书法展。

【美术展览】 9月,本市画家纪东、金华、章忠和、曾庆辉、蒋金玲的中国画作品入选由江西省文联、省美协联合举办的第二届中国(新余)傅抱石文化艺术节全国中国画作品大展。11月,本市油画家邓顺水的油画作品《忆江南》、蔡武平的油画《宝贝回家》入选中国美术家协会油画艺术委员会、中国美术学院主办的"人文江南吾土吾民油画邀请展"。

【戏剧方面】 8月2日晚,由本市文联副主席、著名剧作家姜朝皋先生编剧的大型婺剧现代戏《鸡毛飞上天》在央视戏曲频道九州大戏台栏目播出。11月,由姜朝皋先生创作的《血沃芳草》、《唐廷枢》和《青春版穆桂英》同时亮相于由文化部举办的第六届中国京剧艺术节,反响热烈。

(纪 东)

【市文联副县级以上干部名录】
党组书记、主席:朱黎明
党组成员、副调研员:陆炳才
副主席:陈特明(不驻会) 姜朝皋(不驻会)

鹰潭市社会科学学会联合会

【概述】 2011年鹰潭市社联在市委的领导和市委宣传部的精心指导下,始终坚持以邓小平理论和"三个代表"重要思想为指导,深入贯彻落实科学发展观,认真学习宣传贯彻党十七届六中全会和省市党代会精神,主动融入全市工作大局,积极履职尽责,各项工作取得了新的成绩,被省社联评为2011年度江西省社会科学工作先进单位。

【社科研究】 积极组织社科工作者开展应用对策研究。一是重点组织了两项课题"当前突出社会矛盾与创新社会管理研究"、"把鹰潭打造成为鄱阳湖生态经济区璀璨明珠研究"申报江西省社会科学"十二五"(2011年)规划项目。二是认真组织实施了鹰潭市社会科学"十二五"规划2011年度课题。通过宣传发动,印发课题指南,经社科工作者申报、评委评审,最终立项课题47项,立项数量是近年来最多的一次,并受到省社联主席祝黄河的批示:"选题紧密联系本地区经济社会发展的实际,有特色、有新意,请市社联的同志更要做好立项课题的实施,确保研究的质量"。三是指导市属各学会开展课题调研,形成了一批调研成果,为行业系统及地方经济发展提供了决策参考。

【成果评奖】 对2011年度完成的社科规划课题成果进行了评审,共评出一等奖2项、二等奖3项、三等奖4项。市地税局局长陈礼伯牵头撰写的《发挥地税职能,促进经济社会又好又快发展》和市工行行长余明安牵头撰写的《提升小企业金融服务效能,支持鹰潭市铜产业发展的实践与思考》获一等奖,《鹰潭房地产业发展与城市经济运行关系研究》(应建敏)、《创先争优与新社会组织党建研究》(市社联课题组)、《鹰潭地区中职学校学生顶岗实习现状及对策》(吴胜生)获二等奖,《立足我市"大物流"平台,加快区域物流中心信息化建设步伐》(徐斌)、《关于大力发展第三产业的对策》(王建刚)、《轮岗机制在重点领域和关键环节中的防腐效用研究》(汪金明)、《"2+1" 人才培养新模式探索》(李峻薇) 获三等奖。对以上 9 项获奖成果颁发了证书和奖金,有力地调动了社科工作者的积极性。

【社科活动】 1.*开展建党 90 周年纪念活动*。一是召开理论研讨会。7 月 20 日与市委宣传部等单位联合召开了 "纪念中国共产党成立 90 周年"理论研讨会。市社联组织了 15 篇理论文章参会,并获二等奖 2 篇、优秀奖 11 篇。二是举办了"社科界纪念建党 90 周年诗词朗诵比赛"。组织了 12 家学会、邀请了理论部门参加比赛并评奖。

2.*编办学术内刊*。一是坚持"立足鹰潭、研究鹰潭、宣传鹰潭、服务鹰潭"的办刊宗旨,编办《咨政论坛》,积极为社科工作者提供交流平台,及时刊发了有一定实践性、可操作性的研究成果,供市领导及有关部门参考。二是自筹经费,恢复编办了停刊十年之久的《鹰潭社会科学》,为社科工作者发表文章提供了新载体,为宣传社科成果建立了新阵地。

【学会管理】 一是优化了对学会的规范管理, 加强了对学会成立、换届、年检、学术活动等环节的服务和管理力度,不断提高了组织协调能力和水平。二是帮助和指导学会开展工作, 并加大对优秀学会、研究会的宣传,及时推广他们的好经验、好思路、好做法。推荐的市税务学会和市地税研究会首次被评为全国大中城市先进学会,为本市赢得了荣誉。

【社科普及】 1. *举办社科普及宣传周活动*。11 月 14 日至 20 日,举办了以"科学发展、进位赶超、绿色崛起"为主题的鹰潭市第四届社科普及宣传周活动。一是加强组织领导。与市委宣传部联合举办,制定印发了《鹰潭市第四届社科普及宣传周活动方案》,并成立"鹰潭市第四届社科普及宣传周组委会",为活动的顺利开展提供了组织保障。二是隆重举办了第四届社科普及宣传周启动仪式, 并紧扣当前形势,举办了学习贯彻省市党代会精神专题报告会。三是开展了"社会科学走进市民生活" 广场咨询活动。围绕卫生防疫、社会保险、金融税务、投资理财、钱币知识、教育等市民关心的热点,在时代广场设立了 10 多个义务宣传咨询点, 邀请了市直有关单位和市属 10 余家学会的专家、学者进行了咨询解答,同时开展了税法有奖知识问答活动,并发放了宣传普及资料。四是组织开展了社会科学进机关、进学校、进社区活动。组织社科工作者在市二中、胜西社区、百佳城社区先后开展了 "党史知识"、"新婚姻法解释"、"养生保健知识"3 场受到市民欢迎的专题讲座。

2. *创办了公益性人文讲坛——"龙虎山讲坛"*。 本着"传播科学知识,丰富市民生活,提升城市品位"的创办宗旨,11 月 29 日, 开办了"龙虎山讲坛", 并在 2011 年底举办了 "老年人养生保健知识讲座"和 "贯彻三个会议 推动科学发展"两场讲座,受到听众的热烈欢迎。

3.*参加社科普及系列评选*。一是组织选送了 《六心说》《丰碑》两本著作参加江西省首届优秀社科普及读物的评选。二是推荐上报市委党校教授王建刚参加江西省首届 10 位优秀社科普及专家的评选,荣获"江西省首届优秀社科普及专家"称号,为本市赢得了荣誉。三是组织推荐了龙虎山博物馆和鹰潭市统计学会申报江西省社科普及宣传基地。

【自身建设】 首先从提高干部队伍思想素质入手, 经常加强思想教育,努力提高爱岗敬业精神;其次,广泛开展读书育人活动,严格落实每周的学习制度,努力提高业务水平;再次,加强了机关作风建设。进一步密切了与市属学会及社科工作者的联系,真正做到热情、主动服务,有力地发挥了社联是"社科工作者之家"的作用。

【创先争优】 根据市委的统一部署,认真开展了创先争优活动。完成了市创先争优办下达的课题任务,成立课题组,撰写了《创先争优与加强新社会组织党建研究》,经市创先争优活动领导小组推荐参加全省创先争优理论研讨会,进一步提高了本会党支部组织建设的整体水平,牢固树立了全心全意为人民服务的思想,全体党员干部积极创先争优。

【其他工作】 一是持之以恒做好数字鹰潭工作。扎实做好了社联信息数字化建设,认真完成了社团信息库、社科专家库、社科成果库建设和各项信息数据的采集录入工作。二是编纂了名城鹰潭篇章。完成了省政府办公厅主编的 "江西风景独好旅游文化丛书"中《道教祖庭 世界铜都——鹰潭》第一章"名城鹰潭"的编纂工作,为本市旅游文化宣传工作作了贡献。

(陈思敏)

【市社联副县级以上干部名录】
党组成员、副主席:管玉青(女) 罗群来

鹰潭市科学技术协会

【概述】 2011 年, 鹰潭市科协在市委、市政府的正确领导和省科协的精心指导下,坚持为经济社会发展服务, 为提高全民科学素质服务,为科学技术工作者服务,加强自身建设, 加快转变经济发展方式,深入开展科普宣传、学术交流活动,大力培养举荐表彰优秀人才,夯实科协组织基础,积极进取,不断创新。一年来,鹰潭市科协系统获人力资源和社会保障部、中国科协表彰先进工作者标兵1名（全国31名,江西省唯一)、先进工作者1名;获中国科协、财政部表彰全国“科普惠农兴村”示范项目2个,科普带头人1名,各项工作全面进位。

【科普工作】打好鄱阳湖战略牌,精心谋划“十二五”发展,围绕2011年至2015年《全民科学素质行动计划纲要》的目标与任务,加大科普工作的推进,按照“大联合、大协作”的工作要求,联合市科技、教育、卫生、农业等部门,结合“节约能源资源,保护生态环境,保障安全健康”主题,积极开展低碳生活、防灾减灾、公共安全、身心健康等科普宣传活动,并在《鹰潭日报》开辟了科普知识专栏,在教育系统开展了一系列科普主题报告会。组织上千人参加“科普之春”、“科普之冬”活动的启动仪式,面向农村、社区、校园、机关、军营开展“科技活动周”活动,参与群众人数上千人,鹰潭市电台对“全国科普日活动”进行了长达10分钟的专题报道。通过电视台、广播、网络、报纸等媒体在第三个“防灾减灾日”开展了为期一周的科普宣传。全年开展大型科普活动20次,展示科普展板200块,参加活动专家200人次,接受服务群众近10万人次,编印《防灾减灾》《核能、核燃料、辐射防护》《碘盐知识》和科普特刊4种科普读本3.6万册,科普宣传单20万份。

科普示范阵地巩固发展。按照国家“科普惠农兴村计划”及江西省“科普惠农行动计划”的要求,认真培育,积极申报国家级、省级科普示范项目。2011年余江大塘葡萄专业协会、龙虎山石蛙养殖基地以及贵溪薄壳山核桃种植基地被评为国家级、省级科普示范项目,贵溪金屯枫岭村书记李四龙被评为全国农村科普致富带头人。结合省委组织部、省科协“十百千”示范工程建设和“党旗映社区、科普进楼宇”的工作要求,认真抓好了省、市级示范村(社区)的创建工作。新创建了省级科普示范村（社区)5个、市级科普示范村(社区)10个。全市大部分乡(镇、办事处)有分管科普工作的领导,配备了专(兼)职科普工作人员,全年新建科普宣传栏20个,面积达到1000平方米,乡(镇、办事处)及村级科普宣传站、科普宣传栏建设有所推进,按季为全市所有科普示范基地、科普示范村(社区)赠送科普挂图300多套。

农村实用技术培训工作稳步推进。建立了由农、林、畜牧、水产等各类型专业人才160多人组成的教师队伍。根据全市产业特点和农民需求,共设置了农村养殖技术,水稻、瓜果、蔬菜、茶叶、栽培技术、沼气池建设与综合利用等21个专业。全年开展各类培训近50个班次,其中,产业化班3个、12期,省农函大支助班8期、短训班30多期,受训人数近万人次,发放各类资料上万份,为群众解决生产、生活疑难问题44个。由于成绩显著,获中国农函大表彰“中国农函大优秀校长”4名、“中国农函大优秀教师”5名;鹰潭市农函大被江西省农函大评为“农函大工作先进集体”“省农函大优秀工作者”4名、“省农函大优秀教师”2名、“省农函大优秀学员”5名。

青少年科技教育工作连创佳绩。获第26届“青少年科技创新大赛”多个奖项;高中五学科竞赛成绩全省瞩目,成为鹰潭市办学的一大特色;积极协调配合,做好服务,促使本市成功承办了中学生数学奥赛夏令营、第28届全国中学生物理竞赛(江西赛区)颁奖大会等大型活动;积极开展了“大手拉小手”青少年科技传播、青少年科普基地展教、科普进校园等活动。

【学会工作】围绕全市大局,注重以人为本,突出学术交流的实效性、服务性。一是承办好江西省科协学术沙龙。由省科协、国家花生产业技术体系研究加工与综合研究室联合主办、市科协承办的“余江县花生产业发展学术研讨会”,于9月份在余江洪湖召开,来自省内外的近20名专家参加了活动,反响较好。创新形式全力办好龙虎山石蛙特色养殖产业发展学术沙龙,得到省科协充分肯定,中国科协网、人民网、中广网等国家级相关媒体对该活动都作了专题报道。二是申报好2012年省级重点择优支持项目,全年共向省科协申报“月湖区蔬菜产业发展”等五个沙龙项目,获批三个。三是举办了“中医药理学研究”论坛活动,充分展示本市中医药学研究成果;召开“水稻比对”研讨会,就提高水稻亩产量,改良水稻品质展开讨论;组织科技工作者赴广东、湖南、安徽考察学习,加强异地交流与合作,促进学术交流水平的全面提升。

【建家工作】认真组织开展全市“十大青年科技工作者”评比活动。加强培训教育、完善科技专家库,建立健全科技人员走访制度。举办科技工作者座谈会,密切与科技工作者联系。深入开展科技工作者状况调查,了解科技工作者的需求;组织学会理事长、秘书长开展多种形式的考察学习活动;开通维权热线,全年接受维权投诉5期,协调处理4期;依托院士工作站、专家基地服务站、学术交流等平台,深化“讲·比”活动,加强厂会协作,积极引导科技人员投入群众性技术创新创业,促进了科技人才成长。

【自身建设】高度重视对中国科协八大会议精神的学习贯彻,深刻领会中央对科协工作提出的新要求、新任务,进一步增强做好科协工作,推动科协事业新发展的责任感和使命感。专题向市委常委会汇报了大会主要精神,召开了全市科协系统工作会议,专题传达了学习“八大”精神;通过报告会、座谈会、科协网、科普宣传栏及报纸、电视台等市级媒体多渠道、多形式宣传学习了“八大”精神。以大会精神为指导,认真修改完善《鹰潭市科协事业发展“十二五”规划(2011~2015)》,制定鹰潭市《全民科学素质行动计划纲要“十二五”工作方案》,使本市科协事业发展主要目标更加明确,重点任务更加突出,措施办法更加可行。加强了机关党建工作。通过中心组专题学习、收看电视直播、参加红歌比赛等多种形式，隆重纪念和庆祝中国共产党成立90周年，深入学习贯彻落实胡锦涛总书记“七一”讲话精神，进一步激发科协机关干部投身科协事业的工作热情。积极开展创先争优活动，深入开展“治庸、治懒、治散”主题教育实践活动，进一步改进机关作风，提升了干部素质。2011年余江县科协主席桂天行被中国科协、国家人力资源和社会保障部授予“全国科协系统先进工作者标兵”称号；鹰潭市科协秘书长陈党红被中国科协、国家人力资源和社会保障部授予“全国科协系统先进工作者”称号。

【宣传调研】 以中国科学网、江西科协网、鹰潭科协网、《鹰潭科协》和《鹰潭日报》等当地主流媒体为载体，大力宣传科普知识、弘扬科学精神、宣传科技人物、传递活动信息、交流工作经验、开展理论研究、探讨创新之路。开展了重要调研5次，有影响的决策咨询4项，信息工作进入全省科协系统前三名，科协系统省级以上各类媒体信息报道上稿100多篇，包括中央7套在内的众多媒体转播了鹰潭市“石蛙沙龙”等信息报道，《桂天行：给农民带去科技致富的“金钥匙》一文被刊登在中国科协网的要闻头条。

（孙文心）

【市科协副县级以上干部名录】
市政协副主席、科协主席：杨建保
党组书记、副主席：程美华（女）
党组成员、调研员：徐兴远
党组成员、副主席：罗德生
副调研员：姚福林
兼职副主席：施兆煌　杜剑玲　曾传鸿　何智勇　盛辉明　蒋卫东

鹰潭市残疾人联合会

【概述】 2011年，市残疾人工作以邓小平理论和“三个代表”重要思想为指导，全面落实科学发展观，认真贯彻落实党的十七大及十七届五中、六中全会和省、市党代会精神，紧紧围绕残疾人“两个体系”建设目标和省残联下达的年度目标任务，坚持“打基础、保任务、创特色”的工作思路，开拓进取，真抓实干，工作取得明显成效。

【政策法规】 制定出台鹰潭市“十二五”残疾人事业发展纲要。做好省人大执法检查组到鹰潭检查《江西省实施〈残疾人保障法〉办法》贯彻实施情况的迎检工作。

【残疾人组织建设】 10月底，市残联组织对乡、村（社区）二级基层残疾人组织规范化建设、专职委员履职情况、补贴资金到位发放情况等，进行了重点督查，并及时召开专题会议，研究分析基层组织建设中存在的问题，探索解决措施。多渠道筹资，解决乡镇（街道）残联、村（社区）残协专委的工作补贴问题，市、县二级残联继续从残保金中给予村（社区）专委每人每年300元的工作补贴。认真做好了第二代残疾人证的换发工作。

【民生工程残疾人项目】 市政府“民生工程”残疾人工作项目任务全面完成。建立了120个社区康复站，为6831名残疾人提供了康复救助与服务，其中：为400名精神病患者提供了免费服药；为60名肢残人免费安装了假肢；完成白内障复明手术341例；为30名贫困聋哑儿童免费配发助听器。举办了10期残疾人职业技能培训班，培训各类残疾人310人；购买了90个公益性岗位，解决了90名城镇贫困残疾人的就业问题；选聘了130名残疾人担任农家书屋管理员。

【残疾人康复】 为实施好“十二五”期间残疾人康复工作，全市开展了全市残疾人康复需求调查、评估和建档工作。全市共调查出有康复需求的残疾人2.13万人，全部建档立卡，并录入《全国残疾人康复需求调查管理系统》，对筛查出的6000名康复对象进行功能评估、康复需求评估、录入省民生工程数据库。重点扶持创办了一家针对脑瘫儿童、偏瘫患者康复的康复医院，同时规范现有的3家聋儿语训机构。

【残疾人教育】 开展了残疾人扶残助学、彩票公益金助学、春雨行动、高中在校残疾学生等项目的调查摸底、登记造册、建立档案工作。落实省残联下达的扶残助学资金1.05万元，资助30名残疾儿童少年上学。帮助4名达到高考录取分数线的残疾考生全部进入大学就读，录取率达100%。争取助学资金4000元，资助4名贫困残疾高中生读书。

【残疾人就业】 选聘了130名农村残疾人担任农家书屋管理员，落实省政府民生工程残疾人公益性岗位90个。与市人力资源和社会保障局联合开展2011年就业援助活动，组织残疾人参加鹰潭市就业再就业春季招聘洽谈会，共推荐了620名残疾人到企业就业。向省残联职业培训中心选送了3名盲人学习保健按摩技术，并全部就业。召开了《全市残疾人就业保障金地税代征工作会议》，再次超额完成省下达的征收任务。推荐2名优秀残疾人技术能手代表江西参加在南京举行的“第四届全国残疾人职业技能竞赛”。

【基础设施建设】 鹰潭市残疾人康复、托养（综合）服务中心工程建设进展顺利，已完成土地划拨、规划设计、环境评估、工程项目可行性研究报告等工作，市残联筹资185万元对该中心进行了土地平整、庭院绿化、水电管线铺设、道路及无障碍设施建设等施工，该中心项目已列为市重点工程。市残联还组织人员到浙江省考察残疾人康复、托养服务工作，探索适合鹰潭实际的康复、托养服务和机构建设模式。

【残疾人文体工作】 在“全国助残日”“爱耳日”“盲人节”“聋人节”等节日，组织了参观风景区、游园、盲人保健按摩技能比赛、智残人体育活动、小型演唱等丰富多彩的文体活动，培养残疾人自尊、自信、自强、自立精神。与市教育局等六家联合下文,组织观看电影《特别的爱》。征集全市残疾人优秀工艺美术作品书法类3件、木雕类2件报送省残联参加评选。成立了鹰潭市残疾人阅读指导委员会并组织了残疾人开展读书活动。在“生命中的太阳——残疾人喜迎建党90周年”征文活动中,郑长龙的《生命中的太阳》获三等奖，李泽民的《旭日出南湖》获优秀奖。在10月11日杭州举行的第八届全国残疾人运动会上,该市选送的听力残疾女运动员王红夺得女子七项全能银牌和女子标枪第4名、跳远第6名的好成绩。

【残疾人扶贫保障】 筹资12.6万元,实施阳光家园计划,补贴全市252名居家托养贫困智力、精神残疾人和重度残疾人的每人500元。继续开展农村残疾人种养（殖)业扶贫示范基地建设,申请省级扶持资金5万元，市本级拿出8万元，分别建立了省级残疾人种养业扶贫示范基地1个、市级扶贫基地2个，共解决了25名农村贫困残疾人的就业问题。为375名残疾人发放了2011年度残疾人机动轮椅车燃油补贴,每人260元。争取上级专项补助资金6万元，为全市30户贫困残疾人家庭进行无障碍改造,安装了坐便器、扶栏、门铃、坡道等无障碍设施。在春节和全国助残日期间,分别组织了各级走访慰问贫困残疾人活动,共投入资金10多万元,走访慰问了200多户贫困残疾人家庭。

【残疾人事业宣传工作】 围绕第二十一次“全国助残日”活动“改善残疾人民生 保障残疾人权益”的活动主题，组织残疾人各专门协会座谈、悬挂宣传横幅、系列活动的宣传报道、市领导走访企业和贫困残疾人家庭等系列活动。印发了四期《市政府残工委工作简报》通报本市残疾人事业所取得的成绩、残疾人工作进展情况等。在各级新闻媒体刊登稿件61篇，播放专题12个，其中中国广播网用稿2篇、中国盲人协会网站2篇，江西电视台、电台各2篇、省级报纸用稿1篇,《江西残联》刊物用稿8篇、省残联网站用稿22篇，市政府网站用稿2篇,市级媒体用稿32篇,均超过省下达的全年目标任务;发放宣传资料1万余份。

【中心工作】 派出3名干部参加全市整顿和规范客运市场秩序专项行动和残疾人重大信访等工作,着重做好残疾人专用机动车主的信息梳理、政策解释、说服教育工作。建立了“数字鹰潭”残疾人人口基础数据库管理系统。

(刘云瑜)

【市残联副县级以上干部名录】
党组书记、理事长:李荣生(2011.6~)
党组成员、副理事长:张建华 黄松云
党组成员、副调研员:汪思斌(~2011.1)
调研员:余电初

鹰潭市归国华侨联合会

【概述】 鹰潭市归国华侨联合会(简称市侨联)是中共鹰潭市委领导的由全市归侨、侨眷组成的市一级人民团体，是党和政府联系广大归侨、侨眷和海外侨胞的桥梁和纽带,根据《中华人民共和国归侨侨眷权益保护法》的规定,代表归侨、侨眷的利益,履行群众工作、维护侨益、参政议政、海外联谊四项基本职能。2011年,在市委、市政府的领导和省侨联的指导下,市侨联深入贯彻党的十七大和十七届五中、六中全会精神,认真抓好省委“关于加强和改进侨联工作的意见”的实施,积极依法护侨、开展联谊,为推进本市进位赶超、绿色崛起发挥出应有的作用。

【“送温暖、献爱心”活动】 1月上旬，市侨联组织开展新春慰问活动,为市内特困归侨侨眷和老归侨送上新春祝福和慰问金；1月5日,江西省侨联党组书记、主席周锦一行4人到鹰潭走访看望老归侨,送达省侨联机关对本市归侨侨眷的关怀;年内,先后共慰问看望老、弱、病、重点归侨、侨眷约20余户,送去慰问金1万元及慰问品。

【打造“归侨侨眷之家”】 在日常工作中对归侨侨眷做到 “患重病必访、发生困难必访、婚丧嫁娶必访”,时刻关注侨界动态,平时与侨界群众保持经常性联系,无论大事小事,尽心尽力,将归侨侨眷日常遇到的困难问题及时妥善处理,以真情换取真心,努力把侨联机关打造成“归侨侨眷之家”。

【侨心小学建设】 为推动全市教育事业的发展,努力促成香港雁心会乐幼基金有限公司捐资35万元，加上地方政府配套部分资金,成功对本市两所小学旧教学楼进行改建。8月22日,贵溪市鸿塘镇陵家马燦洪雁心希望小学教学楼正式竣工并举行落成典礼,香港雁心会乐幼基金有限公司会长杨祖贻、内地建校部主席郭文义、省侨联秘书长陈世春、省侨联华侨文化交流服务中心副主任李自平、鹰潭市侨联主席肖炳煌、贵溪市副市长余红艳及贵溪市教育局、鸿塘镇镇政府领导等出席落成仪式。同日,郭文义主席代表雁心会与江西省侨联、余江县教育局、邓埠镇镇政府就捐建余江县邓埠镇仪风雁心希望小学举行签约，根据合约，该校将于2012年4月竣工并投入使用。

【“侨(爱)心工程”调查】 为进一步拓宽渠道、创新机制,努力实现“侨(爱)心工程”的可持续发展,进一步发挥“侨(爱)心工程”的品牌优势，联系和动员海内外侨社团、慈善组织及爱国人士继续为本市“侨(爱)心工程”奉献爱心,市侨联组织开展“侨(爱)心工程”调查工作,对县、区小学存在危房须重建和改建的学校进行摸底调查,并将调查信息上报录入省侨联“侨(爱)心工程”信息库,使今后的“侨(爱)心工程”建设做到合理布局、严格管理、规范运作，真正成为侨心工程、聚心工程、放心工程。

【归侨侨眷子女贫困生助学金】 经市侨联的积极联系，促成爱国华侨、美国扶贫基金会的张文基先生捐资2800元，对全市4名归侨侨眷子女贫困生进行资助。美国扶贫基金会是美国华人华侨为祖国大陆贫困学生和边远山区办学困难而发起的基金会，由海外热情公益的侨胞为困难学生每学期提供助学金，帮助完成学业，全市归侨侨眷贫困生已多次接受该项捐助。

【维护侨益工作】 2011年，鹰潭市侨联通过各种渠道以多种形式认真做好群众工作，深入贯彻《中华人民共和国归侨侨眷权益保护法》等涉侨法律法规，对归侨侨眷个人的切身利益倾力帮助，协调问题，尽力解决。协调了归侨要求享受养老生活补助、侨商矿山被停止开采、一归侨借款“官司”三起涉侨事件；推动了提高老年归侨生活补贴标准在本市的落实工作；制定了法制宣传教育第六个五年规划，不断加强侨法宣传工作；全年共接待归侨侨眷来访来信23次，均作出妥善处理或答复，有效的促进的侨界的持续稳定与和谐。

【侨界参政议政】 经过广泛征求意见，顺利完成向市政协八届委员会推荐侨联界别政协委员的工作；抽调两名机关工作人员参与市政协七届六次会议和八届一次会议的相关工作；组织召开侨界参政议政座谈会，学习贯彻中国侨联参政议政工作会议精神和江西省侨联参政议政工作会议精神；在市政协七届六次会议上，委员们提交《参加新农村建房的村民老房屋处理建议》等社情民意，为鹰潭的建设与发展积极建言献策；参与了市委组织的“如何做好工业园区产业规划”重点课题调研和市政协组织的“数字鹰潭建设”专题调研，为鹰潭的科学发展发挥出侨界委员的作用。

【交流联谊工作】 3月29日，中国侨联海外联谊部副部长杨嘉明一行2人在省侨联秘书长陈世春、经济联络部部长谢美玲的陪同下到鹰潭龙虎山考察；5月，阿联酋江西商会暨江西同乡会在阿成立，市侨联及时发函祝贺，并收到了对方的致谢回函，为今后双方的互通往来、加强交流与合作奠定了基础。8月14日至15日，安徽省马鞍山市侨联主席陈琎一行6人到鹰潭交流学习，鹰潭市侨联与马鞍山市侨联同行就加强新形势下侨联工作的意见进行交流座谈；11月1日至3日，浙江省侨联考察团一行20余人到鹰潭参观考察，寻求合作项目。

【第十二届世界华人学生作文大赛征稿】 第十二届世界华人学生作文大赛系由中国侨联、全国台联、《人民日报(海外版)》、中国国际广播电台、中央电视台、快乐作文杂志社共同主办，旨在加强海内外中华儿女在学习、生活方面的交流与沟通，增进友谊，促进团结，活跃学生课外学习生活，弘扬中华文化，展示华人学生的精神风貌。该届大赛鹰潭市共征集到24所小学共169篇作文参加大赛，最终获奖23篇，其中一等奖2篇、二等奖6篇、三等奖15篇，市侨联获得“大赛组织奖”。

【纪念建党90周年征文活动】 为隆重纪念建党90周年，市侨联组织干部积极参与省侨联纪念建党90周年征文活动。最终，《历史缔传奇 今朝铸辉煌》一文荣获一等奖，《读〈潼关怀古〉有感》一文荣获优秀奖。

【纪念辛亥革命100周年座谈会暨图片展】 10月10日，为隆重纪念辛亥革命100周年，市侨联与市政协民宗台侨委员会、民革鹰潭市委会、市台办联合举办了纪念辛亥革命100周年座谈会和图片展，市委常委、统战部长戴春英，市政协副主席吴泉水等30多人参加活动，展示了华人华侨为辛亥革命作出的重要贡献，缅怀了革命先驱的光辉事迹。

(温永骙)

【市侨联副县级以上干部名录】

主席：肖炳煌(~2011.11)

调研员：肖炳煌(2011.11~)

副调研员：夏小华

军事

编辑、校对:王新勤

鹰潭军分区

【概述】2011年，在省军区党委和鹰潭市委的正确领导下,围绕主题主线认真抓好以军事斗争准备为龙头的各项工作落实,部队民兵预备役建设取得新的发展进步。思想政治建设方面。以学习贯彻国家主席胡锦涛“七一”重要讲话为主线,采取“六个一遍”的办法,认真抓好国家主席胡锦涛“七一”重要讲话和党的十七届六中全会精神的学习贯彻。从基本理论、基本感情、基本觉悟入手,引导大家“讲传统感情、知恩图报;讲心态培育、知足明理;讲政策纪律、知责尽责;讲主题主线、知进创新。”不断深化当代革命军人核心价值观培养。结合纪念建党90周年,深入开展“学党史、知党恩、听党话、跟党走”活动,加强形势政策教育和一人一事的思想工作,协调召开鹰潭地区第七次军地隐蔽斗争协作工作会议,密切军地隐蔽斗争协作,确保了部队高度集中统一和安全稳定;扎实开展“加强党性修养、锤炼思想作风”教育整顿,注重从党性根子上区分层次解决问题,强化各级领导“率真、本分、简单、低调”的为官从政理念,培育机关干部安心更尽心、稳定更进取的实干精神，进一步浓厚了敬业奉献、和谐进取的内部氛围。

军事工作方面。着眼提高基于信息系统的体系作战能力,先后到温州、上饶军分区、预备役师和联勤十七分部鹰潭综合仓库参观见学，优化本级信息化建设方案,开展战备综合整治;军分区机关带民兵防空群参加“江西砺剑—2011”防空战役演习、组织要地防空问题研究、《防空打击分队行动程序和标准指导手册》编写、大规模作战背景下城市(要地)防空作战首长机关战术作业、人武部网上指挥对抗研究性演练、重要目标防卫民兵分队指挥员集训。着眼有效应对各类突发事件,组织应急指挥所开设和应急分队紧急出动演练、乡镇(街道)换届后新任专武部长集训、百名冲锋舟操作手集训,健全军地情报信息共享机制,军分区、人武部机关和民兵分队应急力、机动力、突击力进一步提高。认真做好“神州八号”飞船应急返回搜索回收保障准备,组织120名民兵圆满完成第十二届中国·鹰潭龙虎山道教文化旅游节安保任务。深入开展安全隐患排查整治活动,制订完善《军分区(人武部)民兵武器装备仓库管理规定(试行)》、《军分区公勤队日常管理规定(暂行)》、《军分区“部财区管”改革实施办法》等措施规定，建立健全领导督查、机关巡查、视频抽查制度,确保部队安全稳定。圆满完成年度兵员征集任务。

党管武装和后勤保障工作方面。注重靠政策、靠感情、靠素质、靠形象、靠作为加强协调,通过将武装工作纳入地方党政领导班子和领导干部考评体系、组织人武部党委第一书记述职、落实党委议军和现场办公制度、召开军地领导“八一”恳谈会、开展争创双拥模范城活动等，推进党管武装工作落实,实现双重领导双重保障。实行部财区管,加强经费预算、审批,重视资源节约工作,将有限的财力向战备训练、基础设施建设倾斜,先后投入30余万元购置非战争军事行动装备器材,90多万元用于军分区战备设施、军营文化和武器库、公勤队建设,后勤综合保障能力不断提升。

基层建设方面。深入贯彻《省军区部队和民兵预备役基层建设三年规划(2011~2013)》,结合实际制订《实施方案》,分解细化任务指标、明确具体措施办法,完善党委统揽、机关合力抓基层的长效机制。军分区党委常委先后带工作组深入乡镇、街道、企业、园区和院校,针对发现的城市新区党管武装工作运行机制不顺畅、考评制度不完善、少数单位武装工作经费不落实、民兵教育管理机制不健全等5个方面21个问题，及时研究解决办法,跟踪抓好整改落实。

【省军区政治部主任李宇到分区调研】2月16日上午,省军区政治部主任李宇率工作组到鹰潭军分区进行思想作风建设调研,军分区司令员王超、政委高学训和部门领导及各县(市、区)人武部政委参加座谈会。

(徐家炉)

【组织两级党委机关理论学习暨教育整顿活动】 根据省军区统一部署,2月25日至3月3日,军分区、人武部两级机关采取上下同步、有分有合的方法,组织开展第一季度理论学习暨"加强党性修养、锤炼思想作风"教育整顿活动。坚持领导带头,从军分区本级抓起,从党委领导严起,认真抓信念、党性、官德三个专题教育,在党委领导中倡导"率真、本分、简单、低调"的为官从政理念,以人格魅力树立领导权威;在机关干部中倡导安心更尽心、稳定更进取的实干精神,培养务实、高效、廉洁、奉献的机关作风。坚持从明确工作职责、熟悉政策法规、完善制度规定、规范工作程序入手,强化各级按职责、按原则、按制度、按程序办事的意识和能力,提高工作效率。

(万仲金)

【南京军区副政委吴刚到鹰潭检查调研】 3月15日,南京军区副政委吴刚在省军区政委陶正明的陪同下到军分区检查调研。其间,听取军分区部队民兵预备役建设基本情况汇报,检查贵溪市人武部、贵溪市林业局武装部及所属民兵分队软硬件建设情况,看望贵溪市林业局民兵森林灭火分队。

【鹰潭市党管武装工作会议召开】 3月16日下午,鹰潭市党管武装工作会议在军分区五楼会议室召开。会议传达学习全省党管武装工作会议精神,总结2010年党管武装工作,部署2011年度任务,组织县(市、区、景区)人武部党委第一书记(第一政委)述职。市委书记、军分区党委第一书记杨宪萍出席会议并讲话,市委副书记、市长钟志生主持会议,市委常委、军分区政委高学训作工作报告。军分区司令员王超、市领导杜德春、王家林,军分区参谋长傅梓堆、主任戴克华、部长王国军,各县(市、区)长、龙虎山风景名胜区管委会主任,各县(市、区)人武部军政主官、龙虎山风景名胜区人武部负责人出席会议。会议指出,2010年,全市各级党委、政府和军事机关认真贯彻落实上级关于加强国防后备力量建设的指示精神,认真履行党管武装职责,有力地推进鹰潭市国防后备力量建设。会议强调,要充分认清形势,切实增强做好党管武装工作的责任感紧迫感;要认真履行职责,不断提高党管武装工作的质量和水平;要加强研究探索,积极走军民融合式发展的路子。

【省军区第一批联合工作组到分区检查指导工作】 3月25日至29日,省军区副政委戴勇率省军区第一批联合工作组到分区检查了解年度工作展开情况,考察副团职后备干部,指导召开军分区党委常委民主生活会。工作组先后听取军分区、人武部工作汇报,与军分区党委班子成员和机关干部进行个别交谈,组织对军分区副团职后备干部进行民主测评,实地检查相关场所,查看有关工作记录和笔记。

(徐家炉)

【开展民兵预备役部队组织整顿】 以省军区《2011年度预备役部队和民兵组织整顿工作指示》为依据,着眼大规模作战和非战争军事行动可能担负的任务,按照"调整不实的,规范现有的,建强急需的"思路,从1月份开始组织展开民兵预备役整组,至4月底结束。整组中,按照"心中有任务、手中有队伍、行动有预案、保障要跟上"和"招之即来、来之能战、人装配套"的要求,科学筹划,严密组织,狠抓落实。通过整组,全区现有民兵××人,其中基干民兵××人、普通民兵××人。基干民兵中,编有应急救援队伍、勤务保障队伍、防卫作战队伍。另外,还编组重点普通民兵××人,其中有人防专业队伍、交战队伍、装备科技支前保障大队、民兵信息分队,基本构建一支规模适度、布局合理、结构科学、可靠管用的"双应一体"民兵队伍。

(吴险峰)

【组织舟艇分队操舟手集训】 根据省军区《关于加强应急救援队伍训练的通知》要求,4月23日至29日,组织140人的民兵舟艇分队操舟手骨干集训,29日上午进行水上救护综合演练。军分区主要领导和市委、市政府分管领导等52人观摩演练,司令员王超作重要讲话。通过训练,培养一批"懂基础知识、精基本技术、会维护检修、能教学组训"的抗洪抢险业务骨干。

(苏振华)

【完成从普通高校直接招收士官工作】 根据《关于做好从普通高等学校毕业生中直接招收士官的通知》要求,从4月份开始,组织开展直招士官工作,7月底结束。全市共有43名大专毕业生报名应征,其中体检、政审合格17人。依据招收对象和条件,经省征兵办审核、批准,××名体检、政审合格且专业对口的大专生征招入伍,其中补入海军部队的××人、空军××人,南京军区部队××人,高标准、超指标地完成直招士官任务。

(吴险峰)

【组织专武部长集训】 5月下旬,军分区组织全市48名乡、镇、街道、企事业单位专武部长进行集中强化训练。围绕"一个主题"(提高专武干部队伍的能力素质)、"两个切入点"(着眼遂行多样化军事任务,提高应急应战指挥能力;着眼"四大一新"战略部署,有效提升率兵参建谋划组织能力),采取"理论辅导、专题讲座、业务学习、座谈讨论"的形式,开展队列基础训练、轻武器操作及实弹射击、军事理论常识、军事行动的组织与指挥和武装工作业务等17个课目的学习、训练。通过抓"龙头",训"将头"、练指挥,学业务、明职责、严作风,强化了专武干部的使命、职责和爱军精武意识,实现"三可一有"(政治可靠、组织可信、能力可用,有发展潜力)目标,取得较好效果。

(苏振华)

【扎实开展安全隐患排查整治】 根据省军区《关于集中开展安全隐患

排查整治的通知》要求，5月28日至6月15日，按照学习动员、排查整改、检查验收三个阶段，围绕“8个方面53个问题”，组织由下而上查找问题、消除隐患活动。6月12日至13日，军分区组织对各县(市、区)人武部、军分区机关、武器库安全隐患排进行检查，对查出的38个问题，层层签订整改责任书，限时整改到位。同时针对暑期特点，加大安全督查力度，组织开展机关干部夜查、视频点名抽查，实行暑期高温时段车辆动用特别措施，有效根除安全隐患和苗头，确保全区部队安全稳定。

(吴险峰)

【组织两级机关应急指挥所演练】 根据省军区《关于扎实做好旱涝急转期间抢险救灾准备的通知》要求，6月15日下午，组织军分区、人武部两级应急指挥所开设和民兵抗洪抢险分队快速出动演练。以遂行抗洪抢险任务为课题，围绕“一个过程”拉动，“一个场地”同步展开，“一个命令”同时启动应急机制进行，开设师级指挥所×个、团级指挥所×个。演练共动用×人，其中两级机关×人，民兵分队×支；各类车辆×台、冲锋舟×艘、橡皮舟×艘和其它编配装备器材，搭设帐篷×顶。通过演练，进一步完善抗洪抢险应急预案，规范遂行应急任务所携带的装备和各类物资器材，提升两级机关应对突发事件的组织能力、指挥能力、协调能力，夯实了抗洪抢险临战准备。

【积极开展岗位练活动】 围绕实现“创建学习型党委、营造学习型机关、培养学习型干部”目标，坚持以能力建设为主线，以本职岗位为平台，在全区上下广泛开展“一学四练”活动。突出抓军事理论法规学习、每天1小时的首长机关体能训练、每周两个晚上学习制度落实，以及参谋“六会六能”为主要内容的业务技能训练。10月中下旬，利用3天时间，组织两级党委班子成员带机关干部进行指挥信息系统普及培训。12月份，组织对人武部党委班子岗位练兵考核，取得良好以上成绩。

(苏振华)

【两级机关参谋业务技能骨干集训和省军区业务技能评比竞赛】 10月中下旬、12月上中旬，围绕识图用图标图、多媒体短片制作、数据库建设和资料整理四个方面内容，军分区组织二期全区参谋业务技能骨干强化训练。采取理论授课与技能训练相结合、学习训练与考核评比相结合的方法，突出识图用图标图和多媒体课件制作，坚持做到每日一标，每周三考。12月21日，参加省军区比武竞赛，军分区作训办主任董琳取得识图用图前十名好成绩。

(董 琳)

【年度征兵工作】 围绕实现“三无两确保一实现”的目标要求，市、县两级兵役机关科学筹划，精心组织，主动作为，密切配合，完成兵员的征集任务，其中高中以上学历比例为92.3%、大学生比例为24.9%、党团员比例为78.9%。主要做法：一是军地领导重视，市政府市长钟志生担任市征兵领导小组组长，军分区司令员王超、政委黄恩华和市政府副市长王家林任副组长；开检第一天，市党政军主要领导视察征兵各县(市、区)体检站。二是征兵宣传深入，灵活运用现代传播资源和传统宣传手段组织开展宣传发动，做到“六有”，即电视里有影像、广播里有声音、报纸上有版面、手机里有短信、街头上有标语、网络上有平台。三是严格落实“封闭式”、“一站式”体检，严把体检、政审质量关。四是狠抓廉洁征兵，严格落实教育求廉、公开促廉、监督保廉制度。五是积极为大学生开辟“绿色通道”，扎实组织开展征兵走访调查。

(吴险峰)

【加强公勤队规范化建设】 为正规公勤队“四个秩序”，提高正规管理水平，以公勤队宿舍楼搬迁为契机，依据条令条例，拟制《军分区公勤队日常管理规定》，统一规范公勤队的内务设置，落实“三分四定”，加大对“两个以外”人员管控力度，改善生活设施，建立奖惩机制，公勤队规范化建设逐步走向正规。

【扎实组织开展警备纠察】 为正规外出军人军风军纪和军车运行秩序，维护军队形象和声誉，保持和促进部队安全及社会稳定，鹰潭警备司令部扎实组织开展警备纠察，共执勤86次，出动执勤兵力312人次，出动执勤车辆86台次，查纠违章军车16台，查扣假冒军车2台。依据《江西省军区集中查纠活动实施计划》，9月1日至10日，先后在景德镇、上饶两个设市区17点位开展跨区警备执勤，出动执勤人员32人次，出车9台次，查纠违章军车6台，查纠违纪军人7人，维护军纪军威，维护外出军人军车形象，受到广大人民群众赞誉。

(王中峰)

【开展“八个方面情况”清查工作】 根据省军区部署要求，坚持把清查工作作为加强思想作风建设、纯洁部队风气的重要抓手，作为检验两级党委班子原则性战斗性和机关作风的试金石，认真统计上报“八个方面情况”。先后召开军分区党委会、纪委会专题研究部署，层层组织思想发动；认真抓好人员培训，集中组织学习军区《关于加强空余房地产租赁、有偿转让管理若干规定》以及省军区有关指示精神，明确工作责任和具体要求；严密组织自查核查，军分区党委“一班人”深入各挂点单位面对面指导，两级纪委牵头，落实“一岗双责”，加强监督指导，确保各项工作有效落实；坚持边查边改，举一反三查纠问题，先后审核调整人武部不合理预算18万元，压减经费项目26万元，不规范房地产租赁合同清理、不合理占房清退率均达100%。截至2011年年底，除军分区本级2宗土地办证因历史原因正在协调办理外，其余基本整治到位。

【召开军分区党委第一书记任职大会】 8月30日上午，召开军分区党委第一书记任职大会，省委常委、省军区政委陶正明宣布省军区党委关于鹰潭军分区党委第一书记任职的决定，颁发任职通知书并作重要指示；市委书记、鹰潭军分区党委第一书记陈兴超讲话，鹰潭军分区政委黄恩华主持会议，司令员王超、政治部主任戴克华、后勤部部长王国军出席会议。

(徐家炉)

【国动委“八办”主任暨国防教育联席会议成员单位领导恳谈会召开】 8月1日下午，军分区组织召开市国动委“八办”主任暨国防教育联席会议成员单位领导恳谈会，军地领导共忆解放军光辉历程，共颂革命优良传统，共叙军政军民情谊，共谋鹰潭国防后备力量发展大计。市委常委、常务副市长王家林到会讲话，军分区司令员王超主持会议，政委黄恩华介绍鹰潭国防后备力量建设情况，军分区参谋长傅梓堆、政治部主任戴克华、后勤部部长王国军出席会议。会议达到增进感情、密切关系、统一思想、理清思路的目的。

【组织开展两级党委机关第三季度理论学习暨“四讲四知”活动】 根据省军区部署要求，结合实际，于8月22日至27日，采取动员学习、授课辅导、讨论辨析、大会交流、总结辅导等步骤，开展第三季度党委机关理论学习暨“四讲四知”活动。教育展开前，深入调研，梳理出这次教育着力解决的三个层面9个方面问题，制定下发实施意见，编印学习资料。司令员王超作动员讲话，政委黄恩华围绕“进一步深入理解‘七一’讲话，以‘四讲四知’为抓手深化核心价值观培育”，进行总结辅导，政治部主任戴克华和3个人武部政委分别围绕“四讲四知”内容，进行授课辅导，并组织进行讨论辨析和大会交流。

【组织开展全民国防教育日集中宣传教育活动】 紧紧围绕“依法开展国防教育，增强公民国防观念”主题，开展一系列国防教育宣传活动。9月8日至17日，协调市移动、电信、联通公司先后两次集中发送国防教育、征兵宣传短信10万余条。9月14日至15日，分别在鹰潭职业技术学院、月湖区交通办事处社区、贵溪冶炼厂生活区、余江县中心广场开设国防教育宣传点，集中开展国防教育、征兵宣传活动，制作宣传展板18块，散发宣传单(册)5000余份(册)，接受群众咨询1000余人次。9月23日，军分区黄政委亲自到鹰潭职业技术学院进行国防形势和征兵政策宣讲，把国防教育和征兵宣传活动推向高潮，社会反响较好。

(万仲金)

9月14日，市军分区官兵在月湖区开展国防教育日活动。

市军分区政治部供稿

【南京军区政委陈国令到军分区视察工作】 11月9日下午，南京军区政委陈国令在省军区政委陶正明等领导的陪同下视察军分区。听取军分区2011年度工作情况汇报并作重要指示。

【省军区第二批联合工作组到军分区检查指导工作】 11月21日至22日，省军区副司令员陈健率省军区第二批联合工作组到分区检查指导工作。其间，工作组围绕省军区党委明确的四项任务，通过查阅资料、问卷调查、现地察看等方式，检查3个人武部，组织思想作风教育整顿问卷调查。对分区全面建设和2011年度工作落实情况给予充分肯定，并就抓好下步工作作重要指示。

(徐家炉)

【组织机关营院综合整治】 为美化、亮化机关营院环境，营造良好的工作生活条件，结合分区营院特点，借鉴兄弟单位经验做法，11月至12月，共投入50余万元对机关营院进行综合整治，完成营院亮化、道路拓宽、安装防盗设施等建设，改建门岗、征兵办和作战值班室，完善文化基础设施，营院政治文化氛围进一步浓厚。

(陈小朋)

【全面推进使用军人保障卡】 按照数据采集的“五步法”流程，完成五类14种人员共92名保障卡的办理和4名补办人员的数据补充采集，全面推进军人保障卡的采集办理和使用管理，为实现从2012年1月1日起，军人保障卡的“单轨”运行奠定坚实基础。

(赵小春)

【全面推开“部财区管”改革】 7月1日，军分区下发《关于推进“部财区管”改革的实施办法》，全面推开“部财区管”，建立经费结算报销、会计核算和会计凭证资料保管制度，成立会计结算中心，选配会计人员，并将非城区人武部银行账户设置为军分区银行账户的二级账户，实现人武部银行账户收入的当日归集。进一步加强人武部经费的集中统管和透明度，规范财经秩序，增强经费保障效益，更好地保证了资金安全，为促进军分区、人武部两级机关全面建设现代后勤奠定了基础。

(陈小朋)

【贵溪市人武部概况】2011年,坚持以科学发展观为指导,狠抓各项工作落实,全面建设稳步发展。先后被省军区评为“先进团党委”、“先进人武部”。思想政治建设进一步加强。以学习贯彻国家主席胡锦涛“七一”讲话精神为主线,抓好“爱驻地、有作为”、“坚定理想信念、忠实履行使命”、加强官德修养和以“四讲四知”为主要内容的中心组理论学习,开展“加强党性修养、锤炼思想作风”教育整顿活动,推进当代革命军人核心价值观培育常态化。军事准备工作进一步深化。突出“科学、合理、管用”,扎实搞好民兵整组;修订14个应急预案,投入近15万元完善战备基础配套设施;组织冲锋舟操作手训练、防卫指挥员训练、首长机关室内战术作业、目标防卫红蓝对抗,参加防空总群“四级指挥所”编组联训、“江西砺剑—2011”防空演习;坚持以新兵质量为核心,实现“质优、廉洁、安全”的征兵目标要求,共计输送兵员×人。安全管理制度进一步落实。坚持以人员、车辆、保密和财经等为重点,认真落实安全形势分析、安全检查和大项活动风险评估等制度。深入开展“双四一”活动,突出季节性事故的预防,提高干部职工安全防事故的能力,部机关全年未发生任何安全事故。民兵基层建设进一步促进。坚持党委成员分片包干,加大对基层武装部指导帮带力度,全市基层武装部达标率为100%;调整专武干部,共选拔16人,重用9人;积极组织广大民兵预备役人员参加鄱阳湖生态经济区建设,出动民兵4500余人次、车辆100余台次参加地方集镇化改造、环境卫生整治等参建活动。

(刘朝龙)

【余江县人武部概况】2011年,余江县人武部认真贯彻落实省军区、军分区党委的决策指示,牢固确立“科学发展、安全发展、和谐发展”的理念,围绕主题主线,大力加强部队思想政治建设,狠抓以军事斗争准备为龙头的各项工作落实。军事斗争准备各项工作扎实推进,完成多样化军事任务能力明显提升。军地关系融洽,军事斗争准备政治环境进一步优化。人武部和民兵预备役全面建设呈现稳步上升的良好势头。讲党性讲原则讲正气氛围浓。大力加强党委班子建设,扎实召开党委民主生活会,积极开展批评与自我批评,人武部党委班子团结,心齐风正,整体素质不断增强。干部职工思想稳定,精神振奋。军事斗争准备扎实推进。积极参加省军区、军分区统一组织的“江西砺剑—2011”防空战役演习、参谋业务集训、战场环境综合应用系统学习培训和网上指挥对抗训练,组织160名冲锋舟操作手进行水上训练,完成人武部机关应急指挥所开设及民兵渡河连紧急拉动演练。民兵基层建设稳步推进。与县委、县政府联合制定下发《民兵基层建设实施方案(2011~2013)》,并将基层建设纳入单位年度目标考核,纳入地方领导工作职责和任期目标。积极协调县政府为11个乡(镇、场)配备运兵车、风力灭火器、迷彩服等装备器材。坚持贯彻融合式发展理念,积极组织民兵预备役人员投身地方“一大四小”、农村卫生清洁工程和新农村建设等地方重大活动,在用兵中练兵、强兵。征兵工作有序推进。按照“五进”、“六有”的要求,认真组织征兵宣传,做到征兵宣传进村组。加强征兵领导,县委书记、县长专题研究征兵工作,落实县委常委集体定兵。征兵准备扎实,认真组织开展兵役登记,并优选833名预征对象。狠抓征兵廉洁,严格落实“三公开”、“四张榜”,从人大、政协、法制办和街道社区聘请10人担任征兵特邀监察员,加大监督力度,把廉洁征兵作为阳光工程来建设。安全管理工作扎实有效。坚持抓教育强意识,通过安全常识学习提高自我防范能力,切实打牢安全管理组织基础;坚持抓制度促管理,把制度落实渗透到日常工作中、严格管理渗透到点滴养成中,确保部队安全稳定。

(陈叔米)

【月湖区人武部概况】2011年,在军分区党委和区委的正确领导下,坚持以科学发展观为指导,深入贯彻主题主线重大战略思想,年度各项工作进展顺利,人武部和民兵预备役建设保持稳步发展的良好势头。一是思想政治建设坚强有力。紧扣所处环境和干部职工的现实思想,以军分区党委开展的“四讲四知”教育活动为抓手,扎实开展“加强党性修养,锤炼思想作风”、“坚定理想信念,忠实履行使命”和“爱驻地,有作为”等教育整顿,深化培育当代革命军人核心价值观,不断打牢干部职工高举旗帜和履职尽责的思想基础。二是军事斗争准备有序推进。紧贴担负的任务,突出抓好应急应战能力建设,认真组织重要目标现地勘察、后备力量整组、军事斗争准备评估、首长机关室内战术作业和网上指挥对抗训练,先后组织民兵分队113人参加百名冲锋舟操机手训练、应急指挥所开设与紧急出动演练、重要目标防卫分队指挥员集训,进一步提高了首长机关组织指挥能力和民兵分队遂行多样化军事任务的能力。三是党委班子建设得到加强。按照建设马克思主义学习型党组织的要求,坚持把学习贯彻国家主席胡锦涛“七一”重要讲话和党的十七届六中全会精神作为重大政治任务,以党委班子岗位练兵活动为牵引,注重结合重大军事活动摔打锻炼,不断提高党委班子组织指挥和解决实际问题的能力。四是安全管理工作扎实有效。紧紧围绕人、车、密、财和武器库管理等重点,严密组织“条令学习月”和“安全隐患排查整治”活动,狠抓经常性教育管理,不断完善“四位一体”的安全管理工作长效机制,对职工实行定岗定位定责,确保人武部安全稳定。五是后勤综合保障能力不断提高。认真落实“部财区管”制度,深入开展财经管理专项整治活动,加大财务人员教育管理力度,狠抓财经集中统管、物资集中采购和财经审计监督,提高了物资经费保障效益。同时,针对发展后劲不足的问题,多方筹措资金解决经费短缺问题。六是基层建设成效明显。深入贯彻落实《省军区部队和民兵预备役基层建设三年规划(2011~2013)》和军分区实施方案,展开新一轮基层建设热潮。积极组织干部职工和广大民兵预备役人员参加地方植树造林和"三贡献"活动,在地方急需、群众困难时刻用兵练兵强兵。10月份,组织120名民兵应急分队成员圆满完成第十二届中国·鹰潭龙虎山道教文化旅游节安保任务。七是党管武装氛围进一步浓厚。以地方党委政府换届为契机,注重加强与地方党委政府沟通协调,认真抓好基层单位党管武装工作述职和专武干部队伍的教育管理,先后有5名专武干部得到提升或重用。以纪念国防教育法公布施行10周年活动为契机,深入主要街道、社区、院校开展国防教育日宣传,积极协调民政部门为烈军属颁发光荣牌,组织全市百名优秀企业家过"军事日"活动,进一步营造全民关心和支持国防建设的良好氛围。

(汪志杰)

【鹰潭军分区副团职以上干部名录】

司令员:王 超
政治委员:高学训(~2011.6) 黄恩华(2011.6~)
参谋长:傅梓堆
政治部主任:戴克华
后勤部部长:王国军
后勤部副部长:李学洪 赵小春(2011.6~)
司令部作训办主任:董 琳
司令部军动办主任:吴险峰
政治部组干办主任:徐家炉
政治部宣保办主任:万仲金
后勤部战勤办主任:欧阳三歌
后勤部供应办主任:肖 豪

中国人民武装警察部队鹰潭市支队

【概述】 中国人民武装警察部队鹰潭市支队(简称鹰潭支队),1983年11月1日组建,机关驻鹰潭市梅园新区府前路6号。支队机关设司令部、政治处、后勤处3个部门,下辖6个中队(警通勤务汽车中队、一中队、二中队、鹰潭市中队、贵溪市中队、余江县中队)和教导队,主要担负看守勤务和处置突发事件等任务。

2011年,坚持以科学发展观为指导,认真贯彻主题主线重大战略思想,坚决落实总队党委和市委市政府决策指示,坚持抓首位固根本、抓能力保中心、抓基层打基础、抓管理促正规、抓规范求效益、抓安全保稳定、抓"龙头"强班子,部队全面建设水平和履行职责使命能力有新的提高,支队实现连续23年"三无"的目标。

1.强化政治工作效能,官兵思想基础进一步牢固。支队始终坚持把党的创新理论武装摆在部队思想政治建设的首位,认真学习贯彻十七届四中、五中、六中全会精神和《政工条例》,注重理论武装,指导实践,解决问题,推动工作,较好解决官兵看病难、休假难等现实难题。在基层和机关全面展开"培育当代革命军人核心价值观,永远做党和人民的忠诚卫士"主题教育活动,注重练好一招一式、站好一岗一哨、执行一章一法、规范一言一行中巩固和强化。持续开展"深知兵、真爱兵、依靠兵"和"四心"活动,充分运用"三互"、"双四一"等有效载体,注重发挥部队、家庭和社会主位一体作用,做好2名落榜考生的思想稳定工作,11名个别人得到有效转化,支队"做好新兵第二适应期的思想工作"等经验材料分别被总队转发。

2.落实三年"三步走"战略部署,部队正规化建设水平进一步提升。军政主官集训结束后,支队党委把总队正规化建设三年"三步走"规划文件要求、建设标准和相关讲话作为基本教材,纳入党委中心组和干部理论学习内容,在反复学习理解中把握精神实质,统一思想认识,研究制定推进方案。投入160余万元用于基础设施建设,按照总队确立的"统一、规范、达标、养成、保持、提高"十二字方针,支队机关和所属6个中队"四配套"建设实现10096达标。

3.着眼有效履行职责使命,遂行任务能力进一步提高。坚持中心工作居中,围绕中心抓建设,抓好建设保中心。严格按纲施训,科学施训,扎实开展"五小练兵"活动,以机动分队军事训练比武和执勤分队全员额考核为契机,大力开展争当"射击能手、执勤能手、技术能手"活动,在总队组织的机动中队达标考核中,取得全优成绩。支队先后完成春运执勤、"两会"、"两节"、城市武装巡逻,鹰潭市第八次党代表大会安保、七城会安保备勤、贵溪舍族文化艺术节安保、"6·15"增援乐平抗洪抢险和龙虎山道教文化节安保执勤等任务,广大官兵积极践行当代革命军人核心价值观,圆满完成任务,树立武警官兵良好形象,赢得总队党委和地方党委政府的一致好评。

4.坚持依法从严治警,部队安全发展基础进一步夯实。在安全发展上,我们始终把安全工作从"零"做起。深入开展"学条令、用条令、促正规、保安全"为主题的条令条例学习月等活动。深入开展"五个过一遍"、"三防一保"、"四查三强化"、"三个严禁" 和安全隐患排查活动,倡导"安全第一,第一安全"的安全观,主动超前抓,主动防,尤其是突出以直属单位及小散远单位为重点,通过多方举措,切实防止安全工作不落实等问题发生。认真搞好"五个重点"问题的治理,部队实现连续23年安全稳定的目标。二中队、余江县中队被表彰为正规化管理先进单位,陈赛进、潘卫岗、霍亚林、霍中伟被总队表彰为正规化管理先进个人。

5.加强后勤规范化管理,综合保障能力赶一步加强。坚持把保中心保生活作为保障重点,优化保障体系,规范后勤管理,按照"公开透明、权力制衡"的原则,先后制定《基层财务管理规定》、《招待费管理规定》和《地方经费管理规定》,堵塞经费使用漏洞。支队充分发挥双重领导优势，积极争取地方党委、政府的支持，支队地方建设经费得到大幅度增加，支队反恐建设经费实到位675万，到位率达82%。加大“四配套”建设管理力度，统一管理模式，建立计价挂帐制度，实行责任到人；加大农副业生产力度，开展“三好”、“五无”先进食堂评比，后勤综合保障效益显著增强。

6.注重抓好理论武装，党委核心领导作用进一步增强。深入推进党的创新理论武装，以理论学习“第一班”为牵引，坚持带着问题学习、调研、思考，思维层次、思想水平有新提升。严密组织“加强党性修养，锤炼思想作风”、“反对空谈、崇高实干、狠抓落实”教育活动，强力推进“七个方面突出问题”治理。在涉及官兵切身利益的敏感问题上，始终坚持公平、公正、公开。全年以来，19名官兵立功，19名干部调整使用，1名战士保送入学，23名官兵入党、17名技术兵选送，均实行了阳光操作，官兵反映较好。

【春运执勤】 1月28日至2月14日，支队协助鹰潭市火车站维护春运期间秩序。主要负责六室(即一、二、三、四候车室，软席候车室和母婴、军人候车室)、两场(即售票广场和候车大厅广场)、一口(即旅客出站口)、一线(即站台一线)的秩序维护任务和协助铁路公安机关搞好火车站的综合治理工作。为搞好此次春运执勤工作，支队早计划、早安排，成立由副支队陈赛进负责的临时勤务领导小组，对担负任务的分队就如何依法文明执勤，维护武警部队良好形象进行教育训练。执勤期间，全体官兵发扬拥政爱民、无私奉献、连续作战的精神，协助车站接送过往客车350对次，输运旅客达62万人，抓获犯罪嫌疑人(盗窃分子)4人，护送孤寡老人、残疾人登车80人次，制止1起因人员拥挤而发生的挤压事件，解救被挤压群众20余人。

【“6·15”抗洪抢险】 2011年6月15日，江西省乐平市出现严重洪涝灾害，1万余人被洪水围困。支队在总队的正确领导下，迅速增援乐平抗洪一线，历时3天，主要担负疏通道路、解救灾民、加固堤坝、灾后重建等任务。其间，疏通道路2000米，加固堤坝300米，填堵沙袋5000余袋，成功排除险情5处，清理道路6000余米，清理垃圾6000余千克，向灾区人民发放药品400余份，深受各级一致好评。

【七城运会安保备勤城市武装巡逻任务】 10月6日至16日，为圆满完成七城运会安保备勤任务，支队每天出动官兵，对鹰潭火车站、汽车站、广场、胜利路、梅园新区等重要地段实施武装巡逻，为民做好事10起，抓获抢劫金银首饰人员1名，成功处理一起摩托车相撞交通事故，为维护社会稳定起到了积极作用。

(郑　凯)

【武警鹰潭市支队副团职以上干部名录】

支队长：张　平

第一政治委员、鹰潭市政府副市长、鹰潭市公安局局长：张荣先

政治委员：田忠华

副支队长：陈赛进

参谋长：万昌鸣

政治处主任：杨　明

后勤处处长：汪本忠

中国人民武装警察鹰潭市公安消防支队

【概述】 2011年，鹰潭市公安消防支队在总队党委、市委、市政府和市公安局的正确领导下，以胡总书记“三句话”总要求为统领，以质量兴警为主线，以“大排查大整治大宣传大培训大练兵”活动为载体，以“保稳定、打得赢、站前列”为总体目标，大力实施“五新”工程①，全力实施“小支队大发展”战略，班子和队伍建设进一步加强，部队战斗力进一步提升，圆满完成以防火灭火为中心的各项工作任务，保持全市26年无重特大火灾的良好局面。

【班子和队伍建设】 进一步完善党委《议事规则》，明确议事范围，规范议事程序，严格落实党委中心组学习制度，按照“学习型、团结型、务实型、创新型、廉洁型”的“五型”党委班子建设的要求，着力加强基层班子建设，提拔调整使用1名正团职干部，3名副团职干部，3名技术9级干部，2名战士考取军校，1名优秀大学生士兵提干。考核任免24名营职干部，配齐大、中队级领导班子，优化班子结构，各级班子活力进一步增强。2011年年内，支队还组织开展学习实践“三句话”总要求主题教育、“学党史、知党恩、强党性”专题教育和庆祝建党90周年系列活动，全面推进部队建设。

【廉政建设】 严格贯彻落实《廉洁执法规定》，对外公布消防警务信息，举报投诉信箱及电话，发放“廉洁执法监督表”并进行回访，全年共走访企事业单位400余家，举行警民恳谈会12次，开展向社会单位述职述廉活动，树立廉政消防的良好形象。深入开展廉政规定、“廉洁从警、拒腐防变”等廉政专题教育，加强廉政文化建设。2011年内，支队组织集体廉政谈话2次、干部任前谈话59人次，观看廉政电影6部，撰写廉政心得83篇，为官兵发放“五个凡是”小卡片240份、发送廉政短信480余条，极大地丰富教育形式，强化教育效果，支队3篇作品分别获得总队纪委廉政文化征文一、二、三等奖。

【文明创建工作】 大力加强精神文明建设，广泛开展拥政爱民活动，采取“请进来、走出去”的方法，深入开展警民共建实践活动，到敬老

①“五新”工程：班子队伍新形象、应急救援新发展、铁军建设新突破、监督服务新提升、基础设施新跨越。

院、社区看望孤寡老人，积极构建“一队一点”，以点带面，扩大影响，树立部队良好的社会形象。支队连续6届被评为“省级文明单位”；支队本级和3个大队被授予鹰潭市“文明单位”称号；龙虎山大队荣获“综合治理先进单位”称号；支队长樊全华被评为全市“五五”普法教育工作先进个人；1人被部局表彰为“优秀党务工作者”；1人被公安部政治部表彰为“优秀共产党员”；1人被省公安厅评为全省上海世博会·广州亚运会安全保卫工作先进个人；1人入围“中国好人榜”；1人荣获“感动鹰潭·十佳新人新事”。

【基层基础建设】 大力加强基层基础建设，营造拴心留人的营区环境，贵溪大队新营房搬迁进驻，市战勤保障大队、应急救援培训基地和特勤中队一期工程基本完工，龙虎山大队新营房正在装修，贵溪大队建成10层训练塔、400米跑道、攀爬横渡、深井救援等模拟训练设施，铁军设施建设全省一流。2011年全市消防经费总量首次突破2000万元，比2010年增长35.3%，为消防工作和部队建设提供强力保障。消防装备在数量和质量上得到进一步提升，投入979万元购置9辆消防执勤车、2066件（套）常规、特勤器材装备，投入31.5万元添置一批铁军训练设施。

【岗位练兵】 围绕胡总书记“三句话”总要求和公安部部长孟建柱打造现代化消防铁军的要求，深入开展创建铁军中队试点工作，认真抓好岗位练兵、比武竞赛活动。年内，举行冬训竞赛、全市消防部队铁军对抗赛，参加总队“弘扬井冈精神，打造消防铁军”比武竞赛和集中考核，1名战士参加全国打造消防铁军比武竞赛，贵溪大队万合路中队被评为二星铁军中队。按照“练为战”的指导思想，针对突发性灾害事故易发、多发、频发的特点，提请市政府组织水上救生综合演练，举办全市应急救援队伍拉动演练暨汇报表演，受到各级领导的高度赞誉。

【综合应急救援】 2011年，各县（市、区）应急救援大队依托各消防大队全部挂牌成立，市综合应急抢险救援消防指挥系统第一期工程在3月份顺利通过市政府“数字鹰潭”项目组验收。贵溪市投入150万元建成了综合应急抢险救援消防指挥系统。由政府财政担保，市本级申请北欧投资银行低息贷款3000万元用于一次性购齐未来三年的应急救援车辆装备，各县（市、区）也在申请利用外国贷款购置消防装备。200名合同制应急救援队员的征招工作正在进行，市特勤消防站、战勤保障大队和应急救援培训基地的建设项目已列入鹰潭市2011年度政府重点工程建设项目，正在抓紧施工。

【灭火救援】 2011年，全市共发生火灾147起，死亡3人，受伤1人，直接财产损失356.9万元。全市消防部队共接警出动491次，出动车辆668台次，消防官兵4611人次，抢救被困人员162人，疏散人员329人，抢救财产价值2426.8万元。圆满完成“2·24”沪昆高速交通事故救援、“4·24”中粮江西天然五谷食品有限公司火灾扑救、“10·23”氨气泄漏事故“11·18”化工火灾事故的处置，出色完成第七届全国城市运动会鹰潭赛区的消防安保、第十二届中国鹰潭龙虎山道教文化旅游节开幕式暨世界旅游小姐全球海选龙虎山旅游形象大使总决赛颁奖晚会消防安全保卫等重大任务。

【消防监督】 严格执行消防监督执法规定，落实消防执法“零容忍”，对消防违法行为从严从重处罚，并加大处罚曝光力度。年内，全市共检查单位1万余个（次），发现火灾隐患2.1万处，督促整改隐患2.02万处，下发临时查封决定书246份，责令“三停”①单位150家。全力推进“清剿火患”战役，落实“网格化”工作机制，建立三级排查网格，广泛发动，全民动员，逐条街道、逐个社区（村庄）、逐个单位（场所）、逐栋建筑进行排查，逐片、逐区、逐网格整治过关。2011年内，全市共摸底排查一级重点单位32家，二级重点单位315家、三级重点单位593家、三级以下单位1.81万家。

【全民消防宣传】 全面落实《全民消防安全宣传教育纲要》，积极开展消防宣传“六进”②活动，印制10万份消防宣传单、1万余册《鹰潭市全民消防安全消防教育读本》，免费向学校、农村、社区和三合一场所发放；与市委党校密切配合，把消防知识纳入地方干部培训的必修课，深入干部进修班进行消防专题授课，对全市107名县处职干部、56名乡镇长进行消防安全培训；深入开展“119”消防宣传月活动，印发“四个能力”③建设宣传卡片2万份、宣传挂图1千套，组织消防志愿者3000人次深入街道、社区进行宣传，不断提升全民消防安全意识和“清剿火患”战役的感知率，央视《新闻联播》进行报道。年内，举办“四个能力”建设“明白人”培训班，培训人员850余人；举办消防安全责任人、管理人、专兼职消防员、消控中心管理人员四大类人员培训班，共培训人员3000余人。“清剿火患”战役期间，支队有效利用消防监督执法时机，对广大业主宣传消防法律法规和基本消防安全知识，营造了全市消防安全良好氛围。

（雷兴旺）

【武警鹰潭市公安消防支队副团职以上干部名录】

支队长：樊全华

政治委员：周三荣

①“三停”：停产，停业，停止施工。

②消防宣传“六进”：进社区、进学校、进农村、进家庭、进企业、进党校。

③四个能力：检查消除火灾隐患能力，扑救初起火灾能力，组织疏散逃生能力，消防宣传教育能力。

副支队长:徐超武 严文胜
参谋长:余志高
政治处主任:余小飞
后勤处处长:张先申
防火处处长:杨柏水
月湖大队大队长:童永庆
月湖大队教导员:王晓东
贵溪大队大队长:王 俊
贵溪大队教导员:许晓光
余江大队教导员:胡 伟

人民防空

【概述】2011年,在市委、市政府、鹰潭军分区的正确领导下,市人防办班子团结带领全办干部职工,精心履职、攻坚克难,在人防工程建设、指挥通信建设、行政执法、宣传教育等方面都取得显著的成效,实现市人防“十二五”期间的良好开局,被省人防办评为全省人防建设先进单位,被市政府授予“开放型经济工作先进单位”,被市综治委评为“社会治安综合治理先进单位”,机关党支部被市直机关工委评为“先进基层党组织”,驻行政服务中心人防窗口被授予“最佳服务窗口”称号。

【重点工程建设强力推进】中心广场人防工程是市政府招商引资的重大项目。市人防办作为工程建设指挥部办公室和人防主管部门,认真履行职责,做了大量艰苦细致的工作,主要体现在:主动服务,积极协助和配合人和公司做好工程建设的立项、开工等报建手续;广泛宣传,积极协助召开工程项目开发通气会、新闻发布会、市直老干部座谈会,印发《工程宣传资料册》3000份,《致工程沿街店铺经营户的一封信》500份,赢得广大干部群众的理解、支持和配合;精心调处,接待群众来访30余批1000余人次,处理市长热线交办函10余次、市民投诉20余起,为工程沿街商户发放补助款近460万元;强化监管,严格按照人防工程的标准,在保安全、重质量的前提下,强调文明施工,要求将施工对市民的干扰和影响降到最低。在市0313工程建设中,市人防办克服种种困难,及时启动“应急救援指挥中心”建设,加快工程进度,主体结构于2011年9月30日顺利封顶。

【组织指挥和应急救援能力进一步增强】建立健全市、县、街办三级人防指挥机构;组建一支100人的人防志愿者队伍;组织伪装设障专业分队训练;协调市直32个成员单位的领导参加“江西砺剑—2011”防空战役实名制演习,圆满完成城市管制实兵演练任务,得到省军区和省办领导的高度赞扬。

【依法行政能力得到提升】严格执行《中华人民共和国人民防空法》要求的“应建尽建,以收促建”的规定,市本级落实结建防空地下室××万平方米,完成上级下达任务的160%。按标准收取人防易地建设费,基本达到“零减免”的要求。

【人防法律法规宣传教育】精心筹划组织“国际民防日”、“防灾减灾日”、“9·18防空警报试鸣日”活动,开展现场咨询,制作26块图文并茂的展板巡回展览。发放《江西省城市市民应急手册》5.58万本,散发宣传单1600多张,编发《鹰潭人防》信息1000余份。

【围绕中心工作有新作为】一是千方百计招商引资。完成限售股地方实得金额183万元,会同市投融资公司、市招商服务中心成功引进香港人和公司广场地下人防工程项目,超额完成招商引资任务。二是努力维护社会稳定。严格落实24小时值班制度,做到电话有人及时接听,来访人员有人及时接访,遇到重大问题及时报告,特别是在中心广场人防工程建设过程中,积极有效地化解许多矛盾纠纷。三是积极做好服务农村工作。派出驻村干部协助开展新农村建设和村民事务理事会工作,并挤出资金3万元,帮助村集体完善基础设施建设。四是积极支持市中心城区鹰西棚户区改造工作。市人防办在工程建设任务重、人员紧的情况下,派出副县级后备干部参与到棚改工作中,较好地完成阶段性工作任务。

【班子执行力有新提高】一是抓好领导班子建设。坚持讲党性、重品行、作表率,坚持知责奋进、积极作为,班子的凝聚力和感召力进一步增强。二是加强队伍建设。按照“政治坚定、业务精湛、纪律严明、作风过硬、廉政高效”的要求,狠抓机关的思想政治、业务素质、作风纪律和战备训练建设,积极开展创先争优活动,使机关各项工作有序高效运转。三是抓好党风廉政建设。充分发挥党支部战斗堡垒作用和党员的先锋模范作用。认真落实党风廉政建设责任制,扎实推进风险岗位廉能管理工作。

【市委常委宋迪维调研人防建设】2月17日,市委常委宋迪维深入市人防办调研。办党组书记、主任毛文芳召集中层以上干部参加座谈,并向宋常委详细介绍人防办机构编制、班子建设、队伍建设、工程建设、工事维管、平战结合等情况。

【市人民防空工作会议召开】3月17日,全市人民防空工作会议在鹰潭宾馆三楼会议室召开。会议主要任务是传达贯彻第六次全国人民防空会议和全省人民防空工作会议精神,全面总结“十一五”时期全市人防工作,研究部署“十二五”时期人防工作任务。市委常委宋迪维、鹰潭军分区司令员王超、鹰潭军分区参谋长傅梓堆、省人防办党组成员、纪检组长汪爽等领导出席会议,会议由市政府副秘书长吴炳生主持。各县(市、区)分管人防工作的副县(市、区)长,县(市、区)人武部部长、人防办主任,市委、市政府有关部门、市直有关单位、驻鹰有关单位分管领导、市人大以及市政协专门委员会领导共计60余人参加了会议。会上宣读市委书记杨宪萍、市长钟志生对人防工作的重要批示,市委常委宋迪维、军分区司令员王超、省人防办纪检组长汪爽分别作重要讲话。市人防办党组书记、主任毛文芳作工作报告。市人防办办全体干部职工列席会议。

【鹰潭军分区领导视察人防建设】5月11日,鹰潭军分区司令员王超率参谋长傅梓堆、政治部主任戴克华、后勤部部长王国军以及月湖区人武部部长吴要兵、政委李学洪等8人,莅临市人防办视察工作。王司令一行在市人防办党组书记、主任毛文芳的陪同下,视察市"0313"地下指挥所、人防应急救援指挥车、老城区人防工事、人防办公大楼和地面指挥大厅,听取主任毛文芳的情况介绍,并就人防指挥信息化和人防老工事维护管理及设备设施建设提出具体要求。市人防办副主任张春霞、夏忠频陪同视察。

【新闻发布会召开】6月4日上午,在华侨饭店召开了市中心广场地下人防工程建设新闻发布会,相关单位就地下人防工程施工期间市民最关心的出行、供水、供电等情况进行解疑释惑。会上,工程项目指挥部办公室主任、人防办主任毛文芳介绍工程项目的基本情况,施工单位介绍工程施工程序措施及办法。市地下人防工程项目指挥部办公室、月湖区政府、市交警支队、市供水公司、市供电公司、市公交公司、香港人和商业控股有限公司鹰潭分公司等部门和单位分别就项目建设准备、交通管制、供水供电保障、公交车线路调整等相关情况回答了记者的提问。

【中心广场人防工程建设顺利进行】中心广场人防工程是市政府引进香港人和商业控股有限公司独资建设的大型平战结合工程,一期工程建筑面积9.4万平方米,是目前江西省建筑面积最大的单建式人防工程。工程建成后,可增加市中心城区人防工程人均使用面积0.5平方米,建成后可达到1.8平方米/人,远远超过国家规定人均使用面积1平方米的要求。

该项工程于6月15日正式开工建设,为确保安全施工,施工区域采用统一彩钢板进行围挡,行车道完全封闭,人行道可以正常通行。为最大限度降低工程施工给市民生活带来的影响,工程采用全"逆作法"工艺施工,该施工工艺有恢复交通快、施工工期短、对周边环境影响小的特点。在工程建设中,项目指挥部和各参建、施工单位克服地形复杂和不利天气影响,在保证质量、保证安全的前提下,抢时间、赶进度,高标准完成地下人防工程顶板施工,于7月30日恢复路面交通。顺利进入地下主体建设阶段,工程为期一年左右。

【市委书记杨宪萍视察中心广场工程】7月25日晚,市委书记杨宪萍在市委常委、工程指挥部常务副指挥长宋迪维的陪同下,深入中心广场人防工程施工现场,亲切慰问在高温酷暑下坚守岗位的建设者和施工期间维持交通秩序的交警,详细了解工程进度和建设情况。

【南京军区检查组调研鹰潭】9月2日至3日,南京军区人防办检查组在省人防办副主任申世坤全程陪同对鹰潭市人防建设进行调研。鹰潭军分区参谋长傅梓堆,市人防办主任毛文芳、副主任黄兴半、总工程师舒志强一起陪同。检查组采取听取汇报、座谈讨论、查看资料、现场检查人防工事的形式对全市人防工程建设进行了调研。

9月2日下午,调研组首先听取市人防办对人防工程建设及维护管理情况的汇报,并组织与会人员就当前人防工程建设及维护管理、人防工程产权、人防地下空间开发等展开热烈的讨论。9月3日,调研组现场检查人防老工事、天洁晨宇云轩续建人防工程、市中心广场人防工程和"0313"地下指挥所工程。检查组组长、军区人防办方忠明处长对此次调研活动给予充分肯定,对鹰潭人防工作给予高度评价。

【防空警报建设】8月16日至19日,市人防指挥信息保障中心组织技术人员对全市30个警报设施进行一次拉网式大检查。重点对每台警报设备的电源箱、警报控制器、接收天线、电源线路线缆进行检查,并对每台警报设备都进行试鸣测试,共查出5台故障警报,技术人员对故障警报设施进行及时的修理,确保了警报设施处于良好的状态。同时为做好"九一八"警报试鸣工作,新购置和安装电声警报器2台,全市警报鸣响率和音响覆盖率均达到了98%以上。

【防空战役演习】鹰潭市按照上级统一安排部署,参加由省军区和省人防办联合组织的全省"江西砺剑—2011"防空战役演习,完成演习各项任务。市委常委、副市长宋迪维,市有关部委、局以及军分区、武警支队等32名领导,人防办干部职工26人,共58人参加实名制演习。市公安局治安支队、特警支队、交警支队,鹰潭武警支队和市工商局、城市管理局、月湖区胜西社区等7个单位以及人防专业队、人防志愿者队伍290余人参加,动用各种车辆60余台次。这次防空战役演习,市人防办认真组织,精心筹备,做了大量耐心细致的工作。一是领导重视。成立演习领导小组,由夏忠频副主任具体负责演习的各项筹备工作,多次召开有关部门参加任务部署会,向市委、市政府和鹰潭军分区汇报省办有关演练指示和要求,得到了市委、市政府和军分区领导的高度重视和有力支持。二是团结协作,密切配合。此次实名制演习,按照《鹰潭市城市人民防空应急行动方案》中组织指挥程序实兵排演,成立8个处室,均由市领导和各单位领导亲自担任,参演人员全局意识和整体观念强,职责明确,态度端正,全程参与,保证了预演、正式演习的顺利进行。三是贴近实战,重点突出。这次演习是检验人防部门在战时的组织指挥和人防机关人员的快速反应能力,并利用自建的卫星通信机动指挥和指挥自动化网络传输开展的一次全面性的演习,突出应急作战背景和信息化条件下的城市人民防空，突出人口疏散、重点目标的防护、信息对抗、城市防空管制、消除空袭后果等各种突发情况下紧急处置的研练。市人防办根据实战需要进行编组，注重从实战出发，严格按照《防空预案》组织实施，确保演习效果更加贴近实战。四是严格管理，确保安全。这次演习参加人员多，使用车辆多、演练场地多、动用电脑多、使用电子载体多，并通过卫星实况传输和网络传输，演习密级高，管理难度大。办领导多次强调保密的重要性，把保密工作贯彻始终，成立保密小组，专人负责保密工作。对计算机、电子文档、作业文书、会议资料等秘密载体的管理都进行了明确的规定，做到了无失泄密问题发生。

（万　华）

【市人防办副县级以上干部名录】

主　任(局长)：毛文芳(~2011.11)
洪芬平(2011.11~)
副主任(副局长)：张春霞(女) 夏忠频　黄兴平
纪检组长：王晓青
总工程师：舒志强(2011.7~)
副调研员：陈有云

·资料·

报火警的正确方法

一、要牢记火警电话“119”；

二、接通电话后要沉着冷静，向接警中心讲清失火单位的名称、地址、什么东西着火、火势大小，以及火的范围。同时还要注意听清对方提出的问题，以便正确回答；

三、把自己的电话号码和姓名告诉对方，以便联系；

四、打完电话后，要立即到交叉路口等候消防车的到来，以便引导消防车迅速赶到火灾现场；

五、迅速组织人员疏通消防车道，消除障碍物，使消防车到火场后能立即进入最佳位置灭火救援；

六、如果着火地区发生了新的变化，要及时报告消防队，使他们能及时改变灭火战术，取得最佳效果；

七、在没有电话或没有消防队的地方，如农村和边远地区，可采用打锣、吹哨喊话等方式向四周报警，动员乡邻来灭火。

法治

编辑、校对：柴靖龙

公安

【概述】 2011年，全市公安机关在市委、市政府和省公安厅的正确领导下，深入贯彻落实科学发展观，紧紧围绕全市“四大一新”发展战略，以创建平安宜居鹰潭为目标，以提升公众安全感、满意度为工作主线，以改革创新、提升效能为动力，以加强纪律作风和制度建设为保证，着力增强公安工作的主动性、创造性，着力提升公安队伍的凝聚力、战斗力，努力建设人民满意的公安队伍，实现了全市公安工作的新跨越，为推动全市科学发展、进位赶超、绿色崛起，成为鄱阳湖生态经济区璀璨明珠营造了安全稳定的社会治安环境，为全市经济社会发展作出了应有的贡献。

【维护社会稳定成效显著】 紧紧围绕维护国家安全和社会稳定的政治责任，继续深化隐蔽战线斗争，狠抓敌情、社情、政情、民情等各类情报信息分析研判和各类矛盾纠纷排查化解，形成公安机关“源头预防、调解优先、重心下移、妥善处置”的化解社会矛盾工作机制，成功化解各类矛盾纠纷3769起，妥善处置了少数利益群体闹访等不安定事件，有效稳控敏感群体和重点人员，切实提高对群体性事件的发现、控制和处置能力。以开展清积化解信访积案为抓手，进一步深化局领导信访接待日活动，坚持积案化解与源头治理并重，切实做好群众接访工作，共接待群众来信来访278批次、499人次，共受理信访事项101件，办结97起，办结率为96%。受理上级交办49起信访事项，办结43件，办结率为87.7%，实现了信访总量、增量、存量、越级访的四个明显下降。全市没有发生危害国家安全和社会稳定的重大政治事件，没有发生重大群体性事件及重大进京上访事件。加强安全保卫工作，确保了全国、省、市“两会”以及省市县乡换届、重大节日、敏感期和大型活动的安保和维稳任务的万无一失。

【全力保障经济社会发展】 紧贴全市“四大一新”发展大局和“项目推进年”这个中心，密切关注、依法稳妥处置因征地拆迁等问题引发的矛盾，严厉打击重点工程项目建设进程中出现的各类违法犯罪活动，全市共查处此类案件49起。协助党委政府化解此类矛盾纠纷127起，保障了重点项目的施工环境，促进了重大项目顺利推进。紧紧围绕建设大物流，积极改革管理方式，2011年新增物流货运车辆2982辆，新增物流车辆吨位5.69万千克，新增机动车1.21万辆。紧紧围绕中心城区常住人口增长计划的要求，办理中心城区人口入户3万余人。严厉打击各类经济犯罪活动，全力保障全市经济安全。以打击侵犯知识产权和制售伪劣商品犯罪“亮剑”专项行动和深入打击整治发票犯罪“百日行动”为牵引，共侦破各类经济犯罪案件51起，为企业追回、挽回经济损失5000余万元。相继侦破了“1·6”贵溪电厂特大挪用公款案；成功破获“5·13”特大“毒腐竹”案，涉案金额达50余万元，涉及全国7个省市，一举捣毁福建省顺昌县两家生产有害腐竹厂家，抓获犯罪嫌疑人4名；成功破获“6·6”非法制贩假烟案，抓获犯罪嫌疑人2人，缴获非法运输烟草专卖品1.32万千克，价值49万余元。用实实在在的行动，履行了公安机关的职能，服务全市经济社会发展。

【打击各类违法犯罪更加有力】 保持对各类违法犯罪的深度挤压和高压严打态势，扎实、深入开展了春季、夏季严打整治、亮剑、清网、天网、鹰安等专项打击行动，取得显著效果。全市共破获各类刑事案件3974起，其中破获多发性侵财案件3007起，摧毁犯罪团伙29个（其中涉黑团伙1个、涉恶团伙7个），查处治安案件7527起，抓获涉案犯罪嫌疑人1601人，刑拘1113人，逮捕710人，劳教46人。全市破获刑事案件数同比上升45.7%；查处治安案件数同比上升147.5%；破获“两抢一盗”案件数同比上升72.2%。全市现发命案21起，破21起，实现现发命案连续三年全破的目标，其中市局刑侦支队破获的龙虎山“8·7”一家4口被杀案、刑侦支队和贵溪市公安局破获的“5·30”“7·19”“10·27”系列抢劫杀害三名摩的、出租车司机案，赢得了各级领导和群众的广泛赞誉。全市公安机关万人破案率高于全省1.2个百分点。

【社会治安态势持续平稳】 创新巡防警务机制改革，改进防控工作模式，深入推进“一警多能、多警联勤”巡防警务机制，全年累计出动警力5.13万余人次，开展网格化巡逻防控，提高了街面见警率、管事率和机动力。全市刑事发案万人发案率低于全省2个百分点，可防性“两抢一盗”刑事案件同比下降21.3%；投入1400余万元完成了社会治安视频监控“天网工程”二期建设，年内直接抓获各类违法犯罪嫌疑人87人；积极开展了打击黄赌毒、治爆缉枪、校园周边整治等一系列群众关注治安问题的会战，并狠抓交通、消防、监所管理，开展了“三超一疲劳”“酒后驾车”等集中统一行动，消防“五大”活动、“清剿火患”战役等一系列的行动成效明显，全市连续25年没有发生重特大火灾事故，2011年全市未发生监所安全事故。在公安部开展的“清网行动”中，全市公安机关共抓获行动前网上各类犯罪在逃人员349名，网逃下降率82.9%，市局及月湖、贵溪、余江公安局均被省厅荣记集体二等功。当年全市公众安全感测评位列全省第六，公安机关满意度测评位列全省第二，治安好转率位列全省第二。

【基层基础工作上新台阶】 公安信息化水平进一步提升。“大情报”信息系统建设基本完成，并取得初步效果。网上执法办案系统实现全警使用和无纸化操作。警务监督系统全部搭建完成，提高了监督信息化水平。公安执法规范化稳步推进。强化执法规范化意识培养，公正廉洁执法的理念深入人心。注重对案件的审核监督并行，确保民警严格依照法律、法规办事。深入开展“两个专项治理”工作，仅用半年时间就完成了全市98个执法办案场所和涉案财物管理场所标准化改建，执法安全得到保障，涉案财物管理更加规范，实现了涉案人员非正常死亡“零发案”、执法办案“零违纪”的目标。积极开展“大走访”开门评警活动，先后总结拓展了“开放式、特邀式、网络式、问卷式、电话式、回访式”六大评警平台。推出了便民利民新举措20余项，警民关系更加和谐融洽。

【社会管理创新深入推进】 继续开展了以妥善调处小纠纷、高度重视小诉求、努力侦防小案件、认真整改小隐患、切实解决小问题为主要内容的“五小”民生警务行动。交警、消防部门先后建立了数字化指挥中心，既缓解了警力不足，又实现了规范管理。治安部门试点开展了机修业、汽车报废拆解业和印刷业“三业”管理的改革创新。月湖分局试点开展了流动人口管理站的改革创新，加强了实有人口管理；推出了“校园警察”，实行了城区校园的一校一警。贵溪市公安局试点开展了交管业务进社区的改革创新，将交管业务延伸至社区。余江县公安局建设的警车GPS巡管系统，对警用车辆实行精确管理。经开分局推出了“警企QQ”服务管理模式的改革创新，实现了警企联通互动。市局还完成了网上公安局建设任务，通过网上公安局不仅可以及时发布政务信息、警务信息和防范指南，还可以通过办事大厅，为群众提供80余项办事、办证服务，更可以利用“咨询建议”“网上信访”和公安微博、微博秀，与群众进行“零距离”交流。

【队伍建设不断进步】 深入开展创先争优、发展提升年、审计整改年和党员干部遵纪守法集中教育整顿活动，引领了全警创先争优，队伍精神面貌发生了深刻变化。市公安局在全市发展提升年活动、综合治理、新农村建设和信访工作中被评为先进单位。扎实开展队伍突出问题集中整治工作，深入推进队伍作风整顿年活动，重点开展以“治庸、治懒、治散、治傲”为主要内容的作风整顿，努力建设过硬班子、纯洁公安队伍、树立良好警风。在全省率先开展警务视频监督系统建设，投资170余万元在全市执法执勤部位和窗口安装摄像头242个，实现了对公安民警12种警务活动全方位、全过程的有效监督。推出了10项惠警措施，营造了风清气正、积极向上的警营氛围。通过一系列的队伍管理措施，队伍违法违纪案件下降53.6%，队伍形象进一步好转，队伍建设呈现不断进步的良好态势。一年来共有：7个单位受到部级表彰，35个单位受到省级表彰，9个单位受到市级表彰，91人受到部、省、市级表彰。其中，7个单位荣立集体二等功、47个单位荣立集体三等功，全市共有50余名民警先后荣立个人二、三等功。

【两个专项治理成绩斐然】 自2011年3月公安部部署开展全国公安机关涉案人员非正常死亡问题和涉案财物管理问题专项治理工作以来，鹰潭市公安机关按照公安部、省厅统一部署，本着“组织领导到位，责任明确到位，工作措施到位，督导整改到位”的“四到位”方针，从队伍正规化角度抓治理、从执法规范化高度抓建设、从建章立制深度抓长效，全面推进“两个专项治理”工作。“两个专项治理工作”开展不到半年时间，完成了全市98个执法办案场所和涉案财物管理场所标准化改建，85%的基层所队具备7室（人身安全检查室、信息采集室、辨认室、候问、询问、讯问室、保管室），所有办案场所基本达到公安部执法办案场所建设标准要求。全市公安机关涉案财物管理更加规范，执法办案场所建设跨步推进，执法办案制度更加健全，民警规范执法意识明显提升，实现了涉案人员非正常死亡“零发案”、执法办案“零违纪”的目标。

【打黑除恶战果显著】 保持对各种黑恶势力犯罪的高压态势，按照“有黑打黑，无黑打恶，打早打小，露头就打”的工作思路，专门打击带有黑社会性质组织及各类“痞霸”色彩的违法犯罪活动。全市共侦破涉嫌组织、领导、参加黑社会性质组织犯罪3起，查获涉案人员30余人，批准逮捕26人，移送起诉11人。其中，刑侦支队会同余江县公安局侦办的以王某为首的黑社会性质案件，抓获团伙成员20多名，有效铲除了社会毒瘤，确保了一方平安。2011年，全市共打掉恶势力团伙4个，抓获犯罪嫌疑人23人，并全部逮捕移送起诉，串并破获各类刑事、行政案件共51起，有效维护了社会治安的持续稳定。

【清网行动战果空前】 历时7个月的“清网行动”，鹰潭市公安机关在各级党委政府的坚强领导和上级公安机关的悉心指导下，在政法各部门和广大人民群众的积极参与和大力支持下，取得了全面胜利。自5月26日公安部部署开展“清网行动”后，鹰潭市公安机关向市委、市政府作了专题汇报，争取党委政府的重视与支持，并立即着手制定详实的追逃方案，分解目标任务，召开动员大会。在追逃过程中，全面梳理在逃人员，建立追逃工作机制，畅通情报信息渠道，采取网上追逃与传统追逃相结合，大力宣传，劝追并重，先后印发政法四家联合出台的《关于敦促在逃人员投案自首的通告》和告知信、劝投信2500多份。截至12月25日，“清网行动”圆满结束，全市公安机关共抓获各类网上逃犯349名，其中，抓获命案逃犯6名，部督逃犯1人。全市网上在逃人员总数从行动前的421人减少为72人，逃犯下降率达82.9%，完成了公安部提出的“一降两升三提高”的工作目标，取得了令人鼓舞的空前战果。市公安局、贵溪市公安局、月湖公安分局和余江县公安局分别荣立集体二等功，信江公安分局、龙虎山分局、高新公安分局等45个单位分别荣立集体三等功，有力维护了社会稳定，进一步树立了公安机关的执法形象，赢得了社会各界和人民群众的拥护和好评。

【鹰安行动成效显著】 为确保全市人民群众度过欢乐祥和的中秋、国庆佳节，为市党代会、人大会议、政协会议的召开创造稳定平安的社会治安环境，自9月8日起，全市公安机关组织开展了“鹰安”打击整治专项行动。此次行动着重严密社会治安动态控制，全面落实矛盾纠纷排查、危险物品安全监管、重点人员控制、重点地区巡逻、重要部位防范、重要目标守护等工作措施，最大限度地消除不稳定和不安全因素，全面掀起整治斗争高潮，全力改善社会治安环境，确保了“两节三会”期间的稳定和安全。专项行动中，全市公安机关共出动警力1.25万人次、警车1678辆次、武警536人次，破获各类刑事案件352起，刑拘127人，同比分别上升了8.3%和9.7%；下发整改通知书170份，发现隐患214处，整改隐患214处；收缴非法枪支6支、管制刀具227把；查获赌博案件34起，收缴赌博机254台；调解各类矛盾纠纷322起，行动期间的全市刑事发案同比下降16.1%。

【清剿火患战役全面胜利】 自9月26日公安部部署开展“清剿火患”战役后，在总队、市委、市政府的领导下，消防部门创新工作机制，严格落实公安部“六个一律”、清剿火患“四靠”的铁腕整治手段，细化“网格化”排查模式，实行定点、定人、定责进行地毯式排查；大力推进行业系统、部门单位、群众自查自改火灾隐患工作模式，着力构建全局消防、全警消防、全员消防的工作格局；采取多警联查、夜间突查、重点清查、高频督查等措施，严把城市、农村两道火灾防控关口，筑牢社会消防安全整体防线，在全市发起“清剿火患”战役强力攻势，火灾隐患排查整治成效显著，保持了全市连续25年无重特大火灾事故的发生。截至12月31日，全市各级公安机关共检查单位6.47万家，发现火灾隐患7.69万处，整改火灾隐患7.48万处，下发临时查封决定书608份，责令“三停”单位415家，警告189人，拘留48人，处罚单位202家。

【居住证正式办理】 11月1日，《江西省流动人口服务和管理办法》正式实施，“居住证”管理制度全面实行，鹰潭市在月湖公安分局江边派出所举行了“居住证”首发仪式。仪式由市公安局党委副书记、副局长舒平贵主持，来自教育、民政、房管等11个有关单位的领导共计三十余人参加了仪式。实行居住证管理制度后，持有人将可以依法享受劳动就业、社会保障、计划生育、医疗卫生、法律援助、机动车注册和驾照办理、公共交通和义务教育等权益与便利。“居住证”的全面办理，切实保障了流动人口的各项权益，规范了流动人口服务和管理，有效维护了社会秩序，促进了全市经济发展和社会和谐。

【全面完成基本级执法资格考试】 根据公安部和省厅的统一部署，鹰潭市公安机关分别于11月12日、19日、26日，分三批组织全体民警参加了2011年度公安机关人民警察基本级执法资格考试。此次基本级执法资格考试，全市所有在编在职公安民警全部参加考试，采取分批闭卷方式进行，每个考场均安装录音录像设备，对考试全过程进行录音录像，严格考场纪律。考试分非专业警种、刑警、治安、经侦、交警、出入境、禁毒、消防八大专业。全市所有在编在职公安民警95%通过执法资格基本级考试并取得执法资格考试等级证书。像高考一样严格的执法资格考试，促使广大公安民警更加积极的学好法、用好法，引导民警牢固树立了严格、公正、规范、理性、平和、文明的执法理念，有力地推进了全局执法主体规范化建设。

【舒晓琴两次莅临鹰潭调研指导公安工作】 2011年3月2日、9月27日，省委常委、省政法委书记、省公安厅长舒晓琴先后两次莅临鹰潭，分别就鹰潭市公安机关全国“两会”安全保卫工作进行检查指导和全市政法工作开展调研。3月2日，在深入鹰潭市检查全国“两会”安全保卫工作后，舒晓琴要求各级公安机关要顽强拼搏，细化工作措施，落实工作责任，以奋发有为的精神状态，以万无一失的工作标准，以扎实有效的工作措施，确保全国“两会”期间的稳定与安全。检查期间，曾先后深入市公安局指挥中心、信息中心、市区街面，实地了解了全市“天网”工程、大情报信息系统建设运用情况，街面巡逻情况，并深入铁鹰宾馆就旅馆业治安管理信息系统使用、管理、上传情况进行了明察暗访。9月27日，在对全市政法工作进行调研时，舒晓琴一行先后前往市公安局警务工作网上监督中心、市检察院来访接待室、月湖区公安分局办案中心和月湖区法院白露法庭视察。调研结束后，舒晓琴强调要围绕发展做好政法维稳工作，全体政法干警要认真学习贯彻胡锦涛总书记“七一”讲话精神，牢固树立强烈的发展意识，树立为大局服务、为人民执法的理念，围绕中心全力做好政法稳定工作。要深入推进社会矛盾化解、社会管理创新、公正廉洁执法等三项重点工作，为经济社会发展创造稳定的社会环境。

【天网工程全面完成】 2010年启动城区视频监控“天网工程以来，先后投入1400余万元，通过精心策划、周密部署、全力推进，相继完成了“天网工程”一、二期建设任务。2011年7月12日至22日，经报市综治办同意，市局会同市财政局、市监察局、市数建办等相关部门采取逐个前端点调取实时监控视频和现场逐点位勘查相结合的方式，完成对城区所建视频监控“天网工程”项目的验收工作。经查验，市中心城区视频监控“天网”工程已完成611个监控探头建设，其中：街面、主干道306个(球机268个，立杆198个，借杆、借墙70个；枪机38个，立杆17个，借杆、借墙21个)；小街小巷266个(球机219个，立杆186个，借杆、借墙33个；枪机47个，立杆13个，借杆、借墙34个)；鹰潭经济技术开发区39个(均为球机，立杆38个，借墙1个)全部合格。标志着对主城区全覆盖

举行网上公安和警务视频监督系统启动仪式。

市公安局供稿

的视频监控“天网工程”全面完成建设任务，并投入使用，“天网工程”的投入使用有力地震慑了犯罪，为城区社会治安增加了一道可靠的安全屏障。

【与江苏省常州市公安局缔结为友好公安局】 为进一步促进警务交流合作，实现资源共享、优势互补、互助共赢、共同发展，11月10日，副市长、市公安局长张荣先率领由市局党委副书记、副局长张安其，副局长张应想，市局党委委员孙友生、詹飞跃、李斌组成的鹰潭市警务交流考察团赴江苏常州市公安局学习考察，并与常州市公安局签订友好合作框架协议。签约仪式上，张荣先和常州市副市长、公安局长尚建荣分别代表两地公安机关互赠了纪念品，并在《警务交流与友好合作框架协议书》上签字，双方就建立长期稳定合作关系，进一步加强高层交流、加强互学共进、加强警务协作、加强机制协作等方面形成一致意见。框架协议的签订，标志着鹰潭和常州两地警务合作迈入实质性运作阶段，双方将在情报信息、执法办案、技术交流、队伍建设、行政服务等方面进行全方位合作。

【市电力警务中心正式成立】 4月12日，鹰潭市公安局在市供电公司隆重举行电力警务中心揭牌仪式。副市长、市公安局局长张荣先出席仪式并进行了揭牌。鹰潭市公安局电力警务中心由市局派遣常驻民警，负责全市重大涉电案件的查处，组织、协调各地预防和打击盗窃破坏电力设施、盗窃电能、非法阻碍电力建设施工等违法犯罪活动，指导供电部门开展内部治安保卫工作。电力警务网络的建成将进一步加强警电联动，对各种破坏电力设施、违法窃电行为产生强大的威慑力，切实维护正常的供用电秩序，全力保障全市电力设施安全，为供电企业营造可靠的电力供应环境，为社会经济发展创造安全稳定的氛围。

【网上公安和警务视频监督系统正式启动】 6月18日，鹰潭市公安局在城区时代广场举行了网上公安和警务视频监督系统正式启动仪式，副市长、公安局长张荣先出席启动仪式。网上公安局的开通最大限度地将公安机关窗口服务向网上服务延伸，让群众足不出户就能了解办事流程，进入公安网站就能办理相关业务，鼠标一点就能查询办事流程，使群众充分利用网络技术，享受到便捷、快速、优质的服务。警务视频监督系统是积极探索新形势下加强警务活动监督的新途径，该系统通过依托已建成的公

安信息网络，以科技手段为支撑，着重强化服务质量监督、强化执法质量监督、强化队伍管理质量监督，通过向科技要监督力，向监督要警力，要形象，要战斗力，全力加强公安队伍建设，减少公安队伍中民警违法违纪、违法办案等问题产生，积极回应群众对公安工作的新期待、新要求。

【圆满完成建党 90 周年安保任务】 为确保建党 90 周年的安全和稳定，市局提前谋划、积极部署，召开了专题部署会议，对 6 月 24 日至 7 月 4 日的安保工作进行了全面部署，成立了由副市长、公安局长张荣先为组长，其他党委成员为副组长的建党 90 周年安保工作领导小组，全面指挥建党 90 周年安保工作。全市各级公安机关把"七一"安保工作与提升公众安全感满意度活动结合起来，高度重视，精心组织，制定和完善了相应的安保工作方案和应急处突工作预案，积极开展动员、部署，进一步细化工作任务，落实工作责任，并组织民警深入基层，深入一线，开展矛盾纠纷排查和各类安全隐患排查，积极化解矛盾纠纷，督促整改安全隐患和问题。联合武警积极开展军警武装大巡逻，将警力分散摆放在城区街面，进一步提高见警率和管事率，有效降低了街面违法犯罪活动。同时，迅速在全市范围内掀起夏季严打整治的高潮，通过强有力的打击、整治、宣传攻势，营造全市严打的氛围。建党 90 周年安保期间，全市累计出动警力 3500 余人（次），排查化解各类矛盾纠纷 381 起，发现和消除各类安全隐患 512 处，破获刑事案件 165 起，抓获违法犯罪人员 113 人。在全市各级公安机关的齐心协力、密切配合下，确保了"七一"期间全市社会政治和治安稳定，圆满完成建党 90 周年安全保卫任务。

（苏 宁）

【市公安局副县级以上干部名录】
副市长、政法委副书记、党委书记、局长：张荣先
党委副书记、副局长：张安其（ ~2011.11）舒平贵(2011.6~)
党委委员、党委副书记：李长开
党委委员、纪委书记：赖家辉
党委委员、副局长：谢 军 张应想(2011.6~) 黎光明(2011.6~)
党委委员、月湖区副区长、月湖公安分局局长：周 峰(2011.6~)
党委委员、刑侦支队长：孙友生(2011.6~)
党委委员、政治部主任：詹飞跃(2011.6~) 党委委员、指挥中心主任：李 斌(2011.6~)
党委委员、副调研员：徐向武(2011.6~)
调研员：杨勇玉 王建平 郭远明(2011.7~)
副调研员、经侦支队长：曾海军 吴龙志 付享林
治安支队支队长：徐家作
交警支队支队长：刘向阳
交警支队政委：王晓鹰
特警支队支队长：陈选书
刑侦支队政委：吴爱胜(2011.1~)

检察

【概述】 2011 年，全市检察机关在中共鹰潭市委和省检察院的领导下，在市人大及其常委会的监督下，在市政府、市政协和社会各界的关心支持下，深入贯彻落实科学发展观，认真学习贯彻第十三次全国检察工作会议精神和市第七次党代会、市八届人大一次会议及市政协八届一次会议精神，以推动加快转变经济发展方式为主线，以服务鄱阳湖生态经济区建设为龙头，以深化三项重点工作为着力点，不断强化法律监督、自身监督、高素质检察队伍建设，各项工作取得了新进展。

认真履行批捕、起诉职责，有效维护社会稳定。始终坚持以执法办案为中心，深入践行"强化法律监督，维护公平正义"的检察工作主题，忠实履行宪法法律赋予的各项职责，推动各项检察业务工作科学发展。主动加强与公安、法院的协调配合，严把事实关、证据关、法律适用关，确保全面准确地打击犯罪，全年共批准逮捕各类刑事犯罪嫌疑人 739 人，提起公诉 909 人。突出打击重点，坚决打击严重暴力犯罪、黑恶势力犯罪，批准逮捕故意杀人、故意伤害、强奸、绑架等犯罪嫌疑人 164 人，起诉 190 人，公诉了以黄某为首的黑社会性质组织 16 名被告人。主动参与了整顿和规范市场经济秩序工作，批准逮捕非法经营、制假售假等破坏市场经济秩序犯罪嫌疑人 35 人，起诉 27 人，依法起诉了非法从事房地产开发、严重扰乱房地产市场秩序的 11 名被告人，并立案查处了案件背后的渎职犯罪。坚决打击侵犯企业财产犯罪行为，整治企业周边治安环境。

积极查办和预防职务犯罪，切实推进反腐倡廉建设。始终把查办和预防职务犯罪工作摆在突出位置，牢固树立办案数量、质量、效率、效果、安全相统一的业绩观，确保查办和预防职务犯罪工作平稳健康发展，扎实推进反腐败工作深入开展。全年共立案侦查各类职务犯罪案件 30 件 36 人，其中贪污贿赂案件 24 件 29 人，渎职侵权案件 6 件 7 人。立案侦查大案 22 件，要案 1 人，依法查办了贵溪市发电有限责任公司财务会计段燕伙同他人贪污 5400 余万元、挪用公款 1500 余万元的特大案件；根据省检察院指定管辖，严肃查处了南昌市人民政府驻杭州办事处原副主任贺某某(副县级)巨额受贿的案件。狠抓办案质量和效率，职务犯罪案件起诉人数、有罪判决人数大幅增加，起诉 37 件 43 人(含 2010 年积存)，同比增加 20 人；法院已作有罪判决 26 人，同比增加 14 人。同时，认真开展预防职务犯罪工作，结合办案提出预防检察建议 22 件，提供行贿犯罪档案查询 60 次，通过上法制课、在看守所建立警示教育基地等形式开展反腐倡廉教育 20 次。

积极开展对诉讼活动的专项监督，全面提升法律监督水平。认

真贯彻落实省人大常委会《关于加强检察机关对诉讼活动的法律监督工作的决议》,更新执法理念,拓宽工作思路,创新监督机制,搭建监督平台,切实做到敢于监督、善于监督、依法监督、规范监督。认真开展“另案处理”、“在逃人员”专项监督活动,加大对行政执法机关移送涉嫌犯罪案件监督力度,监督侦查机关立案10件,撤案1件。加强对侦查活动的监督,追加逮捕90人,追加起诉53人,向侦查机关发出纠正违法通知书39份。加强刑事审判监督,发出纠正审理违法通知书2份,提出检察建议8件,派员出庭适用简易程序审理刑事案件26件次;加强对刑事案件量刑工作的诉讼监督,依法提出量刑建议;上下两级检察院同步审查职务犯罪案件判决12件,出庭支持抗诉2件。加强民行审判监督,受理民事、行政判决和裁定申诉案件10件,经审查立案5件,依法对一起错误执行行为提出了纠正意见,同时对裁判正确的案件认真做好息诉服判工作。加强对刑罚执行与监管活动的监督,坚持驻所检察,认真开展看守所械具和禁闭使用情况专项检查,加强重点防范,积极维护在押人员合法权益,促进了监管场所安全稳定。

拓宽服务群众渠道,妥善处理群众诉求。牢固树立以人为本、执法为民的理念,积极开展下访、巡防、实地走访等工作,充分发挥举报电话、民生热线、网络举报等联系群众的平台作用,畅通群众控告申诉渠道。依托6个乡镇检察工作站,方便群众表达诉求,接待群众147人次。认真开展“下基层办实事,做群众贴心人”和“维护人民群众合法权益,解决反映强烈突出问题”等活动,推行刑事被害人救助等措施,努力为群众办好事、办实事。实行接待轮流值班制度,保证来访群众有理有处说,诉苦有人听。规范接访人员行为,要求做到接待热心、听取耐心、待人诚心、解答细心。落实首办责任制,强化责任意识,及早解决群众诉求。全年共受理群众来信来访292件,检察长接待来访71人,对群众反映的问题尽力作出满意答复。受理刑事申诉案件4件,立案复查4件,均依法作出妥善处理,切实维护刑事申诉人的合法权益。

依法严惩危害民生领域犯罪,切实保护人民群众合法权益。根据高检院、省检察院的部署,认真抓好治理商业贿赂、查办涉农职务犯罪、工程建设和食品安全领域等四个专项工作,切实维护了民生、民利,成效明显。全年共查办工程建设领域案件15件16人,其中受贿7件7人;查办商业贿赂犯罪19件21人;查办涉农职务犯罪6件9人。持续打击多发性侵害群众财产权益犯罪,批准逮捕“两抢一盗”犯罪嫌疑人265人,起诉307人。同时,严肃查办危害民生、民利渎职侵权犯罪专项工作,全年立案侦查群众反映强烈的渎职侵权案件3件3人。高度重视食品安全问题,市检察院在引导侦查取证的基础上,以涉嫌生产、销售有毒有害食品罪对向腐竹中添加“吊白块”的3名犯罪嫌疑人批准逮捕,切实保障群众身体健康。

【深入推进社会矛盾化解】不断健全办案风险评估预警机制,坚持在办理重大复杂案件、热点敏感案件时,认真评估可能存在的不稳定因素,切实防止在检察环节因执法不当激化或引发新的矛盾。制定了《关于加强执法办案风险评估预警工作意见》,要求干警增强责任心和主动性,把化解矛盾的要求落实到执法办案的每一个环节。对轻微刑事案件,依法适用刑事和解程序结案32件,减少社会对抗。完善未成年人犯罪检察制度,健全落实专门审查、台账管理、回访帮教等办案工作机制。全面贯彻宽严相济刑事政策,依法决定不批准逮捕87人、不起诉59人,最大限度地化消极因素为积极因素。

【积极参与社会管理创新】认真做好社会治安综合治理、社区矫正、特殊人群服务管理等工作,充分发挥检察机关在促进社会管理创新中的职能作用。认真开展调查研究,结合办案向有关部门提出预防犯罪、强化管理检察建议12件,促进社会治安防控体系建设。开展不起诉人员回访工作,对16名不起诉人员进行了回访,结合回访开展法制宣传教育。针对有网民发帖反映贵溪市存在无证、借证经营私人诊所的问题,贵溪市检察院调查核实后发出检察建议,督促有关单位和部门依法进行了处理。

【有效促进公正廉洁执法】积极推进执法规范化建设,组织开展了新版《检察机关执法工作基本规范》的学习和对照检查活动。认真开展案件质量评查工作,抽选出各类案件60件参与评查,对评查中发现的案件质量问题高度重视,认真

召开市政协视察查办和预防职务犯罪工作汇报会。

市检察院办公室供稿

整改，制定了《案件质量管理若干规定》、《职务犯罪相对不起诉若干规定》。加大检务督察、巡视等内部监督力度，严格执行《人民检察院扣押、冻结涉案款物工作规定》，积极开展风险岗位廉能管理，把廉洁从检各项要求落到实处。

【职务犯罪案件审查逮捕上提一级改革进展胜利】 职务犯罪案件审查逮捕上提一级改革以来，市检察院牢固树立大局意识，依法履行职能，严厉打击各类严重职务犯罪，促进反腐倡廉建设。全年共受理职务犯罪审查逮捕案件8件9人，全部予以逮捕，没有捕后不诉，也没有出现错捕撤案、捕后判无罪的情况。

【行政执法机关移送涉嫌犯罪案件取得实效】 认真开展对行政执法机关移送涉嫌犯罪案件专项监督活动，市县两级检察院、公安局、监察局、商务局四家联合组成检查组，通过走访调研、情况通报、联席座谈、查阅台账和案卷等措施，重点检查了税务、农业、文化、水利、卫生、工商、质监、烟草专卖、食品药品监督等行政执法机关，检察机关共发出检察建议29份，立案监督4件17人，建议移送案件线索29件48人，监督立案后受理提请批准逮捕3件14人，批准逮捕3件13人，起诉3件15人。

【严厉打击破坏鄱阳湖生态环境犯罪】 依法惩治破坏鄱阳湖生态环境犯罪与完善长效监管机制相结合，对盗伐、滥伐林木、非法占用耕地、非法采矿、非法捕捞水产品、非法捕杀保护动物的犯罪，以及非法排放、倾倒、处置危险废物造成重大环境污染的犯罪，积极与公安机关、环保部门协作配合，坚决依法打击。针对此类案件建立了专人专办，起诉“绿色通道”，提前介入等工作机制，为生态文明建设保驾护航。同时，结合办案，向有关主管部门发出检察建议，及时督促行政执法机关履行监管职责，有效保障了生态环境。全年共办理破坏生态环境类犯罪案件31件37人。

【量刑建议工作逐步规范】 依照高检院、省检察院《关于进一步开展量刑建议工作的意见》，在法庭审理阶段，公诉人不仅针对犯罪事实对被告人进行讯问、举证质证、法庭辩论，还增加了公诉人就量刑情节对被告人进行讯问，以及针对量刑事实双方进行举证质证和法庭辩论程序，检察官综合考虑被告人的法定刑幅度、前科劣迹、犯罪次数、认罪态度等方面，提出被告人应判刑期的量刑建议。全年共提出量刑建议190余件，法院采纳量刑建议达90%以上。

【提升检察队伍素质能力建设】 抓好法律人才引进工作，招录本科以上新进人员15名，其中硕士研究生8名。贯彻落实大规模推进检察教育培训工作的要求，建立督学、评学和考学制度，组织检察人员接受各类业务培训207人次，市检察院邀请了全国检察业务专家作查办职务犯罪工作专题讲座。积极开展诉辩对抗赛等岗位练兵活动，注重新进人员的岗位锻炼，提升检察人员的实际办案能力和综合素质。

【夯实基层基础建设】 围绕“推优秀、扬品牌、促发展”主题，深化基层检察院建设“一院一品”工作，贵溪市检察院服务大局工作荣膺全省基层检察院“一院一品”建设十大精品奖。坚持市检察院班子成员分片挂点制度和市检察院业务部门对口帮扶制度，促进了基层检察院建设工作，贵溪市检察院被评为全省十佳基层检察院并荣立集体一等功。加强机关管理，市检察院完善和制定规章制度30项。推进检察信息化建设，加快科技强检步伐，办公办案条件不断改善，检务保障更加有力。

（朱明利）

【市人民检察院副县级以上干部名录】

党组书记、检察长：罗庆华（党组书记2011.9~，检察长2011.12~）

熊金文(党组书记~2011.9，检察长~2011.12)

党组副书记、副检察长：施兆荣

党组成员、副检察长：郑德泉 刘俊 吴仁祥 方成（党组成员2011.6~，副检察长2011.7~）

党组成员、纪检组长:江晓军(2011.9~)

党组成员、政治部主任：刘秋有(2011.11~)

党组成员、反贪局长：江瑜(2011.6~)

检委会专职委员：邹晓春(2011.6~)

调研员、正县级检察员：罗晓玲(女) 陈金茂

副县级检察员：梁光荣 林梅兴 刘银萍(女)

审判

【概述】 2011年，市中级人民法院在市委的领导、市人大及其常委会的监督和市政府、市政协及社会各界的关心支持下，以党的十七届五中、六中全会和市第七次党代会精神为指导，深入贯彻落实科学发展观，坚持“三个至上”指导思想和“为大局服务，为人民司法”工作主题，全面履行审判职能，切实加强队伍建设，各项工作取得了新进展。全市法院共受理各类案件4977件，同比（下同）下降7.1%，审结5460件（含旧存，下同），上升5%。其中，市中院受理各类案件443件，下降4.4%，审结504件，上升17.8%。

坚持能动司法，服务大局有新举措。牢固树立能动司法理念，紧紧围绕市委市政府提出发展战略，认真履行审判职能，大力加强和改进服务工作。先后出台服务鄱阳湖生态经济区建设、服务项目建设年工作意见，为“十二五”规划顺利实施提供司法保障的26条工作意见和对挂点企业提供法律服务的10条工作意见等工作制度，全力服务经济社会发展大局，为经济社会发展营造良好的社会环境和法治环境。与24家市重点企业建立联系服务关系，针对审判实践中发现的社会管理、企业经营存在的问题，发出司法建议14条，帮助政府、企

业堵塞管理经营中的漏洞。

坚持忠诚履职,审判执行工作有新成效。始终以执法办案为第一要务,全面发挥审判职能作用,为鹰潭经济社会健康快速发展提供了坚强的司法保障。依法打击刑事犯罪,切实维护社会稳定。受理各类刑事案件751件,下降4.5%,判决人犯797人,其中判处5年以上有期徒刑、无期徒刑直至死刑69人。严格执行宽严相济刑事政策,扎实推进量刑规范化改革。同时,延伸审判职能,积极参与社会治安综合治理。依法调处民商事纠纷,促进社会和谐。审结各类民商事案件4125件,上升36.5%,诉讼标的额5.48亿元。妥善化解行政纠纷,推动依法行政。受理各类行政案件31件,上升100.6%,审结33件,审查行政非诉案件177件,执结非诉案件279件,标的额473.3万元;首次发布行政审判白皮书,规范行政执法。扎实开展专项行动,破解执行难。以创建"无执行积案先进法院"活动和"反规避执行"专项活动为契机,大力开展执行工作。共执结各类案件1296件,下降11.5%,执结标的额9953.3万元。

坚持司法为民,服务群众有新进步。完善便民机制。扩大简易程序适用范围,基层法院适用简易程序审理案件1603件,占基层一审案件总数的43.89%。加大司法救助力度。全市法院依法缓、减、免诉讼费50.2万元,为30名救助对象发放司法救助金23.6万元。畅通信访渠道。中院接待群众来访314人次,排查出的27件信访积案全部化解。省高院和市委政法委交办的47件赴省进京重复访案件,42件完成息诉或移送稳控工作。夯实基层基础。新招录的17名公务员,全部充实到基层法院,全市6个人民法庭已竣工并交付使用,剩下的3个人民法庭正在筹建中。

坚持从严治院,队伍素质有新提升。加强思想政治建设。深入开展"发扬传统、坚定信念、执法为民"和"人民法官为人民"主题实践活动,增强法官党性观念和职业道德修养。深入开展"创先争优"活动,先后有3个集体、3名个人受到省级以上表彰奖励,3个集体、11名个人受到市级表彰奖励。加强司法能力建设。全年开展执行、司法统计、司法警察等专项培训10次,组织56人次参加国家法官学院、省高院的培训。扎实推进人才培养选拔,全市有23名中青年干部得到提拔重用,协助地方党委完成了换届工作。加强党风廉政建设。坚持不懈抓好反腐倡廉教育,加强重点岗位监督,落实领导干部"一岗双责"。2011年,全市法院未发现违法违纪案件,廉政建设取得新成效。加强法院文化建设。以建党90周年为契机,组织开展了"党旗印法徽"演讲比赛、"庆七一·读红书"和赴革命烈士纪念馆接受革命传统教育等活动,弘扬了"公正、廉洁、为民"的司法核心价值观,营造了具有法院特色的文化环境。

坚持党的领导,自觉接受人大和社会各界监督。坚持重要工作、重大案件请示报告制度,市中院向市人大报告了法院半年、全年和五年工作开展情况,向市人大常委会专题汇报了量刑规范化工作开展情况。全市法院办理人大、政协转来督查督办件8件,邀请人大代表、政协委员旁听案件审理110人次,参与座谈34人次,向代表委员寄送《代表委员联络》专刊1542份,订阅《人民法院报》251份。发扬司法民主,人民陪审员参与审理案件1039件,占基层法院案件数的31.6%;积极推行司法公开,全市法院均开通了"院长信箱",在网上公布裁判文书249份,召开新闻发布会5场,落实人民群众对司法的知情权、参与权、监督权。

【精心组织纪念建党90周年系列活动】 4月28日,中院全体干警来到万年县革命烈士纪念碑前敬献花圈,参观了革命烈士纪念馆和赣东北苏维埃政府旧址,加深了对党的认识。5月25日,鹰潭中院组队参加了全省法院纪念中国共产党成立90周年党的知识竞赛九江分赛区竞赛,通过激烈角逐,最终获得了九江分赛区总分第一名,6月中旬参加全省法院纪念建党90周年党的知识竞赛总决赛,获得了优胜奖。组织80余名党员、离退休老干部参加了歌颂伟大的中国共产党征文、"以民为本铸法魂"主题演讲比赛和纪念中国共产党成立90周年党史知识竞赛等活动,增强了党员干部知党、爱党、兴党意识,自觉为党分忧、为民奉献。

【大力开展量刑规范化工作】 全市两级法院均成立推行量刑规范化工作领导小组,结合鹰潭实际,及时出台《人民法院量刑指导意见(试行)实施细则》,组织召开了两次由市人大、市政协、市委政法委、市人民检察院、市公安局、市司法局等部门的领导和相关人员参加的量刑规范化工作座谈会,组织全体审判委员会委员和刑事审判法官认真学习最高院两个《指导意见》、省高院和市中院《实施细则》,市中院和月湖区法院分别派人到省高院、外地法院学习培训考察,提高对量刑规范化工作的业务操作水平。2011年上半年,全市法院受理量刑规范化工作范围的18类案件197件,其中上诉案件32件,上诉率为16.2%,同比下降7.6个百分点,改判6件,同比下降50个百分点,维持26件,同比上升5.8个百分点,被害人满意率达到92.1%,同比上升4.4个百分点,被告人服判率达到83.8%,同比上升6.6个百分点,主要指标呈现出"二降三升"的良好态势。

【景汉朝到市中院视察调研】 4月13日至14日,最高人民法院党组成员、副院长景汉朝在省高级人民法院党组副书记、副院长方晓春,党组成员、副院长夏克勤陪同下来鹰潭中院视察调研。市委书记杨宪萍,市委副书记、市长钟志生,市委副书记、政法委书记杜德春,市政府副市长、市公安局局长张荣先,市中级人民法院院长居国屏等先后陪同视察调研。

景汉朝先后参观了中院立案信访窗口大厅、信访接待室以及新审判综合大楼工地和贵溪法院上清法庭,看望了工作一线干警。景汉朝指出,鹰潭中院克服办公条件差的不利因素,不断加强立案信访工作,提高司法服务水平,取得了一系列成绩,值得充分肯定。要进一步加强对立案信访窗口的认识,完善立案窗口的功能,使窗口建设成为“人民法官为人民”的重要载体,成为法院了解社情民意,服务群众,联系社会各界的桥梁纽带。要切实将涉诉信访工作作为法院工作的重要组成部分,不断提高案件质量与效率,促使当事人息诉服判,从源头上预防减少信访案件发生;要按照王胜俊院长在全国电视电话会上提出的“五个必须”的要求,落实好最高院颁布的五项制度,落实好院长接待日制度,预约接访制度等工作制度,畅通信访渠道,促使当事人息诉罢访。

【舒晓琴到月湖区法院视察工作】 9月27日,江西省委常委、省委政法委书记舒晓琴在鹰潭市委书记陈兴超、市委副书记、市长钟志生、市委常委、政法委书记杨金红、副市长、公安局局长张荣先、市中级法院院长陈仁生、市检察院检察长罗庆华等人陪同下,到鹰潭市月湖区法院视察工作。

舒晓琴一行察看了月湖区法院白露法庭,慰问了法庭干警,了解了干警生活、工作情况。在听取了月湖区法院工作情况汇报后,舒晓琴对月湖区法院调解工作、交通速裁及基础建设等予以了充分肯定,并对今后工作提出了三点要求。一是要全力服务发展大局。要始终坚持“为大局服务、为人民司法”工作主题,紧紧围绕市党代会和市人大、政协会议提出的工作目标,找准法院工作的切入点和着力点,围绕发展抓稳定,推动发展促和谐,为党委政府分忧解难,为鹰潭经济社会又好又快发展提供更加有力的司法保障。二是要深入推进三项重点工作。要积极面对发展过程中遇到的各种矛盾纠纷,及时把握人民群众利益诉求和普遍关注的问题,充分发挥职能作用,着力解决好影响社会和谐稳定的源头性、苗头性问题。要认真贯彻中央关于加强和创新社会管理的意见,充分发挥能动司法的作用,把法院工作创新与社会管理结合起来。要维护好社会公平正义,严格规范司法行为,提高司法水平,提升司法公信力。三是要切实抓好队伍建设。坚持一手抓好审判业务工作,一手抓好队伍建设,坚持以党建带队建,抓班子带队伍,全面加强法院队伍建设,真正担负起巩固共产党执政地位、维护国家长治久安、保障人民安居乐业、服务经济社会发展的重大社会责任和政治责任。

【张忠厚到市中院调研指导工作】 8月26日,省高院党组书记、院长张忠厚在鹰潭市委副书记、市委副书记、市长钟志生,副市长杨晓群等陪同下到鹰潭中院调研指导工作并与中院中层以上干部进行了座谈。

座谈中,张忠厚院长对鹰潭法院坚持“为大局服务,为人民司法”工作主题,充分发挥审判职能作用,在服务鹰潭经济社会发展方面取得的成绩予以了肯定并就做好下一步工作提出了三点要求:一是坚持能动司法,进一步做好服务大局工作。要自觉将思想和行动统一到市委、市政府的重大决策部署上来,更加积极主动做好服务大局工作,始终保证正确的政治方向。二是坚持依法履职,公正司法促和谐稳定。要妥善化解各类矛盾纠纷,切实维护社会和谐稳定。三是加强法院班子建设,新的法院领导班子要再接再厉,以更加饱满的热情处理好各项工作,再创佳绩。

【龚绍礼受贿贪污案】 2002至2009年,被告人龚绍礼利用担任江西省煤田地质局副局长、局长的职务便利,先后为周某、林某等人承接工程提供便利,为承接项目提供资金支持、对个人提拔重用以及在评先评优方面给予照顾,收受他人财物共计人民币318.08万元、9.25万美元、0.4万欧元、0.7万澳元、5万元购物券。另查明,2007年11月,为弥补被告人龚绍礼在办公室被盗的20万元损失,经程某和王某提议,被告人龚绍礼同意,将江西省煤田地质局转让云南香格里拉博峰矿业公司和平铁矿股权利润中的30万元隐瞒、侵吞,龚绍礼从中分得20万元。鹰潭中院一审以被告人龚绍礼犯受贿罪、贪污罪,数罪并罚,决定执行有期徒刑16年,并处没收40万元。

【艾早生受贿玩忽职守案】 2001年至2009年,被告人艾早生利用担任鹰潭市城市建设投资开发公司经理、党组书记、鹰潭市城市建设资金管理办公室主任的职务便利,为他人谋取利益,收受陈某、范某等人财物共计价值186.85万元。另查明,艾早生作为国家机关工作人员,在鹰潭龙虎山大道延伸工程建设中不认真、全面地履行职责,致使国家财产遭受直接经济损395.74万元,造成恶劣的社会影响。鹰潭市中级人民法院一审以被告人艾早生犯受贿罪、玩忽职守罪,数罪并罚,决定执行有期徒刑13年,并处没收财产180万元。

【段燕吴悠贪污挪用公款案】 2008年10月至2010年12月期间,被告人段燕身为贵溪发电有限责任公司财务部出纳,利用管理单位资金的职务便利,与被告人吴悠(其丈夫)相勾结,先后截留单位存款和应支付的银行承兑汇票共计5493.38万元转入私人存款账户,同时,挪用公款1560万元用于网上赌博或购买期货。鹰潭中院一审以贪污罪、挪用公款罪,数罪并罚,判处被告人段燕无期徒刑,剥夺政治权利终身,并处没收个人全部财产。判处被告人吴悠死刑、缓期2年执行,剥夺政治权利终身,并处没收个人全部财产。

【江西铜业股份有限公司诉承德某公司承揽合同纠纷案】 2009年2月,江西铜业股份有限公司与承德某公司签订了“精铜矿委托加工合同”,合同签订后江西铜业股份有限公司将精铜矿委托承德公司加工,2009年6月,承德公司停产,尚欠江西铜业股份有限公司铜金属量368.07千克未还,经多次追讨无效,江西铜业股份有限公司将承德某公司诉至鹰潭中院。法院在审理过程中发现被告人有通过转移资产、企业破产等方式逃避债务嫌疑,及时增加其母公司为被告,同时多次前往承德耐心细致的做各方当事人工作,最终促成各方达成调解,成功为江铜公司挽回经济损失2200余万元。

【贵溪市富达房地产有限公司欠款纠纷系列案】 2004年以来,贵溪市富达房地产开发有限公司因开发"富达家园"房地产项目资金不足,先后向工行贵溪支行借款3000万元,向贵溪市骏田房地产公司借款1334万元,向民间借款38宗共2442万元,欠国税、规费2100万元,欠工程款2500万元,另有其他纠纷14起涉金额607万元。以上纠纷均向法院提起诉讼,法院依法作出判决。鹰潭中院在执行中发现,富达房地产开发有限公司资产变现仅4230万元,而其所欠债务达1.22亿元,无法足额清偿全部债务。该案牵涉单位、人员众多,有些当事人已多次上访,案件处置不好极易引发群体性事件。法院从维护社会稳定大局和该案实际情况出发,多次召开由当地政府有关部门、债权人参加的协调会,向当事人做好法律和政策解释工作,最终达成分配协议。

(童 力)

【市中级人民法院副县级以上干部名录】

院 长:居国屏(~2009.8) 陈仁生(2011.9~)

副院长:姚耀庭 魏洪光 (~2011.6) 王建东(2011.6~) 张水才(2011.6~)

纪检组长:张水才(~2011.6) 史国钧(2011.6~)

政治部主任:谢建设(~2011.6) 邓新科(2011.6~)

执行局局长:彭建国(~2011.6) 陈翠英(2011.6~)

专职委员:洪裕民(~2011.11) 彭建国(2011.6~)

刑一庭庭长:赵登波

民一庭庭长:廖卫星

司法行政装备处处长:熊和国

副县审判员:洪裕民 (2011.11~)

调研员:李佳寿(~2011.7)

副调研员:詹寿兴 魏洪光(2011.6~) 谢建设(2011.6~) 史继衡 石 约(女) 刘细样(~2011.10)

司法行政

【概述】 2011年,全市司法行政机关坚持以深化三项重点工作为着力点,以服务三项基础性工作为切入点,充分发挥法制宣传、法律服务、法律保障三大职能优势,履行职责,实现了新的发展。市司法局荣获全国"五五"普法先进单位、全省人民满意政法单位、全市综治先进单位。

【高规格启动"六五"普法】 市委、政府组织召开法制宣传教育工作会议,对"五五"普法先进集体和个人进行了表彰,高规格启动"六五"普法。先后出台了《关于在全市公民中开展普法教育的第六个五年规划》和《鹰潭市"十二五"期间依法治市规划》。市人大常委会作出了《关于深入开展法制宣传教育工作的决议》。有针对性地选择了贵溪市塘湾镇等35个地方、单位作为全市首批"六五"普法暨"法治鹰潭"建设工作联系点。

【法制宣传工作进一步加强】 组织实施2011年全市重点普及法律"五法一决议"的学习宣传。协调或联合部门、单位开展了"三八"妇女维权周、"3·15"消费者权益日、"4·26"知识产权日、"6·5" 环境日、"食品安全监管"社会保障法""人民调解法""旅游宣传日""地球日""民生政策法规宣传日""保税物流政策""安全生产月宣传咨询日""保护野生动物宣传月" 等系列宣传活动。策划并组织2011年"12·4"全国法制宣传日15项系列宣传活动。向市民展出各类普法教育主题活动宣传展板2000余块,发放各类宣传手册、宣传单3万余份,通过手机、小灵通发送各类普法教育短信近20万条,张贴悬挂宣传标语、横幅2000余条。

【基层基础工作进一步夯实】 一是着力加强司法所规范化建设。全市列入国债资金支持的42个司法所建设项目,已有36个司法所全部完成建设并投入使用。基层司法所及司法所所长副科级级别问题得到全面解决。贵溪市、余江县、月湖区财政为司法所解决了工作经费。二是健全人民调解组织网络。健全人民调解工作机制,推选充实调委会委员,选聘人民调解员,建立调解员名册。健全完善了县、乡、行政村、自然村四级调解组织网络体系。全市各县、市、区已建立乡镇(街道)调解委员会43个,村(居)委会调解委员会433个,依托村(居) 民事务理事会新设立调解工作小组2624个,充实调整人民调解员3530名。三是积极排查化解社会矛盾纠纷。大规模开展了各种形式的社会矛盾纠纷排查化解活动。2011年,各地乡镇司法所与各级人民调解组织,排查调解矛盾纠纷5264起,已成功调处5011起,其中参与调处(含医患纠纷)重大纠纷30余起。对调处不成的及时引导通过行政途径或司法程序解决,化解了大量社会矛盾纠纷,促进了社会和谐稳定。

【社区矫正和安置帮教工作迈出新步伐】 一是社区矫正工作全面推行。在2010年33个乡镇(街办)试行社区矫正的基础上,全市42个乡镇(街办)全部开展了社区矫正工作,共接收社区矫正对象378人,解除矫正53人,无一人重新犯罪。在月湖区启动了对拟适用非监禁刑人员进行审前社会调查的试点工作。探索建立了社区矫正工作机构与公、检、法等有关单位的衔接配合机制,2011年,接受人民法院委托案件调查22起,出具审前调查报告22份,全部被法院采用。

全面开通了E通工作管理平台,率先在全省开展了社区矫正对象GPS定位管理措施,为300余名矫正对象免费配发GPS定位手机,无一人出现脱管、漏管。二是衔接管控和责任帮教制度得到有效落实。全面落实无缝对接、必接必送制度。全年接送刑释解教人员491人,全部落实了帮教责任人,签订了帮教责任书,安置率和帮教率均达到了100%。新建立了2家集教育、培训、就业救助为一体的过渡性安置帮教基地,过渡性安置刑释解教人员就业20余人次。

【法律援助工作稳步推进】 继续扩大法律援助覆盖面,进一步降低法律援助门槛,将经济困难标准放宽至现行的城乡最低生活保障标准的3倍。在实现依托乡镇(街道)司法所100%建立法律援助工作站和依托村(居)委会调解组织100%设立法律援助联系点(联络员)的基础上,进一步加快推进工、青、妇、老、残等社团组织以及农民工聚集地等法律援助工作站点的建设步伐,对市直部分社团法律援助工作站进行调整。在继续推进10项便民措施的基础上,组织开展"十百千万法律援助惠民工程"主题实践活动。全年共受理承办法律援助案件710件,受援人总数达820人,其中,办理农民、农民工法律援助案件270件,受援农民、农民工340人,挽回或避免经济损失4800余万元,为农民、农民工挽回经济损失3200余万元。举办各类咨询3200场/次,散发法律知识宣传单和法律援助宣传卡2.3万余份,接待群众来信来访、解答法律咨询7100人次(其中:"12348"专线咨询2100人次)。

【法律服务提升新水平】 一是大力加强律师事务所规范管理。制定实施的《关于对律师事务所实行分类管理的意见》在全省推广。二是积极搭建律师服务平台。以"发展提升年"活动为契机,推介律师服务重点项目建设;引导律师事务所和律师服务工业园区,为园区及区内企业的产业政策制定、招商选资、项目洽谈、企业现代化经营提供优质高效的法律服务;推进"政府法律顾问及律师与乡镇结对提供法律服务"工作;加强与农业重点龙头企业联系等。通过组织"律师走访团",开展"法企联姻"活动,为推介优秀律师搭建了良好的服务平台。2011年,全市律师担任法律顾问325家,办理刑事诉讼辩护及代理320件,民事经济诉讼716件,非诉讼50件,参与调解65起,完成法律援助案件587件。三是着力提高公证公信力和影响力。坚持以质量建设为主线,加强对公证员的培训,认真贯彻落实《江西省公证机构规范化建设标准》,推动行业规范化建设的不断完善和提高。2011年,全市共办理各类公证事项2580件,其中,国内公证事项1661件,涉外公证事项919件,制止不法经济活动6件,涉及金额2万元。接受外地公证处委托10件。提出司法建议3件。四是进一步规范司法鉴定执业活动。以规范管理、强化监管、提高鉴定质量和社会公信力为着力点,加大司法鉴定执业监管力度,努力营造公正廉洁的执业环境,推进司法鉴定工作健康有序发展。2011年,全市已有经省司法厅核准设立的面向社会服务的司法鉴定机构7家,业务范围涉及法医临床、法医毒物、司法会计、建筑工程质量、工程造价、资产评估、林业、机动车性能、房地产评估等九类。全年共接受委托办理各类鉴定案件2393件,鉴定结论采信率保持在98%,办理司法鉴定援助案件26件,为当事人减免鉴定费用2万余元。五是认真组织国家司法考试工作。2011年,国家司法考试工作完成报名120余人,组考和服务水平有新提高,为鹰潭的民主法制建设输送了大批的法律人才。

【鹰潭仲裁委员会成立】 仲裁制度是一项能够有效解决民间纠纷、妥善协调各方面利益关系的重要法律制度。为进一步拓展司法行政职能,更好地服务鹰潭经济发展,2011年3月,在市政府的授权下,启动组建鹰潭仲裁委员会的筹备工作。5月25日,经省司法厅核准登记成立。11月16日,举行了鹰潭仲裁委员会一届一次会议暨揭牌仪式,鹰潭仲裁委员会正式成立并依法开展仲裁活动。12月,受理仲裁案件1件。

(陈 华)

【市司法局副县级以上干部名录】
党组书记、局长:夏涌波
党组副书记、调研员:孙晓英(女)
党组成员、纪检组长:杨谷喜
党组成员、副局长:叶树珍 张卫中
党组成员、副调研员:李水全
副调研员:韩建平

工业

编辑、校对:王新勤

综述

2011年是实施“十二五”规划的开局之年,在市委、市政府的正确领导下,全市工业战线围绕“一强、二大、三新、四特”的产业布局,以科学发展为主题,以建设富裕、秀美、宜居、和谐鄱阳湖生态经济区璀璨明珠为目标,以加快转变经济发展方式为主线,全市工业经济实现平稳较快发展,呈现开局良好的喜人局面。

工业经济总量迅速扩张。2011年,全市163户规模以上工业企业累计完成工业增加值239.55亿元,同比增长15%;实现主营业务收入1983.07亿元,增长47.06%,列全省第3位;利税总额131.41亿元,增长33.02%;这三项主要指标均全面完成省、市年初下达的目标任务,且完成省下达目标进度居全省前列。经济效益综合指数达到452.49%,同比提高7.21个百分点,高出全省160.28个百分点,居全省首位。

企业赢利水平提高。2011年,全市规上工业企业实现利润总额95.37亿元,同比增长32.47%。全市163户规上企业中有15户企业出现亏损,亏损企业数同比减少40%;亏损面为9.2%,同比下降6.1个百分点;亏损企业亏损额3.83亿元,同比下降0.03%。

企业规模不断扩大。2011年,全市超亿元企业达到91户,同比净增5户;其中铜企业60户,非铜企业31户。超10亿元企业31户,同比净增10户;其中铜企业27户,非铜企业4户。江铜集团实现主营业务收入1200亿元,列全省工业企业之首。

工业固定资产投资快速增长。继续深入开展“工业项目建设竞赛”活动。2011年全市累计完成工业项目固定投资182亿元,同比增长40%;重点新开工项目198个,同比增长88.5%;完工项目170个,同比增长70%。战略性新兴产业项目快速增长。截至2011年底,全市战略性新兴产业项目占比达58%。项目科技含量显著提高。江西金泰新能源高方阻密栅太阳能晶体电池片、同诚铜管超低氧无缝铜管、兴业电子铜板带、贵溪力环高速张力装置等项目的投产,提升鹰潭市项目的整体科技含量。

工业平台建设进一步加快。2011年,全市工业园区实现主营业务收入686.7亿元,增长40.2%。鹰潭高新区申报国家级高新区进展顺利,被评为“全省先进工业园区”和“省级生态工业园区”。鹰潭铜产业循环经济基地现有铜拆解企业20家,已全部建成并获得进口废料加工利用资质的10家,获批进口指标6.93亿千克。铜合金新材料、节能照明、汽摩配、硫磷化工等4个产业基地被列入省级产业基地。贵溪、余江再生资源回收利用基地被列入国家区域性再生资源回收利用基地。余江县潢溪工业园金属新材料(铜产业)配套基地成功申报2011年全省战略性新性产业配套基地,并获省基地建设专用土地指标13.33公顷。

节能减排扎实有效。全年共完成节能量1.8亿千克标准煤,占省里下达给鹰潭市工业企业“十二五”期间节能量4亿千克的45%。与7家列入“省500户重点耗能企业”的企业签订“十二五”期间节能目标责任状。认真开展资源综合利用工作,帮助4家企业享受税收减免达2000余万元。积极推进工业企业的节能技术改造。通过的4个省级节能技改项目共获省级奖励资金约120万元。积极做好落后产能淘汰工作。共帮助6家铜冶炼企业淘汰落后产能1.34亿千克,获得补助资金2089万元,补助资金额度列全省第三,有效促进铜产业结构调整。

物流产业快速发展。全市物流产业实现营业收入71亿元,同比增长29%;上缴税收3亿元,同比增长28.3%。全年新引进物流企业54家,新增注册资本2.2亿元,物流企业发展到240家,规模物流企业33家。

两化融合稳步推进。积极申报物联网项目。江西三川水表股份有限公司获2011年物联网专项资金项目支持计划,落实扶持资金100万元。以余江县杨溪乡为试点积极推进农村信息化建设。积极与鹰潭电信和鹰潭移动合作,扎实推进数字企业建设。

铜产业

【概述】2011年，全市70家规模以上铜企业实现工业增加值203.96亿元，同比增长13.6%；累计实现主营业务收入1818.21亿元，同比增长48.67%；实现利税总额120.02亿元，同比增长31.77%；实现利润总额87.94亿元，同比增长30.52%；实现铜产品产量24.48亿千克，同比增长11.67%；实现阴极铜产量达9.4亿千克，约占全国的18.1%；实现铜材加工量15.08亿千克，约占全国的14.67%。

【铜冶炼企业】2011年，江铜集团主营业务收入1200.00亿元、同比增长54.3%，实现利税102.99亿元、同比增长36.59%，实现利润总额77.16亿元、同比增长27.81%。阴极铜产量9.4亿千克，同比增长4.27%。

【铜加工企业】2011年，全市规模以上铜加工企业累计实现主营业务收入618.2亿元，同比增长38.83%；利税总额17.04亿元，同比增长8.61%；利润总额10.78亿元，同比增长53.92%。铜材加工量为15.08亿千克，同比增长16.68%，其中市属铜加工企业铜材加工量为11.18亿千克，同比增长25.61%。

【铜回收企业】全市共有89家一对一的废铜回收企业，2011年全年收购废铜量约2.5亿千克。全市130余家再生资源回收经营企业入库上缴各项税收25.9亿元，同比减少9亿元，减少25.79%。

【铜拆解加工企业】全市铜拆解加工企业29家，其中江铜集团新产业开发公司为原有的拆解企业，其余28家为入驻铜拆解加工区的拆解企业。这28家拆解企业中，已全部建成的10家，并已取得进口第七类废料定点加工利用企业资质，2011年获批进口指标6.93亿千克。2011年共进口第七类固体废料852标箱，约0.16亿千克。

【铜企业技改力度不断加强】帮助兴业电子、耐乐铜业、奥泰铜业、华泰铜业等企业获得国家重点产业振兴和技术改造项目支持，积极推进红旗铜业、宏源铜业等技改项目的实施。

【铜产业平台不断夯实】 一是铜拆解加工区已投入运行，入园铜拆解及精深加工企业28家，打造“世界铜都”的资源“瓶颈”将得到进一步缓解。二是“无水港”口岸通关能力大幅提升，铁路集装箱转关运输装卸监管点已通过海关验收，鹰潭至宁波“五定班列”正式开行，鹰甬海铁联运通道全面打通，铜废料进口货运时间和物流成本大幅下降。三是国家铜冶炼及加工工程技术研究中心组建完成。四是“国检中心”建设按期推进，检测楼已封顶。五是以“一网二库四中心”为骨架的铜产业共性技术平台基本建成，技术服务装备达到国内先进水平，成为推动鹰潭市铜产业科技资源整合、共性技术研发创新和科技成果转化的核心力量。

市铜产业办协办（第二届）中国再生铜产业链发展论坛暨冶炼加工技术升级研修班、铜加工技术创新与发展暨链商洽谈会。

水工产业

【概述】鹰潭市水工产业布局大致呈现出“一核、多点”的特征，“一核”是指以三川水表为核心的水表及先进水检测仪器产业，“多点”是指三川农用水泵、水暖卫浴业配套；从空间布局看，水工企业主要分布在贵溪市和市经济技术开发区。涉水仪器仪表业已形成以水表业为核心，上向水阀业延伸，下向水表配套产业延伸的产业格局。2011年，全市共有规模以上水工企业10家(其中贵溪市5家、市高新区4家、月湖区1家)，实现主营业务收入60亿元，同比增长47.33%，实现利税2.5亿元。其中，三川集团实现主营业务收入10亿元，利税1.3亿元。

总投资2亿元的鹰潭三川股份水工产业园于4月29日正式奠基开工建设，不仅将极大优化鹰潭市产业结构，更将对鹰潭市“十二五”期间打造绿色水工业产业基地产生积极的推动作用。

节能照明电器产业

【概述】到2011年底，鹰潭市规模以上节能照明电器产业增加到7户，新增3户企业，即贵溪恒融电子科技有限公司、鹰潭耐久照明有限公司、鹰潭海凌塑化厂。2011年共实现主营业务收入19.62亿元，比2010年增长35.21%，实现利润总额1.25亿元，比2010年增长27.64%，实现利税总额1.55亿元，与2010年基本持平。

2011年由于原材料价格上涨的因素，江西美的贵雅照明有限公司受到较大冲击，原材料(荧光粉)价格大起大落（从280元/千克~2800元/千克)，影响到企业的生产及效益。1~12月美的贵雅亏损705.2万元，利税总额比上年下降68.45%。

节能照明产业基地被省发改委列入2011年省级产业基地。

机械装备制造产业

【概述】发展汽摩配行业，引进音响与通讯系统、电子与电器系统、发动机系统等零部件制造业；发展叉车、数控机床制造等项目；发展眼镜材料制造业，完善和形成高、中、低各档次眼镜生产链，打造成全国重点眼镜生产基地；大力发展微型元件产业；从而形成机械装备制造产业。到2011年底，鹰潭市机械装备制造产业共有规上企业27家，其中机械制造9家、微型元件5家、眼镜行业12家、汽摩配1家。2011年共实现主营业务收入27.1亿元，比2010年增长62.6%，实现利润总额1.65亿元,比2010年增长5.86%,实现利税总额2.3亿元,比2010年增加30.46%。

占地200公顷的汽摩配产业基地被省发改委列入2011年省级产业基地。

新能源新材料产业

【概述】按照国家新能源新材料发展的趋势,依托金泰新能源大力发展新能源利用制造业,依托兴业电子发展以铍铜为代表的金属新材料产业,依托同人电子发展以蓝宝石衬底为代表的非金属新材料产业,从而形成新能源新材料产业。到2011年底,鹰潭市新能源新材料产业共有规上企业16家,其中新能源6家、新材料10家。2011年共实现主营业务收入91.05亿元,比2010年增长25.75%,实现利润总额1.45亿元,比2010年减少9.96%,实现利税总额2.59亿元,比2010年增加7.82%。

铜合金新材料产业基地被省发改委列入2011年省级产业基地。

大健康产业

【概述】鹰潭市大健康产业是以天施康及鹰潭医药公司为龙头,以生物医药产业、食品加工业为基石,以龙虎山大旅游产业为特色,以道教养生文化为载体支撑,形成集生物医药、养生服务、健康管理、食品工业、中药种植、生态农业旅游、医药食品物流等产业集群。大健康产业2011年共有规上企业21家,其中生物医药行业7家,食品行业14家。大健康产业实现主营业务收入16.63亿元,同比增长24.54%,利税1.5亿元。

食品工业

【概述】鹰潭市规模以上食品加工企业14家,主要产品有粮食加工、酒、饮料、酱腌制品、葛系列产品、茶、蜂系列产品及保健食品、食品添加剂等等。2011年规模以上食品企业实现主营业务收入11.41亿元,同比增长18.33%,实现利税总额2264.5万元。

鹰潭市金花米业有限公司的"阿陆"商标、江西省鹰潭市阳光葛业有限公司的"葛之元"及图商标获江西省著名商标。

鹰潭市中童米业有限公司、金花米业有限公司、江西岱宝山米业有限公司获全省第二批"放心粮油示范企业"荣誉称号。

鹰潭市参展团获得第七届江西名优农产品(上海)展示展销会省组委会颁发的最佳组织奖,江西鹰南贡米有限公司、江西葛仙茗实业有限公司、龙虎山源然食用菌专业合作社和龙虎山山珍精制品厂获得省组委会颁发的产品金奖。

贵溪市龙虎山食品有限公司的"多种植物叶中黄酮、多糖成分高效连续提取工艺技术研究"被列入国家科技型中小企业创新基金2011年度第二批项目,获得80万元资金支持。

(应淑萍)

生物医药

【概述】鹰潭市规模以上生物医药企业6家,主要产品有中成药、医疗器械及生物制药等。2011年实现主营业务收入7.56亿元,同比增长29.31%,实现利税1.51亿元,利润0.77亿元,税金9830万元;主要产品产量为:磷肥980万千克,化学农药850万千克,中成药150万千克。贵溪市硫磷化工基地被省发改委列入2011年省级产业基地。

【江西贵化重组发展】江西贵化并入安徽六国化工。12月25日,中国信达资产管理股份有限公司与安徽六国化工股份有限公司在上海联合产权交易所签署《产权交易合同》,出让江西贵溪化肥有限责任公司51%的股权。据此,江西贵化正式并入安徽六国化工股份有限公司。

江西六国化工"施大壮"再获江西名牌认定。经江西六国化工自愿申报,该公司生产的施大壮牌磷酸二铵、复合肥料被授予2011年江西名牌产品称号。

(黄耀振)

【天施康被评为全省最具投资价值科技百强企业】省中药注射剂工程技术研究中心落户天施康,旨在建立中药注射剂产学研的技术平台、产业化的发展平台。

天施康入选百强科技企业。江西天施康中药股份有限公司成为2010(首届)中国江西最具投资价值科技企业100强企业,标志着该公司以生物和新医药战略性新兴产业身份跻身江西十大新兴产业百强科技企业的行列。

(陈科茂)

创意制造产业

【概述】依托果喜集团等龙头企业的产业、资源优势,通过与有关专业高等院校的合作,加大文化创意类生产环节产业基地建设和龙头企业的引进力度,大力发展雕刻产业,重点引进油画、绿色印刷和包装龙头企业,从而形成创意制造产业。2011年,创意制造产业规上企业2家,实现:主营业务收入8.25亿元,同比增长0.29%;利税1.78亿元。

中小企业

【概述】2011年,鹰潭市中小企业、

非公经济、工业园区经济快速增长，全市个体工商户总户数2.23万户，从业人员7.51万人，注册资金10.59亿元，与同期相比分别增长8.14%、9.44%、42.36%；私营企业总户数5116户，从业人员6.22万人，注册资金142.59亿元，与同期相比分别增长20.07%、17.82%、95.89%；全市非公经济上缴税金5.99亿元，占全市税收总额的73.68%；其中非公经济上缴地税2.79亿元，同比增长127.12%，占全市税收总额的85.2%，非公经济上缴国税32亿元，同比下降18.63%，占全市税收总额的65.93%。

全市工业园区共完成主营业务收入686亿元，同比增长40.16%。其中鹰潭经济技术开发区285亿元，同比增长36.95%，贵溪工业园280亿元，同比增长36.27%，余江工业园区121亿元，同比增长60.62%。全市工业园区工业增加值94.4亿元，同比增长14.26%，增速比2010年增加2.44个百分点，其中鹰潭经济技术开发区37.8亿元，同比增长11.43%，贵溪工业园38.2亿元，同比增长7.61%，余江工业园区18.4亿元，同比增长60.62%。园区主要经济指标在全省排位前移，呈现喜人态势。

入园项目建设有新突破。全市工业园区新开工建设项目56个，其中鹰潭高新技术产业园区19个，贵溪工业园区14个，余江工业园区23个。1亿元以上的项目34个，有鹰潭高新技术产业园区连展科技精密电子投资3亿连接器项目、鹰潭弘能管材有限公司投资5亿元年产4亿千克环保管材项目、金帝鞋业2000万双皮鞋项目、江西云火柱气动科技有限公司投资2亿元年产2亿套气动辅件及气源电磁阀气缸项目等。建成投产的项目15个，包括贵溪园区博远铜业，彩迪印刷，朝和新能源，余江园区天余生态农业科技有限公司年产BB肥1亿千克、复混肥5000万千克有机肥项目，余江潞杰包装有限公司年产包装纸箱3000万套项目等一批投资大技术含量高的项目相继开工建成。还有一批重大项目签约，鹰潭高新技术产业园区引进1亿元以上项目就达17个，包括三一重工等一批行业龙头企业和上市公司，为鹰潭市工业园区以后发展打下坚实基础。同时，各园区绿色生态建设取得突出成效，鹰潭高新技术产业园区被省政府命名为省级生态工业园区，贵溪市工业园区正开展省级生态工业园考核验收，余江县工业区也开展省级生态工业园试点建设，“绿色世界铜都”建设迈上新高度。

（刘　贞）

【市工信委副县级以上干部名录】

党委书记、主任：徐慧(女)

党委委员、调研员、副主任：宗　培　江　帆(女，~2011.11)

党委委员、副主任：洪新华　刘赞礼　吴德昌

党委委员、纪委书记：金雪斌

党委委员、调研员、市中小企业局局长：吕文杰

党委委员、副调研员：黄东风　余增红

调研员：江帆(女，2011.11~)

副调研员：刘平孙　唐佐昌

电力工业

【概述】 2011年，在鹰潭市委、市政府和省电力公司党组的正确领导和大力支持下，鹰潭供电公司紧紧围绕“十二五”期间发展目标，服务于市委、市政府中心工作，取得“十二五”期间开门红。

鹰潭供电公司担负着鹰潭市所辖一市一县一区3357平方千米约120万人口，以及鹰厦电气化铁路江西段、浙赣电气化铁路鹰潭段、贵溪冶炼厂等重要用户的供电任务。鹰潭供电公司现有员工537人，受江西省电力公司委托管理月湖区、贵溪市、余江县3个县级供电有限责任公司。

截至2011年12月31日，鹰潭电网有110千伏及以上变电站12座，其中220千伏变电站2座，容量75万千伏安，110千伏变电站10座，容量49.75万千伏安；110千伏及以上线路35条，其中220千伏线路10条，长度286.67千米，110千伏线路25条，长度424.25千米。鹰潭电网已经形成了以220千伏电压等级为主干，110千伏电压等级辐射全供电区域的网架结构。

2011年鹰潭电网完成售电量26.49亿千瓦小时，同比增长10.02%，完成年计划的103.77%；电费回收率实现100%；综合电压合格率99.69%，城市供电可靠率99.94%；上交利税4731.36万元。鹰潭供电公司荣获“全国模范劳动关系和谐企业”荣誉称号，连续5年被评为全国“安康杯”竞赛优胜企业。

【狠抓安全生产管理，确保电网稳定运行】 鹰潭供电公司切实落实各级安全生产责任制，不断提升生产管理精益化和安全监督标准化水平，安全生产形势稳定。截至2011年12月31日，公司连续安全运行3364天。一是严格执行各项安全规章制度，强化安全目标管理和过程控制。各级管理人员深入作业现场，切实落实安全生产各项组织措施和技术措施。二是加强电网设备管理。扎实开展春、秋季安全大检查，及时发现和消除隐患，确保电网设备健康稳定运行。三是强化客户安全用电管理。主动服务，帮助285家重要和高危用户开展用电安全检查，下发“安全整改通知书”33份。广泛宣传安全用电和电力设施保护常识。四是强化应急管理。与省电力公司、市应急办积极主动对接，积极应对灾害天气，及时下发安全预警，启动应急预案。加强应急演练，首次使用3G现场实时技术，与省电力公司举行江西省电网重要用户停电事件应急联合演练。

【加快电网建设，完善电网构架】 2011年以来，鹰潭电网建设得到市委市政府的大力支持，钟志生市长亲自挂帅鹰潭电网建设领导协调小组，有力推进鹰潭电网快速发展。一是特高压、超高压工程进展顺利。溪洛渡—浙西±800千伏特高压直流工程在鹰潭境内特高压线

路路径已经具备相关支持性文件和协议，即将进行实质施工阶段。500千伏鹰潭开关站将于2012年9月开工扩建主变并建设220千伏配套工程接入鹰潭电网。二是220千伏主干网络结构将得到有效完善。2011年9月7日,220千伏刘垦输变电工程正式开工,刘垦变电站是鹰潭电网第三座220千伏变电站，预计2012年8月竣工投运,将大大增加鹰潭电网西部的强度,提高余江县区域供电可靠性。220千伏贵溪南变电站、220千伏贵溪开关站前期工作进展顺利,省电力公司已经批复可研,正在等待土地调规,预计2012年下半年开工。三是一批110千伏新扩建工程进展顺利。贵溪城西110千伏输变电工程施工顺利，将于2012年初投运。110千伏工业园变电站扩建主变压器工程、信江新区110千伏市中变电站、耳口110千伏输变电工程已经获得国网公司批复,土地调规和预审已经结束。110千伏龙岗输变电工程、110千伏五湖扩建主变工程已经完成可研评审。

【提升服务水平，保障电力供应】 一是以省公司在鹰潭开展多渠道缴费试点为契机,积极探索、拓展电费缴费渠道。鹰潭市共开通11种电费缴纳方式,全年建设多渠道缴费网点1007家,覆盖率达60%,打造城乡10分钟缴费圈，在全省名列前茅，有效解决缴费难问题。二是完善服务制度。制定并出台《鹰潭供电公司停电公告管理办法》,多渠道披露供电服务信息,规范停电公告程序。修订《业扩报装联审联批制度》，加快业扩报装审批进度,高压接电时间平均缩短10天,赢得客户好评。三是扎实开展发展提升年活动。走访重点企业客户115家，召开大中型客户座谈会、行风监督员座谈会、新闻媒体座谈会，广泛听取各方意见建议。鹰潭公司代表鹰潭市接受江西省发展提升年活动集中考核检查组年终检查考评,获得考评组的充分肯定。四是切实保障电力供应。2011全省经济发展明显加快,全社会用电量大幅增长,全年江西电网统调最大用电负荷达1300万千瓦,全省最大负荷缺口达130万千瓦。鹰潭电网最高负荷达45.33万千瓦,同比增长11%,出现最大负荷缺口为7万千瓦。在市政府正确领导下,鹰潭电网严格执行有序用电方案,严肃电网调度纪律,做到错峰、避峰、限电不拉闸,有效保障全市工农业生产和居民生活用电。2011年还圆满完成庆祝建党90周年系列活动、畲族文化艺术节、龙虎山道教文化节、“七城会”等重大活动保电任务。五是大力推行配网带电作业、不停电合环操作和“零点”作业,年内共计开展配网带电作业269次,合环操作253项次,有效减少停电范围和次数,提高供电可靠率。

【电网设施“让路”城市发展】 为策应鹰潭市城市发展建设,2011年6月鹰潭供电公司完成市区周边电力线路迁移规划。为满足信江新区、城南320国道规划、人防工程和贵溪城东新区等城市建设项目用地和用电需求,鹰潭供电公司一方面对现有电网设施进行改迁,另一方面积极筹划新城区供电网络建设。2011年，全年共计迁移110千伏输电线路3条，总长4.07千米;新建和改迁10千伏线路29条,总长47千米。工程总投资1.027亿元。

【加强农村电网改造助推“三农”发展】 加大对农村电网的资金投入,改善农村电网基础设施建设,助推“三农发展”。一是积极做好农网改造升级工程，完成投资1.03亿元。新建改造35千伏变电站5座、35千伏输电线路24.8千米;新建改造10千伏开关站1座、10千伏线路线254.17千米;新建改造配电变压器762台、低压线路469.53千米,改造户表2.24万户。二是加强电气化乡(镇)建设,顺利完成余江、贵溪公司10%的电气化乡(镇)、村的建设任务，电气化村已经通过验收。三是加大“低电压”改造力度。扎实开展农村低电压普查建档工作,对存在低电压问题的地区进行全面普查、分析。全年投资4680万元,共治理低电压用户8.64万户。

(周锦华)

【市供电公司领导人名录】

总经理、党委副书记：艾建民（~2011.2）余柳宾(2011.2~)

党委书记、副总经理：胡洪新（~2011.8）林 虹(2011.8~)

副总经理:邹育临 彭仁华(2011.8~) 龚继平 张吴敏

纪委书记:张小龙

工会主席:毛日标

总会计师:章志坚(2011.8~)

工业园区

编辑、校对：柴靖龙

鹰潭高新技术产业园区

【概述】 2011年，高新区坚持以科学发展观为指导，紧紧围绕市委、市政府建设“世界铜都”战略部署，按照“做大、做强、做优、做实”的总体思路，坚持做大总量与调优结构并举、发展经济与改善民生并重、开发建设与生态环保同步，推动了经济建设、社会建设、党的建设全面发展、全面进步。全年实现主营业务收入284.9亿元，工业增加值37.8亿元，财政收入12.05亿元，外贸出口17400万美元，完成固定资产投资53.8亿元，新增就业岗位8000个。综合指标在全省94个工业园区中列第10位，连续5年获得“全省先进工业园区”称号。

【招商引资】 引进工业项目19个，其中亿元以上项目16个，包括台湾上市公司连展科技总投资12亿元的精密电子连接器项目、国内行业龙头企业金帝集团总投资10亿元的2000万双皮鞋项目、亚洲行业龙头企业华宝国际投资的香精香料生产基地项目、国内上市公司水晶光电投资的5亿片红外截止滤光片技改项目、世界五百强三一重工投资的工程机械整机及零部件再制造基地项目。

【项目建设】 全年实施工业项目47个，包括新开工19个，续建36个，其中亿元以上项目21个，完成工业固定资产投资47.5亿元。20个项目建成投产，包括光宝科技二期电子变压器项目、梦娜科维3000吨纺织用特种纤维技改项目、华宝香精香料生产基地项目等。27个项目抓紧建设，包括金帝鞋业2000万双皮鞋项目、三川水工产业园项目、万宝至马达二期微型马达项目、云火柱2亿套气动元件项目、亿阳雨太阳能热水器项目等。

【企业发展】 新增规模以上企业5家，总数达52家，年主营业务收入超亿元的企业达32家，其中5亿~10亿元的10家、超10亿元的14家。

【产业结构调整】 铜产业链加速向高精尖产品及终端产品延伸，高精密度铜板带、特种漆包线、铍铜、高铁接触线等高新产品比重不断增加，其中兴业电子的铜铬锆系铜合金材料和高性能耐蚀镍铜合金材料、康成铜业的铜基形状记忆合金材料列入国家新材料产业“十二五”重点产品目录。四大非铜产业同步发展，尤其新能源产业加速集聚，企业数量达9家，较2010年增加6家；汽摩配产业基地初具规模，项目总数达16个，其中投产项目3个、在建项目2个；物流、楼宇经济持续快速发展，新增企业60家，总数达190家，上交税金8100万元。

【创新体系建设】 三川集团博士后工作站正式挂牌，汽摩配产业基地、铜合金新材料产业基地被认定为省级产业基地，兴业电子被认定为高新技术企业，天施康药业被认定为省级中药注射剂工程技术研究中心。

【龙岗平台建设】 征收土地600公顷，完成附着物清理266.7公顷，完成场地平整66.7余公顷。建成道路6000米，在建道路5000米，初步形成“六纵三横”道路网络。

【商业开发】 建成盛世华庭、华昌丽景等商住楼盘20万平方米。初步形成工业五路、大洁西路等沿路商业带，形成鹰潭最大的汽车贸易市场。鹰西及龙虎山大道西侧336.7公顷商业地块已完成大部分土地征收，正在策划进行整体开发，工商贸协调发展的工业新城已具雏形。

【生态建设】 节能减排有效开展，实施了一批节能技改项目，三川铜业、宏磊铜业等企业淘汰铜冶炼落后产能2.89万吨。生态环境保护不断加强，建成处理规模1000吨/日的电镀集控区一期工程。造林绿化“一大四小”工程任务超额完成，投入资金3000余万元完成绿化面积86.7余公顷，精心打造了道路绿化景观。1月，获批为全省首批生态工业园区。

【歌咏比赛】 1月，高新区举办“唱支欢歌给党听——庆祝中国共产党成立90周年暨迎新春歌咏比赛”活动,3000余名干部职工、企业员工参加。

【公安分局挂牌】3月,鹰潭市公安局高新技术产业园区分局挂牌成立。

【高新区更名】5月,省政府批复江西鹰潭工业园区更名为江西鹰潭高新技术产业园区。

【融资贷款】5月,争取到农业发展银行基础设施建设贷款4.5亿元。

【基层党建】6月,高新区隆重召开了“七一”表彰大会暨基层党建现场推进会。会议表彰了7个先进基层党组织、17名优秀共产党员、7名优秀党务工作者、4个先进村民事务理事会、5名优秀村民事务理事会理事长、2名优秀村民事务理事会成员。区内55名党组织负责人参观了双凤村、新湖村、江西中轻五金刀剪有限公司、江西三川集团有限公司等四个基层党建示范点。

【数字化建设】6月,5个利安社区电超市、4个信息化农家店建成运营。

【国家高新区申报】8月,国家高新区申报工作正式启动,现高新区已列入国务院受理行列。

【教育资源整合】9月,市教育局正式批复白露中学、白露中心小学合并组建为鹰潭市第六中学。

【高新技术企业申报】9月,鹰潭兴业电子金属材料有限公司被认定为高新技术企业。

【廉租房摇号】9月,举行了阳光二区、阳光三区廉租房摇号,579户困难居民和企业员工获得廉租房租住权。

【体制调整】12月,市政府调整高新区管理体制,赋予高新区县级管理职能和审批权限。同时,明确高新区的规划范围为:东至信江—白露河—龙虎山大道,南至八纬路,西至济广高速公路—七经路,北至杭南长客运专线—刘中线—浙赣铁路,总规划用地面积126平方千米。

【企业上市】12月,江西宏磊铜业有限公司(总部)挂牌上市。

【年内主要落户或新投产业选介】

连展科技(江西)有限公司:由台湾上市公司连展科技股份有限公司投资,公司创建于1986年,是台湾地区专业从事IT、数子家电及手持式电子零组件设计、制造与销售的领导厂商,在国内深圳、昆山、天津及欧美设有多个生产基地和分公司。2010年实现主营业务收入90亿新台币。

该公司2011年1月落户高新区,总投资12亿元,建设精密电子连接器及中等职业学校项目,占地面积33公顷,一期占地13.33公顷。现租赁厂房生产,有员工500人。全部建成达产后可实现年主营业务收入10亿元,安置就业2000人。

金帝鞋业(江西)有限公司:由金帝集团有限公司投资,公司创建于1993年,是浙江省出口量和出口额最大的鞋类企业,产品主要销往欧洲、美洲20多个国家和地区。2010年,实现外贸出口11811万美元,成为浙江省首家出口突破1亿美金的鞋类企业,出口额连续4年名列温州市生产型企业第一位。

该公司2011年2月落户高新区,总投资12亿元,建设年产2000万双皮鞋项目,占地面积23公顷。预计2012年12月底前一期厂房、宿舍全部建成投产。全部建成达产后可实现年主营业务收入12亿元,安置就业10000人。

华宝香精香料有限公司:由华宝国际控股有限公司投资,公司是中国最大的香精香料生产企业之一,主营香料香精的研发、生产和销售,产品包括烟用香精、食用香精和日化香精三大类。2011年,集团市值超过380亿港元,居亚洲同行业上市公司之首。

该公司2011年4月落户高新区,占地面积6.67公顷,总投资1亿元,建设年产8400吨高档香精香料项目,12月竣工投产。项目达产后可实现年主营业务收入10亿元。

鹰潭三一机械有限公司:由三一集团有限公司投资,该集团创建于1989年,是新中国成立以来湖南省首家销售过百亿的民营企业,产品包括建筑机械、筑路机械、起重机械等25类120多个品种。2011年7月,英国《金融时报》公布的全球500强上市企业名单中,三一重工以215亿美元的市值名列431位,成为中国机械行业唯一进入世界500强的企业。

该公司2011年7月落户高新区,总投资7000万元,建设工程机械整机及零部件再制造基地项目,占地面积2.87公顷。预计2013年3月建成投产,达产后可实现年主营业务收入3亿元以上。

江西水晶光电有限公司:由浙江水晶光电科技股份有限公司投资。浙江水晶光电成立于2002年8月,2008年9月在深交所上市,是一家高新技术企业。公司是国内专业从事精密薄膜光学及延伸产品研发、生产和销售的知名光电元器件企业。主要产品光学低通滤波器(OLPF)和红外截止滤光片(IRCF),是高像素数码相机、摄像机、手机摄像头的核心部件,销量占全球比重达30%,现拥有索尼、尼康、佳能、三星、诺基亚、摩托罗拉等世界级客户。

该公司于2011年7月落户高新区,首期投资1.5亿元建设年产2亿片红外截止滤光片技改项目,占地面积9.8公顷,当年11月建成投产。全部建成达产后可实现年主营业务收入1.5亿元,安置就业1500人。

(刘　娟)

【鹰潭高新技术产业园区管委会副县级以上干部名录】

党工委书记、管委会主任:徐　云(～

2011.1)
党工委副书记、管委会主任：陈移发(2011.1~)
党工委副书记、管委会副主任：赵军荣
党工委委员、纪工委书记：黄小河
党工委委员、管委会副主任：吴嫦龙(~2011.7) 黄贵开 肖红秋(~2011.7)张平来 (2011.1~) 刘晓华(2011.1~)范冬平
管委会副主任：翟大顺
党工委委员、管委会副调研员：李金忠(~2011.4) 许国强 彭灵有 高永祥
党工委委员：罗贤忠 (2011.6~)

贵溪工业园区

【概述】 2011年，在市委、市政府的坚强领导下，在社会各界的大力支持下，在企业家的共同努力下，贵溪工业园区贯彻落实打造"世界铜都·中国灯谷"的发展战略，紧紧围绕主营业务收入300亿元、税收10亿元的任务，全力克服欧债危机带来的不利影响，突出以完善基础设施建设为重点，以招商引资和项目调度为主抓手，不断做大经济总量，提升发展质量，努力构建和谐平安生态园区，促进了园区经济和社会又好又快发展。

截至2011年年底，企业和项目123个，投产80个，在建27个(新开工17个)，签约18个，完成固定资产投入45.81亿元。园区实现主营业务收入306亿元，同比增长23.3%；完成财政收入11.11亿元，同比增长29%。已初步形成以铜产业和光电产业为主导，化工建材、医药食品、机械制造为辅的产业发展格局。

【夯实基础搭好平台】 2011年，完成场地平整土石方248万立方米，道路硬化2.9千米，管网铺设7.2千米；征地99.5公顷，拆迁房屋4栋，迁坟65座；架设供电线路10.93千米，铺设供水线路2.62千米，盘活闲置土地23.3公顷，优化项目用地环境，确保项目用地需求。

【突出招商引项目】 按照"产业特色对接铜和灯、地域热点对接长珠闽、主要领导对接大项目"的思路，园区着力引进科技含量高、环境承载压力小、带动作用强、税收贡献大的项目，努力实践"大项目、促大发展"。2011年，引进三花集团、景程电子、博远铜业等项目22个，总投资33.7亿元，固定资产投资19亿元(其中：园区引进项目4个，总投资2.6亿元，固定资产投资1.6亿元)。

【突破瓶颈促项目开工】 一是创新场地平整思路，拓宽融资渠道。市财政资金很紧张，为此，园区巧用外界资金，由之前的园区平整场地到企业出资平整，缩短项目开工时间，探索出"取之于项目资源、用之于项目建设、惠泽于项目发展"之路。二是强化施工管理。对施工单位在进度、质量等方面制定惩处措施，未按时履行约定的进行处罚，延迟一天罚2000元；对拒不履行约定、严重影响项目开工进程的终止合同，择优确定守信用、实力强的施工单位，确保项目如期开工建设。三是晴天要抓紧、雨天不放弃。干部牺牲双休日休息时间，始终发扬艰苦奋斗精神，精心安排，做好施工前期各项基础工作，督促施工单位抢进度、抢工期，确保项目能够全面铺开建设。

【全力推进开工项目早投产】 一是强化责任。实行领导挂点项目责任制，做到"分工明确、责任到人、任务具体、时间到天"，一包到底。二是明确任务。"全程服务"项目的立项审批、规划设计、质量安全 、纠纷调处等工作。三是加强调度。对在建项目实行"一天一梳理，三天一调度，一周一问效" 的倒逼机制，定期梳理问题，一般问题现场解决，重大问题会同有关部门及时解决，确保项目建设顺利推进。2011年新增南方水泥、坤宏科技等10个项目投产。

【年内主要落户或新投产企业选介】 江西贵溪南方水泥有限公司。江西贵溪南方水泥有限公司是江西南方水泥有限公司全资子公司，是中国建材属下南方水泥的成员企业。注册资本3000万元，于2012年2月9日注册成立，设计年产能100万吨水泥，占地面积90.5亩6.0公顷，位于贵溪工业园，预计投资1.14亿元，于2011年9月正式投产，主要经营水泥生产、销售及三废资源综合利用。2011年9月至12月发运散装水泥量达5万吨。

公司秉承中国建材"善用资源、服务建设"的经营理念，始终贯彻执行中国建材的"三五"即"五化"(一体化、模式化、制度化、流程化、数字化)、"五集中"(市场营销集中、采购集中、财务集中、技术服务集中和投资决策集中)和"五个关键"经营指标(净利润、售价、成本费用、现金流和资产负债率)管理模式，构建了高效、便捷、安全的管理体系，目标是将江西贵溪南方水泥有限公司打造成为中国建材和南方水泥的优质企业。

公司企业文化体系核心理念：善用资源，服务建设。文化理念：三宽(待人宽厚、出事宽容、环境宽松)。企业精神：诚信务实，团结向上。企业文化：以人为本，和谐发展；与自然和谐，善用资源；与社会和谐，服务建设；与竞争者和谐，实现双赢、多赢和共赢；与员工和谐，让员工与企业共同成长。

江西三花制冷科技有限公司。江西三花制冷科技有限公司位于全国闻名的铜都——江西省贵溪市工业园区。企业占地面积3.3公顷，建筑面积2.2万平方米，总投资8000万元。是浙江三花股份有限公司与其前身江西华锋铜业有限公司在江西省贵溪市工业园区内共同投资设立的一家从事零部件生产的公司。

该公司专业生产黄铜棒、黄铜管、空调用截止阀等空调制冷零部件产品，年产值超1亿元，是贵溪市目前规模较大的集黄铜棒、铜管、截止阀毛坯等铜材产品于一身的综合铜加工生产企业。黄铜棒、

自主开发的C3771挤压棒、截止阀毛坯等产品,均获得客户高度的认同和肯定。

公司现有5个生产车间,一个中心试验室,拥有各种设备300多台套,其中大型铜棒、铜管挤压机1台,年生产管棒1万吨。可生产外形直径11.5毫米~50毫米等多种牌号的铜合金棒材,H62、H65等各种规格铜管等,其中主导产品C3604、C3771黄铜棒,截止阀等广泛用于空调、制冷、汽车制造等行业。公司开发生产的C3771A和C3604A黄铜棒,在热锻加工和精加工领域,该产品使用性能分别接近C3771和C3604挤压黄铜棒,可作C3771、C3604黄铜棒替代品。

公司致力于走产业规模化、产品多元化、结构合理化的道路,不断加大基础设施投入和技术开发力度,努力延伸产品链,在保持原有生产相对优势的同时,逐步加大深加工产品在公司产品结构中的比重,增加产品的技术附加值,提高企业的核心竞争力。

公司始终秉承三花总部先进的管理理念,弘扬三花人"精益求精、追求卓越"的三花精神,发扬"迅速反应、立即行动"的三花作风,切实贯彻"以人为本,持续创新,达到员工满意、顾客满意、供方满意、社会满意"的核心价值观,努力实现社会、客户、企业、员工四位一体的和谐发展。

江西美的贵雅照明有限公司。美的贵雅公司创建于1985年,2010年6月30日正式成为美的集团成员企业。公司占地23.3公顷,现有员工3000人,各类专业技术人员560人。专业生产三基色绿色光源和节能灯,是中国最大的节能灯研发、制造和出口基地,国家重点高新技术企业。在国家发改委、财政部举行的自2008年开始实施的国家财政补贴"高效照明产品推广项目"中,美的贵雅是为数不多的连续3年中标的企业之一。

美的贵雅照明主要生产节能灯、荧光灯管,品类的综合实力排名全国前五。产品通过CCC、UL、FCC、CE、GS、ENERGY STAR等三十多项国家、国际认证和ISO 9000质量管理体系认证。6条自动贴片线、自动插件机、20条总装生产线行业领先。2010年9月上市产品共涉及四类18款。公司发展目标:2012年整灯3亿支;2013年整灯4.5亿支;2014年整灯6亿支;2015年节能灯年生产规模达到6亿~8亿元只,市场份额达到20%。用5年时间,在2015年实现主导产品紧凑型节能灯年产销8亿支,市场占有率达20%。消费者使用的5支节能灯中,有1支产自"美的"。

2011年公司生产毛管1.5亿支,整灯4000万支,实现主营业务收入5亿元,实现利税3600万元。

(王 珊)

余江工业园区

【概述】 2011年是十二五规划实施的开局之年,工业园区在县委、县政府正确领导下,在县有关单位关心支持下,积极抢抓新一轮发展机遇,以项目为抓手,以产业为依托,以龙头企业为支撑,以建设"经济型、生态型、和谐型"园区为目标,通力协作、克难攻坚、创新创业,各项开发建设事业取得了较好的成效。

【主要经济指标稳中有升】 2011年,园区上下协同入园企业,通过高位推动、科学调度、创新创业,经济运行呈现又好又快的发展势头。完成主营业务收入121亿元,同比增长71.8%;完成外贸出口额4200万美元,增长76%;实现财政收入4.67亿元,增长61.59%;用电量1.9亿千瓦小时,增长95.5%;从业人员1.1万人,增长22.6%。为县域经济的发展提供强有力的支撑。

【工业建设实现新突破】 作为经济建设的主战场,园区始终把强投入、增后劲摆在突出位置。一是结合雕刻、眼镜、循环经济产业建设,策划启动了一批基础设施和产业平台建设项目。二是结合产业结构调整,精心包装了环保型节能灯、多晶硅、内螺纹铜管、铜合金及隐形眼镜等五个战略新型产业项目。三是结合招商引资,实施了一批新、扩、改项目。全年共实施金泰新能源、宝龙工艺品、华东联合医药、任福针织、成林工贸、鹰潭艾馨鞋业等各类产业项目31个,完成年度考核指标的206%;建成投产18家,完成年度考核指标的120%。

【发展空间得到新拓展】 为进一步提高项目的承载能力,园区加大了平台建设力度。一是立足内部挖潜,切实提高土地使用效率。通过"割、换、收"等一系列强有力的措施,进一步加大了闲置土地的清理和盘活力度,遏制了土地闲置、低水平重复建设等不良现象。同时严把项目准入关,精选高技术含量、高就业、高附加值项目,为优势企业、新型产业、特色项目腾出发展空间。2011年共收回翔宇精密件、易隆光学、海燕兔业有限公司等13家闲置地块共计17.5公顷,并重新安排德胜光电、华东联合医药、艾馨鞋业等新企业入驻。二是立足规划长远,拓展园区发展空间。面对日益突出的用地供需矛盾,为产业内移和招大引强搭建好的平台,策应江西环鄱阳湖生态经济区战略的实施,全面启动了生态工业园区、根艺之乡、雕刻产业基地、绿色照明产业基地的申报工作。其中,生态工业园区、根艺之乡项目申报成功。三是积极寻找园区扩园工程的突破口,扎实做好园区扩园的各项前期准备工作。四是完善园区配套设施,加大了基础设施建设力度。新增"六通一平"面积420亩,完成年度考核指标的105%;投入基础设施建设资金7000万元,完成年度考核指标的233%。

【经济结构趋于合理】 立足招大引强,积极抢抓沿海产业加速转移有利时机,提高招商引资的针对性和实效性,全力引进吸附能力强的大项目、大企业,提升园区经济对全县经济增长、财政增收的贡献率。

至2011年年底，园区共引进项目23个，完成年度考核指标的153%，超亿元项目金泰晶体硅太阳能电池片、华东联合医药、正邦科技、江西博沃眼镜加工生产、晴美光学、天余生态等8个，投资5000万元以上项目任福针织、潞杰包装、艾馨鞋业、宝龙工艺品等11个。

【企业转型升级实现新跨越】 2011年来，园区加强信息、技术等方面的引导，鼓励和帮助企业加大对技术、人才、宣传等方面的投入力度，有力地推动了企业转型升级的跨越式发展。一是企业转型升级成效明显。鹰潭阳光与荷兰飞利浦强强联手，提高了产品的国际化程度，扩大了品牌影响力。二是加大科技投入，修炼内功，增强企业核心竞争力，提高企业抵御风险能力。同诚铜管、亨得利金属等重点企业不断加大科技投入，积极开展产品研发、科技创新等工作，提高了产品的科技含量，占领了市场制高点，增加了产品的附加值。

【发展环境不断优化】 立足协调服务，结合"发展提升年"活动，不断优化企业发展环境。一是为阳光等规模产能较大企业搞好用工服务，先后为企业招工400余名。二是认真做好同诚铜管各项包装服务和规范管理，力争耐乐生产基地逐步内移。三是切实加大了金泰新能源、宝龙工艺品、亨得利光学、建鑫铜业等企业扶持力度，不断促进其上规模、上档次、上水平。

【营造平安和谐园区】 一是及时、认真地做好了县人大建议、政协提案的办理工作，较好地完成了政务公开及政府门户网站信息报送任务。二是高度重视综治信访工作。凡涉及征地、拆迁、补偿、企业劳资纠纷等重大敏感问题，园区领导都亲力亲为，耐心细致地做好说服教育工作，尽量把矛盾化解在最基层，确保了一方平安。三是强化了安全生产监督。保障了辖区内企业财产和人民生命安全，2011年未发生重大安全生产事故，圆满完成了县安委会下达的安全事故目标控制数。四是认真做好了计划生育工作。及时组织了育龄妇女参加春秋两季的环、孕检工作，园区未发生任何违反计划生育现象。

（黄帅有）

省长鹿心社（前中）视察江西三川集团有限公司。

鹰潭市高新技术产业园区管委会供稿

农业·林业·水利

编辑、校对:王新勤

农业

【概述】2011年是实施"十二五"规划的开局之年,也是建设鄱阳湖生态经济区的重要一年。全市各级农业部门坚持科学发展观,以加快转变经济发展方式为主线,以鄱阳湖生态经济区建设为平台,以"发展生产保供给,转变方式促增收,防范风险保安全,改革创新添活力,提升能力促转变,抓好特色出亮点"为重点,坚持"强基础、转方式、促改革、重民生"的基本思路,周密部署、狠抓落实,农业工作卓有成效,农业经济稳步发展。全市农民人均纯收入达7623元,增长22%,创历史新高,实现连续八年快速增长。

【粮食生产】一是稳定播种面积。充分挖掘面积潜力,坚决制止粮田撂荒,提高复种指数,确保粮食播种面积稳定在11.53万公顷以上。二是狠抓项目建设。深入开展粮食高产创建,建立8个万亩粮食高产创建示范区。三是加强灾害防控。全市共推广实施水稻病虫害综合防治技术5.4万公顷,种子消毒预防病虫害技术4.8万公顷,灯光诱杀害虫技术1333.33公顷,生物农药应用技术10.67万公顷,共组建和完善农作物病虫害专业化防治服务组织38个。四是全面落实政策。通过一卡通向全市拨付种粮补贴到户资金1.31亿元。五是加强市场管理。深入开展种子执法年活动,开展种子市场大检查,突击检查所有城区种子销售点和重点乡镇44个以销售水稻种子为主的销售点,没收未审先推种子60千克,没收其他违规种子540千克。开展肥料市场执法检查,共检查肥料经营店32家,查处质量不合格案件2起。加强农药市场监管,检查农药生产企业2家,检查经营单位806余家,抽检农药标签112个,合格率98%。抽检农药质量样品25个,合格样品23个,合格率92%。

全市粮食总产达6.59亿千克,增加1890万千克,单产376千克、增加9千克,粮食生产实现八连增,单产、总产均达历史最高水平。贵溪被评为全省粮食生产先进市、余江获全省粮食高产创建先进单位。

【养殖业】一是狠抓良种体系建设。全市已办(换)证生猪良种场达到10家、种禽场2家,种牛场1家,建设生猪改良站点68个。共引进良种公母猪4568头,良种肉牛252头,家禽2万套,全市基础种猪存栏达万头,基础种禽存栏3万余套。二是积极争取项目扶持。建立畜禽规模养殖场登记备案和畜牧业基建项目储备制度。2011年争取生猪标准化项目10个,投资400万元。申报2012年省级储备项目初审通过11个,项目计划投资580万元。余江县继续获国家生调出大县奖励资金415万元。三是深入开展畜禽清洁生产行动。以粪污治理为着力点,全面推进畜禽清洁生产行动,第二批需达标的173家养殖场粪污治理全部签订达标责任状,有80家已完成粪污治理改造,76家已开工正在进行粪污治理改造,预计到2012年底80%可完成改造。四是完善重大动物疫病防控体系。县、乡、村三级动物防疫体系建设基本到位,多方筹资近50万元对市级化验室进行改扩建。集中开展春、秋两季畜禽强制免疫,全年共免疫猪204.1万余头,牛15万余头,羊2万头,家禽1050万余羽,全市所有畜禽做到应免尽免,免疫密度达到100%,防重工作保持连续6年清净无疫。

全市肉类总产1.24亿千克,增长7.3%;生猪存栏71.25万头,出栏131万头,同比分别增长6.8%、3.26%;家禽存栏479.8万只、出栏1050万只、禽蛋产量1820万千克,同比增长6.32%、下降1.38%和增长2.08%;规模化养殖水平提高,全市畜禽规模养殖场(户)442个,其中生猪规模养殖场(户)达到394个,猪、禽规模养殖比重分别达到80%和72%,均比2010年增长2个百分点,出栏500头以上的规模养猪场出栏数已占到全市出栏数的65%。全市养殖水面面积7686.67公顷,增加133.33公顷,水产品总量达4410万千克,增加100万千克,其中特种水产品产量达1310万千克,增长100万千克。

【经济作物】一是大力发展设施栽培。坚持把设施栽培作为现代农业的主攻方向,大力实施果业、蔬菜、茶叶等园艺作物标准园高效创建活动,共建立50多个千亩连片高效设施农业示范基地,其中蔬菜20多个,果业30多个,通过大力发展设施园艺,推广综合技术,增加总产、提高品质、保障供给。二是推进蔬菜基地建设。新增266.67公顷高标准商品蔬菜基地,贵溪市雷溪乡已经连片的蔬菜生产面积266.67公顷,其中大棚蔬菜86.67公顷,有4家较为大型的蔬菜生产企业进驻开发;余江县马荃镇采取专业合作社的形式,联合农户连片发展蔬菜生产40余公顷,产品销往鹰潭。三是积极争取资金支持。贵溪市列入现代农业蔬菜发展重点县,获得国家扶持资金200万元。

蔬菜播种面积1.33万公顷、产量达2.2亿千克,全市现有无公害蔬菜基地5家、基地面积284.2公顷、产量达2132万千克,无公害蔬菜品种20余个。已形成以贵溪塔桥为中心的早熟梨果业带、以贵溪河潭为中心的柑橘带、以上清为中心的天帅板栗带、以320国道沿线为中心的小水果带。

【产业化经营】 一是做好龙头企业申报工作。向省厅推荐余江华鑫牧业和鹰南贡米等两家企业申报国家重点龙头企业,其中鹰南贡米已成为全市第一家国家重点龙头企业。二是积极为龙头企业搭建平台。组织5家省市龙头企业参加省商务厅、农业厅组织召开的全省农超对接大会、泛珠三角区域大会江西名优农产品展暨第二届江西农业博览会、第七届江西名优农产品(上海)展示展销会、成都等多个全国性的农产品展示展销会,宣传产品,扩大影响。组织5家省级龙头企业参加全省农业产业化龙头企业协会,参加全省农业产业化龙头企业协会年会,加强与省厅及各地省级龙头企业的交流、沟通和联系。三是争取一批农业产业化项目。江西鹰潭华鑫牧业有限公司等6家省级龙头企业获得农业产业化贷款贴息项目。贵溪市塔桥园艺场早熟梨等2家获得"一村一品"示范村项目。贵溪市龙虎山食品有限公司等5家企业获得省级龙头企业知名品牌奖励项目。余江县天蓬担保有限责任公司获得农业产业化担保奖励项目。四是大力发展农民专业合作社。开展2011年农民专业合作社示范社申报评选活动。评选认定50家农民专业合作社市级示范社。积极参加省级示范社评选认定,全市有22家农民专业合作社被认定为省级示范社。推荐贵溪市富宇绿色蔬菜专业合作社等5家合作社申报2011年省财政支持农民专业合作社发展资金项目。全市新增1家国家重点龙头企业、2家市级龙头企业,现有97家市级以上龙头企业。全年销售收入42亿元,比2010年增长35%。其中有余江华鑫牧业销售收入超5亿元,鹰南贡米等10家企业销售收入超亿元,全面实现培植1家年销售收入5亿元、5家年销售收入1亿元以上龙头企业发展目标。大力推进农民专业合作社建设,全市农民专业合作社新发展114家,总数达到445家。

【农业民生工程】 一是加强阳光工程培训。围绕农业农村经济发展人才需求和农业农村重大工程项目,开展农机使用和维修、沼气建设及后续服务人员、村级动物防疫员、机防手、乡村旅游服务员、村镇建筑工匠、地方特色职业农民等专业培训,积极引导农民转变就业观念,促进农业劳动力向农业产业延长链转移。市、县两级均成立阳光培训工作领导小组。各乡镇也成立阳光工程领导小组,贵溪市还在各乡镇设立阳光工程联络处,在各行政村建立阳光工程联络员。通过公开、公平、公正的方式,严格按照培训基地申请、领导小组认定的程序,认定9家师资力量较强、教学设备较齐全、实训条件较优越的阳光工程培训基地。二是大力实施沼气民生工程。大中沼气工程14处有4个"以奖代补"项目完工并顺利通过省厅专家组的验收,10处国债项目大中型沼气工程基本完成主体工程。建池质量不断提高,规划布局更加合理,较好地做到沼气池、猪栏、厕所的三位一体,"三改"普及率逐步提高。

【农产品质量安全】 一是建立健全落实农产品质量安全监督管理责任制。市农业局与各县(市、区)农业局及局属各职能科室签订责任书。县(市、区)农业局的植保站、兽医站、动检所等农产品质量安全监管部门又分别与农药经营单位、大中型养殖场、定点屠宰场等生产经营单位签订责任状或诚信经营承诺书。二是开展监测工作。组织全市农业系统全年检测蔬菜、水果样品668个,生猪尿样1500个,检测合格率分别达到97.8%和100%;配合农业部、农业厅做好农产品质量安全例行监测工作,2011年农业部和农业厅对全市蔬菜、畜禽、水产品等进行了例行监测,全年共检测各类样品400多个,检测合格率分别达到92%、98%、99%以上。三是开展以"瘦肉精"为重点的农产品质量安全整治专项行动。在全市范围内开展声势浩大的生猪养殖场"瘦肉精"专项监督抽检行动,对所有生猪规模饲养场进行拉网式排查。并查看饲料、兽药使用记录,生产防疫档案。各地还与生猪养殖户签订畜产品安全承诺书共计550份。四是积极扶持农产品质量安全认证工作。对通过认证的无公害农产品、绿色食品进行奖励和扶持,调动企业申请认证的积极性。2011年全市18家企业新增32个无公害农产品、绿色食品、有机食品,超额完成省农业厅和市政府下达的目标任务,认证工作走在全省前列。全市没有发生重大农产品质量安全事件,市农业局获"七城会"食品安全保障先进单位,贵溪、余江被评为全省农产品质量安全监管先进县。

【科技兴农】 一是深入推进基层农技推广体系改革和建设。市政府出台《鹰潭市人民政府关于加强基层农业技术推广体系改革与建设的实施意见》,月湖区和龙虎山景区政府也分别印发基层农技推广体系改革的实施方案,贵溪、余江已基本完成基层农技推广体系建设与改革工作,月湖区和龙虎山景区也在顺利实施中。二是加强农业职业技能培训工作。完成全市职业技能鉴定工作,为进一步提高全市农技队伍整体素质,规范农业行业执业行为,推动农业行业职业准入,更好地为农业农村经济发展提供人才支撑,按照省厅部署和要求,全市136名基层农技人员参加职业技能培训、理论考试和技能考核,共有134人通过省职业技能鉴定,全市职业技能鉴定工作走在全省乃至全国的前列。三是加大农业科技服务力度。深入开展送科技下乡服务活动,组织成立以粮食、畜禽、水产、蔬菜、农机等专业的技术服务小组,携带水稻高产栽培技术、种子优良品种简介、测土配方施肥、粮食补贴政策明白纸等技术资料20余万份,为农户提供零距离、面对面的服务。建立27个现代农业水稻新品种展示点,面积29.33公顷。建立8个万亩连片粮食高产创建示范区,全市粮食高产创建活动共涉及农户3.05万户,示范面积达5480公顷,辐射面积达1.33万余公顷。开展以"水稻三控"、"精确定量栽培技术"为重点,以超级稻品种为载体的水稻高产、超高产技术攻关和以粳稻、双季抛秧、机插秧育秧等为重点的水稻新技术试验示范。试验示范取得比较好的成效,粳稻试验示范亩产达686千克,为全市逐步落实农业部提出的"北粳南移"计划提供技术支撑。全市良种覆盖面达90%以上,新技术覆盖面达80%以上,农业科技贡献率达55%以上,高出全省5个百分点。

【农业机械化】 2011年全市农机总动力达到87.1万千瓦,增长10%。机耕作业面积11.2万公顷,水稻耕种收综合机械化水平达51%。全市完成中央补贴资金1539万元,补贴机具1.28万台。

【惠农政策落实】 一是参与开展惠农补贴情况监督检查。根据市惠农补贴资金落实情况监督检查工作领导小组的安排,组织参加全市2010年以来惠农补贴资金情况督查工作,从检查到的乡镇、村委会和农户情况看,三项补贴资金大部分发放到位、发放标准正确、资金发放程序基本到位,未发现挤占、挪用、套取截流、抵扣代扣农民补贴的情况。二是开展农村土地承包规范化和流转服务试点工作。在每个县、市、区抓1~2个农村土地承包流转规范化服务试点,通过典型示范、以点带面,带动全市农村土地承包、流转和纠纷管理迈上新台阶,稳步推进全市农村土地适度规模经营和有序流转。积极开展全省农村土地承包规范化服务试点工作,贵溪市流口镇、龙虎山风景旅游区上清镇被确定为全省农村土地承包规范化服务试点乡镇。三是加强农村集体资金资产资源管理。组织开展农村集体"三资"管理和财务管理规范化建设检查,各项工作进展顺利,贵溪、余江已基本完成农村集体资产清产核资工作,乡镇形成农村集体"三资"管理台账,建立管理制度。全市33个乡镇全部建立农村公共资源交易中心,有固定的工作场所、规范的管理制度、专门的工作人员。规范村集体资产处置程序,杜绝腐败行为发生和防止经济合同纠纷起到良好的作用,维护群众和集体利益。

【农业行政审批】 所有行政审批事项全部进驻中心窗口,做到统一受理、统一审批、统一发证、统一收费。真正做到职能归并、事项进驻、人员进驻、规范收费、窗口授权、严格管理。对农业行政审批项目流程进行了再造,法律规定平均时限17天,审批流程再造后承诺平均时限5天,平均缩短时限66%,得到相对管理人的欢迎。申请人网上申请事项439件,农业局网上审批领证事项共计439件,实施本系统的办结率100%。

【机关自身建设】 深入开展"发展提升年"、"创先争优"、"三治"主题教育实践活动,干部作风进一步强化。市农业局被评为全市先进基层党组织、"发展提升年"和社会治安综合治理先进单位,信访维稳、计生、安全生产工作全部达标,新农村建设示范点贵溪考核第五名。

(胡鹏浩)

【市农业局副县级以上干部名录】

局　长:黄占共

党组书记:谭国平

畜牧局局长:俞乾坤

副局长:盛辉明　刘长金　张火炎

纪检组长:孙华

党组成员:张秋德

林业

【概述】 2011年,全市林业系统在市委、市政府的正确领导下,以"科学发展、进位赶超、绿色崛起"为目标,坚持以科学发展观统领全局,积极履行职责,大力实施造林绿化"一大四小"工程,切实加强森林资源保护,不断强化森林防火和森林病虫害防治,林业建设稳步扎实,多项工作呈现良好的发展态势:造林绿化"一大四小"工程多次受到省林业厅大会表扬;国有林场改革创造"双圳模式";荣获全省森林防火目标考评一等奖;国有林场危旧房改造工作各项指标均名列全省前茅;森林保险在全省率先实现全覆盖。全省风景名胜区景观绿化现场会、全省国有林场危旧房改造推进会、全省林区公路建设现场会等重要会议在鹰潭市召开。

【林业改革成绩凸现】 *一是林权制度改革的配套改革有新进展。*与月湖区人财保成立森林资源保险协调组,督促贵溪市林业产权交易中心成为南方产权交易会员单位,落实"一事一议"中央、地方财政奖补资金196.0万元,积极开展林权抵押贷款、森林资源流转、森林保险、林业合作经济组织建设工作。全市全年累计森林资源转让达600余起,面积达6666.67公顷,交易额达1.7亿元。全市森林参加保险面积达20.13万公顷,其中11.33万公顷商品林全部纳入森林保险,商品林保险在全省率先实现了森林火灾保险全覆盖。全年发生林权流转纠纷案件5起,完成调处4起,调处率80%。建立林业专业合作社36个,民营林场13个,民营造林公司12个,"三防"协会22个,其他专业协会10个。二是开展国有林场改革。按照"自行组织、自筹资金、自求平衡"的原则,采取"保一块、切一块、改一块"的方式,进一步有效解决林场职工"一补两险"的问题,认真谋划"钱从哪里来、人往哪里去"这个关键性问题,做好各项改革基础数据及民生工程有关材料的调研、统计和上报工作,确保全市国有林场改革全面完成。三是开展国有林场危旧房改造工作。认真抓好国有林场危旧房改造工作。2011年度,鹰潭市共有8个国有林场承担危旧房改造任务,总任务为1218户。全市1218户全面开工,确保2012年年底前完成50%的任务,真正把这项民生工程,办成惠及广大林场职工的"德政工程"。

【造林绿化"一大四小"工程建设成效明显】 全市完成造林5446.67公顷,占省下达任务4400公顷的123.8%。其中:完成山上造林2293.33公顷,占省下达任务的100%;完成山下造林3153.33公顷,占省下达任务的149.7%;完成中幼林抚育面积9466.67公顷。全市造林绿化"一大四小"工程建设总投入5亿元,其中市、县财政投入就达3.5亿元、林业重点工程1000万元、各造林主体及社会各界投入建设资金1.4亿元。主要表现在:一是森林鹰潭建设成绩斐然。高标准实施滨江公园二期、鹰西大道、胜利西路延伸段、18号路、月牙湖公园等18项中心城区绿化工程。东起梅园大桥、西至沪昆高速鹰西出口处近20公里的沿江绿色生态长廊已具雏形,成为森林鹰潭、宜居鹰潭建设的里程碑。二是通道绿化工程亮点纷呈。集中主要财力,对境内高速公路及主要通道进行精心打造,通道绿化亮点纷呈、精品迭出,建成一批具有震撼性的通道绿化工程。鹰西大道两旁有山、有水、有树、有田,景色宜人,市政府投入绿化经费3500万元,在两侧栽种胸径12厘米以上全冠樟树、水杉、重阳木、桂花近万株,沿江10千米的靓丽绿化景观带绵延不断,气势非凡,全省独一无二。贵溪、余江、龙虎山对境内高速公路进行了加高、加厚,按照景观绿化的要求,补种红叶石楠、桂花、紫薇、法国冬青等珍贵大苗,使高速公路绿化上档次、上水平。如今,不管从哪条通道进入鹰潭,都可以看到高标准、高质量的绿化工程。三是"森林十创"活动有声有色。月湖区投资200余万元对解放路、欣新路等近20条小街小巷进行绿化,建成一批"森林街道",同时,积极开展城市森林(湿地)公园建设,将绿化延伸到街头巷尾。结合森林乡(镇)、森林村庄建设,各地充分发动、广筹资金,突出重点,有序推进,极大地改善农村的生态环境。据统计,全市共投入"森林十创"绿化资金近1亿元,创建"森林乡镇"、"森林村庄"、"森林街道"等森林十创单位200多个。四是生态景区园区建设稳步推进。龙虎山2010年遭受千年不遇的洪灾,泸溪河两岸的绿化工程、旅游设施基本冲毁,2010年冬2011年春,景区本着造林就是造景、绿化就是美化的理念,大搞生态修复工程,敲掉水泥种树、挖开石头栽苗;投入近2000万元,使景区生态景观迅速恢复,2011年游客增加30%以上。鹰潭经济技术开发区采取三年投入、一年打造的模式,筹资1000余万元,按照一路一景、点线面结合、乔灌草搭配的绿化理念,对园区道路进行多层绿化、复式绿化、立体绿化,建成天洁西路至和谐路5千米长的环型绿化精品带,栽种樟树、桂花、棱角山矾等大苗11万余株。园区环境得到有效改善,受到广大客商的广泛好评。

【资源管护依法有序】 一是在全市范围内开展"整治乱砍滥伐"专项行动。林业系统上下联动,对木材加工、流通环节管严卡死,九个重点路段实行全天候巡查,突击清理检查木材经营加工企业189家,核查木材9024立方米,暂扣木材1800立方米;清理非法企业40家,并责令其自行拆除加工设备。共查处各类破坏森林资源案件131起,其中查处刑事案件31起,林政案件100起,处罚各类违法犯罪人员170人次,其中刑拘33人,治安拘留5人,逮捕13人,移诉30起38人,罚款110万元,有效遏制森林资源乱砍滥伐现象。二是开展森林资源保护中执法保障问题的调研。向市政府提交《关于要求解决森林资源保护中执法保障问题的请示》,为市政府解决林业执法保障这一制约资源保护工作的突出问题提供参考。三是全面强化林地保护管理。完成贵溪市林地征占用情况核查工作,并督办其积极开展整改;扎实开展《林地保护利用规划》编制,全市县(市、区)均向省厅提供地理信息数据库建设数据;加强林地征占用审核审批,共审核征占用林地项目20个,使用林地面积67.73公顷,征缴森林植被恢复费551.2万元。四是野生动植物保护有新进展。通过狠抓野生动物猎捕量限额及苗圃内野生植物的限额出圃两项工作,促进鹰潭市野生动植物产业的全面发展,全市新增野生动植物驯养繁殖户、经营利用户10余户。同时,加大野生动物保护执法力度,对集贸市场等流通领域进行清理整顿,严厉打击破坏野生动物资源的违法犯罪活动。

【"两防"工作常抓不懈】 一是防火。全市森林火灾发生呈下降趋势,全年发生森林火灾3起,合计过火面积20公顷,受害森林面积4.9公顷。未发生重、特大森林火灾,重点区域、核心景区未发生森林火灾,未发生因森林火灾导致的人员伤亡事故。2011年,鹰潭市在连续六年获全省森林防火目标考核二等奖的基础上,2011年再创佳绩,荣获全省森林防火目标考核一等奖和"春季平安市"称号。二是防虫。全市无成灾面积,成灾率为0;

各种病虫害防治面积4133.33公顷，防治率达68.1%，无公害防治率为100%；预测病虫害发生准确率为85.5%；种苗产地检疫率为100%；森林病虫害监测覆盖率76.7%；主要森林病虫害发生率3.2%，全面完成省林业厅下达的森防目标管理各项指标。

【林业产业不断壮大】 争取上级林业项目资金到位9644万元，比上年同比增长20%，取得历史性突破；在项目立项、用地保障等方面，全力支持雷竹、油茶、苗木花卉三大特色产业。全市举办木竹经营加工等企业法人代表和相关业务人员培训班4期，培训人数190人，得到企业法人的好评。妥善处理好贵溪市松香采集上访案件，并出台《关于进一步加强松香采集管理工作的通知》，促进松香生产有序发展。对全市木竹加工企业进行清理整顿，做到规范管理健康发展。提高林产工业准入门槛，对新上林业工业项目，严格执行产业政策，保障新上企业技术先进、工艺合理、规模适度，全面提高林产工业企业建设质量。

【科教兴林工作深入开展】 鹰潭市林业局"油菜平衡施肥关键技术及效应研究"获省(政府)科技进步二等奖；鹰潭市林科所"鹰潭市主要树种优良种质资源调查及开发利用研究"获鹰潭市(政府)科技进步二等奖；贵溪市林业局"江西省杨际峰自然保护区科学考察"，获鹰潭市(政府)科技进步二等奖。贵溪市毛竹竹腔(兜)施肥丰产技术推广通过了省林科院的检查；2010年毛竹配方施肥技术试点与推广面积33.33公顷，经济效益明显，2011年扩大应用面积66.67公顷；市林业局自主成果——市科技进步二等奖"油茶测土配方施肥研究"于2010年12月起，无偿提供给高公寨林场使用；地理信息系统建立并已应用于公益林管理和采伐证、木材放行证、木材检疫证的办理；电子监控系统在木材检查中初步建立，有两个基层站(贵溪金屯、圳上站)已经开通使用；数字鹰潭建设，已完成基本框架的设定和科目表格的设置以及起始数据的录入。铁路鹰潭木材防腐厂执行国家"铁路枕木技术标准"生产枕木；三支森林防火专业队、三支半专业队、八个基层林业工作站、一个林业技术推广站按照国家、省有关规定进行标准化建站并达标。鹰潭市林业局设置科技专职部门"科教科"，2011年成立鹰潭市林科所，贵溪市、余江县设置有"林业技术推广站"，贵溪市设置了"林科所"，各县市区的各个乡镇都配备了"专职林业员"，建立科技特派员制度，结合开展科技活动周，创新服务年、送科技下乡、科技帮扶结对子和技术交流与培训等，形成完好的科技推广与服务体系。

【机关自身建设日臻完善】 一是组织开展各项主题活动。深入开展"以治庸提能力、以治懒增效率、以治散正风气"、"建设廉政文化、共创和谐林业"、"三提三创""学习党的光辉历史，传扬江西红色文化"等主题教育活动和深入开展"发展提升年"、"项目推进年"、"安全生产年"、"富民兴市我先行"等活动，做到了规定动作有板有眼、不折不扣；自选动作有声有色，不落俗套。二是较好地完成"数字鹰潭"各项工作任务。完成鹰潭市林业局采集系统的数据采集和上报；小平台建设取得阶段性成果，远程林火监控系统扩大监测面积，提高森林火灾防范和应急指挥科技含量。网上行政办公系统正式运行，局机关内部全面实现无纸化办公；实现育林基金网上征收，林地征占用实行省、市、县三级联网，网上审批，简化审批流程和环节，提高工作效能。三是进一步规范机关内部管理。制定《关于规范局公务经费管理的通知》，详细规定差旅费、会议费、招待费、车辆运行费及其他办公经费的支出管理办法，并严格规定大宗物品实行政府采购，由办公室、计财科、监察室等共同承办，取消行政科室账号，加强对事业单位的财务指导与监督，对非税收支情况进行认真检查梳理，确保各项公用经费支出控制在市下达的指标之内。

(刘玉芳)

【市林业局副县级以上干部名录】
党组书记、局长：官金福
党组副书记、副局长：李惠蒙
党组成员、纪检组长：娄登安
党组成员、副局长：胡　斌　桂希民
党组成员、副调研员：周森发
副调研员：孙　勇
市森林公安局局长：杨　烨(2011.4~)
市森林公安局政委：胡云平(2011.4~)

水利

【概述】 2011年，全市各级水利系统深入贯彻落实中共中央、国务院《关于加快水利改革发展的决定》和省委、省政府《关于加快水利改革发展的实施意见》及市委、市政府《关于加快水利改革发展的实施细则》等文件精神，清醒认识水利改革发展的形势，准确把握加快水利发展的战略机遇，积极应对挑战，全力加快水利改革发展步伐。在2011年度水利改革发展省级考评中，荣获第二名。

【防汛抗旱】 2011年全市受特殊异常天气影响，出现旱涝急转局面。1~5月，发生罕见的春夏连旱。全市降雨500.3毫米，为多年平均降雨量的52.7%，中小水库蓄水严重不足，主汛期间，信江鹰潭水位站出现有记载以来历史同期最低水位。6月初，鹰潭市遭遇强降雨过程，旱涝急转。信江贵溪站、白塔河耙石站先后出现超警戒水位洪峰。据统计，全市因灾损失2.395亿元，其中因旱损失1.78亿元、因涝损失0.62亿元。

在市委、市政府的坚强领导下，在省水利厅的指导下，全市上下积极应对春夏连旱和旱涝急转。开展抗旱保春播工作。全市投入人力6.37万人、设施0.363万台套、经费1200余万元，抗旱用电5.4万度、用油5700千克，打机电井0.014

万眼，实施7次人工增雨作业，取得抗旱工作的全面胜利。全力抗击旱涝急转。全市储备袋类80万条，土工布及编织布7.5万平方米，砂石料3.8万立方米，块石1.7万立方米，桩木516立方米，救生衣3780件，防汛救生舟53艘，抢险工作灯638盏，发电机组102千瓦。全面落实防洪工程防汛行政责任人和技术责任人，健全完善各类防汛方案、预案。建立48个乡镇防汛抗旱指挥机构，组建384名小型水库安全管理员队伍和480人的民兵机动营及36人防汛应急救生队伍。组织240余人的民兵预备役部队开展水上救援综合演练。由于各级党委、政府领导高度重视，应对及时，措施得力，全市减淹耕地4150公顷，避免粮食减收5900万千克，减少受灾人口2.3万人，避免人员伤亡3起69人，转移人口0.12万人，避免4个县级以上城市受淹，减灾经济效益0.45亿元。

【工程建设与改造】 2011年全市在建水利项目资金达3.838亿元，其中中央3.05亿元、省级0.45亿元。开工建设一批事关鹰潭市经济社会发展，惠及民生的水利重点工程。修复水毁工程2741处。其中，修复圩堤决口10.66千米、涵闸284座、水坝314座、机电站252座，渠道清淤348千米；全面封堵和加固石港、马胜、马荃、黄麻4座万亩圩堤等77处圩堤决口。全面完成中潢圩堤防渗应急处理工程和石港等6座万亩圩堤加固整治年度任务，基本完成马荃圩堤、雷溪联圩等中小河流治理工程；全面完成病险水库除险加固任务，完成2010年度开工的12座小(一)型病险水库除险加固工程，开工建设16座小(一)型和24座中央重点小(二)型病险水库除险加固工程。实施余江县、贵溪市2011年度全国小农水重点县建设，完成白庙灌区节水改造工程。全面完成信江新区城市防洪工程A、C标段项目，并通过验收。基本完成余江县洪湖(中型)水库除险加固工程前期工作，已列入国家2012年计划实施项目。全面完成226座小(二)型水库应急除险项目。提前完成2010年度余江县、贵溪市全国小农水重点县建设任务。

【水利建设资金】 2011年全市在建水利项目资金达3.84亿元，其中中央3.05亿元、省级0.45亿元。

【水利规划】 狠抓水利综合规划和专项规划。先后完成鹰潭市“十二五”期间水利改革发展规划和白塔河流域综合规划审查以及小(二)型病险水库除险加固规划，编制上报全市农村饮水安全工程“十二五”规划和全市高效节水灌溉省级“十二五”期间实施方案，开展市城市防洪规划修编。强力推进“十二五”期间水利项目前期工作。编制《鹰潭市“十二五”水利项目手册》，确定全市“十二五”期间水利项目403项，总投资84.95亿元，其中332项进入《江西省“十二五”重点水利项目手册》，花桥大型水库、鲁水坑中型水库列入国家“十二五”期间大中型水库建设规划，花桥大型水库、张公桥闸列入省“十二五”期间骨干项目。

【农田水利基本建设】 全市农田水利基本建设累计完成投资1.12亿元，农民投劳86万个工日，出动机械2.6万个台班，完成土石方289万立方米。先后实施一批以圩堤除险加固、灌区节水配套改造、全国小农水重点县建设、病险水库除险加固、中小河流治理、农村饮水安全、山洪灾害治理、小流域治理等水利重点工程。

【水行政执法】 加大河道管理力度。强化市管河道日常巡查，维护良好的水事秩序，全年巡查95次，巡查人次200余次，当场处理水事违反案件15次，按一般程序处理2次。开展河道采砂专项整治月活动。严厉打击违法采砂、运砂行为，强化可采区现场监管，保障良好的采砂管理秩序，扣缴非法采砂船只2艘，调解3起涉砂矛盾纠纷案件。

【水资源管理】 强化水资源管理。编制水资源公报和年报，发布鹰潭市城市饮用水源地水质旬报，细化全市水量分配方案，做好地下水保护利用规划，开展鹰潭市第二饮用水水源(五湖水库)保护利用工作。加强水资源论证。加大对贵溪电厂、冶炼厂、市供水公司等取用水大户监管力度，以全市水资源的可持续利用保障全市经济社会的可持续发展。

(吴 刚)

【市水利局副县级以上干部名录】

党组书记、局长：龚著宝
党组副书记、调研员：袁松林
党组成员、副局长：李宗旺 徐可喜 方洪海
党组成员、纪检组长：吴龙彪
党组成员、总工程师：黄志勇
党组成员、副调研员：周天生 吴小林
副调研员：章平平

商贸与经济合作

编辑、校对:朱仕平

商务

【概述】2011年,全市商务系统干部职工在市委、市政府的正确领导下,在省商务厅的精心指导下,深入贯彻落实科学发展观,紧紧围绕建设"富裕、秀美、宜居、和谐新鹰潭",上下团结一致,奋力开拓拼搏,全面推进了全市商务各项工作的发展。

【对外贸易】2011年,鹰潭市外贸进出口继续保持高位增长态势,据海关统计,2011年鹰潭市外贸进出口总值43.8亿美元,位居全省第二,同比增长10.3%。其中出口6.1亿美元,增长68.23%,增幅高出全国47.93个百分点,高出全省5.13个百分点;进口37.7亿美元,总量位居全省第一。2011年全市外贸运行呈现以下特点:(1)企业开拓市场实现突破。2011年,共组织了23家企业参加各种境外展会,16家企业参加各种国内展会,企业参加境内、外展实现了历史性突破。(2)企业规模不断壮大。2011年,全市发生进出口实绩企业97家,较去年同期增加了30家,新增进出口总额3.45亿美元,拉动全市进出口7.82个百分点。其中,新增出口企业23家,新增出口额2.78亿美元,拉动全市外贸出口45.51个百分点。(3)贸易方式结构不断改善。2011年,全市一般贸易进出口40.9亿美元,增长10.2%,占同期全市进出口总值的93.4%。其中出口5.2亿美元,增长1.2倍;进口35.7亿美元,增长2.9%。同期,全市加工贸易进出口2.4亿美元,增长68.2%。其中出口6447万美元,增长52.4%;进口1.8亿美元,增长74.8%。(4)贸易主体结构积极变化。外商投资企业继续占据主导地位,国有企业进出口小幅下降。2011年,外商投资企业进出口38.3亿美元,增长4.5%,占同期全市进出口总值的87.4%;国有企业进出口3020万美元,下降26.5%。同期,民营业进出口5.2亿美元,增长97.2%。

【对外经济】2011年,按照"立足项目、攻坚克难、创新举措、狠抓落实"的工作思路,积极进取、大胆开拓,全市"走出去"工作取得了可喜的成绩。全年共新批境外投资企业2家,办理境外投资增资手续企业1家,累计中方协议投资额1109.33万美元,中方实际投资额1.2亿美元,居全省第一位;全市对外承包工程新签合同金额5550万美元,完成营业额2403万美元,占计划的218.45%,同比增长200.38%,新签合同额与完成营业额均居全省第二位,完成营业额增幅居全省第一位,高出全省增幅148.46个百分点。主要工作如下:(1)大力宣传,努力壮大全市外经队伍。一是将2011年来国家、省、市有关"走出去"政策、文件等进行了整理汇总,编制了"鹰潭市走出去服务指南";二是将外经与其他业务进行了有效结合,抓住有利时机对外资、外贸及内贸企业进行"走出去"政策宣传;三是加强与市工商联等部门的合作,举办了全市"走出去"政策宣讲会;四是邀请省厅专业人员上门对有意向的企业进行点对点、面对面的宣讲。一分耕耘,一分收获,2011年,共推动了近10家企业达成了"走出去"意向,其中2家企业已办理了境外投资手续,1家企业办理了境外投资增资手续,鹰潭江南铜业有限责任公司投资1600万美元在罗马尼亚进行矿产资源开发项目手续也在办理中。(2)强化服务,积极扶持中国四冶等龙头企业做大做强。一是项目跟踪服务,切实解决企业难题。多次赴省厅及中国承包工程商会沟通汇报,协调解决了中国四冶项目运行过程中出现的肯尼亚项目准入及保费付费等问题,推进了中国四冶与中国信保、江西省外经贸企业信用担保公司的合作。二是推动银企合作,搭建企业融资平台。针对企业融资难这一焦点问题,遵循"政府搭台 企业唱戏 银企双赢"的原则,于6月份组织企业参加了全省金融机构支持"走出去"座谈会及政银企对接会,推动建立银企合作机制,帮助企业拓宽融资渠道。三是服务企业用足用好政策资金。2011年,共指导企业申请获得扶持资金78万元,在一定程度上帮助企业降低了"走出去"经营成本及风险,充分调动了企业开拓国际市场的积极性。(3)开拓创新,努力挖掘全市外经业务新的增长极。一是推进鹰潭丰华建设有限公司等工程承包企业与中国四冶的合作,帮助企业"借船出海",推动全市工程承包企业"抱团"走出去,努力培育对外承包工程新企业;二是积极推动中铁二十四局贵溪桥梁厂申请对外承包工程资质,力争通过贵溪桥梁厂分包项目实现全市对外承包工程营业额的新突破;三是邀请孟加拉桥梁局总裁一行10人到鹰潭市进行桥梁建设及维护现场技术交流会,力争推进全市技术"走出去"取得突破;四是积极推动中国四冶申请A级援外资质,力争在援外项目方面取得新突破。(4)积极推介,努力帮助企业开拓国际市场。一是组织有实力且有投资意向的企业赴南美、南非开展对外投资合作推介活动,帮助企业寻找对外投资合作机会和项目;二是组织企业参加了中国—亚欧博览会、"9·8"厦门投洽会、中国—东盟博览会等,促进了多个项目的合作;三是推进"走出去"信息平台建设,利用"走出去"QQ群、网站等平台公布中国信保服务企业"走出去"项目信息、津巴布韦项目信息及内地企业投资香港指南等"走出去"信息,为企业开拓国际市场提供服务。

【国内贸易】 2011年,在国家扩内需、促消费各项政策措施持续作用和积极影响下,全市城乡市场持续、快速、健康发展,全年共实现社会消费品零售总额103.27亿元,同比增长17.5%,增幅居全省第八位。

1. 消费品市场运行的主要特点:(1)各县(市、区)齐头并进,同步发展。2011年,月湖区实现社会消费品零售总额47.06亿元,同比增长18.1%;贵溪市实现社会消费品零售总额36.01亿元,同比增长17.5%;余江县实现社会消费品零售总额20.20亿元,同比增长16.0%。(2)限额以上企业带动作用明显,市场份额稳步扩大。限额以上企业凭借其经营、服务、信誉、资金、管理等方面优势,市场份额不断扩大,规模聚集效应明显,始终发挥着市场导向作用,引领消费品市场快速发展。2011年,全市限额以上批零企业实现社会消费品零售总额20.54亿元,同比增长33.7%。(3)住宿餐饮业发展迅速,批发零售业稳步增长。居民生活水平不断提高,社会上各种类型的公务、商务活动频繁,旅游市场的快速发展等多种因素促成全市消费品市场各行业发展迅速。2011年,全市批发业实现销售额193.94亿元,同比增长24.7%;零售业实现销售额72.18亿元,同比增长22.4%;住宿业实现营业额2.51亿元,同比增长27.1%;餐饮业实现营业额17.17亿元,同比增长21.6%。(4)家电下乡产品销售持续增长,拉动农村消费。2011年,全市共有备案家电下乡产品销售网点330家,覆盖全市100%的乡镇,全年累计销售家电下乡产品11.52万台,销售金额3.09亿元,同比增长53.7%。其中,月湖区销售2.42万台,销售金额6697.6万元,同比增长42.5%;贵溪市销售4.61万台,销售金额12389.29万元,同比增长58.9%;余江县销售4.16万台,销售金额11071.28万元,同比增长56.2%;龙虎山景区销售0.33万台,销售金额789.77万元,同比增长43.9%。财政部门全年共发放补贴资金3456.2万元。(5)金银珠宝类商品热销。国际金价连创新高,加上市民对通货膨胀导致自身资产缩水的担忧,广大民众更加关注金银珠宝等具有保值功能的商品,2011年,全市限额以上企业销售金银珠宝类商品1931.8万元,同比增长51.1%。(6)生活必需品市场供应充足,价格上涨。2011年,全市居民消费价格总指数(CPI)同比上涨5.1%,涨幅比2010年同期扩大2个百分点,其中食品类价格同比上涨9.8%。市商务局监测数据显示,2011年,全市粮、油、肉、蛋、奶、糖价格,分别上涨8.63%、10.24%、22.73%、4.5%、11.28%、11.53%。

2.认真落实搞活流通、扩大消费各项政策。(1)加大家电下乡和家电以旧换新工作监管力度。市商务局会同财政局和环保局对家电下乡及家电以旧换新工作多次开展专项检查工作,先后三次开展家电下乡销售网点专项整治工作,取缔取消网点32个,扣缴保证金19000元,追回所骗补贴30610.51元。(2)组织企业参加各类展销会,引导地产品走向全国。2011年,鹰潭市先后二十余次组织商贸流通企业参加国家、省、市政府在外省市组织的各类博览会和展销会,加快了地产品走向全国的步伐,引导企业开拓新市场,并且充分展示了鹰潭良好的对外形象。(3)成功申报两个国家级区域性大型再生资源回收利用基地,获得国家财政扶持资金2175万元。

3. 加强市场秩序整顿和规范,促进安全消费。(1)启动商务综合行政执法工作。成立了鹰潭市商务综合执法支队和鹰潭市12312商务举报投诉中心,开通了12312举报投诉服务热线电话,建立健全了商务综合执法管理制度。(2)实施"放心肉"工程。为全市3家符合要求的屠宰企业颁发了生猪定点屠宰许可证,认真开展生猪屠宰专项集中整治行动,出动人员600余人次,查处各类违法违规行为125起,取缔私宰窝点5个,收缴未经定点屠宰猪肉3500多千克,确保了市场稳定和"放心肉"的供应。(3)开展打击侵犯知识产权和制售假冒伪劣商品专项行动。(4)做好全市拍卖、典当、成品油、再生资源企业监管工作。

4. 提高市场监测和调控能力,维护市场稳定。(1)做好市场运行监测工作。加强市场运行监测,做好样本企业信息报送和市场运行分析,大力发展样本监测企业,建立完善报表催报制度,不断健全城乡市场监测体系。2011年,全市商务部市场监测样本企业达31家,样本企业数据报送率为98.7%。建立鹰潭市商务预报网,创建全市商务信息、市场运行状况的网上发布平台。全年共完成市场运行分析110篇,在商务预报网上发布文章、信息1300篇,省站采用380篇,商务部总站采用28篇。(2)做好市场应急保障工作。落实应急物资储备,确定8家企业为全市保障市场供应骨干企业,做好元旦、春节期间以及突发事件和自然灾害期间的市场供应工作,确保市场供应稳定、安全。

【招商引资】 2011年，招商引资工作实现了四个超历史：一是实现了引进境外资金增幅超历史。纳入省商务厅考核的实际利用外资额、现汇进资额两项增幅指标均列全省第一，现汇进资总量为“十一五”期间总和。二是上市公司入驻鹰潭超历史。全年引进德国埃尔斯特公司，日本同和公司，美国温德姆公司，香港四洲集团、人和公司和华宝公司，台湾的连展公司以及内地的三一重工、水晶光电、康恩贝等。三是“小狗经济”项目落户鹰潭超历史。除承接重大产业项目外，全市还注重引进成长性项目，重点引进汽摩配生产企业，形成汽摩配产业集群。签约投资额3000万至1亿元汽摩配项目60多家。四是组织招商活动超历史。积极参加省政府和区域组织举办的“香港活动周”“泛珠会”“赣台会”“中博会”“低碳会”等一系列招商活动。同时还自行举办了各类招商活动：如在广东开展了“承接产业转移招商月”活动；在浙江开展了“依托浙商，对接企业，百日招商”活动；赴台湾开展“台湾招商周”活动；在江苏昆山举办了招商周活动；利用第五届海峡两岸文化论坛在鹰潭举办之机开展了海峡两岸经贸洽谈活动等20余场。全年招商活动对接客商1400余名，签约项目119个，签约投资总额184.7亿元，招商活动取得了丰硕的成果。2011年全市获得开放型经济工作综合先进奖，荣获“浙商重点推荐投资城市”称号。

【口岸建设】 (1)全力推进海关和国检大楼建设。鹰潭海关和国检大楼建设是2011年鹰潭市十大重点城建项目之一，9月16日，鹰潭海关和国检大楼开工，预计2013年11月竣工。(2)积极拓展转关通道。为降低鹰潭铜拆解加工区企业的物流成本，提高企业综合竞争力，市口岸办积极争取海关总署、质检总局、环保部支持开通鹰潭铜拆解加工区固体废物原料宁波至鹰潭转关海铁联运通道。(3)提升口岸作业区信息化水平。10月中旬，鹰潭铜拆解园区信息系统与江西电子口岸平台成功联网，此举意味着鹰潭市企业突破了时间和空间限制，全天候通过江西电子口岸平台办理进出口业务，提高了办事效率。(4)口岸通关效率有所提高。鹰潭口岸管理和查验机构工作联系配合机制不断完善，报关、报检流程日益改进，通关、通检服务不断提高；推行24小时预约通关制度，确保企业的进口货物随到随检，快速放行，将过去的“货等人”变为现在的“人等货”。(5)口岸管理和服务水平明显提高。市口岸管理部门积极开展调研活动，提出了开通宁波—鹰潭“五定班列”建议，完成了“加快海关和国检建设，助推开放型经济发展”专题调研。切实了解企业需求，积极帮助企业解决在进出口工作中遇到的实际困难。

（吴　锐）

【市商务局副县级以上干部名录】

局　长：柯　嘉(女)
党组书记：倪饶生
党组副书记：揭晓泗(2011.7~)
党组成员、副局长：李和胜　李爱山　张逸云(女)
党组成员、纪检组长：毛彩霞(女)
党组成员、调研员：汪少波
党组成员、副调研员：郭夏冰(女)　朱维治

粮食

【概述】 2011年是“十二五”期间的开局之年，全市各级粮食部门认真贯彻落实国家粮食政策，按照市委、市政府和省粮食局的决策部署，秉承“为耕者谋利，为食者造福，为企业增效”的服务理念，抓好粮食收购，改善宏观调控，加强市场监管，推动产业发展，深化体制改革，实现了稳市场、保安全、强产业、惠民生的工作目标，为促进全市经济社会平稳较快发展作出了积极贡献。

【粮食经济】 国有粮食企业改革成效显现，国有粮食企业减亏增盈取得积极进展。全市国有粮食企业积极盘活存量资产、强化内部管理、多种形式搞活经营，提升了企业盈利能力，全年统算赢利163万元，连续8年保持赢利。

【粮食收购】 2011年全市各级粮食部门把抓好粮食收购作为服务“三农”，促进农民增产增收的重要工作，加强形势分析和科学研判，及时提供粮食市场信息，改善服务方式，强化督导检查，确保全年粮食收购工作顺利完成。市粮食局主要采取了四项措施：一是加强对各项惠农政策的宣传，为了调动种粮农民积极性，2011年国家提高了早、中、晚稻最低收购价，为让农民了解政策，市粮食局组织机关干部深入挂点乡镇和干部联系户、基层粮食收购点宣讲省委、市委有关惠农政策，增强农民种粮的信心。二是加强市场粮价监测，关注粮油市场动态，开展粮食产需调查，及时向社会发布粮食价格信息。推介优质稻种，发放《2011年优质粮种推荐》宣传单200份，为农民和粮食经营者提供粮食信息服务。三是严格执行国家粮食收购政策，确保不拒收、不限收，坚持国家质量标准，搞好优质服务，提供便民措施，坚持现金结算、不打白条。做到了农民增收、企业增效、政府满意。四是加强粮食收购市场监管，净化收购市场环境。坚决取缔无证、无照、违法收购行为，规范收购秩序，保护各类合法收购主体利益，保障粮食收购市场健康有序，规范运行。2011年全市各类粮食经营企业共收购粮食61.68万吨，同比增加32.44万吨，其中国有粮食企业收购24.17万吨，同比增加18.42万吨，收购价格、收购量均创历史最高水平。

【调控监管】 积极落实地方粮食储备，市场调控能力增强。全市在已经落实市、县级地方储备粮2万吨实物的基础上，余江县粮食局积极争取县政府重视支持，新增县级储

备粮规模0.5万吨。进一步完善省级储备粮管理体系,切实做好省级储备粮轮出销售网上竞价交易工作。通过精心组织,统筹安排,落实责任,全市承储企业网上竞价销售工作,扎实到位,圆满地完成了省级储备粮的轮换任务。粮食市场监管力度继续加大,依法管粮能力和服务水平得到提高。一是为维护种粮农民利益,组织行政执法人员对粮食收购市场依法进行监管,依法打击各种坑农、害农、扰乱粮食收购秩序的现象。据统计,全市共出动行政执法人员62人次,开展各类检查28起。二是依法开展了粮食收购资格,建立粮食经营台账和执行粮食流通统计制度及执行粮食政策情况的专项监督检查,有效维护了粮食流通秩序。

【仓储管理】 按照国家粮食局、省粮食局的统一部署,市、县(市、区)粮食局对辖区内106个粮油仓储单位的仓房进行了登记备案,并对全市40家粮油加工企业进行了专项调查工作,全面系统地掌握了全市粮油仓储、粮油加工单位基本情况,并建立了详细的档案资料。开展了《江西省粮油仓储单位备案管理办法》宣传活动,为规范粮油仓储单位监管,提升仓储管理水平,保障粮食储存安全提供了制度保障。全年共争取中央、省财政资金1352万元,企业自筹资金829万元用于改、扩、建和修缮仓储设施,使粮食仓储装备水平进一步得到了提高。全市现有库容11.22亿千克。

【中心活动】 深入开展"发展提升年"活动。积极开展"以治庸提升能力,以治懒增效率,以治散正风气"主题教育活动。充分利用新闻媒体、网站、简报及专刊形式宣传活动工作动态,反映活动成效;通过座谈会、走访企业、领导带科室挂扶企业等活动,及时了解企业服务需求,把握产业发展现状,为产业发展提出政策建议;积极为粮食经营加工从业者提供项目开发、开业指导、政策咨询、政策扶持等服务,完善落实重大项目全程跟踪服务制;重点强化服务监管,努力创建优质高效的政务和服务环境、宽松透明的市场和企业经营环境,为粮食产业发展创造良好的发展环境;严格落实党风廉政建设责任制,不断完善惩治和预防腐败体系,重点开展了工程建设领域突出问题、物资采购、大宗粮食交易等"三项专项治理"工作,完善风险岗位廉能管理机制,推动全市粮食系统反腐倡廉工作深入开展,党风廉政建设和反腐败各项工作稳步推进。

【综治、信访、维稳工作】 主要做法:一是切实加强对综治工作的领导,认真落实信访责任制、首问责任制、责任追究制,制定了处置信访突出问题应急预案,提高信访快速反映和处置能力。二是切实做好重点信访问题上访人员的稳控工作,妥善解决改革中存在的遗留问题。全市粮食系统本着"以人为本、和谐发展"的原则,加大了对困难群体的帮扶力度。市局积极筹集资金,开展为困难群体送温暖活动。三是建立健全信访机构及信访工作制度,经常深入基层开展矛盾纠纷排查调处工作,为粮食经济提供了良好的发展环境。全年市局共接待群众来访20次,受理人民来信4件,解决或答复问题10件。2011年全市国有粮食企业未出现集体进京赴省上访事件,确保了稳定。

(姜丽娟)

【市粮食局副县级以上干部名录】

局　长:倪饶生

副局长:李和胜

供销

【概述】 2011年是"十二五"规划开局之年,在市委、市政府的正确领导下,市供销社以邓小平理论和"三个代表"重要思想为指导,深入贯彻科学发展观,着力推进农村现代流通服务体系建设,大力发展农村合作经济,加快发展农业产业化步伐,积极开展项目建设和项目申报,加快促进社有企业发展,供销社综合实力明显增强,发展活力日益显现,供销形象显著提升。2011年在全省供销合作社系统综合业绩考评中荣获特等奖,这是鹰潭市供销社首次获此殊荣。除此之外,还荣获全市开放型经济工作先进单位、全市信访工作目标管理先进单位、全市安全生产工作先进单位荣誉称号。贵溪市供销合作社连续第六年荣获全省供销合作社综合业绩考评县级社特等奖。

【李春生调研基层社】 2011年7月25日,全国供销合作总社理事会副主任李春生在江西省供销社主任钟际跃、鹰潭市政府副市长戴春英等陪同下深入到贵溪塘湾、罗河中心社等地调研。李春生对鹰潭市供销工作尤其是基层社建设工作给予了充分肯定,要求供销系统干部职工认真贯彻落实国发40号文件精神,进一步加快基层社改革发展步伐,完善农村现代流通服务体系,增强供销社经济实力,努力打造全新供销社,树立供销新形象。

【戴春英带领市社领导招商引资】 为促进循环经济形成较大规模,培育新的经济增长点,建设好鹰潭"城市矿产"基地(再生资源回收利用体系)项目,2011年1月8日,时任市政府副市长戴春英带领市社主任洪晓明、纪检组长周国清等人前往广州、东莞招商引资。戴春英副市长与海港(国际)集团有限公司董事长吴伟光,就合作建设鹰潭"城市矿产"基地项目进行友好洽谈并就到鹰潭投资达成一致意见。

【加快社有企业发展】 2011年,市供销社把加快社有企业发展作为一项重要工作来抓。通过系统内外联合与合作,扶持指导企业做大做强,培育了一些骨干企业。与香港海港(国际)集团有限公司等合作,组建的江西省港诚再生资源有限公司,注册资本5000万元,总投资1.2亿元,年回收各类废旧物资30万吨,实现年销售收入8亿元,该公司已成为市里指定的全市再生资源回收利用体系建设龙头企业。鹰潭市富农实业有限公司实行公司+农户+专业合作社+市场的经营模式,已发展为全市规模最大的专业冷链物流企业,农产品冷链物流市场辐射全市及周边地区20余乡镇,惠及农户9000余户。鹰潭市金鑫再生资源有限公司为江西省家电以旧换新中标企业,2011年共回收旧家电6万多台。为进一步促进再生资源回收利用体系建设,2011年11月,新成立了鹰潭市新合作再生资源有限公司,注册资金500万元,是一家主要回收加工利用废旧金属等为主的再生资源公司。另外,农业产业化企业得到快速发展,龙头企业已发展到7家,其中有4家进入了全国总社农业产业化重点龙头企业名单。

【农村现代流通服务体系建设】 继续推进以农副产品购销、农资连锁经营、再生资源回收利用、日用消费品经营、烟花爆竹经营等五大网络为主要内容的农村现代流通服务体系建设。截至2011年年底,农副产品购销网络已发展国家级示范专业合作社1家,省级5家,市级35家,基层综合服务社88个;农资连锁经营网络已发展经营企业6家,配送中心10个,经营门店316个;再生资源回收利用网络已发展回收经营企业6个,其中龙头企业4家,乡镇回收站36个,门店312个,选定包村流动回收员118个,农村可利用垃圾回收已基本形成了"龙头企业+乡镇回收站+包村流动回收员+村保洁员"运作模式;日用消费品经营网络已发展连锁经营企业11家,加盟店36个,农家店160个;烟花爆竹经营网络方面,市社新建烟花鞭炮仓库完成了申报、选址购地、基础建设、初步验收等工作。贵溪、余江等县社也新建了标准化烟花爆竹仓库,购置了配送车辆,规范建设85家烟花爆竹放心店,促进了全市烟花爆竹销售网点的升级换代,形成了覆盖市、县、乡、村四级营销网络体系。

【项目申报取得突破】 结合供销实际,慎重筛选项目申报,积极争取资金扶持,增添供销社发展后劲。向全国总社成功申报了贵溪大山茶叶天师茶加工扩建项目、鹰潭市供销农资连锁有限公司农资配送中心升级改造项目,获得188万元资金。依托鹰潭市金鑫再生资源有限公司这一平台,向国家发改委申报了城市生活垃圾收运系统建设工程项目,获得中央预算计划内资金1500万元。

【保障农资供应】 早准备,开展摸底调查,把握市场行情。组织人员进行农资市场调研和农民需求调查,广泛收集农资市场信息,加强对春耕农资市场分析,摸清农资需求品种和数量。积极组织货源,保障市场供应。多方筹集资金,与相关合作厂商落实货源,积极组织外采,保证货源充足,做到品全量足,质优价廉。发挥网络优势,推进连锁经营。形成以农资配送中心为基地,以基层供销社和镇级店为依托,以村级综合服务社和连锁店为终端的农资配送体系,减少中间环节,降低经营成本,尽可能让农民能"一站式"购齐所需农资商品。加强监督检查,确保农资质量。严把进货关,同时加强对农资质量监督检查,严厉打击销售假冒伪劣农资行为,切实维护农民利益。

【迎接全省"巡回看变化"活动】 为深入推进全省农村现代流通服务体系建设,2011年6月,省社组织开展了巡回看变化活动。6月24日,省社副主任欧阳太来、卢忠,副巡视员陈伟儒等一行到鹰潭市巡回看变化,南昌、九江、抚州、上饶、景德镇5个市社主任、分管业务的副主任等参加。活动组一行先后视察了江西省港城再生资源有限公司、余江县再生资源循环基地、潢溪镇再生资源回收网点、余江县社再生资源拆解市场等地,对鹰潭市农村现代流通服务体系建设给予充分肯定 。

【四川等省市供销社到鹰潭考察】 4月10日,四川省供销社副主任王小刚率部分设区市主任及示范县社主任到鹰潭考察农村再生资源网络建设。省社欧阳太来副主任等陪同。王副主任一行在鹰潭期间听取了情况介绍,实地察看了贵溪塘湾镇、金屯镇等再生资源回收网点,对鹰潭市再生资源网络建设表示赞赏。之后,湖南长沙、四川乐山等市供销社人员先后到鹰潭考察再生资源回收网络建设。

【组织参加产销对接推进会】 12月12日,鹰潭市供销社组织贵溪市的大山茶叶专业合作社、鹏福茶油专业合作社、竹荪专业合作社3个农民专业合作社的7类产品参加在北京举行的产销对接推进会,贵溪大山茶叶专业合作社的"天师牌"养生茶系列产品等获得与会人员一致好评。

【深入开展发展提升年活动】 根据市委市政府统一部署,从2011年1月15日至12月31日,市供销社深入开展发展提升年活动,召开了动员会,成立工作领导小组,制订了实施方案,明确了活动的指导思想、工作目标、活动主体、工作重点、工作步骤。通过活动开展,干部职工服务意识得到明显增强,作风进一步转变,机关团结和谐、积极向上的氛围进一步浓厚,发展环境得到优化,供销社形象得到提升。

(胡小珠)

【市供销社副县级以上干部名录】

党组书记、主任:洪晓明
党组成员:吴蔚权
党组成员、调研员、副主任:吴官富
党组成员、副主任:周永忠
党组成员、纪检组长:周国清

盐业

【概述】 鹰潭盐业公司在市委、市政府和在省盐业集团公司的正确领导下,以全省盐业工作会议精神为指导,团结全体干部职工,认清形势,坚定信心,进一步解放思想,创新销售方式，坚持依法治盐，诚信经营，增收节支，开源节流。2011年全年购进盐产品1.44万吨，销售1.38万吨，年末库存2864吨;非盐产品情况购进310万元，销售286万元。全年实现销售收入2411万元。

【业务管理】 客户至上，服务取胜，进一步加强对行业用盐的经营管理。统一思想，转变观念，积极开拓多种品盐市场，同时为非盐产业的配送和配送渠道的产业升值奠定基础。

【盐政管理】 配合公安、工商成功追逃躲避三年的盐贩子归案，查获涉盐案件4起，收缴私盐0.20吨，罚没款6000元，刑拘2人，逮捕1人，判刑1人。

【信息化管理】 建立以市场为导向，以客户为目标，规范管理盐业市场的信息体系。建立了财务、业务、劳动工资、党群人事等信息管理系统。

【队伍建设】 坚持“以人为本”的管理理念，狠抓员工队伍教育培训，以提高管理人员素质为重点，加强干部“五风”建设，通过专题教育、强化了党风廉政建设，增强了廉政勤政服务意识。

【公益事业】 2011年公司共捐资、出资近5万元，积极参与新农村建设、帮困、救灾、植树造林、文明城市创建等公益活动，向社会奉献盐业人的一片爱心。

【食盐抢购】 受日本大地震影响，2011年3月17日至18日鹰潭销区发生食盐抢购现象，销售食盐1400余吨。

（罗东辉）

【市盐业公司领导人名录】

经理(局长)：余群生
书　记：李骁玻
副经理(副局长)：张远德　金学军

烟草专卖

【概述】 鹰潭市烟草专卖局(公司)，下辖月湖区、贵溪市、余江县3个县级烟草专卖局(分公司)。共有从业人员229人，其中聘用员工111人。2011年，在中共鹰潭市委、市政府和省局(公司)的正确领导下，鹰潭市烟草专卖局(公司)坚持以科学发展为主题，以转变经济发展方式为主线，紧紧围绕“卷烟上水平”战略任务，着力抓好市场营销、专卖管理、内部监管、基础管理和队伍建设，奋力赶超、跨越进位，全市系统继续保持了持续、快速、健康的发展态势，顺利实现了“十二五”期间良好开局。2011年，全市系统为国家创造利税2.13亿元，同比增长28.38%;实现税收1.21亿元，同比增长27.37%，再创历史新高。按鹰潭市常住人口计算，人均创税额在全省行业排第一名。

【专卖打假】 打假破网工作成绩突出，2011年共查处各类卷烟921.41件，查处各类违法卷烟案件687起，其中5万元以上大要案5起，“6·16”特大卷烟制假网络案和“7·8”销售假烟网络案，被国家局定为国际网络案件。破获的“6·16”烟丝运输网络案案值特别巨大，达7544万余元，被列为公安部督办案件。

【诚信经营小组建设】 组织开展诚信经营小组建设，充分发挥零售客户自我管理、自我约束、互相监督，维护公平竞争市场秩序的作用。以自发组织、自愿加入为原则，积极组建“诚信经营小组”努力构建诚信经营小组成员间自我发展、自我约束、自我管理和自我监督的良好氛围。通过日常拜访、客户座谈等有效途径，积极引导其遵守《诚信经营公约》。强化落实以价格管理为内容的“三项检查”(小组内部检查、小组交叉检查、机关全员参与价格检查)。2011年8月以来，客户的综合毛利率每月在江西省的排名已稳定在全省行业前列。

【企业安全文化建设】 企业安全文化取得阶段性成果。2011年，全市烟草系统结合“鹰烟之道”的企业文化，对独具鹰潭烟草特色的企业安全文化进行了总结、提炼，编制了《企业安全文化手册》和《员工安全守则》等手册，构建了以安全承诺为核心，由安全承诺、行为规范和程序、安全行为激励、安全信息传播与沟通、自主学习与改进、安全事务参与、审核与评估等六个要素组成的企业安全文化体系结构，提出了以爱心、恒心、狠心为内容的“三心”安全承诺和“员工为本，安全是福”的核心理念。

【企业管理】 全面推进质量管理体系建设工作。不断夯实质量体系建设和职业健康安全体系建设中的痕迹化管理，防范岗位风险;以构建协调顺畅、科学有效的质量管理体系为抓手，明确责任，强化措施，突出重心，不断提升企业管理水平。

【公益事业】 资助新农村建设，共资助余江春涛红星村大桥组、贵溪市流口镇细叶村、余江黄庄乡邱坊村开展新农村建设资金16万元；组织员工开展“爱心捐赠”、“春蕾计划10元捐”和“慈善一日捐”活动，员工个人共捐款8500元。

【重大事件】 1月7日，鹰潭市烟草专卖局(公司)与福建中烟工业公司携手举行“七匹狼(通泰)”产品推介及营销动员大会，这次会议对于推进工商双方按照“营造环境、尊重市场、引导消费、增强能力”具有重要的意义。

6月，鹰潭市烟草专卖局(公司)被江西省委宣传部、组织部、省工信委、省总工会联合表彰为“2009~2010年度江西省职工思想政治工作先进集体”。

10月24日，国家局安全检查组到鹰潭市烟草专卖局(公司)检查安全工作。

【合作办报】 2011年，鹰潭市烟草专卖局(公司)继续与鹰潭广播电视局合作,在《鹰潭广播电视报》第三版创办《金叶专版》,隔期发刊,全年共26期。合作办刊,对于展现全市烟草系统企业文化,方便广大消费者了解全市烟草系统动态,构建和谐烟草新形象起到了良好的作用。

(舒 庆)

【市烟草专卖局(市烟草公司)副县级以上干部名录】
局长(经理):陈小平
副经理:凌路平(女)
副局长:甘鸿志
纪检组长:邬平波
副调研员:吴新华

石油

【概述】 2011年,鹰潭石油分公司继续开展"比学赶帮超"主题活动,发扬"见红旗就扛、有第一就争"的精神,围绕"两保三不降两提高"的工作目标,加强学习强素质、提高服务拓经营、大力宣传树形象、完善制度促规范,坚定信心,再接再厉,扬优成势,圆满地完成了省公司下达的各项经营管理任务。全年实现成品油经营总量达16.71万吨,同比增幅4.08%,完成年度计划的102.74%,销售收入突破12亿元;实现利润4337万元,完成年度计划的167%,利润完成率全省排名第二。全年新建加油站4座,加油站保有量达到46座,网络市场占有率达91%。员工人均收入有较大增幅,其中一线增幅高于机关达26.78%。劳务工"五险一金"得到保障,员工满意度和幸福指数显著提升。全面完成省公司下达的安全环保隐患治理任务,没有发生上报安全环保和数质量等级事故。荣获鹰潭市"安全生产工作先进单位"。分公司被省公司授予先进集体奖5个,授予先进部门奖5个,授予先进个人奖13名。

【加强经营管理工作】 首先是充分发挥成品油供应主渠道的作用,积极履行好国有企业的政治责任和社会责任,认真贯彻执行省公司各项保供措施及鹰潭市委、市政府《关于切实做好市场保供》的批示,在各个特殊时期,加强了油料物流调运力度,保障了鹰潭成品油市场的资源供应。在资源紧张特殊时期,分公司领导和机关人员都亲临一线,靠前指挥,挂点加油站,维护了加油站经营秩序,确保了成品油平稳供应,受到了市委、市政府的充分肯定和广大客户的赞誉。其次是加强了市场分析和监控力度,做到对市场信息反应"灵"、动作"快"、出拳"重",对大型厂矿供应率达到了100%,经营指标创造了鹰潭石油有史以来的最好成绩。在竞争比较激烈的加油站采取"点对点"、"面对面"和"单枪"差别化营销的竞争策略,努力扩大零售量,零售增幅在全省排名第一,利润指标创历史新高。积极拓展加油卡增值服务项目,IC卡消费量增幅全省排名第一。加快非油品业务发展,强化了管理,圆满完成了省公司下达的任务,在营便利店达到了42座。第三是狠抓油品数质量管理。始终坚持"公正、公平、公开"的原则,全面部署、层层落实,积极开展了油品数质量"进货验收"、"油罐车容积表检定"、"盘点及损耗分析"等六项专项整治,夯实了数质量管理基础,提高了管理水平,企业形象和消费者利益得到进一步保障。

【加强企业安全工作】 按照"谁主管、谁负责"的原则,狠抓安全责任制的落实,层层签订了《HSE责任状》和《安全承诺书》,强化了员工的安全意识。结合开展"我要安全"主题活动,以举办2011世界无烟日暨"我要安全"活动演讲赛、HSE问卷调查、"十大薄弱环节"排查等宣传教育形式,狠抓《安全生产禁令》《安全纪律》的宣贯和落实。通过举办数质量知识问答活动,大力宣传"每一滴油都是承诺",强化社会责任意识,公司接受上级油品检验符合标准合格率达100%,受到总部领导的批示和省公司的表扬。白马油库累计安全平稳运行达6998天。

【加强网点建设工作】 2011年,固定资产投资项目共计9个,其中竣工工程项目2个,在建工程项目2个,收购项目3个,前期预备项目2个,固定资产累计完成投资2778.32万元,确保了重点部位网点建设,网络优势地位不断巩固。有效净化市场环境。积极与地方政府联合开展成品油市场整顿,清理关闭了50座非法加油站点,清理注销了11座假冒中石化的社会加油站营业执照。成功实现土地置换。鹰潭市人民政府与江西石油分公司在鹰潭石油分公司共同签署了"白马油库搬迁土地置换合作协议",双方将在成品油管道二期及下载油库建设等方面进行深入合作。分公司依据"白马油库搬迁土地置换合作协议"内容,将着力于2013年10月31日前完成新油库以及加油站的建设与投运。油库土地置换工作受到总部领导批示表扬和省公司表彰。

【夯实综合管理水平】 规范制度标准化体系。新制订了11项管理制度,梳理规章制度40个,修订制度1个,废止制度1个。积极参与"改善经营管理建议"活动,鼓励基层员工向公司报送合理化建议,分公司累计收集建议36条。分公司被省公司授予改善经营管理建议工作先进单位,1名员工被评为先进个人,1条建议被评为三等奖。强化数质量管理意识。坚持"质优量足、顾客满意"的质量方针体系,认真落实"每一滴油都是承诺"。将油品数质量管理与企业经营工作同布置、同检查、同考核。组织410人参加"质量知识答题",提高了大家对ISO9000体系的认识。根据省公司《数质量工作禁令》,开展了成品油数量管理"六项整治"活动,制定并组织层层签订了油品数质量承诺书,损耗控制在规定范围内。加强了润滑油和非油品质量管理。外宣及舆情应对得到增强。按照省公司对外宣传管理和考核办法,明确了责任。规范了新闻披露和采访流程,建立了快速反应预警机制。公司领导走进鹰潭电视台"政风行风热线"直播间,与媒体和市民进行了良好的沟通。在《江西石油》、《中国石化报》刊稿62篇,积极与《江西日报》、鹰潭电视台等主流媒体协作对鹰潭石油分公司的各类活动进行正面宣传报道,提升了企业形象。政务信息成绩喜人。制定政务信息考核评比办法,建立了上下一体的信息员队伍,在省公司门户网刊发政务信息120条,有4条被集团公司门户网采纳。分公司被省公司授予政务信息工作先进单位,1名同志被评为先进个人,2条信息得到总部领导批示,2条信息得到省公司领导批示。畅通渠道优化队伍。2011年按照上级要求,积极畅通人才成长通道,建立和完善促进人才尽快成长机制,扎实推进"三支队伍"建设,营造了"人人可以成才"的环境。专注后备干部队伍建设。组织对片区经理助理进行全面评价考察,1名工作特别优秀的经理助理提拔到片区副经理的岗位上。按照强化"兵头将尾"要求,稳步推进加油站站长竞聘工作。重视提升干部员工的素质技能,举办培训班11期,参加省公司培训72人次,累计培训人数达600余人次。积极组织并参加销售企业竞赛比武,获得零售线管理信息系统复赛团体第三名;2人获得润滑油油客户经理和油品计量工个人复赛第三名。强化管理降本增效。从"节约一滴水、一度电、一张纸"开始,加大节能减排力度。与正星科技有限公司签订了《加油机设备维修服务合同》,提高了设备维护的水平,降低了用工成本。通过对基本建设和修理费项目审计省减金额47.8万元。规范了办公用品、通讯费用、信息设备维修、车辆调度及维修方面的管理,有效降低了财务费用。深入开展了"小金库"自查自纠。

【党风廉政建设】 深入推进"为民服务创先争优"活动。组织开展了"为民服务创先争优讲故事"比赛,2名选手分别获省公司比赛二等奖和优秀奖。组织开展了服务标兵、服务示范站评选。员工主动服务意识不断增强,客户、员工满意度不断增加,企业形象不断提升。加强思想建设。分公司领导班子带头参加中心组理论学习,深入学习胡锦涛"七一"讲话精神、杨善洲先进事迹等。各党支部采取"为党员过政治生日"、"支部党员轮流讲党课"等形式,增强了党员身份意识和宗旨意识。紧扣庆祝建党90周年的主题,举办了红歌会、下基层挂点等职工群众喜闻乐见活动,提高了干部员工的思想境界,增强了企业凝聚力。加强了基层党建工作。配齐配强了经营部党务干部。针对基层党建较为薄弱的现状,公司党委通过多次深入基层调研、座谈等方式,找准薄弱环节,基层支部书记参加了省公司举办的培训班。为推进基层党支部标准化、制度化、规范化建设,以正面激励为主考核,有效解决了部分基层支部书记"不愿干、不想干、不会干"的情况。强化了"红线意识",加强了党风廉政建设。组织学习了《江西石油警示教育案例汇编》,观看了警示教育片,引导广大干部员工树立"红线意识"。

(彭开发 张 楠)

【市石油分公司领导人名录】
总经理:韦哲峰
党委书记:王 涛(2011.9～)
副总经理:孔伟民(～2011.9) 刘军

招商引资

【概述】 2011年,在市委、市政府的高度重视和正确领导下,市招商引资服务中心依托经济技术开发区、物流园区等招商平台载体,深入贯彻落实科学发展观,紧紧围绕打造鄱阳湖生态经济区璀璨明珠的目标,内强素质、外树形象,率领各产业招商小分队,以产业招商为主责,抢抓机遇,创先争优,各项工作保持了较强的发展势头,圆满完成市委、市政府下达的各项工作任务,实现了招商引资工作新的突破,为全市经济发展和社会进步作出了积极贡献。

【项目引进成绩喜人】 全年共促成了12个项目正式签约,总投资49.7亿元,同比增长56%。分别为:压克力环保材料、汽车零部件生产、金银花中草药种植加工、汽摩配生产、气动元件生产、电源连接器生产以及地下人防工程建设项目,其中15亿元项目1个,为香港人和公司投资的地下人防工程项目,是2009年市产业招商小分队成立以来引进的一个最大项目。有9个项目正式开工,有8个项目正式投产。在引进一、二、三产业项目的同时,积极引进总部经济项目和资本运营企业2个,注册资金达31亿元,分别是:深圳金银岛贵金属交易项目、北京中信集团合伙人公司项目。值得一提的是,引进的汽摩配企业集聚成群,为鹰潭市汽摩配产业园建设构建了雏形框架,汽摩配产业也由此被市委市政府正式列入鹰潭市新型重点产业,并且正式申报成为江西省重点扶持产业。

【摸排信息取得实效】 招商小分队积极走出去,请进来,共走访中国人民电器、金龙控股集团、金锣股份、春风摩托、台州中捷集团,北京汇源果汁、宏一控股、安徽青园、韩国乐天等上市或中国百强企业、行业龙头、台资企业、外资企业267家。先后接待香港人和集团、传化物流港、宏一控股、格林斯特、上海永进电缆、安徽青园集团、宁波海通集团等到鹰潭实地考察重点客商205批410人次。通过深入摸排,梳理有效项目信息203条,行业涉及精深铜加工、机械、水工、物流、旅游、商贸、金融等。其中气动元器件等11个项目已正式签约落户。与传化物流港、浙江合兴集团、浙江中捷集团、泉州纳川股份等上市或中国百强企业洽谈的91个5000万元以上重点项目已进入深入对接阶段，其中相当一部分2012年有望签约。

【招商方式不断创新】 按照“有形招商产业链、有情招商社会链”的要求，积极开展以商招商、网络招商、顾问招商、商会协会招商等产业招商活动。通过弘能管业、合兴集团、中粮集团等企业家老朋友联系到传化物流港、纳川股份等一批重大产业项目信息；与台湾工商协会、广东江西商会、江西江苏商会、福州台湾同胞投资企业协会、上海台湾同胞投资协会、上海浙商商会、台湾电路板协会、东莞电子元件行业协会等组织建立起紧密联系；通过“香港招商引资活动周”“中博会”“赣台会”“龙虎山活动周”等省市搭建的大型招商平台，大力开展“好中选优、招大引强”活动。

【招商基础进一步夯实】 及时对招商小分队进行税务、商检、海关、公关礼仪等业务知识培训，提高了招商人员整体业务素质；出台了《2011年产业招商小分队管理办法》和《2011年产业招商小分队考核办法》，进一步规范了对招商小分队的管理服务；采取每周网上调度、每旬材料调度、每月会议调度、年终综合考核、《招商简报》通报等方式，对小分队引进项目情况进展进行跟踪调度，确保项目从洽谈、签约到开工、投产每一个环节顺利进行。强化了招商网站的管理，对招商项目、招商动态、优惠政策等相关信息及时补充更新；组织人员赴浙江、广东、福建等地开展专题调研，建立起重点主攻产业招商项目库，及时获取企业发展转移动态信息。

【招商引资主要措施】 1.强根基，筑牢招商基础。一是进一步理顺了招商工作机制。园区、招商中心和产业招商小分队三位一体招商，园区书记兼任招商服务中心书记，小分队统一归中心管理调度，使项目的洽谈、对接、落户整个环节更为畅通。二是狠了抓队伍建设。对新组建的8支小分队及时进行政治思想和税务、商检、海关、公关礼仪等业务知识培训，打造了一支特别能吃苦、特别能战斗、特别能奉献的招商队伍。三是建立了工作激励机制。结合市委、市政府工作重点，继续对小分队招商引资实行目标考核管理，分解落实了招商目标责任，下发了《鹰潭市2011年产业招商小分队考核办法》《鹰潭市2011年产业招商小分队管理办法》，严格实行单项目标考核管理，极大地调动了小分队工作积极性。四是建立了调度制度。2011年初通过全市招商引资工作会议，大张旗鼓表彰奖励了2010年度小分队先进单位和先进个人。每月定期召开招商项目调度会，每季度召开招商引资季度分析会，总结通报最新进展，研究部署下步措施。

2.抓重点，突出产业招商。一是明确产业招商重点。围绕铜精深加工，水工业、节能照明、LED原料、物流等重点产业，加强与世界500强，国内500强企业、行业龙头企业的对接，着力在引进大企业、大项目上求突破。二是分片负责。把浙江、广东、上海、江苏、福建、台湾等6个省(市)地区确立为产业招商重点区域，7支专业小分队分片在各自区域内围绕1~2个重点产业开展重点招商。三是针对性突破。立足鹰潭实际情况，组织小分队对江、浙、闽、粤等产业转移重点地区的产业发展现状、产业布局、企业动态情况开展摸排调研，梳理出有效信息100多条，与50多家行业龙头企业进行了深入接触，目前在谈意向5个。四是落实措施。对意向性的重点项目，安排一名县级领导负责，小分队和开发区共同跟踪对接，确保工作取得实效。

3.谋创新，不断优化招商方式。一是把“以商招商”作为最快和最有效的招商途径。第一小分队通过已在鹰落户企业老朋友的信息纽带，获得国内500强——传化集团有意向在鹰潭布点等重要信息。二是利用亲朋好友、中介人信息资源开展招商。第三分队通过朋友介绍掌握到金锣集团有外迁意向，积极进行对接，该项目正在积极洽谈中。三是借助平台招商。各小分队在各自重点招商区域广泛联系当地的商会(协会)，借助他们掌握的信息资源，开展针对性的招商。四是强化活动招商。通过“香港招商引资活动周”“第六届中博会”“赣台会”“龙虎山活动周”等省市搭建的大型招商平台，广泛接触大企业、大财团，邀请客商前往参观考察，大力推介宣传鹰潭交通区位、产业发展、商务成本等优势，增强企业和客商投资鹰潭的信心和决心。

4.优服务，强化跟踪推进。一是以“机关效能发展提升年活动”为契机，加大了与相关部门间的配合力度。强化了与工商、税务、环保、发改等相关部门的联系沟通，促成了香港地下人防工程、云火柱等项目在最短时间内签约开工。二是加大了对企业和客商的服务力度。客商在鹰潭人生地不熟，最信任的就是把他们引进来的招商人员，为了让客商在鹰潭有家的感觉，各小分队始终做好全程服务，从前期签约到登记注册、证照办理，再到企业开工建设、投产，积极协助解决工作中的疑难，得到了客商的信任，赢得了对鹰潭投资服务环境的认知认可。

5.统筹安排，日常工作有条不紊展开。一是以发展提升年活动促机关作风建设。在中心营造了团结和谐的融洽氛围，形成了风正气顺、心齐劲足的良好局面。二是扎实开展数字鹰潭建设工作，小平台建设基本就绪。三是积极参与新农村挂点帮扶工作，得到帮扶单位的好评。四是综合治理工作稳步推进，通过细致工作，下属2个企业100多名职工在改制过程中没有发生一起上访事件。五是按市政府要求在节点时间内完成办公室搬迁，并挤出有限经费改善了办公条件。

(郗　文)

【市招商引资服务中心副县级以上干部名录】

党组书记：徐　云(女)
党组副书记、主任：喻　霞(女)
党组成员、纪检组长：许立影
党组成员、副主任：佘荔萍(女)　程明华　吴勤胜
党组成员、调研员：吴晓明
党组成员、副调研员：汪唤生（~2011.10）　曲利平

全国供销总社副主任李春生(中)到贵溪市罗河供销社调研。

市供销社供稿

龙虎山景区建设与旅游

编辑、校对:柴靖龙

概述

2011年，龙虎山景区在市委、市政府的正确领导下,在上级各主管部门的具体指导下,坚持以科学发展观为指导,紧密团结带领全区广大干群，优化整合旅游资源,加快旅游项目建设,加大旅游营销力度,加强旅游行业管理,促使旅游经济实现了快速、平稳增长,全年接待国内外游客320万人次,同比增长43.31%,实现旅游收入同比增长61.54%，财政收入同比增长27%,各项经济指标均创历史新高。

龙虎山景区建设

【旅游项目规划成果丰硕】 2011年以来，景区管委会继续坚持高标准、高品位编制规划。一是完成了总规报审。由江西省城乡规划设计研究院修编的《龙虎山风景名胜区总体规划(2011~2025)》已由省政府报国务院等待批复。二是先后完成了《龙虎山镇接待中心南部片区控制性详细规划》、《龙虎山镇接待中心北部片区控制性详细规划》等规划,并启动了《正一观景区详细规划》《上清镇接待次中心控制性详细规划》《圣井山景区详细规划》《天门山景区详细规划》《仙水岩景区详细规划》等区域性规划和重点建设项目规划的编制、审查、评审工作。三是完成了龙虎山镇和上清镇56个村庄的规划编制工作。

【旅游工程建设初具规模】 夜游项目已基本完成并接待游客;圣井山开发项目全面启动,12月底圣井山公路全面通车;集团公司上市工作已完成了公司的国内报批手续与子公司的注册登记工作;木栈道项目已建成并投入使用;上清古镇一期改造工程正有序推进;大道乾坤项目部分景点已试营业;运动养生园项目正抓紧建设;四洲集团展示厅主体工程竣工；龙虎山集镇区宾？招项目正陆续开工建设;国际丹霞养生谷、中华龙虎山养生城正进行规划设计和项目报批程序;道源山庄扩建、道教学院、雷迪森庄园、恒源泰精品小区等一批在建项目进展顺利。

【社会事业全面进步】 2011年,景区共有32680名农民参加新农合,参合率达95%。推进了基本公共卫生服务逐步均等化。新建1100座三格式无害化厕所,改善了景区农村卫生条件。继续完善了镇村两级公共文体服务体系建设，完成了2个乡镇文化站建设申报工作。大力实施了农村书屋工程,完成8个行政村农村书屋建设计划。开展了“送文化下乡”活动273场。实施了有线电视“村村通”工程,电视入户率达到90%以上。综治维稳和计划生育工作全面达标。加快发展社会事业,努力让全区人民共享旅游发展的成果,成为经济社会发展最大的受益者。

【加强干部队伍建设】 通过“上挂、下派、外培、内转”的综合学习锻炼机制,运用多种途径形成一支好队伍。在思想政治建设方面,按照“讲党性、重品行、作表率”要求,紧密结合学习实践科学发展观活动,开展了“以治庸提能力,以治懒增效率、以治散正风气”为主题的干部作风教育实践活动和“发展提升年”活动,改进干部作风建设,全面加强机关干部服务意识和奉献精神。在干部廉政建设方面,围绕服务旅游这个主题,深入推进党风廉政建设和反腐败工作,创造景区跨越发展的良好环境。通过完善学习平台,进一步抓好党委中心组学习制度，从制度上保证学习时间、人员、内容三落实,切实提高景区干部职工服务大局、破解难题的能力和水平,不断提高调研分析能力和做好本职工作的主动性。针对景区创5A和企业管理、市场营销等重点工作,开展专题学习,通过举办培训班、邀请专家讲座、组织外出考察等多种形式着力加深景区干部职工对创建5A和企业管理等知识的了解,在景区上下营造浓厚的学习氛围。同时进一步加强党员干部的政治理论和业务学习,切实提高工作本领,增强工作实效。

龙虎山景区旅游

【旅游品牌创建全面升华】 2011年,龙虎山景区积极申报创建国家AAAAA级旅游景区。创建工作启动以来,龙虎山景区全体干部职工积极参与创建,按照国家旅游局的创建标准,进一步完善了接待设施、优化接待程序、强化经营管理、开展人员培训等工作。先后完成集电子门票、电子商务、电子监控等多功能为一体的数字化景区系统建设,同时建成了省内景区最大的LED显示屏;对游客中心的信息屏、影视播放厅、婴儿车、医务室等各类服务设施进行了升级改造;科学设置了景点标志、标牌,并对景区旅游公厕进行了标准化改造;对观光车、游船、竹筏等接待设施进行安全检修,实现了景区接待优质、高效、安全、效益的目标,促进了龙虎山旅游品牌美誉度的提升。

【旅游宣传营销亮点纷呈】 通过旅游营销优惠政策的制定出台,对组接团进行优惠政策上的倾斜,充分调动省内、省外旅行社组接团积极性,切实加强与重点客源地旅行社合作。建立健全区域合作机制,加强同省内周边景区的合作,建立并保持友好的合作关系,达到了信息共享、资源互通、客源互送的目的。按照“大活动、大营销”主题营销思路,成功举办了第六届国际溪钓节、第七届龙虎山户外帐篷节、全国自驾游峰会、世界旅游小姐全球总决赛颁奖晚会、第五届海峡两岸道教文化论坛、第十一届中国·鹰潭龙虎山道教文化旅游节、中国旅行社协会龙虎山合作峰会、中国丹霞学术讨论会、龙虎山首届“龙虎山”杯中国龙虎山国际风光摄影展等节庆和学术活动,进一步扩大龙虎山的知名度和美誉度。

积极参加江西省旅游局组织的“江西风景独好”联合营销活动,分别到上海、杭州、北京等地进行大型现场推介活动,取得了良好的市场效益。其次是赴韩国等地参加旅游展览会和推介会,并与韩国最大的出境组团社哈拿多乐(HANATOUR)公司合作,努力拓展和培育新旅游客源市场。在湖北、安徽、湖南等地成功举办了2011年龙虎山旅游推介会,巩固传统旅游市场。

在中央电视台《朝闻天下》栏目和上海东方卫视播放龙虎山旅游品牌形象宣传片,同时在浙江、南京、无锡、安庆、合肥、广州、福州、厦门、上海、武汉、长沙、南昌、宜春、赣州等地媒体展开宣传。邀请中央电视台、香港无线电视台、翡翠台摄制专题宣传片。通过宣传专题片、影视作品的强势拉动作用宣传龙虎山旅游品牌形象。加强在重要客源地的报刊、电视、网络、广播、手机、公交车体以及高速公路、社区广告等媒体的广告宣传,扩大龙虎山旅游品牌的影响力。

(罗新苗)

【龙虎山景区副县级以上干部名录】

党委书记:黎　云

党委副书记、管委会主任:毛建华

副书记、(调研员):谢　雯(女) 王俊 (2011.07~)

纪委书记:吴泉友

副主任:张金涛

党委委员、组织部长、统战部长:吴红艳(女)

党委委员、副主任:蔡湘芬(女) 倪爱华

党委委员、副主任、政法委书记:张明亮

党委委员、副调研员:胡中华 冯发茂 (2011.04~) 李 斌 (2011.06~)

龙虎山景区排衙峰风光。

龙虎山景区供稿

正一道教与嗣汉天师府

编辑、校对:柴靖龙

概述

2011年,龙虎山道教协会在党的宗教政策指引下,在市委、市政府的正确领导下,在各级统战、宗教部门及社会各界人士的关心支持下,在上级道协的指导下,坚持以邓小平理论和“三个代表”重要思想为指导,以科学发展观统揽全局,认真贯彻执行党的宗教政策,爱国爱教,团结广大道众,积极开拓,锐意进取,道风建设、弘道传教、基础建设、济世度人等工作均取得了可喜成绩。

嗣汉天师府

【加强政治学习】 认真学习邓小平理论、“三个代表”重要思想,学习党的十七届六中全会精神,学习党的宗教政策,统一了思想,提高了认识。3月份,张金涛会长在出席第十一届全国人民代表大会第四次会议后,及时向全体道众传达了会议精神,并组织道众认真学习了有关文件。6月13日,中共中央政治局常委、全国政协主席贾庆林在江西省委书记苏荣等领导陪同下到天师府视察。随后,天师府组织全体道职员工学习了贾庆林主席的讲话精神,注重文物保护,继承道教文化养生、道教音乐等传统文化,为社会服务。弘扬道教济世利人的宗旨,坚持爱国爱教,走与社会主义社会相适应的道路,为构建和谐社会再作贡献。

【参政议政】 张金涛会长当选鹰潭市第八届政协副主席;张贵华副会长当选鹰潭市第八届人大常委会委员;曾广亮副会长当选鹰潭市第八届政协常委会委员;另外还有四位道友当选为贵溪市、月湖区政协委员、人大代表。

【热情接待领导、嘉宾、香客善信】 2011年,龙虎山道协共接待香客善信、游客嘉宾总人数60万余人次。其中接待中共中央政治局常委、全国政协主席贾庆林,全国政协副主席阿不来提·阿不都热西提,全国政协常委、海协会会长陈云林,中共中央台办、国务院台办主任王毅,国家发改委副主任解振华,国家宗教局副局长蒋坚永,江西省委书记苏荣,江西省副书记、代省长鹿心社等省部级以上领导300余人。还接待了台湾高雄道德院、香港蓬瀛仙馆、香港飞雁洞、新加坡道教总会及马来西亚道教总会等海外朝圣团近200个。来自美国、英国、新加坡、马来西亚、菲律宾、印度尼西亚、日本以及港澳台等国家和地区的高道大德10万余人次。

【热心公益事业开展社会慈善工作】 龙虎山道协组织道职员工开展献爱心活动,积极为社会病患者捐款。走访了环卫、消防、公安等部门,还走访了特困户。为上清镇特困户送去大米、油、棉被等慰问品。春节期间,看望了上清敬老院,为敬老院里的30位孤寡老人送上慰问金,充分体现了道教的尊老爱幼、扶贫济困的优良传统。

宗教活动

【开展节令醮仪举办授箓活动】 2011年,先后举行了“上元节、中元节、下元节”三大醮仪。上元节举行了开坛传度法会,中元节举办了超度法会,下元节在天师府举行了为期三天的辛卯年海外正一派道教弟子授箓活动,授箓弟子111人。其中,授都功箓100人,升授盟威箓8人,加授五雷箓3人。他们分别来自美国、英国、新加坡、马来西亚、西班牙等国家和中国香港、台湾地区。授箓期间,有来自海内外道教信士数千人前来观礼,共襄盛举。值得一提的是,2011年由美国国际气功学院善雄辉博士率领的美国道教正一派弟子一行14人再次到龙虎山天师府授箓,这说明祖庭在国际上的影响日渐扩大,道教在欧美的传播已经扎根。

天师府还参加了由香港飞雁洞发起的,中国道教协会主办的“香港、内地七七四十九天水陆圆融大法会”;举办了“天师圣诞暨六一九洪灾一周年法会”; 开办了三期培训班（两期高功法事培训,一期对美国弟子的培训)。全年为海内外信士举办各种平安、祈福、超度等科仪法事达600余场,满足了广大信教群众的需求。

【道协第二次代表会议胜利召开】 6月28日,龙虎山道教协会第二次代表会议在贵溪隆重召开,经民主选举产生了新一届理事会,张金涛道长连膺会长。这次会议将换届选举与对外文化交流研讨会结合在一起,同时召开了天师府易学研究会年度理事会。出席会议的有来自新加坡、菲律宾、马来西亚和港、澳、台地区以及内地各省的居士、嘉宾150余人。省民宗局、省道协、鹰潭市委、市政府主要领导及内地不少企业家、新闻界、文艺界的友好人士也出席了会议。代表会议上,首次成立了龙虎山道协弘道会和居士会,邀请了香港华懋集团董事局主席龚仁心先生、台湾北港朝天宫董事长蔡咏鍀先生等众多国际知名人士与会,共襄盛举。弘道会、居士会的成立,进一步扩大了龙虎山道协与海内外道教界的交流交往,提高了龙虎山道教在国际上的知名度,为道教事业在新形势下的发展打下了坚实的组织基础和群众基础。

龙虎山道协还组团出访了马来西亚、中国香港、台湾、以及内地福建、浙江、江苏等各大宫观。通过这种友好交流,增强了道教界同仁的友谊,扩大了道教祖庭的影响。

【加强对外交往活动】 2011年春节期间, 应台湾高雄道德院邀请,龙虎山道教科仪团一行17人赴台湾高雄,参加“护国佑民道德慈悲祈安祈富消弭灾劫朝真礼斗大法会”。这是第一次春节期间在台湾参加法会, 坛场尽显庄严肃穆,科仪团如法如仪,圆满谢圣。在台湾道教界引起广泛赞誉, 得到了高度评价。8月,应台湾宜兰道教会的邀请, 龙虎山道协组织35人分两组赴台湾宜兰,参加“敬天护国佑民兴财禄亨保泰黄籙醮典”, 法会取得圆满成功,得到了邀请方的充分肯定。

【组织道众赴外学习】 9月至12月,张金涛会长赴北京参加由中央统战部、中央人民大学举办的第六期中青年爱国宗教人士研修班学习。11月至12月,张贵华副会长赴南昌参加江西省委统战部第一期全省爱国宗教界人士研修班学习。道协还推荐年轻道士杨青松到中国道教学院进修。

道教文化研究

【道教文化研究步入新阶段】 作为文化建设的系统工程,道教文化研究工作也取得了一定的成果。天师府与广州中山大学共同撰写的《老子想尔注导读与译注》已完稿,即将付印;天师府与四川大学合作的《历代天师评传》也已经启动;同时,《嗣汉天师府志》编写工作全面开始, 目前初稿已完成50%以上。在道教理论研究方面,撰写了理论探讨文章10余篇。龙虎山道教在理论研讨方面已经由以往零星的研讨步入了系统化、丛书化阶段。

(谢东曼)

【龙虎山嗣汉天师府主持名录】
主持:张金涛

天师府举行正一派道教弟子授箓活动。

嗣汉天师府供稿

城乡建设

编辑、校对:华志萍

城市建设综合协调

【概述】2011年,在市委、市政府的正确领导下,在各级各部门的大力支持和热忱帮助下,市建委办紧紧围绕大框架发展战略和市第七次党代会提出的目标,充分履行"综合、协调、指导、服务"职责,城市建设工作呈现力度更大、措施更实、项目更多、速度更快的良好态势。2011年,征地拆迁、信访工作、尊师重教等多项工作被评为全市先进单位。

统筹推进新型城镇化。认真贯彻落实市委、市政府作出的一系列新型城镇化和城市建设的重大部署,履职尽责,紧贴跟进,使城镇化水平继续保持了快速提升态势,策应全省"一群两带"城镇体系,协调开展城市发展战略研究和城市总体规划评估工作,制定出台《关于切实加强城市规划建设管理的若干意见》和《中心城区规划区和控制区土地管理暂行管理办法》,进一步明确城市空间布局和各区块功能定位。尤其把中心城区周边十多个乡镇纳入城乡土地管理区范围,其中3.3公顷以上连片未建设的集体土地为重点土地管理控制区,有力保障城市建设可持续发展。市域城镇化水平达到48.6%,同比提高1.2个百分点,中心城区建成区面积达3万平方米,新增1500平方米。

积极协调规划编制。实施完成"十二五"新型城镇化专项规划的编制,协调推进城东、城西、城南、信江、师院5个片区规划和绿地系统、环卫、消防、燃气、道路交通安全等7部专项规划、18个修建性详规的编制以及市民广场、市行政中心、林荫东路立面改造等一批重点项目规划设计,使控规覆盖率达到92%以上,初步形成以市域城镇体系规划、城市总体规划、控制性详细规划、专项规划及村镇规划为一体的规划体系。

【协调加快重点项目建设步伐】始终坚持以项目建设作为城市发展的重要推手,通过抓前期、勤协调、强督查,保持了抓项目的强劲态势和工作张力。2010年协调实施中心城区城市建设项目75个,累计完成投资74亿元,开工项目、投资规模、建设速度均创历史新高,建成了一大批投资规模大、质量品位高、对城市未来发展具有重大影响的基础性、生态性、功能性设施,城市功能不断完善,城市面貌明显改观。

抓开工前期促项目落地。力求做一个项目出一个精品,多留赞叹少留遗憾,先后组织分析论证了40余个城市公共设施、基础设施、房地产项目,协调做好了30余个项目可研、设计、概算、报审等前期工作。重点对新建项目开工前期工作逐项梳理、逐项协调、逐项落实、限时办结,确保了恒大绿洲、碧海蓝天旅游开发、中童国际眼镜城、城市规划展示馆、中心广场人防工程等29个项目顺利落地并按时序开工建设。

抓工作协调促项目推进。按照,"项目推进年"活动要求,通过每周一例会、半月一调度、每月一汇总,采取集中协调、现场处理、个别调度等方法,有序推进新区开发和旧城改造。总投资5亿元的信江大桥、龙虎山大桥竣工通车;总长2.40万千米的11条新区主次干道路基工程基本完工,"三纵三横"路网基本成型;市一中新校区教学楼、公寓、实验楼主体工程、信江新区安置房基本完工;市老干部活动中心已经竣工,林荫东路立面改造基本完工,碧海蓝天城市综合体、天裕豪生五星级酒店、中童国际眼镜城、城市规划展示馆(市民服务中心)、人民医院门诊医技大楼、中医院门诊大楼等项目进展顺利。滨江公园竣工开园,与鹰潭公园、东湖公园、梅园公园相连形成"十里绿色滨江长廊",完成了鹰东大道、鹰西大道、胜利西路延伸、五湖路等城市主要通道的绿化工程,使中心城区新增绿化面积100多万平方米,园林绿化三大指标增加1.6个百分点。

抓资金统筹促项目保障。主动加强与市财政、审计、投融资公司、项目单位的沟通协调,建立资金拨付电子档案,召开资金会审联批会议11次，组织审核资金申请事项1000余项、总额14.3亿元,核拨项目资金7.5亿元;及时提出城市维护资金计划,核批城市维护项目12项、资金1500万元;精心包装项目对外推介,吸引国内外大企业和战略投资者参与城市建设。尤其是成功引进了全国房地产十强企业恒大集团进驻鹰潭,在信江新区投资开发占地500亩、总建筑面积100万平方米的恒大绿洲房地产项目,小区配套建设生态园林、高档会所、运动中心、幼儿园、小学、商业街、剧院等基础设施。鹰潭市引入地产航母快速打造新城、提升城市品位、聚集新区人气、调控房地产市场的做法,得到了省委苏荣书记的充分肯定和高度评价。省委派调研组到鹰潭市专题调研，总结经验。

抓项目督查促工程进度。采取专题督查、联合督查等方式,对35个重点项目推进情况进行集中督查12次,编发《城市建设简报》28期,并坚持每月2次对中心城区重点项目进展情况、存在问题、工作建议进行汇总提交相关会议研究解决,有效推进了工程进度。

【着力凝聚城市建设管理工作合力】 (1)进一步健全了市建委协调调度机制,自觉做到领导工作重点摆布到哪里,综合协调服务就跟进到哪里,保证了市委、市政府决策部署的有效实施。完善了《政府投资项目资金管理办法》,制定并实行会审联批制度,确保项目资金及时拨付。建立健全了重点项目工作例会制度。开展了加强村镇规划建设管理、城中村改造、项目竣工验收和管护移交等问题的调查研究,针对问题从体制机制入手,提出建议和意见，提出的建议有的被市委、市政府领导采纳,有的纳入市委市政府重要文件,有的已付诸实施。

(2)召开了12次建口工作例会和90余次项目专项调度，协调解决了规划建设管理、土地征收出让、资金调度管理等方面的问题200多个,保障城市建设快速度、高效率推进。妥善处理了旺府世家、天伦、森工木业等一批涉及群众利益的房地产开发遗留问题,及时解决了原茶果公司、山背小区等一批数年征地拆迁信访问题,为维护社会和谐稳定作出积极贡献。

(3)筹办《家住鹰潭》电视栏目并播出节目15期,组织开展了“新鹰潭·新面貌”城市建设发展风光摄影大赛,充分展示了鹰潭市构建大框架城市发展格局的所取得的成效。同时,通过组织3次建口单位外出考察学习,举办建设系统迎新春文艺晚会等一系列活动,加强了沟通,凝聚了人心,形成了工作合力，建口已呈现出政令畅通、协调有序、运转顺畅的良好态势。

(4)加快信江新区开发,构建“一江两岸”城市格局,重点和难点在征地拆迁。为此,本办在任务重、人员少的情况下,抽调1名班子成员和1名科级干部负责拆迁办工作。2011年,国有土地上279户拆迁户已有265户签订协议,尤其带动集体土地上房屋拆迁的顺利进行，确保了新区重点项目全面推进。

(5)拆除违法违规建筑254户(处)、面积2.8万平方米,问责了一批干部,严惩了一批土地违法犯罪分子，出台了村民建房管理办法、违法违规建筑防控查处办法,有力遏制了违法建筑势头。及时梳理项目在施工过程中出现的问题,针对突出问题,逐一落实有关责任部门整改到位。

(6)挤出2万元建设资金和协调解决40吨水泥支持挂点村的新农村建设；加强广泛的项目推介，合同引资3.9亿元,实际进资6000万元,占任务的120%,同时加强与恒大绿洲、碧海蓝天、天裕豪生等项目的招商服务，积极排忧解难，加快项目进度,受到项目企业的好评；积极参与创建宜居城市活动，做好项目布局，落实建设资金,加强综合协调，较好的完成工作任务;严格落实综治维稳和计生责任制,抓好了综治、计生、信访等工作,确保了单位内部和谐稳定。

(付乃吉)

【市建委办副县级以上干部名录】

主 任:吴炳生

副主任:李 怡 张任庆

副调研员:揭继军

城乡建设实施与管理

【概述】 2011年是“十二五”规划开局之年,在市委、市政府的正确领导下，在省住建厅的指导帮助下,市城乡建设局以科学发展观为指导,深入开展“发展提升年”活动,展开了“治庸提能力、治懒增效率、治散正风气”和“科学发展、进位赶超、绿色崛起”为主题,努力打造“数字化城建、创新型城建、行动式城建”的行动宗旨,围绕建设鄱阳湖生态经济区璀璨明珠、推进城镇化建设为主线，积极推进各项工作、行政服务能力明显提升、重点工程建设步伐明显加快、城市建设特别是信江新区建设明显变化,城乡建设工作取得均衡发展,全面完成上级赋予的各项任务。

【重点工程建设进展顺利】 1.龙虎山大桥10月16日竣工验收,11月10日正式通车。信江大桥南起梅园大道交叉口,横跨沿江路、信江,与夏埠新区的二环路相连,全长1.72千米。龙虎山大桥南起胜利路与五洲路交叉口，终于夏埠新区经一路,全长976米,该两桥都是夏埠开发中的关键性工程,也是信江上连接老市区的重要桥梁之一,全市人民都十分关注这两桥的顺利通车,对加快信江新区的建设步伐意义十分重大。

2.林荫西路改造贯通工程进展顺利。市林荫西路改造是滨江公园、沿江大道的配套工程也是民心工程。该工程东起站江路与林荫西路交叉口，西至鹰西大道东端,全长956.03米,是林荫西路向东延伸及出口,是市区东西向又一条主干道,该工程的贯通是“决战三区”总战略中的重头戏。该工程完成及路幅宽可达26米、双向四车道。11月

8 日该项目已完成了招投标公告,进入公开招标程序。

3.夏埠水厂一期工程完成投资1200万元。夏埠水厂是信江新区乃至今后全市居民饮用水的主要水源也是一项市民关注的民心工程。夏埠水厂东临鹰东连接线,南靠信江,占地约3.43公顷,建设规模为5万立方米/日,至2011年年底已完成沉泥池、机修机间、加氯间、清水池、送水泵房主体施工,工程量已达到40%,厂区填方工程量也达到80%,取水泵房已完成50%。

4.市胜利西路延伸段绿化工程全面竣工。胜利西路延伸段是市区向西连接的主干道之一,在道路贯通的同时,由市建设局承担的路旁绿化工程目前展开,绿化总面积1600平方米,全路段共选用柚子、樟、栾树、银杏、杜英等30多个树种,合计种植树木2000余棵,1.33万平方米的地被植场,整个路段采用乔灌木高低搭配、丛植、群植手法,充分体现春有荫、秋有果、四季有花的生态园林城市景观。

5.管道燃气工程进展快。管道燃气工程也是提升居民生活质量的民生工程,该工程自引进至2011年已累计完成投资9000余万元,铺设中高压管道5万千米,管网已覆盖3万居民用户,实际已安装居民用户7000余户,合同签约5000余户。同时对接国家管输网的“西气东输、川气东送”天然气利用工程中的“三站一线”工程也同步启动。

6.信江大厦建设工程进展顺利。信江大厦是信江新区核心区的标志性建筑,大厦以“雄鹰展翅”为主态设计。充分体现鹰潭的地域标志,该大厦主楼16层,高70米,全框架结构,总建筑面积7.2万平方米,其中地下停车场面积约为5000平方米,底层商铺总面积1200平方米,1层至15层为商务办公设计,总投资3.9亿元,计划建设工期为24个月,该项目在市建委办、发改委、规划局、国土局、环保局等部门共同努力下各项工作进展顺利,已开展初步设计工作。

【建筑市场管理得到进一步加强】

1.加强勘察设计管理。办理建设工程勘察合同备案31份、设计合同备案25份、施工图设计文件审查情况备案33份;加强全市勘察设计执业人员资格的管理,完成2个结构工程师注册申报工作,完成全市勘察设计单位一年一度的注册建筑师、勘察设计工程师考试报名工作;组织协调全市20多名勘察设计单位执业人员参加省厅举办的注册建筑师和土木工程师(岩土)继续教育学习班;做好全市设计单位资质延续申报工作,对全市资质有效期已满的4家设计单位的换证材料进行初审并上报;认真开展全市“五大类”工程抗震设防专项审查,2011年,共组织省级和市级有关专家对市一中、市二中新校区、鹰潭天裕豪生大酒店等19个项目进行专项审查。

2.规范建设工程招标投标行为。完成工程施工项目招投标监管26项,其中公开招标6项、邀请招标17项、直接发包工程3项,工程中标总价10.29亿元,总建筑面积97.39万平方米,完成工程监理项目招投标监管9项,全市应招标项目招标率达100%;强力推进网上招标工作。从2011年下半年开始,本局监管的公开招投标项目一律采用省招标办网上招投标系统,取消现场报名,实行网上报名、网上下载招标文件,进一步规范房屋建筑和市政基础设施工程施工招标投标活动,提高工作效率,增加透明度。

3.完善有形建筑市场。工程交易范围不断扩大,新增消防、土地平整、管线铺设等交易项目5个,特别是监理招标项目进场交易比往年有所增加。全年受理进场交易项目75项,进场交易总额25亿元,安排场地211次、抽取评标专家190多次,所有进场交易工程实现零投诉。

4.加强建筑工程质量监管。共办理质量监督登记手续50余项,认真做好日常质量巡查工作,严格工程基础、主体、竣工验收关,对工程参建各方责任主体的质量行为进行认真监管,特别是加强保障性住房的质量监管,共检查市区保障性住房十个标段,下发整改通知书26份。

5.加强建筑工程检测工作。认真迎接了省厅、省技术监督局的二次实验室资质专项监督检查。全年共签订25份检测合同,出具1.56万份检测报告,制定45份主体检测方案,对全市180多栋房屋进行主体检测。

6.强化施工现场安全监督。建筑施工事故死亡人数没有突破本系统安全生产控制指标;全年开展了8次全市性建筑施工安全生产大检查,特别是加大对保障性住房的检查力度,共检查在建项目320多项次,下发限期隐患整改通知书300多份,停工整改通知书3份;组织开展全市施工企业“三类人员”安全生产继续教育,培训人员达1500多名;加强重大危险源监控,组织16次重大危险源专项方案的论证,有效控制安全事故的发生;实现工程安全质量视频动态监管,以市“水岸华府”“天裕豪生大酒店”工程为试点,在建设工地安装360°摄像头,对建筑施工现场实现视频动态监管。

7.规范建筑行业管理。核发施工许可证34份,建造师、“五大员”押证186本;完成一级建造师14人、二级建造师34人、二级临时建造师198人、监理工程师14人的注册初审;完成9家建筑施工企业的资质申报,完成11家建筑业企业增项资质的审批工作,并积极为267人次施工企业外出承接业务进入当地注册提供服务。

8.提高建设工程造价管理水平。深入贯彻《江西省建设工程计价管理办法》,全力推动鹰潭市建设工程造价管理工作,将理顺工程造价管理职能提上重要议事日程;组织人员参加全省造价员继续教育培训班,培训人员达120多人;完成2011年度注册造价工程师考试报名、造价师初始注册工作;工程造价服务中心工作取得初步成效,下半年又承接鹰潭市“碧海蓝天”项目的预算审核；筹建了工程造价审核专家库，已收录专家34人。

9.推进建筑节能工作。认真开展建筑节能设计专项备案，严把建筑节能材料市场准入关，强化建筑节能施工现场监管，认真实施建筑节能专项验收工作，全年共验收节能建筑18.94万平方米，节能设计执行率达100%；举办一期全市设计单位建筑节能新“规范”和软件升级培训班；下发《关于要求建设单位在施工现场设立建筑节能信息公示牌的通知》，建立公示平台，发挥社会公众监督作用，收到良好的效果。

10.提高装饰装修管理水平。全年共受理装饰工程报建项目62项，查处装饰工程项目不报建或少报建行为16起，查处和取缔“无资质”装饰施工企业2家。

11.加强城建档案管理。不断拓宽城建档案接收渠道，加强工程档案的业务指导，全年接收各类档案900余卷，归集档案1430余卷，共接待咨询、查档约200人次，充分发挥档案的信息作用，为社会各界提供便捷高效的服务。2011年7月份，经市物价部门批准城建档案收费获得收费许可。

12.加强相关人员培训工作。为省培训中心代培“三类人员”中A、B类人员，培训人员达233人；完成一期“五大员”的培训，培训人员达206人；举办一期二级临时建造师培训，培训人员达160人。

【自身建设得到进一步加强】 1.加强党风廉政建设。注重党风廉政建设，在科级干部中开展遵纪守法教育活动，注重加强党员干部纪律教育，及时召开每季度信访、违法违纪案件分析会，切实落实“三案”预防工作机制，实现预防腐败的关口前移，对腐败问题进一步遏制。通过观看身边发生的案例，不断开展警示教育活动。

2.开展“发展提升年”、“治庸提能力、治懒增效率、治散正风气”和“科学发展、进位赶超、绿色崛起”等主题教育活动。成立相应的领导小组，召开了动员大会，印发《鹰潭市城乡建设局发展提升年活动实施方案》、《市城乡建设局开展“治庸提能力、治懒增效率、治散正风气”为主题的干部教育实践活动的实施方案》以及《市城乡建设局关于开展“科学发展、进位赶超、绿色崛起”主题教育活动的实施意见》，扎实开展主题教育活动，通过这些主题教育活动，提升机关办事效能和服务水平。

3.营造机关文化氛围。充分发挥机关文化工作的助推作用，将我局楼层索引、重要工作、规章制度、城建文化理念、名言警句等制作成标牌、宣传栏悬挂于走廊墙壁上的醒目位置，时刻提醒全局干部职工牢记工作宗旨，不断提高自身文明素养和道德情操。

4.加强数字鹰潭建设工作。认真做好局数字鹰潭“小平台”建设。积极与数建办、省住建厅沟通，多次邀请慧通公司相关专业人员到局指导工作，还专门选调了1名通信工程专业毕业的人员充实我局“数字鹰潭”建设队伍；认真做好数字鹰潭“大平台”数据录入工作。及时召开数据录入工作布置会，局属各单位、局机关各科室分别都确定了1名信息录入员，在规定时间内将相关信息全部录入到“数字鹰潭”大平台采集系统。通过采集系统的运用，整合了各科室、各单位和相关部门的信息，为领导决策提供更多的信息资源。已完成城建档案管理系统建设、建设工程安全质量动态管理系统建设。

5.认真做好综治、维稳工作。2011年，收到涉及企业改制、工程质量、供水等方面信访件28件，已解决26件，针对市建筑工程有限责任公司遗属补助问题，做了大量的调查，并向市政府行文，正在解决之中；针对旺府世家房屋质量问题，也在积极协调，争取尽快解决。在“市第七次党代会”、“省第十三次党代会”、南昌“七城会”等重要时期，做好了期间维稳工作及值班工作，确保了一方平安。

6.认真做好招商引资工作。2011年本局招商引资目标任务3000万元以上，完成发展总部经济、楼宇经济和转让上市公司限售股实现税收地方实得金额150万元。通过努力，这两项招商引资目标任务均超额完成。本局与客商广泛接触，今年4月份，鹰潭华润燃气有限公司进资3500万元，江西万邦科技股份有限公司与鹰潭市经济技术开发区管委会签订新办年产5万件汽车缓速器及零配件系列项目合同书，预计总投资5000万元，企业注册资金2000万元；下半年，鹰潭市金路顺通运输有限公司上缴地方税金248万元。

7.认真做好信江新区私房拆迁工作。市里安排信江新区的23户私房的拆迁任务，接到拆迁任务后，及时召开了会议，成立若干个拆迁工作小组，抽调精兵强将，由局主要领导负总责，班子成员各带一个小组全部到拆迁一线去做工作，尽管工作难度前所未有，但是局干部职工仍然迎难而上，废寝忘食，经常通宵达旦，加班加点，经过班子成员的共同努力，大部分拆迁户都签订拆迁协议。

8.加强信息调研和宣传报道工作。印发《关于进一步加强信息调研和新闻报道工作的通知》，明确宣传任务，修订奖励办法。从5月份起创办了《鹰潭市城乡建设局工作简报》，并以简报和门户网站为平台，全方位展示本局各项事业的发展情况。为加大宣传力度，局加大向《鹰潭日报》、鹰潭电视台《鹰潭信息》、《政务汇要》的投稿力度，同时还在《鹰潭通讯》第七次党代会专刊中刊登了《着力打造“三个城建”，扎实推进城乡建设工作》一个版面，用文字与图片相结合的方式，形象地展示本局主要工作。

9.确保供水、供气、污水处理运转正常。市供水有限公司加强管理，着力打造城市供水优质服务品牌。全年完成供水量1714.92万立方米，水质综合合格率达100%，完成漏损维修812处，查处违章用水54处，确保供水安全。市燃气安全监督管理处坚持“安全第一、预防为主”的指导方针，实施“平安燃气”工程，开展燃气企业安全专项整治，对企业人员进行岗位培训，强化监督措施，确保供气安全。市污水处理厂加强污水处理有关指标监测，市污水处理厂污水处理情况正常，市区污水处理率达82%。2011年，还以市政府名义出台了《鹰潭市自备水源污水处理费征收管理暂行办法》。

10.认真开展“安全生产月”活动。上半年，局里组织相关单位在时代广场、东湖家园开展燃气、供水安全生产及节水宣传活动，紧紧围绕宣传主题，进行安全生产法律法规知识、逃生自救、节约用水等宣传图片展览，还现场发放各类宣传资料150余份，并为市民讲解燃气基本常识、用气注意事项、燃气灶超期使用的危险性以及节约用水等知识。

11.全力支持市地下人防工程建设。市地下人防是一项重点工程，市供水有限公司、市燃气安全监督管理处投入大量人力物力，确保市地下人防工程顺利进行。一是铺设临时供水管道。对胜利路(站江路口至正大路口)、交通路(林荫路口至环城路口)路段的地下的供水管网进行开挖迁移，铺设临时供水管道。二是24小时巡查燃气管道。派巡线员24小时对建设路段、站江路与胜利路连接处、正大路与环城路连接处埋设的燃气管道进行24小时巡查，并按照日常巡线计划进行检测、维护等作业。三是制定应急预案。制定市地下人防工程建设管制时间内燃气设施出现紧急情况应急抢险抢修预案，以便对突发事故地段实行紧急通行、交通疏导、事故地点隔离、人员疏散等工作。

【村镇建设进一步协调发展】 一是认真开展了农村危房改造工作。农村危房改造是一项旨在改善农村困难群众的住房条件和生产生活环境的民生工程。为做好这项工作，市里成立了鹰潭市农村危房改造工作领导小组，市委常委、副市长宋迪维任组长，各相关部门主要领导为成员。2011年，鹰潭市首批将改造1302户农村危房，其中贵溪市600户、余江县650户、月湖区20户、龙虎山景区32户，下达了781万元的中央补助资金。2011年，鹰潭市农村危房改造工作正在有序进行当中，开工率全省排名第二，达到97.39%，竣工率全省排名第二，达到4.84%，档案录入率全省排名第六，达到97.62%，市第二批农村危房改造工作正在调查摸底之中。二是实施新农村建设挂点帮扶工作。2011年本局新农村建设帮扶点是潢溪镇渡口村委会沙塘邹家村小组，该村140余户，历史悠久，文化底蕴深厚，是邹韬奋的祖籍地。2011年，2400千米进村公路已全面完成，改水、改厕完成了100%，拆除空心房2500多平方米，20余亩池塘整治基本结束，村内环境整治、绿化、亮化等工作也即将结束，取得了明显成效。三是牵头负责协调的童家省级示范镇建设快速推进。

(付乃吉)

【市城乡建设局副县级以上干部名录】

党委书记、局长：叶 剑

党委副书记、副局长：周建水

党委委员、副局长：余国龙 汪安平 刘高明 程南英(女)

党委委员、纪委书记：曾宪社

党委委员、副调研员：毛江水

副调研员：寿莉蓉(女)

城市管理

【概述】 2011年，在市委、市政府的坚强领导下，在社会各界的大力支持和帮助下，该局紧紧围绕“科学规范创一流”的总体要求和部署，以立足本职、尽责履职为根本，以服务中心、顾全大局为使命，以服务市民，解决热点、难点问题为着力点，以转变队伍观念、形成合力为突破口，以强化宣传、典型带动为依托，不断践行和深化城市管理体制机制改革，创新发展思路，使城市管理各项工作呈现出蓬勃生机和活力。2011年，该局先后被评为“服务七城会先进集体”“全市十佳学习型党组织”“全市联建共创工作先进单位”“全市信访工作目标管理先进单位”“全市共青团工作先进单位”“全市农村‘卫生清洁’工程”和“新农村建设工作帮扶先进单位”。

【实施精细管理】 精细化管理的目标是从细处着眼，从小处入手，实现主次干道保洁到位、小街小巷干净整洁、市区街道秩序井然、园林绿化全面到位、市政设施齐整完好。为实现这一目标，2011年初结合鹰潭实情，本局确定胜利路为精细管理示范路，通过统一量化细化作业标准、统一指挥调度、统一反馈督导、统一考核考评，明确了局属各单位及月湖区相关街道、社区的相应职责和任务，逐步形成了各相关单位相互协作、互助共进、争先创优的良性运行机制。在总结试点工作经验的基础上，该局又将精细化管理逐步在全市主次干道全面铺开，市容环境得到明显提升。

【创新工作模式】 为推进精细化作业，本局不断创新作业模式，打造鹰潭特色。

在城管指挥调度方面，积极推进“数字化”城管建设，在原有对讲平台、“12319”城管热线、便民平台的基础上，进行信息采集，逐步建立和完善数字化指挥调度模式，同时积极搭建了社会监督服务平台，成立了社会监督服务中心，建立和完善了多层次、多渠道、全方位的城市管理社会监督体系。

在环卫作业方面，积极推广市场化运作模式，广泛采取区域承包、考核绩效的方式加强管理，将全部环卫作业任务以责任制形式进行发包，实现定人、定岗、定责、定奖惩；推进垃圾定时上门收集和袋装化试点，通过运行模式的转变，不断提升城市品位；推行垃圾清运封闭运行模式，有效防止了垃圾运输过程的二次污染。

在园林、市政作业方面，积极推进网格化管理模式，建立以网格为单元的巡查、维护、修整工作机制。在市场管理方面，积极推进内外一体作业模式，将市场内、外部环境、秩序、卫生融为一体，统一作业、统一管理。在综合执法方面，规范了市容、市貌管理措施，对规范客运市场、整治店外经营、清理“牛皮癣”、清除乱拉乱挂等有损城市环境的现象进行了有效治理，取得较好成效，同时积极探索有利于城市管理的执法模式，对夜宵摊点实行“驾照式”管理，对店面装修推行“贴画式”围挡，实现经营业主、市容市貌、城管执法三者的有机融合，成效明显。通过资源的进一步优化，全局的快速反应、服务市民的水平得到了有效提升。2011 年，全局全年主动发现各类问题共 3525 起，办结 3455 起，办结率 98%；城管“12319”服务热线受理市民投诉、求助 3869 起，办结 3650 起，办结率 94.3%；办理人大建议和政协提案 32 件，切实做到事事有答复，件件有回音，满意率达 100%。

【加快设施建设】通过市场化运作、多方筹资等方式，增加投入，不断提升城市管理相关设施档次，提升城市形象和品位。新添置了一批作业设备，市区主次干道机械化清扫率达到了 40%；在市区主次干道上设置了 1000 余只新果壳箱，改建压缩式垃圾中转站 1 座；新建、改建公厕 13 座；对莲花路市场实施提升扩能，扩大营业面积 694 平方米；实施完成月牙湖公园改造、白露洞口绿化改造、沿江绿化工程，新增养护绿地面积 13.8 公顷，新植补植行道树 5000 余棵，人均公园绿地面积 12.97 平方米，绿地率达 40.3%，绿化覆盖率达 44.58%，全年种植摆放各类花卉 190 万余盆。全年共维修市区车行道 3915 平方米、人行道 1.14 万平方米，拆除各类违规坡道 173 处、修复无障碍通道 125 处，修补路沿石 1066 米，完成树池改造建设 501 个，新设人行道板 2000 平方米，疏通翻修排水管道 1900 米，更换修补检查井、雨水井 500 余个，更换维修路灯 4000 余盏，恢复建设被盗电缆近 1.50 万米。

【坚持严格执法】结合城管综合执法实际，加大执法力度，以徒步巡查为主，强化问题发现、处置、反馈的时效性和准确性。2011 年依法开展迁移狗市、规范客运市场秩序、清理杏园市场店外经营等各类专项整治行动 18 次，制止和劝导违规装修占道经营 400 余起，督促临街单位、业主更换、修复破损霓虹灯、店招店牌 800 余处，清除违规悬挂广告牌和宣传条幅 350 块(条)，清理城市“牛皮癣”3.9 万处，查处乱发传单行为 220 余起。同时，2011 年共拆除各类违法违章建筑 254 户（处），共计 2.83 万平方米。

【加强队伍建设】为提升队伍服务意识，提高服务水平，在全局大力开展“机关服务基层、干部服务群众、管理争创一流、人人争作表率”主题实践活动，大力提倡“先解决问题，后分清责任”的工作模式，以解决问题为出发点和着力点，做到能在机关解决的问题不下交基层，能为群众做到的工作不拖不靠，能想到的管理漏洞主动思谋解决，干部职工力所能及的工作和问题及时处置不等不靠。通过主题实践活动的有效开展，在全局上下形成人人争先创优、事事争先创优的良好氛围。

为提升工作效能，切实解决人浮于事等弊端。按照“因事设岗、因岗定人、竞争上岗、有序分流、绩效考核”的原则，完成了局属事业单位人事制度改革，撤销归并科室 7 个，精简人员 15 人，真正做到岗位有职责、干部有事做、考核有依据、奖惩有办法。

大力开展学习型机关和党组织建设，依托周末讲坛的有效平台，不断推进团队协作、个人修养、领导艺术等方方面面能力的培训和锻炼，2011 年该局已开设了 30 余期周末讲坛，参加人数达到 2000 余人次，有力地凝聚人心、提升工作危机感和紧迫感，增强城管系统的整体合力，提升服务水平、能力和意识。

为有效融合资源，实现全局“一盘棋”的理念，大力推行城管事项联动作业模式，出台了《联动考评细则》，将局属各单位之间需密切配合的职责、任务以条文化的形式予以明确，推行连带责任。同时，完善了城管指挥调度机制和周比月评制度，优化考评方案，细化考评内容，有力推动了各作业单位高效运转，极大地提高了城市管理整体合力，从而形成全局上下见事做事、主动作为的良好氛围。

【服务中心工作】力行“不谈条件、不提要求”的城管作风，倾全局之力全力做好市委、市政府交办的各项中心工作。2011 年，本局先后高质量地完成了市第七次党代会、市人大、政协“两会”和“七城会”、“龙虎山道教文化节”等重大活动以及节假日的氛围营造和市容环境保障工作；在全市率先完成了信江新区市政、环卫仓库及夏埠苗圃的征地拆迁任务，并以第一名的成绩完成了 9 户居民住房的拆迁工作；主动承接滨江公园二期、胜利西路延伸段等新建路段市政公用设施养护管理和环卫作业；全力支持人防工程建设，及时恢复公共设施，加强市容环境管理；积极配合月湖区小街小巷改造，清掏化粪池 780 个；协助完成林荫东路立面改造提升工程。自筹资金近 6 万元帮助彭湾乡龚家村修建休闲广场、安装路灯，支持新农村建设等等。通过全局上下的共同努力，为鹰潭市各项中心工作的顺利完成付出了最大的努力，受到领导和市民的一致肯定。

（林建平）

【市城管局副县级以上干部名录】

党委书记、局长：童细宏（2011.7~）

党委委员、副局长：吴 强 邱宜临

党委委员、纪委书记：宋兴国

党委委员、副局长：邓员瑛（2011.7~）

吴震亮

党委委员、副调研员：薛建福 郑水亮

市城管综合执法支队支队政委：滕振华

建设规划

【概述】2011年，市城乡规划局在鹰潭市委、市政府的正确领导及省住房和城乡建设厅的有力指导下，坚持以科学发展观为统领，以围绕打造生态宜居城市为目标，认真履行工作职能，不断提高服务水平，各项工作取得长足进展。2011年，相继获得了2011年度全省住建系统、市"发展提升年"活动先进单位的称号。

【规划编制】(1)完善控规编制和报批。编制完成了《物流园控制性详细规划》，修编完成了《防腐厂片区控制性详细规划》，深入开展《信江新区北区概念性控制性详细规划》、《中心城区鹰东、鹰西、鹰南、鹰东南等四片区控制性详细规划》的编制工作。(2)做好专项规划编制。积极配合相关职能部门编制完成《液化石油气专项规划》《绿地系统专项规划》《城市环境卫生专项规划》《城区道路近期建设规划》《消防专项规划》等专项规划。(3)开展近期和重点项目规划设计。围绕城市建设重点和区域经济发展要求，组织编制了《近期建设规划(2011~2015)》、鹰潭北站站前广场核心区修建性详细规划及站前广场设计、行政服务中心修建性详细规划、市民中心(规划展示馆)设计方案。(4)开展城市发展战略研究和城市规划评估工作。按照推进新型城镇化进程中对规划工作的新要求，对城市发展过程中所面临的机遇和挑战，启动了城市发展和功能定位大调研，开展了城市发展战略研究和城市规划评估工作。

【规划审批】(1)提升规划审批效能。积极主动服务建设单位办理各种建设项目报建手续，全年共核发征地红线图11件；办理"规划选址意见书"46件；核发"规划条件通知书"65件；核发"建设用地规划许可证"84件；核发"建设工程规划许可证"58件，审批建筑面积157万平方米(为历史之最)；审批各类工程(含管线、构筑物)42项；完成定位放线29项，验线16项。(2)市城乡规划委员会审批项目。2011年1月25日下午，市第四十三次规划委员会审批通过《丽景豪庭住宅小区规划设计方案》《义成花苑住宅小区规划设计方案》《数字鹰潭展示馆规划设计方案》《滨江公园二期规划设计调整方案》《鹰潭物流园控制性详细规划设计方案》《鹰潭市城市液化石油气专项规划设计方案》《鹰潭市城市绿地系统专项规划设计方案》《碧海蓝天规划指标有关事宜》。2011年3月18日上午，市第四十四次规划委员会审批通过《国家铜及铜产品质量监督检验中心规划设计方案》《鹰潭天裕豪生国际大酒店规划设计方案》《鹰西水厂地块改造规划设计方案》《市棚户区改造鹰西片安置小区规划设计方案》《鹰潭市城市环境卫生专项规划设计方案》。2011年5月4日下午，市第四十五次规划委员会审批通过《二中校园规划设计方案》《林荫西路贯通工程规划设计方案》《恒大规划设计方案》《御龙湾规划设计方案》《铁路棚户区改造(三角线、老分局、双水坑地块)规划设计方案》《华劲大酒店规划设计方案》《城区道路近期建设规划方案》。2011年6月27日下午，市第四十六次规划委员会审批通过《信江新区医院设计方案》《华丰盛世建筑设计方案》《鹰潭市消防专项规划(2010~2020)方案》《265地质队经济适用住房项目》。2011年8月17日下午，市第四十七次规划委员会审批通过《防腐厂片区控制性详细规划》《信江新区景观工程规划设计方案》《鹰潭电视发射塔规划设计方案》《重庆路辉房地产开发有限公司微利商品房规划设计方案》《鹰潭海关、国检综合楼规划设计方案》《鹰潭国际眼镜城规划设计方案》《鹰潭市第四幼儿园改扩建工程规划设计方案》《鹰潭凯翔·都市名门规划设计方案》《月湖区公租房小区规划设计方案》。2011年12月29日下午，市第四十八次规划委员会审批通过《鹰西市场规划建筑设计方案》《鹰潭海关和国检综合大楼规划建筑设计方案》《鹰潭市金驰商务有限公司地块规划建筑设计方案》《嘉鹰水岸华府住宅小区(二期)规划建筑设计方案》《梅园翠林小区规划建筑设计方案》《鹰潭铁路棚户区改造三角线地块、双水坑地块建筑设计方案》《鸿鹰新苑北侧地块规划指标调整》《随园小区一号地块规划设计方案》。

【规划管理】(1)严格规划批后监管。对24个建设项目进行了竣工验收，总验收建筑面积46万平方米。下发停工通知3件，行政处罚书3起，并进行了相应的处罚，维护了规划的严肃性和权威性。同时，加强了对建设项目规划批后的巡查监管，对在全市房地产开发领域调整容积率等问题专项治理中督查出的问题进行了全面的督促检查，确保专项治理工作中存在的问题全部整改到位。(2)完善规划管理制度。会同相关部门制定并报市委、市政府批准实施了《鹰潭市城市规划区违法违规建筑防控查处管理办法》《鹰潭市城市规划区村民建房管理办法》《鹰潭市中心城规划区及城乡发展控制区土地管理若干规定》等文件，进一步健全了规划监督管理的规章制度。(3)推进信息化管理建设。"数字规划"建设是提高工作效率和规范化管理的重要手段，投入了20余万元用于新增信息化硬件设施和定制规划管理信息系统，建立了以业务审批为基础涵盖业务审批管理全过程的工作平台，通过数据共享和业务联动，实现了行政审批管理的数字化，通过反复调试、试运行和全员的培训，该系统已正式投入使用。

【规划服务】(1)完善规划审批服务流程。对行政审批和技术服务的内容、标准、要求、程序、时限等进行了全面梳理，实行了流程再造，出台了包括行政审批、竣工规划验收、方案总平面、放线验线、竣工测量等13项行政审批及技术服务新规程，优化了审批程序，推进了规划审批的提速。(2)推进政务公开和发挥社会监督作用。完善"政府组织、专家领衔、部门配合、公众参与、科学决策"的规划工作机制，采取多种方式完善规划的公示工作，对新编的规划按照相关规定要求全部进行网上公示和项目周边现场公示，确保群众的知情权、参与权、监督权，打造公开透明的"阳光规划"。(3) 大力支持重点项目建设。全年为棚户区改造、信江新区基础设施及公建项目、杭南长高速铁路鹰潭北站、童家示范镇、320国道拓宽改造、老城区路网改造、现代物流园、市民中心(规划展示馆)等共计30多个重点项目，开辟了绿色通道，提供了优质高效的规划服务。

(杨　俊)

【市城乡规划局副县级以上干部名录】
党组书记:鲁建平
党组副书记、局长:叶明和(~2011.12)
副局长:张海东　刘慧华(女)　苏建军
纪检组长:龙顺里

城市建设投融资

【概述】 2011年，鹰潭市国有资产管理办公室(市投融资公司)在市委、市政府的正确领导，省、市发改委的大力支持下，相关部门的积极配合下，2月份成功发行企业债券12亿元，大大解决了市重点工程建设的资金瓶颈问题。

【科学调度融资资金，保障建设项目顺利实施】 随着龙虎山北路、信江大市场、信江新区步行街、信江新区路网二期、信江新区纬四路、支八路等信江新区新建工程陆续开工，信江新区进入全面建设阶段，为确保项目顺利实施，按期完工，本公司协调各家银行，科学安排、统一调度，保障了各建设项目资金的需要。2011年共拨付各类建设资金10.07亿元，累计拨付31.42亿元。

【实行联审联批制度，确保建设资金专款专用】 2011年，市重点工程资金拨付实行联审联批制度。每月在收到重点工程项目资金拨付申请表后，对照相关合同、预决算及施工现场工程完成情况，对资金拨付申请表中各个子项目逐一进行审查，并对已拨付资金的使用情况进行检查。在审核完后，对各项目申请拨付资金提出审核意见，在市重点工程资金拨付联审联批会议上，将各个项目申请拨付资金的审核意见进行汇报讨论，最后根据联审联批审核结论拨付资金。当工程完成到达50%时，市审计局将对工程进行跟踪审计，对实际完成的工程量及资金使用情况进行审计，工程竣工后，市财政、市审计局对工程进行决算审核，通过这一系列程序，确保建设资金的专款专用。自联审联批制度实行以来，共对55个工程项目进行上会审批，累计拨付工程建设资金5.1亿元。

【抓好投资理财，降低融资成本】 在确保市重点工程建设所需资金的同时，根据各项目工程用款进度，本公司积极稳健、适时地将部分闲置资金向银行购入理财产品。截至2011年12月31日，通过理财获得利息收入951万元，累计获得利息1691万元，有效降低了融资成本，实现收益最大化。

(吴　毅)

【市国有资产管理办公室(市投融资公司)副县级以上干部名录】
主 任(总经理):蔡卫东
副主任(副总经理):郑晓斌　徐堂生　李志兵(2011.6~)
纪检组长:杨明荣
副县级纪检员、监察员：徐乌金(2011.6~)

城市公共建设

【概述】 2011年，在市委、市政府的正确领导下，鹰潭市公共建设集团有限公司认真贯彻落实党的十七届六中全会、省第十三次党代会和市第七次党代会、市"两会"精神，牢牢把握"科学发展、绿色崛起"这个主题，抢抓鄱阳湖生态经济区建设战略机遇，按照建设富裕、秀美、宜居、和谐鹰潭的"大框架城市"为目标，扎实开展"项目推进年"和"发展提升年"等活动，真抓实干，积极进取，各项工作均按时保质完成。

【城市公共建设项目】 2011年，本公司承担了8项工程建设任务，投资总额14.78亿元，其中续建项目4个、新开工项目3个，前期工作项目1个。截至2011年年底，项目累计完成投资4.73亿元，其中2011年度完成投资4.33亿元，占年度投资计划的112.2%，超额完成了年初下达的计划投资工程建设任务。各项目推进的情况为：

1.*滨江公园二期工程*：于2011年8月20日如期开园，累计完成投资1.16亿元，其中：2011年完成投资9600万元，占年度投资计划的364%；鹰潭公园景观提升工程正在有序推进，林荫东路立面改造工程完成投资约560万元，完成工程总体形象进度的22.4%。项目建成后，对于改善老城区民生环境、提升城市功能和品位都具有十分重要的意义。

2. *信江大市场廉租房工程*：廉租房主体结构工程已全面完工，截至2011年年底，全年累计完成工程形象进度投资约1.77亿元，占年度计划投资的177%；信江大市场高层建筑工程，于2011年12月底开工建设。项目的建成，为信江新区重点项目拆迁等民生工程安置工作顺利进行提供了保障。

3. *信江新区路网一期工程*：新建龙虎山路、信江北路、经一路、纬二路、支二路及滨江路等六条市政道路工程，主干道路床已基本形成，滨江路部分路段已摊铺沥青，累计完成工程形象进度投资约1.2亿元，占项目投资的23.2%，2011年度完成投资约1亿元。

4. *信江新区龙虎山北路工程*：部分路段的路基已基本形成，完成投资约4500万元，占项目投资的15.2%。

5.信江新区纬四路工程：完成部分路基清表，正在进行桥墩钻孔，完成投资约900万元，占项目投资的18%。

6.高桥新区47号路二期工程：于2011年年底开工建设。

7.高桥新区51号路延伸工程：2011年年底项目前期工作已全面完成。

8.其他工程：18号路(五湖路)行道树绿化种植工程，2010年12月开工，2011年2月底竣工，完成投资约70万元；信江新区安置东区基础工程，建成475户±0基础工程已按期完工交付。

(陈敏洁)

【市公共工程建设集团有限公司(鹰潭市项目办公室)副县级以上干部名录】

总经理、主任：汪 磊

副总经理、副主任：王国金

纪检组长：洪火明

副总经理、副主任：陈教仁 汪思斌 孙玉平(2011.6~)

信江新区开发与建设

【概述】 2011年，信江新区党工委、管委会在市委、市政府的正确领导下，在有关部门的大力支持下，深入贯彻落实党的十七届六中全会、省第十三次党代会、市第七次党代会及市“两会”精神，团结带领全区广大干部群众，进一步发扬敢闯敢干的优良作风，凝心聚力谋发展、团结一心干事业，信江新区开发建设迸发出勃勃生机，经济和社会事业呈现出良好的发展态势。

【土地征收和净地交付快速推进】 做好土地征用和净地交付是信江新区开发建设工作顺利实施的前提。2011年，新区党工委、管委会团结带领全区广大干部群众，心往一处想、劲往一处使，众志成城、团结奋进，各级干部群众抱着决战决胜的信念、破釜沉舟的勇气、志在必得的决心，充分发扬“五加二、白加黑”和不怕苦、不怕累、不怕烦的忘我工作精神，以超常规和特事特办的举措，打开了一个又一个“死结”。在路网三期征地过程中，各级干部主动放弃国庆休假，全力以赴、攻坚克难，仅用10天时间就完成了所有协议的签订工作，在全市率先完成了余信贵城际快速通道征地工作。为确保项目净地交付，信江新区在3月组织开展了蔬菜大棚的拆除工作，出台了《信江新区蔬菜大棚补偿实施细则》，共拆除蔬菜大棚1997个，面积近600余亩；以全市的“7月集中开工月”活动为契机，开展了“集中清表、砌结围墙”活动，采取细化任务、倒排时间的工作方法，使一期核心区内的净地交付工作在规定时间节点前基本完成。2011年，全区共征用土地251.9公顷，完成净地交付面积440公顷，完成坟墓迁移1200余座。

【房屋拆迁工作强力推进】 搞好房屋拆迁是项目顺利建设的关键，2011年信江新区党工委、管委会始终将房屋拆迁工作作为全区工作的重中之重，超前谋划、周密部署，全区房屋拆迁工作取得重大突破。国有土地房屋拆迁方面：在市委、市政府的全力支持下，在全市范围内抽调了一批有经验、有能力的领导干部，组建了拆迁办公室和8个工作组，全部与原单位脱钩，集中精力、集中时间做好拆迁工作。拆迁办的同志本着“公开公平公正、依情依理依法、坚定坚决坚信、用心用时用功”的工作原则，倾情投入、忘我工作，取得了突破性的工作进展。信江新区国有土地上249户被拆迁户已签订协议242户，占总任务数的97%。集体土地拆迁方面：2011年信江新区出台了《信江新区征收集体土地非整体拆迁房屋安置补充意见》《信江新区整体拆迁村宅基地分配到户实施办法》《关于认真做好房屋确权定性工作的通知》《信江新区整体搬迁村房屋拆除有关规定》等一系列配套文件和制定保障和维护群众的合法利益，并坚持做到“三公开”、“三统一”，使法规政策、补偿标准、安置情况让群众一目了然。2011年信江新区集体土地房屋共签订拆迁补偿协议380栋，建筑面积6.18万平方米，占地面积9.46万平方米，全年共拆除房屋236栋，建筑面积5.98万平方米，同步开展进行了宅基地安置工作，共安置宅基320栋，安置店面宅基栋，店面164个，安置后剩余占地面积置换商品房共1.19万平方米。

【项目建设稳步推进】 项目施工环境是项目建设顺利进行的重要保障，信江新区党工委、管委会始终把服务项目建设作为一项重要工作牢牢抓在手上。一是通过建立政警企联动机制、恳谈评议机制等形式，对项目建设过程中遇到的具体问题及时对接、跟踪服务，力争在最短时间内给予协调化解；二是通过强化整治措施，严厉打击涉及重点工程的各种违法犯罪行为特别是强揽工程、阻工等行为，共破获涉及龙虎山北路、路网工程、鹰潭一中等众多重点项目施工环境的案件10余起，有力打击了各类违法犯罪行为，项目建设稳步推进。2011年，信江大桥、龙虎山大桥顺利实现通车，路网一期、路网二期土方基本结束，路网三期建设顺利启动，“三横三纵”的路网格局已现雏形。市一中新校区学生公寓、实验楼、教学楼等设施建设已初具规模，投资20多亿元的恒大地产已开盘销售。调蓄池、自来水厂、防洪堤、信江大市场(廉租房)、杭南长高铁、影剧院改造(御龙湾)、步行街、华劲国际大酒店等项目陆续开工。此外，鹰潭大厦、市民广场、市文化艺术中心、信江新区医院、光华天裕房地产开发、信江新区供电等项目正梯次推进。

【控违拆违成效显著】 2011年信江新区加大拆违、控违工作力度，制定《信江新区城市规划区违法违规行为查处工作机制实施办法》，实行属地管理、分工负责、严格考核、责任追究的原则，做到早发现、早制止、不成型、不跟风、严拆违。2011年，共清除抢栽抢种4起，面积达1.59万平方米，拆除违章建筑47起，面积4425.8平方米，制止违章建筑104起，面积6548平方米，制止乱搭乱建15起，面积2035平方米，有效遏制了抢栽抢种、抢搭抢建势头，有力维护了群众的合法权益，保证了新区开发建设的顺利推进。为缓解控违工作压力，信江新区出台了《信江新区村民建房管理办法》，开通村民建房审批渠道，严格审批条件，规范审批程序，实行职能部门(城管分局、规划分局、国土分局)联审联批制度，全年共受理建房申请74户，对符合建房条件的55户予以审批，驳回5户不符合政策的申请。

【党建工作扎实开展】 建立了班子成员包村挂点工作制度、乡(街道)党（工）委书记述职工作制度、部(室）包村单位帮扶制度等一系列工作制度，统一思想，使党的基层组织建设氛围进一步浓厚。做好乡领导班子换届工作，2011年，信江新区分别组织召开了中国共产党夏埠乡第九届代表大会、夏埠乡第九届人民代表大会，选举产生了一支富有战斗力的班子队伍，班子整体呈现出年轻化、知识化、专业化的特点。着力健全和完善乡村干部激励保障机制，制定并出台了《信江新区离任村干部生活补助管理暂行办法》，解决了村干部的后顾之忧，同时推行优秀村党组织负责人进乡镇事业单位、乡镇事业编制干部提拔进领导班子等措施，任人唯贤，注重实绩，进一步激发了乡村干部的工作热情。

【社会事业和谐稳定】 扎实做好农村“卫生清洁”工程、村民事务理事会建设等基础性工作。加大社会保障力度，切实维护群众利益，新农保、失地农民养老等覆盖面进一步扩大。信江新区2011年启动了8个完成净地交付自然村的失地农民养老保险的参保工作，完成参保人数2853人，参保率达99.9%。新区农业、农村工作平稳运行，人口计生和文教工作有效推进，矛盾纠纷排查化解工作成效显著，为实现新区和谐发展提供了重要保障。

（叶　斌）

【市信江新区管委会副县级以上干部名录】

党工委书记：王家林

党工委副书记、管委会主任：叶銮清(~2011.04)

党工委副书记、管委会主任：费尚恒(2011.04~)

党工委副书记：邬筱露(~2011.06)

党工委委员、管委会副主任：吴震亮　李金忠（2011.04~ ）徐贵华(2011.04~)

党工委委员：陈接照　徐冬胜　祝笑飞(2011.05~)

·资料·

如何办理鹰潭市住房公积金购商品房贷款

购商品房贷款，以新购入房屋合同作抵押加阶段性保证，准备以下资料并用A4复印一份：1.已备案登记的商品房买卖合同。2.首套房90平方米以下首付20%销售不动产首付收据，首套房90平方米以上首付30%销售不动产首付收据。二套房首付50%销售不动产首付收据。3.夫妻双方身份证、户口本、结婚证。4.夫妻双方收入证明(工资存折明细或者工资表盖财务章)。5.建设银行或人民银行打印的夫妻双方各自信用报告(留存原件无需复印)。

注：自商品房买卖合同预售合同登记之日起一年以内提出贷款申请，逾期不再受理。第二套房144平方米以上及第三套房停止发放贷款。

非公有制经济

编辑、校对:夏永军

概 述

2011年,鹰潭市非公有制经济持续健康发展。截至年底,全市实有外资企业133户,投资总额约6.23亿美元,注册资本区4.29亿美元,私营企业5116户,从业人员约6.22人,注册资本142.589亿元,个体工商户2.23余户,从业人员约7.51人,注册资金约10.60亿元;农民专业合作社502户,从业人员4893,注册资金区3.33亿元。非公有制经济的发展对促进经济发展、促进就业、提高市民收入起到了举足轻重的作用。

三资企业

【概述】全市实有外商投资企业133户,其中企业法人106户,外商投资合伙企业1户、分支机构26户。按企业类型分,有限责任公司106户,占外资企业总数的79.69%(其中合资企业27户,占有限责任公司总数的25.47%,独资企业79户,占有限责任公司总数的74.53%)。全市外商投资企业投资总额约6.47亿美元,注册资本4.50亿余美元,其中外方认缴出资额4.16亿美元,占注册资本92.43%,其中投资总额1000万~5000万美元的有12户,投资总额5000万美元以上的外资企业1户。

从外资企业行业分布来看,目前,全市外资户数(不含分支)主要集中于制造业、房地产业、电力燃气和水的生产供应业、采矿业,其户数分别占总数的79.25%、5.66%、4.72%、1.89%。制造业所占比重极大,行业均衡现状继续加重。外资企业投资总额则主要集中于制造业、建筑业、电力燃气、采矿业和房地产业,其投资总额分别占总数的67.9%、12.37%、5.1%、3.75%、3.31%。

在有限责任公司的各类企业类型中,台港澳自然人独资公司50户,所占比重最大,占有限责任公司的47.17%,外商合资公司和台港澳合资所占比重最小,各有2户,占有限责任公司的1.9%。外资企业分公司26户,占外资企业总数的19.55%,外资企业组织形式单全市外商投资企业(不含分支)主要集中分布于第二产业,共有85户,占企业总数的81.73%;其次分布于第三产业,共有16户,占总数15.38%;而分布于第一产业的比例略有增长,共有3户,占总数2.89%。与2010年12月底相比,外资企业分布第二产业的户数增长7.66个百分点,第一产业增长0.42个百分点,而第三产业则减少8.08个百分点,第一产业基本平衡。第二产业的企业户数比重略有增加,而第三产业比重则有所下降。

个体工商户

【概述】截至2011年年底,全市共有个体工商户2.23户,从业人员约7.51万人,注册资金约10.60亿元。其中:在县城所在镇以上城镇从事生产经营活动的个体工商户1.72户,占77.05%;农村个体工商户5122户,占22.95%。全市个体工商户登记资金数额总额约10.60亿元,户均资金数额4.75万元。其中:城镇个体工商户资金数额6.87亿余元,占64.86%,户均资金数额3.99万元;农村个体工商户资金数额3.72亿余元,占35.14%,户均资金数额7.27万元。批发和零售业1.38万余户,占62%;居民服务和其他服务业2034户,占9.11%;制造业2024户,占9.08%;住宿和餐饮业1253户,占5.62%。这前四位行业的户数占全市个体工商户总户数的八成多。其中为批发和零售业约7.05亿元,占66.51%,户均资金数额5.09万元;制造业8273.57万元,占11.74%,户均资金数额4.09万元;居民服务和其他服务业8250.43万元,占7.78%,户均资金数额4.06万元;住宿和餐饮业7612.62万元,占7.18%,户均资金数额6.08万元。

2011年新发展个体工商户

2271户,从业人员5761人,注册资金约1.44亿元,增长率为8.14%、9.44%、42.36%。新登记个体工商户投资热点行业:主要集中在批发和零售业、住宿和餐饮业、居民服务和其他服务业,这三大行业的资金数额分别为约1.07亿元、2173万元、1164万元,资金总额为约1.4亿元,占新登记个体工商户资金数额的97.45%。其中,批发和零售业居首位,占个体工商户资金数额的74.21%。

不足之处:全市个体工商行业个体工商户思想观念上解放不够,政府部门鼓励发展政策措施还不具有吸引力,已制定的有关措施还需要进一步抓落实,对个体私营企业的服务意识有待提高,在投资审批、政策指导、具体问题解决方面存在工作效率不高,服务不到位,管得多,帮得少的情况,管理者意识太强,公仆意识薄弱。加上大多数业主文化素质偏低,虽然有一定的经济运作经验,但缺乏必要的现代经营管理知识,不善于理性地分析、策划市场,凡事凭经验感觉决断,不能使个体工商户做大做强。

私营企业

【概述】截至2011年12月底,全市实有私营企业5116户,其中,城镇4098户、占总数的80.1%,农村1018户、占总数的19.9%;从业人员约5万人,其中,城镇4.01万余人、占总数的80.4%,农村9782人、占总数的19.6%;注册资本约142.59亿元,其中,城镇约121.33亿元、占85.1%;农村约21.26亿元、占总数的14.9%。期末实有私营企业集团6户。实有注册资本100万~500万元的私营企业1353户,500万~1000万元的260户,1000万~1亿元的209户,亿元以上16户。以企业类型划分:有限公司4681户,占91.5%;独资公司277户,占5.5%;合伙企业145户,占2.8%;股份有限公司13户,占0.3%。其中:第一产业382户、占7.47%;第二产业1360户,占26.58%;第三产业3374户,占65.95%。

2011年全市新登记私营企业622户,从业人员4352人,注册资本67.96亿元,与2010年同期相比分别增长51%、14%、92%。新登记私营企业,发展户数居前三位的行业类型分别是批发和零售业205户,租赁和商务服务业117户,交通运输、仓储、邮政业58户。注册资本居前三位的行业类型分别是租赁和商务服务业约47.71亿元,金融业约6.37亿元、制造业5.28亿余元。

从新增私营企业户数,从企业类型看,主要集中在有限公司,有限公司具备法人资格;个人独资企业表现为资金较小或较大,独资企业不验资;合伙企业发展迅猛。本期新增私营企业注册资本,从企业类型看,主要集中在合伙企业,26户有限合伙企业注册资金达39.14亿余元,户均注册资金约1.5亿元,集中在租赁和商务服务业。

2011年新增私营企业户数比上年有所增加,注册资本(出资金额)有明显增长,新增部分私营企业的规模较2010年明显增大;2011年新发展户数居前三位的行业类型与2010年相同,说明鹰潭私营企业的行业类型结构没有发生较大变化;农村私营企业户数所占比例较上年有所增加;合伙企业数量和行业类型结构明显变化,户均出资金额增长迅猛。但总量不足仍然是鹰潭企业发展的主要矛盾。企业总户数、注册资本总规模、户均注册资本等各项指标与其他地市相比存在较大的差距,在资本实力上的差距尤为明显。虽然市委市政府采取了一系列金融措施改善中小企业的融资环境,企业融资难问题也得到一定程度的解决,但现有的融资环境与企业的融资需求仍有一定差距。

重点企业选介

【江西水晶光电有限公司】江西水晶光电有限公司是浙江水晶光电科技股份有限公司的全资子公司,注册资金5500万元,位于江西省鹰潭市经济开发区和谐路7号,主要从事精密光电薄膜元器件的研发、生产和销售。公司拟投资1.5亿元,建设年产5亿片红外截止滤光片技改项目,将逐步承接母公司精密光电薄膜元器件产品产能转移及相关产品的量产和扩产。项目达成后,公司红外截止滤光片约占全球市场总量的25%,主要应用在可拍照手机、电脑摄像头、汽车摄像等领域。公司直接或间接为苹果、诺基亚、摩托罗拉、索爱、夏普、三星、大立、钰晶、今鼎、关东辰美、日本电产等公司配套。

母公司浙江水晶光电科技股份有限公司位于浙江省台州市,成立于2002年8月,2008年9月在深交所上市(股票代码:002273),是一家国家级高新技术企业。公司是国内专业从事精密薄膜光学及延伸产品研发、生产和销售的知名光电元器件企业。公司主导产品光学低通滤波器(OLPF)和红外截止滤光片(IRCF),是高像素数码相机、摄像机、手机摄像头等数字摄像头、镜头系统的核心部件,两大系列产品产销量居全球前列。公司15个产品通过了省级新产品鉴定,其中5项技术达到国际领先水平,9项产品填补国内空白,5个项目列入国家火炬计划重点项目。公司主要产品红外截止滤光片是利用精密光学镀膜技术在光学玻璃基片上交替镀上高低折射率的光学膜,实现可见光区(400~630纳米)高透,近红外(700~1100纳米)截止的光学滤光片,主要应用于可拍照手机摄像头、电脑内置摄像头、汽车摄像头等数码成像领域,用于消除红外光线对CCD/CMOS成像的影响。产品根据应用范围不同分为:圆形红外截止滤光片、方形红外截止滤光片、红外截止滤光片组立件等。

【恒大地产鹰潭有限公司】恒大地产集团(3333.HK)是在香港联交所主板上市,集房地产规划设计、开发建设、物业管理于一体的现代化国际企业集团。拥有中国一级资质的房地产开发公司、中国甲级资质的建筑设计院、中国特级资质的建筑工程公司、中国甲级资质的工程监理公司、中国一级资质的物业管理公司。恒大地产鹰潭有限公司由恒大地产集团全资注资成立的子公司。

近年来,鹰潭市政府紧紧围绕把鹰潭建设成为鄱阳湖生态经济区璀璨明珠的目标,大力实施"四大一新"发展战略,加快推进城市化进程,"一江两岸、一体两翼、四区合一"的大框架城市格局已经形成。尤其是鹰潭市委市政府着眼于把信江新区打造成鹰潭的"城市客厅",始终坚持"基础设施优先、社会事业优先、群众利益优先、聚旺人气优先",重点邀请了一批有实力、有远见的企业,计划全力实施了一批重大建设项目,使信江新区已经成为鹰潭市项目集聚、投资兴业的一方热土。正是受这种良好投资环境感召、同时有感于鹰潭市建设信江新区的决心、信心,2010年恒大地产集团开始与鹰潭市委市政府接触洽谈。通过多方面考察,恒大集团取得了信江新区约488亩土地的使用权。2011年年初,恒大地产鹰潭有限公司正式成立。

鹰潭恒大绿洲项目位于鹰潭市信江新区,是公司在鹰潭投资的首个大型住宅社区,是加快信江新区建设的一项重点工程。占地约32.6公顷,容积率2.6,总建面近百万平方米,是鹰潭市在建房产项目中,规模最大,标准最高的大型住宅项目。项目秉承恒大一贯的环境优先、配套先行的开发理念,小区绿化率高达50%;并配套有约2万平方米的运动中心、约6000平方米的综合楼、1万平米的恒大剧场、标准化双语幼儿园等,建成后,将形成集居住、文化、休闲等于一体高档住宅小区,为业主营造了自然优美、舒适便捷、卫生安全的居住环境。

作为中国领先的房地产企业,恒大集团积极响应国家调控政策,开发的楼盘采用低碳与环保技术设计建造,在中国十大房地产企业里价格低、品质好,性价比高,被中国很多老百姓誉为"民生地产"。集团总部通过紧密型集团化管理,对全国各地区公司实施标准化运营,包括管理模式、项目选择、规划设计、材料使用、招投标、工程管理以及营销7重标准化,确保成本的有效控制和精品产品的打造。践行民生地产的发展思路,秉承"让利于民,民生地产"的微利经营理念,站在城市运营商的角度,以惠民价格为购房者提供高端精品住宅,已经成为恒大地产集团抵御地产市场风浪的法宝。"高端产品,惊喜价格"的思路,让恒大旗下的众多项目在调控风浪中反而凸显出价值。事实证明,高品质、高性价比的产品是赢得市场的关键。

鹰潭恒大绿洲项目拥有得天独厚的地理环境,恒大地产集团将整合15年房地产开发的经验,立志用最快的速度、最高的品质、最精致的景观将这个项目建设成为鹰潭市乃至江西省品质卓越的精品地产项目,全力为信江新区建设添砖加瓦,为鹰潭市的经济社会发展贡献力量。

【鹰潭市经济开发区江南小额贷款股份有限公司】 鹰潭市经济开发区江南小额贷款股份有限公司是经江西省人民政府金融办公室批准设立的具有独立法人资格,专业从事贷款业务的新型准金融机构。公司性质是民营股份有限公司,注册资本10亿元人民币,本公司是中国小额信贷机构联席会常务理事单位,中国小额信贷联盟会员单位。2011年12月通过ISO 9001国际管理体系认证。公司业务范围是在鹰潭市经济开发区(县)及邻区(县)内办理小额贷款业务以及经省政府金融办批准的其他业务。

鹰潭市经济开发区江南小额贷款股份有限公司由鹰潭江南铜业有限公司、鹰潭市凌惠铜业有限公司、鹰潭市盛发铜业有限公司等8位出资人共同发起设立,公司资金实力雄厚,拥有一批具有丰富经验的专业人才。公司内设客户部、风险控制部、财务部、综合管理部等四个部门,实行严格的公司治理模式。本公司通过规范的管理、稳健专注的发展模式,打造深受客户认可、员工爱护、社会尊重、信用诚信度高的一流股份有限公司作为企业的发展方向;极力打造以人为本,共谋发展的金融环境。弘扬方便、快捷、高效、诚信的服务理念,并依托鹰潭世界铜都优势,为铜加工企业、"三农"及自然人提供优质的贷款服务。

【江西金盛担保有限公司】 江西金盛担保有限公司是经省金融办批准并于2011年11月22日成立的融资性担保公司,公司注册资本1.03亿元,是鹰潭市地区最大的民营担保机构。

公司秉承"稳健、求实、专业、创新"的经营理念,建立了一套科学、严谨的组织架构和专业化、规范化的风险控制体系。保证业务决策的准确性和科学性,有效地防范风险,促进各项业务平稳健康的发展。公司以人力资本为核心,拥有一支高素质,专业化的员工队伍。公司以社会效益及经济效益的价值最大化为导向;以"为客户创造价值、为企业创造利润、为社会创造效益"为宗旨;以追求卓越为目标;力争成为中小企业的融资专家。

公司自成立以来,已经为众多中小企业融资提供担保,帮助他们解决了融资难题,有效地促进了本地区中小企业的健康发展,达到推动企业发展与繁荣地方经济的目的,取得了良好的社会效益。

随着公司的发展,公司将初步形成以担保主导,涵盖资产管理,咨询,投资顾问等多个领域的集约经营模式,积极促进信用文化和社会信用体系建设,为国民经济和社会发展服务。展望前所未有的机遇和挑战,公司将强化经营管理,提升公司的核心竞争力,致力于建设成为全省一流的金融担保服务企业。

公司建立了一套科学、完善的法人治理结构,设有董事长、总经理、副总经理、综合管理部、财务部、担保业务部、投资部、风险管理部等部门，公司业务部员工有长期金融、法律从业工作背景，实行专业化团队运作。在充分保障股东权益的前提下，最大限度地调动和发挥了经营管理团队的专业智慧乃至全体员工的主动性、积极性。

公司主营融资性担保、履约担保、诉讼保全担保业务、与担保有关的融资性咨询、财务顾问等中介服务业务，以及以自有资金进行投资。

服务对象为经工商管理部门登记注册并通过年检的企业法人或有正常还款能力的个人。企业管理规范，财务制度健全，资产真实；具有履约和偿债能力；能够提供担保公司要求的反担保措施；诚实守信，无不良信用记录及民事、经济纠纷和诉讼。

（易江鹍）

工商部门积极开展扶持非公经济发展政策宣传等活动。

市工商局供稿

经济管理与监督

编辑、校对:夏永军

综合管理与宏观调控

【概述】2011年，面对复杂多变的国内外经济环境,市发展改革委员会在市委、市政府的正确领导下,在省发改委的关心指导下,围绕加快转变经济发展方式主线,以鄱阳湖生态经济区建设为契机,统筹处理好促增长、调结构、稳物价的关系,全面落实中央、省、市的重大决策和部署，圆满地完成了市委、市政府交办的各项工作目标和任务。

【在抓项目、争支持上谋求主动】一是争取资金支持成效显著。争取上级资金支持取得重大突破。全年共争取发改系统下达资金扶助4.18亿元。二是争取项目支持取得重大突破。在13个项目列入省重点工程盘子的基础上,又争取到节能照明产业基地项目列入省政府重大项目调度会专题调度,解决项目用地200公顷;伟强铜业水暖卫浴、胜华铜业高超导输电电缆等4个工业项目60多公顷用地获省发改委、省国土厅重新批准;钢材综合交易市场、市精神病医院、金帝鞋业、水晶光电等一批重大建设项目获省审批,为下一步争取省级用地指标奠定了基础。争取到国家发改委核准鹰潭500千伏开关站扩建工程和贵溪电厂“上大压小”扩建项目500千伏送出工程。鹰潭核电已纳入全国45个核电站选址备选项目目录。三是争取上级政策支持取得重大突破。争取到省发改委同意鹰潭(贵溪)铜产业循环经济基地申报国家“城市矿产”示范基地,鹰潭列入全省统筹城乡发展综合配套改革试点和全省循环经济试点,市经济技术开发区被省政府正式命名为“江西省首批省级生态工业园区”，贵溪工业园升格为省级生态工业园,余江县工业园区省级生态工业园建设方案获省发改委批复。

【在抓实施、促增长上谋求主动】一是积极服务中央省属过境项目。加大协调力度，创新服务方式,先后召开协调会、现场办公会20多次,协调解决各类问题、纠纷60多起,有力推进了项目建设。杭长客运专线鹰潭段征地拆迁位列全省第一,项目进展顺利;贵溪电厂“上大压小”第一台机组竣工并网发电;省天然气管网一期、西气东输二线已进入完工收底阶段;皖赣铁路电气化改造已完成初步设计。二是重点工程建设进一步加强。市本级44项重点工程开工建设40项，开工率达91%，完成投资22.3亿元。其中信江大桥、龙虎山大桥、鹰西大道绿化工程等9项工程已竣工,龙虎山北路、滨江公园二期、信江新区路网一期、人防应急指挥中心等项目正在加快推进，二化33栋廉租房已全部封顶，信江51栋廉租房已有48栋封顶。三是狠抓年度计划实施。坚持每月每季分析监测经济走势,与市统计局等相关部门做好协调沟通，对生产总值、固定资产投资、万元GDP能耗等指标的完成及在全省排位的情况及时跟踪、调度、汇报。加强了对经济发展中苗头性、倾向性问题的研究,多次深入企业调研、座谈,及时收集反映和帮助解决企业生产经营中遇到的困难和问题。在对2012年经济发展形势认真分析的基础上，初步提出了2012年国民经济社会发展计划。

【在调结构、转方式上谋求主动】一是支持产业结构调整取得成效。争取到鹰潭节能照明、硫磷化工和汽摩配3个产业基地列入省级产业基地，占2011年全省总数的四分之一。争取国家资金,重点支持了兴业电子高精度铜基合金板带等 个高新产业项目,广信铜业高性能铜镁合金杆线、凯安铜业高精度铜板带等产业振兴和技术改造项目,龙虎山景区旅游基础设施建设等旅游项目。二是节能减排全面加强。发挥节能减排牵头单位的作用，将节能减排指标分解到各地、各重点领域、重点企业、重点项目，及时调度全市节能减排情况,为市政府提供参考意见。规范开展项目能评工作,从源头控制了“两高”项目进入。加大了对节能减排项目支持力度，江南铜业5万吨光亮铜杆、贵溪同顺废七类铜管加工、贵溪市城西污水管网工程等3个项目获3300万元资金扶助;保太集团异型铜排、中钜铜业废物再利用和资源化、市龙岗新区污水管网等11个循环经济、节能减排项目列入2012年中央预算内投资备选项目,预计争取中央资金将达到7000万元,资金争取创历年新高。加快实施节能减排工程,在实现生活污水处理厂县(市、区)全覆盖的基础上,全市4座工业园区污水处理厂进入全省规划,贵溪市城西污水处理厂预计年底建成,龙岗污水处理厂已经开工,鹰潭经济技术开发区污水处理厂、余江潢溪污水处理厂即将开工。三是能源供应平稳有序。在全省用电紧张,全市用电负荷创造45.3万千瓦新高、电网高位运行的情况下,市发改委委完善落实了有序用电工作方案,做好了电力迎峰度夏、度冬工作,做到了全年不限电,保障了全市生活生产用电需要。针对油价居高不下的状况,做好了成品油供应保障工作,全市未发生成品油断供。

【在抓改革、促开放上谋求主动】 一是鄱阳湖生态经济区建设和统筹城乡发展综合配套改革试点扎实推进。出台了《鹰潭市全面融入鄱阳湖生态经济区规划实施方案》,分解落实了重大工程和重大事项责任。《鹰潭市统筹城乡综合配套改革试点工作方案》初稿已形成。二是医改工作走在全省前列。医保筹资标准和报销比例进一步提高,全市所有县级综合医院、乡镇中心卫生院、90%村卫生室(所)和90%社区卫生服务机构服务能力达到国家建设标准,34所政府办乡镇卫生院和7所政府举办的社区卫生服务中心实施国家基本药物制度,实行药品零差率销售。乡镇卫生院院长公推公选、基层医疗卫生机构绩效考评、信息化管理等改革顺利推进,医改内在动力不断增强。免费实施白内障手术4228人、唇腭裂手术188人、先天性心脏病手术244人。三是融资工作开创新局面。争取到国家发改委批准鹰潭市发行了12亿元企业债券。成功争取到市中医院、市消防支队医疗卫生、消防等领域项目借用国外优惠贷款1020万美元,市人民医院利用奥地利政府贷款项目获省发改委批复。四是招商引资工作顺利开展。圆满完成"2011江西(香港)鄱阳湖生态经济区重大产业及生态工程推介会"协作城市协办工作,20多个产业招商项目列入省发改委《鄱阳湖生态经济区招商项目册》,编制了全市重大招商项目册,楼宇经济和限售股转让完成年度任务的110%。

【在稳物价、惠民生上谋求主动】 一是维护物价稳定。加大了对粮油、蔬菜、肉禽等居民生活必需用品及重要商品价格监测,及时预警预报,正确引导了社会预期。在测算市区低收入群体物价补贴发放标准的基础上,请示市政府动用价格调节基金对市区部分低收入居民发放物价补贴,并获得市政府同意,有效缓解了物价上涨对低收入群体的压力。二是支持社会事业发展。与有关部门一道,编制了《鹰潭市"十二五"农村学前教育推进工程建设规划》、《鹰潭市"十二五"边远艰苦地区农村学校教师周转宿舍建设规划》。争取到市精神病医院、乡镇卫生院、县级急救中心等卫生项目获3364万元资金扶助;市应用工程学校综合楼、农村初中校舍改造等教育项目获1485万元资金扶助;市博物馆纳入国家"十二五"专项规划。三是服务保障性住房建设。主动配合有关部门做好项目前期工作,及时报批项目实施方案,争取到省发改委下达中央投资和省补助资金2.7亿元,用于全市保障性住房建设,并将保障性住房建设纳入市重点工程。

【在强服务、提效能上谋求主动】 一是党风廉政建设责任制全面落实。坚持"一岗双责"的原则,进一步落实各项制度,定期召开专题会议,学习上级有关做好党风廉政建设和反腐败工作的指示精神,全面部署党风廉政建设工作,委领导班子成员、各科室负责人签定了2011年度党风廉政建设责任书。推进风险岗位廉能建设,实现了廉能管理风险岗位全覆盖。开展了工程建设领域、医药购销和医疗服务等突出问题专项治理活动,切实维护了广大群众的利益。二是机关效能进一步提升。围绕"发展提升年"活动,积极推进重大产业项目招商引资和建设管理协调机制建设,重大产业项目绿色通道并联审批系统于11月正式试运行,截止2011年年底,实行网上审批项目101个。全面实行"两集中、两到位",深化招标投标体制改革,推行电子化招标试点工程。三是机关建设进一步加强。组织开展了"三治"为主题的干部作风教育实践活动,切实解决党员干部队伍中存在的"庸、懒、散"行为,进一步提升了办事效能和服务水平。推行科级干部述职述廉,并将述职述廉情况纳入干部年度考核的重要内容,年内共20人次进行述职述廉。抓好党员干部的常态化学习教育,坚持周五下午学习教育日制度。

(刘辉斌)

【市发改委副县级以上干部名录】
党组书记、主任:周 瑛
党组成员、调研员:陈 星(~2011.11)
计 青(女,2011.4~)
党组成员、副调研员:胡爱华(女) 郑建平 吴任华
党组成员、副主任:余战龙
党组成员、纪检组长:王小元
党组成员、市价格监督检查局局长:吴任广
党组成员、市重点工程建设办公室主任:武彪伟
党组成员、市能源局局长:欧阳爱兰(女)
调研员:陈 思 高长和

国有资产管理

【概述】 2011年,市政府国资办在鹰潭市委、市政府和省国资委的正确领导下,深入贯彻落实科学发展观和党的十七大、十七届六中全会

精神，紧紧围绕国企改革发展中心，大力推进国资监管和市委、市政府交办的中心工作，不断创新思路，提高服务水平，各项工作有了新起色，取得了新成绩。出资监管企业走上良性发展轨道，经营业绩创历史新高；国有资产保值增值监管范围拓宽，国资监管体制逐步理顺；七个系统国企改革基本完成，达到了预期目标；成功邀请两家中央企业参加省第二届世界低碳与生态经济大会及项目洽谈会，签订了合作项目，受到了省国资委嘉奖；国有产权交易工作荣获全省二等奖。

【国资监管工作】 1.国资监管企业走上良性发展轨道。为加强对出资监管企业的管理，充分调动经营者的积极性和创造性，提高企业经营管理水平，促进企业经济效益增长，实现国有资产的保值增值，市政府国资办制定了《中国第四冶金建设有限责任公司经营管理者年薪制试行办法》《经营管理者业绩考核办法》《工资总额管理办法》和《经营管理者基本年薪确定办法》等，建立了符合现代企业制度要求的激励约束机制，企业效益得到了大幅度提高，职工收入也有较大增长，不仅稳住了现有人才，而且吸引了改制时流落在外的专业技术人员"回流"，壮大了企业人才队伍。2011年，中国第四冶金建设有限责任公司共承揽施工任务386项，合同金额为170.9亿元，完成施工产值67.83亿元，实现利润3366万元，均创历史新高。此外，该公司还获得和申报省部优以上奖11项、市优奖3项。公司参建的首钢京唐公司曹妃甸一期一步冶炼工程继2010年获得鲁班奖后，又获得了国家优质金奖；承建的九江市人民检察院办案和专业技术综合大楼项目荣获江西省"优质建设工程杜鹃花奖"、"质量安全双优奖"；总经理林铁生获得了"2010~2011年度国家优质工程奖先进个人"称号。

2.国资监管范围逐步扩大。市政府明确国资办对鹰潭酒店集团公司和2户国有股权形式的国有资产履行出资人职责，同时，对9户国有独资、控股、参股企业履行企业国有资产保值增值监管职责，即对企业国有资产保值增值目标完成情况进行监管，对企业经营管理人员经营业绩进行考核，对企业财务状况进行监督检查。

3.国有集体产权交易再创新绩。(1)下属市产权交易管理中心按照江西省企业国有资产产权转让自查自纠通知要求，开展了鹰潭市企业国有资产产权转让自查自纠工作，提出了整改措施和对策建议，得到了省发改委、省国资委等部门的肯定。同时，按照"五统一"、"三公开"的原则，积极组织全市国有集体产权进场交易，据统计，一年来，共组织了10宗产权进场交易，成交额为3447万元，增值率为24.1%，荣获全省产权交易工作二等奖。(2)按照相关工作规程指导了市供水有限公司实施国有股权转让中清产核资和资产评估工作，组织专家对其清产核资结果进行评审并已批复，为其下一步进场交易做好了前期准备工作。

4.成功邀请两家中央企业参加江西省第二届世界低碳与生态经济大会及项目洽谈会，两家中央企业与省政府签订了合作项目，受到了省国资委嘉奖。

【国有企业改革】 1.七个系统国有企业改革基本完成。鹰潭市七个系统国有企业改革按照省委、省政府的统一部署，遵循省委苏荣书记提出的"统筹兼顾、突出重点，先易后难、因企施策，整体运作、扎实推进"的总体原则，结合实际，高位推动。截至2011年年底，全市7个系统12户国有企业基本完成改革任务，共有8443名职工与企业签订了解除劳动关系协议，占改制职工总数的99.4%，改制职工"两险一补"均已到位，职工思想稳定。

2.组织实施妥善解决国有企业职教幼教退休教师待遇问题工作。按照省政府办公厅《关于转发省国资委等四部门关于妥善解决国有企业职教幼教退休教师待遇问题工作方案的通知》(赣府厅字〔2011〕144号，以下简称《通知》)和9月9日全省解决国有企业职教幼教退休教师待遇视频工作会议精神，市政府国资办牵头组织了前期调查摸底，出台了鹰潭市《关于妥善解决国有企业职教幼教退休教师待遇问题工作方案》和具体实施细则，及时召开了工作布置会，平稳有序推进相关企业申报。

3.妥善解决国有企业所属大集体职工养老保险接续问题。解决了市属国有改制企业所属大集体职工1300多人十年养老保险接续问题，得到了大集体职工的普遍好评。

(刘志英)

【市政府国资办副县级以上干部名录】
市政府办党组成员、市政府国资办主任：陈鑫英
副主任：熊新乐

安全生产监督管理

【概述】 2011年是"十二五"开局之年，在市委、市政府的正确领导和高度重视下，全市上下深入贯彻落实国务院《关于进一步加强企业安全生产工作的通知》和省政府《关于进一步加强企业安全生产工作的实施意见》，以强化企业安全生产主体责任为重点，以继续深化"安全生产年"活动为主线，严格安全监管，深化专项整治，狠抓隐患治理，全市安全生产工作取得明显成效，总体上实现了"十二五"时期安全生产工作的良好开局。

据统计：2011年，全市共发生各类事故89起，死亡32人，与2010年持平。其中：发生道路交通事故85起，死亡28人，同比持平；发生工矿商贸安全事故4起，死亡4人，同比持平。2011年省安委会下达鹰潭市安全生产事故死亡总控制数32人，实际死亡32人。另据各主管部门统计，全市共发生火灾事故148起，同比下降14.4%，死亡3人，同比上升33.3%；发生农机

安全事故3起，无人员死亡；未发生水上交通事故和校园安全事故。

【完善目标控制体系，严格落实安全生产责任】 年初，市局牵头组织对全市各级、各部门、各单位2010年度安全生产目标任务完成情况进行了严格的考核，并对考评结果进行了通报。全市安全生产工作会议确定了2011年全市的安全生产目标任务和工作重点，为进一步强化落实各级政府、各行业主管部门的监管责任和企业主体责任，市政府与各县(市、区)政府、目标管理责任单位签订了2011年安全生产责任状，将安全生产控制指标进行分解下达，并纳入全市社会治安综合治理考核体系，作为经济发展规划及干部政绩业绩考核的重要内容。年内，研究制定了《鹰潭市一般事故查处挂牌督办办法》，对事故查处实行各级安全生产委员会层层挂牌督办，明确了督办程序、督办责任，将事故查处和责任追究进一步规范化、制度化。

【创新工作思路方法，不断提升安全监管水平】 为推动全市安全监管工作上水平、跨台阶，2011年以来，市局不断创新工作思路和方法。一是全面推行安全生产等级管理，围绕年初制定的《鹰潭市安全生产管理等级评定实施办法》，将全市企业安全生产状态划分为四个等级进行管理，2011年完成了第一轮等级评定，评定了9家安全生产管理A级企业，促进了安全监管工作的规范化、制度化。二是不断加强基层基础建设，制定了《关于加强安全生产基层基础标准化建设实施意见》，对全市45个乡镇(街道)安监站长和县(区)安监局长安监站进行了标准化建设培训，要求基层安监站全面开展标准化建设，达到"八统一"标准，并将基层安监站标准化建设纳入2011年安全生产年度考核范围。三是积极推动化工企业进园区，向市政府呈交了化工基地安全规划编制申请，与江西省医药设计院正式签定了"委托编制规划合同书"，贵溪硫磷化工园区建设取得积极进展，安全规划已通过了专家评审，化工园区基础设施建设全面启动。四是大力推进职业健康安全监管，已初步选定了230家企业作为职业健康申报对象，确定了职业健康防治的定点医院，并开展了对银海矿业、江西安晟化工有限公司、中石化鹰潭分公司的职业健康体检工作。

【狠抓防范措施落实，确保重点敏感时段安全】 围绕元旦、春节、国庆以及高温、汛期、城运会和"两会"等重点敏感时段，市局及时研究制订工作方案，组织力量开展全面的隐患排查，对高危行业的重点部位落实专人进行监控，建立健全安全事故应急救援预案，做好救援物资、设备、队伍等方面的准备，确保了重点敏感时段全市未发生1例生产性安全事故。针对2011年以来全国各地重特大安全生产事故频发的严峻形势，市局于8月份组织开展为期3个月的安全生产大检查，并结合国庆、七城会、省市政府换届及党代会等重点活动密集的特点，制定严密的防范措施，对发现的隐患全程监控，对排查出的重大隐患，严格实行挂牌督办，正做到隐患排查全覆盖，杜绝了各类事故的发生。

【深化安全专项整治，全面排查治理事故隐患】 将各行业（领域)的安全生产专项整治作为日常监管工作重点，深入排查治理各类安全隐患。4月1日至9月30日，与市交通运输局、市公安局在全市范围内集中开展道路客运隐患整治专项行动，共出动人员66人，车辆16台，抄告交通违法企业8家，抄告交通违法行为320起.4至5月，联合交通、海事部门组织开展了全市水上交通安全专项整治，共检查渡口39个，渡船32艘，发现安全隐患7处。5月份，与市城乡建设局、市交通局、市公路局、市水利局等多部门联合开展了工程建设领域建筑施工预防坍塌事故专项整治，对11个危险性较大的工程项目进行安全方案的监督整改；继续深化非煤矿山领域的安全专项整治，年内，对鲍家矿业有限公司尾矿库闭库项目工程进行了督导，查处非煤矿山安全隐患80处，下达限期整改责令书19份，对已停产多年、名存实亡的9家露天采石场依法不予通过年审，安全生产许可证不予延期；在危化品专项整治中，完成了全市化工企业危险化工工艺自动化改造，注销了8家长期停止经营和许可证超期的危险化学品经营企业的经营许可证，查处非法、违法经营行为29起，取缔16家，补办手续4家，排查隐患92处，下达整改指令书22份。据统计，2011年，市局在各类安全专项整治中共查出隐患705条，已整改到位692条，整改率达98.16%。

【推进安全标准化创建，提高企业安全水平】 按照"统筹规划、突出重点、分步实施、稳步推进"的原则，大力推进安全生产标准化创建工作。一是全市非煤矿山安全标准化创建工作已于6月全面启动，成立了非煤矿山安全标准化工作领导小组，明确了考评机构和咨询机构，组织了非煤矿山安全生产标准化工作培训，确定了贵溪市鲍家矿业有限公司等33家企业展开安全标准化创建工作，已有24家矿山企业签订了咨询协议，并制定了安全标准化创建工作方案。二是危险化学品企业标准化工作不断推进，成立了危险化学品安全标准化三级考评机构，明确了14家危化企业标准化建设进度，全市所有危险化学品生产企业已与咨询机构签订了标准化协议，正在进行标准化体系创建和自评，要求到2012年6月底，所有已取得安全生产许可证的危险化学品生产企业全部完成标准化创建工作。三是冶金机械行业安全标准化创建试点工作也于4月全面启动，已完成了调查摸底和实施方案的制定工作，确定了江西三川水表股份有限公司等4家企业为冶金机械行业安全标准化示范点创建单位，现已进入自查整改阶段。

【强化安全执法监察，严厉打击非法违法行为】 在集中开展打击非法违法生产经营建设行为专项行动期间,市局按照市安委会制定的《开展严厉打击非法违法生产经营建设行为专项行动实施方案》,狠抓关键环节,明确打击重点,强化联合执法,保持高压态势,严厉打击了一批非法违法生产经营建设行为。行动中,共取缔非法生产餐饮燃料作坊1家,查处无证流动加油点3家,取缔非法销售烟花爆竹网点16家，查处非法储存烟花爆竹行为5起,查扣烟花爆竹360余件。联合国土、公安、水务、林业等部门,严厉打击无证开采、越界开采、非法转让矿权等非法行为,查处了余江马荃瓷土矿、龙虎山泥湾片石厂等3起非法开采行为和贵溪奥升矿业有限公司越界开采违法行为。据统计,市局在"打非治违"专项行动中共取缔各类无证经营单位22家，关闭非法生产建设单位3家,全市安全生产领域非法违法生产经营建设情况得到有效遏制,生产秩序进一步规范。

【严把安全准入关口,提升行政许可审批效能】 始终坚持"注重源头防范,严把准入关口"的原则,从行政许可审批入手，把符合安全生产标准作为企业准入的前置条件，实行严格的安全标准核准制度，不断优化许可审批流程,提高办事效能。一是对审批事项严格把关，督促企业落实安全生产建设项目"三同时",对存在安全问题的评价报告，退回重新编制,仍不符合要求的,拒收评价报告。二是紧紧围绕"办事集中、办理高速、群众满意"的效能取向,对所有行政事项和办事指南都进行审批流程再造，进一步提高行政审批效率,把承诺件简化即办件4项,其它事项都在法定时限的基础上压缩50%的办结时间。三是加强档案管理,完善台账建设,并按照危险化学品、非煤矿山、烟花爆竹等进行分类存放和定期移交。全年共发放危险化学品经营许可证19家(不含变更)、烟花爆竹经营(批发)许可证上报备案4家、建设项目"三同时"审查11家,实现了办结率100%,无一例违规和差错。

【建立应急管理机制，提高安全生产保障能力】 不断加强与各地区、各有关部门安全生产应急管理机构间的协调联动,完善地方、企业应急管理和协调机制,逐步建立起上下关联、相互协作的应急救援体系。一是组织全市地下非煤矿山企业与乐平矿务局救护队签订了应急救援协议。二是督促企业建立相配套的应急预案,并严格应急管理和演练,组织江西银海矿业有限公司进行了以洪水漫坝灾害为抢险对象的救援演练。三是大力提升尾矿库企业应对和处置自然灾害的能力,指导江西银海矿业有限公司和贵溪鲍家矿业有限公司完善了企业应急抢险救援队伍，补充、更新、添置所需应急救援物资和装备;四是大力推行非煤矿山安全生产责任险制度,积极组织引导非煤矿山企业参加安全责任险。

【狠抓安全宣教培训,增强全民安全防范意识】 将国务院《关于进一步加强企业安全生产工作的通知》和省政府《关于进一步加强企业安全生产工作的实施意见》作为安全宣传教育的重点，广泛开展形式多样的宣教培训工作。举办了危险化学品特种作业人员培训班，对全市危险化学品生产企业从事危险化工工艺过程操作及化工自动化控制作业人员进行培训，并颁发特种作业操作证；对全市非煤露天矿山企业主要负责人和安全管理人员进行安全资格培训,全市25家非煤露天矿山企业50名安全管理人员取得了安全资格证书；组织全市危化企业负责人对新颁布的《危险化学品管理条例》进行了专题培训。2011年,市局共培训各类企业主要负责人100余人次,安全管理人员150余人次,特种作业人员取证、复审培训1600余人次。举办乡镇安监执法人员培训80余人。在"安全生产月"活动中,市局牵头各地、各部门开展了一系列安全警示教育、安全知识竞赛、演讲比赛等活动,联合举办了以"安全责任、重在落实"为主题的宣传咨询日活动,向市民发放安全手册、宣传单2000余册,发送安全短信十万多条,张贴悬挂各类标语、横幅300余条，进一步提升了群众的安全意识和从业人员的安全技能，激发了全社会对安全生产的高度关注和重视。市局被国家安监总局评为2011年度"安全生产月"活动优秀单位,这也是全省设区市唯一获此殊荣的单位。

【牢固树立大局意识，积极做好全市中心工作】 在做好安全生产工作的同时,市局统筹兼顾,紧紧围绕全市中心工作,不折不扣的完成市委、市政府交办的各项工作。一是全面开展发展提升年活动,以完善重大产业项目审批绿色通道建设为重点,对重大产业项目和重点企业实行特事特办，在项目策划、项目审批、项目运营各环节,实行"统一受理、项目代办、快速转办、并联审批、办结告知"制度,不断完善"审批一条龙、服务一站式"的行政审批工作机制，提高办事效率，提供优质服务。二是大力推进数字鹰潭建设工作,按照市数建办的要求完成了"数字鹰潭"安监系统的信息采集工作,编制了数字安监项目的需求分析,安监业务管理系统已建成投入使用,并不断对该系统进行拓展完善,力求横向增加非煤矿矿山、职业健康等许可与监管业务,纵向将该系统部署到下级对口部门。三是积极开展新农村建设帮扶工作,根据市委、市政府安排,市局牵头贵溪市滨江乡落马村新农村建设帮扶工作,明确了挂点帮扶领导小组和工作人员,积极深入帮扶点开展工作，通过一年的努力，该村的新农村建设进展顺利,基层组织建设和村容村貌都有明显改观,现已进入总结验收阶段。

(李应端)

【市安监局副县级以上干部名录】
党组书记、局长:揭润年
党组成员、副局长:李晓亮 肖云东
党组成员、纪检组长:李江南
党组成员、副调研员:郭跃民

价格管理

【概述】2011年，受国内外多种因素影响，以农产品为主的生活必需品价格上涨较快，加大了城乡居民特别是中低收入群体的生活负担。市委、市政府对民生工作十分重视，把保持物价总水平基本稳定作为价格工作的首要任务和最为紧迫的任务，相继出台了一系列调控物价保障群众基本生活的政策与措施。市价格主管部门积极采取各种有效办法，应对物价上涨压力，把物价涨幅控制在可承受的限度内。2011年全市居民消费价格指数同比上涨5.1%。

【加强市场价格监测预警预报】按照定点、定时、定人到第一线采集数据的原则，加强了对与人民群众生活密切相关的粮、油、肉禽、蛋、奶、蔬菜、液化气等重要商品及服务项目价格的跟踪监测，准确把握市场价格走势，对其可能引发价格异常波动的倾向性、苗头性及时预警预报。每月定期召开物价情况通报会、分析会，增强价格形势分析的前瞻性和预见性，一旦出现价格异常波动，及时采取针对性措施，消除不利影响。

【强化价格监管维护市场正常秩序】一是开展了全市医药购销和医疗服务中突出问题专项治理工作，让广大市民真正享受到国家药品价格政策带来的好处和实惠。二是严厉打击借机散布食盐涨价谣言、恶意囤积食盐、串通和哄抬食盐价格的违法行为，迅速平息食盐涨价风波。三是加强了收费管理，对全市行政事业性收费、经营服务性收费进行了年审，完成了四年一度的“收费许可证”换证工作。四是开展了全市商品房明码标价情况专项检查，着力解决商品房销售中存在的标价混乱、信息不透明、价格欺诈等问题，维护房地产价格基本稳定。五是规范学校服务性收费和代收费行为，禁止通过服务性收费和代收费侵害学生利益。六是全面推进收费公路专项清理工作，减轻物流行业负担。

【建立社会救助和保障标准联动机制】为降低物价持续高位运行给低收入群体生活带来的影响，经市政府同意，会同市民政局、市财政局、市人保局、国家统计局鹰潭调查队联合印发了《鹰潭市社会救助和保障标准与物价上涨挂钩联动机制的实施意见》，进一步完善了全市社会保障援助体系，缓解了物价上涨给低收入群体生活带来的影响，促进了社会和谐稳定。

【规范完善价格调节基金征收管理】建立了价格调节基金征收管理、使用统计制度。在基金使用上更多关注民生。2011年市区共征集价格调节基金357.7万元。投放使用177.98万元，其中132.98万元用于市区低收入群体物价补贴，30万元用于市区开放空调的公交车燃油价格补助，15万元用于价格指数编制及信息发布，确实做到了价格调节基金“取之于民，用之于民”。

【扎实推进农本调查和成本监审工作】一是按照按质完成国家下达的农产品成本调查任务，及时准确反映农产品成本收益情况，加强成本调查分析工作。二是完成了鹰潭市辖区内3座污水处理厂污水处理成本调查工作。三是完成了鹰潭龙虎山旅游观光车定价、鹰潭市育才教育集团高中学费定价、鹰潭市丰瑞医疗废物处理有限公司医疗废弃物处理调价成本测算工作，为政府价格决策当好参谋。

【抓好价格鉴定和价格认定工作】一是认真做好司法机关委托的各类刑事、民事案件涉案财物价格鉴定及仲裁领域的价格鉴定工作，加强纪检监察机关、质量技术监督、工商行政管理等行政执法领域里的价格鉴定工作。二是抓好合法合理性价格认证和涉税价格认定工作。三是积极做好有争议价格的调解、处理和价格监管工作。全年共受理公、检、法委托的涉案物品价格鉴定105起，鉴定金额236万元，价格认证评估16起，鉴定标的7587万元，为市司法机关打击犯罪，维护社会稳定做出贡献。

【大力整顿规范市场价格秩序】开展了客运票价、涉农、涉企、粮食、教育、药品和医疗服务价格等价费检查。全市共查处价格违法案件71起，查处违法所得金额179.13万元，实行经济制裁金额183.73万余元。其中，退还用户85.15余万元，没收违法所得约93.99万元，罚款4.6万元，上缴财政约98.59万元。（吴卫明）

【市物价机构副县级以上干部名录】
市发改委党组成员、市价检局局长：吴任广

工商行政管理

【概述】2011年，鹰潭市工商行政管理局在市委、市政府和省工商局的坚强领导下，认真贯彻落实国家总局的要求，扎实开展“发展提升年”活动，深度实施“四大一新”发展战略，把握大势，全面履职，主动服务地方经济发展，大力维护市场经济秩序，不断提升干部队伍素质，为把鹰潭建设成富裕、秀美、宜居、和谐的鄱阳湖生态经济区璀璨明珠作出了新贡献。

【服务地区经济发展】全市工商系统始终坚持以服务发展为第一要务，紧紧围绕市委、市政府深度实施“四大一新”战略决策，高度重视并主动分析党委、政府和市场主体的需求，充分发挥工商职能作用，按需而为，为而有成，充分发挥工商行政管理职能作用，有力地推动了全市经济平稳较快发展。

全市工商系统围绕创业、创新的要求，既抓好上级政策的贯彻落实，又抓好工商扶持政策的出台实施。一方面出台了服务鄱阳湖生态经济区建设的若干措施，以政策的鼓励带动了全市的创业热情，全市市场主体数量稳步增长，规模不断扩大,效益不断提高。截至2011年底,全市共有内资企业2084家,注册资本约70.99亿元。外资企业132户,投资总额约6.23亿美元,注册资本4.20亿美元；私营企业5116户，从业人员6.22万人，注册资本约142.59亿元;个体工商户2.23余户，从业人员约7.51万人，注册资金10.60亿元；农民专业合作社502户,从业人员4893人,注册资金约3.33亿元。另一方面，主动策应市委、市政府的重大项目建设,加强了重大项目、重点企业的行政指导,做到提前介入、专人负责、全程指导、事后跟踪,大力推行"网上受理、网上年检",2011年，全系统网上年检企业4746户，网上年检率76.3%。全力服务江西省龙虎山旅游(集团)有限责任公司变更名称为江西省龙虎山旅游文化产业控股(集团)有限公司,全力服务鹰潭华侨饭店(鹰潭华侨旅行社)企业改制。

【整顿和规范市场秩序】 全市工商系统强化农资市场监管,确保农民合法权益。认真贯彻落实《农业生产资料市场监督管理办法》和省局农资市场监管10项制度30条措施,扎实开展红盾护农行动。积极开展了3.15"送法下乡"、"送知识下乡"活动，共印制了2000余份《化肥农药简易鉴别方法》等宣传资料散发、张贴到农村,并邀请农科所、农技站的工作人员到乡村集市开展了"红盾护农"为主题的宣传咨询活动,提高广大农民科学购买以及识假能力。市局与县（市、区)局,县(市、区)局与基层分局签定"农资商品市场监管目标责任书",基层分局与辖区农资经营户签定"农资商品质量保证书",同时与各相关职能部门之间的沟通和联系,做到信息共享。积极建立和完善"农资商品示范店"和"红盾护农"维权点工作。全市共建立"农资商品示范店"27个,其中县(市、区)城区4个、乡镇23个。"红盾护农"维权点19个。进一步清理、规范了农资经营主体资格,完善了"经济户口"的管理。全年共出动执法人员900余人次，共检查农资经营主体366户,建立索证索票、购销台账经营户366户，清理不规范农资经营主体7户。2011年开展农资质量检测工作共抽样检测化肥65批次，合格批次56个,合格率达86%,对抽检不合格的农资经营户进行查处,上缴罚没金额11.26万元,为农民挽回经济损失7.2万元,有效维护了流通领域农资商品的质量安全。

认真贯彻落实《中华人民共和国农产品安全法》和"菜篮子"市长负责制，切实强化农产品质量监管。加强农产品的质量检测。加强执法检查,确保市场稳定。充分发挥"315"举报网络作用,严厉打击恶意抬高农产品价格和短斤少两违规行为,有效维护了消费者的合法权益。进一步规范了成品油经营主体资格,完善"经济户口"档案信息,并突出监测工作重点,组织开展流通领域成品油质量抽检检测。截至2011年年底，全市共检查加油站30个，共取样抽检成品油70个批次,全市共13个批次不合格,对抽样检测不合格的成品油经营企业进行立案查处，上缴罚没款5.9万元,有效的维护全市成品油质量关。

【食品安全监管】 全市工商系统把做好流通环节食品安全监管作为一项重要的工作来狠抓。一是层层签订食品安全监管责任书。市局与各县(市、区)局签订食品安全责任书,各基层分局市场监管人员与辖区内的食品经营户签订食品安全责任书,实行责任到人,落实到户,层层监管的工作模式。发放"食品流通许可证"2917户。二是认真开展了"农村食品市场专项整治"、"非法使用食品添加剂市场清查"等食品安全专项整治。张贴《关于严厉打击食品非法添加行为严格规范食品添加剂生产经营使用的公告》2300份，食品安全抽检工作全面铺开,抽检突出重点品种。全市抽检食品840批次，查处一批案件,如查获问题腐竹近万斤,"毒腐竹"案件的发现在全国是首例,工商部门移交此类案件公安部门查处在江西也是首例,并列入公安部在2011年食品安全案件十大典型案例。月湖区局采取张贴食品宣传画报、现场模拟真假食品辨别课等多种形式开展"食品安全进校园"活动。元旦、春节、"五一"、端午、"七城运会"期间全系统开展了多次大规模的食品安全专项治理行动,全市工商系统共出动执法人员2187人次，检查食品经营户7557户次,收缴不符合食品安全标准食品523公斤,查处各类违法案件13件,受理消费者申诉举报90起,为消费者挽回经济损失2.73万元,开展食品安全宣传咨询活动10次，有效地净化了鹰潭市的食品市场环境。在奶制品专项整治中,建立了责任明确、上下联系畅通、工作衔接紧密的机制,月湖区局专门拿出1万余元印制了"流通环节乳制品经营者进货（批发）台账登记表"。三是在全省系统率先推行了"鹰潭市工商局食品安全监管公示栏"。该公示栏内包括《进货检查验收制度》《食品购销台账制度》《食品质量承诺制度》《不合格食品退市制度》等食品经营者食品安全自律制度,以及食品经营安全联络员、工商行政管理机关食品安全监管员姓名、联系方式和照片。全市共印制2800余份，已全部分发张贴。

【商标广告监督】 截至2011年年底,全市商标有效注册量1894件,其中:驰名商标2件、省著名商标41件、市知名商标21件。市工商局建立注册商标持有人联系点,对有潜力的商标实行择优扶强、重点培育、跟踪保护。协助17个企业申报的18件商标的全部被认定为江西省著名商标,申报成功率100%,成功率在全省位居第一。有7家企业12个商标申报鹰潭市知名商标认定。大力推进"一村一标(商标)"品牌创建工程。实施"育一个品牌、带一方产业、兴一方经济、富一方百姓"工程,邀请专家举办商标知识讲座。创建了一批新、优、特农副产品,用商标品牌提升农副产品附加值,增加农民收入,促进农村发展。在广告监管上，以食品、药品、医疗等广告为重点，监测各类广告1526条(次)，制止商家散布虚假信息15起，广告违法率明显下降。积极开展清理整顿秩部分商品滥用“特供”、“专供”标志专项行动，全系统共出动执法人员381人次，检查各类生产经营场所760户，纠正此类违法广告2起，对一批涉及“特供”、“专供”包装商品进行了下架处理。

【发展提升年活动】 全市工商系统在开展发展提升年活动中，积极倡导五项服务，即网上服务、跟踪服务，信息服务、商标服务、维权服务。推行了“六进”，即工商干部进市场、进企业、进学校、进农村、进社区、进项目。有效解决“咨询难”。开展了“万名干部下基层，排忧解难促和谐”活动。服务基层，服务乡镇农村，服务帮扶村及社区。开展维权和创业政策的宣传，提供“六上门”服务，即上门宣传创业政策、上门办理工商执照、上门指导使用合同、上门走访重点企业、上门宣传品牌战略、上门开展消费维权。走访规模以上企业490余户次，为企业解决实际问题236件，有效解决“办事难”。通过个协搭台，银企合作，实现创业小额担保贷款432万元，为20家企业办理了动产抵押登记，为企业实现贷款约1.17亿元，为企业解决了运营资金，有效解决“融资难”。鼓励私营企业积极吸纳登记失业人员、返乡农民工等，创造新的就业增长点；完善支持自主创业、自谋职业的相关措施和优惠政策，大力推进“以创业带动就业”，有效解决“就业难”。开展“送法上门”95次，发放各类工商法律法规宣传手册2300余份；成立鹰潭市个私协会法律事务服务中心，为广大个协会员提供法律服务85次，2011年，全市95%以上的驻行政服务中心工商窗口被评为“青年文明号”，市局被市委、市政府评为发展提升年活动先进单位。

【队伍建设、廉政建设】 全市工商系统紧紧围绕“三个过硬”的目标，通过抓班子、带队伍，抓基层，促发展，科学考核，进一步增强了干部队伍依法履职的能力和水平。

市工商局坚持以建设政治、业务和作风“三个过硬”为目标，大力加强干部队伍建设。一是坚持党组中心组的学习。各级领导班子按照四高目标，努力做到加强学习练内功、团结共事谋发展、务实勤政创事业、廉洁自律树形象。市局党组中心组全年共集体学习12次。二是强化干部教育培训。按照“统一规划，分类培训，归口负责”的培训原则，安排了10期业务培训班，内容涵盖法律法规、行政执法、商标广告、市场监管、食品安全、登记注册理等各项工商行政管理职能和业务技能。三是紧紧围绕省局的工作部署，认真开展“法制课堂进基层”活动，挑选出3名具有丰富工作经验和授课经验的业务骨干赴省局进行集中培训。讲师团人员于5月份应邀到南昌、九江、上饶等地进行授课，受到了省局领导和授课地的一致好评。四是信息中心针对省局对各设区市局采取网上考核，重点考核业务数据质量的新特点，专门举办了8期绩效考核管理员培训班，共162人次参加了培训。

2011年全面推进了以教育为主、以人为点、以岗位为面、以程序为线、以制度为支撑，环环相扣的廉政风险点防范管理工作，逐步建立了融教育、制度、监督于一体，从源头预防的惩防新体系，有效地推进了廉政防御关口前移。全局已查找廉政风险点33个，查找风险点表现形式133条。市局监察室联合相关科室不定期对县(市、区)局进行督查、明察暗访，看是否存在行政不作为、乱作为以及搭车收费等现象。形成了哪里有行政行为，哪里就有行政督查的横到边、纵到底的内部监督网络，2011年，监察室联合相关科室，两次深入县（市、区)局进行明察暗访，重点针对流通环节食品市场监管工作以及行政收费工作进行检查，未发现行政不作为、乱作为及违规收费现象。组织机关4个科室参加“百千万内设机构测评”取得好成绩，较好组织了政风行风上线活动，政风行风环境测评名次考前。

(易江鹂)

【市工商行政管理局副县级以上干部名录】

局　长：彭　鹏

副局长：余香娇(女)　王芝云　周宜芳(女)

纪检组长：陈安平

调研员：冷雪霜(~2011.8)　罗建国

副调研员：徐文高　操进宫(~2011.5)　陈标利　苏　春

国土资源管理

【概述】 2011年，全市国土资源工作在市委、市政府和省国土资源厅的正确领导下，以“双保行动”为载体，以精细化管理为抓手，进一步解放思想，认真履行保护资源、保障发展、维护权益、服务社会职能，为鹰潭经济社会较快发展作出了积极贡献。

【土地征收】 按照新的征地补偿标准，各地超前部署，统筹安排，积极协调，创新被征地农民基本生活保障制度，采取留地、置换商品营业房和住宅等多种方式，保障被征地农民的长远生计和合法权益。全市共完成征地1491.6公顷，补偿金额6.96亿元，其中市本级1150.4公顷，补偿金额5.4亿元。

【土地报批】 通过积极申报省重点项目，争取省级用地指标，缓解了用地指标紧张压力。全市土地报批总面积771.2公顷，其中争取省级新增建设用地指标约280.27公顷，同比增长56%，获得了省各类奖励用地指标56公顷。

【土地供应】 优化了土地供应结构，优先保障了民生和重点工程用地。全市供地988.6公顷，同比增加45.46%。其中：市本级供地313.36公顷，同比增加28.28%；住宅用地

211.11 公顷，占供地总量 21.35%；工业用地 257.2 公顷，占供地总量的 26%,同比增长 8 %。2011 年全市保障性住房供地 29.77 公顷 (含经济适用房、廉租住房及公共租赁住房),完成计划的 191.69%；城市棚户区改造用地 21.93 公顷，完成计划的 226.36%。

【土地储备】 2011 年，市本级收储土地 173.27 公顷，现有储备土地 533.33 余公顷，土地估值近百亿元,用于政府融资 348.8 公顷,融资金额 41.7 亿元。此外,鹰潭市高新技术产业园区用145.33 公顷土地融资 5.46 亿元；月湖区用 11 公顷土地融资 0.5 亿元。

【土地出让】 加大了土地出让营销力度，提升了土地市场运作能力。全市土地成交价款 26.2 亿元,同比增长 23.5%。市本级土地成交价款 16.9 亿元,同比增长 23%,入库土地出让金 11.8 亿元，同比增长 20%，为城市建设提供了强有力的资金支持。

【耕地保护】 层层签订了耕地保护责任状,明确了耕地保护的责任主体、目标任务和奖惩,实施了余江县国家级基本农田保护示范区土地整理工程和贵溪市农村土地综合整治示范工程建设,推进了永久性基本农田划定工作。开展了耕地保护先进县和耕地保护模范乡(镇) 创建活动。在国家五部委对“十一五” 耕地保护责任目标履行情况考核工作中,鹰潭耕地保护工作得到了考核组的高度评价,为江西省耕地保护工作在全国排名前三位作出了积极贡献。

【土地开发整理】 通过部、厅报备验收土地开发复垦项目新增耕地 649.13 公顷，是省厅下达任务的 1.77 倍。506.67 公顷灾毁耕地复垦工作全面完成,土地整理新增耕地 210.8 公顷,2266.67 公顷农村土地整治项目基本完成,省厅在鹰潭召开了全省农村土地综合整治现场调度会,推广了贵溪市的经验做法。

【土地执法监察】 立案查处非法买卖土地案件 14 起。市政府召开了全市土地矿产卫片执法检查警示约谈会，约谈了 8 个单位一把手。组织开展全市联合动态巡查 4 次，县、乡两级组织动态巡查 200 余次,现场制止土地违法行为 45 起，下达停建通知书 35 份,联合查处 5 起,打击和制止了各类违法用地行为。配合纪检监察部门追究土地违法相关责任人并给予党纪政纪处分 5 人。查处非法开采案件 2 宗。

【矿政管理】 加强了矿山地质环境恢复治理，征收矿产资源补偿费 1386.96 万元,做到了足额入库,是上年的 2.1 倍，征收绝对数列全省第四。

【地质灾害防治】 编制了《鹰潭市地质灾害防治规划 (2010~2020年)》,并经市政府批准实施；落实了群测群防、预警预报、巡查监测、应急处置等各项防灾措施,强降雨期间，发布地质灾害预报预警 5 次，发送手机短信 3000 余条，全市共转移群众 950 人次,地质灾害未造成人员伤亡；落实地质灾害移民搬迁 55 处 122 户 526 人；争取中央地质遗迹保护资金 400 万元,争取省级地质灾害治理资金 186 万元。

【地籍管理】 全市办理土地登记发证 1.05 万本,解决历史遗留分割登记发证 2000 余本,办理抵押 28 宗，土地抵押金额 9.6 亿元；二调成果得到广泛运用,土地权属纠纷调处及时；推进了农村集体土地“三权”确权登记发证试点工作,余江县杨溪乡塘源村委会、龙虎山风景名胜区龙虎山镇西源村委会颁发了首批 18 本集体土地所有权证。

【测绘管理】 省测绘局和鹰潭市人民政府签署了“数字鹰潭”地理空间框架共建共享合作协议,完成了市规划区和县(市)主城区 200 余平方千米的航拍影像集成,搭建了鹰潭地理信息空间框架平台。

【信访维稳】 落实了矛盾纠纷排查机制、领导包案、归口办理制度,受理群众来访 48 批次、来信 39 件、网上投诉 12 件、网上咨询 29 件、信访部门交办信访复核事项 12 件,办结率 96%。

【农村土地管理】 市委印发了《鹰潭市乡镇(街道)党(工)委书记分类考核办法(试行)》,将违法用地的发现制止、空心村治理、地灾防治等 7 项国土资源工作内容纳入了乡镇党委书记考核控制性指标；市政府出台了《鹰潭市城市规划区村民建房管理办法》等 3 个文件规范农民建房管理；《关于充分发挥村民事务理事会在国土资源管理中的作用的通知》引导村民事务理事会参与农村宅基地管理、耕地保护、地灾防治、征地补偿费的分配与使用等工作,强化了村组国土资源管理。

【法制宣传工作】 在“4·22”世界地球日、“6·25”全国土地日,通过展览图片、悬挂标语、播放土地日公益广告、分发宣传资料图册、提供现场咨询等形式向广大群众宣传国土资源管理法律法规。举行“8·29” 全国测绘法宣传日江西主场活动,围绕“监测地理国情,服务科学发展”的主题,省测绘局与市政府联合举办盛大的测绘法宣传活动，为测绘事业发展创造良好地法制环境,全面提升测绘服务水平。

【党风廉政建设】 以开展两个专项行动为载体，推进党风廉政建设。落实了党风廉政建设责任制，实行了一岗双责,开展了“两整治一改革”和工程建设领域突出问题两个专项治理行动,采取召开学习讨论会、办培训班、阅读和收看腐败案例的书面、影像材料等方式,对各县(市、区)国土资源局领导班子进行教育；制订和完善了 8 项制度，规范了干部行使工作职权的范围，建立了廉政风险预警防控机制。加强了基层国土所作风建设与工作人员的培训,加强了国土所硬件建设,为月湖区两个国土资源中心所配备了执法监察用车，贵溪市基层国土资源所的垂直上收工作全面完成。

【重要荣誉】 被国土资源部评为2006~2010年国土资源管理系统法制宣传教育先进单位，被江西省普法教育工作领导小组评为全省“五五”普法教育(2006~2010年)先进普法办，被省国土资源厅评为2011年度全省国土资源系统社会治安综合治理目标管理先进单位，被中共鹰潭市委、市人民政府授予全市“五五”普法教育工作先进单位和发展提升年活动先进单位，被鹰潭市人民政府授予2011年度全市服务开放型经济工作先进单位。余江县人民政府被鹰潭市人民政府评为2011年度耕地保护先进县(市、区)，余江县国土资源局被省国土资源厅评为全省国土资源工作先进单位。龙虎山风景名胜区被鹰潭市人民政府评为耕地保护先进县(市、区)，被省人民政府评为全省依法用地模范县(市、区)。贵溪市工业园区被鹰潭市人民政府节约集约用地先进园区。

(吴胜才、彭莉黠)

【市国土资源局副县级以上干部名录】
党组书记：叶銮清
党组副书记、局长：彭　伟
党组副书记、副局长：韩学工
党组成员、纪检组长：高坝根
党组成员、副局长：童年茂　郑云霞(女)
党组成员、土地储备中心主任：杨今东
调研员：王火茂
副调研员：胡中华

质量技术监督

【概述】 2011年，鹰潭市质监局在市委、市政府和省质监局的正确领导下，以科学发展观为指导，紧贴党委政府中心工作，积极践行“维护经济秩序，服务经济发展”质监工作第一要义，以实施质量兴市战略为总抓手，以高位推进铜及铜产品“国检中心”建设为重点，严格产品质量安全监管，狠抓企业生产源头治理，扎实推进计量、标准化、认证认可等基础性工作，深入开展发展提升年等各项活动，自身建设不断加强，各项工作稳步推进。2011年，市质监局被省质监局评为全省质监系统人事业务工作综合先进单位、计划财务科技先进单位、认证认可工作先进单位、许可证监管工作先进单位、代码工作先进集体；被市政府评为全市发展提升年活动先进单位，安全生产执法先进单位、信访工作目标管理先进单位，“五五”普法教育工作(2006~2010年)先进集体。在市委组织的年度县级单位领导班子述职考评中，市质监局居驻鹰省属单位前五名，质监部门形象和地位得到了进一步提升。

【质量兴市工作卓有成效】 作为质量兴市工作的牵头单位，市质监局不断加大协调力度，全面推进质量兴市工作，大力提升了全市质量总体水平，形成了“以质量兴市促质量提升，以质量提升促科学发展”的良好局面。一是起草并由市政府出台了《鹰潭市人民政府关于贯彻质量兴市战略的实施意见》，成立了鹰潭市质量兴市领导小组，召开了全市质量兴市工作会议，对全市质量兴市工作进行了动员、部署。二是扎实推进“质量兴企”、“质量兴园”工作。开展了以“诚信至上、以质取胜”为主要内容的质量诚信承诺活动，与全市大中型企业签订了“质量兴企承诺书”、“产品质量安全承诺书”。在市高新区组织开展了“2011年质量月鄱阳湖生态经济区质量专家行”活动。质量兴市工作初步形成了政府推动、部门联动、企业主动的质量兴市工作机制。三是充分营造质量兴市浓厚氛围。全年在《江西日报》《鹰潭日报》等省、市报刊和人民网等网络媒体发表质量兴市文章、稿件30余篇。2011年1月27日，《江西日报》刊发了市长钟志生关于《推进质量兴市战略 促进鹰潭跨越发展》的署名文章。在“质量月”期间举行了大型现场咨询服务日活动，悬挂“质量月”宣传标语，组织名优企业参加第七届泛珠大会名名优展，有效营造了政府重视质量、企业追求质量、社会崇尚质量、人人关注质量的良好社会氛围。

【名牌发展战略扎实推进】 立足鹰潭产业特色，制定了《鹰潭市名牌产品培育“十二五”规划》。2011年，全市7家企业的9个产品获得了江西名牌，2家企业获得了江西省质量信用3A级企业，2家企业获得了江西省质量管理先进企业的荣誉称号，1人获得了全国质量先进工作者，1人获得了苏浙皖赣沪地区质量工作先进个人，1个产品(江铜公司贵冶牌高纯阴极铜)获得了苏浙皖赣沪名牌产品50佳，获质量奖项数量位居全省前列。全市拥有中国名牌2个、中国驰名商标2个、江西省名牌21个，鹰潭当地品牌日渐壮大，已成为全市经济发展的支柱和新的经济增长点。

【技术保障能力不断增强】 在市委、市政府高度重视和省局的大力支持下，国家铜及铜产品质量监督检验中心(江西)建设步伐进一步加快。6月，国检中心奠基仪隆重举行。市政府出台优惠政策，对涉及的14项规费，市政府予以免缴11项、减半3项。有序高效地建设国检中心工程。在贵溪市设立的省级节能灯产品质检中心筹建工作也已正式启动。市质检所、计量所检验检测能力有了进一步的提升。在2011年全国十大食品犯罪典型案例中，就有市质检所与市公安治安大队合作，对全市腐竹进行食品添加剂专项检验，及时发现了腐竹中甲醛严重超标问题，为打击食品生产犯罪提供了科学准确的检验依据，经受住了大案要案的考验。市计量所通过向上争取总局技改资金支持，内部自筹资金更新改造检定装置、与企业联合创新检定方式等途径拓展检测能力。通过加大培训力度，抓好专业技术人才队伍建设，质监技术机构“检得了、检得准、检得快”的良好形象得到有效树立。

【质量安全监管有力】 一年来,市质监局按照“突出重点、全面防范”的工作思路,加强巡查、检查、行政执法和隐患排查等工作,严格落实产品质量、食品生产加工和特种设备“三大安全”监管,全市安全生产继续保持平稳态势。在产品质量安全监管方面,时刻保持了严厉打击违法生产行为的高压态势,整顿和规范市场经济秩序取得实效。全年共对食品、眼镜、化肥、水泥、钢筋、建筑用砖、建筑涂料等75类205家产品开展了定期监督检查和监督抽查,共检验产品230批次,检验合格率为94.3%。立案查处各类质量违法案132起,受理群众投诉举报35起,切实保护了消费者利益,维护了经济秩序。在食品质量安全监管方面,严格实施质量安全市场准入制度,规范食品生产经营行为。截至2011年年底,全市共有食品、食品添加剂生产获证企业113家,新增食品企业7家,食品添加剂企业2家,依法注销食品生产许可证7张。特种设备安全监察方面,重点规范特种设备使用单位安全管理,全面落实企业安全生产主体责任。以市工业园区为试点,开展了特种设备使用单位安全管理标准化创建及达标评价工作。加强特种设备使用和安装环节的安全监察,开展了气瓶充装、移动式压力容器、电梯扶梯等多项专项整治工作以及重要节日、时段安全大检查,有效消除了隐患,为保一方平安作出了贡献。

【计量、标准化、认证认可等基础性工作进一步加强】 对全市综合能源消耗量达5000吨标准煤以上的重点耗能企业开展了能源计量专项监督检查,对企业能源利用状况和水平开展了能效评估和能效对标工作。全年共检定计量器具5700余台件,强制工作计量器具5400台件,对全市范围内首次安装的3200余只电能表进行了监督抽查,合格率100%。在实施标准化战略中,重点做好了铜及铜产品、节能产业、微型元件等优势产业产品的标准化指导工作。指导、帮助6家企业制(修)订产品标准10个,帮助企业查询国家标准、行业标准160余条,清理企业标准28个。新办(换)组织机构代码证2450家、年检2160家,新扩展条码系统成员7家,续展27家。在全市系统启动了组织机构代码扩展产品信息库建设工作,有效提升了对产品质量的监管能力。建立了自愿性认证和质量认定获证机构名录,对全市30家企业质量管理体系认证的有效性实施了监督检查。

【队伍和行风建设得到夯实】 以发展提升年活动为载体,有效提升服务能力与水平。大力精简行政审批项目,缩短办结时限,行政审批事项由11项缩减为6项,审批时间缩短50%以上,全年共受理行政审批事项986件,办结986件,由于服务质量好,行政效能高,先后三次受鹰潭市效能办的通报表扬。积极转变机关作风,加强党风廉政建设。开展了“三创三提”和“为民服务 创先争优”等主题活动,制定了风险岗位廉能管理工作实施方案,进行了岗位风险廉能自查,建立了个人廉能风险自查档案。组织业务科室就履职尽责、廉洁自律等方面进行了公开承诺。加强质监法制文化建设,提高队伍整体素质。在行政执法案卷中推行“说理式”执法文书,举办预防职务犯罪专题讲座,开展行政处罚案卷评查、以红色教育为主题加强政治思想教育,提高了党员干部的责任意识,增强了队伍的凝聚力和战斗力。积极开展干部竞争上岗和交流轮岗。对2个中层职位实施了竞争上岗,对7名中层干部进行了轮岗,为质监事业注入了活力,形成了动力,激发出创造力,全局上下呈现出一股谋事、干事、成事的良好氛围。

(付象锦)

【市质量技术监督局副县级以上领导人名录】
党组书记、局长:管希志
党组成员、副局长:邵长生(~2011.5)
程志平 吴世平(2011.11~)
党组成员、纪检组长:张 远
党组成员、副调研员:吴世平(~2011.12)
艾清水(2011.12~)
调研员:邵长生(2011.5~)

食品药品监督管理

【概述】 2011年,市食品药品监督管理局在市委、市政府的正确领导下,围绕“两个安全,一个有作为”工作目标和全市经济社会发展中心工作,积极履职,扎实工作,确保了全市人民群众的饮食用药安全,各项工作取得显著成效,荣获“第七届全国城市运动会先进集体”,药品安全专项整治、药品安全监管、医疗器械监管、药品案件查办等工作荣获全省先进单位,发展提升年活动、计划生育、综治、信访、保密等工作获得全市先进单位,为实现鹰潭科学发展、进位赶超、绿色崛起作出了积极努力。

【发展提升年活动】 围绕推进招商引资和项目建设、创建最优发展环境,提升办事效率和服务水平;围绕饮食用药安全,提升食品药品监管能力。制定了《关于服务生物新医药产业发展的若干措施》,公开办事流程,优化办事程序;组织深入药企开展帮扶指导,培训相关人员3000余人次;完善了医药产业重大项目“绿色通道”。行政服务效能进一步提高,医疗器械经营企业许可从25个工作日减至12个工作日,缩减50%;全年办理药品许可事项25起,受理药品、医疗器械投诉举报7件,件件有登记、有落实,群众满意率100%。

【招商引资】 调整充实了招商引资领导小组,并组建4个招商引资小分队,完成年度引资目标任务3000万元。

【“数字药监”】 单位内部局域网已全面覆盖到各科室及下属机构,并连通市政务信息网。一项业务应用系统全面建成。同时,形成了较为成熟的小平台建设工作方案,“数字药监”整体建设工作全面推进。

【食品综合监督】发挥抓手作用，组织开展了严厉打击食品非法添加专项行动，全市破获重大食品非法添加案件1起（生产和销售有毒腐竹案），封存问题腐竹万余斤。圆满完成“七城会”鹰潭赛区食品安全保障任务。全面加强了中、高考期间学校及其周边食品安全监管，杜绝了食品中毒和食源性疾病的发生。组织开展了为期半年的保健食品化妆品专项整治，按照《中华人民共和国食品安全法》要求，实施了保健食品经营企业审核备案工作。以“人人关心食品安全，家家享受健康生活”为主题，组织开展了的食品安全集中宣传周活动。

【国家基本药物监管】建立和完善了全市基本药物生产监管工作档案；完成26个品种基本药物生产工艺及处方核查工作，申报核查品种完成率达100%，占全市基本药物生产品种数的72.2%。推进基本药物电子监管码管理，全市基本药物生产和批发企业100%加入中国药品电子监管网。结合药店分级管理，加强基本药物供应保障，把配备和销售基本药物作为新开办或换发证药店验收条件之一，全年新增分级管理药店26家，超额完成了省市医改领导小组下达的任务。全市药店100%配备标示醒目的基本药物销售专柜或专区，100%设立基本药物销售咨询台。全年对基本药物制度实施单位抽验覆盖率100%，共抽样467批，合格率94.3%。

【整顿药械市场秩序】一是加强专项整治。在全市食品添加剂“严打”行动中，切实加强了“饲料及养殖中禁用药物”监管，实行药品实名购销制度和处方药管理制度，防止了“饲料及养殖中禁用药物”流出药用渠道。组织开展了中国共产党成立90周年纪念活动、“七城运会”、中共鹰潭市第七次代表大会等期间和学校医务室、高温季节药械、高风险医疗器械、计生用具、隐性眼镜及其护理液专项检查，有效保障了公众用药安全。二是加强药品生产日常安全监督。开展了安全生产大检查和中药生产专项监督检查，对麻醉药品和精神药品实行定期巡查制度和药品实名购销制度，监督检查覆盖率100%，药品生产质量安全承诺书签订率100%。三是加强市场规范。对各县（市、区）的药品安全专项整治工作开展了检查评估，促进了问题整改。推进药品经营企业信用体系建设，进一步完善了动态监管和考核评价。推进药店分级管理，全市分级管理药店占总数90.3%。四是加强案件查办。综合利用全省药品信息平台、药品检测车、药品快检、PDA系统等稽查执法资源，严厉打击药品、医疗器械违法违规行为，全市共立案查处案件41起，其中医疗器械产品违法案件取得新突破，共查处案件8起。加强药品广告监测，向工商部门移送违法药品广告3个。加强药品不良反应日常监测，全市上报药品不良反应301例，其中新的、严重的报告32例，占总数的10.6%。加强药械抽检，全年完成818批（完成率102%），其中评价性抽验291批（合格率98.5%）、监督性抽验529批（阳性率13.2%）。

【食品药品安全科普行动】成立了科普行动领导小组，结合实际制定了《鹰潭市食品药品安全科普行动计划（2011~2015）》，面向公众普及食品药品安全知识，着力形成“品牌引领、社会协作、媒体辐射、监管呼应”的科普宣传工作格局。2011年9月，与全国各地同步举行了“全市安全用药月”启动仪式，现场宣传咨询活动累计发放各类读物3000余份，解答群众咨询800余人次；建立了固定的食品药品安全大讲堂并组织讲座2场；在市电视台连续播出公益广告及公益宣传片60次；编印药品安全科普资料2.1万余份。

【队伍建设】适应机构改革要求，初步完成组建市餐饮服务监督机构情况调研、人员配备等各项工作，为食品安全职能调整奠定了基础。推进干部作风建设，以“治庸、治懒、治散”为主题组织了干部作风教育实践活动。推进党风廉政建设，层层签订《党风廉政建设责任状》，制定了工作任务分工；坚持预防在先、强化教育，开展了警示教育、党纪政纪等学习教育活动，引导干部职工筑牢防线、勤政廉政。推进学习型机关建设，以“传承红色、争创先进”为主题，组织开展了阅读红色书籍、观看红色电影、党员公开承诺等活动，组织了中共中央总书记胡锦涛“七一”讲话专题辅导，集中学习了中共十七届六中全会和省市党代会精神。开展了先进典型教育活动，组织干部职工集中收看了“延安药监史俊琴先进事迹报告会”。

（廖晓斌）

【市食品药品监督管理局副县级以上干部名录】

党组书记、局长：吴细美

党组副书记、调研员：廖晓林(2011.6~)

党组成员、副局长：周文崇　汪茂林　丁海峰

党组成员、纪检组长：吴接道

副调研员：刘　炜

审计监督

【概述】2011年，全年共审计和审计调查单位236个，提交审计报告、提出审计建议、工作信息645篇（条）。被国家审计署授予“全国地方政府性债务审计先进公务员集体”，荣获“江西省地方政府性债务审计先进集体“全市发展提升年先进单位”“全市综治工作先进单位”“全市文明单位”“全市信访工作目标管理先进单位”“全市新农村建设先进帮扶单位”“全市人口和计划生育综合治理工作先进单位”等荣誉。

【地方政府性债务及普通高中债务审计】整合全市审计资源，举全市审计之力，先后开展了地方政府性

债务审计、普通高中债务调查等国家审计署、省审计厅统一下达的审计项目任务。积极探索审计工作方法,加强调度管理,建立了分级调度指挥制、挂图倒计时落实制、信息联络专线制等机制,圆满完成各项工作任务。分别获得了审计署和省厅的表彰。通过开展地方政府性债务审计,有效摸清了政府债务规模,分析了债务成因和问题,针对防范和化解政府性债务潜在风险提出了审计建议,同时在审计中探索出了一批成功经验和方法,得到国家审计署、省审计厅的充分肯定。通过普通高中债务调查,切实摸清了全市公办普通高中债务情况,为促进普通高中教育持续健康发展奠定了坚实的基础。

【财政金融审计】 推行了"三大整合"实施财政大格局审计,即"以审计方案为载体整合审计内容、以全局'一盘棋'为载体整合审计资源、以审计报告为载体整合审计成果",重点关注预算的完整性、预留资金管理使用情况、收入退库情况、以及超收收入预算管理等情况,有效实现了一组多审、一审多果、一果多用。开展了2010年度市本级预算执行及其他财政收支审计,市地税局2010年度税收征收管理审计,市林业局、交通局等部门2010年预算执行审计,余江县2009~2010年财政决算审计等项目,并对2009年市本级预算执行审计查出问题逐一进行了跟踪检查和督促整改,进一步加强了预算管理,规范了财政资金分配,提高了财政资金的使用效益。

【经济责任审计】 围绕提高经责审计质量,进一步规范了审计内容、操作规程和评价方法,出台了鹰潭市县(市、区)长、市直单位主要领导干部任期经济责任审计操作指南等文件。贯彻落实两办规定,周密制定审计方案,突出审计重点,组织完成了17名领导干部的任期经济责任审计工作,进一步规范财务管理,促进领导干部科学决策,廉洁从政,为班子换届和干部监督提供了优质的审计支持。

【政府投资审计】 切实把好政府投资审计"建设程序关、资金使用关、工程结算关、廉政建设关、工程绩效关",制定了《市政府投资项目跟踪审计操作规程》,创新了跟踪审计,构建了"事前促规范、事中抓跟踪、事后审决算"的全过程跟踪审计新模式,有效加强了工程管理,保证了工程进度,提升了政府投资绩效。

【专项资金审计】 树立民本审计观,关注弱势群体,注重把审计视点放在重大项目、重要专项资金上,进一步加强涉及人民群众切身利益的专项资金的审计监督,组织对2009~2010年民政救灾资金、政府投资保障性住房、2010年中小学校舍安全工程、2009~2010年义务教育经费等项目进行了专项审计和审计调查。促进各项惠民政策的贯彻落实。

【联网审计】 率先启动联网审计,开创了以联网在线远程审计为主、现场审计为辅的新型审计模式,促使审计方式发生根本性提升,实现了由静态审计变为动态审计,由事后审计变为事后审计与事中审计相结合,有效增强审计监督的效率性、预算执行的规范性和资金使用的安全性。

【绩效审计】 对市公共交通有限责任公司经营情况进行绩效审计,在充分了解公交行业特性及相应技术指标的基础上,深刻分析被审计单位存在的问题及原因。帮助完善财务管理,提出审计建议,为政府决策提供参考依据。

(黄晓华)

【市审计局副县级以上干部名录】
党组书记、局长:吴文戈
党组成员、总审计师:王惠斌
党组成员、副局长:祝木水
党组成员、纪检组长:姚美娟
调研员:周绍英 徐加样 詹正兴(~2011.11)
党组成员、副调研员:叶国琼
副县级纪检监察员:沈美英(2011.5~)

经济社会调查

【概述】 2011年是"十二五"规划开局之年,全市上下紧紧围绕"科学发展、进位赶超、绿色崛起"这一发展目标,全面推进鄱阳湖生态经济区建设,着力加快发展方式转变,经济运行态势总体良好,主要经济指标保持平稳较快增长,结构调整稳步推进。

【经济运行基本情况】 前三季度,全市实现生产总值300.45亿元,增长13.0%。一、二、三产业分别增长4.3%、12.6%和15.8%。三次产业对全市经济增长的贡献率分别为2.0%、63.2%和34.8%。1至10月,全市财政总收入66.08亿元,增长52.1%;规模以上工业实现增加值198.84亿元,增长12.7%,全市500万元以上固定资产投资236.99亿元,增长31.5%,前三季度,全市实现社会消费品零售总额75.32亿元,增长17.2%,从总体上看,经济运行态势总体良好,主要经济指标保持平稳较快增长,结构调整稳步推进的特点。

【农业生产稳步发展】 2011年全市农业虽遭受了春夏连旱和旱涝急转的极端天气影响,但各项应对措施有效,保持了农业生产稳步发展。全市粮食播种面积、单产、总产全面增长,粮食总产量可望再创新高,达650亿千克,增长1.6%,实现粮食产量"八连增"。养殖业生产平稳增长。前三季度,全市生猪出栏104.47万头,增长7.5%;肉类总产量94.7亿千克,增长7.8%。水产品产量26.2亿千克,增长0.8%,其中特种水产6.5亿千克,增长15%。

【工业生产运行平稳】 2011年全市工业生产呈"低开稳走"态势。上半年呈逐月走高,下半年趋于平稳,由一季度增长5.5%,提高到上半年的12.7%,7、8月份又回落到10%,前三季度提升至14.4%。1~10月,规模以上工业实现增加值198.84亿元,增长12.7%,其中市属工业实现增加值82.37亿元,增长21.2%。

【服务业增长加快】 在服务业发展相关政策措施的推动下,物流和旅游等优势产业增势强劲,由此带动服务业快速增长。前三季度,服务业实现增加值85.36亿元,增长15.8%,增幅同比提高0.5个百分点,比上半年提高1.6个百分点,占生产总值的比重达28.4%,同比提高3个百分点。旅游市场持续火热。1~10月,全市共接待国内游客771.13万人次,增长31.1%,实现旅游总收入53.92亿元,增长29.7%,旅游景点门票收入突破亿元关口,达1.17亿元,增长65.2%。物流产业不断壮大。全市已拥有物流企业240家,比2010年年底新增154家。1~10月,物流企业实现营业收入63.94亿元,增长25%,上交税费2.75亿元,增长25.1%。

【投资结构优化】 2011年全市固定资产投资在年较快增长的基础上,继续保持高位运行,各月累计增速保持在30%以上。1~10月,全市500万元以上固定资产投资236.99亿元,增长31.5%,增幅高于全省2.7个百分点,投资结构不断优化。1~10月,民间投资156.25亿元,增长68%,占全部投资的65.9%。

【消费品市场销售稳中趋升】 在物价上涨和拉动内需政策的影响下,消费市场持续繁荣。前三季度,全市实现社会消费品零售总额75.32亿元,增长17.2%。城乡消费市场协调发展,分别增长17.3%和16.8%。

【进出口规模不断扩大】 2011年在世界经济复苏缓慢,贸易摩擦不断的情况下,鹰潭对外贸易保持了稳步增长。1~10月,全市完成进出口总额35.33亿美元,增长12.5%。其中,进口32.67亿元,增长11.5%;出口2.66亿美元,增长26.7%,增幅均比上月提高0.5个百分点。

【财政收入快速增长】 1~10月,全市财政总收入66.08亿元,增长52.1%;其中地方一般预算收入35.27亿元,增长61.4%,增幅连续10个月位居全省首位,收入质量不断改善。税收占财政总收入比重为90.4%,高于全省5.9个百分点。

【城镇居民收入稳步增长】 前三季度,全市城镇居民人均家庭总收入1.40万元,其中:人均可支配收入已达到约1万元,同比增加1414.87元,增幅达12.15%。就城镇居民人均家庭总收入构成来看,四大项收入全部增长,其中人均工资性收入、经营性收入、财产性收入、转移性收入分别比2010年增长9.33%、2.2%、8.22%、11.35%。

【农民人均现金收入快速增长】 2011年以来,随着宏观经济继续向好、各项强农惠农政策投入力度不断加大,市农村经济加速发展,农民增收渠道继续拓宽,同时,农民务工工资水平整体提升,农产品价格逐步走高,带动农民收入稳步增长。1~3前后季度全市农民人均现金收入6155.50元,比2010年增加1145.08元,增长22.85%,增幅比2010年上升0.83个百分点。

【民生支出持续增加】 1~10月,全市用于教育、医疗卫生、城市社区事务、农林水事务、住房保障等民生支出累计达23.05亿元,增长17.3%,占全部财政支出比重的48.4%。

【先行指标稳定向好,企业家信心持续饱满】 2010年4季度以来,鹰潭企业家信心指数持续走高,最高至141.36。受国际经济环境尤其是目前欧美债务危机影响,2011年3季度,鹰潭企业家信心指数较上季度下跌10.61点,为130.75,继续处于"较为景气"区间,但仍比2010年同期高1.92点。对当前本行业持乐观或一般的认同率达83.78%,这表明企业家对宏观经济的预期继续看好,发展信心继续保持乐观。

【发展环境变化明显,金融运行保持稳定】 在国家货币政策从紧的环境下,信贷投放依然实现了平稳增长。10月末,金融机构本外币各项贷款余额220.45亿元,增长3.8%,增幅比一季度回落5.9个百分点,但比上半年提高0.5个百分点;贷款余额比年初新增26.39亿元,同比多增8.17亿元。

【工业生产者价格总体增幅减缓】 2011年年初,随着经济向好趋势的形成,工业生产者价格指数同比呈现增长态势,随着国家对高耗能行业、产能过剩行业及房地产市场调控措施的落实,铜产品等主要的工业产品价格出现波动,对全市工业经济效益产生一定的影响。1~3季度鹰潭市工业生产者出厂价格累计同比指数为121.50%;原材料、燃料、动力购进价格累计同比指数125.70%,但涨幅都趋于回落的态势。

【企业经营环境趋紧】 一是经营成本上升。前三季度,全市规模以上工业企业主营业务成本增长56%,比同期主营业务收入增幅高3.4个百分点。二是库存上升快。9月末全市规模以上工业企业产成品库存增长17.4%,增幅比一季度、上半年分别提高2.2个和6.8个百分点。景气调查显示,企业近期面临的主要问题有:(1)企业融资难问题突出。全年央行已经六次提高存款准备金率,三次提高存款利率,银根紧缩导致企业融资难问题严重。2011年3季度,企业融资指数为99.14,已回落至"微弱不景气"区间。(2)企业成本不断增加。主要表现在购进价格与出厂价格倒挂以及用工成本上升。调查显示,2011年3季度鹰潭工业企业生产成本指数为72.41,建筑业企业工程结算成本指数为50,批发零售业企业经营费用指数为62.61,均处于"较为不景气区间"。

【通胀压力依然较大】 2011年以来,在成本上涨、自然灾害、输入型通胀等诸多因素作用下，鹰潭物价总水平在快速上涨之后保持高位运行态势。1~10月居民消费价格总指数(CPI)同比上涨5.2%,涨幅比上年同期扩大2.3个百分点,比1~6月扩大0.5个百分点。经济生活中的通胀压力依然较大,物价问题值得关注。1~10月CPI的各月同比涨幅分别为3.6%、3.8%、4.4%、5.1%、5.1%、6.5%、6.0%、6.0%、6.1% 5.2%。除1月和2月以外，其余单月价格同比涨幅均已超过年初确定的4%的价格调控目标。6月份的CPI同比涨幅达到全年以来的最高峰，这一涨幅也创下了之前连续35个月的单月价格同比涨幅新高。8月、9月、10月的CPI同比涨幅略有回落，但仍在高位徘徊。从与全国、全省比较看,1~10月全国居民消费价格同比上涨5.6%，全省上涨5.5%，鹰潭CPI同比涨幅分别低于全国、全省平均水平0.4、0.3个百分点，鹰潭CPI涨幅在全省11个设区市中并列第4位。

【物价上涨对低收入居民生活影响明显】 主要表现在:一是生活压力增大。1~10月,全市20%低收入户的人均可支配收入为7313.16元,仅相当于全市平均水平的50.08%。消费方面:20%低收入家庭人均消费支出为5056.67元，相当于全市平均消费支出的54.20%,仅能解决温饱。二是生活水平明显下降。在消费性支出中：1~10月20%低收入户人均食品支出2962.92元,低收入户家庭消费粮油、肉禽蛋水产品和蔬菜这三类基础消费人均共支出1899.89元，占食品消费支出的比重为64.1%,低收入户的恩格尔系数达58.6,比2010年同期高出了9.2个百分点，比全省平均水平高13.7个百分点。粮食、食用油、肉禽等主要农副食品价格等生活必需品价格的上涨,尤其对低收入群体的影响较大,在居民消费数量相同的情况下,物价的上涨,带来的是生存成本的增大。

【市调查队工作】 2011年，是国家统计局鹰潭调查队各项工作全面发展和提升之年。一年来,在江西调查总队的正确领导下和市委市政府及有关部门的关心支持下,始终坚持践行科学发展,服务地方发展的理念,奋发进取,扎实工作,较好地完成了各项任务,取得了可喜的成绩。2011年,市队实现组建四年来连续3年荣获“全省统计调查综合业务考评先进”的好成绩,并先后被地方党委、政府授予了“保密工作先进集体”、“综合治理先进单位”和“沿江小区私有房拆迁先进集体”等荣誉称号,另外在基层调查网络建设、省十二届文明单位复查等工作中,也得到了国家统计局、江西总队及市有关部门的充分肯定。

【建立健全价格监测、预警机制】 对现有的650种商品规格品实行“定人、定点、定时”的直接采价制度,加强了粮食、能源、原材料等主要生产、生活资料市场价格的监测,并每月编制居民消费价格指数(CPI)和商品零售价格指数,为市政府出台政策性调价措施提供参考依据。

【组织开展城市居民生活水平调查】 在监测“民生工程”的进展中,充分利用覆盖城区的住户调查网点,客观、准确、及时地收集、整理和提供城市居民生活状况指标,为市委、市政府实施民生工程发挥了积极的职能作用。

【组织开展系列常规调查】 及时准确地反映了企业生产经营状况和要求,加强了对房地产销售和价格指数的评估,加大了对主要畜禽数据监测变化趋势的判断,为党政领导管理和决策提供了优质服务,得到市政府领导的充分肯定。

【开展系列专项社会调查】 相继组织开展了“组织工作满意度”“企业党风廉政建设满意度“种粮大户”“一户一表”用电情况等专项调查任务,得到江西调查总队的充分肯定。

【扎实推进基层调查网络建设】 基层调查网络建设是市队着眼于调查事业全局和长远发展而作出的一项重大决策，该项活动于2010年启动，分三年落实,2011年重点加大了对全市41个乡(镇、办),95个调查样本企业和50个社区共195人的统计调查基层队伍的管理。一是实行人员管理“扁平化”。二是建立了培训联络模式。三是探索了一条“以钱养事、以事养人”的经费保障模式和业务考核模式。通过两年的努力,基层调查网络建设已初显成效,市队提出的“扁平化”管理模式得到了国家统计局局长马建堂的亲笔批示,已成为江西总队向国家申报的课题之一。

【加强信息和分析研究工作】 2011年度，全队紧紧围绕全市工作中心,围绕经济发展的难点、社会生活的热点、领导关注的重点,开展调查分析研究,共撰写分析研究报告31篇,编发《鹰潭调查》29期,报送各类调查信息479条,均位居全省调查系统和市直单位前列,并有3篇调研报告在2011年度全省调查队系统中标课题评选中分获了一、二、三等奖。

(汪丽萍 熊连祥)

【国家统计局鹰潭调查队副县级以上干部名录】

党组书记、队长：宁俊华
党组成员、副队长：应建敏
党组成员、副队长：杨　勇
党组成员、纪检组长：朱宝生

房地产管理

【概述】 2011年,在市委、市政府的正确领导和省住建厅关心指导下,市房管局坚持以科学发展观为指导，以发展提升年活动为契机,牢固树立以人为本和城乡统筹发展的理念,紧紧围绕市委、市政府“主攻项目、决战‘三区’、凸显特色、实现跨越”的战略部署,以健全和完善住房保障体系为重点,以大力提升全员素质为着力点,积极有序地推进棚户区改造工作,加大房地产市场监管力度,努力促进房地产市场健康稳定发展,全局各项工作取得了长足进展,为构建富裕、秀美、宜居、和谐鹰潭作出了积极贡献。

【房地产开发】 在深入贯彻国家宏观调控政策的前提下,认真履行房管职能,不断优化管理制度,提高依法行政水平,加大市场培育力度,增强了企业发展信心,房地产秩序运行状况良好。一是积极贯彻落实国务院对房地产市场的调控政策。出台了年度新建商品住房和新建普通商品住房的价格调控年度目标,协助国土、地税、银监等部门落实好房地产市场土地供应,差别化信贷和税收等宏观调控政策,全年房价趋于稳定,实现了年初的控制目标。二是进一步规范商品房预售许可行为。严格按要求发放预售许可,要求开发商及时公布商品房预售许可信息,明确开盘时间、商品房价、竣工时间等内容。2011年,全市房地产完成投资21.51亿元,同比增长65%;住宅完成投资17.29亿元,同比增长53.2%。商品房施工面积204.83万平方米,同比增长38.2%;商品住房施工面积179.77万平方米,同比增长40.7%。商品房新开工面积96.73万平方米,同比增长77.1%;商品房销售面积65.48万平方米,同比增长84.5%;商品房竣工面积17.64万平方米,同比下降45.9%;房产地开发企业资质换证、延期、新办审核22家,其中中心城区9家,贵溪6家,余江7家。三是认真开展房地产市场监督检查。对全市54家房地产开发企业进行了监督检查,其中48家保留原有资质,1家从三级资质降为四级,吊销资质5家。对市区5家房地产开发企业下了整改通知书,对1家企业进行行政处罚,并要求整改到位。

【保障性住房建设】 按照市委、市政府保增长、保民生、保稳定的具体要求,坚持以人为本,着力改善民生,通过精心组织、周密部署、强化投入,扎实推进住房保障工作,确保全市住房保障工作顺利实施。一是精心组织实施保障性住房建设。全面完成中心城区4784套廉租住房主体工程,2011年全市保障性住房建设任务4562套,全面开工建设。二是认真组织租赁补贴发放工作。全年全市租赁补贴发放任务为4700户(其中:中心城区3012户、贵溪市784户、余江县904户)。中心城区符合条件廉租住房申请家庭共4521户(其中:租赁补贴发放家庭2231户、实物配租申请家庭2290户)。三是加强保障性住房小区的管理。做好市保障性住房小区共3021套物业管理和房租、物业费收缴工作,基本完成和谐小区1245套经济适用住房办理产权证工作。

【棚户区改造】 按照“政府主导、市场运作、统筹规划、分步实施”的原则,深入贯彻落实科学发展观,扎实开展棚户区改造工作,努力把惠及百姓、改善民生的“民心工程”办好办实。全年中心城区共完成房屋征收(拆迁)10.56万平方米,完成签订协议1659户,分别占任务数的115.7%和100.2%。所有棚户区改造项目均已列入国民经济和社会发展年度计划;房屋征收信息均已基本录入到位;完成市中心城区各类棚户区改造安置房共11.45万平方米,1323套。

【白蚁防治】 坚持以防为主,防治结合的方针,以强化防治意识和服务意识为目标,进一步加大了白蚁防治政策宣传力度,不断改进服务方式,提高服务水平,拓展工作领域,注重服务质量,保证人民群众的居住安全。全年共完成白蚁新建建筑预防面积160.9万平方米,预防覆盖率100%;灭治面积10万平方米,行道树4894株;完成了中国物业管理协会白蚁防治专业委员会就《国家职业分类大典》中相关职业描述信息采集填报工作。

【房屋产权登记】 充分发挥“窗口”单位作用,完善工作制度,努力提高服务质量和业务技能,夯实服务基础,为百姓安心置业创造了良好的交易登记环境。一是加大投入,改善系统设备。投入近百万元建立了产权交易登记产权产籍管理系统、自动叫号服务系统和场地监控系统,设立了18个服务窗口,引入财税、地税、银行、测绘等配套服务窗口,开设了“绿色通道”,实行“一站式”服务。同时,完善工作制度和程序,最大限度缩小自由裁量权,实现权属登记“一体化”管理。通过权属登记系统的建设,杜绝了人为关系造成的不良现象,全年未发生一起违纪违法办证的现象。全年共受理各类房屋登记业务1.07万宗,约261.48万平方米。其中:新建商品房登记:2443套,面积约29.13万平方米;初始登记:385栋,面积约48.59万平方米;存量房转移登记:1771套,面积16.53万平方米;抵押登记:3589宗,面积97.54万平方米;变更登记:295户,面积12.52万平方米;拆迁返还:267户,面积3.27万平方米;租赁登记备案:987宗,面积45.97万平方米;经济适用房:990户,面积7.93万平方米。二是加强档案管理数字化建设。对12.65万卷(件)房产档案中所记录的产权信息、抵押信息、查封信息等档案信息全部通过计算机检索,基本实现对馆藏档案的数字化管理。三是妥善解决历史遗留问题。按照国家有关政策要求,“对因手续不全等历史遗留问题影响权属登记发证的,由各地制定政策,明确界限,妥善处理”的规定。本着立足当地实际,以尊重历史、实事求是的原则,切实保护人民群众合法权益,针对不同类型、不同情况的案例,提出了相应的解决办法并报市政府审批,对权属遗留问题进行了妥善处理。全年共解决企事业单位、开发企业历史等遗留问题300余户。

【房产测绘】 测绘是房屋权属登记的重要组成部分,在权属登记中具有证明、天平、统计、编码和防范风险作用。市局认真贯彻执行国家新颁布的《房产测量规范》等文件,进一步规范房产测量行为及面积计算,确保了房屋权准确性,维护了房屋产权人的合法权益。全年共完成测绘总面积130.60万平方米,其中预售测绘面积81.94万平方米。竣工测绘面积11.55万平方米。

【房地产信息建设】房地产信息中心以开展"以治庸提能力,以治懒增效益,以治散正风气"活动为契机,加强和改进管理方式,提升了服务水平。根据数字鹰潭建设的有关要求,积极建设"数字房管平台",注重开辟领导关心、公众关注、内容权威的栏目,从网站构架、栏目内容、信息发布、界面风格等方面进行整合和优化,开通为民解决实际困难的绿色通道网站,建立房地产咨询、投诉栏目,市民足不出户就能了解市房管局的办理业务手续,咨询各种购房知识。同时,加大宣传引导力度,及时更新数据,将工作职责、办事流程、执法依据、收费标准、服务承诺内容、服务承诺科室和联系电话在网站上公布,完善工作机制,力争实现"以图管房"、"以图管档"的信息化目标。全年共办理商品房备案3996宗,备案面积43.64万平方米,备案金额22.01亿元,备案面积同比增加6.12%,其中:住宅备案面积41.61万平方米,备案金额19.71亿元,均价4737元/平方米。咨询回复183条,投诉处理37起。

【拆迁工作】坚持以重点工程建设为中心,大力加强班子和队伍建设,全体员工团结一心,奋力拼搏,发扬"五加二""白加黑"的精神,克服任务繁重、人员紧缺等困难,拆迁工作取得了显著成效,受到了各级领导的一致肯定和表扬。2011年,市拆迁公司共完成信江新区国有土地上房屋拆迁约7万平方米,补偿安置被拆迁人约300户,圆满完成了信江新区拆迁指挥部的既定目标,为信江新区重点工程建设作出了积极的贡献。市众和开发公司共完成鹰西棚户区保障性住房建设投资约2000万元。整个小区完成土地平整3.4万平方米,4栋192套1.6万平方米公租房已通过主体验收,地下室土石方开挖4.2万立方米,另有3栋144套廉租房、经适房约1.2万平方米正在开工建设。

【维修基金管理】始终坚持"取之于民,用之于民"的原则,充分发挥维修资金作用,为业主房屋维修提供服务。一是完善维修资金归集措施。加强对已建立维修资金帐户的二手房业主首期维修资金查验、归集工作,查验率达100%,提高了维修资金交存率。加强在办理房屋所有权转移登记时,要求业主及时办理维修资金变更手续,提高了业主交存维修资金基本信息的准确性。全年共归集维修资金1408.31万元,归集户数2861户,累计归集维修资金8563.58万元,归集户数约2.12万户;为业主办理变更手续80户。二是加强维修资金管理。制定了《鹰潭市住宅专项维修资金管理办法》,进一步规范维修资金的管理。以项目(物业区域)为单位设置台账,按照户门号设业主分户账;做好中心银行日记账、维修资金汇总台账,做到账账相符;利用软件信息化系统将所有业主交存、变更维修资金的基本信息按项目(物业区域)、楼栋单元、户设立明细账录入系统,实行四级账户管理,便于业主查询;在保证维修基金正常使用前提下,采取活期存款及时转存定期方式,使资金效益最大化。三是规范维修资金使用。简化办事流程、精减申报资料,缩短审批时限,将审批维修资金使用时限由原来10个工作日缩短为5个工作日,提高工作效率;严格按照维修工程进度拨付维修费用,确保资金使用安全;继续把好维修资金现场勘察关、资金审核关和签名核查关,推行委托专业工程造价机构对维修工程结算进行审价,为业主节约维修费用,维护业主的利益。2011年,共拨付维修资金17.37万元,维修项目10个;累计拨付维修资金83.8万元,维修项目177个。

(朱建波)

【市房管局副县级以上干部名录】

党委副书记、局长:费长辉(~2011.7)

俞　奇(2011.7~)

党委书记:李建平

党委委员、副局长:黄碧江　吴泰兴　徐　林

党委委员、纪委书记:雷丽虹(女)

党委委员、副调研员:邬筱芳(女)

住房公积金管理

【概述】2011年鹰潭市公积金工作在市委、市政府和公积金管委会的正确领导下,各项工作按年初考核目标稳步推进,全面超额完成各项业务指标和工作任务,使鹰潭市住房公积金保障体系不断发展和完善。

2011年当年归集公积金3.35亿元,超额完成任务27%,同比增长33.8%;发放公积金个人贷款2.48亿元,超额完成任务85%,同比增长103%;公积金增值收益在利率政策性影响1095.96万元情况下,还实现1057.74万元,超额完成任务56%;在公积金增值收益分配中累计足额计提了"贷款风险准备金"516.29万元,其中2011年足额计提了183.60万元,为鹰潭市住房公积金的信贷安全增添了保障。上交"城市廉租住房建设补充资金"418.26万元(已累计上交该项资金2422.62万元),有力地支持了市政府廉租房建设。

【归集拓面新突破】在积极开展"拓面、逾期、收益"三项主营业务劳动竞赛活动的推动下。2011年新增公积金缴存单位101个,新增缴存职工5090人;贵溪18个乡镇(含教育、卫生)已实现100%覆盖;余江县乡镇教育已100%覆盖,使归集拓面呈突破性进展。

【提高缴存基数与比例】通过积

极争取和多方努力，获得了市政府和财政支持，经市公积金管委会与市政府第50次常务会通过，从元月起，将市区职工阳光津贴纳入了公积金缴存基数；公积金缴存比例也实现了第4次上调，再次由9%提高10%，现列居全省第二。贵溪市财政配套缴存比例由5%提高8%；余江县大多单位已将阳光津贴纳入职工公积金缴存基数。

【修改“支取”办法】 为使全市住房公积金支取政策更加合规、惠民和人性化，2011年“中心”两次在住房公积金管委会全体会议上对《鹰潭市住房公积金提取规定》进行了修改讨论，市政府法制办也提出了审核意见，修改讨论《提取规定》，放宽了门槛，惠及了民生，在语言组织上更精细，表达更准确，在支取材料方面要求更加严谨和全面。

【追回拖欠资金】 自审计提出的从2006年以来贵溪市政府拖欠公积金财政配套资金440.29万元问题，在省、市各级领导重视和督导下，经过市“中心”和贵溪办事处的多年努力，于2011年5月18日终于还清了最后一笔134万元，彻底解决了久拖未决的历史遗留的审计整改问题，成为全省住房公积金工作亮点。

【信贷逾期率为“零”】 2011年鹰潭全市公积金信贷逾期率实现“零”的历史性突破，创全省唯一。

【调整公积金贷款还款方式】 2011年将鹰潭市公积金还款方式的“等额本金还款法”调整为“等额本息还款法”，减轻了借款人前期还款压力。

【机构与人员有新突破】 2011年新增内部科室2个；增加人员编制10个；增加科级干部职数3个，增加后，市“中心”内部科室5个，编制34名，科级干部数13名，鹰潭市公积金管理从人员到机构得到里程碑式的发展。

【强化党组织机构】 经市直机关党组织批准，市“中心”党组织由党支部升格为党总支，并新增设了3个党支部。

【接受管委会决策与监督】 2011年承办两次公积金管委会会议和一项活动，做到及时向市公积金管委会汇报工作，公积金的大事必须管委会集体决策，能及时通报情况，接受监督。

【打造自身行业文化】 2011年市公积金办积极参加省、市建设系统文化活动，自编自演行业特色节目，快板舞《公积金行业新风彩》，获“首届江西省建设系统文艺调演活动”语言类二等奖。

【借电视栏目加大宣传】 通过《政风行风热线》和《家住鹰潭》的电视栏目，加强公积金政策的宣传和解答职工对公积金热点问题，提高市民对住房公积金的认知度。

【开展“零投诉教育”活动】 为优化服务，提升员工形象，积极开展“零投诉教育”活动，使市“中心”在近3年已实现了投诉为“零”的良好局面。

【强化“公积金大厅服务”工作】 制订一整套“大厅服务”的规程和编辑“鹰潭公积金员工服务手册”，提升公积金“窗口”服务形象。

【申报公积金支持保障房“试点”城市】 为缓解市政府建设保障房的资金困难，最大力度发挥鹰潭市住房公积金作用，根据国家住建部等七部委文件精神，从5月起，市公积金办花费了大量精力，本着“有条件要上，无条件创造条件也上”的理念，积极申报公积金贷款支持保障房建设“试点”城市资格，并跻身于全省前3~4名，为获得“试点”城市资格打下了坚实的基础。

【承办全省会议】 成功承办“全省2011年度住房公积金工作会议”，当好“东道主”，展示鹰潭公积金人的良好素质，受到省住建厅、财政厅与同行的好评。

【获得荣誉】 “中心”被省住建厅评为2011年度全省住房公积金管理“先进单位”和2011年度全省住房公积金业务目标考评达标单位；被市委、市政府授予2009~2011年度文明单位，被市政府授予2011年度优秀专业服务大厅，并获综合治理先进和谐平安单位的荣誉。

（赵 欣）

【市住房公积金管理中心副县级以上干部名录】

主　任：张秀萍（女，2011.4~ ）

信息化建设

编辑、校对:柴靖龙

综述

2011年,鹰潭信息化工作在市委、市政府的正确领导和科学部署下,以邓小平理论和"三个代表"重要思想为指导,深入贯彻科学发展观,按照政务信息化、社会服务信息化、产业信息化、信息咨询专业化四条主线扎实开展,严格执行市委、市政府的决策部署,充分发挥信息化的先导性、革命性和融合性优势,不断促进城市创新发展、经济发展方式转变、产业结构优化升级、社会主义和谐社会建设,工作迈上新台阶。

基础设施建设加速发展。2011年以来,全市固定电话用户达到22.27万户,移动用户总数达到80万户,宽带用户近10.7户,宽带入户率、宽带增长率分别为10.1%、17.07%,多项指标均名列全省前列。网络及综合支撑能力大步提升,基础设施建设进一步加大投入,提高了信息化服务科技含量。3G信号在全市县以上城区及部分乡镇实现无缝覆盖,3G业务已正式向社会提供。3G手机的用户可直接升级使用3G网络,享受速率达4M的调整宽带,收看在线视频,通过手机、数据卡、上网本等终端体验第三代移动通信的便利,截至2011年12月全市共有3G客户1.8万户,同步增长218.6%,3G业务呈井喷态势。

政府门户网站建设迈上新台阶。政府网站体系结构不断优化完善、信息集聚与辐射功能不断增强、宣传主题与时俱进凝练更新,在由工业和信息化部等单位举办的第十届(2011年)中国政府网站绩效评估结果和中国社会科学院等单位主办的第三届 (2011年)中国政府网站绩效评估中,分别位列全国296个地级市第15位和第16位。全年主动公开政府信息8.57万条,处理群众依申请公开信息669条,及时回复咨询投诉1056条,更新办事服务指南431项,办结群众申报事项9160件,保障了公众知情权,维护了政府公信力。发布权威信息弘扬主旋律,适时推出"省十三届党代会""市七届党代会""人大、政协两会"等专题;围绕市委、市政府中心工作进行主题宣传报道;配合纠风办利用政府网站开展在线访谈54次;围绕市委、市政府工作重点,开展民意征集和网上调查14次。

政务信息化基础设施建设取得新成效。实现了市政务信息网全覆盖,全市161个单位内部局域网建设完成,并与市政务信息网互联互能。全面开展政务网乡乡通工程建设,将政务信息网延伸到乡镇、街道,不断满足乡镇、街道的社会管理和公共服务需求。全面提升政务信息网的整体安全水平,政务信息网外网改造二期工程及政务信息网网管平台建设全面完成。

网络安全运行得到有效保障。

市信息中心工作人员正在工作。

市信息办供稿

2011年,利用市政务信息网视频会议系统安全召开国家、省、市、县四级视频会议共130场,未发生一起安全事故。以全省统一实施的基础网络升级改造为契机,共组织技术人员对全市政务信息网进行了三次全面细致的巡检,排除隐患,做到了零差错,零投诉,有力地保证了政务信息网平稳运行和发展。运维36家单位的政府网站。

决策服务水平得到新提高。开展了宏观经济月度监测工作,每月将省内各设区市主要指标数据在市政府网站进行发布,供市委、市政府作决策参考。针对市经济运行中出现的热点、难点问题,开展了经济预测工作,形成高质量的经济预测报告二篇。围绕市委、市政府的工作部署,认真做好市"十二五"信息化规划思路的研究和编制工作,形成《鹰潭市国民经济和社会信息化发展第十二个五年规划思路(讨论稿)》。

社会管理创新稳步推进。顺利推进与视频相关的信息化工程的整合建设。按照"资源整合、共建共享、节约高效"的原则,市政府应急指挥系统、天网工程、公安大情报系统、消防应急指挥系统、道路交通监控系统、网上审批与电子监察系统相继建成使用,形成了综合优势,节约建设资金1700余万元。全面推进利安社区电超市建设。采取政府引导、市场投入的形式,与商务部"万村千乡市场工程信息化农家店"相结合,全市城乡已建设电超市400余家,覆盖了全市每个行政村,成为全国第一个全面探索和实施城乡综合电子服务的地级城市。2011年12月4日《江西日报》一版头条对鹰潭市的这项便民工程建设进行了深度报道。

数字城市基础平台建设进展顺利。构建服务器集群,完成了数据中心建设。人口、法人、空间地理、宏观经济、综合应用等五大基础数据库建设全面完成。鹰潭统一门户、信息资源目录管理平台、数据交换平台、安全认证平台、地理信息平台五大基础平台建设顺利完成,实现了县(市、区)平台、市级平台及省级平台之间的数据传输与交换。地理空间框架项目向国土资源部申报成功,争取资金近400万元。

(卢大虎)

【市信息办副县级以上干部名录】
党组书记、主任:凌　波
党组副书记、副主任:胡海俊
党组成员、纪检组长:章小武
党组成员、副调研员:吴美华

邮政

【概述】 2011年,在省公司和市委、市政府的坚强领导下,市邮政局认真贯彻落实上级有关会议精神和各项决策部署,按照"认清两种形势,树立一种意识,做到五个坚持,破解两个难题,转变五种方式,创新五项管理,强化三项监管,提升三块领域"的年度工作总体思路,真抓实干,加速提效,较好地完成了各项计划任务。全市邮政系统实现业务收入1.32亿元,比2010年增长24.8%。其中,企业实现收入6605万元,为省公司预算的102%,比2010年净增1054万元,增长19%,增幅比2010年多出7个百分点。

【实现四个总体目标】(1)全市邮政业务收入增长19%,突破6000万元大关,收支差额完成省公司下达的预算;全年未发生重大安全生产事故;市局荣获全国"文明单位"称号。(2)切实履行普遍服务和特殊服务职责,进一步做好服务中小企业、服务"三农"等工作,融入"富裕、秀美、宜居、和谐"鹰潭发展战略有新作为;市局荣获全市"发展提升年活动先进单位"称号。(3)广泛开展"为民服务创先争优"活动,用户满意度达88.9分,大客户满意度达90分。(4)全网邮运满意。夯实网路运行基础管理,提升了网运支撑能力,与兄弟省市局网运部门的关系更为密切、友好。邮区中心局转运站连续4年荣获全国邮政网运"创优争先"劳动竞赛先进集体称号。

【服务地方取得新成效】 积极融入"富裕、秀美、宜居、和谐"鹰潭发展战略,服务全市经济社会发展。(1)系统收集地方信息。高度关注全市政治、经济活动,利用邮政名址库和业务载体,倾情服务中小企业,为其推广产品、提升形象。(2)积极参加经济活动。协助地方开展《龙虎山》特种邮票发行申报工作,成功申请在龙虎山举行《壬辰年》特种邮票首发式,真情服务"三农",建设农资分销直营店10个。(3)切实履行服务职责。认真履行政府赋予的普遍服务和特殊服务职责,提高了邮件、报刊妥投率,机要通信质量全红。承办"爱心包裹"捐赠仪式,在城乡设置邮政便民服务站,推进城市住宅楼房信报箱和邮政报刊亭建设,提升了邮政"通政、通商、通民"形象。

【强化人力资源管理】 实现了用工零增长,实行邮件内部处理三合一,精减、盘活6人,实施交叉作业、大平面班组管理,盘活3人。抓好职业技能鉴定工作,112名员工参加技能鉴定,合格率达75%,提升了员工业务技能水平。优化中层干部队伍的年龄、知识和专业结构,对8名科级干部进行了岗位调整,提拔科级干部4名。按照"公平、公正、公开"和竞争、择优的原则,实行双向选择,充实了专职营销策划队伍,对邮储网点负责人进行了公开选聘,将6名优秀劳务用工转为合同用工。

【细化财务管理】 加强成本费用管控,做到事前预算、事中监控、事后审核。实行部门成本费用包干制,压缩非生产性成本,确保管理费用零增长。加强欠费管理,修订欠费管理办法,开展专项清缴活动,全年欠费率控制在省公司规定以下。企业有效收入增长32.4%,比收入增幅多13.6个百分点。

【规范营销策划方案损益核算】 出

台《营销策划方案损益核算实施细则》,坚持发展和效益同时兼顾、收入和成本同步报账及有效收入、用户欠费、期末存货同步考核的原则,严格核算范围和流程,实行部门分工负责制,提升了项目运作的质量和效益。

【加强安全生产管理】 配齐专兼职安保员和管理岗、监控岗人员。加大安全检查力度,全年对市县局各网点进行电话检查66次、夜间检查14次、集中检查6次,填写安全检查报告书105份,印发检查情况通报8份。强化消防安全工作,组织消防演练,添置和更新改造了安防设施。强化法制教育和培训力度,加强社会治安综合治理等方面的宣传。更新改造邮储网点的监控、110报警、联动门等主要安防设施,邮储网点监控主机更新为16路,110报警器实现2路以上联网,移动金库、ATM机实行联网振动报警,新修的农村邮储网点金库均采用钢筋混凝土六面现浇。

【推进"创先争优"活动】 开展"创先争优"领导点评活动,进一步增强广大党员干部的责任感和创先争优意识。开展"提升五种能力,争当五个表率""深入创先争优 学习身边榜样——罗细英"等活动。开展"为民服务创先争优"活动,成立活动领导小组,设立领导人员联系点,建立践行落实体系,强化监督保障,组织引导全市邮政员工立足本职岗位、增强服务能力、提升服务水平,以更加优质的服务让人民群众满意。

【优化网运生产管理】 理顺网运管理职能,建成列车到发预报系统,推进并提升KPI体系运行效果。增强共享全网资源理念,加快特快邮件转运时限。全年完成火车邮件押运产品量8.83亿袋千米,汽车邮运产品量2610万袋千米,转运总包邮件交换量565万袋(盒)。网运质量稳步提高,各项指标在全省邮政排名靠前,总包邮件发运信息发送准时率、邮件勾核扫描率均达100%,网上清单及时准确率达99.99%。邮区中心局转运站继2008年、2009年、2010年之后,第4次荣获全国邮政网运"创优争先"劳动竞赛先进集体称号

【加快邮储网点建设】 推进邮储网点改造,投入近30万元,更新网点终端、打印机、点钞机、刷卡器等设备,增强了服务和竞争能力。至年底,市县局25个邮储网点中,已改造14个。开展"建设进档、管理晋级、服务进优、经营进位"活动,通过加强督促检查,取得了明显成效,提升了邮政形象和服务水平。

【推进和谐企业构建】 扎实推进"职工小家"和"投递员之家"建设,成立"投递员之家"创建活动领导小组,制定创建实施方案,全市邮政共建立"和谐职工小家"11处,符合条件的农村网点建家率达100%。全面兑现为员工办实事承诺,落实"办实事、送温暖"工作,切实关心、关爱员工。切实加大员工教育培训力度,全年送外培训250余人次,自办培训128期、1820人次,参加远程培训640人次。开展员工职业技能"百日竞赛"活动,提高员工的业务素质和技能水平。建立各类业余文体兴趣小组,广泛开展元宵联欢晚会、拔河比赛、门球赛、棋牌比赛等业余文体活动,丰富员工业余生活。

(吴富进)

【市邮政局副县级以上干部名录】
党委书记、局长:刘 鸿
副局长、工会主席、纪委书记:徐阁荣(~2011.4) 杨欠根(2011.4~)
副局长:纪 幸(2011.4~)
邮政储蓄银行鹰潭市分行行长:吴国亮(~2011.4) 陈华强(2011.4~)
邮政速递物流公司总经理:文连新(~2011.4)
邮政速递物流公司副总经理(主持工作):石丽慧(女,2011.4~)

电信

【概述】 2011年,在市委、市政府的正确领导下,在全体员工上下一心努力奋斗下,全市电信认真贯彻省公司年初工作会精神,围绕"三个规模发展,一个服务领先"的发展思路,克服市场竞争加剧的不利影响,加快全业务发展步伐,系统推进企业战略转型,积极开展"争先创优"活动,圆满完成了各项工作任务,开创了鹰潭电信事业新局面。2011年,完成全业务收入1.37亿元,完成全年预算的100%,列全省第七位,累计同比增幅6.93%。其中固网收入完成1.01亿元,移动业务收入完成0.36亿元。宽带业务呈现良性发展。宽带用户净增1.65万户,较上年同期提高31.5%,收入累计同比增长28.96%。移动业务保持较好上升空间,1~12月份净增量2.49万户。鹰潭电信天翼手机过网用户市场份额首次超过鹰潭联通。

【开展营销活动拓展新增用户】 1月份,开展"百日冲刺"决战30天活动,抓住春节返乡高峰重点在农村拓展市场,抽调全市前端非渠道、管控80位员工(含两县)与农村渠道人员合并成立10个队20个小组,开展为期30天的春节"扫村"行动。3~5月开展"天翼春风"活动,以"公客店面大会战"、"政企决胜3G活动"、"社会渠道3G大会战"、"保存维系专项活动"、"农村营业部争先竞赛"五大活动为抓手,提高3G销售能力、落实3G流量经营,实现全业务高效发展。5月底启动"天翼惠万家"大行动,活动分成三个阶段,已圆满完成两个阶段工作任务。第一阶段动517大会战,举全体员工之力进小区、走店面,业务发展突飞猛进。日均放号再创鹰潭电信业务发展新高。第二阶段开展"双过半"活动,稳固第一阶段的宣传效果,转化一阶段的市场商机,一举完成"时间过半,收入及业务过半"的半年目标,收入预算完成50.09%,位全省第六,达到

预期计划。11月开展“天翼龙腾”大行动，提出“四大战役”实施策略。由于准备充分，措施有效，执行落地到位，同时正向激励积极调动员工的积极性，到12月底，天翼龙腾活动鹰潭综合排名全省第一。

【聚焦行业应用信息化建设有突破】 一是本着“优势互补、资源共享、避免重复建设”的方针，以智慧工程的建设为目标，以完善融合行业应用推广、基础网络的建设为基础，成功推进全市17家单位签订联盟协议，为下一步信息化应用业务的拓展打下扎实基础。二是加大重点行业应用拓展力度，面向行业客户及高端聚类客户开展“一户一案”拓展计划，实行清单制管控。凭借良好的客户关系、公司高层强力推进及中层干部+客户经理团队协理，2011年行业应用拉动3G规模发展约5000多部。三是打造“数字杨溪”模式，推进农村信息化建设。依靠各级政府部门的支持，打造“村级办公网、村级手机网、村级宽带网、村级电话联防”四为一体的数字乡镇工程，在移动宽带发展、电话保存上有着积极意义，同时对推进农村信息化建设有着深远影响。四是稳步推进信息运营业务。早动手、早准备，新春送祝福、电话投票、中、高考信息服务均取得较好成效。

【开展服务领先工程提高客户感知】 一是全业务网络能力大幅提升。C网精品网建设。全面完成2011年一、二期C网建设，新增3G基站62个，新建1X基站30个，新建室分13个有力支撑了业务发展，全省评比获三等奖。全网3G基站占比达到89 %以上，实现了乡镇以上区域连续覆盖，行政村覆盖达到70%以上。宽带精品网建设。到12月份，新建城区FTTH覆盖住户7500户，完成农村光进铜退接入点157个，新增各类宽带端口1.9万线，宽带精品网建设全省评比获二等奖。二是全业务网络支撑服务水平显著提升。宽带领跑。全年完成交接箱整治10个，分线盒整治更换2200个，皮线改电缆1.75万米，宽带端口达标整治1124户，签约速率达标率97.49%，全省排名第二。成立宽带专家小组，多次解决客户的各种疑难问题。润田工程。通过持续开展“润田工程”专项活动，系统解决县公司各类支撑服务问题，农村网络支撑能力显著提升，各指标均排名全省前列。一季度、三季度的“润田工程”综合评估，鹰潭分公司排名前三，贵溪获得一类县分公司第一名，余江分公司获二类县公司第四名。三是全业务渠道营销服务能力显著提升。渠道联动、前后端联动、市县联动日趋成熟。城市“网格经理、实体渠道、电子渠道”紧密结合，“客户经理+营业员+10000号外呼人员+社区经理”的规范化网格营销模式扎实推进。政企渠道引领3G，信产、客网高效支撑，行业信息化应用取得一个又一个突破。组织全员宣传周，做到了100%进社区、100%扫楼宇、100%跑店面、100%访客户，营销宣传和现场实战同步进行。组织帮扶大队，深入两县及龙虎山各农村营业部开展帮扶大会战。社会渠道实战路演活动不断，业务占比持续提升。

【低成本高效运营提高精确管理水平】 贯彻低成本高效运营策略，以集中化、标准化、精确化、信息化为手段，企业运营管理效率和资源使用效率得到有效提升。一是加强全业务发展监督与管控。建立收入跑冒滴漏的考核机制。对挽回企业损失的个人或单位给予提成奖励。建立业务质量管控常态机制。定期对欠费、移动零次户、信控、红名单、宽带零费用、宽带私接等基础管理工作实行动态管控，及时通报，闭环管理。二是节能减排成效显著。启动了智能新风系统、小型新风水帘系统、综合机房新风水帘系统、高压直流割接等节能减排工程项目。与供电部门重新签订广场、新区、长线局高压供电协议，将高压线损比例从原来的5%直接下调至1%，与供电部门全年累计减少结算电费12万元。各项节能措施年度累计节电58万千瓦小时。节能减排工作获省公司一等奖，两县公司均获15万元局容局貌奖励。三是网络建设成本不断降低。新建的29个室外站点，其中与现有接入网机房合设的有10个（含使用远供技术），与其他运营商共建共享的有15个，节省配套投资460余万元，移动基站配套造价为11.5万元，仅为全省平均造价的75%。四是资源盘活成效显著。制定了资源增效方案和网络资源管理与效益提升TOP方案，制定了激励办法，全面启动资源增效工作。

【扎实推进基础工作企业发展再上台阶】 完善考核机制，强化业绩导向，引入“赛马”考核机制，绩效考核改“季度考核”为“月度考核”。全面推行岗位对标管理，建立了“鹰潭电信中层后备干部人才库”，加强中层后备干部人才队伍建设。积极推进客户接触点机制创新工作，开展片区经理、政企客户经理岗位竞聘。组织开展“四支骨干人才”队伍建设工作。开源节流、减员增效提高人力资源效率，市本部人员也从356人缩减至334人（主要是缩减了21个合作方用工），大大降低了代办费用开支。开展了两次优秀(创新)工作成果评选活动，全员创新创业意识明显加强。开展了内控评估、经济责任审计、工程审计和专项审计调查，督促审计问题整改，夯实企业基础管理。强化教育、制度和监督机制，反腐倡廉工作落到实处。开展小金库专项治理，建立防范小金库长效机制。加大服务问题督办，建立内部服务承诺制度。以党员干部遵纪守法集中教育活动和创先争优活动为抓手，党建工作紧密服务企业生产经营实际。深入宣传企业精神，大力建设“务实高效、和谐创新”的企业文化。工会工作围绕大局，服务转型，落实了“关爱员工10件好事”，组织开展了一系列劳动竞赛活动。圆满完成了七城会、人防工程建设等重大活动通信保障。全年安全生产无事故。法律风险得到防范。老同志老有所为、老有所乐。新闻宣传营造良好舆论氛围，精神文明建设成果丰硕,企业和谐稳定。

【鹰潭"智慧工程"推进联盟成立】 2011年5月13日上午,鹰潭"智慧工程"推进联盟正式启动签约。鹰潭市政府副市长杨晓群出席启动签约仪式,并宣布鹰潭智慧工程推进联盟正式成立,中国电信鹰潭分公司总经理曹年生、联盟单位代表市工信委主任徐慧分别致辞。中国电信鹰潭分公司与市工信委、市发改委、市城市管理局、市财政局、市科技局、市交通局、市建设局、市环境保护局、市公安局、市农业局、市林业局、市水利局、市国土资源局、市卫生局、市工商局、市旅游局、中国电信鹰潭分公司等17家单位签约"鹰潭智慧工程"推进联盟合作协议。

按照协议约定,未来三年投资鹰潭分公司4亿元以上,加快鄱阳湖地区3G移动、宽带等网络和应用平台的建设,夯实鹰潭"鄱阳湖生态经济区——智慧工程"的物质技术基础,满足生态经济区发展的信息化、智能化需求。两年时间内实现宽带网和3G移动网覆盖鹰潭市鄱阳湖生态经济区全部区域,互联网接入速率城区20M、乡镇4M、行政村2M。把鹰潭建成"光宽带城市"和"无线城市",2010年年底实现1000G的互联网出口带宽。加快以IPV6为主要技术的下一代互联网的建设。积极推进传感器、定位仪、监控头等的应用,为"联盟"单位构建智能化的生产和管理系统提供技术基础能力支撑。

鹰潭"智慧工程"推进联盟正式启动后,中国电信鹰潭分公司将致力于四个推进智能化。一是推进智能化的生态环保体系建设,助力永葆鹰潭"碧水长天"。二是推进智能化的交通运输体系,助力鹰潭成为面向长江三角洲和闽南金三角优秀门户。三是推进智能化的低碳生态产业体系,助力鄱阳湖地区生态与经济的协调发展。四是推进智能化的社会运行体系,助力生态经济区发展环境的优化。

(乐辰刚)

【电信鹰潭分公司领导人名录】
副总经理(主持工作):曹年生(2011.3~2011.12) 汪祖源(2011.12~)
副总经理:郭 敏 沈森元
总经理助理:毛新发(2011.11~)

移动通信

【概述】 2011年,鹰潭分公司在省公司及市委、市政府的正确领导下,以科学发展为主题,以转变发展方式为主线,紧紧围绕"质量、服务、创新"要求,实践"真实、高效、激情、创新"八字方针,着力做大总量规模,提升质量效益,夯实发展基础,深化管理创新,各项工作均取得了较好成绩,收入增幅达10.76%。公司总经理汪平获得省"五一"劳动奖章称号,公司荣获鹰潭市2011年社会治安综合治理先进单位、鹰潭市2011年先进基层党组织荣誉称号,网优中心QC成果"提高彩信端到端接通率"荣获江西移动第八届QC小组成果二等奖,同时网优中心QC小组荣获2011年全国通信行业优秀质量管理小组称号。

【推进深度运营市场主导地位牢牢保持】 提前把控,实现首季开门红,2011年销售新春卡同比增长21.2%。扎实推进"136"工程,深耕农村市场,截至2011年底,农村用户普及率达27.58%,同比提升3.77%。全力做好校园营销,通过校讯通产品规模切入低龄市场。以"神州行关爱卡"开展老龄市场专项营销。激发话务量存量市场,做大客户话务规模。对低活跃客户,推出激情畅打活动,做好"12593"、"我I我家"等话务产品推广。对潜在高价值客户,做好全球通"88套餐"本地版、上网版等话务产品营销服务。稳步落实"139"工程,强化中高端客户维系,提供标准服务、专享服务,打造服务优势。扩大自有渠道,优化村级服务站建设模式,提高村站覆盖率及活跃度。实施"一乡一人"人员配置,全面推进农村区域中心转型,渠道掌控能力得到进一步增强。

【聚焦信息服务全业务竞争能力全面增强】 宽带发展基础快速扩张。通过资源整合,建设能力得到了快速提升,截至2011年12月,小区宽带信息点达到10.36万户,完成了所有乡镇的覆盖。强化日常PUSH营销。通过前台、圈子多渠道推荐冲浪助手,培育客户上网习惯。加大节假日短彩信营销,以政府建设气象防灾预警系统为契机,普及气象直通车业务。2011年,增值业务收入同比增长10.87%,集团信息化产品发展扎实推进。集团专线、校讯通、集团短信等重点产品得到规模发展。ICT项目取得突破,签订鹰潭市经济技术开发区培训大楼综合智能化系统建设协议,与贵溪市广电文化新闻局签订网吧视频监控网建设合作协议。

【打造卓越服务品质客户满意度不断提升】 强化窗口服务管理,提升客户感知。实施社会渠道分层分级服务考核,厅店短信整体满意度提升至95.89%。强化中高端服务管理,向中高端客户提供电话经理服务。完善服务体系,缩短投诉处理服务时长。2011年全市投诉工单平均处理时限排名位于全省第2位,比全省投诉平均处理时限少6.3小时,客户平均投诉率为0.052%,位于全省第2位,同比降幅47.47%。提升服务品质,丰富积分兑换产品。完善宽带业务服务流程,实现对业务受理、客户需求的快速响应。

【优化网络品质客户感知持续提升】 科学实施网络规划,狠抓工程建设管理,完成了2011年春节扩容、GSM15期、浙赣线铁路专网工程建设工作。推进室分建设,开展高速及乡镇道路覆盖补盲,加强景区覆盖建设,顺利完成传输网、ICT项目等工程建设,科学规划当地PTN、OTN网络组网结构,进一步巩固了网络领先优势。T网覆盖鹰潭城区、贵溪城区道路及余江县城党政军、密集商业区等热点区域。完成WLAN网络建设二期/三期工程、接入网扩容工程、乡镇宽带接入工程,全业务发展支撑能力持续提升。加强GSM/TD网络日常优化。开展最差小区整治、工兵行动、深耕行动等专项整治优化工作。G网接通率指标均值和G网掉话率指标达到进入全国前十的目标。铁路沿线网络覆盖率提升至100%、话音质量提升至98.38%、接通率提升至100%、掉话率下降到0%,在集团公司测试中各项指标均得到显著提高。圆满完成重要节假日、七城会及道教文化周等应急通信保障工作,网络安全应急能力有效提升。

【深化精细管理内部客户支撑能力有效提升】 实施精细管理,强化对重点资源投入的跟踪监控,建立资源使用效益常态化跟踪分析预警机制,构建了覆盖所有经营活动全过程的稽核管理闭环体系和工作机制。创新突破,对市场热点问题进行专题分析,为拓展市场提供精准、快捷、稳定的高效业务系统支撑。优化人力结构,推行维护模式优化试点,建立了网络优化队伍梯队。对全市集团客户经理实行弹性薪酬考核,对农村区域中心人员职级待遇实行动态管理考核,实施"红黄牌"考评,对中层管理人员的职级阶次实行动态管理。在项目招标、物资采购、市场营销、广告宣传、工程建设管理等关键领域,严格按流程和制度执行,杜绝违规行为,全年累计节约采购成本482.01万元。理顺法律顾问审核合同流程,强化法律服务支撑。规范合同管理,提升合同管理效能。夯实安全管理各项基础工作,落实安全生产责任制。

【深化员工关爱发展动力进一步增强】 深化员工关爱,初步完成员工职位和标准职级的确认,对员工工资与绩效奖金做了进一步提升,做好原存续企业30%优秀人员的薪酬激励工作。2011年举办在岗培训68期,培训率同比增长18%,培训员工1095人次。健全决策制度,防范决策风险。落实党风廉政建设责任制,增强责任意识。加强反腐倡廉建设,深入推进廉洁文化教育。推进争先创优,深化企业文化建设,推进三个文明协同发展。

(杨秀萍)

【移动鹰潭分公司领导人名录】

总经理: 汪 平

党委书记: 黄木生

副总经理: 张干忠 张曰雄

联合通信

【概述】 2011年是鹰潭联通"业务大发展,能力大提升,机制大转变,服务大突破"的关键年。公司在市委、市政府和省分公司的正确领导下,在地方各部门的大力支持下,坚持科学发展观,坚持以人为本,以发展为主线,大力实施向一线倾斜的激励策略,进一步深化企业改革,深挖企业内部潜力。在保持2G业务、固话业务平稳发展的同时,实现了3G移动电话、宽带互联网业务突破性的发展,企业进入了可持续快速发展的通道,用户规模不断扩大,服务质量不断提升,网络覆盖得到极大改善,经济效益和社会效益显著提高,为在鹰潭通信市场实现"三分天下有其一"奠定了坚实的基础。

【企业收入结构转型实现突破】 中国联通鹰潭市分公司是中国联合网络通信集团有限公司在鹰潭市的分支机构,是一家能提供全面电信基本业务的综合性电信运营企业。截至2011年年底,公司在岗员工180人,其中合同制员工40人、派遣制员工70人、紧密外包人员70人。主要业务经营范围包括GSM移动通信业务、WCDMA移动通信业务、固网通信业务(包括固定电话、宽带)、国内国际长途电话业务(接入号193)、数据通信业务、互联网业务(接入号16500)、IP电话业务(接入号17910/17911)、卫星通信业务、电信增值业务、以及与主营业务有关的其他电信业务。服务网号为130、131、132、145、155、156、185、186。

新联通成立三年来,联通鹰潭市分公司主营通信业务收入实现每年以20%以上的速度增长,收入同比增长率连续三年排全省前列,分公司收入规模与收入结构均发生了实质的转变,公司战略性业务首次超越传统2G语音业务,战略性业务拉动分公司收入增长明显加速,公司2G、3G、宽带、固话、互联网业务结构比例正不断向好的方向发展。

【重塑品牌引领企业实现可持续长远发展】 在企业口碑与品牌提升方面,鹰潭联通按照集团公司要求,持续抓好产品、渠道、价格、促销、奖惩、组织改革与员工职业生涯远景规划的落地执行工作,通过在WCDMA第三代移动通信网络与iphone等智能手机的完美结合点上发力,不断深化3G网络在各行业的综合应用优势。2011年,鹰潭百姓对联通3G网络与3G应用体验感知优越,用户忠诚度提升明显,3G用户规模实现了质的飞跃,3G用户体验感知优越于其他运营商3G网络。与此同时,鹰潭联通按照集团公司与省分公司统一部署,在宽带互联网上实行后来发力,实施高起点、高投入战略,贯彻区域重点、重点区域的差异化经营思路,借助光纤到小区、光纤到户的后发技术与成本优势,大力参与并推动鹰潭城市信息化建设工作。正是这一明显优势,鹰潭联通被市委、市政府确定为"数字鹰潭"政务信息网工程的独家承建单位,截至2011年年底,全市共计155家单位的政务网工程已全面实现接入,随着网上审批、公文传输、信息公开和共享、电子办公等网络应用的上线,对提高鹰潭市党政机关的行政办公效率,降低行政成本具有重要意义。

【营造企业良好内外发展环境】 在抓好主营业务发展与网络规模建设的同时,2011年,鹰潭联通分公司领导班子将公司企业文化建设与精神文明建设作为日常工作常抓不懈。(1)公司领导班子日常工作讨论事项做到了团结民主,注重社会舆论宣传与公司内部宣传手段的有机结合,特别是新农村建设与市委市政府的中心工作。(2)及时宣传先进典型,借助公司MISS公文中的OA平台,树立公司上下学先进、追先进的企业内部发展氛围。(3)积极与管辖区各级政府机关、企事业单位沟通,做到务实高效,为企业发展营造良好的外部发展环境。(4)坚持民主集中制原则,坚持企业发展为了员工,企业发展依靠员工,做到工作中严明纪律,依法办事,做到规矩与制度在前,处罚与治病在后的以人为本。(5)健全对内对外服务联席会议制度,做到首问负责与责任追究的有机结合,公司上下一切工作遵循围绕用户、发展用户、服务用户的企业存续基本宗旨。正是公司常年不懈努力的工作,鹰潭联通得到了鹰潭市各级领导的关心、支持、帮助与厚爱,先后多次被授予全市综合治理目标管理先进单位、劳动保障诚信等级AA级单位、新农村建设先进帮扶单位等荣誉称号,2012年3月,中共鹰潭市委、鹰潭市人民政府授予公司2009~2011年度鹰潭市文明单位荣誉称号。

【加快企业基础软硬件建设】 2011年,鹰潭联通在实现月湖城区、贵溪市区、余江县城区核心商圈渠道“WO”店建设历史性突破的同时,投入大量资金改造自有营业厅3G“WO”店,强化用户体验感知的培养与上门推荐的力度,拓宽与用户建立保姆式服务的接触点与接触面。在网络投资方面,2011年鹰潭联通投资7000万元建设固定及宽带接入网、2G网络、WCDMA网络、基础与传输网络以及WLAN和室内分布网络。截至2011年年底,鹰潭联通通信能力GSM网络基站达到294站,WCDMA达到170站,光缆杆路达到1275千米,管道资源达到180千米。在企业快速发展的同时,鹰潭联通抓住机遇,积极向中国联通集团申请扶持政策,在市委、市政府的大力支持下,由中国联通集团公司批准的鹰潭联通综合通信大楼也于2011年8月16日举行了隆重的奠基仪式,并于2011年9月29日正式开工,新大楼坐落于沿江路与30号路交叉处东南角,大楼建筑面积1.13万平方米,占地1.3万平方米,层高地上10层,地下一层,建筑总高度53米,总投资4873万元。大楼的建成,将是鹰潭市沿江路一标志性建筑物,这不仅为鹰潭的信息通信服务增添动力、增添后劲,也为市委、市政府提出的建设“富裕、秀美、宜居、和谐”新鹰潭贡献了鹰潭联通人自己的力量。

(熊辉标)

【联通鹰潭分公司领导人名录】
总经理、党委书记:黄益斌
副总经理、党委委员:张韬 曾志强

无线电管理

【概述】 2011年,鹰潭市无线电管理局深入贯彻落实科学发展观,坚决贯彻执行市委、市政府的决策部署,坚持无线电管理为经济建设服务、为国防建设服务、为社会稳定服务的宗旨,认真贯彻“加强管理,保护资源,保障安全,健康发展”的方针,切实做到管理好频率、管理好台站、维护好通信秩序、保障好无线电安全。

【认真履行职责维护电波秩序】 2011年,共行政执法检查电台570部,检测无线电发射设备216部,收缴封存电台12部,核发电台执照1405个,排查无线电干扰11起,查找不明电台29部,有效遏制了违法设台行为,维护了空中电波秩序,保证了各类无线电业务的正常开展。

进一步规范对蜂窝移动通信基站的管理,对电信、移动、联通三大运营公司基站进行了全面核实,共核查基站460余个。继续做好保护铁路系统无线电专用频率专项工作,完善铁路专用频率长效保护机制。对鹰潭铁路工务机械段、鹰潭车站在用的对讲机全部进行了核查。对鹰潭市范围内的两个铁路预警频点进行了电磁环境监测,为预警频率的指配和使用提供第一手技术资料。开展移动通信干扰器清理整顿工作。由市政府办公室行文,下发了《关于加强移动通信干扰器管理的通知》,对全市使用干扰器的单位进行了全面调查摸底,对符合使用条件的,进行登记造册,不符合使用条件的,依法查封,共清理登记干扰器121台,查封2台,在确保国家秘密安全的前提下,有效维护了广大手机用户和各通信运营公司的合法权益,维护了无线电通信的正常秩序。加强对MUDS、CMMB无线电台的监管工作,深入鹰潭广播电视发射机房现场,对在用的手机电视、高清电视台站数量、使用频率、发射功率以及设台时间和型号核准等进行了全面核查、摸底登记。

【强化监测保障维护考试公平】 为有效遏制利用无线电技术进行考试作弊现象的发生,维护考试的公平、公正,在高考、研究生入学考试、公务员招录考试、英语四六级考试、医师资格考试、会计资格考试等各类国家和省级考试期间,深入各考点进行实时电波监测,发现可疑信号,迅速测向锁定或进行信号压制。共参加各类考试保障12次,深入各考点开展电磁环境监测26次,查获作弊信号9起,实施无线电阻断9起,有效净化了考试环境。

【树立大局意识服务中心工作】 (1)积极为大企业服务。主动深入江西铜业公司、贵溪冶炼厂、贵溪发电厂、贵溪化肥厂等驻市大型企业提供服务,及时为其排查干扰,帮助检测无线电设备,确保其无线电通信顺畅。为贵溪化肥厂货运列车调度和贵溪冶炼厂遥控起重机排查了2起无线电干扰,确保了企业的安全生产,促进了地方经济的发展。(2)积极为打造大旅游战略服务。为龙虎山旅游集团公司设置无线电调度指挥网提供业务咨询、设备选型、台站选址、设备检测等服务，使无线电更好地在鹰潭旅游经济发展中发挥作用。(3)积极为"七城会"服务。为确保比赛期间无线电通信安全畅通，充分借鉴2010年省运会的无线电安全保障经验，赛前做好大量的准备工作。在比赛场馆及周边进行电磁环境测试，建立电磁环境样本库，确保赛时用频安全。比赛期间，组织精干力量深入各赛场开展实时监测保障。在为期9天的比赛过程中，共出动技术人员36人次，派出车辆18台次、使用3套便携式监测设备，保障比赛49场次。

【完善台站数据服务国防建设】 认真开展了全市无线电台站清理登记和台站数据库规范管理工作，全面摸清了鹰潭市无线电台站设置和频率使用情况，建立和完善了频率台站数据库，完成了与军队无线电频率管理系统的联网，为军队提供了翔实、准确、实时的台站数据库资料。同时积极参加了军地联合无线电管控军事演习，圆满完成了各项演习任务，为战时有效地实施军地联合无线电管控打下了坚实的基础。

【综治维稳工作】 充分发挥技术设备优势，积极完成了市委、市政府组织的平安鹰潭建设以及各项维稳和防邪教任务，被评为全市社会治安综合治理先进单位。

(李 响)

【市无线电管理局副县级以上干部名录】

局长：胡培新

副局长：吴利民

8月16日，鹰潭联通沿江综合通信大楼开工奠基仪式举行。

联通鹰潭分公司供稿

交通

编辑、校对:朱仕平

地方交通建设与管理

【概述】2011年是“十二五”规划的开局之年,在市委、市政府和省交通运输厅的坚强领导下,全市交通运输系统以科学发展观为统领,紧紧围绕市委、市政府重大决策部署,紧盯全市交通运输“开好局、起好步”的年度工作任务,强化调度,狠抓落实,在困境中奋力攻坚,在发展中破解难题,交通运输工作为全市经济社会发展作出了应有贡献。市交通运输局以总分第一的成绩被省交通运输厅授予目标管理先进单位荣誉称号,全年荣获省、市级荣誉称号16个。

【农村公路建设成绩斐然】重点推进以满足农村客运网络化建设需要的县乡公路改造及连通工程建设、少数民族地区通村组公路建设和国有农林场公路建设,全年完成农村公路建设366.8千米,完成投资9424万元,超额完成省厅下达计划。新增通水泥路自然村165个,自然村公路硬化达1475个。行政村通达率、通畅率达100%,自然村通达率达40.5%,均走在全省前列。2011年被评为全省农村公路建设先进集体。

【沪昆高速龙虎山服务区项目建设稳步推进】沪昆高速公路龙虎山服务区项目是鹰潭市2011年度重点工程项目之一,也是鹰潭市争取的省重点工程项目。根据市政府鹰府办字〔2011〕18号文,鹰潭市成立了鹰潭市沪昆高速公路龙虎山服务区建设工作协调领导小组,印发了《沪昆高速公路龙虎山服务区建设工作方案》。市委、市政府主要领导高度重视该项目建设,多次就项目建设进行批示指导。市领导小组组长、副市长杨晓群多次召集领导小组成员单位召开调度会,协调解决有关困难,督促加快工作进度。在省、市、县各有关单位的大力支持下,总投资1.6亿元的沪昆高速公路龙虎山服务区项目征地拆迁、建设方案已经完成。

【改渡建桥工程进展顺利】建成农村改渡建桥项目28个,建成桥梁2097.42延米,完成总投资5亿余元,完工率居全省首位。通过改渡建桥全市共撤销渡口32个,惠泽25个乡镇、48个村、38万余人口,极大地改善了农村群众的生产和生活条件。市政府、龙虎山管委会、贵溪市政府被评为“江西省‘十一五’农村渡口改渡建桥工作先进单位”,市交通运输局及县(市、区)交通运输局被省厅评为先进单位。

【城乡客运网络化初具规模】认真贯彻市委、市政府公交优先发展战略,建立了内部加油平台、升级改造GPS智能调度系统、更新10台公交车辆,公交形象得到提升。积极推进城乡客运一体化建设,新建乡镇客运站3个,客运、公交候车亭54个。顺利开通鹰潭至余江、信江新区2条公交线路,市区至贵溪、余江、龙虎山、高新技术开发区、信江新区城际客运公交化改造全面完成,启动贵溪城南汽车站至流口农村客运班线公交化营运试点。城乡客运网络化改革的成功尝试得到了省厅的高度评价,K2路城际公交线分获市“巾帼文明示范岗”、市总工会“工人先锋号”荣誉称号。

【农村公路养护机制取得新进展】编制出台了全市农村公路管理养护保洁工作方案,制订了养护计划,争取农村公路养护分成资金较往年有所增加。各县(市、区)制定了实施细则,把养护保洁目标细化分解到各乡镇,使养护保洁工作稳步推进。把农村公路管养改革工作与“卫生清洁”工程有机结合起来,全力打造护路、护树、保洁“三位一体”新模式,养护保洁农村公路1928.8千米,摸索完善了一套农村公路长效管理体制和机制。

【运输生产迅猛发展】加强生产调度,积极招商引车,发展物流产业,交通运输生产继续保持了良好的发展势头。2011年全市新增物流企业102家,招商引车4005辆5.92万吨位。截至2011年年底,全社会公路运输完成客运量6201.8万人次,客运周转量12.02亿人千米,货运量4632万吨,货物周转量116.27

亿吨千米，同比分别增长9.7%、10%、10.6%和48%。水路运输完成客运量43.4万人次，客运周转量303.8万人千米，货运量380.2万吨，货运周转量3.57亿吨千米，同比分别增长0.5%、0.5%、11.1%和16.4%。

【行业监管取得新突破】 依法行政水平得到提高，规范了行政执法行为和行政处罚自由裁量权工作，细化了行政处罚自由裁量权标准。开展了规范经营秩序专项整治，查扣非法营运车辆168辆，异地经营出租车21辆，违停车辆57辆；出资19万元收购"拐的"38辆。加强了运输企业、从业人员服务质量信誉考核，形成了规范运输市场秩序的基础性、长效性制度体系，初步建立了公路运输市场退出机制。开展了道路运输车辆燃料消耗量核查工作，对道路运输车辆节能减排实行准入制。开展了驾校资质清理工作，强化了对驾校培训质量监督。建设了无纸化考场，实行了从业人员资格证无纸化考试。实施了运输市场有效监管，着力推进从业单位诚信体系建设。

【安全生产形势保持良好】 高度重视安全生产工作，开展了规范交通客货运输专项整顿、危险运输安全秩序整顿、乡镇船舶安全专项整顿"三项整顿"工作。落实了以企事业单位为主体的安全责任制、乡镇船舶交通安全责任制、工程项目法人安全生产责任制"三项责任制"。2011年水上交通、重点工程安全生产事故为零，道路运输安全生产事故控制在考核指标以内，第六年荣获全省交通运输系统安全生产工作先进单位和全市安全生产工作先进单位，在全省"抓班组，提高管理水平，重教育，推进安全文化"知识竞赛中荣获优胜奖。

【机关效能取得新成效】 深化行政审批制度改革，完成交通行政许可事项清理，确认行政审批项目12项减少9项。同时，根据实际情况与程序要求，整理限时办结重点项目岗位目录，承诺办结时间，加快办结效率，行政许可事项审批时限压缩达40%，全年共受理行政许可及行政服务共9416件，办结率达100%，群众满意率达100%。深入推进政务公开，通过市政府信息公开平台主动公开信息200多条，在鹰潭交通网公开信息500余条。加强交通电子政务建设，凡是具备网上审批条件的事项，全部做到网上办理。深入开展发展提升年活动，被评为全市发展提升年活动先进单位。

【综治信访工作实现管理创新】 正确处理改革、发展、稳定的关系，把维护交通稳定作为工作重中之重，建立"一把手"负总责、分管领导负全责的工作责任制，落实一岗双责，班子成员和职能部门按"谁主管，谁负责"的原则，认真履职，敢于担当，关注动态，热情接访，宣传教育，解决问题，力争把矛盾纠纷控制在萌芽状态，力争把问题诉求处理在单位内部，2011年成功调处内部矛盾纠纷22起，没有出现群体上访和群体事件，为维护社会稳定作出了积极贡献。被评为全市社会治安综合治理工作先进单位、全市信访工作目标管理先进单位。

【沿江小区拆迁工作获市政府表彰】 1月27日下午，市政府在鹰潭宾馆召开了沿江小区拆迁工作总结表彰大会。会上，市交通运输局沿江小区拆迁工作获得了市政府的充分肯定，被授予"拆迁工作先进单位"，并获得了6万元的奖励，胡宁钢、徐家儒获得了"拆迁工作先进个人"称号。

【省交通运输厅督查市水上交通运输安全生产】 1月18日，江西省交通运输厅春运安全生产检查组对鹰潭市水上交通运输安全生产进行了安全督查。督查组先后对余江县锦江镇孟津门渡口和中童镇徐杨村非法渡运行为进行了安全生产督查。督查发现，孟津门渡口的渡船都处于适航状态，消防救生设施、船舶登记证书、船舶安全检验证书和渡工证书均齐全有效。但浮桥面板破损严重，督查组立即要求当地政府马上更换新面板，及时消除安全隐患，确保当地群众安全出行。中童镇徐杨村不仅没有设置渡口，甚至连用于过渡的船只都没有安检，更没有正式的渡工，严重危及过往群众的生命财产安全，属非法渡运。鉴此，鹰潭市交通运输局立即对违章单位余江县交通局(中童镇徐杨村)，下发了"安全生产违章(隐患)整改通知书"，并责令立即停止非法渡运行为，以确保当地群众生命财产安全。

【省督查组对贵溪市流口大桥项目进行现场督查指导】 3月7日，由省公路管理局副局长黄伟刚带队的督查组在市交通运输局副局长徐文艺的陪同下，对贵溪市流口大桥项目进行了现场督查指导。督查组主要就流口大桥的项目进度、工程质量、施工安全和配套资金是否落实到位等情况，采取现场查看和听取汇报相结合的方式进行了督查指导。黄伟刚要求市、县两级交通部门和参建单位要千方百计切实加快项目进度，确保按规定时间完成建设任务。

【李力到市交通运输局调研工作】 11月4日，市政府副市长李力到市交通运输局调研工作。局党委书记、局长齐群策汇报了交通工作情况，各班子成员也就分管工作作了汇报。李力在听取交通工作情况后，充分肯定了交通运输2011年工作取得的成绩，指出当前要做好三件事：一要完成好交通建设任务。要抓紧时间，争取在时间节点内完成农村公路、改渡建桥、场站建设任务。二要做好稳定工作。2012年春节来临较早，要做好安全工作，确保交通稳定。三要搞好服务工作，提高服务水平。

【钟志生调研上清至饶桥公路建设工作】 11月26日，市政府市长钟志生、副市长李力就上清至饶桥公路建设工作进行了实地调研和现场办公。市政府副秘书长裴小林，市发改委、市交通运输局、市公路局、市旅游局、贵溪市政府、龙虎山风景名胜区以及沿线乡(镇)主要负责人参加了实地调研和现场办公会。

上清至饶桥公路是江西省一条重要的入闽战备公路,已获省发改委批复,列入了全国战备公路项目库,也是一条串联市阳际峰自然保护区、曾家古民居、冷水漂流、漕源瀑布等优秀文化生态旅游资源,连接资溪法水温泉、大觉山等景点的重要旅游公路,列入了全省旅游公路建设项目规划。目前该公路等级较低、路面窄,部分路段弯道急、坡度大,通行能力差,严重制约了沿线旅游资源开发和乡(镇)经济发展。加快该公路改造建设,提高通行能力,对完善市公路路网结构,提高战备交通保障能力,提升龙虎山景区旅游服务功能,打造中国生态文化旅游谷,推动沿线农村产业结构优化和经济快速发展具有重要意义。钟志生市长要求,贵溪市政府、龙虎山风景名胜区管委会和市发改委、市交通运输局、市旅游局等相关部门要按照统筹城乡发展的要求,高度重视,加强领导,齐心协力,按照各自分工,高标准、高效率做好项目前期各项工作,共同推进该公路改造建设,确保尽快立项开工。

(李　涛)

【市交通运输局副县级以上干部名录】
党委书记、局长:齐群策
党委委员、纪检书记:李星勇
副局长:徐文艺
党委委员、副局长:詹志平　阮亦彬
党委委员、运管处处长:邱雪成
党委委员、副调研员:廖乡兴　张爱民
调研员:宋立忠

公路管理

【概述】 2011年,鹰潭市公路管理局在市委、市政府和省交通运输厅、省公路局的正确领导下,始终坚持以科学发展观为统领,紧紧围绕市委市政府的工作中心,进一步转变公路发展方式,狠抓公路建管养工作,倾力做好市重点工程建设,公路事业呈现速度加快、质量提升、后劲增强的喜人态势。2011年,完成了续建工程320国道鹰潭师范至龙虎山大道口一级公路拓宽改造、206国道鱼塘大桥及路段重建工程,开工并完成了省道208(石宁线)大中修、迎接全国干线公路养护管理检查统筹公路大中修、鹰西大道绿化及鹰南大道民居改造工程,开工建设并顺利推进了鹰南收费站收费棚移址重建、鹰南收费站匝道拓宽改造、信江新区路网二期、信江新区路网三期、信江中安置房基础建设。截至2011年年底全局公路好路率达87.5%,干线公路好路率达95.7%,进一步打造了"畅、洁、绿、美、安、舒"的公路通行环境。

【打造"数字公路"】 2011年,鹰潭市公路管理局精心组织,统筹安排,把"数字公路"建设作为"一把手"工程来抓,取得良好成效。一是加大硬件建设,搭建网络平台。开通了局域网,建立了独立机房,建立了可视电话会议系统,建立了门户网站,开通了"鹰潭公路信息网"。购置了1台华为交换机、2台彩色打印机和1台H3C MSR 20-20的路由器,建成了市局机关与下属各单位互联互通的内部局域网。二是加快信息采集,搭建数据平台。按照"人人都是信息员,科长都是信息采集员"的要求,建立了信息采集任务责任制,并完成了对公路建设、养护、管理、路况等信息的采集。三是加大了信息分析应用,搭建小平台。按照最终确认的基础信息目录,对公路建设、公路管理的相关信息进行了深入分析,编制了《鹰潭市公路管理局信息化建设方案》,搭建小平台,建设内容包括公路项目建设管理系统、公路路面管理系统、公路超限车辆查处系统等11个应用系统,极大提高了公路建管养数据的科学性和准确性,提高了公路部门的决策、管理水平和工作效率。

【鹰潭国省干线公路以良好路况和路域环境迎国检】 1月至4月,为了确保以良好的路域环境和路容路貌迎国检,鹰潭市委、市政府及各县(市、区)高度重视,继续按照全国干线公路养护管理检查的要求,在鹰潭市公路管理局等相关部门积极配合下,攻坚克难,全力冲刺,全力打造精品公路迎"国检",在全市国、省干线公路上蓬勃掀起了普通国省干线公路路域环境和路容路貌整治工作高潮。一是加大了宣传力度,共发放《中华人民共和国公路法》《江西省公路管理条例》《鹰潭市公路两侧建筑控制区管理办法》等相关法律法规5000份。积极打造了"政府主导,行业作为,社会参与,全民共建"的公路环境整治工作氛围。二是切实抓好了公路边沟外围5米~10米范围内种植作物和菜地的清理,确保了公路两侧的美观、整洁。三是以过村镇路段和省界路段为重点,加大了320国道、206国道和省道锦黄线路段路域环境综合整治工作力度,尤其针对320国道童家菜市场、毛竹市场、320国道象山地段旧木材市场、320国道流口贵溪3桥公路边施工现场及320国道工业园区(杨家至科华水泥厂)地段、开发区小英王家、景区鱼塘路段和余江境内的206国道中童镇跃进门酒店及中童镇、徐阳村、云星村的摆摊设点、乱堆乱放、乱搭乱建的现象。四是重点整治了320国道余江阳四海酒家、兄弟酒家等处设立洗车加水点,导致污水排放至公路路面上给公路通行造成安全隐患现象严重的地段。五是对国、省道沿线加油站站容站貌,尤其是加油站内卫生间环境卫生恶劣情况下达了限期整改的通知。六是对普通干线公路养护责任公示牌、标志、路面标线、安保设施、里程碑、百米桩、防撞墙、防撞墩等沿线设施和沿线村庄名称及白露治超检测站等沿线管理设施,进行了统一的修复修缮,并彻底清洗和清洁,统一标准刷新。通过努力,鹰潭境内国省干线公路路段宽阔、路面平整、路容整洁、标志齐全、标线鲜明,打造出一派"畅通、整洁、绿化、美化、安全"鹰潭公路的特色和亮点。

【全省公路路政管理信息系统培训班在鹰潭举行】 3月3日,全省公路路政管理信息系统培训班在鹰潭举行,来自抚州、上饶、三清山等处的路政科负责人及所属大队业务骨干人员共计60余人参加了培训。此次培训采用图文并茂的多媒体视频方式进行,培训的主要内容为江西省公路路政管理系统的应用与操作,共分为理论讲解、实际操作和业务讨论三部分进行。参训人员1人1台笔记本电脑,现场操作演练,理论联系实际,全面了解了系统概况,重点掌握了实现系统功能的操作和基层信息的录入工作,收到了较好的学习效果。

【320国道鹰潭跨鹰厦铁路新桥右幅通车】 3月27日,经过鹰潭市公路管理局广大工程建设者的日夜奋战,320国道跨鹰厦铁路新桥比原计划提前4天通车,至此,这条日均车流量近2万辆的国道恢复了正常通行。320国道跨鹰厦铁路新桥是320国道鹰潭师范至龙虎山大道口改造工程的一部分,由原来12米的桥改造拓宽至32米,分左右两座桥。2010年8月320国道跨鹰厦铁路新桥北桥开工建设,原计划2011年3月31日建成通车,之后再对老桥进行拆除,并在老桥处新建左半幅新桥。为了及时排除老桥因承受极大的交通量容易出现道路通行安全隐患,确保320国道大动脉的畅通无阻,鹰潭市公路管理局利用晴好天气日夜施工,从余江、贵溪等地调派了数十台施工机械支援320国道跨鹰厦铁路新桥北桥的建设,实现了新桥右幅提前通车。

【鹰西大道绿化工程完工】 5月28日,鹰西大道绿化工程全部完工。该工程长9.4千米,2月中旬开工,按照"一江两岸"的格局,尽量保持信江南岸地区的原生态,突出景观生态效益,达到四季景观变化丰富、立体感强、富有动感的要求,栽种樟树、水杉、桂花、红枫、紫叶李、地桃等近2万株,打造风景秀丽的滨江景观大道。

【承办"清风杯"羽毛球赛】 6月16日至17日,鹰潭市公路管理局成功承办了全省公路系统首届"清风杯"羽毛球赛,并在15个参赛单位中荣获第3名的好成绩和优秀组织奖。首届"清风杯"羽毛球赛汇聚了全省公路系统15支羽毛球队103名运动健儿,它既是全省公路系统庆祝中国共产党成立90周年系列活动之一,也是2011年度省公路局纪委廉政文化建设的重头戏,是"健康保廉"活动的重要组成部分,是"健康公路"理念的进一步深化倡导。比赛旨在为全省公路系统干部职工架设交流合作、增进了解、加深友谊的桥梁,更是希望借此引导、营造、推广全行业干部职工健康向上的生活方式,进一步激发大家的工作热情,以更加强健的体魄和更加旺盛的精力投身到公路工作中。

【信江新区路网二期工程开工建设】 6月27日,鹰潭信江新区路网二期工程开工建设。该工程按城市Ⅱ级次干道设计,包括经五路、纬三路、纬五路三条道路,总长5.8千米,宽26米,沥青混凝土路面,概算投资1.09亿元。经五路北起纬二路,南至纬五路,长1.6千米;纬三路西起纬三路与龙虎山路交叉口,东至纬三路与滨江路交叉口,长2.45千米;纬五路西起茅源村,东至前旺村,长1.75千米。整个工程计划工期12个月。

【省道208石宁线改造工程完工】 7月18日,鹰潭境内省道208石宁线余江县山岭段改造工程完工。该路段长4.9千米,宽12米,4月初开工,由原来的沥青路面改造成二级水泥混凝土路面,完成投资390万元。该路段始建于20世纪70年代,虽几经修复,但由于超载车辆的不断增加和2010年洪灾的影响,路况急剧下降,严重影响交通安全。该路段改造后,极大提高了通行能力,加快了地方经济的发展。

【开展公路桥梁拉网式排查】 7月24日至29日,针对高铁施工大量重型超限超载车辆行驶对邓山线、里神线、贵神线等县道的损坏,和7月份全国各地先后发生的多起大桥垮塌事故,鹰潭市公路管理局在全国交通运输安全生产紧急电视电话会议召开之后,立即对全局所有109座桥梁及涵洞进行了拉网式排查,对存在安全隐患的桥梁立即请具有相关资质的桥梁检测单位进行检测、评价,并在危桥两端设置限载和限行标志,确保桥梁安全。

【重拳出击治理公路"三乱"】 8月12日至25日,为进一步规范公路行政执法行为,巩固治理公路"三乱"成果,鹰潭市公路管理局在全局范围内开展了治理公路"三乱"专项检查,集中解决路政、治超执法工作中存在的突出问题,进一步优化执法环境。该局将治理公路"三乱"纳入党风廉政建设和反腐败工作的整体部署,作为纠风工作的头等大事来抓,重点查处治理超限超载不认真履行源头预防和联合执法,只罚款不卸载或以罚代卸,不依托卸载点随意上路治理超载的行为;执法人员超越职权范围、管辖区域检查、收费、罚款或超标准收费、罚款的行为;执法人员无证上岗、人证不符、证件不全以及罚缴不分、票款不符、多罚少开、重复罚款的行为;执法人员收黑钱、放黑车、敲诈勒索、执法粗暴、谩骂、殴打司乘人员等违法违纪行为;执法人员与不法分子相互勾结,护送违规车辆逃避检查,进行暗箱操作,谋取私利的行为;变相下达罚款指标或擅自设置收费、罚款项目的行为。对公路"三乱"案件,发现一起,查处一起,运用党纪、政纪和组织处理等方式,追究直接责任人和有关领导的责任,确保全局执法人员做到依法行政、规范执法、文明执法,树立了公路部门良好的执法形象。

【参加建党90周年纪念活动】 鹰潭市公路管理局组织参加了全省公路系统庆祝建党90周年党的知识竞赛活动,荣获一等奖1名、优秀奖1名,并荣获现场知识竞赛三等奖。组织参加了全省公路系统庆祝建党90周年书画摄影比赛活动,书法类荣获优秀奖1名,绘画类荣获三等奖2名、优秀奖2名。

【市长钟志生深入工程现场协调解决问题】 10月12日,为使320国道鹰潭师范至龙虎山大道口拓宽改造工程尽快恢复施工,鹰潭市市长钟志生深入工程现场协调解决征地补偿、村民阻工、建设资金等问题。320国道鹰潭师范至龙虎山大道口拓宽改造工程由于周边施工环境差,当地村民阻工,致使南站至龙虎山大道口段1.3千米从2011年3月开始停工半年多,不仅造成机械设备、材料涨价等经济损失,而且造成较大的社会影响。

【206国道鱼塘大桥及路段重建工程竣工】 10月18日,206国道鱼塘大桥及路段重建工程竣工。该路段长2.91千米,其中,鱼塘大桥长205.1米,孔家大桥长165.1米,白塔渠中桥长32.04米,叶家中桥长32.04米、宽18米,完成投资4500万元。206国道鱼塘大桥2010年被"6·19"洪水冲垮,当年7月开始重建,鹰潭市公路管理局克服了7、8月份高温酷暑、年底雨雪交加的恶劣天气及没有1分钱补助资金等困难,精心组织、科学安排、倒排工期,仅用了5个月于2010年12月31日建成了鱼塘大桥通车,恢复了206国道交通大动脉的通行。2011年6月建成了孔家大桥、叶家中桥和白塔渠中桥。10月,又克服了征地拆迁困难、施工环境差等问题,完成了18米宽的沥青混凝土道路施工。

【鹰南大道民居改造工程开工】 10月20日,鹰潭市委、市政府为改善鹰南大道两侧群众居住环境,提升群众居住理念,完善基础设施建设,提升功能区品位和档次,按照"统一规划,分块实施,两级承担,快速推进"的要求,启动了鹰南大道济广高速公路鹰南出口至龙虎山大道路口段两侧民居改造工程,该工程全长8.6千米,总投资1600万元,由鹰潭市公路管理局负责组织实施,涉及鹰潭经济技术开发区、余江县的170余户320国道沿线居民。改造工程采用加木结构斜屋面,统一盖小青瓦,外墙刷白,局部加线条,外窗加仿木防盗窗格,外门换仿木防盗门,底层贴青砖墙裙等措施进行改造,打造既舒适耐用、美观大方,又具有鹰潭特色的现代民居。

【签订公路建设、养护管理目标任务框架协议】 11月7日,省交通运输厅与鹰潭市人民政府联合举行落实省政府"十二五"期间普通国省干线公路建设、养护管理目标任务框架协议签字仪式。江西省交通运输厅厅长马志武与鹰潭市市长钟志生签署协议书,省交通运输厅总工程师胡钊芳出席在鹰潭市的签字仪式,江西省公路管理局局长任东红,副局长王圣义,调研员颜林高,鹰潭市政府,鹰潭市交通运输局、鹰潭市公路管理局有关领导出席签字仪式。签字仪式由副市长李力主持。根据框架协议,"十二五"期间,鹰潭市规划完成普通干线公路升级改造、养护大中修里程215千米,其中国道改造升一级公路30千米,大修工程76千米(交通部车购税安排路面改造40千米),中修工程68千米,预防性养护41千米。根据框架协议的约定,"十二五"期间,鹰潭市将获得公路生产建设性投资省以上补助资金1.91亿元,其中升级改造补助资金0.90亿元,大中修工程及路网结构改造、养护示范工程等补助资金1.01亿元。此外,省交通运输厅还将再争取安排国道206升级一级公路项目20千米,投资省以上补助资金0.6亿元。框架协议还对公路养护管理、公路工程管理、公路路政管理、公路计划和资金管理、公路科技进步等内容进行了约定。

【景鹰高速公路鹰南收费站匝道拓宽改造工程开工】 11月18日,济广高速公路鹰南收费站匝道拓宽改造工程开工。该工程长300米,由原来宽9米拓宽至45米,双向六车道,沥青混凝土路面,概算投资1000万元。

【市领导视察鹰南大道综合改造工程】 11月26日和28日,鹰潭市政府市长钟志生、副市长李力分别深入鹰南、鹰西民居改造及鹰南收费站匝道拓宽工程现场,检查工程进度,指导工程施工。

【景鹰高速公路鹰南收费站收费棚移址重建工程开工】 11月30日,景鹰高速公路鹰南收费站收费棚移址重建工程开工建设。该工程建筑面积约939平方米,钢筋混凝土结构、园林仿古装饰,包括收费广场复建、照明及亮化工程,建设工期7个月,概算投资500万元。

【206国道鹰潭境内湖塘桥加固维修工程完工】 12月19日,206国道鹰潭境内湖塘桥加固维修工程完工,并开放交通。该桥位于206国道K1557+024处,长50.3米,宽12米,上部构造为钢筋混凝土T梁结构,下部构造为重力式U型桥台。由于2010年的洪灾和超限超载车辆的行驶,致使该桥主梁和边梁出现裂缝,支座变形、开裂、老化。为确保该桥的通行安全,鹰潭市公路管理局专门请全省具有相关资质的桥梁检测单位进行检测、评价,并且不等不靠,在提出处治方案后,11月6日立即对该桥进行加固维修,实行全封闭施工,只用了1个多月的时间就全部完工。

【320国道鹰潭师范至龙虎山大道口拓宽改造工程完工】 12月20日,320国道鹰潭师范至龙虎山大道口拓宽改造工程完工,并开放交通,完成投资8500万元。该路段全长3千米,按一级公路标准建设,

宽32米,双向六车道,中央6米绿化带,沥青混凝土路面,2010年4月开工建设。鹰潭市公路管理局精心组织、科学安排、倒排工期,强力推动,一是克服了征地拆迁难度大的困难,南站至龙虎山大道口段不到1千米地段需拆迁29户,拆迁面积1.7万平方米,管线密集,管线单位达9家之多,包括2家部队光缆;二是克服了跨鹰厦铁路桥施工难度大的困难,鹰厦铁路是中国东南部地区重要的铁路干线,经过的火车多,交通安全尤为重要,施工期间,要严格按铁路部门规定的安全要求施工,从基础施工到桥梁架设必须由铁路部门安排时间作业;三是严格按照设计图纸和施工规程、规范、技术标准精心施工,对工程施工环节进行严格的动态控制,做到施工前主动控制、施工中认真检查、施工后严格把关;四是为加快工程进度,11月6日开始对南站至龙虎山大道口段1.3千米实行全封闭施工,全体参建人员顽强拼搏,加班加点,延长作业时间,仅用了1个多月的时间,完成了该路段水稳层和沥青面层的施工,确保了在元旦前通车。

【余江梁余线朝阳中桥水毁重建工程竣工通车】 12月30日,余江梁余线朝阳中桥水毁重建工程竣工通车。该桥位于鹰潭境内余江县潢溪镇与平定乡交界接壤处,修建于1994年,是一座3孔13米的简支钢筋混凝土空心板梁桥,于2010年被"6·19"特大洪水掏空了50%的桥梁路基成为危桥。经省路局桥梁检测专业技术人员按照桥梁技术检测标准检测确认为危桥后,鹰潭市公路管理局迅速行动,6月初开工进行重建,7月24日老桥全部拆除,10月18日下部结构全部完成,11月27日21根梁板全部完成架设,12月30日竣工通车。新建的朝阳中桥全长65.04米,荷载为公路二级标准。

【信江新区路网三期工程开工建设】 12月30日,由鹰潭市公路管理局负责组织实施的鹰潭信江新区路网三期工程开工建设。该工程总长4.4千米,概算投资1.5亿元,按城市Ⅱ级次干道设计,道路宽55米,沥青混凝土路面。工程包括余信贵快速路和信江路两条道路,余信贵快速路为信江新区"两横三纵一环"干线主干道路网中的重要组成部分,起点为经一路路口,终点为鹰东路路口,道路长3.3千米。信江路长1.1千米,起点为纬二路路口,终点为余信贵快速路路口,计划工期12个月。该道路工程的开工建设,将与信江大桥和龙虎山大桥和正在建设的信江一、二期路网工程形成大循环,构成信江新区大骨架,进一步提升和"扩张"城市空间。

【贵溪公路分局杨家道班房建成】 12月20日,320国道贵溪公路分局杨家道班房建成使用。320国道贵溪公路分局杨家道班位于贵溪工业园区路段,2003年,为支持贵溪市经济发展,位于贵溪工业园区中心位置的杨家道班房拆除了。在8年没有道班房的情况下,杨家道班全体职工成为鹰潭境内一支国道养护主力军,克服重重困难,坚持日常养护、预防性和汛期养护,战胜了特大冰灾、洪涝灾害,展现出最好的路况路容路貌,以安全便捷的道路让人尽其行,货畅其流。新建成的320国道贵溪公路分局杨家道班房共有五层楼房,总投资300万元,内设职工休息室、工具室、活动室、职工食堂、篮球场,高清晰的数字电视等,同时是全省唯一拥有网球场的道班。

(袁军辉　曾美娟)

【市公路管理局副县级以上干部名录】
局　　长:白剑魁
党委书记:项玉林
党委副书记、副局长:许　俊
党委委员、副局长:吴长开
党委委员、纪委书记:何丽华(女)
党委委员、副调研员:李福德　李高明
党委委员、总工程师:吴继红
副调研员:彭耀华

航务

【概述】 2011年,江西省港航管理局鹰潭分局(鹰潭市地方海事局、鹰潭市船舶检验局),以邓小平理论和"三个代表"重要思想为指导,深入贯彻落实科学发展观,本着以人为本,全心全意为水运服务的宗旨,与时俱进、求真务实、开拓创新、认真做好水上交通安全监督管理、船舶法定检验、航道维护和道政管理、规费征收、综治、精神文明建设等工作,有力促进了全市航务事业的发展。

【航道维护和航标维护】 分局辖区航道维护里程184千米,布设了泛滥标98座、浮标108座、桥涵标24座、桥前引标48座。为确保辖区船舶的航行安全,积极加强航道航标的维护,按照"洪水抓标、枯水抓道"的原则,在每次洪水到来之前,安排航标艇出航巡查,转移部分航标设施,把洪水毁损航标减少到最低限度。洪水过后及时派艇巡查,同时清除标志附着物,恢复航行标志,加强航道航标的检查,发现问题及时解决和完善。4月20日分局局长亲自带队,业务科室参与,深入信江航道第一线,沿途查看航道、航标情况。检查中发现信江东河2座泛滥标被船舶碰撞而倒塌,领导及时做出要求,尽快恢复。10月份信江进入枯水期,分局成立了战枯水保通航领导小组,调动各方面积极因素,全力保通航,加强航道水深探测,及时调整航标,对重点浅滩采取人工扒沙疏通航道,保障了船舶的安全航行。全年辖区信江主航道最小维护水深达0.7米,标位准确率为98%,通航保证率为100%,达到了Ⅶ级航道的维护要求,确保了信江航道的全年安全畅通。

【道政管理】 严把涉航项目通航标准和技术要求审批关。首先,加强在建跨河桥梁的巡查力度,对违反《航道管理条例》的行为及时进行了处理。对沪昆高铁白塔河大桥施工单位、余干河埠大桥施工单位施工围堰存在恶化通航条件的情况，分局及时签发了《交通违法行为通知书》，限期清除。对德昌高速珠湖大桥、瑞洪大桥施工单位工程结束后未能清除围堰的情况，分局分别向施工单位签发了限期清除函。2011年，完成了鹰潭信江、龙虎山大桥、德昌高速珠湖、瑞洪大桥共四座桥梁的永久性航标建设，并通过了专家评审验收。同时加强了在建桥梁施工通航维护，全年没有发生一起安全事故。

【水上安全监管】 2011年分局坚持"以人为本、安全第一、预防为主、平安和谐"的方针，加强了对水上交通安全知识和法规的宣传，不断提高船员和游客的安全意识，积极开展水上交通安全监督及安全生产大检查活动，杜绝重、特大恶性事故的发生，明确任务，落实责任，抓住重点，严防死守，深化专项整治，加强现场监管，消除隐患，以"反三违月"和"全国安全生产月"为重点，保持了水上交通安全形势的稳定。强化了现场水上安全监督管理工作，及时杜绝了各类船舶、船员的违法、违章行为，确保了各类船舶尤其是渡船、客船、旅游船的安全，水上安全四项指数均为零，保障了一方平安。

【船舶检验】 分局船检人员树立"以人为本"的理念和"质量第一、服务为本"的思想，在检验过程中严把了新建船舶审图质量关，做到了人员到位、思想到位、检验到位，数据准确，确保船舶检验质量。2011年初次检验餐饮趸船1艘，总吨位1121，营运船舶检验79艘，总吨位4256，功率2690.3千瓦。所有经过检验的船舶没有一艘因检验质量问题引发机海损事故，确保了水上交通安全。

【规费征收】 港航规费收入是分局的主要经费来源之一。分局依照"以抓安全促征费，以征费保安全"的工作思路，狠抓辖区费源的征收工作，做到应收不漏，圆满地完成"规费"征收任务。

【安全生产、综治工作】 分局始终高度重视内部安全生产工作，牢固树立"安全第一，预防为主"的思想，加强了对安全生产工作的领导。制订了安全生产手册，发放给每一位职工，要求大家认真学习，严格遵守。以"安全生产月"活动为契机，深入开展安全生产宣传教育活动，加强安全生产检查，特别是对安全管理制度及其落实情况、生产设备的技术状况等进行重点检查，及时发现、整改、消除事故隐患，提高了安全生产的水平，稳定了分局安全生产形势。实施社会治安综合治理目标管理和领导责任制，2011年年初与各基层单位签订了责任状，使综治工作横向到边、纵向到底、条块结合，推行"谁主管、谁负责"的目标管理和领导责任制。全年做到了无政治案件、无重大刑事案件、无职工违法犯罪案件、无火灾责任事故发生、无违法违纪的行为发生。2011年先后被江西省交通运输厅、江西省港航管理局、月湖区委、区政府评为社会综合治理目标管理先进单位。

【精神文明建设】 分局积极开展文明单位和文明行业创建活动，坚持"两手抓、两手都要硬"的方针，以"执法为民、服务社会"为宗旨，以创建文明行业、文明单位为目标，力促三个文明建设在团结向上，干事创业的大环境中协调发展。内强素质，外树形象，创建一流的队伍、一流的作风、一流的窗口、一流的业绩、一流的行业，精神文明建设取得较好的成绩。截至2011年年底，分局先后荣获第九、第十、第十一、第十二届省级文明单位、交通部海事达标单位、全省交通运输系统文明创建先进单位。通过开展形式多样的精神文明创建活动，积极地树立了港航部门良好的执法、服务形象。

（洪安良）

【鹰潭港航分局领导人名录】
党委书记:魏晓智
局　长:周进同(2011.7~)
党委副书记、纪委书记:李云仙(女)
副局长:李国才

铁路

【概述】 鹰潭车站地处鹰潭市月湖区四海西路1号，位于沪昆、鹰厦、皖赣线的交会处，是连接江西、福建、浙江、安徽四省的主要铁路枢纽，担负着客、货运输和列车编组工作。下辖鹰潭编组站、鹰潭南站、贵溪站、贵溪北站、童家站。

鹰潭编组站系三级三场编组站，由到达场、编组场、到发场组成，负责芜湖东、乔司、武昌北、株洲北、向塘西、樟林和来舟7个方向货物列车的解编任务。到达场设接车线13股，自动化驼峰(TBZK-2)，峰高3.88米，双推单溜。驼峰配备2台DF7调机，驼峰溜放速度和溜放进路均实现自动控制，具有音频测长、雷达测速、侧重和记轴等功能；编组场36股道，分六线束，设有减速顶6625个，停车器76台，峰尾采用微机联锁，四条牵出线，尾部配备3台调机；到发场到发线15股，客场11股到发线，设有4个站台，其中1、4站台为高站台，配有1台DF7调机。鹰潭南站设有到发线6股，货物线11股，配有1台DF7调机。贵溪站设有到发线9股，调车线7股，装卸线4股，配有1台DF7调机。贵溪北站设有到发线7股，调编线6股，交接线4股，配有1台DF7调机。童家站设有到发线5股，货物线1股。信号连锁设备除南站和贵北站为6502外，其他站区均为微机联锁、CTC调度集中。到达场的通过能力103.6列。驼峰的解体能为107.8列，4549辆，全站的改编能力9098辆。调车场的编组能力为131.9列，5408辆。出发场通过能力为141.4列。

鹰潭车站设办公室、劳动人事科、计划财务科、安全科、营销业务科、技术科、职工教育科、信息统计科等行政管理部门，辖13个车间（站）。年末，在册职工1682人。其中干部167人。

2011年，在鹰潭车站发展历史上是极其不平凡的一年，是鹰潭车站面临诸多困难，经受住严峻考验的一年。对此，鹰潭车站以科学发展观为统领，深入贯彻落实胡锦涛总书记考察铁路的重要指示精神，面对困难不退缩，经历挫折不言败，全站上下团结一心、共克时艰，在安全低谷中奋起，在巨大压力下前行，各项任务指标基本得以完成。

【安全生产渐趋平稳】 由于盲目乐观情绪的蔓延、安全管理上的放松、标准作业的不到位，车站品尝到事故的苦果，安全出现严重滑坡。下半年来，全站干部职工以壮志断腕的决心，以深刻吸取自身事故教训和“7·23”甬温线动车事故教训为动力，全力以赴打好安全翻身仗。在百日的安全大会战中检查发现各类问题1357个，并逐个分析、分类梳理、边查边整边改，形成闭环管理，消除43个安全隐患，细化制定接发列车安全卡控10项措施和劳动人身安全16条具体办法，重新修订调车安全管理制度，规范行车有效文电的管理和行车簿册的填记，重申施工、派遣证、声讯设备、录音笔等管理规定，专业管理得到加强；细化车站安全监督检查办法，出台车站安全生产综合质量排名考核新规，用好安效奖、安标奖、“三自控”奖励等激励政策，有效调动干部职工保安全的自觉性和主动性；不断改进和加强日常安全监督检查，充分发挥四支队伍作用，落实车间安全管理主体地位，建立车间安监小分队，加强对关键岗位、关键环节、关键时段的检查监督密度和力度，车间安全控制力得到提升；顺利完成二场4、5、33、34道缓行器设备大修，贵溪电厂电气集中联锁设备改造，超偏载仪大修以及二场尾部停车器控制系统更新等难度较大的施工。更新驼峰、贵溪、贵溪北站调车电台、电池片共80套，更换20台把关人员过期电台。在7个信号楼安装视频监控设备，改造驼峰作业楼视频监控系统。更新二场5、6号灯桥等照明灯泡86盏，对编组站、部分专用线调车作业环境进行彻底整治并加强动态管理，现场安全生产条件得到改善。

【运输效益全面提高】 面对繁重的运输生产任务，鹰潭车站积极开展客货营销，全面落实各项增运增收措施。抓住旅游假日客流，春运、暑运和黄金周、小长假共运送旅客114.8万人，创收7780.1万元，分别同比增长4.1%和15.8%；抓住新增开动车组列车的时效优势，加大异地票发售力度，优化客票代售点布局，扩大客票销售渠道，全年动车组、直达客票收入共4343万元，增幅达53.4%，异地票额和票款增幅均超过18%；抓住龙虎山申遗成功及西安举办“世园会”契机，采取加挂扩能及争取运力支持等措施，不断做大旅游客流，共计发送旅游团体2.5万人，增收486万元；抓住贵北“两厂”大宗货源，积极采取措施稳定班列货源，全年江铜集团完成互保运量达258.6万吨，电解铜同比增运2.0万吨，增收380万元，班列装运6416车，有效抗击因高速公路开通对贵阳班列等优质货源的冲击，同时主业、多经联动共同争取沪昆高铁河沙运量，全年增运河沙7.9万吨，增收310.6万元。在这些措施的推动下，全年较好地完成各项运输任务，其中运输收入完成6.72亿元，完成年度计划的100.3%，同比增收4113万元，增幅为6.5%，连续两年创下历史新高；旅客发送量完成487.8万人，同比增运27.9万人，增长6.1%；货物发送量完成398.4万吨，同比增加0.9万吨，增长0.2%。

【服务质量不断改善】 深入开展“服务旅客创先争优”活动，认真践行“以服务为宗旨，待旅客如亲人”的理念，做到在思想上重视、措施上具体、落实上有力，确保创争活动取得实效。一是狠抓环境整治，抓好深度保洁。重新粉刷站房面积1万平方米，对站台、围墙、外游廊顶部、出口处雨棚、候车室内厕所等处所进行大修，为旅客洗漱间进行装修，自筹资金3万元对站内外的绿化环境进行集中治理，争取路局投资480余万元对客运中央空调进行大修改造，投资40多万元对客场垃圾站进行压缩式改造，筹资30多万元对站台照明、电线路、站内揭示引导牌进行更新，初步实现老站换新貌的效果，打造服务旅客的良好环境。二是落实各项服务标准，改进服务态度。重新修订车站《客运工作管理制度汇编》，制定

12月28日，南昌铁路局“服务旅客创先争优”活动示范车站现场会在鹰潭站召开。

叶为民 摄

《客运人员服务工作手册》,设立客运职工委屈奖,开展"践行服务理念,争当服务明星"立功竞赛活动,累计评选车站和车间级活动先进集体2个、先进个人7名,调动一线客运人员提升服务质量的积极性。三是打造服务品牌,树立良好社会形象。重新设计"云清"服务品牌,拓展服务内涵,将"云清"服务台从候车大厅2楼迁至1楼,制作鲜明亮丽的服务背景墙,推出"云清"爱心服务卡,配齐轮椅、拐杖、小拖车、小药箱、便民服务箱等服务器具,在售票厅开设残疾人售票专窗,创造性地引进全局范围内首家售票排队机,受到旅客和各界人士的好评。路局于2011年年底前在鹰潭召开现场会,介绍和推广车站在"服务旅客创先争优"示范站建设中的作法,活动初见成效。

【经营管理取得进展】 车站从增收和节支两方面着手,让创新与规范同步调进行,促进经营管理品质的提升。一方面努力推动多元化经营战略的实施,多渠道增收创效。在路局的统一规划与指导下,重新调整客运商贸布局,成功吸引麦当劳、煌上煌、绿滋肴等一批国内外知名商业品牌落户车站,丰富车站商圈业态;赶在2012年春运开始前增设6个客票代售点,代售点总数达到20个,2011年共售票53万张,票款增幅达到35.1%,增收1712万元,占2011年客发总量的11.1%;积极支持非运输业企业的发展,推进班列货物全程代理运输,扩大到达和发送货物代理服务范围,合理提高收费标准,多经企业增收明显,京九物流鹰潭分公司经营收入首次突破亿元大关,同比增幅达到134%。另一方面强化集约经营,健全和完善内控制度,先后制定《鹰潭车站银行账户管理办法》《鹰潭车站材料物资管理实施细则》《鹰潭车站废旧物资回收管理办法》等,下发《关于明确日常零星采购与维修职责的通知》,加强预算管理,完善对物资耗材、水电燃料、零小工程、汽车费用等大项支出的过程控制,将货车整理费和军运费用预算分解到车间,落实逐级负责、分层管理、过程监督,2011年在优先满足运输生产和民生工程的实际需要的前提下,把成本支出控制在计划范围内,全年生产用水、电、煤,分别较预算节约6.5万吨、21万千瓦小时和49吨。

【职工素质有所提升】 一是坚持每月对机关、车间主要管理人员进行业务考试,每季对其他管理人员进行业务学习考试。全年共有315人次参考,合格率达到97%,对考试未达标的8人次进行通报批评和经济考核。二是在全站范围内努力营造全员参与学技练功的氛围。自2011年5月份起在接发列车、调车、客运、调度、货检等工种相继开展业务比赛,共有791人次参加,合格率达72.3%。对取得较好成绩的职工给予奖励,并从中选拔出一批技术过硬的选手参加路局第八届职工技能竞赛,取得接发列车(自动闭塞)团体第2名;助理值班员、信号员(自动闭塞)个人2个第1名;货运检查员个人第3名;车站调度员个人第4名;客运员个人第5名的较好成绩。同时将学技练功成绩作为其职务晋升、纳入车站后备班组长的主要依据。2011年共有各类竞赛获奖职工21人晋升到更高岗位,客运车间通过竞赛有4人转为客运值班员,有4人获得预备客运值班员资格。三是加强在职教育,举办各类学习、培训班71期,培训3930人次,计4915人天。继续鼓励在职职工参加成人学历教育,2011年成人学历教育在学人数达到23人。四是认真抓好新职、转岗、晋升人员("三新"人员)的岗前教育培训、考核工作,严格落实"先培训、后上岗"制度。全年完成99名"三新"人员的三级安全教育培训考试及定岗工作。五是大力开展应急培训、演练,重新梳理各项应急预案,加大集中学习与模拟演练,制定《鹰潭车站非正常应急演练管理办法》,定期组织车站值班员、助理值班员、信号员及有关行车管理人员进行非正常应急演练实作,有效提升干部职工应急处置能力。

【努力为职工办实事解难事】 鹰潭车站坚持严管善待、以人为本的管理思路,高度重视职工生产生活中的诉求,尽力解决好关系职工群众切身利益的各类问题。坚持收入分配向生产一线倾斜的原则,切实落实部、局调增工资、新增一线职工岗位津贴、新设有关安全奖励等政策,统筹资金在一线岗位设立"三自控"月度奖励,开展阶段性的安全、运输生产攻关奖励活动,全站人均收入继续保持高位增长;不断加强"三线"建设,落实"三不让"承诺,坚持走访慰问和住院探视制度,2011年,扶贫帮困528人(次),合计发放补助金61.7万元;多方努力改善职工生产生活条件,争取路局支持,投入50余万元彻底改造贵溪北站职工饮用水系统,投入20万元解决贵北货运办公楼漏水问题,投入14万元更新行车室、职工间休室等空调51台,投入5万元为贵溪、贵北站、驼峰、峰尾、南运转等车间添置10台太阳能热水器,投入2.3万元为贵溪、贵北站、驼峰、货检、南运转、客运等10个车间添置功能跑步机。

(王荣辉 徐峰)

【鹰潭车站领导人名录】
站　长:张　明
党委书记:张支平(~2011.11)余忠民(2011.11~),
副站长:吴　平　乐锋华　何　志　李明光
副书记兼纪委书记:陆德海
工会主席:林　志

财政·税务

编辑、校对:夏永军

财政管理

【概述】2011年,在市委、市政府的正确领导下,在市人大依法监督和市政协民主监督下,全市上下坚持以科学发展观为统领,以全面融入鄱阳湖生态经济区建设为主线,着力加快经济发展方式转变,实施重大项目带动战略,经济社会呈现“发展速度加快、发展质量提升、发展后劲增强”的良好态势。各级财税部门充分发挥职能作用,积极培植财源,着力保障和改善民生,全市财税工作取得明显成绩,2011年全局共有32项工作被省、市评为先进单位,财政窗口连续11年被评为行政服务中心最佳服务窗口。18人次获省、市单项工作先进个人表彰,还有1人受到财政部表彰。市财政局被评为全市发展提升年活动先进单位,同时作为发展提升年活动牵头单位之一,积极组织协调各县(市、区)、市直有关单位开展全市“推进各项社会事业协调发展”工作,为鹰潭获得全省发展提升年活动先进单位作出了积极贡献。

【财政收入】2011年,全市财政收入在2010年增收的基础上继续保持较快增长,实现新的跨越,连续突破60亿元、70亿元大关,全年完成约71.1亿元,同比增长28.9%;其中,地方财政收入完成38.82亿余元,同比增长31.6%。全年大本级(含景区、园区、信江新区)财政收入合计完成24.6亿元,同比增长68.5%,高出全市增幅近40个百分点;收入总量占全市财政收入的34.6%,较2010年提高8.1个百分点。县域经济发展保持平稳,贵溪市财政收入首次突破30亿元大关,余江县财政收入实现两年翻番,全市财政收入超亿元乡镇达到8个。同时财政收入的质量稳步提高,财政收入占GDP比重达16.7%,比2010年提高0.7个百分点;税收收入占财政总收入的比重为90.2%,比2010年提高2.2个百分点。

【市本级预算执行情况】2011年,市大本级(含龙虎山风景名胜区、鹰潭高新区、信江新区,下同)财政总收入完成24.58亿余元,完成预算的118.9%,比2010年增长68.1%。其中:地方财政收入完成约13.16亿元,完成预算的117.4%,比2010年增长54.5%;上缴中央两税2.93亿余元,完成预算的59.6%,比2010年下降25.2%;上缴所得税8.49亿余元,完成预算的186.6%,比2010年增长288.1%。地方财政收入主要项目执行情况是:税收收入10.61亿余元,完成预算的120%。其中:工商税收9.16亿余元,完成预算的119.8%;耕地占用税2866万元,完成预算的71.7%;契税7106万元,完成预算的177.7%;企业所得税4518万元,完成预算的113.6%。非税收入2.54亿余元,完成预算的107.5%。其中:行政事业性收费收入6189万元,完成预算的122.6%;罚没收入4942万元,完成预算的501.7%;专项收入3113万元,完成预算的88.2%。2011年,市大本级地方财政一般预算支出23.84亿余元,完成预算的131%,比2010年增长33.8%。部分项目支出实际完成数超年初预算数较大的原因是通过财政和有关部门的积极争取,上级加大了转移支付力度。

【促进经济发展】一是兑现对县(市、区)和企业纳税大户的增收奖励150万元,进一步激发了各地、各企业加快发展的积极性。二是继续完善重大项目、工业园区和企业发展的扶持政策,大大增强了财政发展后劲。2011年,新增安排1500万元,用于支持鹰潭高新区发展。三是继续安排工业发展基金500万元。四是继续安排旅游发展专项资金500万元,物流工作专项经费50万元,大力支持第三产业发展。五是继续安排全民创业专项工作经费100万元,支持全民创业,繁荣民营经济。六是增加800万元用于招商引资工作和奖励,招商引资专项经费总额达到1100万元,强化市直单位招商引资力度。

【重点支出保障】全市一般预算支出完成68亿元,比2010年同期增支10.6亿元,有力地支持了各项社会事业健康发展。一是个人经费增加4591万元，确保市直行政单位(含参照公务员管理单位）和事业单位人员经费正常增长和津补贴月人均增加300元落实到位。二是市本级行政事业单位公用经费、机关业务费和事业经费在2010年标准的基础上增加20%,小车燃修费由2010年每辆车1.6万元提高到2万元，机关顺畅运转得到有力保障。三是支持重点工程建设保障有力。筹资2.1亿元用于棚户区项目改造，筹资1.5亿元用于廉租房建设，筹资5亿多元支持信江大桥、龙虎山大桥建设。

【关注民生】 一是继续坚持“四个倾斜”，切实把更多财力用于保障和改善民生，投入资金13.6亿元，全面或超额完成省下达的各项民生工程指标。二是加大扶贫济困力度,城乡低保平均保障月标准分别达到300元和130元，城乡低保对象人均月补差已达220.19元和94.48元。三是农村五保户分散供养、集中供养的标准分别由每人每年1320元、1920元提高到1560元和2400元。四是进一步完善医疗保障“三张网”建设,城镇职工基本医疗保险参保人数达13.1万人、城镇居民医疗保险参保人数达到17.1万人、新型农村合作医疗参保人数达到79.59万人。五是新型农村合作医疗的筹资标准由每人每年150元提高到240元，其中财政补助由每人每年120元增加至200元。六是进一步加大教育民生投入,全市教育支出达10.1亿元,占财政支出比重达14.9%，超过上级要求达到的比重,比2010年提高4.8个百分点。七是全市共下达义务教育阶段中小学公用经费8195万元。向全部义务教育阶段公办学生免费提供国家课程的教科书，并提高免费教科书补助标准。八是拨付贫困家庭学生普通高中国家助学金569.3万元,7590人受益。九是拨付困难家庭学生高考入学政府资助金308万元,616人受益。

【强化管理】 一是强化工程概预决算审核工作。先后对阳光小区、18号路、鹰潭市新一中、信江大市场、鹰西棚改安置房等600余项工程概预决算进行了审查，审查金额18.7亿元,核减投资3.5亿元,核减率达18.8%，为政府节约了大笔建设资金,极大提高了政府建设资金使用效益。二是强化政府采购管理工作。扎实推进政府采购“管采”分离,在市政府采购办监管下,市本级政府采购中介机构完成数字鹰潭建设、人民医院门诊大楼中央空调等重点项目政府采购，共完成104次政府采购项目，实际采购金额8094万元,与2010年同期相比,政府采购金额增长2115万元,增幅为35%。三是强化财政资金安全保障措施。实行专户归口统一管理,加大对财政资金专户的清理整顿力度,确保财政资金账户全部在规定的范围开设。规范前市级财政专户130个,规范后市级财政专户保留33个,实现了“设区市本级财政专户总数不得超过45个”这一目标任务。加强印鉴分管控制,强化对账防范，加强内部控制监管,进一步加强了财政资金安全保障。四是强化财政监督管理。加强会计基础工作，市本级对23个单位2010年度会计信息质量情况进行了检查,切实提高会计信息的准确性和真实性;将“小金库”专项治理工作与市直党政机关和事业单位银行账户全面清理，与厉行节约制止奢侈浪费、保障和改善民生等重大决策部署执行情况结合起来,全面深化了“小金库”治理工作。

【财政改革】 一是全面推进部门预算、国库集中收付、公务卡改革和政府采购实行管采分离。二是加强涉农专项资金监管,完善惠农补贴资金“一卡通”运行机制,全市通过“一卡通”共发放各项惠农补贴资金3.2亿元。三是加强会计基础工作,市本级对23个单位2010年度会计信息质量情况进行了检查，切实提高会计信息的准确性和真实性。四是将“小金库”专项治理工作与市直党政机关和事业单位银行账户全面清理，与厉行节约制止奢侈浪费、保障和改善民生等重大决策部署执行情况结合起来,全面深化“小金库”治理工作。

【自身建设】 着力加强班子建设和财政干部队伍建设,全力打造一支政治上可靠、业务上精湛、纪律上严明、作风上务实的财政干部队伍。深入开展“创先争优”活动,围绕作风建设、岗位练兵、规范管理,提高财政干部落实市委重大决策部署的理解力、执行力和操作力。牢固树立“心系群众、理财为民”的宗旨观念,深入基层、深入企业、深入群众,了解情况,及时帮助解决突出困难。全局上下继续深入践行“八项服务承诺”，精简办事流程,提高工作效率,优化服务质量。以开展“发展提升年”、创先争优、腐败风险预警防控等活动为载体,狠抓队伍的思想、作风、组织和廉政建设,提升了财政干部政治素质和思想觉悟。全局扎实开展了“庆祝建党90周年,游革命圣地忆党恩”“彩龙迎春联欢晚会”等一系列活动,活跃了机关氛围,陶冶了干部思想情操，增强了队伍凝聚力,拓展了财政文化内涵。

【预算外资金管理执行情况】 2011年市本级预算外资金收入完成9104万元,占年初计划的132.6%,比2010年减收2532万元，下降21.8%,主要是将部分预算外收入纳入了预算内管理。分项目完成情况是：行政事业性收费收入5486万元,完成年初计划的133.6%;政府性基金及专项收入1787万元,完成年初计划的109.6%;经营服务性收入完成1666万元，完成年初计划的154.5%，比2010年同期增收999万元,增长149.9%;其他收入165万元，完成年初计划的154.5%。

2011年市本级预算外资金支出完成9537万元，完成年初计划的138.9%，比2010年减支493万元,下降4.9%。分项目完成情况是：行政事业性支出597万元,完成年初计划的49.9%;专项支出8414万元,完成年初计划的164.6%;其他支出526万元，完成年初计划的94.5%，比2010年同期减支162.1万元，下降23.5%。

（孙 妮）

【市财政局副县级以上干部名录】

党组副书记、局长：李 力

党组书记：蔡卫东

党组副书记：李建明

党组成员、副局长：罗贤东(挂职)

吴 岩 何智勇 曾建芳

党组成员、总会计师：徐志生

党组成员、纪检组长：杨坚平

党组成员、副调研员：罗金文

调研员：饶 军

副调研员：吴伟国

国家税收

【概述】 2011年，在省国税局和市委、市政府的正确领导下，全市国税系统坚持以科学发展观为统领，以强化税源管理为重点，扎实开展“税收管理年”和“发展提升年”活动，大力实施依法治税、科技强税、人才兴税方略，在服务经济发展、强化税收征管、促进队伍建设等方面取得了明显成效，实现了“十二五”时期鹰潭国税事业发展的良好开局。全市国税系统累计组织各项税收收入48.55亿元，完成省局下达年计划的82.1%。市国税局继续保持全国文明单位称号，被评为全市“发展提升年”活动先进单位，还获得了一大批荣誉称号，1人荣登“中国好人——敬业奉献好人”榜。

【税收收入】 2011年，市局克服国家对再生资源税收政策调整和重点税源萎缩的双重影响，全市国税系统累计组织各项税收收入48.55亿元，完成省局下达年计划的82.1%。虽然收入完成情况与计划存在一定差距，但在组织收入工作中，始终坚持组织收入工作原则，收入质量得到有效保障。一是税收收入结构进一步好转。鹰潭国税收入对特定行业的依赖逐步减弱，全市铜产业税收占税收总量的比重由2010年的88.38%下降至83.03%，税收收入结构呈良性向好趋势。二是税收收入质量进一步提高。全市国税系统各级税务机关坚决执行国家税务总局关于组织收入工作的各项要求，努力消化留抵，清理多缴税金及欠税。三是重点税源监控进一步完善。2011年，全市国税系统重点监控税源企业为286户，比2010年增加35户，其中纳入省局监控的重点税源企业60户。通过加大对重点税源企业管理力度，科学测算每户企业每月的税负情况，及时掌握重点税源变化情况，为科学决策提供了依据。四是税收经济秩序进一步规范。2011年，全市国税稽查系统查结案件57户，查补收入3957.25万元，开展了普通发票缴销情况专项检查，有力地规范了税收经济秩序。

【税收征管】 2011年，全市国税系统扎实开展“税收管理年”活动，在夯实税收征管基础上做了大量卓有成效的工作。一是征管基础工作进一步夯实。税收数据及征管质量管理取得了长足进步，部分月份在全省考核排名位次实现了前移。财税库银税收收入电子缴库横向联网系统运行平稳，为全省推广运用横向联网系统积累了经验。信息管税手段不断丰富，在抓好税收征管综合信息系统、税收执法管理信息系统、金税工程运行管理的同时，针对所得税管理措施不力、手段弱化、管理脱节等问题，自主研发了所得税信息管理辅助系统。推进了电子政务建设。二是税收执法考核水平继续保持全省前列。2011年，全市税收执法管理信息系统运行效果明显，累计监控执法数据8.96万余条，执法过错数仅8户(次)，执法准确率保持在99.99%，其中3至7月份连续5个月实现执法零差错，税收执法考核水平继续在全省保持前列。三是网上抄报税系统成功运行。按照省局统一部署，全市计划推行1001户，成功安装1001户，完成计划推行任务的100%，其中964户成功运用了远程抄报税系统进行纳税申报，成功率达到96.3%，高于全省90%的平均水平。

【服务地方经济发展】 2011年，全市国税系统以开展“发展提升年”活动为契机，进一步提高办事效率和服务水平，不断创优发展环境，为服务鹰潭经济社会发展大局作出了积极贡献。一是各项税收优惠政策落实到位。出台了《鹰潭市国家税务局促进我市加快推进经济转型升级的实施意见》，贯彻落实好结构性减税政策和各项税收优

全国“巾帼文明示范岗”授牌仪式。

市国税局供稿

惠政策,全年共办理各类税收减免2.8亿元，为加快经济发展方式转变、促进经济转型升级提供了强有力的政策支持和服务保障。二是纳税服务进一步优化。积极开展纳税服务需求调查,在全市范围不同行业、不同类型的6975户纳税人中开展了为期两个月的纳税服务需求调查,为指导纳税服务工作奠定了基础;完善纳税服务制度,制定出台了包括首问责任制、导税服务制、全程服务制等16项制度在内的办税服务厅综合管理办法,为文明办税服务提供了制度导向;设立纳税人维权中心,为受理纳税人维权申请、接受纳税人和社会各界对国税部门在廉洁勤政及执法过程中侵害纳税人权益方面的投诉、调解税企纠纷提供了新平台。三是机关作风建设稳步推进。在全市国税系统组织开展"五比五提升"作风建设活动,切实解决了政风、行风、机关作风建设中存在的突出问题,进一步树立了国税部门的良好社会形象,全市国税系统优化环境监测工作在全市52个重点监测单位中位居前列。四是联建共创活动积极主动。按照市委、市政府统一部署,组织开展了"四级联动、携手共建"活动和党员志愿者活动,积极参与了龙虎山风景区上清镇薛家村的新农村建设。

【干部队伍建设】 2011年，全市国税系统始终坚持人才兴税管理方略，进一步加强领导班子建设,大力开展主题教育活动,深入开展反腐倡廉教育,不断加大党建工作力度，干部队伍建设取得了长足进步。一是合格领导班子建设富有成效。通过继续组织开展争创"合格领导班子"活动,营造了全市国税系统各级领导班子干事创业的良好氛围;通过加大考核评比工作力度,促进了全市国税系统各级领导班子建设。二是主题教育活动氛围浓厚。根据省国税局和市委、市政府关于开展主题教育活动的统一部署,全市国税系统紧紧围绕"科学发展、进位赶超、绿色崛起"的主题,通过举办"富民兴市我先行"党员承诺仪式、党史知识竞赛、重温入党誓词等活动,将主题教育活动与创先争优活动紧密结合起来,充分发挥了党员干部在主题教育活动中的模范带头作用。三是反腐倡廉教育形式多样。通过把反腐倡廉教育重点放在党员干部特别是领导干部身上,增强了领导干部党性修养和廉洁从政意识;通过开展一把手讲廉政党课、纪检组长作反腐倡廉形势报告、在全系统组织开展廉政诗歌朗诵比赛等"十个一"廉政教育活动,丰富了"廉政教育月"活动内容;通过编辑党风廉政建设专刊、制作廉政建设展板、安装廉政教育屏保、丰富廉政文化网页等形式,营造了廉荣贪耻、风清气正的廉政文化氛围。

(胡 波)

【市国税局副县级以上干部名录】

党组书记、局长:刘纯福

党组成员、副局长:程南俊 张小力 汪康平

党组成员、纪检组长:刘伟明

党组成员、总经济师:吴 静

调研员:徐致华

副调研员:桂渡太

稽查局局长:何肇龙

地方税收

【概述】 2011年，全市各级地税部门在市委、市政府和省地税局的正确领导下，以组织收入为中心,以"三个比对"(按照省委、省政府的决策部署比对落实;参照兄弟省市税务部门的工作亮点比对创新;对照系统内先进比对贡献）为抓手,突出依法治税、纳税服务、信息管税这三项重点，推进征管标准化、服务优质化、队伍专业化、管理科学化建设,提升执行力、操作力、创新力、发展力四大能力,努力拼搏,开拓进取,较好地完成了各项工作任务。

【组织收入】 2011年，全市共组织各项收入38.93亿元，同比增收19.07亿元,增长96%。其中,地方税收实现32.7亿元,连跨20亿元、30亿元大关,同比增收17.69亿元,增长117.7%，增幅列全省第一,为地方经济社会发展提供了坚实的财力保障。入库契税、耕地占用税"两税"收入3.88亿元，同比增长26%。代征各类基金费收入2.32亿元，同比增长32.8%，为鹰潭调市场、控物价、惠民生、促和谐作出了积极贡献。

【服务发展】 主动融入发展大局,不断创优发展环境,全力支持项目建设实施,认真落实支持鄱阳湖生态经济区建设、个人所得税费用扣除标准调整、保障性经济适用房、廉租房、城市棚户区改造等民生工程税收优惠政策,全市共依法减免地方各税9757万元,有效地支持了各类市场主体健康发展,得到了地方党政领导、纳税人和社会各界的广泛好评,连续第四年在全市市直单位领导班子公开述职考评中位居前列。

【征管基础】 建立健全了信息质量监控机制,加强了涉税数据督查考核通报，税收征管基础进一步夯实，应纳税种登记正确率达到95.53%、提高9.29个百分点。稳步推进税源管理专业化工作,确定了"两业"、货物运输业以及个体住宿餐饮业3个行业标准化建设项目。全面推行了网上报税、税银库联网和多元化的纳税申报方式,实现了"零现金"缴税(费)。自行开发推广了"发票使用预警系统"等税收管理软件,有效强化了税源管理。圆满完成了全省地税系统"两业"(建安、房地产业)上线试点任务,强化了"两业"税源监控,实现了网上开具售房发票的历史性突破。10月10日,省局在鹰潭召开"两业"税收管理信息系统推广现场会，推广市局试点工作经验和主要做法。

【税源管理】 进一步规范建安房地产业税收管理,在全省率先推广使用"两业"税收管理软件,调整了市

区二手房交易基准计税价格。制定完善了货运业税收管理办法及制度，强化对货物运输业自开票纳税人专业化管理，全市交通运输业共实现地方税收2.62亿元。切实开展所得税汇算清缴工作，全市705户自核自缴企业自查补缴税款2483.67万元。抓好了个人所得税自行纳税申报管理，年所得12万元以上个人自行纳税申报达1552人，同比增加114人，缴纳税款1.6万元。认真做好契税、耕地占用税的接管，加强与财政局等部门联系沟通，逐步规范两税管理。加强车船税及房屋租赁业税收管理，已拟定《鹰潭市个人房屋租赁(自营)税收征收管理办法》，将提请市政府批转，营造法治、公平、有序的税收环境。

【税务稽查】 加强税收执法监督，开展了对"两税"征收情况、楼宇经济税收政策执行情况的专项税收执法检查。继续推行阳光稽查，强化了税务稽查打击力度，企业自查入库税款960万元，稽查查补入库税款2203万元，选案准确率、查结率均达100%。深入开展发票专项检查，查处发票违法案件2起，有力地震慑了制、售假发票违法犯罪行为。

【纳税服务】 认真落实"两个减负"，大力推进网上审批和电子政务平台建设，全面推行网上办税，打造了独具特色的服务品牌，市局办税服务厅被省委宣传部和省文明委授予全省"优质服务窗口"，在全省"加强职业道德、提升服务效能"主题实践活动总结表彰会上作典型发言，并被省委创先争优办公室向中央推荐为"为民服务创先争优"先进单位遴选对象。

【税收宣传】 结合税收宣传月、社会科学知识普及周及法制宣传日等主题宣传活动，大力宣传税收法律法规，提供税收咨询服务，开展了"走进地税 增进沟通"的纳税服务体验日活动，联合市委宣传部、市司法局等单位举办了"沟通无障碍、服务零距离——纳税人维权知识竞赛"，被总局、省局分别评为税收宣传月活动创新项目奖，获全省地税系统第20个税收宣传月活动优秀组织奖，信息宣传工作连续五年被评为全市信息宣传工作先进单位。认真开展"三入三访促和谐"活动，全面启动"百名税干下企业"活动，实行"三个一"服务，即每名地税干部要挂点一户纳税人，立一个项目，解决一个难题，将服务工作做到实处。

【队伍建设】 坚持以人为本，全面实施文化管理、绩效管理，强化干部教育培训，开展岗位业务竞赛，在全省地税征管技能竞赛中获团体第3名，多名干部获全国"五一"巾帼标兵、全市"五一"劳动奖章、全市优秀共产党员、全市优秀党务工作者称号，全系统形成了学习先进、赶超先进、争当先进的良好风气。加强廉政建设，推进干部廉能管理，全系统连续7年实现税务行政复议、行政诉讼"零纪录"，连续8年未出现干部违纪违法现象。

【创先争优】 大力开展创先争优和精神文明创建活动，全系统荣获地厅级以上荣誉68项，市局机关获"全国工会系统五五普法先进单位""全省五五普法先进单位"、"全省档案工作优秀集体"等荣誉，连续7年获全市综治工作先进单位，市局办税厅被省委授予"全省先进基层党组织"，被市委评为"全市先进基层党组织"，市直机关评为"十佳学习型党支部"。

【廉能管理】 组织学习了"重申换届选举纪律规定"及《党员领导干部廉洁从政若干准则》等若干重要文件，举办了预防职务犯罪讲座、"唱响正气之歌，争当忠诚卫士"红歌赛等，格做好副科级以上领导干部述职述廉工作，进一步增强了地税干部廉洁从政意识。认真落实党风廉政建设责任制，推行"一岗双责"，严格执行《廉洁办税违诺责任追究实施办法》，强化内部制约，促进依法行政、廉洁办税。启动了"以治庸提能力、以治懒增效率、以治散正风气"为主题的干部作风教育实践活动，大力开展争创"五型机关"、争做"五型干部"和争当"星级党员、星级管理员、星级服务员、星级稽查员"评比活动，不断深化机关作风建设。

【业务建设】 分类开展培训，通过春训、以会代训、案例评比、网络学习等方式，深入推进干部培训。举办了第五期领导干部和绩效A级获得者培训班，组织了两期税收管理员培训班，开展了各类税收业务知识培训班，提高了一线人员的岗位操作技能。创新培训方式，开展了业务建设学习调研活动，培训人员517人次，完成调研成果23篇。继续推进高技能专业人才建设，全年新增在职研究生10人、"三师"人员2人，全系统在职研究生比例9.4%，"三师"人员比例17.1%，分别高于全省平均水平4.7个、10.8个百分点。

【文化建设】 扎实推进岗位文化建设，开展了"四员一兵"岗位先锋评比、职业道德理想信念教育、"读好书·强素质·促发展"主题读书活动，提高了广大干部职工的政治、业务素质。广泛开展各类文体活动。继续办好了文化专刊，开通了"幸福地税"论坛，组织摄影爱好者赴外采风，组建了机关自行车队，进一步丰富干部精神生活。在全省地税系统乒乓球邀请赛取得团体总分第三名的历史最好成绩。成立了全系统老年体协、老年体育科学学会，积极开展退休干部体育科普健身活动。廉政文化建设形成常态化管理机制，被评为全市唯一一个廉政文化建设先进单位，原创拍摄的两部廉政公益广告作品在全省评选中分获一等奖和三等奖。

【班子建设】 切实加强领导干部作风建设，制定了《关于加强和改进领导班子作风建设的实施意见》。严格加强领导班子的监督管理，大力推行干部选拔任用"一报告、三评议"制度，重新修订完善了市局领导班子"三重一大"实施办法,提高了领导班子科学决策、民主决策水平。创新监督管理方式,认真落实《市、县(市、区)局"一把手"监督管理办法》,提高领导干部的拒腐防变意识。督促指导各级地税党组开好了以"坚持以人为本执政为民理念密切联系群众优良作风为主题"的党员领导干部民主生活会,增强了班子的凝聚力。

【大事记】 1月11日,市委书记杨宪萍率市人大、市政协有关领导一行莅临鹰潭市地税局调研指导"数字鹰潭"建设工作。

1月22日,全市财税工作会议(地税)隆重召开。会议总结回顾了"十一五"时期全市地税工作,部署和安排了"十二五"期间及全年地税工作。

3月31日,鹰潭市启动全国第20个税收宣传月活动。市委常委、常务副市长王家林出席启动仪式。

4月18日,全省首张房地产业、建筑业"两业"税收网络版机打发票在鹰潭嘉鹰房地产有限公司顺利开具;几乎同时,余江、贵溪、工业园区的纳税人,也相继利用"两业"税收管理软件系统,自行开具了电子发票,这标志着全省地税系统放在鹰潭市地税局试点推广使用"两业"税收管理软件工作取得了实质性的成效。

10月10日,全省建筑业、房地产业税收管理信息系统推广现场会在鹰潭隆重召开。省地税局党组书记、局长王平,巡视员余木来,国家税务总局货物和劳务税司营业税处处长张维华出席会议。会议总结交流了"两业"税收管理信息系统试点经验,动员部署在全省范围内推广运用。

10月10日,省地税局党组书记、局长王平深入位于市经济技术开发区的江西三川水表股份有限公司视察指导企业发展,市委书记陈兴超、副市长徐云陪同调研。

12月2日,省地税局宣布关于鹰潭市地税局主要领导人职务调整的决定。陈礼伯任市地税局党组书记、局长。

12月14日,市政协主席潘赞海来市地税局调研指导,了解地税组织收入等各项工作情况,分析明年鹰潭经济发展形势及对地方收入的影响。

12月29日,市人大常委会副主任卢越明率市人大财经委相关人员一行到市地税局调研指导,了解2011地税收入计划执行情况和明年地税工作安排。

截至12月31日,全市地税系统组织入库地方税收32.7亿元(不含契税、耕地占用税"两税"收入),收入规模超出2008~2010年三年的收入总量(32.6亿元),同比增长117.7%;扣除限售股不可比因素,同口径相比增收39718万元,增长31.4%。另外,2011年入库契税、耕地占用税38846万元,同比增收8023万元,增长26%。

(樊 鹏)

【市地税局副县级以上干部名录】

党组书记、局长:陈礼伯
党组副书记、调研员:贺春景
调研员:汪金明
党组成员、副局长:周庆华
党组成员、总经济师:孙军样
党组成员、纪检组长:王国庆

江西省建筑业、房地产业管理信息系统推广现场会在鹰潭市召开。
市地税局供稿

金融

编辑、校对:杨保平

综述

2011年,全市金融业认真贯彻实落实稳健的货币政策,信贷投放增长迅猛,资金使用效率不断提高,社会融资总量放大,全市经济金融运行总体呈现又好又快的良好态势。

存款总额大幅增加。2011年末,鹰潭市本外币各项存款余额368.77亿元,比年初增加65.44亿元,增长21.57%。存款增幅位于全省第5,高出全省平均增幅1.33个百分点。(1)企业资金回笼支撑企业存款增长。年末,企业存款余额156.80亿元,比年初增加41.82亿元,增长36.37%。2011年上半年,企业发行债券募集的资金转入与使用造成企业存款的振荡起伏。下半年企业交易性资金需求上升,资金周转和现金回笼情况较好,拉动企业存款大幅增长。同时,交通、城市改造建设、廉租住房等重点项目资金到位也带动企业存款增加。2011年末,由于外币贷款规模相对宽松,江铜股份公司新增外币贷款产生的派生存款也是企业存款增加的另一主要因素。(2)储蓄存款受理财产品冲击增长趋缓。年末,全市金融机构本外币储蓄存款余额192.96亿元,比年初增加21.26亿元,增长12.38%,低于全省平均水平4.17个百分点。2011年股市总体振荡起伏,资本投资存在一定风险,个人储蓄存款投资仍为广大民众当前居家理财最为保守的选择,但居民购买高投资收益的理财产品、购买住房等消费品分流了部分储蓄存款,使储蓄存款的增幅有所减缓,年末本外币储蓄存款同比少增3.28亿元。

贷款结构不断优化。2011年末,鹰潭市金融机构本外币贷款余额238.08亿元,比年初增加44.02亿元,增长22.68%,实现市委市政府提出的全年新增贷款40亿元目标,贷款增幅位居全省第三,高出全省平均增幅3.65个百分点。年末全市金融机构本外币涉农贷款余额153.85亿元,占贷款总额64.62%;中小企业贷款余额106.48亿元,占贷款总额44.72%;县域金融机构新增存贷比为58%,实现了市委市政府提出的涉农贷款、中小企业贷款占信贷总量稳定在60%、40%,县域金融机构新增存贷比稳定在50%左右的目标。(1)地方中小企业资金投放力度加大。各金融机构通过提升服务质量、挖掘潜在客户等方式加大地方中小企业信贷营销力度。至年末,辖内金融机构对地方中小企业新增贷款23.80亿元,主要投向贵溪火力发电厂三期工程、鹰潭特色铜产业、三川集团公司、眼镜批发贸易企业等地方性中小企业。(2)个人贷款增长势头强劲。受国家一系列刺激消费等宏观政策影响,辖内个人消费贷款增长较快;由于经济形势的整体回暖,消除了一部分人的观望心理,个体工商户的投资欲望增强,个人经营性贷款增长强劲。至年末,辖内金融机构人民币个人贷款余额58.97亿元,比年初增加17.25亿元,增长41.35%。(3)贸易融资业务增长迅猛。根据信贷业务发展形势及当地铜产业经济发展特点,各金融机构把为铜产业链企业开办贸易融资业务作为信贷资产突破点,加大对辖内贸易融资授信客户的拓展,相继推出了商品融资、发票融资、应收款保理、退税款、信用证议付业务等新型贸易融资产品,贸易融资业务快速发展。年末全市金融机构贸易融资余额17.85亿元,比年初增加8.47亿元,同比多增6.48亿元。(4)制造业仍是贷款增长的主要支撑。全市企业人民币贷款余额149.49亿元,比年初新增35.79亿元,增长31.48%。从行业投向看,新增制造业贷款20.38亿元,新增批发和零售业贷款6.08亿元,新增电力、燃气及水的生产和供应贷款5.97亿元,新增水利、环境和公共设施管理业贷款1.28亿元,新增交通运输、仓储贷款1.17亿元。

证券市场交易量萎缩。2011年以来,受国家多项调控政策出台的影响,证券市场走势振荡下行,总体呈现低迷态势,股价长期处于低位运行,辖区内国泰君安、国盛两家证券公司交易额大幅萎缩。B股美元交易量受美元汇率波动影响,交易量保持上扬。2011年A股实现交易额358.71亿元，同比下降24.40%；B股实现美元交易额306.66万美元，同比增长37.69%；实现香港元交易额675.91万香港元，同比下降29.89%。

保险业保费收入小幅调整。截止2011年11月末，全市保险公司共实现保费收入7.30亿元，同比下降7.71%。受理财产品等短期高收益投资渠道的冲击，寿险保费收入出现下行调整。2011年1至11月，寿险公司累计实现保费收入4.64亿元，同比下降19.02 %；财险公司实现保险收入2.66亿元，同比增长22.02 %。全市保险公司共计理赔支出1.21亿元，同比下降4.72%。

小额贷款公司发展良好。2011年，在辖内各银行业金融机构信贷规模趋稳背景下，为保证经营周转资金，企业纷纷向小额贷款公司寻求过桥资金。年末，全辖5家小额贷款公司实收资本额为6.2亿元，比年初增加4亿元，增长2倍；年末贷款余额7.81亿元，比年初新增5.89亿元，增长3.07倍。小额贷款公司的迅猛发展成为增强地方经济发展活力，增加地方中小企业资金供给的有效补充。

金融资产质量向好。2011年末，鹰潭市辖内金融机构不良贷款余额7.84亿元，比年初减少0.93亿元；不良贷款率2.87%，比年初下降1.11个百分点，资产质量持续提升。

金融效益大幅增长。2011年，全辖金融机构共上缴地方税收1.14亿元，比2010年同期多交0.3亿元，增长35.71%。其中银行业上缴地方税收0.8亿元，保险业上缴税收0.24亿元，证券业上缴地方税收0.02亿元，小额贷款公司上缴地方税收0.08亿元。

(董　薰)

中国人民银行鹰潭市中心支行

【概述】 2011年，中国人民银行鹰潭市中心支行以科学发展观为统领，按照中支党委“科学履职，审慎管理，争先创优，和谐发展”的年度工作思路，着力政策传导与政策落实并举、金融管理与金融服务并重、队伍建设与平安建设并行，较好地履行了基层央行职责，有力地支持了全市经济金融平稳较快发展。一年来，鹰潭市中心支行共获得上级行及地方各类集体荣誉26项。

【贯彻落实稳健货币政策】 出台《鹰潭市金融经济联席会议制度》，通过编发《金融要情专报》以及新闻宣传等形式，加大了稳健货币政策的宣传解读。制定并经市政府批转了《关于加大信贷投放力度促进鹰潭市经济平稳较快发展的指导意见》，积极引导金融机构加大对中小企业、“三农”、县域经济和“民生”的支持。积极推进民生工程，有效落实小额担保贷款、助学贷款等政策。2011年，全市小额担保贷款余额5.92亿元，比2010年增长43.67 %；全市助学贷款余额0.16亿元，比2010年增长86.73%。

【积极搭建政银企合作平台】 开展了中小企业现场融资对接活动，辖内8家银行机构共与53家企业签约10.59亿元，与8个重点工程和重大项目签约14.86亿元。年末，全市中小企业贷款余额为110.56亿元，占全部贷款的46.44%。

【加强存款准备金管理】 加大差别存款准备金率管理。出台了差别存款准备金率管理实施办法，按日监测地方法人金融机构信贷投放及流动性状况，按月考核并加强提示，就贯彻稳健货币政策、加强信贷调控事宜2次约见省联社鹰潭办事处领导及3家联社理事长进行了谈话，确保地方法人金融机构保持贷款适度投放。

【加强信贷政策导向评估】 对余江县信用联社2010年度执行信贷政策导向效果情况进行了综合评估和通报，对两县金融机构开展了涉农信贷政策导向效果评估，进一步督导金融机构认真贯彻落实好货币信贷政策。

【推进“两综合、两管理”工作机制建设】 出台了新设银行业金融机构金融服务与管理实施细则、金融业重大事项报告制度、金融机构执行人民银行政策和管理规定综合评价实施细则、综合行政执法检查办法。2011年，共办理上饶银行贵溪支行、建行江铜支行和贵溪九银村镇银行3家新设银行业金融机构，及江南小额贷款公司、贵银小额贷款公司、中航证券有限公司鹰潭证券营业部的开业管理事宜，受理重大事项报告27项。

【加强金融监督检查】 加大执法检查力度，分别对10家金融机构的人民币收付制度、反假货币制度执行情况等进行了专项执法检查。抽调12名业务骨干组成检查组，对市建行、农行、农发行及其分支机构开展了综合执法检查。加大对金融机构违法违规行为的处罚力度，共处以罚款4.7万元。

【加大反洗钱工作力度】 对市中行、天安保险公司、人寿保险公司开展了反洗钱现场执法检查，建立了反洗钱走访机制，对市农行、中行及月湖联社进行了现场走访，有效地规范了金融机构反洗钱工作行为。举办了县级金融机构反洗钱非现场监管业务培训班，组织全市金融机构、公安相关人员参加了全省反洗钱知识专题视频讲座，对全市金融机构反洗钱从业人员300余人组织进行了反洗钱知识网络测试，修订出台了《鹰潭市金融机构反洗钱从业人员综合测评试行办法》，进一步促进了反洗钱从业人员素质的提升，促进了反洗钱工作高效运行。

【加强政策调研反馈】 围绕鹰潭特色和经济、金融运行中的热点、难点及基层央行履职加强调研，先后开展了农村消费信贷、农产品价格波动、农村信用社改革、服务贸易外汇收支情况等调研，完成了上级重点调研课题2个、中支级重点调研课题16个。2011年,在上级行刊物共发表文章、信息80篇(条),在上级行信息港、新闻媒体发表新闻、消息30条,其中《关于鹰潭市金融业发展状况的调查与思考》被分行《中支行领导调研报告摘要》《江西金融调研》采用,并得到分行殷兴山行长的批示肯定,《欠发达地区金融生态环境建设的几点思考》被《中国城市经济》采用。

【推进信用体系建设】 将余江县确定为农村信用体系试验区建设试点县,试点方案被县政府批转并稳步实施。鹰潭市被南昌中支、省团委确定为农村青年信用示范户建设试点市,中支加强试点工作检查指导,抓重点带全面,全市共评出农村青年信用示范户500余户,其中470户共获3392万元的贷款支持,工作试点经验在江西省农村青年示范户工作推进会上进行交流。积极推进中小企业信用体系试验区建设。将铜拆解园区作为全市中小企业信用体系试验区建设试点,并将入园企业信息采集、信用知识宣传、政府优惠政策和金融支持纳入综合考核体系,引导企业加强自身信用建设,为中小企业营造了良好融资环境。

【加强依法行政】 制定了中支法制宣传教育第六个五年规划,开展了"12·4"法制宣传日等普法活动,组织行领导、科级干部参加了江西省领导干部法律知识考试。加强执法人员管理和培训,制定了《综合行政执法检查人员管理办法》,协助分行编制了执法人员培训考核试题库,组织全辖82名员工参加了全省行政执法人员法律远程培训及行政执法集中考核,考试通过率达100%。

【着力提升服务水平】 (1)创新现金供应模式。探索建立了发行库"零库存"特殊时期现金供应保障机制,2011年4~10月库房改造共调拨、调剂业务119笔(次)、累计金额17.79亿元,成功实现了发行库"零库存"下全市现金供应高效安全。此项工作得到分行殷兴山行长、南昌中支高小琼行长的充分肯定,经验材料在分行中心支行行长座谈会上进行了书面交流。(2)创新会计核算监督。制定的《鹰潭市中央银行会计核算对账质量监督管理办法》被南昌中支支付结算处以文件形式批转全省学习参考;印发了《关于进一步加强全市人民银行系统会计对账工作的意见》,开展了全辖央行会计对账情况专项检查,进一步规范了会计核算对账行为。(3)创新国库服务功能。成功实现了车购税通过POS机直接缴纳入库,并制定了《银行POS机刷卡缴纳车辆购置税管理实施办法》,同时联合市国税局努力推广银行端POS机缴税业务。注重国债宣传兑付。联合财政、金融机构开展了国债下乡宣传、发售活动,现场共发售第三期凭证式国债95.6万元。(4)创新结算试点工作。制定了《鹰潭市跨境贸易人民币结算试点操作规程》,为银行和企业规范操作提供了范本。至12月末,全市共办理13笔跨境人民币结算业务,累计金额10.07亿元,位居全省第二。其中,贸易项下跨境人民币结算8.42亿元,位居全省第一;资本项下跨境人民币结算1.65亿元,位居全省第三。(5)创新外汇管理方式。开展了外商投资企业资本金结汇业务、大型企业外汇收支和外汇资金运用业务专项检查,对市中行外汇业务进行了现场检查,对1家外商投资企业违规办理资本金结汇业务进行了查处并罚款5万元,切实防范了跨境资金风险。鼓励购汇便利付汇,促进辖内贸易投资便利化,大力支持企业实施外向型发展战略,江西省第1例外商投资企业用跨境人民币增加注册资本业务在鹰潭市成功办理,万宝至马达(鹰潭)有限公司人民币增资款1.65亿元全部到账。至12月末,境外投资购付汇6437.76万美元。

【加强内部管理】 (1)发挥内控监督效能。加强制度清理。积极开展"建制度、学制度、查漏洞、防风险"主题活动,全辖共清理各项制度411项,同时梳理汇编中支内部管理制度105项。开展了余江支行行长、中支保卫科长履职审计,人民币发行管理专项审计,贵溪支行内部控制审计、履职绩效审计及中支同城清算系统风险导向审计等7项审计项目,共发现问题46个及需关注问题3个,提出审计意见和建议27条。(2)创新会计财务管理。制定了中支《低值易耗品管理规定》,充分利用已淘汰的原总行单机版"固定资产管理系统",对353件500元以上的低值易耗品建立了登记簿、卡片账,实现了低值易耗品电子化管理,此项工作得到南昌中支高小琼行长、吴豪声副行长的肯定批示,并被南昌中支会计财务处以文件形式转发全省学习借鉴。(3)加强信息安全建设。顺利完成了地市中支核心交换机更新改造工程,进一步提高了辖内网络安全性。认真抓好贵溪支行新大楼机房建设及余江支行机房改造,加强检查、指导,确保两支行机房实用、符合上级技术要求。(4)切实抓好安全生产。开展安全检查18次,中支荣获2010年度鹰潭市社会治安综合治理先进单位。开展了支行办公运转现状调查和"两网分离"后存在问题及定密工作情况调查,并作为地市中支唯一受邀代表参加了总行金琦行助赴赣开展的"两网分离"专题调研座谈会。

(董 薰)

【中国人民银行鹰潭市中心支行领导人名录】

党委书记、行长 :邱曙辉(~2011.5)
孙文金(2011.5~)
党委委员、副行长、工会主任:陈贵书
党委委员、副行长:安月婷(女) 陈律旺 杜正琦
党委委员、纪委书记:吴国华
助理调研员:林卫兵 徐权生

中国工商银行股份有限公司鹰潭分行

【概述】中国工商银行鹰潭分行辖贵溪、余江2个县级支行,月湖、江铜2个城区支行和9个二级支行、5个分理处,分行内设9个部室、1个省行派驻分部、7个中心。全行在职员工488人,平均年龄40.9岁,本科以上学历196人。2011年,鹰潭分行围绕"加快转型,提速发展",加快观念转变,推动全面创新,实施结构调整,优化管理模式,促进了全行稳健、合规、快速发展。至年末,各项存款增长36.54%,各项贷款增长25.54%,累计发放各项贷款99.8亿元,其中累计发放小企业贷款18.23亿元,实现利润1.73亿元,增长46.61%。全行千人发案率、百万元以上大案要案、重大责任事故和重大安全生产故障率均为零,保持全省系统内和鹰潭市"综合治理先进单位"。服务工作实现零投诉,被评为鹰潭市"发展提升年"活动先进单位,四海支行被评为江西省优质服务窗口。

【加大信贷支持力度】2011年,鹰潭分行围绕市委市政府提出的"四个鹰潭"建设战略,克服信贷规模收紧的困难,积极调整信贷业务结构和增长方式,加快业务创新,加大对地方经济信贷支持力度。通过寻求第三方合作、加强内外联动,先后开办了异地银团贷款、委托理财贷款、人民币保理代付、国内信用证代付、商品融资等新型贷款业务,创新的表内外融资业务占全部新增融资额的28.01%,其中,表外融资业务占全部新增表外业务的63.56%,较好地满足了企业融资需求,缓解了企业融资困境。

【创新安全保卫管理】鹰潭分行坚持一手抓业务发展,一手抓安全合规管理,不断完善内控案防工作机制,创新安全保卫管理方法,推动应急预案由笔试演练向现场模拟演练深化,为全行业务发展和客户资金安全提供有力保障。2011年,分行共消除安全隐患264起,堵住电信诈骗5起,为客户挽回经济损失近25万元。率先在全省系统内和同业中开展了上门收款单位接送库款操作规程测试演练,这一做法在江西省工行安全保卫工作会议上进行了经验交流,同时,开展的营业网点安全评估和安全一日操作流程管理做法在全省系统内予以推广,分行保持了全省系统内和鹰潭市"社会治安综合治理先进单位"。

【成立退休志愿服务者队伍】随着银行业务发展加快,营业网点客户流量越来越大、排队等候时间较长。为应对缓解这一矛盾,分行在增加服务窗口,增加自助设备,加强柜面分流的同时,针对中老年客户较多、接受和使用自助银行不多的特点,发挥分行退休老职工余热,以及与客户年龄相近、金融业务熟悉、容易与客户沟通等优势。成立了首支老职工金融服务志愿者队伍,在网点履行大堂经理助理职责,集中在代发工资期间做好中老年客户的分流引导和指导自助设备使用操作工作。

【提升经营效益】2011年,鹰潭分行加快观念转变,积极探索经营增长方式转型发展新路子,以业务创新为切入点,实行"以满足客户需求,实现银企双赢"的思路,通过"创新+快速响应",抢抓机遇,实现了由规模效益型向结构效益型转变。至年末,分行在江西省工行系统经营绩效和业务发展综合考评中获得二等奖,辖属的贵溪支行、四海支行被评为全省综合先进支行。同时,分行在全国285个二级分行经营考评中排名第95位,较2010年进步134位,综合排名第160位,较上年进步60位,位列进步前30强。

【提升服务品质】鹰潭分行坚持"以客户为中心",不断强化服务理念,深化服务基础管理,创新优质服务模式,提升服务品质。2011年,分行四海支行被江西省省委宣传部、文明办授予"优质服务窗口",是全省金融系统唯一的获奖单位;月湖支行被全国妇联授予"巾帼文明岗"荣誉称号。

(刘红东)

【工商银行鹰潭分行领导人名录】
党委书记、行长:姜成茂(~2011.5)
余明安(2011.5~)
党委委员、副行长:郑永开 涂文华
潘俊琪(女)
党委委员、纪委书记:徐宏海
调研员:彭接峰(~2011.5)
高级客户经理:彭接峰(2011.5~)
高级经理:孔繁敏(2011.5~)

中国农业银行股份有限公司鹰潭分行

【概述】2011年,中国农业银行股份有限公司鹰潭分行认真贯彻落实省分行2011年工作会议精神,以科学发展观为指导,以巩固提升县域业务,加快发展城市业务、零售业务、中间业务为重点,着力调整结构,加快经营转型,强化市场营销,加强干部员工队伍建设,营造和谐发展氛围,奋力开创全市农行各项工作新局面。截至12月底,各项存款余额43.74亿元,比年初净增4.19亿元;各项贷款余额26.22亿元,较2010年底净增2.46亿元,同比多增2.68亿元;实现中间业务收入6183万元,同比增加2120万元,增幅52.18%,完成省分行下达年度计划的105%;清收委托不良资产本息754万元,完成省分行年度计划的115.93%,列全省农行第三位;清收自营不良贷款2305万元,折算后计划完成率134.72%。实现拨备前利润2.16亿元,同比增加1.15亿元,拨备前利润排四行首位。

【开展"春天行动"专项营销活动】在2010年12月29日,农行鹰潭分行就成功召开了2011年决战"春天行动”誓师动员大会，拉开了全市农行2011年“春天行动”零售业务综合营销活动的序幕。2011年1月13日，“春天我们一起耕耘 财富我们携手创造”为主题的个人贵宾客户迎春酒会成功召开，赢得了广大贵宾客户的肯定，取得了良好效果。在活动开展过程中，通过“上墙、上网”等有效途径加强营销效果的跟踪评价，加强了业务督导。“春天行动”结束后，又分别在二、三季度开展了“争创客户最满意银行”活动。同时，又举行了网点文明标准服务风采大赛、业务大练兵等系列活动，鹰潭农行网点形象和服务水平取得长足进步，在省分行组织的神秘人检查考核中，第二、三季度蝉联全省农行第一名。

【服务“三农”取得新进展】 2011年，农行鹰潭分行不断拓宽县域金融服务，通过高层营销，成功取得贵溪市新农保独家代理资格，签订协议后，贵溪市支行立即组织人力物力，以最短的时间完成了代理点的调查摸底工作，在市分行三农金融部、信息技术管理部、个人金融部等部门的大力支持下，只用3天时间就完成了全辖POS机、惠农支付通的安装布放工作，累计安装POS机具28台，布放惠农支付通193台，布放率达到100%，全面实现“村村通”，农户足不出户就可以享受到农行推出的便捷金融服务。该项工作得到当地政府和农民的充分肯定和高度赞誉，鹰潭电视台、《鹰潭日报》等媒体进行了跟踪报道。

【中间业务快速发展】 进一步提高了中间业务的考核权重，将中间业务收入完成情况作为考核各级行班子、相关部门负责人工作成效的重要标准之一，时刻掌握中间业务完成进度，严防中间业务收入的跑、冒、滴、漏，在全行形成齐抓共管的发展局面。截至12月底，全行实现中间业务收入6183万元，同比增加2120万元，增幅52.18 %，完成省分行下达年度计划的105%。

【加强业务管理】 2011年，农行鹰潭分行不断加强业务管理、强化内控和案防基础建设，确保全行安全稳健经营。一是突出加强贷后管理，提升风险管理水平。切实按照银监会相关要求，抓好受托支付管理，强化客户资金监管，全面推行贷后管理例会制度和贷后管理巡检制。二是加强业务运营管理。以“三大集中”为平台，通过强化科技支撑，进一步加大信息科技风险综合防控力度，有效保障了全行业务系统安全、稳定、连续运行。三是扎实开展好安防设施普查工作。对于存在的问题，要严格按照上级行提出要求整改到位。同时，抓细抓实各项安全管理工作，做好安全防范工作。四是扎实开展了“合规文化大讨论”和“基础管理提升年”活动。活动取得明显成效，被市委市政府评为2011年“五五普法工作先进单位”和“发展提升年活动先进单位”。

（桂　忠）

【农行鹰潭分行领导人名录】

行　长：胡金华

副行长：邓晓欣　王国庆　朱建威

纪委书记：刘力明

中国农业发展银行鹰潭市分行

【概述】2011年，中国农业发展银行鹰潭市分行在市委市政府及上级行的领导和支持下，全行上下砥砺奋进、攻坚克难，认真贯彻年初全省分支行长会议精神，紧紧围绕“发展、创新、管理、和谐”工作思路，以科学发展为主题，以加快转变业务发展方式为主线，深入实施“两轮驱动”发展战略，加大信贷支农力度，积极推动农业农村基础设施建设，抓营销促发展，严管理控风险，强文化聚力量，在支持粮食收购、水利及新农村建设、化解信贷风险、提升经营效益等方面硕果满枝、再创佳绩，实现了“十二五”期间的良好开局。年末，各项贷款余额31.88亿元，比2010年增长25.27%，人均贷款3796万元，比2010年增加838万元；各项存款余额2.23亿元，比2010年增加3049万元，存款日均余额3.62亿元，比2010年增长41.67%；实现中间业务收入203万元；当年实现税后利润6305万元，比2010年同期增盈1286万元；人均税后利润75.06万元，比2010年增加14.19万元；不良贷款余额600万元，不良率0.19%，比2010年下降0.05个百分点。

【粮油收储信贷创历史新高】 一是牢固树立粮油收储信贷业务立行理念，坚持在不“打白条”的前提下防控风险的指导思想，认真做好跨年度收购和夏秋粮收购资金供应，没有因工作不到位导致粮食收购出现问题。二是切实落实收购各项准备工作。认真做好了企业信用等级评定、贷款资格认定和贷款额度核定工作；形成了专题材料向当地党政领导及相关部门进行汇报和沟通，以银企座谈会的形式，将夏秋粮收购信贷政策传达到每户企业，及时发出了贷款书面通知书；提前落实好购销合同，推行代收代储合同异地核查做法；将非现金结算延伸到粮食供应商及农户终端，首次实现了非现金结算100%。三是深化信贷服务。对政策性收购、黄金优质客户收购、战略性收购布点客户，实行“先行介入、重点支持”的办法，提高审贷效率。柜面结算推行预约措施和值班制度，以满足企业资金非营业时间汇划需要。至年末，共发放粮食收购贷款11.77亿元，累计收购粮食4.72亿千克，其中夏粮收购贷款投放3.69亿元，收购1.56亿千克，双双创历史新高。消化了调控粮拍卖和财务挂账贷款收回两个贷款下降因素，实现了粮油贷款2.04亿元的增长。与此同时，积极支持国家及省级化肥收储6万吨，发放化肥储备贷款1.64亿元，进一步延伸了粮油产业链信贷业务。

【积极支持水利及新农村建设】 认真落实中央1号文，紧紧抓住国家重点加快水利改革发展等有利时机,充分履行好、运用好赋予的政策性金融职责和优势,优先抓好了对水利、新农村建设项目的信贷支持。在项目贷款上做到“早沟通、早储备、早调查、早申报、早发放”。积极主动与市、县政府及承贷企业加强联系与磋商,及时进行材料申报。支持了鹰潭市龙岗资产运营公司土地整理开发等4个建设项目,涉及城乡防洪、农村土地整治、城镇基础设施建设多个领域。全年累计发放中长期项目贷款6.28亿元,同比多投放5.58亿元,贷款余额11.89亿元,增加4.56亿元,增长62.08%,是业务开办以来发展最快的一年。市委书记陈兴超在分行信贷支农报告中作出批示:“感谢农发行一年来对我市农业农村经济发展所作出的贡献。在确保我市粮食市场稳定、促进农民增收、发展壮大产业化龙头企业和推进新农村建设中,农发行发挥了不可替代的重要作用,感谢你们的辛勤工作和付出的汗水。希望农发行继续发挥政策性支农的骨干和主力军作用,为促进我市经济较快平稳发展作出新的贡献”。市委副书记、市长钟志生在报告中批示:“市农发行充分发挥了政策性银行的龙头作用,在支持城乡基础设施建设、农村水利建设、新农村建设等方面很有作为、很有成绩,衷心感谢,望继续努力,为鹰潭经济社会发展作出新的更大贡献”。

【风险防控成效显著】一是强化了信贷基础管理。积极推行星级客户经理制度;从严把好企业准入关、评级授信关、企业最高贷款额度核定关;进一步加强贷后管理,认真落实贷款新规及省行信贷资金支付规定;积极做好了34家客户回访工作,严格实行查库制度,动态监控押品价值变化情况,及时做好客户经理尽职记录。二是着力抓好了“三项”重点工作,信贷风险防范化解取得实质性进展。通过相互配合、合力攻坚,全面完成了22家企业、共54笔、金额达3.12亿元的联保贷款置换;认真落实银监会34号文件要求,加强了对政府融资平台贷款管理,全面完成4.07亿元政府融资平台存量信用贷款抵押担保补办工作;督促加快粮食和化肥销售,上年度早中晚稻及化肥全部实现“双结零”。三是做好信贷风险预警监测和处置等工作。坚持定期召开风险排查例会制度;按季度分企业发布到期、逾期贷款监测报告。四是加强内控监督。抓好重要岗位交流轮岗、换户管理、强制休假、远程监控等各项内控制度的执行;与各支行、机关处室签订了党风廉政建设责任书、安全保卫责任状,与所有开户企业签订了“银企廉政共建协议”,与全体信贷和财会人员签订了“廉洁从业、合规操作承诺书”;扎实开展“案防建设巩固深化年”、“合规管理年”两项活动。五是认真开展季度综合风险排查,针对发现的每个问题,及时落实整改,并按要求对相关责任人进行违规积分管理。六是着力加强安全保卫和综治工作,为业务发展保驾护航,获得省行综合治理和安全保卫目标管理先进单位称号。

【推进队伍及企业文化建设】一是着力加强市县两级行班子建设。以“为民服务创先争优”为主题,扎实开展“四好”班子、“五好”党支部、优秀党员系统党建创建活动;强化对县级支行领导班子综合考评,按季考核支行副行长兼部门主管工作,不断提高治行理政能力和科学管理水平。二是强化机构员工管理和培训工作。开展业务岗位到期重新竞聘、空缺业务岗位和管理岗位竞聘上岗,加强了支行副行长交流力度,建立了员工工作考评档案。通过员工集中学习、部门每周例会、省行跟班锻炼、远程网络教育、自学及社会考试等途径,强化员工的岗位技能培训。三是强力推进企业文化建设。围绕庆祝建党90周年,深入开展“五个一”活动。大力开展“企业文化建设推进月”活动,认真整治办公环境,统一规范了视觉文化,着力打造窗口和员工行为文化,精心推动余江支行样板行文化建设。工青妇组织开展了户外集体拓展训练、女职工健康知识讲座等各项活动,在总行组织的“追忆红色岁月、畅想金色未来”女职工读书评选活动中,全省仅有的2名获奖者均来自本行。企业文化软实力不断提高,员工凝聚力持续增强,和谐发展氛围更加浓厚。(汤样生)

【农发行鹰潭市分行领导人名录】
行长:李红卫
副行长:罗俊华、陈友华、卢健

中国银行股份有限公司鹰潭市分行

【概述】2011年,中国银行鹰潭市分行深入贯彻省分行2011年工作会议精神,以科学发展为主题,以转型创新为主线,全面落实“扩客户、调结构、提收益、控风险”十二字方针,紧紧围绕“持续发展,争先进位”目标要求,聚全行之力,凝全行之智,谋发展,促上进,全行业务实现恢复性增长,多项工作取得较大进展。

【业务发展】2011年中行鹰潭市分行经营规模进一步壮大,全年主要财务指标大幅提升,结构持续向好。至12月末,人民币各项存款余额达45.69亿元,较2010年年末新增8.08亿元,公司、个金存款分别实现市场份额17.16%、11.11%,比2010年提升1.31%、0.49%。各项外币存款余额达1392万美元,比2010年增长467万美元,人民币各项贷款余额达34.35亿元,较年初增长1.58亿元,各项外币贷款余额884万美元,比2010年增长876万美元。2011年实现拨备前利润1.32亿元,较2010年新增5475万元,增幅达70.55%。全年共实现总收入2.39亿元,净收入2.08亿元,较2010年分别新增2840万元、6581万元,增幅分别达13.46%、46.34%;实现中间业务收入6870万元,较上年增加2951万元,增幅75.3%,中间业务收入占比达28.7%,比

2010年的18.92%提升9.78个百分点，收入结构得到进一步优化。2011年分行第三方存管客户数达1.24万户，较2010年年末新增2031户，增长19.53%，新增市场占有率为88.69%，在同业领跑大市；银行卡累计发卡7712张，借记卡发卡新增6.52万张，被省行认定为发卡之星；个人网银累计开户5.17万户，新增3.26万户；手机银行客户数累计开户2.62万户，新增2.46万户，个人网银和手机银行计划完成比均列全省第一名。

【网点建设效能显现】一是在软件上逐步落实了对公客户经理和账户经理制，对私业务的个人领养制，建立了产品首问责任人，发展网点的对公、对私和资产负债业务。二是改进和规范网点服务行为和业务流程。着力实施网点销售服务流程导入，外聘专业公司对分行三个网点进行了服务流程导入的培训与推广，并在全辖9个机构推广，增强了网点对客户的服务体验和服务能力。三是提升网点硬转型速度。全辖网点机构全面配备三支队伍和客户经理人员，全面铺开对公业务和资产业务，开通大小额支付系统、试点开放式柜台小额现金业务、增加ATM取现限额、升级VIP客户智能叫号系统，增加与改善有利于客户服务和体验的部分流程，提高员工技能和文明优质服务水平，提升对公、对私客户软服务能力。2011年搬迁新址或扩大网点装修3个、拟装修网点1个，网点硬转型由原来的57.14%提升至92.9%；新设立离行式自助银行3个，离行式ATM机8个，结束了分行没有离行式自助渠道的历史，实现ATM交易笔数42.05万笔，金额6.01亿元。全行个人客户数达14.47万户，新增4.39万户；实现中高端客户5802户，新增3206户。全行网均存款达32639万元，网均新增5770万元，较2010年新增423万元。全辖消灭亿元以下网点。网均利润贡献度为745万元、网点价值贡献673万元。网点效能改善显成效。

【推进转型发展】一是推进营销方式转型。在全市率先推行网点"朝九晚五"工作制，改善员工体验，增强员工的幸福指数，以更好的精神状态服务于客户。营销从单一的分散营销向全产品营销，从个体营销向团队营销，板块、条线、产品之间联动能力提升。分行的短信群发营销引领市场，"理财风暴"响彻全城。政府关键核心营销与企业总分部、兄弟行联动营销显成效，在把握第一信息上获得有力支持，效果良好。二是收入结构推进效益转型。全行推进效益观念，制定定价原则，以利息收入为主的收入转变为服务收入占比增加。分行以产品服务客户、以服务服务客户方式，通过客户技术、市场、管理上相互交流，对对公客户递交服务书、行业咨询，对私客户分期付、理财方案、客户钱包份额管理等提升中间业务收入，提高效益转型速度。分行发展方式的转型既抓好机会业务的实施，也注重了对四代业务、基础客户的突破，更关注战略业务的拓展。

【加强风险内控】一是倡导主动风险理念。在授信领域强化授信政策引导与客户信息分析判断的结合，要求授权发起、审查、贷后管理各环节人员积极介入客户，推进业务发展与风险关口前移。加强风险预警，加强总量到期前年审工作的提示和督导，开展铜产业调查、铜产业客户风险排查、浙商跑路事件分析、铜价市场行情通报、中小企业六大行业摸底等工作。分行成立了资产盘存委员会，强化了授信风险的现场与非现场监督。二是下大力气管理与处理不良资产。紧盯分行公司与个金资产动态变化，逐个分析不良产生原因，研究解决办法，制定路线图，对不良资产的存量摒弃新官不理旧账的思想，勇于担责。认真处理历史形成的某公司的不良资产完成诉讼终止拍卖工作，通过政府协调减少税费损失100余万元。对发生的某发电公司巨额贷款分类向下迁移事件高度重视，与省行、企业想方设法沟通，争取了对风险化解的较好途径。对新发生的个金不良贷款，敦促各级经营管理人员多渠道控制清收，通过大力管理与处置实现了分行不良贷款余额控制在省行计划指标内。三是加强操作风险管理。2011年分行重视操作风险管理合规的教育培训，对全辖员工印发各项业务操作规程制度，各级管理层深入机构亲自学习制度、排查操作风险落实情况。全年开展操作风险检查20余次，内容涉及反洗钱、转授权、代收付、理财业务、"双十禁"、"双九禁"制度落实等各方面，对检查出的问题深究原因，举一反三查漏补缺，及时整改，严肃问责，着力在全面风险内控管理上上水平，实现了全年无重大操作风险差错。四是积极开展风险内控教育。以不同形式、在不同场合经常开展内控教育，重点开展了"内控合规教育月"主题教育活动。组织学习内控制度及典型案例，开展正反两面教育，签订"遵章守纪，合规操作"承诺书，提高合规操作、严格管理意识和制度的执行力。全面开展2011年案防建设巩固深化年活动，认真做实"七个一"活动内容，开展拉网式风险排查，并将活动与"平安中行年"活动相结合，与员工行为分析、与客户经理离岗排查相结合，达到了督导整改深化，案防理念升华的目的。

【强化队伍建设】一是启动岗位竞聘。2011年全行按照"符合监管，激活队伍，有利经营，分步实施，绩效跟踪，强化责任，能上能下"原则，启动26个经营管理职位竞聘，全行96人参加竞聘，提拔聘任9人，4人由于业绩岗位不适应被降聘或落聘。二是加大校园招聘力度。经过笔试、二次面试充分筛选，共招聘校园大学生16人，是历史上当年招聘校园大学生最多的一年，有效充实了员工队伍，为后续发展储备了人才。三是改进员工培训方式。采取员工上借下派跟班学习，利用晨、夕会、例会学习分析业务，业务经理持续经营性地培训，组织全行员工集中参加业务技能测试，输送有专才的员工参加高级培训，新入职员工各级管理者亲自上课培训,培训方式多种多样,员工能力得到提高。四是加强绩效考核。坚持用积极健康、正确的思想教育引导员工,树立正气、抵制歪风,员工求真务实作风得以显现,收入依赖绩效提升,岗位依赖业务发展,职位能上能下,以绩效论分配观念建立。2011年鹰潭市分行在省分行各板块、条线的年度绩效考核均有长足提升。个金业务板块全省第五名,创历史最佳;信用卡业务列全省条线第二名;公司业务板块全省第五名,同组第三名;公司板块中间业务净收入全省并列第一名。财务板块列全省三甲之列。在省行2011年度综合绩效考核中,分行考核得分87.13分,名列全省第六,同组第三。

(彭样宝)

【中行鹰潭市分行领导人名录】
党委书记、行长:李翔林
党委委员、副行长:阮国莉(女)
饶绍才 王品武 袁忠敏(2011.8~)

中国建设银行股份有限公司鹰潭市分行

【概述】 2011年,面对复杂多变的经济金融形势以及更加激烈的市场竞争,中国建设银行股份有限公司鹰潭市分行在江西省分行党委、市委、市政府的正确领导下,在人民银行和银监分局的有效督导下、在广大客户和社会各界人士的关心支持下,始终秉承"以客户为中心"的经营理念,紧紧抓住赶超发展机遇,强化市场营销和业务创新,竭诚满足市民金融服务需求,倾情支持当地企业发展壮大,全力助推鹰潭经济发展,热心参与社会公益事业,树立了良好的金融服务品牌形象,赢得了社会广泛赞誉。分行荣获全省建行系统2011年度"经营管理最佳""资产质量最佳""中间业务发展最佳"分行称号;被中国建设银行授予"住房公积金专业营销服务先进团队"称号,被鹰潭市政府授予发展提升年活动、综合治理工作"先进单位"称号。被当地人民银行授予反假币"先进单位"等荣誉称号。

【传统业务优势地位得到巩固】 存款:分行始终坚持将增存工作作为重中之重,从容应对同业竞争,坚持依法合规经营,保持了负债业务的持续快速发展,余额和新增不仅在当地数一数二,也在系统内实现了提比进位,为全省建行系统的快速发展作出了积极的贡献。2011年年末,分行全口径存款余额76.43亿元,当地新增占比34.29%,系统内排名第三。其中;一般性存款增长率21.02%,系统内排名第三;企业存款增长率27.19%,系统内排名第四;个人存款增长率14.27%,系统内排名第二。新增当地排名在系统内最靠前,是全省唯一一个新增当地排名第二的二级分行。贷款:认真执行国家信贷政策,信贷结构持续调整优化。各项贷款新增当地四行排名第二,贷款增长率全省系统内排名第一,新增同业排名第一。全年回收不良贷款694万元,对公不良贷款额为零,对私不良贷款额103.8万元,年末不良贷款率为0.027%,不良额和不良率继续优于全省系统和当地同业。

【新兴业务战略空间得到拓展】 分行始终将发展中间业务作为全行工作重中之重,通过制定发展规划和中长期目标,配套、下达中间业务推进意见,强化激励约束机制,采取深引导、广积策方式强化认识,大力营造发展中间业务浓烈氛围与强劲声势。在产品上和创收渠道上开拓创新,多头并举实现发展多元化,构建多点支撑收入增长格局。在巩固扩大本外币结算、代收代付、房改金融、审价咨询等传统优势业务同时大力推行投行、财务顾问、国内信用证、保理、保函、电子银行、年金集合、乾元双周盈、固话支付等新兴产品和现金管理业务,培育中间业务新的增长点,在激烈的同业竞争中始终处于遥遥领先地位。

【创新和竞争能力得到增强】 分行着力提升产品创新、营销创新、服务创新能力。开辟了以创新撬动市场,提升收益的发展之路。首创全国建行单笔最大黄金租赁和首笔远期交易业务。为江铜集团办理1吨黄金租赁及远期交易业务,创下4项第一:即全国建行首笔黄金远期交易业务,全国建行单笔最大黄金租赁业务,江西分行首笔黄金租赁及远期交易业务和江铜集团首笔黄金远期交易业务,实现中间业务收入近800万元。营销首笔跨境业务。为江铜股份办理当地第一笔3100万美元融资性保函业务,亦是全省系统单笔金额最大融资性保函业务。大力发展中小企业客户,先后推出"速贷通""成长之路"、联贷联保、国内保理、国内信用证、存货质押等融资新品种,成了众多中小企业成长壮大的"及时雨";对内把负债业务的重点放在对私上、把资产业务的重点放在零贷上、把效益增长重点放在中间业务上,以发展中小企业客户带动公司、个金、国际和中间业务发展,累计发放中小企业贷款24亿元,支持小企业近百家,小企业贷款投放速度大大超过贷款总增速,惠及市内四分之一的小企业和近5000多名企业职工,取得了良好的社会效益和经济效益。

【内控监督管理水平得到提升】 分行坚持发展和内控"两手抓,两手硬",正确处理好发展与风险防范的关系,实现了低风险、无案件运营。一是紧扣"提质降比",资产质量持续向好,不良额和不良率继续优于全省系统和当地同业。二是从风险缓释工具选择上,着力提高抵质押比重,降低担保贷款额度,进一步强化风险缓释措施。三是重点针对"14个基层机构关键风险点"进行拉网检查,及时通报检查结果,提升风险内控能力。四是深入开展案件专项治理工作,加强员工职业操守教育,建立健全内外整改制度,2011年整改率达100%。强化员工行为管理,落实案件防控工作责任制,全行内控管理水平进一步提高。五是认真落实综治安全工作制度,加强员工安全教育和应急预案演练,强化重点部位、岗位、重要时段、关键风险点的安全监督和管理,实现了零案件安全运营。六是提升营运效率和服务质量,增强后台风险防范能力,支持促进全行业务发展,荣获全省二级分行营运工作综合考评一类行第三名,在规范化服务神秘人检查中,连续五年位居全省系统内第一。

【文化队伍建设得到加强】 分行始终坚持"以人为本",保持队伍和谐稳定,形成了"深化改革促转型、一心一意抓发展"的良好氛围。一是努力创造公平、公正、公开的用人环境,努力为广大员工提供有吸引力的职业生涯和更广阔的职业发展空间。二是树立崇尚先进,弘扬正气的风气,表彰先进,鼓舞士气,在员工中营造比学赶超、争先创优的良好氛围。三是把改善员工的工作、生活环境和福利待遇作为一项基础性工作来抓,努力改进服务环境和营造"和谐信任、严谨规范、团结协作、高效快乐"的人文环境。四是不断加强对员工的培训和教育,全年累计举办各类培训30余期,培训900余人次。五是加强传统教育,坚定员工理想信念。以建党90周年为契机开展了系列主题活动:举办建党90周年职工书法摄影展;组织青年员工开展"永远跟党走"主题演讲比赛;组织"七一"歌咏晚会;组织全行员工观看《建党伟业》电影;组织优秀党员和党务工作者、党员赴延安、韶山接受革命传统教育等,有效地推进了创先争优、党建工作和各项自身建设。六是加强党风廉政建设。分行领导人员和党员干部严格执行总行和省分行党委反腐倡廉各项规定,加强道德品质修养和廉洁自律,自觉接受党内外和行内外各方面监督,未发生领导干部和其他党员违法违纪案件和违规责任事故。七是关心关爱员工,帮助员工解决实际困难。积极开展离退休、内退、病退和困难员工走访工作,增强了员工的向心力和归属感。全年走访慰问困难员工30人次,发放慰问金、救助款10余万元。各级工会举行各种文体娱乐活动60余次、参与员工1500余人次。八是积极践行社会责任。累计捐款230余万元,用于抗洪救灾、支持新农村建设、支持体育事业、资助贫困大中学生等公益事业。

(周京伟)

【建行鹰潭市分行领导人名录】

行　长:孙海涛

纪委书记:夏广传

副行长:董凤群 熊前进

风险主管:李景芳(女)

农村信用合作

【概述】 2011年,鹰潭市农村信用社围绕组建设区市农商银行目标,按照"打造充满竞争活力的现代银行"要求,加快业务发展,完善内部管理,强化风险控制,提升服务质量,优化公共关系,各项业务实现突破发展,经营规模、资产质量、盈利水平大幅度提高。全市农信社员工758人,占全市金融同业总人数的28%,营业网点77个,遍布鹰潭城乡,从业人员及网点数量均居全市银行业之首。

【组建鹰潭农商银行】 为有效整合金融服务资源,更好的服务鹰潭经济社会发展,实现农村信用社可持续发展,根据《国务院关于印发深化农村信用社改革试点方案的通知》(国发〔2003〕15号)的指导原则和银监会提出"争取用5~10年时间将农村信用社分期分批过渡到符合现代金融企业要求的有特色的社区性农村银行机构"的工作要求,江西省联社于2009年确定由鹰潭市月湖区联社、贵溪市联社和余江县联社合并改制为鹰潭农村商业银行。2011年,鹰潭市农村信用社在业务经营、组织建设、队伍建设、制度建设、形象建设以及依法合规经营方面取得了卓越成效,成为了当地业务发展最快、社会贡献度最高的金融机构,具备建立农村商业银行的必要条件。5月,经国务院同意在鹰潭市现有农村信用社基础上组建农村商业银行。同月,由江西省联社副主任刘伟为组长的鹰潭农村商业银行筹建工作小组成立,农商银行筹建工作全面启动。6月,拟合并重组的3家联社分别召开了社员代表大会,履行组建农村商业银行的相关法律程序。同月,各联社全面开展清产核资和净资产确认。9月,鹰潭农商银行组建阶段各项工作顺利通过了江西银监局验收,并完成整改工作。10月,向国家银监会正式上报筹建申请材料。

【发展速度加快】 2011年,是全市农村信用社业务发展最快、信贷投放最多、经营效益最好、风险指标改进最明显的一年,业务经营再攀新高。年末,各项存款余额62.04亿元,比年初净增11.64亿元,增幅23.09%;各项贷款43.96亿元,比年初增加7.75亿元,增幅21.41%。存、贷款市场份额比年初均有所提高,全市排名前移。实现各项收人3.97亿元,增幅42.92%,同比多增16.57个百分点,实际利润9426万元,增长35.28%,账面利润6564万元,较上年末翻了一番多。同时,各项监管指标得到不断优化:资本充足率11.31%,核心资本充足率11.25%,超额准备金12137万元,拨备覆盖率255.26%,不良贷款率1.74%,发展后劲不断增强。

【社会贡献度提升】 2011年,在国家实行稳健的货币政策以及央行对信贷规模控制的形势下,省联社鹰潭办事处积极引导辖内各联社坚持"立足县域、服务三农"的市场定位,积极策应市委、市政府"四大一新"发展战略,紧扣县域经济、"三农"和中小企业发展、民生工程建设等重点,加大对接扶持力度。年末,围绕"四大一新"等市域重点项目企业发放贷款3.1亿元；以推广百福惠民卡、农户小额信用贷款、农业产业化龙头企业贷款、“信用合作+专业合作”等信贷产品为抓手，发放涉农贷款7亿元，增长21.88%，余额达38.98亿元，占比88.68%，实现了涉农贷款“两个不低于”目标；通过增值税质押、存贷抵押、信用共同体等方式，累计向323家中小企业发放贷款7.80亿元、向419名个私民营经济发放贷款1.12亿元，对38个信用共同体中223户企业给予授信2.91亿元，有效缓解企业融资难题；引导全市农信社积极履行社会责任，发放下岗再就业贷款2.99亿元、生源地助学贷款1537万元、青年创业贷款8806万元、林权抵押贷款7367万元，有效满足了弱势群体资金需求。2011年，省联社鹰潭办事处蝉联市委、市政府颁发的“支持地方经济建设先进单位”荣誉称号，所辖余江县联社被江西银监局评为“江西银行业金融机构小微企业金融服务先进单位”。

【资产质量优化】 通过“两率”监控机制执行，“两率”水平持续高位运行，资产质量不断优化。同时，在总结“三清理一追责”工作经验的基础上，开展了第四次贷款全面清理，并将清收重点转移到“已核销不良贷款、改革置换的不良贷款和股金溢价购买的不良贷款”上来，深度挖掘沉淀资金，成效显著。年末，到期贷款收回率98.69%，正常贷款利息收回率98.19%，同比分别提高2.56个、1.15个百分点。不良贷款连续36个月实现“双降”，绝对额比年初下降2882万元，占比1.74%，比年初下降1.17个百分点。

【风险控制增强】 2011年，省联社鹰潭办事处加强制度执行力建设，不断提高内控管理水平，实现成立以来八年“零案件”。充分发挥稽核大队和中队作用，改进稽核工作作风和检查手段，找准规范化建设中的薄弱环节，加大检查频率和力度，做到多查、实改、严处，消除隐患，控制风险。通过规制学习全员化、行为监督层级化、隐患排查常态化，有效防范员工思想滑坡、防范员工行为偏差、防范员工操作风险，从源头上杜绝隐患发生。制定了《稽核台帐管理指导意见》，对各级检查发现的问题建立稽核台账、落实整改责任人、限期整改，加大整改落实力度。规范了员工自借、担保贷款，化解风险。深入推进“合规年”活动，认真扎实开展了单位结算账户风险排查、委派会计履职情况检查、内控风险排查、“四项制度”执行情况检查、信贷业务“五整治一落实”风险排查等各项活动，有效消除隐患。

【服务水平提高】 2011年，省联社鹰潭办事处坚持“以客户为中心、随需而变”的服务理念，推行“全面客户管理”，增强对客户在产品和服务方面的竞争能力，提升市场竞争力。建立了办事处、联社、信用社三级营销体系，推行全员营销，强化“走出去”营销理念，抓住“两个一切”，提升市场份额。在做好客户维护工作的同时，积极开展与政府和相关部门互动、与大客户和大股东互动、与工业园区和大企业互动“三个互动”，开拓市场，推动合作共赢格局形成。巩固提升文明规范服务导入成果，制定了《文明规范服务提升考核办法》，通过明察暗访、培训公司“回头看”、加大服务投诉行为处罚等措施，提升员工服务水平。完善服务功能，加快了营业网点特别是城区网点标准化改造进程，全年共装修改造9个网点，有效改善服务环境。在农村金融服务全覆盖的基础上，全面拓展电子银行、支付清算等现代金融服务，以信息化助推城乡一体化，让广大城乡居民享受快捷的现代金融服务，全年累计向14.5万农户及时准确地代理发放粮食直补等各项惠农补贴资金3.30亿元。

（许琴波）

【省联社鹰潭办事处领导人名录】

党组书记、主任：周建平

党组成员、纪检组长：邹小平

银行监管

【概述】 2011年，鹰潭银监分局在江西银监局的正确领导下，在鹰潭市委市政府的大力支持下，认真落实银监会及江西银监局监管工作会议精神，围绕“调结构、促转型、稳发展”的主题，抓住融资平台贷款的监管、“三个办法一个指引”的推行、金融案件的防控等三项重点工作，推进有效监管，改善金融服务，有力促进了全市银行业金融机构和地方经济平稳较快地发展，分局也荣获“江西银监局系统先进基层党组织”“江西省银行业公众教育服务日活动优秀组织奖”“鹰潭市文明单位”等荣誉。至2011年年末，全市银行业金融机构资产总额428.32亿元，比年初增加33.88亿元，增长8.59%；负债总额417.28亿元，比年初增加31.70亿元，增长8.22%。各项存款余额368.77亿元，比年初增加65.44亿元，增长21.57%；各项贷款余额238.03亿元，比年初增加43.97亿元，增长22.66%。其中，不良贷款余额7.84亿元，比年初减少0.93亿元，不良贷款率3.34%，比年初下降1.16个百分点。本市银行业金融机构全年实现利润5.94亿元，按可比口径计算比2010年增加1.60亿元，增长36.87%。

【银行改革】 鹰潭银监分局以“稳定、规范、提升”为目标，强化内生机制建设，大力推动本市银行业金融机构改革。一是为推动本市农村信用社改造组建成鹰潭农村商业银行，分局成立了专职监管帮扶小组，加强与江西银监局、市委市政府、省联社的沟通与协调，督促本市农村信用社改善经营管理及加快业务转型，做好组建农村商业银行的前期准备工作。至2011年年末，本市农村信用社资产总额68.63亿元，不良贷款率1.74%，贷款损失准备充足率260.80%，资本充足率11.44%，为组建农村商业银行提供了较好的条件。二是分局实行“引得进、站得稳、发展好”的监

贵溪九银村镇银行股份有限公司举行挂牌开业仪式。

市银监分局供稿

管策略，引进及设立新的银行业金融机构，壮大本市金融市场。2011年12月28日，贵溪九银村镇银行股份有限公司挂牌开业。年内，上饶银行鹰潭分行在本市辖内的贵溪市设立了一家支行，进一步拓展了发展空间。至2011年年末，上饶银行鹰潭分行资产总额11.97亿元，各项存款余额10.84亿元，各项贷款余额5.00亿元，本年实现赢利963.99万元。

【市场准入】 鹰潭银监分局抓住“人本管理”，加强对本市银行业金融机构高级管理人员任职资格的监管，实施“三考三审”机制，即任职前考试、年度考核、金融知识会考等“三考”，任职资格准入审核、八小时外行为审察、离任审核等“三审”，该机制有效增强了高级管理人员依法履职的事业心和责任感。2011年共核准全市银行业金融机构42名高级管理人员任职资格，对3名高级管理人员任职资格进行了备案。另外，按照“科学布局，合理调整”的原则，通过“增、撤、升、降、迁”等措施，对本市银行业金融机构网点进行了调整，2011年共核准43项机构网点的设置、升格、搬迁、更名、业务准入等行政审批事项。

【金融服务】 在从紧的货币政策背景下，为了缓解经济实体融资压力，促进全市经济的稳健发展，鹰潭银监分局积极引导本市银行业金融机构进行金融创新，以扶优限劣、调整结构和盘活存量为主线，切实加大信贷服务实体经济的力度。一是创新小企业及“三农”金融服务。分局结合深入开展“创业服务年”活动，进一步强化了对小企业和“三农”贷款的“窗口引导”，通过搭建“中小企业信贷中心”“银保合作”“信用共同体”等信贷平台，有效激活了小企业及“三农”金融服务。至2011年年末，全市小企业授信2564户，小企业授信总额62.48亿元，小企业贷款余额61.66亿元，比年初增加10.76亿元，增长21.14%，超过总体贷款增速。“三农”贷款余额50.12亿元，比年初增加9.87亿元，增长19.69%，高于总体贷款增速。二是引导本市银行业金融机构创新企业网络循环贷款业务。在传统信贷业务的基础上，充分发挥银行网络的技术优势，根据小企业金融服务需求的新特点创新研发了小企业网络循环贷款业务，即银行与小企业客户一次性签订小企业循环借款合同，在合同规定的额度和有效期内，客户通过网上银行自助进行的循环借款合同项下提款和还款的贷款业务。该业务的推出保障小企业便利地获得贷款支持，为简化小企业贷款操作流程做出的有益尝试，更好支持了小企业的健康发展。三是引导本市农村信用社在多个行业推广“信用共同体”贷款模式。至2011年年末，全市信用共同体已经发展到50多个，授信总额3.67亿元，累计发放贷款6.36亿元，贷款余额为2.37亿元。与此同时，引导全市农村信用社积极创新联保贷款、林权抵押、增值税质押、存货抵押、小额担保贷款等信贷产品，大力支持农业产业化龙头企业、农村专业合作社发展，支持下岗职工、返乡农民工、妇女创业，辐射带动了全市农民就业和增收。

【风险管控】 鹰潭银监分局根据“严管控、防风险”的要求，切实提高监管工作的有效性，防范和化解金融风险。一是通过“监管引导、构建平台、创新机制”三大举措，加大政府平台贷款风险的治理力度，使相关风险得到初步控制。至2011年年末，全市在银行业金融机构有贷款余额的融资平台14户，比年初减少6户，贷款余额12.38亿元，比年初减少16.37亿元。其中贷款全部清收的平台4户，整改为一般公司类贷款的平台2户；补充抵押担保8.13亿元，全面完成了平台贷款担保抵押物的有效追加工作。二是通过宣传与督促相结合、银行信贷流程与机制改造相结合、台账管理与跟踪检查相结合、检查银行业金融机构与走访企业相结合、即期目标与长远目标相结合的“五结合”，大力规范银行业金融机构的贷款走账行为，将确保按贷款新规要求走款率达到80%以上作为监管工作的硬性任务，狠抓落实。至2011年年末，全市银行业金融机构发放贷款中，按照“三法一指引”应当采取“受托支付”的贷款101.3亿元，实际“受托支付”96.04亿元，“走款率”高达94.77%，超过规定要求14.77个百分点。三是按照信贷风险“早量化、早干预、早处置”的原则，通过主动介入、监管引领、多方协调、联合推动、逐份过关、限时落实等措施，促使中长期贷款合同的修正补订工作顺利推进。至2011年末,本市银行业金融机构按规定需要修正补订的中长期贷款合同152份,已经协商修正补订152份,修正补正率为100%,应修正补订的中长期贷款合同金额31.36亿元,已修正补订的中长期贷款合同金额31.36亿元,完成100%。四是以非现场检查为依托,以各类现场检查为突破口,充分发挥非现场监管信息的监管支撑作用,把非现场分析结果与市场准入、监管评级、现场检查充分衔接挂钩,从而提高了综合监管效果。2011年,通过非现场监管发现问题38条,下发监管意见书7份,进行监管谈话7次;开展现场检查15项,发现问题57条,提出整改意见63条。

【案件防控】鹰潭银监分局持续保持高压态势,进一步加强对本市银行业金融机构案防工作的组织推动,强化检查指导、督促整改和案防问责,抓好案防工作机制的自我更新、自我纠正和自我完善,建设案防工作长效机制,扎实推进"银行业案防建设巩固深化年"活动,提高了案件防控能力,巩固了案防成果。本市银行业金融机构连续8年保持零案件的良好纪录。按照处置非法集资工作的职能分工,鹰潭银监分局积极协助市政府做好非法集资问题的调查、防范和处置工作,配合公安等部门加大清查及监控力度,防止非法集资引发地域性的金融风险,取得了较好成效,本市年内继续保持了无非法集资案件的良好态势。

【信息调研】鹰潭银监分局以增强监管有效性为目标,积极开展调查研究与监管联动。针对宏观经济下行的严峻形势,围绕当地经济金融运行的热点、难点问题和银行业监管工作的新情况、新问题进行专题调研。开展了政府融资平台贷款风险情况的调查、贷款新规执行情况的调查、案件治理情况的调查、房地产贷款情况的调查、银行支持农业产业化情况的调查等。2011年累计上报各类信息206篇,被各级刊物采用156篇,其中,被银监会采用34篇,被省局采用119篇,被省政府采用1篇,被人民网采用2篇,创造了分局信息工作新纪录,分局由此荣获了"江西银监局系统2011年度信息工作三等奖"。

【精神文明】鹰潭银监分局按照"稳定、团结、规范、提升"的治局目标,积极开展创建文明行业活动。一是严格落实党风廉政建设责任制。分局多次组织反腐倡廉警示教育,与市纪委、市监察局联合举办了《廉政准则》等党风廉政建设知识培训和讲座,副科级以上干部签订了"党员、干部遵纪守法承诺书",使全体干部进一步增强了拒腐防变能力。在开展纪检执法检查的过程中,严格实行"廉政回签卡"制度,本年共发出现场检查监督卡20份,收回现场检查监督卡20份。通过现场检查监督卡的反馈和对6家银行业金融机构的回访,没有发现监管人员违反"约法三章"和现场检查纪律规定的行为。在分局开展的落实行为准则情况评议和行风评议"两评"中,分局干部、被监管机构、政府相关部门、企业和社会各界对分局的满意率都达到100%,从而树立了分局干部队伍良好的社会形象。二是加强青年干部培养,激发队伍新的活力。分局在科室负责人、副科级干部、一般干部等三个层次进行"大轮岗",并严格按照有关程序提拔了9名干部,激发了青年干部工作的激情,一大批青年干部脱颖而出,1名干部被评为银监会系统"优秀共产党员",1名干部被评为银监会系统"舆情监测先进工作者",4名干部荣获省局"现场检查之星""监管之星"等称号。通过干部岗位大轮换,有效解决了困扰分局多年的干部难以转动的问题,极大地优化了干部资源配置,得到了省局党委书记、局长曾向阳同志的充分肯定。三是营造"争先创优"的良好氛围。分局通过召开动员大会、制订活动方案、开辟多种方式的宣传阵地、开展"爱国、爱局、爱家"为主题的演讲比赛等丰富多彩的活动,特别是在"三项重点监管工作"的开展中,"创先争优"精神得到了淋漓尽致的体现,涌现了大批"创先争优"模范典型,发挥了典型激励作用。

(熊文彬)

【市银监分局领导人名录】

党委书记、局　长:刘晨光

党委委员、副局长:金雨雄(2011.4~)

纪委书记:李洪

中国人民财产保险股份有限公司鹰潭市分公司

【概述】2011年,中国人民财产保险股份有限公司鹰潭市分公司围绕省公司及市委、市政府的战略部署和工作要求,坚持发展为第一要务、效益为第一目标,充分调动每个员工的工作积极性,抢抓机遇,同心协力,攻坚克难,奋力拼搏,做了大量工作,实现了公司持续、健康、平稳发展。

【业务发展】坚持车险为主导,大力拓展车商、物流业务,加快电销业务发展,实现全市县域电话销售落地覆盖率100%;认真履行国家政策性保险业务的服务保障职能,积极推动政策性林木火灾、能繁母猪、水稻保险,实现了全市商品林木火灾险统保;抓好重点项目承保,获得江铜公司财产一切险业务、机器设备损坏险、货物运输保险业务的主承保权;强化发展责任,加大绩效考核力度,推动了业务发展。全年实现保费收入1.32亿元,同比增长0.12%。

【内控管理】认真贯彻落实"促发展、保效益、防风险"工作要求,加强业务的分类管理,实行手续费"五跟"措施,落实重大事故招标定损制度、理赔案件日常复查制度和人伤案件每周调查制度,积极打击虚假、骗赔案件,全年共发现欺诈案件45件,减损金额达58.34万元。结合车改,进一步强化车辆使用、水电、无纸化办公、无纸化会议管理,严格控制费用支出,堵塞环节漏损,确保效益增长。

【客户服务】 立足现有条件,不断完善营业场所规范化建设,在省公司检查验收中排名第二;开展“满意在人保”主题活动和“理赔效率月”活动,严格落实“车险非人伤、物损案件万元以下单证齐全1小时通知赔付”承诺和“5000元以下无人伤、无物损、材料齐全,1小时通知赔付”承诺。全年亿元保费有效投诉率较2010年降低50%,实现考核期达成率98.69%,超过总公司90%的要求;两日核赔通过率等服务指标达到省、总公司考核目标。

【改革工作】 本着“方便客户、方便业务人员、提升出单效率”的原则,实施承保集中出单改革,认真做好出单中心定点、定人、定岗、定薪等工作,于9月中旬在全省率先实现了全市系统出单人员管理、业务处理、单证管理全集中,形成了“随时投保,就近出单,提升服务,便捷高效,强化管理,风险可控”的出单管理与操作平台,反单率、录单差错率、单证数据差错率均控制在省、市考核指标范围内,真正实现了快捷、便利、高效的出单运营方式。同时,按照省公司的要求,稳步推进销售人力资源、“三农”服务体系等改革工作。

【合规经营】 公司先后接受南京监察稽核中心和江西保监局检查,对检查发现的问题,全市系统积极主动落实整改,并以此为教训,深刻反思问题根源,将依法合规工作置于更加突出位置,强化有效监督,构建合规体系,培育合规文化,明确作为一把手工程来重视、来落实,不断强化风险关键点和着力点的管控,严格防范违规行为发生,合规经营水平有了新提高。认真执行反洗钱各项工作要求,连续三年实现反洗钱“零处罚”工作成效。

【精神文明建设】 加强学习能力建设,全力打造学习型组织,知识性型团队,专业化队伍,构建同质化的知识背景,为公司改革转型奠定一体化思想基础;学习推广“大连模式”和“泊头模式”,科学制定推广方案,通过多种渠道学深学透,切实解放和提高公司生产力,营销部被省公司授予“经营管理先进单位”,6人被省公司授予优秀管理者、销售明星和服务明星;公司党委、总经理室认真落实领导及部门挂点联系制度,班子成员深入基层开展督导活动;组织基层班子和理赔员工开展思想作风整顿和理赔作风纪律整顿教育,强化了基层班子作风转变和理赔队伍建设;深入开展“创先争优”活动,党组织的战斗堡垒作用和党员队伍的先锋模范作用进一步提高;积极开展作业流程标准化、知识管理平台、教育培训和360°绩效考核等工作;加强HR系统管理,实现了员工薪酬福利统一纳入HR系统发放;落实工作人员问责机制,进一步推进上级为下级、后台为前台、全员为一线的发展保障机制;因地制宜开展文化娱乐活动,不断丰富员工精神生活;抓好党风廉政建设和社会治安综合治理检查落实,全市系统无违纪问题和重大事故发生,确保了公司安全稳定。

(艾新华)

【中国人民财产保险股份有限公司鹰潭市分公司领导人名录】

党委书记、总经理:曾应禄

党委委员、纪委书记、副总经理:潘英明

党委委员、副总经理:熊东升

中国平安财产保险股份有限公司鹰潭中心支公司

【概述】 中国平安财产保险股份有限公司鹰潭中心支公司是中国第二大产险公司——中国平安财产保险股份有限公司在鹰潭设立的三级机构,成立于2003年3月。平安财险鹰潭中心支公司恪守“信誉第一,效率第一,客户至上,服务至上”的宗旨,积极推行“竞争、激励、淘汰”三大机制,运用一整套科学管理的规章和方法,使各项管理制度化、规范化,机构逐步健全,员工队伍不断壮大,现已开办机动车辆保险、企业财产保险、家庭财产保险、建筑工程险、公众责任保险、医疗事故责任保险及各类责任险、信用险、短期意外险及健康险等一切法定产险业务及国际再保险业务。下辖设立了贵溪营销服务部,目前公司在职员工共33人,配备了完善的办公设施、办公电脑等,网络设备齐全,设有独立电脑房,已经实现联网和无纸化办公。公司组织架构为:总经理室下设客服部、综合管理部、业管部3个部门,并设有新渠道、车行渠道、综拓渠道、银保渠道、直销渠道共五大渠道。鹰潭中心支公司秉承集团“对股东负责、对客户负责、对员工负责、对社会负责”的使命,业务发展稳定,业务规模逐年攀升,得到了政府、社会及广大客户的信任与认可。2011年,鹰潭中心支公司保费收入为1904万元,同比增长73.5%,已支付赔款860.2万元。

【企业文化】 公司吸取中国平安文化,吸收了中华民族优秀传统文化和西方现代管理思想的精华,定位于“以优秀的传统文化为基础,以追求卓越为过程,以价值最大化为导向,做一个高尚有价值的人”。根据集团战略目标,平安文化的发展观进一步描述为追求“领先”的文化,要求每个机构找寻“领先”的平台,要求在制定战略和计划时,要以“领先”为最核心的目标,在选拔人才、配置资源时,要以是否有利于实现领先为基本原则,在问责考核时,要以是否达到或靠拢“领先”为核心评判标准。公司根据每个时期的形势和需要,不断完善文化内涵,始终于时俱进,在战略和策略上永葆先知、先觉、先行。

公司秉承集团“对股东负责、对客户负责、对员工负责、对社会负责”的社会责任,珍惜善用每一分资本,构建完善的公司治理结构,建立以价值最大化为导向的企业经营文化,使企业价值不断增长,使股东获得满意回报;努力为客户提供全方位、个性化、专业化的产品及服务;努力为员工打造事业成功和自我价值实现的舞台,实现员工价值与公司价值共同成长;恪尽企业职责。怀抱感恩之心反哺社会。2011 年 10 月 18 日,公司召开“平安手牵手”爱心捐赠活动。公司发动所有员工为希望小学捐赠学习用品、书籍,广大员工积极参与、踊跃捐赠。共捐赠书籍上百册,学习用品上百件。10 月 23 日,公司举办了第八届客服节之客户大联谊活动。活动邀请了鹰潭市公安局、市国税局、市中院和两县一区的法院等外联单位,以及车行、平安寿险等渠道的优质客户代表共计 100 余人参加,开展了钓鱼大赛、摘橘子、挖红薯、午餐等活动,提供了一次让大家与大自然亲密接触的机会。

【服务承诺】 (1)万元以下一天赔付。针对所有投保平安车险客户,对赔款金额在 1 万元以内(包含 1 万元)的车险保险责任事故案件,在客户提交索赔资料齐全有效的情况下,平安承诺即刻起 1 个工作日内完成案件审批并通知付款(赔款到账时间视客户开户银行不同略有差异)。未达成上述承诺的案件,将以同期银行活期利率 10 倍的罚息(按日结算)赔偿客户。(2)一袋式理赔服务。2011 年 6 月,中国平安财产保险公司服务再次升级,面向全国隆重推出“一袋式”理赔服务。服务内容:客户出险后,公司查勘员告知在服务案件类型范围内的客户应准备的理赔资料并赠送“理赔资料专用快递袋”,客户只需要拨打信封上的“快递受理电话”,快递公司将上门代收资料,并送达至理赔内勤,客户无需再上门交索赔资料。案件类型:定损金额在 5000 元以下纯车损、非代理索赔案件。(3)7×24 小时查勘救援、全国通赔。平安财险为您提供 7×24 小时全天候现场查勘和专业汽车救援修理服务,全国任何地方出险,均可获得标准统一的理赔服务,从查勘到支付。(4)免费道路救援。在满足了客户的基本需求后,公司把目光投向了增值服务。约 67%的受访车主表示,最需要紧急道路求援类服务。公司据此推出 100 公里以内免费道路救援升级服务,承诺凡平安车险 VIP 客户和通过电话、网络购买平安商业车险客户,均可在保单有效期内,免费享受道路救援服务,不限次数,被救援车辆适用于 12 座以下非营业用客车、轿车。救援服务内容包括接电、紧急送抽油、紧急加水、更换轮胎、现场抢修、拖车牵引、吊装及困境道路救援。免费道路救援项目只是公司车险升级服务中的一项,提升第一现场及时到达率、全程代办理赔、代步车、人伤案件陪同调解、理赔进度跟踪反馈、代收理赔材料、保费免息分期缴纳、人性化关怀等也是公司正在着力研究实施项目。

【合规经营】 公司将合规经营作为 2011 年十大工作之一,旨在强化每一位员工的合规意识,确保 100%机构合规经营,减少、直至没有监管处罚;确保 100%的员工规范做事,减少、直至没有员工受罚;确保 100%客户服务合规,减少、直至杜绝客户投诉。公司开展多式多样活动进行合规宣传,制定了人人合规三件事、制度完善检视、“合规 100”通关考试、合规之星评选等行动方案。通过每日晨会向全体员工宣导合规知识、组织开展“行业典范、合规 100”为主题的合规知识培训、开展“合规 100”知识考试,并在日常工作中贯彻落实到每一项行动。通过系列工作,合规工作深入到每一位员工心中。开展反洗钱宣传周活动。为加强员工对反洗钱工作重要性认识及学习、提升员工反洗钱业务技能和工作水平,并对客户起到真正宣传作用,公司对内开展反洗钱知识培训、组织反洗钱知识考试等活动。对外在职场内悬挂横幅、宣传展板、粘贴宣传海报、设立反洗钱咨询台、散发反洗钱知识宣传手册等,让客户简单直接了解反洗钱知识,进一步增强社会各界的反洗钱的法律意识,形成全社会共同参与反洗钱、打击洗钱及恐怖融资犯罪的良好氛围。

【成立工会】 2011 年 9 月 1 日,公司召开第一届工会委员选举大会,正式成立工会,选举汪丽工为工会主席。工会成立有利于公司团结组织成员、维护员工权益、促进公司发展。

(蔡　娟)

【中国平安财产保险股份有限公司鹰潭中心支公司领导人名录】
总经理:彭杨志

中国太平洋财产保险股份有限公司鹰潭中心支公司

【概述】 中国太平洋财产保险股份有限公司鹰潭中心支公司,成立于 1998 年 7 月 26 日,是一家全国性国有股份制保险公司,作为现代金融业的四大支柱之一,承担着改革、保障经济、稳定社会、造福人类的重要职责,2011 年,太平洋财险鹰潭中心支公司在总、分公司的经营思想指导下,坚持科学发展,以客户需求为导向,围绕“四大突破”,实现“三个提升”,全面推进“二次创业,进位赶超”的战略部署,完善管理,优化服务。公司全年实现保费收入 7198 万元,同比增长 51.6%,占市场份额 25%,稳固保持财产险市场排名第二,主要经营指标在财产险市场上继续保持领先地位。

【创优服务质量】 公司的核心竞争力不仅仅体现在保费规模和市场份额上,更体现在理赔服务上。为此,公司坚持以“客户需求为导向”,在全省率先推行“全年无休、

365天营业、24小时理赔"、3G移动快速理赔、全国通赔等服务新举措。一是严格要求使用移动视频查勘操作系统，实现了前台后台的实时无缝对接，对单方无人伤案件大大简化了理赔流程，提高了理赔时效，提升理赔服务质量。通过简化优化理赔环节，完善制度，切实改进理赔服务。二是加大异地营业货车出险的跟踪力度。三是与优行网合作，为客户提供爱车保养、违章等信息温馨提示。

【防范经营风险】 牢固树立依法合规经营意识。综合、营销、财务各部门经常组织开展培训学习活动，让大家充分认识到依法合规经营的重要性；组织开展财务业务数据真实性检查自查自纠工作、税务自查工作、反洗钱自查、风险控制内部审计等工作；组织员工积极参加线上合规考试和合规自评。通过这一系列活动，逐步提高全体员工的合规意识，规范经营行为，带头执行业自律公约。

【提升竞争实力】 大转型促进大发展。2011年公司以电销和续保为抓手，以营运货车为依托，以非车险业务为重点，以车商交叉银邮业务为补充，全面推动整体业务平稳较快发展。立足当地，立足基础，千方百计做好私家车市场。加强续保管理，采取多种方法提高私家车续保率。全年车险占比86.13%，同比增幅70.46%，市场份额27.6%，列本系统内全省第一；存量业务续保率达到62%，系统排名第一。

【加强队伍建设】 加强培训，提高员工整体素质。对新员工进行入司培训，从理赔的基础礼仪、流程环节、沟通技巧、时效要求等各方面加强培训，提高服务质量。加强业务技能培训，建章立制，保证服务质量的持续改进。加强人才引进力度，通过招聘吸引一些有资源，高素质的人才到我们队伍中来，提升公司造血功能，打造一支有社会资源，有业务拓展能务，热爱保险事业，有吃苦耐劳精神的销售队伍，增长公司销售能力。坚持以人为本，丰富员工文化生活。组织全员体检；携手抚州中支开展了"翻开红色记忆，体验革命情怀"庆祝建党90周年的纪念等活动。

（王　兰）

【中国太平洋财产保险股份有限公司鹰潭中心支公司领导人名录】

总经理：罗　敏（女）

副总经理：郭丽萍（女）

总经理助理：甘成亮

中国人寿保险股份有限公司鹰潭分公司

【概述】 2011年，中国人寿保险股份有限公司鹰潭分公司（简称中国人寿鹰潭分公司）共辖6个经营单位，为更好地发展银行保险业务，新设了银保支公司。市分公司本部内设8个部门，新增培训部。全市系统劳动合同及各类用工120人，个人代理人581人。面对保险市场主体增多、竞争日趋加剧的新形势，中国人寿鹰潭分公司认真学习和贯彻全国全省经济工作会议和全国全省保险工作会议精神，紧紧围绕省公司"发展、队伍、执行"经营战略部署，以全面实现精品公司建设为目标，以发展与管理为主题，立足个险、银保、团险三大渠道，以全面质量管理为抓手，以发展期交业务为重点，以销售队伍建设为基础，以调整业务结构为核心，牢固树立科学发展观，在打造"精品公司"的基础上，在全市系统全面推进"质量管理年"建设，以完善各项管理制度入手，狠抓执行，规范流程，以确保全年公司各项目标的达成。

2011年，公司取得了良好的经营业绩。一是业务类指标稳步增长。截至2011年12月12日，全市总保费收入2.25亿元，较好地完成省公司下达年度目标计划任务，其中，个险渠道完成新单期交保费收入2744万元，完成省公司下达的目标任务，10年以上新单期交保费完成1355万元。个险举绩人力641人，完成省公司下达计划的152.6%，同比增长5.25%。团险渠道完成短险保费收入1308万元，完成省公司下达团险短险计划任务的102.25%，其中意外险834万元，完成省公司年计划的118.57%。同比增长27.28%。企业年金实现基金到账规模22万元，二次报备企业2家。银保业务共实现新单保费收入7965.76万元，保持了鹰潭地区银保业务绝对第一的市场份额。二是经营绩效类指标均在省公司规定范围之内，公司经营效益稳步增长，尤其是费用控制水平、续收率、短险赔付率、工资总额、福利总量等指标均达到省公司规定要求，较好地实现了省公司的考核目标。

【坚持科学发展】 为了应对日益激烈的市场竞争，公司领导审时度势、科学决策、尊重规律，结合实际大力倡导执行理念，确保公司持续稳健发展，努力实现"精品公司"目标。

个险和农网方面：一是充分尊重个险规律，狠抓基础求发展，确保实现省公司调整后的计划目标。二是竭力发展人力组织，扩充和完善营销团队。截至12月12日，经严格考核，清理无效人员后，AMIS系统全市共有营销员近500人，队伍架构得到完善和扩充；另一方面，狠抓队伍品质的扩张。加强甄选力度，提高营销员留存率，完善教育培训机制，有效地保证了增员质量。三是强化基础管理运作，转变个险经营模式。由原来"重规模、粗管理、轻效益"向"调结构、细管理、增效益"转变，在发展中调整结构，在调整中取得最佳效益，突出发展10年期以上期交业务，确保公司发展后劲。四是强抓销售精英团队的经营。

团险方面:一是注重市场研究,制定竞争策略。稳定巩固了医保、计生委等团险渠道业务,开拓承保了龙虎山游客意外险。二是注重分散性意外险业务的发展。三是加强公关,巩固和扩大团体短险和代理短险业务。四是巩固完善补充医疗保险。五是抓好学生平安保险的前期准备工作。六是加强企业年金业务拓展,团体年金业务取得了突破性进展,企业年金实现基金到账规模22万元,二次报备企业二家,在全省带了好头。七是提高保单质量,有效控制赔付率。

银行保险方面:一是按照"分层级管理、驻点经营、"511系列工程""7518项目""黄金搭档"等全新的工作思路,仔细分析,充分利用各代理渠道扎实的人脉关系,将资源进行有效整合,积极拓展业务,打造出了一支"能说、会算、受欢迎"的客户经理队伍。二是认真做好"渠道、网点、专管员"的三维护工作。三是按照行协规定,严格按银行保险规定比例手续费支付,坚决维护行协和同业自律约定权威。通过全市系统客户、理财经理和广大代理渠道柜面员工的共同努力,银保业务共实现新单保费收入7965.76万元,保持了鹰潭地区银保业务绝对第一的市场份额。

教育培训方面:2011年,公司设立教育培训部,教育培训部主要是抓好两方面工作:一是抓好两个育成体系的培训工作,初见成效。公司正式启动2011年新人育成体系训练营,全辖30余名新人入营参加了首期扬帆起航课程学习;公司针对城区两个营销部启动了2011年第一期初级主管育成训练营,来自同城的17位初级主管入营参训。通过集中训练及演练通关的方式,两营人员在期交保费、期交件数、期交举绩人数、期交举绩率、短险保费、等方面均有大幅提升。 二是做好新法上线的培训工作。随着7月1日保险营销员管理办法(2012-D版)的推广和执行,不持证坚决不能上岗。培训部统一分发(电子档)并印刷了11套代资考试题库共计1000份,分别下发到四个营业单位,在各单位分别进行集中培训并就出现的问题进行了辅导解决,共组织了3次考试,全年421人参加代资考,226人通过,通过率53.68%,持证率由原来的37%提高到64%,在全省排名也由倒数第一提高到第八。

【进行机构改革】 公司根据实际完善"三项"新机制,坚持业务发展和管理同等重要,建立"两分"推进的运行机制,采取"两手"并重的管理手段,各项工作围绕业务发展、阶段建设、成本管控三大中心开展。一是确保员工队伍思想稳定,全力以赴谋划业务发展工作,有效地促进了公司各项业务发展。二是抓好公司机构改革和定岗定编工作。2011年5月份以来,公司严格按照上级机构改革的要求,严格控制机构和领导职数,优化配置各基层单位领导班子。按照岗位需求定岗定编,最大限度发挥人的主观能动性,调整使用助理以上中层干部6人,放手让基层单位经理室选配科(股)级干部,发挥了骨干中坚作用,有效激活了人力资源,培育了员工积极进取的氛围。三是优化了岗位人员配置,理顺了公司业务经营架构,使内控、单证、监察等岗位人员得到了充实,配齐了专兼职印章管理、反洗钱、销售督查人员,做到职责合理,分工明确,合理使用各类人才。四是加强党建工作,充分发挥党组织在公司改革发展中的堡垒作用和先进模范影响力,有6人积极分子吸收为预备党员,吸收2人为积极分子考察培养。

【依法合规经营】 一是建立和完善核保核赔机制,做到依规承保,按章理赔,维护保险合同信誉。二是加强内部监督机制,将有效监督置于事前、事中、事后全过程,有效杜绝和减少了违规经营现象的发生。三是加强了对营销人员的市场行为的监督检查,要求广大业务员准确宣传条款,严禁误导和夸大保险责任现象发生。四是建立党风廉政责任制。下发各类文件15件,在各级领导干部中倡导常修为政之德、常思贪欲之害、常怀律己之心理念,对个人严格自律,对员工严管深爱,做到各部门各分管领导各负其责,齐抓共管,确保一方平安。五是强化内控合规教育。加强了《员工违规违纪处理》精神学习、反洗钱业务知识培训。六是开展"诚信我为先"教育活动。七是做好内控关键岗位日常检查。八是认真做好反洗钱工作。

【加强公司文化建设】 一是进一步完善了公司各项规章制度,做到办事有规章,经营有目标,考核有措施。严格完善绩效考核,大力倡导劳者有其禄、庸者收入少理念,有效克服了干好干坏一个样的习惯。二是坚持学习制度。落实公司和柜面周学习例会制度,着重加强了全市系统领导和员工的政治理论知识学习和业务知识的学习,有效地提高了广大员工的综合素质。三是加强作风建设。2011年以来,积极推动机关本部员工作风建设,开展效能执行年工作,倡导"主动服务"和"微笑服务"理念,有效地提高了工作效率,改善了公司形象。四是营造公司浓厚的企业文化氛围。在公司费用紧张的情况下创办职工书屋,筹集资金购书800多册,同时倡导员工捐书,为员工学习提供了良好的学习环境。同时,公司也积极做好宣传信息工作,全年编发快讯30多篇,编发上报省公司信息200多条。

(桂彩娥)

【中国人寿保险股份有限公司鹰潭分公司领导人名录】

总经理:胡望柏

副总经理:徐勇 (~2011.4) 刘卫平(2011.4~)

总经理助理:齐亚中(2011.8~)

中国人民人寿保险股份有限公司鹰潭中心支公司

【概述】 中国人民人寿保险股份有限公司(简称中国人保寿险)成立于2005年11月,经国务院同意,中国保险监督管理委员会批准,由中国人民保险集团公司(简称中国人保)为主发起设立的全国性寿险公司。公司总部设在北京,2011年,注册资本增加到201.33亿元,总资产规模近2500亿元。2008年4月,中国人保寿险鹰潭中心支公司经保险监管部门验收核准,正式对外营业。公司现下辖贵溪市支公司、余江县支公司2个经营单位,内设总经理室、综合部、个险部、银保部、团险部、互动部、客户服务中心7个部门。作为老品牌,新公司,中国人保寿险鹰潭中心支公司始终以"人民保险,服务人民"为核心价值观,主动将公司发展与国家兴旺、社会进步和人民福祉紧密相连,积极贯彻市委、市政府决策,认真履行社会责任,提高鹰潭保险行业服务水平,不断满足鹰潭人民日益增长的保险需求。

【业务发展】 2011年,公司全年共实现保费1.07亿元,占鹰潭寿险市场份额30%,市场排名第2位。其中银邮保费收入6264万元、个险保费2715万元、团险157万元、互动446万元、新单期交保费收入423万元、短险保费收入199万元。

【社会责任】 公司向社会做出公开承诺:一是诚信销售,明白投保。销售人员100%持证上岗,做到如实告知,不虚假宣传,不误导客户;坚持使用通俗化条款、标准化保单,让客户准确了解公司产品,知悉自身权益,明明白白消费。二是温馨回访。持续服务对长期险新契约客户在犹豫期内100%电话回访,确保保单销售质量;为长期险客户指定保单服务人员,确保服务不间断。三是手续便捷,赔付无忧。理赔流程公开、透明,理赔资料一次性告知,理赔报案多渠道受理。一般案件5日内结案,情形复杂的,在30日内作出核定,全国范围内通赔通付,重大紧急案件预付赔款,让客户安心享有保险保障。2011年,公司累计赔付支出160.74万元,其中疾病住院医疗给付48.27万元,意外医疗给付31.67万元,给付身故保险金80.8万元。公司服务网络已遍布全市区及所辖一市一县,做到及时理赔服务,承担保险责任,分担了政府负担,保障了经济发展,维护了社会稳定。

【经营思路】 2011年,公司坚持以规模效益化指导思想引领,抓产能、求效益、严管控、保生存,戮力同心,上下同欲,改变形象。并围绕六个坚持做好各项工作:一是坚持规模效益并举,二是坚持票子帽子共管,三是坚持业务队伍同步,四是坚持发展管控并重,五是坚持面子里子兼顾,六是坚持思想行动一致。

【服务平台】 公司追求以客户为中心的专业化经营之路,拥有一支从业经营丰富的管理团队,拥有一大批市场顶尖的业务专家和优秀人才,其中大部分在保险行业服务超过15年。公司建立了科学的集中管控体系与强大的销售支持平台,通过个人保险、银邮代理、团体保险、互动业务、电子商务等多种营销渠道,向广大客户提供咨询、出单、承保、核保、查勘、定损、理赔等全面、便捷、高效的服务,全方位满足客户的不同需求。公司通过"4008895518"客户专线、短信平台、门户网站、电子商务、客户服务门店、保单服务人员等多渠道服务网络体系,24小时全天候服务,在实现便利、快速、规范的专业化服务同时,坚持不懈地致力于满足每个客户的个性化需求。

(占文伟)

【中国人民人寿保险股份有限公司鹰潭中心支公司领导人名录】
总经理:毛向东
副总经理:吴福生(2011.5~)
总经理助理:吴福生(~2011.5)

中国太平洋财产保险股份有限公司鹰潭中心支公司

【概述】 中国太平洋保险(集团)股份有限公司(简称中国太平洋保险公司)是在1991年5月13日成立的中国太平洋保险公司的基础上组建而成的保险集团公司,总部设在上海。2001年,中国太平洋保险公司实施体制改革,中国太平洋保险(集团)股份有限公司成立,并控股设立中国太平洋财产保险股份有限公司和中国太平洋人寿保险股份有限公司。中国太平洋保险以"做一家负责任的保险公司"为使命,以"诚信天下,稳健一生,追求卓越"为企业核心价值观,以"推动和实现可持续的价值增长"为经营理念,为客户、股东、员工、社会和利益相关者创造价值,为社会和谐做出贡献。

中国太平洋人寿保险股份有限公司鹰潭中心支公司下辖贵溪营销服务部、余江营销服务部2个经营单位,内设总经理室、个人业务部、市区本部、银行保险部、团体业务部、营运部、保费部、财务部、行政人事部9个部门。2011年,鹰潭中心支公司累计完成人身险保费收入5431.86万元,其中个险保费标保收入2450万元、团险保费收入98.41万元、续收保费收入2883.45万元;有营销代理人134人,其中持证人数134人,持证率100%。实现了业务规模和团队人力的基本稳定。

【业务发展】 2011年,在全体员工的共同努力和拼搏下,公司各方面的工作取得了新的进展。

1.个险业务方面。个险作为公司可控和价值主要渠道,动员公司一切力量和激发其主观能动性,扎实有效的开展各项工作,取得了可喜成绩。一是瞄着目标工作,打得赢。按照分公司要求严格出勤管理,注重团队稳定和健康发展,在业务工作中分段经营,重点突破。二是着力培养干部,站得住。努力建设个险行政团队的主人翁意识和敬业精神,创造良好工作环境,全年个险条线调配和充实干部队伍4人,保证了个险工作有序高效运转。三是致力团队建设,搭架子。中支个险基础实际上十分脆弱,中支和四级机构高度重视业务团队的架构扩张,以收入为导向,全力推动准主任增员,借势业务节奏推动业务室的育成。个险全年新增业务员52名,育成主管6名,业务员收入过10万元的人员2011年超过11人,大大提振了业务员的工作积极性和对公司的忠诚度。2011年实现期缴492万元,标保2450万元。

2. 团体业务方面。2011年,累计实现意外险保费49.22万元,在当地市场排名第二,计划达成率55%,同比下降21%。其中:建工险意外险保费13.32万元(规模保费22万元),同比增长69%;团意险保费17.74万元,同比增长14.5%;安贷宝保费18.13万元,同比下降53%。综合赔付率9.99%,太平洋寿险全省最低。安贷保赔付率为0,团意险赔付率0.23%,建工险赔付率27%。

3.续期业务方面。紧跟分公司业务节奏,与营销部紧密联系,掌握营销员销售话术并制定相应收费话术,严格执行业务员自保件管理制度,稳定业务指标。合规作业,防范新的风险点。随着银行代扣率的大幅提升,完善客户信息,加大银行代扣之前及成功后的短信告知将成为新风险防控的主要手段,加大离职业务员保单及失效保单的回访力度,确保合规作业。

【后援管理】后援工作是业务顺利开展的重要保障,是公司服务于客户和社会的窗口,特别是服务于业务条线的业务员,让业务员感受到公司的关心和帮扶,有依靠和归属感等。(1)在日常工作中始终把以人为本,服务服从,不断学习,不断改善,严格要求放在首位,按照上级公司的要求和工作安排,整体保证了业务发展的需要,实现了无责任事故,无重大投诉,无违规,快速提升业务水平和技能满足了业务员和客户的要求。(2)办公室理清了多年不清晰关系到员工切身利益的个人养老金公积金账户,每季度对财产进行核对,保证了公司财产安全。加强与分公司和地方政府各职能部门的沟通协调,提升了公司内外部形象,创造良好的工作环境,最大限度地维系了公司正常运转。(3)财务工作在预算执行,账务管理,零现金管理,费用管控,服务于业务发展,外部沟通协调,内部监督,合规等方面做出了可喜的成绩,多项指标年度保持前三名。计财部除了严格执行分公司条线化管理及考核外,充分发挥计财的职能作用,参与过程监督和管控,为业务发展保驾护航。(4)营运工作秉承大局意识,服务至上,坚持流程做事,效率第一,开展微笑服务,人员基本素质和专业技能得到大步提升。在具体工作中把业务员和客户满意作为工作前提,树立急事急办,特事特办意识,赢得了普遍好评。

【风险防范】强化风险管控,切实依法经营,防范和规避经营风险。公司高度重视和防范财产和人员安全,每次中支全体内勤员工会议、中层干部会议必不可少的内容就是财产和人员安全,采取各种形式提示和提醒,并把一些案例和中支的实际结合起来指导日常工作,做到了防微杜渐,杜绝了重大风险事故的发生。

(舒瑜芳)

【中国太平洋人寿保险股份有限公司鹰潭中心支公司领导人名录】

总经理:赵治金

总经理助理:汪朝奉

鹰潭市保险行业协会第三届会员代表大会召开。

太平洋财险鹰潭中心支公司供稿

气象·环保

编辑、校对:柴靖龙

气象

【概述】2011年,市气象局以"三个代表"重要思想为指导,认真学习、宣传、贯彻党的十七届四中、五中、六中全会精神,深入贯彻落实科学发展观,按照"以人为本,无微不至,无所不在"的气象服务理念,围绕市委、市政府"四大一新"发展战略,主动积极地融入到鹰潭经济社会发展的主流之中,全力做好天气预警预报、气候预测预估和气象服务工作,不断提高气象为"三农"服务的敏感性和针对性,主动及时地做好各项决策气象服务工作,为防灾减灾、科学决策发挥了积极作用,圆满完成了各项工作目标任务。2011年综合目标考核荣获全省气象部门第一名,这是继2008年后,市气象局连续4年综合目标考核荣获全省气象部门第一名。

【天气预警预报】鹰潭市是江西气象灾害多发地区之一,暴雨、洪涝、干旱、雷电、风雹、高温、寒潮、大雾等气象灾害频繁发生。2011年共发布各类预警信号146次,为市委、市政府提供气象呈阅件7期,重要天气情况17期,雨情服务360次。气象服务得到了市委、市政府领导的高度关注,决策服务材料领导批示4次。决策服务及时到位,受到了当地政府和有关部门的一致好评。

6月10日至20日,鹰潭市出现了一次连续暴雨天气过程,全市平均过程降水量168.2毫米,以贵溪市187.6毫米为最大,贵溪市部分乡镇出现了山体滑坡。

针对此次暴雨天气过程,全市气象部门提前准确预报,早在6月10日就向市、县领导及有关部门报送了一期《重要天气情况》,明确指出"6月10~12日受低涡和高空槽东移影响,我市将出现一次大到暴雨天气过程,预计过程雨量80~100毫米,最强降水时段将出现在11日"。6月17日发布中考天气预报,指出"6月17~19日我市有一次大到暴雨天气过程,建议考生途中注意避开山洪地质灾害易发区、河谷和河流下游,并注意防范雷电灾害"。此次暴雨天气过程,市气象局共发布预警信号2次、重要天气情况3期,紧急转移受地质灾害威胁人口900人,全市无一人死亡。气象服务得到市委、市政府领导充分肯定。

【提升公共气象服务能力】2011年,市气象局利用电视、"12121"语音自动答询系统、手机短信、新农网、电子显示屏、气象大喇叭等方式向公众传送气象信息,多渠道提升公共气象服务能力。据统计,共利用手机短信平台发布预报预警信息130万余条,在新农网气象服务信息发布1100余条次,在电子显示屏发布气象信息5000余屏次,并在《鹰潭日报》《赣东都市报》等主流媒体发布天气预报信息25次。同时继续做好春节、"五一"、中考、高考、"七城运会"等气象服务工作,多形式、多渠道服务方式,收到明显社会效益。

【"七城运会"的气象保障服务工作】面对"七城运会"鹰潭境内火炬传递、蓝球、足球比赛对天气条件的苛刻要求,市气象局精心组织,及时准确提供了鹰潭境内火炬传递、相关赛事的精细化预报服务。根据组委会的需求,在天气预报中特别增加相对湿度的预报。一、早在七城运会筹备期间,为组委会提供了鹰潭市气候背景分析。二、在火炬传递、相关赛事期间,提供精细化预报服务,从10月6日开始为市领导和组委会提供每3小时的滚动预报。七城运会期间共向市政府及组委会报送"七城运会气象服务专报"4期,短信服务50次。七城运会气象保障服务工作,得到了市委、市政府、组委会、参赛队和社会公众的充分肯定。

【气象科普宣传不断深入】2011年,全市气象部门以纪念"世界气象日""防灾减灾日""科技周""全国科普日"活动为契机,围绕防灾减灾主题,结合本地气象事业发展实际,精心组织各项宣传活动。1.和市科协联合开展了纪念3·23世界气象日"科技周""全国科普日"活动,市政协领导应邀出席了活动。2.积极开展气象知识进学校、科普图书赠送和防雷知识下乡活动,组织工作人员到社区、农村一线宣传科普,现场赠送气象科普图书杂志等。3.在5月12日,和消防、卫生、公安等多部门联合开展了“5·12防灾减灾日”水上救生综合演练,进一步促进了全社会防灾减灾意识的增强,有效提高了群众防御灾害、开展自救互救的能力。

【气象部门联动机制有新进展】 一是和国土部门发布了2期地质灾害气象等级预报,情报资料与国土资源部门共享,与全市18个地质灾害重点乡镇和23个危险点建立了热线联系。二是和通讯部门合作,建立气象防灾减灾平台,进一步提高了气象预警的覆盖面。三是建立了面向各级领导的手机短信决策服务平台,服务对象由市、县领导扩展到市、县、乡、村四级领导、信息员、农民合作社法人等,服务对象达1350名,基本上解决了气象灾害信息传递滞后、覆盖面窄的问题。

【人工影响天气】 2011年,全市气象部门不断拓展人工影响天气服务领域,积极开展人工增雨抗旱、水库蓄水、森林防(灭)火等工作,全年抓住有利的天气形势开展人工增雨作业共42次,成功作业25次,共发射火箭弹71枚,取得了显著的社会经济效益。

【服务“三农”】 2011年,乡村气象服务工作进展顺利。2011年,中央财政首次设立“乡村气象服务专项经费”,在全国20个省121个县开展“专项”建设,贵溪市被列入其中。在市委、市政府的高度重视下,市、县气象局联合相关部门,广泛调研,制订方案,大力开展贵溪市乡村气象服务专项建设,全面落实“政府主导、部门联动、社会参与”的农村气象灾害防御体制和机制,逐步推进农业气象服务体系和农村气象灾害防御体系建设工作,取得了显著成效。

2011年,鹰潭市共召开了3次乡村气象服务专项推动会,明确了各部门的工作职责,将气象灾害防御工作纳入对各乡镇的考核。全市18个乡镇都建立了气象信息服务站,在24个村新建了气象信息服务点,实现了乡级政府有分管领导、乡乡有气象协理员和信息服务站、村村有气象信息员。通过各乡镇发布《气象灾害应急响应工作规程》、气象灾害防御规划,开展气象灾害应急准备认证、农村防灾减灾科普宣传和应急演练,设立气象灾害警示牌,发放气象灾害防御“两卡”等,进一步提高了鹰潭市农村气象灾害防御能力。

2011年,全市共建立45个电子显示屏、104套气象预警大喇叭。通过农村电子显示屏、气象预警大喇叭的建设,结合贵溪有线电视、新农村建设网、手机短信、“12121”声讯自动答询平台和“农民专业合作社声讯服务系统”等多种方式,共同发布气象灾害预警信息,力争至少能有一种手段,将预警信息送达农村每一个地区。

农业生产从“靠天吃饭”逐步转变到“测天吃饭”。鹰潭市在久润现代农业示范园、塔桥园艺场、泗沥雷竹示范园进行立牌标志,气象与涉农、涉灾部门共建农田小气候观测站,实现观测数据在当地电子显示屏上实时显示,方便农户掌握农业生产期间的气象状况,合理安排农事活动。

部门有效联动,开展直奔田间地头的“直通车”服务。鹰潭市成立了由气象、农业、林业、水利、国土等涉农部门专家联合组成的农业专家联盟,并组建了由农民专业合作组织技术骨干和种养能手、种养大户等组成的农民专家队伍,气象与涉农部门签订合作协议,共同开展直奔田间地头的“直通车”服务。气象服务三农能力进一步提升。通过开发农民专业合作社服务系统,建立农业气象服务指标体系、周年服务方案、农业气象服务标准与规范、灾害隐患库、开展农业气候区划和农业气象灾害风险区划、开展灾情调查等,进一步增强了服务能力。同时,紧紧围绕农村防灾减灾、大宗农作物生产、特色农业生产等,制作和发布各种涉农服务产品。

据统计,1月以来,以水稻、早熟梨、蔬菜为服务重点,针对作物生长发育期间对气象条件的需求,共发布农民专业合作社专题服务产品103期。

【科技兴气象战略】 2011年,初步建成市县维修维护保障体系,全市已建成的38个区域自动气象站均在正常使用,这些自动气象站基本覆盖了全市的每一个乡镇、中型水库和地质灾害多发地区,为各级党政领导和有关部门指挥防灾减灾提供了科学的决策依据。全年共购买了四要素数据采集单元4块,电池20块。通过逐日网络巡查,及时修复了14个区域站故障站点,蓄电池更换14组,雨量校准38站(100%)。对所有区域站设备进行了汛前的维护和维修工作,通信费按时交纳,中心站运行正常。

2011年,基础业务管理不断规范。通过汛期检查、业务培训、下站指导等多项措施,不断加强业务管理,地面测报无重大差错发生,国家站传输及时率为99.68%,区域站传输及时率为97%,均在全省处于领先水平,全年错情率为0.08‰,雷电、GPS/MET、酸雨等设备运行正常。全市信息网络系统的运行正常,资料传输通畅及时,省—市—县三级可视会商系统设备、线路运行情况良好。市气象局的基础业务工作连续多年在全省的目标考核中名列第一,贵溪市气象局获2010年度国家基准气候站、基本气象站地面测报竞赛第一名,2011年市气象局获省内预报类竞赛团体第二名,2011年全市通过市局验收的全省优秀测报员16人次,通过省局初验的全国优秀测报员4人次。

【气象依法行政】 2011年,市气象局认真贯彻落实省、市主要领导对做好防雷减灾工作的重要指示精神,履行好防雷减灾社会管理职能,加强与安监、教育、规划、建设、消防、质监等部门合作,积极做好防雷减灾工作。一是每年组织防雷安全检查;二是组织防雷技术人员到农村、学校开展雷电灾害科普宣传工作,免费发放有关雷电科普的VCD、DVD光盘和宣传材料2500份;三是通过电视、广播、报纸、互联网、"12121"、手机短信等媒体广泛宣传防御雷电科普知识;四是对第七届全国城市运动会比赛场馆鹰潭体育场、鹰潭体育馆、余江体育馆的防雷安全工作现场做了详细的检查,将检查情况对法规处进行了上报,并提出了相应的整改措施。

(刘　丰)

【市气象局副县级以上干部名录】
党组书记、局长:戴熙敏
党组成员、副局长:徐建国
党组成员、纪检组长:李九龙
党组成员、副局长:宁芳跃(女)
副调研员:徐民建　夏长发

环境保护

【概述】 2011年,在市委、市政府的正确领导下,在省环保厅的大力指导和支持下,全市环保系统深入学习实践科学发展观,坚持在发展中保护,在保护中发展,以改善环境质量为目标,以污染减排和保障环境安全为重点,强化执法监管,全面提升了环保工作整体能力和水平。在经济持续较快增长的情况下,全市环境质量保持稳定。2011年全市主要河流监测断面水质为Ⅱ~Ⅲ类,城市集中式饮用水源地水质达标率为100%,空气环境质量保持在国家二级标准。

【服务经济社会发展】 一是提高项目审批效率。对于符合国家产业政策、满足环保准入条件的项目,尽快办理环保审批手续。环境影响报告书、报告表、登记表的审批时间分别压缩到8个、5个、2个工作日内完成审批,分别缩短了52个、25个、13个工作日。对于涉及民生工程、基础设施建设的项目,开辟"绿色通道"。二是多方面为企业做好服务工作。对科技含量高、符合市产业布局的新建项目,根据项目特点和全市环境功能区划,为企业选址提供指导性意见。对需要报上级环保部门审批或验收的重点项目,积极做好沟通协调工作,全力争取上级环保部门的支持。实施联系企业制度,经常组织到企业宣传环保法律法规,听取意见和建议,帮助企业纠正存在的环境违法违规行为。主动帮助和指导企业做好污染治理项目申报、上市环保核查、清洁生产审核等工作。三是积极争取项目资金。2011年,全市组织申报了中央重金属污染防治专项资金项目3项,中央农村"以奖代补"资金项目3项,省级环保专项资金项目12项,全年共争取项目资金1781万元。组织力量对全市列入省级规划的130多个农村专项资金项目进行了全面整理,建立了农村专项资金项目库,为争取中央和省级农村专项资金项目奠定了扎实的基础。

【环境执法】 一是认真开展环保专项行动。根据省环保厅统一部署,开展了"打击违法排污企业保障人民群众健康"环保专项行动,成立了专项行动工作领导小组,制定了饮用水源保护、重金属污染风险防范等环保专项行动方案并组织实施,先后共出动执法人员2130余人(次),检查企业187家(次),关闭了5家不符合环保要求并存在环境安全隐患的企业,有效打击了环境违法行为。二是大力开展重金属污染综合防治工作。组织对全市涉重金属企业进行了全面调查,编制完成了《鹰潭市重金属污染综合防治"十二五"规划》(征求意见稿),制定了《鹰潭市2011年度重金属污染防治实施方案》并组织实施。不断推进贵溪冶炼厂周边区域土壤修复试点工作,逐步解决历史遗留问题。三是切实加强饮用水源地环境保护。进一步完善了全市3个集中式饮用水源保护地的环境管理档案。督促有关部门关闭了集中式饮用水源保护区的4个新排污口。设立了规范的饮用水源保护区界牌、交通警示牌和宣传牌。四是加强自然生态保护工作。阳际峰自然保护区已晋升为国家级自然保护区。积极组织开展生态示范创建工作,贵溪市开展了生态县创建工作,创建规划已通过了省级专家论证。有3个乡镇、3个村正在创建国家级生态乡镇(村)。五是加强环境信访案件的受理与查处,全年共受理环境信访投诉467件,办结460件,办结率98.5%,获得全市信访工作和社会治安综合治理工作先进单位。

【总量减排】 一是严格责任考核。从2011年开始,主要污染物减排指标由两项增加到四项,减排工作涉及更多部门。为适应新形势、新要求,市政府成立了由分管副市长为组长,市直有关部门和各县(市、区)政府领导为成员的减排工作督导小组,协调推进全市减排工作。市政府与各县(市、区)政府签订了主要污染物总量削减目标责任书并进行考核。二是落实减排项目。开展了污染源普查动态更新调查工作,组织编制了《"十二五"主要污染物总量控制规划(初稿)》,结合实际制定了2011年度减排计划,确定了25个减排重点项目。三是加强督查推动。对列入减排计划的项目,实行重点管理,做到每月一调度、每旬一督查、每周一自查,对项目进展情况及时通报。对进度慢、措施不落实的相关单位,列为全市重点监督对象,进行专项督查。

根据环保部的核查核算,2011年全市化学需氧量、氨氮和二氧化硫三项指标完成了省政府下达给全市的任务,氮氧化物有所上升。

【环境监测】 强化环境监测规范化管理和正规化建设,完善各项规章制度,定期组织实施对辖区内重点工业污染源的监督监测,同时还不定期地对各污染源进行抽查监测。2011年市环境监测站组织实施对辖区内重点工业污染源监测,获取数据2516个,例行监测中,获取地表水监测数据1368个,大气监测数据3588个。市区降尘、降水、噪声分别获取数据60个、1188个、793个。

【能力建设】 一是加强基础能力建设。市环境监控指挥中心已竣工并投入使用。贵溪市和余江县监测执法业务用房即将全面完工。二是在线监控平台和重点污染源在线设施建设进展顺利。继续完善了环境监控中心建设,积极实施污染源在线监控工程,加强现场监管督促,辖区内建成的7家重点企业及鹰潭、贵溪污水处理厂在线监控系统运行正常;余江污水处理厂的在线监控系统正在进行调试和试运行;城区空气监测点位已全部实现自动监测。通过在线监控系统的建设和完善,逐步实现了环境监管的网络化和数字化。

【环境宣教】 一是积极开展面向公众的环境宣传活动。精心组织策划开展了以"共建生态文明,共享绿色未来"为主题的纪念"6·5"世界环境日宣传周系列活动。在全市30辆公交车上播放自主设计的环保宣传MV,共播放3500次;向全市20个社区和省级绿色学校赠送了环保宣传挂图,并在市时代广场举办了专题宣传活动。二是深化中小学环境教育工作。组织市环保义务宣讲团100多名大学生在鹰潭职业技术师范学院开展了"环保演讲比赛"及"以物换物"等环保活动,倡导大、中小学生自觉保护环境,逐步形成"小手牵大手,一人带众人"的环境教育社会格局。

【队伍建设】 更加重视干部培养教育工作,认真组织了干部职工的政治理论学习,积极选派干部参加环保部和环保厅组织的业务培训。不断加强廉政建设,认真落实党风廉政建设责任制。按照市委、市政府和省环保厅的统一部署,扎实开展了发展提升年和"三治"活动,获得发展提升年活动单项工作奖。通过作风、制度、廉政建设,全市环保系统干部职工的工作责任心明显增强,工作能力明显提高。

(占涛金)

【市环保局副县级以上干部名录】
局 长:李卫国
副局长:毛建华(~2011.12) 刘志林
纪检组长:张浩京(~2011.12)
副调研员:张 永 王福五
总工程师:张红志
调研员:程四才

省政府副省长谢茹(中)在贵溪市城北污水处理厂调研。

市环保局供稿

科技

编辑、校对：夏永军

概述

2011年鹰潭市科技工作围绕建设创新型鹰潭总体目标，认真贯彻落实科学发展观，坚持“自主创新、重点跨越、支撑发展、引领未来”的工作方针，不断适应新的形势变化对科技工作的新要求，强力支撑了鹰潭的经济和社会发展，获得了良好的赞誉。先后获科技部“实施星火计划先进单位”及“全省科技大开放”“全省科技计划管理”“全省科技条件与平台建设”“全省科技成果与技术市场管理”“全省民营科技企业统计工作”“全省防灾减灾宣传工作”先进单位荣誉称号，并第六次蝉联“全国科技进步示范市”称号，在2010年江西省科技进步统计监测评价中，鹰潭市科技进步状况综合评价位列全省各设区市第三名，比2009年上升了1位。

重要举措

【科技创新“六个一”工程】 制定出台了《关于继续推进鹰潭市科技创新工程的意见》，指导全市科技创新工作，引导鼓励企业开展科技创新活动。成立市科技创新工程领导小组，协调调度全市科技创新工作。制定印发《鹰潭市科技创新工程2011年度工作要点方式》，明确科技创新工作年度目标任务，即：(1)积极申报国家级高新技术开发区，加快高新技术产业发展；(2)积极筹备建设铜科技孵化器，搭建铜科技创新创业平台；(3)加强企业技术创新工程，提升企业自主创新能力；(4)办好“鹰潭市世界铜都建设同舟论坛”，营造有利于铜产业发展的舆论环境；(5)加快科技金融入园步伐，大力推进经济技术开发区转型升级；(6)加强人才队伍建设，优化技术创新体系；(7)积极开展对外科技合作，借助高等院校和科研院所人才优势，提升鹰潭科技创新规模和水平。全市科技创新工作迈入快车道，铜产业科技创新有新成效，产业特色凸显，优势明显壮大。1~10月全市70家规模以上铜企业实现工业增加值170.01亿元，同比增长11.2%，实现主营业务收入1526.91亿元，同比增长46.45%，利税总额79.33亿元，同比增长44.22%，全市铜产品产量200.8万吨，同比增长11.19%，铜加工新项目建成34个，新增年铜加工年产能40多万吨，已形成从上游铜矿勘探、矿石开采、选矿、废旧金属拆解，到中游铜冶炼、精炼，延伸到下游铜精深加工，终端用铜企业的完善产业链，铜资源自给率逐年提高。铜产业技术水平、产业层次、配套能力明显提升，已实现由铜原料基地向铜材料基地、铜材料基地向铜精深加工基地、铜精深加工基地向涉铜终端产品生产基地的“三个转变”。铜科技创新主体和服务平台建设进一步加强，江西省首家院士工作站落户江西铜业公司。以江西铜业公司为主体，由江西瑞林科技公司、江西理工大学共同组建的国家铜冶炼及加工技术工程研究中心初具规模，市级铜精深加工技术工程研究中心组建4家，铜科技创业园与铜产业共性研发服务平台也在抓紧建设当中。铜产业科技经费投入加大，共安排铜产业承担国家科技型中小企业技术创新基金项目7项，获经费支持510万元，承担省市科技支撑项目30余项，获经费支持206万元。高新技术产业发展新突破。组建申报国家高新技术开发区工作获批，组织申报认定高新技术企业3家，省级创新试点企业2家，1~11月份高新技术产业产值达125.81亿元，工业增加值22.83亿元，同比分别增长29.5%和33.4%。条件平台建设取得新进展。全市共获批各级工程技术研究中心6家，其中国家级1家、省级1家、市级4家。优势产业科技创新团队建设有新成绩。围绕精密铜材加工、微型元件和眼镜金属材料及智能水表科技创新需求，新组建四个市级优势科技创新团队。

【科技计划及项目管理】 全市共:安排各级各类计划项目139项，其中，国家科技型中小企业创新基金项目16项，国家可持续发展实验区建设项目1项，国家星火计划2

项;省富民强县专项1项,其他省级科技计划29项,6项新产品被评为省优秀科技新产品,13项新产品列入2011年省级重点新产品;安排市级科技计划项目72项。

【科技经费投入及管理】 全市安排各类科技经费4261万元,其中争取省部级经费1466.5万元,分别是:国家科技型中小企业创新基金项目经费1040万元,国家可持续发展实验区建设经费100万元,国家星火计划项目经费60万元;省富民强县项目经费50万元,其他省科技计划项目经费216.5万元,安排市级科技计划项目经费323万元。

【科技成果】 共组织鉴定科技成果22项,其中:省级科技成果鉴定4项,省级新产品鉴定3项;市级科技成果鉴定12项,市级项目验收3项。在鉴定验收的成果中,其中技术水平达到国际先进的3项、国内领先的4项、国内先进的7项、省内领先4项。鉴定成果有三个特点:一技术水平比2010年有所提高;二省级新产品鉴定有所增加;三是紧密结合了国家、省级科技计划项目的申报工作。共实施省级科技成果推广2项,安排项目经费7万元;实施市级科技成果推广计划3项,安排项目经费15万元。科技成果推广的重点是河流渔业资源保护与生态环境修复技术及水稻双季直播避害机制研究与示范推广等方面。

【科技奖励】 共评出市级科学技术奖获奖项目26项,其中一等奖4项、二等奖8项、三等奖14项。颁发了2010年度市级科学技术奖、奖励经费30万元。

【科技入园工程】 以鹰潭经济技术开发区为载体,有序推动科技入园工作。鹰潭经济技术开发区成为首批科技金融入园试点单位,科技孵化器建设在园区内启动,已建立1家企业科技孵化器。

【技术市场管理】 全市技贸机构22家,其中新增1家,技术合同认定登记104项,技术合同成交额约1.09亿元,其中技术交易额8032.52万元,比2010年增长160.1%,超额完成年度目标任务。

【科技人才】 设立科技人才计划项目,安排科技经费15万元,支持了生物医药、医疗、水产、畜牧等方面4位专家的科研活动。对全市科技人才培养、引进、使用情况开展了摸底、调查,调研报告已上报市委、市政府,完善了市级科技专家库。

【科技合作与交流】 11月11日至15日,组织参加了在南昌举办的第二届世界低碳与生态经济大会暨技术博览会,其间邀请到浙江大学教授开展科技咨询宣讲活动。组织参加了第十三届深圳高交会,共组织新能源、生物医药、精细化工、铜精深加工、机械电子产品及农业新技术等领域的18项高新技术项目参与展示洽谈。省科技厅王海厅长、吴文峰副厅长和鹰潭市政府辜清副市长听取了三川水泵有限公司的"智能型无负压叠压稳供水设备",余江县金丰实业有限公司"瓦销滚子链条"等项目的推介。同时参加了江西省政府在深圳组织召开的"江西省战略性新兴产业推介会"。高交会上,鹰潭市展团参展项目数居全省设区市前列,受到省科技厅的高度肯定。科技招商引资工作也取得显著成绩,引进成立了宏鹰物流科技有限公司。

【知识产权工作】 拟定出台了《关于进一步加强知识产权工作的意见》。开展了全市专利行政执法专项行动,共查处假冒专利产品11起。加强了专利业务培训工作,在贵溪余江等地分别举办了企业专利知识知识培训班。县级知识产权管理机构建设取得重大进展,贵溪市成立了全市第一个县(市)级知识产权局。全市全年专利申请量280件,专利授权250件,其中发明专利70件,人均专利申请量和授权量均列全省前三位。

【科技工作先进县(市、区)创建工作】 鹰潭市第六次蝉联全"全国科技进步示范市"荣誉称号。

【农村科技特派员工作】 对农村科技特派员工作进行了考核。年内全市共选派农村科技特派员37名,科技特派员共创建示范基地12个,解决农业难题385项,引进农业新品种21项,推广新技术38项。

【科普工作与科技宣传】 制定出台了2011年《关于进一步加强科技宣传工作的意见》,强化了宣传工作管理措施。继续办好了《鹰潭科技天地》电视栏目和《鹰潭科技动态》简报。在科技创新"六个一"工程主体宣传活动中,组织市《鹰潭日报》、《赣东都市报》、鹰潭电视台、鹰潭广播电台等媒体记者采访报道了18家创新企业创新成就,共播发稿件30余篇。12月25日,在《江西日报》头版头条刊发了《鹰潭科技创新助推创新产业》一文。同时组织制作科技创新"六个一"工程条幅50余条,大型公益广告牌4块,大型宣传显示屏3块,全方位营造了科技创新的浓厚社会氛围。以"科技活动周""防震减灾宣传活动周""4·26世界知识产权日"等活动为契机,精心组织开展了一系列科技宣传普及活动,普及科技知识,弘扬科学精神,培养科学素养,让社会公众切身感受到科技的魅力。

【信息化建设】 鹰潭农事通服务站点建设步伐加快,在技术平台引入了飞信系统,实现了手机与信息服务平台间的无缝链接,组建了以专业站为核心、以农村专业户为主要服务对象的农技专业用户飞信群。目前飞信系统已经在水稻、果业种植、生猪、家禽、水产养殖、食用菌等专业用户群中得到广泛应用,覆盖农民专业户近3000户。国家科技支撑项目"中部山区新农村信息化"已完成了33个信息示范点的选点及形象设计,并着手项目验收准备工作。

【市局机关政务管理】 按照鹰潭市委、市政府统一部署，以提升发展为主题，以科技支撑经济发展方式转变为重点，扎实推进数字鹰潭建设、发展提升年和“治庸、治懒、治散”干部作风教育主题实践活动。数字鹰潭建设方面，在对局小平台数据进行分类的基础上，完成了局小平台数据的采集及小平台向大平台导入数据的接口程序开发，实现了局门户网站、小平台及大平台之间的数据共享。开发了科技档案管理软件，完成了科技局文件档案、科技成果档案、科技动态期刊等档案资料的数字化及录入工作，并实现了档案查阅由模式的转变。对局门户网站进行了改版，并建立健全了网站管理维护制度，保持了网站的正常运行。发展提升年活动方面，不断创新活动载体，在全市科技系统启动了“五抓五提升”主题实践活动，即抓科技创新“六个一”工程，全面提升自主创新能力；抓科技入园模式完善推广，全面提升科技服务能力；抓科技服务平台建设，全面提升科技支撑能力；抓科技发展环境优化，全面提升科技开放能力；抓知识产权战略实施，全面提升发明创新能力。“治庸、治懒、治散”干部作风教育主题实践活动中，首次建立了党风廉政（政风行风）监督员制度，聘请了10名科技人员担任监督员，其中5名还担任市级行风监督员。通过一系列活动开展，切实加强了科技部门自身建设，机关作风得到进一步改善，服务能力和服务水平得到全面提升。

【大事记】 1月，由江铜集团公司完成的“铜冶炼生产全流程自动化关键技术及应用”项目通过国家科学技术奖评审，获2010年度国家科技进步二等奖。

3月31日，中国科学院院士、著名的土壤科学家赵其国应市科技局邀请，到鹰潭参加中科院红壤生态实验站完成的“江西省耕地保育与持续高效现代农业技术研究与示范”科技成果鉴定会。

（倪佑珍）

【市科技局副县级以上干部名录】

党组书记：局长：李志坚（~2011.11）
敖高源（2011.11~）
党组成员、副局长：杜剑玲　官国保
谭小雅
党组成员、纪检组长：郑慧琴（女）
党组成员、副调研员：孔辉(2011.3~）
党组成员、工业研究所所长：吴春斌(2011.1~）
调研员：李志坚(2011.1~）

全市科技奖励暨科技工作会议召开。

市科技局供稿

教育

编辑、校对:华志萍

概述

2011年,是本市教育事业科学发展并取得丰硕成果的一年。在市委、市政府的正确领导和省委教育工委、省教育厅的悉心指导下,全市教育系统坚持以党的十七大和十七届六中全会精神为指导,深入贯彻落实科学发展观,认真贯彻落实"优先发展、育人为本、改革创新、促进公平、提高质量"的工作方针,按照《鹰潭市中长期教育改革和发展规划纲要(2010~2020年)》要求,坚持教育优先发展,全面推进素质教育,团结一心、攻坚克难谋发展,勤勉工作、创先争优比奉献,切实提高义务教育巩固率、高中阶段教育普及率、职业教育就业率、高等教育贡献率、人民群众满意率,实现学生乐学、教师乐教、学校乐办、家长乐意、社会乐助,不断提升人民群众教育幸福指数,努力办人民满意教育,全市教育事业继续保持了良好的发展态势,为把鹰潭建设成为富裕、秀美、宜居、和谐的鄱阳湖生态经济区璀璨明珠提供强有力的人才支撑和智力保障。截至2011年年底,全市共有各级各类学校511所,在校生23.25万人,教职工1.36万人(其中专任教师1.17万人)。幼儿园91所(其中民办74所),在园幼儿2.71万人,教职工1779人(其中专任教师1042人)。小学348所(不含教学点84个),在校生11.06万人,教职工4945人(其中专任教师4724人)。普通中学70所,其中完全中学7所、高级中学3所、十二年一贯制学校1所、初级中学42所、九年一贯制学校17所(有民办中学11所、少数民族学校1所),在校生6.81万人(其中高中1.60万人、初中5.21万人),教职工5484人(其中专任教师4945人)。特殊教育学校2所(非独立设置),在校生444人(其中小学438人、初中6人),教职工25人(其中专任教师22人)。中等职业学校14所(其中民办5所),在校生2.14万人,教职工1098人(其中专任教师681人)。高职院校1所,在校生4794人,教职工311人(其中专任教师268人);成人高校1所,注册学生3020人,教职工45人(其中专任教师22人)。

重要举措

【基础教育有新亮点】 *规范办学明显加强。*积极应对城市人口增加,全力做好新增人口子女就读工作,确保了500多名新增中小学生就近入学。着力解决了学前教育"入园难、入园贵"问题,义务教育"以县为主"管理体制进一步落实,学生相对平等享用公共教育资源。多措并举保障进城务工人员随迁子女平等接受义务教育。扎实推进校务公开,教育乱收费行为基本遏制,规范民办学校办学行为取得明显成效。在全市开展了中小学服务性收费和代收费检查、农村初中控辍保学工作督导检查,进一步完善了中小学学籍数据库管理,切实落实中招管理新措施,进一步规范了普通高中招生秩序。本市继续保持了在《全省规范办学行为每月通报》中无群众举报的纪录。余江县、龙虎山景区通过了省政府教育督导评估,总体评价较好。

*教育改革稳步推进。*本市作为全省基础教育课程改革实验区初中毕业考试与高中招生制度改革唯一一个全市推进的设区市,充分发挥示范引领作用,继续稳步推进初中毕业考试与高中招生制度改革和普通高中新课程实验。进一步完善了《鹰潭市义务教育阶段学生学业质量监测与管理实施方案》,切实加强了义务教育阶段学生学业质量监控,开展了普通高中新课程实验教师优秀教案和教学实录、学生综合实践活动成果评比等五项评比活动。在推进普通高中新课程实验中,本市采取了专题会、现场会的形式对全市高中学校领导进行集中培训,邀请外地专家到班讲课。11月底,全省第四届中小学校本教研制度建设工作现场会在该市隆重举行,400余人参会,人民教育杂志社总编辑傅国亮应邀到会指导并作专题讲座。

教育质量继续提高。学前一年、二年、三年毛入园率分别达到75%、65%、55%，适龄儿童入学率保持在100%，义务教育巩固率99%，高中阶段教育毛入学率77.9%，高等教育毛入学率24.3%，主要劳动年龄人口平均受教育年限9.5年，新增劳动力平均受教育年限12年。普通高中数学、物理、化学、生物学科竞赛继续保持全省前列，7人入选国家冬令营，占江西的三分之一。鹰潭市一中学生严超鹏、吴艺翀分获物理、数学国家金牌，创造了一个学校一学年夺得2块金牌的历史。9月份鹰潭市一中校长黄福康荣获北京大学2012年中学校长实名推荐和清华大学2012年自主选拔“新百年领军计划”推荐两项资格。2011年是本省实施《新高考改革方案》后的第一年，本市7022人参加高考，文理一本上线率10.5%、二本上线率16.2%、一本二本上线率26.8%，5611人被高校录取(其中三本以上3024人)，被率79.9%(其中三本科以上录取率43.06%)，14人被北京大学、清华大学录取，4人被中国人民解放军空军航空大学录取，1人被中国科学技术大学少年班录取。

素质教育扎实推进。多措并举强化学校体育卫生艺术工作，继续深化校园文化建设工作，在全市中小学开展校园文化建设“三项”评比工作和校园文化“一校一品”创建活动，启动了素质教育“开放周”活动和“素质教育月”活动，开展了中小学实施素质教育市级示范学校督导评估。同时，深入开展了全市青少年学生“纪念建党90周年”读书教育活动、“创新与实践”读书征文及“暑期读一本好书”征文活动。在第十届江西省中小学电脑制作活动中，该市获得电脑制作项目一等奖2个，小学、高中组机器人灭火项目一等奖各1个，高中组机器人篮球项目冠军1个。该市第五次代表江西参加全国中小学机器人篮球项目决赛并获得季军。

学前教育加快发展。市教育局起草的《鹰潭市学前教育三年规划(2011~2013年)》《关于加快发展学前教育的实施意见》以市政府名义正式出台，各地、各级各类幼儿园以多种形式开展学习宣传活动，认真抓好贯彻落实。在全市开始探索和尝试“三动”(“结网互动，优势拉动，整体推动”)学前教育发展模式，各省级示范园举办开放日活动，开展“送教下乡”活动，向结对的农村幼儿园捐赠了价值3万多元的玩具、图书等设施。鹰潭市第四幼儿园等4所幼儿园通过了省级示范幼儿园复评并获好评；贵溪市塘湾中心幼儿园等4所幼儿园被评为市一级幼儿园。

【职业教育有新发展】 办学水平不断提高。全市各职业学校“对准产业设专业，对准岗位设课程，对准实践抓教学”，科学设置和优化专业，设有旅游、数控、护理、商务日语等26个专业。鹰潭应用工程学校成功申报国家中等职业教育改革发展示范学校建设计划，并与市职业中专两校专业进行了整合、重组，优化资源配置，推进资源共享。全市中职学校学生参加初级专业技术考核合格率、中级专业技术考核合格率和毕业生就业率均有提高，位全省前列。全市中职学校毕业生就业率保持在98%以上，毕业生成为了企业首选聘用的对象。组织举办了第八届中等职业学校技能竞赛，有23个比赛项目206名学生参加，同时，组织学生参加全省比赛获得3个一等奖。

服务地方发展贡献率提升。继续深入开展了“立足产业抓对接，千名学生进园区”活动，重点抓好“六个对接”(专业对接产业、育人对接企业、课程对接岗位、基地对接车间、教师对接技术能手、校长对接厂长)，逐步建立了职业院校与工业园区企业岗位对接的有效机制。进一步建立健全企业技术人员到职业学校任兼职教师、职业学校专业教师定期到企业实习等制度，全年有27人参加交叉兼职、实习工作。各职业学校已与光宝、连展、美运、梦娜、阳光等近10家企业建立合作关系，全年先后有800多名职校生在实习、就业，毕业生就业率保持在95%以上，有效缓解园区企业结构性、季节性“用工难、招工难”问题。

【民办教育有新举措】 办学实力继续提升。2011年底，本市有各级各类民办教育机构127所，在校学生总数约3.50万多人，教职工1700余人，学校占地总面积1112亩，校舍建筑总面积21万平方米，资产总值约3.4亿元。无论是从民办学校的数量，还是从其办学规模上来看，民办教育已成为全市教育事业的重要组成部分。

狠抓规范办学行为。围绕各级各类民办教育机构设置标准开展了专题调研，进一步完善了民办学校审批程序和办事指南，整理上报教育行政许可案例2个并获好评。同时，认真做好了市直民办学校招生简章和广告的审核工作。组织对全市6所高中阶段民办学校进行评估年检，抽查了12所小学、幼儿园，发出单项整改通知6份。联合有关部门对全市民办学校安全工作进行了专项检查，纠查安全问题26个，并限期整改，跟踪落实；联合市交警支队对全市民办幼儿园校车进行专项检查，查处2起违规行为，统一车辆标识4辆。6月下旬，省人大教科文卫委到鹰潭进行执法调研，并对本市民办教育取得的成绩给予了充分肯定。11月下旬，组织举办了全市民办幼儿园园长及法人代表管理培训班，进一步增强了规范办园的意识，取得了良好的效果。

行政审批成效明显。进一步巩固了行政审批“两集中、两到位”改革成果，全面开通了网上审批和电子监察系统，五大项行政服务审批事项全部进入市行政服务中心网上审批系统受理和办结，教育窗口被市政府评为“最佳服务窗口”称号。

【教育保障有新突破】 教育投入大幅增加。教育投入政策的不断完善，有效地保障了教育经费的快速增长。2011年全市财政性教育投入达到11.11亿元，比2010年6.92亿元增长 60.54%，高于全市地区生产总值增长比例。公共财政投入为主的多渠道筹措教育经费机制越来越明确，财政教育支出占公共财政支出比重不断提高。

教育资源整合稳步推进。由市教育局研究制定了《鹰潭市教育资源整合总体思路及鹰潭城区中小学教育资源整合方案》(已经第 76 次市委书记议事会、市长办公会议讨论通过)，该方案提出了学前教育、义务教育、高中教育、特殊教育、职业教育、高等教育资源整合总体思路，还确定了 10 项城区教育资源整合思路，相关项目正在全力推进。通过新建、扩建、改建、撤并等措施，整合城乡教育资源，优化学校布局结构，逐步改善薄弱学校，壮大优质教育资源，统筹城乡教育发展。

教育项目进展顺利。鹰潭市一中新校区建设工程超常规推进，近 10 万平方米主体建筑全面封顶。鹰潭市二中迁建、市特殊教育学校、市田家炳中学学生公寓和塑胶田径场及室内塑胶跑道等项目进展顺利，鹰潭应用工程学校学生公寓和教学综合楼年底主体工程竣工，市七小综合教学楼秋季已投入使用。9 月份，由白露中学和白露中心小学合并组建的鹰潭市第六中学正式揭牌。2011 年年底，月湖区教育园区开工兴建，总占地面积约 302 亩，总建筑面积 5.71 万平方米，总投资约 1.3 亿元，规划建设高中、初中、小学、幼儿园各 1 所，容纳学生 5000 人。

校安工程积极跟进。本市大力实施农村中小学危房改造、农村寄宿制学校建设、农村卫生新校园建设等农村学校基础设施改造工程，不断加大教育经费投入力度，改善中小学办学条件。按照路线图和时间表，全市中小学校舍安全工程项目开工 184 栋，开工面积 8.61 万平方米，开工率 92.6%；竣工 142 栋，竣工面积 5.37 万平方米，竣工率 60.9%。全市已拆除中小学 D 级危房 300 栋，共计 11.25 万平方米。

【师资建设有新加强】 深化绩效考核，加强师德师风建设。进一步完善了《鹰潭市义务教育学校绩效工资实施方案》、《鹰潭市义务教育学校教师绩效考核办法》，同时，出台了《鹰潭市教育系统其他事业单位绩效工资实施方案(试行)》、《鹰潭市教育系统专业技术人员任职资格指导意见(试行)》，深入推进事业单位人事制度改革工作。本市招聘中小学教师 127 人，定向培养农村中小学教师 121 人。第 27 个教师节期间，市委书记陈兴超、市长钟志生深入鹰潭市一中、市九小、鹰潭职业技术学院走访慰问教师，向全市广大教师和教育工作者致以节日的问候，并召开座谈会，听取学校教学工作汇报以及意见建议。市政府召开了第 27 个教师节庆祝表彰大会，隆重表彰了 10 个尊师重教先进单位、10 个优秀校长、100 个优秀班主任、100 个优秀教师，并举行"教师之歌"——庆祝第 27 个教师节文艺晚会。同时，市教育局在全市中小学深入开展了师德师风示范学校、"师德标兵"、"师德先进个人"评选活动。

加强教师业务培训，提高教师综合素质。大力实施中小学教师继续教育工程，扎实开展了 2010~2011 学年度全市中小学教师全员岗位培训工作，全市有 9000 人参加学习考试，考试合格率 95%以上。全市 468 名校长、教师参加省级以上 10 批次的培训学习。本市教师钱培顺、沈建豪、张吟芳、李志英、陈泉堂、周华选等 6 人被授予"江西省第六次特级教师"，47 人成为全省第二批学科带头人和骨干教师，有 6 项课题通过省级结题，余江县一小徐文艳等 45 名教师参加全国小学数学优质课大赛等国家级、省级教学基本功大赛及学科竞赛中获得一等奖。

农村教师待遇得到改善。本市参照《江西省艰苦边远地区农村中小学教师特殊津贴发放管理办法》出台了《鹰潭市艰苦边远地区农村中小学教师特殊津贴发放管理实施意见》，全市 2224 名农村教师享受了共计 226.06 万元农村边远艰苦地区中小学教师特殊津贴。制定了《鹰潭市农村边远艰苦地区学校教师周转宿舍建设规划》，计划从 2011 年起，用 5 年的时间，为本市边远艰苦地区新建和改扩建一批布局合理、实用适用的农村学校教师周转宿舍 3.35 万平方米，购置设备 958 台(套、件)，从根本上解决约 1000 名长期在农村任教、距家较远、学校住宿有困难的教师住宿问题。

【教育民生有新推进】 健全机制完善体系。继续对全市城乡义务教育阶段公办中小学生免除学杂费和免费提供教科书，同时，比照公办学校标准对民办学校义务教育阶段学生个人进行补助。继续完善普通高中和考入大学家庭经济困难学生资助政策，进一步建立健全高职院校和中等职业学校家庭经济困难学生资助政策体系。2011 年，全市为 1297 人办理生源地信用助学贷款，贷款金额 778.2 万元。广东省春桃慈善基金会向贵溪市罗河一中等 8 所学校捐赠了价值 100 万元的杀毒软件及图书资料等。鹰潭市一中"衣恋慈善阳光班"和鹰潭市田家炳中学 "慈善阳光班"顺利开班，100 名品学兼优的家庭经济困难学生每人每年获得 2000 元资助。

各项指标超额完成。2011 年，全市为 15.51 万名城乡义务教育阶段学生免除学杂费和免费提供教科书，完成省定目标的 106.26%；为 9917 名城乡义务教育阶段家庭经济困难寄宿生补助生活费，完成省定目标的 118.62%；资助普通高中(含民办) 家庭经济困难学生 4077 名，完成省定目标的 116.5%；资助考入大学(含民办高校、独立学院)的家庭经济困难学生 616 名，完成省定目标的 123.2%，资助中等职业教育(不含技工学校)家庭经济困难学生 7703 名，完成省定目标的 101.3%。

【主题活动有新载体】 创先争优活动全面推进。紧紧围绕庆祝建党 90 周年，抓学习强理论，抓班子塑形象，抓队伍强素质，抓作风树正气，抓活动提实效。以"创先争优"活动为抓手,积极开展"治庸、治懒、治散"主题教育活动。组织预备党员入党宣誓活动,举行座谈会,开展党员"三个一"活动(帮扶一名困难学生、参与一次义务劳动、提一条合理建议),走访慰问老党员和困难党员,表彰了一批先进基层党组织和个人。同时,研究出台了《关于加强领导班子及机关思想作风建设的意见(试行)》,开展了"三治""万名干部下基层、万名群众评机关""四共八同"等活动,组织参加市直机关纪念中国共产党成立90周年歌咏活动荣获二等奖(第三名),并代表市直机关参加全市庆祝中国共产党成立90周年文艺晚会。市教育局被授予"全市先进基层党组织""'五五'普法教育工作先进集体""社会管理综合治理工作先进单位""安全生产工作先进单位""信访工作先进单位""消防工作先进单位"等荣誉称号。

*发展提升年活动扎实开展。*结合实际,精心部署,加大宣传,营造氛围,通过制定整改方案、实行公开承诺、开展主题实践活动、健全机关效能制度体系、加强机关干部的素质和能力建设、加强机关效能督查、开展群众评议活动、切实解决突出问题等多措并举提升机关效能,不断推进发展提升年活动深入开展,着力打造教育发展环境不断创优、教育发展质量全面提升的生动课堂。市教育局被评为"全市发展提升年活动先进单位"。

【其他工作有新成效】 *教育发展规划颁布实施。*《鹰潭教育规划纲要》是指导未来10年本市教育改革和发展的纲领性文件。6月20日,由市教育局起草、以市委市政府名义下发的《鹰潭市中长期教育改革和发展规划纲要(2011~2020年)》(简称《鹰潭教育规划纲要》)正式颁布实施。各地、各有关部门和各级各类学校周密部署、统筹安排,深入研究当前和今后一个时期本单位贯彻实施教育规划纲要的思路及举措,掀起学习宣传《鹰潭教育规划纲要》的热潮,形成了学习宣传的强大声势,在全社会营造了重视、关心、参与和支持教育改革发展的良好氛围。

*狠抓学校安全稳定工作。*切实强化学校安全防范措施,多次召开学校安全工作会议,部署调度学校安全稳定工作。组织开展了5次安全隐患排查和安全检查,派出督导检查组6批次,集中整治学校及周边治安,协调解决了鹰潭市二中等学校周边的治安突出问题。联合有关部门对12家网吧进行了排查,对学校200米范围内的2家网吧实行关闭和搬迁,处理流动商贩15人次。本市学校安全隐患台账管理系统全面运用,共排查出安全隐患16处并下达"安全隐患整改通知单",整改率100%。6月中旬,左小会以"本想回家——网络想说爱你不容易"为题,参加第三届全省中小学(幼儿园)公共安全教育教师说课比赛荣获初中组一等奖。11月中旬,全市7.7万多人参加全省中小学生安全知识竞赛。

*认真做好教育信访和学平险工作。*及时化解矛盾,妥善处理各种遗留问题,全市教育系统未出现赴省进京非正常上访事件。进一步推行校(园)方责任保险,完善校园意外伤害事故风险管理机制,全市"学生平安保险"投保率达98%以上。

*机关自身建设全面加强。*深入开展了"改进作风,提升形象"学习教育活动,大力推进机关干部的思想、组织和作风建设,认真落实党风廉政建设责任制,扎实推进廉政文化进校园活动。健全完善了各项规章制度,切实强化机关效能建设,不断提升机关干部的管理和服务水平。进一步落实了政务公开制度,坚持依法治教、依法治校、依法行政,积极开展法制宣传教育活动,全面启动了"六五"普法工作。认真答复了人大代表的建议和政协委员的提案,确保满意率100%。加强了计划财务、教育事业统计、教育审计等工作,不断强化教育预算管理和经费使用监督,机关财务环境明显好转,承办了全省教育经费统计培训暨工作布置会,治理"小金库"工作获省纪委检查组充分肯定。2012年迎春文艺晚会深受好评。同时,进一步加大了教育宣传新闻报道工作力度,切实加强了对统战、武装、工会、共青团、妇委会、关工委和老干部工作的组织领导,充分发挥其积极作用。做好了公文、会务、接待、档案、保密、节能减排、庭院绿化等工作,严格执行计划生育"一票否决"制,杜绝了计划外生育。

*重点工作获得肯定。*信江新区城市居民在国有和集体土地上建房36户拆迁任务全面完成。洪湖乡东阳村西杨村小组新农村建设点面貌明显改善。招商引资任务超额完成,引进江西雅乔塑业有限公司投资5000万元落户开发区。

(罗才祥)

【市教育局副县级以上干部名录】

党委书记、局长:范如虎

党委委员、副局长:刘正良 曾传鸿 毛 克 余 翀

党委委员、纪委书记:程爱玲

党委委员、调研员、市一中校长:黄福康

党委委员、副调研员:林江文

调研员:张方林

文化艺术

编辑、校对:夏永军

文化艺术管理

【概述】 2011年,全市有市级群众艺术馆、图书馆、博物馆各1个;县级图书馆、文化馆各2个。一年来,全市文化工作者在市委、市政府的正确领导下,紧紧围绕市委、市政府中心工作和重大决策部署,团结一致,凝心聚力,认真履职,积极作为,圆满完成了各项工作任务。先后荣获全省特色文化工作先进单位、江西省首届畲族文化艺术节特别奖、省第三次全国文物普查优秀组织奖等多项荣誉。为鹰潭市实现科学发展、进位赶超、绿色崛起提供了精神动力和文化支撑。

【大力发展公益性文化事业】 多渠道筹措资金完善公共文化设施。全市35个乡镇已建成34个综合文化站;完成了124个广播电视村村通、150个农家书屋和11个社区文化中心(室)建设任务。争取到上级专项资金500余万元,分别对县、区图书馆、文化馆和三处省级文物保护单位进行修缮。成功争取到投资9500万元的市博物馆新建项目,并纳入国家"十二五"期间专项规划。二是开展文化惠民工程扎实有效。全市共完成送电影下乡5854场次,送戏下乡165场,支持、帮助各乡镇自办文体活动200场(次),超额完成全年任务。三是精心组织开展纪念中国共产党建党90周年系列文艺活动,作为主办单位之一,成功举办鹰潭市纪念中国共产党建党90周年大型文艺晚会,受到市领导肯定。组织开展社区文艺活动130余场次。成功承办了江西省首届畲族文化艺术节,精心策划了艺术节主题、活动流程,组织和承办了艺术节开、闭幕式文艺演出,受到与会人员的好评。

【文艺创作成果丰硕】 2011年,市文广新局和南昌三鼎文化传播有限公司合作,拍摄了江西省首部反映畲族文化的电影《大天地》。当地作家姜朝皋创作的戏剧《血沃芳草》《唐廷枢》同时入选参加第六届中国京剧艺术节并获参演剧目奖;创作的戏剧《碧血黄花》入选2011年江西省文艺创作繁荣工程剧目;创作的大型历史故事剧青春版《穆桂英》参加第五届巴黎中国戏剧节,获最高奖——评委会特别奖。鹰潭市组织创排的大型畲族山歌戏《七彩畲乡》参加了江西省首届畲族文化艺术节,荣获特别奖。

【推进文化市场规范管理】 先后举办了全市文化市场经营业主、义务监督员和全市文化市场执法管理培训班,同全市文化市场经营业主签订了守法经营责任状。组织开展了校园周边以及节假日、重要会议期间文化市场专项集中行动,与公安、工商部门联手,开展了为期三个月的打击整治利用电子游戏机进行赌博违法犯罪活动专项活动,收缴具有赌博功能的电子游戏机近800名。继续在全市开展"守法经营、阳光护蕾"、"绿色书签行动"宣传及"4·26"销毁侵权盗版制品活动,对市内3家违规接纳未成年人上网的网吧实施了处罚。

【文化遗产保护成效显著】 2011年,全市共有各类文物1万余件(套),其中不可移动文物1084处,国家级重点文物保护单位1个,省级文物保护单位5个,省级非物质文化遗产6个、市、县级文物保护单位42个。一年来,市文化广电新闻出版局组织全市各博物馆参加了全省"博物馆质量建设提升年"系列活动,共获组织奖2项,单项奖5项。参加全省博物馆文化产品创意设计暨营销展示博览会,市局获组织奖,10件作品获优秀奖。组织开展了全市"5·18国际博物馆日"和"文化遗产日"宣传活动。完成了第三次全国文物普查第三阶段普查数据系统建设和档案管理工作。加大了非物质文化遗产保护力度,争取到省"非遗"保护专项资金12万元,《畲族马灯舞》等6个项目列入江西省第三批非物质文化遗产保护名录。

(周江怀)

【市文广新局副县级以上干部名录】
党组副书记、局长:周佐明
党组书记:徐礼丰

党组副书记：黄顺茂
党组成员、副局长：郑卫国 李平春
副局长：徐双文
党组成员、纪检组长：郑兴云
党组成员、副调研员：陈饶文 童理玲
调研员：陈特明 姜朝皋 严荣祥
副调研员：桂建华 黄 涛

文化艺术事业发展

【概述】2011年，市文化事业发展中心在市委、市政府的正确领导下，始终坚持以科学发展观为统领，紧紧依靠和团结广大干部职工，事业建设、文化惠民、新闻宣传、产业发展等工作在务实中推进，在加强中提升，保持了良好的发展态势，圆满完成了全年目标任务，先后荣获全市社会治安综合治理先进单位、全市发展提升年活动先进单位等市级以上集体、个人荣誉和奖励30余项。为建设富裕、秀美、宜居、和谐新鹰潭营造出良好的文化宣传舆论氛围。

【重点项目、重要工作扎实推进】一是市电视发射台新台址建设全面展开，面积由原来4亩扩大到10亩，建设规模、硬件设备实现建台27年来质的飞跃，位列全省同行业中上水平。截至年底，机房、办公楼土建工程已封顶，发射塔塔基工程完成。二是市图书馆自筹资金30多万元，对原有馆舍进行了全面整修和改造，增设了多项便民服务设施，阅览环境、服务功能大幅提升；市博物馆自筹资金70万元，对周边环境和三个特色展厅进行升级改造，内涵特色得到充分彰显，陈展设计、文物展示品位得到全面提升。三是电视台共计投入60多万元，添置了4套专业非线编辑及配套设备，构建了新闻非线制作网络系统，改变了运营多年、落后的传统生产方式，实现全台节目制作数字化、网络化，实现“当天新闻当天出”要求。投入近20万元对交通频率发射机及附属天线设备进行更换，发射功率由1000瓦增加为3000瓦。四是市重点建设项目——市文化艺术中心建设项目完成土地预审、确认用地红线等前期准备，并就方案设计进行了两次公开招标。新博物馆、新图书馆建设项目也纳入全市重点建设规划。

【文艺创作、群文活动呈现新局面】2011年，市文化事业发展中心根据市民需求和鹰潭自身实际，进一步整合下属文化演出单位与广播电视媒体资源优势，改变了“欢乐舞台”动作、演绎模式，推出群众参与互动、传播效果较好的才艺电视大赛，使得“欢乐舞台”这一公益文化活动品牌影响力得到全面提升。

进一步整合社会各界文艺人才资源，组织、创作了一台又一台精彩的文艺演出，全市文化生产、文艺演出热情空前高涨。组织参加江西省“颂歌献给党、爱我新江西”大型歌咏比赛取得了有史以来参赛最佳业绩；策划举办了建市以来首次高雅音乐进军营暨龙年新春音乐会活动，组织全市100多名器乐、声乐人才，自带乐器、服装，自费排练，获得圆满成功，填补了鹰潭无大型管弦乐演出的空白。

文艺创作喜获丰收。2011年，市艺研所姜朝皋创作的大型现代革命剧《血沃芳草》和大型历史剧《唐廷枢》荣获第六届中国京剧艺术节参演剧目奖，创作的大型新编历史故事剧青春版《穆桂英》荣登第五届巴黎中国榜首，摘取最高奖项——评委会特别奖。市群艺馆编导的《畲族马灯舞》获第七届全国少数民族传统体育运动会表演项目银奖；民歌组合《叫我唱来我就唱》《山歌》分获江西省首届畲族文化艺术节一、二等奖。

【广播电视新闻宣传取得更大成绩】2011年，市电台、电视台围绕中心，服务大局，充分发挥主流媒体作用，一个阶段围绕一个重点开设专栏，组织重点报道、系列报道，形成了浓墨重彩的正面舆论强势。推广“余江超常发展经验”“市外媒体聚焦鹰潭”“走基层”“向胡生贵同志学习”等系列报道反响很好。尤其是对外上稿数量和质量取得了新的更好成绩。电台全年共计在中央人民广播电台上稿34条（其中《新闻与报纸摘要》4条），在省电台上稿470条(其中头条21条)，连续实现上省台稿件综合排名前移。电视台在中央台上稿10条（其中《新闻联播》4条），在省电视台用稿308条(其中《江西新闻联播》头条33条，头条稿件、重要稿件同比增长12%)。

（周江怀）

道文化研究

【概述】2011年，道文化研究中心在市委、市政府的领导下，认真做好道文化研究和传播，各项工作均取得较好成绩。

【积极建立学术平台】2011年，中心紧紧围绕“建立学术平台”这个关键开展工作，面临人手少，经费缺等种种困难，通过“走出去、请进来”等多种方法，主动联系国内一线的学术专家，以争取广泛的支持；同时，紧密团结鹰潭市的一些学者、编辑以及技术专家，动员和组织他们为中心的学术平台的建立出谋划策，提供支援。

【按时完成《龙虎论道》学术期刊两期出版】第五、第六期杂志按计划全部出版发行，与广大读者见面。精美的制作，丰富的内容受到社会的广泛好评。多位国内著名学者、博士生导师担任期刊的学术顾问，并先后提供了稿件，使期刊的学术水准上了一个新的台阶。

【加强道教学术传播和研究】一年来，为了扩大龙虎山和鹰潭的知名度和影响力，中心领导应邀赴云南及省内机关企业、大专院校举办各类讲座、报告数十场。在2011年春节期间，与鹰潭人民广播电台联合举办了30集专题栏目《老夏说道》,受到听众的好评。中心领导共撰写发表了如《老子哲学的生态道德观》等一批论文和文章,在学界中引起较大影响和注意,并在第五届“海峡两岸道教文化论坛”上列为重点论文。以市道研中心策划,由单位领导编撰的《道家成语故事选》,在众多企业的支持下,自2010年下半年到2011年期间共发行1.2万册。

【积极开展慈善公益活动】 在贵溪、余江两地的5座农村中学中开展了助学捐赠活动,受助学生达8000余人,为弘扬中华传统文化作出了应有的贡献。在活动中,中心领导个人所捐书额折款达24万元。

【认真做好其他工作】 2011年,中心完成市委、市政府指派的接待任务数十次,受到来宾的好评。同时,中心还根据自身的优势,配合贵溪、余江以及市直招商部门接待境内外客商二十余批,为全市的招商工作作出了应有的贡献。在龙虎山举办的第五届“海峡两岸道教文化论坛”的筹备和举办工作中,道研中心能积极主动地配合参与,较好地完成了组织上交办的工作任务。

(夏维纪)

【市道文化研究中心副县级以上干部名录】

主　任:夏维纪

鹰潭市2011年暑期文化市场专项整治工作会议召开。

市文广新局供稿

新闻出版

编辑、校对：夏永军

《鹰潭日报》

【概述】 2011年是“十二五”期间开局之年，也是鹰潭换届之年，大事多、喜事多、要事多，营造舆论氛围任务重。一年来，日报社以如履薄冰的心态、认真负责的姿态、精益求精的状态，倾力办好《鹰潭日报》、《赣东都市》，着力为大事造势、为喜事添彩、为要事鼓劲，为把鹰潭建成鄱湖明珠喝彩。

【紧扣重大主题造好势】 面对重大任务，做到一个任务一个策划，一个活动一个高潮，营造了舆论强势。圆满完成了系列重要会议的宣传。对市第七次党代会、两次市“两会”、市委七届二次全会等重要会议，充分运用消息、访谈、评论、图片等形式，形成舆论强势。圆满完成了系列重大活动的宣传。对省首届畲族文化艺术节、纪念中国共产党建党90周年、第十二届龙虎山道教文化旅游节、七城会火炬传递仪式、香港招商引资活动周和市党政代表团赴吉安学习考察等重大活动，坚持做到定方案措施、定责任记者、定采访要求，即使活动进行到深夜，当天新闻也当天发稿。圆满完成了系列重大接待的宣传。对中央政治局常委、全国政协主席贾庆林，全国政协副主席阿不来提·阿不都热西提，省委书记苏荣，省委副书记、省长鹿心社等多名高层领导到鹰潭视察指导工作，严守纪律、严把口径，及时宣传好、报道好领导重要指示。完成了系列重大决策的宣传。对市委市政府提出的“主攻项目、决战‘三区’，凸现特色、实现跨越”，把鹰潭建设成富裕、秀美、宜居、和谐的鄱阳湖生态经济区璀璨明珠等重大决策部署，配发系列评论员文章，作出深度精彩解读，推出系列后续报道。圆满完成了系列重大典型的宣传。挖掘了一批身边的新人新事、好人好事并广泛宣传，特别是率先报道并深度报道了舍己救人典型胡生贵先进事迹，在全市掀起学习典型高潮。

【服务中心工作用足劲】 一方面，立足本职服务中心。对开放型经济、项目建设、园区发展、城市品位提升、综治维稳、计划生育、新农村建设、龙虎山旅游等各方面工作和滨江公园二期、信江新区开发等全市重点工程，基本做到稿件不断线、经常有动态。特别是对小街小巷综合改造工程，及时开辟专栏，天天有报道。为宣传全市集中大调研成果，专门开辟“深入调查研究，建设‘四个鹰潭’”栏目，逐一刊发调研成果。另一方面，做好本分服务中心。对市里明确挂点的联建共创、新农村建设、防汛圩堤等，尽管单位任务重、人手少、经费紧，都尽心尽力做好。

【为民排忧解难使尽力】 与市信访局合作开辟了“市长热线回复”“市长热线行动”专栏，促进了一些民生问题的解决。强化舆论监督，推出的市区下水道井盖被盗跟踪报道，市相关职能部门加大打击和监管力度；刊发的《趁着暴雨，往信江河狂倒垃圾》《东湖边设废品收购站引起争议》等一批稿件，促进了相关工作的整治。我们注重发挥媒体优势，为患病女孩周智青筹措了14.1万元医疗救助款，帮助14位贫困学子圆了大学梦。

【“走转改”活动走在前】 对“走转改”活动，闻风而动、迅速行动。将记者编辑分组划片，在市直每个单位、每个县(市、区)、每个乡镇(街、办)，都明确了记者编辑联系，开设了“走基层”专栏。记者编辑采写了一批鲜活动人的百姓故事、先进典型，发稿量达100余篇，受到各方好评。省委宣传部新闻阅评快报以“鹰潭日报‘走转改’报道接地气、有活力”为题，给予充分肯定。全国“走转改”活动领导小组来检查指导，给予高度评价。

【严格内部管理守好底】 一方面，规范内部管理。在坚持落实“三审四校”制度基础上，实行了“印前第一读者”、“印后第一阅读”、每天评报和责任追究等制度，严防差错发生。推行每周例会点评活动，对每周的稿件、版面、标题、图片、选题进行公开点评，互学互进。另一方面，完善激励机制。每月开展“六个一”评选，每半年评选一次首席记者编辑，每年评选一批优秀稿件。在第十三届江西报刊新闻奖评选中，有20件作品获奖，其中两件荣获一等奖，获奖数量和级别位居全省地市报前列；2011年度被省报协评为先进单位。

【增强报社后劲起好步】一是着力加强班子建设。班子内大事讲原则、小事讲风格，大事研究着办、小事沟通着办，通过健全自律机制、他律措施，做到按民主集中制议事、按党纪国法办事、按规章制度处事、按党性良心做事，班子凝聚力战斗力进一步增强。二是着力抓好队伍建设。按照对外树形象、对内强素质，打造一支提笔能写、张口能说、遇事能办的干部队伍要求，在职业道德上进行专项教育、在业务素质上进行专项培训、在作风养成上进行专项锻炼，赛场比拼定岗位、集中评议定先进、业务考核定薪酬，让业务尖子经济上得实惠、地位上受尊重、政治上有前景。三是着力促进报业发展。依法起诉原不履行协议广告承包商并追回损失。强化对新广告代理商的监管，保持广告业务稳定增长。努力改善办报条件，采编设备有一定更新，报纸发行量创历史新高。

（吴少杰）

【鹰潭日报社副县级以上干部名录】
社　长：王有金
社委会委员、总编辑：袁　因
社委会委员、副总编辑：陈玉泉　吴年荣
社委会委员、纪检组长：吴　郡
社委会委员、副社长：郑睦华

广播电视

【概述】鹰潭人民广播电台、鹰潭电视台系鹰潭市文化事业发展中心直属副县级事业单位。共有广播节目2套，每天自制节目16小时10分钟；电视节目2套，每天自制节目1小时8分钟。

2011年，鹰潭人民广播电台、鹰潭电视台在市委宣传部和市文化事业发展中心的正确领导和指导下，坚持以邓小平理论和“三个代表”重要思想为指导，牢固树立科学发展观、围绕市委市政府的中心工作，唱响主旋律、打好主动仗，充分发挥舆论宣传主阵地作用，认真落实全市宣传思想工作会议精神，着力提高宣传质量和水平，推进事业建设，强化内部管理，加强队伍建设，各项工作均取得了新进步。

【新闻宣传工作】2011年，市电台、电视台紧密围绕市委、市政府的中心工作，积极创新新闻宣传方式，为全市各项中心工作的开展，提供强有力的舆论支持。市电台先后开辟了《合力推进四大一新》《十一五重大项目系列报道》《重点整治违法违规建筑》《关注春运》《富民兴市我先行》《干部下基层》等专栏；市电视台先后推出了《“市外媒体聚焦鹰潭”系列报道》《贯彻苏荣书记指示精神、推广余江超常发展经验》《筑组织堡垒树先锋形象——富民兴市我先行，万名党员承诺活动》《十一五重大项目巡礼》《各级干部下基层，排忧解难促和谐》《旗帜》《红色记忆》《走基层》《向胡生贵同志学习》《聚焦小街小巷改造工作》等十多个新闻专栏，大力宣传市委、市政府，全市各级各部门在经济、文化、社会建设中所作出的不懈努力，为鹰潭的发展营造了浓墨重彩，密集厚重的舆论氛围。全年广播新闻播出5473条，电视新闻播出稿件6687条，两台节目播出量都做到了稳中有升。

对外宣传方面，两台年初就确定专人负责，下达外宣上稿任务，强化选题策划，积极沟通协调，制定相关奖罚措施，激励多上稿、上好稿、上优稿，全年外宣工作取得明显成绩。共计在省电台上稿470条(其中，头条21条)，中央人民广播电台34条(其中《新闻与报纸摘要》4条)，实现上省台稿件综合排名前移，位列各设区市台第八；在省电视台用稿308条(其中《江西新闻联播》头条33条，头条稿件、重要稿件同比增幅12%)，在中央电视台上稿10条（其中《新闻联播》4条)。

【打造精品栏目】市电台品牌栏目《市民热线》重点在追踪反馈上下功夫，专门成立了栏目组，由主持人、记者联合参与，对每个热线问题做到深入调查采访，处理结果或答复意见及时反馈。全年共接听热线420余人次，处理解决问题403个，回复率达100%。市电视台在继续办好《鹰潭警务报道》《鹰潭科技天地》《鹰潭教育视窗》等栏目基础上，组织拍摄了反映好人胡生贵事迹、数字鹰潭、城市宣传片等多部电视专题片，播出后深受观众好评。2011年，电视片《洪水中挺起坚强的脊梁》广播消息《鹰潭市喜获“中国中华秋沙鸭之乡”殊荣》《沪昆铁路发生列车脱线事故，当地正在紧张救援》《奇迹是这样制造的—鹰潭市夺取抗洪抢险救灾胜利启示录》等同获江西广播电视奖二等奖。

【强化节目规范管理】市电台进一步建立、完善节目质量考评体系，对节目实行动态管理，优胜劣汰。每月组织对节目进行抽查听评，排名张榜公布，和绩效工资直接挂钩，累计3次排名末位的节目自然淘汰，主持人待岗。市电视台克服城市台协作体节目源不足局面，通过多种渠道和方式，自筹到《步步惊心》《青春期撞上更年期》《双城生活》《裸婚时代》《当婆婆遇上妈》等一批质量上乘的电视剧来弥补不足、丰富荧屏，全年共安排电视剧播出6948集，其中新剧64部，1725集，动画片730集；同时还引进了电视栏目《杨澜访谈录》《在路上》《大国医》等，收视率明显提高。

【提升公益活动影响力】2011年，市电视台助学圆梦行动继续实施，争取到爱心人士和企业20万元爱心捐款，资助了60多名贫困学子圆了求学梦；市电台继续组织高考爱心车队,为考生提供免费乘车服务,深受市民称赞。

【加大硬件设施投入】 市电台年初投入14万元对新闻频率音频工作站进行升级改造,年底又投入近20万元对交通频率发射机及附属天线设备进行更换。为提高新闻制作效率,完成市领导当日新闻当日播的工作要求,市电视台投资29万元,采购2套新闻非编制作系统、1套磁盘阵列存储,形成了新闻制作网络;同时完成7楼演播室背景改造,安装了电动拉幕;并更新台制作、播出机房的空调,大大改善了工作环境。市电视发射台新台址建设已于2011年10月上旬全面展开,截至2011年年底,机房、办公楼建筑已经封顶,进入室内水电安装阶段;发射塔塔基工程已完成,并进入防雷地网建设。

【确保安全播出零事故】 市电台、电视台认真按照市委市政府和上级广电部门的工作要求,始终把安全播出工作作为压倒一切的工作来抓,两台技术部门每周政治学习和设备检修作为工作常态坚持开展,进一步强化广播电视安全播出制度管理,不断加大对设备安全隐患排除力度,采取“技防”与“人防”相结合的办法,实行双人值班制度,切实加强播出机房工作人员的安全防范技能培训,春节、“五一”“七一”“十一”等重大节假日期和重要敏感时期,分管台长24小时带班,确保全年安全播出实现零事故。

【加强内部管理】 2011年,市电台、电视台切实加强内部管理,着力改进工作作风,认真组织党员干部深入开展“发展提升年”、“三治三提”和“改进作风,提升形象”等主题教育活动,不断加强队伍建设,建立健全了内部各项规章制度,有效提升了工作效能,确保了政令畅通,形成了人人有事干,事事有人干的良好局面。

(王晓明)

【市广播电台、电视台副县级以上干部名录】

广播电台台长:徐炳德

电视台台长:汪白杨

出版管理

【概述】 2011年,在市委、市政府的正确领导和省新闻出版局的具体指导下,全市新闻出版系统认真贯彻落实全省新闻出版工作会议精神,狠抓“扫黄打非”,全面实施农家书屋工程,积极开展政府机关软件正版化工作,不断加强机关效能建设,有力地促进了全市新闻出版事业健康发展。市文广新局和市文化市场综合执法支队分别被评为全国和全省“扫黄打非”先进集体。

【报刊出版管理】 加强了新闻出版日常监管,不断强化窗口服务功能,提高行政办事效率,完成了市内3家报纸期刊,10家连续性内部资料出版物的核验及驻鹰新闻单位记者站的审核工作。在年审过程中不断规范办刊办报行为,使全市所有报刊,内部资料出版物均通过省局检验。在报刊管理工作中,突出报刊审读工作,进一步促进审读工作规范化、制度化,并督促报刊抓好整改。

【印刷业管理】 一是切实加强对全市印刷复制业的管理。举办了全市印刷复制业经营业主培训班,不断提高业主依法经营意识,同时坚持定期检查企业证明是否齐全,制度是否上墙、“图书、期刊印刷委托书”与实物是否相符,内部资料准印证手续是否齐全,企业是否做到承印登记等10项制度。二是强化安全生产意识。与印刷企业签订监督管理责任状,确保全市未出现违法违规经营。三是加强对印刷业的引导、支持。鼓励印刷企业加大设备投入,提高数字化印刷水平,推动全市印刷业快速发展。2011年,鹰潭市共有印刷企业60家,从业人员662人。

【“扫黄打非”工作】 一是开展各类专项治理行动。根据2011年“扫黄打非”行动方案的要求以及中央和省、市关于打击整治性非法出版物专项行动、开展打击淫秽色情出版物和有害信息专项行动、对教辅材料专项治理行动等专项行动进行了一系列部署,通过日常检查和集中整治相结合的方法,开展了以查禁政治性非法出版物、打击淫秽色情出版物和有害信息、重点查缴盗版畅销书、工具书、教材教辅读物、音像制品、计算机软件,进一步加强中小学教辅材料出版市场的管理。并扎实推进龙虎山旅游景区“扫黄打非”示范工作,取得了明显的成效。市文广新局与工商、公安、城管等部门联手,开展了多次专项行动,重点对市区和城乡结合部的出版物经营场所集中检查,对违法违规经营非法出版物的行为坚决予以查处,同时派出督查组对各县(市、区)开展专项行动情况进行督查,全市各级共出动执法人员580多人次,检查出版物经营场所950多家(次),网吧1120多家次,取缔地摊、游商10个,查缴各类盗版及非法出版图书、音像制品、非法报刊3000多册(张、盒),删除或屏蔽本地网站传播淫秽色情及低俗信息25条,异地网站低俗信息1570条,关闭未备案的网站30个,关闭没有视频许可证网站1个,关闭出现有数百条低俗有害信息栏目1个等,各阶段专项行动取得了明显的成效,有力维护全市的文化安全和社会稳定,推动全市“扫黄打非”工作的深入开展。二是群防群治、加强监督。市“扫黄打非”办发动社会监督力量,对文化市场实行群防群治。为保证出版物市场的合法有序,文广新局发挥文化市场监督员的作用,采取分片轮班的方法持证上岗,对各自负责的街区进行全天候监督;并聘请了10名老干部、老退休的同志担任文化市场监督员,在市区重点地区进行专人盯守。遇到销售非法出版物的游商,立即劝阻,遇到重大问题,立刻上报。

【实施农家书屋工程】 2011年,全市全面完成了150家农家书屋的建设任务，主要开展了以下工作：一是认真选点布局，精心选配书刊。按照每村建一家农家书屋的要求，按照"一具备、四优先"，即基础条件设施具备、大村优先，读书风气浓厚的村优先、交通便利村优先、要求建农家书屋愿望比较迫切的村优先等选点要素相结合的原则，认真选择建设地点。在深入农村了解当地经济状况和农民需求的基础上，将涉及到农业生产经营的实用科技书籍、培育地方特色产业的书籍作为重点，积极向当地提出选购建议。农民群众反映，现在图书选配质量上越来越好，内容上越来越简明通俗易懂实用。二是全面落实"五个"到位。(1)基础设施到位。(2)出版物配送全部到位。(3)管理员配备到位。对图书管理员的培训有的地方采取了集中办班的方式，还颁发了结业证，也有的地方采取了个别辅导、现场指导的方式，形式多样。绝大多数图书管理员都掌握了必要的图书分类、登记、保管和借阅等知识。(4)农家书屋信息采集到位。(5)配套资金全部到位。三是大力营造"农家书屋"的读书氛围，引导农民兄弟走进"农家书屋"读书。利用"农家书屋"的黑板、门口的橱窗开展农家书屋建设的意义、图书种类、重点图书简介等对农家书屋进行宣传；印发农家书屋宣传单，送到每个农户家中；建立村干部带头读书的领读制，由村干部带领村民读书；由村养殖、种植致富能手牵头组成读书小组，引导村民到农家书屋读书。以书屋为平台，交流学以致用的经验，以提高阅读率；与科技部门、农业部门携手共同筹备举办"农家书屋"读书培训班和开展系列活动，进行读书辅导，以推动和促进鹰潭市地方特色农业大发展、大繁荣等等。

【全面开展政府机关软件正版化工作】 主要开展了以下工作：(1)代市政府办公室下发了《关于进一步做好政府机关使用正版软件工作的通知》。(2)成立软件正版化工作领导小组。由分管副市长任组长，领导小组下设办公室，办公室设在市文广新局，由局长兼任办公室主任。(3)召开全市政府机关软件正版化领导小组工作会议。对全市政府机关软件正版化工作进行部署，制订《鹰潭市关于进一步做好政府机关使用正版软件工作实施方案》，对软件正版化工作进行具体指导。(4)开展政府机关软件正版化自查工作，各政府机关都按照自查要求，认真开展自查，提交自查报告。(5)先后多次开展督查工作，全面了解软件正版化工作进展情况和存在问题。由市政府办公室牵头，工信委、信息办、版权局等部门组成专项工作督查组，对市直部分单位正版软件使用情况进行督查。(6)因地制宜，分步推进。鹰潭先行在经济条件比较好的单位开展这项工作。这些单位大都能按规定和要求进行更换和购置。7.尽力落实采购资金，进行统一指标采购。

(周江怀)

给"农家书屋"送书。

市文广新局供稿

医疗卫生

编辑、校对：朱仕平

概述

2011年是"十二五"期间的开局之年，是推进新医改三年目标的最后一年。全市卫生系统在市委、市政府的正确领导下，认真谋划，以深化医改为中心任务，以加强卫生服务能力建设为抓手，大力实施卫生民生工程，扎实推进公共卫生和基本医疗卫生服务体系建设，各项工作取得了明显成效，主要表现在：(1)保障民生效益进一步显现。新农合制度不断巩固完善，农民参合率稳定在97 %以上，个人筹资水平和报销比例大幅提高，政策范围内住院补偿比例达到70%，有效缓解了人民群众看病就医的后顾之忧。国家基本药物制度在基层全面建立，继实现政府办基层医疗卫生机构全覆盖后，又纵向延伸到村卫生室实现农村地区全覆盖，群众看病就医费用持续降低。基本公共卫生服务均等化水平显著提升，"光明·微笑"工程、儿童"两病"免费救治、困难尿毒症患者免费血透等重大公共卫生项目顺利实施，有效提高了群众重大疾病保障水平。(2)卫生服务能力进一步提升。基层卫生服务体系更加健全，县级医院、乡镇卫生院、村卫生室和社区卫生服务机构建设基本达标。城市医院服务管理更加规范，"三好一满意"活动、优质护理示范工程、便民惠民举措全面落实。公共卫生服务基础更加扎实，重大疾病防控和突发事件应急处置能力不断提高。(3)体制机制改革进一步深化。以实施国家基本药物制度为抓手，基层医疗卫生机构综合改革扎实推进，体现公益性、调动积极性、保障可持续的运行机制初步建立并平稳运行，基层卫生事业发展活力不断增强。建立绩效考核分配机制，全面实施绩效工资，进一步调动医院和医务人员积极性；建立长效经费保障机制，确定并落实基层医疗卫生机构经费多渠道补偿。卫生系统共获得各级表彰的单位和个人有107项次，其中省厅以上表彰61项次、市级表彰24项次。

重要举措

【医政管理】 1. 继续实施"光明·微笑·关心"工程，大力开展儿童白血病免费救治。按照长效机制管理的要求，累计完成白内障复明手术4337例，唇腭裂修复手术188例，0~14岁儿童先天性心脏病救治264例、白血病19例。

2. 积极开展临床路径试点工作。全市二级以上综合医院开展了临床路径管理试点工作，共选择了45个病种进行试点，各试点进入临床路径管理病例总数为588人次，完成路径管理病例数为447人次，出现变异病例数59人次，退出路径82人次，入径病人占出院病人总数39.02%，入径后完成率为74.9%。

3. 开展"三好一满意"活动。为切实加强行业作风建设，着力解决医疗卫生服务和行业作风方面存在的突出问题，制定下发了《关于在全市医疗卫生系统开展"三好一满意"活动的通知》，并及时召开了动员大会，在全市各级各类医疗机构，重点是二级以上公立医院，深入开展"服务好、质量好、医德好、群众满意"为主要内容的"三好一满意"活动。

4. 开展抗菌药物应用专项治理行动。为贯彻落实全国抗菌药物临床应用专项整治会议精神，进一步加强医疗机构抗菌药物临床应用管理，促进抗菌药物的合理使用，有效控制细菌耐药，保证医疗质量与医疗安全，印发了《鹰潭市抗菌药物联合整治工作实施方案》和《2011年全市抗菌药物临床应用专项整治活动方案》，组织专家对全市二级以上医疗机构开展了抗菌药物临床应用专项整治活动督导检查，全市各医疗机构抗菌药物的合理使用进一步提高。

5. 启动了民营医院"规范化服务"活动。会同人保、民政部门转发了《关于在全省民营医疗机构开展"规范化服务"活动的通知》，启动了在民营医院开展为期三年的"规范化服务"活动，以加强民营医院执业行为监管。

6. 认真组织落实医疗服务便民惠民措施。全市各医疗机构将改善人民群众看病就医感受作为加强医疗服务工作的创新点和突破点,落实便民、利民措施,启用了全省门急诊通用病历,减轻了患者负担,促进医疗住处共享。全市三级医院开展了预约挂号,鹰潭市人民医院制订了预约挂号流程,开通了网上挂号,成立了客户服务中心和出院病人回访中心,贵溪市人民医院新增了自动挂号系统和自动收费系统,合理安排门急诊服务、简化门急诊和入、出院服务流程,推进各项改善医疗服务的措施,做到安排合理、服务热情、流程顺畅,不断促进医疗服务水平的提高。

7. 开展了医疗机构安全隐患排查工作。切实加强医疗安全管理工作,组织开展了医疗安全隐患集中排查整治活动督查工作。各医疗机构制订了排查整治实施方案和整改方案,明确分工,落实责任,强力推进,查找、梳理和整治了一批医疗安全隐患,堵塞了部分医疗安全漏洞,减少和避免了不安全事故的发生,医疗安全现状在一定程度上得到改善。

8. 主动开展电子病历试点。为贯彻落实《电子病历基本规范》和《电子病历系统功能规范(试行)》,规范电子病历系统建设和电子病历的临床应用,鹰潭市被省卫生厅确定为省级试点区域,成立了“鹰潭市电子病历试点工作领导小组”“鹰潭市电子病历试点专家工作组”,鹰潭市人民医院列入全国试点医院,贵溪市人民医院和余江县人民医院列入全省试点医院。

9. 严格落实医疗质量制度,规范医疗机构相关科室建设。根据《江西省医院消毒供应中心评估标准》,组织专家对全市二级以上医院消毒供应室进行了考核验收。鹰潭市中医院、余江县人民医院新建了医院消毒供应室。按照《医疗机构血液透析室基本标准》,做到血液透析室规章制度、设备、人员等符合基本标准,对血液透析医疗机构开展了全市范围的专项检查,重点检查了各医院《医院感染管理办法》《血液透析器复用操作规范》及相关规定落实情况。鹰潭市人民医院铁路分院、贵溪塘湾中心卫生院和余江锦江中心卫生院对血透室按照标准进行了房屋改造,为即将开展的尿毒症免费血透救治工作做好了基础性工作。

10. 积极实施“优质护理服务”。为进一步加强护理工作,落实基础护理,改善护理服务,提高护理质量,严格按照《医院实施优质护理服务工作标准(试行)》,巩固和扩大优质护理服务覆盖面,鹰潭市人民医院开展优质护理服务病房12个,占病区总数的85.7%,床护比达到1:0.63,县级二级医院开展病房的比例29.4%。医院深化“以病人为中心”的服务理念,改革临床护理工作模式,实施责任制整体护理,护士全面落实护理职责。

【农村与妇幼卫生】 1. 进一步完善新型农村合作医疗制度。2011年全市参加新农合的农民达79.58万人,参合率97.29%。全年共有6.60万人次获得住院补偿1.47亿元,其中获得1万元以上补偿的有2142人;共有82.49万人次获得门诊补偿1061.4万元,参合农民住院政策范围内补偿比达78%。一是大幅提高筹资标准。2011年新农合筹资标准由2010年的年人均150元提高到240元,增加了90元。二是提高住院补偿比例。2011年乡级定点医院住院补偿比例由2010年的75%提高到90%,县级定点医院住院补偿比例由2010年的60%提高到80%,省、市级定点医院住院补偿比例由2011年的45%提高到50%。三是定点医疗机构全面实行直补直报。为进一步方便参合农民报销住院医疗费用,鹰潭市大力推行省、市、县、乡四级新农合定点医院直报工作,即由定点医院为参合农民按有关政策先垫付所报医疗费用,再由医院与新农合管理机构结算,不需要农民回到乡政府去报医疗费。实现参合农民在本市范围“在哪住院、在哪报销”和“当天出院、当天报销”,参合农民住院一次报帐率达90%以上。四是新农合门诊统筹工作实现全覆盖。10月份月湖区正式实行了门诊统筹试点工作,从而全市3个新农合统筹地区均实行了新农合门诊统筹,进一步提高了新农合基金的使用效率,扩大了参合农民的受益面,通过门诊统筹获得补偿的农民达57.71万人,受益面达72.52%。

2. 积极推进基本公共卫生服务均等化。深化基本公共卫生服务内容,扩大服务人群,提高服务质量,2011年人均基本公共卫生服务经费标准由2010年的15元提高到25元。2011年全市已建立居民健康档案66万份,建档率59.5%。免费为城区6类人群提供基本公共卫生服务价值233万元,免费为农村65岁以上老年人健康体检6.33万人,免费为农村0~6岁婴幼儿生长发育检查4.32万人,免费为农村孕产妇检查1.42万人。对2000名35~59岁农村妇女进行乳腺癌免费检查,其中B超检查723人,钼钯X光机检查315人,查出乳腺癌1人。规范管理高血压患者4.23万人,管理率38.17%,血压控制人数为2.27万人,控制率为53.51%。规范管理Ⅱ型糖尿病患者1.09万人,管理率24.5%,血糖控制人数为5614人,控制率为51.66%。积极开展重性精神病患者的登记管理、随访和康复指导工作,登记管理重性精神病人2008人,管理率18.11%,其中病情稳定1146人。民生工程7项卫生指标任务已全面完成,其中超额完成的有4项。

3. 抓好基本药物制度全覆盖。在巩固16家试点单位的同时,继续扩大了25家实施单位,在全市所有的乡镇卫生院和政府举办的社区卫生服务机构全面建立国家基本药物制度。实施国家基本药物制度以来,药品价格下降了35%左右,门急诊人次、住院人次,分别增长45.46%、8.39%。

4. 严格绩效考核制度。将卫生工作的主要项目全部纳入考核内容,把考核结果与经费补助挂钩,纠正了以往医疗机构重医疗轻公卫、重经济收入轻社会效益的倾向,强化了医院内部管理和质量控制,提升了整个卫生工作的管理水平。一是完善了乡镇卫生院绩效工资分配机制。根据医改要求,积极探索新的绩效分配模式,对绩效分配的原则、管理体制、绩效组成、考核内容等方面进行了全面调整,重点突出服务质量和数量、职业道德和群众满意度等方面的考核,做到绩效工资分配不再与药品收入挂钩,不再与经济收入挂钩,对绩效的资金实行总量控制,在确保基本工资足额发放的前提下按照“多劳多得”、“优劳优得”原则分配,提高了单位内在活力和干部职工积极性。如贵溪市卫生局突出公共卫生均等化等医改内容,在实施绩效分配的基础上,融入了激励分配机制,适当拉开职工收入差距,进一步调动职工工作积极性,形成具有“贵溪特色”的全新分配机制。二是在工资分配中,注重向关键岗位、业务骨干和做出突出成绩的医务人员倾斜,向承担疾病防治、突发公卫事件处置与救治、环境恶劣的现场工作岗位倾斜,向承担公共卫生服务和临床一线工作任务的岗位倾斜,防止“养闲、养懒、养散、养庸、养差”现象,建立起符合实际的奖优罚劣激励约束机制。三是重点加强对乡镇卫生院长的考核,各县(市、区)出台了《乡镇卫生院院长绩效考核细则》,把新型农村合作医疗、农村一体化管理等工作量化,年终考核所得分数作为考核院长的工作标准,且与院长绩效工资、评先评优、职务任免挂钩。院长的个人所得,由考核后卫生行政部门决定。院长有医院内部的分配权,但无自己的分配权。

5. 确保基层医疗卫生经费保障。一是对全市所有基层医疗卫生机构重新定编,以解决医疗卫生事业发展需要。对乡镇卫生院严格按照每千人口1.2名配备编制,乡镇卫生院编制由原来的536名增至1028名,净增492名;为月湖区、贵溪市的社区卫生服务中心定编226名。二是积极争取政府的支持和重视。过去地方财政只是按在编人员核拨工资补助,而且工资基数只算基本工资部分。国家实施医改后,卫生部门积极争取县级财政按各单位实有编制数进行拨款。各县(市、区)普遍实行了乡财县管,对乡镇卫生院人员基本工资已由差额补助转为全额保障,如贵溪市定编578人,财政补助配套了692万元,人均实补1.2万元。余江县在财力困难的情况下也配套120万元,确保了乡镇卫生院人员基本工资全额拨款。三是建立多渠道补偿机制,弥补基层医疗机构药品零差率减少的收入。2011年全市所有政府办的乡镇卫生院和社区卫生服务中心实行了药品零差率,各级财政均将零差率补助列入年初的财政预算,如贵溪市138万元、余江120万元、月湖30万元,市财政32万元。1月至11月,全市药品零差率工作做到了财政应补尽补,基层医疗机构实施基药后,药品价格下降了35%左右,门诊人次上升了45%,住院人次上升了9%。

6. 加强卫生重点项目建设。市人民医院门诊医技楼2011年年底已竣工,市中医院医疗综合楼工程主体工程已完工,正在进行内部装修,即将投入使用。信江新区医院建设项目前期准备工作进展较为顺利,已完成征地红线图、用地预审意见书、项目立项批复、工程监理招标、环境监测等工作。信江新区医院规划建筑方案设计、初步设计、施工设计、地质勘探招标完成。积极争取国债建设项目,改造新建4个社区卫生服务中心,建筑面积2250平方米的贵溪市雄石街道社区卫生服务中心于2011年上半年投入使用。其他3个社区卫生服务中心建设项目也正在积极进行开工前期的各项备工作。

7. 加强妇女儿童保健工作。围绕妇女儿童发展纲要中的16大项、40小项的卫生保健监测指标,以保障妇女儿童健康为目标,不断加强妇幼卫生服务能力建设,大力实施妇幼公共卫生项目,孕产妇死亡率、儿童死亡率等指标有效降低,住院分娩率不断提高。一是认真实施妇幼安康工程,通过农村妇女两癌筛查、孕产妇住院分娩补助、农村育龄妇女补服叶酸、试点县免费婚检项目等,在农村逐步推行“五项免费”健康服务项目,为2万名农村妇女开展免费宫颈癌检查;为2000名农村妇女开展免费乳腺癌检查;为9051名农村孕产妇发放住院分娩专项补助271.53万元;为6319名农村育龄妇女补服了叶酸;为3001对结婚登记对象实施了免费婚检,婚检率为81.79%,疾病检出率为13.89%。二是实施艾滋病母婴阻断项目。全市举办了预防艾滋病、梅毒和乙肝母婴传播师资培训班,免费为贵溪市孕产妇提供艾滋病、梅毒和乙肝的检测与咨询服务,在全市为乙肝表面抗原阳性母亲所生新生儿在出生后24小时内注射乙肝免疫球蛋白,为艾滋病感染孕产妇及所生婴儿提供免费的抗艾滋病病毒药物,为梅毒感染孕产妇提供安全助产服务和规范治疗,为梅毒感染母亲所生儿童提供预防性治疗。

【疾病防控】 1. 切实加强艾滋病防治工作。一是继续加大艾滋病防治知识宣传教育力度,全市发放艾滋病防治知识宣传材料4.07万份;二是进一步强化失足妇女、吸毒者、男男性行为者、公安监管场所在押人员、性病就诊者以及外来务工人员等高危人群干预和监测,认真实施3个国家级和6个省级“艾/丙肝”疫情监测哨点工作,建立健全艾滋病自愿咨询检测体系,积极推进贵溪市国家艾滋病综合防治示范区建设,加大各类人群艾滋病监测筛查力度,全市艾滋病干预人群共发放安全套21.6万只,筛查各类人群艾滋病检测4.49万人份,新发现报告艾滋病感染者和病人42例,完成省卫生厅下达年任务数的131.25%。三是加强艾滋病感染者和病人管理,落实“四免一关怀”政策,艾滋病感染者和病人流调率达100%,随访干预率达96%,为65例感染者和病人实施了免费抗病毒治疗。

2. 进一步巩固和强化结核病防治工作。继续实施现代结核病控制策略,紧紧抓住肺结核病人发现率和治愈率关键环节,强化结核病防治措施,全市共发现新涂阳肺结核病人430例,肺结核病人治愈率达94%。

3. 免疫规划工作成绩明显。一是认真实施扩大国家免疫规划工作,儿童一类疫苗免费接种覆盖面100%;加强了常规免疫接种服务与管理,国家规划免疫疫苗接种率继续保持在以乡为单位90%以上水平,疫苗针对疾病得到了有效控制。二是积极推进消除麻疹工作进程,进一步强化了麻疹疫苗常规接种,加强了麻疹病例报告与监测,截至2011年11月底,全市临床报告疑似麻疹病例14例,麻疹疑似病例及时调查率和血清实验室检测率均达100%,临床报告疑似麻疹病例均得到排除,2011年以来全市麻疹发病率为0,达到了国家提出麻疹发病率控制在1/100万以下目标。三是全面推进儿童预防接种信息管理系统建设,积极做好儿童接种个案数据上传工作,全市接种单位上传率达97.7%。

4. 急性传染病得到有效控制。一是全力抓好手足口病防控工作。强化早部署、早预防、早控制的防控策略,认真落实各项防治措施,积极抓好医务人员培训、疫情监测、重症病例早期发现、诊疗转疹规范、医疗救治、重点场所防控、健康教育等各工作,确保了手足口病预防有力、控制有序、救治有效。全市共发现报告手足口病1113例,其中重症34例,死亡2例。二是加强霍乱防控。强化医疗机构肠道门诊管理,积极做好外环境与食品霍乱弧菌监测,全市共监测2104次,其中水体监测564份,水产品监测422份,涂抹监测1118份,腹泻病人检索60人次,检索率为12.1%。三是加强流感监测,全市2所哨点监测医院和市疾控流感监测网络实验室按照《全国流感监测方案》要求,积极开展流感监测工作,采样检测流感样病例标本612份,检测流感病毒核酸阳性率为3.27%。四是加强登革热防治。认真开展健康人群抗体水平监测和伊蚊幼虫密谋监测,完成了省厅下达的监测工作任务。五是强化传染病疫情报告与管理,提升法定传染病网络直报质量,全市共报告各类法定传染病6224例,死亡18例。网络报告率85.66%,及时报告率100%,及时审核率100%,重卡率0,传染病疫情报告信息质量评价综合率达95.70%。

5. 慢病防治工作不断推进。一是认真开展重大公共卫生项目农村妇女乳腺癌筛查工作,贵溪市按照要求组织对2000名35~59岁农村妇女进行乳腺癌免费检查,其中B超检查723人,钼钯X光机检查315人,查出乳腺癌1人。二是以健康一二一生活方式行动为主要内容,积极推进全民健康生活方式宣传教育;加强了高血压、糖尿病等慢病防治知识宣传力度,提高了居民防范意识。

6. 卫生应急工作不断提升。一是市卫生局成立应急办,使卫生应急工作做到了有专门机构、有专人抓、有工作经费。二是积极推进市级应急指挥中心建设,中心建设基本完成,已进入设备装置阶段。

【卫生监督】 1. 强化餐饮服务环节食品安全监管。一是按照国务院、省政府和市政府的部署,有力推进严厉打击食品非法添加和滥用食品添加剂专项行动,强化严打行动宣传,全市组织餐饮服务单位张贴宣传画共1647张,组织1625家餐饮服务单位向广大消费者作出食品安全承诺,全面实施对餐饮单位进行检查与指导,发现问题及时下达整改意见书,责令限期整改,严打行动中,全市累计共出动卫生监督执法人员1377人次,出动执法车辆261车次,检查餐饮服务单位2520户次。

2. 围绕"关注健康餐桌"主题,按照省、市人大常委会部署要求,开展"食品药品安全赣鄱行"活动,制订实施方案,突出重点,组织开展食品安全专项整治,着力抓好学校(托幼机构)食堂与旅游景区餐饮专项检查,检查学校(托幼机构)食堂92家,检查旅游景区餐饮单位50家,对检查发现问题的27家学校(托幼机构)食堂和旅游景区12家餐饮单位及时下达整改意见书,责令限期整改,确保了广大师生和游客饮食卫生安全。

3. 加强夏季餐饮业食品安全监督。针对夏季气温高,食品保鲜保质难度较大,易受到有害微生物污染,重点组织开展"谢师宴"大型聚餐活动专项检查,实行了"谢师宴"服务餐饮单位"申报备案"制,确保了夏季期间餐饮业尤其"谢师宴"大型聚餐活动未发生食品安全事故。

4. 积极做好重大活动食品安全保障工作。一是完成了全国第七届城市运动会鹰潭市承办比赛项目期间运动员、裁判员以及参会人员食品安全保障任务,采取有力措施,对"七城会"指定接待单位实施全程卫生监督,定岗定责,严把食品原料采购关、食谱审查关、加工关、餐饮具消毒关、从业人员健康体检关、食品留样关等重点环节。二是认真做好市委、市政府重大活动和接待任务期间食品卫生保障工作,保障任务达21次,实现了保障工作食品安全"万无一失"目标。

5. 认真组织开展餐饮服务环节"瘦肉精""酒类质量""塑化剂""问题奶粉"等专项整治,确保广大消费者食品安全。

6. 认真宣传贯彻《公共场所卫生管理条例实施细则》,制订了宣贯方案,加强了卫生监督员和公共场所业主培训,进一步规范了公共场所卫生许可工作,加大了公共场所监管力度,提高了公共场所卫生管理水平,确保了公共场所卫生安全。

7. 做好职业病防治工作。加强职业健康检查机构建设,通过组织评审,全市3家医疗机构已获得开展职业健康检查资格;积极牵头组织开展全市职业健康状况调查工作,摸清全市职业病危害情况,为制定职业病防治政策提供科学依据。

8. 加强医疗服务监管。以打击非法行医为重点,加大卫生监督执法力度,立案查处12家,罚款4.4万元。

【中医科教】1. 抓好中医管理年活动，提高医院服务水平。为认真贯彻国家中医药管理局和江西省卫生厅关于开展中医医院管理年活动精神，一是对2011年全市各级中医医院开展中医医院管理年活动进行了再部署、再动员。二是开展全市中医院管理年活动的自查督导和迎评工作。围绕管理年活动，组织市级专家对全市中医院开展管理年工作进行认真督导，确保工作落实到位，5月19日至20日贵溪市中医院、余江县中医院顺利通过了省卫生厅的中医医院管理年活动检查评估。7月2日贵溪市中医院也通过了国家中管局的中医医院管理年活动的检查评估。

2. 加强重点项目建设，提高中医药学术水平。一是开展2005年至2010年度国家级中医项目验收及特色中医医院、中医特色专科(专病)和临床基地检查验收工作。7月份组织专家对余江县中医院、贵溪市中医院进行了现场检查评估；8月31日鹰潭市中医院顺利通过国家中医药管理局组织的“十一五”重点专科(专病)建设项目评审验收。二是开展江西省名中医评选工作。为推动全省中医药人才队伍建设和中医药事业科学发展，江西省卫生厅和江西省人保厅在全省范围内开展第三批江西省名中医评选工作，鹰潭市积极组织全市医疗卫生相关单位参加评选。通过各级认真审核，经市卫生局、市人保局共同研究同意，确定了全市7名主任中医师人选参加全省名中医评选，并在鹰潭市卫生网上进行了公示。经省卫生厅中医处审定、公示后，最终确定了全市7名主任中医师为全省名中医，为鹰潭市发展中医药人才打下了基础。三是按照《传统医学师承和确有专长人员医师资格考核考试办法》(卫生部52号令)和江西省《关于做好传统医学师承工作和确有专长人员医师资格考核工作的通知》(赣卫中字〔2008〕8号)精神，积极组织连续跟师学习满3年的中医工作人员参加9月24日至25日的全省2011年度出师考试工作，全市共有13人参加，10人通过，出师合格率达77%。四是组织开展了中医全科医师培训。选送8名中医类别全科医师参加全省岗位培训，圆满完成省厅下达鹰潭市的培训任务。五是积极组织全市中医系统开展“中医中药中国行——进乡村·进社区·进家庭”科普宣传活动，进一步推动了全市中医药文化建设，使科普工作逐步走向科学化、规范化、常态化。同时开展了全市中医系统义诊日活动，大力宣传中医药文化知识，使中医药惠及千家万户。六是加强中医药文化建设。为推动中医药文化建设，在全市开展了征集资料活动，全市共征集各级中医医院中医药文化建设专题画册图片资料12幅，进一步丰富了中医药文化内涵。七是积极组织鹰潭市中医院申报“十二五”期间重点专科建设项目。经各院自报，市卫生局审核，全市共有妇(产)科、骨伤科等4项专科参加申报。

3. 加强农村和社区中医工作，增强基层中医药服务功能。一是加强社区中医药工作。在江西省中医药管理局的关心指导下，月湖区委、区政府高度重视社区卫生服务建设工作，严格按照创建中医特色社区卫生服务示范区的要求，认真扎实地开展创建工作，被确定为全国社区中医药工作先进单位。二是加强农村中医药工作。余江县委、县政府高度重视农村中医服务建设工作，严格按照创建全国农村中医工作先进县建设要求，采取树“龙头”，抓好县中医院建设；健“龙身”，抓紧乡镇卫生院建设；活“龙尾”，抓实村卫生所建设等措施，扎实做好农村中医药工作，积极争取创建全国农村中医工作先进县。

4. 加强卫生人才队伍的建设，提升卫生服务水平。一是根据省厅的部署，制订并印发了鹰潭市2011年度社区卫生人员岗位培训计划，并积极组织社区卫生人员参加岗位培训，完成了全科骨干医师6名、全科医师30名、社区护士60名和其他培训6名培训任务。二是加强乡镇卫生人员转岗培训工作。制订了鹰潭市2011年乡镇卫生院全科医师转岗的培训计划，完成了10名乡镇卫生院全科医师转岗、2名社区全科医师岗位理论培训。同时为提高培训质量，加强了对培训基地的督导。三是加强农村卫生人员在岗培训管理。根据《卫生部科教司2010年至2011年度落实医改任务，加强对乡村卫生机构技术支持工作方案（草案)》及《江西省2011年乡村医生在岗培训计划的通知》(赣卫科教字〔2011〕2号)精神，及时开展2011年全市乡村医生在岗培训工作，共培训人员1358人，参训率达93.3%。加强适宜卫生技术推广工作，在培训项目实施过程中，严格按照省卫生厅《2011年乡村医生在岗培训计划》和《江西省乡村医生考核办法实施细则(试行)》的要求，对心脏呼吸骤停急诊急救规范、淹溺急诊急救规范、电击伤急诊急救规范等十项急诊急救项目进行了培训，提高了乡村医生的急救技能。在培训期间严格了培训纪律，在培训中除严格实行考勤制、上课前签到制、课中点名制度外，并将考核结果记入本人业务技术档案，作为其年度业务考核、执业注册与再注册的必备条件之一，进一步增强了乡村医生对培训工作重要性的认识。

5. 加强继续医学教育和远程医学教育管理。一是加强在岗人员继续医学教育工作。2011年全市围绕卫生事业发展和人才发展战略的需要，以岗位要求为目标，在注重培训质量和实效的基础上，形成了规范化、制度化的培训工作体系，取得了长足发展，覆盖率达90%以上，通过了省卫生厅组织的“十一五”期间继续医学教育评估。二是加强卫生技术人员继续医学教育和远程“双卫网”教育管理。全市的继续医学教育和远程“双卫网”教育2011年有4个教学点，2351人持双卫卡学习，覆盖率达90%。三是组织开展全市医疗卫生技术人员继续医学教育阶段性培训，有效地提高了卫生技术人员的整体素质和医疗卫生服务水平。

6. 认真落实科技计划管理。一是深入开展医学学科建设。认真组织2012年度省医学领先学科建设计划项目与省市共建计划项目的申报,共申报3项,实现了零的突破。二是积极组织鹰潭市人民医院第三批江西省住院医师规范化培训基地的创建工作,通过了省卫生厅评审,被确定为第三批江西省住院医师规范化培训基地（内、外科),为全市今后培养卫生人才队伍打下良好的基础。三是为加强全市农村和基层卫生技术人员的培养,根据《江西省卫生厅进修医学教育管理办法》文件要求,制定了市级进修基地免费培养基层卫生人员的计划,以提高全市基层卫生技术人员技术水平和服务能力。四是积极开展全市科技活动周活动,同时组织全市各级中医医院开展“中医中药中国行——进乡村·进社区·进家庭”科普宣传活动和全市中医系统义诊日活动。加强了卫生科普知识的宣传。

【爱国卫生运动】 1.积极开展“无烟医疗卫生机构”创建活动。为确保2011年实现卫生行政部门和医疗卫生机构室内全面禁烟目标,鹰潭市积极争取到省厅2011年控烟项目,在市人民医院、市中医院、市疾控中心、市妇幼保健院、市健康教育所六家单位实施2011年控烟项目,制订了控烟项目实施方案、无烟单位实施方案和控烟考核办法及奖惩制度。举办了主题为“世界卫生组织《烟草控制框架公约》”的世界无烟日宣传咨询活动。组织开展卫生系统控烟项目培训,提升控烟工作能力建设。

2.开展城乡环境卫生整洁行动。全面清除城市垃圾死角,完善基础卫生设施,改善城市环境卫生面貌,着力解决了城乡环境中存在的“脏、乱、差”问题,改善了城乡居民生活、工作等方面的环境卫生面貌。

3.组织开展春季灭鼠和夏秋季灭蚊、灭蝇、灭蟑活动,保持“四害”密度降低在标准范围以内;开展对重点行业和单位防蝇、防鼠设施建设的检查和落实。

4.借助新农村建设平台,推动农村改水改厕工作。围绕新农村建设“六改四普及”的要求,坚持高起点、高标准、高质量、严要求的工作方针,快速启动,精心实施,狠抓质量。全市改建自来水受益人数1.11万多人,改厕1.16万户,全市农村自来水普及率达到68.15%,农村卫生厕所普及率达到81.36%。一是将农村改水改厕列为新农村建设点的准入条件,规定改水改厕不到位的村,不能列为新农村建设村,已列入新农村建设的村,改水改厕未完成任务的,新农村建设资金暂缓投入村公共基础设施建设使用。同时,将改水改厕列入了市委重点工作的督查内容,纳入了市政府新农村建设考核内容。二是项目任务层层落实。各项目县都按照省、市改厕项目实施方案的要求,结合各自实际,制定了项目实施方案,成立了领导小组和技术指导组,层层签订了责任状,召开了项目启动会,开展了技术培训,下发了培训资料和光盘,组建了工作网络,建立和上报了“改厕户名单”,按时上报了改厕月进度表。三是项目建设确保质量。各地严把了改厕质量关,确保了农村改厕项目按照较高的标准实施建设,得到了全国、省爱卫办的赞扬和肯定。四是加强项目资金管理,做到专款专用。对于中央、省经费的使用,全市各项目县进行了严格的管理,县、乡、村每一级的账目都非常清楚,有关记录、发放凭证、建厕户领条等都齐全规范,做到了上下一致。

(艾雪凌)

【市卫生局副县级以上干部名录】

党委书记、局长:江金街

党委副书记、调研员:孙 钢

党委委员、副局长:聂美娟(女) 初国伟

党委委员、纪委书记:贺国贤

党委委员、调研员、市人民医院院长:李恩福

党委委员、副调研员:徐道福 吴多清

党委委员、市疾控中心主任:汪仕文

党委委员、市卫生监督所所长:徐瑞华

市红十字会专职副会长:刘跃妹(女)

调研员:方爱民(女)

副调研员:陈银娣(女,~2011.9)

体育

编辑、校对：夏永军

概述

2011年，市体育局紧密围绕市委、市政府总体工作部署，以党的十七大精神为指导，全面贯彻落实科学发展观，以改革创新的理念，大力培育体育精神，彰显体育活力，狠抓班子自身建设，解放思想，务实创新，勤奋工作，精心组织七城会女子篮球和女子足球两项赛事活动，大力发展体育产业，有力地推动了群众体育和竞技体育协调发展。群众体育工作连续第17年获得国家体育总局颁发的“全民健身活动优秀组织奖”；竞技体育实现历史性的突破，荣获“七城运会”最佳赛区和突出贡献奖称号，代表江西省参加第七届全国城市运动会，培养输送优秀体育健儿取得优异成绩，被省体育局授予突出贡献奖单位，承办中华人民共和国第七届城市运动会女子篮球、足球U18比赛被授予突出贡献奖，在2011年度江西省体育后备人才培养工作评估检查中被评为优秀设区市体育局；体育彩票工作稳步提升，获得全省体育彩票工作先进单位称号。

重要举措

【“七城运会”承办工作】 市体育局作为“七城运会”女子篮球和女子足球比赛的主要责任单位，在竞委会的正确领导下，细化分工，严格管理，部门之间通力合作，圆满完成了赛事相关任务，整个比赛过程组织严密、气氛热烈、文明有序。

火炬传递到位，拉开“七城运会”赛事精彩序幕。10月6日上午，“七城运会—幸福之光”鹰潭站火炬传递在市体育公园隆重举行，认真组织火炬传递工作，市委书记陈兴超、市政府市长钟志生、市四套班子领导和市委各部门、市直各单位领导全程参与，有关部门全力支持，中央五套进行了全程转播，提升了鹰潭的影响力和知名度。在筹备火炬传递过程中，认真编制传递线路，严格选拔火炬手和护跑手，主动与各方协调，确保了火炬传递顺利举行。

场地设施到位，为赛事举办提供有力保障。严格按照“七城运会”执委会对场馆建设的要求，对体育馆和体育场进行了重新整修，有效保障了赛事期间各项相关工作。投入13万元对体育馆木地板进行了翻新改造，投入15万元对体育馆墙面进行了重新刷白，投资34万元对体育场草坪进行翻新。根据执委会的要求投资近10万元对各功能房进行全面改造，并购置了相关器材设施；投资近15万元对消防设施及水电设施进行了全面检修和维护。

竞赛组织到位，确保赛事成功举办。根据比赛规律和特点，认真梳理竞赛组织的相关环节，制订应急预案；认真分析和把握竞赛形势，做好防范赛风赛纪等问题的预案，对容易出现的赛风赛纪问题关键环节和人员加强监控，消除隐患；制定竞赛组织各环节的措施和办法，避免由于竞赛组织、器材设备、观众观赛等方面问题引发的赛风赛纪问题；在赛场宣传引导各运动队文明参赛和观众文明观赛；积极采取各种措施为各参赛队伍创造和提供公平公正的竞赛条件与环境。余江赛区围绕“严密组织管理，确保万无一失，提供一流服务，争创优秀赛区”的工作目标，圆满完成了“七城运会”女子篮球U18分组比赛任务。

后勤服务到位，为参赛人员提供良好的服务。做好后勤接待工作是成功举办“七城运会”的重要环节。为此，多次召开协调会议，就后勤保障工作精心调度，督促各接待宾馆改进完善宾馆硬件设施，规范服务流程，提升服务水平。为举办好“七城运会”比赛，确保做到“四优三无”(环境优、设施优、组织优、成绩优；赛前无差错、赛中无失误、赛后无遗憾)。在做好竞赛组织工作的同时，切实配合做好了卫生、食宿、交通、医疗保障、安保、志愿服务等保障服务工作，做到了零失误、零投诉，受到了各方宾朋的高度赞誉。

舆论宣传到位，营造良好的赛事氛围。为营造浓厚的“七城运会”氛围，做到起步早、声势大，精心策划了“七城运会”竞赛组织等多个系列报道。开展了“喜迎七城运会”全民健身登山活动、围棋赛、象棋赛、“庆三八”全健排舞等一系列全民健身活动。设置了“七城运会”倒计时牌,并在市区内主要路段用标语、横幅、花坛、LED大屏等形式,为“七城运会”进行广泛宣传,在赛事举办期间,还组织了篮球宝贝、健美操等表演,不仅吸引了众多观众关注的眼球,更营造了精彩、热烈的比赛氛围。

【群众体育】 深入贯彻落实《全民健身计划》,进一步完善组织机构。在国务院正式颁布实施《全民健身计划》后,结合实际,制定了《鹰潭市全民健身实施计划(2011~2015)》,积极推进全市全民健身工作。一是广泛宣传,通过举办不同人群的全民健身活动来营造氛围,并在每个活动现场悬挂宣传条幅等。二是加强学习,统一思想,提高认识,动员社会各界学习《计划》,通过机关学、学校学、协会学来调动大家的学习积极性。三是及时调整鹰潭市全民健身领导小组成员单位及职责分工,由26个单位增加到33个单位。

扎实推进基层群众体育健身场所建设。基层群众体育健身场所建设惠及千家万户,需要广大群众普遍参与,大力支持。一年来,充分利用市体育局网站、宣传栏,多层面、多角度地深入宣传,让广大人民群众充分了解、支持和参与基层群众体育健身场所建设,为基层群众体育健身场所建设的实施营造了良好的社会氛围。同时,根据基层群众体育健身场所建设的特殊性,进一步改进工作作风,增强工作的主动性和积极性,兼顾各方利益,加强协调配合,深入实际,深入基层,倾听群众呼声,认真排查梳理基层群众体育健身场所建设过程中的新情况、新问题,积极采取措施加以解决。2011年,鹰潭按时完成了农民体育健身工程8个;争取到省体育局全民健身路径7条。

大力开展群众体育活动。坚持大型活动与小型多样相结合,采取集中与分散相结合,积极组织开展形式多样的群体活动,共组织开展100多项次全市性活动。一是8月8日“全民健身日”活动精彩纷呈,一改往年的活动模式,大胆创新,活动内容新颖,增加了互动性让群众参与到其中。二是会同工、青、妇等部门,共同组织各类活动。举办的活动主要有:全市少儿乒乓球、田径等赛事,纪念中国共产党成立90周年全市登山活动,全民健身展示等。三是县(市、区)群众体育活动多姿多彩。贵溪市全民健身活动蓬勃开展,领导干部带头参加锻炼,场地设施建设有突破,群众体育组织发展迅速;余江县紧抓群众体育工作不放松,以提高全县人民健康水平、倡导文明健身方式为目标,组织各类活动60多项次,直接参与人数将近2万人;月湖区根据自身特点,积极开展了社区群众体育活动。

夯实基层体育组织建设。积极探索社区体育和农村体育新的工作机制,紧紧抓住社区、乡镇组织网络建设,努力打造新的活动载体,充分发挥基层体育组织的作用,为开展群体工作夯实基础。一是建立健全社区体育网络。以全市的大型群体活动为龙头,以晨、晚练点为主要形式,充分利用体育场、公园等空闲地段,开展形式多样的体育健身活动。积极开展创建工作,截至年底,全市共创建3个国家级社区体育俱乐部和9个省级体育先进社区,2011年新增新农村及社区体育健身网点40个。举办了2期社会体育指导员和健身气功、健身秧歌教练员培训班,为社区健身活动培养一批体育骨干。全市现有社会体育指导员780人,其中:国家级8人,一级62人,二级296人,三级420人。二是加强农村体育建设。加快建设“农民体育健身工程”,按时按要求完成了省级农民体育健身工程建设申报项目,并根据新农村建设的需要,从体育彩票公益金中拿出20多万元,用以缓解农村体育器材的不足,对30个新农村点进行体育器材添置。农民体育健身工程有力促进了当地农村体育活动的开展;许多乡镇都以争创体育先进乡镇为主题,利用传统佳节,举办内容丰富、形式多样、农民喜闻乐见的健身活动。三是发挥协会桥梁作用。在推动全市的群众体育活动中,充分发挥协会桥梁作用,各协会积极开展各项活动。共组织了乒乓球、羽毛球、健身气功、健身秧歌、门球、信鸽、冬泳等活动100多项次。全市现有单项体协24个,行业体协12个,全年新增了健身秧歌协会、柔力球协会。四是积极推广健身气功。举办了一期健身气功培训班,共有50多人参加了此次培训班,受到广大健身气功爱好者的热烈欢迎;举行了全国城市健身气功交流展示系列活动,积极把健身气功推广到社区、乡镇。全市共有健身气功站点80余个。

【竞技体育】 在省十三届运动会结束后,就紧紧围绕“四加强、四保持”的体育工作发展思路,积极思考,深入调研,部署新周期目标任务,及时制订了2011~2014年鹰潭市少儿训练目标任务,并与县(市、区)签订竞技体育任务责任状,下达了第十四届省运会任务目标。

积极备战2014年省运会。鹰潭密切跟踪鹰潭市入选省队的运动员情况,做好相关保障工作。着力把握项目规律,强化作风、意志、品质的锤炼,提高技战术水平,提高训练质量。在训练过程中,采取一队一策的方法,全面强化训练管理;主动与省局各中心联系,加强运动员引进协作力度。全市在训青少年运动员350多名,注册运动员170名。2011年有11名运动员入选省队。

加快体育后备人才培养步伐。业余训练基础的好坏,运动水平的高低是衡量竞技体育发展的一个重要标志。坚持把握和正视业余训练的现状,把有限的资金用到最需要的地方,采取有效措施,努力挖掘和培养体育优秀苗子,切实提高鹰潭竞技运动水平,向省专业队输送。同时,建立符合市情、富于创新、充满生机与活力的培养机制,努力构建层层衔接的人才培养训练网络，做大做强体育后备人才培养工程；夯实三线，丰富二线，深入推进体教结合、赛训结合。全市拥有6所省级体育传统项目学校、10所市级体育后备人才培养基地学校、4个业余训练网点。全年组织举办了全市中、小学田径、羽毛球和乒乓球等4项系列赛，24所学校512名运动员参加了比赛，选拔了156名运动员参加了江西省青少年13个项目年度系列比赛，取得了优异成绩，为鹰潭带入2014年江西省第十四届运动会24枚金牌，在2011年度江西省体育后备人才培养工作评估检查中，训竞科被评为优秀设区市体育局训竞科，余江县、月湖区被评为全省优秀县(市、区)。有20名鹰潭籍运动员代表南昌市参加“七城会”7个项目比赛，获得了5金2铜的好成绩。

【体育产业】 体育场馆经营效益明显。体育中心克服管理人员少、经费紧等诸多困难，做到热情服务，科学管理，基本做到了以馆养馆，圆满完成了多项赛事活动的场地保障和接待任务。一是积极承办各类活动，提高经营效益。为成功举办全国第七届城市运动会女足、女篮比赛以及龙虎山道教文化旅游节等各类赛事活动提供了坚强的场地保障。二是坚持日常开放，开发自身资源。通过电视飞字、短信群发、印制宣传册等形式不断加强对外宣传，提高影响力。坚持每周七个工作日，对外提供一流健身场所，以一流服务质量常年开放。结合自身实际，为市民健身提供科学指导，积极组织开展各类培训班，在原有“一卡通”消费系统的基础上，灵活推出了节假日购卡折扣活动，为广大市民健身、娱乐提供了实实在在的方便。三是出租闲置房屋和场地。体育中心房屋、场地资源丰富，为充分发挥其作用，盘活国有资产，中心将闲置的房屋和场地对外招租。已有10家企业单位租赁体育中心闲置房落户办公。四是拓展广告收入。市体育中心以场馆资源为平台，在引进各类比赛、活动、表演的同时，充分利用其参与人数多、影响范围广的优势，积极引进商业广告，拓宽创收渠道。

体育彩票销量稳步提高。始终坚持把体育彩票作为体育部门的“一把手工程”常抓不懈，制定了一系列支持体育彩票行之有效的政策和措施。一是召开好两个会议，即全市体育彩票工作会和全市体彩网点业主动员表彰大会。二是以市政府名义与县(市区)政府签订体育工作目标任务责任状，将体育彩票纳入目标任务重要考核内容。三是制定出台了两个奖励方案，即电脑体育彩票销售奖励方案和即开型彩票销售奖励方案。四是通过“三个提升”着力拓宽销售渠道：提升网点形象、提升服务水平、提升销售总量。五是加大体育彩票宣传力度，利用全国和全省各类体育赛事之际，在体育场馆和市区大力宣传体育彩票。六是积极主动地配合支持彩票分中心工作，为彩票分中心和工作人员提供必要的办公条件、培训场所和经费支持，切实帮助他们解决工作中的实际问题。2011年体育彩票销量取得实质性突破，超额完成各项任务，达2800多万元，同比增长19.4%。同时，贵溪市体育彩票销量大步提升，荣获全省体育彩票销量进步奖。

（彭功胜）

【市体育局副县级以上干部名录】

党组书记、局长：熊春金(女，~2011.11)
党组成员、副局长：欧阳澜
党组成员、副局长：张进龙
副局长：聂玲娜(女)
党组成员、纪检组长：张敦波
党组成员、副调研员：徐晓东　吴旭春
调研员：熊春金(女，2011.11~)

全国第九套广播体操比赛(鹰潭赛区)比赛现场。

市体育局供稿

居民生活

编辑、校对:华志萍

居民收入与消费

【概述】 2011年,鹰潭市委、市政府在“十二五”期间规划的开局之年,全面贯彻落实科学发展观,保增长,扩内需,重民生,鹰潭市经济平稳较快运行,城镇居民家庭收入实现持续快速增长,消费水平不断提高。据城镇住户抽样调查资料显示:2011年,鹰潭市城镇居民人均可支配收入为1.75万元,比2010年同期增长12.16%。

【居民收入平稳增长】 2011年,鹰潭市居民收入主要集中在工资性收入、经营净收入、转移性收入和财产性入、经营净收入、转移性收入和财产性收入四个方面。

1.工资收入保持增长势头。工薪收入仍是城镇居民家庭可支配收入的主体,2011年城镇居民人均工资性收入1.22万元,同比增长9.37%,占家庭总收入的64.6%。

2.经营净收入平稳增长。2011年全市进一步优化投资环境,制定一系列就业优惠政策,鼓励大学生、失业人员自主创业,自谋职业,促使城镇居民经营性净收入的增长,城镇居民人均经营净收入1727.56元,同比增长6.81%。

3.财产性收入快速增长。随着市民投资领域的拓宽和理财意识的增强,城市居民投资收入和出租房屋等各类财产性收入不断增长。2011年,城镇居民人均财产性收入为329.64元,同比增长1.6%。其中人均出租房屋收入316.85元,同比增长50.85%,是拉动财产性收入增长的主要因素。

4.转移性收入增长。2011年,鹰潭市城镇居民人均转移性收入4597.79元,同比增长11.6%,占家庭总收入的24.4%。原因是社保制度的逐步完善,养老离退休金标准不断提高。随着离退休人员待遇和城镇居民最低生活保障标准的不断提高,促进了转移性收入增长。其中人均养老金或离退休金3609.35元,同比增长22.3%。

【消费水平快速增长,消费结构更趋合理】 2011年,城镇居民人均消费支出1.11万元,同比增长1.6%。

1.食品方面支出增幅较大。受肉禽蛋、食用油价格上涨的影响,居民在食品消费上有所增加。2011年,城镇居民人均食品类支出5015.58元,与2010年同期增长17.94%。

2.衣着类支出略有下滑。从衣着类支出可以看到居民们对衣着方面越来越理性消费,人均衣着支出1097.04元,同比下降9.59%。

3.居住条件继续改善。随着住房制度改革的逐步深入,普通百姓对居住环境的改变有了更高的期望,使人均居住支出提高到1158.25元,较2010年同期增长37.63%。

4.家庭设备用品及服务稳中有降。调查数据显示:城镇住户每百户拥有彩电153台,电冰箱每百户拥有量达98台,基本保持平稳,电脑每百户拥有量为69台,表明家庭信息化程度的进一步提高。城镇居民人均家庭设备用品及服务支出人均为717.52元,同比下降8.38%。

5.医疗保健消费有所增长。2011年,城镇居民人均医疗保健支出848.58元,与2010年同期增长13.04%,其中药品费357.5元,同比增长42.16%,医疗费409.46元,同比增长45.49%。

6.交通通信消费明显下降。城镇居民人均交通和通信支出746.77元,较2010年同比下降46.16%。其中:家庭交通工具33.7元,同比下降95.27%;通信415.54元,同比增长20.8%。

7.教育文化娱乐支出略有下降。城镇居民教育文化娱乐服务支出人均1221.48元,同比下降10.79%,其中文化娱乐用品412.25元,同比增长38.64%;文化娱乐服务458.74元,同比下降19.67%;教育类支出350.49元,同比下降30.0%。

8.其他商品和服务支出基本持平。城镇居民其他商品和服务支出331.14元,同比增长0.02%。其中其他商品支出234.98元,同比增长31.95%。

(吴　静　刘荣佳)

2011年鹰潭市分县区农村居民纯收入一览

表1

指标名称	单位	2011年	2010年	比2010年±	增幅(%)
鹰潭市	元	7623	6249	1374	22.00
贵溪市	元	7715	6597	1118	16.95
余江县	元	7132	5595	1537	27.47
月湖区	元	8407	7047	1360	19.30

2011年鹰潭市农村居民现金收支一览

表2

指标名称	单位	2011年	2010年	比2010年±	增幅(%)
一、全年纯收入	元	7623	6249	1374	22.00
(一)工资性收入	元	3720	3152	569	18.04
(二)家庭经营纯收入	元	3515	2779	736	26.49
(三)财产性纯收入	元	104	82	22	26.13
(四)转移性纯收入	元	284	236	48	20.24
二、总支出	元	6485	5392	1093	20.27
#生活消费支出	元	4432	4028	404	10.03
1.食品消费支出	元	1784	1853	-69	-3.73
2.衣着消费支出	元	564	431	133	30.78
3.居住消费支出	元	507	475	33	6.91
4.家庭设备.用品消费支出	元	347	252	95	37.54
5.交通和通信消费支出	元	555	423	132	31.19
6.文化教育.娱乐消费支出	元	287	283	4	1.34
7.医疗保健消费支出	元	294	205	89	43.31
8.其他商品和服务消费支出	元	94	105	-12	-11.01

(杨 晨)

消费者权益保护

【概述】2011年，市消费者协会紧紧围绕“消费与民生”年主题，以推进社会管理创新，构建和谐消费环境为目标，全面推行行政约谈制度，通过“调处一起消费纠纷，发现一个矛盾潜点，启动一次行政约谈，警示一批经营业主，指引一个消费导向”，形成了消费教育、消费引导、消费监督“三位一体”的综合维权方式，大大提升了消费维权效能，得到当地党委、政府肯定，受到社会各界好评。

【开展“消费与民生”年主题活动】紧紧围绕2011年的“消费与民生”活动主题，2月份成立了鹰潭市“3·15”国际消费者权益日纪念活动组委会，制定了2011年鹰潭市“3·15”国际消费者权益日活动方案，同时召开各成员单位座谈会，做到早筹划、早安排、早落实，2月23日正式联合行文(鹰消协字〔2011〕1号)。纪念活动内容丰富、形式多样、别具一格，积极引导广大消费者科学合理、安全健康消费，从而提高广大消费者的自我保护意识，并督促经营者提高文明守法经营，诚实守信经商的自觉性。2011年3月15日上午，由鹰潭市委宣传部、市工商局、市消协主办，市邮政函件局承办，在鹰潭市永盛百货广场隆重举行“3·15”国际消费者权益日大型宣传咨询活动。副市长杨晓群亲临现场并作了重要讲话，活动现场由市委宣传部副部长李云主持，市工商局党组书记、局长彭鹏致开幕词，消费维权“五进活动”的社区代表 (交通办事处莲花社区主任陈瑞琴)宣读倡议书。

活动现场，市工商局、市质监局、市卫生局等行业管理部门精心制作了宣传板块，并就广大消费者普遍关心的商品质量、价格等有关知识进行了现场讲解。部分企业还携带了大量的实物样品，就产品质量、性能、价格等进行展示，以提高广大消费者对相关商品的鉴别能力。活动全程共向群众发放宣传材料1.2万余份，现场接受咨询1600余人次，受理消费者投诉15件。宣传咨询服务活动受到了广大群众的热烈欢迎，取得了良好的社会效果。当天的活动情况在省、市电视台、广播电台及报刊都进行了充分报道。

【认真受理消费纠纷】2011年，“12315”消费者申诉举报指挥中心受理消费者咨询、申诉和举报共1073件，其中咨询732件、申诉335件(包括市长热线转办1件)、举报6件。咨询、申诉和举报涉及较多的是通讯产品、服装鞋帽以及家电类。“12315消费者申诉举报指挥中心”把强化受理接诉水平、加快反诉反应能力、提高维权效能摆在首位。在规范管理上下工夫，优化“12315”工作流程：遇到常规投诉，中心通过申诉举报系统，网上交办相关县(市、区)处理；碰到重大、紧急的非常情况，中心直接与分局负责同志联系，快速反应，共同调处，化解问题于当前，避免不必要的矛盾升级与恶化，申诉办结率达到98%，为消费者挽回直接经济损失达110余万元。

【提升“12315”品牌】一是靓化维权窗口。在市局关心和重视下，按“三统一”(名称标志、文书格式、公示内容)的要求，指导3个消费者申诉举报中心和20个申诉举报服务台，进行了全面改选。二是延伸维权触角。在“一会两站”网络全覆盖的基础上，全面启动“12315”“五进”工作，在全市38家信誉好、规模大、维权意识强的企业，设立了消费维权服务站，力推消费纠纷不出店。三是理顺工作机制。市工商局“12315指挥中心”按照“相对集中受理，分工协作办理”的原则，及时向科室和分局分流、督办申诉、举报；对特殊情形的申诉、举报，应急调度，全程办理，着力打造快捷的维权通道。四是加强队伍建设。本中心积极采取措施，加强队伍建设，强化执行力，进一步提升服务效能。一方面细化措施，规范行为。为全面贯彻落实“市局23项管理制度”，从着装上岗入手，进一步明确了“12315”窗口人员行为规范；从统一工作文书入手，进一步规范接诉、调处行为。同时，切实加强学习，提升能力。本局注重业务知识学习，采取例会、研讨、外出学习等方式，迅速提升工作人员消费维权意识，提高接诉、处置能力，稳妥地处置了“6·9清洗机致人死亡事件”、“400余购房户群体上访案”等重大消费维权案件。

【加强流通领域商品质量监管】一是出台一套措施。为建立健全流通领域商品质量监管长效机制，指导基层开展日常工作，草拟了《鹰潭市工商局流通领域商品质量监管办法》及配套绩效考评细则，有力地推动了工作。二是组织一系列监测。按照上级统一部署，年初制定了《鹰潭市工商局流通领域(非食品类)商品质量监管计划》，组织对小家电、纸巾纸、润滑油、家居建材等4类70批次的商品进行了监测，规范了市场经营秩序。三是开展一系列整治。先后开展了“家电下乡”市场专项整治、打击盗版、侵犯知识专项行动，全面清理清洗机市场行动，集中清理电动车市场、PET引用水桶等专项行动。四是查办一批案件。及时疏理、排查专项整治和商品检测中发现的线索，对严重侵害消费者权益的行为，严厉打击，办结案件10起，罚没款入库2.32万元，净化了市场环境。

【完善消费维权机制】2011年，市消保局通过“调处一起消费纠纷，发现一个矛盾潜点，启动一次行政约谈，警示一批经营业主，指引一个消费导向”，形成了消费教育、消费引导、消费监督三位一体的综合维权方式。一是消费教育力度进一步加大。内容更丰富，开展了“三八”妇女维权周、“3·15”咨询日、法律法规进乡镇等活动，开展了老年人消费、新消费需求、低碳消费模式调查；形式更多样，与《鹰潭日报》、《赣东都市报》等媒体联合，以案说法，提醒消费者，警示商家。二是消费引导力度进一步加大。针对部分公用企业设置消费门槛,滥用垄断地位实施损害消费者情况,本局及时召集其负责人进行约谈,剖析法理,阐述利害关系,督促其改正。全年共约谈单位8个,逐个提出具体整改意见。约谈后,相关类似投诉大为减少。三是侵权查处力度进一步加大。全年查办案件14件。

(何 琳)

人口与计划生育

【概述】2011年,鹰潭市人口和计划生育工作贯彻《中共中央国务院关于全面加强人口和计划生育工作统筹解决人口问题的决定》及有关法律、法规,紧扣市委、市政府工作大局,围绕省人口计生工作重心,按照主攻“一个目标”、突出“两个抓手”、狠抓“三项整治”、实施“四项工程”、抓好“五项工作”的总体思路,打基础,提升工作水平,完成各项目标任务。全市出生1.46万人,全市人口出生率为13.46‰;出生政策符合率85.33%;鹰潭市和余江县被省政府授予“人口计划生育工作综合目标管理先进单位”,月湖区获得“全省信访工作单项奖”。

【人口计生责任制】坚持党政一把手亲自抓、负总责,市委坚持把人口和计划生育工作情况作为干部考核的一项重要内容,在干部提拔和使用时,事先到计生部门了解计生工作情况,严格实行“一票否决”;市政府向各县(市、区)和市直有关部门下达了目标任务书,同意设立鹰潭市流动人口服务管理站,增加1名科级职数和2名全额拨款事业编;市委、市政府严格计划生育责任追究,对综合工作严重落后的4个单位实行了“限期整改”,对“百村示范点创建”工作后3名的村(居)委会实行了“一票否决”。

【稳定低生育水平】全市通过开展计划生育一日走访慰问、一周生殖健康普查和一个月落实长效节育措施“三个一”服务活动,走访慰问6889户,发放慰问金26.36万元,发放物品5605件;结扎8929例,上环8888例,人流引产1498例。组织开展计划生育“三下乡”服务活动,上门为群众宣传计划生育政策、优生优育知识,发放各类宣传单10万份,药品1200余盒,日用品500余件,各类避孕药具1100人份,免费为群众开展生殖健康检查15.49万人次。

【计划生育示范村居创建】全市组织开展第二轮创建人口计生工作示范村(居)委会活动,继续由各乡(镇、街办)主要领导、分管领导,每人选择一个点,围绕生育管理、优质服务、村民自治、政策推动、履行职责、阵地建设、数字计生“七到位”,认真开展创建活动。为检查创建效果,全市组织人员进行逐级验收,先由县(市、区)组织自查,上报结果;市人口计生委再组织复查,对乡(镇、街办)主要领导、分管领导前五名的示范点予以通报表扬,从中评选十佳示范点,后三名的予以诫勉谈话,限期整改。

【计划生育争先创优】市计生领导小组下发《关于着力推进乡(镇、街办)人口和计划生育创先争优试点工作的意见》,在全市选择10个乡(镇、街办)开展创先争优试点工作,其中市人口计生委选择3个乡(镇、街办),由党组成员分别带队抓试点;各县(市、区)共选择7个乡(镇、街办)抓试点。每个工作组除组长外,不得少于4名工作人员。工作组组长每星期到点上不得少于1天,工作组成员每月至少要保持22天有人在点上,指导乡(镇、街办)开展工作。年终组织人员对创先争优试点乡镇进行评估,达标的予以表扬奖励;工作不达标得,追究相关人员责任。通过评比,贵溪市流口镇、天禄镇、余江县洪湖乡获得“2011年度争先创优试点先进乡镇”。

【计划生育专项整治】通过开展社会抚养费征收、党员干部、国家公职人员和名人富人违法生育、出生人口性别比专项整治,全市社会抚养费首期征收标准,农村不低于1万元、城镇不低于1.5万元;查处党员干部、国家公职人员违法生育取得突破,查处党员干部违法生育37人,其中公职人员19人,开除党籍19人,开除公职19人,查处富人违法生育29人,征收社会抚养费323万元;全市破获“两非”案件56起,其中公立医院6起,完成目标任务的167%,名列全省前茅。

【计划生育利益导向】全市共发放各类计划生育奖励扶助金123.91万元,落实农村部分计划生育家庭奖励扶助对象1176人,计划生育家庭特殊扶助对象327人;办理新农合1余万人,阳光助学155人,一次性奖励14人;为72户二女绝育家庭办理了不低于3000元的补充养老保险;为2.57万名0~6岁儿童办理了平安保险;通过开展绿色养老工程,为769户独女、二女户家庭解决了绿色养老。同时,各相关部门在安排有关项目资金、扶持计划时也对计划生育家庭给予了大力倾斜。

【数字计生】按照“数字鹰潭”建设要求,着手建设人口计生“小平台”。按照市里大平台建设的要求,完成市计生委“数字计生”小平台建设。对育龄妇女信息系统进行改造升级,实施标准统一、业务规范的人口个案信息管理,采集、存储、开发利用全部人口的个案信息。采取自主采集、部门交换、信息整合等各种方式,形成适合当地实际的全员人口个案数据采集及变更工作机制。坚持把数据质量控制在乡(镇、街办)、村(居)源头数据采集上,通过目标责任制考核、不同来源数据比对分析等方式,建立人口信息质量保障机制,确保数据的真实性、及时性和完整性。

【计划生育依法行政】各级进一步完善了计划生育行政执法责任制

和考评制，健全了行政执法文书档案，严格规范了人口计生行政执法程序，推进人口和计划生育工作的法制化、规范化。广泛开展了“阳光计生行动”，统一规范计划生育政务村务公开栏内容，开通“12356”阳光计生热线，深入开展“请农民兄弟姐妹评计生”、“请流动人口评计生”、“下评上”活动，广泛开展了依法行政示范乡(镇、街办)创建工作。贵溪市文坊镇获得“全国计划生育依法行政示范乡(镇、街办)”；贵溪市天禄镇、月湖区梅园街道办事处获得“全省计划生育依法行政示范乡(镇、街办)”。

【计划生育优质服务】通过开展创优评先活动，月湖区保持全国计划生育优质服务先进区，余江县保持全省计划生育优质服务先进县。

【流动人口计划生育】流动人口服务管理是当前计划生育工作的热点、难点问题，根据鹰潭流入、流出人口较多的实际，主动加强与流出地和流入地联系，签订双方合作协议，互通信息，切实加强流动人口的服务管理。为服务流动人口，春节期间全市共办理了流动人口婚育证明1.73万份，走访调查返乡流动人口2.08万户，发放现金及慰问品共计12万元，给留守老人、儿童送去大米2800千克，食用油140升，接待咨询群众2万多人次，发放避孕药具1万余份，查环、查病、查孕5万多人次，与重点服务对象签订合同2万余份。

【全国政协常委、省政协副主席刘晓庄莅临鹰潭调研】2011年7月4~6日，全国政协常委、省政协副主席刘晓庄率省政协民主监督专题调研组一行深入鹰潭调研计划生育政策落实情况。鹰潭市政府副市长戴春英、市政协副主席王火茂陪同调研。

调研组一行分别听取了鹰潭市政府、余江县政府关于贯彻落实计划生育政策情况汇报，与市、县、乡、村各级计生干部、有关部门人员以及育龄群众进行了座谈，并深入月湖区人口计生服务中心、月湖区交通办事处百佳城社区、余江县人口计生服务中心、余江县锦江镇九亭村实地调研。刘晓庄认为鹰潭市在贯彻落实计划生育政策方面有六条经验值得推广：一是领导高位推动；二是积极制定相关措施；三是认真落实责任，部门密切配合；四市强化机构建设；五是加快扶助力度；六是严格生育管理。刘晓庄要求鹰潭市各级干部要充分认识人口和计划生育工作的重要性，坚持计划生育基本国策不动摇，切实贯彻落实人口和计划生育政策，创造良好的人口环境，保障和改善民生，开创人口和计划生育工作新局面。

(黄忠宗)

【市人口和计划生育委员会副县级以上干部名录】
书记、主任：吴小莲(女)
党组成员、副主任：陈和生　李丽高
黄小红(女，2011.2~)
党组成员、纪检组长：黄春和
调研员：黄晓兰(女)
副调研员：汪绪华　蔡素珍(女)

妇女儿童权益保护

【概述】2011年，在市委、市政府的正确领导下，在省妇联的精心指导下，鹰潭市妇联牢牢把握妇女儿童民生需求，强化协调服务，优化发展环境，维护合法权益，推动妇女儿童共享经济社会发展成果。

1. 完善妇女儿童维权网络。主动与综治、法院、公安、司法、民政等部门实行多元化联动，推动维权合议庭、反家庭暴力妇女庇护所和“12338”妇女维权热线等维权阵地进一步发展。依托基层政法综治组织，建立妇女法律援助工作站点43个、家庭暴力报警点61个、妇女儿童维权站21个，做到机构、人员、工作全融人，实现来信来访联接、矛盾纠纷联排、维权服务联动。

2. 热心做好信访接待。对来访妇女热情接待，认真倾听她们的诉求，及时给予答复和协调处理。2011年各级妇联共协调处理信访案件368件，为贫困妇女提供免费法律援助35件，为未成年人申请法律援助15件。

3. 加大法制宣传力度。联合市公安局以预防儿童和青年女性的拐卖为重点，在全市广泛开展“共建妇女儿童平安之家、打击拐卖妇女儿童犯罪”法制宣传活动。召开了被拐妇女儿童亲属征求意见座谈会，精心制作了宣传展板，在在鹰潭火车站、时代广场以及各县(市、区)和部分乡镇进行了巡回宣传展览，发放宣传资料近万份，开展了法律咨询和法律援助服务，营造了浓厚的保护妇女儿童的社会氛围。

4. 关爱农村留守妇女儿童。鹰潭市共有留守妇女11万人，留守儿童3万余人。市妇联高度关注这一特殊群体，对她们的生活、生产、学习、健康等进行了专题调研，通过建立留守妇女互助小组和“留守儿童之家”等方式，帮助留守妇女儿童和家庭之间建立紧密型的互助机制，努力做到生产上相互帮助、生活上相互扶持、情感上相互依靠、安全上相互关照，邻里互助在农村巍然成风。元旦期间，发出了1万份《给留守儿童父母的一封信》，呼吁留守儿童父母经常与孩子沟通交流，争取回家过年，圆孩子一个过团圆年的梦想。贵溪市妇联开展了“共享蓝天，维权在行动”留守儿童关爱活动，编印了《关爱留守儿童指导手册》赠送给留守儿童及其家长，在6个乡镇开展了法律宣讲和法律援助，建立了集“教育、预防、打击、管理”为一体的“农村留守儿童法律保护”长效机制，有效地减少了农村留守儿童的身心伤害。

5. 组织开展了“春蕾计划”助学行动。2011年4月，向社会各界发出了关爱贫困女童“春蕾计划”10元捐的倡议。市城管局、教育局、财政局、土管局、城建局、计生委、邮政局、烟草专卖局、人民医院、农行、建行、工行等单位的妇委会和天洁集团、三川集团、兴源物业公司等企业以及社会各界积极参与捐款，为贫困女童搭起爱心桥，铺就助学路。又一次用筹集的善款资助了101名女大学生和春蕾女童，并帮助特别贫困的女大学生与企业建立了结对帮扶，解决了她们在大学期间的基本生活费用。

6.关心帮扶贫困妇女儿童。一是认真实施农村妇女"两癌"免费检查项目，2011年全市2.20万名农村妇女参加了乳腺癌、宫颈癌的免费检查。春节期间，走访看望了余江县1名患有宫颈癌的贫困妇女，并代表省妇联送上了1万元治疗救助资金。二是联合"184医院"免费为3名患有子宫肌瘤、卵巢肿瘤的贫困妇女患者实施了微创手术治疗，并组织医疗队前往贵溪市文坊镇开展免费义诊，发放母亲健康知识宣传单200余份，赠送了价值2000余元的药品，为边远农村妇女排忧解难。三是争取中国儿童少年基金会支持，向余江县黄庄乡中心小学捐赠了一批改善贫困儿童营养健康的食品——"蜜儿餐"，为儿童提供足够的热量、蛋白质及儿童成长必需的维生素和矿物质，增强儿童身体抵抗力，促进贫困儿童身心健康。

（程　颖）

"春蕾计划"10元捐资助仪式举行。

市妇联供稿

民政

编辑、校对:陈志敏

概述

2011年,在市委、市政府的正确领导和省民政厅的精心指导下,全市民政系统坚持"以民为本、为民解困、为民服务"的核心理念,紧紧围绕中心工作,认真谋划、积极落实,突出重点、创建亮点,各项工作取得了明显成效。2011年民政工作获各类奖项20余项,其中市军供站被民政部评为全国民政系统行风建设示范单位,市福利彩票发行中心获得全省福利彩票发行工作先进单位称号,贵溪市获得全省村务公开民主管理"难点村"治理先进市称号,月湖区获得全省社会救助先进县(区)称号,梅园社区、百佳城社区被评为全国综合减灾示范社区。

重要举措

【社会救助工作】 1.财政投入逐步加大,救助水平不断提高。2011年,市、县两级共配套各类民生社会救助资金2257.57万元。全市城乡低保人数分别为2.61万人和3.41万人,月人均补助分别达到209.95元和92.60元,累计发放城乡低保资金1.03亿元。农村五保集中供养标准达到每人每年2400元,分散供养标准达到每人每年1560元,分别比2010年提高480元和240元。城乡医疗救助累计直接救助3.49万人次,救助金额达到3001.80万元。精减退职老弱残职工的生活补助每人每月提高20元,城乡分别达到245元和205元。

2.救助制度趋于完善,规范管理不断加强。一是认真开展低保资金发放"回头看"活动,巩固城乡低保资金发放专项治理成果,下发了《关于建立城乡低保规范化工作管理制度的通知》、《关于建立城乡低保三级联审制度的通知》等文件,全面提高城乡低保规范化管理整体水平。累计停发已不符合条件的各类低保对象5708名,对基层干部亲属备案登记481人。二是建立保障标准与物价上涨联动机制。出台《关于鹰潭市社会救助和保障标准与物价上涨挂钩联动机制实施意见的通知》文件。全市已累计为城区各类困难群众发放75.6万元的物价补贴。三是积极探索城乡医疗救助的有效途径。草拟了《关于进一步完善城乡医疗救助制度的实施意见》,明确救助对象、救助方式、救助病种,同时抓好重特大疾病医疗救助特别是儿童两病救助工作。不断提高城乡医疗救助水平,提高资金使用效率。四是开展敬老院日常管理和安全管理排查活动。认真落实《农村五保供养服务机构管理办法》规定,组织人员对全市敬老院进行全面、细致的排查。逐条逐项核对检查,对排查出的22处管理薄弱环节和安全隐患问题,按先易后难及时整改,并跟踪督查确保全部整改到位。

3.经济核对全面推进,工作成效不断呈现。充分整合利用社会救助资源,全力推进居民家庭经济状况核对制度。一是召开由分管副市长主持,民政、财政、公安等13个相关单位参加的鹰潭市建立居民家庭经济状况核对制度协调会。会议明确要构筑市社会救助信息平台,实现政府部门信息共享;加强机构建设,在市、县(市、区)成立核对中心,做到有人做事;加强部门配合,形成工作合力,共同做好居民家庭经济状况核对工作。二是以鹰潭市政府名义下发了《关于建立城市居民家庭经济状况核对制度的实施意见》(鹰府办发〔2011〕35号)。三是协商搭建核对信息平台。以数字鹰潭建设为契机,多次与技术公司进行了积极的沟通和协商,探索建立社会救助信息平台,整合其他部门的救助信息,并要求在社会救助信息平台中设计城市居民家庭经济状况核对模块用以开展核对工作。

【救灾救济工作】 1.认真履行救灾职责,妥善安排灾民生活。一是有序开展应急救助。严格执行汛期和特殊时期24小时救灾值班制度,第一时间收集、汇总、上报灾情;及时派出工作组深入重灾区核查灾情,督促落实应急救助措施。二是按时完成恢复重建任务 。按照“早谋划、早部署、早启动、早完成”的原则,灾害发生后督促各地迅速建立倒房台账和制定恢复重建规划,并及时下拨恢复重建资金,推动了全市恢复重建工作尽早启动。全市4户倒房重建工作已经完成。三是扎实做好冬春生活救助。按照《春荒冬令灾民生活救助工作规程》,及时解决受灾困难群众口粮、衣被等生活困难,共下拨冬春生活救助资金115万元。

2.加大力度,防灾减灾工作取得明显成效。一是全力组织防灾减灾日活动。组织新闻媒体宣传防灾减灾报道27篇(次),举办现场宣传教育社区活动46场次、大型广场活动9场次,悬挂各类横幅标语400余条,印发各类宣传资料3万余份,制作防灾减灾知识专题展板101个,举办知识讲座81场次,开展演练活动20多场次。5月12日,组织了全市水上救生应急演练,真正做到了电视里有影、广播里有声、报纸上有文,掀起了全民参与防灾减灾的热潮。二是积极推进社区减灾。把创建4个综合减灾示范社区作为减灾工作的重要任务,认真总结胜西社区创建工作的经验和做法,采取典型示范、重点督办的方式,推动社区减灾工作深入开展。11月17日,民政部救灾司领导对本市申报的2个“全国综合减灾示范社区”进行了检查,受到救灾司的好评。

【优抚安置军供工作】 1.拥军活动形式多样,政策法规全面落实。一是元旦、春节、“八一”等重大节假日期间,以市委、市政府名义向驻军和全市优抚对象在 “一报二台”刊播了慰问信;走访慰问了驻军、老红军、烈士亲属等优抚对象,转达了党和政府的亲切关怀和节日美好的祝福。二是抚恤补助按时足额发放。严格按照文件规定,核定各类抚恤标准和义务兵家庭优待金标准,并按自然增长机制要求及时提高优抚对象的抚恤补助标准,使各类优抚对象的定补、抚恤资金及时、准确、足额地发放到每一个优抚对象手中。三是认真对待新增对象统计和审核工作。实施对部分60周岁农村籍退役士兵给予生活补助政策。四是光荣牌匾按时悬挂。积极争取资金,制订实施方案,召开动员大会, 明确分工责任,确保了全市8000多块光荣烈属牌匾按时完成悬挂任务。五是对随军未就业享受生活补助的120名人员资格和参加残检的24名人员资格进行审核,并组织了残检;严格审核,汇总上报省厅新增人员数据库基本资料; 整理年度双拥优抚档案;规范落户,残情鉴定工作规范化管理,严格按照《残疾评定和抚恤管理工作规程》执行。

2. 圆满完成了军供保障任务。截至11月底,市军供站共为过往部队提供饮食保障147批次3.3万人次。准点率、安全率、部队满意率均为100%。共收到表扬信23封,锦旗5面。部队赞誉鹰潭军供站:“热情服务的楷模,保障有力的典范”。

3.认真做好退伍安置和培训工作。2011年度全市共接收退役士兵583人, 符合国家安置退役士兵324人,其中,义务兵和复员士官287人,转业士官37人。全市已有26人办理自谋职业,自谋职业率占地方子女安置数的66%。组织全市城镇退役士兵培训,培训人数249人,超额完成省下达本市职业教育和技能培训的目标任务。

【基层政权和社区建设】 1.开展第八届村(居)委会选举工作。10月21日,按照省委、省政府部署,召开了全市村(社区)“两委”换届选举工作会议,下发了鹰潭市委、市政府关于鹰潭市村(社区)党组织和第八届村(居)委会换届选举工作的实施意见,编写了村(社区)“两委”选举工作简报,在全市范围内全面开展了第八届村级组织换届选举工作,市、县组织了相关人员参加了选举培训。

2. 改革创新促进社区建设发展。根据市委、市政府的安排,多次对社区建设工作开展了调研,形成了加强和改进社区居委会建设工作的调研报告。

3.实现城乡一元化,打造农村精品社区。认真开展农村社区建设工作。农村社区普遍成立了村落社区理事会、农村社区工作室等组织,设立了“一会五站”工作机构,制定了社区理事会章程、工作职责等规章制度,开展了完善基础设施建设、繁荣社区文体活动、调处纠纷促进和谐等工作,打造了一批管理有序、服务完善、生产发展、生活富裕、乡风文明、村容整洁的农村新型社区,在全省农村社区建设工作现场经验交流会上,本市4个精品农村社区受到表彰,被授予省级精品农村社区称号。

4.创新社会管理,推动居民事务理事会建设。积极发挥民政部门职能作用,主动介人和参与到居民事务理事会建设工作之中,在对有关情况和存在的问题进行调查研究的基础上,形成和下发了《关于推进社区居民事务理事会建设工作的实施意见》。本市已成功构建了“党组织领导、社区牵头、居民自治、社会协同、公众参与”的社会管理新格局,居民理事会在建设和谐社会中发挥了独特作用, 为实现“把社区建设成为管理有序、服务完善、文明祥和”的目标增添了新鲜内容和新的动力。

5.后进变先进,“难点村”治理不再难。通过治理,本市“难点村”发生了可喜的变化:“村两委”班子健全,村内矛盾明显减少。干群之间的沟通渠道通畅、联系密切,村级组织凝聚力、号召力、战斗力明显提高, 干部服务意识明显增强,村干部工作作风明显转变;村级经济进一步发展, 农业产业结构调整、发展现代农业、招商引资等强力推进;村务公开和民主管理向纵深发展,村民自治取得成效。省村务公开民主管理工作领导小组对本市在“难点村”治理工作中取得优异成绩的贵溪市、金屯镇、杨溪乡及4名先进个人给予了表彰。

6.街道、社区创先争优促进和谐发展。全市9个街道办事处,96个社区居委会的11个基层党(工)委、13个党总支、68个党支部和

2742名党员积极投身到创先争优活动之中。创先争优活动启动以来，全市街道办事处、社区居委会按照“推动科学发展、促进社会和谐、服务人民群众、加强基层组织”的总体要求，以“筑组织堡垒，树先锋形象，把鹰潭建设成为鄱阳湖生态经济区的璀璨明珠”为活动主线，加强领导，落实责任，强化宣传，创新载体，力求实效，充分发挥党组织、党员的战斗堡垒和先锋模范作用，为促进经济社会平稳较快发展提供了坚强的组织保证，为建设和谐社区注入了新的活力。

【民间组织管理】对市属129个民间组织进行了严格的年度检查，并将年检情况通过民政网站进行了公告，督促未参检单位在规定时限内补检。抓好社会组织两项主题活动。牵头和配合有关部门开展好社会组织创先争优和社会团体“小金库”治理两项主题活动，通过各种有效举措，使社会组织党的建设、制度建设和自身建设得到进一步增强，也进一步规范了社会团体服务和收费行为。

【区划地名】积极组织地名工作人员参加业务培训，及时对数据库管理软件进行升级，并督促所属县(市、区)民政局按要求做好软件升级和对库中信息数据进行补充、更新。全市共录入地名相关信息6500余条。加强对城区地名标牌的管理和维护。对损坏的路牌及时进行维修，查处了一起未经审核同意擅自更改使用地名的违法违规行为，维护了地名管理的严肃性和权威性。做好县界联检工作。加强界线管理，督促指导有关县(市、区)做好2011年度三条县界贵(溪)资(溪)线、余(江)万(年)线、余(江)月(湖)线的联检工作。着力推进全市乡镇勘界工作。成功召开全市乡镇勘界工作现场推进会，率先进行勘界试点，摸索试点经验，省、市先后8次深入试点县市和试点乡镇进行检查指导，有力地推进了各地的乡镇勘界工作。深入开展“平安边界”创建活动。与毗邻地区签订共创“平安边界”协议书，建立和落实了界线管理联系人制度、界桩委托管理制度、定期走访联系对话制度和边界纠纷应急处理制度，为边界地区经济社会发展营造和谐稳定的环境。

【社会福利】申报省厅计划资助项目10个，项目资金450万元(其中中央80万元，省厅376万元)。组织福利机构保育员、养老护理员参加省厅举办的职业培训，提高了专业技术水平。下发了《关于加强孤儿保障工作的实施办法》，确定了全市孤儿基本生活最低养育标准：城乡福利机构抚养孤儿每人每月1000元，城市散居孤儿每人每月570元，农村散居孤儿每人每月400元，散居残疾孤儿每人每月再增加100元。按照省民政厅、省财政厅联合下发的《关于认真做好城镇“三无”特困群众供养标准工作的通知》要求，从2011年1月起，城镇“三无”特困群众月人均供养标准提高50元。

【社会事务】一是编制了《鹰潭市“十二五”基本养老服务建设规划》，“十二五”期间拟选各类养老服务项目共计47个。二是积极推进殡葬服务体系建设。向市政府提交了《鹰潭殡葬服务体系建设实施方案》及相关配套文件(《鹰潭市全民遗体免费火化工作实施意见》《关于规划农村公益性公墓建设管理的实施意见》《关于将城市殡葬改革纳入文明城市建设活动的意见》《关于在社会主义新农村建设中做好殡葬改革工作的意见》《关于进一步规范和加强公墓建设管理的意见》)。着力抓好殡葬馆的新(扩、改)建和公益性公墓的环境改造。月湖区已投入近千万元建设了一座新公墓(永宁园)和新殡仪馆，工程已全面竣工并整体搬迁投入使用。贵溪市“回归园”、余江县“金梦陵园”也都进行了公墓园内道路平整、美化、绿化工作，进一步改善了丧葬环境和服务条件。进一步建立完善了特困群众遗体免费火化制度。全面扩大了免费火化人员范围。共为全市特困群众遗体免费火化197具，财政支付补助金14.93万元。全面完成农村公益性骨灰设施建设任务。本市农村公益性骨灰安放设施已达8个，占全市乡镇总数的20%以上，省厅资助的2个项目已全面竣工；另外，《殡葬服务术语等7项标准》宣传贯彻率100%；殡葬服务单位业务档案合格率100%；殡葬信息系统使用率100%；全省统一制式火化证、公墓安放证使用率100%。三是救助管理工作有序推进。全市共为1.04万人次提供了住宿、医疗、购票返乡等不同形式的救助，其中市救助站救助5115人次，各县(市、区)救助5228人次。主动与市妇联取得联系，利用救助站救助平台，成立市反家庭暴力妇女庇护中心并已正式挂牌。以开展婚姻登记机关标准化建设为契机，提高婚姻登记服务水平。组织各县(市、区)婚姻登记机关参与了新的婚姻登记系统网上开通工作，成功实现了与省厅和民政部婚姻登记管理系统的对接。截至2011年底，全市各地共依法办理结婚登记8505对，离婚登记1479对。

【老龄事业】1. 加强老龄工作宣传和敬老文化建设。积极做好《老龄工作动态》简报编印，全年共编印简报9期，及时的反映本市老龄工作各阶段的进展情况。认真安排部署敬老评选活动，坚持把尊老敬老纳入精神文明建设规划和公民道德建设重要内容，通过评选本市胜西社区获“十大模范社区”荣誉称号，进一步营造了全社会尊老、敬老、助老的社会风尚。

2.老年体育事业蓬勃发展。高度重视老年人体育事业，全面组织开展老年健身活动。据统计，各县(市、区)老年体协举办各类体育比赛1795次，参赛达11.77万人次，做到了月月有比赛，天天有活动；全市参加老年体育科普活动单位678个，举办讲座1229次，听课共12.4万余人，老年人受教育率过76.7%；有效地增强了老年人科学健身养老意识，丰富了科学健身养生知识，并大力加强老年体育场所设施建设，体育中心建成人工草皮门球场4个，滨江公园二期工程设计了1200平方米门球、地掷球等老年人球类运动场所，余江县锦江、平定和中童等乡镇将老年体育场所建设纳入新农村建设的内容。

3. 认真落实老年人优待政策。认真贯彻落实《中华人民共和国老年人权益保障法》和《江西省实施〈老年法〉办法》，广泛推行“老年人优待证”制度。办理“优待证”的人数比往年同期有所增加，全市共发放老年优待证5000多本，其使用率和覆盖率以逐年递增的形式上涨，极大地方便了老年人外出旅游及市内乘车等，老年优待政策得到了较好的落实。

4、老年维权工作深入展开。各级老龄、法院、司法部门进一步加大了执法监督检查及涉老案件审判和纠纷调解的力度，健全了基层老年法律服务组织，积极开展司法救助和法律援助，坚决打击侵犯老年人合法权益的行为，不断完善老年援助网络。据统计，2011年市法律援助中心共接受老年人法律援助122次，为65位贫困老年人实行司法救助，加强了老年人的来信来访接待工作，积极协调有关部门解决信访中反映的问题，做到件件有回音，事事有结果，切实维护老年人合法权益。

5.全面推进高龄补贴工作。组织人员对全市各县(市、区)的80岁以上高龄老人进行了一次全面系统的摸底调查统计工作，草拟《鹰潭市城乡高龄补贴实施意见》，为推进我市高龄补贴工作提供了真实、准确、详细而科学的依据。让更多的老年人充分享受改革开放和社会发展的成果。并及时足额地为全市百岁老人发放长寿生活补助费，百岁老人全年的长寿补助金已提前足额发放到位。

6.继续推进居家养老服务示范点建设。居家养老工作在总结完善的基础上，以提质扩面为重点，加大了工作力度，同时，根据省民政厅、财政厅、老龄办《关于做好2011年中央和省级福彩公益金补助地方项目申报工作的通知》精神，上报2011年省级福利彩票公益金项目2个，争取扶持资金15万元。

7.全面完成了第五批农村老年人协会规范化建设任务。按照“设施完善、制度健全、班子得力、经费落实、作用明显”五条标准，完成了全市第五批农村老年人协会示范点物资配送工作。配送的物资包括会议桌、电视机、乒乓球桌、唢呐、腰鼓及上墙张挂的制度牌等15个类别，总计价值4.5万元。极大的充实了全市农村老年人协会的基础设施，改善了全市各地农村老年人协会的活动条件。

【福彩工作】福利彩票销售成绩喜人。全市共销售福利彩票5180.59万元，同比增长71.32%，完成年度基本任务(3975万元)的130.33%，完成任务比例全省第2名。

【水库移民和扶贫工作】(1)全面完成了160万元的整村推进年度计划，并积极开展避灾搬迁工作。成立了地质灾害避灾移民搬迁工作领导小组，并抽调专门人员，具体负责避灾移民搬迁工作。开展组织动员和宣传工作，积极宣传地质灾害的危害性和避灾移民搬迁政策，以县(市)为单位，制定详细的工作方案和避灾移民搬迁规划。(2)整体推进后期扶持工作。一是加强后期扶持移民人数的动态管理。对因情况变化不再符合政策的移民进行了核减，并按程序上报，及时停发了后期扶持资金，确保不漏一个、不错一个。二是编制2011年度大中型水库移民后期扶持应急补助结余资金备案项目计划。三是上报3个2011年度移民亮点示范村。四是实施移民生态产业示范项目和产业扶持试点项目。为使本市后期扶持工作尽快融入到鄱阳湖生态经济区域战略构想中，各任务县(市)加快了示范和试点项目的实施进度，通过产业带动来实现库区和移民安置区的生态发展和绿色崛起。五是报送《实施方案》的组织实施情况以及“十二五”规划库区和移民安置区规划项目。六是实施小型水库移民解困工作。在调查摸底的基础上，认真编制了“十二五”规划，上报了2011年度小型水库移民解困项目计划。并在年度工作中，分轻重缓急，统筹安排项目，加强资金管理，督促项目的实施与落实。

(朱波)

【市民政局副县级以上干部名录】

党组书记、局长：艾 农

党组副书记、副局长：黄正清

党组成员、副局长：查列妮(女) 周金爱(2011.1~)

党组成员、纪检组长：王松泉

党组成员、军供站站长：朱福兴

党组成员、副调研员：杨寿瑶 吴锦荣

市扶贫办主任：邵 云

劳动就业与社会保障

编辑、校对:夏永军

概述

2011年,全市人力资源和社会保障系统认真贯彻落实市委、市政府的决策部署,以“发展提升年”活动为契机,坚持服务保障民生为主线,突出重点,统筹兼顾,开拓创新,狠抓落实,各项工作取得新的成效。江西省下达鹰潭市涉及人保领域民生工程23项目标任务全面或超额完成。“三争”工作成果丰硕,共争取上级资金总计3.19亿元,同比增长28%。就业、社保工作位居全省前列,被评为全省先进设区市。

重要举措

【劳动就业】 深入落实积极的就业政策,主动融入全市工作大局,强化就业政策、就业岗位和劳动者之间的有效对接,组织开展就业援助月暨春风行动、民营企业招聘周等公共就业专项服务活动,多层次、多形式、多渠道开展公共就业服务;坚持统筹城乡,促进农村富余劳动力跨地区流动就业、就地就近转移就业、返乡创业和有序进城务工。全市城镇新增就业2.55万余人,完成年目标任务的127%;城镇就业率96.5%;新增转移农村劳动力约2.03万人,完成年目标任务162%,其中省内转移约1.08万人,完成年目标任务的163%。

【统筹服务重点群体就业】 积极拓宽就业渠道,鼓励和引导高校毕业生到城乡基层、非公有制企业、中小企业就业。加大对职业见习单位和见习岗位的招募力度,拓宽见习渠道、完善见习制度,推动职业见习工作广泛开展。共建立大学生见习基地(单位)72个,安排528名毕业二年内尚未就业的高等院校毕业生见习。加强工业园区企业用工需求调查与监测,抓好工业园区企业用工对接,积极开展“上门走访、送就业政策、送就业岗位、送职业指导、送培训信息、送困难补助”的“一走五送”就业援助活动,共为全市工业园区招工1.4万人,园区企业用工难问题得到有效解决。立足就业援助的精细化、长效化,大力推进创建充分就业社区工作,切实做好零就业家庭、“4050”人员、残疾人等困难群体的就业援助。“4050”人员再就业2500人,完成目标任务178.6%;继续保持零就业家庭动态清零,零就业家庭就业安置率100%。

【扶持和服务创业】 充分发挥小额担保贷款促进创业带动就业的引擎和杠杆作用,对符合条件的所有申请贷款人员,在防范风险的前提下,做到应贷尽贷,按需放贷。建立健全清收工作机制,明确清收工作责任,强化清收措施,稳定提高到期回收率,还贷率99%。提升小额担保贷款扶持创业“绿色通道”建设水平,进一步简化操作程序,缩短办理时间,提高工作效能,实现“两来一往”(申请人到担保中心和银行各来一次,担保中心、经办银行联合前往创业项目所在地贷前调查一次,即可办完全部手续)目标。切实加强创业指导服务,制定创业指导服务标准,完善创业指导服务流程,建立健全创业项目库的征集、开发、评估、发布制度和创业指导专家志愿团工作制度,为创业者提供项目开发、创业培训、开业指导、政策咨询、小额贷款、跟踪指导等“一条龙”服务。加强小额担保贷款扶持创业成功典型宣传,充分发掘各类已扶持对象的成功经验,突出贷款使用效益,实现典型引路。全年共发放小额贷款2.4亿元,完成目标任务的185%,其中扶持个人贷款约2.01亿元,企业融资贷款3940万元;贴息2775.4万元,扶持2450人创业,人均贴息约1.01万元,同时带动就业9978人;设立创业项目98个,创业孵化基地、创业示范街(园)6条(个)。

【职业培训】 认真贯彻城乡统筹、就业导向、技能为本、终身培训的方针,加强重点招商引资项目、承接产业转移升级和区域经济发展项目用工对接的技能培训工作,强化工业园区定向培训。加快建立政府购买培训成果机制，通过公开、公平、公正的认定方式，选择优质的培训资源承担政府补贴性培训任务，积极推行“菜单式”培训，完善“订单式”、“定向式”、“校企合作式”和“招工、就业、培训”三位一体培训模式，探索建立培训监督员制度和培训考核评价体系，提高培训的针对性和实效性。坚持创业意识能力培训和实践操作能力培训并重，充实工商、税务、金融等实操性内容，科学设置培训课程，推行“小额贷款+创业培训、实用技能+创业培训”的培训方式，提高培训质量。全市工业园区共培训1.73万余人，完成年目标任务的119.5%；创业培训1903人，完成年目标任务的112%。

【公共就业服务平台建设】 按照管理信息化、运行常态化的要求，市人力资源市场信息网络不断完善，其连接劳动力需求双方的桥梁和纽带作用不断加强；以规范化、标准化建设为抓手，积极开展街道乡镇、社区劳动保障平台规范化建设，加强平台工作人员业务培训，强化基层劳动保障平台的功能与作用；按照真实客观和动态实时的要求，以全省就业信息系统升级为契机，结合数字鹰潭建设，进一步强化信息系统使用，全面更新、完善系统信息和数据，努力实现实时化采集、录入和传输，提高信息与数据的准确性和及时性，发挥就业信息网络服务就业工作的应有作用；按照立足产业，突出公共，拾遗补缺，整体规划，分步实施的思路，公共实训中心建设步伐稳步向前；立足实际与实效，在规范和加强已建创业孵化基地、创业示范街(园)的建设与管理的同时，新建了一批基地和街(园)，为创业者提供更多的孵化机会和更宽阔的孵化平台。

【养老保险】 全市养老保险参保人数12.62万人，完成年目标任务的100.16%，较上年净增参保职工14019人，增长12.50%。其中：被征地农民参保人数完成约1.15万人，完成年目标任务的190.78%；新增缴费人数9133人，增长9.43%。全市城镇企业离退休人员人均养老金1123.32元/月，人均增资159元/月。根据省委、省政府11号、17号、100号等文件精神，对企业军转干部、1953年以前参军后在企业退休的退役士兵、参加过对越反击战等“十四类”参战人员、未参保城镇大集体企业退休人员代发生活补助。全市已有436人(次)军队退役人员纳入生活补贴范围，平均每人每月补助365.47元，累计发放生活补贴185.21万元；将623名未参保大集体企业退休人员和861名返城未安置知青纳入生活补助范围，发放生活补助532万元。市社会保险事业管理局继2006年已连续第6年被评为全省社会保险系统先进单位。

【基本医疗保险】 全市城镇医疗保险参保缴费人数达到30.28万人，完成年目标任务的107%。其中，职工医保参保缴费人数13.22万人；居民医保参保缴费人数17.06万人。城镇中小学生参保率99%。全年医保基金征缴总额2.05亿元，完成年目标任务的157%。出台了提高参保人员待遇的“四个惠民医保文件”：全市居民医保政策范围内报销水平由原来的50%提高到70%以上，报销总额由原来的13万元提高到现在的18万元。启动实施了城镇医疗保险参保人员免费健康体检关爱行动，从医保基金中安排3300万元为全市30万城镇医疗保险参保人员进行免费健康体检。职工医保实行市级统筹，全市职工医保政策范围内报销水平由原来的70%提高到90%以上，封顶线由原来的3万元提高到6万元；结合大病补充医保，参保职工每年最高可报销22万元。同时，为促进工业园区企业参保，减轻企业负担，设立了单建统筹住院医保，由企业按5%的费率缴费，享受住院医疗报销待遇。出台居民医保门诊统筹办法，切实减轻参保居民的门诊医疗费用负担。

【劳动关系】 进一步完善劳动关系三方协商机制，着力构建和谐稳定的劳动关系，切实维护劳动者和企业合法权益。重点开展小企业劳动合同依法签订和集体协商“要约”专项行动，规范企业用工行为，全市各类企业职工劳动合同签订率达83%，集体合同签订率达70%。按照“五有要求”，劳动争议仲裁实体化建设顺利通过省厅验收，市劳动人事争议仲裁院被评为全省先进仲裁院。全市所有乡镇(街道)劳动保障事务所均建立了劳动人事争议调解中心，基层调解组织的作用得以充分发挥。受理劳动争议案件132起，结案率96%，其中调解结案率91起，占71%。认真开展举报投诉案件专查、劳动保障年度书面审查、清理整顿人力资源市场秩序、农民工工资支付情况等专项执法行动。受理举报投诉案件212起，结案208件，结案率98%，其中拖欠农民工工资案件165起，追回拖欠工资1213.9万元，其中农民工工资1198.33万元，基本做到了农民工工资无拖欠，有效地维护了劳动者的合法权益。

【社会保险基金管理】 大力开展《中华人民共和国社会保险法》宣传工作，加强基金征缴，确保应收尽收，进一步扩大社保参保覆盖面。全市基本养老、城镇医疗、工伤、生育和失业保险参保人数，分别达到16.73万人、30.28万人、10.8万人、4.5万人和7.09万人。全年社会保险费征缴总额达6.28亿元，同比增长1.81亿元，各项保险征缴金基数均创历史新高。完善基金监管制度和内控制度，规范业务流程和财务管理，强化基金运行系统建设和数据存储安全，确保了基金的安全稳定。

(陈克勤)

县(市、区)

编辑、校对:朱仕平

余江县

【简况】 位于江西省东北部,信江中下游,辖5个乡6个镇,总面积932.8平方千米,其中城区面积7平方千米。耕地面积2.36万公顷,有林面积3.9万公顷。总人口37.93万人,其中非农业人口8.24万人。2011年实现生产总值60.1亿元,同比增长13.6%。其中:第一产业增加值19.7亿元,增长8.8%;第二产业30亿元,增长23.5%;第三产业10.4亿元,增长1.1%。财政总收入10.67亿元,增长18.5%,税收占财政收入的比重达91%;地方财政收入5.6亿元,增长19%;地方财政支出14.46亿元,增长10.8%;工业总产值136亿元,增长54.5%;规模以上工业增加值19.75亿元,增长42.9%,外贸出口10037万美元,增长107.2%,固定资产投资45.6亿元,增长30.2%,主要工业产品铜材17.3万吨,服装224万件,钢材8436吨,电光源1.40亿只,眼镜成镜3573万副。农业总产值32.7亿元,增长8.4%,粮食总产量24.7万吨。主要农产品产量:稻谷24.1万吨,油菜籽4091吨,黄红麻48吨,花生9729吨,甘蔗1.90万吨。万元GDP能耗1.105吨标煤,城市污水处理率70%。城镇居民人均可支配收入9600元,增长12%;农民人均纯收入7132元,增长27.5%。全县共有38237名职工参加了基本养老保险。全县参加失业保险人数11384人,工伤保险人数18966人,基本医疗保险人数91169人,城镇居民最低生活保障人数7922人,农村居民最低生活保障人数12335人。

结构调整取得新成效。三次产业比重由31:45:24调整为28:48:24,二产提高了3个百分点。产业结构进一步优化。工业增加值占生产总值的比重达45.8%,提高了3.4个百分点,高新技术企业产值占工业总产值的比重达26.7%,提高了4.7个百分点;铜产业占工业总产值的比重为63.2%,下降了5.4个百分点。投资结构进一步优化。全县新增个体工商户1035户,私营企业160家,民间投资达4.52亿元。出口结构进一步优化,高新技术、轻工产品出口创汇分别增长13.4%、29.2%。财税结构进一步优化。税收占财政收入的比重达91%,提高了1个百分点;乡镇财政收入占全县财政收入的83.2%,提高了8.7个百分点。

城镇发展打开新局面。城乡规划体系进一步完善。全面启动了《县城总体规划(2010~2030)》修编,完成了中童、马荃、春涛等6个乡镇的集镇规划。城市建设深入推进,组织实施了磨仂洲综合开发、昌溪河截污管网建设、白塔河沿河景观建设等13个城市建设重点工程。县城东拓步伐加快,全面启动了行政中心东移工作。小城镇发展势头强劲,锦江、中童、潢溪等一批中心城镇地位进一步加强,潢溪、马荃等2个镇政府大楼全面竣工,黄庄乡被评为第三批全国文明村镇。乡镇经济加快发展。全县11个乡镇财政收入全部超过1000万元,其中画桥、锦江等7个乡镇财政收入超过2000万元,洪湖、黄庄等5个乡镇财政收入超过5000万元,中童、潢溪、邓埠等3个乡镇财政收入超过亿元。

农业基础得到新夯实。水利设施建设力度加大。投资1.47亿元,组织实施了中潢、马荃圩堤和18座小(二)型以上病险水库除险加固工程,稳步推进了小农水重点县建设工程。农业开发有序推进。投资2000万元,实施了黄庄、春涛高标准农田建设项目,新建高标准粮田713.33公顷;投资600万元,实施了潢溪、洪湖新增千亿斤粮工程。造地增粮富民工程成效显著。投资1500万元,对因灾损毁耕地进行了复垦整理,恢复面积340公顷;投资2940万元,对平定基本农田保护示范区进行了整理,整理面积1266.67公顷,新增造地110.67公顷。农村生产生活条件进一步改善。投放1892万元,建设了81个新农村建设点;投入1100万元,对鹰南大道、鹰西大道沿线居民进行了标准化改造,农村面貌进一步改观;造林绿化"一大四小"工程继续推进,完成造林绿化1766.67公顷。

改革进程不断加快。全面完成

非工口七大系统国有企业改革，刘家站垦殖场改制工作基本完成；县乡机构改革、财政管理体制改革、医疗卫生体制改革不断深入，服务发展的机制体制更趋完善。招商引资再创新高。全年引进投资5000万元以上项目17个，实际进资33.04亿元，增长37.7%；利用外资3646万美元，增长30%；金泰新能源、江西同和等一大批重大项目成功落户，成为推动产业集聚发展的生力军。总部经济、楼宇经济、物流经济发展势头迅猛。全县引进总部经济企业85家，物流企业90家，累计实现税收9300万元，增长61.3%。外贸出口形势喜人，新增外贸出口企业10家，外贸出口创汇7260万美元，增长50%。争资引项成效显著。全年争取国家、省级项目130个，争取上级资金2.6亿元。

民生保障取得新突破。全年新增城镇就业人员6880人，新增转移农村劳动力7790人，零就业家庭就业安置率100%，发放小额担保贷款3224万元。全县参加城镇企业基本养老保险2.89万人，全年发放养老金1.13亿元；全面启动了新型城乡居民社会养老保险工作，城乡居民参保人数达13.27万人，为全县3.4万名60周岁以上老年人发放养老金122万元。医保三张网建设不断完善，新农合参合率达97%，城镇职工、城镇居民参保人数达8.55万人，城镇中小学生参加城镇居民医保比例达92%。实施"光明·微笑"及"两病救治"工程。免费为白内障、唇腭裂患者和白血病、先天性心脏病患儿实施治疗。全面启动了尿毒症患者免费血液透析治疗工作。妇幼保健服务水平不断提高，为2万例35~59周岁农村妇女进行免费宫颈癌检查，对3843名孕产妇住院分娩实行补助。社会救助体系更加完善。全县1.9万人享受城乡低保，累计发放城乡低保金3837万元；1.75万人得到医疗救助，救助金额达1172万元。759户城乡低收入家庭获廉租住房；828户低收入住房困难家庭获房屋租赁补贴；101户棚户区住房进行了改造，改造面积1万平方米。新建了平定、洪湖、黄庄、画桥等4个乡镇客运站；塔洲大桥全面通车，潢溪大桥、张公桥大桥主体完工。农村饮水条件进一步改善。投资4140万元，实施了邓埠、锦江、中童等7处农村饮水安全集中供水工程，该工程被评为全省"十大最受网民欢迎的县域民生工程"之一。锦江、画桥、洪湖等3个乡镇被评为省级生态乡镇，高公寨司马源村、画桥百子村、黄庄藕塘村等3个村被评为省级生态村。

社会事业得到新发展。科技工作不断加强。实施市级以上各类科技项目18项，获专利授权55项，列全省第七位。教育事业稳步发展。顺利通过省政府教育督导评估；教学质量稳步上升，高考成绩继续在全市领先；办学条件不断改善，投资1285万元，改造中小学危房1.28万平方米。体育事业长足进步。高规格承办了全国青年女子篮球、"七城会"女子篮球等2项国家级赛事。文化事业蓬勃发展。新建了锦江、马荃、黄庄等5个乡镇综合文化站和60家农家书屋，启动了《余江年鉴(2006—2010)》编撰工作。农村基本公共卫生服务均等化项目扎实推进，居民电子健康档案建档率超过50%，全县乡镇卫生院全部实施基本药物目录制度，药品实行零利润销售；投资2458万元的县人民医院综合大楼全面竣工并投入使用，农村卫生院改扩建基本结束。

发展环境得到新优化。大力推进依法行政。自觉接受人大的法律监督和政协的民主监督，办理人大代表建议44件、政协委员会提案103件。全面深化行政审批制度改革。房地产税费一体化征收顺利推行，行政审批"两集中、两到位"运转良好，网上审批和电子监察系统有序运行。招投标采购工作不断规范。全年进入县公共资源交易中心交易112项，成交金额8.4亿元。加大对破坏重点工程、重大项目施工环境行为的整治力度，开展了县级领导干部分类大接访，扎实推进了重复访等突出问题化解工作。加强社会治安综合管理，健全了重大事项社会风险评估、矛盾纠纷大调解、突发事件快速反应机制，继续保持了和谐稳定发展的局面。

【中共余江县第十三次代表大会】 6月27日至29日，中共余江县第十三次代表大会在县城召开。县委书记刘诚代表中共余江县第十二届委员会作题为"同心推进新跨越、携手开创新局面，为实现余江科学发展、进位赶超、绿色崛起而努力奋斗"的报告。县委副书记、代县长孙鑫主持大会。市委组织部副部长施兆煌代表市委到会祝贺。6月29日，在中共余江县第十三届一次全会上，选举刘诚、孙鑫、闻有虎、金建华、褚小涛、潘有万、陈亮泉、路文革、桂峰、李美珍、吴仁才为常委。选举刘诚为书记，孙鑫、闻有虎为副书记。

【余江县第十五届人民代表大会第一次会议】 8月28日至30日，余江县第十五届人民代表大会第一次会议在县城召开。会议听取和审议了余江县人民政府工作报告，听取和审议了余江县人大常委会工作报告；听取和审议了余江县人民法院工作报告；听取和审议了余江县人民检察院工作报告。选举杨小明为县第十五届人民代表大会常务委员会主任，祝乡发、姜翠萍、张仁生、官义和、俞浩腾、杨敏慧为副主任。选举孙鑫为余江县人民政府县长，金建华、陈亮泉、吴晓娟、唐金辉、蔡立新、谢万进为副县长。选举陈文为余江县人民法院院长。选举王湖为余江县人民检察院检察长。选举出席鹰潭市第八届人民代表大会代表。

【政协余江县第十三届委员会第一次会议】 8月27日至29日，政协余江县第十三届委员会第一次会议在县城召开。会议听取了县委书记刘诚的重要讲话，听取和审议了十二届县政协主席谭建新代表政协余江县第十二届委员会常务委员会工作报告；听取和审议了十二届县政协副主席廖琳代表政协余江县第十二届委员会常务委员会提案工作报告。通过了政协余江县第十三届委员会第一次会议决议。选举谭建新为政协余江县第十三届委员会主席,张彩菊(女)、万景文、廖琳、金火良、汪翠微(女)、张庆军为政协余江县第十三届委员会副主席。

(宁新明)

【余江县领导人名录】
中共余江县委员会
书　记:刘　诚
副书记:程芦山(~2011.6) 杨小明(~2011.6) 孙　鑫　闻有虎
常　委:刘　诚 程芦山(~2011.6) 杨小明(~2011.6) 孙 鑫 闻有虎　金建华 涂其新(~2011.6) 王　俊(~2011.6) 褚小涛 盛才明(~2011.6) 潘有万 陈亮泉 路文革(2011.6~)桂峰(2011.6~)李美珍(女,2011.6~)吴仁才(2011.6~) 贺秀涛(2011.8~)
余江县人大常委会
主　任:宋平先(~2011.6) 杨小明(2011.8~)
副主任:熊新民(~2011.3) 桂和平(~2011.6) 张彩菊(女,~2011.6) 孙林华(~2011.6) 姜翠萍(女) 张仁生 祝乡发(2011.6~)官义和(2011.3~) 俞浩腾(2011.8~)杨敏慧(女,2011.8~)
余江县人民政府
县　长:程芦山(~2011.6) 孙　鑫(2011.8~)
常务副县长:金建华
副县长:祝乡发(~2011.6) 万挺春(~2011.6) 李国庆(~2011.6) 邓员瑛(女,~2011.7) 吴仁才(~2011.6) 孙友生(~2011.7) 陈亮泉(2011.8~)贺秀涛(2011.8~)吴晓娟(女,2011.8~)唐金辉(2011.8~)蔡立新(2011.8~)谢万进(2011.8~)
政协余江县委员会
主　席:谭建新
副主席:徐雨才(~2011.6) 万景文 官义和(~2011.3) 吴拓宇(~2011.6) 戴冬英(女,~2011.6) 廖　琳 张彩菊(女,2011.8~) 金火良(2011.3~) 邓样高 (2011.3~6) 汪翠微(女,2011.8~) 张庆军(2011.8~)
中共余江县纪委
书　记:涂其新(~2011.6) 李美珍(女,2011.6~)
余江县人民法院
院　长:陈　文(女)
余江县人民检察院
检察长:王　湖

贵溪市

【简况】 位于江西省东北部,辖18个乡镇、3个街道办事处、7个林垦园艺场,总面积2480平方千米,其中市区面积22.3平方千米。耕地面积3.35万公顷,森林面积14万公顷,森林覆盖率62.6%。全市总人口611541人,其中城区人口101953人,人口自然增长率7.06‰。2011年全市实现生产总值250.57亿元,增长10.5%。其中:第一产业增加值15.5亿元,增长0.2%;第二产业增加值18.75亿元,增长9.7%;第三产业增加值47.56亿元,增长18.1%。规模以上工业总产值1111.37亿元(现行价),增长29.6%,其中,铜产业完成主营业务收入1440亿元,增长32.6%。主要工业产品有精炼铜、农药、化肥、节能灯光源、水泥等。农业连续8年实现增收,完成果业面积8000公顷,蔬菜种植面积7533.33公顷,水产苗种繁育达5亿尾。农林牧渔业总产值23.61亿元(可比价),增长3.2%。主要农产品产量:稻谷33.95万吨、蔬菜11.28万吨、水果2.58万吨、油料0.64万吨、茶叶62吨、肉类3万吨、禽蛋0.74万吨、水产品2.3万吨。财政总收入30.1亿元,增长13.5%,财政总收入位列全省前4位。地方财政收入15.94亿元,增长26.4%,地方财政收入占财政总收入的比重上升,达52.96%。全社会固定资产投资完成201.5亿元,增长30%;社会消费品零售总额36.01亿元,增长17.5%;农民人均纯收入7715元,增长17%;城镇在岗职工年平均工资27636元,增长11.6%;城镇居民人均可支配收入17518元,增长12.2%。

2011年,贵溪绿色节能照明产业基地获省政府批复,完成1230亩土地征用和主干道路建设;硫磷化工基地完成产业发展规划、控制性详细规划和环评规划的编制与评审,并获得省发改委批复为省级化工基地。新建农村饮水安全项目6个,解决了1.66万人口的饮水安全问题。在11个村实施了扶贫开发整村推进工程。全市共组建各类农民专业合作社237家,龙头企业68家。新增物流企业20家,新增货运吨位6442吨。全年销售家电下乡产品10.9万台,销售额2.7亿元。新建农村利安社区电超市212家,改造信息化农家店95家。商品房销售面积34.1万平方米,增长42%。投资52.9亿元,启动了43个新建、续建重点城市基础设施项目和房地产开发项目。冶金大道南延伸段、贵溪三桥、东门路、沿河路及东延伸工程顺利推进,东城区的交通循环框架基本形成;高速公路挂线拓宽、柏里大道南延伸、鹰雄大道入口处改造等工程相继完成。新建和改建村级公路150千米,战备公路13千米,全面完成138个新农村建设点任务,连续五年被评为“全省新农村建设先进县(市)”。成立社区居民事务理事会161个。修补道路路面7000平方米,改造道路10.7万平方米,打造了雄石西路、站前路、沿河路等3条示范路。对叶家塘、烧箕山集贸市场和安康市场进行了整治与改造,拆除各类违章建筑1.5万平方米。城区新增绿地面积14.9万平方米,绿化覆盖率42.3%。“一大四小”工程完成造林绿化2880公顷。投入资金1亿元,实施技改减排项目10个,万元生产总值综合能耗同比下降3.8%,化学需氧量、二氧化硫等减排指标全面完成,城西污水处理厂建成并试运行。全年争取上级项目资金6.5亿元,共签约各类项目52个,已有39个项目开工建设。引进省外资金55.31亿元,增长31.5%,实际利用外资6530万美元,增长17.6%;引进5000万元以上工业项目19个,其中1亿元以上项目11个,1亿元以上项目进资27.68亿元;完成外贸进出口43亿美元,增长18%,荣获“全省外贸出口先进县(市)”和“全省利用省外资金先进县(市)”称号。全市新增私营企业145户,新增注册资本3.4亿元。新增市级以上企业技术中心和市级高新技术企业6家。组织实施科技项目32项,推广应用实用技术16项,连续6届蝉联“全国科技进步先进县(市)”荣誉。城镇新增就业8973人,“4050”人员就业650人,零就业家庭就业安置率100%,新增转移农村劳动力9817人,发放小额贷款5402万元,购买公益性岗位1013个。全面启动了新型农村社会养老保险和城镇居民社会养老保险试点工作。城镇居民基本医疗保险实现全覆盖,新型农村合作医疗筹资标准提高到人均240元。城镇和农村低保标准分别提高到每人每月300元和130元,城乡医疗救助分别达到2.2万人和2.5万人。滨江生态小区建设进展顺利,完成全部558户搬迁安置协议签订,408栋新房已竣工,776栋旧房已全部拆除,搬迁入住率达93.1%。全力推进了1000套廉租房、500套公租房、510户农村危房改造等保障性安居工程建设。高考及中考成绩都跃居全鹰潭市第一,教育教学督导评估荣获全省第一名。新建6个乡镇综合文化站、70个农家书屋,市图书馆被列为全省县级图书馆免费开放试点单位。成功举办江西省首届畲族文化艺术节。群众性文体活动广泛开展,获得“全国全民健身活动先进单位”,樟坪畲族马灯舞表演荣获第九届全国少数民族体育运动会银奖。投资1.9亿元的市人民医院正式投入使用。稳定低生育水平,出生政策符合率上升为86%。全年办理市人大代表建议88件、政协委员提案184件,办结率达100%,满意率100%

【获“中国最具海外影响力”城市称号】 由百年品牌《大公报》主办的“中国最具海外影响力”市(县区)、镇(乡村)评选活动于1月19日在香港举行颁奖典礼,贵溪以“世界铜都、千年道源、节能灯谷”荣获此项殊荣。此次活动得到23家驻港总领事馆和以曾宪梓先生为代表的香港逾30位政商名流翘楚鼎力支持。来自国内各地20多个省份、60个市(县区)、镇(乡村)的领导专程赴港出席盛典,多国驻港总领事、香港各界知名人士近300人亲临见证盛会。

【利安社区电子超市在贵溪开通营业】 2月11日,数字鹰潭示范工程利安社区电子超市在贵溪市正式开通营业。利安社区电子超市是贵溪市委、市政府全力引进的一项高新技术项目,也是数字鹰潭建设三大示范性工程之一。在社区电子超市营业部,百姓可以方便、快捷地办理话费缴纳,订购飞机票、火车票、汽车票,缴纳水电费等业务,还将陆续实现彩票销售、预约挂号就诊、旅游门票预订、农资配送等多项电子商务服务,并即时打印正规发票。2011年全市新建农村利安社区电子超市212家,改造信息化农家店95家。贵溪市民众由此步入“电子超市服务”时代。

【政协贵溪市四届五次会议】 2月26日至27日,中国人民政治协商会议贵溪市第四届委员会第五次会议召开,出席会议的委员应到246名,实到222名,符合政协章程规定。会议补选李玉峻、张海燕、胡志灵为市政协常委;表彰市政协四届三次会议以来的优秀政协委员、委员优秀提案、提案承办先进单位;通过市政协四届五次会议提案审查情况的报告(草案)和市政协四届五次会议决议(草案)。

【贵溪市四届人大六次会议】 2月27日至28日,贵溪市第四届人民代表大会第六次会议在骏安国际大酒店召开。本次会议应到代表207名,实到代表185名,符合法定人数。大会共有五项议程:(1)市长杨解生作政府工作报告;(2)提请审议贵溪市国民经济和社会发展第十二个五年规划纲要草案(书面);(3)提请审议关于贵溪市2010年国民经济和社会发展计划执行情况与2011年国民经济和社会发展计划草案的报告(书面);(4)提请审议关于贵溪市2010年市级总预算执行情况和2011年市级总预算草案的报告(书面);(5)通过表决议案和决议决定办法(草案)。大会经过逐项表决,通过了:(1)关于市政府工作报告的决议(草案);(2)关于市国民经济和社会发展第十二个五年规划纲要的决议(草案);(3)关于市2010年国民经济和社会发展计划执行情况与2011年国民经济和社会发展计划的决议(草案);(4)关于2010年市本级预算执行情况和2011年市本级预算的决议(草案);(5)关于市人大常委会工作报告的决议(草案);(6)关于市人民法院工作报告的决议(草案);(7)关于市人民检察院工作报告的决议(草案)

【贵溪图书馆向公众免费开放】 3月5日,贵溪市图书馆正式向社会免费开放。免费向社会公众开放的主要内容为:免收各种借阅证办证费、验证费;免收电子阅览室上网费;免费查询“共享工程”资料;免费在本馆局域网上进行文献检索;免费开放主要场所为报纸期刊阅览室、少儿阅读乐园、电子阅览室、报告厅、古籍阅览室等公共空间设施场地。读者只需凭有效证件登记相关信息并交纳一定押金即可享受图书馆所有的基本服务。

【副省长熊盛文深入樟坪畲乡考察】 3月9日,江西省副省长熊盛文一行到贵溪市樟坪畲族乡考察调研。熊盛文一行先后视察了樟坪畲族乡桃田民族特色村寨建设、刘家村新农村建设及樟坪畲族民族学校。其中,桃田民族特色村寨建设总投资近90万元。熊盛文认真了解项目的具体情况以及农民增收致富的措施。

【“龙兴铺”跻身“中华老字号”】 贵溪龙兴铺灯芯糕有限责任公司被国家商务部认定为“中华老字号”企业,成为鹰潭市第一家此类企业。“龙兴铺”灯芯糕明朝末年就已问世,几百年来经数代人的继承挖掘,如今已成为家喻户晓的具有深厚文化底蕴和浓郁地方特色的糕点品牌。

【世行副行长到贵溪考察贷款项目】 3月17日，世界银行常务副行长斯莉·穆尔雅妮·英德拉瓦蒂(Sri Mulyani Indrawati)女士一行到贵溪市，实地考察世行贷款项目建设情况。贵溪市世行贷款项目包括农田水利灌溉、农田生产和市场体系建设三个部分。从2005年1月开始实施，至2010年6月总体目标已基本完成，项目完成总投资3359万元，由世行贷款2224万元，国内配套资金1135万元。

【电影《大天地》在贵溪开拍】 3月28日，中国首部反映畲族文化的电影《大天地》在贵溪开机拍摄。影片《大天地》以当代新农村建设为背景，通过贵溪市樟坪畲族乡复转军人雷伍建、大学生村官林涵和山村百姓一起，在招商引资、开发文化旅游、建设新山村的事业中发生的妙趣横生、生动感人的生活情感故事，反映了新农村欣欣向荣的景象，以及一代新人热爱家乡、创造美好生活的精神风貌，同时也展现了江西省大地秀美山川和畲族文化。影片由著名电影表演艺术家田华担任艺术顾问，著名电影表演艺术家陶玉玲在影片中出演畲族老奶奶的角色。

【贵溪市人民医院搬迁】 贵溪市人民医院于2011年3月30日由雄石镇北大街东15号整体搬迁到新医院。新医院位于贵溪市建设大道中段北侧，西邻市教体中心，东南紧靠市疾病控制中心、市国土局，地理位置优越，交通便利，兼顾新老城区，总用地面积10公顷，建筑面积50485平方米，绿地率42%，总投资1.49亿元，设计床位500张，设计停车位255个，远期将达到停车位500个，主要建筑包括住院楼24804平方米，门诊楼、医技楼、急诊楼共18564平方米，感染楼2440平方米，实习公寓1823平方米，食堂2129平方米，污水处理站320平方米。

【首届畲族文化艺术节在贵溪举行】 4月26日至27日，由省民族宗教事务局、省文化厅、鹰潭市人民政府主办，贵溪市人民政府承办的全省首届畲族文化艺术节在贵溪市举行。江西省、鹰潭市和贵溪市领导以及包括畲族在内的藏、回、蒙、侗、瑶、壮等众多民族代表、嘉宾400多人参加了该届畲族文化艺术节。江西省人大常委会副主任朱秉发宣布开幕，副省长熊盛文讲话，省政协副主席郑小燕出席。27日在樟坪畲族乡政府门前的图腾广场上，来自全省的60多名畲族歌手参加赛歌会。在书画摄影展上，100幅以畲民生活为题材的作品让嘉宾们目不暇接。民俗古籍展出的物件，有《狗王歌》等众多珍贵资料和古旧书籍，以前畲民日常如今又很罕见的生活用品也让各位嘉宾兴趣深厚。闭幕式上，以“我们都是一家人”为主题的少数民族文艺汇演，由全省8个设区市选送的14个节目组成，10多个民族的演员共同完成，蒙古族歌手阿茹汗、藏族歌手容中尔甲等一些全国著名的少数民族演员也登台献艺。此次艺术节展演评奖结果在闭幕式上揭晓。鹰潭市选送的精品节目《七彩畲乡》荣获江西省首届畲族文化艺术节特别奖；鹰潭市代表团选送的《美得畲民笑呵呵》等3个节目获得江西省首届畲族文化艺术节文艺汇演金。鹰潭市代表团选送的《叫我唱来我就唱》3个节目获得江西省首届畲族文化艺术节山歌赛一等奖。闭幕式上，还进行了畲族文化艺术节节旗交接仪式，下届畲族文化艺术节将于2014年在吉安市举行 。

【副省长孙刚到贵溪调研环保工作】 6月21日，江西省副省长孙刚一行到贵溪市调研环保工作。鹰潭市副市长杨晓群，贵溪市委书记杨解生、代市长程芦山陪同调研。在贵调研期间，孙刚先后深入滨江生态小区、市环境监控指挥中心大楼建设工地、市工业园区污水处理厂建设工地实地查看。

【中共贵溪市第五次代表大会召开】 6月27日上午，中国共产党贵溪市第五次代表大会在骏安国际大酒店会议中心开幕。鹰潭市委组织部常务副部长应祥到会祝贺。会议应到代表330名，实到320名，符合党章有关规定。市长程芦山致开幕词，市委书记杨解生向大会作题为“把握大势，凝心聚力，为争当全省科学发展排头兵而奋斗”的工作报告。报告共分三部分：(1) 2006年以来的工作回顾；(2) 2011~2015年全市经济社会发展的总体要求和主要目标；(3) 加强和改进党的建设，为打造“世界铜都·中国灯谷”提供坚强组织保障。会议还审议了中共贵溪市纪律检查委员会在中共贵溪市第五次代表大会上的工作报告。到会代表以无记名投票方式，选举出由41名委员、8名候补委员组成的中共贵溪市第五届委员会和由29名委员组成的中共贵溪市纪律检查委员会。会议以举手表决的方式，通过《关于中共贵溪市第四届委员会工作报告的决议》和《关于中共贵溪市纪委工作报告的决议》。

【胡生贵入围中国好人榜】 8月22日，贵溪市罗河镇72岁退休教师胡生贵，不顾自身腿脚不便，跳入河中救人，在拼尽全力救出落水少年后，因体力不支沉入水中，英勇牺牲。鹰潭市及贵溪市委、市政府分别下发了《向胡生贵同志学习的决定》。胡贵生被评为鹰潭市“见义勇为先进个人”，入选10月份“中国好人榜”。

【中央纪委副书记吴玉良到贵溪视察滨江生态小区 】 8月22日，中央纪委副书记吴玉良到贵溪市视察滨江生态小区建设。鹰潭市及贵溪市领导杨宪萍、钟志生、谢一平、李贻煌、杨解生、程芦山、余伟、罗卫国、肖军等陪同视察。在滨江生态小区，吴玉良首先观看了滨江生态小区规划建设鸟瞰效果图，听取生态小区规划建设相关情况介绍。随后，他走进小区社区居委会办公场所、利安社区电超市营业点、社区卫生诊所及居民家中，一边察看一边听取相关情况介绍，并不时地向工作人员、医生、营业员和居民询问了解小区建设管理、生活服务、医疗卫生及居民居住生活情况。

【政协贵溪市五届一次会议】8月29日至31日上午，政协贵溪市五届一次会议召开。出席大会的委员应到231名，实到221名，符合政协章程规定。主席团常务主席祝晓勤受主席团委托主持开幕大会。市政协四届副主席李溦受市政协第四届委员会常务委员会的委托，向大会作工作报告。市政协四届副主席陈成有向大会报告市政协四届提案工作情况。会议通过了政协贵溪市第五届委员会第一次会议关于提案审查情况的报告和政协贵溪市第五届委员会第一次会议决议。大会选举产生了市政协五届委员会主席、副主席。祝晓勤当选为市政协五届委员会主席，江军、李溦、薛美琴、李荣德、苏五德、詹东旺当选为市政协五届委员会副主席。

【贵溪市五届人大一次会议】8月30日至9月1日，贵溪市第五届人民代表大会第一次会议在骏安国际大酒店会议中心召开。来自全市各条战线的198名代表出席了会议，出席贵溪市政协五届一次会议的全体委员、贵溪市四届人大常委会委员、以及贵溪市直有关部门和条管单位的负责人列席了大会。代市长程芦山向大会作《政府工作报告》。大会选举杨解生为市人大常委会主任。姚建中、黄冬有、黄贵龙、张任水、徐劼毅为市人大常委会副主任。选举程芦山为市人民政府市长，王富生、罗卫国、许军峰、余红艳、汪唤生、肖军为市人民政府副市长。选举邹静为贵溪市人民法院院长，杨高生为贵溪市人民检察院检察长。表决通过了关于贵溪市人民政府工作报告的决议，关于贵溪市人大常委会工作报告的决议，关于贵溪市人民法院工作报告的决议，关于贵溪市人民检察院工作报告的决议。

(裘爱兰)

【贵溪市领导人名录】

中共贵溪市委员会

书　记：王家林（~2011.1）杨解生(2011.1~)

副书记：杨解生（~2011.1）程芦山(2011.6~）刘泓光　徐楷(2011.3~）

常　委：王家林（~2011.1）杨解生　程芦山（2011.6~）刘泓光　徐楷(2011.3~）祝晓勤（~2011.8）李中华　梅峰　王富生　余伟　黄如象　龙红青　邬筱露(女,2011.6~）罗卫国(2011.6~）张应想（~2011.6)

贵溪市人大常委会

主　任：李赛白（~2011.9代）杨解生(2011.9~)

党组书记：杨解生(2011.9~）李赛白（~2011.9)

副主任：李赛白（~2011.9）陈毛义（~2011.9）于明（女，~2011.10）胡有财（~2011.9）周美龙（~2011.9）余红艳（女，~2011.9）姚建中(2011.9~）黄冬有(2011.9~）黄贵龙(2011.9~）张任水(2011.9~）徐劼毅(2011.9~)

调研员：于明(2011.7~）胡有才(2011.7~)

副调研员：陈毛义（~2011.9)

贵溪市人民政府

市　长：杨解生（~2011.9）程芦山(2011.9~)

常务副市长：王富生

副市长：祝晓勤（~2011.8）吴泉水（~2011.6）黄如象　方洪海（~2011.6）许军峰（~2011.11）陈飞（~2011.6）罗卫国(2011.9~）王富生　余红艳（女,2011.9~）汪唤生(2011.9~）肖军(2011.9~）周光仁(2011.10~)

政协贵溪市委员会

主　席：简四涛（~2011.8）祝晓勤(2011.8~)

副主席：赵鹭娜(女，~2011.8）杨样华（~2011.8）陈成有（~2011.8）姚建中（~2011.8）曾细根（~2011.8）江军（2011.9~）李溦（女）薛美琴（女,2011.9~）李荣德（2011.9~）苏五德（2011.9~）詹东旺(2011.9~)

调研员：简四涛(2011.9~)

党组成员：杨样华（~2011.9）陈成有（~2011.9)

中共贵溪市纪委

书　记：余伟

贵溪市人民法院

院　长：王建东（~2011.7）邹静(2011.7~)

贵溪市人民检察院

检察长：方成（~2011.7）杨高生(2011.7~)

月湖区

【简况】月湖区位于江西省的东北部，信江中游，辖1个镇5个街道，总面积107.4平方千米，耕地面积1253公顷，有林面积2200公顷，森林覆盖率21.6%。总人口17.67万人，其中非农业人口14.14万人。人口自然增长率5.85‰。2011年，月湖区在市委、市政府和区委的正确领导下，以邓小平理论和“三个代表”重要思想为指导，深入贯彻落实科学发展观，全面实施打造和谐平安、活力生态、魅力宜居新月湖发展战略，坚定目标，开拓进取，经济社会发展取得新成就。

经济稳步增长。实现地区生产总值62亿元，增长16.5%；完成财政总收入5.76亿元，增长15.1%，其中地方财政收入4.11亿元，增长12.2%；完成全社会固定资产投资38亿元，增长39.7%，获全省固定资产投资增长先进县区；社会消费品零售总额达到47.06亿元，增长18.1%。三次产业结构比例为2.9:19.4:77.7。城镇居民年人均可支配收入达到17518元，增长12.2%；农民年人均纯收入达到8407元，增长19.3%。全区新增总部、楼宇经济21家，新增物流企业16家，新增货运吨位8000吨，实现货运收入20.1亿元。招商引资签订合同项目16个，合同利用内资34亿元，实际进资13亿元；新办外资项目3个，实际利用外资1000万美元，外贸出口1300万美元。

城乡面貌明显改善。扎实做好城区小街小巷改造工作，投入760万元，全面完成杏南社区、赵家弄社区小街小巷改造以及碑东新村下水道改造和亮化工程,铺设吸水砖4500平方米,硬化水泥路面5390平方米,铺设下水管道管线7000米,安装路灯60余盏,受益群众达8500余人。扎实推进社会主义新农村建设,完成4个自然村13个示范点建设,打造了化溪、大塘示范片区。投资1466万元完成水利工程27项,解决土桥村1100人饮水安全问题。深入实施农村卫生清洁工程,新建基本型垃圾处理场7座,改建三联体焚烧炉5座,改路9200米、改水改厕556户。

重点工程深入推进。童家示范镇建设有序推进,累计投入资金1.4亿元,科学编制童家示范镇总体规划和三年建设项目计划,征地192.1公顷,报批58.9公顷,3条主干道、自来水主管网及安置小区建设进展顺利,教育园区正式开工,220千伏高压线迁移完成设计。与全国500强上海绿地集团签订战略合作框架协议,奠定了加速推进童家示范镇建设的资金和技术基础。320国道拓宽改造、铜产品国检中心、商检海关大楼净地交付,梅园詹家拆迁等一批重点项目全面完成;鹰西片区征地、桃李城中村改造、中石化成品油库征地等一批重点项目按市里确定的时间节点顺利推进;市物流园、鹰南片区开发、天然气管道建设等一批重点项目深入实施。

社会事业全面进步。社会保障进一步健全,被评为全省社会救助工作先进区。城镇新增就业6500人,实现困难群体就业343人,城镇就业率达95%,零就业家庭安置率100%,新增转移农村劳动力610人;医疗保险范围不断扩大,城镇居民参保率达93%;新农保参保3.85万人,发放养老金500万元;实现城乡居民基本养老保险全覆盖,发放城镇居民养老保险金1569人50.4万元,发放失地农民养老金1451人658万元,发放城镇未参保小集体企业职工养老金33万元;发放城市低保金1654万元、农村低保金130万元、城市医疗救助金273万元。科技成果转化取得实效,被评为全国科技进步先进区和全省科技富民强区专项行动先进区。医疗卫生事业快速发展,国家基本药物制度全面落实,公共卫生服务均等化有序实施,免费救治白血病患者4人、先天性心脏病患者26人、尿毒症患者16人;5.58万人参加新型农村合作医疗,参合率达97.2%;基础设施不断改善,中医院综合大楼竣工,交通社区卫生服务中心改扩建项目正式开工。

【中共月湖区委七届十三次全委会议】 2月16日,中共月湖区委七届十三次全体会议召开。会议审议通过了《中共月湖区委常委会2010年度工作报告及2011年工作安排》、《中共月湖区委关于制定月湖区国民经济和社会发展第十二个五年规划的建议》。区委副书记、区长乐文红作重要讲话。

【中共月湖区委七届十四次全委(扩大)会议】 3月3日,中共月湖区委召开七届十四次全委(扩大)会,"公推公选"副科级后备干部。

【中共月湖区第八次代表大会】 6月30日至7月3日,中共月湖区第八次代表大会在区政府四楼会议室召开,出席会议的代表204人。大会听取和审议了乐文红作的题为《坚持科学发展 加速进位赶超 为开创月湖全面建设小康社会新局面而努力奋斗》区委工作报告和朱淑英作的题为《坚持惩防并举 强化制度建设 努力开创党风廉政建设和反腐败工作新局面》纪律检查委员会工作报告。会议选举产生了中共月湖区第八届委员会委员33名、候补委员6名,选举产生了中共月湖区纪律检查委员会委员21名。

【中共月湖区委八届一次全委会议】 7月3日,中共月湖区第八届委员会第一次全体会议召开。会议选举乐文红、刘军生、吴敬祖、吴强、吴要兵、裴克瑞、朱淑英、曾文锋、刘长根为中共月湖区第八届委员会常务委员会委员,乐文红当选为书记,刘军生、吴敬祖当选为副书记。

【中共月湖区委八届二次全委会议】 7月15日,中共月湖区委八届二次全委会召开。会议民主推荐、考察交通街道办事处、梅园街道办事处主任人选。

【中共月湖区委八届三次全委会议】 8月25日,中共月湖区委八届三次全委会在区政府六楼会议室召开。会议讨论通过了召开区党代表会议决议(草案);圈选出席中共鹰潭市第七次党代会候选人。

【月湖区第七届人民代表大会第六次会议】 2月27日至3月2日,月湖区第七届人民代表大会第六次会议召开,出席会议的代表150名。会议分别听取和审议区人民政府区长乐文红作的政府工作报告、区人大常委会主任卢力新作的区人大常委会工作报告、区人民法院院长邹静作的区法院工作报告、区人民检察院检察长杨高生作的区检察院工作报告;增选熊敏为月湖区第七届人民代表大会常务委员会副主任;审议《月湖区国民经济和社会发展第十二个五年规划纲要草案》(书面);审议《关于月湖区2010年国民经济和社会发展计划执行情况与2011年国民经济和社会发展计划草案的报告》(书面);审查和批准《月湖区2010年国民经济和社会发展计划执行情况的报告与2011年国民经济和社会发展计划》;审议《关于月湖区2010年区级总预算执行情况和2011年区级总预算草案的报告》(书面);审查2010年区级总预算执行情况的报告和2011年区级总预算(草案);批准2010年区本级预算执行情况的报告和2011年区本级预算。

【月湖区第八届人民代表大会第一次会议】 8月28日至31日,月湖区第八届人民代表大会第一次会议召开,出席会议的代表144人。会议分别听取和审议区人民政府代区长刘军生作的政府工作报告、区人大常委会主任卢力新作的区人大常务委员会工作报告、区法院副院长毛晓文作的区人民法院工作报告、区检察院代检察长廖小平作的区人民检察院工作报告；审议《月湖区2011年上半年国民经济和社会发展计划执行情况的报告》(书面)；审议《月湖区2011年上半年区级财政总预算执行情况的报告》(书面)；会议选举区八届人大常委会委员13名，卢力新当选为区八届人大常委会主任，贺潭质、王国宁、余藕花、万挺春、熊敏当选为副主任。刘军生当选为区政府区长，吴强、刘长根、张银兴、周华爱、周峰、邵菁靓当选为副区长，毛晓文当选为区法院院长，廖小平当选为区检察院检察长。

【政协月湖区第六届委员会第五次全体会议】 2月27日至3月2日，政协月湖区第六届委员会第五次全体会议召开，出席会议的委员133名。会议听取和审议了政协月湖区第六届委员会常务委员会工作报告；听取和审议了政协月湖区第六届委员会常务委员会关于六届四次会议以来提案工作情况的报告；表彰捐资助学先进；增选孙玉平为政协月湖区第六届委员会副主席；听取了政协月湖区第六届委员会提案委员会关于六届五次会议提案审查情况的报告；审议通过了政协月湖区第六届委员会第五次会议决议。与会的全体委员列席了月湖区第七届人民代表大会第六次会议，听取并讨论了大会的各项报告。

【政协月湖区第七届委员会第一次全体会议】 8月27日至30日，政协月湖区第七届委员会第一次全体会议召开，出席会议的委员126人。会议听取中共月湖区委书记乐文红的重要讲话；听取和审议了政协月湖区第六届委员会常务委员会工作报告；听取和审议了政协月湖区第六届委员会常务委员会关于提案工作情况的报告；听取了政协月湖区第七届委员会提案委员会关于七届一次会议提案审查情况的报告；审议通过了政协月湖区第七届委员会第一次会议决议。选举政协月湖区第七届委员会常务委员15名，欧阳宝当选为政协月湖区第七届委员会主席，丁奎、周小林、张业辉、曾细根、董衔胜、陈嫣当选为副主席，李小双当选为秘书长。全体委员列席了月湖区第八届人民代表大会第一次会议，听取并讨论了有关报告。

【中共月湖区第七届纪律检查委员会第六次全体会议】 3月3日，月湖区纪委七届六次全会召开。会议由区委副书记揭晓泗主持，区委常委、纪委书记李荣生总结2010年全区党风廉政建设和反腐败工作，部署2011年反腐倡廉工作任务；区委副书记、区长乐文红作重要讲话。

【中共月湖区第八届纪律检查委员会第一次全体会议】 7月3日，中共月湖区第八届纪律检查委员会第一次全体会议召开。会议选举朱淑英、王能文、彭宇国、杨红英、桂建东、徐伟波、周彬彬为中共月湖区纪律检查委员会常务委员会委员，朱淑英当选为书记，王能文、彭宇国当选为副书记。

【小街小巷改造工作富有成效】 新一届市、区党政领导对小街小巷改造工作高度重视。通过调查摸底征求民意的方式听取老百姓的意见和建议，彻底改变了过去蜻蜓点水式的小街小巷整治，围绕高水平设计、高标准建设、高效能管理的原则和建设宜居城市的基本要求，集中资金和精力对杏南片区、高桥社区、赵家弄社区小街小巷进行了综合改造。改造的重点是铺设沥青路面，改造下水道、人行道，清掏和改造化粪池，绿化“亮化”，建造垃圾窖，改造抽油烟机，修建小广场，增设果壳箱、铺设电缆、安装高杆灯、配电箱、修砌围墙等工程。

小街小巷改造工程共计开挖土方1.01万立方米，埋设下水管8513.5米，铺砌路沿石2701米，铺设吸水砖6893.6平方米，修建各种窨井1262座，化粪池清掏760个(含其他社区)，维修102个，疏通128个，新建12个，下埋路灯电线7500米，安装路灯230盏，新种树木100余株，移植50株，铺种草皮180平方米，安置花箱58只，修复空调机84台，安放果壳箱50只，修复水泥路面9620.95平方米，摊铺沥青1.94万平方米，改造社区、广场各1个，配电箱1组，修砌石头围墙89米，粉刷墙面440.35平方米。

【童家示范镇建设有序推进】 童家示范镇建设是全省26个示范镇建设之一，市政府高度重视童家示范镇建设工作，将童家省级示范镇建设列入了全市重点工程，定期进行调度，在示范镇规划编制，土地运作，招商引资，基础设施建等方面提供优惠政策。区委、区政府结合月湖实际，制定出台了《加快推进童家示范镇建设的意见》，该意见明确了示范镇规范区内土地由童家镇负责运作，所得收益(市区两级部分)全额返还童家镇用于示范镇基础设施建设；同时明确了区委、区政府下放给童家镇的县级经济社会管理权限。制定了《月湖区童家示范镇建设工作方案》，对示范镇建设指导思想、发展定位、工作任务、责任目标，提出了具体和明确的要求，制定完善了示范镇建设项目推进机制，项目融资机制，明确了相关部门和机构职能，有序推进了童家示范镇建设。

经过两年的运作，到2011年底累计投入资金1.4亿元，完成了童家示范镇总体规范的编制工作，做到科学规划，高标准实施建设，征地192.07公顷，报批58.87公顷，三条主干道、自来水主管网及安置区建设进展顺利，教育园区正式开工，220千伏高压线迁移完成设计，安置小区正负零以下基础工程和安置小区公寓房已开工建设，童家镇政府办公大楼，月湖区行政服务中心用房，即将动工。现有13.20公顷土地已挂牌成交，同时与全国500强上海绿地集团签订战略合作框架协议，奠定了加速推进童家示范镇建设的资金和技术基础。

【第四次荣获全国科技进步先进县(市、区)称号】 月湖区委、区政府高度重视科技工作,把科技和人才工作纳入重要议事日程,制定落实科技进步政策措施,建立健全科技进步目标责任制,加强科技部门建设,加大科技投入,促进科技成果的推广应用和高新技术产业化进程。建立多元化科技投入机制,设立科技发展基金和科技风险投资基金,2009~2010 年共用科技三项经费支持科技计划项目 26 项,支持民营科技企业 17 家,开发高新技术产品 3 个,推广科技成果 7 项。推进科技创新服务,积极推动“产、学、研”相结合,区属企业与大专院校、科研所签订技术开发、科技服务合同 22 个,年技术市场成交合同金额 1.41 亿元。推进城乡科普工作,建立党政科普工作联席会议制度,开展全区性、群众性科普活动,建立健全区、街道、社区三级科普组织网络。加大信息化力度,投入 600 多万元,建立覆盖全区所有社区的综合管理信息系统;成立月湖区政府信息中心,升级政府网站,推行网上政务公开;组建鹰潭农事通月湖服务中心,建成基层网站 2 家,建成新茂牧业、月湖水产、小英葡萄 3 个农业专业网站,充分发挥科技信息网络的科技信息交流、传递的平台作用。2011 年被国家科技部评为 2009~2010 年度全国科技进步先进县(市、区)。

【鹰潭市中医院医疗综合楼竣工】 鹰潭市中医院是一所集医疗、教学、科研、预防为一体的综合服务功能强、中医特色浓的现代化中医院。先后被评为“全国百佳医院”“全国示范中医院”“全国卫生系统先进集体”“全国先进基层党组织”“全国中医眼科泪道病疗中心”。医院为进一步发展中医事业,做好基础设施建设,提高医疗服务水平,于 2010 年开工建设医疗综合大楼,历经两年时间建设,到 2012 年 3 月正式投入使用。该楼占地 0.13 公顷,总建筑面积 9214 平方米,地下停车 842 平方米,地上 10 层 8372 平方米,第 1 层为收费挂号、急诊,第 2 层为中西药房、医技科室,3~7 层为门诊各科室,8~9 层为中药剂室,10 层为会议室。医疗综合大楼共 32 个科室,90 余名医、护、药、技人员。大楼工程总投资 1600 万元,中央预算内投资 1100 万元。

(饶晓霞)

【月湖区领导人名录】
中共月湖区委员会
书　记:乐文红 (女,2011.6~)
副书记:乐文红 (女, ~2011.6) 刘军生(2011.6~) 俞 奇 (~2011.6) 揭晓泗 (~2011.6) 吴敬祖 (2011.6 ~)
常 委:乐文红 (女) 刘军生 (2011.6~) 俞 奇(~2011.6) 欧阳宝 (~2011.6) 吴 强 陈文革(~2011.6) 桂学东(~2011.6) 费尚恒 (~2011.6) 李荣生 (~2011.6) 揭晓泗 (~2011.6) 谢 军 (~2011.6) 吴要兵 裴克瑞 (2011.3~)吴敬祖(2011.6~) 朱淑英(女,2011.6~) 曾文锋(2011.6~) 刘长根 (2011.6~)
月湖区人大常务委员会
主　任:卢力新
副主任:贺潭质(女) 李水根 (~2011.6) 王国宁 余藕花 (女) 万挺春 (2011.6~) 熊 敏 (女, 2011.3~)
月湖区人民政府
区　长:乐文红(女, ~2011.6) 刘军生(2011.8~)
代区长:刘军生(2011.6~ 8)
副区长:刘军生 (2011.6~ 8) 吴 强 费尚恒(~2011.6) 宋旭文(~2011.1) 汪桂昌(~2011.6) 邓建华(~2011.6) 路文革(~2011.6) 刘长根(2011.6~) 周华爱(女,2011.6~) 周 峰(2011.6~) 邵菁靓(2011.8~)
政协月湖区委员会
主　席:桂细荣 (女,~2011.8) 欧阳宝(2011.8~)
副主席:丁 奎 周小林 张业辉 周华爱(女, ~2011.6) 黄东生(2010.2~8) 孙玉平(2011.3~6) 曾细根(2011.6~) 董街胜(2011.6~) 陈 嫣(女,2011.8~)
调研员:桂细荣(女,2011.11~) 黄东生(2011.11~)
中共月湖区纪律检查委员会
书　记:李荣生(~2011.6) 朱淑英(女,2011.6~)
月湖区人民法院
院　长:邹 静(女,~2011.6) 毛晓文(2011.8~)
月湖区人民检察院
检察长:杨高生(~2011.6) 廖小平(2011.8~)
代检察长:廖小平(2011.6~8)

驻鹰潭单位

编辑、校对：王新勤

中国第四冶金建设有限责任公司

【概述】 2011年是国家"十二五"规划开局之年，是四冶在新的起点上谋求发展的关键之年，也是公司"创优增效年"。公司在鹰潭市委、市政府和市国资办的正确领导下，在公司董事会的引领下，认真贯彻落实科学发展观，团结一致，共同努力，各方面工作取得较好的成绩，基本上实现一届一次职代会确定的奋斗目标。

【发展经营工作】 公司紧紧抓住改制重组后新体制、新机制带来的活力和动力，并继续按照"立足江西、站稳首钢、辐射全国、走出国门"的经营发展思路，加大经营工作力度，充分发挥资质品牌优势及在全国26个省市区设立分公司的"窗口"作用，2011年共承揽施工任务386项，合同金额为170.9亿元，完成施工产值67.83亿元，各项经济指标均创历史新高。

为更好地摸清公司生产经营情况，8月底公司召开经济活动分析会，各部门都对本部门工作情况进行认真分析，仔细查找工作中存在的不足和差距，提出应对措施，为公司决策提供有力证据，为公司后期工作打下良好基础。

为提高企业竞争力，扩大经营范围，更好地参加招投标活动，公司已向住建部申报路面一级资质，并向省住建厅申报水利总承包资质。

为扩大企业在社会上的影响，更好地参与市场竞争，公司完善企业外部网内容，重新修订企业简介，并首开四冶先例拍摄企业宣传片，加大企业形象宣传力度，充分利用各种媒体展示企业的品牌，提高企业知名度。

新公司成立以来，公司加大经营管理力度，无论在经营规模、市场容量上，还是在社会形象、整体实力上都取得长足的发展，经营工作已经呈现出良性发展的态势。

【规范管理工作】 按照新公司"一年做规范，二年上水平，五年谋上市"的总体目标，在原有规章制度的基础上，公司又进一步下发《经营开发工作管理办法》等14项管理制度，使管理制度进一步完善，基本上覆盖每一业务板块。在日常管理工作中，各级管理人员认真履行自己的职责，严格按照规章制度办事，做到凡事有章可循，凡事有人负责，凡事有人监督，凡事有据可查，使管理工作更加规范。

人力资源管理工作。一是制定较为科学合理的薪酬管理办法。薪酬体系是公司改制重组构建与现代企业制度相适应的人力资源管理体系的必然要求，是建立积极有效的激励机制的核心。此次工资改革分三种薪酬模式，是公司薪酬体系上的一次比较全面的转型，有"体现动态，着眼未来"的特点，这次薪酬改革成为调动员工积极性的有力"杠杆"，使员工热爱本职岗位、珍惜本职岗位、真正做到爱岗敬业、通过工作业绩获取职业发展晋升和更好的回报。这次薪酬改革理顺工资分配思路，规范企业薪酬管理，同时也为进一步规范薪酬秩序、深化薪酬改革打下坚实基础。二是重视员工培训。制定年度培训计划，对管理人员着重综合管理能力和整体素质的培养提高，对专业技术人员着重专业水平的培养提高，对不同岗位、不同专业，采取外部培训和内部培训的方式，按照培训计划已完成95人的二级建造师培训，完成656人的五大员取证和换证、29人的特种作业取证换证培训，对公司的可持续发展起到保障及推动作用。同时，鼓励员工自学成才，对通过参加执业资格考试获取相关证书者，不仅给予报销所发生的费用而且给予奖励，激发员工的学习热情。三是注重人才开发利用。在人才引进方面，随着施工市场份额的不断扩大，公司加大人才招聘和引进力度，公司人力资源部全年共招聘毕业生35人，引进急需的高级专业技术人才13人，有效缓解公司人才短缺的状况。制定跟师学技制度，选择责任心强、技术水平高、有经验的技术人员为带徒教师，促进新聘员工的早日成才。对不在机关领取薪酬的副总工程师给予一定的津贴,提高他们的工作积极性。在项目管理人员的配备方面,想方设法多渠道获取人才信息,通过挖掘、外聘及内部平衡调剂等手段,先后为项目上配备50多名工程技术管理人员,基本上满足项目施工所需,确保工程建设的顺利进行。对于干部的选聘严格按程序进行考核,为公司的选人、用人把好关。在职称评定方面,通过不懈努力保留公司工程系列中级职称评审委员会,并完成晋升中级职称人员的资格审定,省人保厅对20名钢铁工业协会评定的高级职称给予重新确认。四是加强用工管理。重视两级公司在职员工的劳动合同订立、社保费缴纳工作,特别是在农民工工资管理方面,下发《农民工工资管理办法》及《农民工工资发放保障措施》,11月、12月连续下发《关于确保农民工工资发放的通知》,并成立工作领导小组,要求各分公司、项目部要高度重视农民工工资发放,特别是在元旦、春节期间要扎扎实实做好这项工作,维护好公司信誉。各分公司、项目部认真贯彻执行,对农民工工资的问题认真对待,并妥善处理,没有给企业造成不良影响。

财务管理工作。一是组织年终决算和报表统计工作,为公司决策层提供可靠信息。二是强化基础工作,规范会计核算,要求把财务管理的重点放在工程项目上,加强工程项目的资金管理和成本控制,对新成立的项目财务人员进行谈话,强调财务管理和会计核算的重要性。对公司直属项目、子公司进行财务检查监督,促进了全公司的财务管理和会计核算工作。同时,做好机关财务管理和日常会计核算工作,严格执行费用开支规定和财务管理办法,严格资金、费用审批手续,严格控制机关费用的支出。三是为生产经营提供全面服务,积极与金融机构联系沟通,建立多方位的合作关系,在落实现有授信的基础上,进一步提高授信额度,有效地缓解公司发展的资金压力。

资产管理工作。对新购置的设备及时登记入账,完善相关手续,并对各分公司上报的机械设备进行汇总登记形成公司施工机械设备总台账;对南昌钢结构公司采购的设备进行监督检查;对符合条件的土地,完成过户的变更手续,并就公司贵溪地区的土地进行合理整合与贵溪市政府及相关部门多次协商,现已同政府签订土地运作开发框架协议,为公司做大总部经济和产业链延伸创造条件。

【创新创优工作】公司重点加强施工项目的形象、进度、质量、安全管理。一是为及时掌握在建项目情况,加强综合统计工作,要求分公司每月上报统计报表。公司为迎接国家统计局的抽查,做好基础工作,准备原始资料、台账、相应年度的报表等,检查中检查人员对本公司的统计工作给予高度评价。7月份国家统计局实行"企业一套表试点",公司派人参加鹰潭市的培训,并安装软件,按要求时限及时上报和补报报表,并准确、及时地完成贵溪市、省建设厅、住建部、国家统计局各种报表的填报工作。二是认真推行一体化管理体系工作。公司于年初制定质量、职业健康安全、环境一体化管理体系目标和指标及管理方案,并修订《管理手册》,对施工过程中存在的危险源和不利环境因素进行识别,并制定控制措施和应急预案下发到分公司和项目部,要求分公司、项目部认真执行。8月份对一体化管理体系进行内部审核,10月底顺利通过中质协质量保证中心对公司的再认证审核。湖北荆门市"汉通·楚天城"一期AB组团工程,由于认真贯彻公司一体化管理体系要求,被湖北省作为全省建筑工程管理工作形势分析会安全质量标准现场,此项目得到业主、监理、政府监管部门的充分肯定,也得到同行的认可。吉安市科技馆与青少年活动中心工程,项目部在施工过程中注重项目部企业文化建设,所有标识严格按照《中国四冶项目部标识》规定进行布置和设置,该项目作为公司贯标及企业社会信用评价检查项目,得到专家及吉安市领导的好评。鹰西棚户区拆迁改造保障房工程,项目部重质量、重安全、重形象,深受省市领导的好评。2011年12月29日,江西省保障性安居工程质量、安全示范工地现场会在项目部召开,项目经理在大会上作经验介绍,为公司赢得荣誉。三是加强工程项目的监督检查。按照公司领导片区挂点工作的要求,在西南片区、华北片区、西北片区、华南片区组织召开片区会议,对项目进行检查,发现问题要求各单位进行整改;并利用各种机会对分公司在建项目进行了监督检查,及时处理解决有关问题,对项目施工过程中出现的各种问题及时与业主联系沟通,进行协调处理;对重点项目进行监控,及时掌握各种信息,发现问题及时解决,对一些问题突出的项目,派人到现场进行督导。四是加强安全管理工作。2011年初,公司下发年度安全措施专项资金计划和安全管理目标的通知,并与各基层公司、直属项目部签定《安全(生产)管理目标责任状》,充分明确责任、目标和奖罚。6月份,开展"安全生产月"活动,组织"安康杯"安全生产知识竞赛,通过活动,使广大员工充分认识到安全生产工作的重要性,员工安全意识明显增强。并组织春节、"五一"、"十一"等节假日及国家和地方重大活动期间的安全大检查,同时,在分管领导及片区领导的带领下对各地区分公司的项目有针对性地进行安全检查,对检查中发现的问题及时下达整改通知,各项目部都按时限要求进行整改。另外,认真组织"三类"人员的培训、考核、办证等各项工作。2011年没有发生重大安全事故和死亡事故,千人负伤率控制在2‰以内,圆满完成年度安全生产工作目标。

为做好技术创新,公司加大技术管理工作力度,对副总工程师按专业进行分工。同时,要求各分公司、项目部大力推行建筑业10项新技术的应用,主管部门积极同分公司联系沟通,筹划工法、专利发明的编写工作,以弥补这几年本公司在这方面的不足。为公司今后的发展,有针对性地咨询了解建立企业技术中心的有关条件和要求。公司投入大量资金,完成技术开发公司试验室设备的更新,增加节能与环境检测两个大的检测项目,目前正在争取这两项检测资质。

继续加大质量创优工作力度。2011年共获得省部级以上奖11项、市优奖3项。其中,首钢京唐公司曹妃甸一期一步冶炼工程获得"国家优质工程金奖";质量创优工作呈现出良好的发展势头。公司还组织申报中国施工企业管理协会优秀高级职业经理人、优秀项目经理及中国建筑业协会优秀项目经理的工作,2人获"2011年度中国工程建设优秀高级职业经理人"称号,2人获"2011年度全国工程建设优秀项目经理"称号。同时中国施工企业管理协会组织专家对公司进行企业社会信用评价,认为本公司具备较强的履约能力和履约意愿,被评定为"中国建设工程企业AAA信用等级"。

【加强法律事务工作】 为及时处理和解决法律纠纷,减少经济损失,公司领导及主管部门做了大量的工作,涉诉的分公司、项目部也积极应对。公司在处理这些案件上的做法:一是重大案件集体进行研究,提出解决的办法;二是不放过任何一个小案,对接到的案件及时登记,落实出庭案件应诉事宜,确保出庭应诉率100%。另外,公司针对社会上冒用公司名义成立的假公司、利用公司名义承揽的假工程,进行严厉打击。公司本着"逢假必打,预防为主,打防结合"的原则,坚持做到讲法律、重证据、务实效,多次向公安、工商等部门咨询了解掌握相关的法律法规,分析原因,研究打击的切入点,寻找打击的方式、途径,在此基础上制订应对措施,确保打击的时效性、有效性和成功率。2011年共打掉假公司8个,打掉假工程7项,积极配合公安机关调查假合同案件5起,有效地净化公司经营环境、维护公司合法权益。

【认真处理遗留问题】 对政策性破产后的原四冶职工家属不抛弃、不遗弃、不放弃,而且倾注更多的真情实意,做好更加热情周到的服务。一是多方筹措资金,解决原职工家属实际问题,自觉维护他们的合法权益。2011年共发放各类人员生活费1338.04万元和困难补助费9.1万元,补缴社保费240万元。二是积极配合地方政府及社保部门做好家属工参加城镇企业职工基本养老保险的工作,两省三地有1245名家属工参加保险,解决家属工的后顾之忧。三是做好社区移交工作。新公司成立后,还承担着贵溪、德兴、兰州海石湾、河南中州四个基地的管理工作,为尽快把社区移交给当地政府,公司做好大量工作,2010年9月成功将兰州海石湾社区全部移交给当地政府。四是积极主动地做好生活区管理,为居民创造优美安全便利的良好居住生活环境。

(张文先)

【中国第四冶金建设有限责任公司领导人名录】

党委书记、董事长:王华伟

副董事长、总经理:林铁生

党委副书记:张中喜

副总经理:徐诗祥 安云龙 张金火 方忠红

总工程师:蒋 锋

总经济师:仲沐海(2011.8~)

中国十五冶第二工程有限公司

【概述】 2011年是"十二五"期间开局之年,公司5月18日正式揭牌成为独立法人,改制为中国十五冶金建设集团有限公司的全资子公司。改制后,十五冶第二工程有限公司以党的十七届五中、六中全会精神为指导,坚持走科学发展之路,紧跟市场步伐,解放思想,外拓市场,内抓管理,深入开展创先争优活动,着力加强企业软实力建设,团结和带领全体员工围绕年度发展目标,克服工程施工过程中的诸多不利因素,攻坚克难,奋力开拓,取得较好的成绩,为公司"十二五"期间的健康快速发展打下坚实的基础。全年新签合同值14.73亿元;完成施工产值12.11亿元;获省部级优质工程2项,荣获2011年鹰潭市安全生产管理A级企业称号,205工程处代建文钳工班荣获全国工人先锋号。

【市场开发战略推进】 2011年,公司把市场开发作为公司发展的龙头,围绕"大市场、大客户、大项目"和"成长性指标"扎实开拓市场,积极推进"品牌战略""跟随和影响战略""区域做起来战略"等市场开发战略,不断拓宽优化市场结构,取得市场开发历史最好成绩。一年来,公司品牌战略不断深化。逐步形成自主品牌,综合实力明显提升,公司的品牌正逐步转化为核心竞争力。跟随和影响战略得到巩固,公司积极围绕"大市场、大客户、大项目"实行"以现场保市场"战略,取得累累硕果,先后与江铜、奥博特、紫金等老客户实现项目的滚动发展。2011年还首次与云南华联锌铟矿业、浙江华友钴业联姻。业务拓展战略卓有成效。在矿山、电力、化工方面均收到回报。

【安全文明施工管理水平提升】 一是加强新开工工程的前期策划工作,力求在项目形象、临建标准上有提升,能更好地提升公司形象,在策划内容上力求更贴近实际和可操作性,同时对策划演示文件的版面进行修改,做到图文并茂,简洁明了。2011年新开工的德兴硫铁项目、清远电解项目、增城铜杆项目、江铜国际广场项目的前期策划水平有较大提升,项目在现场文明施工管理和生活环境方面较好提升公司的社会形象。二是对在手工程进行认真分析,精心组织,逐步扭转不利局面。云南旅专、湖南洞新两条公路项目现场施工取得突破性进展,湖南洞新标塘隧道顺利贯通为后续桥隧施工奠定良好的基础;九江铅锌冶炼工程经过2011

年下半年大干突击,顺利实现基夫赛特炉点火节点目标,标志着江西省“十百千亿工程”重点建设项目江铜集团1亿千克铅冶炼一期工程全面进入最终的生产阶段,同时,将使中国的铅锌冶炼技术达到世界一流水平。德兴银山选矿工程在5月24日的有色质检总站检查中获“二十年来最佳”殊荣,11月中旬顺利完成国内最大进口立式磨机的安装任务;公司承建的紫金铜业年产2亿千克铜冶炼项目于12月24日上午投料试产成功;由公司承建的溧阳新金峰2×5000吨/天新型干法水泥生产线工程12月29日正式竣工验收并投产。三是新承接工程迅速形成施工高潮。四川西昌项目、广东清远项目、广东增城铜杆项目、九江电厂项目、江铜南昌国际广场项目都在确定中标的第一时间组织人力、物力进场,并在工期完成方面得到业主的肯定。11月15日,由公司承建的吉林珲春紫金矿业有限公司曙光金铜矿尾矿坝加固工程顺利竣工,顺利实现2011年开工,2011年完工,2011年交工。由公司施工的江铜四川西昌漫水湾年处理稀土精矿8000吨/天冶炼分离生产线12月16日一次性投料试车成功;江铜德兴60万吨/年硫铁矿循环经济一期工程净化工段土建工程施工接近尾声;顺利完成江铜贵冶年修任务。四是文明工地创建工作取得良好成效。目前公司A类以上项目都能执行外联队举旗上下班制度、班前交底制度。通过认真开展安全生产月系列活动,组织学习培训消除麻痹思想,开展现场安全文明施工专项整治,及时纠正和处理违章行为,有效消除安全隐患,公司的现场安全文明施工水平有较大提升,荣获2011年鹰潭市安全生产管理A级企业称号。九江铅锌项目申报省级文明工地已经通过市安监站初审;山东阳谷祥光铜冶炼工程——铜电解车间和中建材枣庄中联水泥有限公司日产500万千克熟料生产线工程喜获省部级优质工程。

【基础管理工作加强】 2011年,为适应加快发展的需要,公司对部分规章制度进行修订,制定《“十二五”发展规划实施细则》,明确公司后五年的发展目标及保障措施。制定《农民工工资支付管理办法》,为各基层单位农民工工资支付管理提供清晰的工作规程,从源头上保障农民工的基本权益。对《物资管理办法》和《招标管理办法》进行修改,重新出台新的管理办法。制定《财务集中管理实施细则》,通过实施财务集中管理来实现“资产、资金集中管控,核算、报告制定统一”的总体目标。重新清理公司现有领导工作小组,成立项目策划、创优、信息化、物资设备招标、工程分包、预结算、科研等领导工作小组,由公司领导任组长,确保小组工作高效运行,成效显然。扎实推进信息化管理,大力推进工程项目管理系统的上线工作,狠抓基础信息资料的录入、更新等工作,有效提高对项目经营风险的管控水平。人力资源管理不断加强,制定奖励措施激励员工参加国家职业技术资格认证考试,加强对“职业双通道”的宣传,进一步加大对人才的培养选拔力度,实施公司领导导师带徒制度,选出13位优秀新员工与公司领导签订师徒协议书进行重点培养,为优秀员工的成长成才开辟新的途径。

【党群组织作用得到进一步发挥】 2011来,公司党委以深入开展创先争优活动,加强软实力建设为主线,认真贯彻落实中共十七届五中、六中全会精神和公司的年度工作方针,狠抓建设集团“三会精神”和两级公司职代会、党代会精神以及大干180天动员大会精神的宣传贯彻和落实,加强“四好”领导班子建设,加强党风廉政建设,深入开展党内“创先争优”活动,通过开展党性教育、亮牌示范、岗位创优、结对服务、组织创新五项特色活动,将活动的开展不断引向深入,使党组织的战斗堡垒作用和党员的先锋模范作用得到有效发挥。狠抓党建和思想政治工作,着力提高基层党组织的战斗力、凝聚力和号召力;全面推行亲情文化管理,积极开展“五必谈”、“三必访”活动,关注员工思想动态,有针对性地开展思想政治工作。全年走访慰问困难职工9人次,优秀共产党员、党务工作者8人次,困难党员2人次。对因病致困职工鲁春海、刘志强各发放困难帮扶金1000元。开展“金秋助学”活动,共有2人次获助学金共1600元。协助困难职工到居委会申报低保获批1人次。开展上门走访慰问与实地政审外调等工作相结合,在进行实地政审的同时开展上门走访慰问,并为每名发展对象家庭送去500元慰问金,让2011年拟发展的8名入党积极分子感受到组织的温暖。全面推进企业文化建设,加强对内对外宣传工作,全年在《中国有色金属报》发表12篇,在《中国建材报》发表2篇,在《鹰潭日报》发表14篇,并在《中国工人》期刊和《昆明日报》取得突破。以活动促生产,通过开展“家书联心”、“生日送祝福”、“五四纪念”、“七一重温入党誓词”,围绕生产经营的重点、难点开展劳动竞赛、技能竞赛、青年立功竞赛等活动,有效促进各项生产经营工作的开展,为公司全年各项生产经营活动的顺利开展和各项经济指标的顺利实现提供政治保证和组织保证。

(李建军)

【中国十五冶第二工程有限公司领导人名录】

公司总经理:陈国华

党委书记: 黄清平

副总经理: 王铁山 赵洪来 章厚凌 刘 颖 王宏林

江西六国化工有限责任公司

【概述】 江西六国化工有限责任公司(以下简称江西六国化工)前身是江西贵溪化肥有限责任公司,是国家为调整化肥结构、加速发展高效磷复肥、引进国外先进技术和关键设备建设的国家“七五”重点建设工程。1988年破土动工,1991年建成投产。公司年生产能力为100万吨,总资产15.6亿元,注册资金9.1175亿元,占地面积246.25公顷,现有职工1700人,是江西省最大的化肥生产企业和中国磷复肥重点骨干企业。

2011年10月31日,中国信达资产管理股份有限公司将江西贵溪化肥有限责任公司51%股权在上海联合产权交易所挂牌交易。12月2日,江西贵溪化肥有限责任公司51%股权转让签约仪式在上海联合产权交易所举行。中国信达资产管理股份有限公司江西省分公司副总经理张文刚与安徽六国化工股份有限公司总经理何鹏程分别代表中国信达与安徽六国化工在产权交易合同上签字。安徽六国化工成为公司控股股东。公司各股东持股比例为:安徽六国化工股份有限公司占51%,江西省投资集团公司占32.32%,中国信达资产管理股份有限公司占10.74%,中国昊华化工(集团)总公司占5.94%。12月21日,江西六国化工有限责任公司召开2011年度股东大会,会议一致通过《关于修改公司章程的议案》,公司据此变更为江西六国化工有限责任公司。

江西六国化工生产的“施大壮”产品,质量指标达到有的甚至超过进口同类化肥,产品畅销全国,出口东南亚、远销欧美。“施大壮”商标被国家工商总局认定为“中国驰名商标”,是全国同行业内第一件、江西省第十件中国驰名商标;江西六国化工顺利通过ISO 9001:2000质量体系和ISO 14001:2004环境体系论证,企业荣获江西省优秀企业、江西省文明单位、全省和谐劳动关系模范企业、江西省十大和谐企业、全国厂务公开民主管理先进单位、全国部门造林绿化400佳单位、全国模范职工之家、全国计生协工作先进单位、中国农资企业文化建设先进示范单位、中国化学工业企业文化建设先进单位、全国“五一”劳动奖状等100多项荣誉称号。

【获得荣誉】 3月29日,公司连续七年被省农业厅确认为江西省测土配方施肥定点加工企业。

4月,专用肥车间分析班被中华全国总工会授予“全国五一巾帼标兵岗”光荣称号。

公司职工书屋被评为全国工会优秀“职工书屋”。

(李　敏)

【江西六国化工有限责任公司领导人名录】

董事长、党委书记:何鹏程
总经理、党委副书记:洪细安
常务副总经理:李老柏
党委副书记、纪委书记、工会主席:胡上东
副总经理:吴培义
总工程师:黄式鹏
总会计师:曹方明

贵溪发电有限责任公司

【概述】 贵溪发电有限责任公司位于江西省鹰潭市贵溪市雄石东路41号,前身为江西省贵溪火力发电厂,隶属于中国电力投资集团公司江西电力有限公司,现有装机容量124万千瓦,在建容量64万千瓦,为江西电网主力发电企业。截至2011年12月31日,公司在职职工1163人,离退人员617人,连续安全生产2265天。

一年来,贵电公司始终围绕“以人为本、安全第一、效益至上”的总体思路,遵循“深化改革、高严细实、提高效益、创建一流”的治企方针,突出抓改革、抓发展、抓管理、抓队伍,企业综合管理水平不断提高,2011年,公司全年发电47亿千瓦时,为地方经济建设做出巨大贡献。企业曾先后荣获全国精神文明建设工作先进单位、全国“五一”劳动奖状、全国设备管理优秀单位、全国一流火力发电企业、中电投集团公司安全生产先进集体、全国火电30万千瓦级国产(进口)及引进型机组竞赛一等奖等百余项省部级以上荣誉称号。

【公司发展】 公司在“上大压小”2#机组工程建设期间,加强与工程管理公司贵溪项目部和施工单位的沟通协调,狠抓“四大控制”,克服资金、场平、图纸等诸多困难,工程建设稳步推进,顺利完成了2#机组锅炉水压试验、汽轮机扣缸、厂用电受电、锅炉点火、汽轮机冲转、发电机并网和168试运七个“一次成功”任务,于2011年7月22日正式投入商务运行,实现省政府提出的新机组在2011年“迎峰度夏”期间投产的目标。

【“公司治理年”活动】 2011年,公司积极开展“公司治理年”活动,通过全体干部职工的共同努力,公司治理整顿工作取得较好成效,企业经营管理水平和风险防控能力得到进一步提升,公司凝聚力和竞争力得到显著增强。

【节能环保】 公司高度重视节能环保工作,通过开展QC活动,不断提升干部职工的质量管理知识水平和质量改进意识,为企业节能降耗起到积极的作用,在2011年江西省质量协会会员大会暨质量管理先进经验推广会上,公司荣获“江西省质量管理小组活动优秀企业”称号,多个班组和个人获得多项殊荣。积极响应国家“低碳经济”战略,一方面通过加强燃料管理,进一步优化入厂煤炭结构,在保障燃料供应的同时,争取采购到安全、环保的煤种;另一方面通过加强脱硫、脱销、电除尘等设备的技术改造与维护,不断提高环保设备性能,2011年,公司全年未发生环境污染事故,二氧化硫、氮氧化物、烟尘排放总量和排放浓度均低于国家环保部门下达的控制指标。

【电站服务】 公司为提高企业经济效益,积极开拓电站服务市场。2011年,通过与哈尔滨汇通电力有限工程公司的合作,争取到巴基斯坦和印度等国家商务运营业务,既锻炼职工队伍,同时又为企业创造经济效益,树立良好的企业形象。

(胡明华)

【贵溪发电有限责任公司领导人名录】

总经理:李学军

党委书记:陈扬眉

党委副书记、纪委书记、工会主席:李河明

副总经理:韩林发 李玉成 周大寿 黄刚清 汪 霞

江西省地质矿产勘查开发局九一二大队

【概述】2011年,江西省地矿局九一二大队(以下简称九一二大队)以科学发展观为统领,继续坚持"主攻矿业、勘查优先、做强施工、发展多经、深化改革、强化管理、建设和谐平安九一二"的工作方针,加大地质找矿工作力度,进一步夯实产业发展基础,各项产业取得长足进步,全年实现总收入同比增长30.89%;完成总产值同比增长37.81%;实现节约与收益同比增长51.01%;生产增加值同比增长24.94%;在职职工人均年收入同比增长12.7%的喜人成绩。党建及精神文明再上新台阶,平安地矿建设扎实推进,职工队伍和谐稳定。

【地质工作多元化格局形成】2011年,全队共承担实施地勘项目37项,其中:国家勘查项目3项,省地勘基金项目及厅管资源现状储量调查项目6项,国家级科研项目3项。实施的"江西省浮梁县朱溪外围铜多金属矿调查评价"省基金项目发现伴有铜、锌等多种矿化的厚大钨多金属矿体,矿床远景资源量可望达超大型规模;承担的银、铅、锌3个矿种的资源现状调查工作,有2个汇总成果被评为全国优秀;承担完成的"冷水坑银铅锌多金属成矿系统与隐伏矿预测研究"课题荣获国土资源部科学技术二等奖;"贵溪市冷水坑矿田银珠山矿区北矿段铅锌银矿详查"获局科技二等奖。江西省地矿局首批院士工作站九一二大队院士工作站获准成立。选派4名职工参加江西省首届地勘钻探技能大赛并全部入围,吴双平获全省第2名的好成绩,大队获优秀组织单位荣誉。

【矿业经济持续发展】江西银海矿业有限公司生产规模、实现收入、上缴税收再创历史新高。公司启动尾砂干堆及污水处理工程,全面完成井下充填工程,为后续实现安全生产和达标排放奠定更好的基础。金溪县饶家山银铅锌矿、南城徐坊金矿完成矿区划定工作,采矿权申报工作、矿山的筹建工作已基本就绪。与龙虎山风景区管委会合作成立龙虎山道清旅游开发有限公司,计划共同投资1000万元开展龙虎山景区地热勘查,年内基础工作已启动并施工试验探热井,预计2012年组织深井孔施工,争取实现龙虎山景区地热找矿突破,为景区旅游开发增添活力。"走出去"工作取得突破,境外"马达加斯加贝马武(Bemavo)铬铁矿、磁铁矿预查"基金项目申报成功。队自有矿权经过三年的勘查工作已完成全部矿权的化探扫面工作,正部署下一步勘查方案。

【工程施工服务经济社会】按照"为经济社会发展提供咨询、技术支撑"的总要求,在实施装备更新、资金支持、资质升级等倾斜扶持政策以来,顺利取得工程勘察(岩土工程)甲级资质和土地规划机构乙级资质。天久建设工程院服务地方经济建设能力进一步增强,承接的省重点项目"江西省避灾移民搬迁工程八号子项目",仅用22天时间完成赣南地区5县625处地灾隐患点的核查和34处安置点调查评价工作。天久矿产勘查院主动融入地方经济建设,开展龙虎山地热找水勘查及余江地热找水勘查工作。工勘院承接完成京福客运专线施工补勘、杭长客运专线施工补勘等多个合同价款超百万元的大型施工项目。路桥公司续作完成象山港大桥项目,新承接温州灵昆特大桥、广州保利西海岸房屋桩基及宁波大榭二桥3个大型项目,使路桥公司实现大项目施工的有效衔接。天久测绘院充分发挥甲级资质作用,承接完成鹰潭夏埠一中1/500地形土方计量和德兴、鄱阳、万年县矿山范围越界检查等一批矿山测量、土方计量、农饮工程、矿业权坐标转换等业务。

【多种经营品牌战略】天久矿泉水获得"江西省著名商标"称号,公司围绕树品牌、促营销这一重点工作,积极参与区域内举办的如泛珠三角区域合作与发展论坛的各种大型活动,提升品牌高端形象,扩大"天久"品牌社会知名度、美誉度,省内高端宾馆销售的天久矿泉水被多位党和国家领导人饮用,产品频频出现在省内大型会议、江西卫视和央视等重要媒体上。

【党建和精神文明建设再上台阶】紧紧围绕服务全队经济建设中心,一是干部队伍建设进一步加强。5月份分两批组织全队中青年干部赴中国地大(武汉)进行封闭式学习,提拔、提任14人充实中层干部队伍,组织10名科级以上干部参加全局竞争性公开选拔队级领导干部职位,启动大队首次副科级干部公开选拔工作。二是首次开展争创全国文明单位创建活动,组织开展庆祝建党90周年一系列活动。三是党建精神文明建设成功丰硕。队党委获得江西省地矿局党的工作特别优秀奖。大队先后获江西省职工职业道德建设先进单位、国土资源部技能人才培育突出贡献奖、全省绿化模范单位、鹰潭市文明单位、江西省直机关文明单位。大队安全、综治工作分别连续四年、五年获得江西省地矿局先进单位称号。

(涂义宏 李 忠)

【江西省地质矿产勘查开发局九一二大队领导人名录】

大 队 长:徐贻赣

党委书记：曾水龙
副大队长：董光裕　钟方红　吴美仁　王艳萍(女)
总工程师：刘建光
总会计师：钟柳志
纪委书记、工会主席：方洪华
调 研 员：韩毅昌
副调研员：奚利民

江西有色地质勘查一队

【概述】 2011年,江西有色地质勘查一队(以下简称一队)在上级党政的正确领导下，认真贯彻落实十七届五中、六中全会精神,以创先争优活动为契机，紧紧围绕和谐稳定发展目标，坚持科学发展观，加强党的建设和经济建设各项工作，地勘经济继续保持强劲增长,经济效益稳步提高,职工队伍和谐稳定,幸福指数不断提升,实现"十二五"期间的良好开局。全年经营收入比2010年增长21.5%；实现利润比2010年增长78%；上岗员工收入比2010年增长20%。

【加强班子建设】 一是加强民主集中制建设,在广泛征求职工群众意见的基础上,8月24日召开一年一度的民主生活会,会上,领导干部能够认真客观地开展批评与自我批评,促进班子团结。坚持"三重一大"重要决策制度,全队"三重一大"事项均经党政联席会议讨论通过,集大家智慧于一体,避免个人决策失误,提高领导班子驾驭全局的能力。二是班子成员加强自主学习的同时,坚持每月一次的理论中心组学习,努力在业务知识、法律知识、管理知识、宏观经济知识不断丰富，为管理提供更好决策依据。三是党委按期换届,12月20日至21日，召开第九次党员代表大会,对第八届党委和纪委工作报告进行审议,同时选举产生第九届党委、纪委委员。

【加强经济建设，夯实发展基础】 2011年,一队经济平稳发展,经济收入再创新高,实现"六个突破"。一是资质突破,通过几个月的不懈努力,一队固体矿产勘查资质成功升为甲级。二是效益突破,全年经营收入比2010年增长21.5%;实现利润比2010年增长78%；上岗员工收入比2010年增长20%。岩心钻探进尺4.5万米，各项指标均创历史新高。三是市场突破,一队年内实现从国内走向国际市场的突破,经过为期45天的野外工作,圆满地完成喀麦隆恩卡姆纳钴镍矿资源储量核实项目,为境外地质找矿工作开个好局;11月11日,与江西冠华矿业投资有限公司签订《加纳共和国库图克姆25平方公里黄金矿地质勘查合同书》;12月28日李旭东机台走出国门奔赴博茨瓦纳开展岩心钻探施工。四是技术突破,遂川县大坑乡灵潭工地王冬根机台历时95天,使用XY-44(设计能力为1200米）型钻机成功施工一个孔深为1201.28米的地质钻孔，是江西有色地质勘查局近30年来自主施工的钻孔最深纪录。五是地质勘查项目突破,弋阳大源岭瓷石矿项目在每次的验收检查中均获优秀,在不断总结近两年所承揽的江西省地质勘查基金项目实施的经验基础上,尝试性申请中央地质勘查基金项目喜获立项中批。六是合作突破,8月份与上海丰宏投资管理有限公司签定《矿产资源开发框架协议》，为一队打开地质勘查找矿和矿业开发新局面另辟条新路。

【注重民生工程】 2011年，一队党委更加注重民生工程建设,从病有所医、住有所居、老有所养等与职工家属生活息息相关的事出发,深入职工家属生活实际进行调查,听民声、察民情,切实了解其需求,体民忧、解民难,积极为职工群众解决实际困难。一是病有所医工程有进展,2011年1月全队职工进入鹰潭市城镇职工基本医疗保险,克服一队外地职工多、不便于管理的难点,短期内迅速步入正轨;向全队职工家属宣传并为其办理鹰潭市城镇居民基本医疗保险、女职工安宁互助保险。二是住有所居工程喜事不断,132套经济适用房于5月26日顺利封顶;积极为职工家属申请鹰潭市廉租房,2011年全队30户职工家属中签廉租房;年投入30万元用于基地建设，改善居住环境。三是老有所养工程有意外收获,随着江西省家属工参保养老保险办法的出台,一队为100多名家属工办理基本养老保险参保事宜，为60岁以上的老人办理城镇居民养老保险,在一定程度上为其解决养老难问题。四是帮扶工作一如既往，认真做好春节送温暖工作;配合鹰潭市民政局为享受最低生活保障的人员办理低保金调增及年检等手续;代民政局向低保户发放医疗救助卡；为23名困难职工家属申请重特大病、生活救助金、"金秋助学金"等近4万元万元;为70余名职工家属申请残废人及老龄人免费仪器。

【抓综治保安全】 2011年，一队严格按照"安全第一,预防为主、防治结合、综合治理"的方针,在人防、物防和技防方面齐抓共管,积极开展"和谐平安"创建和"二个排查"活动。一是组织部署到位，调整综治机构人员，加强综治队伍建设，根据上级文件要求积极部署综治工作。二是网络覆盖到位,签订责任状,使综治工作横向到面、纵向到底。三是资金投入到位,全年投入20余万元用于安装防盗门、监控设施、更换灭火器、建设基地围墙等，构建牢固的物质防范基础。四是思想疏导到位，针对职工家属的来电来访、热点难点问题,认真对待、细心解释，确保其思想认识转变，并统一到全队发展稳定中来，全面有效地维护了单位稳定与和谐，全年无群体上访事件、无重大治安事件、无安全责任事故，再次被评为鹰潭市综治先进单位、局综治先进单位。

【抓作风重纪律】2011年，一队党委注重作风建设，领导班子带头践行廉洁从政作风、求真务实作风等优良作风，使一队形成风清气正好干事的良好氛围。一是完善管理制度，健全现金管理、应收账款管理、工资管理、干部任用、评先评优等各项制度，使人事管理、财务管理、公务用车等事务有章可循、有章可依，强化制度约束，领导干部每年按规定上报个人相关事项，让组织及群众监督自己及家人履廉情况。二是规范内部审计，在省财政厅、省地勘基金中心对省地勘基金项目的例行检查中，一队规范的财务管理工作均得到认可，2011年局审计组来队进行内部审计，并根据所提出的意见、建议进行整改，从而更加规范队财务管理工作。三是认真开展廉政风险防范管理工作，在全队范围内从岗位职责、业务流程、制度机制、工作效率和外部环境等五个方面开展风险岗位廉能管理工作，查找到机关风险岗位21个，编制业务流程图11个，使廉政风险责任到个人，使保护、督查党员干部的各项措施真正落到实处。同时，在签订较大项目合同时，严格按照规定签订内部《廉政责任书》，使廉政工作先行，防范项目施工过程中的腐败问题发生。

（赵 萍）

【省有色地质勘查一队领导人名录】

队长、党委书记：何发林

副队长：付宝华 王国龙 何志平(2011.6~)

总工程师：林 伟

江西省煤田地质局二二三地质队

【概述】2011年二二三队围绕“管理效益年”活动，社会地质业务不断扩大，工程施工稳中有进，挤占测绘业务市场卓有成效，地质勘查加速发展，提前一年实现省煤田地质局提出的“三年翻一番”的目标。2011年，二二三队对外经营收入8161.75万元，利润1589.66万元，同比增加值为38.71%；国家地勘事业费拨款2458.89万元，其中：基本性支出2027.2万元，专项支出431.35万元，年终结算收支平衡；上岗职工人均年收入5.52万元，比2010年增长21.6%，创历史新高。

这一年，二二三队杜绝工伤死亡等重大责任事故和机械事故；东方宾馆首次扭亏为盈，实现全队无一实体亏损；党建工作经省煤田地质局考核获99分；年底通过省级文明领导小组考核，获第八届省直“文明单位”称号，与此同时，二二三队还被评为省煤田地质局和鹰潭市综合治理先进单位。

【离退休老领导、老职工和专业技术人员迎新春座谈会】1月21日和29日，二二三队在队机关会议室分别召开离退休老领导、老职工和专业技术人员迎新春座谈会，队党委书记成征主持，队长刘中存、总会计师何洪明分别向老领导、老职工和专业技术人员汇报工作，听取与会人员的意见和建议，并向与会人员问候和祝福。

【走访慰问特困职工】28日，队领导刘中存、成征等队领导带领队工会和队党政办有关人员，深入离退休老领导、老职工和困难职工家中，走访慰问、了解情况。春节前，为全队350名职工遗属、特困职工等发放慰问金共计10.85万元，通过省直机关工委和鹰潭市总工会等渠道，为40余名特困职工、大病职工和特困党员争取到困难补助金等3.26万元。

【召开队第十五届二次职工代表大会】3月29日至30日，在鹰潭东方宾馆召开队第十五届二次职工代表大会，职工代表、特邀代表以及各单位负责人、机关工作人员等70余人出席，省煤田地质局局长徐开云、鹰潭市总工会副主席杨林辉等到会祝贺。大会由队党委书记成征主持，省煤田地质局局长讲话，队长刘中存作《立足新起点，抢抓新机遇，为实现我队经济发展新跨越而努力奋斗》的行政工作报告，总会计师何洪明作《队财务报告》、队纪委副书记李涌平作《队招待费使用报告》；大会对队领导班子和领导干部进行考核和民主测评；大会分组讨论上述报告，代表们发言热烈，为二二三队在新的一年里抢抓机遇、快速发展建言献策。大会宣读对先进集体和先进个人的表彰决定，并为先进单位和先进个人颁发奖状和奖金。大会由队党委书记成征作总结讲话。

【宜春籍老职工40年后重相聚】3月28日，阔别40周年的二二三队宜春籍老职工，在东方宾馆四楼重相聚。队长刘中存、党委书记成征与他们亲切交谈，希望他们常回老家走一走、看一看。

【组织下岗女职工参加家政服务培训班】4月中旬，组织40余名下岗女职工参加鹰潭市总工会职工学校举办的“家政服务工程岗前培训班”。通过培训，二二三队下岗女职工和待业女青年提高就业和再就业能力，稳定职工队伍。

【夏文杰被追认见义勇为积极分子】3月29日，中共月湖区委、区人民政府下文（鹰月荣〔2011〕42号）追认2010年5月30日下午，为抢救落水同学而英勇献身的该队实验中学初一(4)班学生夏文杰为2010年度社会治安综合治理见义勇为治安积极分子。

【保障性住房分配到位】5月4日至5日，二二三队经济适用房、廉租房挑房、选房工作，由队物业管理公司与单位组织和协调，经过职工群众的评议和配合，212套经适房顺利分配到位。

【队实验学校团总支获省直五四红旗团总支殊荣】5月4日，由共青团江西省直属机关工作委员会组织召开先进表彰大会，二二三队实验学校团总支被授予省直五四红旗团总支称号。

【2011年省地勘基金项目】7月1日，江西省国土资源厅下发〔2011〕118号通知，以文件的形式，把项目书发至各项目承接单位，2011年省地勘基金第二批项目任务两个，总经费预算775万元。

【地质勘查报告获中煤协二等奖】7月28日，二二三队编写的《云南省富源县鑫国煤矿勘探报告》，在中国煤炭工业协会举办的"第十五届优质地质报告评选"中荣获二等奖，这是二二三队各类地勘报告获得的最高荣誉。报告约7.4万余字，附图37张，附表5册。

【曾来宝夺全省首届地勘技能赛第一名】10月19日至22日，在省国土资源厅、省人力资源和社会保障厅、省总工会等单位联合举办的江西省第一届地勘钻探职业技能大赛中，二二三队青年技术工人曾来宝以93.093分的优异成绩，勇夺第一名，成为全省名副其实的钻探技能状元。

【煤炭行业AAA级信用企业】11月，由中国煤炭工业协会主办，并严格按照国家商务部和国资委等部门要求，经过企业申请，现场评审和媒体向社会公示程序，二二三队被中国煤炭工业协会评为"煤炭行业AAA级信用企业"。

【承揽海外工程】12月1日，由二二三队队长刘中存签字，江西中煤国际建设有限公司中标，二二三地质队负责承建的肯尼亚米戈里migori镇供水工程建设内部合作协议书正式生效，这是二二三队继承接埃塞俄比亚公路施工项目之后，又一次次走出国门承揽海外工程施工项目。

【青工曾来宝受到省领导的表彰和奖励】12月23日，由省人力资源和社会保障厅、省教育厅、省国资委、省总工会和团省委联合主办的"江西省首届振兴杯职业技能大赛表彰大会暨技能大师工作室授牌仪式"在南昌举行，二二三地质队青年技工曾来宝被授予"江西省技术能手"称号，受到常务副省长凌成兴等领导的表彰和奖励。同时，二二三队也被授予"技能人才培育突出贡献奖"。

(乐光明)

【省煤田地质局二二三地质队领导人名录】

队长：刘中存

党委书记：成　征

副队长：李长志　杨悦敏　汤　兴

副队长兼东方宾馆总经理：李平泉

总会计师：何洪明

江西省核工业地质局二六一大队

【概述】2011年是"十二五"期间开局之年，二六一队以科学发展观为统领，以地矿立队为主战略，以建设幸福单位为总目标，开展卓有成效的工作。全年完成产值、经营收入、增加值、利润四项主要经济指标，分别比2010年增长11.60%、13.78%、10.13%、11.12%，完成的增加值和利润创建队以来最高。基础工作扎实有效。全年实现安全生产零事故，被鹰潭市政府授予"安全生产工作先进单位"。综治工作分别被鹰潭市、省核工业地质局评为"社会治安综合治理先进单位"、"和谐平安建设先进单位"称号，信访工作首次荣获鹰潭市"信访工作目标管理先进单位"称号。社区管理进一步完善，二六一队积极为住宅区居民提供医疗、物业、治安等管理服务，社区环境更加绿化美化。2011年二六一队荣获"国防科技工业军工文化教育基地"、"全国模范职工之家"、"全民健身活动先进单位"三个国家级荣誉称号。

【地矿工作成绩突出】2011年取得的地质成果是二六一队2006年恢复找矿以来最好的一年。一是承接的地质项目最多。全年5个地质项目共完成钻探工作量39.57千米，槽探工作量548立方米，钻孔50个，以及相应的地质、水文、物探工作。二是找矿成果非常显著。50个施工钻孔见矿率达96%，优质孔率100%。钻探施工中发现"三高"特点，即见矿率高、品位高、厚度高。为国家新增铀矿储量名列国内同行业前茅。提交的《江西省乐安县居隆庵铀矿床44-70线详查地质报告》被国家放射性矿床资源储量评审中心评为"优秀地质报告"。三是矿权经营和矿业合作取得新进展。全年落实5个探矿权，收购1个矿业公司，矿权总面积新增57平方千米，办理3个探矿权延续。5

参加国防科技工业军工文化教育基地颁牌仪式。

省核工业地质局二六一大队供稿

月,二六一队与中核抚州金安铀业公司组建“中核乐安铀业有限责任公司”筹备组,为居隆庵铀矿床合作开发做准备。四是地质延伸业进一步拓展范围。5月二六一队成立科研分队。年底成立地质环境院,将成为地矿业及地质延伸业的又一个经济发展点。

【技术科研又有新进展】 二六一队注重加强地质基础工作和生产科研攻关,不断探索成矿规律,用新的认识指导找矿,铀矿勘探项目得到核工业野外地质专家评审组的一致好评。2011年新增地球物理勘查乙级资质；引进V8地球物理数据采集系统,为盲区找矿提供可信资料;购买Micromine(三维制图与储量计算)软件,更加快捷、形象、直观地计算矿区储量;地质科技人员设计出“FD—3019(改)γ测井仪与微机连接运行软件,提高野外测井工作效率。同时,二六一队发挥50多年地质技术与资质优势,在商业地质找矿、金属与非金属矿产勘查开发、地质灾害评估、矿产储量核查等方面取得新业绩,还为鹰潭市国土资源局地质灾害调查提供地质技术服务。2月,二六一队协办中国核工业地质局“相山铀矿大基地找矿研讨会”,重点围绕相山铀矿基地重大专项、铀矿深钻项目展开讨论。3月,中国地质调查局和江西省国土资源厅在相山铀矿基地进行专题调研,并召开“破两难,促转变”部省联合调研座谈会。

【多种经营稳定发展】 二六一队工程建设业4个企业,在竞争激烈的市场中稳步发展。下属路桥公司全年签订4项工程合同。为化解经营风险,路桥公司转变经营方式,与江西有色工程有限公司签订福建省《S304沙县尤溪界(界头峡)至沙县大洲桥路段公路改建工程》技术合约,工程工期22个月。下属核工业江西工程勘察研究总院工勘项目大幅度增长,承接全省第二批约100个污水处理厂工程勘察工程。核工业江西工程勘察研究发挥“中国核电工程建设资格证书”首次进入核电配套工程,年初中标福建三明核电进场道路水下勘察工程,有46个设计勘探孔。“提高舜赣外滩商住楼灌注桩一次成孔率”QC课题获得国家工程建设(勘察设计)优秀QC小组奖和核工业部级优秀勘察设计QC小组一等奖。下属江西省中核建设工程有限公司在福建继续承揽工程,使福建省成为除江西之外的又一个工程产业重点区域。下属江西省中核测绘院承接的项目涉及土地利用、地质勘探、矿山核查、公路建设、水利建设等多项领域。下属江西中核保安有限公司完成了保安资质年检,变更法人,年底已接洽核电配套工程的保安服务工作。

下属江西中核铜业有限公司针对铜加工行业的竞争特点,坚持“以质取胜、稳中求进”的经营思想,有效规避铜价波动大的经营风险,尽可能减少供电紧张对公司生产的影响,不断优化产品结构,做大深加工产品的经营比重。为推动铜业公司招商引资,二六一队成立工作组,确定招商引资基本原则,促进企业间投资合作。

荣获“全国模范职工之家”称号颁牌仪式。

省核工业地质局二六一大队供稿

【创建幸福单位取得新成效】 做好服务保障。根据江西省有关政策,二六一队与地方政府部门主动联系,认真做好社区居民低保、医保、社保、救助等社会保障工作,以及物业维修、治安保卫、医疗卫生、计划生育等服务管理工作,全年为社区1856名居民办理城镇医保,670多名家属工办理城镇小集体职工养老保险,40名残疾人办理城市居民养老保险。做实民生工程。全年安置下岗职工170人,组织360人从事加工服务,增加下岗职工和闲职居民的收入,一年来二六一队用于扶危济困、送温暖、办实事等民生民心工程资金超过500万元。提高幸福指数。二六一队组织60岁以上职工及家属300多人重回乐安老基地参观相山核地质科技文化园,组织100多名离退休老党员参观上饶集中营,为232对婚龄50年老职工办理金婚庆典活动,为年满80岁以上的老同志发放“长寿金”。为充分发挥国防军工文化教育基地、铀矿地质科普教育基地的作用,二六一队相山核地质科技文化园接待江西省、鹰潭市、核工业系统、周边中小学校等单位组织的3000多人次来队参观学习,是传授军工文化、核能科技、铀矿地质科普知识的重要场所。

【“爱我二六一”系列文化活动】 建党90周年之际,二六一队举办“颂歌献给党、爱我二六一”社区唱红歌比赛活动，300多名职工居民参与比赛，有上千人观看。开展以“学习党的光辉历史，弘扬二六一精神”为主题的党史队史知识抢答赛。6月，二六一队自创舞蹈《幸福相山》以明快的节奏、丰富的内容和诗意的氛围，生动表现江西核地质人崇高的精神品质，在省直机关纪念中国共产党成立90周年文艺调演和全省职工文艺汇演中喜获一等奖。二六一队注重文化建设，更新网站版面设计，增加社区宣传栏数量，增设体育活动器械，建立青年职工食堂和职工书屋，社区职工居民文体活动丰富多彩。1月，国防科技工业军工文化建设协调小组授予二六一队相山核地质科技文化园“国防科技工业军工文化教育基地”。10月，中华全国总工会授予二六一队工会“全国模范职工之家”。12月，国家体育总局授予二六一队“2011年全民健身活动先进单位”荣誉称号。

（刘文斌）

【省核工业地质局二六一大队领导人名录】

大队长、党委副书记：朱永刚
党委书记、副大队长：陈乐安
党委副书记、纪委书记：曾定祥（~2011.5） 吕 勇（2011.5~）
副大队长：赖 军（~2011.3） 吕 勇（~2011.3） 徐宝金 熊 钟 张建华 江慧元 （2011.3~） 黄江忠（2011.4~） 饶伟生（~2011.3）
总工程师：曹寿孙（~2011.7）
大队技术负责：曾文乐（2012.1~）
工会主席：曾定祥（2011.5~）
调研员：饶伟生（2011.3~）

江西省核工业二六五大队

【概述】 2011年，在市委、市政府的大力支持下，在局党组的正确领导下，全队广大干部职工在新一届班子带领下，坚持科学发展观，实施“地矿立队”主战略，以加快转变经济发展方式为主线，以调整产业结构为抓手，以构建幸福单位为载体，求实创新、开拓奋进，切实抓好各项工作，经济发展和队伍建设都取得较好的成绩，实现大队“十二五”规划开门红。

【着力推进“地矿立队”】 2011年是大队实施“地矿立队”战略的重要一年。根据局有关地矿工作的部署，着力推进地矿工作。一是积极争取地质项目的申报，成功获得省基金项目。二是对东乡虎形山金铅锌矿的勘查取得新的突破，从该矿区勘探结果表明，除金、铅、锌外，铜储量也较高，矿床价值大幅提升。三是主动调整结构，对大队地勘院进行了重组，分别设立勘察院、地质环境调查院、测绘院，积极开展相关地质延伸业务的承揽、经营、施工等。四是充分利用资质和经营优势，在对地质灾害施工治理等方面加大经营力度，承接大量的地灾治理项目，较往年取得重大突破，经营区域也由东部几个地区扩大到中西部十多个省区，成为二六五大队经济发展方面的新板块。五是切实抓好矿权的争取、维护，年内又获得3个探矿权，同时对现有矿权进行维护，实现地质认识有提高、地质成果有显现、地质找矿有后劲。

【产品业又添新活力】 2011年，大队国亿生物科技有限公司牢牢把握工作的主旋律，按照局工作会对公司工作的具体部署，一是通过多方的努力，成功地引入上海捷丹文投资公司投资参股，较好地促进公司产权多元化。二是在实现产权多元化的基础上，创新公司内部经营机制，积极引入新的更加符合企业特征的管理理念、管理方式，进一步理顺所有者、经营者、劳动者三者之间的关系，公司内部管理又向前迈进一大步。三是继续紧跟全球市场的前沿需求，着力推进产品研发，年内成功开发萝卜红色素，并实现批量生产，而且气味和溶解性方面达到国内先进水平。在抓好新产品研发的同时，公司还十分注重知识产权的保护，获得两项国家专利，另有4项国家专利正在申报过程中。

【工程业平稳发展】 面对工程产业发展面临的新形势，大队志诚公司充分发挥资质优势和经营优势，着力在继承中谋求发展，在发展中不断创新，使公司经营又迈上新的台阶。一是将主抓“经营”，逐步转变为经营和施工管理并重上来，在经营上“有收有放”，在施工上加大管理力度，严格控制风险。二是对内部经营机制进行重新调整，对原有股份制的分公司进行内部股份的撤换，强化公司的集中管理，有效地扭转公司经营上“各自为政、各自为战”的局面。三是切实把提高运行质量放在突出位置，努力在内部管理上下工夫、做文章，完善《志诚公司经营管理办法》、《志诚公司财务管理办法》；四是积极探索工程业发展新模式，在局党组提出的“工程平台”建设过程中，大队以大局为重，全力以赴地支持，按照局党组的要求，及时完成工程项目债权债务的清理、人员的调配等工作。

【强化队伍建设】 在抓队伍建设的过程中，大队重点抓好两级班子建设。一是结合新班子的组建，认真开展领导谈心活动，在班子中形成民主、科学、团结、向上的氛围。二是坚持开展领导干部学习培训制度，不断提高干部的政策理论、业务技能水平和执行力。三是切实抓好党风廉政责任制的落实，开展岗位廉能风险管理活动，加强党风廉政教育，有效地提高全队党员干部的廉洁意识。四是进一步完善干部选拔机制，分别对党办、人力部、总工办、发规部的副职岗位进行公开竞聘，使一批有能力、有业绩，群众基础较好的年轻干部走上领导岗位，增强各级领导班子的活力。

【注重民生构建幸福单位】 2011年是局党组提出建设幸福单位的第一年，大队本着发展依靠职工、发展为了职工、发展成果与职工共享的理念，着力推进各项民生工程建设。一是按政策兑现职工绩效工资,使广大职工群众实实在在地感受到国家对事业单位职工的关怀,感受到经济发展带来的实惠。二是针对广大职工群众普遍关注的经适房项目建设问题,不断加大工作力度,排难而进,终于在年内解决诸多施工前期的问题,整个项目得以正式启动,加快了解决广大职工群众盼望已久的住房问题的进程。三是结合大队实际,多方筹措资金,对群众反映的一批现实问题进行集中整改和解决,年内多项民生工程得以实施。四是大队积极组织工作人员为194名职工家属办理城镇居民养老保险,职工群众满意度大幅提高。五是坚持落实好各项综治信访责任制,加大综治、信访工作的投入,积极开展矛盾、隐患的排查,综治信访工作受到省、市、区有关部门及领导的高度评价。

(熊丹华)

【省核工业二六五大队领导人名录】
大队长:余国林(~2011.7) 曹寿孙(2011.7~)
党委书记:杨学义
党委副书记、副大队长:赖 军(2011.5~)
副大队长:王建新
工会主席、纪委书记:欧阳祖熙
副大队长、总工程师:涂 烈
大队总会计师:柳和华(女)
副大队长:张军兵 胡 军(2011.4~) 俞献民

中铁十一局集团桥梁有限公司

【概述】钢结构工程专业承包三级,桥梁工程专业承包二级,混凝土预制构件专业二级资质企业。中铁十一局集团桥梁有限公司是以高速铁路箱梁、高速铁路大板、博格板、城市轻轨PC梁制造、U型梁制造、铁路轨下产品生产,集工业、贸易、物流、房地产开发、战备器材桥梁租赁于一体的国有独资企业,是上市企业中国铁建股份有限公司的子公司。驻江西省鹰潭市南站路24号。前身为铁道兵鹰潭仓库,组建于1954年6月。1984年1月1日集体转业并入铁道部,改称为铁道部工程指挥部鹰潭材料总厂,1989年更名为鹰潭战备材料总厂。2001年11月28日划转中铁十一局集团有限公司所属。2003年7月1日改制,名称为中国铁道建筑总公司鹰潭战备材料总厂有限公司。经国家工商总局核准,于2007年8月10日更名为中铁十一局集团桥梁有限公司。执行董事、总经理严韧,党委书记胡士华。下辖铁路制品公司、物业管理公司、器材租赁公司、多种经营公司、重庆城市轻轨PC制梁场、重庆U型梁场、武汉城际铁路项目经理部、向莆铁路抚州制枕基地、津保项目经理部、长昆项目经理部、成渝项目部、诸暨制梁场、绩溪制梁场、合福铁路I标项目部、德兴轨枕场、山西洪洞制枕场、吉图珲项目部。职工总数413人,其中干部269人,工人145人。专业技术干部226人,占干部总数的84%;技术工人117人,占工人总数81%。拥有资产总额6.79亿元。各种机械运输设备403台,铁路专用线5条计3.747千米,料场、库房10万余平方米,年最大吞吐能力4亿千克。是铁道部重要的战备物资储备单位,华东地区最大的物流储备基地之一。

2011年自揽任务3.13亿元,完成总产值8.49亿元。资产负债率73.48%,产值收益率6.94%,其中固定资产原值3.02万元,净值2.02万元,流动资产4.5亿元,全年利润为5889.23万元。全年生产轨枕16.7万根,销售轨枕47万根。职工年人均收入3.33万元。为国家创税4455.76万元。年底实现安全生产1.02万天。

(杨汉思)

【职工队伍】职工总数413人,其中干部269人,工人145人。专业技术干部226人,占干部总数的84%;技术工人117人,占工人总数81%。2011年新进大学生24人,其中本科20人。

(李 欣)

【铁路工程施工】2011年新开项目2项。一是新建吉林至珲春客运专线。中铁十一局集团桥梁有限公司吉图珲项目部下设蛟河梁场和安图梁场。蛟河梁场位于吉林省蛟河市,建设单位:长吉城际铁路有限责任公司(吉图珲),监理单位:沈阳铁路建设监理有限公司。蛟河梁场位于线路DK70+430右侧,主要负责JHS-II标(DK59+400~DK110+500)范围内269孔双线箱梁的预制任务,其中31.5米跨度双线箱梁264孔、23.5米跨度双线箱梁5孔。最小曲线半径3500米。合同价为1.95亿元。

蛟河梁场于2011年6月12日进场,2011年度梁场累计完成80%大临设施任务。主要完成内容有:场地硬化已达90%,生活办公区、生产区、生产辅助区、砂石料仓等大临设施已建设完毕,8个制梁台座浇筑完毕,1套钢筋绑扎胎具安装完毕。产值为2493万元。尚未开始箱梁预制。

安图梁场位于吉林省延边朝鲜族自治州安图县内,建设单位长吉城际铁路有限责任公司(吉图珲),监理单位北京中铁诚业工程建设监理有限公司。安图梁场中心里程位于线路DK230+990左侧,承担吉图珲铁路客运专线JHSK-I标5座桥共66榀32米箱梁预制任务。箱梁梁长全为32米,最小曲线半径3500米。合同价为6132万元。安图梁场于2011年6月20日进场,2011年度梁场累计完成大临设施一处,箱梁预制43孔,产值为5196万元。其中大成村特大桥34榀、柳树河大桥8榀、九岩大桥1榀。

二是山西洪洞制枕场。位于山西省临汾市洪洞县辛村乡登临村(DK345附近),建设单位晋豫鲁铁路通道股份有限公司,监理单位四川铁科建设监理有限公司ZNJL-6标监理项目部。主要实物工程量包括大临工程及51万根双块式混凝土轨枕预制任务。项目于2011年1月26日成立,并于2011年4

月10日破土动工,截至2011年12月完成所有大临建设工程,产值为1919万元。

2011年续建项目有8个。一是津保项目部容城制梁场。位于河北省保定市容城县晾马台乡崇明庄,建设单位津保铁路有限责任公司,监理单位津保铁路铁科院咨询公司监理站。主要实物工程量包括新盖房分洪道特大桥、跨333省道特大桥、白洋淀大桥、北张庄跨雄德公路特大桥共384榀箱梁。箱梁梁长分32米及24米两种。2011年度梁场累计完成梁场大临设施,箱梁预制2榀,产值为122.7万元。其中新盖房分洪道特大桥1榀、跨333省道特大桥1榀。

二是涟源制梁场。位于湖南省涟源市杨市镇(中心里程DK144+550),建设单位沪昆铁路客运专线湖南有限责任公司,监理单位长沙中大/贝利沪昆客专长昆湖南段监理站。主要实物工程量包括大临以及683孔(合同数量)单箱双室箱梁的预制任务,计2万延米,合同价为4.59余亿元。箱梁梁长分32.6米及24.6米两种。2011年度梁场累计完成大临设施一处,箱梁预制112榀,计3500延米,产值为1亿余元。其中柳元冲特大桥1榀、太和乡特大桥43榀、马家坳大桥7榀、板桥特大桥32榀、南冲大桥7榀、西冲特大桥17榀、藕塘1号大桥3榀、藕塘2号大桥1榀、光阳特大桥1榀。

三是武汉城际项目部闵集制梁场。位于湖北省孝感市孝南区闵集镇,建设单位湖北城际铁路有限责任公司,监理单位铁四院(湖北)工程监理有限责任公司汉孝城际铁路监理站。主要实物工程量包括大临及过渡工程以及399孔(合同数量)单箱双室箱梁的预制任务,计1.3万延米,合同价为2.43亿元。箱梁梁长分32米及24米两种,最小曲线半径6000米。2010年度梁场累计完成大临设施1处,箱梁预制白水湖特大桥230榀,计7500延米,产值为14832万元。截至2011年5月10日累计完成箱梁预制292榀,计9500延米,产值为1.79亿元。其中白水湖特大桥272榀,刘辛特大桥20榀。

四是京福客专闽赣I标项目部。位于江西省上饶市婺源县紫阳镇坑口村高湖头组(DK384+200)建设单位京福闽赣铁路客运专线有限公司,监理单位北京中铁诚业有限公司公司、莫特麦克唐纳咨询(北京)有限公司联合体。主要实物工程量包括788榀简支箱梁,其中135孔24米预制箱梁,653孔32米预制箱梁,57万余根CRTSI双块式轨枕。产值为:7.43亿元。截至2011年12月31日,预制箱梁125榀。其中32米梁109榀、24米梁16榀。

石家特大桥13榀,古汀俞中桥3榀,黄源河特大桥21榀,董家林特大桥2榀,倪家大桥1榀,文公山大桥2榀,文公山特大桥11榀,上坳大桥5榀,后坑特大桥27榀,高湖头特大桥40榀。完成产值1.34亿元。

五是绩溪制梁场。位于安徽省绩溪县华阳镇(中心里程DK267+900),建设单位京福铁路安徽有限责任公司,监理单位中铁诚业联合体HFJL-5标项目部。主要实物工程量包括大临以及393孔(合同数量)单箱单室箱梁的预制任务,计1.23万延米,合同价为2.7亿元。箱梁梁长分32.6米及24.6米两种;截至2011年年底累计完成箱梁预制72榀,计2283.2延米,产值为7169.6万元。其中朗坑1号大桥10榀、中麻鸭大桥11榀、孔灵特大桥14榀、孔灵大桥5榀、大塘1号大桥5榀、大塘2号中桥2榀、大塘2号大桥8榀、大塘3号大桥3榀、曹冲岭特大桥13榀、练塘1号大桥1榀。

六是向莆铁路抚州制枕基地。向塘至莆田(福建)铁路线、线路全长603.6千米。该基地供应段XPJX-3标线路全长219.34千米,投资额950万元。建设单位向莆铁路股份有限公司,主要实物工程量包括Ⅲb型无挡肩轨枕(84.03万根)、XⅡ轨枕(12.23万根)、宽型专线3397枕(1.39万根)、岔枕(143组)、新Ⅲ桥(6586根)、ⅢC型枕(861根)、Ⅲa型枕(108根)。2011年度基地累计完成Ⅲb型无挡肩轨枕(Ⅲ型17.71万根、Ⅳ型13.31万6根)、宽枕1.06万根,已完成产值5832.58亿元。

七是重庆PC梁场。位于重庆市渝北区空港工业园区99号地,建设单位重庆市轨道交通(集团)有限公司,监理单位西安铁一院工程咨询监理有限公司/中铁二院监理公司重庆公诚监理公司联合体。主要实物工程量包括1622榀PC轨道梁的预制任务,计33.5千米,累计完成产值为1.35亿元。PC梁型分为直线、曲线,长短不定,最长24米,最短只有3米,弯曲的半径也不一样,最小半径75米。2011年度梁场累计PC轨道梁预制386榀,计8130.53米,产值为3252.21万元。其中,炒油场站~大山村站122榀,大山村站~学堂湾站77榀,学堂湾站~鱼胡路站84榀,鱼胡路站~金竹站44榀,金竹站~鱼洞路59榀。

八是重庆U型梁场。位于重庆市沙坪坝区虎溪镇大学城(重庆师范大学斜对面)轨道交通一号线U型梁预制项目部,建设单位重庆轨道交通(集团)有限公司,监理单位中铁二院(成都)咨询监理有限责任公司。工程内容包括两榀试验梁预制(重庆试验梁和成都试验梁)、试验梁配合工作、边坡支护工程、土石方工程、预制场建设、404榀共1.16万延米工程梁预制、桥面防排水工程、U型梁运输、架设及线调工程,其中U型梁运输、架设及线调工程由十一局六公司承担。合同暂定价为1.5亿元(含十一局六公司运输、架设U型梁费用)。具体工程数量为:30米跨194榀;28米跨170榀;26米跨34榀;17.621米跨2榀;25.417米跨2榀;29.3米跨2榀,共404榀。另外一号线延伸线又增加104榀单线预应力简支U型梁的预制任务,共计3026延米。具体工程数量为:30米跨74榀;28米跨18榀;26米跨2榀;25米跨10榀;共104榀。截至2011年10月,已完成全部508榀工程梁的预制任务,两榀试验梁预制、试验梁配合工作、边坡支护工程、土石方工程、预制场建设已经全部完成,剩余U型梁桥面防排水工程,预计将于2012年7月底完成。

【经营管理】2011年全年完成总产值11.06亿元,完成集团下达指标13亿元的85.08%,较上年同期减少6.14亿元。公司资产7.57亿元,较上年的7.29亿元增加了0.28万元;全年完成自揽任务3.13亿元,全年销售轨枕47万根。

2011年新增战备器材六四军用桥梁5套、八三军用桥墩3套(共计约70万千克),新建战备储备库一栋(3297平方米)。租赁战备器材320余万千克,保养维修战备器材70余万千克,完成经济指标608万元。整个经营板块全年共创效405万,其中经营部完成创效68万元,多经公司完成销售收入345万元,实现利润29万元。

全年举办各类培训780期,员工培训率达100%,适应公司新发展的专题培训明显增多。2011年,公司将中高层管理者职业资格纳入全年工作重点板块,组织一级建造师报名考试,37名中高层管理人员报名。统一派员参加国际工程英语、水利水电等培训,应对国际项目的开建和新型产业的转型。公司实力和社会价值进一步凸显,为国家缴纳税金4455.76万元;公司2011年喜获公司获“全国文明单位”荣誉称号,荣获江西省优秀企业称号。2011年,公司新增吉图珲、中南通道两个项目共两个梁场,一个枕场,新增箱梁任务约335榀,双块式轨枕57万余根。按照施工设计方案,两个梁场,枕场已全部筹建完毕,安图梁场已经通过了铁道部的认证。新加坡海外项目正在有条不紊的开展前期准备工作。

(杨汉思)

【党群工作】公司党委下辖党支部18个,党小组26个,党员168人。2011年公司党委认真贯彻落实党的十七届五中、六中全会精神,积极开展创先争优活动,抓建设、抓管理、抓稳定、创和谐,积极应对严峻挑战。一年来,公司党组织建设全面发展,精神文明创建跃上新台阶,思想政治工作务实深入,群团工作优势充分发挥。较好地完成各项工作任务,促进生产经营工作的顺利进行,有力地推动了公司科学发展和全面建设。

一是党建工作全面发展。公司党委始终把抓好两级领导班子建设作为首要任务,坚持把争创集团公司“四好领导班子”作为奋斗目标。公司党委在连年获得局集团“四好领导班子”的同时,还荣获股份公司“学习型党组织建设先进单位”。2011年,党建工作突出主题,彰显特色,在深入开展创先争优活动中,较好地完成公开承诺、领导点评和群众评议等规定动作,取得阶段性成果。合福铁路绩溪梁场党支部开展的“只要第一、不要第二”公开承诺的好做法受到局集团党委的表扬;京福闽赣Ⅰ标项目党工委要求党员领导干部“胸中有全局,手中有典型”,运用典型效应凝聚人心,鼓舞士气;重庆项目部PC梁、U型梁场党支部坚持“三会一课”制度,不断创新党员教育形式和内容;诸暨梁场党支部制订党员联系群众制度,进一步密切党群关系。公司有1人荣获股份公司“优秀党务工作者”,8个基层党组织、24名党员受到各级各类表彰。

二是思想政治工作务实深入。坚持把创新思想政治工作作为促进生产经营、稳定职工队伍、建设和谐企业的重要保证,充分发挥政治思想工作善于引导、利于疏导、功于先导的优势。注重结合形势任务,有针对性地开展思想政治工作。不断强化“三个教育”,即形势任务教育、企业文化教育、思想作风教育。引导职工认清形势,坚定信心,化解各种不利于企业稳定的因素,促进企业内部的和谐稳定。2011年,由于铁路建设萎缩,部分职工息工,战备办党支部结合实际,有针对性地开展形势教育,引导职工增强信心,共克时艰,保持职工队伍的稳定。公司党委还通过播放专题片、举办文艺晚会等形式,大力倡导“三气四荣”桥梁文化。

三是精神文明创建跃上新台阶。2011年,公司以创建全国文明单位为奋斗目标,不断提升精神文明创建水平。经过两年的精心准备和激烈的角逐,经历“过五关”、“斩六将”,在数十家省级文明单位中脱颖而出,成为鹰潭市仅三家第三批全国文明单位之一。公司按创建要求组织拍摄文明创建专题片《文明花开香信江》,党委工作部和机关有关部室历时两个月,收集、整理、编撰大量的文件资料。全国文明单位的获取,为提升公司形象,提振职工信心,展示公司实力,展现职工风采,增加企业美誉度,起到重要作用,其积极影响将是深远的。

2011年,公司通过精心筹备,在建党90周年之际,完成记述公司改革发展历程的纪实专题片《大鹏展翅起东南》的拍摄。这部专题片受到公司内外的一致好评,该片既是珍贵的影像资料,又是企业对外宣传的推介广告。在同一时间里,公司还成功举办庆祝建党90周年“唱支颂歌献给党”文艺汇演。自编自演的节目,以歌颂党、颂扬公司发展、讴歌职工为主旋律,展现桥梁公司和桥梁人的风采,扩大社会影响,丰富职工文化生活,为文艺才俊们提供展现艺术才华的舞台。在局集团公司“三会”期间,公司选送的文艺节目《激情燃烧80后》,被评为一等奖。

四是反腐倡廉工作常抓不懈。公司纪委围绕中心工作,以加强惩防体系为重点,坚持标本兼治、综合治理、惩防并举、注重预防的方针,不断加强专项治理和检查监督。一要做到教育为先,警钟长鸣。公司纪委先后购置廉政教育读物、警示光碟300余本(套),按时向公司中层以上管理人员发送廉政短信,每月播放一盘警示教育光盘。公司机关在办公楼张贴反腐倡廉警示标语,《反腐倡廉警示教育手册》机关人员人手一册。二要认真贯彻落实党风廉政建设责任制,把反腐倡廉各项工作逐项分解,责任落实到领导班子成员。公司纪委与所属单位签订责任书,做到“一岗双责”

落实到具体责任人。三要不断加大专项治理和效能监察力度。根据集团公司的统一部署，分别与六公司、建安公司配合开展成本效能监察。公司还成立由纪委牵头，财务、审计、经管、物资设备等部门组成的专项检查组，对公司所有在建项目进行专项检查，提出整改建议90条，发出整改决定2份。四要构建惩防体系。2011年3月初，经协商沟通，与鹰潭市检察院签订“检企共防工作意见书”。公司被集团公司授予“检企共建示范单位”。成渝、武汉城际铁路、涟源梁场、洪洞枕厂等项目在显要位置设立举报箱，方便接收群众举报和来信。五要做到有案必查。2011年共查处案件1起，给予5人政纪处分和组织处理。

五是群团工作优势充分发挥。公司工会组织坚持融入中心，服务大局，履行职责，发挥作用。先后组织开展“五比五创”劳动竞赛和“职工主人翁”教育月活动，充分调动广大职工为企业发展建功立业的积极性。积极推进职代会标准化建设，深化企务公开工作，切实保障员工对公司建设和自身利益重大事项的知情权、参与权、管理权和监督权。积极开展岗位练兵，技能培训等活动。公司职工师保磊获集团公司职工职业技能大赛建材试验工比赛的第一名，张太国获市总工会举办的“四个百日活动”职工技能比武钳工项目第二名。公司荣获2011年度湖北省“五一”劳动奖状，公司老年体协获鹰潭老年体协“先进单位”称号。项目经理程爱斌荣获湖北省“五一”劳动奖章，项目总工陈玉英荣获铁道部“火车头奖章”。

各级共青团组织坚持融入中心办实事，服务青年出实效。团委不断加强团支部建设，巩固、完善基层组织体系，扩大团组织对团员青年的有效覆盖。完成4个新项目团支部的建立及团干部的选举工作。先后举办“保安全、建精品、创信誉、促效益”演讲比赛，“唱响红五月——桥梁公司纪念五四运动92周年红歌联欢会”等丰富多彩的文化活动。激励广大青年以高昂的斗志和饱满的工作热情，为公司发展建功立业。公司团委被授予中国铁建股份公司2011年度“五国红旗团委创建单位”，叶云荣获中国铁建股份公司“优秀共青团干部”，张大棒荣获集团公司“青年岗位能手”，夏琴荣获集团公司“优秀共青团干部”。

（叶　云）

【中铁十一局集团桥梁有限公司领导人名录】

执行董事、总经理、党委副书记：严韧

党委书记：胡士华

党委副书记、纪委书记、工会主席：宋文尚

监事、副总经理：文智勇

副总经理：廖宏斌　顾俭　刘武　刘辉胜

纪委副书记：罗海燕

总工程师：曾鸣

总会计师：祝光德

总经理助理：项辉成　张少华

副总经济师：何新芳

江西省邓家埠水稻原种场

【概述】 2011年，江西省邓家埠水稻原种场坚持以党的十七大精神和“三个代表”重要思想为指导，认真贯彻党的路线、方针、政策和省、厅一系列重大决策部署，全面贯彻落实科学发展观，紧紧围绕加快发展这个执政富民兴场第一要务，以转变农业发展方式为主题，以提高质量效益为中心，以农业增效职工增收为重点，以保障和改善民生为目标，不断优化农业区域布局和调整产业结构，综合生产能力明显提升，职工生活水平明显改善，协调发展能力明显增强。全年财务总收入5123.86万元，收支相抵盈余11.34万元，扭转因2010年洪灾造成严重亏损287.82万元的局面。

【粮食生产实现稳产增效】 水稻生产重点以优质稻为主导产业，发展优质、高产、高效农业。2011年，水稻生产克服早稻前期阴雨内涝、后期严重干旱和晚稻低温、寒露风等不利因素的影响，通过实施科学的管理措施，农业生产获得较好收成，大部分农户水稻年单产突破双千斤。经济效益与往年相比明显增加，达到丰产丰收增效的目的。

【种子产业化进程不断推进】 水稻种子繁殖面积111.33公顷，生产优质种子65万余千克，种子产业取得比较好的经济效益。保质保量完成国家备荒救灾种子储备任务15万千克和省级备荒救灾种子储备任务6.5万千克。

【产业结构调整】 2011年，建立大棚蔬菜生产示范点，建钢管塑架蔬菜大棚近100亩，总场对每建1亩蔬菜大棚奖励3000元，聘请专家技术人员授课培训和全程指导，组织农户到九江、南城蔬菜生产基地考察学习，积极扶持和引导职工农户转变经济增长方式，增加收入。

【生猪养殖】 2011年，进一步加大对生猪产业的扶持力度，积极引进和培育能繁母猪，把国家各项激励政策及时落实到位，生猪生产规模不断壮大，全场专业养殖场9个，上规模私养户发展到20多户，公养、私养能繁母猪分别为1200头和1672头，生猪年出栏突破4万头，较2010年增长14.3%，公养生猪年利润134万元，私养生猪也取得比较好的经济效益。

【项目引进和实施】 引进农村环境综合整治、农业科技成果转化资金、种粮大户标准粮田建设、农村安全饮用水工程、危旧房改造、生猪良种生产基地规模扩建、水稻病虫害防治、千亩水稻救灾种子基地灌溉设施改造、农业生产救灾等16个项目，引进项目资金1632万元，比2010年增加125.6万元。

【基础设施建设加强】 一是以农田水利为重点，兴建红石、水泥主排灌水沟8000多米，U型槽水沟

10.63千米，改善农业生产水利条件和提高耕地质量，有效增强抵御自然灾害的能力。二是开展“卫生清洁”工程，实行环境卫生综合整治。2011年投资30多万元，用于全场绿化美化、路灯亮化、环境整治以及垃圾处理，安装30多盏路灯，环境卫生得到明显改善。三是利用项目资金和自筹资金180多万元，以及职工群众投工投劳，硬化村主干道11.9千米，修建排水沟15.5千米，完成改水280户，改厕235户，拆除旧房4890平方米，有力地推进城镇化建设进程。

【民生工作取得重大突破】 一是不断加大社会救助力度。2011年，解决全场116户185人的最低生活保障，获得低保救助金额26.26万元；发放生活救济费7.84万元；丧葬、抚恤费14.91万元；各种困难补助10.07万元。二是确保职工群众病有所医。2011年，为全场离退休干部进行免费体检，为60岁以上退休人员建立健康档案。进一步加大新型合作医疗和城镇居民医疗保险覆盖面，职工患者享受到合作医疗和医疗保险费用75.58万元，为20个低保、困难职工申请大病救助金9.8万元。三是保障职工群众饮水安全。安全饮水集中供水工程正在施工建设，项目投资232.5万元，在全场进行自来水管网铺设，以此提高全场饮用水质量。四是加强全场危旧房改造工作。2011年，落实危旧房改造438户，改造资金657万元，严格界定改造范围和对象，并建立相关的资料档案。

【开展建党90周年纪念活动】 全场各级党组织以纪念建党90周年为契机，组织15支合唱队参加纪念建党90周年爱党爱国歌曲大合唱；场属19个党支部进行党史知识竞赛；副科以上干部、机关全体党员参加党的理论知识培训班；党员干部到湖南韶山接受革命传统教育和爱国主义教育；“七一”前夕，党委班子成员集中走访慰问老劳模、老党员、老干部和困难党员20多人；召开纪念建党90周年庆祝大会，表彰获得省农业厅的1个先进基层党组织、1名优秀党务工作者、5名优秀共产党员；表彰全场2个先进党支部和26名优秀共产党员。

【社会各项事业协调稳步推进】 2011年，全场各项社会事业不断向前推进，各项管理工作健康协调发展。一是积极抓好计划生育工作。以稳定低生育为目标，强化婚育宣传教育，加强流动人口和暂住人口的管理，重点抓好全场育龄妇女环孕检。全场育龄妇女1537人，出生人口58人，出生率8.62‰，自然增长率7.58‰，计划生育率81%。落实四项手术70例，征收历年社会抚养费20万元。二是推进房地产开发与管理。充分利用空闲地、宅基地以及拆旧翻新等形式，合理利用土地资源，进行房屋整体规划，全年批建房屋265户，建房面积3.27万平方米，收取土地补偿费672.7万元。三是加强综治维稳和安全生产工作。全面贯彻上级有关综治维稳工作要求，认真落实“一岗双责”，逐级分解维稳责任，加强对信访调解、领导包案、科室挂点、领导接访及下访等信访稳控机制的进一步健全和完善，严格落实安全生产责任制，定期开展安全生产检查整治活动，有效防范和坚决遏制重特大安全生产事故的发生，为全场经济社会发展创造良好的稳定环境。四是加强对工青妇工作的组织领导。工青妇紧紧围绕党委中心工作，积极投身于农场的经济建设和社会各项事业，广泛开展丰富多彩的文化娱乐活动，组织开展“关爱女孩阳光助学”、“关爱女性健康”和“五好文明家庭”创建等活动，促进家庭和睦、社会和谐，推进全场思想道德建设和精神文明建设。

【机构设置】 2011年4月，成立项目管理办公室；2011年11月成立社会职能管理中心。

（张根平）

【省邓家埠水稻原种场领导人名录】

党委书记、场长：万自成
党委副书记、工会主席：柴晓明
党委委员、副场长：夏太平　吴小平　胡启开　钱国明
党委委员、纪委书记：姚美平
调研员：孙田新

江西省港航管理局界牌航电枢纽管理处

【概述】 2011年是落实“十二五”规划的开篇之年，界牌航电枢纽管理处在省港航管理局党委、行政的正确领导和地方政府的大力支持下，以科学发展观为统领，全面落实中央经济工作会议精神和“建设鄱阳湖生态经济区”战略部署，抓住政府加快水运和内河航运发展的历史机遇，推进数字枢纽、文化枢纽、和谐枢纽建设，着力抓好“两外一内”工作，优化蓄水发电、上网售电环境，加强内部运行管理；着力推进改革和自主创新，推进制度创新和提高信息自动化水平；着力保障和改善民生，做到为民、惠民，保持枢纽健康有序的良好势头和和谐稳定，加快枢纽的科学发展，经过全体干部职工的共同努力，安全生产保持稳定局面，船闸通航做到安全引航、文明服务，管理体制和运行机制更加完善，发展提升年活动取得明显成效，综治、精神文明、行业文明建设和反腐倡廉等各项工作扎实推进。

【发电生产和经济指标完成情况】 2011年，界牌航电枢纽管理处紧紧围绕“强管理、推创新、提效益、促发展”的中心任务，优化各项指标，加强对外协调，生产经营取得明显成效，实现“十二五”期间精彩开局。一是加强生产经营管理，确保机组经济稳定运行。在广大职工中强化“安全第一、度电必争”的理念，充分利用上游来水量进行科学分析、科学调度，做到勤调度、勤调整，不断优化经济运行指标。二是

加强安全管理和检修维护，努力提高设备健康水平。强化安全生产管理，狠抓人身、设备、技术安全，着力推进机组设备的技改和监督工作，有效提高机组设备安全系数和运行效率，为发电生产安全运行和多发多供提供强有力的保障。三是积极向省、市发改委争取电力调价政策，在省局的关怀和帮助下，经过多年的积极努力，界牌航电枢纽管理处售电电价由3毛1分提高到3毛4分，进一步做大做强枢纽“蛋糕”。四是加强与电力部门的联系沟通，积极协调电量上网，抓住机遇争取多发多售电量。同时，2011年谷电上网取得重大突破，上网电价已正式按照省物价局批复电价执行，增加售电收入。五是开展创先争优活动，营造顺利完成全年发售电任务的浓厚氛围，激发职工爱岗敬业、创先争优的积极性和工作热情，增强内部生产比、学、赶、超的集体竞争意识，实现2011年生产任务指标提前、超额完成。全年总计完成发售电量6091万千瓦小时，发售电总量接近历史最高水平，售电收入创历史新高。

【安全形势稳定】 2011年界牌航电枢纽管理处仍然坚持把安全生产放在各项工作的首位来抓，持续深入地开展“安全生产年”活动，采取一系列强有力的措施加强安全生产运行工作，经干部职工的共同努力，确保全处安全生产形势稳定良好。一是全面落实安全生产责任制，成立安全生产领导小组，建立安全生产责任制，层层签订责任状，切实把安全生产运行管理工作抓牢、抓实。二是开展形式多样的安全教育活动，积极开展安全教育和培训工作，坚持安规考试，持证上岗，通过安全教育提高职工的安全操作本领和劳动保护意识。三是以《中华人民共和国安全生产法》为准绳，要求水电厂、船闸所一线职工在实际工作中严格按照“两票三制”开展工作，杜绝“三违”现象的发生。四是着重抓好安全隐患排查工作，充分抓住“安全生产年”活动契机，抓好机组设备的安全隐患排查整治工作，及时消除隐患。五是投入资金检修设备和技术改造，2011年对电厂1F机组导水机构、升压站102#油开关、110千伏线路和船闸3#充水阀门进行检修，顺利完成电厂二台机组励磁系统升级改造和110千伏线路高铁跨越段改建工程，设备的自动化水平和安全运行稳定性得到明显提高。六是认真落实防汛工作方案，确保枢纽安全度汛。打好提前量，确保人员、责任、措施、物资“四到位”，保障枢纽水工建筑物、机电设备和人身安全。同时，通过加强枢纽应急预案的演练工作，提高处置各种突发事件的应急能力和急管理水平。

2011年，界牌航电枢纽确保船闸安全通航，全年通航212闸次、999艘次，通航保证率和主要设备完好率分别达100%和95%以上，实现全年无安全生产责任事故发生。

【服务地方经济和社会发展】 以开展发展提升年活动为契机，积极主动服务国家、省、市重点工程建设。充分发挥航电枢纽的通航、发电、灌溉、防汛、美化城区环境等综合效益，为鹰潭的经济和社会发展以及其他各项事业作出积极贡献。2011年上半年，信江鹰潭水位出现有记载以来历史同期最低水位。信江持续的低水位，给沿岸工农业生产、涉河重点项目建设、城乡居民生活用水和城市景观产生不利影响。按照度汛要求，从5月11日开始，界牌枢纽提闸放水、空库度汛，信江鹰潭段恢复自然河道。5月20日，按照市府调度又启用备用电源，重新下闸蓄水，保持坝前水位23.5米安全运行，有力地服务地方抗旱工作。6月2日至7日旱涝急转，江西省出现2011年入汛以来范围最广、强度最大、持续时间最长的强降水过程，全省过程降雨量平均达119毫米，信江河水位不断攀升，界牌航电枢纽管理处又按照鹰潭市防汛办的要求，提闸放水服务防汛工作，为该区域防汛抗旱工作发挥尤为重要的作用。同时，为服务“杭南长”高速铁路建设，界牌处联合鹰潭电力公司对110千伏界西线部分线路进行改建，得到政府有关部门和参建单位的高度赞扬。

（李建国）

【省港航管理局界牌航电枢纽管理处领导人名录】

党委书记：邹小保

处长：祝南胜

纪委书记：罗　晓

副处长：黄明红　王玉林

武警水电第七支队

【概述】 2011年，支队坚持以主题主线重大战略思想为指导，严格按照指挥部、总队党委指示要求，着力在抓班子强队伍、抓管控增效益、抓基层打基础上下工夫，狠抓各项工作末端落实，施工生产任务圆满完成，应急救援力量建设稳步推进，高标准实现“两个确保”。支队主要承担湖北江坪河水电站、新疆柳树沟水电站、福建仙游抽水蓄能水电站、上海青草沙水库工程、南昌瑶湖水上运动中心工程、抚州唱凯堤及中洲堤堤防工程等项目施工。

思想政治建设在创新发展中不断推进。深入开展“当代革命军人核心价值观”主题教育，坚持定期抓教议教、定期电话视频查询，狠抓教育末端落实；结合创先争优活动，广泛开展“在党旗下成长”主题读书、“红歌大家唱”歌咏比赛、“党员先锋模范岗”等活动，有效激发官兵爱党为国、爱军习武、爱岗敬业的政治热情。扎实抓好经常性思想工作，及时开展优良传统、时事政策、部队改革发展形势教育，总结提炼“胡杨精神”，较好地鼓舞了士气，昂扬斗志。着力抓好警营文化工作，通过组建腰鼓队、自办刊物评比、定期配发图书杂志等方式，丰富官兵业余文化生活；构建机关信息网、配置多媒体影音机、电子翻阅器、试听试看机等设备，营造良好育人环境。

施工生产任务在攻坚克难中

圆满完成。按照调整布局、优化结构的要求，积极参与总队投标工作，洪屏上水库、地下厂房等项目顺利中标，实现了水电部队在大型地下厂房领域的突破，支队任务格局更趋合理。持续加大党委对中心工作管控力度，深入开展“双百”和“四好项目部”评比活动，坚持定期研判施工形势、现场解决施工难题，集中开展技术帮扶，确保江坪河、柳树沟、仙游等项目部重要节点工期提前实现，青草沙、瑶湖、抚州等项目全面建成。

应急力量建设在探索实践中稳步推进。认真分析应急救援力量建设形势，明确“三步走”抓建步骤，确保各项工作有序推进。购置应急救援各类专业设备，应急保障能力得到大幅提升。着力抓好重点分队建设，合理调配资源、充实力量，部分中队实现齐装满员；指导中队完成多个单元科目的训练，多次实兵拉动演练，提高了遂行应急任务能力。加大专业技能培训力度，安排干部参加上级军事指挥技能培训，集中力量举办重机操作、水工、测量工等培训班，培养专业技术人才100余人，60余人获得两门以上技能鉴定证书，分队指挥及士兵专业操作能力不断提升。支队圆满完成湖北潜江县兴隆水利枢纽围堰抢险任务，被湖北省评为“抗洪抢险先进单位”。

基层建设在严格标准制度中得到全面提升。突出抓好股室挂钩帮建、定期分析、蹲点帮扶制度落实，派出工作组深入基层考帮建，有效促进工作落实。通过上级轮训、政工会培训等方式，对干部进行培训。扎实开展“条令学习月”、“治三松”等活动，部队正规化建设水平有较大提升。抚州项目部受到国家部委联合调研组高度评价，瑶湖项目部正规化建设经验被总队推广。狠抓安全工作落实，驻疆部队加强“四防”训练演练，部队安全防范能力明显提高。抓好小远散单位管理，完成收尾项目部人员收拢归建。突出重点问题管控，顺利完成成建制调防和装备转运任务，确保了安全无事故。

【各级领导视察项目部】 3月28日，国家水利部副部长刘宁到抚州工程项目部检查指导工作。3月29日，中央国家机关调研组中央编办司长李晓全一行到抚州工程项目部检查指导工作。4月9日，江西省省委书记苏荣莅临抚州工程项目部检查指导工作。4月15日，湖北省南水北调局局长郭志高一行到南水北调中线拾桥河工程项目部检查指导工作。5月11日，江西省政协主席傅克诚到抚州工程项目部检查指导工作。5月30日，水利部副部长周英到抚州工程项目部检查指导工作。

【青草沙工程举行竣工通水仪式】 6月8日，支队参建的上海青草沙工程举行竣工通水仪式，上海市供水安全和饮用水质量将大大改善，1100万人口从中受益，中央政治局委员、上海市委书记俞正声出席并启动通水装置，上海市委副书记、市长韩正出席并致辞。

【瑶湖工程主体完工】 8月2日，支队承建的南昌瑶湖国际水上运动中心举行首航仪式暨江西省青少年皮划艇、赛艇锦标赛开幕式，标志着具备国际一流标准的工程主体完工，并正式投入使用，为江西省第七届城运会水上项目比赛奠定基础。

【湖北潜江抢险】 9月18日，南水北调工程湖北潜江县兴隆水利枢纽遭洪水袭击，应湖北省南水北调建设局请求，支队出动官兵80人，设备20台套，至21日胜利完成抢险救灾任务。支队被湖北省南水北调建设局表彰为“兴隆水利枢纽抗洪抢险先进单位”，3名官兵被表彰为“先进个人”。

（易 欢）

【武警水电第七支队副团职以上干部名录】

支队长：陶理志(~2011.3) 郭庆清(2011.3~)

政治委员：张海峰

副支队长：袁永青 李宜忠(2011.3~) 金 波(2011.3~) 冯小明(2011.3~)

副政治委员：张庆海

总工程师：吴远亮(2011.3~)

参谋长：时国庆(2011.3~)

政治处主任：林 勇

后勤处处长：欧阳翔

解放军第一八四医院

【概述】 解放军第一八四医院地处鹰潭市东湖之畔，始建于1967年，占地面积19.5万平方米，现展开床位550张，医院设有医务处、政治处、院务处、财经管理中心，下设20个科室和1个勤务汽车分队。是一所集医疗、预防、教学、科研为一体，设备先进、技术力量雄厚的综合性三级乙等军队后方医院，担负着赣东北驻军官兵和离退休干部的医疗保障任务。现为福州总院附属医院，鹰潭市及周边地区“医疗保险”、“工伤保险”和“新农村合作医疗”定点医院。医院党委坚持“质量建院、科技兴院、制度管院、效益强院”的建院方针，上下协力，奋发图强，医院整体实力和竞争实力不断增强。先后获得军队科研成果奖30项，多次获江西省、鹰潭市科技成果进步奖。拥有进口64排螺旋CT、核磁共振、直线加速器、高压氧舱、四围彩超、血管数字减影造影系统(DSA)、电子胃肠镜、十二指肠镜、支气管镜、碎石机、血液透析机、全自动生化仪、血气分析仪、关节镜、椎间盘镜、前列腺电切镜、输尿管镜、胶囊内镜、超声内镜等先进设备，医疗设备总价值1.08万亿元。医院的创伤外科、消化内镜诊治、心血管介入诊疗、腹腔镜技术、断肢(指)再植技术和血液净化技术等在本地区处于领先水平。积极创建南京军区消化专科中心和骨科中心。医院成立“道路交通事故伤员急救中心”、“体检保健中心”和“放疗中心”，为本地区人民带来福音。医院先后被总部、南京军区和江西省评为“绿化先进单位”、“园林式营院”、“中西医结合先进医院”、“拥政爱民先进单位”、“为兵服务达标先进医院”、“医德医风建设达标单位”、“军事训练先进单位”、“资源节约先进单位”、“十大和谐医院”、“抗冰救灾保障先进集体”，被鹰潭市委、市政府表彰为“精神文明先进单位”、“拥政爱民先进单位”、“精神文明建设标兵单位”、“抗雪救灾先进单位”。2011年，在上级党委首长的正确领导下，医院全体工作人员始终坚持以科学发展观为指导，认真贯彻落实主题主线重大战略思想，按照“立足新起点、科学搞建设、全面抓落实、创新谋发展”的工作思路，围绕中心、突出主线，真抓实干、主动作为，严格管理、狠抓落实，全面建设继续保持在前进中发展，在发展中前进的良好势头。2011年度分别被军区表彰为“资产管理先进单位”、被联勤部表彰为“后勤训练一级单位”、“药材供应先进单位”。

【思想政治建设成效显著】按照培育当代革命军人核心价值观“六种途径”、“五延伸五结合”的要求，扎实开展“坚定理想信念、忠实履行使命”主题教育。结合纪念建党90周年，按照分部“扎根红土地、弘扬好传统”教育部署，深入开展“五红”活动，组织40多名优秀共产党员到方志敏烈士纪念馆“缅怀革命先烈、重温入党誓词”。针对医院高度开放，容易受国内外形势和社会思潮影响等情况，抓住经常性基础性工作不放松，认真组织开展以“七一讲话”、十七届六中全会、“两会”精神为主要内容的形势政策教育。充分利用板报橱窗等载体报道医护战线的好人好事，每月评选“银星”护士并在科室“护理天地”栏公布，及时给予奖励。采取“名医上灯箱”形式，重新制作更新介绍医院科室主任专业特长的宣传灯箱25个。紧紧瞄准临床一线科室新技术新业务开展，借助鹰潭广播电台、《鹰潭日报》等新闻媒介，加大对外宣传力度，不断促进医疗工作的健康发展。结合“七一”表彰，召开先进基层党组织和优秀共产党员先进事迹报告会。按照分部文化建设《实施意见》，突出文化建设增内涵，选购30部红色著作和30部红色影视片挂在医院局域网上供官兵下载观看，购买100多本红色书籍在阅览室设立专柜供官兵借阅学习，组织全体党员到市电影院观看《建党伟业》，组建30人合唱团并录制3首红歌参加分部评比，编排2个舞蹈节目参加分部文艺演出。另外，还先后组织以“春节游园”为主题的新年文化活动，以“学习雷锋”为主题的便民义诊活动。举办以“天使颂”为主题的“5·12”文艺汇演和“军、检、税”迎新春联欢晚会，举办以“颂党情、感党恩、跟党走”为主题的演讲比赛，新建军营网吧和“文化墙”等等。医院被分部表彰为新闻宣传工作先进单位。

【卫勤保障能力稳步提升】全年共完成共同科目训练220个课时，专业技术勤务训练200余课时，参训率达到95%以上。根据分部赋予战备常态化建设试点的任务部署，按照“七个规范统一”的要求，拟制具体方案和实施计划。投入60余万元完成战备值班室、作战室和战备器材库的改造，调整补充战备物资。投入130余万元建设PACS系统，逐步推进军字2号远程教学和会诊系统的完善，全面提高医院信息化、数字化水平。着眼实战标准，进一步修订完善医院《动员补充方案》、《遂行军事行动卫勤保障方案》、《非战争军事行动卫勤保障方案》等18个保障方案和各类战备预案，做到随时拿得出，照着就能用。6月15日，针对南方汛情较重的情况，根据分部预先号令，紧急抽组3支共60人的医疗队，做好随时支援地方准备。8月22日，抽组18名精干力量和4台装备参加“东海18-1”演习。9月6日，受领参评团级后勤训练一级单位任务后，迅速行动起来，党委“一班人”率先垂范，身体力行，坚持带头参与，带头完成规定的训练时间、科目和内容，院长张立、政委朱劲在参加联勤部考核时，都取得优秀成绩，分别被联勤部表彰为后勤训练优秀军官。医院被联勤部表彰为“后勤训练一级单位”，被分部表彰为“军事训练先进单位”、“演习先进单位”，内科荣立集体三等功一次。另外，刘冬萍、余维涛荣立个人三等功一次，杨尚凌、周江军被分部表彰为军事训练先进个人。

【医疗质量效益不断提高】全年门急诊11.2万人次、住院1.2万人次，医疗工作量同比增长16.83%，对外收入1.18亿元，首次突破亿元大关，同比增长26.77%。以贯彻落实军区《关于进一步加强医院医德医风建设的意见》为遵循，认真开展专项整治和学习“二黎”活动，进一步规范医护人员的行为规范及文明用语，服务水平不断提升。全年没有发生患者对医护人员医德医风方面的投诉，先后有62人次退“红包”，金额达8万余元，收到表扬信、感谢信24封，锦旗16面。以申创“三甲医院”为目标，完善各类制度汇编；规范院、科二级各类文档资料及存放标准；大力开展抗菌药物临床应用专项整治活动、试行临床路径管理及单病种控费、严格督导医疗服务流程及核心制度落实情况，规范医疗秩序。通过实行药品分级管理及各科室药占比限额管理，2011年对外医疗药占比40.48%，比2010年同期下降2%。以深化福州总院挂钩帮带为抓手，选送18人次到该院进修学习，邀请该院专家会诊20余次，医院发展理念、工作方法、业务水平有了长足进步。3月18日，福州总院院长王海林率领专家组一行13人到医院帮带指导，通过座谈会、查房问诊、理论授课、示教手术等方式进行传帮带。以完成行业样板试点为契机，建立采购组织结构、规范采购流程和规章制度。先后投入64.7万元，对通用物资库和设备耗材库进行整修，对物资进行分区分类、立牌立卡；严格执行《军区医疗合作项目管理规定》，规范合作医疗模式，清理并中止碎石医疗合作。以质量建设为重点，先后出台

《目标管理方案》和《药品分级管理》等政策规定,进一步优化医疗护理流程、改进服务态度。投入1000余万元更换医疗设备,64排CT、直线加速器和便携式彩超等新设备已应用于临床。投入近300余万元,完善医院信息化建设。2011年医院全面推行门诊系统、检验管理系统、医学影像存档传输系统(PACS)、新版电子病历系统(形成医护一体化工作站)。

【双优服务保障措施有力】全年部队患者门诊量达到7570人次、收治693人次，为兵服务补贴537万元,同比增长16%。先后派出医疗队30批次,278人次，投入经费21.5万元,为体系部队干部开展健康体检（应检3605人，实检4688人,阳性26人),预防接种(应种200人,实种188人),授课辅导、健康教育(进行心理授课,宣讲卫生防疫、夏季防病等相关知识)1200人,培训卫生员8人,开展战救技术培训630人。努力构建集“预防、保健、医疗、康复”四位一体的医疗保健服务模式,在用药、检查上“不设限”、“不审批”,满足官兵诊治需要,使基层官兵获得高质量高效率的医疗保健服务。全面推行军人保障卡就医,为体系部队审核上报Ⅲ型保障卡580份;精心制作一卡通宣传手册,全面落实师职干部一卡通工作制度;开展为期15天“健康军营行活动”，抽组医疗专家队伍深入军营、进班排,受到基层官兵的欢迎与好评。严格落实到基层代职制度,帮助基层卫生机构增强服务能力,有效提升基层医疗保健工作质量,全年帮助体系部队培养医疗技术人员10余人次，安排人员到基层代职10余人次。主动与干休所开展“科所挂钩”帮带,定期到干休所体检、走访座谈,认真征求并听取在为老干部服务方面的意见和建议，为老干部设立健康档案。主动为住院军人办实事,投资32万余元改造军人病房，共增加10个病房,并安装空调、热水器、数字电视等。院务保障坚持以双优服务为前提,24小时轮流值班。职工汪火荣工作表现突出,被分部记个人三等功一次。

【基层全面建设基础扎实】按照“分类指导、系统建设、示范引领、整体推进”的思路,通过党委常委挂钩帮带,深入抓好内一科样板建设和军需物油专业样板试点。把内一科样板建设和“创先争优”活动结合起来,深入开展“一诺三评”、“党员示范岗”活动,大力叫响“创建达标科室、争当技术能手”的口号，充分发挥党员骨干的先锋作用。先后引进硕士研究生2名、送学培养1名、本科学历医生4名、本科学历护理人员3名,补充新鲜血液。积极开展科研项目,2011年有两项课题申请市级重点科研立项,在研省级重点课题2项、军区课题2项。对现有住院病房进行全面整修,更换铝合金窗户,粉饰墙面。新增3个军人病房,并安装数字电视,加装电话,增订报刊,改造卫生间。室内规范制度、职责等标示牌,在病房走廊内悬挂医疗卫生警示语。认真抓好军需物油部赋予医院的行业样板试点,建立采购组织结构、规范采购流程和规章制度。先后投入64.7万元,对通用物资库和设备耗材库进行整修,对物资进行分区分类、立牌立卡。在营养食堂设置“八间一厅”,增设监管办、食品安全检测间和冷拼熟食间,基本达到“生进熟出一条龙,水果蔬菜、水产品、肉类三条线和六分开”。“七一”期间,临床一支部、临床二支部被分部表彰为先进党支部,夏维木、熊宁被分部表彰为优秀党支部书记,孙伏生、詹丽英、赵敏被分部表彰为优秀共产党员。

【和谐军营建设更加稳固】按照“四个管出”和“三个不出”的目标要求,始终把安全稳定工作作为保底工程盯紧不放。严格落实每月一次安全形势和人员思想分析制度,深入分析查找行管及医疗安全隐患漏洞,坚持利用院周会、早交班会传达上级有关安全工作会议指示精神,通报安全隐患及存在的问题。每季度组织对全院的涉密文电资料进行清查,并对核心秘密载体的产生、复制、登记和传递等环节进行重点排查,对一些不符合规定的做法和措施进行纠正和完善。深入开展“学法规、严制度、守纪律、树形象”活动,认真组织保密工作专项清查整治、作风纪律教育整顿。对照《暑期安全竞赛实施方案》,开展“四个一”教育,组织“四查四纠”专项教育整顿。围绕打好安全管理“四场战役”的总体部署,组织官兵学习《安全条例》、《生命的关口》和《公民防范恐怖袭击手册》，举办新条令知识竞赛，开展“四反”保密专项治理活动,对150余名重点岗位人员和聘用制医护人员进行政治考核,建立全院人员基本情况数据库。严格落实请销假、晚点名、医疗查房等制度,注重加强“两个以外”人员的管理,严把政治考核关,定期对兵器室、毒麻药品库等重点部位进行检查,坚持“一支笔”派车,做到“谁开车谁负责、谁派车谁负责、谁带车谁负责”,进一步正规医院的“四个秩序”。

【党委核心作用发挥明显】积极推进学习型党委班子建设,认真组织党委中心组带机关干部理论学习制度,科学设计学习内容,坚持每月安排2次集中学习,全年共组织集中学习33次。党委常委以身作则,严格落实签到、补课、自学制度,自觉学习规定内容,认真参加专题讨论,积极撰写心得体会。扎实开展党委班子岗位练兵活动,结合参评团级后勤训练一级单位任务,围绕着理论知识、战术作业、专业技术、基础体能等四个方面内容,精心准备,积极备考,切实在“学透理论、练高智能、练精技能、练强体能”上下工夫,在联勤部组织的考核中取得优异成绩。认真贯彻落实联勤部“五位一体”人才培养管理机制,把人才队伍建设纳入党委重要议事日程。坚持把实践岗位作为选拔培养干部的平台,交任务压担子,不断提高干部的工作能力和综合素质。积极为干部送学深造创造条件,医院现有8名干部在院校攻读博士、硕士研究生。先后引进硕士学历的合同制医护人员12名,医疗骨干力量不断壮大。结合开展"加强党性修养,锤炼思想作风"教育整顿活动,狠抓风气建设,按命令重新调整10名干部的岗位,按编到岗率达94%,办理1名干部的免职退休手续,对11套不合理占用住房进行清退,对医院26辆私家车重新审核购车报批手续并备案,对使用高质耗材、开"大处方"的1个科室和3名医生进行点名通报批评,清理并中止碎石医疗合作,暂停五官科和口腔科2项合作项目,中止生活区礼堂租赁合同,并收缴承租方违约金20万元。在入党、考学、士官选取、干部任用、非现役文职人员招聘等事关官兵切身利益的敏感事务处理上,严格落实制度,自觉接受监督,始终做到公平、公正、公开。

(项　华)

【解放军第一八四医院领导人名录】

院长:张　立

政委:朱　劲

副院长:马春曦　余光华　谢志勇

医务处主任:陈荣剑

院务处处长:孙伏生

江西天施康中药股份有限公司

【概述】 江西天施康中药股份有限公司为一家集科、工、贸一体化的股份制制药公司,注册资本1亿元,资产3.5亿元。浙江康恩贝医药股份有限公司控股50.88%,江西医药集团公司股份41%。公司系江西省医药行业骨干企业,共有员工1200余人。拥有江西珍视明药业有限公司、江西弋阳制药有限公司等全资子公司,天施康医贸、抚州贝尔等控股公司,余江分公司、贵溪分公司等分公司。公司连续三年跻身中国中药企业100强,连续五年被评为江西省优秀企业,连续两年年被评为江西省优秀高新技术企业。

天施康公司拥有片剂、胶囊剂、注射剂、滴眼剂等12条GMP生产线,275个品种,中药保护品种12个,国家基本药物品种36个;形成以夏天无系列、珍视明系列、肠炎宁系列、牛黄上清胶囊为主的优势品种系列,产品涵盖风湿骨痛、胃肠道、妇科、眼科等多个领域。公司为国家级高新技术企业,"天狮"、"珍视明"等商标为江西省著名商标。

公司为国家火炬计划重点高新技术企业、全国企事业知识产权示范创建单位、江西省首届创新型试点企业、江西"十百千亿工程"企业,设有江西天施康药物研究所、江西天施康知识产权研究所、鹰潭康恩贝道源养生食品研究所等三个研究所,建有江西省级固体制剂工程技术中心、江西省级注射剂工程技术中心,专注于胃肠道用药、风湿骨病用药、妇科炎症用药、眼科五官科用药和清热解毒等药研发,具备强大的药品开发、功能食品开发和知识产权保护等能力,被评为江西省首批重点企业技术创新团队。

【自主知识产权产品研发】 公司科技研发实力雄厚,以现代中药、养生食品、特色中药材规范化种植为主线,开发具有自主知识产权的产品。近五年来先后承担了国家发改委高技术产业化项目"现代中药夏天无产品高技术产业化示范工程"1项;江西省首届高新技术产业化重大专项"胃肠道药物产业化技术改造"1项、国家火炬计划项目3项、夏天无药材规范化种植国家十五重大科技攻关项目1项,申请专利30多项,获发明专利授权16项、余江夏天无获得国家地理标志保护产品、制订国家药品标准11项,制订地方标准2项(余江夏天无和樟树根药材标准)。公司为江西省高新技术企业,2011年高新技术产品销售收入占总销售的约70%。逐步形成了以综合知识产权为重点的核心竞争力。

(邱燕玲)

【江西天施康中药股份有限公司领导人名录】

总经理:吴朝阳

副总经理:徐发红(女)

人物

编辑、校对:柴靖龙

2011年新一届市委、市人大、市政府、市政协和“两院”副地级以上领导干部简介

陈兴超 1963年2月出生,浙江诸暨人,1984年11月入党,1985年7月参加工作,南京航空学院航空发动机控制专业毕业,在职研究生,工程硕士、研究员。现任江西省鹰潭市委书记。

1981年9月至1985年7月在南京航空学院航空发动机控制专业学习;1985年7月至1992年12月任中国航空动力控制系统研究所控制室设计员;1992年12月至1996年月1月任中国航空动力控制系统研究所控制室副主任兼党支部副书记;1996年1月至1999年1月任中国航空动力控制系统研究所人劳处处长、党支部书记(其间:1998年10月至1999年1月在中央党校国家机关分校航空班学习;1997年5月至2001年6月在西北工业大学动力控制专业学习,获工程硕士学位);1999年1月至2001年10月任中国航空动力控制系统研究所党委副书记(其间:2001年3月至2001年7月在中央党校地厅级进修班学习);2001年10月至2006年11月任中国航空动力控制系统研究所党委书记兼副所长 (其间:2004年2月至2006年11月挂职锻炼,任江西省景德镇市委副书记);2006年11月至2006年12月任江西省景德镇市委常委(正厅级);2006年12月至2009年7月任江西省景德镇市委常委、常务副市长(正厅级);2009年7月至2011年8月任江西省吉安市委副书记(正厅级);2011年8月任江西省鹰潭市委书记。

钟志生 1963年6月出生,江西分宜人,1985年9月加入中国共产党,1982年8月参加工作,在职研究生学历,工商管理专业(EMBA)硕士,现任中共江西省鹰潭市委副书记,江西省鹰潭市人民政府党组书记、市长。

1980年9月至1982年8月在江西省农垦学校农学专业学习;1982年8月至1984年9月任江西省分宜县高岚乡团委书记、公安特派员;1984年9月至1986年7月在江西农业大学马列理论专业学习;1986年7月至1987年11月任共青团江西省分宜县委副书记;1987年11月至1988年8月任江西省分宜县杨桥乡党委副书记;1988年8月至1989年4月任江西省分宜县纪委纪检科科长;1989年4月至1990年12月任江西省分宜县新祉乡党委副书记、乡长;1990年12月至1993年4月任共青团江西省新余市委副书记、党组成员;1993年4月至1996年12月任共青团江西省新余市委书记、党组书记;1996年12月至2003年5月任共青团江西省委副书记、党组成员(其间:1999年9月至2000年1月中央党校第33期地厅班学习;1999年9月至2002年12月在江西省委党校经济学专业学习;2001年9月至2002年3月团中央组织的中国青年赴美国研修班学习);2003年5月至2008年1月任共青团江西省委书记、党组书记、省青联主席(其间:2003年11月至2005年8月长江商学院高级管理人员工商管理专业〔EMBA〕学习;2006年3月至2006年7月中央党校第46期地厅班学习);2008年1月2008年3月任共青团江西省委书记、党组书记,省政协常委、社会和法制委员会副主任;2008年3月至2008年4月任江西省鹰潭市委副书记,市政府代市长,省政协常委、社会和法制委员会副主任;2008年4月至2010年2月任江西省鹰潭市委副书记,市政府党组书记、市长,省政协常委、社会和法制委员会副主任(其间:2007年5月至2009年7月上海国家会计学院与美国亚利桑那州立大学财务与金融专业〔EMBA〕学习;2009年6月至2009年7月中组部第二期现代城市领

导者专题研究班学习);2010年2月任江西省鹰潭市委副书记,市政府市长、党组书记(其间:2010年3月至2010年7月中央党校第28期中青班学习)。

中共十七大代表,中共江西省委第十二届、十三届省委委员。

熊茂平 1967年2月出生,江西永修人,1994年10月加入中国共产党,1988年6月参加工作,全日制教育大学学历,教授级高级工程师,中国地质大学(武汉地质学院)探矿系毕业,在职教育研究生学历,江西财经大学工商管理专业,现任中共江西省鹰潭市委委员、常委,中共鹰潭市委副书记(正厅级)。

1984年9月在中国地质大学(武汉地质学院)探矿系学习;1988年6月任江西省地矿局建设工程大队一处技术员;1990年6月任江西省地矿局建设工程大队一处技术负责;1992年4月任江西省地矿局建设工程大队四处副主任、技术负责;1993年5月任江西省地矿局建设工程大队副总工程师;1994年12月任江西省地矿局建设工程大队总工程师;1999年7月任江西省建工集团公司副总经理、党委委员;2007年6月任江西省建工集团公司董事长、党委书记;2010年7月任中共江西省鹰潭市委委员、常委(正厅级);2010年9月任中共江西省鹰潭市委委员、常委,鹰潭市人民政府副市长(正厅级);2011年8月任中共鹰潭市委副书记(正厅级)。

谢一平 1962年9月出生,江西奉新人,1985年4月加入中国共产党,男,汉族,1985年8月参加工作,在职研究生学历,工学硕士,现任江西省鹰潭市委常委、市纪委书记。

1981年9月至1985年7月在江西大学物理系半导体专业学习;1985年7月至1987年12月任江西省宜春无线电元件厂助工、科长、厂长助理;1987年12月至1988年5月任江西省宜春行署经济技术协作委员会干部;1988年5月至1988年12月任江西省九江市电视台干部;1988年12月至1992年11月任江西省九江市政府办公室副科、正科级秘书;1992年11月至1995年11月任江西省九江市委办公室副处级秘书、副主任(其间:1994年9月至1996年10月华中理工大学管理工程专业在职研究生);1995年11月至1998年4月任共青团江西省九江市委书记;1998年4月至1999年5月任共青团江西省委常委、共青团江西省九江市委书记;1999年5至2002年6月任江西省九江市星子县委副书记、县长;2002年6月至2003年5月任江西省九江经济技术开发区党委书记;2003年5月至2005年7月任江西省九江经济技术开发区党委书记、管委会主任;2005年7月至2008年6月任江西省九江市委常委,新疆克州党委常委、副州长;2008年6月至2008年12月任江西省九江市委常委,新疆克州党委副书记;2008年12月至2009年9月任江西省九江市委常委;2009年9月至2009年11月任江西省九江市委常委、市委秘书长;2009年11月任江西省鹰潭市委常委、市纪委书记。

中共江西省第十三届纪律检查委员会委员。

李贻煌 1962年10月生,福建晋江人,1987年1月入党,1982年8月参加工作,中南大学冶金工程专业毕业,在职研究生学历,工学硕士,教授级高级工程师。现任江西铜业集团公司董事长,江西铜业股份有限公司董事长、总经理兼党委副书记,鹰潭市委常委。

1978年10月至1982年8月在东北工学院有色金属冶金系重金属冶炼专业学习;1982年8月至1991年7月任江西铜业公司贵溪冶炼厂熔炼车间技术员、工段长;1991年7月至1992年12月任江西铜业公司贵溪冶炼厂熔炼车间副主任;1992年12月至1993年11月任江西铜业公司贵溪冶炼厂硫酸车间副主任;1993年11月至1996年4月任江西铜业公司贵溪冶炼厂熔炼车间主任;1996年4月至1998年7月任江西铜业公司贵溪冶炼厂副厂长;1998年7月至2001年1月任江西铜业公司贵溪冶炼厂厂长;2001年1月至2001年5月任江西铜业公司副经理、党委委员;2001年5月至2002年9月任江西铜业公司党委委员、江西铜业股份有限公司总经理(其间:1998年3月至2001年12月在中南大学有色冶金系冶金工程专业学习,获工学硕士学位);2002年9月至2006年12月任江西铜业集团公司党委委员、江西铜业股份有限公司总经理;2006年12月至2007年1月任江西铜业集团公司党委副书记、江西铜业股份有限公司总经理;2007年1月至2008年12月任江西铜业集团公司总经理、党委副书记,江西铜业股份有限公司董事长、总经理;2008年12月至2009年12月任江西铜业集团公司总经理,江西铜业股份有限公司董事长、总经理、党委副书记,鹰潭市委常委;2009年12月至今任江西铜业集团公司董事长,江西铜业股份有限公司董事长、总经理、党委副书记,鹰潭市委常委(其间:2010年8月9日至8月12日在中组部第二期中青年干部党性教育专题培训班学习;2011年3月1日至7月14日在中央党校第30期中青年干部培训一班学习)。

十一届全国人大代表、中共十八大代表。

王家林 1958年2月出生，江西玉山人，1978年5月加入中国共产党，1974年9月参加工作，现任中共鹰潭市委委员、常委，鹰潭市人民政府党组副书记、常务副市长，鹰潭市行政学院院长。

1974年9月至1976年3月任江西省上饶饶丰农场职工、教师；1976年3月至1980年1月服兵役；1980年1月至1984年5月任江西省上饶地区饶丰农场中学教师；1984年5月至1987年12月任江西省上饶地区饶丰农场党委委员、团委书记；1987年12月至1989年4月任党委委员、团委书记、场长助理；1989年4月至1991年3月任江西省上饶地区饶丰农场党委委员、农场副场长；1991年3月至1992年10月任江西省上饶地区乐丰良种繁殖场党委副书记；1992年10月至1996年11月任江西省上饶地区乐丰良种繁殖场党委副书记、场长；1996年11月至1998年12月任江西省上饶地区乐丰良种繁殖场党委书记、场长；1998年12月至2002年7月任中共江西省余干县委副书记（正县级)；2002年7月至2005年7月任中共江西省波阳县委副书记、县长；2005年7月至2007年4月任中共江西省上饶县委书记；2007年4月至2009年7月任中共江西省乐平市（县）委书记；2009年7月至2010年11月任中共江西省鹰潭市委常委、贵溪市委书记；2010年11月任中共江西省鹰潭市委常委，鹰潭市人民政府党组副书记、常务副市长，鹰潭市行政学院院长。

宋迪维 1962年6月出生，江西萍乡人，1987年12月入党，1984年7月参加工作，全日制大学学历、文学学士，江西大学中文系汉语言文学专业，中央党校在职教育经济学(经济管理)专业研究生，现任中共江西省鹰潭市委常委，鹰潭市人民政府党组成员、副市长。

1980年9月在江西大学中文系汉语言文学专业学习；1984年7月在江西省萍乡市委党校历任教员、教研室副主任；1989年4月任江西省萍乡市委办公室秘书；1990年2月任江西省萍乡市委办公室副科级秘书；1990年11月任江西省萍乡市委办公室正科级秘书；1992年11月任江西省萍乡市委办公室综合科科长；1994年6月任江西省萍乡市委办公室副主任；1997年5月任江西省萍乡市委政策研究室主任；1999年4月任江西省萍乡市委政策研究室主任、市委副秘书长(其间：2000年3月至2000年7月在江西省委党校中青班学习)；2000年8月任江西省萍乡市芦溪县委副书记、代县长；2001年3月任江西省萍乡市芦溪县委副书记、县长；2001年8月任江西省萍乡市芦溪县委书记（其间：2002年9月至2003月1月参加中央党校县〔市〕委书记进修班培训)；2003年12月任江西省萍乡市芦溪县委书记，萍乡武功山风景名胜区党委书记（其间：2004年3月至2006年1月在中央党校研究生院经济学〔经济管理〕专业学习)；2006年12月任江西省新余市政府副市长；2008年12月任江西省鹰潭市人民政府党组成员、副市长；2010年11月任江西省鹰潭市委委员、常委，鹰潭市人民政府党组成员、副市长；2010年12月任江西省鹰潭市委委员、常委，鹰潭市人民政府党组成员；2011年9月任中共江西省鹰潭市委委员、常委，鹰潭市人民政府党组成员、副市长。

郭　清 1964年7月出生，江西崇义人，1985年7月参加工作，1985年7月加入中国共产党，江西省委党校党建专业毕业，在职研究生学历，现任中共鹰潭市委委员、常委、组织部部长。

1982年9月至1985年7月在赣南师范学院体育系学习；1985年7月至1992年6月任江西省公安厅政治部干部（其间：1988年8月至1989年8月在江西省上高县公安局泗溪派出所挂职锻炼；1989年9月至1991年7月在江西省委党校理论班学习)；1992年6月至1994年12月任江西省公安厅政治部警体科副科长；1994年12月至1996年6月任江西省公安厅政治部警体科科长；1996年6月至2000年12月任江西省委组织部干部综合处主任科员；2000年12月至2003年12月任江西省委组织部干部综合处副处长（其间：2001年9月至2003年12月在江西省委党校党建专业在职研究生班学习)；2003年12月至2007年11月任江西省委组织部信息管理中心(党员电化教育中心)主任；2007年11月至2010年11月任江西省委组织部办公室主任；2010年11月任中共鹰潭市委委员、常委、组织部部长。

戴春英 女，1962年2月出生，江西乐平人，1983年1月入党，1983年7月参加工作，江西省委党校行政管理专业研究生学历，现任中共江西省鹰潭市委常委、市委统战部部长。

1980年9月在上饶师专中文系学习；1983年7月在上饶师专历任中文系团干，团总支副书记、书记、学生党支部书记；1988年12月任上饶师专团委副书记（正科级)；1990年10月任上饶师专德育教研室副主任（正科级)；1992年2月任江西省鹰潭市妇联儿童部部长；1994年1月任共青团江西省鹰潭市委副书记；1997年4月任共青团江西省鹰潭市委书记；1999年3月任江西省鹰潭市计生委主任（其间：1996年9月至1999年8月在江西师大“三沟通”师资培训政治教育专业学习;1998年9月至1999年1月在江西省委党校中青年干部培训班学习;1998年9月到2001年1月在江西省委党校行政管理专业学习);2002年7月任江西省鹰潭市月湖区委副书记、代区长;2002年8月任江西省鹰潭市月湖区委副书记、区长;2006年6月任江西省鹰潭市政府市长助理;2006年12月任江西省鹰潭市政府副市长(其间:2007年9月至2008年1月在中央党校第七期中青班学习);2011年9月任中共江西省鹰潭市委常委、市委统战部部长。

黄恩华 1962年8月出生，江西临川人，1980年12月加入中国共产党,1979年9月入伍，大学文化，现任中共江西省鹰潭市委常委、鹰潭军分区政治委员,大校军衔。

1979年9月至1982年7月在南昌陆军学院步兵指挥专业学习;1982年7月至1983年12月,任73133部队六连排长;1983年12月至1984年11月任南昌陆军学院一大队八队副连职区队长;1984年11月至1988年1月任南昌陆军学院一大队八队副政治教导员;1988年1月至1991年7月任南昌陆军学院一大队五队政治教导员;1991年7月至1994年12月任南昌陆军学院政治工作教研室副团职教员;1994年12月至1996年3月任南昌陆军学院政治工作教研室正团职教员;1996年3月至2000年7月任南昌陆军学院一大队政治委员;2000年7月至2001年4月任南昌陆军学院政治工作教研室正团职副主任;2001年4月至2002年9月任南昌陆军学院共同科目教研室副师职教员;2002年9月至2004年5月任南昌陆军学院政治工作教研室主任、副教授;2004年5月至2009年4月任江西省萍乡军分区政治部主任(其间:2004年9月至2004年10月在江西省委党校市厅级干部进修班学习;2008年6月至2008年7月在南京陆军指挥学院国防动员指挥专业学习);2009年4月至2011年6月任江西陆军预备役步兵师政治部主任;2011年6月任江西省鹰潭军分区政治委员;2011年8月任中共江西省鹰潭市委常委。

周世敏 1963年11月出生，江西省奉新县人。现任中共鹰潭市市委常委、宣传部部长。

1981年9月至1985年7月,就读于江西大学哲学系,1985年5月加入中国共产党。1985年7月至1995年11月在江西省社会科学院从事科研工作，先后任实习研究员、助理研究员,在这期间,共有40余篇论文在省内外刊物发表,并参加多部著作的写作，其中有《试述费尔巴哈的人本主义在历史唯物论创立过程中的中介作用》、《历史主体和历史客体及其相互关系刍议》等多篇论文被中国人民大学报刊复印资料全文转载。1995年11月至2011年8月，在中共江西省委宣传部工作，先后任文艺处副处长、《学习与宣传》编辑部主任、企业宣传处处长、理论处处长等职。2011年8月任中共鹰潭市委常委,2011年9月任中共鹰潭市委常委、宣传部部长。

杨金红 1964年10月出生,江西余江人,1991年4月加入中国共产党,1983年8月参加工作,大学学历,现任中共江西省鹰潭市委常委、秘书长、政法委书记,鹰潭市社会治安综合治理委员会主任。

1981年7月至1983年8月在江西省万年师范普师班学习;1983年8月至1990年1月任江西省余江县洪湖乡辅导站教师(其间:1986年10月至1989年7月参加江西省高等教育自学考试大专马列专业学习);1990年1月至1990年7月任江西省余江县委宣传部干部;1990年7月至1993年10月任江西省余江县委办公室秘书;1993年10月至1994年9月任江西省余江县委办公室秘书(副科级);1994年9月至1995年4月任江西省余江县委办公室副主任;1995年4月至1995年7月任江西省余江县委办公室副主任、县台办主任;1995年7月至1996年7月任江西省鹰潭市委办公室综合科副科长、正科级秘书;1996年7月至1999年4月任江西省鹰潭市委办公室秘书科科长(其间:1997年5月至1997年9月参加江西省鹰潭市委党校第六期青干班学习);1999年4月至2000年9月任江西省鹰潭市委办公室助理调研员(其间:1996年8月至1999年8月参加江西师大“三沟通”师资培训政治教育专业学习);2000年9月至2001年10月任江西省鹰潭市委宣传部副部长;2001年10月至2005年7月任江西省鹰潭市广电局局长、党组书记(其间:2004年6月至2004年7月参加江西省委党校第45期县处级干部培训班学习);2005年7月至2006年12月任江西省鹰潭市龙虎山景区党委书记;2006年12月至2011年9月任中共江西省鹰潭市委秘书长(其间:2009年9月至2010年1月参加江西省委党校第35期中青班学习);2011年9月任中共江西省鹰潭市委常委、秘书长、政法委书记,鹰潭市社会治安综合治理委员会主任。

杜德春 1958年1月出生，浙江东阳人，1985年6月加入中国共产党,1974年9月参加工作，大学学历,现任鹰潭市人大常委会主任、党组书记。

1974年9月至1977年12月在江西省贵溪县上清镇卫生所从事医生工作;1977年12月至1979

年9月在江西省贵溪县上清镇街道卫生院从事医生工作;1979年9月至1983年9月在江西大学中文系汉语言文学专业学习;1983年9月至1988年6月任江西省委宣传部干部、副主任科员;1988年6月至1989年8月任江西省贵溪县委宣传部副部长;1989年8月至1992年3月任江西省鹰潭市委办公室秘书科副科长、科长;1992年3月至1995年1月任江西省鹰潭市委办公室副主任(1993年5月兼副秘书长);1995年1月至1997年5月任江西省鹰潭市委副秘书长、办公室主任;1997年5月至1998年12月任江西省鹰潭市委秘书长、办公室主任;1998年12月至2006年11月任江西省鹰潭市委常委、宣传部部长;2006年11月至2009年8月任江西省鹰潭市委副书记;2009年8月至2011年9月任江西省鹰潭市委副书记、政法委书记、市综治委主任;2011年9月任鹰潭市人大常委会主任、党组书记。

杨晓群 1956年9月出生,江西进贤人,1984年1月加入中国共产党,1974年10月参加工作,大学学历,现任鹰潭市人大常委会副主任、党组副书记。

1974年10月至1975年2月在江西省生产建设兵团第六团三营十五连工作;1975年2月至1978年7月任江西省生产建设兵团第六团三营中心小学教师;1978年7月至1980年6月任江西省乐丰良种繁殖场乐丰小学教师、团支部书记;1980年6月至1982年9月任江西省鹰潭农校子弟小学教师;1982年9月至1985年7月在上饶师专中文系学习;1985年7月至1989年4月任江西省鹰潭市委办公室秘书;1989年4月至1989年6月任江西省鹰潭市委政策研究室干部;1989年6月至1993年3月任江西省鹰潭市委政策研究室经济科副科长;1993年3月至1996年3月任江西省鹰潭市委政策研究室经济科科长;1996年3月至1999年5月任江西省鹰潭市委政策研究室副主任(其间:1994年8月至1996年12月在中央党校函授学院经济管理专业学习);1999年5月至2002年8月任江西省鹰潭市政府副秘书长;2002年8月至2004年4月任江西省鹰潭市政府副秘书长、办公室主任;2004年4月至2006年12月任江西省鹰潭市政府秘书长、党组成员,市政府办公室党组书记;2006年12月至2011年9月任江西省鹰潭市政府副市长、党组成员;2011年9月任鹰潭市人大常委会副主任、党组副书记。

尹　宁 1954年12月出生,河北隆化人,1975年6月加入中国共产党,1970年12月参加工作,研究生学历,现任鹰潭市人大常委会副主任、党组成员。

1970年12月至1976年3月在空军87141部队服役;1976年3月至1978年8月系江西省抚州供电局截波工;1978年8月至1980年7月任江西省抚州供电局团委副书记;1980年7月至1982年9月任江西省抚州供电局团委书记;1982年9月至1984年7月在江西行政管理学院农业经济管理系学习;1984年7月至1984年8月在江西省鹰潭市委组织部工作;1984年8月至1991年7月任江西省鹰潭市科委副主任;1991年7月至1993年5月任江西省鹰潭市体委主任、党组书记;1993年5月至1996年7月任江西省鹰潭市城建局局长、党委书记;1996年7月至2001年10月任江西省鹰潭市建设局局长、党委书记;2001年10月至2004年4月任江西省鹰潭市环保局局长、党组书记(其间:2001年9月至2003年6月在江西师大马列理论思想教育研究生课程班学习);2004年4月至2004年12月任江西省鹰潭市公路管理局局长、党委副书记;2004年12月至2007年8月任江西省鹰潭市公路管理局局长、党委书记;2007年8月至2008年8月任江西省鹰潭市交通局党委书记,市公路管理局局长、党委书记;2008年8月至2008年11月任江西省鹰潭市交通局局长、党委书记,市公路管理局党委书记;2008年11月至2009年2月任江西省鹰潭市交通局局长、党委书记;2009年2月至2009年3月任江西省鹰潭市人大常委会副主任,市交通局局长、党委书记;2009年3月至2009年4月任江西省鹰潭市人大常委会副主任、党组成员,市交通局局长、党委书记;2009年4月任江西省鹰潭市人大常委会副主任、党组成员。

卢越明 1958年12月出生,浙江淳安人,1984年6月加入中国共产党,1974年8月参加工作,研究生学历,现任鹰潭市人大常委会副主任、党组成员。

1974年8月至1977年2月系江西省贵溪县周坊镇周坊村知青;1977年3月至1979年12月在江西师院物理系学习;1979年12月至1981年7月任上饶师专物理系教师;1981年7月至1984年11月任江西省贵溪县政府办、县委办秘书;1984年11月至1985年9月任江西省鹰潭市委办调研科副科长;1985年9月至1986年4月任江西省贵溪县委办副主任兼机要科长;1986年4月至1988年3月任江西省贵溪县高公乡党委书记;1988年3月至1990年2月任江西省贵溪县委办主任;1990年2月至1992年4月任江西省贵溪县雄石镇党委书记;1992年4月至1996年5月任江西省鹰潭市乡镇企业管理局副局长;1996年5月至1997年11月任江西省鹰潭市风景旅游区管理局副局长、党委副书记;1997年11月至1998年4月任江西省鹰潭市风景旅游区管理局调研员、副局长、党委副书记；1998年4月至2001年6月任江西省鹰潭市龙虎山风景旅游区管理局局长、党委副书记（其间：1999年9月至2000年1月在江西省委党校青干班学习）；2001年6月至2008年8月任江西省鹰潭市审计局局长、党组书记(1999年9月至2001年7月在南昌大学中法中心工商经济管理专业学习)；2008年8月至2009年2月任江西省鹰潭市政府秘书长、党组成员，市政府办公室党组书记；2009年2月至2009年3月任江西省鹰潭市人大常委会副主任，市政府秘书长、党组成员，市政府办公室党组书记；2009年3月至2009年4月任江西省鹰潭市人大常委会副主任、党组成员，市政府秘书长、党组成员，市政府办公室党组书记；2009年4月任江西省鹰潭市人大常委会副主任、党组成员。

刘育虹 女，1964年7月出生，江西萍乡人，无党派，1981年9月参加工作，大学学历，现任鹰潭市人大常委会副主任。

1979年10月至1981年9月在江西省商业学校物价专业学习；1981年9月至1985年1月系江西省鹰潭市蔬菜公司物价员；1985年1月至1986年11月在江西省鹰潭市物价局工业品价格科工作；1986年11月至1991年6月任江西省鹰潭市物价局农副产品成本调查队副队长(其间：1987年12月至1990年6月在江西省高教自考价格学专业学习)；1991年6月至1993年6月任江西省鹰潭市物价局工业品价格科科长；1993年6月至1995年9月任江西省鹰潭市物价局工农产品价格科科长；1995年9月至2005年11月任江西省鹰潭市监察局副局长（其间：1996年5月至1998年12月在中央党校函授学院经济管理专业学习)；2005年11月至2006年6月任江西省鹰潭市监察局副局长、调研员；2006年6月至2008年8月任江西省鹰潭市月湖区副区长(正县级)；2008年8月至2009年2月任江西省鹰潭市国资委主任；2009年2月至2009年4月任江西省鹰潭市人大常委会副主任、市国资委主任；2009年4月任江西省鹰潭市人大常委会副主任。

徐晓年 1957年12月出生，江西鹰潭人，1985年5月加入中国共产党，1974年11月参加工作，大学学历，现任鹰潭市人大常委会副主任、党组成员。

1974年11月至1978年9月系江西省贵溪县下放知青；1978年9月至1980年8月在江西省上清师范学校普师专业学习；1980年8月至1985年9月任江西省贵溪县教育局干部；1985年9月至1987年9月在江西行政管理干部学院行政系公共行政管理专业学习；1987年9月至1989年1月任江西省鹰潭市纪委干部；1989年1月至1991年8月任江西省鹰潭市纪委副科级纪检员（其间：1990年4月至1990年6月在江西省委党校学习)；1991年8月至1993年11月任江西省鹰潭市纪委宣教室副主任（其间：1992年3月至1992年6月在江西省鹰潭市委党校第四期青干班学习)；1993年11月至1996年5月任江西省鹰潭市纪委常委、办公室主任（其间：1995年2月至1996年2月任江西省余江县锦江镇高峰村委会村建工作组组长)；1996年5月至1999年3月任江西省鹰潭市委副秘书长、政研室主任；1999年3月至2001年10月任江西省鹰潭市广电局局长、党组书记（其间:1996年9月至1999年9月在江西师大“三沟通”师资培训政治教育专业学习)；2001年10月至2007年4月任江西省鹰潭市工商联党组书记；2007年4月至2008年8月任江西省鹰潭市经贸委主任、党委书记；2008年8月至2009年4月任江西省鹰潭市经贸委主任、党委副书记、龙岗新区管委会主任；2009年4月至2009年4月任江西省鹰潭市经贸委主任、党委副书记、龙岗新区党工委书记、管委会主任；2009年4月至2011年9月任江西省鹰潭市政府秘书长、党组成员，市政府办公室党组书记；2011年9月任鹰潭市人大常委会副主任、党组成员。

应　祥 1958年9月出生，浙江永康人，1977年12月加入中国共产党，1975年9月参加工作，大学学历，现任鹰潭市人大常委会副主任、党组成员、市委组织部常务副部长。

1975年9月至1976年2月系江西上饶地区刘家站垦殖场职工；1976年2月至1979年6月任解放军炮兵某团某营指挥连报话员、副班长、班长；1979年6月至1981年7月任解放军炮兵某团指挥连无线排排长；1981年7月至1982年11月任解放军炮兵某团政治处组织股干事（正排职)；1982年11月至1983年8月任解放军炮兵某团某营营部政治指导员；1983年8月至1985年5月任解放军炮兵某师政治部组织科正连职干事；1985年5月至1985年9月任解放军炮兵某师政治部组织科副营级干事；1985年9月至1985年11月任解放军炮兵某师某团某营副政治教导员；1985年11月至1986年6月任解放军炮兵某旅政治部组织科副营职干事（1985年3月至1985年12月在南昌陆军学校政治专业学习)；1986年6月至1986年12月任解放军炮兵某旅教导队副政治教导员；1986年12月至1989年10月任解放军炮兵某旅教导营政治教导员；1989年10月至1991年3月任解放军炮兵某旅司令部管理科政治协理员；1991年3月至1991年9月任江西省鹰潭市委组织部调研科干部；1991年9月至1992年8月任江西省鹰潭市委组织部组织员办副科级组织员；1992年8月至1993年6月任江西省鹰潭市委组织部调研科副科长（其间：1989年9月至1992年12月在江西广播电视大学汉语言专业学习);1993年6月至1997年5月任江西省鹰潭市委组织部秘书科科长;1997年5月至1999年10月任江西省鹰潭市委组织员办主任(副县级)(其间:1996年9月至1999年8月在江西师大"三沟通"师资培训政治教育专业学习);1999年10月至2003年9月任江西省鹰潭市委组织部副部长;2003年9月至2004年12月任江西省鹰潭市委组织部副部长、市委党校常务副校长、市行政学院副院长、市社会主义学院副院长;2004年12月至2011年1月任江西省鹰潭市委组织部副部长(正县级);2011年1月任江西省鹰潭市委组织部常务副部长;2011年9月任鹰潭市人大常委会副主任、党组成员、市委组织部常务副部长。

辜　清　1963年9月出生,江西南昌人,1984年8月参加工作,1992年加入中国民主同盟,江西大学生物学系毕业,硕士研究生,教授,现任江西省鹰潭市人民政府副市长、民盟江西省委会副主委。

1984年8月至1993年5月江西大学生物系教师;1993年5月至1995年5月南昌大学生物系科学工程系教师;1995年5月至2002年6月任南昌大学生命科学与食品工程学院副院长;2002年6月至2003年7月任南昌大学生命科学与食品工程学院副院长、民盟江西省委会副主委;2003年7月至2011年9月任南昌大学生命科学与食品工程学院副院长兼生物科学系主任、民盟江西省委会副主委;2011年9月任江西省鹰潭市人民政府副市长、民盟江西省委会副主委。

张荣先　1963年5月出生,江西安福人,1984年8月参加工作,1988年12月加入中国共产党,中央党校法学专业毕业,在职研究生学历,现任江西省鹰潭市人民政府党组成员、副市长,鹰潭市公安局党委书记、局长。

1984年7月至1986年5月任江西省公安厅刑侦处侦查员;1986年5月至1987年5月在吉安市公安局挂职锻炼;1987年5月至2000年12月分别任江西省公安厅刑侦处科员、省公安厅办公室科员、办公室副科长、办公室科长;2000年12月至2003年7月任江西省公安厅指挥中心主任(副处);2003年7月至2003年8月任江西省公安厅指挥中心调研员;2003年8月至2009年8月任江西省委政法委办公室主任;2009年9月至2010年12月任鹰潭市人民政府党组成员,鹰潭市公安局党委书记、局长;2010年12月任鹰潭市人民政府党组成员、副市长,鹰潭市公安局党委书记、局长。

徐鹏程　1964年12月出生,陕西榆林人,1985年6月加入中国共产党,1984年7月参加工作,西北大学经济管理学院政治经济学专业毕业,在职研究生学历,经济学博士,应用经济学博士后,高级经济师。现任职江西省鹰潭市人民政府党组成员、副市长。

1984年7月至1987年9月陕西省榆林市经委工业志编撰人员(其间:1984年9月至1987年7月在北京人文大学学习);1987年9月至1989年11月中国农业银行陕西省榆林市支行会计员;1989年11月至1992年7月中国建设银行陕西省神府煤炭铁道专业支行信贷员;1992年7月至1994年6月中国建设银行陕西省分行办公室秘书(其间:1992年9月至1995年7月在西北大学经济管理学院硕士研究生毕业,获经济学硕士学位);1994年6月至1996年3月中国建设银行陕西省分行办公室副科长、科长;1996年3月至1998年5月中国建设银行陕西省分行办公室副主任(副处长);1998年5月至1999年9月中国建设银行陕西省铜川市分行党委委员、副行长(挂职);1999年9月至2000年6月中国信达资产管理公司西安办事处资产管理部负责人(副处级);2000年6月至2002年1月中国信达资产管理公司西安办事处投资银行部高级经理(正处级);2002年1月至2002年9月中国信达资产管理公司西安办事处投资银行部高级执行经理;2002年9月至2005年8月华夏银行西安分行党委委员、副行长(副厅级);2005年8月至2009年12月广东发展银行(与花旗银行重组)北京分行业务总经理(其间:2005年9月至2008年7月在西北大学经济管理学院博士研究生毕业,获经济学博士学位,并脱产学习一年);2009年12月至2010年5月国务院发展研究中心(其间:2008年9月至2010年12月在西北大学经济管理学院从事应用经济学博士后研究工作,并获博士后证书);2010年5月至2011年1月国务院发展研究中心党组、中组部博士团选派任职江西省鹰潭市人民政府党组成员、市长助理(挂职);2011年1月江西省鹰潭市人民政府党组成员、副市长。

学术成果:主要著作有《论我国金融市场的发展与创新问题》(1995)、《我国商业银行综合经营趋势下的金融监管研究》(2008)、《中国区域协调发展演进轨迹及趋势》(2010)。先后在《中国投资管理》《中国投资研究》《当代投资》《资本市场》《生产力研究》《商业经济研究》《人民日报》《经济日报》《金融时报》等报刊上发表专业论文及各类文章达120多篇。完成省部级科研项目6项,13次荣获省部级以上优秀论文成果奖。

李　力　1962年11月出生,江西景德镇人,1982年6月入党,1979年1月参加工作,全日制大专学历,上饶

师范专科学校英语专业毕业，南京农业大学在职教育土地资源管理专业博士研究生，现任江西省鹰潭市人民政府党组成员、副市长，鹰潭市财政局党组副书记、局长。

1979年1月在鹰潭铁路工作；1979年10月在上饶师专学习；1982年8月在江西省鹰潭师范学校工作；1983年10月在江西省鹰潭市团委工作；1984年10月任江西省鹰潭市团委组织部长；1987年12月任江西省鹰潭市团委办公室主任；1990年3月任江西省鹰潭市团委党组成员、副书记；1993年6月任江西省鹰潭市土地管理局党组成员、副局长；1999年3月任江西省鹰潭市土地管理局党组书记、局长；2000年6月任江西省余江县委副书记、县长(其间：1997年9月至2001年11月参加南京农大土地资源管理专业博士研究生学习)；2002年8月任江西省鹰潭市交通局党委书记、局长；2007年8月任江西省鹰潭市政府副秘书长(正县级)、市政府办公室党组成员；2008年8月任江西省鹰潭市审计局党组书记、局长；2010年11月任江西省鹰潭市财政局党组副书记、局长；2011年9月任江西省鹰潭市人民政府党组成员、副市长，江西省鹰潭市财政局党组副书记、局长。

徐　云　女，1963年7月出生，江西余干人，1991年10月入党，1981年9月参加工作，在职研究生学历，现任鹰潭市人民政府党组成员、副市长，江西鹰潭经济技术开发区党工委书记，鹰潭市招商引资服务中心党组书记。

1981年9月至1984年5月在鹰潭二二三地质队子弟学校任教；1984年5月至1990年11月在鹰潭市二轻局工作；1990年11月至2002年8月先后任鹰潭市手联社团委副书记、鹰潭市二轻局科长、鹰潭市手联社党办主任；2002年8月至2007年10月先后任鹰潭市社会保险事业管理局局长，余江县政府副县长、常务副县长，江西鹰潭工业园区党工委副书记、管委会副主任；2007年10月至2011年9月先后任鹰潭市发展和改革委员会主任，鹰潭市政府党组成员、江西鹰潭经济技术开发区党工委书记、管委会主任，鹰潭市招商引资服务中心党组书记、主任；2011年9月任鹰潭市政府党组成员、副市长，江西鹰潭经济技术开发区党工委书记、鹰潭市招商引资服务中心党组书记。

刘　诚　1963年11月出生，江西贵溪人，1985年6月加入中国共产党，1982年7月参加工作，在职研究生学历，法学硕士，现任鹰潭市人民政府副巡视员、中共余江县委书记。

1978年8月至1982年7月江西大学生物系淡水养殖专业学习；1982年7月至1984年6月江西省贵溪县畜牧水产局干部；1984年6月至1986年4月江西省贵溪县水产科学研究所副所长；1986年4月至1986年10月江西省贵溪县农牧渔业局副局长；1986年10月至1987年12月江西省贵溪县白田乡党委副书记；1987年12月至1990年2月江西省贵溪县白田乡党委副书记、乡长；1990年2月至1994年3月江西省贵溪县白田乡党委书记；1994年3月1997年2月江西省贵溪县(市)长助理(副县级)；(其间：1996年参加全国律师资格考试取得律师资格)；1997年2月至1997年10月江西省贵溪市副市长；1997年10月至2001年5月江西省鹰潭市月湖区委常委、常务副区长（其间：1998年9月至2000年12月在厦门大学法律系国际经济法专业研究生班学习，获法学硕士学位)；2001年5月至2002年5月江西省鹰潭市月湖区委副书记、政法委书记；2002年5月至2002年7月江西省鹰潭市政府副秘书长、市政府办党组成员，市办证中心主任(正县级)、党组书记；2002年7月至2003年1月江西省余江县委副书记、副县长、代县长；2003年1月至2003年6月江西省余江县委副书记、县长；2003年6月至2004年5月江西省鹰潭市政府副秘书长、市工业园区管委会主任、党(工)委副书记、市国有资产运营公司总经理；2004年5月至2007年2月江西省鹰潭市政府副秘书长、市工业园区管委会主任、党工委书记；2007年2月至2008年5月江西省鹰潭市政府党组成员、副秘书长、市工业园区管委会主任、党工委书记；2008年5月至2011年12月江西省余江县委委员、常委、书记；2011年12月江西省鹰潭市政府副巡视员、中共余江县委书记。

潘赞海　1955年8月出生，江西上饶人，1977年2月加入中国共产党，1973年9月参加工作，大学文化，现任鹰潭市政协主席、党组书记。

1973年9月至1977年2月任上饶县高泉垦殖场仓北大队小学民办教师、县党的基本路线教育工作队队员；1977年2月至1978年5月任上饶县高泉垦殖场大队党支部书记（1977年6月为三结合干部)；1978年5月至1981年1月任上饶县高泉垦殖场革委会副主任、党委委员（1980年12月转为国家干部)；1981年1月至1984年4月任上饶县前程林场党委副书记(主持工作)；1984年4月至1989年12月任上饶县政府副县长（其间：1984年7月至1986年7月在江西省委党校大专班党政管理专业脱产学习)；1989年12月至1992年10月任铅山县委常委、县政府常务副县长；1992年10月至1995年2月任波阳县委副书记、县政府县长；1995年2月至2000年12月任波阳县委书记（其间：1997年9月至1999年12月中央党校函授学院经济管理专业学习)；2000年12

月至2002年8月任上饶市信州区委书记（其间：2001年9月至2002年1月中央党校第三期县委书记进修班学习）；2002年8月至2006年8月任江西省政府驻深圳办事处主任、党组书记；2006年8月至2006年11月任中共鹰潭市委委员、常委；2006年11月至2009年12月任中共鹰潭市委委员、常委、纪委书记；2009年12月任中共鹰潭市政协党组书记；2010年1月任七届鹰潭市政协主席、党组书记；2011年9月当选八届鹰潭市政协主席。

杨建保 1957年11月出生，江西余江人，中共党员，大学学历，现任鹰潭市政协党组副书记、副主席、市科协主席。

1974年3月至1978年5月下放余江青年垦殖场工业队知青；1978年5月至1979年8月在上饶市茅家岭共大农机系读书；1979年8月至1983年10月任余江县红色公社团委书记；1983年10月至1984年8月任共青团鹰潭市委副书记；1984年8月至1989年11月任共青团鹰潭市委书记、党组书记；1989年11月至1992年5月任鹰潭市体委副主任(正县)；1992年5月至1993年5月任鹰潭市精神文明办主任、党组书记；1993年5月至1995年12月任鹰潭市体委主任、党组书记；1995年12月至2004年12月任鹰潭市人民防空办公室主任、党组书记；2004年12月至2006年12月任中共鹰潭市委统战部部长；2006年12月任七届鹰潭市政协副主席、鹰潭市科协主席；2011年9月当选为八届鹰潭市政协副主席。

周水凤 女，1954年5月出生，江西余江人，1993年7月加入九三学社，1982年7月参加工作，大学学历，现任鹰潭市政协副主席、九三学社鹰潭市委会主委。

1982年7月至1985年5月任余江县农牧渔业局农技推广站干部；1985年5月至1992年3月任余江县农牧渔业局土肥站干部；1992年3月至1995年7月任余江县农业局植保站站长；1995年7月至1996年1月任余江县农业局副局长；1996年1月至1999年1月任余江县政府副县长；1999年1月至2000年10月任鹰潭市政协副主席、余江县政府副县长；2000年10月至2007年7月任鹰潭市政协副主席、市农科所所长；2007年7月任七届鹰潭市政协副主席、九三学社鹰潭市委会主委；2011年9月当选八届鹰潭市政协副主席。

刘国富 1958年1月出生，江西余江人，中共党员，1978年3月参加工作，大学学历，现任鹰潭市政协副主席。

1975年8月至1978年3月任余江县春涛乡农机管理站保管员；1978年3月至1982年10月任余江县农机厂工会主席、厂办主任；1982年10月至1983年12月任余江县税务局办事员；1983年12月至1984年5月任余江县印刷厂厂长；1984年5月至1986年8月任余江县机械厂党支部书记；1986年8月至1993年11月任余江县经委副主任、主任；1993年11月至1993年12月任余江县委办公室主任兼经委主任；1993年12月至1997年10月任贵溪县委常委、纪委书记；1997年10月至2002年7月任贵溪市委副书记；2002年7月至2003年1月任月湖区委书记、区人大常委会主任；2003年1月至2006年12月任月湖区委书记；2006年12月至2007年11月任七届鹰潭市政协副主席、月湖区委书记；2007年11月任七届鹰潭市政协副主席；2011年9月当选八届鹰潭市政协副主席。

官金福 1959年12月出生，江西余江人，中共党员，大学学历，现任鹰潭市政协副主席、鹰潭市林业局党组书记、局长。

1974年12月至1977年2月任余江洪湖公社放映队放映员；1977年3月至1979年11月在江西师范学院物理系学习；1979年12月至1982年8月在余江县教育局、人事局工作；1982年9月至1983年8月任余江县组织部副科级干部；1983年9月至1988年3月任鹰潭市委组织部副科长、科长；1988年4月至1993年3月任鹰潭市粮食局副局长；1993年4月至1996年11月任鹰潭市团市委书记、党组书记；1996年12月至1997年5月任贵溪市委副书记(正县级)；1997年6月至2001年2月任月湖区委副书记、区长；2001年3月至2002年6月任鹰潭市外贸局党组书记、局长；2002年7月至2008年7月任鹰潭市水利局党组书记、局长；2008年7月至今任鹰潭市林业局党组书记、局长；2011年9月当选为八届鹰潭市政协副主席。

吴细美 女，1955年10月出生，江西余江人，中共党员，大学学历，1974年12月参加工作，现任鹰潭市政协副主席。

1974年12月至1977年12月任福州军区空军通信站电话连守机员、副班长、班长；1977年12月至1979年7月任福州军区空军通信某营电话连司务长、副政治指导员；1979年7月至1982年8月任福州军区空军航空修理厂政治处妇青干事、副连职妇青干事；1982年8月至1983年5月任空军高射炮兵某师政治部干部科副连职干事；1983年5月至1987年1月任空军高射炮兵某师政治部干部科正连职干事;1987年1月至1987年10月在余江县粮食局工作;1987年10月至1992年5月任鹰潭市政府办公室机要秘书;1992年5月至1993年7月任鹰潭市政府办公室副科级秘书;1993年7月至1994年6月任鹰潭市政府办公室副科长;1994年6月至1995年4月任鹰潭市政府办公室副科长、主任科员;1995年4月至1997年1月任鹰潭市政府办公室秘书科科长;1997年1月至1997年11月任鹰潭市政府办公室党组成员、副主任、秘书科科长;1997年11月至1999年5月任鹰潭市政府办公室党组成员、副主任;1999年5月至2001年12月任鹰潭市政府副秘书长、市政府办党组成员;2001年12月至2002年1月任鹰潭市政府副秘书长(正县级)、市政府办党组成员;2002年1月至2004年4月任鹰潭市药品监督管理局党组书记、局长;2004年4月任鹰潭市食品药品监督管理局党组书记、局长;2011年9月当选八届鹰潭市政协副主席。

张金涛 1964年9月出生,江西贵溪人,无党派人士,大学学历,现任鹰潭市政协副主席、中国道教协会副会长、江西道教协会会长、龙虎山道教协会会长、龙虎山嗣汉天师府主持。

1985年4月至1987年10月在龙虎山天师府工作;1987年10月至1992年12月任龙虎山天师府主持、中国道教协会常务理事;1992年12月至1993年12月任贵溪县上清镇镇长助理;1993年12月至1994年5月任龙虎山天师府管委会副主任兼办公室主任;1994年5月至1998年5月任龙虎山道教协会会长;1998年5月至2003年1月任上清天师府主持、天师府管委会主任、龙虎山道教协会会长、江西省道教协会常务副会长;2003年1月至2005年7月任鹰潭市月湖区政协副主席、上清天师府主持;2005年7月至2007年3月任鹰潭市月湖区政协副主席、天师府主持兼龙虎山景区管委会副主任;2007年3月至2008年11月任鹰潭市人大外事华侨民族宗教工作委员会主任、月湖区政协副主席、天师府主持兼龙虎山景区管委会副主任;2008年11月任鹰潭市人大外事华侨民族宗教工作委员会主任、天师府主持兼龙虎山景区管委会副主任;2003年2月至今任全国人大十、十一届代表;2005年5月至今任中国道教协会副会长;2007年7月至今任江西道教协会会长;2011年9月当选八届鹰潭市政协副主席。

黄占共 1963年12月出生,江西余干人,大学学历,2010年6月加入民建,现任鹰潭市政协副主席、鹰潭市农业局局长、民建鹰潭市委会主委。

1985年8月至1990年1月在鹰潭市塔桥园艺场工业科工作;1990年1月至1993年9月在鹰潭市塔桥园艺场农机厂工作;1993年9月至1994年1月任鹰潭市塔桥园艺场农机厂副厂长;1994年1月至1995年1月任鹰潭市塔桥园艺场柠檬酸厂厂长;1995年1月至1996年10月任鹰潭市塔桥园艺场酒精厂厂长;1996年10月至2000年8月任鹰潭市塔桥园艺场工业科科长;2000年8月至2001年12月任贵溪市塔桥园艺场副场长;2001年12月至2002年11月任贵溪市塔桥园艺场场长;2002年11月至2006年6月任贵溪市政协副主席、塔桥园艺场场长;2006年6月至2007年12月任贵溪市政府副市长;2007年12月至2010年5月任鹰潭市农业局局长;2010年5月至今任鹰潭市农业局局长、民建鹰潭市委主委;2011年9月当选为八届鹰潭市政协副主席。

吴泉水 1968年12月出生,江西余江人,大学学历,九三学社成员,现任鹰潭市政协副主席、市工商联主席。

1989年7月至1991年6月任余江县农牧渔业局种子站干部;1991年6月至1995年7月任余江县农牧渔业局科教站干部、经作站副站长;1995年7月至2001年1月任余江县林业局果业办主任;2001年1月至2002年7月任余江县林业局副局长;2002年7月至2003年1月任余江县政协经济科技委员会主任;2003年1月至2003年4月任余江县政协副主席、经济科技委员会主任;2003年4月至2006年6月任余江县政协副主席;2006年6月至2008年8月任余江县政府副县长;2008年8月至2010年7月任贵溪市政府副市长;2010年7月至2011年8月任鹰潭市工商联主席、贵溪市副市长;2011年8月至今任鹰潭市工商联主席;2011年9月当选八届鹰潭市政协副主席。

陈仁生 1963年9月出生,江西吉水县人,中共党员,研究生学历,武汉大学法律硕士,现任鹰潭市中级人民法院党组书记。

1982年9月至1986年7月,华东政法学院法律系学习;1986年7月至1987年12月,江西省高级人民法院干部;1987年12月至1990年12月,江西省高级人民法院书记员;1990年12月至1992年3月,江西省高级人民法院副主任科员、书记员;1992年3月至1992年5月,江西省高级人民法院副主任科员、助理审判员;1992年5月至1995年3月,江西省高级人民法院主任科员、助理审判员;1995年3月至1995年4月,江西省高级人民法院办公室副主任、助理审判员;1995年4月至

1999年4月，江西省高级人民法院办公室副主任、审判员；1999年4月至2002年1月，江西省高级人民法院经二庭副庭长、审判员；2002年1月至2007年7月,江西省高级人民法院民二庭庭长、审判员；2007年7月至2009年5月，江西省高级人民法院审委会委员、民二庭庭长、审判员；2009年5月至2010年3月,江西省高级人民法院审委会委员、民一庭庭长、审判员；2010年3月至2011年8月,江西省高级人民法院审委会委员、组织人事处处长、审判员；2011年8月任鹰潭市中级人民法院党组书记。

罗庆华 1959年9月出生,江西新建人,1985年1月入党,1978年9月参加工作,全日制教育中专学历,南昌大学法律专业毕业,在职本科学历,现任鹰潭市人民检察院党组书记、检察长。

1978年9月至1978年10月为新建县樵舍公社知青；1978年10月至1980年10月在江西省政法学校法律专业学习；1980年10月至1982年6月任南昌市人民检察院干部；1982年6月至1984年11月任南昌市检察院书记员；1983年9月至1986年9月在华东政法学院法律大专班学习；1984年11月至1989年2月任南昌市检察院检察员；1989年2月至1990年2月任南昌市检察院副科级检察员；1990年2月至1991年3月任南昌市人民检察院监所处副处长；1991年3月至1993年3月任南昌市人民检察院反贪污贿赂检察处副处长；1993年3月至1994年12月任南昌市人民检察院反贪局副局长、正科级检察员；1994年12月至1995年3月任南昌市人民检察院反贪局副局长、正科级检察员,提名为副检察长(副处)；1995年3月至200年9月任南昌市人民检察院党组成员、副检察长、检察委员会委员、检察员(副处)；1996年9月至1999年7月在南昌大学法律专业本科学习；2000年9月至2011年9月任南昌市人民检察院党组成员、副检察长(正县级)；2011年9月至2011年10月任鹰潭市人民检察院党组书记、副检察长、代理检察长；2011年10月任鹰潭市人民检察院党组书记、检察长。

2011年获省(省委、省政府)部级以上荣誉称号人员

敖仁清 1964年11月出生，江西余江人,中共党员,1986年7月毕业于上饶师院,1986年9月在余江一中任语文教师，2002年3月获南昌大学产业经济专业硕士学位,现任中共鹰潭市委老干部局办公室主任。

作为全市第一批下派农村基层一线挂职锻炼的年轻干部，他于1990年9月从贵溪文坊镇票上村委会主任的岗位上调到鹰潭市委老干部局工作。他爱岗敬业,扎根老干部工作,虚心、热心、真心地为离退休干部服务,倾心、倾情、倾力地为党的老干部工作忙碌。当老干部孤单时,他会上门促膝深聊;当老干部生病住院,他能通宵陪伴;当老干部家庭发生矛盾，他总是及时调解……把人生最美好的青春年华无怨无悔地奉献给了静静的“夕阳港湾”。23年的辛勤付出,他赢得了老同志的广泛称赞,“贴心人”、“干儿子”就是老同志对他的最高褒奖。

2011年9月，他被中组部、国家人力资源和社会保障部授予“全国先进老干部工作者”荣誉称号,享受省部级劳模待遇,受到党和国家领导人习近平、李源潮的亲切接见。

官业伟 江西崇义人，出生于1967年7月14日,中共党员,1989年8月参加工作,曾先后工作于鹰潭市税务局、鹰潭市地方税务局第一分局直属局、鹰潭市地方税务局办税服务厅、鹰潭市地方税务局稽查局。现任鹰潭市地方税务局基金费科科长。

2005年7月，因工作调整,官业伟就任鹰潭市地方税务局稽查局副局长。任职期间,他加强执法力度,深入开展税收专项检查和税收专项整治工作,严厉打击偷逃税行为,带领全市稽查干部查办百万元以上的大要案18起。大力组织开展打击发票违法犯罪活动,加强与公安、国税部门的协调配合,联合开展发票整治工作,破获制造假发票案5起,保持对各类发票违法活动的高压打击态势,净化了用票环境，有效发挥了税务稽查职能，优化了税收环境。

2011年，官业伟被国家税务总局评为打击发票违法行为先进个人。

陈丽娟 女,1965年2月出生,中共党员,1983年参加工作，现任鹰潭市卫生局中医科教科科长。

陈丽娟严格按照国家中医药管理局中医基本现状调查要求,积极谋划、组织、部署本地区中医基本现状调查工作 。在方案制定、人员选定、人员培训和数据审核等方面工作到位。积极参与本次调查工作的组织协调，参与组织本地区的人员培训、数据审核和督导检查，完成本地区或单位调查数据的上报填写。严格把关,为了确保质量，亲自深入第一线开展调查工作,掌握第一手资料,为市中医基本现状调查工作数据的真实性和按时完成工作任务作出了积极的贡献。

2011年,陈丽娟 被国家中医药管理局授予“中医基本现状调查先进个人”荣誉称号。

余纪岚 女,中共党员,1970年12月出生,1989年参加工作,现任鹰潭市人民医院心血管科、神经内科护士长。

20年来,她

始终把南丁格尔的温暖洒播给每个病人，从普通护士成长为护士长。工作上注重细节体现关爱，内科一病区收治住院的是心血管和神经内科病人，危急重症的较多，每天她都坚持检查护士的工作质量，评估重点病人，问候新病人，声音总是那么柔和，脸上总带着微笑。她把每个病人都当成亲人，每周带领全科护士给病人更换床单，定时给病人剪指甲、剃胡须、擦浴、换尿垫。重症病人一个一个查，护士的专科技能操作一项一项考，生活护理项目一个一个的练，专科疾病知识一条一条地过。先后发表论文10余篇，完成了“负压穿刺提高股静脉置管的成功率的临床研究”等4个课题，其中有两个课题分获市科技进步二等奖和三等奖。多次被评为医院先进工作者、优秀护士、十佳护士、优秀党员。2009年被评为“感动鹰潭十佳新人”。

2011年，余纪岚被全国文明办授予全国“敬业奉献”好人奖.

曹有红 女，1975年5月出生，江西鄱阳人，民进党员，大专学历，鹰潭市特殊需要儿童康复中心负责人。

曹有红在成功将女儿带出无声世界后，为帮助更多有特殊需要的儿童，在鹰潭市残联的支持下，创办了鹰潭市特殊需要儿童康复中心(前身为鹰潭市月湖区灿灿语训部)。自创办以来，中心先后收训来自全国5个省20多个地区近40名聋儿及多位自闭症儿童。曹有红刻苦钻研聋儿语训知识和自闭症儿童教育理论，参照先进的聋儿语训方法和幼儿园、小学的教学方法，制订出科学合理的教学计划，带领中心全体老师用爱心、细心、耐心和恒心，尽全力帮助收训的孩子走出无声世界，努力让他们能用话语和他人交流，能像正常人一样生活、学习，顺利融入社会大家庭。现在，他们其中的一些已经和正常孩子一样在上幼儿园或小学。因在残疾儿童教育方面的突出成绩，鹰潭市特殊需要儿童康复中心被评为“江西省‘十一五’期间自主创业先进集体”，曹有红本人也先后荣获2010年八月“中国好人”、2010年度江西青年五四奖章、“十一五”江西省扶残助残爱心人士、江西“致敬2011”年度致敬人物等荣誉称号。

2011年，曹有红被全国残疾人康复工作办公室评为“十一五”全国听力语言康复工作先进个人，被江西省政府残疾人工作委员会评为“江西省扶残助残爱心人士”。

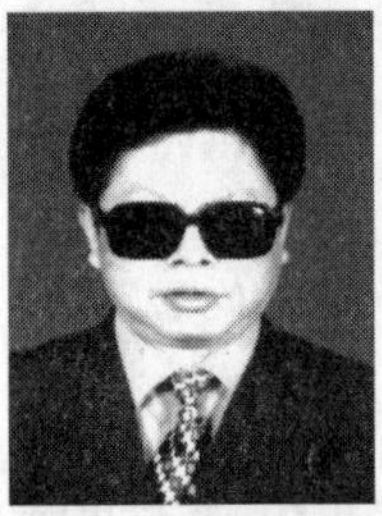

张建华 1953年3月出生，安徽庐江人，中共党员，盲人，现任江西省盲人协会主席，鹰潭市残联副理事长，鹰潭市中医院主任按摩中医师，享受国务院特殊津贴科技人员。

作为一名残疾人事业工作者，张建华一直关注和支持残疾人事业的发展，特别是盲人事业的发展。他积极为盲人事业奔走，组织江西省盲协大力开展盲人教育、培训、就业等工作，他通过盲协这个平台，根据盲人这个特殊群体的特点，团结、教育、带动盲人积极参与各种社会活动，努力融入社会大家庭，遵纪守法，履行公民义务，使盲协成为联系残联与残疾人的桥梁和纽带。作为政协委员，他多次提案修建盲人无障碍设施、盲人免费乘坐市内公交车、开设特教班等提案，为维护盲人权益奔走呼号，使江西省盲人工作有了长足发展。张建华曾先后荣获“全国自强模范”“江西省劳动模范”“江西省名中医”“鹰潭市专业技术拔尖人才”等荣誉称号。

2011年11月，张建华被中国残联授予“‘十一五’专门协会工作先进个人”荣誉称号。

乐文红 女，1970年出生，江西贵溪人，中共党员，现任中共月湖区委书记。

乐文红始终勤勉工作，自担任中共月湖区委书记以来，带领月湖区领导班子顽强拼搏、开拓进取，积极开展创先争优。月湖区经济社会发展进入快车道，先后荣获“全国科技进步先进区”、“全国社区中医药工作先进单位”、“全国基层中医药管理先进单位”、“全省财政收入两年翻番奖”、“全省双拥模范区”、“全省固定资产投资先进单位”、“全省公共价格管理先进区”、“全省社会救助工作先进区”、“省财政家电下乡先进区”等多项荣誉称号。作为一班之长，乐文红始终严格要求自己，保持勤政廉政，工作几乎没有节假日和双休日，不分昼夜，按章办事，勤俭办事，总是力求用最少的行政成本，达到最大的行政效率。

乐文红被科技部授予“2010~2011年全国科技进步工作先进个人”荣誉称号，被中华全国妇女联合会评为“全国妇女创先争优先进个人”。

刘军生 1967年出生，江西宜春人，中共党员，现任中共月湖区委副书记、月湖区人民政府区长。

刘军生自担任中共月湖区委副书记、月湖区人民政府区长以来，十分重视科技工作，担任了月湖区科教兴区领导小组组长，经常听取科技工作汇报，召开会议专题研究部署全区科技进步工作；加大科技部门建设，建立多元化科技机制；积极筹措科技投入资金，确保本级科技经费支出占当年本级财政一般预算支出比例不低于1.1%，并逐年增长，两年来区本级安排科技经费支出808万元，全部由区国库集中支付，有力地支持全区科技工作，为月湖区的科技进步工作作出了贡献。

刘军生被科技部授予“2010~2011年全国科技进步工作先进个人”荣誉称号。

宋晓萍 女，1963年出生，江西余江人，中共党员，现任月湖区科技局局长。

宋晓萍在担任月湖区科技局局

长期间,结合月湖实际,建立健全区、乡(镇、办)、村(社区)三级科技服务组织网络,形成了政府引导、社会支持、企业参与的科普工作投入机制;建立科普工作激励机制,定期表彰科普先进典型;积极推动“产、学、研”结合,区属企业与南京农业大学、省农科院等13家大专院校、科研所签订技术开发、技术服务合同22个,年技术市场成交合同金额14143.48万元;加大科技成果转化工作力度,促进科学成果转化成现实生产力。2009年、2010年10万人授权专利数分别为83件和128件,科技成果转化31项,在全区形成了良好的科技氛围。

宋晓萍被科技部授予“2010~2011年全国科技进步工作先进个人”荣誉称号。

毛晓文 1965年出生,江西余江人,中共党员,研究生学历,现任月湖区人民法院党组书记、院长。

毛晓文自担任月湖区人民法院院长以来,对未成年人刑事案件的审判方式进行了大胆改革,在全市率先组建成立了未成年人刑事案件合议庭,将未成年人刑事案件从成年人刑事案件中分离出来进行专门审判;积极推动在民事审判庭设立专门审理涉及未成年人权益保护的民事案件合议庭,从而进一步拓展了少年审判的范围,有力保障了涉案未成年人的合法权益;推行了“圆桌审判”制度,变庄严的审判法庭为温和的教育场所,对未成年被告人不使用戒具,让其坐着接受法庭调查与询问;建立“寓教于审“工作制度,增设法庭教育环节,要求法定代理人出庭,邀请青少年工作者参加庭审,对未成年人开展有效的教育和感化。

2011年,毛晓文被中央文明委授予“全国未成年人思想道德建设工作先进工作者”荣誉称号。

严志浩 1975年出生,江西寻乌人,中共党员,硕士研究生学历,现任月湖区法院执行局局长。

他满腔热情干事业,倾心为民促和谐,无私无畏求公正,锐意进取谋效率,清正廉洁树形象。他办案数量多、质量高、效果好,连续四年办案质量和数量居全院之首,近三年来各类案件367件,审结率达100%,调撤率67.3%,服判息诉率91%,执结率87%,执行和调解率73%。他先后荣获鹰潭市“四五普法先进个人”、鹰潭市首届“十佳和谐司法能手”、多次被市中院和区政府评为先进工作者、优秀公务员等称号,并荣立三等功两次。

在案件审理、执行过程中,严志浩把调解放在工作的第一位,在调解工作中,始终遵循“吃透案件、抓住关键、宣法析理、把握心理、互相结合”的调解原则,创造出“背靠背调解法、重点突破法、换位思考法、亲情感化法、判前促调法”等工作方法。他在办案过程中,能够做到不畏权势,排除干扰,维护公平和正义。2008年9月,他主审的一起商品房买卖合同案件中,因被告人是当地知名房地产开发企业,而且企业老板还是某领导的亲戚,当地老百姓对法院此次办案的公正性产生了怀疑,严志浩顶着各方面巨大的压力,根据事实、依照法律公正地作出判决,在当地产生巨大的反响,维护了法律的权威。

2011年,严志浩被最高人民法院授予“全国法院办案标兵”荣誉称号。

李美珍 女,1969年1月生,本科学历,法学学士,1988年12月参加工作,中共党员,2010年7任中共鹰潭市纪委常委、执法监察室主任,现任中共余江县委常委、县纪委书记。

李美珍自1996年调入鹰潭市纪委监察局以来,十六年奋战在查办案件工作第一线,秉公执纪,坚持依纪依法文明办案,所办案件均做到事实清楚、证据确凿、定性准确、程序合法。先后主持、参与查办了20余起影响较大的党员干部违纪违法案件。负责查处的13起群众反映强烈的热点难点案件中,立案查处11件11人(其中县级以上党员干部7件7人,受党纪处分11人;立案查处科级党员干部13件13人,受党纪处分12人,累计收缴违纪金额2000余万元,社会效果良好。正确运用政策和策略,攻坚克难,勇于查办大案要案。特别是2010年初,作为市委“12·24”专案调查组负责人,在市纪委常委会的正确领导下,积极协调与公、检、法部门的衔接工作,坚持协调办案,联合调查,及时解决办案工作中遇到的新情况新问题,仅40天就全面突破,成功查处了原市房管局局长林某涉嫌受贿和月湖区资产运营公司经理徐某涉嫌非法经营同类营业案,收缴违纪款1800余万元,涉案人员均移送司法机关。这起建市以来涉案金额最大的腐败窝案的成功查处,有力地震慑了腐败分子,教育了广大党员干部,取得了鹰潭市反腐倡廉工作重大阶段性胜利,得到了省纪委及市委的充分肯定。由于工作成绩突出,业务熟练,2000年被评为全市纪检监察系统先进工作者。

2011年6月,中共中央纪委、国家监察部鉴于她在纪检监察工作中取得的优异成绩,特予嘉奖。

丁坤明 1960年10月出生,中共党员,1980年参加工作,现任余江县春涛乡卫生院院长。

多年来,他以高尚的医德医风和为红土地人民群众健康而奋斗的精神作支撑,忠实地践行着“三个代表”重要思想,全心全意为红土地群众谋安康,勤恳踏实,视病人如亲人,是当地群众心目中的好医生。在任春涛乡卫生院院长的二年中,卫生院业务收入增长迅速,年业务收入年均递增30%,经济效益年收入超过100万元。社会效益更是得到长足发展,当地群众都亲切地称他“白衣天使”。他扎根红土地，不畏困苦，无私奉献的行为，受到上级领导的高度赞扬，他多次被评为市县优秀乡镇卫生院院长。2008年获“全省百名优秀乡镇卫生院院长”称号，2009年获“余江县首届道德模范——敬业奉献模范”称号，2010年获鹰潭市“十大为民服务标兵”荣誉称号。

2011年，丁坤明入选国家文明办评选的“中国好人榜”，获鹰潭市“五一”劳动奖章。

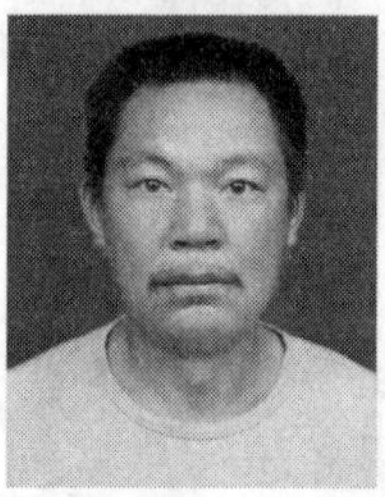

郑长龙　1970年8月出生，江西余江人，肢体残疾，初中学历，余江县辉煌蔬菜专业合作社理事长，鹰潭高新技术产业园区龙岗办事处新湖社区残疾人专职委员。

2003年，郑长龙自筹资金创办蔬菜基地，2008年以蔬菜基地为基础，联合其他农户成立了“余江县辉煌蔬菜专业合作社”，担任合作社理事长。蔬菜专业合作社以“市场(公司)+合作社+农户”的模式发展蔬菜种植产业，在加强技术指导基础上，积极开拓市场，并进行技术推广、创新，合作社年销售收入由2008年20万元到现在200多万。身为残疾人专职委员，郑长龙积极帮助身边生活困难的残疾人，安排了22名残疾人在基地就业，与他们签订了劳动合同，传授蔬菜种植技术，培训残疾人农业技术人员。合作社2009年被评为“鹰潭市优秀农民专业合作社”，2010年被评为“江西省标兵农民专业合作社”，2011年被江西省残联列为“省级残疾人种养业扶贫示范基地”。郑长龙2009年被余江县农业局授予“科技示范户”称号，2010年被鹰潭市农业局授予“农业科教先进个人”称号。

2011年12月，郑长龙被中国残联、国务院扶贫办授予“2001~2010年农村残疾人扶贫开发工作先进个人”荣誉称号。

方忠红　1970年11月出生，江西婺源人，中共党员，大学学历，1992年8月参加工作，高级经济师、高级人力资源管理师。2007年2月被评为中国建设业协会高级职业经理人。现任中国第四冶金建设有限责任公司副总经理。

自担任公司高管以来，方忠红一直分管公司人力资源、法律事务、经济责任考核以及老企业遗留问题处理等工作。2010年5月新公司正式挂牌运营以来，为建立与现代企业制度相适应的新的企业管理制度，结合公司开展的“规范管理年”活动，他组织制定了48项管理制度，同时亲自起草制定了“股东会议事规则”、“董事会议事规则”、“总经理议事规则”以及“股权管理实施办法(暂行)”。各项内控制度的实施，进一步规范了公司决策层、经营层的工作秩序和行为方式，确保公司决策层、经营层有序行使权利，履行职责。为规范管理，夯实基础，组织对机关部门职责进行细化，并将职责分解落实到每位员工，进一步明确了职责、落实责任，真正做到责任有主体，问责有对象，促进公司管理职能和管理质量有新的提高，同时对部分部室进行管理流程再造，规范了管理，提高了工作效率。

方忠红被中国施工企业管理协会评为“2011年度中国工程建设优秀高级职业经理人”。

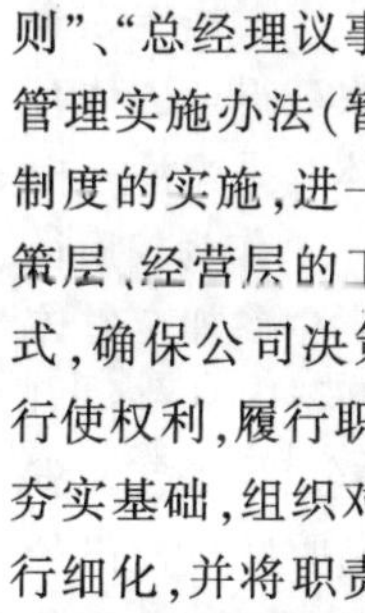

张中喜　1954年12月出生，甘肃西和人，中共党员，大专学历，国家一级注册建造师、高级工程师。现任中国第四冶金建设有限责任公司党委副书记、职工董事，兼纪委书记、工会主席。

自参加工作以来，张中喜始终坚持科学发展观，善于敏锐洞察新的形势，准确把握时代脉搏，自觉锤炼，努力学习现代科学管理知识、建筑业专业知识和相关法律知识，不断增强做好新时期各项工作的能力，学以致用，在实际工作中取得了优异成绩。作为一名企业的主要领导，他严于律己、克己奉公、清正廉洁、德高望重，深受广大干部职工群众的拥护。一直以来，他认为企业是社会的一个组成部分，必须肩负起应有的社会责任，在追求经济效益的同时做好为人民服务。他和领导班子成员一道把关心职工群众生活，解决群众关心的问题放在首位，把维护员工合法权益和切身利益作为保证企业和谐的重要措施来抓，尽最大努力为员工办实事、办好事，使基层群众真正感受到了组织上的关心关怀和爱护，进一步增强团队的凝聚力、向心力，促进企业和谐。

张中喜被中国施工企业管理协会评为“2011年度中国工程建设优秀高级职业经理人”。

周秋喜　1963年6月出生，江西上饶人，中共党员，1984年8月参加工作，国家一级注册建造师、高级工程师。现任中国第四冶金建设有限责任公司韶关分公司副经理。

自担任公司领导以来，周秋喜一直在施工一线扎实工作，勤勤恳恳，任劳任怨，辛勤劳作，用实际行动来带领基层技术人员，深受他们的尊敬。2005年11月他受公司经理委托，任韶关市花拉寨生活垃圾卫生填埋场首期工程项目部经理，全面主持工程管理工作。为达到创省优目标，他大力开展QC活动，在工程中大量采用了新材料、新设备、新技术、新工艺，安全生产文明施工。经过不懈努力，最终该工程被评为“广东省建设工程安全生产文明施工优良样板工地”。周秋喜在项目管理中精心组织、精心管理,全过程、全周期实施项目管理思想和管理理念,工程建设进展顺利,各项目标顺利实现,大大提高了公司的经济效益。

周秋喜被中国施工企业管理协会评为“2011年度全国工程建设优秀项目经理”。

杨小平 1964年3月出生,江西瑞金人,中共党员,1986年7月参加工作,具有高级工程师职称和一级建造师职业资格证书。现任中国第四冶金建设有限责任公司总经理助理。

自参加工作以来,杨小平始终任劳任怨,埋头苦干,敬业爱岗,真抓实干,在施工一线的工作岗位上拼搏。作为项目经理,深知自己的一举一动将是全体项目人员的样板,好与坏,对与错将影响着他们。他通过自己的不懈努力,以自己良好的品质和工作中精益求精的质量行为赢得了建设单位的认可和好评,为企业创造了了良好的经济效益和社会信誉。在工程质量上下功夫,制定严密的工程质量和安全保障措施。在工程施工过程中,他把工程的质量及安全视为第一件大事来抓,时时讲、处处讲。他要求每个员工都必须有质量、安全意识,都要明确质量、安全目标,并进行层层分解,将质量、安全责任落实到人。由于他注重管理,狠抓质量、安全,在他与项目部人员的共同努力下,其组织施工的江西省抚州市临川第一中学教学楼项目被江西省建设工程安全质量监督管理局评为“江西省优质建设工程奖”(省级优质工程奖)。

杨小平被中国施工企业管理协会评为“2011年度全国工程建设优秀项目经理”。

钱培顺 江苏镇江人,中共党员,1957年1月出生,1975年1月参加工作。鹰潭市一中体育组组长,中学高级教师,中国体育科学学会会员,江西学生体育协会中小学专业委员会理事,江西体育科学学会鹰潭工作委员会委员,是田径举重一级裁判员,国家级社会体育指导员。政协鹰潭市第五、六、七届体育界别委员。

任教后一直坚持在教学第一线,认真做好中学体育教学教研、群众体育和业余训练工作,成绩显著。作为中学体育教研组长团结带领全组教师认真做好学校体育工作,使鹰潭一中的体育工作走在全市前列,学校曾两次获得全国体育方面的先进集体,体育是鹰潭一中办学的三大特色之一。作为校田径队的教练,曾指导学生参加全省体育传统项目学校田径比赛获得男子组团体总分第一名,代表江西省参加全国体育传统项目学校田径分区赛。向上级体育院校、体工队等输送学生200多人。撰写的教学论文多次获得省市级一、二、三等奖,在省级以上刊物发表论文多篇。1987年被评为全国体育传统项目学校优秀工作者,1997年被评为全国体育传统项目学校先进工作者,2007年被评为全国“百名优秀体育教师”,2008年被评为全省高中体育学科带头人。

2011年9月,钱培顺被江西省人民政府授予特级教师荣誉称号。

陈泉堂 江西抚州人,中共党员,1970年3月出生,1990年毕业于南昌铁路机械学校普师班,大学本科学历,现为鹰潭市第七小学语文特高级教师、市兼职语文教研员、市学科带头人、省级骨干教师、省小语会常务理事。

在20余年的从教生涯中,不断探索,刻苦钻研,获得了诸多荣誉:省教育学会先进工作者、市师德标兵、原上海铁路局优秀教师、原南昌铁路局先进生产工作者、优秀辅导员、优秀共产党员、市教育宣传先进个人等。先后在国家省市报刊发表论文20余篇,在全国全省获奖论文20余篇;多次在南昌局、鹰潭市、区、乡上公开课、观摩课、示范课;多次参加全市送教下乡的组织和评课讲座工作,并应市教育局邀请指导青年教师参加省级优质课比赛获一等奖数人;主持的研究课题在省级立项、结题并获得优秀教科研成果奖;指导学生参加学科竞赛共有4人次获全国一、二等奖、参加科技创新大赛连续三年获全省一等奖;辅导学生习作共有四十余篇在报刊发表。省级出版并全国发行的论著有《阅读新视窗——贝贝妮奇奇卡的语文之旅(第2辑)》、《小学生看图作文3+1》、《新课程课堂教学实施疑难与案例分析》等。

2011年9月,陈泉堂被江西省人民政府授予特级教师荣誉称号。

谢春生 1961年3月出生,江西于都人,大专文化,中共党员,现任鹰潭市公安局治安支队三大队大队长、主任科员。

近年来,谢春生认真贯彻党的路线方针政策,深入学习实践科学发展观,按照市委、市政府和上级公安机关的工作要求,紧紧围绕全市“四大一新”和重点工程建设,坚持“打防结合、标本兼治”原则,全力投入社会治安管理工作。他立足本职服务经济,经常深入厂矿、学校等重点单位,认真开展安全检查,发现问题及时指正,不留一丝隐患。他时刻把群众放在心上,共为民办实事做好事300余件。在全市“大走访”活动中，他和支队同事一道走村串户，先后走访慰问60多名困难家庭，将一袋袋大米、一壶壶食油送到百姓手中。他勤政廉洁、秉公办事，从未利用手中的权力为自己或他人谋私利，体现了一名共产党员、人民警察良好的职业道德和优良品格。他先后荣立三等功4次，2010年被评为鹰潭市首届“十佳亲民警察”，江西省劳模(先进工作者)。

2011年7月，谢春生被中共江西省委评为全省优秀共产党员，光荣出席江西省庆祝建党90周年大会。

严国安 1962年11月出生，民革党员，1983年参加工作，副主任医师，现任鹰潭市中医院口腔科主任。

30年来一直从事口腔临床工作，对工作尽职尽责，任劳任怨。对技术刻苦学习，认真钻研，对病人热情服务，不断拓宽口腔诊治领域。把一个设备简陋、场所狭窄、病人稀少的口腔科变成了全市技术领先的、设备先进的、规模最大的科室。在鹰潭地区领先开展了儿童、成人固定正畸，精密附着体、套筒冠、二氧化锆义齿等新技术，填补了市多项口腔治疗领域的技术空白。在鹰潭首先开设无节假日科室，自己20年来未休过节假日，每天接诊20多位病人，每年要做1000多个单位的各种修复体。在鹰潭地区不管诊所还是医院里的口腔科室他们遇到疑难病人都是找严主任会诊。江西省口腔医学会第一届理事，江西省口腔医学会第一届内科专业委员会常务理事。2009年被江西省总工会评为“江西省五一劳动奖章”获得者，被鹰潭市人民政府评为“鹰潭市劳动模范”，连续多年被鹰潭市中医院评为“医院特殊贡献奖”，2010年被江西省人民政府评为“江西省先进工作者”。

2011年，严国安再次被江西省人民政府评为“江西省先进工作者”。

张乐金 1981年4月出生，江西鹰潭人，中共党员，1999年毕业于鹰潭农校，本科学历，2000年参加工作，就职于江西鹰潭高新技术产业园区白露街道办事处，现任江西鹰潭高新技术产业园区党政办公室副主任。

2008年以来，张乐金在党政办公室同时分管党务、政务两个方面工作。面对繁重的工作任务，他以高度的责任感和使命感，任劳任怨，尽职尽责，超负荷工作，出色地完成了非公企业党建、农村基层组织建设、创先争优活动组织等各项工作任务。每年撰写各类文稿300余件，字数不下50万字，累计在党报党刊上稿信息、报道、调研文章70余篇。先后被评为鹰潭市信息工作先进个人、鹰潭市调研工作先进个人。

2011年6月，张乐金被江西省委授予“全省优秀党务工作者”荣誉称号。

邓金木 1967年出生，江西贵溪人，中共党员，现任交通街道党工委书记。

自担任交通街道党工委书记以来，他结合街道实际情况创造性地开展了“三双”和“六零六创”等主题实践活动，制定了党员管理的“三项教育”措施，充分调动了党员、居民群众参与社区建设的积极性。特别是在探索如何充分调动居民群众自我管理、自我教育的工作中，他深入基层调研，完成了《构建和谐社区的几点思考》和《关于建立社区居民事务理事会制度的调研报告》两篇调研文章，并大胆进行实践，借鉴村民理事会的经验，在社区中成功开展了居民理事会工作。作为街道党工委书记，他深知自己肩上的担子重，如不正确处理好下岗职工问题将会对社会和谐造成一定的影响。原麻纺厂的一些下岗职工因历史遗留的原因经常聚集到市里去上访，他在了解情况后，组织街道信访干部深入到这些人当中，与他们谈心，对于他们提出的问题及困难，他都及时帮助解决。近年来，他多次被评为全市综治工作先进工作者、全区武装工作先进个人、全区优秀公务员等荣誉称号。

2011年6月，邓金木被江西省委授予“全省优秀党务工作者”荣誉称号。

江水平 1973年9月生，江西贵溪人，中共党员，研究生学历，现任龙虎山林业局局长。

自任龙虎山林业局局长以来，江水平把造林绿化作为全局的中心工作来抓。他带领全局干部取消节假日，加班加点在绿化工地有条不紊地组织实施造林绿化工作，确保各项绿化工作有序推进。在景区财力十分紧张的情况下，争取财政资金投入500万元用于造林绿化，打造绿色生态景观。主要实施鹰瑞高速及连接线绿化、游客中心、新旅游线路、正一观景区等重点工程景观绿化。为提高造林绿化工程成效，他带领全体林业干部积极探索造林新机制。开展高速通道绿化采取苗木政府采购，由专业队伍实施造林，景区绿化重点工作实行招投标制，确保绿化苗木成活率达100%；落实造林主体，提高造林成效。景区积极鼓励扶持林农、企业投资林业开发，涌现了一批造林大户；加强技术服务，落实林业技术干部到各造林绿化小班，按规划设计要求，严把造林质量关，确保绿化成效。

2011年5月，江水平被江西省人民政府评为全省“一大四小”先进个人。

沈建豪 浙江嘉善人，中共党员，1962年11月出生，1983年毕业于上饶师专物理系，同年分配到贵溪市一中工作至

今28个年头,担任班主任25年,曾担任过教工团支部书记、物理教研组长、年级主任,现担任贵溪一中学生管理中心副主任。

1990年、1991年、1995年三次被中共鹰潭市委宣传部、市教育局、市教育工会、团市委评为“优秀青年教师” 称号,2000年被中共江西省委宣传部、省教育厅评为“全省中小学德育工作先进个人” 称号,2001年被国家人事部、国家教育部授予“全国模范教师”光荣称号,2003年荣获 “全省师德师风主题教育活动师德标兵” 称号,2008年被评为江西省中小学首批学科带头人。2009年主持承担省级课题“新课程背景下高中物理的备课与备课评价的研究”顺利结题。2007年9月所设计创作的多媒体课件“离心现象及其应用” 在参加第四届全国多媒体教学课件、积件、素材评比大赛中,被评为优秀教学课件二等奖。多篇教学论文在“中学物理教学参考”上发表。

2011年9月,沈建豪被江西省人民政府授予特级教师荣誉称号。

张吟芳 女,江西余干人,1967年12月出生,1990年7月毕业于江西师范大学外语系。现为贵溪一中英语学科主任,江西省中小学学科带头人,江西省教育学会外语专业委员会委员。曾获全国优秀中小学外语教师、鹰潭市模范教师等荣誉称号。

从教20多年来,一直以强烈的责任感和事业心任劳任怨地工作在教学第一线,长期致力于英语教育教学的改革和探索,努力实践由经验型教师向研究型、专家型教师转化。在教育教研等方面取得了丰硕成果,撰写论文20余篇先后在各级各类杂志、报刊上发表,多篇论文获全国一、二等奖。主编“高中英语语法表解”、“高三英语复习用书”,参编“学习的艺术”和“高考任我行”等书籍。主动承担了教育规划课题“基于母语环境的任务英语教学实施与课程资源整合研究”、“英语报刊阅读辅助教学新模式的研究”两个大型教研课题的研究。

2011年9月,张吟芳被江西省人民政府授予特级教师荣誉称号。

李志英 女,江西贵溪人,中共党员,1964年10月出生,1982年毕业于上饶师范英语系,现为贵溪市二中副校长、初中英语教师,曾获全国师德先进个人、全国中小学外语教师园丁奖、江西省“三八”红旗手,在教育教学中做到,爱生敬业,诲人不倦,关爱每一位学生,在教学中不断钻研新教材,探索新教法,坚持教学以教师为主导,学生为主体的原则,优化课堂结构,实施分层教学,因地制宜,因材施教,让学生在快乐中学习,在探究中获取知识和增强能力,形成了以“爱是教育过程中永恒的主旋律,没有爱就没有教育”为主的教学方式。撰写论文近50余篇,交流、获奖共20次,2007年独立编写了2007~2008学年度江西省初中英语八年级寒假作业(江西教育出版社出版),2008年4月应江西省教研室之聘,在全省中考英语研讨会上作题为“浅谈如何进行中考英语总复习及如何提高学生写作能力” 的专题讲座报告,内容在省教育厅网站上登载。课题“英语听力测试效度、信度及分析” 的研究,2005年12月鹰潭市教研室予以结项,2007年11月申报课题“口语测试效度、信度研究”获省教育厅立项。

2011年9月,李志英被江西省人民政府授予特级教师荣誉称号。

周华选 江西余江人,中共党员,1972年5月出生,大学本科学历,中学高级教师,1991毕业于鹰潭师范,一直工作在余江县最偏远的革命老区——画桥中学。曾获县“十佳教育工作者”、市“十佳师风师德先进个人” 称号,2007年被评为江西省首届学科带头人。

从教20余年,他爱岗敬业、刻苦钻研,树立了 “教育为人终身发展奠基”的观念,把“自主、合作、探究、和谐”的新课程理念落实到自己的课堂教学之中,形成了“发现,探究、提高、再发现”的教学模式,并在全县推广。在县、市举办的优质课竞赛中均获得第一名,在省举办的优质课竞赛中获第三名,并且是县市优秀授课教师。指导和培养了4名青年教师获得市、省优质课竞赛一等奖。他是鹰潭市学科中心组成员之一,市“送教下乡”讲师团成员之一。多次承担了市、省级课题项目并结题。撰写教育教学论文40余篇,其中在省级报刊发表的有15篇。主编、参编了6本教学用书,主要著作有:《中考大本营·超级赢分练》、《彻底征服新中考》(教师用书)、《考能大提升》(教师用书)等。多次在县、市、省级专业研讨会上作专题讲座,2010年7月受赣南师院邀请为全省骨干教师做专题讲座。

2011年9月,周华选被江西省人民政府授予特级教师荣誉称号。

2011年评定的正高级专业技术职称人员

周海滨 1969年7月出生,江西余江人,九三学社社员,工商管理硕士,教授级高级工程师,高级经济师。现为鹰潭市工业技术研究所在职在岗的工作人员,同时,作为技术服务外派人员,兼任合作企业宁波立华制药有限公司总工程师。宁波市第十三届政协委员,宁波市第十四届人大代表。先后获得宁波市劳动模范、宁波市突出贡献专家、2011年度宁波市科技推动奖、宁波市十大发明之星等荣誉称号。为浙江省新世纪151人才工程第二层次培养人员，宁波立华风湿免疫专科药创新团队负责人。

主持完成“白芍总苷(TGP)治疗类风湿关节炎(RA)的开发与产业化”项目，负责该项目产品的生产工艺研究与产业化，创建了多项TGP原料和制剂生产工艺的专有技术，得到含量稳定可控、更适合大规模工业化生产的原料药生产工艺。解决了装量不稳定、吸潮的制剂工艺问题，实现了自动化大规模白芍总苷胶囊生产。建立了白芍药材、原料药和成品的质量控制方法，建立了相应的含量测定方法及指纹图谱控制体系。本项目获2008年度宁波市科技进步一等奖，2010年浙江省科学进步二等奖，2011年该项目被宁波市推荐参评国家科技进步奖。近三年成功主持推动国家中药保护品种——无糖八珍颗粒，口崩片系列产品、复方辣椒碱乳膏、石杉碱甲胶囊等9项市级新产品的科技成果转化。提出复方丹参片(薄膜衣)、舒筋活血片(薄膜衣)、对乙酰氨基酚口崩片国家药品质量标准，起草制定艾罗浓汁、漱口水企业标准。提出并主持白芍全产业链的开发工作。重点开展白芍药材GAP种植基地建设、白芍有效成分提取(GMP)、白芍总苷制剂的生产(GMP)及销售(GSP)、白芍总苷新药研究(GLP)等工作，打造了白芍产品的农、工、商、研全产业链，提升了企业的核心竞争能力。组建了省企业工程技术中心，开展了风湿免疫专科系列新药研发。

2011年，周海滨被评审为教授级高工。

沈庆新 1957年11月出生，江西瑞昌人，中国民盟盟员，1974年下放于鹰潭白露公社倪家大队，1982年毕业于江西师范学院，本科学历，学士学位，现为鹰潭职业技术学院教学督导。

从事历史教育工作30年，承担过中师、大学历史等课程的教学与研究工作，有较强的教学能力与科研能力。主要研究方向为历史教学和学生思想政治教育。系统讲授过中国历史、世界历史、形势与政策等专业基础课和公共基础课。年均授课260节以上。积极开展教学改革与实践，取得很好的教学效率与效果，多次被评为学校优秀教师和优秀教育工作者。主持完成江西省教育科学规划重点课题1项(主持人)，在全国中文核心期刊、中国学术期刊发表科研论文多篇。注重学生思想政治教育，多次被评为优秀教育工作者。着力培养学生能力，指导学生在全省中师讲课录像比赛中获二等奖。多次系统指导青年教师教学与科研，指导他们进行课程教学设计和教学方法的改进，参与课题的实验研究以及撰写科研论文。现承担全校教师的教学督导工作。在系部教学管理中，健全教学管理制度，并能认真执行。培养和造就了一支教学质量高，科研能力强的思政理论课教师队伍。

2011年11月，沈庆新被评审为高职教授。

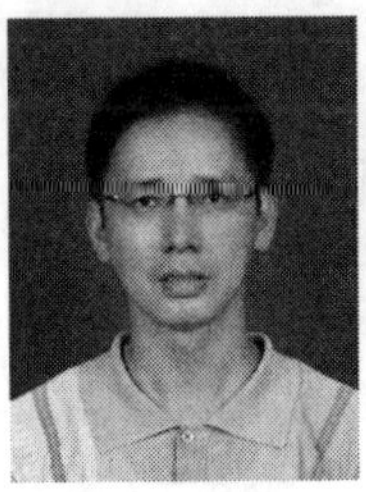

官卫星 1970年9月出生，江西余江人，1992年毕业于江西师范大学，硕士，1992年分配至鹰潭师范(现为鹰潭职业技术学院)工作。

从教至今，官卫星在省级以上刊物发表论文40篇，其中在核心刊物发表论文8篇。主持参与省级课题4项，主持市级课题3项，主持校级课题2项。2007年获本院“中青年骨干教师”，2011年获鹰潭市“优秀教师”、本院“学术带头人”，3次获本院“优秀科研奖”，3次获本院“优秀教师”，2011年指导学生获江西省大学生中文演讲“三等奖”等。

2011年11月，官卫星被评审为高职教授。

徐长斌 1976年7月出生，江西余江人，中共党员，1999年江西师范大学本科毕业，2004年江西师范大学在职研究生结业，取得硕士学位，2006年6月西南政法大学统招研究生毕业，取得硕士学位和学历。1999年8月在鹰潭师范学校参加工作，现任鹰潭职业技术学院教育系党支部书记。

近年来，主持完成省级课题4项，参与省级课题3项，主持市级课题3项。合著教材一部，独撰或第一作者发表学术论文27篇，期中中文核心期刊10篇。2008年合著教材《逻辑学导论》获江西省第三届普通高校优秀教材二等奖，2010年被评为鹰潭市先进个人，2011年被江西省教育厅评为江西省高校第七批中青年骨干教师，2011年被学院评为学术带头人。2008年被破格评审为法学副教授。

2011年，徐长斌被破格评审为高职教授。

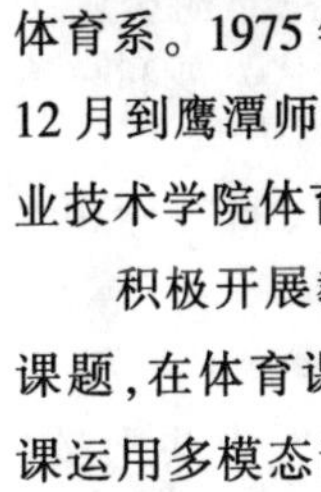

孙志平 1958年1月出生，籍贯黑龙江省，中共党员，本科学历，1980年12月毕业于江西师范大学体育系。1975年参加工作，1980年12月到鹰潭师范任教，现为鹰潭职业技术学院体育系教师。

积极开展教学研究，承担科研课题，在体育课程改革、大学体育课运用多模态话语、高职体育教学中促进学生个性形成与发展、高校体育教育产业、体育运动对青少年身心健康、加强学生素质教育、高职体育教学中学生体育兴趣的培养等方面进行了深入研究。在省级以上刊物上发表论文多篇,完成鹰潭市社会科学研究规划课题“高等教育发展与变革运行模式探析”。指导学生参加“江西省第七届大学生运动会男子排球比赛”获第一名并获优秀教练员，被评为2004~2005学年度“优秀共产党员”,在2003年“非典”工作中成绩突出被评为先进个人，获鹰潭市2003年度社会治安综合治理工作先进个人,指导学生多次获鹰潭市中学生男子组排球比赛第一名,多次获学院优秀教师称号。

2011年11月, 孙志平被评审为高职教授。

郑睦华 1967年12月出生,江西省宜春市靖安县人,中共党员,1990年毕业于江西大学新闻系,本科学历,学士学位,1990年进入鹰潭日报社工作,现任鹰潭日报社副社长。

多年来,郑睦华采写了大量新闻稿件,百余次获得全国、省、市级新闻奖,并有诸多作品在《人民日报》、《江西日报》等报刊发表,有些在全国范围内引起了读者广泛关注。采写的通讯《网上家庭会议 倡导诚信经营》、消息《龙虎山成功问鼎世界地质公园》《浙商评选投资环境 鹰潭排名江西第一》等多篇新闻作品,曾荣获当年度的江西报刊新闻一等奖。撰写的多篇文艺作品曾荣获江西报纸副刊作品评选一、二等奖。2010年底,郑睦华成为援疆干部,担任新疆克州报社副总编，积极开展为期三年的援疆工作,努力为新疆跨越式发展和长治久安作贡献。

2011年10月，郑睦华被评审为高级记者。

张智东 1970年生，中共党员，1989~1994年就读于赣南医学院临床医学专业，获学士学位，1994年进入鹰潭市人民医院工作,1995年起从事骨科临床工作,2003~2004年在苏州大学附属第一医院骨科进修一年。现为骨科副主任医师、鹰潭市医疗事故鉴定委员会专家库成员、鹰潭市劳动能力鉴定医疗卫生专家库成员。

从事骨科临床工作17年,积累了较为丰富的临床经验及手术技巧，尤其对于复杂的关节内骨折、脊柱创伤及疾患 的诊治有一定造诣。2000年独创肩关节脱位手法复位术,2004年开展市人民医院首例桡骨远端粉碎骨折支架外固定术,2005年开展首例肱骨髁间粉碎骨折双重建钢板内固定术,2007年开展首例股骨髁间粉碎骨折DCS内固定术,2009年开展首例胫骨髁间粉碎骨折双支撑钢板内固定术。同时,积极引入新技术,改进脊柱椎弓根钉植入术，于2007年主持完成首例脊柱滑脱手术,使市人民医院脊柱外科水平迈上新台阶。2008年完成首例上胸椎椎弓根钩植入手术。2007年参研的“带锁髓内钉固定治疗四肢长管状骨骨折临床研究”获鹰潭市科技进步二等奖,“改良经皮克氏针固定治疗桡骨远端骨折”获三等奖。2011年主持的“椎弓根钉、钩及连接杆系统治疗胸腰椎多节段骨折的临床研究”获市科技进步三等奖。在省级期刊发表论文8篇。

2011年,张智东被评审为主任医师。

袁涛 1961年4月，本科学历,学士学位,江西省微生物学会会员,中共党员,现任鹰潭市妇幼保健院党支部书记、院长。

从事检验专业技术工作30年有余,精通检验基本理论、专业知识和各项操作技能,是免疫和微生物领域学科带头人。在市疾控中心任支部委员、检验科长时曾组织筹建艾滋病实验室,率先通过省级认证。在国内核心专业期刊发表论文主要有“RPR和TP-ELSA、TPHA三种试验方法检测梅毒抗体的比较”“乙型肝炎病毒前S1抗原检测的意义”和“乙型肝炎病毒携带产妇乳汁中HBV-DNA检测的意义”,课题“肺炎支原体核酸扩增荧光定量检测技术在儿科的应用研究”“愈溃散结合重组牛碱性成纤维细胞生长因促进三期肛裂术后创面愈合的临床研究”和“儿童麻疹初免时间的探索研究”均获鹰潭市科学技术二等奖。

2011年,袁涛被评审为主任技师。

童金英 女,1971年12月出生,中共党员，江西鹰潭人,于1995年7月毕业于江西医学院临床医学系，同年分配至鹰潭市人民医院工作,从事心血管内科专业工作16年,市人民医院心血管内科主任。

2002年在南昌大学第二附属医院心血管内科进修,回院后开展了心脏起搏器植入、射频消融、冠脉造影及PCI手术。2006年当选为江西省第一届心脏起搏与心电生理分会委员会委员,2006年11月晋升为心血管内科副主任医师,同年开始担任心血管内科主任职务。2009年当选江西省医学会第七届心血管病学专业委员会委员。2011年获得南昌大学医学院医学硕士学位,作为“高敏C反应蛋白与急性冠脉综合征的相关性及其预后预警值的临床研究”第一完成人获得鹰潭市科技进步二等奖；作为“急性冠脉综合征患者缺血性J波与心脏事件关系的研究”第二完成人获得鹰潭市科学进步三等奖。发表论文十余篇，获得“优秀共产党员”“十佳医生”“市三八红旗手”“市五四青年”奖章等多项荣誉称号。

2011年,童金英被评审为主任医师。

徐发红 女,1970年3月出生,中共党员，硕士学位，江西天施康中药股份公司副总经理。

主持或主要

参与的国家项目3个，省、部级项目10多项，主持或主要参与研制的国家新药10个，申报多项发明专利，在国家核心期刊发表学术论文十余篇，主持或主要参与省科技进步二、三等奖5项。历年来获省“五一”劳动奖章、省百佳女性、省技术革新能手、省学术学科带头人等多项荣誉称号，享受省政府特殊津贴科技人员。主持国家发改委重大专项“夏天无中药产品高技术产业化示范工程”项目。项目采用的关键性技术“夏天无中药产品高技术产业化开发研究”获江西省科技进步三等奖；主持了江西省高新产业化重大项目“胃肠道药物产业化技改”项目。关键性技术“现代中药提取干燥集成技术在肠炎宁片中的研究与应用”获江西省科技进步三等奖；江西省第九批学科学术带头人培养对象，主持国家新药健脑康胶囊的研制，获得SFDA临床试验批准,并完成I期临床研究；在中药注射剂中，推广应用先进的膜分离技术，“膜分离技术在医药工业中的应用”获江西省科技进步二等奖；主持参与了余江和弋阳公司的GMP技改工程。以高标准完成了中药提取、片剂、胶囊剂、颗粒剂、茶剂、滴丸剂、注射剂中的GMP认证。

2011年，徐发红被评审为教授级高级工程师、执业药师。

何细荣 1960年6月2日出生，江西省铅山县人，中共党员。1981年元月赣州地质学校地质调查与找矿专业毕业分配到九一二大队，历任组员、项目负责、地勘院副院长、党(总)支部书记、大队副总工程师等职务。

参加工作以来，一直从事地质找矿与地质科研工作，先后从事过金银铜铅锌金属矿及非金属矿勘查工作，主持完成了“中央资补费”、“国土资源大调查”及“国家科技支撑计划”等多个国家级和省部级大型地质勘查和科研工作，为国家提供了两处大型银铅锌矿床。2002~2004年担任“中央资补费”贵溪市冷水坑下鲍矿区详查项目负责，运用现代成矿理论和新技术新方法，实现了找矿的重大突破，提交一处高品位的大型银铅锌矿床。该项目荣获江西省科技进步二等奖、国土资源部优秀找矿成果二等奖；2005年下鲍矿区已建成一座现代化大型矿山(银海矿业)，取得了较好经济和社会效益，仅2011年为国家上缴税收超过亿元，为鹰潭市地方经济发展作出了较大的贡献。2005~2009年在贵溪市冷水坑深边部找矿过程中，刻苦研发、大胆探索，在矿田北部小源新发现了品位富、厚度大铅锌银矿床，使冷水坑找矿取得了新的重大突破，该矿的开发价值巨大。“冷水坑银铅锌多金属矿成矿系统与隐伏矿预测研究”荣获国土资源部科学技术二等奖。参与“十一五”国家科技支撑计划“叠加复合型铅锌铜矿深部成矿模式与勘查技术示范研究”，建立了冷水坑矿田成矿系统模型，并利用该模型对区域范围可能出现的矿化新类型进行了科学预测，为区域找矿提供了重要的理论依据。

2011年12月，何细荣被评审为教授级高工。

2011年受省(省委、省政府)部级以上表彰的先进集体

表3

受奖单位	先进年度或受奖时间	荣誉称号	授予单位
市科技局	2011年	全国科技进步先进市	科技部
鹰潭市	2011年	全国无偿献血先进城市奖	卫生部、中国红十字会
市中医院	2011年	国家重点专科(专病)腰痛病	国家中医药管理局
市中医院	2011年	国家重点专科(专病)慢性泪囊炎	国家中医药管理局
市邮政局	2011年	全国文明单位	中央文明委
市邮政局	2011年	全国邮政网运“创优争先”先进集体	中国邮政集团公司
市国家税务局	2011年	第三届全国文明单位	中央文明委
市国家税务局直属分局办税服务厅	2011年	全国巾帼文明岗	中华全国妇女联合会
市公安局	2011年	全国公安机关涉案财物管理问题专题治理工作成绩突出集体	公安部
市安全生产监督管理局	2011年	2011年全国安全生产月活动优秀单位	中共中央宣传部、国家安全生产监督管理总局、公安部、国家广播电影电视总局、中华全国总工会、共青团中央、中华全国妇女联合会
市审计局	2011年	全国地方政府性债务审计公务员集体嘉奖	国家审计署
月湖区卫生局	2011年	全国基层中医药管理工作先进单位	国家中医药管理局
贵溪市检察院	2011年	全国检察机关文明接待室	最高人民检察院
中国电信股份有限公司鹰潭分公司刘家营业部	2011年	中国电信集团公司优秀农村营业部	中国电信集团公司
贵溪市公安局烧箕山派出所	2011年	公安部“清剿火患”战役部署阶段成绩突出公安派出所	公安部
省核工业地质局二六一大队	2011年	国防科技工业军工文化教育基地	国防科技工业军工文化建设协调小组
省核工业地质局二六一大队	2011年	2011年全民健身活动先进单位	国家体育总局
省核工业地质局二六一大队工会	2011年	全国模范职工之家	中华全国总工会
核工业江西工程勘察院研发中心QC小组	2011年	国家工程建设(勘察设计)优秀QC小组	中国勘察设计协会
鹰潭市	2011年	全省和谐社会建设先进市	省委、省政府
市水利局	2011年	省加快水利改革发展考评设区市第二名	省政府
鹰潭高新技术产业园区管委会	2011年	全省先进工业园区	省政府

续表 3

受奖单位	先进年度或受奖时间	荣誉称号	授予单位
市商务局	2011 年	全省开放型经济发展综合奖	省政府
市商务局	2011 年	全省开放型经济先进主管部门	省政府
市商务局	2011 年	全省搞活流通扩大消费综合奖	省政府
龙虎山景区管委会	2011 年	全省创先争优先进基层组织	省委
龙虎山景区管委会	2011 年	2010–2011 年度全省造林绿化“一大四小”工程建设先进风景名胜区	省政府
龙虎山景区管委会	2011 年	全省改渡建桥工作先进单位	省政府
龙虎山景区管委会	2011 年	2011 年度全省依法用地模范县(市、区)	省政府

2011 年高考文、理科状元及被北大、清华录取的新生

一、鹰潭市 2011 年高考文、理科状元

科别	姓名	性别	高考前毕业学校	考分	录取院校
文科	张荟慧	女	余江县一中	620 分	北京大学
理科	王　越	女	鹰潭市一中	685 分	清华大学

二、鹰潭市 2011 年被北京大学、清华大学录取的新生

科别	姓名	性别	录取院校	高考前毕业学校
文科	张荟慧	女	北京大学	余江县一中
理科	张梓攀	男	北京大学	鹰潭市一中
理科	吴不可	男	北京大学	鹰潭市一中
理科	张　灵	女	北京大学	鹰潭市一中
理科	朱奕彰	男	北京大学	鹰潭市一中
理科	邱日明	男	北京大学	贵溪市一中
理科	周　拓	男	北京大学	贵溪市一中
理科	陈　聪	男	北京大学	贵溪市一中
理科	吴震天	男	北京大学	余江县一中
理科	王　越	女	清华大学	鹰潭市一中
理科	汪佳琪	男	清华大学	鹰潭市一中
理科	万　成	男	清华大学	余江县一中
理科	魏隽煜	男	清华大学	贵溪市一中
理科	张伟越	男	清华大学	贵溪市一中

主要统计资料

编辑、校对：华志萍

2011年鹰潭市国民经济和社会发展统计公报

2011年是“十二五”规划的开局之年，面对错综复杂的国内外发展形势，全市人民在市委、市政府的正确领导下，以科学发展观为统领，紧紧围绕鄱阳湖生态经济区建设这一主线，齐心协力、攻坚克难，开拓进取，全市国民经济保持了平稳较快增长，各项社会事业持续进步，人民生活继续改善，实现了“十二五”经济社会发展的良好开局。

一、综合

经济保持平稳较快发展。初步核算，全市实现国内生产总值(GDP)426.70亿元，按可比价格计算，比上年增长12.3%。增幅连续11年实现“两位数”增长。其中：第一产业增加值38.14亿元，增长4.3%；第二产业增加值276.17亿元，增长13.1%；第三产业增加值112.39亿元，增长13.0%。三次产业结构由上年的9.5:62.8:27.7调整为8.9:64.7:26.4。其中，工业增加值占国内生产总值比重为61.0%，比上年提高1.5个百分点。三次产业对经济增长的贡献率分别为3.3%、67.3%和29.4%。非公有制经济完成增加值201.45亿元，增长14.3%，占全市国内生产总值比重47.2%，同比提高0.7个百分点。人均生产总值3.78万元，增长11.4%，按年均汇率折算为5845美元。

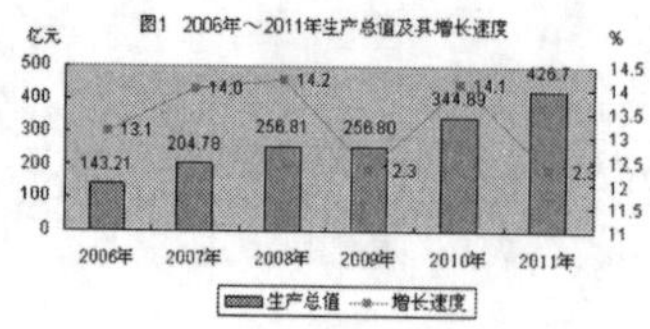

财政收入较快增长。实现财政总收入71.11亿元，增长28.9%，收入总量是“十一五”开局之年的3.6倍，占地区生产总值比重达16.7%，同比提高0.7个百分点。其中，地方财政收入达38.82亿元，增长31.6%。县域经济实力增强，实现财政总收入60.90亿元，增长23.3%，其中贵溪市财政总收入达30.1亿元，同比增长13.5%；余江县、鹰潭高新技术产业园财政总收入突破10亿元，财政收入均实现两年翻番，余江达10.67亿元，增长18.5%，鹰潭高新区达12.05亿元，增长73.8%。全市过亿元的乡镇由去年的6个增加到8个。

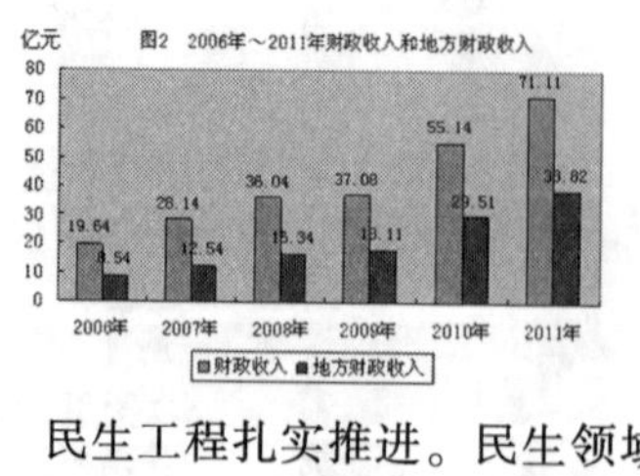

民生工程扎实推进。民生领域支出继续加大，财政用于社会保障和就业、教育、医疗卫生、城乡社区事务、住房保障、农林水事务等民生性支出达36.75亿元，增长19.5%，占财政支出的53.9%。就业形势基本稳定。城镇新增就业2.55万人，其中下岗失业人员实现再就业8082人，年末城镇登记失业率为3.5%。农村劳动力转移就业2.03万人，发放小额担保贷款2.4亿元，扶持创业2450人，带动就业9978人。

物价总水平得到有效调控。全市居民消费价格总指数105.1%，上涨5.1%，涨幅比前三季度回落0.1个百分点。其中消费品价格指数上涨5.8%，服务项目价格指数上涨3.1%，均比前三季度回落0.1个百分点。八项分类指数呈“七升一降”特征。其中食品价格上涨9.8%，居住类次之，上涨4.9%，烟酒及用品类价格上涨1.8%，医疗保健和个人用品上涨2.7%，娱乐教育文化用品及服务类价格上涨2.9%，家庭设备及维修服务类价格上涨3.7%，衣着上涨2.0%，而交通和通讯类价格下降0.1%。

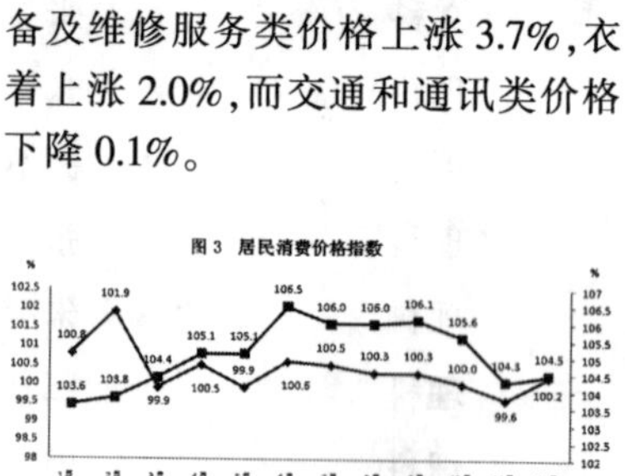

2011年居民消费价格指数

表4

指　标	以上年为100
居民消费价格指数	105.1

续表4

#食品	109.8
#粮食	107.6
油脂	109.7
肉禽及制品	121.3
蛋	111.0
水产品	111.4
鲜菜	96.1
烟酒及用品	101.8
衣着	102.0
家庭设备用品及服务	103.7
医疗保健及个人用品	102.7
交通和通信	99.9
娱乐教育文化用品	102.9
居住	104.9

二、农业

农业生产稳中向好。2011年，全市实现农林牧渔业总产值60.76亿元，按可比价计算，增长4.3%。其中，种植业产值22.49亿元，增长3.3%；林业产值3.31亿元，增长1.5%；牧业产值27.61亿元，增长5.5%；渔业产值6.48亿元，增长4.6%。农作物总播种面积15.24万公顷，增长1.8%，其中粮食产量喜获丰收，实现“八连增”，全年突破65万吨，达65.47万吨，增长2.3%。“一大四小”工程深入开展，全年完成荒山荒（沙）地造林面积4746公顷，四旁（零星）植树253万株。养殖业生产保持稳定。全年肉类总产量12.22万吨，增长2.8%，其中猪牛羊肉10.59万吨，增长2.9%，禽蛋产量1.98万吨，增长8.8%。生猪出栏127.48万头，增长2.1%。年末生猪存栏64.67万头，增长3.1%。水产养殖规模不断扩大，全年水产养殖面积8053公顷，增长7.0%，水产品总产量4.58万吨，增长4.7%，其中养殖业产量4.13万吨，增长5.3%。

2011年主要农产品产量及其增长速度

表5

产品名称	产量（万吨）	比上年增长(%)
粮食	65.47	2.3
其中：稻谷	63.46	2.0
油料	2.23	17.2

续表5

其中：油菜子	0.67	7.9
甘蔗	2.19	–14.1
茶叶	0.01	–8.7
水果	4.25	–0.2
蔬菜	19.35	4.4
肉类	12.22	2.8
水产品	4.58	4.7

农业基础建设得到加强。全年农业机械总动力87.55万千瓦，增长10.0%，机耕面积占总播种面积79%，农田有效灌溉面积达77.18万亩，与上年持平。农村用电量9537万千瓦小时，增长19.0%。农用塑料薄膜使用量2125吨，增长54.7%。完成中型和小一型病险水库除险加固16座。

农业产业化步伐加快。全市省、市级龙头企业97家，新增2家，实现销售收入45亿元，增长18.0%。农民专业合作社445家，新增114家，带动农户2.2万户。

农村生活设施不断改善。全市353个村委会实现了村村通公路、通电话，自来水受益村达到92个，增长16.5%。

三、工业和建筑业

工业生产平稳增长。全年实现工业增加值260.4亿元，增长12.6%，对全市经济增长的贡献率达到61.1%。规模以上工业实现增加值239.55亿元，增长15.0%。分经济类型看，国有及国有控股企业增长10.8%，集体企业增长2.65%，股份制企业增长27.89%，外商及港澳台投资企业增长41.29%。分轻重工业看，轻工业增长36.0%，重工业增长13.7 %。分产业看，铜产业增长13.6 %，非铜产业增长23.3%。分行业看，在统计的24个行业大类中，有20个行业的增加值实现了增长，其中化工原料及化学制品制造业增长23.9%、医药制造业增长20.6%、有色金属冶炼及压延加工业增长14.3%、电气机械及器材制造业增长5.9%、仪器仪表及文化、办公用机械制造业增长75.5%、电力热力的生产和供应业增长2.5%。

图4 2006年～2011年规模以上工业增加值及其增长速度

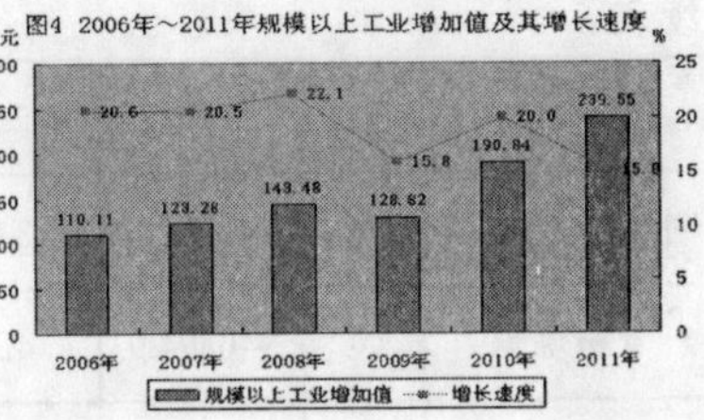

产销衔接良好。规模以上工业产销率达98.6%。主要工业产品产量有升有降。其中：电解铜94.04万吨，增长4.3%；铜材加工111.28万吨，增长25.6%；中成药1475.9吨，增长6.0%；化学农药8463.2吨，增长19.1%；水泥39.47万吨，下降4.0%；节能灯管2.33亿只，增长25.0%；皮革鞋靴379.8万双，增长28.7%；针织袜1.46亿双，增长7.2%。

规模以上工业主要产品产量及其增长速度

表6

产品	单位	产量	比上年增长(%)
铜选矿产品含铜量	吨	200021	16.1
铅选矿产品含铅量	吨	7562.7	9.6
锌选矿产品含锌量	吨	8219.8	7.1
硫铁矿（折含硫35%）	吨	1696317.2	8.5
硫酸（折100%）	吨	1780120.1	–0.9
盐酸（含量31%）	吨	41430.0	16.6
农用氮、磷、钾化学肥料总计（折纯量）	吨	141712.0	–2.6
#：氮肥（折含N100%）	吨	43746.0	–0.3
磷肥（折$P_2O_5$100%）	吨	97966.0	–3.6
磷酸铵肥（实物量）	吨	207513.0	5.6
化学农药原药（折有效成分100%）	吨	8463.2	19.1
中成药	吨	1475.9	6.0
水泥	吨	394728.0	–4.0

续表 6

钢材	吨	22341.7	942.8
十种有色金属	吨	943007.5	3.8
#精炼铜	吨	940394.9	4.3
黄金	千克	25424.0	15.6
白银	千克	526421.0	12.0
铜材	吨	934963.4	26.0
铝材	吨	36003.0	-17.5
电光源	万只	23297.5	24.9
电子元件	万只	2925.0	385.9
眼镜成镜	万副	4083.3	102.3
水表	万只	442.9	14.4
发电量（火力发电）	万千瓦小时	319655.3	-8.1
皮革鞋靴	万双	379.8	28.7
针织袜	万双	14618	7.2

工业经济效益大幅增长。全市规模以上工业完成主营业务收入1983.07亿元，增长47.1%，其中铜产业实现收入1822.52亿元，增长48.5%，全市规模以上工业实现利税131.44亿元，增长33.0%，实现利润95.37亿元，增长32.5%。工业经济效益综合指数达452.49%，提高7.2个百分点。

园区产业聚集不断加快。2011年，全市入园投产工业企业达239家，新增27家。安置从业人数4.16万人，增长15.5%。全年园区完成工业增加值94.43亿元，增长14.3%；完成主营业务收入686.66亿元，增长40.2 %，实现利税24.22亿元，增长 19.2%，其中实现利润15.42亿元，增长44.3%。鹰潭高新技术产业园区、贵溪工业园区分别实现主营业务收入284.91亿元和280.67亿元，分别增长37.0%和36.3%，余江工业园实现新突破，主营业务收入超百亿，达121.07亿元，增长60.6%。

建筑业生产较快发展。全年建筑业实现增加值15.77亿元，增长22.7%。全市具有建筑资质等级的总承包和专业承包建筑业企业完成总产值72.44亿元，比2010年增长11.1%；竣工产值33.63亿元，增长64.5%；实现利税总额0.93亿元，下降38%。建筑业企业房屋建筑施工面积187.32万平方米，下降58.4%；房屋建筑竣工面积168.53万平方米，增长74.5%，其中住宅竣工面积102.69万平方米，增长58.0%。

四、固定资产投资

固定资产投资快速增长。全年完成全社会固定资产投资336亿元，增长30%。其中完成500万元以上固定资产投资276.86亿元，增长23.0%。在固定资产投资中，国有投资84.69亿元，下降13.6%，非国有投资192.17亿元，增长51.3%，其中民间投资189.47亿元，增长49.2%。非国有投资占固定资产投资的比重达69.4%，比上年提高14.3个百分点。

从产业看，第一产业完成投资4.87亿元，下降6.5%，第二产业191.54亿元，增长25.2%，第三产业80.45亿元，增长20.2%。从行业看，工业投资190.78亿元，增长25.6%，其中制造业增长31.1%。三产中交通运输、仓储和邮政业增长165.9%，租赁和商务服务业增长71.7%，卫生、社会保障和社会福利业增长82.4%。

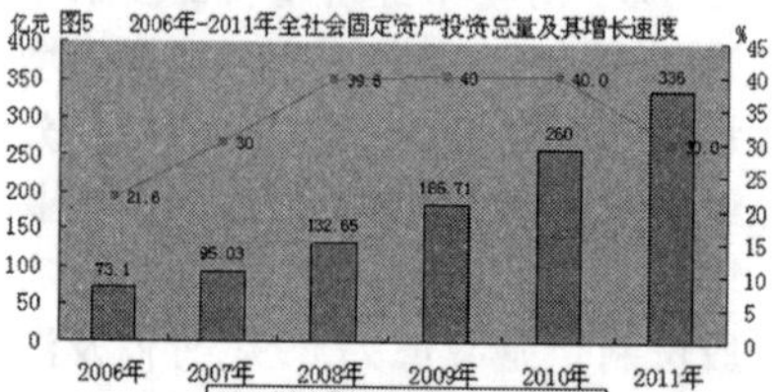

房地产开发高速增长。房地产开发投资21.51亿元，增长 65.0%。商品房施工面积204.83万平方米，增长38.2%。商品房屋销售面积65.48万平方米，增长84.5%。商品房销售额23.14亿元，增长96.7%。

重点工程项目加速推进。全市实施重点工程项目57个，市本级重点工程开工率达91%，完成投资56.1亿元，创历史新高。项目建设强力推进。一批重大项目建成运营，信江大桥、龙虎山大桥竣工通车，滨江公园二期开园，市人民医院门诊医技大楼顺利落成，二化廉租房、鹰西棚户区改造、城市规划展示馆等项目正加快推进。信江路网工程快速推进，"三纵三横"路网基本成型，"一江两岸"城市格局初具雏形。贵电"上大压小"、西气东输二线鹰潭段、杭长客运专线鹰潭段等中央、省属项目加速推进。

五、国内贸易

消费市场持续繁荣。全年实现社会消费品零售总额103.27亿元，增长17.5%。分地域看，城镇消费品零售额94.04亿元，增长17.5%；乡村消费品零售额9.23亿元，增长17.0%。分消费形态看，批发业零售额25.7亿元，增长30.3%；零售业零售额62.3亿元，增长13.2%；住宿业零售额1.3亿元，增长26.7%；餐饮业零售额14亿元，增长15.3%。从主要商品类别看：基本生活类商品销售稳定增长，消费升级类商品增势强劲。在限额以上批发零售业零售额中，粮油食品饮料烟酒类零售额增长13.5%，服装、鞋帽、针织品类增长33.8%，金银珠宝类增长51.1%，家用电器和音响器材增长71.3%，石油及制品类增长38.9%。

六、对外经济

进出口规模不断扩大。2011年，全市发生进出口实绩企业97家，新增30家，完成进出口总额43.77亿美元，增长10.3%。其中，进口总额37.67亿美元，增长4.5%；出口总额6.1亿美元，增长68.2%。在出口中，一般贸易出口5.2亿美元，增长1.2倍。民营出口继续占据主体地位，完成出口额4.4亿美元，增长83.4%，占全市出口总额的72.5%。2011年，全市有进出口经营权企业达到218家，其中外商投资企业35家，自营生产企业168家，专业外贸公司15家。

2011年进出口总额及其增长速度

表 7

指　　标	绝对数（万美元）	比2009年增长（%）
进出口总额	437682	10.3
出口额	60970	68.2

续表7

其中:一般贸易	51868.1	115.5
加工贸易	7.7	——
其中:机电产品	1.6	51.8
其中:高新技术产品	1745	35.14
进口额	376712	4.5
其中:一般贸易	356735.8	2.9
加工贸易	18.0	——
其中:机电产品	20720	18.02
其中:高新技术产品	2111	-6.29

招商引资步伐加快。2011年,全市引进省外5000万元以上项目64个,增长4.9%,实际进资143.55亿美元,增长30.5%,其中,引进亿元以上项目32个,增长14.3%,亿元以上项目进资82.62亿元,增长42.7%,占内资比重57.6%,同比提高5.0个百分点。实际利用外资1.45亿美元,增长21.4%。

七、交通、邮电和旅游、物流

交通邮电业加快发展。全年交通运输、仓储和邮政业实现增加值29.46亿元,增长30.9%。

交通运输业发展良好。境内公路通车里程381.10万千米,新增8.60万千米,高速公路通车里程9.80万千米。全年铁路、公路、水路共完成客运量6280.74万人,增长2.28%,其中铁路客运量484.94万人,增长5.4%,公路客运量5750万人,增长2.0%,水路客运量45.8万人,增长6.5%;全年完成货运量5384.71万吨,增长9.3%。其中;铁路货运量396.11万吨,下降0.36%;公路货运量4632万吨,增长10.6%;水路货运量356.6万吨,增长4.3%。

民用车辆继续保持较快增长。2011年末全市民用汽车保有量4.46万辆,增长30.6%,其中私人轿车保有量1.47万辆,增长44.5%,占轿车拥有量的82.1%,同比提高4.5个百分点。

邮电通信业健康发展。全年完成邮电业务收入5.74亿元,增长10.4%。其中:邮政业务收入6098万元,增长15.4%;电信业务收入5.13亿元,增长9.9%。年末固定电话用户数17.03万户,减少1.38万户,移动电话用户69.31万户,增加15.11万户。2011年年末互联网宽带用户数9.55万户,增加1.17万户。

旅游业发展有新突破。全年接待国内旅游者突破800万人次,达865.1万人次,增长31.1%,入境旅游者15.21万人次,增长28.4%;旅游总收入达60.06亿元,增长33.6%,其中旅游创汇2725.44万美元,增长28.8%,旅游总收入占服务业增加值比重53.4%,比上年提高6.3个百分点。全市有4A级景区1处,星级酒店17个,旅行社44家。

物流产业不断壮大。全市新增物流企业54家,达240家,物流企业实现主营业务收入71.07亿元,上交税收3.1亿元,分别增长29.0%和28.4%。

八、金融和保险业

金融保持稳健运行。年末金融机构本外币存款余额368.77亿元,增长0.7%。其中城乡居民储蓄存款余额为192.96亿元,增长12.4%。金融机构本外币各项贷款余额238.08亿元,增长8.0%,人民币各项贷款余额229.97亿元,增长4.5%,其中:短期贷款103.85亿元,下降14.5%,中长期贷款116.84亿元,增长34.4%。

保险业发展态势良好。全市有各类保险公司15家。其中,财产保险公司8家,人寿保险公司7家。全年实现保费收入7.68亿元,比上年下降8.01%。其中:财产险保费收入2.88亿元,增长22.5%;人寿险保费收入4.80亿元,下降20.0%。各类保险赔款支出1.56亿元,增长12.6%。其中:财产险赔款支出1.46亿元,增长12.7%;人寿险赔款支出1025万元,增长11.6%.

九、教育和科学技术

教育事业稳步发展。全市共有各级各类学校527所,其中普通高校1所,成人高校1所,中等职业学校14所,普通中学70所,小学348所,特殊教育学校2所,幼儿园91所。全市在校学生20.62万人,其中普通高中、初中、小学在校生分别达1.60万人、5.21万人和11.06万人,特殊教育在校生444人,在园幼儿2.71万人。拥有教职工1.22万人,专任教师1.07万人。全市适龄儿童小学入学率为101.72%,初中阶段毛入学率109.86%。

2011年各类教育基本情况

表8

指标	学校数		招生数		在校学生数	
	数量	比上年增减	人数	比上年增长	人数	比上年增长
	(所)	(所)	(人)	(%)	(人)	(%)
普通高等学校	1	0	2046	-11.4	5396	18.2
中等职业学校	14	0	4426	-52.9	21411	-15.9
普通中学	70	1	22730	3.7	68055	3.1
小学	348	-8	20589	11	110563	3.7
特殊教育学校	2	0	17	34.6	444	-26.4
幼儿园	91	1	19189	6	27093	13.5

科技事业成果丰硕。我市连续六届被评为"全国科技进步先进市",全年全市科技成果22项。争取国家科技项目19项,省级项目31项,有13项产品被列为省级重点新产品。6项省级优秀新产品。科技奖项29项,其中省级3项;全年专利申请量336件,比上年增加77件,增长29.7%;授权量273件,比上年增加88件,增长47.6%。

高新技术产业稳步发展,全年实现高新技术产业增加值32.9亿元,增长24.3%,占GDP比重7.7%,与上年持平。

十、文化、卫生和体育

文化事业蓬勃发展。全市共有艺术表演团体2个,文化馆4个,博物馆和纪念馆3个,公共图书馆4个。全市有广播电台1座,电视台1座,广播人口覆盖率94.82%,电视人口覆盖率96.67%。成功承办了江西省首届畲族文化艺术节。群众文化生活丰富多彩，建成了150个农家书屋、17个乡镇综合文化站、11个社区文化中心(室)和124个广播电视“村村通”工程。

医疗卫生服务设施不断完善。2011年年末拥有卫生机构371个，比上年增加5个，其中医院、卫生院62个；卫生防疫、防治机构3个；妇幼保健机构4个。卫生技术人员4619人，增加158人，其中执业医师、执业助理医师2155人，增加553人；注册护士1480人，增加191人。卫生机构床位3264张，增加368张，其中医院、卫生院3075张，增加376张。每千人拥有卫生技术人员4.07人，每千人拥有卫生机构床位2.88张（按常住人口计算)，比上年分别增长2%和11.2%。

体育事业全面进步。圆满完成“七城会”赛事承办任务，群众体育工作连续第17年获得国家体育总局颁发的“全民健身活动优秀组织奖”；竞技体育实现历史性的突破，荣获“七城会”最佳赛区和突出贡献奖称号，2011年，完成农民体育健身工程8个；争取到省体育局全民健身路径7条，组织开展形式多样的群体活动100多项次；新增新农村及社区体育健身网点40个。全市已创建9个省级体育先进社区和3个国家级社区体育俱乐部，现有社会体育指导员780人，其中：国家级8人，一级62人，二级296人，三级420人。全市在训青少年运动员350多名，注册运动员170名。

十一、人口、人民生活和社会保障

人口保持低速平稳增长。据人口抽样调查推算，全年人口出生率为13.46‰，死亡率为6‰，人口自然增长率为7.46‰。2011年末常住总人口为113.4万人。城镇化率达到49.44%。

城乡居民生活继续改善。城镇单位在岗职工年平均工资 3.07万元(包括江铜不驻鹰厂矿单位)，比上年增长9.95%。城镇居民人均可支配收入1.75万元，增长12.2%，增幅同比提高1.7个百分点；城镇居民人均消费性支出1.11万元，增长1.9%。农村居民人均纯收入7623元，增长22%，同比提高8.6个百分点；农村居民人均生活消费支出4932元，增长22.5%。城镇恩格尔系数为45%；农村恩格尔系数为46.3%。城镇居民人均住房建筑面积34.08平方米，比上年增加1.05平方米；农村居民人均拥有住房面积63平方米，增加7平方米。

图6 2006年～2011年城乡居民收入

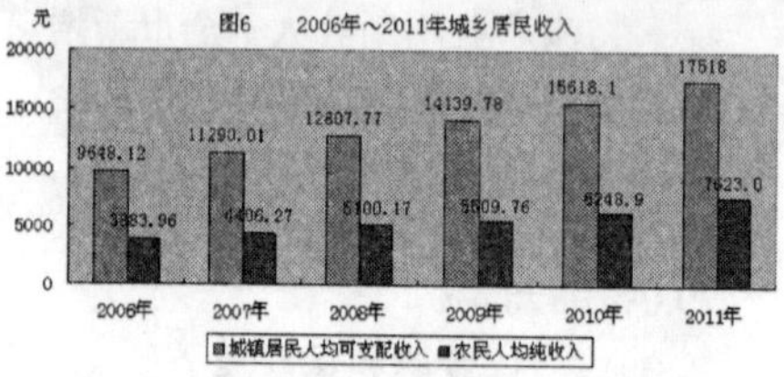

社会保障体系不断完善。全市拥有社会福利院、光荣院、社会福利院等50所，年末全市各类收养性社会福利单位床位4850张，收养各类人员3289人。社会保险覆盖范围不断扩大。实现了城镇职工、居民基本医疗保险和新型农村合作医疗制度全覆盖。年末全市参加城镇基本养老、医疗保险人数分别为16.73万人和30.29万人，分别比上年增加2.65万人和0.43万人；参加新型农村合作医疗人数79.58万人，增加2.25万人。城乡低保标准分别提高到300元/月，130元/月，分别比上年增长36.4%和30%；全市共配套各类民生社会救助资金2252万元，比上年增长17%，困难对象的生活得到了切实保障；全年销售福利彩票5180万元，增长71.3%。

十二、环境、节能与安全生产

全市拥有自然保护区3个，自然保护区面积19.67万亩。省级以上生态公益林131.04万亩。城市绿化改造进一步加强。全年实现人均公园绿地面积13.12平方米，城市绿地率40.3%，城市覆盖率达到45.13%。市城区空气质量全年保持在二级标准以上。城镇污水集中处理率达85.2%，比上年提高0.2个百分点，农村生活垃圾无害处理率达98.6%，主要河流断面优质水率达100%。

节能减排成效显著。初步核算，2011年全市万元GDP能耗(2010年可比价）为222.94万吨标准煤，比上年下降3.5%，超额完成全年下降3.4%的目标任务。其中工业节能取得积极进展，全市规模工业企业综合能源消耗量133.99万吨标准煤(按照剔除江铜集团以外的用电量核算)，比2010年增长7.54%，单位工业增加值能耗下降10.79%。主要污染物排放总量得到有效控制。全市化学需氧量排放削减率、二氧化硫排放削减率分别达到1%和0.5%。

安全生产形势相对平稳。全年各类事故236起。其中，道路交通事故85起，工矿商贸事故4起，火灾事故147起。全年生产安全事故死亡35人，比上年上升9.4%。其中，道路交通事故死亡28人，工矿商贸事故死亡4人，均与上年持平；火灾事故死亡3人。

注：

1.本公报数据为初步统计数。

2.地区生产总值、各产业增加值绝对数按现价计算，增长速度按可比价计算。

3.2011年国家统计制度改革，规模以上工业统计范围为年主营业务收入2000万元及以上的企业，固定资产投资统计范围为计划总投资500万元以上项目及房地产。

4.公报数与年鉴数不一致时，以年鉴数为准

鹰潭市 2010 年、2011 年国民经济和社会发展主要对比指标

表 9

指　　标	单位	2011 年	2010 年	2011 年比 2010 年增长(%)
年末总人口	万人	113.40	112.65	0.7
年平均人口	万人	113.02	112.09	0.8
年末社会就业人员	万人	71.44	70.87	0.8
年末在岗职工人数	万人	9.68	9.57	1.1
生产总值	亿元	426.70	344.89	12.3
# 第一产业	亿元	38.14	32.81	4.3
第二产业	亿元	276.17	216.51	13.1
# 工业	亿元	260.40	205.04	12.6
建筑业	亿元	15.77	11.47	22.7
第三产业	亿元	112.39	95.57	13.0
财政总收入	亿元	71.11	55.14	28.9
# 地方财政收入	亿元	38.82	29.51	31.6
财政支出	亿元	68.12	57.46	18.6
农林牧渔业总产值	亿元	60.76	52.67	4.3
农林牧渔业主要产品产量				
粮食	万吨	65.47	64.0	2.3
油料	万吨	2.23	1.91	16.8
水产品	万吨	4.58	4.37	4.8
肉类总产量	万吨	12.22	11.89	2.8
规模以上工业增加值	亿元	239.55	190.84	15.0
主要工业产品产量				
电解铜	万吨	94.04	90.22	4.3
铜材	万吨	93.50	89.23	4.8
发电量	万千瓦小时	319655	347750	-8.1
磷肥(折 P2O5100%)	万吨	9.80	10.17	-3.6
节能灯	亿只	2.33	1.87	24.9

说明：此表中生产总值和规上工业增加值增幅均为可比价增幅。

续表 9-1

指 标	单位	2011 年	2010 年	2011 年比 2010 年增长(%)
水泥	万吨	39.47	41.1	-4.0
固定资产投资	亿元	276.86	225.08	23.0
#城镇固定资产投资	亿元	270.82	209.84	29.1
工业固定资产投资	亿元	190.78	151.9	25.6
社会消费品零售总额	亿元	103.27	86.62	19.2
海关进出口总额	亿美元	43.77	38.19	14.6
#出口额	亿美元	6.10	3.63	68.0
实际使用外商直接投资	亿美元	1.45	1.20	21.4
引进省外5000万元以上项目实际进资	亿元	143.55	110.02	30.5
#亿元项目资金	亿元	82.62	57.88	42.7
金融机构人民币存款余额	亿元	358.84	364.70	-1.6
#储蓄存款余额	亿元	192.16	171.07	12.3
金融机构人民币贷款余额	亿元	229.97	220.03	4.5
居民消费价格指数(上年为 100)	%	105.1	103.1	1.9
商品零售价格指数(上年为 100)	%	104.7	102.7	1.9
职工年平均工资	元	30696	27917	10.0
城镇居民人均可支配收入	元	17518	15618	12.2
城镇居民人均消费性支出	元	11136	10929	1.9
城镇居民人均住房建筑面积	平方米	34.08	33.03	3.2
城镇恩格尔系数	%	45.04	38.91	提高了 6.13 个百分点
农村居民人均纯收入	元	7623	6249	22.0
农村居民人均生活消费支出	元	4932	4028	22.4
农村恩格尔系数	%	46.3	46.0	提高 0.3 个百分点
农村居民人均生活用房面积	平方米	63.00	55.58	13.4
城镇化率	%	49.44	47.4	提高 2.04 个百分点

说明:2010 年国家统计局调整了社会消费品零售总额计算口径,增速按可比口径计算。

附录

编辑、校对：杨保平

2011年中共鹰潭市委主要文件目录

表10

文件标题	文号
关于进一步加强农村“卫生清洁”工程和社会主义新农村示范点建设的意见	鹰发〔2011〕1号
关于切实加强城市规划建设工作的若干意见	鹰发〔2011〕2号
关于做好2011年招商引资工作的意见	鹰发〔2011〕3号
中共鹰潭市委常委会2011年工作要点	鹰发〔2011〕4号
转发《市人大常委会党组关于做好全市县、乡两级人民代表大会换届选举有关工作的意见》的通知	鹰发〔2011〕5号
关于学习余江发展经验推动区域经济发展的意见	鹰发〔2011〕6号
关于中国共产党成立90周年纪念活动的通知	鹰发〔2011〕7号
关于印发《鹰潭市中长期教育改革和发展规划纲要(2010-2020年)》的通知	鹰发〔2011〕8号
关于进一步加强和改进新时期工会工作的意见	鹰发〔2011〕9号
关于印发《鹰潭市乡镇(街道)党(工)委书记分类考核办法(试行)》的通知	鹰发〔2011〕10号
关于认真学习贯彻贾庆林同志在江西考察调研时的重要讲话的通知	鹰发〔2011〕10号
转发《市普法教育依法治市工作领导小组关于在全市公民中开展法制宣传教育的第六个五年规划(2011-2015年)》的通知	鹰发〔2011〕12号
关于印发《鹰潭市“十二五”期间依法治市规划》的通知	鹰发〔2011〕13号
关于加强自身建设的决定	鹰发〔2011〕14号
关于加快我市水利改革发展的实施细则	鹰发〔2011〕15号
关于进一步建立健全维护和保障群众利益决策机制的意见(试行)	鹰发〔2011〕16号
关于进一步加强和改进党的基层组织建设的实施意见	鹰发〔2011〕17号
关于全面推进基层党建标准化项目建设的实施意见	鹰发〔2011〕18号
中共鹰潭市委常委会2011年度民主生活会征求意见的整改方案	鹰发〔2011〕19号
中共鹰潭市委常委会工作规则(试行)	鹰发〔2011〕20号
关于加强干部作风建设进一步优化发展环境的实施意见	鹰发〔2011〕21号

续表 10–1

文件标题	文号
关于支持江铜产业发展的意见	鹰发〔2011〕22号
关于召开鹰潭市第七届人民代表大会第七次会议有关事项的批复	鹰字〔2011〕1号
关于召开鹰潭市政协七届六次会议有关事项的批复	鹰字〔2011〕2号
关于提名熊茂平、郭清同志为鹰潭市第七届人民代表大会代表候选人的通知	鹰字〔2011〕3号
关于杨解生同志任职的请示	鹰字〔2011〕4号
关于2010年度工作情况的报告	鹰字〔2011〕5号
关于学习贯彻省委十二届十四次全会精神的情况报告	鹰字〔2011〕6号
关于印发《中共鹰潭市委常委会2010年度工作报告》的通知	鹰字〔2011〕7号
关于王家林同志兼任江西陆军预备役步兵师副参谋长的复函	鹰字〔2011〕8号
关于提名梁东华同志任职的通知	鹰字〔2011〕9号
关于余建全等同志职务任免的通知	鹰字〔2011〕11号
关于提名郑占煌通知任职的通知	鹰字〔2011〕12号
关于张卫平等同志职务任免的通知	鹰字〔2011〕13号
关于提名周金爱等同志任职的通知	鹰字〔2011〕14号
关于调整市国防动员委员会成员的通知	鹰字〔2011〕16号
关于杨森同志任职的请示	鹰字〔2011〕17号
关于张荣先等同志职务任免的通知	鹰字〔2011〕18号
关于付新荣、徐贵华同志职务任免的通知	鹰字〔2011〕19号
关于陈接照同志免职的通知	鹰字〔2011〕20号
关于杨解生、陈强同志职务任免的通知	鹰字〔2011〕21号
关于陈强同志职务任免的通知	鹰字〔2011〕22号
关于印发《议军会议纪要》的通知	鹰字〔2011〕24号
关于李宁、苏飞雪同志任职的通知	鹰字〔2011〕25号
关于刘分明同志任职的通知	鹰字〔2011〕26号
关于表彰先进民兵基层单位和优秀专武(民兵)干部的决定	鹰字〔2011〕27号
关于徐鹏程任职的通知	鹰字〔2011〕28号
关于印发《鹰潭市重大项目督查问责办法》的通知	鹰字〔2011〕29号
关于表彰2010年度全市农村"卫生清洁"工程先进单位和先进个人的决定	鹰字〔2011〕30号
关于表彰联建共创工作先进单位、先进个人的决定	鹰字〔2011〕31号
关于徐鹏程等同志任职的通知	鹰字〔2011〕32号
关于做好县(市、区)领导班子换届工作的通知	鹰字〔2011〕33号
关于彭元龙等同志职务任免的通知	鹰字〔2011〕34号
关于提名黄宗根等同志职务任免的通知	鹰字〔2011〕35号
关于提名张银兴同志任职的通知	鹰字〔2011〕36号

续表 10-2

文件标题	文号
关于提名官义和等同志职务任免的通知	鹰字〔2011〕37号
关于熊新民等同志退休的通知	鹰字〔2011〕38号
关于2010年度县级领导班子和领导干部考核暨领导班子述职考评工作方案的通知	鹰字〔2011〕39号
关于王建生等同志职务任免的通知	鹰字〔2011〕40号
关于俞浩腾等同志职务任免的通知	鹰字〔2011〕41号
关于裴克瑞、曾细山同志职务任免的通知	鹰字〔2011〕42号
关于贵溪市乡镇党委换届书记候选人的批复	鹰字〔2011〕43号
关于毛国寿等同志职务任免的通知	鹰字〔2011〕44号
关于余江县乡镇党委换届书记候选人的批复	鹰字〔2011〕45号
关于龙虎山景区乡镇党委换届书记候选人的批复	鹰字〔2011〕46号
关于月湖区乡镇党委换届书记候选人的批复	鹰字〔2011〕47号
关于信江新区乡镇党委换届书记候选人的批复	鹰字〔2011〕48号
关于提名吴寿轩同志职务任免的通知	鹰字〔2011〕49号
关于贵溪市召开党代表大会的批复	鹰字〔2011〕50号
关于余江县召开党代表大会的批复	鹰字〔2011〕51号
关于月湖区召开党代表大会的批复	鹰字〔2011〕52号
关于乐文红等同志职务任免的请示	鹰字〔2011〕53号
关于表彰2010年度全市信访工作先进单位和先进个人的决定	鹰字〔2011〕54号
关于李金忠等同志职务任免的通知	鹰字〔2011〕55号
关于提名费尚恒等同志职务任免的通知	鹰字〔2011〕56号
关于汪建东、李金忠同志职务任免的通知	鹰字〔2011〕57号
关于重申严肃换届纪律保证换届风清气正的紧急通知	鹰字〔2011〕58号
关于贯彻落实省委苏荣书记重要批示精神的情况汇报	鹰字〔2011〕59号
关于认真学习贯彻胡锦涛总书记重要指示精神开展向杨善洲同志学习活动的通知	鹰字〔2011〕60号
关于确定二次会议推荐人选建议名单的请示	鹰字〔2011〕61号
关于杨解生等同志职务任免的通知	鹰字〔2011〕63号
关于程芦山等同志职务任免事前备案的报告	鹰字〔2011〕64号
关于白有明同志按省(部)长级标准报销医疗费的请示	鹰字〔2011〕65号
关于万荣辉等三位同志廉政、综治、计生情况说明的函	鹰字〔2011〕66号
关于杨解生等同志任前公示的报告	鹰字〔2011〕69号
关于乐文红同志任职的通知	鹰字〔2011〕70号
关于杨解生等同志任职的通知	鹰字〔2011〕71号
关于程芦山、刘军生同志职务任免的通知	鹰字〔2011〕72号
关于程芦山等同志职务任免的通知	鹰字〔2011〕73号

续表 10-3

文件标题	文号
关于吴细美等同志任职经济责任审计情况报告	鹰字〔2011〕74 号
关于邬筱露等同志职务任免的通知	鹰字〔2011〕75 号
关于提名吴敬祖等同志免职的通知	鹰字〔2011〕76 号
关于提名黄冬有等同志职务任免的通知	鹰字〔2011〕77 号
关于提名汪桂昌等同志职务任免的通知	鹰字〔2011〕78 号
关于提名刘长根等同志职务任免的通知	鹰字〔2011〕79 号
关于贵溪市委、人大、政府、政协领导班子及法检两长换届候选人的批复	鹰字〔2011〕80 号
关于余江县委、人大、政府、政协领导班子及法检两长换届候选人的批复	鹰字〔2011〕81 号
关于月湖区委、人大、政府、政协领导班子及法检两长换届候选人的批复	鹰字〔2011〕82 号
关于表彰全市先进基层党组织优秀共产党员和优秀党务工作者的决定	鹰字〔2011〕83 号
关于张应想等同志职务任免的通知	鹰字〔2011〕85 号
关于提名方洪海等同志任职的通知	鹰字〔2011〕86 号
关于提名宋平先等同志职务任免的通知	鹰字〔2011〕87 号
关于提名李赛白、刘承炎同志职务任免的通知	鹰字〔2011〕88 号
关于提名李赛白等同志免职的通知	鹰字〔2011〕89 号
关于提名宋平先等同志免职的通知	鹰字〔2011〕90 号
关于邓建华等同志免职的通知	鹰字〔2011〕91 号
关于中共余江县委领导班子和县纪委书记选举结果的批复	鹰字〔2011〕93 号
关于中共贵溪市委领导班子和市纪委书记选举结果的批复	鹰字〔2011〕94 号
关于谭国平等同志职务任免的通知	鹰字〔2011〕95 号
关于提名谭国平等同志职务任免的通知	鹰字〔2011〕96 号
关于提名方成同志任职的通知	鹰字〔2011〕97 号
关于提名王建东等同志职务任免的通知	鹰字〔2011〕98 号
关于提名李荣生同志任职的通知	鹰字〔2011〕99 号
批转《市人大常委会党组关于鹰潭市第八届人民代表大会名额分配的意见》的通知	鹰字〔2011〕100 号
关于中共月湖区委领导班子和区纪委书记选举结果的批复	鹰字〔2011〕101 号
关于学习贯彻胡锦涛总书记重要讲话的通知	鹰字〔2011〕102 号
2011 年上半年工作情况汇报	鹰字〔2011〕103 号
关于余子兵等同志免职退休的通知	鹰字〔2011〕104 号
关于召开中共鹰潭市第七次代表大会的请示	鹰字〔2011〕105 号
关于中共鹰潭市第七次代表大会代表选举工作的通知	鹰字〔2011〕106 号
关于表彰 2006—2010 年全市普法教育工作先进集体的通知	鹰字〔2011〕107 号
关于黄恩华、高学训同志职务任免的请示	鹰字〔2011〕108 号
关于贺秀涛同志任职的通知	鹰字〔2011〕109 号

续表 10-4

文件标题	文号
关于周光仁、贺秀涛同志任职的通知	鹰字〔2011〕110号
关于确定鹰潭市出席省第十三次代表大会代表候选人初步人选的情况报告	鹰字〔2011〕111号
关于温阿义等同志免职退休的通知	鹰字〔2011〕112号
关于王火茂、邢星奎同志任前公示情况的报告	鹰字〔2011〕113号
关于提名陈兴超等同志为鹰潭市第八届人民代表大会候选人的通知	鹰字〔2011〕114号
关于陈兴超等同志职务任免的通知	鹰字〔2011〕115号
关于鹰潭市新一届纪律检查委员会领导班子候选人的请示	鹰字〔2011〕116号
关于提名辜清等同志职务任免的通知	鹰字〔2011〕117号
关于提名陈仁生等同志职务任免的通知	鹰字〔2011〕118号
关于陈仁生等同志职务任免的通知	鹰字〔2011〕119号
关于陈毛义等同志职务任免的通知	鹰字〔2011〕120号
关于鹰潭市新一届领导班子候选人的请示	鹰字〔2011〕121号
关于确定鹰潭市出席中共江西省委第十三次代表大会代表候选人预备人选的情况报告	鹰字〔2011〕122号
关于召开鹰潭市第八届人民代表大会第一次会议有关事项的批复	鹰字〔2011〕123号
关于召开政协鹰潭市第八届代表大会第一次会议有关事项的批复	鹰字〔2011〕124号
关于县(市、区)长选举结果的报告	鹰字〔2011〕125号
关于黄恩华、高学训同志职务任免的通知	鹰字〔2011〕126号
关于周世敏同志任职的通知	鹰字〔2011〕127号
关于中国共产党鹰潭市第七届委员会和纪律检查委员会组成人员候选人预备人选的请示	鹰字〔2011〕128号
关于周世敏、徐琳琳同志职务任免的请示	鹰字〔2011〕129号
关于提名政协鹰潭市第八届委员会秘书长、常委候选人的通知	鹰字〔2011〕130号
关于召开中国共产党鹰潭市第七次代表大会的通知	鹰字〔2011〕131号
关于周世敏、徐琳琳同志职务任免的通知	鹰字〔2011〕132号
关于邵奇生等同志职务任免的通知	鹰字〔2011〕133号
关于鹰潭市第八届人民代表大会常务委员会组成人员、市人民政府正副市长、市中人民法院院长、市人民检察院检察长候选人的推荐书	鹰字〔2011〕134号
关于鹰潭市第八届人民代表大会各专门委员会主任委员、副主任委员、委员的推荐书	鹰字〔2011〕135号
关于提名政协鹰潭市第八届委员会主席、副主席候选人的通知	鹰字〔2011〕136号
关于提名政协鹰潭市第八届委员会各专门委员会主任、副主任的通知	鹰字〔2011〕137号
关于选举产生鹰潭市出席中国共产党江西省第十三次代表大会代表的情况报告	鹰字〔2011〕138号
关于市七次党代会和市七届一次全会、市纪委七届一次全会选举结果的报告	鹰字〔2011〕139号
关于中共鹰潭市第七届委员会委员排序的请示	鹰字〔2011〕140号
关于成立中共鹰潭市第八届人民代表大会第一次会议临时委员会的通知	鹰字〔2011〕141号
关于杨金红、杜德春同志职务任免的征求意见函	鹰字〔2011〕142号

续表 10-5

文件标题	文号
关于戴春英、汪当时同志职务任免的征求意见函	鹰字〔2011〕143号
关于熊茂平等同志职务任免的通知	鹰字〔2011〕144号
关于市委书记、副书记和常委分工的通知	鹰字〔2011〕145号
关于江鸿同志免职的征求意见函	鹰字〔2011〕146号
关于提名徐晓年同志免职的通知	鹰字〔2011〕147号
关于杨晓群等同志职务任免的通知	鹰字〔2011〕148号
关于鹰潭市第八届人民代表大会第一次会议选举结果的报告	鹰字〔2011〕149号
关于政协鹰潭市第八届委员会第一次会议选举结果的报告	鹰字〔2011〕150号
关于徐雨才等同志免职退休的通知	鹰字〔2011〕151号
关于于明等同志免职退休的通知	鹰字〔2011〕152号
关于彭中华等同志退休的通知	鹰字〔2011〕153号
关于传达学习贯彻省第十三次党代会精神的情况报告	鹰字〔2011〕154号
中共鹰潭市委常委2010年民主生活会整改措施落实情况的通报	鹰字〔2011〕155号
关于林太贵同志职务任免的请示	鹰字〔2011〕156号
关于提名周瑛等同志职务任免的通知	鹰字〔2011〕157号
关于鹰潭市出席江西省第十一届人民代表大会代表候选人的推荐书	鹰字〔2011〕158号
关于呈送2011年度鹰潭市委领导班子民主生活会情况报告	鹰字〔2011〕159号
关于江鸿等同志职务任免的通知	鹰字〔2011〕160号
关于提名洪芬平等同志职务任免的通知	鹰字〔2011〕161号
关于提名许军峰同志免职的通知	鹰字〔2011〕162号
关于提名肖炳煌同志免职的通知	鹰字〔2011〕163号
关于提名蔡火水同志免职的通知	鹰字〔2011〕164号
关于提名洪芬平同志免职的通知	鹰字〔2011〕165号
关于提名郑德泉同志免职的通知	鹰字〔2011〕166号
关于郑晖同志免职退休的通知	鹰字〔2011〕167号
关于提名林太贵同志免职的通知	鹰字〔2011〕168号
关于刘诚同志任职的请示	鹰字〔2011〕169号
关于简四涛等同志免职退休的通知	鹰字〔2011〕170号
关于成立中共鹰潭市第一中学委员会的批复	鹰字〔2011〕171号
关于成立中共鹰潭市人民医院委员会的批复	鹰字〔2011〕172号
关于全力支持工业经济决战5000亿实现新跨越的决定	鹰字〔2011〕173号
关于刘诚同志任职的通知	鹰字〔2011〕174号
关于鹰潭市推荐提名江西省出席党的十八大代表候选人工作的情况汇报	鹰字〔2011〕175号
关于召开鹰潭市第八届人民代表大会第二次会议有关事项的批复	鹰字〔2011〕176号

续表 10-6

文件标题	文号
关于召开鹰潭市政协八届二次会议有关事项的批复	鹰字〔2011〕177号
关于印发《鹰潭市开展发展提升年活动实施方案》的通知	鹰办发〔2011〕1号
关于印发《鹰潭市城市规划区违法违规建筑重点整治工作方案》的通知	鹰办发〔2011〕2号
转发《省委办公厅关于加强和改进新形势下侨联工作的实施意见》的通知	鹰办发〔2011〕3号
鹰潭市2011年“项目推进年”工作方案	鹰办发〔2011〕4号
关于进一步加强信江新区项目推进工作意见	鹰办发〔2011〕5号
关于印发《鹰潭市创建宜居城市工作实施方案》的通知	鹰办发〔2011〕6号
关于印发《鹰潭市农村利安社区电超市建设实施方案》的通知	鹰办发〔2011〕7号
鹰潭市公务接待工作规定	鹰办发〔2011〕8号
关于印发《2011年全市综治维稳工作要点》的通知	鹰办发〔2011〕9号
关于进一步做好全市党政机关厉行节约工作的通知	鹰办发〔2011〕10号
关于印发《鹰潭市2011年统战工作要点》的通知	鹰办发〔2011〕11号
关于印发《鹰潭市处置群体性事件应急预案》的通知	鹰办发〔2011〕12号
关于印发《鹰潭市集中整治重点项目建设施工环境工作方案》的通知	鹰办发〔2011〕13号
关于印发《2011年市直机关党风廉政建设和反腐败工作任务分工意见》的通知	鹰办发〔2011〕14号
关于印发《数字鹰潭建设信息采集管理办法》的通知	鹰办发〔2011〕15号
关于印发《鹰潭市乡镇(街道)数字鹰潭建设工作考核方案》的通知	鹰办发〔2011〕16号
关于印发《鹰潭市城市规划区及城乡发展控制区土地管理若干规定》的通知	鹰办发〔2011〕19号
关于印发《创新社会管理、创建宜居城市工作方案》的通知	鹰办发〔2011〕20号
关于印发《鹰潭市进一步加强信息化农家店建设方案》的通知	鹰办发〔2011〕21号
印发《关于深化政务公开加强政务服务实施方案》的通知	鹰办发〔2011〕22号
关于印发《第十二届中国鹰潭龙虎山道教文化旅游节工作方案》的通知	鹰办发〔2011〕23号
关于鹰潭市村(社区)党组织和第八届村(居)民委员会换届选举工作的实施意见	鹰办发〔2011〕24号
关于印发《鹰潭市“一村一名大学生工程”实施方案》的通知	鹰办发〔2011〕25号
关于印发《鹰潭市事业单位机构编制清理规范工作实施方案》的通知	鹰办发〔2011〕27号
关于全面推进妇联组织参与社会管理创新工作的意见	鹰办发〔2011〕28号
关于市委中心组集中学习的通知	鹰办字〔2011〕1号
关于调整市督查领导小组成员的通知	鹰办字〔2011〕2号
关于推荐我市2010年全省农业和农村工作先进单位和先进个人的报告	鹰办字〔2011〕3号
关于聘熊建胜同志任鹰潭宾馆副总经理的批复	鹰办字〔2011〕4号
关于印发《市区春节(元宵)期间营造节日氛围工作方案》的通知	鹰办字〔2011〕5号
关于召开全市政法工作会议的通知	鹰办字〔2011〕6号
关于信江新区龙虎山风景名胜区鹰潭经济技术开发区实行相对封闭运行模式的通知	鹰办字〔2011〕7号
关于下达2011年发展总部楼宇经济和转让上市公司限售股招商引资目标任务的通知	鹰办字〔2011〕8号

续表 10-7

文件标题	文号
关于表彰2010年全市创业服务年活动先进单位的通知	鹰办字〔2011〕9号
关于组织开展春节植树团拜活动的通知	鹰办字〔2011〕10号
关于进一步加强全市电子公文传输系统管理的通知	鹰办字〔2011〕11号
关于举行鹰潭利安社区电超市开通仪式暨新闻发布会的通知	鹰办字〔2011〕12号
关于政府投资重点工程建设项目资金管理问题会议纪要	鹰办字〔2011〕13号
关于征求2011年重点调研课题的通知	鹰办字〔2011〕14号
关于调整市机构编制委员会组成人员的通知	鹰办字〔2011〕15号
关于召开全市农村工作会议的通知	鹰办字〔2011〕16号
关于参加市七届人大七次会议闭幕大会的通知	鹰办字〔2011〕17号
关于召开市委第六届十三次全体会议的通知	鹰办字〔2011〕18号
关于召开全市组织工作会议的通知	鹰办字〔2011〕19号
关于认真做好2010年度文件清退工作的通知	鹰办字〔2011〕20号
关于市委中心组集体学习的通知	鹰办字〔2011〕21号
关于召开全市农村卫生清洁工程和新农村建设总结表彰会的通知	鹰办字〔2011〕22号
关于对2010年度农村“卫生清洁”工程不达标乡镇(场)的通报	鹰办字〔2011〕23号
关于开展2011年度公民义务植树活动的通知	鹰办字〔2011〕24号
关于推荐彭元龙等三位同志为提拔重用对象的报告	鹰办字〔2011〕25号
关于召开鹰潭市城市建设工作暨联建共创总结表彰和创建宜居城市动员会议的通知	鹰办字〔2011〕26号
转发《市医药购销治理工作领导小组办公室关于在全市开展医药购销和医疗服务中突出问题专项整治的实施方案》的通知	鹰办字〔2011〕27号
印发《关于进一步加强城乡结合部规划建设管理工作会议纪要》的通知	鹰办字〔2011〕28号
关于召开全市县乡两级人大换届选举工作会议的通知	鹰办字〔2011〕29号
关于申请使用科级职数的请示	鹰办字〔2011〕30号
关于表彰2010年度先进科室、优秀公务员、先进工作者的通知	鹰办字〔2011〕31号
关于召开全市离退休干部“双先”表彰会暨老干部工作、关心下一代工作会议的通知	鹰办字〔2011〕32号
关于成立鹰潭市酒店集团公司筹建领导小组的通知	鹰办字〔2011〕33号
关于认真开展“以治庸提能力,以治懒增效率,以治散正风气”为主题的干部作风教育实践活动实施方案	鹰办字〔2011〕34号
关于报送有关情况的通知	鹰办字〔2011〕35号
关于参加全省领导干部电视电话会议的通知	鹰办字〔2011〕36号
关于召开全市党管武装会议的通知	鹰办字〔2011〕37号
关于市委中心组集中学习的通知	鹰办字〔2011〕38号
关于召开全市宣传思想文化工作会议的通知	鹰办字〔2011〕39号
关于下达2011年全市重点调研课题的通知	鹰办字〔2011〕40号

续表 10-8

文件标题	文号
关于成立鹰潭市创建宜居城市工作领导小组的通知	鹰办字〔2011〕41号
关于召开市四套班子联席会议的通知	鹰办字〔2011〕42号
关于认真落实苏荣书记重要批示推广余江县超常发展经验的通知	鹰办字〔2011〕43号
关于召开全市人口和计划生育工作会议的通知	鹰办字〔2011〕44号
关于开展市直单位县级领导班子及主要领导述职考评工作的通知	鹰办字〔2011〕45号
关于召开全市区域经济发展现场会的通知	鹰办字〔2011〕46号
关于组织开展农村"卫生清洁"工程情况普查的通知	鹰办字〔2011〕47号
关于成立道源山庄改扩建工程项目建设指挥部的通知	鹰办字〔2011〕48号
关于组团赴台经贸考察交流的通知	鹰办字〔2011〕49号
关于杨宪萍等同志赴外政审的请示	鹰办字〔2011〕50号
关于调整市督查领导小组成员的通知	鹰办字〔2011〕51号
关于清理面向基层"一票否决"事项的通知	鹰办字〔2011〕52号
关于认真协助省委宣传团开展宣讲活动的通知	鹰办字〔2011〕53号
关于举办形势政策报告会的通知	鹰办字〔2011〕54号
转发《市委宣传部关于在全市开展"科学发展、进位赶超、绿色崛起"主题教育活动的实施意见》的通知	鹰办字〔2011〕55号
关于成立市委换届工作领导小组的通知	鹰办字〔2011〕56号
关于实行市级领导和市直部门挂点帮扶农村"卫生清洁"工程和新农村建设工作的通知	鹰办字〔2011〕57号
关于调整市反腐败协调小组的通知	鹰办字〔2011〕58号
关于印发《中共鹰潭市委宣传部2011年宣传思想文化工作要点》的通知	鹰办字〔2011〕59号
关于召开全市信访工作暨用群众工作统揽信访工作会议的通知	鹰办字〔2011〕60号
印发《2011年全市信访工作要点》的通知	鹰办字〔2011〕61号
关于推荐上官新亨等六位同志为副县级预备干部的报告	鹰办字〔2011〕62号
关于召开市委全委扩大会议的通知	鹰办字〔2011〕63号
关于召开鹰潭市纪念五一国际劳动节暨全市工会工作的通知	鹰办字〔2011〕64号
关于认真开展"以治庸提能力,以治懒增效率,以治散正风气"为主题读书活动的通知	鹰办字〔2011〕65号
关于印发《鹰潭市2011年"扫黄打非"行动方案》的通知	鹰办字〔2011〕66号
关于进一步健全重大项目建设调度运行机制的通知	鹰办字〔2011〕67号
关于调整市非公有制经济代表人士综合评价工作领导小组组成人员的通知	鹰办字〔2011〕68号
关于召开全市统战工作会议的通知	鹰办字〔2011〕69号
关于做好市党政领导干部定期接待来访群众工作的通知	鹰办字〔2011〕70号
关于市委中心组集体学习的通知	鹰办字〔2011〕71号
关于增补叶剑同志为市创建宜居城市工作领导小组办公室副主任的通知	鹰办字〔2011〕72号

续表 10-9

文件标题	文号
关于认真开展党政机关公务用车和庆典、研讨会、论坛两项活动专项治理工作的通知	鹰办字〔2011〕73 号
关于做好《鹰潭年鉴》(2011 年卷)编纂工作的通知	鹰办字〔2011〕74 号
关于印发《鹰潭市机构编制委员会工作规则》的通知	鹰办字〔2011〕75 号
关于切实做好当前维稳工作确保全市稳定安全的通知	鹰办字〔2011〕76 号
关于对市城管综合执法支队、市公路运输管理处履职不到位批评的通报	鹰办字〔2011〕77 号
关于市委中心组集体学习的通知	鹰办字〔2011〕78 号
关于程美亮同志任职的通知	鹰办字〔2011〕79 号
关于举行数字鹰潭展示馆(市民服务中心)建设项目开工典礼的通知	鹰办字〔2011〕80 号
关于做好华夏经济网鹰潭专题题信息报送工作的通知	鹰办字〔2011〕81 号
关于开展岗位练兵竞赛活动的通知	鹰办字〔2011〕82 号
关于开展为鹰潭科学发展加快发展建言献策活动的通知	鹰办字〔2011〕83 号
关于我市在全国、全省排名靠前工作和获奖情况的通报	鹰办字〔2011〕84 号
关于进一步强化责任意识推进对外宣传工作的通知	鹰办字〔2011〕85 号
关于表彰全市党委系统 2010 年度文件管理先进的通知	鹰办字〔2011〕86 号
关于报送今年以来工作情况及下半年工作打算的通知	鹰办字〔2011〕87 号
关于市直单位县级领导班子和县级干部 2010 年度考核等次评定结果的通知	鹰办字〔2011〕88 号
关于印发《市农村"卫生清洁"工程领导小组关于全市农村"卫生清洁"工程普查(核查)情况报告》的通知	鹰办字〔2011〕89 号
关于市委中心组集体学习的通知	鹰办字〔2011〕90 号
关于印发《鹰潭市 2011–2015 年史志工作规划》的通知	鹰办字〔2011〕91 号
关于举办全市党委系统信息工作培训班的通知	鹰办字〔2011〕92 号
关于召开鹰潭市庆祝中国共产党成立 90 周年大会的通知	鹰办字〔2011〕93 号
关于做好 2011 年大外宣工作的通知	鹰办字〔2011〕94 号
关于召开市四套班子联席会议的通知	鹰办字〔2011〕95 号
关于开展党政机关公务用车问题专项治理工作的通知	鹰办字〔2011〕96 号
关于印发《贯彻〈省军区部队和民兵预备役基层建设三年规划(2011–2013 年)〉实施方案》的通知	鹰办字〔2011〕97 号
关于组织收听收看中央庆祝中国共产党成立 90 周年大会的通知	鹰办字〔2011〕98 号
关于征集吴官正同志在鹰潭及考察期间有关文件的通知	鹰办字〔2011〕99 号
关于表彰 2010 年度优秀共产党员的通知	鹰办字〔2011〕100 号
关于市委中心组集体学习的通知	鹰办字〔2011〕101 号
关于召开全市集中整治重点项目建设施工环境动员大会的通知	鹰办字〔2011〕102 号
关于市委中心组集体学习的通知	鹰办字〔2011〕103 号
关于召开市委六届十七次全体会议的通知	鹰办字〔2011〕104 号

续表 10-10

文件标题	文号
关于召开2011年庆祝建军84周年联谊会的通知	鹰办字〔2011〕105号
关于召开数字鹰潭应用系统建设推进会的通知	鹰办字〔2011〕106号
市委办公室开展“三创三提”主题实践活动方案的通知	鹰办字〔2011〕107号
关于召开市四套班子联席会议的通知	鹰办字〔2011〕108号
关于市委中心组集体学习的通知	鹰办字〔2011〕109号
关于召开加快水利改革发展宣讲报告会议的通知	鹰办字〔2011〕110号
关于成立鹰潭支持鹰潭农村商业银行筹建工作领导小组的通知	鹰办字〔2011〕111号
关于召开全市“五五”普法总结表彰暨“六五”普法动员大会的通知	鹰办字〔2011〕112号
关于召开全市领导干部会议的通知	鹰办字〔2011〕113号
关于印发《陈兴超同志在市委常委会上的讲话》的通知	鹰办字〔2011〕114号
关于录用米智明同志为市委办公室公务员的报告	鹰办字〔2011〕115号
关于营造好社会环境庆祝市委第七次党代会召开的通知	鹰办字〔2011〕116号
关于下发《第七届全国城市运动会鹰潭境内火炬传递活动实施方案》的通知	鹰办字〔2011〕117号
关于开好市党代会和市“两会”有关工作要求的通知	鹰办字〔2011〕118号
关于召开市委六届十九次全体会议的通知	鹰办字〔2011〕119号
关于召开第七届委员会第一次全体会议的通知	鹰办字〔2011〕120号
关于学习贯彻市第七次党代会精神的通知	鹰办字〔2011〕121号
关于印发陈兴超同志在市委七届一次全体会议上的讲话	鹰办字〔2011〕122号
关于警惕和防范不法分子假冒行骗的通知	鹰办字〔2011〕123号
关于在全市开展2011年度“慈心博爱·善行鹰潭”慈善一日捐活动的通知	鹰办字〔2011〕124号
关于切实做好2011年国庆期间有关工作的通知	鹰办字〔2011〕125号
关于参加市八届人大一次会议闭幕大会的通知	鹰办字〔2011〕126号
关于印发参加第七届全国城市运动会鹰潭境内火炬传递活动的通知	鹰办字〔2011〕127号
关于印发《鹰潭市闲置建设用地集中清理处置专项治理工作方案》的通知	鹰办字〔2011〕128号
关于调整市闲置建设用地清理处置工作领导小组人员的通知	鹰办字〔2011〕129号
关于市党政领导干部做好接待群众来访工作的紧急通知	鹰办字〔2011〕130号
关于组织观看第七届全国城市动员会鹰潭赛区首场女子篮球(U18)比赛的通知	鹰办字〔2011〕131号
关于组织开展加快鹰潭发展重点课题调研的通知	鹰办字〔2011〕132号
关于市委中心组集中学习的通知	鹰办字〔2011〕133号
关于召开全市村(社区)两委换届选举工作会议的通知	鹰办字〔2011〕134号
关于调整市委党建工作领导小组成员的通知	鹰办字〔2011〕135号
关于调整市委创先争优活动领导小组组成人员的通知	鹰办字〔2011〕136号
关于召开全市领导干部会议的通知	鹰办字〔2011〕137号
关于认真学习贯彻省十三次党代会精神的通知	鹰办字〔2011〕138号

续表 10-11

文 件 标 题	文 号
关于成立鹰潭市老年大学校务委员会的通知	鹰办字〔2011〕139 号
关于召开全市宣传文化工作会议的通知	鹰办字〔2011〕140 号
关于成立鹰潭市推进与南昌航空大学合作工作领导小组的通知	鹰办字〔2011〕141 号
关于调整市反腐败协调小组的通知	鹰办字〔2011〕142 号
关于举办党的十七届六中全会和省第十三次党代会精神宣传报告会的通知	鹰办字〔2011〕143 号
关于做好 2012 年度重点党报党刊发行工作的通知	鹰办字〔2011〕144 号
关于召开全市基层党建标准化项目建设动员大会的通知	鹰办字〔2011〕145 号
关于下达 2011 年军队转业干部安置计划的通知	鹰办字〔2011〕146 号
关于组织开展党的十七届六中全会和省、市党代会精神宣讲活动的通知	鹰办字〔2011〕147 号
关于印发《鹰潭市维稳信息督查员队伍建设管理暂行规定》的通知	鹰办字〔2011〕148 号
关于召开全市水利工作会议的通知	鹰办字〔2011〕149 号
关于建立市农村信息化建设联席会议制度的通知	鹰办字〔2011〕150 号
关于认真学习宣传贯彻党的十七届六中全会精神的意见	鹰办字〔2011〕151 号
关于市委中心组集中学习的通知	鹰办字〔2011〕152 号
关于成立鹰潭市承接绿色印务产业园项目落户工作领导小组的通知	鹰办字〔2011〕153 号
关于做好全市党委系统文件改版工作的通知	鹰办字〔2011〕154 号
关于报送需调整成员的领导小组(委员会)的通知	鹰办字〔2011〕155 号
关于召开全市基层党建标准化项目建设推进会的通知	鹰办字〔2011〕156 号
印发《关于市领导 2012 年春节期间走访慰问等相关活动安排》的通知	鹰办字〔2011〕157 号
关于做好 2012 年元旦春节期间有关工作的通知	鹰办字〔2011〕158 号
关于落实加快我市水利改革发展工作的任务分工通知	鹰办字〔2011〕159 号
关于召开市委七届二次全体会议的通知	鹰办字〔2011〕160 号
关于建立市领导联系重点项目建设工作机制的通知	鹰办字〔2011〕161 号
关于成立鹰潭市督查领导小组的通知	鹰办字〔2011〕162 号
关于成立鹰潭市分类推进事业单位改革工作领导小组的通知	鹰办字〔2011〕163 号
关于召开全市各类推进事业单位改革工作会议的通知	鹰办字〔2011〕164 号
关于继续坚持市党政领导干部定期接待群众来访制度的通知	鹰办字〔2011〕165 号
关于推荐我市 2011 年全省农业和农村工作先进单位和先进个人的报告	鹰办字〔2011〕166 号
关于印发《市区春节(元宵)期间营造节日氛围工作方案》的通知	鹰办字〔2011〕167 号

2011 年鹰潭市人大常委会主要文件目录

表 11

文 件 标 题	文 号
鹰潭市人民代表大会常务委员会关于鹰潭市第八届人民代表大会代表名额分配的决定	鹰常发〔2011〕13 号

续表 11

文件标题	文号
关于对我市 2011 年上半年国民经济和社会发展计划执行情况的审议意见	鹰常发〔2011〕19 号
关于对我市 2011 年上半年预算执行和预算外资金管理使用情况的审议意见	鹰常发〔2011〕20 号
关于我市“五五”普法规划实施情况和“六五”普法工作安排意见的审议意见	鹰常发〔2011〕21 号
鹰潭市人民代表大会常务委员会关于进一步加强法制宣传教育的决议	鹰常发〔2011〕22 号
鹰潭市人民代表大会常务委员会关于批准 2010 年市级财政决算的决议	鹰常发〔2011〕30 号
鹰潭市人民代表大会常务委员会关于批准 2011 年市级预算调整方案的决议	鹰常发〔2011〕31 号

2011 年鹰潭市人民政府主要文件目录

表 12

文件标题	文号
关于表彰 2010 年度财政翻番县(市、区)的决定	鹰府发〔2011〕1 号
关于表彰 2010 年度全市企业纳税大户的决定	鹰府发〔2011〕2 号
关于 2010 年度鹰潭市科学技术奖励的决定	鹰府发〔2011〕3 号
关于废止《鹰潭市房地产开发管理暂行办法》等 12 件规范性文件的决定	鹰府发〔2011〕5 号
关于印发《鹰潭市房地产开发项目规划设计联审和竣工联合验收暂行办法》的通知	鹰府发〔2011〕7 号
批转市审计局关于 2011 年度全市审计项目计划的通知	鹰府发〔2011〕8 号
关于进一步落实政府有关工作运行机制提高工作效率的若干意见	鹰府发〔2011〕9 号
关于印发市政府 2011 年规范性文件立项计划的通知	鹰府发〔2011〕10 号
关于印发鹰潭市城区 2011 年度国有建设用地供应计划的通知	鹰府发〔2011〕11 号
关于印发《鹰潭市环境噪声污染防治管理办法》的通知	鹰府发〔2011〕12 号
关于提高我市城乡居民最低生活保障标准的通知	鹰府发〔2011〕13 号
关于印发加强法治政府建设的实施方案的通知	鹰府发〔2011〕18 号
关于推进国有林场改革的实施意见	鹰府发〔2011〕21 号
关于印发鹰潭市全面融入鄱阳湖生态经济区规划实施方案的通知	鹰府发〔2011〕24 号
关于加强基层农业技术推广体系改革建设的实施意见	鹰府发〔2011〕25 号
关于印发《鹰潭市自备水源污水处理费征收管理办法》的通知	鹰府发〔2011〕26 号
关于印发《鹰潭市政府投资项目跟踪审计操作规程》的通知	鹰府发〔2011〕28 号
关于印发鹰潭市全民健身实施计划(2011–2015 年)的通知	鹰府发〔2011〕29 号
关于开展向胡生贵同志学习活动的决定	鹰府发〔2011〕30 号
关于整合资金建设高标准农田暨打造现代农业综合示范区的实施意见	鹰府发〔2011〕32 号
关于进一步加快鹰潭高新技术产业园区发展的实施意见(试行)	鹰府发〔2011〕33 号
关于推进鹰潭战略性新兴产业超常规发展的实施意见	鹰府发〔2011〕34 号
关于喻霞等同志职务任免的通知	鹰府字〔2011〕3号
关于市政府领导分工的通知	鹰府字〔2011〕4 号

续表 12–1

文件标题	文号
关于周爱金等同志任职的通知	鹰府字〔2011〕8 号
关于表彰 2010 年度全市开放型经济工作先进单位及先进个人的通报	鹰府字〔2011〕10 号
关于表彰奖励 2010 年度银行业金融机构信贷支持地方经济发展先进单位的通报	鹰府字〔2011〕13 号
关于表彰 2010 年全市消防工作先进集体和先进个人的通报	鹰府字〔2011〕14 号
关于表彰 2010 年度行政服务中心最佳服务窗口的决定	鹰府字〔2011〕21 号
关于成立鹰潭市酒店集团公司的通知	鹰府字〔2011〕27 号
关于表彰 2010 年度人口和计划生育工作先进单位和先进个人的决定	鹰府字〔2011〕31 号
关于市政府秘书长副秘书长办公室负责同志分工的通知	鹰府字〔2011〕33 号
关于黄宗根等同志职务任免的通知	鹰府字〔2011〕34 号
关于调整鹰潭市城市规划区征收土地补偿标准的通知	鹰府字〔2011〕36 号
关于表彰 2010 年度发展现代物流业先进单位和先进个人的决定	鹰府字〔2011〕48 号
关于吴敬祖等同志免职的通知	鹰府字〔2011〕49 号
关于方洪海等同志任职的通知	鹰府字〔2011〕50 号
关于谭国平等同志职务任免的通知	鹰府字〔2011〕52 号
关于李荣生同志任职的通知	鹰府字〔2011〕61 号
关于表彰 2011 年鹰潭市尊师重教先进单位和鹰潭市教育系统先进集体、先进个人的决定	鹰府字〔2011〕62 号
关于进一步加大工作力度确保完成今年及“十二五”节能减排任务的通知	鹰府字〔2011〕63 号
关于市政府领导分工的通知	鹰府字〔2011〕68 号
关于洪芬平等同志职务任免的通知	鹰府字〔2011〕77 号
关于林太贵同志免职的通知	鹰府字〔2011〕78 号
关于将江西鹰潭工业园区更名为江西鹰潭高新技术产业园区的通知	鹰府字〔2011〕79 号
转发省厅关于进一步加强水上安全生产工作意见的通知	鹰府办发〔2011〕2 号
转发市卫生局关于鹰潭市区域卫生信息系统建设项目实施方案的通知	鹰府办发〔2011〕3 号
转发人民银行鹰潭市中心支行关于加大信贷投放力度促进我市经济平稳较快发展的指导意见的通知	鹰府办发〔2011〕4 号
转发市监察局市政府纠风办市财政局市农业局市审计局关于在全市开展惠农补贴落实情况监督检查工作实施方案的通知	鹰府办发〔2011〕5 号
关于严厉打击食品非法添加行为切实加强食品添加剂监管的通知	鹰府办发〔2011〕7 号
关于印发《鹰潭市重大项目(招商引资项目)联审联批实施方案》的通知	鹰府办发〔2011〕13 号
关于印发鹰潭市工伤保险市级统筹实施方案的通知	鹰府办发〔2011〕15 号
关于转发江西省公共机构能耗统计制度补充规定的通知	鹰府办发〔2011〕16 号
关于进一步加强孤儿保障工作的通知	鹰府办发〔2011〕17 号
转发省交通运输厅省财政厅关于全省公务用车安装使用高速公路电子不停车收费(ETC)车载装置支付车辆通行费的通知	鹰府办发〔2011〕18 号

续表 12-2

文件标题	文号
转发市邮政局等四部门关于加强城市住宅楼房信报箱建设与管理工作意见的通知	鹰府办发〔2011〕19 号
转发市发改委市农业局关于加强畜禽养殖污染治理促进畜牧业持续健康发展意见的通知	鹰府办发〔2011〕21 号
关于印发建立健全鹰潭市基层医疗卫生机构补偿机制实施意见的通知	鹰府办发〔2011〕22 号
关于深入开展 2011 年粮食稳定增长行动确保完成全年 64 万吨目标的实施意见	鹰府办发〔2011〕23 号
关于印发 2011 年鹰潭市主要污染物减排计划的通知	鹰府办发〔2011〕26 号
关于印发鹰潭市气象灾害应急预案的通知	鹰府办发〔2011〕27 号
关于转发鹰潭市社会救助和保障标准与物价上涨挂钩联动机制实施意见的通知	鹰府办发〔2011〕28 号
转发市财政局关于鹰潭市市直单位办公租房管理意见的通知	鹰府办发〔2011〕29 号
印发关于贯彻落实《江西省综合性应急救援队伍建设(2011–2013)三年规划》实施意见的通知	鹰府办发〔2011〕31 号
关于印发鹰潭市 2011 年食品安全重点工作方案的通知	鹰府办发〔2011〕33 号
关于 2011 年冬季农业生产的实施意见	鹰府办发〔2011〕34 号
转发市民政局关于建立城市居民家庭经济状况核对制度实施意见的通知	鹰府办发〔2011〕35 号
关于印发 2011 年度农田水利基本建设实施意见的通知	鹰府办发〔2011〕36 号
转发市人力资源和社会保障局市财政局市卫生局关于鹰潭市城镇医疗保险参保人员免费健康体检关爱行动实施方案的通知	鹰府办发〔2011〕37 号
关于转发省政府办公厅赣府厅发〔2011〕52 号文的通知	鹰府办发〔2011〕39 号
关于印发鹰潭市气象事业发展“十二五”规划的通知	鹰府办发〔2011〕41 号
转发市教育局市公安局市安全生产监督管理局关于加强全市中小学幼儿园校车管理工作实施意见的通知	鹰府办发〔2011〕44 号
关于成立鹰潭市市场价格调控工作领导小组的通知	鹰府办字〔2011〕1 号
关于开展月湖区童家示范镇建设结对帮扶工作的通知	鹰府办字〔2011〕2 号
关于 1 月 7 日全市统一清除垃圾活动情况的通报	鹰府办字〔2011〕3 号
关于调整鹰潭市深化医药卫生体制改革领导小组组成人员的通知	鹰府办字〔2011〕4 号
关于印发鹰潭市 2011 年春运工作方案的通知	鹰府办字〔2011〕5 号
关于成立鹰潭市工业园区污水处理设施建设工作领导小组的通知	鹰府办字〔2011〕6 号
关于全市乡镇综合文化站建设工作督查情况的通报	鹰府办字〔2011〕10 号
关于调整鹰潭市春运工作领导小组成员的通知	鹰府办字〔2011〕11 号
关于加强耕地占补平衡指示管理的通知	鹰府办字〔2011〕14 号
关于做好 2010 年政府信息公开年度报告编制和公开工作的通知	鹰府办字〔2011〕17 号
关于成立鹰潭经济技术开发区升级工作推进小组的通知	鹰府办字〔2011〕19 号
关于印发鹰潭市市本级 2011 年政府集中采购目录及限额标准的通知	鹰府办字〔2011〕21 号
关于印发鹰潭市有线电视数字化整体转换实施方案的通知	鹰府办字〔2011〕23 号

续表 12-3

文件标题	文号
关于成立鹰潭市有线电视数字化整体转换工作领导小组的通知	鹰府办字〔2011〕24 号
关于印发鹰潭市 2010 年度县级政府耕地保护责任目标暨耕地保护模范乡镇创建活动考核工作方案的通知	鹰府办字〔2011〕26 号
关于进一步做好政府机关使用正版软件工作的通知	鹰府办字〔2011〕27 号
关于印发鹰潭市开展打击对非洲出口假冒伪劣和侵犯知识产权商品专项治理工作方案的通知	鹰府办字〔2011〕30 号
关于成立鹰潭市应急管理专家组的通知	鹰府办字〔2011〕31 号
关于成立鹰潭市地方政府性债务审计工作协调领导小组的通知	鹰府办字〔2011〕34 号
关于表彰 2010 年度全市安全生产工作先进单位和先进个人的通报	鹰府办字〔2011〕35 号
关于表彰 2010 年度县(市、区)体育工作目标任务考核先进单位的通报	鹰府办字〔2011〕36 号
关于 2010 年度县级政府耕地保护责任目标暨耕地保护模范乡镇和依法节约集约用地先进园区创建活动考评结果的通报	鹰府办字〔2011〕39 号
关于印发鹰潭市落实菜篮子市长负责制工作方案的通知	鹰府办字〔2011〕40 号
关于表彰 2010 年度全市政府系统信息调研工作先进单位和先进个人的通报	鹰府办字〔2011〕42 号
关于调整鹰潭市安全生产委员会成员的通知	鹰府办字〔2011〕45 号
关于调整鹰潭市防汛抗旱指挥部组成人员的通知	鹰府办字〔2011〕47 号
关于表彰 2010 年度全市环保工作先进单位和先进个人的通报	鹰府办字〔2011〕48 号
关于调整鹰潭市突发事件应急委员会及其下设 21 个应急指挥部部分成员的通知	鹰府办字〔2011〕49 号
关于调整市防火安全委员会组成人员的通知	鹰府办字〔2011〕54 号
关于调整鹰潭市公共机构节能领导小组成员名单的通知	鹰府办字〔2011〕59 号
关于开展全市基层应急管理示范点建设工作的通知	鹰府办字〔2011〕60 号
关于表彰 2010 年度全市工业发展及项目建设竞赛先进单位的通报	鹰府办字〔2011〕61 号
关于印发 2011 年鹰潭市银行业服务地方经济融资对接活动方案的通知	鹰府办字〔2011〕62 号
关于印发 2011 年工业项目建设竞赛活动方案的通知	鹰府办字〔2011〕64 号
关于抓紧落实赴京汇报争取项目跟踪对接工作的通知	鹰府办字〔2011〕71 号
关于下达 2011 年市中心城区新建保障性住房目标任务的通知	鹰府办字〔2011〕73 号
关于成立鹰潭市支持工会组织开展四个百日活动协调领导小组的通知	鹰府办字〔2011〕77 号
关于调整鹰潭市全民健身领导小组组成人员的通知	鹰府办字〔2011〕94 号
关于印发鹰潭市 2011 年全民健身活动工作方案的通知	鹰府办字〔2011〕95 号
关于印发第五届海峡两岸(鹰潭·龙虎山)道教文化论坛工作方案的通知	鹰府办字〔2011〕97 号
关于调整鹰潭市打击和处置非法集资工作领导小组组成人员的通知	鹰府办字〔2011〕101 号
关于印发整顿和规范客运市场秩序专项行动实施方案的通知	鹰府办字〔2011〕102 号
关于印发沪昆高速鹰东连接线梅园詹家临路改造方案的通知	鹰府办字〔2011〕106 号
关于切实抓好当前经济社会发展有关重点工作的通知	鹰府办字〔2011〕107 号

续表 12-4

文件标题	文号
关于印发鹰潭市河道采砂专项整治月活动方案的通知	鹰府办字〔2011〕109 号
关于成立龙虎山邮票申请发行工作领导小组的通知	鹰府办字〔2011〕110 号
关于成立鹰潭市环境污染减排工作督查领导小组的通知	鹰府办字〔2011〕111 号
关于成立鹰潭市电力供需工作协调领导小组的通知	鹰府办字〔2011〕112 号
关于印发鹰潭市 2011 年农村危房改造实施方案的通知	鹰府办字〔2011〕117 号
关于成立鹰潭市农村危房改造工作领导小组的通知	鹰府办字〔2011〕119 号
关于贯彻落实 2011 年全省政务公开工作要点的实施意见	鹰府办字〔2011〕120 号
关于成立鹰潭市农村集体土地确权登记发证工作领导小组的通知	鹰府办字〔2011〕121 号
关于开展全市公共游泳场所安全生产监督检查的通知	鹰府办字〔2011〕124 号
关于确定全市首批 14 个开展基层应急管理示范点建设工作单位的通知	鹰府办字〔2011〕127 号
关于认真开展企业一套表试点工作的通知	鹰府办字〔2011〕129 号
关于成立鹰潭市再生资源回收体系建设领导小组的通知	鹰府办字〔2011〕130 号
关于印发加快推进鹰潭市再生资源回收体系建设指导意见的通知	鹰府办字〔2011〕131 号
关于成立鹰潭市国有林场改革工作领导小组的通知	鹰府办字〔2011〕132 号
关于印发鹰潭市承办第七届全国城市运动会女子篮球(U18)、女子足球(U18)比赛(鹰潭赛区)总体工作方案的通知	鹰府办字〔2011〕137 号
关于成立鹰潭市职业培训工作领导小组的通知	鹰府办字〔2011〕139 号
关于成立市国有土地上房屋征收与补偿管理委员会的通知	鹰府办字〔2011〕140 号
关于成立鹰潭市地质灾害避灾移民搬迁工作领导小组的通知	鹰府办字〔2011〕142 号
关于成立鹰潭市实施国家中等职业教育改革发展示范学校建设计划工作领导小组的通知	鹰府办字〔2011〕144 号
关于加强移动通信干扰器管理的通知	鹰府办字〔2011〕145 号
关于深入推进移动信息惠农工程建设的通知	鹰府办字〔2011〕146 号
关于认真做好 2011 年教育系统先进集体和先进个人评选表彰工作的通知	鹰府办字〔2011〕149 号
关于印发钟志生市长在市政府全体会议上的讲话的通知	鹰府办字〔2011〕154 号
关于印发鹰潭市参加第二届世界低碳与生态经济大会工作方案的通知	鹰府办字〔2011〕157 号
关于印发鹰潭市机动车排气污染防治实施方案的通知	鹰府办字〔2011〕160 号
关于成立鹰潭市城镇小集体企业职工参加城镇企业职工基本养老保险实施工作领导小组的通知	鹰府办字〔2011〕162 号
关于成立鹰潭市新型农村和城镇居民社会养老保险试点工作领导小组的通知	鹰府办字〔2011〕163 号
关于印发鹰潭市 2011 年食品安全督查工作方案的通知	鹰府办字〔2011〕165号
关于印发鹰潭市农村集体土地确权登记发证工作实施方案的通知	鹰府办字〔2011〕167 号
关于进一步加强气象为农服务工作的通知	鹰府办字〔2011〕168 号
关于印发进一步做好城镇居民医疗保险工作实施意见的通知	鹰府办字〔2011〕169 号

续表 12-5

文件标题	文号
关于印发鹰潭市促进生猪生产和价格稳定工作方案的通知	鹰府办字〔2011〕170 号
关于成立鹰潭市推进建设工程企业信用信息管理工作领导小组的通知	鹰府办字〔2011〕172 号
关于成立鹰潭市企业一套表统计改革领导小组的通知	鹰府办字〔2011〕181 号
关于印发鹰南大道民居改造及环境综合整治工作方案的通知	鹰府办字〔2011〕183 号
关于我市乡镇综合文化站建设情况的通报	鹰府办字〔2011〕184 号
关于成立鹰潭市电力设施建设协调领导小组的通知	鹰府办字〔2011〕185 号
关于成立鹰潭市推进电子商务发展工作领导小组的通知	鹰府办字〔2011〕186 号
关于做好全市文化产业调查工作的通知	鹰府办字〔2011〕187 号
关于全市景观油菜种植督查情况的通报	鹰府办字〔2011〕188 号
关于认真做好 2011 年省政府对市县政府考评指标体系报送工作的通知	鹰府办字〔2011〕189 号
关于做好规范性文件中有关行政强制规定专项清理的通知	鹰府办字〔2011〕195 号
关于成立市流浪乞讨人员救助管理工作联席会议的通知	鹰府办字〔2011〕197 号
转发国务院办公厅关于 2012 年部分节假日安排的通知	鹰府办字〔2011〕198 号
关于进一步加强政府网站管理工作的通知	鹰府办字〔2011〕201 号
关于成立鹰潭市再生资源税收专项整治工作领导小组的通知	鹰府办字〔2011〕202 号
关于确定鹰潭市基层应急管理示范点的通知	鹰府办字〔2011〕207 号
关于成立鹰潭市打击走私综合治理工作领导小组的通知	鹰府办字〔2011〕208 号

2011 年政协鹰潭市委员会主要文件目录

表 13

文件标题	文号
关于我市"医药卫生体制改革"情况的视察报告	鹰协发〔2011〕1 号
关于促进我市体育场馆有效利用的建议	鹰协发〔2011〕4 号
关于我市农田水利基本建设情况的视察报告	鹰协发〔2011〕5 号
关于进一步加强我市基层司法所建设的建议	鹰协发〔2011〕6 号
关于建设若干专业市场加快推进"四区合一"的协商报告	鹰协发〔2011〕7 号
关于"发展职业教育,培养实用型人才"的协商报告	鹰协发〔2011〕8 号
关于我市农村低保工作情况的调研报告	鹰协发〔2011〕9 号
关于发挥科技创新支撑引领作用加快转变我市铜产业发展方式的协商报告	鹰协发〔2011〕20 号

2011 年中共鹰潭市纪委主要文件目录

表 14

文件标题	文号
关于转发《关于在全省全面开展风险岗位廉能管理工作的通知》的通知	鹰纪发〔2011〕1 号

续表 14

文件标题	文号
关于加强对市纪委监察局派驻(出)机构纪检监察干部编制管理的通知	鹰纪发〔2011〕2 号
关于认真做好县(市、区)纪委换届工作的意见	鹰纪发〔2011〕3 号
关于表彰全市优秀乡镇便民服务中心的通报	鹰纪发〔2011〕4 号
印发《鹰潭市开展加快转变经济发展方式监督检查实施方案》的通知	鹰纪发〔2011〕7 号
关于开展《中国共产党党员领导干部廉洁从政若干准则》贯彻执行情况专项检查工作的通知	鹰纪发〔2011〕8 号
转发《关于 2011 年元旦春节期间切实加强廉洁自律和厉行节约工作的通知》的通知	鹰纪字〔2011〕1 号
关于转发省纪委办公厅《关于对风险岗位廉能管理工作开展情况进行监督检查的通知》的通知	鹰纪字〔2011〕32 号
关于印发《鹰潭市纪检监察系统案件信息统计制度》的通知	鹰纪字〔2011〕43 号
关于进一步推进基层组织党务公开及县(市、区)委权力公开透明运行工作的通知	鹰纪字〔2011〕56 号
关于对党的基层组织党务公开及县(市、区)委权力公开透明运行工作进行检查考核的通知	鹰纪字〔2011〕58 号
关于转发省纪委、省监察厅《关于 2012 年元旦、春节期间严肃纪律加强廉洁自律工作的通知》的通知	鹰纪字〔2011〕67 号
关于印发《委局监察厅内部监督暂行办法》的通知	鹰纪办发〔2011〕1 号
关于加强监督检查进一步规范征地拆迁行为的通知	鹰纪办发〔2011〕4 号
关于印发《参加纪念建党 90 周年反腐倡廉知识竞赛活动实施方案》的通知	鹰纪办发〔2011〕5 号
关于印发《鹰潭市廉政教育基地管理制度》的通知	鹰纪办发〔2011〕8 号
关于印发《委局机关财务管理制度》的通知	鹰纪办字〔2011〕1 号
关于印发《2011 年度中共鹰潭市纪委领导班子民主生活会工作方案》的通知	鹰纪办字〔2011〕14 号
关于转发《关于对风险岗位廉能管理情况进行检查的实施方案》的通知	鹰纪办字〔2011〕15 号
关于印发《中共鹰潭市纪委领导班子民主生活会整改方案》的通知	鹰纪办字〔2011〕18 号
印发《关于加强乡镇纪检组织建设检查的工作方案》的通知	鹰纪办字〔2011〕20 号
转发省纪委办公厅《关于对全省纪检监察机关查办案件涉案款物进行专项清理和检查的通知》的通知	鹰纪办字〔2011〕24 号

江西省实施《地方志工作条例》办法

第一条　为了规范本省地方志编纂工作,科学、合理地开发利用地方志,发挥地方志在促进经济社会发展中的作用,根据国务院《地方志工作条例》,结合本省实际,制定本办法。

第二条　本办法适用于本省行政区域内地方志的组织编纂、管理、开发利用等活动。

第三条　本办法所称地方志,包括地方志书、地方综合年鉴。

地方志书,是指全面系统地记述本行政区域自然、政治、经济、文化和社会的历史与现状的资料性文献。

地方综合年鉴,是指系统记述本行政区域自然、政治、经济、文化和社会等方面情况的年度资料性文献。

地方志分为:省编纂的地方志,设区市编纂的地方志,县(市、区)编纂的地方志。其中省编纂的地方志书由各分志组成。

第四条　县级以上人民政府应当加强对本行政区域地方志工作的领导,将地方志工作纳入国民经济和社会发展规划。地方志工作所需经费列入本级财政预算。

第五条　县级以上人民政府负责地方志工作的机构(以下简称地方志工作机构)在本级人民政府和地方志编纂委员会的领导下,主管本行政区域的地方志工作,履行下列职责:

(一)组织、指导、督促和检查地方志工作;

(二)拟定地方志工作规划和编纂方案;

(三)组织编纂地方志书、地方综合年鉴;

(四)搜集、保存地方志文献和资料,组织整理旧志;

(五)推动地方志理论研究与宣传工作,培训地方志编纂人员;

(六)组织开发利用地方志资源。

第六条　编纂地方志应当做到存真求实,确保质量,全面、客观地记述本行政区域自然、政治、经济、文化和社会的历史与现状。

第七条　县级以上行政区域的地方志工作规划(以下简称规划)和编纂方案(以下简称方案),由本级地方志工作机构拟定、本级地方志编纂委员会审定,经本级人民政府批准后实施,并报上一级地方志工作机构备案。

第八条　以县级以上行政区域名称冠名的地方志书、地方综合年鉴,分别由本级地方志工作机构按照规划和方案组织编纂,其他组织和个人不得编纂。

地方志书每20年左右编修一次;地方综合年鉴按年度编纂。

第九条　编纂地方志应当吸收有关方面的专家、学者参加。地方志编纂人员实行专兼职相结合,专职编纂人员应当具备相应的专业知识。

地方志编纂人员应当恪尽职守、客观公正,据事直书、忠于史实。任何单位和个人不得要求编纂人员在地方志中作虚假记述。

第十条　地方志工作机构应当建立征集制度,及时征集和保存文字、图表、照片、音像、电子文本、实物等各种地方志资料。

地方志工作机构可以采用查阅、摘抄、复制等形式,向机关、社会团体、企业事业单位、其他组织以及个人征集有关地方志资料,有关单位和个人应当提供支持。但涉及国家秘密、商业秘密和个人隐私以及不符合档案开放条件的除外。

第十一条　根据规划和方案规定承担地方志编纂任务的有关机关、社会团体、企业事业单位以及其他社会组织(以下简称承编单位),应当确定编纂机构或者人员,并在本级地方志工作机构指导下,按照方案规定的时间和质量要求完成编纂任务。

承编单位的编纂任务完成后,由规划和方案确定的总纂单位负责总纂,形成初审稿。

第十二条　对以县级以上行政区域名称冠名、列入规划的地方志书实行初审、复审、验收制度。未经审查验收,地方志书不得公开出版。

第十三条　地方志书的初审会由总纂单位主持。初审会应当组织有关保密、档案、历史、法律、经济、军事等方面的专家参加,重点审查地方志书初审稿的内容是否符合宪法和保密、档案等法律、法规的规定,是否全面、客观地反映本行政区域自然、政治、经济、文化和社会的历史与现状。

总纂单位应当根据初审意见对地方志书初审稿进行修改,形成复审稿后提请复审。

第十四条　省编纂的地方志书各分志的复审会由省地方志工作机构主持,设区市、县(市、区)编纂的地方志书的复审会由上一级地方志工作机构主持。

复审会应当组织地方志等方面的有关专业人员参加,对地方志书复审稿进行审查。

总纂单位应当根据复审意见对地方志书复审稿进行修改,形成验收稿后提请验收。

第十五条　地方志书的验收会由本级地方志编纂委员会主持,地方志等方面的有关专业人员参加,对地方志书验收稿进行验收。

地方志书经验收合格后,方可以公开出版。

第十六条　以县级以上行政区域名称冠名的地方综合年鉴,由负责组织编纂的地方志工作机构报本级地方志编纂委员会审定,并经本级人民政府批准,方可以公开出版。

第十七条　地方志出版后,负责组织编纂的地方志工作机构应当在3个月内报送上级地方志工作机构备案,并向上级方志馆或者地情资料库报送地方志藏本。

在地方志编纂过程中收集到的文字资料、图表、照片、音像资料、实物等以及形成的地方志文稿,由本级地方志工作机构指定专职人员集中统一管理,妥善保存,不得损毁;修志工作完成后,应当依法移交本级国家档案馆或者方志馆保存、管理,个人不得据为已有或者出租、出让、转借。

第十八条　地方志工作机构应当积极开拓社会用志途径,可以通过建设方志馆、地情资料库、网站等方式,加强地方志工作的信息化建设,为经济社会的全面发展服务。

第十九条　公民、法人和其他组织可以通过查阅、摘抄等方式利用方志馆或者地情资料库收藏、展示的地方志文献和资料。

方志馆、地情资料库应当将服务范围、开放时间等服务事项进行公示。

鼓励单位和个人向方志馆、地情资料库捐赠或者有偿提供地方志文献和资料。

第二十条　违反本办法,国务院《地方志工作条例》已有法律责任规定的,从其规定。

第二十一条　违反本办法规定,有关单位或者个人要求地方志编纂人员在地方志中作虚假记述的,由上一级地方志工作机构提请本级人民政府予以通报批评,追究相关责任人的责任。

违反本办法规定,地方志编纂人员在地方志中作虚假记述的,由地方志工作机构依法给予处分。

第二十二条　违反本办法规定,承编单位拒绝承担编纂任务,或者不按照规定的时间和质量要求完成编纂任务的,由地方志工作机构督促其限期改正;逾期不改正的,由地方志工作机构提请本级人民政府责令其采取相应措施予以纠正,并可予以通报批评,追究相关责任人的责任。

第二十三条　需要编纂部门志、行业志、乡(镇)志且已具备编纂条件的,其编纂工作参照本办法的相关规定执行。

第二十四条　本办法自2008年3月1日起施行。

图书在版编目（CIP）数据

鹰潭年鉴.2012/《鹰潭年鉴》编辑委员会编.—北京：
方志出版社，2013.2
ISBN 978-7-5144-0835-5
I.①鹰… II.①鹰… III.①鹰潭市—2012—年鉴IV.①Z525.63
中国版本图书馆CIP数据核字（2013）第035579号

鹰潭年鉴（2012）

编　　者:《鹰潭年鉴》编辑委员会
责任编辑:从　珺

出 版 者:方志出版社
（北京市东城区夕照寺14号院富瑞苑公寓6层）
邮编　100061
网址　http://www.fzph.org
发　　行:方志出版社发行部
（010）67120966-6008
经　　销:新华书店总店北京发行所
法律顾问:北京市大禹律师事务所
印　　刷:江西金邦教育印务有限公司

开　　本:889×1194　　1/16
印　　张:25.75
字　　数:1038千
版　　次:2013 年 2 月第 1 版　　2013 年 2 月第 1 次印刷
印　　数:001-500册

ISBN 978-7-5144-0835-5/K·675　　定价：200.00元